国家社科基金项目"清代《仪礼》学史"

（12BZS008）结项成果

清代《仪礼》学史

邓声国◎著

人民出版社

序

丁　鼎

清代是经学的"复盛时代"①，经学名家辈出，著述宏富。此时期的礼学研究也呈现出极其繁荣的局面，涌现出了张尔岐、万斯大、姚际恒、毛奇龄、李光坡、盛世佐、徐乾学、秦蕙田、惠栋、江永、方苞、吴廷华、杭世骏、凌廷堪、胡培翚、孙希旦、朱彬、黄以周、林昌彝、孙诒让、吴之英等一大批在礼学研究领域造诣精深、成就卓著的学者。而清代礼学最耀眼的成就当在《仪礼》学方面。梁任公曾说："试总评清代礼学之成绩，就专经解释的著作论，《仪礼》算是最大的成功。凌、张、胡、邵四部大著，各走各的路，各做到登峰造极，合起来又能互相为用，这部经总算被他们把所有的工作都做尽了。"②虽然"把所有工作都做尽了"似乎未必尽然，但是清代《仪礼》学所取得的辉煌成就却是不容置疑的。据王锷先生《三礼研究论著提要》的著录，可知的历代《仪礼》学文献共有630多种，而已知的清代《仪礼》学文献共有224种。由此可见清代《仪礼》学成就之宏富。清人的《仪礼》学成就及特色可从以下几个方面来看。

第一，清代学人热衷于《仪礼》经、注、疏的校勘，并取得了不菲的成就。

清人重视《仪礼》之校勘。王鸣盛曰："自唐贞观而降，学者率尚词章，于《仪礼》一经，每苦难读。至宋熙宁中，王安石始议罢之，不立学官，而道学诸公又喜谈德性，于制度文为一切置之不论，遂使十七篇传写镂刻之本误文脱字较他经尤甚。虽张氏淳、杨氏复、敖氏继公类能究心于此，而亦殊多踳驳不纯，沿至明神宗时监本误脱，益不可问矣。"③张式慎亦曰："《仪礼》自初唐人作疏之后，遂为孤学。玄宗开元中命卫包以改字，尽趋于俗谬。文宗开成间命郑覃以刻石，转益其淆舛。迨至宋元明汇刻十三经，俗谬淆舛弥甚，《仪礼》则并经

---

①　(清)皮锡瑞：《经学历史·经学复盛时代》，《皮锡瑞全集》第6册，中华书局2015年版，第87页。

②　(清)梁启超：《中国近三百年学术史》，上海三联书店2006年版，第176页。

③　(清)王鸣盛：《仪礼经注疏正讹序》，《仪礼经注疏正讹》卷首，《续修四库全书》第89册，第419—420页。

之正文且多脱误,而注文疏文不待言矣。"①阮元云:"《仪礼》最为难读。昔顾炎武以唐石刻九经校明监本,惜《仪礼》讹脱尤甚,经文且然,况注疏乎?贾《疏》文笔冗蔓,词义郁轖,不若孔氏《五经正义》之条畅,传写者不得其意,脱文误句,往往有之。宋世注疏各为一书,疏自咸平校勘之后,更无别本,误谬相沿,迄今已无从一一厘正。朱子作《通解》,于疏之文义未安者多为删润,在朱子自成一家之书未为不可,而明之刻注疏者一切惟《通解》之从,遂尽失贾氏之旧。"②宋儒以《周礼》论政,以《礼记》构建性理之学,而对考据色彩甚浓的《仪礼》不甚措意。在清代学风由虚转实、由心性之学向考据之学转移的大背景下,《仪礼》学遂逐步引起学人的重视,而首当其冲的就是《仪礼》文本的整理。在《仪礼》经、注、疏的校勘方面,顾炎武、张尔岐等人倡之于前,金日追、卢文弨、阮元、胡培翚等人赓续于后,通过诸大家的校勘,《仪礼》文本传抄的讹误得到有效的清理和厘正,《仪礼》的研究也取得了辉煌成就。

清中期阮元集众家之长,在《仪礼》校勘方面取得了较大的成就。比如阮元从事《仪礼》校勘时,特别重视底本和参校本之选择。其采用的底本是北宋苏州所刻的单疏本,此为贾公彦、邢昺的原书,比宋十行本还早。其采用的参校本有唐石经本、宋严州单注本、翻刻宋单注本、明钟人杰单注本、明永怀堂单注本、闽本、明监本、毛本、《经典释文》本、《仪礼集释》本、《仪礼经传通解》本、《仪礼要义》抄本、《仪礼图》本、《仪礼集说》本;其参考的校记有浦镗《十三经正字》、卢文弨《仪礼注疏详校》、顾炎武《九经误字》、张尔岐《仪礼误字》、彭元瑞《石经考文提要》等。从阮元所选《仪礼》底本、参校本之丰富程度,便可窥其于《仪礼》校勘用功之深。

第二,清代学者于《仪礼》之例的研究别具特色。

在中国经学史上,治经重例是一种传统。学者们希望通过对经文和注疏进行辨析和归纳,从而找出一些具有规律性的"例",然后再以"例"来统摄和解读经典的内容,从而起到纲举目张的效果。清代学者在从事《仪礼》研究时特别重视"例"之归纳,比如凌廷堪、郑珍、张锡恭等人对《丧服》义例进行重新审视,特别是对"尊尊""亲亲"义例作了充分的论述;而夏炘、夏燮兄弟跳出前人所归纳出的"尊尊""亲亲"义例,以"三纲"为《丧服》之义例。清人从事《仪礼》之"例"的研究,以凌廷堪的造诣最深、影响最大。凌氏认为《仪礼》所记名物制度虽然繁多,但是这些名物制度有"经纬可分",有"途径可跻",这些"经

---

① (清)张式慎:《仪礼经注疏正讹后序》,《仪礼经注疏正讹》卷首,《续修四库全书》第89册,第422页。

② (清)阮元:《仪礼注疏校勘记序》,《续修四库全书》第181册,第287页。

纬"和"途径"是治《仪礼》的笺钥。而这些"经纬"和"途径",就是《仪礼》的"例"。凌氏《礼经释例》共归纳为 246 例。其分类的标准,既非吉、凶、军、宾、嘉五礼,亦非冠、昏、丧、祭、乡、射、朝、聘八礼,而是按名物、向位、仪节等对《仪礼》所记名物制度进行重新分类。此书是乾嘉时期朴学的代表作,受到当时和后世学人的高度肯定。阮常生曰:"《礼经释例》……凡经中同异详略之文,多抒特见,务使条理秩然,非乡壁虚造,凭臆断以争胜于前人,其功不在后苍、大小戴、庆普诸人之下,海内学人当不苦其难读矣。"①梁启超曰:"凌次仲的《礼经释例》……将全部《仪礼》拆散了重新比较整理贯通一番,发现出若干原则。其方法最为科学的,实经学界一大创作也。"②《礼经释例》是《仪礼》之"例"研究方面的集大成之作,为后人治《仪礼》提供了极大的方便,也影响到晚清曹元弼、吴之英等人的《仪礼》学。

第三,清代学者治《仪礼》时重视礼图之绘制。

中国古代许多礼学家以绘制图表的方式来阐释"三礼",使复杂难明的礼器、礼仪和礼制变得形象直观,从而易于读者理解。清人在从事《仪礼》学研究时特重礼图之绘制,如张惠言《仪礼图》、俞樾《士昏礼对席图》、吴之英《仪礼奭固礼事图》《礼器图》都是专门的礼图著作。清人于《仪礼》图研究的规模空前,有集成意义。由于清人能充分参阅清代以前经学家的经说,所以他们对《仪礼》的诠释更趋准确,这就使得其《仪礼》图之绘制更加成熟。比如张惠言的《仪礼图》是在参考宋代杨复《仪礼图》等著作的基础上而成,故能扬前人之长而避前人之短。阮元将张氏图与杨氏图作了比较,认为张氏图"步武朗然","尤为明著",且"于治经之道事半而功倍"③。梁启超曰:"张皋文的《仪礼图》,先为宫室衣服之图;次则十七篇,每篇各为之图;其不能为图者则代以表,每图每表皆缀以极简单之说明。用图表方法说经,亦可谓一大创作。"④

除了张惠言的《仪礼图》,蜀地学人吴之英的"《仪礼》三书"是不得不提的特色之作。吴之英一生潜心经学,在《仪礼》学领域贡献尤大。其《仪礼奭固》《仪礼奭固礼事图》和《仪礼奭固礼器图》三部礼学著作不仅识广文雅、图文并茂,而且新见迭出,将《仪礼》研究推进到一个新水平。吴之英的《仪礼》学以其所绘制的精美礼图而著称于世。其《礼事图》和《礼器图》将《仪礼》中复杂难明的名物和礼仪变得十分形象和直观。其所绘制的礼器具图之精密程

---

① (清)阮常生:《礼经释例序》,《凌廷堪全集》第 4 册附录,黄山书社 2009 年版,第 307 页。
② (清)梁启超:《中国近三百年学术史》,上海三联书店 2006 年版,第 174 页。
③ (清)阮元:《仪礼图序》,《仪礼图》卷首,《续修四库全书》第 90 册,第 428 页。
④ (清)梁启超:《清代学术概论》,上海三联书店 2006 年版,第 174 页。

度已超越乾嘉学人,如刘师培认为吴之英"《图》亦较张(惠言)为优"。① 谢兴
尧评价吴之英《礼器图》云:"是编虽取袭前人之图,而分门别类,条分缕析,颇
称宏博,且能以《说文》、古史证明古制,发前人所未发,致力之深,洵足
钦矣。"②

第四,清代学人在《仪礼》的综合研究方面取得了很大成就。

清代《仪礼》学的综合研究方面,当以清中期徽州的胡培翚为代表。胡培
翚《仪礼正义》广泛征引历代学人之解义,是典型的集解体文献。由于胡培翚
生活在清代嘉道年间,乾嘉时期考据精深的著述多已面世,因此其从事《仪
礼》新疏之撰作时能广泛地参考和吸纳清代中期及以前经学家的成果。比如
在《仪礼》经、注、疏的校勘方面,胡培翚既能科学地选择底本和参校本,又能
吸收历代的校勘成果,特别是吸收清代金日追、卢文弨、阮元等人的校勘成果,
使得其《仪礼》经、注的校勘方面时有新见。《仪礼正义》一书,不管是在征
引各家解义的数量上,还是在《仪礼》诠释的角度上,抑或是《仪礼》考证的精
深程度上,都超越了前人,从而成为中国古典《仪礼》学集大成之作。

井冈山大学邓声国教授潜心礼学研究二十余年,取得了丰硕成果,特别
是在《仪礼》文献研究方面可谓成就斐然,享誉学界。声国教授在 2006 年
向学术界推出《清代〈仪礼〉文献研究》(上海古籍出版社)一书,对于推动
清代礼学文献研究功不可没,至今仍是不少从事清代经学史、礼学史研究者
的必读之书。2012 年,声国教授承担国家社科基金项目——"清代《仪礼》
学史",并于 2017 年底以"优秀"的鉴定等级结项。相对于早年出版的《清
代〈仪礼〉文献研究》一书,《清代〈仪礼〉学史》一书的规模更为宏大,内容
更为精深。《清代〈仪礼〉学史》将清代《仪礼》诠释史置于当时的社会文化
和思想文化史的大背景下,分为清前期、清中期、清后期三个阶段,即礼经研
究的萌发期、兴盛期、衰微期。每一阶段,依次根据学术流派的不同,逐一进
行分类考察和研究,力求在充分释读清代《仪礼》文献和相关背景文献的基
础上,对这一时期约 270 年礼经学史上众多流派的代表性研究者和代表性
礼经文献进行一次较全面、系统的剖析和总结。不仅如此,本书还注意考察
清代不同阶段各自礼经文献的传播与接受情况,并在众多流派个案剖析基
础上,进一步从思想史、礼经学、诠释学、经学地理学四个层面,总结不同时
期礼经研究的旨趣与特色等情况,是对清代《仪礼》学史认知的进一步深化
和总结。

---

① 吴虞:《吴虞日记》上册,四川人民出版社 1984 年版,第 45 页。
② 柯劭忞等:《续修四库全书总目提要》上册,中华书局 1993 年版,第 525 页。

该书所取得的成就及特色还可以从以下几个方面来看：

一是该书之研究，在一定程度上具有填补学术空白的意义。关于清代《仪礼》学断代学术史的研究，目前学界基本上处于大量个案研究的层面，除了林存阳《清初三礼学》、邓声国《清代〈仪礼〉文献研究》等几家著作有所涉猎外，系统全面的专门性论著并未出现。林存阳的《清初三礼学》主要从学术思想史层面考察清初礼学思想史的发展演进状况，对清中、后期并未涉猎。而张寿安、潘斌等人于清代《仪礼》学的研究，也多是集中在专人方面，而对整个清代《仪礼》学史并没有系统的研究。截至目前，将清代众多《仪礼》学研究个案综合在一起写成一部综合性学术史研究专著尚未见到，还处于阙如状态。因而，该研究成果在一定程度上具有填补空白的作用。

二是该书采用交叉学科的研究方法，对于全面立体地呈现清代《仪礼》学的面貌颇有助益。该书在研究方法上，兼采中国文化史、学术史、思想史研究和文献学史研究的通行做法，强调采用多维度的研究方法和研究视角，力求始终将清代不同历史时期的礼经研究状况置于特定的社会文化背景下，在关注相关历史事件及时代思潮对礼经研究的影响考察的同时，更主张和践行从多角度、多层面来分析学术的演进轨迹，并结合针对若干相关文献学论题展开深入探讨，力求做到历史实证与逻辑推理相结合，定量分析和定性阐释相结合，有助于为各类断代经学史著作提供一种有益的借鉴。

三是真正走进清代《仪礼》学文献，并做深度的解读，从而让相关研究建立在扎实的文献基础之上。清代是《仪礼》研究的一个重要阶段，该书立足于礼经文献释读这一研究基础，以学术流派的流变为切入剖析视角，系统梳理了清代前期、中期、后期三个阶段礼经诠释的基本轨迹和发展脉络，特别是对各个阶段不同流派的重点礼学家及其相关著述进行了重点考察和探析，探讨分析了各个阶段礼经研究的不同学术旨趣、特点，进而从整体上准确把握清代《仪礼》研究的基本思路和文化演进轨迹。这一研究思路和研究方法，为探寻礼经学史、挖掘礼学的影响力提供了一个新的视角，有助于摆脱目前学界某些学术史通论性著作往往作单纯的感性判断，仅仅依据历史上某几个人的意见、评价入手作静态化观照的研究方式和治学理路，具有较强的客观性，更易于得出更趋合理、符合历史实际的研究结论。

总之，该书是第一部全面系统总结清代《仪礼》学史的专著，具有填补学术空白的价值。该书结构合理、内容翔实，材料丰富，论述允当，相信能够起到"辨彰学术、考镜源流"的作用。虽然书中对有些学者的《仪礼》诠释的理解方面还有深入发掘的空间，但是从总体上来说，筚路蓝缕之功，必将嘉惠学林，功德无量。

　　我与声国教授是礼学同道,有着近二十年的交谊。承蒙声国先生的信任,书稿完成后即赐下让我先睹为快,并索序于余。辞不获命,遂不揣浅陋,写下以上感想,权充此书弁言。

2020 年秋于曲阜六艺苑

目　　录

导　论

　　考察中国传统文化的本质,"礼"乃是其中的核心要素之一,而以儒家为主导的礼乐文化称得上是中国传统文化的主要范式。"礼"是中国古代社会逐渐发展和形成的有关祭天、祀祖、区分尊卑上下和维护宗法制度社会秩序的一套仪节制度和行为规范,是人们在相互交际时用来表达伦理思想和感情意识的一种外在形式,当然,其中也蕴含着丰富的、系统的社会政治思想、伦理观念,因而它具有很强的渗透性,往往影响、渗透至当时社会的制度、器物、行为、观念、心态等各个层面中。简言之,"礼"几乎是无所不涵的社会生活的总规范,中国古代社会处处有礼学,研究中国文化处处会遇到礼学。所以早在春秋时期,儒家学派创始人孔子便教导其弟子说:"不学礼,无以立。"(《论语·季氏》)

　　"经之至者,道也。所以明道者,其词也。"①如果将整个礼学发展史比作一条奔腾不息的长河的话,那么,产生于 2000 年前的《周礼》《仪礼》《礼记》诸书便是这条文化长河的重要源头。就传统儒家经学而言,以《周礼》《仪礼》《礼记》为主要研究对象的"三礼"之学,是中国礼乐文化的理论形态,是中国古典学术的重要组成部分,是产生于齐鲁大地儒家文化的典型代表。皮锡瑞在《经学通论·三礼》中说:"六经之文,皆有礼在其中。六经之义,亦以礼为尤重。"②近代礼学名家曹元弼也说:"六经同归,其指在礼。《易》之象,《书》之政,皆礼也。"③"三礼"所记载的典章制度,历来被看作是我国古代礼制的渊薮,历代礼典的修订,亦无不以"三礼"为基础。"三礼"之学所蕴含的礼学思想,对古代中国乃至东亚、东南亚的文化,产生了极为深远的影响。中国古代的"三礼"学既有学术意义,又有治术意义,受到了历代统治者和学者的普遍重视,在中国传统文化中扮演着基础伦理和制度资源的角色。

　　从内容方面来看,"三礼"诸书的内容非常丰富,遍及先秦时期人们社会生活的各个方面。仅以《仪礼》为例,诚如《礼记·昏义》篇所云,"夫礼始于

---

　　① 戴震:《与是仲明论学书》,《戴震全书》卷六,黄山书社 1995 年版,第 370 页。
　　② 皮锡瑞:《经学通论·三礼》,中华书局 1954 年版,第 81 页。
　　③ 曹元弼:《会通》,《礼经学》卷四,《续修四库全书》(第 94 册),上海古籍出版社 2002 年版,第 713 页。

冠，本于昏，重于丧、祭，尊于朝、聘，和于射、乡。此礼之大体也。"《礼记·礼运》篇亦称："达于丧、祭、射、御、冠、昏、朝、聘"，"其行之以货力、辞让、饮食、冠昏、丧祭、射御、朝聘"。其中记述了先民们冠、昏、饮、食、燕、射、聘、觐、丧、虞等方面的礼节仪式，其中所涉及的服饰搭配，礼器陈设，挚币等次，言辞容止，主、相、宾、介、门、阶、面、位、升、降、进、退、揖、让、兴、献、荐、祭、啐、歌、笙、间、合等等繁文缛节，仪文节制相当烦琐。凡此之类，都给后人解读带来了很大的困难。《周礼》所涉及之内容同样非常丰富，大至天下九州、天文历象，小至沟洫道路、草木虫鱼，凡邦国建制，政法文教，礼乐兵刑，赋税度支，膳食衣饰，寝庙车马，农商医卜，工艺制作，各种名物、典章、制度等，可谓无所不包，堪称我国先秦文化史之宝库。至于《礼记》49 篇，它阐述的思想更是包括社会、政治、伦理、哲学、宗教等各个方面，很长一段时间里，发挥着维护统治秩序、维护国家"长治久安"之意识形态的作用。

我国"三礼"研究的历史非常悠久，历代儒家学者的"三礼"学研究相当广泛，传世的"三礼"学论著浩如烟海。据王锷先生《三礼研究论著提要》一书的统计，从汉代到晚清，我国历史上各类"三礼"文献有 2118 种（不含"杂礼书"类），其中《周礼》类文献有 520 种，《仪礼》类文献有 499 种，《礼记》类文献有 707 种，"三礼总义"类文献有 195 种，"通礼"类文献有 197 种。此外，著述中涉及的各个方面研究内容也相当丰富，从文字校勘到字词释音训诂，从礼例发凡到礼制考订，从礼文蕴含之礼意和礼义阐释到古今礼俗对比，等等，几乎每一诠释领域都有涉略。其间大多属于礼经学的研究范畴，同样也涉及礼仪学、礼论和泛礼学等方面的问题，要皆丰富了人们对于上古哲学观念、政治思想和伦理思想等的解读和认知。

具体到清代这一特殊时期来看，有清时期实际上是我国"三礼"学发展史上非常重要的一个阶段。仍然依据王锷的《三礼研究论著提要》一书进行统计，当时学者著述的各类"三礼"文献有 909 种，其中《周礼》类文献有 252 种，《仪礼》类文献有 225 种，《礼记》类文献有 249 种，"三礼总义"类文献有 118 种，"通礼"类文献有 65 种，约占历代"三礼"学著述的 42.92%。这些文献统计数据，虽然可能是不完全的，但数量已经相当可观，同时也大致反映了清代三百多年间"三礼"研究的基本概况。对于这一宝贵的历史文化遗产，今人理应保持应有的尊崇和重视，并以科学、严谨的态度加以探讨、研究和总结。与历代"三礼"学研究相比较，清代"三礼"的研究，既有一定的共性之处，也有着一定的差异性，单就《仪礼》一经的研究而言，不仅研究著述宏富，而且研究极具特色，流派纷呈。仍据王锷《三礼研究论著提要》统计，清代《仪礼》专经类研究专著 225 部，其中涉及的学者多达 177 人，文献数量占整个古代《仪礼》

学研究总数的 21.4%,数量极为众多。可以说,清代的《仪礼》学是立体的、多元的、丰富的、多彩的,它积累、借鉴了历朝历代《仪礼》学的研究成果,它是清代硕儒《仪礼》著述的展览厅。站在清代《仪礼》学的画廊里,人们可以了解到各种古代文献所提供的周公制礼作乐思想、学说的有关资料,这无疑是对先秦礼学思想、学说加强科学研究的必要前提,也可以较为完整地透视这一时期《仪礼》学建构起来的一个宏大学术平台,无论是从研究领域到学术取向的延展,或是从宏观研究到微观研究的深入,都给人以新的亮点新的启迪。这也是我们开展"清代《仪礼》学史"这一项目研究的根本所在。

第一节　研究对象和范围

一、研究对象

对清代《仪礼》学予以观照和分析,无疑属于经学史的分支。清代是中国经学研究集大成的时代,几乎在各种经书研究领域都取得了很大的成就,《仪礼》学的发展亦毫不例外。凡论及学术发展史,首要做的便是要从学术史的整体性透视入手,确定所要研究课题的研究对象、研究内容和研究目的、研究方法等,而研究对象又是受研究内容和研究目的的具体制约。在笔者看来,对清代《仪礼》学史的细致考察,离不开以下诸方面直接或间接的研究对象的宏观透视与微观剖析:

首先,清代《仪礼》的注家和著作。开展课题研究,首当其冲的当然是占有文献和资料,此为一切学术研究的根本前提和重要依据。要对清代《仪礼》学进行深入全面的发覆、诠释,无论如何也跳不过清代《仪礼》的注家和著作,这是研究清代《仪礼》学的主要对象和直接对象。通过这些注家和著作,我们可以具体、真实地获得清代《仪礼》研究的第一手资料。从整个《仪礼》学史的角度来看,清代是《仪礼》研究的高峰鼎盛时期,不仅涌现出一大批《仪礼》学研究队伍,而且拥有数量可观的《仪礼》学研究文献。一般说来,清代的《仪礼》学文献主要涉及以下三类:一是《仪礼》专经类研究文献;二是三《礼》总义类研究文献;三是清人文集中研究《仪礼》的单篇论文。如上所述,单是这一时期《仪礼》专经类研究专著就有 225 部,涉及的学者多达 177 人,文献数量占整个古代《仪礼》学研究总数的 21.4%。至于三《礼》总义类研究文献,像金榜的《礼笺》、孔广森的《礼学卮言》等一类专著,据王锷《三礼研究论著提要》统计也有 118 部,占整个古代《仪礼》学研究总数的 5.3%。倘若再加上清人文集中研究《仪礼》的单篇论文,清代《仪礼》学研究文献可谓蔚为大观。

其次,清代《仪礼》研究的社会背景和学术背景。考察清代《仪礼》学术发展的历史,除了需要直接面对和研读各类重要与非重要的文献著述外,还必须研究清代社会不同时期的政治、经济、文化等因素,找出施加在研究者身上的各种有意或无意、自觉与不自觉的创作影响因子。换言之,清代社会政治文化决策的出台、思想钳制政策的宽与严、学术思潮的变迁、经济的繁荣与衰微等诸因素对《仪礼》诠释产生的影响,清代《仪礼》诠释和清代以前各个朝代《仪礼》诠释之间的继承因革关系,清代《仪礼》诠释者的个性差异、师承交游、地域分布及各类学术活动,清代其他经学著作研究对《仪礼》研究的影响,等等,都是本书需要关注的视野,因为他们编织构成了清代《仪礼》研究的社会背景和学术背景,是对学术史宏观地、立体式地描述的重要依据。

再次,清代《仪礼》研究的流派情况。凡论及史,要跟历史上的那些学术大儒对话,跟他们的作品进行沟通与交流,只有通过诠释著述具体文本的阅读和分析,才能准确了解研究者的个性差异和诠释意图,进而归纳出不同类型的《仪礼》诠释特点和解经方法。但仅仅如此还远远不够,需要在此基础上,厘清一系列与之相关的问题,诸如清代《仪礼》研究中出现了那些学术流派,这些学术流派在清代不同阶段的学术分布情况如何,各流派与流派之间主要学术差异体现在哪些方面,在诠释策略和诠释方式方法上有何不同抉择,同一流派内部各注家之间有何共性特征和个性差异,各流派之间如何嬗变发展和变异创新,不同学术思潮对各类流派研究的影响,等等。凡此种种,体现出学术史这一研究课题研究对象的丰富性和复杂性。通过学术流派情况的系统全面梳理,以及上述问题的厘析,将有助于我们理清清代《仪礼》诠释的客观史实和发展线索,描绘清代《仪礼》学的内在学术体系及其发展规律、特点与方法。

围绕上述三个方面,开展清代《仪礼》的注家和著作文本释读的研究,这是本书研究的基本立足点,也是本书最为重要的研究方面;了解清代《仪礼》研究的社会背景和学术背景,有助于跳出注家之外进行史论结合式的全面阐述,是本书较为重要的考察与剖析切入点;梳理清代《仪礼》研究的流派情况及其发展走向,有助于跳出文本阅读的主观影响,对《仪礼》研究进行客观的现象学还原,是本书构筑清代《仪礼》学学术体系极为重要的发掘视角。

二、研究范围

清代《仪礼》学史,顾名思义,这是学术史的断代研究,而且仅仅局限在《仪礼》一经的诠释考察上。在清代《仪礼》学史上,有着许多学术断点,这些断点就像时间长河中的一个个链环,既有学术联系,又有各自的独立性。因而,研究清代的《仪礼》学发展史,就是系统而全面地研究这些学术断点,通过对清儒的各种《仪礼》诠释著作进行重点研究,以考见这条长河的状貌,这是根据《仪礼》学自身发展的特点和规律所确定的。

作为《仪礼》学史的断代研究,本书的研究范围大致以社会兴替为时间基点,大致界定在 1644—1911 年清代社会约 270 年的时间范围内。因为清朝统治者入关之后,才开始真正全面了解并接受比满文化更为先进的汉文化,所以,以 1644 年作为清代《仪礼》学史上转折性的一年是具有其合理性的。至于结束点,则无法完全以 1911 年为绝对断点,容或有些《仪礼》学著述虽然完成于之后,但其学术研究的起点仍然在此之前,而且著述所代表的学术思想也隶属于清末的学术思潮范畴,如刘师培著述《礼经旧说》即是此类情况。

开展清代《仪礼》学史的研究,面临的首要问题是其研究范围的学术分期问题。为了便于客观描述清代《仪礼》学研究的概貌,本书将其分为前期、中期、后期三个阶段进行阐述。按照史学界的常规做法,清代前期为顺治、康熙两朝,时间段从 1644 年算起,有些学者也将雍正朝包括在内;清代中期,许多人认为应统括雍正、乾隆、嘉庆三朝,也有人主张将雍正朝列入清初,时间上限难定,但下限至迟应止于 1820 年;清代后期则指道光以后,应包括道光、咸丰、同治、光绪、宣统五朝,合计有 91 年。简言之,目前似乎无法作出统一的时间断线的严格界定。从儒家诸经各自学术分支的表现和演进途径来看,也各自有各自的独特之处,难以达成也无需达成统一的共识。

关于清代礼学研究的学术分期,目前学界讨论较少。林存阳先生在他的博士论文《清初三礼学》一书中,曾经对清初的概念作出界定,该书对清初礼学的考察时段,大体从清顺治初年延至乾隆前期,以乾隆朝修《三礼义疏》《大清通礼》及秦蕙田著《五礼通考》为界,时间跨度约 80 年左右。① 至于清代中、后期时间断点的划分情况,林氏没有作具体说明。后来,笔者在《清代〈仪礼〉文献研究》一书中,在林氏分期的基础上,结合礼学文献著作的研究内容、研究风格、著述形式及其礼学思潮等多方面因素,提出将清代《仪礼》文献研究史划分为三个阶段,即萌发期、兴盛期、衰微期。其中,萌发期大致应从顺治元年(1644)算起,一直延续到乾隆二十年(1755)前后;兴盛期大致上从乾隆二十年之后算起,一直延续到道光初期;衰微期则大致始于道光十年(1830)前后,一直到宣统三年(1911)辛亥革命推翻满清统治为止。② 近几年来,随着这一方面学术史的延展性研究,笔者至今仍然认为,这一划分法是较为可行的一

---

① 参见林存阳:《清初三礼学》,社会科学文献出版社 2002 年版,第 5 页。
② 参见邓声国:《清代〈仪礼〉文献研究》,上海古籍出版社 2006 年版,第 11—18 页。

种处置方式。因此,本书的研究,仍然采取这一分期时间断线,仅仅将各分期称名为清代前期、中期、后期而已。

第二节 研究视角和方法

一、研究视角

学术史的研究,可以有多种研究视角,在推动学术化的进程中,研究视角的如何抉择,有着举足轻重的影响。当代治史学者十分注重文献史料的搜集、整理与考辨,并且越来越注重借助于新学科独特研究方法和新视角的运用,强调借此对业已存在的学术史进行多维度的学术关照。受本人学术结构和学术视野的限制,本书主要基于如下学术视角,开展清代《仪礼》学史的解读、诠释与建构。

首先,是学术思想史的观照视角。《仪礼》作为古代思想文化的文本结晶,它所规定的并不仅仅是衣冠朝拜、丧葬祭祀等冰冷的仪制节目,还有着极为丰富的文化意蕴,以及关心、反映、参与人生的深切的人文关怀。因而,《仪礼》在清代社会受到广泛关注,礼经研究成为学者反思阳明心学、倡导“经世致用”的手段,对清代经学史、学术史,乃至于朝廷的政治文化抉择、民间士人的学术观和其他底层人民的生活方式等,都发挥着其他儒家经典研究无法取代的作用。所以,研究清代《仪礼》学史,首先必须置身于思想史的学术观照视野之下,将其从经史结合、学术史和社会史相结合的角度来“整体关照”、理解清代《仪礼》研究的发展历史。

其次,是礼经学、经学诠释史的观照视角。全面科学地整理儒家经典学术史,研究清代《仪礼》诠释的发展史,首先必须按照经学研究的学术规律办事。《仪礼》作为儒家“六艺”之一,历代学者的研究大都属于经学研究的范畴,本质上属于礼经学,而不是泛礼学、礼仪学、礼论的研究范畴。从这一认知出发,我们不主张将《大清通礼》一类礼书纳入《仪礼》学史的研究领域,而应从礼经学的各类命题入手,考察清代各类《仪礼》学著述、活动现象等学术状况,剖析众多礼经文献诠释实践,从而还原和归纳各家研究者的诠释理念、诠释方式方法、诠释体式的选择、诠释得失等具体问题,并置身于整个礼经学史的背景下,审视后人对其著述的评价情况,进而剖析《仪礼》学史发展行程中的形态差异及其内部联系,达成一种超越意识形态的纯客观的学术性总结与反思。

复次,是学术流派发展嬗变的观照视角。梁启超曾经在《中国近三百年学术史》中提出,撰写学术史有四个必要的条件:“第一,叙一个时代的学术,须把那时代重要各学派全数网罗,不可以爱憎为去取。第二,叙某家学说,须将其特点提挈出来,令读者有很明晰的观念。第三,要忠实传写各家真相,勿以主观上下其手。第四,要把各人的时代和他一生经历大概叙述,看出那人的全人格。"①其中第一点就是,强调要梳理研究时段存在的各类重要学术流派情况,对其作出明晰的描述。在社会环境、历史传统、知识来源、个性特征等多方面因素的综合作用,清代约 270 年的《仪礼》学史上存在多个学术流派,它们之间存在着密切的互动和嬗递关系。它们在清代前期、中期与后期的兴替情况,深刻地反映出时代的变迁和学术自身的演变规律。

此外,是传统文献学与文献整理的观照视角。文献学,简言之,是研究古典文献的产生、发展和利用的专门学问的一门科学,是综合运用版本、校勘、目录、注释、考证、辨伪、辑佚、编纂、检索等方面的理论与方法,科学地分析、整理、研究中国古代文献,进而探讨古代文献的产生、分布、交流和利用的规律,并总结对古代文献进行分析、整理、研究工作的规律与方法的一门学问。清代学者在进行《仪礼》研究的过程中,涉及大量的校勘、目录、注释、考证、辨伪、辑佚、编纂等文献整理实践活动,如何透过文献本身的解读,还原当时学者的文献整理研究理路和著述目的,需要文献学知识的全程参与。在学术史的具体研究过程中,考索清代学者的目录学、版本学、校勘学、辨伪学、辑佚学意识,离不开这些专门学问的指导。在学术史研究前期文献史料的搜集、整理过程中,如何求得一种研究文本的善本,也需要借助于文献目录学、版本学等专门学问的学术指导。

二、研究方法

基于本书的研究,立足于通过对清代《仪礼》诠释者和诠释文献的研读与剖析,揭示清代各个阶段《仪礼》诠释的流派分布情况及其各自诠释的特点,思考各个阶段《仪礼》诠释之间的继承和因革情况,因此,从这一特定研究目标出发,适当观照前述诸方面研究视角,我们主要采取如下研究方法。

首先,从思想史的角度来讲,研究清代《仪礼》学史的方法:"要对历史现象作出论断,必须跳出历史之外;要对某个注家作出评价,必须跳出注家之外;要对某部著作作出评价,必须跳出著作之外。否则,就事论事,只能流于肤浅和平庸。"②姜广辉先生曾言:"研究礼学,重要的是把握其历史脉动的规律和社会功能,把握其内在的价值和意义,因此对礼学发生、发展的历史考察不能

---

①　梁启超:《中国近三百年学术史》,东方出版社 2004 年版,第 55 页。

②　柳宏:《清代〈论语〉诠释史论》,社会科学文献出版社 2008 年版,第 19 页。

就事论事，而要有一种整体观照的情怀和角度。"①又说："一个思想家不可避免地要受其时代思潮的影响，因此我们不能只做某位思想家经学思想的个案研究，还要从宏观上研究经学演变和理学发展的思想背景，只有把具体思想家的经学思想放在这样的思想背景之下，我们才能认识其真正的价值和意义。"②姜先生的上述论述都可以看作是自梁启超以来，重新认识礼学价值所采用的思路和方法，即"用新史家的眼光去整理他，可利用的地方多着哩"③。

换句时髦一些的话说，就是将学术史的研究方法与社会史的研究方法结合起来。就整体层面研究而言，就是要对清代不同学术阶段的《仪礼》研究状况，始终置身在各自特定的社会大背景下，关注各大历史事件（如诏开三礼馆、四库馆）及时代思潮对《仪礼》学术研究的影响，从多角度、多层面来分析学术的转变轨迹。从个体层面研究而言，就是要将一个个独立学者的研究挑出来，跳出常规研究方式，把对其学术具象的个案关注放置到具体的流派研究之中考索，放置到经学地理学考察、群体身份心态剖析等要素之下加以观照，辨明学者间的学术传承与相互影响，反思这些社会文化因素对《仪礼》学术研究的发展产生了何种影响。

其次，从文献释读的角度来讲，研究清代《仪礼》学史的方法：本书试图通过完成对《仪礼》学的文献资料的系统整理和分析，在此基础上重现这一阶段《仪礼》学的发展轨迹，以期对它的思想特征、历史地位有一个综合的考辨。为此，笔者力图运用文献学的方法，结合学术史和思想史的视野，通过清理、比较、分析清代不同时期《仪礼》学的著述材料，来揭示一个个诠释者个案的撰著特点及解经特色，综合探考不同时期各自《仪礼》研究的诠释特征，并考察清代《仪礼》学是怎样从晚明的大谈心性理气的理学、心学笼罩下脱身，怎样实现从前期顾炎武的"经学即理学"发展到中期的"以礼代理"，进而发展到后期的"理学即礼学"的礼学旗帜的。再细而言之，方法有三：

第一，典型解剖的方法。如前所述，本书注重学术流派的研究，每一个流派的形成，都是由一个个诠释家个体组成的。研究某个学术流派，就是通过研究一个个具体的诠释者及其诠释著述，对于研究者来讲，存在一个典型性个案的选择性问题，对典型性个案的成功解剖，既有助于深入理解《仪礼》诠释者的学术行为与治学思想，也能通过这一理解把握清代《仪礼》研究的学术走向。

①　姜广辉：《〈礼学思想体系探源〉序》，载王启发：《礼学思想体系探源》，中州古籍出版社 2005 年版。

②　姜广辉：《论宋明理学与经学的关系》，《湖南大学学报》（社会科学版）2004 年第 5 期。

③　梁启超：《中国近三百年学术史》，东方出版社 2004 年版，第 215 页。

第二,分析归纳的方法。为了防止断章取义的现象发生,对于每个具体学术个案,包括诠释家个体和文献个体的研究,所有的结论都要在资料分析的基础上得出,并放到研究对象所处的整个发展阶段学术体系中,以验证其是否具有一致性。

第三,比较研究的方法。从对具体的学术个案人物和个案文献的解读来说,同一学术研究者不同历史阶段前后观点可能发生变化,研究诠释视角与方法也有可能形成差异,如江永、廖平的礼经研究便是如此;从同一学派不同学者的文献解读来说,每一个研究者的诠释视角和诠释方法、理念都有可能不同,需要对文献进行比较研究,解读他们之间存在的学术异同;从不同学派之间的异同情况考察来说,必须抽绎出某些具体要素进行比较,发覆各自之间的最大差异点;从历时的角度来说,需要将清代《仪礼》文献和此前的《仪礼》文献进行对比性释读,寻绎其间存在的学术发展脉络。凡此之类,都需要我们在文献释读过程中,采用比较研究的方法。

第四,训诂考据的方法。清代的大部分《仪礼》文献,诠释者的研究焦点主要集中在两方面:一是《仪礼》经、《记》相关繁文缛节、仪文节制的诠释;二是礼制名物语词及大量普通词句的训诂考释。因此,研究和解读清人《仪礼》文献,就不可避免地要用到考据学的方法。在此之外,要考索某一具体文献、具体诠释者的诠释得失、诠释成就,对诠释者的诠释结论之优劣作出合理、科学的判断,也离不开传统考据学的方法。

总之,尽管清代《仪礼》诠释者人物众多,著作繁富,但只要立足于对清人遗留下的大量《仪礼》文献的细致爬梳与钩稽,包括对清人文集中一些精短的学术札记的深入解读,再进一步参考借鉴当代学者的研究成果,加之运用各种合理的多学科的交叉研究方法,就一定能够实现对清代《仪礼》学术史的综合性、宏观性的把握,实现对清代某一《仪礼》学学派、经学家、经学著作的具体的微观性的勾勒,并在学术研究视野和方法上有新的启示。

第三节　研究现状述评

清代200余种《仪礼》文献,从文字的校订到具体字词的训诂考订,从篇章结构的划分到相关礼学专题的剖析,从具体典籍礼仪典章制度的探讨到与历代民间礼俗文化的比较,均有涉猎,值得梳理和总结。学界对清代《仪礼》学在内的清代三礼学研究,20世纪80年代之后,受重视程度越来越突出明显,特别是进入21世纪后发生了很大改观,一批专著和一批硕、博士论文相继推出,进一步推进和深化了清代《仪礼》学的研究。综观此前与清代《仪礼》学研究密切关联性研究,大致体现在如下诸方面。

一、文献学层面整理与研究

从文献学层面整理清代《仪礼》学,是研究清代《仪礼》学史的基础。后世学者研究清代《仪礼》学,首先就需要阅读大量清代学者的这些著作,对其进行相应的文献学整理是最为基础的工作。

首先,礼学文献的整理与影印。到目前为止,学界系统整理出版了不少清代重要的经学典籍,如中华书局陆续推出的《十三经清人注疏丛书》,其中王文锦、陈玉霞二先生点校的孙诒让撰《周礼正义》,沈啸寰、王星贤二先生点校的孙希旦撰《礼记集解》,饶钦农先生点校的朱彬撰《礼记训纂》,王文锦先生点校的王聘珍撰《大戴礼记解诂》、黄以周撰《礼书通故》,等等,都是清代重要的礼学文献,可惜其中并未收录整理清代《仪礼》学方面的文献著述。近期,北京大学出版社推出的《清华经学著作丛刊》,其中周洪点校的曹元弼《礼经学》,彭林先生点校的凌廷堪《礼经释例》,所选底本精,校本全,具有很高的版本学价值。其他点校类整理成果,如江苏古籍出版社推出的段熙仲先生点校的胡培翚撰《仪礼正义》,贵州人民出版社推出的李华年点校的郑珍撰《仪礼私笺》,华东师范大学出版社推出的温显贵校注的万斯大著《经学五书》本《仪礼商》,四川大学出版社推出的潘斌点校的吴之英撰《仪礼奭固》(收录在《吴之英儒学论集》当中),以及台湾国立编译馆推出的韩碧琴先生的《仪礼郑注句读校记》等,较为集中地展现了学术界整理清代《仪礼》文献的成绩。

至于文献影印方面,单行本主要有圣环图书公司出版的秦蕙田撰《五礼通考》,北京图书馆出版社出版的林昌彝撰《三礼通释》等;丛书类文献影印的,主要有台湾商务印书馆出版的《景印文渊阁四库全书》,齐鲁书社出版的《四库全书存目丛书》和刘晓东、杜泽逊编《清经解三编》《清经解四编》,上海古籍出版社出版的《景印文渊阁四库全书》《续修四库全书》,凤凰出版社出版的《清经解》《清经解续编》等。后面这些丛书中,收录了大量的清代《仪礼》文献,这些清代《仪礼》基础文献的影印、整理和出版,极大地便利和促进了学人们对清代《仪礼》学相关专题的深入研究。

其次,文献目录学著作的编纂。对已有的研究成果加以排比、考析和提要,是一项指引学人非常重要的基础性工作。在这方面,王锷先生所著《三礼研究论著提要》,台湾洪叶文化事业公司推出的刘兆佑先生所著《周礼论著目录》《仪礼论著目录》、黄俊郎先生所著《礼记论著目录》,国立编译馆推出的刘兆佑先生编著的《周礼著述考》《仪礼著述考》《三礼总义著述考》、黄俊郎先生编著的《礼记著述考》,以及林庆彰先生主持编纂的《经学研究论著目录》

《乾嘉学术研究论著目录》等,皆为学界从事三《礼》学研究,提供了快捷的文献检索便利和研究的参考工具。

复次,清代《仪礼》学的文献学整理与研究。关于这方面研究,主要以拙著《清代〈仪礼〉文献研究》为代表,该书主要从文献学整理的角度,对清代《仪礼》文献流派、"五服"文献概况,训诂体式和训诂方法论,校勘、目录、辨伪、辑佚,以及《仪礼》文献的刊布等问题,做了相当全面的探究。其他学者单篇性质的这方面论文也有不少,如彭林《论清人〈仪礼〉校勘之特色》,陈功文《〈仪礼正义〉与〈仪礼注疏校勘记〉校勘之比较》《胡培翚〈仪礼正义〉征引文献探析》,金玲《〈仪礼古今文疏义〉引书考》,王娜《论〈五礼通考·宾礼〉对阮刻本〈仪礼注疏〉的校勘价值》,等等。这些文献整理成果,较为集中地展现了学术界整理与研究清代《仪礼》文献的成绩,为开展清代《仪礼》学史的梳理和钩稽提供了极大便利,奠定了研究的坚实基础。

二、学术思想史层面研究

从学术史的层面关注礼学问题,其最早探讨者,可能要追溯到台湾学者张寿安教授的礼学思想研究,他的《以礼代理——凌廷堪与清中叶儒学思想之转变》("中央研究院近代史研究所"1994 年;河北教育出版社 2001 年)与《十八世纪礼学考证的思想活力——礼教论争与礼秩重省》("中央研究院近代史研究所"2001 年)二书,可谓是这方面发先声的力作。其中《以礼代理——凌廷堪与清中叶儒学思想之转变》一书,通过对凌廷堪"以礼代理"思想观念及清儒"亲亲尊尊""为人后""嫂叔无服·嫂叔有服""成妇·成妻"等思想的讨论,以及其在社会层面所产生的作用和影响的详细梳理,勾画出礼在清中叶的演进状况和所具有的思想活力。

大陆方面,张仁善教授的《礼·法·社会——清代法律转型与社会变迁》(天津古籍出版社 2001 年),对"清朝礼法思想体系的形成""礼法与清朝前期的社会生活""礼法与清朝前期的伦理结构""清朝前期礼法的社会功能",以及"清朝中期礼法的松弛""清末礼法分离的基本轨迹""清末礼法之争""礼法分离与清末社会心态"等问题,进行了系统的考察。稍后,林存阳先生《清初三礼学》(社会科学文献出版社 2002 年)一书,则从学术史、思想史和政治文化的角度,对清初三礼学的发展演变、礼学家与清廷文化政策之间的互动、三礼学在满汉文化由冲突到合流过程中所发挥的作用等问题,作了较系统、多层面初步的探讨,意在揭示清初三礼学演进的内在逻辑和功能,以及考察礼学思想在当时社会中所发挥的作用。邓声国著《清代"五服"文献概说》(北京大学出版社 2004 年)一书,亦强调从文献释读入手,对清代五服文献进行了系统深入的研究,既注重将史论有机结合起来,力求对清代不同时期的五服研究概况作总体把握,彰显不同名家之间的学术共性与诠释个性,同时又站在诠释理论高度,对五服制服原则及义例观、诠释观与诠释方法等专题问题,进行了一次系统的梳理。

近年来,无论是在中国大陆,或者是在中国台湾地区学界,一批博士、硕士们在进行毕业论文的选题和撰写时,也将目光转向清代礼学的学术思想史方面,表露出对清代礼学的关注和探讨的热情,并且取得了一些可喜的研究成绩。以大陆学界为例,博士论文属于这方面内容探讨的,如李江辉的《晚清江浙礼学研究》(西北大学 2007 年),其认为晚清江浙学者继承乾嘉考据学的优良传统,指出扬州学派的会通众说、浙东学派的礼制总结、常州学派的经世意识,是代表晚清学术界对时代课题作出的三种回应思路,为近代中国学术发展扫清了障碍,奠定了坚实的基础。刘永青的《在情与礼之间——论明清之际的礼学转向》,同样也是这方面的代表性论文。硕士论文,如金玉萍的《清代乾嘉新义理学研究——以"以礼代理"说为中心》、张敬煜的《曹元弼礼学思想研究——以〈礼经学〉为考察重点》,同样属于这方面内容较具学术价值的探讨之作,其中后者通过对曹元弼家世背景、个人经历的梳理,结合其所处时代的社会环境、学术环境,对影响其礼学思想形成的各种因素作出分析,对其礼学思想的内容与特征作出归纳,展现曹元弼礼学思想对后世礼学的贡献和影响。

另外,还有少数学者在他们的单篇小论文中,就学术思想史方面的某一方面内容进行探考。如顾迁《敖继公〈仪礼集说〉与清代礼学》一文,通过重新审视和梳理敖继公《集说》一书,具体评议清儒"为郑学者"对敖继公的非议情况,进而考索《仪礼集说》对清儒《仪礼》研究的影响。其他如陈晓东、田汉云《顾炎武〈仪礼〉学探析》,林存阳的《浅析"三礼馆"诏开之意义》《三礼馆与清代学术转向》《礼乐百年而后兴——礼与清代前期政治文化秩序建构》《黄式三、以周父子"礼学即理学"思想析论》《张尔岐与〈仪礼郑注句读〉》等一系列论文,都是着眼于思想史角度研究的精深之作。

三、礼学个案层面研究

对清代《仪礼》学诠释者个案的专深研究,是近年来一些年轻学者撰写学术论文达成的共识。当下一批博士、硕士们撰写毕业论文时,也将研究关注的焦点指向这一方面,从大陆学者到台湾学者均是如此。

在台湾方面,如商瑔女士在硕士论文基础上所成的《一代礼宗:凌廷堪之礼学研究》(万卷楼出版社 2004 年),对乾嘉时期的礼学大家凌廷堪的礼学进行了更为具体的探讨和剖析。其他有关硕博士论文如郑卜五《凌曙公羊礼学研究》、程克雅《乾嘉学者"以例释礼"解经方法比较研究》、杜明德《毛西河及其昏礼、丧礼学研究》、李金鸯《程瑶田礼学研究》、张秀玲的《程瑶田〈仪礼丧服文足征记〉研究》等，皆是这方面的专深之作。

大陆方面，如潘斌博士撰写的《皮锡瑞学术研究》一书，设立专章讨论"皮锡瑞之'三礼学'"，对皮锡瑞在《仪礼》之成书、《仪礼》与《周礼》《礼记》之关系、《仪礼》之研究方法、礼经学名家名作之评议等方面的研究观点与研究状况，进行了综合考量；潘斌博士撰写的《二十世纪中国三礼学史》一书，也涉及俞樾、皮锡瑞、廖平、康有为、曹元弼、刘师培、吴之英等晚清学者的三《礼》学研究成果之介绍，并分设专节进行讨论和说明。此外，大陆亦有不少硕士生、博士生选择这方面的论题作为毕业论文进行研究，如梁勇《万斯大及其礼学研究》、房姗姗《试论毛奇龄的礼学成就》、陈功文《胡培翚〈仪礼正义〉研究》等，皆属于个案专题研究。陈功文的《胡培翚〈仪礼正义〉研究》，是一部专门研究胡培翚《仪礼》学成就的博士论文，该论文从生平著述及学术渊源考论、《仪礼正义》撰著考论、《仪礼》作者与文本考论、校勘论、训诂考释论、礼学思想考论等六个方面，全方位剖析了胡培翚礼经研究的学术思想与治学特征、治学影响等方面情况。凡此之类研究，皆有助于清代《仪礼》学史研究的不断推进和深化，体现出良好态势。

这方面单篇论文也有不少，如彭林《论姚际恒〈仪礼通论〉》，林存阳《秦蕙田与〈五礼通考〉》，李春伶《〈仪礼通论〉初探》，邓声国《吴之英之〈仪礼〉礼图研究探析》《盛世佐〈仪礼〉学研究浅析》《曹元弼〈礼经学〉礼学价值探微》《从〈香草校书〉看于鬯的〈仪礼〉诠释特色》，等等，各自从不同侧面对某一个案《仪礼》诠释学者或诠释著作进行发覆，对于充分彰显清代礼经学研究状貌，具有重要的学术价值。

四、通论著作评述式研究

民国以来，出现了一批礼学通论著作和经学通论著作。在这些著作的相关部分，有关于清代礼学的相应论述。其中，礼学通论著作中有所涉及者，主要有钱玄《三礼通论》、蔡尚思《中国礼教思想史》、周何先生的《礼学概论》、高明先生的《礼学新探》等等。至于经学通论著作中有所涉及者亦不少，如皮锡瑞《经学历史》《经学通论》，马宗霍《中国经学史》，刘师培《经学教科书》，钱基博《经学通志》，彭林编《清代经学与文化》等，皆涵括清代礼学研究的有关内容。兹以钱基博《经学通志》一书为例，该书在论及清代礼学研究时，概括各家各类研究旨趣说：有考订字句，正其讹脱者；有辨章注语，校其音读者；

有离经辨志,明其章句者;有发凡起例,观其会通者;有删正旧注,订其阙失者;有驳正前人,庶乎不刊者;有明发经疑,以俟论定者;有偶疏小笺,自抒所见者;有折中至当,重造新疏者;有依物取类,绘为礼图者;有疏证名物,穷究古制者;有心知其意,创通大义者;有网罗众说,博采前贤者;有旁采古记,而补礼经之阙佚者;有囊括大典,而考礼制之沿革者;有兼综三《礼》,而明礼学之源委者;等等。① 凡此之类总括性的介绍,在一定意义上,亦有助于推动清代礼学研究向前发展。

综上可见,此前清代《仪礼》学研究成果虽然说已较为丰富,但在笔者看来,目前学界对于清代《仪礼》学的研究还做得远远不够,至少在以下几方面,还有待进一步加强:

第一,清代《仪礼》学研究的广度有待进一步开拓。从研究队伍情况来看,和历代《易经》学、《尚书》学、《诗经》学、《春秋》学等相关经学研究相比,专门从事《仪礼》学研究的队伍明显还很弱小,清代《仪礼》学研究的参与者则尤其少;从研究成果情况来看,目前的一些中国经学史研究专著很少讨论清代《仪礼》学的研究情况,如姜广辉先生的《中国经学思想史》(第四卷)专门讨论清代经学史,但从第八十一章到第九十六章为止,仅仅在第九十四章,专门讨论了"倡复古典礼学的凌廷堪",而其他大量的清代《仪礼》研究成果,几乎没有涉猎。至于专门讨论整个清代礼经研究状况的论著,则显得尤其少,除林存阳《清初三礼学》和邓声国《清代〈仪礼〉文献研究》《清代"五服"文献概论》等少数几部外,真正意义上从整体学术史角度,把握清代《仪礼》学史的著作尚未出现,事实上拥有很大的拓展空间,具有较大的研究价值和研究潜力,本书即是从这一角度开展的学术研究。

第二,清代《仪礼》学研究的深度有待进一步挖掘。这种深度研究,至少可以从多方面多视角进行解读,挖掘清代《仪礼》学的研究状况:一是从文献学角度,可以进一步考察当时的《仪礼》文献诠释理念变迁情况、文献辨伪情况、文献校勘情况、文献编纂与辑佚情况、文献刊刻与传播情况,等等;二是从专题研究角度,可以进一步考察"五服"学研究状况、江浙皖三地各自的《仪礼》学研究与传承状况、礼经之礼图研究状况、不同学术群体研究状况、书院讲学和礼学文化传播与接受状况,等等。就笔者所见,上述诸方面都还有待深入探讨,如清代的《仪礼》学文献辨伪工作,在清前期和后期非常普遍,但在林庆彰所著《清初的群经辨伪学》、佟大群所著《清代文献辨伪学》当中,讨论《仪礼》方面的辨伪情况却寥寥无几,这充分说明清代《仪礼》学的专题研究有待

---

① 参见钱基博:《经学通志》,上海古籍出版社 2011 年版,第 103—104 页。

继续加强。

第三,清代《仪礼》学研究的方法有待打破单一化的状况。当下的清代《仪礼》学研究成果当中,往往存在两种不良的研究现象:一是不同学者往往从自身的学识结构入手,或倾向于史学的学术研究视角,研究礼学史上的礼学思想嬗变情况;或侧重于哲学的学术研究视角,挖掘某一名家的经史哲学观;或着眼于文献的目录、版本、校勘等,进行文献学层面的文献整理;等等。二是某些论文论著的研究方法较为单一,往往存在阅读序跋就撰文、于礼经文献本身着力太少的研究现象,研究难免存在阙失。事实上,从细致地阅读清人的礼经文献原典入手,对梳理和重新认知礼经学史上的"汉学""宋学"概念,了解张扬朱学派学者礼经学著作与朱熹《仪礼经传通解》的关联性、价值取向等一系列问题,帮助会相当大,同时还可以廓清以往经学史上的一些错误认识。在今后的研究中,力避上述两种治学倾向,将有助于加强清代《仪礼》学的全面而深度的解读。

笔者相信,建立在众多前哲时贤的筚路蓝缕之功基础上,立足于把握清代学术总体走向的前提下,通过本书的研究,能对清代《仪礼》学史的整体状况作出一个全面而客观的评价,是必然会实现的。笔者同时也希望,通过对清代《仪礼》学史的研究,有助于今人对礼在清代的演进轨迹和所发挥的社会作用、学术意义,建构起一个更为明晰的认知,同时也为当代其他儒家经典的经学史研究提供一些新思路。

第一章　清前期的《仪礼》学研究

第一节　《仪礼》学复兴的背景

《仪礼》的研究,在经过元明两代的衰微后,到清朝进入一个鼎盛时期。其实,早在顺治元年(1644)开始,一直延续到乾隆二十年(1755)前后,便是《仪礼》学研究的萌芽及发展期。清初礼学的复兴,并不是一蹴而就的,而是有其外在的历史政治因素和内在的学术发展规律影响与制约的。

一、明清政权的更迭与思想钳制

崇祯十七年(1644)三月,李自成农民军攻占北京,明崇祯帝自杀,明朝覆亡。之后,清军说降吴三桂,在他的带领下,引清军入关打败李自成农民军。同年(顺治元年),多尔衮迎顺治帝入关,在北京再次即位,并定都北京。满洲贵族入主中原,并取代原有的明朝政权后,满汉民族矛盾开始上升。

顺治初年,多尔衮摄政,为寻求社会稳定和维护新政权的统治,实现笼络士人的目的,他一面极力招纳前明降将,一面开科取士,网罗文化人才。这种科举,以禁锢思想为根本目的,所以顺治十一年(1654)之后直至康熙十年(1671)期间,文化高压政策极盛,一度曾频繁发生科场案。康熙即位初年,鳌拜等又大兴文字狱,无辜士人也频遭加害,引发汉人的强烈反抗,社会动荡不安,统治者遭受很大挫折。总的来说,这一阶段的文字狱是治人而不禁书,具有鲜明的镇压汉人民族反抗思想、维护满人统治的性质。康熙十一年(1672)以后,清廷意识到有必要调整文化政策,又开始采取以争取为主的宽松举措,笼络汉人学者,扩大科举录取名额,并于康熙十八年(1679)开设博学鸿词科,"凡有学行兼优、文词卓越之人,不论已仕、未仕,令在京三品以上及科、道官员,在外督、抚、布、按,各举所知,朕将亲试录用"①,结果罗致了全国名士一百余人。

雍正即位(1722)后,尽管在位时间较短,但在思想文化领域仍然继续大施淫威,频兴文字狱,连续发生汪景琪狱、查嗣庭狱、吕留良狱等。相对于顺、

---

① 《清实录》(第4册)卷七十一"康熙十七年正月乙未"条,中华书局1985年版,第910页。

康时期的文字狱,这一阶段的文字狱次数渐多,文网渐严,打击目标由汉人的反满思想转向政治上的排斥异己力量,打击的范围也由官僚士大夫阶层延伸至整个民间社会,具有打击朋党之争和打击反清思想的双重性质。

乾隆弘历即位(1735)后,此时中央集权得到加强,经济有所发展,社会比较安定,出现了清初的"盛世"。但仍有一些文人鼓吹"反清复明",使清廷颇为担心,所以在思想上开始采取强硬措施,仍实行文化高压政策,表面上标榜提倡汉人文化传统的继承与发展,即位之初就开设三礼馆,后又于乾隆三十八年(1773)开四库馆,借此笼络文人,但同时却又禁锢思想,大肆禁毁书籍,连续烧书24次。据统计,在乾隆朝130余起文字狱中,中下层知识分子竟多达72%,但这些文字狱主要集中于乾隆中期,而乾隆朝前期的文字狱基本上是打击朋党之争和打击反清思想,没有中后期那么严猛,文字狱与禁书的结合也没有中后期那么紧密。

由此可见,清代前期对汉族士人的政策递变,经历了由利用到高压,由高压到怀柔,又由怀柔转为一意压制的过程。清朝的文字狱摧残了学术文化,禁锢了人们的思想。在这种文化恐怖政策之下,文人学子动辄得祸,只好泯灭思想,从训诂考据中去寻找问学之道。"文字狱频兴,学者渐惴惴不自保,凡学说之触时讳者,不敢相讲习。"①

二、清廷官方对经学的倡导

在康熙朝中后期一直到乾隆时期,随着三藩等反清势力的平定,清朝国力呈极盛之势,统治者的注意力逐渐转移到文治方面。清初统治者打出儒家思想的牌子,尊孔子为"大成至圣文宣先师"。康熙南巡路经山东时,甚至还亲自到曲阜拜祭孔子。与尊崇孔子的做法相应,清廷承前明惯例,极力标榜程朱理学,康熙本人还编写了《性理精义》,又重新刊行《性理大全》等书。但到乾隆朝,随着专制统治的不断加强,程朱理学对经文原意随意曲解之风与乾隆帝加强统治的要求渐趋不相适应,被认为是"大道愈晦""曲说之离经,甚于曲学之泥经"②,故终至被弃置的地步,而淹通坟籍、博习经史的学者开始引起统治者的注意,甚至在科举考试中也转向注重经史方面的内容考核,借此引导士人逐步转移到经史之学上来。

乾隆帝即位后,在处置曾熙、张静以镇压汉人反抗思想的同时,又以多种方式,选摧文士,开拓仕途,以争取汉人文士的臣服。乾隆元年(1736)四月,

---

① 梁启超:《清代学术概论》,东方出版社1996年版,第27页。

② 《清实录》(第16册)卷五六八,"乾隆二十三年八月丁卯"条,中华书局1986年版,第212页。

弘历即命广布御纂经书,定生员试经解。乾隆九年(1744),当弘历发现科考时士子皆专意《四书》,却不重经文时,随即发布谕旨云:"向来专重四书文字,而忽于经义后场。其实经文所以考其学,后场所以验其用,各有深意,无容轩轾其间。"①这年八月三日,清廷鼓励科举士子讲求经学;十月十一日,重申"教官月课,宜重经史"。第二年四月,高宗策试天下贡生于太和殿,谓"将欲为良臣,舍穷经无他术"②。乾隆十六年(1751),"令九卿、督抚举荐潜心经学之士"③,后来这些被荐举的经学人才不少成为《四库》馆臣。乾隆十九年(1754),殿试题目是:"自宋诸儒出,于是有道学之称。然其时尊德性、道问学,已讥其分涂,而标榜名目、随声附和者,遂藉以为立名之地,而大道愈晦。今欲使先圣先贤之微言大义昭如日星,学者宜何所致力欤?"④在殿试策问题目中,把道学的出现与"大道愈晦"联系在一起,这是一件十分不寻常的事情,从策问中不难看出,乾隆把"大道愈晦"归咎于宋学内部的门户之见,透露出他对道学的讨厌之情。可见"经学"是作为"实学"的一个表现加以推广,由此改变了士林的学风走向,进而形成判断学问优劣高下的标准。

值得特别注目的还有,康熙十二年(1673)开始荐举山林隐逸之士,十七年(1678)举博学鸿词科,十八年(1679)开明史馆修史。乾隆元年(1736),立三礼馆,先后纂修《三礼义疏》和《大清通礼》。《三礼义疏》的编纂,在客观上对三礼学研究和其他经学研究,起到了一种积极的舆论导向作用,无论是在位的朝廷儒臣,还是民间的饱学之士,都深受这种文化导向的影响。而纂修《大清通礼》的目的,则是想通过礼仪的制定与宣传,使人们以礼来维系社会人心,从根本上改变"丧事之家,尽耗资财以供焚毁,斋僧念忏,婆娑跳神,不厌数四,创寺建塔,聚众号呼"⑤这种逾越礼制的现象。

此外,清廷还特别注意儒家经典的普及工作。乾隆元年(1736),弘历谕示总理事务王大臣说,从来经学盛,则人才多,人才多,则俗化茂。并督令各省抚藩诸臣,加意招募书坊商贾,"听其刷印,通行鬻卖"。其目的是"但使坊贾皆乐于刷印,斯士子皆易于购买。庶几家传户诵,足以大广厥传"⑥。同年三月十三日,清廷下令,颁发《十三经》和《二十一史》于各省府县学。三月二十四日,高宗批准杨名时奏,颁发官修诸经于太学。乾隆十二年(1747)三月六

①　《清实录》(第 11 册)卷二二一"乾隆九年甲子七月己亥"条,中华书局 1985 年版,第 854 页。

②　《清实录》(第 12 册)卷二三九"乾隆十年四月戊辰"条,中华书局 1985 年版,第 82 页。

③　《清实录》(第 14 册)卷三九一"乾隆十六年闰五月辛巳"条,中华书局 1986 年版,第 132 页。

④　《清实录》(第 14 册)卷四六一"乾隆十九年四月乙巳"条,中华书局 1986 年版,第 988 页。

⑤　魏裔介:《兴教化以正风俗疏》,《皇清奏议》第一函卷九。

⑥　《清实录》(第 9 册)卷一七"乾隆元年丙辰四月辛卯"条,中华书局 1985 年版,第 448 页。

日,清廷重刻《十三经注疏》和《二十一史》成,高宗特为撰序刊行,提出要"笃志研经,敦崇实学"①。凡此种种举措,"既顺应了康熙中叶以后兴复古学的学术演进趋势,又完成了其父祖融理学于经学之中的夙愿,从而确立了崇奖经学的文化格局"②。

三、变革岁月中的学术分野

如果说,清统治者"稽古右文"和大兴文字狱等政策,成为清代前期《仪礼》学复兴和发展的外因,那么,随着明清易代到来而导致的对明末心学末流的反思,倡导通经致用的实学主张,学者开始向原始经典回归,以及各种礼学思潮的兴起等,则是清代前期《仪礼》学复兴和发展的内因。

（一）反思明末的心学末流

众所周知,明朝中后期王阳明"致良知"学说一统学界,在王阳明看来:"礼也者,理也;理也者,性也;性也者,命也。"③又说:"夫礼也者,天理也。……天理之条理谓之礼。"④以其心学化的方式来体认"礼",对传统礼俗思想提出了挑战。王阳明死后,其后学大致分为三派,一派谨守师门传统,一派流变为狂禅派,一派成为王学的修正派,观念更加激进,对传统礼制造成了很大的冲击,形成一股背叛封建道德的离心力,这就意味着宋明理学业已走到了尽头。

社会现实问题往往是历史反思的出发点。随着明朝灭亡,一统江山被满清"异族"取代并统治,带着明亡之思的焦虑,清初学者对明代的政治经济和学术文化进行了全面的反思和追诉。他们从世运追究到学风,普遍将明朝灭亡的罪魁祸首归之于宋明理学空谈心性义理、漠视经世致用的空疏学风,准确地说是认为王学末流的空言乃是误国的主因。清初著名思想家顾炎武、王夫之等人首发其难,对王学进行了激烈的批判。在顾炎武看来,王学的兴起造成了社会上空谈良知心性的学风,今之士人君子与人谈心性,乃"舍'多学而识',以求一贯之方;置四海之困穷不言,而终日讲'危微精一'之说"⑤;他甚至还认为,王守仁的"良知"说乃是造成明灭亡的一个重要原因:"昔之清谈谈老庄,今之清谈谈孔孟,未得其精而已遗其粗,未究其本而先辞其末。不习六艺之文,不考百王之典,不综当代之务,举夫子论学、论政之大端一切不问,而

①　《清实录》(第12册)卷二八六"乾隆十二年三月丙申"条,中华书局1985年版,第729页。

②　陈祖武、朱彤窗:《乾嘉学派研究》,河北人民出版社2005年版,第20页。

③　王阳明:《文录四·礼记纂言序》,《王阳明全集》卷七,上海人民出版社1992年版,第243页。

④　王阳明:《文录四·博约说》,《王阳明全集》卷七,上海人民出版社1992年版,第266页。

⑤　顾炎武:《与友人论学书》,《顾亭林诗文集·亭林文集》卷三,中华书局1983年版,第40页。

曰'一贯',曰'无言'。以明心见性之空言,代修己治人之实学。股肱惰而万事荒,爪牙亡而四国乱,神州荡覆,宗社丘墟。"①

其后,王学成为众矢之的,抨击王学逐渐形成为一种学界的主流时尚。例如,同明末清初诸多思想家一样,开一代治《仪礼》先声的张尔岐也同样认同这一看法。他反思明朝灭亡的原因,也认为王阳明所开启的心学对这个悲剧的发生负有不可推卸的责任。张尔岐说:"明初学者宗尚程朱,文章质实,名儒硕辅,往往辈出,国治民风,号为近古。自良知之说起,人于程朱,始敢为异论,或以异教之言诠解六经。……庚辰以后,文章猥杂最甚,能缀砌古字经语,犹为上驷,俚词谚语,颂圣祝寿,喧嚣满纸,圣贤微言,几扫地尽,而甲申之变至矣。"他认为学术风气不正带来了对程朱之学的漠视,导致了对"六经"的曲解,从而发生了"甲申之变"②。在这一主流学术风气背景下,在当时学术界就有人奋起纠弹,即使是宗王的黄宗羲、李颙、孙奇逢也对王学提出修正,力辟王学末流的空疏学风,结果学界出现了两种不同的倾向:

一是出现了"由王返朱"的思潮。相对于王学的空疏,朱学的持实与博习更能得到士人的拥护,黄宗羲、李颙、孙奇逢等人对王学的激烈批判和修正,客观上造成了清初学界"由王返朱"的思潮,"王学反动,其第一步则返于程朱,自然之数也"③。顾炎武虽然在批判王学时兼也批判整个理学,但是他的学术路向还是属程朱一脉的,王夫之也是如此,他们都未曾从正面批评程朱。批王返朱是清初学术发展的主要趋势,像张履祥、陆陇其、陆世仪、刁包、吕留良等皆标程朱宗旨。陆陇其甚至说:"必尊朱子而黜阳明,然后是非明而学术一,人心可正,风俗可淳。"④力图使朱学成为主流思想。这一思潮的形成,与清朝统治者大力提倡朱学颇有关系,康熙将朱学定为官方统治思想,吻合了学术发展的必然趋势,结果间接促使学术界涌现出一大批学守程朱的理学家,并促进了"批王返朱"思潮的形成与发展。张尔岐的"批王尊朱"思想,也是循这一学术方向发展的。

二是出现了理学内部的朱、陆门户之争。颜李学派的代表人物颜元和李塨另辟蹊径,从重事功的角度出发,对程朱理学和陆王心学同时进行了激烈的

① 顾炎武著,黄汝成集释:《夫子之言性与天道》,《日知录集释》卷七,上海古籍出版社 2006 年版,第 402 页。

② 张尔岐:《蒿庵闲话》,《四库全书存目丛书》(子部第 114 册),影印北京图书馆藏徐氏真合斋磁版印本,齐鲁书社 1995 年版,第 171 页。

③ 梁启超:《中国近三百年学术史》,东方出版社 2004 年版,第 110 页。

④ 陆陇其:《学术辩上》,《三鱼堂文集》卷五,《景印文渊阁四库全书》(第 1325 册),台湾商务印书馆 1983—1986 年版,第 62 页。

批判。颜元早年攻陆王心学，继而改从程朱理学，然而最终悉数为之摒弃，"一意讲求经世致用，专以实习、实行、实用为倡"①。颜元说："两派学辩，辩至非处无用，辩至是处亦无用。盖闭目静坐、读、讲、著述之学，见到处俱同镜花水月，反之身措之世，俱非尧、舜正德、利用、厚生，周、孔六德、六行、六艺路径。虽致良知者见吾心真足以统万物，主敬、著、读者认吾学真足以达万理，终是画饼望梅。"②对于两派的不满，最终导致他的思想出路选择了尧舜周孔之道，并奋起以复明圣道自任，著《存性》《存学》张大己帜，倡为"学习躬行经济，吾儒本业也"③之说，并致力于古礼之宣扬，谓"道莫切于礼，作圣之事也。人之不肯为圣者，只因视礼之精巨者曰，是圣人事，非我辈常人所敢忘；礼之粗小者曰，但能此岂便是圣，圣人不在此。是圣人无从学也！"④他从巩固封建制度的目的出发，强调礼的重要性："圣人之道，莫大于礼。……国尚礼则国昌，家尚礼则家大，身有礼则身修，心有礼则心泰。"⑤李塨与颜元一样，强调真正的儒士必须"内外并进"，一方面律己要严，一方面以经邦济世为己任。他严厉批判了理学家提倡的习静教育和书本教育，认为教育所要培养的是明德亲民、经邦济世的人才，而欲达此目的，必须"学用合一"。他说："教士之道，不外六德六行六艺。自颜先生倡明此学，而今学者多知之，卓哉见也。……尊德行以此，道问学以此，隐居以此，行义以此。所学即其所用，所用即其所学，此府修事和之世，所以治且隆也。"⑥

凡此种种思潮，对于反对当时理学的空疏无用，具有很大的进步意义，都有助于推动修己治人、经邦济世的实用之学，使得礼的践行容易得到落实。

(二)尊崇通经致用的学风

清初学者对宋明理学的反思和理学内部的朱陆门户之争，不但使理学的经典体系"四书"成为学者关注的焦点，也促使学者开始向原始经典回归，试图从中寻找解决理学争端的依据。清初进步学人认为，不以治世为务，那是对儒学宗旨的背离。他们提倡躬行笃实，注重经世致用之学，从道德修养领域到自然、社会和文化领域都贯穿了实学思潮，主张学以致用，济物利人。在这股实学思潮中，学者们注重实学的角度与程度是不尽相同的。顾炎武作为一个

---

① 陈祖武：《清初学术思辨录》，中国社会科学出版社1992年版，第184页。
② 颜元：《阅张氏王学质疑评》，《习斋记余》卷六，《颜元集》，中华书局1987年版，第493页。
③ 颜元：《论开书院讲学》，《习斋记余》卷六，《颜元集》，中华书局1987年版，第519页。
④ 钟錂：《杜生第十五》，《颜习斋先生言行录》卷下，《颜元集》，中华书局1987年版，第675页。
⑤ 颜元：《代族人贺心洙叔仲子吉人入泮序》，《习斋记余》卷一，《颜元集》，中华书局1987年版，第410页。
⑥ 李塨：《平书订》第四篇《取士》，《续修四库全书》（第947册），上海古籍出版社2002年版，第59页。

大思想家,对历史、地理、天文、政治等都有所研究,但他更侧重于从整理文献入手来经世致用,提出"舍经学无所谓理学"的主张,力主"以经学济理学之穷",倡导引古筹今。在他的提倡之下,重经学的学风在清初十分盛行,像黄宗羲便注重对经典的研读,主张儒者应以"六经"为根本,但他重实学的重点还是在史学,提倡精研史学,通达古今,他的治史方法为浙东史学的形成奠定了基础。另外,也有的学者注重道德实践,践履笃行,使道德领域的修养落实到实践中,像高攀龙、顾宪成的功夫与本体合一,格物致知与修悟并重。而张尔岐在道德修养方面也注重循名责实,体现了笃行君子的形象,也是对王学反动的表现。

可以说,通经致用的主张是明末清初一些学者所共有的思想特质,清初的学风是明道以救世;清儒是以治经为本业,为阐明治经的意义,提出通经能致用的高见。例如,开《仪礼》研究先声的张尔岐对经学素有研究,尤其是他撰写的《仪礼郑注句读》奠定了他在经学史上的地位,顾炎武也因此对他十分推重,这是他们成为朋友的学术基础。张尔岐说:"盖闻圣人之道备在六经,大人之学首先格物,格物莫切于穷经,而穷经要归于体道。前有孔孟,后有程朱,轨辙如新,遗篇可考。"[1]最能体现张尔岐独特学术旨趣的,是其《仪礼郑注句读》的结撰与他对礼的体认践履。张尔岐指出:"《仪礼》则周公之所定,孔子之所述,当时圣君贤相士君子之所遵行,可断然不疑者,而以难读废,可乎?"[2]不仅如此,张尔岐之于礼,并非单纯的学术考究,其于世风人心,亦颇重以礼敦化之,告诫人们说:"君子守礼之为贵。"[3]如对世俗丧葬听巫觋创意崇奢,张尔岐认为极为有伤教化,故为《后笃终论》上、下篇力辟其诬;又为《谨俗论》,指出世之为丧葬者近俗之失其故者三事,颇有其独到识见。

再如,主要生活在顺治、康熙年间的毛奇龄也倡导通经致用的学风,他"是清初的理学家,但他没有明末理学家那种枵腹空谈、不读经书的习气;他是一个经学家,又没有清代经学家那种潜入书斋、不问世事的毛病"[4]。受清初大师顾炎武所倡导的"经世致用"的思想观念影响,毛奇龄顺应明末清初的实学思潮,具有强烈的经世意识,重功利、重事功,故他研究经学是为了经世,他的《昏礼辨正》《丧礼吾说篇》《三年服制考》《庙制折中》《大小宗通释》等礼学著作都充满了经世致用的色彩。时下盛行的一些礼俗,在毛奇龄眼中颇不合理。他考经论道,依托古礼,批驳纠正现实社会中的悖礼和偏激的行为;又

---

[1] 张尔岐著,张翰勋整理:《经学社疏》,《蒿庵集》卷三,齐鲁书社1991年版,第142页。

[2] 张尔岐著,张翰勋整理:《〈仪礼郑注句读〉序》,《蒿庵集》卷二,齐鲁书社1991年版,第58页。

[3] 张尔岐著,张翰勋整理:《蒿庵闲话》卷二,齐鲁书社1991年版,第400—401页。

[4] 赖玉芹:《经学以经世,辨礼为生民》,《历史教学问题》2007年第4期。

合理诠释古礼,辩驳歧义,挽救众生;还切合实际,顺应时代变化,质疑某些古礼的立意,可谓"明先圣之制,砭流俗之失,酌古今之宜,洽情理之中,尤尽善可施用"①。例如,关于叔嫂之间是有服或无服的问题,从古至今,争论不休。《礼记·檀弓》明确地说"叔嫂之无服也,盖推而远之也"。在礼制上,唐太宗将"叔嫂无服"改为小功,宋明时均将嫂叔之服定为小功。毛奇龄对这一议题见解不俗,他不仅主张叔嫂有服,而且应服大功:"惜当时无成粲其人者,以大功之说进之,而止取小功为位之文为拘限也。"②在《辨叔嫂无服》一文中,他援引经典中的事例,说明"兄弟"二字,不仅指同宗族之所为伯仲者,而且指异姓男女,因而主张"叔嫂有服"是情理之中的事情。③ 毛奇龄作为受康熙帝亲自召录的博学鸿儒,有时候他不得不有所顾忌,注意自己的影响,但他决不噤若寒蝉,而是具有强烈的辨正礼俗、保护民众的社会责任感。晚年,他甚至有时不我待之感:"予之言此,将以扶已斁之教,植已蔑之礼,稍留此三代偶存之律例,于以救秦火未焚、私窜私改之载籍,并保全自今以后千秋万世愚夫愚妇之生命。"④总之,毛奇龄致力于风俗的变易和礼俗的改观,使之更合乎人性的实际,合乎百姓的意愿,是当时学者通经致用学风的重要体现。

（三）辨疑思潮的兴起

"清初经学研究的主要方向是辨伪。"⑤明清之际的学风的表征之一,是辨疑思潮的兴起,这对于清初的经学研究影响十分深远。被清末、民国间学者梁启超称誉为"清初最勇于疑古"的姚际恒,便是其中一位颇具代表性的经学家。姚际恒之从事古籍辨伪工作,涉及面非常广博,涉及经、史、子各类著作,他留下的《古今伪书考》考辨的古书多达数十种,其中经部19种,史部13种,子部30种。姚际恒在该书卷首《小叙》中声言:"造伪书者,古今代出其人,故伪书滋多于世。学者于此,真伪莫辨,而尚可谓之读书乎? 是必取而明辨之,此读书第一义也。予辄不自量,以世所传伪书,分经、史、子三类,考证于后。"⑥

①　汪廷珍:《群书疑辨序》,载万斯同《群书疑辨》卷首,《续修四库全书》(第1145册),上海古籍出版社2002年版,第468—469页。

②　毛奇龄:《丧礼吾说篇》卷九,《四库全书存目丛书》(第87册),影印清华大学图书馆藏清康熙刻《西河合集》本,第724页。

③　毛奇龄:《释二辨文·辨叔嫂无服》,《西河集》卷 百二十一,《景印文渊阁四库全书》(第1321册),台湾商务印书馆1983—1986年版,第319页。

④　毛奇龄:《禁室女守志殉死文》,《西河集》卷一百二十四,《景印文渊阁四库全书》(第1321册),台湾商务印书馆1983—1986年版,第337页。

⑤　林庆彰:《姚际恒及其在近代学术史上的地位》,载《姚际恒著作集》(第1册),台湾"中央研究院中国文哲研究所"1994年版,第14页。

⑥　姚际恒:《古今伪书考》卷首《小叙》,清光绪十八年(1892)浙江书局刻本,第1页。

在姚氏看来,读书的第一要务是辨伪,不辨伪读书只能是瞎读。

事实上,清初学者的疑古辨伪之风,并非起始于姚际恒。乾隆中期,四库馆臣在为姚际恒《庸言录》一书所作"提要"当中指出:"其说经也,如辟图、书之伪则本之黄宗羲,辟古文《尚书》之伪则本之阎若璩,辟《周礼》之伪则本之万斯同,论小学之为书数则本之毛奇龄,而持论弥加恣肆。"①由此可见,这种"疑古"之风并非姚际恒一人所独专,与之同时代学者黄宗羲、阎若璩、万斯同、毛奇龄等人,皆有此种著述治学之取向。另外,当代台湾学者林庆彰先生在其所著《清初的群经辨伪学》第二章第四节中谈到,当时重要的经学辨伪学家还有海宁学者陈确、余姚学者黄宗炎、秀水学者朱彝尊、德清学者胡渭、鄞县学者万斯大、桐乡学者钱煌,等等,他们基本上都来源于人文荟萃、文风鼎盛的江浙一带,"各个辨伪学家间来往频繁,他们或亲自参加聚会、讨论,或用书信来往"②。例如,浙江萧山学者毛奇龄曾作《诗传诗说驳义》,专辨《诗传》《诗说》之伪,指出伪作者好"剽窃古说,浅薄无理,又饰以参差,俨若未尝窃其说者",并推断其"大概多袭朱子《集传》,而又好旁窃《小序》,又惟恐《小序》之为朱子所既辨也,故从其辨之不甚辨者,则间乃袭。否则依傍朱子《传》而故为小别,然亦十之八九矣"③。又如,在《古文尚书》真伪问题上,毛奇龄、阎若璩等人都有辩证,而浙江秀水学者朱彝尊亦纵览古今,发覆传世《古文尚书》始末,参与了这场讨论,以为"盖自徐邈注《尚书逸篇》三卷,晋人因而缀辑。若拾遗秉滞穗以作饭,集雉头狐腋以为裘,于大义无乖,而遗言足取,似可以无攻也"④,主张"是书久颁于学官,其言多缀辑逸书成文,无大悖理。譬诸汾阴汉鼎,虽非黄帝所铸,或指以为九牧之金,则亦听之"⑤,坚持存而不废的问学立场。正是在当时这样一场场学术、思想上的交流和碰撞中,辨疑思潮不经意间在江浙一带的学者中间,就这样悄然地兴起,徜徉开来。

江浙一带学者之所以竞相崇尚辨伪,按照梁启超的说法,"'清代思潮'果何物耶?简单言之,则对于宋明理学之一大反动,而以'复古'为其职志者也。

---

① 永瑢等:《钦定四库全书总目》(整理本)卷一百二十九,《子部》三十九,《杂家类存目六》,《庸言录》条,中华书局 1997 年版,第 1719 页。

② 林庆彰:《清初的群经辨伪学》,文津出版社 1990 年版,第 62 页。

③ 毛奇龄:《诗传诗说驳义》卷一《总序》,《景印文渊阁四库全书》(第 86 册),台湾商务印书馆 1983—1986 年版,分见第 235、237 页。

④ 朱彝尊:《曝书亭集》卷五十八《尚书古文辨》,《景印文渊阁四库全书》(第 1318 册),台湾商务印书馆 1983—1986 年版,第 297 页。

⑤ 朱彝尊:《经义考》卷七十四,《景印文渊阁四库全书》(第 678 册),台湾商务印书馆 1983—1986 年版,第 50 页。

其动机及其内容,皆与欧洲之'文艺复兴'绝相类。"①从通经致用的学术主张出发,清初学者的经学辨伪,"就在学者一切是非以孔门为正的口号声中展开",在他们看来,只有对儒家经籍和历代经学著作进行正本清源的辨伪工作,顾炎武所倡导的"读九经自考文始,考文自知音始"②读书理念才有可能得以实施。表现在具体的治学当中,往往彰显出"以古为尚"的特点,"以汉唐证据难宋明,不以宋明证据难汉唐;据汉魏可以难唐,据汉可以难魏晋,据先秦西汉可以难东汉。以经证经,可以难一切传记。"③简言之,清初学者对于明末学界"士风浮伪","以臆见考《诗》《书》,以杜撰窜三《传》"④,甚至不惜嗜好蓄异本制造伪书以求"炫俗"的浮躁学风是极其抵触的,并从尊崇通经致用的学风出发,对明末学界空发议论、治学浮华的"恶习"大加斥责,普遍追求一种黜虚崇实、明辨真伪、不尚浮华的治学风格。

四、学界礼学思潮的兴起

清初《仪礼》学的兴起,除了受明清社会更迭,以及当时民间礼俗败坏等外在因素的引发外,还与明末清初学术界的学术思潮变更有关。清政府取代明朝统治以后,清初诸儒惩于晚明王学的流弊,毅然选取了复兴经学之途,倡导"以经学济理学之穷",如明遗老顾炎武就明确指出:"愚独以为理学之名,自宋人始有之。古之所谓理学,经学也,非数十年不能通也。""今之所谓理学,禅学也……舍圣人之语录而从事于后儒,此之谓不知本矣。"⑤"经学自有源流,自汉而六朝而唐而宋,必一一考究,而后于近儒之所著,然后可以知其离合之指。"⑥于是顾氏致力于礼学的复兴,旗帜鲜明地打出"理学,经学也"的主张,将研究重心转移到经学原典上来,用以矫正宋明以来理学空疏、禅学化的流弊倾向。顾炎武的这一学术思想得到了清初诸儒的群起响应,遂成一时学术界共识,如费密就说王阳明"格物致知"说凿空支蔓而无补于世,"圣人之道,惟经存之。舍经,无所谓圣人之道"⑦;孙奇逢弟子汤斌也响应其说云:"离

　　① 梁启超:《清代学术概论》,东方出版社 1996 年版,第 4 页。
　　② 顾炎武:《答李子德书》,《顾亭林诗文集·亭林文集》卷四,中华书局 1983 年版,第 73 页。
　　③ 梁启超:《清代学术概论》,东方出版社 1996 年版,第 44 页。
　　④ 钱谦益撰,钱曾笺注:《钱牧斋全集·牧斋有学集》卷十七《赖古堂文选序》,上海古籍出版社 2003 年版,第 768 页。
　　⑤ 顾炎武:《与施愚山书》,《顾亭林诗文集·亭林文集》卷三,中华书局 1983 年版,第 58 页。
　　⑥ 顾炎武:《与人书四》,《顾亭林诗文集·亭林文集》卷四,中华书局 1983 年版,第 91 页。
　　⑦ 费密:《道脉谱论》,《弘道书》卷上,《续修四库全书》(第 946 册),上海古籍出版社 2002 年版,第 15 页。

经书而言道,此异端之所谓道也;外身心而言经,此俗儒之所谓经也。"①正是这种重视经学的学术呼声,成为一种普遍的学术共识,在当时一股朴实穷经的学术潮流也顺势而生。

清初诸儒生从强调发现个人道德主体——良知——以确保和成就道德实践,转移为从儒家经籍里寻找规范道德行为和社会秩序的外在客观法则,那就是透过礼的规范而制定的客观道德秩序。因而从清初开始,清代的经学研究便集中对儒家经籍里记载古礼的典籍进行研究。例如,顾炎武既以匡时救世作为其研治经学的目的,他对礼的研究乃着眼于进一步阐发先哲"礼时为大"的礼学思想,为清初礼学研究开辟了风气,定下了研究的基调。顾炎武尽管没有专门的礼学研究著作传世,但他认为,"三代之礼,其存于后世而无疵者,独有《仪礼》一经"②,对《仪礼》表现出极度的推崇。他的弟子潘耒论及其礼制思想时曾说:"至于叹礼教之衰迟,伤风俗之颓败,则古称先,规切时弊,尤为深切著明。学博而识精,理到而辞达。"③顾炎武这种"明道救世"的礼学思想,在当时乃至清代中后期皆有很大的影响。甚至可以说,清代前期的礼学研究,是沿着顾炎武所开门径,"在清初诸大师复兴礼学,清廷及儒臣对倡礼之说积极回应的影响下,衍其风而兴盛起来的"④。

这种礼学思潮的兴起,使得清初的学者无论是推崇朱子或是王阳明,或者是没有宗派的学者,都极力强调读礼、考礼与行礼的重要性。清初提倡读礼、行礼的学者非常多,他们都环绕着对三《礼》的研读、对礼如何在日常生活上的应用,以及如何利用礼来建构地方社会秩序等问题,对三《礼》进行研究,寻找经典的证据来支持自己的意见。"从陈确、陆世仪、张履祥、毛奇龄、颜元、万斯大、阎若璩、陆陇其,到李光地、张伯行、姜兆锡、朱轼等,他们的礼学研究与辩论与他们对施行及改革当时的礼制仪节的关注直接有关。"⑤对于儒家古礼的研究,以及对于各种礼制的制定与因不同意见所引起的争论,最直接的后果,便是导致经学的研究焦点更多地集中到对"六经"中的礼经进行深度研究上来,渐次形成一种学界的热潮。

总之,明清易代之际的各种思想纷纭呈现,虽然不能彻底突破旧有的封建

① 汤斌:《重修苏州府儒学碑记》,《汤子遗书》卷四,《景印文渊阁四库全书》(第1312册),台湾商务印书馆1983—1986年版,第498页。
② 顾炎武:《仪礼郑注句读序》,《顾亭林诗文集·亭林文集》卷二,中华书局1983年版,第32页。
③ 潘耒:《日知录·序》,载顾炎武著,黄汝成集释《日知录集释》卷首,上海古籍出版社2006年版,第2页。
④ 林存阳:《清初三礼学》,社会科学文献出版社2002年版,第313页。
⑤ 周启荣:《儒家礼教思潮的兴起与清代考证学》,《南京师大学报》(社会科学版)2011年第3期。

统治思想框架,继承大于创新,但是新的思想是普遍存在的,这是明清之际思想学术的一种新气象,清代前期《仪礼》研究的萌芽和发展就是在这样的社会与学术背景中产生的。

第二节　《仪礼》学研究复兴的萌芽

"清军入关后,除少数人归顺新朝外,其余多起而反抗,失败后又多隐居不仕,或著书立说,传播圣道;或授徒讲学,培养子弟;或落发披绪,逃于释氏;或四处漫游,寄情山水。像顾炎武、黄宗羲、王夫之、傅山、阎尔梅、方以智、张履祥、张尔岐、孙奇峰、万寿祺、归庄、吕留良、屈大均等均属此类。"①清初之际,这些学者或著书立说,或授徒讲学,或四处漫游,在长期的实践中形成了"经世致用"的经学主张,有力地反击了阳明后学的空疏学风。随着"以经学济理学之穷"的学术潮流呈现波澜壮阔的态势,学者们于三《礼》渐加注目,特别是以顾炎武为代表的一批晚明遗老,纷纷倡扬和亲自实践三《礼》学的研究。就《仪礼》一经研究而言,首先有山东济阳大儒张尔岐撰《仪礼郑注句读》倡先声于北,接着浙江仁和姚际恒又以《仪礼通论》异军突起于南,北呼南应,揭开了有清一代《仪礼》学复兴的序幕。

一、晚明遗老倡导《仪礼》研究

梁启超在《清代学术概论》中说:"凡启蒙时代之大学者,其造诣不必极精深,但常规定研究之范围,创革研究之方法,而以新锐之精神贯注之。顾炎武之在'清学派',即其人也。"②又说:"大抵清代经学之祖推炎武,其史学之祖当推宗羲。"③其实,在清初的《仪礼》学研究论坛上,顾炎武和黄宗羲二人都是充当着积极倡导者这样一种角色。

(一)顾炎武对《仪礼》学的倡导

顾炎武(1613—1682),本名继坤,改名绛,字忠清,甲申之变后,因仰慕南宋爱国志士王炎午,始改名炎武,字宁人,号亭林,自署蒋山傭,江苏昆山(今江苏省昆山市)人。明诸生。自少为"帖括"之学二十余年,阅读了大量儒家经典、史学名著和明代十三朝实录、邸报等,对明代的朝野史实与兴衰所由、典章制度等了如指掌。27 岁时乡试未中,深感举业株守一经,不谙世事,"感四

---

①　尚小明:《学人游幕与清代学术》,社会科学文献出版社 1999 年版,第 14 页。

②　梁启超:《清代学术概论》,东方出版社 1996 年版,第 11 页。

③　梁启超:《清代学术概论》,东方出版社 1996 年版,第 16 页。

国之多虞,耻经生之寡术"①,故弃举业而不攻,从经世致用的旨趣出发,开始写作《肇域志》与《天下郡国利病书》。在明清更迭的历史巨变中,一度投笔从戎。事败后遂将精力投诸经史,一方面博览群书,考古以通今,另一方面到处游历,足迹半天下,留心世事。多次以死辞绝清廷的征聘,终生以遗民自居。《清史稿》卷481、《清史列传》卷68、《碑传集》卷130、《国朝先正事略》卷27、《汉学师承记》卷8等,皆有其传。一生治学兼涉经史百家、舆地艺文、音韵训诂,学博而识精,理至而辞达,著述繁富,据考见的著作约有四十多种四百余卷,大都在他54岁以后完成并陆续刻版行世。

在学术研究上,顾炎武倡导朴实之"古学",批判晚明空疏之阳明"心学",为清代考据学派的祖师,但其治学并不一味埋头于故纸堆中,一以"六经之指、当世之务"为鹄的,有志于学以经世。在清初礼学理论探索的热潮中,尽管顾炎武毕生没有专门的礼学著作,但他覃精研思,提出了一系列富有独创性的思想观点,出色地担当起继往开来的历史使命,成为一代礼学最重要的奠基人。可以说,顾炎武对清初乃至清中期的《仪礼》学研究的倡导与影响是极为突出的,从重塑《仪礼》的经典地位,到对于汉代学者郑玄注解三《礼》治学传统的张扬,从做学问的开阔视野到治学问之方法、种类的模范、启迪,等等,都影响了一大批学者的礼经研究。

第一,从维护古礼的价值认知出发,顾炎武强调恢复《仪礼》的经典地位。宋明之际,"古礼既莫之考,至于后世因袭者,亦浸失其意,以至名物度数,亦莫有晓者,差舛讹谬,不堪着眼"②,甚至"朱子正言力辨,欲修三《礼》之书,而卒不能胜夫空虚妙悟之学"③。顾炎武身处明清易代的特殊时期,"窃叹夫百余年以来之学者,往往言心言性,而茫乎不得其解也"④,表露出对于古礼的轻视。与之同时代的陆世仪便以为:"《礼》则记三代之典礼。后世帝王代起,有一代则有一代之制作,礼未尝无也。……三代之典礼文章,亦非言言可为法则也。"甚至有人认为,"三代之弥文缛典"不过是"已委之刍狗",从中"求文、武、周公、成、康之心,而欲行之于当世"⑤,势必徒劳无功。有感于此,顾炎武倍感振兴礼学的重要。他说:"目击世趋,方知治乱之关必在人心风俗,而所

---

① 顾炎武:《天下郡国利病书序》,《顾亭林诗文集》卷六,中华书局1983年版,第131页。
② 朱熹:《七经语类》,上海古籍出版社1992年版,第454页。
③ 顾炎武:《仪礼郑注句读序》,《顾亭林诗文集》卷二,中华书局1983年版,第32页。
④ 顾炎武:《与友人论学书》,《顾亭林诗文集》卷三,中华书局1983年版,第40页。
⑤ 黄宗羲:《学礼质疑序》,沈善洪主编《黄宗羲全集》第十册,浙江古籍出版社1993年版,第23页。

以转移人心，整顿风俗，则教化纲纪为不可阙矣。"①当代学者的研究表明，"清初鼓吹实践礼学的所有学者，由于疏离《仪礼》，都无法向人们提供可资躬行的完备的礼仪规范。他们在实践中也多有狐疑不定的现象，最终不得不转而寻找文献依据"②。顾炎武力排众议，捍卫《仪礼》的经典地位，其立论的基点是，在他看来，《仪礼》所记载和代表的古礼博大精深，其所载制度没有瑕疵："三代之礼，其存于后世而无疵者，独有《仪礼》一经。"③其《仪礼》动容周旋、本于人心之仪文节制是如此的宏大、精密，诚如《记》文所说："优优大哉！礼仪三百，威仪三千。"信非大圣人不能作。如果舍弃《仪礼》，也就背离了节性修身之本。不仅如此，顾炎武还在给张尔岐《仪礼郑注句读》所作的《序》文中，呼吁官方将《仪礼》立于学官，"以习士子，而姑劝之以利禄，使毋失其传"，并强调这是"有天下者之责"。简言之，顾炎武坚定地尊崇《仪礼》，为裁断古今、制订当代礼制确立了经典根据，同时也有助于改变清初行礼实践中的纷乱状况。

第二，从倡导礼学的复兴出发，顾炎武旗帜鲜明地打出"理学，经学也"的主张，将研究重心转移到经学原典上来，用以矫正宋明以来理学空疏、禅学化的流弊倾向。"愚独以为理学之名，自宋人始有之。古之所谓理学，经学也，非数十年不能通也。"④在顾炎武看来，经学之外无理学，礼学则是经学的中心。这一思想，后来在凌廷堪手上得到了继承和发扬，凌廷堪《复礼上》就直截了当地指出："礼之外，别无所谓学也。"⑤并进而提出了"以礼代理"的学术主张，由此亦可见顾炎武"理学，经学也"思想影响的深远程度。

第三，从重塑汉代经学的传统出发，顾炎武表露出尊崇郑注《仪礼》的治学传统。就经学而言，从实际需要出发，可信程度的认定，应该是以时代远近为大致顺序的。顾炎武论经学，也流露出"治经复汉"的倾向，以汉学为正宗，而且非常服膺汉儒郑玄治经朴实训诂之风，并且非常认同李延寿关于郑玄群经注解"囊括大典，网罗众家，删裁繁诬，刊改漏失"⑥的高度评价，试看他的《述古》诗："六经之所传，训诂为之祖。仲尼贵多闻，汉人犹近古。礼器与声容，习之疑可睹。大哉郑康成，探赜靡不举。六艺既该通，百家亦兼取。至

①　顾炎武·《与人书九》，《顾亭林诗文集》卷四，中华书局 1983 年版，第 93 页。
②　陈晓东、田汉云：《顾炎武〈仪礼〉学探析》，《南京社会科学》2010 年第 4 期。
③　顾炎武：《仪礼郑注句读序》，《顾亭林诗文集》卷三，中华书局 1983 年版，第 32 页。
④　顾炎武：《与施愚山书》，《顾亭林诗文集》卷三，中华书局 1983 年版，第 58 页。
⑤　凌廷堪：《复礼上》，《礼经释例》卷首，《续修四库全书》（第 90 册），上海古籍出版社 2002 年版，第 9 页。
⑥　李延寿：《北史·儒林传》，中华书局 1974 年版，第 2709 页。

今三礼存,其学非小补。后代尚清谈,土苴斥邹鲁。哆口论性道,扪籥同矇瞽。"①由此可见一斑。张尔岐撰《仪礼郑注句读》,顾炎武为之作《序》时说:"汉郑康成为之注,魏晋已下至唐宋通经之士,无不讲求于此"②,认为张尔岐之书可以"为后世太平之先倡",言辞中深切地表露出他对郑玄《注》深远影响的推许与怀念,以及对于张尔岐治学承继郑《注》的褒奖。康熙十六年(1677),张尔岐逝世,顾炎武作诗悼念他,叹惋"从此山东问三《礼》,康成家法竟谁传"③。这两句诗,虽是悼亡之辞,但还是可以看出他尊崇郑《注》的意向。

第四,从恢复治学的朴学传统出发,顾炎武强调要重视和加强《仪礼》文本考释的具体实践。顾氏在日常读书过程中发现,"今天下九经之本,以国子监所刻者为据,而其中讹脱实多。又《周礼》《仪礼》《公羊》《穀梁》二传既不列于学官,其学殆废,而《仪礼》更无他本可雠,其讹脱尤甚于诸经","余至关中见唐石壁《九经》,复得旧时摹本读之,虽不能踳駮,而有足以正今监本之误者,列之以告后学,亦庶乎离经之一助云"④。康熙二年(1663),顾炎武游西安,见唐石壁《九经》(即唐开成石经),始知明监本《仪礼》经文"讹脱尤甚于诸经",顾氏遂将所见唐石经《仪礼》经文与明监本对校,校勘监本经文之误,后来著成《九经误字》一书,其中校勘《仪礼》经文凡58条,其中《士昏礼》2条、《乡饮酒礼》3条、《乡射礼》5条、《燕礼》3条、《大射仪》11条、《聘礼》2条、《觐礼》2条、《丧服》4条、《士丧礼》3条、《既夕礼》1条、《士虞礼》4条、《特牲馈食礼》7条、《少牢馈食礼》4条、《有司彻》7条。顾氏校勘《仪礼》明监本之内容包括脱文、异文、衍文三种情况:

一是校勘监本脱文。该书校勘脱误之例有25条,其中最值得注意者如《士昏礼》"视诸衿鞶"下监本脱"婿之绥姆辞曰未教不足与为礼也"十四字,《乡射礼》"各以其物获"下脱"士鹿中翻旌以获"七字,《燕礼》"亨于门外东方"下脱"其牲狗也"四字,《特牲馈食礼》"长皆答拜"下脱"举觯者祭卒觯拜长皆答拜"十一字,《少牢馈食礼》"振之三"下脱"以授尸坐取觯兴"七字,等等,清代学者皆赖顾炎武之校勘而经义大明。

二是校勘监本衍文。顾炎武校勘监本衍文之例仅有1条,乃校《丧服》篇"婿传曰何以缌报之也"一文,顾氏校云:"监本'缌'下多一'也'字。"

① 顾炎武:《述古》,《顾亭林诗文集·亭林诗集》卷四,中华书局1983年版,第384页。
② 顾炎武:《仪礼郑注句读序》,《顾亭林诗文集》卷二,中华书局1983年版,第32页。
③ 顾炎武:《哭张蒿庵先生》,《顾亭林诗文集·亭林诗集》卷五,中华书局1983年版,第429页。
④ 顾炎武:《九经误字》,《景印文渊阁四库全书》(第191册),台湾商务印书馆1983—1986年版,第2页。

三是校勘监本异文。顾炎武校勘异文之例 32 条,这些异文之例,有许多属于形近而讹,如《大射仪》"上射降三等",监本"三"作"二";"司射东面于大夫之西比耦",监本"比"作"北";"司射作射如初",监本"作射"作"作揖";"仆人师洗升实觯",监本"实"作"宾";《聘礼》"宾避不答拜",监本"宾"作"客";《觐礼》"坐奠圭",监本"圭"作"主";《士虞礼》"箪巾在其东",监本"巾"作"布";"尸即席坐唯主人不哭",监本"唯"作"惟";《少牢馈食礼》"宾户西北面拜送爵",监本"户"作"尸";《有司彻》"宾户西北面答拜爵上",监本"户"作"尸";等等。

上述三类校例,顾炎武大都仅据唐石经校勘监本《仪礼》,得以正监本《仪礼》之讹脱,其校勘结论颇可信,可谓凿破鸿蒙,为乾、嘉、道年间学者清人开启了据唐开成石经校勘礼经的先例,使唐石经之价值骤显于世,意义可谓非凡。不仅如此,这一校勘实践,也开启了乾、嘉、道年间重视依据石经校勘礼经文献的治学风尚。

第五,从传统的经世致用观出发,顾炎武主张弘扬朱熹的礼学,开辟出融汇古今的礼制建设通途。顾炎武治学上反对致力于向内的主观的学问,而提倡向外的客观的学问,他在《日知录》中便说:"自宋以下,一二贤智之徒,病汉人训诂之学得其粗迹,务矫之以归于内,而'达道'、'达德'、'九经'、'三重'之事置之不论,此真所谓'告子未尝知义'者也。"①在世风浇薄的明清之交,许多学者认识到现实社会生活与礼学的普遍联系,倡为所谓"经世致用",身体力行地履践合理的古代礼制文化。顾炎武提倡以朴学治《仪礼》,目的亦还是经世,所谓"引古筹今,亦吾儒经世之用"②,不过,古今礼制多有变迁,如何规范礼制便很成问题。与此同时,他又认为,如果对于《仪礼》的探索仅仅注重改良心性,是远远不够的,而应着眼于实践环节。但这种实践性,也不能停留在力所能及的范围内以身作则,从事推行古代礼教的实践上,这种做法虽然对于弘扬礼学能起到营造文化氛围的作用,并没有为之建立坚实的理论根据,不能引导礼学走向复兴。有鉴于此,顾炎武主张以礼学经世的具体路径是会通古今。康熙十七年(1678)冬,汪琬致书顾炎武,建议他依据《仪礼》斟酌今古,撰为专著,借以规范当代礼制建设。顾炎武给汪琬回信说:"至于悯礼教之废坏,而望之斟酌今古,以成一书,返百王之季俗,而跻之三代,此仁人君子之用心也。然斯事之难,朱子尝欲为之而未就矣,况又在四五百年之后乎?如

---

① 顾炎武著,黄汝成集释:《日知录集释》卷七,《行吾敬故谓之内也》条,上海古籍出版社 2006年版,第 436 页。

② 顾炎武:《与人书八》,《顾亭林诗文集·亭林文集》卷四,中华书局 1983 年版,第 93 页。

得殚数年之精力,以三《礼》为经,而取古今之变附于其下,为之论断,以待后王,以惠来学,岂非今日之大幸乎?"①顾炎武的愿望,可惜最终没有实现,不过,清代会通古今礼制的第一部著作——《读礼通考》,即出于顾炎武外甥徐乾学之手,其著述思想可谓与顾氏《答汪苕文书》如出一辙。

第六,从治学方法的影响来看,顾炎武曾经提出有关《仪礼》考证的程序时说:"因句读以辨其文,因文以识其义,因其义以通制作之原。"②《日知录》卷五部分札记训释《仪礼》文字,采用的正是这一路径。《乡饮酒礼》《乡射礼》于"旅酬"都说"辩"。顾炎武于"辩"条指出,这些地方的"辩"并非取"辩察"之义。古字"辩"与"遍"通,郑玄《燕礼注》记载:"今文'辩'皆作'遍'。"顾炎武从《礼记》《左传》及《史记》《礼书》中检出六条书证,证实汉以前古籍中多以"辩""遍"通假③。诚如四库馆臣评价他的治学法门时说:"炎武学有本原,博赡而能通贯。每一事必详其始末,参以证佐,而后笔之于书。故引据浩繁,而抵牾者少。"④由此看来,重视列举证据,这是顾炎武开创的清代朴学新风尚,它更加有助于人们洞察古代礼制繁缛、晦涩的仪节度数背后整饬、鲜活的文化血脉。

顾炎武从明清易代的伤痛中倡扬《仪礼》学的研究,宣扬以经学为理学、以礼学为经学主干的礼学思潮,赢得了当时及此后学者的积极响应,不仅如此,顾氏的礼学思想同时也不期然而然地与清初康乾之际官方确立的崇儒重道的文化政策有机地联系在了一起,并形成一种文化合力,对于清初社会的稳定产生了一定的影响,这恐怕是坚持政治操守并以晚明遗老自称的顾炎武所难以预料的。汪琬曾经盛赞顾炎武的礼学研究,并夸赞顾氏奖掖后进的做法说:"礼教废坏久矣,仆蒙先生斟酌今古,原本《礼》经,而又上不倍国家之制,下不失风俗之宜,用以扶翼人伦,开示后学,甚善,甚善!"⑤这里,"不倍国家之制",显然是汪琬自己的为学原则和立场,而不一定是顾炎武本人治学的主观意图。

(二)黄宗羲对经史研究之倡导

黄宗羲(1610—1695),字太冲,号南雷,学者尊称梨洲先生,浙江绍兴府

①　顾炎武:《答汪苕文书》,《顾亭林诗文集·亭林文集》卷三,中华书局1983年版,第60页。
②　顾炎武:《仪礼郑注句读序》,《顾亭林诗文集·亭林文集》卷二,中华书局1983年版,第32页。
③　顾炎武著,黄汝成集释:《日知录集释》卷五,《辩》条,上海古籍出版社2006年版,第299页。
④　永瑢等:《钦定四库全书总目》(整理本)卷一百十九,《子部》二十九,《杂家类三》,《日知录》条,中华书局1997年版,第1596页。
⑤　汪琬:《答顾宁人先生书》,《钝翁续稿》卷十二,李圣华笺校:《汪琬全集笺校》(三),人民文学出版社2010年版,第1402页。

余姚县(今宁波余姚市)人。其父黄尊素登万历年间进士第,亦为东林党人,明熹宗天启中曾任监察御史,因弹劾魏忠贤而被削职归籍,不久下狱,受酷刑而死。黄宗羲从父遗命,师事晚明儒学殿军刘宗周,得蕺山之学。又苦读史书,由明代《十三朝实录》开始,进而遍读"廿一史"。曾参加抗清活动,参与对阉党斗争,并成为"复社"领导人之一,与"几社""应社"等士人往来。南明弘光年间,阮大铖搜捕复社人士,指为东林党余孽,黄宗羲亦名列其中,被捕入狱。弘光朝覆灭,乃逃回家乡。清兵南下时,曾组织"世忠营"武装抵抗。明亡,黄宗羲在武装抗清失败后,随即转入养母著述。黄宗羲曾自云一生有三变,"初锢之为党人,继指之为游侠,终厕之于儒林",这正是黄宗羲一生的写照。康熙十七年(1678),诏征"博学鸿儒",学生代为力辞。康熙十九年(1680),康熙帝命地方官"以礼敦请"赴京修《明史》,黄宗羲以年老多病坚辞。康熙帝令地方官抄录其所著明史论著、史料送交史馆,总裁又延请其子黄百家及弟子万斯同参与修史。万斯同入京后,也执意"以布衣参史局,不署衔、不受俸"。是年黄宗羲始停止讲学,悉力著述。二十二年(1683),参与修纂《浙江通志》。二十九年(1690),康熙帝又召其进京充顾问,徐乾学以"老病恐不能就道"代辞。

黄宗羲学识渊博,大凡天文、历算、音律、经史百家、释道、农工等无不深究。治学以捍卫阳明心学自任,力主诚意慎独之说。亦重史学之钻研,服膺者如万斯同、全祖望、章学诚等皆以史学名家,蔚为浙东学派。作为一个儒者,黄宗羲无论是研究经学,还是研究史学,都主张一个"经世致用"。在他看来,史书所载绝非仅是史料一堆,而是蕴含着"经世之业"的阐述,"夫二十一史所载,凡经世之业,亦无不备矣"①。黄宗羲毕生著述多至50余种300多卷,其中最为重要的有《宋元学案》《明儒学案》《明夷待访录》《孟子师说》《葬制或问》《易学象数论》《明文海》等。

关于《仪礼》之学的研究,黄宗羲并无专门论著,但在他的《宋元学案》《明儒学案》《葬制或问》诸编中,亦稍有涉猎。然而联系当时的社会背景和学术背景来看,黄宗羲的学术研究和哲学思想对推动清初的《仪礼》学研究确实又产生了一定的影响,具有一定的学风倡导之功。概括说来,主要体现在以下几个方面:

其一,从批判明人的讲学之风出发,黄宗羲倡导"穷经兼读史"的问学之风,必然有助于推动经学研究之普及和儒家学说的彰显。和顾炎武一样,黄宗羲治学上也讲究致用,即所谓"经世之务"也,但和顾炎武倡为"理学,经学也"

---

① 黄宗羲:《补历代史表序》,《黄梨洲文集》,中华书局1959年版,第316页。

的学术主张不同的是,黄氏治学更强调以史学为根柢,注重经史兼修,认为经史之间实际上就是原与委的关系,两者密不可分。黄宗羲曾经与人言曰:"六经皆载道之书,而礼其节目也……大而类禋巡狩,皆为实治;小而进退揖让,皆为实行也。"①他对明人的讲学之风尚极为不满,"公谓明人讲学,袭《语录》之糟粕,不以六经为根柢,束书而从事于游谈。故授业者必先穷经,经术所以经世,方不为迂儒之学"②。黄宗羲认为,要改变这一现状,学术研究必须要经世致用,既要以"六经"为根柢,又应该"不为迂儒,必兼读史",经史兼读,这与顾炎武倡议"人苟遍读五经,略通史鉴,天下之事自可洞然"③,其论调可谓基本上称得上是一致的。于是,士人们开始转向传统典籍,从古籍中探研古圣先贤治国经世的良策,经史之学作为实学的一部分,逐渐得到士人们的青睐。黄宗羲"经史兼读"的治学思想,稍后为汤斌所接受,并得到了进一步发挥。汤斌认为,"史"是以"经"作为指导思想的,他阐述道:"苏洵曰:'经以道法胜,史以事辞胜,经非一代之实录,史非万世之常法',是不明《尚书》之义、《春秋》之旨。夫经史之法同条共贯,《尚书》备帝王之业,经也而通史;《春秋》定万世之宪,史也而为经,修史者盖未有不祖此者也。"④在此汤斌提出了类似"六经皆史"的观点,强调修史是应讲"《春秋》大义"的,以之来定褒贬,决是非。

　　其二,从修正王学的角度来看,倡为更加朴实、切近实践的治学理路。在明末以来强大的实学潮流中,王学的空疏无用,几乎成为众矢之的。王学后儒在修正中,注意添加"尊经"和实践的内容,主动抛弃了王学中近禅的空虚习气。例如,清初黄宗羲与陈确、王夫之等人站在理学营垒中,提出要对王学进行修正,实现"由王返朱"。他们论性畅发"日生日成"之理,与东林学派的辩论宗旨可谓一脉相承,"总之皆由虚实之辨、本体工夫之辨一贯而来。此则清初学术新趋,由东林开其端也"⑤。黄宗羲在晚年所作的《明儒学案·原序》中说:"盈天地皆心也,变化不测,不能不万殊。心无本体,工夫所至,即其本体。故穷理者,穷此心之万殊,非穷万物之万殊也。"⑥此段话清楚地表明了他站在王学立场,却强调"工夫"的重要性,相比王阳明的以知代行,更注重实践。特别值得注意的是,黄宗羲晚年复兴证人书院,与明末讲学形式虽同,然

---

　　①　黄宗羲:《学礼质疑序》,《黄梨洲文集》,中华书局1959年版,第311—312页。
　　②　全祖望:《梨洲先生神道碑文》,《鲒埼亭集》卷十一,《续修四库全书》(第1429册),上海古籍出版社2002年版,第51页。
　　③　顾炎武:《与杨雪臣》,《顾亭林诗文集·亭林文集》卷六,中华书局1983年版,第139页。
　　④　汤斌:《二十一史论》,《汤子遗书》卷六,《景印文渊阁四库全书》(第1312册),台湾商务印书馆1983—1986年版,第546页。
　　⑤　钱穆:《中国近三百年学术史》(上册),商务印书馆1997年版,第13页。
　　⑥　黄宗羲:《明儒学案·黄梨洲先生原序》,中华书局1985年版,第9页。

朴实地讲经论史,内容显然有别,这些都对当时的学风影响极大。黄宗羲在应对理学面临的危机中,在扭转学风的呼声中,摸索和倡导经世致用和向经史之学转化。

其三,从参与明史馆修史体例之争的角度来看,黄宗羲倡为更加朴实、切近实践的治学理路。清初,清廷征召山林志士,开局修史,黄宗羲并未应征参与修史工作,但他的许多著述都被通过各种方式移入史馆内,汤斌在与黄宗羲的信中称誉道:"史局既开,四方藏书大至,独先生著述弘富,一代理学之传,如大禹导山导水,脉络分明,事功文章,经纬燦然,真儒林之巨海,吾党之斗杓也。"①例如,《明史·儒林传》中的许多说法就多取自他的《明儒学案》。当时,《明史》总裁徐元文、乾学兄弟深刻领会到了最高统治者尊程朱、贬王学的意向,主张设置《道学传》,把他们认为是程朱后学的人收列进去,而王学及其末学置于《儒林传》。黄宗羲作《移史馆论不宜立理学传书》,由汤斌出示史馆中人。黄宗羲对徐氏兄弟的《修史条议·理学四款》,从学术思想、史学编纂等方面考虑,通过汤斌移书给予了一一驳议。虽然这其中他也有为王学、浙东学派呐喊的意味,他的立场与汤斌十分相似,但较之后者态度更加坚决,对最终取消《道学传》的设置,起到了很大的作用。黄宗羲反对修《明史》中设置《道学传》之目,从本质上来讲,乃是对明儒尊崇阳明心学、空谈义理、罢黜儒经之治学趣向的不满和否定,从一个侧面体现了他对倡导经史实学性研究的高度重视和极度张扬。

其四,从总结学术思想以致用的角度,倡为"以经解经"和"以史证经"的方法,逐渐扭转理学的"六经注我"的思路和观念,导引人们重新审视儒学的发展,开始挖掘经典的原始内涵,寻求经典的本义。黄宗羲对明代一些学者借经学谈理学、不遵古训的做法极其反感,他主张治经要刻意于名物象数,讲究文献的可靠性。他说:"余时读《十三经注疏》,刻意于名物象数。"②在甬上讲经会上,他要求会友们每读一经时都要尽可能地搜集古今各种版本的注疏,进行对照研习,"于是为讲经会,穷搜宋、元来之传注,得百数十家,分头诵习"③。这一举措,称得上是倡为"以经解经"的先导。当时,浙东的经学家万斯大的解经方法就是"通众经以通一经",与他的方法类似,毛奇龄和汪琬提出了"以

---

① 汤斌:《答黄太冲书》,《汤子遗书》卷五,《景印文渊阁四库全书》(第1312册),台湾商务印书馆1983—1986年版,第526页。

② 黄宗羲:《张仁菴先生墓志铭》,《南雷诗文集》(上),《黄宗羲全集》(第10册),浙江古籍出版社1985年版,第444页。

③ 黄宗羲:《陈夔献五十寿序》,《南雷诗文集》(上),《黄宗羲全集》(第10册),浙江古籍出版社1985年版,第661页。

经解经"和"以史证经"的方法。黄宗羲评价说:"学不患不博,患不能精。充宗之经学,由博以致精,信矣其可传也。"①万斯大死后,黄宗羲为他作《墓志铭》时,曾经高度概括和肯定万氏的治学方法说:"充宗生逢丧乱,不为科举之学,湛思诸经,以为非通诸经不能通一经;非悟传注之失,则不能通经;非以经释经,则亦无由悟传注之失。"具体而言,"何谓通诸经以通一经? 经文错互,有此略而彼详者,有此同而彼异者。因详以求其略,因异以求其同,学者所当致思者也。""何谓悟传注之失? 学者入传注之重围,其于经也无庸致思,经既不思,则传注无失矣,若之何而悟之。"②显而易见,万斯大的这种治经方法,在一定程度上与黄宗羲的治学取向有着密切关联。

　　其五,从他在浙东主持证人书院时的讲经会情况来看,黄宗羲的讲学之风对当时与之关系较为密切的一些博学鸿儒,及其讲学弟子的治学产生了重要引领作用。作为明清之交出生的学者,黄宗羲在当时的讲学影响甚大,所谓"清初讲学大师,中州有孙夏峰,关中有李二曲,东南则黄梨洲"③。康熙二年至十八年(1663—1679),他于慈溪、绍兴、宁波、海宁等地设馆讲学,其间讲学所倡导的治学风尚,诚如全祖望在《甬上证人书院记》中所说:"先生始谓学必原本于经术,而后不为蹈虚,必证明于史籍,而后足以应务,元元本本,可据可依"④。他的弟子万斯同、万斯大兄弟俩就受黄宗羲影响颇深,并且继承了他的史学主张,开创了通经致用的浙东学派。万斯大著有《学礼质疑》《礼记偶笺》《仪礼商》《周官辨非》等礼学著作,钩稽穿穴,考同订异,畅发对诸礼的见解;万斯同考礼,意在施于世用,"明先圣之制,贬流俗之失,酌古今之宜,洽情理之中,尤尽善可施用"⑤。李慈铭评价说:"(万斯同)论丧礼一卷,酌古礼以正时俗凶礼之失,皆切实可行,不为迂论。"⑥黄宗羲的指导,万氏的努力讲求,清初礼学大概萌芽于此时。可以说,清初黄宗羲的讲经活动,促使经书重新获得了优先的和中心的地位,经书已不再只是作为心之解悟的工具,而成了学术研究的客体和对象;研究经书的目的也不再是开发心中的义理,而是为了准确地了解古代之礼乐制度。诚如有学者言说的那样:"以甬上证人书院学生为主体形成了清代浙东学派,他们沿着黄宗羲确定的方向,进行了深入的研究,

----

① 黄宗羲:《万子充宗墓志铭》,《经学五书》卷后所附,华东师范大学出版社 2012 年版。

② 黄宗羲:《万子充宗墓志铭》,《经学五书》卷后所附,华东师范大学出版社 2012 年版,第 431 页。

③ 梁启超:《中国近三百年学术史》,东方出版社 2004 年版,第 45 页。

④ 全祖望:《甬上证人书院记》,《鲒埼亭集外编》卷十六,《续修四库全书》(第 1429 册),上海古籍出版社 2002 年版,第 616 页。

⑤ 汪廷珍:《群书疑辨序》,载万斯同:《群书疑辨》卷首,《续修四库全书》(第 1145 册),上海古籍出版社 2002 年版,第 468—469 页。

⑥ 李慈铭:《越缦堂读书记》,子部《群书疑辨》,上海书店出版社 2000 年版,第 777 页。

把许多问题精细化,使经学在清代得以复兴,并使经世致用成为清代新鲜之风气。"①

另外,清初鸿儒中的许多学者,与黄宗羲有过直接或间接的联系,曾或多或少地受到黄氏治学的影响。例如,身为理学家的汤斌,其后也将经学提到与理学并重的地位。汤斌说:"夫所谓道学者,六经四书之旨,体验于心,躬行而有得之谓也。非经书之外,更有不传之道学也。故离经书而言道,此异端之所谓道也。外身心而言经,此俗儒之所谓经也。"②这一论断,尽管是站在理学的角度而言的,但它与顾炎武"经学即理学"的论断非常接近,估计当时汤斌已经接受了顾炎武、黄宗羲等人的经学倡导,着实难能可贵。又如,朱彝尊面对黄宗羲持久的气节,感到惭愧,但他引以为豪的是共同的抄书兴趣,他说:"予之出有愧于先生,顾性好聚书,传钞不辍,则与先生有瓷芥之合。明年归矣,将访先生之居而借书焉。百家其述予言,冀先生之不我拒也。"③言辞中流露出对黄宗羲学问的向往与认同。

概而言之,顾炎武、黄宗羲等大师倡导尊经复古之学,带动了一大批与他们紧密联系、互相探讨学术的士人的兴趣,诸如与顾炎武、黄宗羲有学术交往的朱彝尊、汪琬、汤斌等鸿儒学人,他们潜心古学,涵经咏史,成为积极呼吁倡导经学及积极研究经史之学的实践者。应该说,顾炎武、黄宗羲等大师倡导考据学风,而后一代鸿儒学者直接开启了乾嘉考据学,并蔚为风气。清初康熙中后期及康乾间,《仪礼》学研究实现了理学向经学的顺利过渡,同时也实现了由通经致用到通经学古的转换,最终在众多一代鸿儒学者身上得以实现。

(三)清初张尔岐之外的《仪礼》研究状况

在顾炎武、黄宗羲、王夫之等晚明遗老倡导包括《仪礼》在内的礼学研究之余,也有少数历经明清更迭的学者,如张凤翔、朱朝瑛等人,致力于礼经学的研究,他们的著述大都成书于顺治年间或康熙前期,在一定的范围内流传,但在当时的传播和影响都不太大。从治学方法来看,受明代学界影响较大,称得上是明代学术的延继。例如:

张凤翔《仪礼经集注》17卷。张凤翔(？—1657),字蓬元,山东东昌府堂邑县(今山东聊城)人,明万历二十九年(1601)进士,授广平府推官,后升给事中。万历三十五年(1607),任文选司主事。万历四十年(1612),升任验封司

---

① 程志华:《经史才之薮泽也——黄宗羲的经学思想》,《河北师范大学学报》(哲学社会科学版)2004年第2期。

② 汤斌:《重修苏州府儒学碑记》,《汤子遗书》卷四,《景印文渊阁四库全书》(第1312册),台湾商务印书馆1983—1986年版,第498页。

③ 朱彝尊:《黄徵君寿序》,《曝书亭集》卷四十一,商务印书馆1935年版,第502页。

员外、文选司郎中。泰昌元年（1620），改任南京太常寺少卿。天启元年（1621），任太常寺少卿。天启二年（1622），任右佥都御史、巡抚保定等地，此后升任左副都御史。天启三年（1623），担任兵部左侍郎。天启五年（1625），任兵部尚书。崇祯元年（1628），改吏部左侍郎，次年改工部尚书。明亡后归顺清朝，顺治三年（1646），起用为户部右侍郎，顺治五年（1648），改吏部左侍郎。顺治八年（1651），升任工部尚书，同年加太子太保。《清史列传》卷 79 有传。

　　张凤翔《仪礼经集注》一书撰成时间不可考，《四库全书总目》注明作者方式为"明张凤翔撰"，看来将其看作是明代的著述，未详何据。目前所知最早为清顺治七年（1650）刻本，因而在笔者看来，该书极有可能撰成于清初时期，至少将其系之于该刻本刊刻之年——顺治七年（1650）之前一两年时间内，应该是一种较为保险的做法。四库纂修官所见为山东巡抚采进本，《四库全书总目》撰者将其列入《四库全书存目》，并评价该书说："是书主朱子《仪礼》为经之说，大旨以郑《注》为主。其间自出新义者，则多所未允。如《士冠礼》文'降自西阶，适东壁，北面，见于母'，郑《注》以'适东壁'为出闱门，贾《疏》谓：'母冠子无事在闱门外，故子出闱门见之。'敖继公不从郑义，以'适东壁'为在东堂下，其说已非。凤翔又以为'适东壁'者又升自阼阶，适东壁房前，北面见母。是时母已在房，果如所言，则'降自西阶'之后，仍当有'升阼阶'之文，何以《经》文无之耶？此类数处，皆立异而不能精确也。"①可见，张凤翔之《仪礼经集注》，诠释礼经的方向与郝敬《仪礼节解》不同，认为《仪礼》为经，且尊信郑注，并不特别强调治学上的标新立异。

　　朱朝瑛《读仪礼略记》1 卷。朱朝瑛（1605—1670），字美之，号康流，晚号罍庵，浙江海宁人。崇祯十三年（1640）进士，授旌德知县，后升仪制司主事。曾受业于黄道周，深得其传。明亡后隐居 20 余年，致力学问，对经学、天文、勾股之法均深有研究。除此书外，尚著有《读诗略记》《读春秋略记》《读易略记》《读尚书略记》《读礼记略记》《罍庵杂述》等，其中诸《略记》之书汇称《七经略记》。《国朝耆献类征初编》卷 413，《碑传集》卷 130 有传。朱朝瑛《读仪礼略记》一书撰成时间亦不可考，《四库全书总目》著明作者方式为"明朱朝瑛撰"，看来是将其看作是明代的著述，未详有何确证。在笔者看来，《明史·艺文志》对通论《仪礼》的著作仅著录汪克宽《经礼补逸》9 卷，黄润玉《仪礼戴记附注》5 卷，何乔新《仪礼叙录》17 卷，湛若水《仪礼补逸经传测》1 卷 4 种，其

---

　　① 永瑢等：《钦定四库全书总目》（整理本）卷二十三，《经部》二十三，《礼类存目一》，《礼经集注》条，中华书局 1997 年版，第 297—298 页。

他关于婚礼、丧礼、射礼、乡饮酒礼的仅有不多几种，因而，该书也极有可能撰成于清初朱氏隐居之际，而不应归属于明亡之前，故此处将之系于作者卒年——康熙九年庚戌（1670）之前。① 关于此书，《四库全书总目》撰者评价说：“是书于经文不全录，第曰自某至某。所录多郝敬、敖继公之说，取材颇俭。其自为说者，亦精义无几。”②由此可见，该书治学受明代《仪礼》学研究影响较大，故而《四库全书总目》将其列入《四库全书存目》之中。

沈昀《士丧礼说》，今存佚不详。沈昀，字朗思，本名兰先，字甸华，浙江仁和（今杭州）人。晚明遗老，卒年63岁。刘宗周讲学蕺山，昀渡江往听。同时代学者兼其同乡应㧑谦（1615—1683）与其年龄相当，是其好友。其学以诚敬为宗，以适用为主，而力排二氏。康熙间，祀乡贤祠。考《沈甸华先生墓碣铭》云：“以末世丧礼不讲，重辑《士丧礼说》，荟萃先儒之言，定其可行者以授弟子陆寅。”③据此全祖望言所言，则《士丧礼说》亦系清人入关后所作，成书当在清初顺、康之际。

吴名溢《丧礼注》，今存佚不详。吴名溢，字竖知，号我匏，浙江钱塘（今属杭州）人。崇祯二年（1629）补诸生，据康熙间编《钱塘县志》记载，“时复社方行娄东甬上，诸名宿舟车络绎，溢皆与焉。鼎革后，弃举子业，不复出”，卒年76岁。今西湖南山上有匏庵，为钱唐吴名溢庐墓处。《两浙著述考》载，吴名溢“遭母丧，庐墓于满觉垅，注《丧礼》，阅五载始成”④，这已是清人入主中原、吴氏“弃举子业，不复出”之后的事情，可证该书成书当在清初顺、康之际。

许瀚《丧礼疏解》，《杭州府志·艺文志》载之，今存佚不详。许瀚，字大辛，浙江海宁人，明末诸生。据《杭州府志·隐逸志》记载：“自经丧乱，其邑有查古庵，终夜哀吟，取所藏书及生平撰著悉烧之，十余年乃卒，大辛为文哭之。”许瀚既与查古庵此人同时，则也应于清初顺、康之际撰成《丧礼疏解》一书。

以上五人，均系历经明清更迭的晚明遗老，除张凤翔入清后任职清廷属于贰臣外，其余四人均隐居不出，后三者皆有感于当时民间古代丧礼之不讲，或为之注疏，或为之说解，要皆以适用为主，与清初学者注重实学的治学旨趣趋于一致。

---

① 无独有偶，宁宇先生在其《清代〈诗经〉学的发展阶段及主要派别》（《泰山学院学报》2005年第4期）一文中，也将朱朝瑛的《读诗略记》一书列入清代顺治、康熙、雍正三朝的“诗学”讨论范畴，未将其视作明代著述。

② 永瑢等：《钦定四库全书总目》（整理本）卷二十三，《经部》二十三，《礼类存目一》，《读仪礼略记》条，中华书局1997年版，第298页。

③ 全祖望：《沈甸华先生墓碣铭》，《鲒埼亭集》卷十三，《续修四库全书》（第1429册），上海古籍出版社2002年版，第65页。

④ 宋慈抱著，项士元审订：《两浙著述考》，浙江人民出版社1985年版，第313页。

二、张尔岐与《仪礼郑注句读》

(一)生平及其学术取向

张尔岐(1612—1677),字稷若,自号蒿庵居士,又号汗漫,山东济南府济阳县(今山东省济南市济阳区)人。明末诸生。祖上世代力农,至其父,为官石首驿丞,始好儒学,笃信程朱理学。兄弟四人在其父督课之下,皆肆力于举业,故张尔岐早年墨守程朱学说,鼓吹"性命"理论,著《天道论》《中庸论》。明崇祯十二年(1639)清军入关,因战火烧毁其小康之家,一家人被迫出走,兵荒马乱中,其父及三弟亡于刀剑之下,四弟亦九死一生。遭此家国骤变,遂绝意科名和仕途,矢志不仕清。又取《诗·小雅·蓼莪》中"匪莪伊蒿"意,自题草庐曰"蒿庵",一任败屋"藜莠塞户"于不顾,闭户研讨学问,潜心为学,不问世事。清顺治七年(1650),以病为由辞朝廷贡入太学,此后,除在学术上与顾炎武、刘友生、李象先、李颙、王宏撰等人时有交往外,闭世耕读终老。

张尔岐学术路向的确立,经过一段较为曲折的抉择历程。早年致力于古文、诗赋和经学,其于经学,"首《大学》,次《论语》,次《中庸》《孟子》,次《诗》,次《易》,次《春秋》,次《周礼》《仪礼》《礼记》。"①为学博通约取,主以程朱理学为依归。在学术宗尚上,张尔岐固然不同于顾炎武所说的不言性命,但是他也绝对不囿于程朱理学,更不同于统治者所提倡的所谓"正学"。他在《经学社疏》中,更明确地阐述了自己的学术主张:"盖闻圣人之道备在六经,大人之学首先格物,格物莫切于穷经,而穷经要归于体道。前有孔孟,后有程朱,轨辙如新,遗篇可考。"②其友人刘孔怀也如是评价他:"大约以经术为根本,以程朱为阶梯,而疏越质朴之气直逼秦汉以上,不蹈六朝靡丽之习,复不袭宋人理学窠臼,知其寝食于古者深矣。"③张尔岐认为,"六经"乃是儒道所在,孔孟、程朱可以帮助学者认识"六经"。但自统治者通过科举制度诱士人以利禄,经学就因而失去了原初的作用,学风日下。"慨自科举学兴,流风斯下,虽迁业于《诗》《书》,实撄情于利禄,设心之始,已异前规,及其为术弥工,去道愈远,终年不辍其揣摩,指趣竟付之茫昧。"因此,他大声疾呼,希望通过学人们勤恳的努力,将经学重振:"然当势穷理极之会,必有力挽之人。凡此含知负觉之身,谁无斯道之责?每中夜而抚心,敢抗声于吾党,各蠲旧累,力口前偷。业不计其生熟,经不限乎大小,分曹而治,计月为程,循环紬绎,浸灌优游。务

---

① 张尔岐著,张翰勋整理:《蒿庵集》卷二,《〈日记〉又序》,齐鲁书社1991年版,第76页。
② 张尔岐著,张翰勋整理:《蒿庵集》卷三,《经学社疏》,齐鲁书社1991年版,第142页。
③ 刘孔怀:《蒿庵集序》,载张尔岐著,张翰勋整理《蒿庵集》卷首,齐鲁书社1991年版,第7页。

取益于身心,不旁参以功利。冀知行之交资,庶华实之并茂。"①这个主张,其实已经是清初经学复兴的先声了。

张尔岐 30 岁开始便致力于《仪礼》一书的探讨,一直到康熙九年(1670),才完成《仪礼郑注句读》一书的结撰。张尔岐尽管学宗程朱,然其更强调从经学中获取圣人之意。张尔岐在《仪礼郑注句读序》中声称:"方愚之初读之也,遥望光气,以为非周、孔莫能为已耳,莫测其所言者何等也。及其矻矻乎读之,读已又默存而心历之,而后其俯仰揖逊之容,如可睹也,忠厚蔼恻之情,如将遇也。周文郁郁,其斯为郁郁矣;君子彬彬,其斯为彬彬矣。虽不可施之行事,时一神往焉,彷佛戴弁垂绅从事乎其间,忘其身之乔野鄙傹,无所肖似也。"②张氏认为,《仪礼》所记之礼仪,乃周、孔圣人奥义之体现。寻求圣人之意以济时用,这是张尔岐从事《仪礼》诠释之根本动机。张氏《仪礼》诠释崇实黜虚,顺应了明末清初反王学末流的学术大势,成为清代实学之先声。

张尔岐一生著作甚丰,其经学著作除《仪礼郑注句读》(以下简称《句读》)17 卷外,还有《吴氏仪礼考注订误》1 卷、《易经说略》8 卷、《诗经说略》5卷、《夏小正传注》等。史学研究方面,尽管他在 44 岁以后因结识顾炎武,接受了顾氏"博学行己"的治学主张,并开始研治史学,但成就不大。此外,还有文集《蒿庵集》3 卷、《蒿庵闲话》2 卷行世。

(二)《句读》的注释内容和体例

在张尔岐众多的学术著作中,最能体现他学术视野和学术成就的,是他的《仪礼郑注句读》一书。《四库全书总目》云:"盖尔岐之专门名家,究在郑氏学也。"③阮元亦曾指出:"蒿庵沉潜注经,尤精于《仪礼》。"④该书始名《仪礼郑注节释》,书定稿后易为今名,乃"录《仪礼》郑氏注,而采贾氏、陈氏、吴氏之说,略以己意断之……又参定监本脱误凡二百余字,并考《石经》脱误凡五十余字,作《正误》二篇,附于其后"⑤。张氏综合了前人治《仪礼》的许多成果,对经文和注疏分别进行了定句读、疏字义、录要点、取明注的大量工作,并且在反复参校的基础上,补正了监本《仪礼疏》和《石经补字》,为其后的治《仪礼》

① 张尔岐著,张翰勋整理:《经学社疏》,《蒿庵集》卷三,齐鲁书社 1991 年版,第 142—143 页。

② 张尔岐:《仪礼郑注句读序》,载《仪礼郑注句读》卷首,刘晓东、杜泽逊主编:《清经解三编》(第 7 册),齐鲁书社 2011 年版,第 736 页。

③ 永瑢等:《钦定四库全书总目》(整理本)卷一百八十一,《集部》三十四,《别集类存目八》,《蒿庵集》条,中华书局 1997 年版,第 2521 页。

④ 阮元:《书张蒿庵先生〈自叙墓表〉后·阮元识》,《蒿菴集》(附录),齐鲁书社 1991 年版,第190 页。

⑤ 顾炎武:《仪礼郑注句读序》,载《仪礼郑注句读》卷首,刘晓东、杜泽逊主编《清经解三编》(第7 册),齐鲁书社 2011 年版,第 734 页。

者提供了许多方便,在清代影响极大。

张尔岐《句读》的诠释体式较为特殊,它兼采了古代疏注体(如《五经正义》)和章句体(如《孟子章句》)各自的优点。其疏注体形式,表现在该书承袭了《五经正义》的训诂方式,既解释《仪礼》原文,又对郑玄《注》文进行疏解,一尊"疏不破注"的原则。当然,它不像贾公彦《仪礼注疏》那样逐一进行疏解,而是针对经注中较为难懂隐晦的地方加以说明。另外,贾公彦《仪礼注疏》没有收录陆德明《仪礼音义》的注音内容,张尔岐则将其收录书中,逐一分置于经注和其疏文之后,以相对应。其章句体形式,则表现在该书明确句读,划分章节层次,在分析解说经注字句含义的基础上,对《仪礼》经文划分段落层次并作简要总结。除了在每一部分首句下解释段落划分情况外,张尔岐还在每一部分各小节正文下,另起一行总结每小节之大旨,与整个部分的划分相呼应,使全文纲举目张,层次分明,增强了可读性。

与贾公彦《仪礼注疏》相似,张尔岐《句读》的诠释内容,主要涉及这样几个方面:(1)解题释例;(2)解释字词的含义;(3)概括章节大意;(4)校勘《仪礼》及郑《注》文字;(5)礼制的解说;(6)标音;(7)串讲经文疏通句意;(8)郑玄《注》援引其他相关文献佐证的内涵分析。总的说来,该书的解说大旨在于涵泳本文,自得理趣,比较简明。《句读》之所以简明,与张尔岐追求《仪礼》的普及与流播有关,他临终之前犹念念不忘说:"《仪礼》欠一净本,若于一二年内能为之,吾无所憾。"①充分反映了张氏治学对于简明诠释风格的体认与追求。

(三)诠释《仪礼》的特点

从诠释策略来看,张尔岐《句读》承继了传统的以考据为基础的做法,重在文本中经传语词的训诂、名物的考订和仪节的诠释,因而长于对礼制的说解是他着力追求的诠释目标。关于张尔岐《句读》仪文节度的诠释效果,清人罗有高曾经有过如下述评:"指画古宫制,朝聘、大享表次、箸位,《士丧礼》内外、男女、宾主、东西面、南北面、哭泣、吊问之次,东西阶登降、送迎之节,又说乡射、大射、乡饮酒、燕礼歌乐、饮馔之竿,纚纚数千言,条理纯贯井辨,不阂不虑,冲口鬯臆,而辞罔不顺比"。② 对于一部力求简明的《仪礼》诠释之作来说,这一评价可谓极高。从诠释效果、诠释焦点、诠释方法、诠释风格等角度考察,张尔岐《句读》的礼经诠释体现出如下特点:

其一,从疏注体的诠释体例和要求来看,张尔岐《句读》承袭了唐宋《十三

---

① 张尔岐著,张翰勋整理:《蒿庵先生手书遗嘱》,《蒿庵集》卷三,齐鲁书社 1991 年版,第 150 页。

② 罗有高:《张尔岐传》,《蒿庵集》附录,清光绪十五年山东书局重刊本。

经注疏》的训释原则,以"疏不破注"为注释宗旨,宗主郑玄之说。郑玄注《礼》经质简难明,贾公彦《疏》又失于繁琐,历代学者多以为芜累,不利于《仪礼》的阅览与普及。张尔岐深明郑《注》体例,因而在疏解郑《注》方面,力避贾《疏》之失,讲求行文简明扼要,疏解经注之意,较之贾《疏》,发挥得更加中肯透辟。例如《乡射礼》:"司射还,当上耦,西面作上耦射。"郑《注》:"还,左还也。"贾《疏》:"知'左还'者,经云'还当上耦',上耦位在司射之西南,东面。司射还欲西面与上耦相当,故知左还回身当之取便可知也。"《句读》:"上耦在司射之西南东面,今欲西面命射,故知左还。"①又如,《乡饮酒礼》:"主人西南面三拜众宾,介宾皆答一拜。"郑《注》:"三拜、壹拜,示徧,不备礼也。不升拜,贱也。"贾疏:"云'三拜、壹拜,示徧,不备礼也'者,众宾各得主人一拜,主人亦徧得一拜,是不备礼,故《乡射》云:'三拜众宾,众宾皆答壹拜。'彼注云:'三拜,示徧也。壹拜,不备礼也。'大夫礼皆然,故《少牢》云:'主人三拜养者,养者皆答拜。'郑云:'三拜,旅之示徧也。'又《有司彻》云:'主人降南面,拜众宾于门东,三拜众宾,门东,北面,皆答壹拜。'大夫尊故也。士则答再拜,故《特牲》云:主人'三拜众宾,众宾答再拜。'郑云'众宾再拜者,士贱,旅之,得备礼'是也。云'不升拜,贱也'者,此决上主人与宾、介行礼皆升堂拜,至此三拜,宾贱,故不升拜至也。"《句读》:"《注》'示遍',解主人三拜。'不备礼',解众宾答一拜。'不升拜,贱也',言主人不升众宾于堂而拜之,以其贱,故略之。与宾介升堂拜至者异也。"②将张尔岐《句读》的疏解与贾《疏》相比较,显而易见,张尔岐的疏解源自贾《疏》,但表述更趋简洁,也不援引有关文献申解注语。

　　其二,从对待郑玄《注》的态度和处置方式来看,《句读》在依遵"疏不破注"训释原则的同时,又不盲从郑《注》,注重对郑玄、贾公彦说解错误之处进行补正,讲究有理有据,对郑《注》并不一味拘泥、曲徇。例如,《燕礼》:"公坐奠觯,答再拜,执觯兴。宾进受虚爵,降奠于篚,易觯洗。"郑《注》:"凡爵不相袭者,于尊者言更,自敌以下言易,更作新,易有故之辞。"《句读》云:"《注》于更、易二字,太生分别,疏家援证虽多,亦未见确据。"③有时,张尔岐还对郑《注》对经文的句读进行补正,如《士昏礼·记》:"父醮子,命之,辞曰:'往迎尔相,承我宗事。勖帅以敬,先妣之嗣,若则有常。'"《句读》:"《注》以'勖帅

　　①　张尔岐:《仪礼郑注句读》卷五,刘晓东、杜泽逊主编《清经解三编》(第7册),齐鲁书社2011年版,第779页。

　　②　张尔岐:《仪礼郑注句读》卷四,刘晓东、杜泽逊主编《清经解三编》(第7册),齐鲁书社2011年版,第767页。

　　③　张尔岐:《仪礼郑注句读》卷六,刘晓东、杜泽逊主编《清经解三编》(第7册),齐鲁书社2011年版,第795页。

以敬'八字为句,愚谓当四字为句,'事'、'嗣'叶,'相'、'常'首尾叶,若云:今往迎尔相,以承我宗事。当勉帅以敬,使其惟先妣是嗣,女之敬必有常,不可敬始而怠终也。"①注意从韵脚的角度进行论证,很有说服力。通过《句读》的这类驳《注》例,张尔岐在具体考辨中态度极为谨慎,不妄下断语,体现了作者实事求是的治学态度。

当然,在具体诠释过程中,尽管张尔岐十分审慎,然而有时亦难免有纠正郑《注》反致失误的情况发生。例如,《士虞礼·记》:"三虞。卒哭,他用刚日,亦如初,曰:哀荐成事。"郑《注》:"他,谓不及时而葬者。"张尔岐《句读》云:"愚按:郑以经文'他'字为有非常之祭,似涉强解。此殆羡文,不然,当在'亦'字上,谓他祝辞耳。"按:张氏此说稍嫌臆测,并未得到清人的认同,王引之《经义述闻》就提出了不同看法:"盖三虞之明日虽为刚日,而不以之卒哭,必用明日以后之刚日,乃为卒哭之日,故不直曰'用刚日'而曰'他用刚日',明所用者他日,非明日也。……此经文之所以云'他'也。他用刚日,盖三虞以后之第二刚日也。……寻讨《士丧礼》《檀弓》之文,而知卒哭之日非三虞之明日,而后经文'他'字之义较然明耳。"②较之《句读》的解说,王引之的说法更趋合理可信,后来胡培翚作《仪礼正义》,便采纳了王引之的这一说法。可见张尔岐的结论颇有误断之嫌,不过,张氏按语中的"似""殆"二字,也体现了张氏审慎的处置态度。

其三,从对待贾公彦《疏》的处置方式来看,如前所述,张尔岐对郑《注》训语的疏解,大都建立在贾《疏》疏解语的基础上简洁凝练其文而成。但是,对于不同意贾氏说法的例子,张氏亦敢于提出质疑并加以考辨。例如,《聘礼·记》:"凡执玉,无藉者袭。"《句读》:"按:《疏》以屈缫为无藉,垂缫为有藉,又以缫有二种,其说愈支而难通。《曲礼》陈氏注云:'所谓无藉,谓圭璋特达,不加束帛,当执圭璋之时,其人则袭。有藉者,谓璧琮加于束帛之上,当执璧琮时,其人则裼。'此定说也。又按《曲礼》郑注亦云:'圭璋特而袭,璧琮加束帛而裼。'《疏》引熊氏云:'朝时用圭璋特,宾主俱袭;行享时用璧琮,加束帛,宾主俱裼。'亦是也。先儒已有此说,亦非陈氏创为之也。"这里张尔岐引《礼记·曲礼》陈氏说、郑玄说、熊氏说相继为证,指出贾《疏》立说之误,确然可信。故《聘礼》"宾袭执圭"郑注云:"执圭盛礼,而又尽饰,为其相蔽敬也。《玉藻》曰:'服之袭也,充美也。'是故尸袭,执玉龟袭也。"亦此意。有时,张尔

①　张尔岐:《仪礼郑注句读》卷二,刘晓东、杜泽逊主编:《清经解三编》(第7册),齐鲁书社2011年版,第759页。

②　王引之:《经义述闻》卷一,《续修四库全书》(第174册),上海古籍出版社2002年版,第507页。

岐的辨正还涉及对贾《疏》关于郑《注》句读错误的说明。如《聘礼》:"席于
阼,荐脯醢,三献。"郑《注》:"每献奠,辄取爵酌主人,因自酢也。"《句读》:
"《注》当以'辄取爵酌主人'畏惧,言室老酌主人,因自酢也。《疏》于'酌'字
句,未是。"如此之类训解,表现出张尔岐治学既宗主郑《注》、贾《疏》而不盲从
其说的态度,有其自身独到的思考和见解。

其四,从《句读》的训释风格情况来看,张尔岐的训释十分简明而条畅,体
现了汉学质朴的治学风格。这主要表现在以下几个方面:一是较之贾公彦
《疏》,张尔岐《句读》对经文、郑《注》的疏解以"取足明《注》而止"为解说标
准,不脱离经、注本身随意生发义理。较之贾公彦《疏》"冗漫,往往略本文而
敷别义"①的训释风格,张尔岐的解说让人感觉更为明晰可信。如《聘礼·
记》:"久无事,则聘焉。若有故,则卒聘。"郑《注》:"故,谓灾患。及时事,相
告请也。"《句读》云:"有故,如告籴乞师之类。卒聘,仓猝而聘,不待聘之期
也。"二是对于《仪礼》及其郑《注》中同义复出的字词,《句读》往往只是在第
一次出现时进行语义的训释,而于他处从略,这样就避免了训语的重复,节省
了行文的篇幅。例如,《乡饮酒礼》:"主人坐奠爵于序端,阼阶上北面再拜崇
酒,宾西阶上答拜。"郑《注》:"崇,充也,言酒恶相充实。"《句读》:"李之藻云:
'崇,重也,谢宾重己酒不嫌其恶也。'"这里,张尔岐引李之藻说补正郑玄训释
之误,"崇酒"一次在《仪礼》中出现多次,但张氏《句读》仅在此处补正郑说,
而于其他地方皆不再作交代。有时,张氏也通过详此略彼的方式,达到疏解简
明的效果,如前面论及张氏纠正贾《疏》误训例时,曾举《聘礼·记》"凡执玉,
无藉者袭"句下张氏疏证例,指出贾《疏》关于"无藉""有藉"的说法是错误
的。事实上,张氏在同篇经文的两个地方都指出了贾《疏》"以屈缫为无藉,垂
缫为有藉"的说法是错误的。一是在"上介不袭,执圭,屈缫,授宾"句下,《句
读》说:"《疏》以屈缫为无藉,垂缫为有藉。《曲礼》陈氏注以圭璋特达为无
藉,琮璧有束帛为有藉。陈说得之,详见《记》中。"一是在"宾袭执圭"句下,
《句读》说:"观此《注》,知《疏》以垂缫、屈缫为有藉、无藉诚误也。"和前例广
引陈氏、郑氏、熊氏说详证《疏》解错误的做法相比,疏解更为简练,两相互补,更
值得肯定。另外,对于贾公彦《疏》解说经、《注》已经非常明晰的实例,张尔岐往
往只是援引贾氏《疏》,不另外疏解,这也是其治学质朴、简明的一个重要表现。

其五,从诠释过程中的文献引证情况来看,张尔岐《句读》的最大特点是
三《礼》互证。张氏强调在不违郑《注》的基本原则下,广引《周礼》《礼记》及

---

①　黄叔琳:《仪礼郑注句读序》,载《仪礼郑注句读》卷首,刘晓东、杜泽逊主编:《清经解三编》
(第7册),齐鲁书社2011年版,第737页。

其郑《注》相证是其鲜明特色。他强调以《周礼》《礼记》及其郑《注》申明《仪礼》经义,以《礼记》文申明疏解《仪礼》经义,或以《仪礼》17 篇前后比较互证,或以他经郑《注》发明郑《注》训义,这方面的引证极为丰富。例如,《乡射礼·记》:"荐脯用笾,五膴;祭半膴,横于上;醢以豆,出自东房。膴,长尺二寸。"《句读》云:"《曲礼》云:'以脯修置者,左朐右末。'是横设人前,祭半脡横其上,于脯为横,于人则为缩也。"①这是引《礼记·曲礼》篇申明经义。又如,同篇"取诱射之矢者,既拾取矢,而后兼诱射,乘矢而取之"一文,《句读》云:"《注》所谓反位已者,非司马西南东面之位,乃福东西取矢之位,前经所云'上射东面,下射西面'者也。但彼处《疏》云是下射取之,此乃云上射,未审何者为是。"②这是引《仪礼》本经申明《注》义。凡此之类训例,《句读》中在在皆是。然而,在引证材料方面,张尔岐的引证也有一些不足之处,例如,与郑《注》、贾《疏》相比显得比较单一,对其他儒经文献的援引不足。此外,由于张尔岐所占有的历代《仪礼》文献资料十分有限,对历代学者的研究成果吸纳极少,仅仅引用了贾公彦、陈祥道、吴澄等数家之说,同时也引用了朱熹、顾炎武、李之藻等数家学者的少数研究成果,可惜所引条目极少。

　　(四)考订吴澄《仪礼考注》

　　张尔岐既深于《仪礼》,不仅对之加以句读,还对坊间传本吴澄《仪礼考注》加以订正,著为《吴氏仪礼考注订误》一卷。张尔岐之有意为此,乃受何乔新《书仪礼叙后录》之断《三礼考注》非出于吴澄之手的启发。其论之曰:"《考注》一书,前人已判其为伪,而犹流传至今者,以此经习之者鲜,人不及深考,遂致坊贾流布不已耳。愚为拈出,庶不使后学受其疑误。将以暇日准吴氏所序次第,订为一书,当亦《礼》家之巨观也。"③张氏《句读》成书后,乃取吴氏《仪礼考注》为之勘订。张氏《吴氏仪礼考注订误》可惜已不传于今世,无法探寻其书原貌,然而在张氏《蒿庵闲话》里,有 3 条关于吴澄《三礼考注》中《仪礼考注》的考述,主于考辨当时所传吴氏《仪礼考注》之伪,其中以卷二第一条考辨论证最为全面。

　　在张尔岐看来,尽管此传本吴澄《仪礼考注》大都"采自郑贾",但又"往往失其端末,至其自为说,则大违经意",兼且"其不用郑贾者四十余事,唯《少牢篇》'尸入正祭'章补出'尸受祭肺'四字为有功于经,余皆支离之甚,不须剖

　　① 张尔岐:《仪礼郑注句读》卷五,刘晓东、杜泽逊主编:《清经解三编》(第 7 册),齐鲁书社 2011年版,第 788 页。

　　② 张尔岐:《仪礼郑注句读》卷五,刘晓东、杜泽逊主编:《清经解三编》(第 7 册),齐鲁书社 2011年版,第 790 页。

　　③ 张尔岐著,张翰勋整理:《蒿庵闲话》卷二,齐鲁书社 1991 年版,第 355 页。

击,疵病立见,疑其书殆庸妄者托为之,不然草庐名宿岂应疏谬至此?"后来,他找来《三礼考注序》读之,又取其书与之覆校,遂确然断定其坊间传本《仪礼考注》非吴氏之旧也。这一见解,后来为四库馆臣所采纳。张氏之所以判定其为伪书,主要是基于三方面的考虑:

其一,《仪礼·记》文的编排方式不同:"《序》云'忘其僭妄,辄因朱子所分礼章重加伦纪,其经后之《记》依经章次秩序其文,不敢割裂,一仍其旧,附于篇终。'今此书则割裂《记》文,散附经内矣。"依《序》文所述,吴氏原书对《记》文的编排是"依经章次秩序其文","一仍其旧,附于篇终",没有割裂开来;而世所传《仪礼考注》却将《记》文割裂开来,散附经内,编排处理不同。

其二,从《序》文所列正经、《逸经》《传》之篇目考证世传《仪礼考注》之伪:"《序》有云:'二戴之《记》中有经篇,离之为《逸经》,礼各有义,则经之《传》也,以戴氏所存,兼刘氏所补,合之而为《传》,《传》十五篇。'今此书十五篇则具矣,《士相见》《公食大夫》二篇但采掇《礼记》之文以充数,求所谓清江刘氏之书,无有也。至于《逸经》八篇,《序》则又详列其目矣,《公冠》《迁庙》《衅庙》取之《大戴》,《奔丧》《投壶》取之《小戴》,《中霤》《禘于大庙》《王居明堂》取之郑氏《注》。《逸经》虽曰八篇,实具其书者五篇而已,其三篇仅存篇题,非实有其书也。今此书则取《大戴·明堂》列之第二,盖不知《王居明堂》之与《明堂》为有辨也。三者与《序》皆不合,其出于吴氏也审矣。"

其三,根据《序》文所列各篇卷目次第归属,与今传习本《仪礼考注》次第处理的差异情况,来判定该书之伪作:"《序》又云:'正经居首,《逸经》次之,《传》终焉,皆别为卷而不相紊。此外悉以归诸戴氏之《记》。朱子所辑及黄氏《丧礼》、杨氏《祭礼》,亦参伍以去其重复,名曰《朱子记》,而与《二戴》为三。'草庐本书次第略见于此数言,今此书《朱记》了不可见,而又杂取二戴之书名为《曲礼》者八篇,庞杂粹会,望之欲迷,与草庐所云'此外悉以归诸戴氏之《记》'者又不合矣。何物妄人,谬诬先儒至此,真可恨也。"①

在另一条中,张尔岐也指出:"吴氏《三礼考注》于《仪礼》诸篇皆以《记》随经,而取二戴《公符》《投壶》《衅庙》等篇继之,曰《仪礼逸经》。又名《射义》《聘义》等篇曰《仪礼传》。盖略仿朱子《古经经传通解》之例,而解处多误,当时何不据朱黄成书表章之,而又自生枝节也。如《冠礼》角柶,以角为四升酒器,柶为楔齿,皆谬甚。"以上所论证据皆很充分,论证严密,因而张尔岐的结论是可信的,深为有功于清代及其后学人。

---

①　张尔岐著,张翰勋整理:《蒿庵闲话》卷二,齐鲁书社1991年版,第354页。

（五）《仪礼》文献校勘

张尔岐《仪礼》学研究的贡献并不仅仅局限在经文的疏解上，他还重视对《仪礼》经文以及郑《注》流传过程中出现的文字讹误情况进行校勘。张氏《句读》着力校勘者涉及以下三种情况：

其一，对坊间流传的《仪礼》监本的文字正误。明末清初之际，坊间流传的《仪礼》监本是当时士人多据以研读的本子，然而其中讹误情况甚众。张尔岐说："《十三经》监本，读书者所考据，当时校勘非一手，疏密各殊。至《仪礼》一经，脱误特甚，岂以罕习故忽不加意耶？《易》《书》《诗》《春秋》《论语》《孟子》《礼记》充满天下，故不容或误，《周礼》《孝经》《尔雅》《三传》人间犹多善本，即有误，亦易见。《仪礼》既不显用于世，所赖以不至坠地者，独此本尚在学宫耳，顾不免脱误至此。坊间所刻如《三礼解诂》之类，皆踵袭其讹，无所是正。"甚至当时有的人还据此监本来"补石经之阙字者"，"不知以彼正此，反以此本为据"。有鉴于此弊，为防"疑误方来，大为此经累"，张尔岐于定《仪礼郑注句读》后，"乃取石本、吴澄本与监本较，摘其脱者、误者、羡者、倒置者、经注互淆者录之"①，依《仪礼》17 篇顺序，逐一纠正《仪礼》监本存在的经文文字讹误情况。

其二，对唐石经《仪礼》经文的文字校勘。张尔岐在《仪礼石本误字》"叙"中指出："唐石经，当时学者以为芜累，至于今日，已为老成典型矣。乃《仪礼》，亦不免多误，逮补字承讹，则又鲁鱼莫辨，兹因校正监本误字，遂并及之。"②其校勘之编排情况，一如《仪礼监本正误》，依 17 篇顺序逐一说明。从校勘方法来看，张尔岐对《仪礼》监本和唐石经本的校勘，主要采取对校加理校法，对校主要是兼采石本、吴澄本与监本等进行文字异同的校勘，然后依理校法定其是非，指出经文文字本来面目，可惜的是《仪礼监本正误》和《仪礼石本误字》中均未能体现出张氏校勘的依据所在。

其三，张尔岐《句读》有关《仪礼》经文的诠释过程中，也出现了大量的文字校勘内容，较之前两种情况，它更能反映张尔岐的校勘思想，体现张氏的校勘方法。从校勘的对象看，《句读》的校勘主要涉及两个方面：一是对经文本身文字的校勘；二是对郑玄《注》文的文字校勘。从校勘的方法上看，主要是依据音韵、训诂原理进行校勘，注重对校法、他校法和理校法的运用，尤其是理校法的广泛运用，且大都有较清晰的论证推理过程。对经文本身文字的校勘，

①　张尔岐：《仪礼监本正误序》，载《仪礼郑注句读》卷末，刘晓东、杜泽逊主编：《清经解三编》（第 8 册），齐鲁书社 2011 年版，第 61 页。

②　张尔岐：《仪礼石本误字序》，载《仪礼郑注句读》卷末，刘晓东、杜泽逊主编：《清经解三编》（第 8 册），齐鲁书社 2011 年版，第 66 页。

如《士昏礼·记》:"壻授绥。姆辞曰:未教,不足与为礼也。"《句读》卷二:"此节监本脱,据石经及吴本补入。或当有郑注,而今逸之矣。"这是采用对校法校勘经文脱文。此类校语大都结论是可信的,考订是精审的,足见他校勘用力之深。

站在今天的角度来看,张尔岐的《仪礼》经文校勘颇有发前人所未发明者,尽管如此,由于受时代所囿,资料残缺寡少,有时校勘结论难免失于谬误。兹仅枚举其中较为突出之数例发见其校勘缺失所在:

《聘礼》:"降筵,北面,以柶兼诸觯,尚擪,坐啐醴。"《句读》卷八:"擪音猎,又音拉,折也,又持也,于义并难通。案《冠礼》《昏礼》'面叶',叶,柶大端也。古文'叶'作'擖',擖音叶,箕舌也,与匙头相类,可以借用。'擪'字或'擖'字之讹,尚擪即尚叶也,尚叶者,仰柶端向上也。"按:该例张尔岐乃采用理校法进行文字校勘,初看起来似颇具说服力,然深加探考,则可发见其校语之非是。考《说文·髟部》"鬣"字下,段《注》云:"隶书多假'葛'为'鼠'。"① 又《士昏礼》:"加柶,覆之,面叶",郑《注》:"古文'叶'为'擖'。"阮元《校勘记》:"古文'叶'为'擖',然则今文作'叶',古文作'擖'或作'擪'。'擪'、'擖'皆《说文》所有,宜以从'擪'为正。凡字之从鼠者,俗皆从葛。"另考武威汉简本《仪礼》九篇②,凡从鼠字皆写从葛,诚如段玉裁所云"隶书多假葛为鼠"。由此可见,张尔岐"擪字或擖字之讹"之说是错误的,颇有误断文字正俗体之嫌。

又如,《少牢馈食礼》:"肩臂臑膞胳在两端,脊胁肺肩在上。"《句读》卷十六:"'脊胁肺肩在上','肩'字殆误。唐石本、吴澄本并同。今按:上文已言'肩',不当重出,且遗胃,则'肩'字即'胃'字之误可知。"按:此例张尔岐的校勘,清人盛世佐已有发覆其失误之所在:"'肺'下'肩'字非误,张氏盖失于分句之不审耳。'肩臂臑膞胳在两端,脊胁肺,肩在上',此三言者,所以明其载于俎之次也。云肩臂臑膞胳在两端,则脊胁肠胃肺之在中央明矣。举脊胁肺而不言所在者,以其可知也。不言肠胃,文省也。……云'肩在上',则臂臑从肩而皆在俎之上端,膞胳在其下端亦可知矣。此立言之法也。若改肩为胃,则不当置于肺下肠胃并言,亦不当舍肠而独言胃,且肩臂等五体既分居俎之两端,则所云在上者更在何者之上乎? 妄改经文之失如是,故辨之。"③盛世佐谓

①　段玉裁:《说文解字注》九篇上,上海古籍出版社1988年版,第428页。

②　中国科学院考古研究所、甘肃省博物馆编:《武威汉简》,《考古学专刊乙种》第十二号,北京文物出版社1964年版。

③　盛世佐:《仪礼集编》卷三十七,《景印文渊阁四库全书》(第111册),台湾商务印书馆1983—1986年版,第606页。

张氏"失于分句之不审"之说,有台湾学者王关仕先生以为仍有失辨之嫌,考《武威汉简》甲本《少牢》篇,"肩臂臑膊胳在两端"一句并无"肩"字,王关仕考证说:"按简本无上'肩',是也。下既云'脊胁肺肩在上',与'臂臑膊胳在两端'对举,不宜重肩,一也。臂与膊胳为肢,肩为体,与脊胁肺近;《祭统》曰'周人贵肩',故与脊胁肺在上,二也。"①据此可见,张氏、盛氏之说皆误,当初《武威汉简》甲本无上"肩"字为是。

值得注意的是,《句读》也有因为张尔岐失于经《注》的校勘,结果导致据误本文字而曲为说解的现象出现。例如:《燕礼》:"大师告于乐正曰:'正歌备。'"郑《注》:"大师,上工也,掌合阴阳之声,教六师以六律为之音者也。"《句读》云:"六师,《周礼》磬、钟、笙、镈、鞉、籥等六师也。"按:郑《注》"教六师以六律为之音者也"中的"六师",本当作"六诗",而张尔岐所据《仪礼》监本误作"六师",不察其中文字讹误,反据监本误字申解郑氏注语,颇为失当。不过,这种情况的出现是极少数的,瑕不掩瑜。

综上所述,张尔岐在《仪礼》的研究方面成就是巨大的,虽然存在着一些这样或那样的问题,如对于郑玄《注》中有关依音释义内容的分析十分单薄,在涉及有关音韵分析的内容方面,仍然采用并不科学而且早已受到批评的"叶音"理论,等等,但他的研究开启了清初《仪礼》研究的先声,他的疏解训释简明,为时人研读《仪礼》提供了一个好的读本;他的《仪礼》监本、唐石经本等校勘,也为后来者校勘《仪礼》经注工作,提供了有益的思路和参考借鉴的文本。凡此之类,皆有益于推进清代《仪礼》学研究的深入发展,诚如胡德琳所云:"国朝最盛如丹阳姜氏上均,钱塘吴氏廷华,秀水盛氏世佐,接踵而出,皆蒿庵之书为之前导。""蒿庵是书洵郑氏之功臣,学者之津筏也。"②顾炎武亦云:"独精三《礼》,卓然经师,吾不如张稷若。"③在张尔岐死后,顾炎武还写诗叹挽道:"从此山东问三《礼》,康成家法竟谁传。"④可见顾炎武对张尔岐礼学研究评价之推崇程度。从学术史发展意义上来说,张尔岐对《仪礼》的研究实在是"开一代治《仪礼》学之先声","张尔岐于学风转变之际,倡为《仪礼》之学,是有其学术价值的"⑤。

---

① 王关仕:《汉简本仪礼考证》,学生书局民国 64 年版,第 39 页。

② 胡德琳:《仪礼郑注句读跋》,载《仪礼郑注句读》卷末,清乾隆八年刻本(和衷堂藏版)。

③ 顾炎武:《广师》,《亭林文集》卷六,《顾亭林诗文集》,中华书局 1983 年版,第 134 页。

④ 顾炎武:《哭张尔岐》,《亭林集外诗补》(不分卷),《顾亭林诗文集》,中华书局 1983 年版,第 429 页。

⑤ 林存阳:《清初三礼学》,社会科学文献出版社 2002 年版,第 202 页。

三、姚际恒与《仪礼通论》

(一)生平及著述概说

姚际恒(1647—约1715),字立方,一字善夫,号首源,自号首源子,又号首源主人,原籍安徽休宁人。数代以来即迁居浙江仁和(今杭州)①,晚再迁钱塘,故又称仁和或钱塘人。为诸生,"其家多藏书,且腹笥甚富"②,"少折节读书,泛滥百氏。既而尽弃词章之学,专事于经"③,治学上乃专力治经,注重从多方考证以探寻圣人之本义,并承宋明学者辨伪思想,大胆怀疑经典,著述攻伪古文,不盲目信古,多发前人所未发。历经14年时间,陆续写下了他的巨著9种,后来合称成《九经通论》,目次为《易传通论》《古文尚书通论》《诗经通论》《周礼通论》《仪礼通论》《礼记通论》《春秋通论》《论语通论》《孟子通论》,凡170卷。另著有《庸言录》若干卷,杂论经史、理学、诸子;末附《古今伪书考》,辨经、史、子三类伪书69种,真书杂以伪者10种,非伪书而作者为伪者7种,书非伪而书名伪者2种,未能定其著书之人者4种。他考辨古籍能跳出经学家迷信经传的窠臼,能大胆立论,多有超越前人的新见解,但同时也有好为异论、主观臆断、考证不严密的缺点。

关于三礼方面的研究,姚际恒主要有《周礼通论》《仪礼通论》《礼记通论》三书;此外,姚氏关于《小戴礼》方面的一些见解,散见于杭大宗《续礼记集说》中。这其中,《仪礼通论》17卷成书于康熙三十八年(1699),书前有《仪礼通论序》及《仪礼论旨》各一篇。从训诂体例来看,是书属于评点体著作。全书按《仪礼》刘向、郑玄17篇次第编排,篇各一卷为之分章断句,逐篇考论其训诂、礼制、修辞等要义,各卷卷首皆撮论该篇要旨与佳胜处,钩玄提要,并有评论前人经说之议论。该书撰述之纲领,据姚氏《仪礼论旨》,大致可以归结为四个方面:(1)注疏之纰缪者必加是正;(2)17篇之制度节目必研精覃思,考其是非同异;(3)集前人之善诂,载之以明其义;(4)标识辞旨新异美善处,不徒为墨守训诂之俗儒。④ 从注释形式角度来看,姚际恒之《仪礼》诠释方面包括分节、标题、句读、钩画、圈点、评语等内容,各节之训诂,除了以己意发明

---

① 此据台湾学者林庆彰先生主编的《姚际恒著作集》的序言《姚际恒及其在近代学术史上的地位》文的说法。毛奇龄伯兄毛万龄尝曰:"仁和只一学者,犹是新安人。"(毛奇龄《文集·诗话四》)毛氏所谓"新安人",即是指姚际恒。

② 毛奇龄:《大学证文》卷二,《景印文渊阁四库全书》(第210册),(台湾)商务印书馆1983—1986年版,第291页。

③ 清国史馆:《清国史·儒林全传下》(第12册)卷三,中华书局1993年版,第577页。

④ 参见奚敏芳:《姚际恒之〈仪礼〉学》,载彭林编:《经学研究论文选》,上海书店出版社2002年版,第197页。

外,亦兼取元敖继公《仪礼集说》、明郝敬《仪礼节解》之善者以细字书于后,敖氏《集说》取其十之二三,郝氏《节解》取其十之五六。

(二)考辨《礼古经》

《礼古经》是汉武帝时期发现的先秦礼书,《礼古经》又称古文《礼》,根据《汉书·艺文志》的说法,《礼古经》共 56 篇,其中 17 篇与《仪礼》相同,其余 39 篇称之为《逸礼》,如《汉书·儒林传》:"平帝时又立《左氏春秋》《毛诗》《逸礼》《古文尚书》。"关于《礼古经》的发现者、篇数、内容以及它和《仪礼》的关系等问题历代学者争论不休,迄无定论。姚际恒在《仪礼通论》开篇《仪礼论旨》中便对《礼古经》加以考辨,并直斥《逸礼》为伪书,其理由如下:

其一,姚际恒认为,《汉书·艺文志》"《礼古经》者,出鲁淹中及孔氏"的说法是袭用了刘歆《移让太常博士书》中的说法:"鲁恭王坏孔子宅,得古文于坏壁之中,《逸礼》有三十九,《书》十六篇。孔安国献之,遭巫蛊之难,未及施行。"刘歆所说的"《书》十六篇",姚氏认为就是伪造的《古文尚书》,"其所云《书》十六篇者既伪,则此《逸礼》39 篇岂必为真?"连带着怀疑刘歆所说的《逸礼》39 篇也是伪书。

其二,姚际恒认为,"郑康成注《仪礼》,多曰古文作某,间亦援引之,则康成当时已见,乃独注此十七篇而不及彼,以其伪也。夫以康成之务博好信,而尚遗之,则其书可知矣。"姚氏推断,郑玄之所以没有给《逸礼》作注,便在于《逸礼》为伪书,也因故而失传。

其三,姚际恒认为,"刘歆称《逸礼》孔安国所献,而《隋志》以为河间献王,亦不相合。大抵作史者从不留心经学,故其《艺文志》极易传讹,难以尽信也。"姚氏认为,《逸礼》出处记载不同,说明史家很少留意经籍,《汉书》轻信刘歆,是以讹传讹。

其四,姚际恒认为,《仪礼》并不残缺,既然不残缺,那就无所谓《逸礼》,《礼古经》自然就是伪造的了。

上述四点理由,根据今人张颖的说法,皆不足以成立。第一点,"现在学界普遍认为此处刘歆所说的《古文尚书》16 篇与《史记》和《汉书》中记载的几处《古文尚书》一样,都是先秦流传至汉代的真《古文尚书》,与后来东晋梅赜所献《古文尚书》不可等量齐观。《汉书·艺文志》与《隋书·经籍志》对典籍的源流和学术的流变记载多有不同,姚氏不加考证一概否定,有失轻率。"第二点,《逸礼》失传的原因不在于它的伪书性质和郑玄的无注,"贾公彦说:'古文十七篇与高堂生所传者同而字多不同,其余三十九篇绝无师说,秘在于馆。'这就可以说明汉代确实有《逸礼》,但是因为其'决无师说',传习者很少,流传不广,最终失传"。第三点,"《汉书·艺文志》与《隋书·经籍志》对典籍的源流和学术的流变记载多有不同,姚氏不加考证一概否定,有失轻率"。至于第四点,"'《仪礼》不残缺',这一观点也是错误的,不用征引别的文献,仅从《仪礼》中就能找出反证"①。由此看来,姚氏对《礼古经》及其《逸礼》的考辨,基本上是不能成立的。

（三）考辨《仪礼》本经

姚际恒关于《仪礼》本经的考辨,涉及诸多问题,如《仪礼》的作者及成书年代、《仪礼》礼文的性质、适用对象等等。其中的许多见解都较为独特,与清初众多学者的看法迥然有别。

1.《仪礼》作者及成书年代之认识

姚际恒在卷首《仪礼通论序》中开宗明义地指出:"《仪礼》作于衰周,上不及文、武之盛,下不尽裨后世之用。"②姚氏之认定《仪礼》系周末儒者所作,其依据有三:

其一,"昔者元圣制作,布在方策,传于天府,非若后代章程法令,昭示乎民,又非若儒生发凡起例,勒成一书,思以垂诸来世,是以礼独无传,其后典籍仅存,降至战国,已复尽去。则此书者,《孟子》不举其义,汉世稍出其传,推之春秋战国,往往而合,其为周末儒者所撰,夫复奚疑!"③姚际恒认为,《孟子》一书中未尝提及《仪礼》之义,而且《仪礼》所载往往与春秋战国情形相吻合,因而确认《仪礼》当为周末儒者之作。

其二,"《仪礼》是春秋以后儒者所作,如《聘礼》皆述春秋时事,又多用《左传》事,尤可见春秋时人之文,寓工巧于朴质,若七国以后,则调逸而气宕矣,此犹近春秋本色也。"④姚际恒以为《仪礼》所述多为春秋时事,且又多用《左传》所载之事,犹近春秋本色,可知《仪礼》应为春秋后人所作。

其三,《士冠礼》"祝辞"下,姚际恒申解说:"祝辞多用《诗》语,便知《仪礼》为春秋后人所作。'胡'与'遐'通,'胡福'即《诗》'降尔遐福'也。"⑤《士冠礼》篇经文之末有祝辞、醴辞、醮辞、字辞等礼辞,姚际恒因为其文中多有《诗》语,故推论《仪礼》一书应作于周末,为春秋后人所作。

———————————

①　张颖:《从〈仪礼通论〉看姚际恒的辨伪思想》第 3 节,郑州大学硕士学位论文,2010 年,分见第 24、25、33 页。

②　姚际恒:《仪礼通论序》,载《仪礼通论》卷首,《续修四库全书》(第 86 册),上海古籍出版社 2002 年版,第 7 页。

③　姚际恒:《仪礼通论序》,载《仪礼通论》卷首,《续修四库全书》(第 86 册),上海古籍出版社 2002 年版,第 4 页。

④　姚际恒:《仪礼论旨》,载《仪礼通论》卷首,《续修四库全书》(第 86 册),上海古籍出版社 2002 年版,第 25 页。

⑤　姚际恒:《仪礼通论》卷一,《续修四库全书》(第 86 册),上海古籍出版社 2002 年版,第 68 页。

其四，《仪礼》中隐括包含着衰世之礼，故亦可以考见其中所载衰世之意，不可"弃而过之"。如《仪礼通论》卷六《燕礼》篇题下姚际恒云："此诸侯与其臣燕饮之礼，郝氏因其中有'诸公'字，谓斯礼本公燕臣，而臣又称公，乃衰世之意。按：作《仪礼》者本春秋后人，其言自应尔，然上下相交，略分而言情，《彤弓》《湛露》犹可想见其万一焉，必以为衰世之礼而弃之则过矣。"①姚氏以为《燕礼》篇文称诸侯之臣为"公"于礼非正，乃为衰世之礼无疑。又卷八《聘礼》篇评议"介与宾雍之费用"云："无论薪米狼戾，即街衢充塞，何地可容？晏婴所谓'饮食若流'者其然与？故《聘礼》为季世之衰政，非先王旧典也。"②姚氏由此亦断言《仪礼》并非周公所作，而应为衰周之人所作。

总之，姚际恒断言《仪礼》并非周公所作，也非孔子所作，而主张其系周末儒者所作。但关于《仪礼》一书到底为何人所作，姚氏没有提出具体作者人名，只是以为成书于一人之手当属无疑。他在该书《仪礼论旨》中说："愚于《礼记》分为三帖，而是书无分焉。又《礼记》篇各一人，是书十七篇皆一人之作，辞旨符同，尤无庸分其优劣耳。"又说："《周礼》蹈袭二《礼》，填塞满纸，无异饾饤，不若《仪礼》自为一书，首尾完善，犹为今中之古也。又其为文外若质实排叙，而其中线索穿插最为巧密，章句字法一一皆备，旨趣隽永，令人寻绎无尽，非深心学古而得古文之妙者未易知。"

2.《仪礼》称名及性质之认识

关于《仪礼》的称名，从现存的文献记载情况看，汉末以前称谓不一，或名《礼》《士礼》《礼经》，或云《礼记》，等等。姚际恒在《仪礼通论序》中指出："此十七篇者，既合高堂所传篇数，而《士礼》之名，亦与首数篇合，当即是其所传。至东汉儒者，始加以《仪礼》之名尔。"姚氏承认《仪礼》是《汉书·艺文志》中所说的高堂生所传的《士礼》17篇，而且认为《仪礼》这一名称始于东汉。姚氏没有深考文献，只是据理推测，可惜这一说法是错误的，黄以周《礼书通故·礼书说》考证认为：东晋时《仪礼》之名才流行。段玉裁在《经韵楼集》卷二《礼十七篇标题汉无仪字说》中则指出，大约梁陈之后才有《仪礼》这一名称。

至于《仪礼》一书的性质，即该书到底是"言礼"还是"言仪"之书？在姚际恒看来，《仪礼》乃是"言仪"之书也，在作者初创时未尝为礼，自马、郑诸儒创为三《礼》之目始有《仪礼》之称，"《仪礼》单著其仪而未可为礼者也，乃以

《仪礼》为经,《礼记》为传,则是仪为本而礼为末,不几冠履倒置乎?"①"古以《易》《诗》《书》《春秋》《礼》《乐》为六经,仪既非礼,则不得为经矣。然仪者所以辅礼而行,则谓《礼经》之传亦可也。……古礼不传,亦无专经,《礼记》后起杂出,未足当经之目,而辅礼之书则固具在焉。"②姚氏以为《仪礼》不是圣人之书,"上不及文、武之盛,下不尽裨后世之用"③,只能借《仪礼》以探知古礼之佐助,不足以尽知古礼,仅只是辅礼之传而已。

姚际恒将《仪礼》称之为"言仪"之书,其根本目的乃是否认《仪礼》的儒"经"地位。如上所述,姚际恒主张《仪礼》系周末儒者所作,而在此之前有一个先王所传之《礼》,它应该是一种社会准则,政治准则和人生准则,可是《仪礼》只不过是记载一些基本仪节的书,完全当不起这些东西,于是姚氏"用了《论语》《孟子》《礼记》中关于礼的一些哲学概念和理论定义,而不顾及文献上的实证,就否定了《仪礼》为六经之《礼》"④。其实,姚氏早就注意到《仪礼》并非单纯器物度数之学,内中自有义理在:"说者谓《仪礼》详于器数,略于义理,固矣,然不尽然。器数亦从义理而生,苟非义理,器数焉行?苟非器数,义理焉托?义理譬之规矩,器数则其方圆也"。⑤ 这与他将《仪礼》列为言器数者之书的说法相互抵触,无从令人信服。

3.《仪礼》17 篇适用对象之检讨

姚际恒认为,《仪礼》诸篇各自适用对象有别,反对《汉书·艺文志》谓 17 篇皆言士礼之说。在 17 篇中,为士礼者有 8 篇:《士冠》《士昏》《士相见》《乡饮酒》《乡射》《士丧》(《既夕》即《士丧》下篇)《士虞》《特牲馈食》;为天子诸侯大夫礼者 6:《燕》《聘》《大射》《公食大夫》《少牢馈食》《有司彻》即《少牢馈食》下篇;至于《丧服》篇,则"通上下言之,是士礼差居其半耳"。推而广之,"《仪礼》凡曰'士礼'者,举其中而言之,则上下可知也。……《仪礼》之士礼别无大夫、诸侯、天子礼矣,其诸侯、天子冠昏丧祭,自可推士礼而致天子。"⑥

---

① 姚际恒:《仪礼通论序》,《仪礼通论》卷首,《续修四库全书》(第 86 册),上海古籍出版社 2002 年版,第 7 页。

② 姚际恒:《仪礼论旨》,《仪礼通论》卷首,《续修四库全书》(第 86 册),上海古籍出版社 2002 年版,第 17—18 页。

③ 姚际恒:《仪礼通论序》,《仪礼通论》卷首,《续修四库全书》(第 86 册),上海古籍山版社 2002 年版,第 7 页。

④ 张颖:《从〈仪礼通论〉看姚际恒的辨伪思想》,郑州大学硕士学位论文,2010 年,第 29 页。

⑤ 姚际恒:《仪礼论旨》,《仪礼通论》卷首,《续修四库全书》(第 86 册),上海古籍出版社 2002 年版,第 19 页。

⑥ 姚际恒:《仪礼论旨》,《仪礼通论》卷首,《续修四库全书》(第 86 册),上海古籍出版社 2002 年版,第 22—23 页。

又云:"《仪礼》《冠》《昏》《相见》《丧》《虞》五篇皆冠以士,其实多通大夫以上而言,盖下而为民,上而为君,卿大夫士居其中也,其中有言士礼而可通于君卿大夫者,亦有即以士礼等而上之可为君卿大夫礼者,亦有用礼者通其意而已。孔子于异代之礼尚曰'所损益可知',岂有同在一朝之礼而不能知其损益乎?至于天子诸侯其礼本不传于民间,孟子且曰'诸侯之礼,吾未之学',矧下此儒生其能援笔而记之乎?"①由此看来,他主张大夫诸侯天子礼情况可由士礼之篇推见。

简言之,用姚际恒的一句话来概括就是:《仪礼》"虽名士礼,不必定是士也。言士可见大夫以上,言大夫以上亦可见士,古人为文本通活,后人自执滞耳。"②从这个意义上说,姚氏主张《仪礼》乃是一部完书:"是十七篇者固为完书,无识之士或为之惜其亡,或为之补其亡,徒自纷挐耳。"③姚氏的"士礼"为"通礼"这一思想贯穿在《仪礼通论》中,并且成为他解释某些名物制度的重要评判标准。

(四)考辨《仪礼》记文

《仪礼》17篇,除《士相见礼》《大射礼》《少牢馈食礼》《有司彻》之外,其余13篇篇末都有《记》文。姚际恒认为,"记"文的作用是"杂记其事,以补前文所未备"。至于这些《记》文的作者,姚际恒倒没有妄加推测,"或作《仪礼》者所自作,或后人所作,则有不可知也"④。姚际恒对《仪礼》中《记》文的考辨,主要集中在《士冠礼·记》《礼·记》及《觐礼》篇末章上。《仪礼通论》卷首《仪礼论旨》云:"每篇后《记》其文零星,缀述更多齐古,惟《冠礼》之《记》乃后人窜入者。"又说:"《礼记》中多后人窜入,予不自揣,一一辨出;《仪礼》犹少,惟《冠礼·记》及《觐礼》末一章并系窜入。"试分别言之如下:

首先,关于《士冠礼·记》文,姚际恒以为乃汉儒妄取《郊特牲》之文以增入者,"《士冠》《士相见》仪文皆简,即以杂事三数端附缀于后,不令立《记》名,其实亦《记》也。后人因《冠礼》为一书之首而无《记》,遂取《郊特牲》之文以填入之",故宜删去。姚氏之所以有这一看法,主要是基于以下六个方面矛盾因素的考虑:其一,"记者补前文所未备,今'醮于客位'、'三加弥尊'、'冠而字之'等语皆前文已有,何必重加赘论";其二,"《郊特牲》言诸侯天子冠礼

---

① 姚际恒:《仪礼通论》卷一篇首下,《续修四库全书》(第86册),上海古籍出版社2002年版,第36页。

② 姚际恒:《仪礼通论》卷一,《续修四库全书》(第86册),上海古籍出版社2002年版,第39页。

③ 姚际恒:《仪礼论旨》,《仪礼通论》卷首,《续修四库全书》(第86册),上海古籍出版社2002年版,第23页。

④ 姚际恒:《仪礼通论》卷一,《续修四库全书》(第86册),上海古籍出版社2002年版,第71页。

及于官爵谥法,此乃别为推广之义,与冠礼毫无交涉";其三,"他《记》从无引孔子之言,而此引之";其四,"他《记》从不陈三代之道,而此陈之";其五,"他《记》皆短句叙事,而此则长调,行文又别一格";其六,"礼辞《昏礼》不列正文,今此后有《记》而以礼辞为正文,与《昏礼》参差。"以上六个方面,姚氏分别从引文、内容、句法、体例各角度辨别真伪,从而断言《士冠礼》之《记》是伪窜而入之文,故主张将其删去。

其次,关于《觐礼》篇末章之文,姚际恒亦以为"此一节乃后人所窜入者,宜删去,意其人必以《觐礼》文字寥寥,故妄为增益,与《冠礼》之《记》正同"。姚氏之所以论定此文为伪窜而入之文,有两个理由:其一是因为"其文与《仪礼》绝不类,有目之士可一望而辨,且非正文非后《记》,不知何属。其中如曰上玄、上圭,又曰东方青、东方圭,两用'圭'字,又为玄又为青,因上甫言圭,故以东方叙于南西北之后,避其重,极为可笑。"以为这一段文句欠缺条理,与《仪礼》绝不相类。其二是因为这一段文字所叙事义悉不经,颇类纬书,其云"其祀方明,设六色、六玉,象上下四方,天子乘龙及升龙、降龙,又分四方门,礼日月四渎山川丘陵等语,事义悉不经,颇类纬书"。基于这一原因,姚氏以为治《礼》经者宜删去。

姚际恒的上述两则论断,价值亦各不相同。就前一论断而言,它与今人王锷认为《郊特牲》中谈论加冠礼的一段文字是抄自《士冠礼》的说法截然相反:"《郊特牲》中谈论加冠礼的一段文字,与《仪礼·士冠礼·记》相比,除'始冠之缁布之冠也'一句中,多前一'之'字外,其他完全相同。该段简首有'冠义'二字,保存《士冠礼》之旧,肯定是抄自《士冠礼》。"[1]两者孰是孰非,目前还难以断下结论,但姚氏的这一番言论,的确可以启发我们对《仪礼》的书本形成作更深入的思考。至于后一论断,则未免有稍显武断的成分在内,谁又能保证《仪礼》诸《记》文作于一时一人之手呢?

另外,姚际恒《仪礼通论》还涉及《仪礼》书中其他数篇无《记》文之缘由的探讨。姚氏指出:"十七篇中无《记》者,《士冠》《士相见》《大射》《士丧》《少牢馈食》《有司彻》六篇。《士丧》连《既夕》为一篇,《少牢馈食》连《有司彻》为一篇,《大射》已见于《乡射》《燕礼》二《记》中,《有司彻》正文毕无杂事可记,故皆无《记》。而《士冠》《士相见》仪文皆简,即以杂事三数端附缀于后,不另立《记》名,其实亦《记》也。"[2]考其理据,亦稍欠充分,未能引起此后

---

① 王锷:《礼记成书考》,中华书局2007年版,第249页。
② 姚际恒:《仪礼通论》卷一,《士冠礼·记》下文,《续修四库全书》(第86册),上海古籍出版社2002年版,第71—72页。

治礼经学者的响应和重视。

（五）对《仪礼》的诠释视角

与清初张尔岐、万斯大、毛奇龄等人的《仪礼》著述相比，尽管他们都重视阐发礼经的仪节规制，推阐发明《仪礼》大旨，但是姚际恒的《仪礼》诠释更有自身独到的视角和解经方法。姚氏对《仪礼》经文的诠释，并不重视文字训诂，声言"诚不欲伦于俗儒之墨守训诂已也"①，而更注重名物制度以及礼经文本的文学性等方面的考察。《仪礼通论》一书的诠释视角，就其要者而言之，主要体现在如下几方面：

其一，主张立足真经来解经，以辨伪作为诠释礼经的基础。与当时学界黄宗羲、万斯大和毛奇龄等人一样，姚际恒也主张以经解经。"是以学者必宜舍传以从经，不可舍经而从传。韩昌黎云：'《春秋》五传束高阁，独抱遗经究终始。'诚哉是言也。自《三传》作俑以来，其流之弊大端有二：一曰例也，一曰常事不书也。"②这段话说明姚际恒主张以经解经，破除前人的解经套路，这是其注经的一个显著特点。相反，解经便不能依据前人的伪书来进行，例如，在姚际恒看来，三《礼》中的《周礼》便是一部伪书，因而他反对牵合《周礼》之文说解《仪礼》的解经方法。姚际恒以为，《周礼》"原名《周官》，则官也，况又伪书"，且《仪礼》作于周末春秋之后，而《周礼》出于西汉之末，原多蹈袭《仪礼》《礼记》二书，故"注疏有非处，多与辨正，若其《周礼》袭此而郑氏反据《周礼》为解者，尤必详辨焉"。《乡饮酒礼》篇，姚氏详辨《周礼·钟师》"九夏"名目之讹后有感而发云："吁！自《周礼》淆乱诸礼，又为郑逐处牵合为解，益惑后世，此皆经学中大事，愚故亦逐处辨正，不敢惮烦，诚不得已也。"③既然《周礼》属于伪书，不属于真儒经，因此，姚氏于各篇特别注重辨明郑玄及诸儒错误牵合《周礼》说解《仪礼》礼制之处，如《大射仪》篇姚氏云："射人、私士、宰夫、司马等官，郑氏皆援《周礼》以证，不知《周礼》皆袭此也。"④《觐礼》篇姚氏释"褘冕、墨车"云："郑氏执《周礼》六服以为天子大裘，其余为褘，非也。墨车意亦大夫所乘，故《周礼·巾车》袭之以属大夫，郑氏反据《周礼》以证，亦无谓。"⑤诸如此类论断颇多，不一枚举，姚氏几乎称得上是到了逢见郑玄引《周

---

① 姚际恒：《仪礼通论序》，《仪礼通论》卷首，《续修四库全书》（第86册），上海古籍出版社2002年版，第8页。

② 姚际恒：《春秋通论》，《姚际恒著作集》（第4册），台湾"中央研究院中国文哲研究所"1994年版，第5页。

③ 姚际恒：《仪礼通论》卷四，《续修四库全书》（第86册），上海古籍出版社2002年版，第177页。

④ 姚际恒：《仪礼通论》卷七，《续修四库全书》（第86册），上海古籍出版社2002年版，第306页。

⑤ 姚际恒：《仪礼通论》卷十，《续修四库全书》（第86册），上海古籍出版社2002年版，第467—468页。

礼》以解释《仪礼》必加驳议的地步。

其二,立足"士礼"为"通礼"的立场,据此解释礼经中的某些名物制度。如上所述,姚际恒认为《仪礼》一中所谓的"士礼"上可通用于大夫、诸侯、天子,下可通用于庶人,其中的"士"并不是一个等级概念,而是一个泛称。所以,姚氏在解释《仪礼》中的某些名物制度时,"相比于郑注的'执滞'显得较为'通活'"①。例如,《士昏礼》篇题标明此篇是士的昏礼,但篇中士往往僭用大夫之物,郑玄一般将其解释为"摄盛",姚氏不以为然:"愚谓《仪礼》虽名士礼,实兼卿大夫而言者。如此篇中言老与爵弁与二乘,及《记》言士受皮与祖庙未毁之类,皆主卿大夫而言也。郑氏惟主士礼,故于此等处皆无以通之,每曰'摄盛'。此郑之饰辞耳,毋为所欺也。"②不过,姚氏的这种"通活"解释,并不都是非常圆通的,例如《士昏礼》开篇"昏礼。下达"一句,郑玄解释"下达"为:"下通其言。"姚际恒则认为,既然《士昏礼》篇为通礼,那么郑玄的解释就站不住脚,需要作出新的解释。姚氏主张"昏礼""下达"应连读,"下达"的含义应与《礼记·玉藻》篇"始冠缁布冠,自诸侯下达"中的"下达"相同,是说昏礼的主体"六礼"是从天子以至于庶人通行的,具体仪节可以增损,但大体相同。然而,姚氏此说却是错误的,因为"今本《仪礼》十七篇除《既夕》《有司》外,篇头的'某某礼'是一种内题。所以'昏礼'二字是《士昏礼》的内题,不能与'下达'两字连读。"③由此看来,姚氏的这种解经立场,虽然有其一定的合理性,但有时运用得未免有过激之嫌。

其三,立足于"经世致用",重视考察古礼应通古今礼制之变。在姚际恒看来,"以今人之见求古礼往往不合,故惟通乎古今之变,而后可与言礼也"④。如其训释《仪礼·丧服》篇服制时,强调要考察其所述五服服制流变情况,"尝谓《仪礼·丧服》篇世所不可少之书,亦不可尽从之书,若无此,则丧服源流于何而见?若尽从之,则又有未宜者,譬如垣墉朴斲,尚有赖于后之暨茨丹臒焉。"⑤故姚际恒研治《丧服》之篇,除结合《礼记》一书与服制有关之篇文(如《丧服四制》)研究外,时亦注意考察历代俗礼之五服递变状况,如《仪礼通论》卷十一上"曾祖父母"一条下,姚氏云:"唐制增'为高祖父母服齐衰三月',

---

① 张颖:《从〈仪礼通论〉看姚际恒的辨伪思想》,郑州大学硕士学位论文,2010年,第51页。
② 姚际恒:《仪礼通论》卷二,《续修四库全书》(第86册),上海古籍出版社2002年版,第75页。
③ 张颖:《从〈仪礼通论〉看姚际恒的辨伪思想》,郑州大学硕士学位论文,2010年,第36页。
④ 姚际恒:《仪礼通论》卷二,《续修四库全书》(第86册),上海古籍出版社2002年版,第84页。
⑤ 姚际恒:《仪礼通论》卷十一上,《续修四库全书》(第86册),上海古籍出版社2002年版,第480页。

'为曾祖父母服齐衰五月'，今从之。"①凡此之类对民间礼俗和历代礼俗制度的关注，力图使礼俗合理化，也是姚氏研究礼学的一个重要部分。这种诠释论证视角，充分说明他顺应明末清初的实学思潮，在于"经学以经世"，具有清初大师顾炎武所倡导的"经世致用"的思想观念。

其四，以时文评点的手法，对《仪礼》进行圈点评语。姚际恒《仪礼通论》的一大特点就是将《仪礼》看作文学作品，对其谋篇布局、遣词造句进行品评。姚氏在玩味《仪礼》的文章中悟出："是书十七篇皆一人之作，辞旨符同"，"谛观其文，在作者当日，亦当有意求工，所谓惨淡经营者"，"读《仪礼》如入洞天，峭壁奇峰，金光瑶草，别一天地。……诚古今奇绝之作"②，等等。《仪礼通论》书最具评点特征之处有三：(1)正文之旁钩画圈点者，如《士冠礼》"陈服器"一节，姚氏在经文"玄端，玄裳；黄裳、杂裳，可也"一文旁加圈，并评点云："此段关上下言之，章法甚妙。"③(2)各章节注释部分加以评点，如《士昏礼》"舅姑没庙见"一节，姚氏评点云："古妇人皆立拜，惟为丧主拜稽颡。此庙见舅姑为重礼，故特云'扱地'以异其文，用字工妙。"④(3)经文每章节之文上方撮言是节经文大旨，如《士昏礼》篇各章节上方评点之文依次为"纳采""问名""醴宾""纳吉纳徵请期""陈器馔""亲迎""妇至""食""酳""礼成""妇见舅姑""礼送工""舅姑没庙见"，等等。至于《记》文，姚际恒则没有标注此类评点语句。不难发现，姚际恒的这种以时文评点的手法，更倾向于以文学议论的方法解经，诚如蔡长林在《姚际恒的学术风格》一文所认为的那样，他的学术风格更类似于明代所形成的文人学士博雅之学。⑤

(六)《仪礼》诠释之阙失

如上所述，相较于同时代其他学者，姚际恒对《仪礼》的诠释，不仅关注对《礼古经》《仪礼》本经及其《记》文撰者及其真伪等问题的考证，而且在礼文诠释的视角上也多具有独到之处。然而，不能不指出，姚氏对《仪礼》文本的诠释，同样存在某些方面的不足之处，具体而言，表现在以下诸方面：

其一，从姚际恒排斥郑玄《仪礼注》的诠释角度来看。众所周知，《仪礼》文古义奥，汉唐学者解读《仪礼》，多以郑玄注为宗；宋儒鄙视名物训诂之学，

---

① 姚际恒：《仪礼通论》卷十一上，《续修四库全书》(第86册)，上海古籍出版社2002年版，第529页。

② 姚际恒：《仪礼论旨》，《仪礼通论》卷首，《续修四库全书》(第86册)，上海古籍出版社2002年版，第18、27、29页。

③ 姚际恒：《仪礼通论》卷一，《续修四库全书》(第86册)，上海古籍出版社2002年版，第42页。

④ 姚际恒：《仪礼通论》卷二，《续修四库全书》(第86册)，上海古籍出版社2002年版，第110页。

⑤ 参见蔡长林：《论姚际恒的学术风格》，林庆彰、蒋秋华编：《姚际恒研究论集》(上册)，台湾"中央研究院中国文哲研究所"筹备处1996年版，第230页。

诋毁郑玄,郑学遂趋衰微。姚际恒从其自身诠释视角来看,认为"郑康成错解甚多"①,"愚于是书注疏之纰缪者,必加是正"②。如前所述,姚际恒驳斥郑《注》着力最多之处有二:一是对于郑玄牵合《周礼》说解《仪礼》礼制之处:"自《周礼》淆乱诸礼,又为郑逐处牵合为解,益惑后世,此皆经学中大事,愚故亦逐处辨正,不敢惮烦,诚不得已也。"③二是批评郑《注》解释礼经中的某些名物制度过于"执滞",未能从"士礼"为"通礼"的角度加以考虑。前者是立足于《周礼》属于伪书的判断,而后者则是基于《仪礼》属于完帙之书,其中的"士礼"为"通礼"的礼经判断。姚氏能指出郑玄注解的矛盾之处,也看到了后人解说《仪礼》过于遵信《周礼》的毛病,但他否定郑玄引《周礼》解释《仪礼》有时却显得过于轻率,免不了落下空疏轻薄之名。诚如有人所指出的那样:"他总是在郑玄用《周礼》解《仪礼》两者之见不能完全契合,需要加以发挥解说时,提出怀疑和批评,很多时候只能找到一些郑注、《周礼》《仪礼》三者间的矛盾之处,很少提出自己的观点和看法,一味的诋毁郑玄,显得很轻率鲁莽"④。至于批评郑玄未能贯彻从"士礼"为"通礼"的角度诠释礼经有关名物制度,如前所述,尽管这种诠释视角有其一定的合理性,但有时姚氏运用得未免有过激之嫌。

除这两个角度批评郑《注》有不周到之处以外,其他与仪文节制训释相关的地方,姚际恒也时有错误驳斥郑《注》的情况。例如,《聘礼》:"贾人西面坐,启椟,取圭垂缫,不起而授宰。宰执圭,屈缫,自公左授使者。"郑《注》:"缫,所以藉圭也。其或拜,则奠于其上。今文'缫'作'璪'。屈缫者,敛之。礼以相变为敬也。自公左,赞币之义。"姚际恒《通论》驳斥云:"郑氏曰:'缫,所以藉圭。其或拜,则奠于其上。'其谓缫'所以藉圭'者,此'藉'字,本《曲礼》'执玉,其有藉者则裼,无藉者则袭''藉'字。谓'其或拜,则奠于上'者,本《觐礼》'奠圭于缫上'之文,皆非也。按:缫以缯为之,率表重里,《记》云'皆玄重'是也。"⑤正如今人彭林先生所指出的那样:缫是垫衬玉圭之木板,作用略似于椟,外表用皮革包裹。两侧缀有"组",即今人所谓丝带。玉圭不用时,就用"组"将玉圭束缚,组为彩色,故有装饰作用。需用玉圭时,将组松开,将圭

①　姚际恒:《仪礼论旨》,《仪礼通论》卷首,《续修四库全书》(第86册),上海古籍出版社2002年版,第28页。

②　姚际恒:《仪礼通论序》,《仪礼通论》卷首,《续修四库全书》(第86册),上海古籍出版社2002年版,第8页。

③　姚际恒:《仪礼通论》卷四,《续修四库全书》(第86册),上海古籍出版社2002年版,第177页。

④　张颖:《从〈仪礼通论〉看姚际恒的辨伪思想》,郑州大学硕士学位论文,2010年,第62页。

⑤　姚际恒:《仪礼通论》卷八,《续修四库全书》(第86册),上海古籍出版社2002年版,第370页。

取出。郑注说"繰，所以藉圭也"，繰之作用在于放置玉圭；故郑注又云："其或拜，则奠于其上。"执玉圭者行跪拜礼之时，则将玉圭放置于繰上。郑玄之注，简捷明快，读之了然。而姚氏却另创新说，"繰以缯为之，玄表重里"，但举不出任何文献证据。如其说，则繰成为一块丝织物，大谬。这种对郑《注》仪节训释的错误辨误，"几乎全是姚氏自家之纰缪，究其缘由，多是未曾平心静气研读经注，或望文而生义，或武断而臆想"①。

其二，从姚际恒抵斥朱熹《仪礼经传通解》的诠释策略角度来看。以郑玄《仪礼注》为代表的传统经学家所采取的诠释策略，是一种以考据为基础的做法，重在文本中经传语词的训诂和名物的考订，探究其中的礼义内涵；而宋代大学者朱熹及其门人黄榦等人纂修的《仪礼经传通解》《仪礼经传续通解》，在诠释策略上则有别于此前学者，他们主要采用了一种以结构为基础的《仪礼》诠释策略——"纂编重构"的诠释方法。所谓"纂编重构"，就是将思想内容相近的篇章放在一起，再按一定的次序进行排列，形成一部结构不同于原书的著述。② 但是朱熹等人的这种诠释方法，遭到了姚际恒的猛烈批判："吾实不解作者意指，以为尊《仪礼》耶？全录《注疏》毫无发明，一抄书吏可为也，尊之之义安在？以裁割《礼记》《周礼》、史传等书附益之为能耶？检摘事迹可相类者合于一处，不别是非同异，粗识文字童子亦可为也，又何以为能？其于无可合者则分家、乡、学、邦国、王朝等名，凭臆变乱，牵强填塞，此全属纂辑类书伎俩，使经义破碎支离，何益于学？何益于治？""今不举臣瓒与陆，而举朱者，以朱为近世所宗，且实有《仪礼经传》之书故也。"③这种说法，等于是直接指责朱熹对于礼学的无知与荒谬。更有甚者，姚际恒也对其他类似之作都给予了斥责："至若黄勉斋之《续编》、吴草庐之《考注》，悉遵其指，又无讥焉。"从传统诠释学来看，朱熹《仪礼经传通解》一书属于通释体著作，它在很大程度上促成了清代乾嘉时期好几部通释体著作的诞生，因此，姚际恒以上这一番话，实际上就等于是对这一训诂体式著作的极大否定，是有欠公允的。

其三，从姚际恒盲从明郝敬《仪礼节解》、元敖继公《仪礼集说》的角度来看。姚氏此书疏解经文相当简略，约一半经文之下，完全引用敖氏《仪礼集说》、郝氏《仪礼节解》之说，而不下自己一语。据彭林先生统计，《仪礼通论》引用郝氏之说达四百处以上；引敖氏之说达二百处以上。或至一篇之中，敖氏、郝氏之说多于姚氏之说。如《聘礼》，姚氏析为73节（其中1节未引诸家

---

① 彭林：《论姚际恒〈仪礼通论〉》，《湖南大学学报》（社会科学版）2006年第1期。

② 参见曾军：《义理与考据——清中期〈礼记〉诠释的两种策略》，岳麓书社2009年版，第14页。

③ 姚际恒：《仪礼论旨》，《仪礼通论》卷首，《续修四库全书》（第86册），上海古籍出版社2002年版，第30—31、17页。

之说,故实际为 72 节),下引郝说 57 条、敖说 20 条;再如《公食大夫礼》,姚氏析为 22 节,下引郝说 17 条、敖说 12 条。① 可是,郝敬《仪礼节解》17 卷于《仪礼》研究殊少建树,四库馆臣用“好为议论,轻诋先儒”“所解亦粗率自用,好为臆断”“知其于考据之学终浅,非说礼之专门也”②等语评价之;敖敬《集说》称郑玄《仪礼注》“疵多而醇少”,四库馆臣用尽管“于郑《注》之中录其所取,而不攻驳所不取”而又“未免南宋末年务诋汉儒之余习”③之语评价之,其实自身亦相当疏阔。可是,对于这两部书,姚氏却为之披靡、崇拜不已,《仪礼通论》中他大加援引二家解说,并无丝毫驳议郝氏、敖氏诠释的话语,他赞许敖氏《集说》“颇称精密,未许粗心人领会,于是书大有裨益”,于郝敬《节解》推崇其“训释详明,为《仪礼》第一书”,“优于《仪礼》注疏多矣”④。既然如此,那么姚际恒这种过度引用郝氏、敖氏之说的做法,与他主张“郑康成错解甚多”的见解是一致的,他在表明自身追随郝、敖学术倾向的同时,其根本在于抵斥驳斥郑玄《注》,从而也在一定程度上注定了他所著述的败笔。

当然,姚际恒对郑玄《注》的抵斥和对郝氏《仪礼集说》、敖氏《仪礼节解》的推许,从根本上说,只是清初学界延继元、明两朝反郑、诋郑潮流的一个侧影,“姚氏疏于《仪礼》之学,所论皆不出敖继公、郝敬之范围,缺乏在郑贾敖郝各种异说之间作判断之能力,故惟有承袭或铺衍郝氏之说”⑤。姚际恒的《仪礼通论》尽管在有清中、后期并没有得到多少重视,但却在 20 世纪受到了顾颉刚先生的高度重视,将该书视为清初反传统的重要著作。顾先生服膺姚氏之疑古精神,他在杭州发现姚氏《仪礼通论》钞本后,特意雇人抄出一部,欣喜不已。顾颉刚先生乃现代疑古派的代表人物,从他对姚际恒《仪礼通论》的重视态度中,可以窥测到现代疑古思潮与明末清初辨疑思潮之渊源关系,亦透显出姚氏《仪礼通论》之深远影响。

第三节　创发新说派的《仪礼》学研究

清初礼学的复兴运动,在张尔岐、姚际恒二人的南北遥相呼应与唱和下,

---

① 参见彭林:《论姚际恒〈仪礼通论〉》,《湖南大学学报》(社会科学版)2006 年第 1 期。

② 永瑢等:《钦定四库全书总目》(整理本)卷二十三,《经部·礼类存目一》《仪礼节解》条“提要”,中华书局 1997 年版,第 297 页。

③ 永瑢等:《钦定四库全书总目》(整理本)卷二十,《经部·礼类存目二》《仪礼集说》条“提要”,中华书局 1997 年版,第 254 页。

④ 姚际恒:《仪礼通论·论旨》卷首,《续修四库全书》(第 86 册),上海古籍出版社 2002 年版,第 30—31 页。

⑤ 彭林:《论姚际恒〈仪礼通论〉》,《湖南大学学报》(社会科学版)2006 年第 1 期。

在"以经学济理学之穷"潮流的浸润之下,一些学者打着清理既往经学的旗号,谓"自汉迄今,从来误解者十居其九;自汉迄今,从来不解者十居其一"①,毅然以"不惮取儒说之祸经者,力为考辨"的"经世大业"自任。这其间,万斯大、毛奇龄接踵姚际恒的思辨精神,务求礼经研习新说。"从这一派学者《仪礼》著作来看,他们的解经理念受敖继公、郝敬等元明学者治《礼》风气影响很大,好立新说,具有强烈的怀疑思辨精神,或对《仪礼》进行一番辨伪,或对以郑、贾为代表的汉唐学派仪制阐释进行非议和辩驳,强调《礼经》训诂对当代礼制构建的参与功能,具有很强的现实性。"②

一、万斯大与《仪礼商》

在清初礼学的复兴运动中,万斯大是个引人注目的礼学家,也是清初为数不多的能够贯通三《礼》的学者之一。钱基博在《经学通志》中揭示道:"清代兴,礼学重光,而首开风气、驱除先路者,厥推济阳张尔岐稷若、鄞县万斯大充宗,皆明之遗献也……自张尔岐、万斯大而后,风气大开,议礼之作日出。"③他所倡导的以经释经、以传证经方法,特别是他不轻信传注的做法,为后来戴震、阮元等人的训诂注疏工作开启了先河,影响极为深远。在《仪礼》研究方面,虽然只有《仪礼商》3 卷(包括附录在内),书中也只有短短的 66 条,但其在清代的《仪礼》诠释史上留下了厚重的一笔,后人无法将其抹杀掉。因而,研究万斯大的《仪礼》学研究状貌,是一件十分有意义的事情。

(一)生平及研礼历程

万斯大(1633—1683),字充宗,别号褐夫,晚年因病足自号跛翁,浙江鄞县(今宁波市)人。其为人刚毅质直,义形于色,一生并不追求科名,不仕清廷。家学积淀丰厚,早岁得益于其父万泰经史方面之启导,得识为学门径;顺治十一年(1654)乃遵父命,与其弟万斯同一起师从当时大儒黄宗羲问学,而且"慨然以穷经自任"④,成为黄氏之高足弟子,也是浙东学派的代表人物。

万斯大毕生致力研求经学,乃以礼学为根柢,主于会通诸经、折中群言而为说。万氏的经学研究,主要集中在《春秋》和三《礼》方面,有《经学五书》传世,纵观万斯大的礼学研习历程,尽管其早年便已接触礼学,诚如万氏自言其

① 毛奇龄:《与朱鹿田孝廉论〈论〉〈孟〉书》,《西河文集·书》卷五,《万有文库》本,商务印书馆 1937 年版,第 190 页。
② 邓声国:《清代〈仪礼〉文献研究》,上海古籍出版社 2006 年版,第 61 页。
③ 钱基博:《经学通志》,上海古籍出版社 2011 年版,第 101—102 页。
④ 郑梁:《跛翁传》,《经学五书》卷后所附,华东师范大学出版社 2012 年版,第 433 页。

经历说："忆予弱冠时，偕兄正符、公择、弟允诚、季野、兄子言观礼于郡庠。"①但这种接触礼学，与其礼经研习关系不大。他研习《仪礼》，大致经历了以下两个阶段：

一是治礼入门阶段。万斯大曾在《学礼质疑·自序》中提道："大自丁未学礼以来……"②这里的"学礼"，并不是指其初步接触礼学，而是其正式开始研习礼学。可见，万斯大治《礼》始于康熙六年（1667）成立的甬上讲经会，其研究方法乃至后来的几部礼学撰著亦得益于该讲经会。当时讲经会采取"先从黄先生所受说经诸书，各研其义，然后集讲，黄先生时至甬上，则从执经而问焉"③的方法以治经，为了"各研其义"，他们"每讲一经，必尽搜郡中藏书之家先儒注说数十种，萦伍而观，以自然的当不可易为上，而又积思自悟，发先儒之未发者常十之二三焉"④。讲经会在集讲三《礼》时，"诸贤所讲，大略合之以三《礼》，广之以注疏，参之以黄东发（震）、吴草庐（澄）、郝京山（敬）诸先生书而裁以己意，必使意通。中有汉儒语杂见经文，则毅然断之，务合于圣人之道。至专经治举，业家闻之，率其生平诵解所不及，茫然不知所说为何经也，诸贤各相诘难，俱在言论。而充宗独尽载之笔，疏凡各家之说，各有所长，则分记之。吾党所说有足补诸家所不足，则附记之，细书卷中，一札每十余行，行数十字。"⑤

二是礼学研究的著书立说阶段。康熙十年（1671），万斯大携子万经离开甬上，迁居杭州，课塾于钱塘魏氏家，一直至康熙二十年（1681）陈之问聘其到海昌，万斯大在杭州（仁和）经历了长达十年的旅居生涯，与居杭学者有了全面的接触。万经对万斯大这段经历有如是记述："居杭来，四方名流多以经学相质，如无锡秦湘侯先生（沅）之《春秋纲》，太仓宋子犹先生（龙）之《春秋书法辨》，长洲金谷似孝廉（居敬）之《古历辨》，常熟顾景范先生（祖禹）之《地名考》，皆遗书诘难，往复数四，诸先生未尝不俯首心折。仁和吴志伊先生（任臣）家居时，亦以教授为业，每出馆必叩先君，索所纂述，辄手录之去。应嗣寅先生（撝谦）高风苦节，少所许可，与先君论经学辨难最多。"⑥这种广泛的学术交流，对万斯大的学术发展所起的积极推动作用是显而易见的。万斯大在

---

① 万斯大：《乡饮酒礼席次》，《学礼质疑》卷二，《经学五书》，华东师范大学出版社2012年版，第85页。

② 万斯大：《学礼质疑·自序》，《学礼质疑》卷首，《经学五书》，华东师范大学出版社2012年版，第6页。

③ 李文胤：《送万充宗授经西陵序》，《杲堂文钞》卷三，清康熙十七年（1678）刻本。

④ 黄宗羲：《陈夔献偶刻诗文序》，《南雷文案》卷二，清乾隆黄氏耕余楼刻本。

⑤ 李文胤：《送万充宗授经西陵序》，《杲堂文钞》卷三，清康熙十七年（1678）刻本。

⑥ 万经：《先考充宗府君行状》，载《经学五书》卷末，华东师范大学出版社2012年版，第446页。

课馆之余,特别是在康熙十三年(1674)之后,乃专心于三《礼》的研究,这一期间,他相继完成了《学礼质疑》2卷(1677)、《周官辨非》1卷(1678)、《仪礼商》2卷(1680)、《礼记偶笺》3卷(1681)等4部礼学著作。而康熙十九年(1680)年成书的《仪礼商》,就是记录他与应撝谦论辩的成果,也是万斯大与上述诸人质疑问难的硕果仅存者。

(二)治礼经求"新"成因

从诠释学的角度来看,万斯大的《仪礼商》这部著述采取的是一种以考据为基础的诠释策略,重在探寻礼的物质层面与礼义之间的关系,具体文字训诂方面的内容甚少,礼文节制方面内容的论述最多,同时也涉及有关的义理阐释情况。作为一部考辨体著作,《仪礼商》共分3卷,①其中最后1卷为附录,书前有应撝谦于康熙十九年(1680)七月所作的《仪礼商序》。首二卷按郑玄所定《仪礼》17篇次第,逐篇条举为之辩说。全书论辩《礼》经凡66条,遇有疑误者,每先列原文,继加考辨。与清初的许多《仪礼》学论著颇不相同的是,万氏唯述其爬罗剔抉所得,或解驳前贤成说,或考辨古礼根源,或条列礼经节目,或诘难诸经抵牾,推求原始,自陈己见,因而全书颇多新意。万氏追求"新"说,与其治学的著述形式选择、"用思尤锐"的覃思精神、广征博引的取证方法等诸多因素不无关联。具体说来,主要体现在如下几点:

其一,从万斯大治学的经历和著述形式选择来看。自康熙六年(1667)甬上讲经会成立后,直至康熙十年(1671)挟子课馆于钱塘魏氏,万斯大一直参与其中。该讲经会论辩学风极为活跃,据李文胤文载:"先取所讲覆诵毕,司讲者抗首而论,坐上各取诸家同异相辨析,各择所安。……诸家子弟自十岁以上俱得侍听。"②这种"诸贤各相诘难"的论辩风气,深深影响着万斯大,"季野第六兄充宗,博通经学,每读一经,辄尽集古今先儒诸说经家,间有得自梨洲黄先生,多世所未传,充宗求其言尤精者,率蚁脚细书,岁积至数十卷。"③这种问学风气,即使是在万氏旅居仁和(杭州)期间,亦得以延续下来。《仪礼商》作为记录他与应撝谦论辩的成果,考辨体这一形式自然而然地成为他著述的最佳诠释体式选择。

其二,从万斯大研治礼学的态度来看。万斯大好友郑梁谈到万氏为学态度时,有过这样一番评述:"凡皆发先儒之所未发者。盖翁虚心博学,以经解经,不立异,不苟同,不为先人之言所主,不为过高之说所摇。"①这种"不为先人之言所主,不为过高之说所摇"的治学态度,实际上指明了万氏治学与宋明理学枝蔓臆断的为学做法绝然不同,与应撝谦为该书所作《序》文"喜其覃思,而嫌其自用",以及《四库总目提要》"颇有新义,而亦勇于信心"的评介可谓一致,都反映了万氏"用思尤锐"的覃思治学精神与态度。

其三,从万斯大治学的取证方法情况来看。其好友郑梁曾论万斯大治礼曰:"其言三《礼》也,……类能取甲乙之证据,剖前人之聚讼。"②那么,万氏所取之证据来源于何处呢? 他曾经自言曰:"某以为先王之制,荒远难稽,不得不凭诸传记。第传记多后人所述,有就古初之正礼以为言者,有就衰时之变礼以为言者。读者要当择善而从,不可不慎也。又礼文参错,一事之本末,往往互见于他书,苟非会通以考其详,则一隅之见,或不无病于偏执,此又研礼者所当知也。"③"私谓礼教弘深,学者务使礼经与诸经传逐节关通。"④他还具体指出:"《易》《书》《诗》《春秋》而下,《左》《国》《公》《谷》去古为今,可择而取也。"⑤简言之,万斯大治礼偏向于史学的方法,也就是以经取义,以史传取证。显然,这和其师黄宗羲"明经通史"的学术特点基本上是趋于一致的。总之,"非通诸经,不能通一经;非悟传注之失,则不能通经;非以经释经,则亦无由悟传注之失"⑥,这便是万氏解经的重要方法,特别是其不轻信传注的做法,开启了后来戴震、阮元等人训诂注疏之先河。

(三)诠释《仪礼》的特色

审视万斯大《仪礼商》诸条辨及其附录,由于其研究《仪礼》的价值取向与张尔岐、姚际恒等人颇不相同,因而在治学上亦颇有自己的研究特色。除了上述所述万斯大以经取义、以史传取证的解经方法以外,就其要者而言,主要有如下数点:

其一,从三《礼》互证的诠释角度来看。早在汉代,"三《礼》互证"便已成为学者解释《礼经》的重要手段,而与万斯大同时的张尔岐《仪礼郑注句读》注释亦多用三《礼》互证之法。但在万斯大看来,"三《礼》互证"之说并不能够

① 郑梁:《跛翁传》,《经学五书》卷后所附,华东师范大学出版社 2012 年版,第 435 页。
② 郑梁:《跛翁传》,《经学五书》卷后所附,华东师范大学出版社 2012 年版,第 434—435 页。
③ 万斯大:《三与应嗣寅书》,《仪礼商》附录所附,《经学五书》,华东师范大学出版社 2012 年版,第 239 页。
④ 万斯大:《学礼质疑·自序》,《学礼质疑》卷首,《经学五书》,华东师范大学出版社 2012 年版,第 7 页。
⑤ 万斯大:《学礼质疑·自序》,《学礼质疑》卷首,《经学五书》,华东师范大学出版社 2012 年版,第 6 页。
⑥ 黄宗羲:《万子充宗墓志铭》,《经学五书》卷后所附,华东师范大学出版社 2012 年版,第 430 页。

成立，《周礼》就如宋人欧阳修、王开祖、苏轼、苏辙、魏了翁，明人季本以及清初毛奇龄、姚际恒等人所质疑的那样，可能其并非周公所作，或为秦汉间傅会之书，不能以这一伪书来诠释《仪礼》《礼记》两部经书，用万氏本人的话说就是："愚尝谓《仪礼》《礼记》与《周礼》决不可通，故置弗论。"①而站在《仪礼》诠释的立场上，万氏则强调或以《仪礼》本经前后相发明，或以小戴《礼记》与《仪礼》本经相发明。之所以《仪礼》本经前后可以相发明，是因为他认为礼经本身是贯通的，"首尾脉络，本自明通"②。至于小戴《礼记》与《仪礼》本经可以相发明，是因为"礼取相配而义足相成，推类而识其真，亦圣人之所许也"③的缘故。诚如万斯大在给陈令升的信中所言："伏念《仪礼》一经，与《礼记》相表里。考仪文，则《仪礼》为备；言义理，则《礼记》为精。在圣人，即吾心之义理而渐著之为仪文；在后人，必通达其仪文而后得明其义理。故读《礼记》而不知《仪礼》，是无根之木，无源之水也。悬空无据，岂能贯通？"④此一认识，可谓是朱熹思想的承继与发挥。因而，在其《仪礼》学的研究中，万斯大特别强调将《仪礼》与《礼记》相发明，强调以《礼记》解《仪礼》的重要性，"《仪礼》之义，固有即《仪礼》而可考者，况又有《礼记》可相发明哉？"⑤例如，《仪礼商》卷2《士虞礼》篇下第一条万氏云："《檀弓》曰：'葬日虞，弗忍一日离也。'考《既夕礼》：'既葬反哭，宾致吊，即降出，主人送于门外。'是宾已退矣。此虞礼即行于送宾之后，别无宿宾、迎宾之事，而即位献爵，复有宾执事，何欤？按《杂记》云：'相见也，反哭而退。朋友，虞祔而退。'盖视恩义之厚薄，为去留之迟速。是则反哭之后，相见之宾已退，朋友之宾尚留，故得即与于执事，不俟更宿也。"⑥万氏据《礼记·杂记》篇文申解经义，所论极是，故吴廷华《仪礼疑义》、胡培翚《仪礼正义》皆从是说。当然，这一解《礼》方法，基本上是对前人训解《礼》经原则的承袭，只是有所变更而已。

其二，从《仪礼》本经的仪节训释情况来看。万斯大广泛征引诸经、传记材料，并注意对仪文礼制中正礼、变礼之间的变异情况加以分析，力求不拘已

---

① 万斯大：《与陈令升书》，《仪礼商》附录所附，《经学五书》，华东师范大学出版社2012年版，第232页。

② 万斯大：《仪礼商》卷一，《乡饮酒礼》第四，《经学五书》，华东师范大学出版社2012年版，第188页。

③ 万斯大：《学礼质疑》卷一，《北郊主月》，《经学五书》，华东师范大学出版社2012年版，第31页。

④ 万斯大：《与陈令升书》，《仪礼商》附录所附，《经学五书》，华东师范大学出版社2012年版，第230页。

⑤ 万斯大：《与陈令升书》，《仪礼商》附录所附，《经学五书》，华东师范大学出版社2012年版，第232页。

⑥ 万斯大：《仪礼商》卷二，《经学五书》，华东师范大学出版社2012年版，第218页。

有成说,因而其对冠、昏、丧、觐诸礼皆有自己的创见,往往于细微处论前人所未发,颇多可取之处。然而,万氏对仪文礼制的最重要阐释,突出表现在关于寝庙制度的位次说解上,形成了一个清晰的寝庙位次图解。考《仪礼商》全书,共见图解4幅,分别为"庙在寝东图""正寝图""司士治朝图""应撝谦治朝图"。其中前两幅庙寝图,是万斯大对宋人杨复《仪礼图》的修正和补充。在万斯大看来,庙寝图的价值极为重要,"古人之礼,行于庙者十七,行于寝者十三。庙寝之制,今昔不同,不了然于胸中,徒见其敷陈序列于堂、阶、房、室、户牖之间,而处所无定,将有于左而疑其右,于上而疑其下,于内而疑其外者,如观傀儡场,转运变动,非不极灵,迨提挈一收,终归无有,观者究何所得?"①而这正是《仪礼》之所以难读,而杨信斋(复)《仪礼图》所以特为庙寝图的原因。但在万斯大看来,杨复庙寝图亦得失兼存,"就《图》而论,门、庭、堂、阶诸制,亦皆明备,独房室与经不合","郑《注》:'天子诸侯有左右房,大夫士东房西室,无右房。'陈用之则谓经有明言左房东房者,言左以有右,言东以有西,则大夫、士房室与诸侯同。信斋然其说,而为《图》尚仍郑《注》。今考《聘礼》宾馆明有右房,而乡饮酒席次,若无右房则不合经,不多见者,或以为藏服器之所而行礼不之及也。"②有鉴于此,万斯大依经文更为《庙寝图》二幅,把寝庙研究作为《仪礼》仪节研究的切入点和突破口。

不过,万斯大所制寝庙图的位次图解,却遭到了后来者的批评,如四库馆臣就谓万斯大所图"非经义也"③。客观地说,图中有关东西堂、东西序与东西夹室之间的位次确实可商,考《仪礼商》卷1《公食大夫礼》篇下第2条万氏说:"《尔雅》云:'室有东西箱曰庙,无东西箱有室曰寝。'考之《仪礼》,惟《公食大夫》宾升将饭,公揖退于箱,及侑币后,卒食,公揖退于箱。郑《注》云:'箱,东夹之前俟事之处。'郭璞《尔雅注》乃云'夹室前堂'。夫古人屋制,堂之东西有序,序外之屋后为室,即东西夹室也。前为堂,即东堂、西堂。今以夹室前堂为箱,必凡寝无夹室前堂而后可。考《燕礼》小臣师立于东堂下,《士丧礼》小敛奠馔于东堂下,栈亦设焉。二礼皆行于寝,是诸侯及士其寝皆有夹室前堂矣。然则庙寝奚别乎?因思郑《注》'东夹之前',乃指东堂下之南,非谓夹室前堂也。盖东西序外之屋,分言之,则前堂后室;统言之,皆夹也。所以名为夹

①　万斯大:《与陈令升书》,《仪礼商》附录所附,《经学五书》,华东师范大学出版社2012年版,第231页。

②　万斯大:《与陈令升书》,《仪礼商》附录所附,《经学五书》,华东师范大学出版社2012年版,第231页。

③　永瑢等:《钦定四库全书总目》(整理本)卷二十,《经部·礼类二》《仪礼商》"提要"条,中华书局1997年版,第256页。

者,以夹辅乎中堂也。贾《疏》云:'其夹皆在序外。'此为得之。东西堂下之南,别有小屋,以为待事之处,形制如箱,故曰箱。东西相乡,若今之轩,而广不及庭之半(就南而言),此惟庙有之,故《尔雅》云然。郭氏不会《郑注》,以东西堂为箱,既不思东西堂寝庙俱有,且不知既名东西堂,不得更名为箱也。"①按:万氏所言东西夹位次不当,盖堂上隔东西堂之墙曰序,序之外谓之东堂西堂,东西房与东西堂之间为东西夹。所谓夹者,夹于东西房与东西堂之间,非如万氏所谓"分言之,则前堂后室;统言之,皆夹也","所以名为夹者,夹辅乎中堂"。黄以周《礼书通故·宫室一》云:"《顾命》'西夹南乡'下,又别言东西房,东西堂。《公食大夫礼》:'大夫立于东夹南','宰东夹北'中亦别言东西房。是夹与房非同实,亦非序外堂室之总名。……两夹在东西房之南,东西堂之北。东夹之东、西夹之西皆有墙,其北亦有墙;东夹之西、西夹之东并无墙。"②黄以周之说所言甚是,所谓"东西夹",即是指东西房与东西堂之间。另外,《四库总目提要》在"《仪礼商》"条下,对东西箱不在堂下的礼制问题,也进行了充分的论证,指出万氏这一礼制图解结论是不足据的,颇为可信。

其三,从《仪礼》仪节与义理关联性的训释情况来看。历代《仪礼》本经的诠释,大都是从文字训诂开始的,进而延展到具体仪文节度的解说,最后更陷入文字训诂、仪节训释和义理阐发的三重诠释张力之中。万斯大在治礼经过程中,不惟重视礼的形式(礼仪)发覆,更关注礼之精神(礼义)内涵。如前所述,《仪礼商》一书具体文字训诂方面的内容甚少,礼文节制方面内容的论述最多,但同时也涉及有关的义理阐释情况。例如,该书卷2《大射仪》篇下第2条万氏云:"射时画物于堂上,若丹若墨,射者立于物以射,不得稍踰,盖射者之轨范也。推此而言,人之为人,无在而无物,故《诗》曰:'天生烝民,有物有则。'《孟子》曰:'万物皆备于我。'皆是物也。孔子曰:'仁人不过乎物,孝子不过乎物。'不过乎物之为格物。《易》曰:'盈天地之间者,惟万物。'万物云者,物物必有物,故还命之为物也。圣人不过乎物,即是尽其性,因物付物,即是尽人物之性。"③万氏由射时画物引申开来,引《诗经》《孟子》《易》及孔子语加以推阐,将礼与"格物""人物之性"联系起来。又如,该书卷2《少牢馈食礼》《有司彻》篇下第2条万氏云:"大夫之祭,馈食后有傧尸之礼,《有司彻》篇是也。馈食,室事也。傧尸,堂事也。其礼至繁,非其人莫胜。《礼器》载:季孙之祭,逮闇行事,日不足,继之以烛,乃至于跛倚倦怠。及子路与祭,则室事

①　万斯大:《仪礼商》卷一,《经学五书》,华东师范大学出版社 2012 年版,第 202 页。
②　黄以周撰,王文锦点校:《礼书通故·宫室通故一》卷二,中华书局 2007 年版,第 42—43 页。
③　万斯大:《仪礼商》卷二,《经学五书》,华东师范大学出版社 2012 年版,第 196 页。

交乎户,堂事交乎阶。质明始行,晏朝而退,孔子以为知礼。是故君子曰:'忠信之人,可以学礼。'苟非忠信之人,则礼不虚道,是以得其人之为贵也。呜呼!岂独祭为然哉?知此者可与语礼。"①万氏反复申论"忠信之人可以学礼"之大旨,强调学礼、行礼的重要性。由以上诸例可见,万氏治《仪礼》,往往是先"通达其仪文,而后得明其义理"的。这种对《仪礼》文本本身丰富义理内容的诠释与剖析,是以对经义的准确把握为目的的,并非纯义理的经典研究,与宋儒讲究的抽象的义理之学是完全不同的。

其四,从对待宋元明诸朝学者的礼经治学趣向来看。以究心"性与天道"为基本特征的宋学,对《礼记》格外青睐,而对于仪文节度委曲周详、至繁至密的《仪礼》关注较少,宋元明诸朝有关《仪礼》诠释之作亦不多见。可以说,在具体《仪礼》本经文句的诠释上,宋儒及元明儒生并没有建立起一套以义理为基础的诠释策略,并不以究心"性与天道"为解经要务。万斯大承元明代礼学不振之后,复兴礼学,他在与诸好友论辩研究《仪礼》经文的过程中,与宋元明诸朝学者的治礼方法并无绝然差异。当今有学者认为,"万斯大对清代《仪礼》学发展的贡献,则在于他对宋儒治学方法的继承",并且以为,万斯大撰《仪礼商》于宋儒治《礼》方法所继承者主要有两点:一是贯穿《仪礼》《礼记》,会通其例;二是以图解礼。② 在笔者看来,考察万氏的治学,确实存在上述两点,但仍不足以成为《仪礼商》的诠释特色。就会通《仪礼》《礼记》二经而言,早在郑玄注《仪礼》之时便已如此,更何况在《仪礼商》前2卷的考辨条目中,并没有对《仪礼》进行全局的或者单一方面的通例归纳,尽管他认识到了"大要十七篇中,以《冠》《昏》《祭》《朝聘》《射》《乡燕》《食》《相见》为之目,以冕、弁、衣、裳、带、韠为之饰,以币、帛、皮、圭、璧、琮、车马为之物,以鼎、俎、豆、簠、簋、笾、敦、铏为之器,以升、降、拜、跪、揖、让为之文"③的《仪礼》行文特点。至于以图解礼,也并非宋儒所独创,早在汉代就有儒生以之解经,东汉学者郑玄遍注群经时便有这种解经方法,并非宋儒所独有。

我们注意到,在《仪礼商》中,有一些辨正条目的观点与陆佃、敖继公、吴澄、郝敬等前人见解大致相同。例如:该书卷2《士丧礼》《既夕礼》一目下,第5条云:"自饭持之,为自饭含时已设决持之。"此条万斯大读"饭"为"饭含"之"饭",与郝敬《仪礼节解》说解相同。又同目第8条申云:"朝祖之明日,荐乘车、道车、稿车于庙,为遣送死者之车,故亦谓之遣车。《檀弓》云'国君遣车七

---

① 万斯大:《仪礼商》卷二,《经学五书》,华东师范大学出版社2012年版,第225页。
② 参见梁勇:《万斯大及其礼学研究》,中国社会科学院硕士毕业论文,2000年,第26页。
③ 万斯大:《与陈令升书》,《仪礼商》附录所附,《经学五书》,华东师范大学出版社2012年版,第231页。

乘,大夫五乘',以降杀以两之礼差之,士遣车正当三乘。先儒不察,不谓此车即遣车,而释遣车为从葬之车,其制甚小,载遣奠苞牲置于椁中之四隅,不思从葬之车谓之涂车。孔子曰:'涂车刍灵,自古有之,明器之道也。'则知此礼陈明器时,涂车已在陈中,而此三遣车,则载皮弁服、朝服、蓑笠之类,葬毕则敛衣载之以归。《檀弓》著晏子遣车一乘,及墓而反,讥其以大夫而用一车为俭其亲也。果此三车非遣车,而别有载遣奠苞牲之遣车,则下文言行器,何以茵苞器序从,不载苞于车也? 先儒因谓此礼指诸侯之士故无遣车,则益支矣。"此条万斯大以为此车即"遣车",亦与敖继公《仪礼集说》说同。凡此之类诠释例,由于万氏行文中多未提及承袭前人旧说,我们很难判定其是否为承袭前人旧说而有意疏忽不及,或是由于当时著书之时未及见到陆佃、敖继公、吴澄、郝敬等人著述的缘故欤? 可惜的是,以上两条考辨文,无论是前者关于文辞的训诂,或是后者关于礼经仪节度数的解说,均有误训之嫌,其后均有学者辩驳万氏说解之非,如前者在沈彤《仪礼小疏》、胡培翚《仪礼正义》等文献中皆辩其说之伪,后者有蔡德晋《礼经本义》、胡培翚《仪礼正义》等力辩其说之非。

(四)清人对其之评介

作为清初礼学复兴运动的先驱者,万斯大的礼经诠释实践确实有其独到之处,他不肯附会先儒成见,而且借助儒家经传典籍加以贯穿互证,确有所发明,在礼的认识、治礼方法以及具体礼仪的考辨上,均提出了不少创见,受到了清代学者的广泛关注。在诸多的关注当中,既有正面的肯定褒奖,也有反面的否定与质疑,还有得失参半的折中评判。但总的说来,大部分学者对其研究《仪礼》的成绩是肯定的。

1. 正面褒奖者

万斯大《仪礼商》及其他礼学著作推出后,在他的师友当中一时好评如潮,其治学颇为当时学者所推崇,如他的老师黄宗羲评价说:"学不患不博,患不能精。充宗之经学,由博以致精,信矣其可传也。"①万氏死后,黄宗羲为他作《墓志铭》时,曾经高度概括和肯定他的治学方法:"充宗生逢丧乱,不为科举之学,湛思诸经,以为非通诸经不能通一经;非悟传注之失,则不能通经;非以经释经,则亦无由悟传注之失。"具体而言,"何谓通诸经以通一经? 经文错互,有此略而彼详者,有此同而彼异者。因详以求其略,因异以求其同,学者所当致思者也。""何谓悟传注之失? 学者入传注之重围,其于经也毋庸致思,经既不思,则传注无失矣,若之何而悟之。"如此等等。

他的早年同窗好友郑梁也同样标举其治学之道,谓万斯大"类能取甲乙

---

① 黄宗羲:《万子充宗墓志铭》,《经学五书》卷后所附,华东师范大学出版社 2012 年版,第 431 页。

之证据,剖前人之聚讼。……凡皆发先儒之所未发者。盖翁虚心博学,以经解经,不立异,不苟同,不为先人之言所主,不为过高之说所摇。故能推倒一世,亲见古人如此"①。这种类似的评价,在当时绝非个别,清初可谓一片赞誉之声。

此外,有部分学者在论及万斯大的寝庙研究时,也大加溢美之词。例如,浙江慈溪人姜震英在谈到《仪礼商》时,也认为该书"意义周到,无碑可寻,其尤辨者在寝庙之论,谓大夫无私朝,此皆先儒所未及"②。程廷祚对万斯大此举更是给予很高的评价:"古今训释《仪礼》者多不明于庙寝之制,夫后人数千载而欲求其栋宇堂阶次第广狭间者,鲜不以为末务,不知礼家所在当先。万氏有见于此,诚卓识矣。"③一时受到学界广泛关注和称誉。

2. 褒贬互见者

万斯大的礼经研究,在赢得清初一片赞誉之辞的同时,也不乏不同声音出现。一些学者对其是者肯定之,非者否定之,主张万斯大治《仪礼》得失兼存。例如,万斯大旅居在杭州期间的论学之友应㧑谦就持这种看法。他在给万氏《仪礼商》作序时指出:"其所爬罗剔抉,颇能见先儒所不及,而自负其能,每有欲推倒一世独扩心胸之意。余喜其覃思,而嫌其自用。"应㧑谦是一位以穷理格物为本、谨守朱子家法的清初学者,尽管与万氏治礼经的理念有所不同,但对万氏的治学深思好辩是持肯定态度的。另外,应㧑谦言"万子读礼深有发明,其明析者余固已录之卷帙,而有相持不下者则不能为之唯唯",说明他对万斯大的礼学成说,既有赞同的部分,也有争执不下、各执己见的地方。

乾隆年间,四库馆臣纂修《四库全书》,亦收录万斯大《仪礼商》一书,在所作《总目提要》中,认为应㧑谦《序》"喜其覃思,而嫌其自用"的说法诚属"笃论",并谓万氏治学"颇有新义,而亦勇于信心","斯大学本淹通,用思尤锐。其合处往往发明前人所未发,卷末附《答应嗣寅书》,辨治朝无堂,尤为精核。弃所短而取所长,亦深有助于考证也"④。如《仪礼商》卷1《聘礼》篇下第3条,万斯大考辨"裼""袭"之制以为:"裘上有裼衣,不加深衣曰裼,加深衣曰袭。"《总目提要》考辨其误云:"如斯大之说,则裼衣之上不得更有皮弁祭服之等矣。至《玉藻》所谓'君衣狐白裘,锦衣以裼之。'盖诸侯皮弁视朔,特以锦衣

---

① 郑梁:《跛翁传》,《经学五书》卷后所附,华东师范大学出版社2012年版,第435页。

② 姜衰英:《与万充宗书》,《湛园未定稿》卷九,清光绪十五年(1889)毋自欺斋刻本。

③ 程廷祚:《与家鱼门论万充宗仪周二礼说书》,《青溪文集》卷十一,清道光十七年(1837)东山草堂刻本。

④ 永瑢等:《钦定四库全书总目》(整理本)卷二十,《经部·礼类二》,《仪礼商》"提要"条,中华书局1997年版,第256页。

为裼,未闻其不加皮弁服而专用锦衣也。《玉藻》又谓'君子狐青裘,豹褒元绪,衣以裼之。大夫助祭,服爵弁纯衣。'亦特以元绪衣为裼,未闻其不用纯衣而用元绪衣也。然则谓裼衣之上无礼服,不特连注,且悖经矣。斯大又谓袭衣乃于裼衣上加深衣,盖裼衣直衿,故露美;深衣交衽,故不露美也。今即以聘服皮弁考之,皮弁服之下为朝服,朝服之下为元端,元端之下为深衣,深衣为庶人之服,聘礼重聘而轻享,若享时皮弁而裼,聘时深衣而袭,则聘服反杀于享服三等矣,隆杀之义何在乎? 且主国之君与使臣行聘于庙,而各服庶人之服以相见,以为此其充美,无是理也。"凡此之类考辨,对当世乃至之后学者研读万氏《仪礼商》一书深有启发价值。

乾嘉期间乃至之后的许多学者,对于四库馆臣的说法大多持认可态度,他们的《仪礼》研究论著亦多持是其是而非其非的做法,如吴廷华、蔡德晋、盛世佐、凌廷堪等人,他们的《仪礼》学论著对《仪礼商》的诠解结论往往是取舍兼存。另外,如果对清后期胡培翚所著《仪礼正义》援引及相关评述情况进行统计,该书从万斯大其说者与万斯大遭非议者比例大致相当,由此亦可考见万氏礼经研究之得失与影响。例如,《仪礼商》卷2《少牢馈食礼》《有司彻》篇下第1条云:"《特牲礼》牲用特豕,士礼也,故《士虞礼》牲亦特豕。而《杂记》则云'下大夫之虞也特牲',则大夫亦特豕矣。《少牢礼》牲用羊豕,大夫礼也。而《曲礼》则云'大夫以索牛,士以羊豕',则士亦用少牢矣。礼文所载,大夫、士之礼,参错不齐。原其故,由衰周之季,列国大夫恣行僭罔,学者各就所见,笔以成书,故或俭或丰,断难画一。虽然,圣人制礼,明者述焉,群言淆乱,折中诸圣,彼前以三鼎、后以五鼎者,非孟子欤? 礼文大夫士降杀以两,则三鼎为士时,五鼎为大夫时矣。即此证之,《仪礼·士虞》《特牲》俱三鼎,其为士礼无疑。《少牢》五鼎,其为大夫礼无疑。又《士虞》《特牲》皆九饭,而《少牢》十一饭,亦见降杀以两之意。"[1]胡培翚以为"万氏之说似为得之"[2],并详作说解,此不繁复赘引。

3. 全盘否定者

除上述两种态度外,有极少数学者则是心存扞格,囿于门户之见,对万斯大的礼学研究几乎给予了全盘否定,例如乾道之际的江藩便是持如是之见的一位学者。江藩早年受业于余萧客、江声,乃是惠栋的再传弟子,博综群经,尤深汉诂,治学上有宗汉抑宋的价值取向。因而,他在编《国朝经师经义目录》

① 万斯大:《仪礼商》卷二,《经学五书》,华东师范大学出版社2012年版,第224—225页。
② 胡培翚:《仪礼正义》卷三十七,江苏古籍出版社1993年版,第2227页。

时,谓万斯大"虽深于《礼》经,然或取古注,或参妄说,吾无取焉"①。其所谓"或取古注,或参妄说",应该是对万斯大不轻信古注而抉择于宋元明诸儒礼经研究成果的一种不满,对万氏取诸家同异相辨析标举新说做法的一种极度否定。

总之,万斯大的《仪礼商》作为一部考辨体著作,无论是对《仪礼》的整体把握,或者是局部礼仪的研究,以及治礼方法的探索,都具有自身的一些独到之处,尽管书中的研究结论未必完全正确,但作为一个过渡性的作品,其承上启下之功极为显著,对推动清初《仪礼》学的复兴和深入发展,起到了一定的作用;其不拘成说、勇于创新的探索精神,亦值得后人借鉴和发扬光大。

二、毛奇龄与《仪礼》学研究

在清初学术史上,毛奇龄是一位富有学术激情和文学才华的人物,无论是在文艺创作、史学撰述方面,还是在经学研讨领域,都有自己的独特个性和表现;就其经史研究方面而言,毛奇龄又是一个颇具争议的学者,学界当中对他的学术评价一直存有争议、褒贬不一。站在今天的学术立场来看,毛奇龄的经史研究虽然存在这样或那样的错误和缺点,但是瑕不掩瑜,它的价值也正在于需要我们从中去粗取精,辨其鄙陋,避免重蹈毛氏之覆辙。从《仪礼》诠释学的角度来考察,毛奇龄曾提出了一些独到而有价值的论断,在清初《仪礼》学史上有其独具个性的学术地位。

（一）生平及其礼学渊源

毛奇龄(1623—1713),字大可,又字初晴,一名甡,字齐于,浙江萧山(今杭州市萧山区)人,学者多称西河先生。出身明末官宦之家,生性颖悟,4 岁便读"四书",7 岁乃诵"五经",13 岁应童子试名列第一。明亡后,以消极避世态度遁迹山林,后因论诗得罪,遭人陷害而易名亡走江淮间,或拜师交友,或读书论学,先后结识阎若璩、姚际恒、朱彝尊、施闰章等著名学者,开始从事"考索经史"之学。康熙十七年(1678)应荐博学鸿儒试,列二等,入史馆预修《明史》。康熙二十四年(1685),告假南归,后称病不出,潜心经学,以著述终老故里。

毛奇龄治学广博,淹贯群书,著述极丰,说经之书多达五十种,其中礼学研究成果就有《昏礼辨正》1 卷、《丧礼吾说篇》10 卷、《三年服制考》1 卷、《仪礼疑义》2 卷、《周礼问》2 卷、《曾子问》4 卷、《檀弓订误》1 卷、《明堂问》1 卷、《庙制折中》1 卷、《大小宗通释》1 卷等 15 种,其中前 4 种为《仪礼》学著作。

---

① 江藩:《国朝经师经义目录·礼》,《国朝汉学师承记》,中华书局 1983 年版,第 142 页。

这些礼学著作,大都著述于康熙二十四年(1685)返乡之后,诸书内容侧重点各有相同。

　　毛奇龄的礼学研究,深受两重因素的影响。首先,家学渊源对他的影响较大。毛奇龄的父亲毛秉镜和伯兄毛万龄深谙音律,毛氏幼时即受其熏陶,继承并发扬他们的乐律学成就。毛奇龄的仲兄毛锡龄精通《易》学、礼学,毛奇龄从其问学,颇有所得。其少时曾观"邻人娶妇,妇至,不谒庙,不拜舅姑,牵妇入于房,合卺,而就枕席焉",对此,毛奇龄颇有疑惑,归问仲兄,仲兄为之具陈所以,并感叹"斯礼之不明,于今五百年矣"①,并与毛奇龄相约予以补救。仲兄还就礼的问题指教毛奇龄:"凡说礼,若《易》《诗》《书》《春秋》无可据,当据《论语》《孟子》;《论语》《孟子》无可据,然后据三《礼》,以三《礼》皆孔、孟后书也。"②此一治礼思想被融入到他的礼学著作中,并成为毛奇龄一生治经的理念。

　　其次,毛奇龄十分广阔的交游活动,也有益于他对礼经的认识和研究。从《西河文集》中收录的毛奇龄大量酬唱寄送诗文来看,其交游对象涉及许多前辈宿儒、遗民隐士、患难之交、贵族权要、文人学者、中小官吏与时人的交往,势必对其思想学术有一定的影响。③ 例如,毛氏早年与遗民逸士黄宗羲相识,晚年还通过书信论《礼》议《尚书》,"前接来札,有议礼数则,草草复过,虽稍有商量,终以未能面请为憾"④。毛奇龄早年随兄毛万龄读书期间,便与姚际恒相识,毛万龄曾官仁和教谕,对姚际恒比较了解,且非常欣赏:"吾自包二先生亡后,书库毁矣,所可语者,立方、鲁玉二人耳。"⑤毛奇龄与姚氏二人曾就《周礼》一书的真伪展开辩论,毛奇龄作《周礼问》以质疑姚际恒,这种辩论无疑有助于毛奇龄礼学研究的发展。

　　(二)毛奇龄的《仪礼》学史观

　　毛奇龄的《仪礼》学史观,是指毛奇龄对《仪礼》学史上一些重要问题的观点、看法,它散逸在《昏礼辨正》《丧礼吾说篇》《三年服制考》《仪礼疑义》及《经问》《西河文集》等有关文献记载当中。从文献梳理情况来看,毛氏的《仪

---

　　① 毛奇龄:《昏礼辨正·总论》,《四库全书存目丛书》(册108),影印清华大学图书馆藏清康熙刻《西河合集》本,第517页。

　　② 毛奇龄:《昏礼辨正·亲迎》,《四库全书存目丛书》(册108),影印清华大学图书馆藏清康熙刻《西河合集》本,第523页。

　　③ 参见胡春丽:《毛奇龄与清初〈四书〉学》附录,第322页,复旦大学博士学位论文,2010年。

　　④ 毛奇龄:《与黄梨洲论伪〈尚书〉书》,《西河集》卷二十,《景印文渊阁四库全书》(第1320册),台湾商务印书馆1983—1986年版,第170页。

　　⑤ 毛奇龄:《暂投湖墅吴氏园,喜倪内史璠姚文学际恒对酒,即席赋赠二首》,《西河合集·七言三韵诗》,《清代诗文集汇编》(册89),上海古籍出版社2009年版,第616页。

礼》学史观主要体现在如下两个方面：

其一，关于《仪礼》一书的成书时间及性质认定问题的看法。在毛奇龄眼里，"三礼"的地位是有差别的，《礼记》成书最早，也更为可信，而《仪礼》与《周礼》一样都是作于战国之后。在上述所及毛氏诸书中，毛奇龄多次指出："夫《礼记》者，夫子之后之书也。《周礼》《仪礼》虽或为周时所著，然并非春秋以前夫子经见之书也。"①又说："春秋战国言礼不一，总不足据，但其中有最可笑者，《曲礼》本战国时书，而《士礼》又在战国之后。"②毛氏所谓《士礼》，即是指《仪礼》。由上诸言可知，毛氏以为《仪礼》一书断非周公所作，其成书年代当在战国之后。在他的《经问》一书中，毛氏亦多次反复加以申说："《礼记》旧谓孔子诏七十子共撰所闻以为记，虽其间杂以他儒如荀况、公孙尼子诸篇合以成书，然大抵不出春秋战国之间。若《仪礼》则显然战国人所为。"③又云："二《礼》与《礼记》俱出自战国。而《礼记》引经多与经合，《周礼》次之，《仪礼》抑末矣。"④又云："《周礼》自非圣经，不特非周公所作，且并非孔孟以前之书。此与《仪礼》《礼记》皆同时杂出于周秦之间"，"皆战国后儒所作，而《仪礼》《周礼》则又在衰周之季吕秦之前，故诸经说《礼》皆无可据"⑤。这种关于《仪礼》战国后儒所作的说法，乃是对《仪礼》持一种否定的态度，既与传统的说法大不相同，也与清初万斯大、姚际恒等人的主张迥然有别。

另外，《丧礼吾说篇》中对于《士丧礼》《丧服》两篇的成书情况也有说明："《杂记》'恤由之丧，哀公使儒悲学士丧礼于孔子，于是乎有《士丧礼》书。'此固战国后人借孔子以为名者。至《丧服》一篇，直称为子夏之传，而注者又疑主客答问有似《公羊》。公羊，子夏弟子也。是不知何时何人遥援七十子之徒以为依附，显然非东周以前之礼。而乃《丧服记》《杂记》彼此窃比相倚成说，其不可问抑多矣。"⑥这一论调，显然与前者论《仪礼》作于战国之后的说法是趋于一致的。

①　毛奇龄：《昏礼辨止·总论》，《四库全书存目丛书》（册108），影印清华大学图书馆藏清康熙刻《西河合集》本，第518页。
②　毛奇龄：《丧礼吾说篇》卷四，《四库全书存目丛书》（册87），影印清华大学图书馆藏清康熙刻《西河合集》本，第675页。
③　毛奇龄：《经问》卷三，《景印文渊阁四库全书》（第191册），台湾商务印书馆1983—1986年版，第32页。
④　毛奇龄：《经问》卷十二，《景印文渊阁四库全书》（第191册），台湾商务印书馆1983—1986年版，第148页。
⑤　毛奇龄：《经问》卷二，《景印文渊阁四库全书》（第191册），台湾商务印书馆1983—1986年版，第19页。
⑥　毛奇龄：《丧礼吾说篇》卷八，《四库全书存目丛书》（册87），影印清华大学图书馆藏清康熙刻《西河合集》本，第708页。

其二,关于汉儒与宋儒礼经研究的学术价值观评判及处置态度问题。毛奇龄在《经义考序》中谈到解释儒家经义的时候,有过这样一番言说:"汉取十三而宋取十一,此非左汉而右宋也。汉儒信经,必以经为义,凡所立说,惟恐其义之稍违于经。"①基本上代表了他对汉、宋儒生解经成果的态度和价值评判。毛奇龄推崇汉儒解经不已,却不完全承袭汉儒观点,企图在解经上有所创新。而在其他某些场合,毛氏却对汉儒又多所指责,如《经问》谓"汉人信三《礼》,不信《春秋》《论语》《孟子》","汉儒解经,惟过于求据,故反有失经义处。此正求据而失之者也"。在《仪礼》学研究方面,对于郑玄《仪礼注》一书的论调亦基本如此。

对于宋儒《仪礼》研究的学术价值观,毛奇龄于宋儒多存门户之见,只言其短,不及其长。他在《昏礼辨正》的"总论"部分明确指出:"予尝考宋学,推其所误,大抵北宋宗《周礼》,而王氏误之;南宋宗《仪礼》,而朱氏又误之。"对朱熹将《仪礼》归之于周公所著极为不满,认为他并无所据。此其一不满。《经问》卷三部分,毛奇龄又有如下一番言论:"仲长统有'《周礼》为经,《礼记》为传'之语,而宋郑樵袭之,谓《周礼》《仪礼》乃周人之礼,而所谓《礼记》者特二礼之传注耳,此大谬之论。《礼记》与二礼绝不相蒙,何从传注? 宋人好分别经传,吕东莱以《楚辞·离骚》为经,《九歌》《九章》《九辨》等为传……若朱氏分三《礼》经传,则又以《仪礼》为经,《周礼》《礼记》为传,与仲长统、郑樵之说不同,然并未成书,而黄榦、吴澄辈续成之,此大不足道者。"显然宋人郑樵、朱熹、黄榦等人对三《礼》礼经性质的认定与毛氏绝然不同,故批判其做法是"好分别经传",不足称道。此其二不满。在《经义考序》中,毛氏指责宋人废《士礼》(即《仪礼》),斥《周礼》,祛《王制》《月令》《明堂位》诸篇,并振振有词指责为是"无经"。此为其三不满。

(三)诠释《仪礼》的方法

反对空言说经,主张注经"必藉实据",这是毛奇龄经学的基本思想。因此,他强调治经的实证性和客观性,极力反对以空言说经,反对以己意说经,他说:"凡辨必有据,方为无弊。"②从这一经学思想出发,毛奇龄在研究诠释《仪礼》等礼经文献的过程中,特别强调运用如下几种方法:

其一,"以经解经"的诠释方法。所谓"以经解经",即是强调注经时应从儒家经书本身中去寻找依据的一种方法。在毛奇龄看来,早期儒家经典是绝

<hr>

① 毛奇龄:《经义考序》,《西河集》卷五十二,《景印文渊阁四库全书》(第1320册),台湾商务印书馆1983—1986年版,第453页。

② 毛奇龄:《与李恕谷论周礼书》,《西河集》卷二十,《景印文渊阁四库全书》(第1320册),台湾商务印书馆1983—1986年版,第172页。

对可信的,也是互通的。因而,"以经解经"成为毛奇龄注经的基本方法,并且贯穿在他的全部经学著作之中。显而易见,毛氏释"礼"时同样强调运用"以经注经"的方法。不过,毛氏解说礼制所据以寻找依据的早期儒经是有层次性的。毛奇龄认为:"礼莫备于《春秋》,故予之说礼,必以《春秋》为主,而三《礼》次。"①"若夫礼有难通,吾必质之以夫子之言,以《春秋》去古未远,而夫子圣人可以说礼也。"②又说:"予尝昌言礼备于《春秋》,韩简子所云'周礼尽在鲁'者真非虚言,故予传《春秋》特创为礼例一科,舍此则《论语》《孟子》犹为可信,而三《礼》反不与焉。必不得已,在《春秋》《论语》《孟子》三书所无有者,则然后遍考三《礼》,而酌取其近理者以为据,此真学礼之法。"③毛氏以为,说礼当以《春秋》《论语》《孟子》为据,这是因为他们皆春秋战国之书,"先于三《礼》而又皆孔、孟二人亲为之事与亲定之语,此则无据中之极可据者"④。由此可见,《春秋》一书是第一层次,《论语》《孟子》是第二层次,三《礼》诸经则是第三层次。

其二,"以传证经"的诠释方法。毛奇龄曾经说过:"吾传《春秋》,皆以经证经,不得已而及传,又不得已而后及诸子百氏,以至汉后儒说之说经者。"⑤他的学生李塨伸其师义说:"先生博极群经,以诸经为宗,而合周秦子家及汉魏晋唐之言礼者,而并贯穿讨求参辨,必刊正谬误,以求其一是。"⑥换言之,毛氏解经,提倡以诸经为宗,但也提倡旁及他说,博引诸子百家及汉后儒说为旁证。不过,在毛氏眼里,儒家之传书也是有主次之分的,例如他在对待《春秋》三《传》的态度上,就表露出不同的看法:"然《春秋》,只左氏《传》耳;若《公》《榖》,则直战国人所为,无礼之至矣。"⑦"三传以左氏为主,何也? 以左氏春秋儒,而公羊、榖梁皆战国儒也。"⑧毛氏之所以重视《左传》,是因为其以为是

---

① 毛奇龄:《丧礼吾说篇》卷五,《四库全书存目丛书》(册87),影印清华大学图书馆藏清康熙刻《西河合集》本,第685页。

② 毛奇龄:《丧礼吾说篇》卷八,《四库全书存目丛书》(册87),影印清华大学图书馆藏清康熙刻《西河合集》本,第712页。

③ 毛奇龄:《丧礼吾说篇》卷十,《四库全书存目丛书》(册87),影印清华大学图书馆藏清康熙刻《西河合集》本,第730页。

④ 毛奇龄:《丧礼吾说篇》卷八,《四库全书存目丛书》(册87),影印清华大学图书馆藏清康熙刻《西河合集》本,第708页。

⑤ 毛奇龄:《经问》卷十七,《景印文渊阁四库全书》(第191册),台湾商务印书馆1983—1986年版,第200页。

⑥ 毛奇龄:《昏礼辨正序目》,《西河合集·经集》,康熙间刻本。

⑦ 毛奇龄:《丧礼吾说篇》卷五,《四库全书存目丛书》(册87),影印清华大学图书馆藏清康熙刻《西河合集》本,第685页。

⑧ 毛奇龄:《丧礼吾说篇》卷十,《四库全书存目丛书》(册87),影印清华大学图书馆藏清康熙刻《西河合集》本,第730页。

书出于春秋大儒之手，而《公羊传》《穀梁传》则系成书于战国人之手，故有此说。尽管如此，毛氏对于《公羊》《穀梁》二传的态度亦不尽相同，"虽《公羊》《穀梁》总不足据，而《公羊》说薄，《穀梁》说厚，吾从厚可也"①。在援引传文证经的诠释态度上，明显显示出对《穀梁传》有一定的偏爱。

其三，"草蛇灰线"式的古礼与俗礼探寻比较法。礼俗在长期的沿袭过程中，随着时代的推移，不断变更，故明清时期的学者多主张"礼时为大"。面对那些与时代不相称的礼俗、观念，毛奇龄认为："礼失求野。古礼虽亡，然尚有草蛇灰线可隐相踪迹。"②于是毛氏考经论道，依托古礼，批驳纠正现实社会中的悖礼和偏激的行为；合理诠释古礼，辩驳歧义；顺应时代变化，质疑某些古礼的立意。毛奇龄辨正礼俗主要体现在两个方面：一是强调从民间礼俗中探求古礼。对于古礼之佚失者，毛奇龄注意通过民间礼俗去探求，例如毛氏的《丧礼吾说篇》卷七"三年之丧不折月说"条下有云："唐元陵仪注：禫日百官服惨公服，诣延英门，问皇帝起居。次日平明，皇帝改服惨吉服。其所为'惨'，则'黪'声之误，即织服之色之稍变者。盖纤色黑白，与黪之浅青色同，故赵宋民俗尚有于禫祭之初，先服黪三日而后行祭。即司马温公所辑《书仪》亦尚有男子服黪纱幞头黪衫角带，妇人以鹅黄青碧皂白为衣履，正与禫服之纤冠素端黄裳诸色隐隐相合。"这一段又见于毛氏《三年服制考》一书。从民俗探求礼制的另一种形式，是以今礼证所论之古礼，如《昏礼辨正》"妇见"一目下云："士礼，舅姑醴妇与飨妇皆妇至之次日一日行事，《昏义》次日醴妇，又次日飨妇，则三日矣，各不同。今俗三日宴妇，本此。"这是以今婚俗与《昏义》相印证。又如"庙见"一目下云："后汉魏晋以来，有拜时之妇，即三月庙见也。"

上述几种诠释方法的采用，与毛奇龄十分重视考证求实之学密切相关。可以认为，无论是他提出"以经解经""以传证经"的解经方法，还是他在具体研究中的重视实证，都成为其后以考据为特征的乾嘉学派的先声。这一点清代学者已有认识，清代著名学者阮元为《西河全集》作序称："国朝经学盛行，检讨首出乎东林奕山空文讲学之余，以经学自任，大声疾呼，而一时之实学顿起。当是时，充宗起于浙东，朏明起于浙西，宁人、百诗起于江淮之间。检讨以博辨之才，睥睨一切，论不相下，而道实相成，迄今学者日益长鸣，大江南北著书授徒之家数十，视检讨而精核者固多，谓非检讨开始之功则不可。"这一论述实际上将毛奇龄视为清代实学的创始人，肯定了毛奇龄在明清之际学风转

① 毛奇龄：《丧礼吾说篇》卷十，《四库全书存目丛书》（册87），影印清华大学图书馆藏清康熙刻《西河合集》本，第729页。
② 毛奇龄：《丧礼吾说篇》卷七，《四库全书存目丛书》（册87），影印清华大学图书馆藏清康熙刻《西河合集》本，第707页。

变过程中所起到的重大作用。

（四）治礼经好立"新说"考察

1.《昏礼辨正》

毛奇龄的《昏礼辨正》论古代婚礼，除"总论"部分以外，共分9目：行媒、纳采纳吉问名、纳徵、请期、亲迎、妇至、妇见、庙见、婿见。每一目下，相继罗列相关文献典籍文句，如有可疑可议者，则在所引经文末加附注释语，用小字标明。考毛氏著述策略，全书不以《士昏礼》文本语词训诂和名物的考订为要务，其根本在于"力诋三《礼》经文"之不足，从而起到补正礼经的诠释效果。以第一目"行媒"为例，该书依次援引《诗·齐风·南山》《礼记·曲礼》《周礼·地官·有媒氏》《离骚》《战国策·燕策》《公羊传·桓公八年》《孟子·滕文公下》和徐仲山《传是斋日记》等典籍成句，所引文句皆与标目题"行媒"紧密相关。毛氏在所引的《曲礼》"男女非有行媒，不相知名"文下注云："必先行媒，然后可问名。"又据所引徐仲山的《传是斋日记》文"《士昏礼》以纳采为第一礼，无行媒文，则世无謇修未通而可以行采择礼者，此后世王者采宫婢法也。故曰《昏礼》多阙略，此其一也"（下无小注），表明毛氏辩驳《仪礼·士昏礼》不言行媒的阙失。

毛奇龄此书的这种批评性注释语，几乎每一目下均有体现，其他如"纳采纳吉问名"目下，引《穀梁传》"纳采、问名、纳徵、告期"谓止当有四礼，而《士昏礼》乃误增"纳吉"一礼，又误入"亲迎"于六礼之内；"亲迎"目下，引《曲礼》"齐戒以告鬼神"文，谓亲迎必先告庙，而《士昏礼》不言告庙；又引《春秋》"齐侯越境以送女"，谓女之父既迎婿于门外，亦当送之门外，而《士昏礼》乃言不降送；"妇至"目下，引《春秋·桓三年传》"夫人姜氏至自齐，朝至"之文，谓妇至之日当朝庙，而《士昏礼》不言朝庙；又引《诗·关雎》"琴瑟""钟鼓"，谓嫁娶亦当用乐，而《郊特牲》乃谓昏礼不用乐。凡此种种，其说可谓颇为辨驳。

由此可见，毛奇龄的《昏礼辨正》确实存在力诋《礼经》的问题，因而同时代学者秦蕙田在撰《五礼通考》时指出："毛大可《昏礼辨正》以《仪礼》《家礼》为非是，语多不经，不足置辨。唯论'问名'一条稍有发明，以雁为贽物摄盛，原本朱子语。而考证'亲迎'一条，词亦简括。故附存之。"[①]另外，《四库全书总目》撰者亦指出："其说颇为辨博。其中论告庙、朝至之仪，虽颇有根据，而核其大致，穿凿者多，未足据为定论也。"[②]《皇朝文献通考》亦云："《昏礼辨

---

① 秦蕙田：《五礼通考》卷一百五十五，《景印文渊阁四库全书》（第138册），台湾商务印书馆1983—1986年版，第743页。

② 永瑢等：《钦定四库全书总目》（整理本）卷二十五，《经部·礼类存目三》，《昏礼辨正》条，中华书局1997年版，第319页。

正》一书论颇辨博,多有根据,惟穿凿处在所不免。"①从该书的具体情况来看,《四库全书总目》撰者的意见是符合客观事实的。

2.《三年服制考》

从训诂体式角度看,《三年服制考》一书应属于专题考证体,主于对有关服制的疑难问题进行辨非立说。

毛奇龄的《三年服制考》一书亦同样充满了好立新说之风,如该书第一条毛氏云:"丧礼莫重于三年,使三年之丧而不能明,则亦无庸读礼矣。然自汉唐宋以迄于今,实亦无能明之者。夫三年之丧三十有六月也,古人无虚悬月日之理,《尧典》'百姓如丧考妣三载',《孟子》'舜三年丧毕,禹避舜之子于阳城',《商书》'王宅忧三祀',《论语》'百官总己以听于冢宰三年',其云'三年'、'三祀'、'三载',皆明明三十有六月,并未尝有虚悬月日,以二十有七月当三十六月,如后世所云也。自周制丧有等杀,而战国、汉初为《礼记》者遂各记节次,因有期而小祥、中月而禫之说,以为丧有节次自此而杀,然未尝曰禫服在几月,禫之为服又当有几月,而三年之丧当限于禫服几月内也,乃汉后作经注者(《仪礼》二记二注)皆周章不明,而唐儒袭误,遂因之有二十七月之限,而三年之丧从此绝矣。"②谓三年之丧为三十六月,辩二十七月之说之非,然立说理据不足,诚不足信。

3.《丧礼吾说篇》

在毛奇龄的经学著作中,《丧礼吾说篇》算得上是其最为标新立异的一部著作。诚如《皇朝文献通考》所云:"《吾说篇》则恃才谲辩,妄肆攻击。奇龄说经固多立异,此则其叛经之尤者。"③《四库全书总目》撰者亦指出:"奇龄说经,好立异义,而颠舛乖谬,则莫过于是书。"④二者皆谓毛氏经学著作中,当以《丧礼吾说篇》说解礼制最为乖谬。

毛奇龄的《丧礼吾说篇》凡 10 卷,其解说丧制,往往多论及历代礼制的情况以作对比,如卷 1"属幠楔缀沐袭含说"条"袭"一目下毛氏曾发覆道:"古凡丧祭礼最重冠服。葬之为藏,所以藏衣冠也。葬而立庙,所以为游衣冠之地也。故《杂记》子羔之袭用皮弁一、爵弁一、玄冠一,而《家语》孔子之丧亦袭以

---

① 《皇朝文献通考》卷二百十七,《景印文渊阁四库全书》(第 637 册),台湾商务印书馆 1983—1986 年版,第 119 页。

② 毛奇龄:《三年服制考》,《丛书集成续编》(第 68 册),台北市新文丰出版公司 1988 年版,第 13 页。

③ 《皇朝文献通考》卷二百十七,《景印文渊阁四库全书》(第 637 册),台湾商务印书馆 1983—1986 年版,第 119 页。

④ 永瑢等:《钦定四库全书总目》(整理本)卷二十三,《经部·礼类存目一》,《丧礼吾说篇》条,中华书局 1997 年版,第 298 页。

冠。是以后汉周磐与皇甫士安欲却冠服，则必以幅巾代其冠；而隋唐葬制，凡有官者用冠服，封者用冕服，否则或白帢或介帻，无非冠也。”“含”一目下毛氏又说：“今行含礼者，唐宋以钱，明世多用钱一盂、米一盂，奠而不含（以二盂入圹中），然其礼不可泥也。”以上二例着眼于从礼制的承袭情况作一交代。如上所述，有清诸多学者皆以为毛氏《丧礼吾说篇》有好立异说、妄肆攻击礼经丧礼记载之嫌，这种说经而叛经的特点，大致可以从三方面加以发覆和印证：

其一，从他的学生王恬所编《丧礼吾说篇标记》来看，毛奇龄特别注意古经礼制与时俗丧制不同情况的说明，对该书各篇有关古经与时俗不同者详加列目，兹转录部分条目于此：

病中不迁庙；不易床；不易衣；不辟夫妻男女子妇（养疾说）

卒不当在正寝；讣不当称卒于正寝（卒正寝说）

祷复不出门（祷复说）

讣不称卒何所；哀子哀孙一人，不列众子孙在后；父兄称命赴不称某服（赴说）

不楔齿；不缀足；袭不去冠（属𢅥楔缀沐袭含说）

小敛不迁户内；大敛不迁东阶；二敛皆不用冒；不用绞；无复棺裹棺之餙；漆棺无等差；棺内不得去楄柎（小敛大敛说）

殡不偏西；殡当在庙不在庭；不用椁帱题凑柩车诸物；不掘地；棺不南首；不用熬筐；倚庐不在门外（殡说）

贵有铭旌，溅有铭无旌（铭旌说）

……

久葬葬后服两月，不服三月；改葬服缌，不服三月（葬服三等说）

童子不制五等服（童子丧服说）

古无心丧（丧服无心丧说）

葬不数闰；丧服不数闰；周忌祥禫不数闰（丧有数闰不数闰说）

卫灵不吊季桓子；鲁昭少不丧母；春秋无公仪氏；鲁乘丘不败；齐王姬非鲁庄外祖母；公叔木母不改嫁；公叔文子不遇卫难不谥贞；冉有不使楚；陈无太宰嚭；鲁哀请禭不请袭；季武子死时不得有曾点；宋襄不得葬夫人；子思无嫂（丧礼言事不实说）①

从王恬所列上述诸条目可以看出，毛奇龄所论古代丧制内容与民间礼俗的差异是很大的，从中亦可发见他的说解丧礼，确实是好立异说，主于辩驳

① 该《标记》，清康熙间刻《西河合集》本置于《吾说篇》篇目后、正文前，括号内为该书各卷具体篇目名称。

《礼》经所载丧制情况。

其二,从该书的创作动机来看。按照毛奇龄在该书的"总论"中所说,该书乃是毛氏平日里"疑即阙之",晚年返乡后,"取丧礼所为说,因陋就简,编缀成帙"所成。他所质疑问难的基础是"《杂记》'恤由之丧,哀公使儒悲学士丧礼于孔子,于是乎有《士丧礼》书。'此固战国后人借孔子以为名者。至《丧服》一篇,直称为子夏之传,而注者又疑主客答问有似《公羊》。公羊,子夏弟子也。是不知何时何人遥援七十子之徒以为依附,显然非东周以前之礼。而乃《丧服记》《杂记》彼此窃比相倚成说,其不可问抑多矣。"①所以《四库全书总目》撰者指明他著述要旨说:"大旨以子夏《丧服传》为战国以后人伪作,故逐条攻击,务反其说。"②例如,该书卷5考辨"五服"之意说:"五服,一齐衰、二期衰、三大功、四小功、五缌也。齐即斩也,斩齐其麻而不缉,故谓之齐,但不名斩耳。期衰,缉衰也。虽一斩四缉,原合期、大小功、缌而言。功、缌去衰,因专以期衰名之。郑氏注《学记》'五服',谓自斩衰至缌麻之亲,而孔《疏》以斩、齐、二功、缌当之。夫斩、齐、二功、缌,即是齐、期、二功、缌。齐之不缉,即是斩、期衰之缉。即是齐,但必分斩与齐为二服而两属父母,则以五服之亲言之,于父母多一等,而以五服之时言之,则在期年,少一服。……夫五服之名其来已久,只增一斩名,而致使五服之数两不能合。然则齐、斩可分乎?"③毛氏谓丧服有齐衰无斩衰,可谓最为妄诞不经之说,诚如《四库总目》撰者辨其文之非说:"考《释名·释丧服》曰:'斩衰,不缉其末,直翦斩而已。齐,齐也。'故郑注《丧服传》曰:'斩,不缉。齐,缉也。'与《释名》之义相符。奇龄乃谓齐而不缉,乃齐之本名,而从而缉之,则又以缉齐得名。三年之重齐不缉,期功则缉之。然所谓齐而不缉,仍是《释名》斩衰不缉其末之说,又何必阳改其名而阴存其实乎? 至谓期功以下之齐乃缉,则齐衰三年者皆已不缉,是改斩之名下同于齐,又改齐之实上同于斩,支离怪变,弥为不可究矣。"④毛奇龄以《周礼》《仪礼》同出于战国人伪撰,故于《周礼·司服职》齐衰、斩衰之文置而不道。

其三,从援经据典的情况来看。毛奇龄诠释丧礼的角度可谓特立独行,极具个性化色彩:一是当遇上其他典籍礼制记载与三《礼》所论相左时,毛氏往

①　毛奇龄:《丧礼吾说篇》卷八,《四库全书存目丛书》(第87册),影印清华大学图书馆藏清康熙刻《西河合集》本,第708页。

②　永瑢等:《钦定四库全书总目》(整理本)卷二十三,《经部·礼类存目一》,《丧礼吾说篇》条,中华书局1997年版,第298页。

③　毛奇龄:《丧礼吾说篇》卷六,《四库全书存目丛书》(第87册),影印清华大学图书馆藏清康熙刻《西河合集》本,第700页。

④　永瑢等:《钦定四库全书总目》(整理本)卷二十三,《经部·礼类存目一》,《丧礼吾说篇》条,中华书局1997年版,第298—299页。

往不采信三《礼》经文和郑玄《注》训释说解，而唯《春秋》及三《传》《荀子》《论语》等说是从，以为《礼》经所载乃战国后人妄改古礼制所至，遂随意篡改《礼》经有关丧制的说解；一是当《春秋》及三《传》《荀子》《论语》等古籍所载礼制，如有稍可穿凿之处，即改易其训诂句读以就己说；一是喜好据律以议经。① 这种个性化的诠释风格，带来的结果就是，连毛氏信赖的《左传》《荀子》诸书的丧礼记载都会有穿凿附会之解辞："考昭公十年《传》：'晋平公卒。叔向曰：孤斩焉在衰绖之中。'杜预《注》曰：'既葬，未卒哭，犹服斩衰。'明为斩衰之确证。乃引《杂记》'三年之丧如斩'语，谓非服斩之义。襄公十七年《传》：'齐晏桓子卒。晏婴粗缞斩绖带杖菅屦。'是断断不得谓之非斩服者。奇龄亦谓'斩'字下属'苴绖带'为句，乃斩苴麻以为绖带。""考《三年问》篇，明出斩衰之名，不能复辨，则曰《礼论篇》中但有齐衰无斩衰，《三年问》篇乃后人妄改。"按照四库馆臣的看法，举凡毛氏认为"夫稍可穿凿之处，即改易其训诂句读以就己说"②，虽不免有点过激之词，但亦为甚不远。

正因为《丧礼吾说篇》存在上述几个方面的问题，因而乾嘉之后的治《礼》学者基本上不予采信毛氏其说。

（五）清代学者的评介

作为清代学术史上一个很有争议的人物，毛奇龄的礼经研究既有肯定之辞，同时也遭致了同时代乃至此后清儒的一些不同声音。例如：就其同时代学者而论。全祖望称毛奇龄："所最切齿者为宋人，宋人之中所最切齿者为朱子。其实朱子亦未尝无可议，而西河则狂号怒骂，惟恐不竭其力。"③他的门人弟子李塨赞叹道："至若昏礼、祭礼、丧礼、庙礼、大小宗礼、大礼仪、礼问之明礼……无非发前人未发，以救正古先圣王危微一线之绝学，何其大也。"④

稍晚些时候，四库馆臣针对毛奇龄的《昏礼辨正》一书大要以驳郑玄说为主的做法，评论说："其中论告庙、朝至之仪，虽颇有根据，而核其大致，穿凿者多，未足据为定论也。"⑤而惠栋、戴震等汉学家，也因毛奇龄治经的怪异和反

①　参见邓声国：《清代〈仪礼〉文献研究》，上海古籍出版社 2006 年版，第 77 页。

②　永瑢等：《钦定四库全书总目》（整理本）卷二十三，《经部·礼类存目一》，《丧礼吾说篇》条，中华书局 1997 年版，第 299 页。

③　全祖望：《萧山毛检讨别传》，《鲒埼亭集外编》卷十二，《续修四库全书》（第 1429 册），上海古籍出版社 2002 年版，第 579 页。

④　李塨：《西河合集·总序》，《清代诗文集汇编》（第 87 册），上海古籍出版社 2009 年版，第 4 页。

⑤　永瑢等：《钦定四库全书总目》（整理本）卷二十五，《经部·礼类存目三》，《昏礼辨正》条，中华书局 1997 年版，第 319 页。

覆无常的人品,而蔑视他的学问。受其影响,江藩在《汉学师承记》中对毛氏闭口不提,试图抹去毛氏在清代汉学史上的地位。

　　到了乾嘉时期,阮元、焦循、凌廷勘等学者一改前人的看法,极力推崇毛奇龄的义理倾向,及其经学研究的贡献,重新确定毛奇龄在清代学术史上的地位,认为他具有开启之功。例如,阮元就评价毛奇龄道:"检讨推溯太极、河、洛在胡朏明之先,发明荀、虞、干侯之《易》在惠定宇之先,于《诗》驳申氏(培)之伪,于《春秋》指胡氏(安国)之偏,三《礼》'四书'所辨正尤博。"①他们对毛奇龄的义理取向,主要是批驳朱子的做法非常赞赏,认为实在是"有功圣门"②。

　　同治年间,学者李慈铭在了解以往两方面的学者的评论之后,在研读毛奇龄多部经学著作的基础上,作出了如是评论:"西河经学,固有可议。……然我朝廓清宋元荒陋之学,西河实为首功。凌次仲氏尝言萧山之著述,如医家之大黄,有立起沉疴之效,为斯世不可无者,诚为有见。"③而对于四库馆臣关于《昏礼辨正》一书的质疑之辞,李慈铭通过对该书反复仔细地阅读,认为许多地方"援据甚确",甚至"足发千古之蔽"。如"其纳采问名据《仪礼·士昏礼》谓二礼一日并行,只以一使将事。问名乃问女所命之名,郑玄注谓问母姓者非是。又谓纳征即纳聘。昏礼自纳采至迎亲皆典雁,惟纳征用币者,以雁乃贽物,非礼物。又据《穀梁》谓纳采、问名、纳征、请期只四事,无纳吉之礼,问名后不当又纳吉。又谓《曾子问》妇三月而后庙见姑成妇之说,乃指舅姑已亡者。若姑舅在,则妇至之夕,舅姑迎之,不久即帅以谒庙,次日质明,上堂行妇见礼,谓之成妇,不必三月始庙见也。"因此,李慈铭评论道:"西河说经,虽有无道秦之讥,然其明快直捷处,往往如是","《四库》只收《辨定祭礼通俗谱》,余皆附存目,尤深斥其《丧礼吾说篇》,谓颠舛乖谬,莫过于是。然其谓丧服有齐衰,无斩衰,及父在不当为母期年、父母不当为长子三年等,诚为巨谬。其言丧礼立重诸儒所说近于非理,因谓重即铭旌,所以识别死者,即所以依神,故重有主道,重之为言幢也,童童然也,则颇有名理"④。

　　到清末,关于如何看待毛奇龄的礼学研究,经学大家皮锡瑞也有一番较为客观的论说:其一,皮锡瑞指出,汉立二戴博士是《仪礼》非《礼记》,后世说者

　　① 阮元:《毛西河检讨全集后序》,《揅经室二集》卷七,邓经元点校《揅经室集》,中华书局1993年版,第543页。

　　② 关于这一点,请参看陈居渊《毛奇龄与乾嘉经学典范的重塑》一文,《浙江学刊》2002年第3期。

　　③ 李慈铭:《越缦堂读书记》,史部《阎氏百诗年谱》,上海书店出版社2000年版,第485页。

　　④ 李慈铭:《越缦堂读书记》,经部《昏礼辨正》,上海书店出版社2000年版,第74页。

多误,毛奇龄始辨正之,在清初经义榛芜之时,"分别《仪礼》《礼记》,辨郑樵之误及《隋志》之误,则极精确"①。其二,对于毛奇龄的解经辨析,有时不一定能自己立得住脚,皮氏也有清晰认知,以为毛氏之所以攻击宋儒也多半出于门户之傍,盖"因《朱子家礼》尊信《仪礼》,乃作《昏礼辨正》《丧礼吾说》等篇抵斥《仪礼》。这些都是因他务反朱子之说,而轩轾太过"。又说:"其不染宋学者,惟毛奇龄;而毛务与朱子立异。朱子疑伪孔古文,而毛以伪孔为可信;朱子信《仪礼》,而毛以《仪礼》为可疑;此则朱是而毛非者。虽由门户之见未融,实以途径之开未久也。此等处宜分别观之,谅其求实学之苦心,勿遽责以守颛门之绝业。"②

总的说来,毛奇龄作为清初学界一位既具有社会影响而又颇有争议的学者,其在《礼》学方面的学术研究影响,远远不如其在辨伪学史上的地位来的更大。但毛奇龄治学广博、好为辩驳而又不乏汉学之风的研究风格,注重春秋以前古籍中有关周代礼制的内容与《礼》经的印证,注重民间礼俗对礼制的说解佐证中存在的价值,以及其治学的怀疑精神,对后来的《礼》学研究者还是具有一定的影响的。

第四节 淹通汉宋派的《仪礼》学研究

随着清初社会的稳定,一些明清之交出生的学者站在不同的角度,去思考社会的礼制文化问题,并纷纷顺应朝廷"崇儒重道"、扶持礼学的文化导向,注重经学研究。他们优游于有汉迄于明末诸儒的礼学著作中,前儒训释莫不一一了然于心,"然后究极经文所以云之意,而以义理折中焉"③,不轻易盲从任何一家之说,不为一家之言所惑。"一个非常明显的形式特征,就是杂糅众说,既择取郑玄、贾公彦之说,又广采博征宋、元、明学者之训释成果;在治学方法上,既遵循汉代大儒郑玄之礼经互证、先秦文献互证等法,又汲取了朱熹、敖继公、郝敬等人之治学理念,通过加附'案语'一类方式辨疑出新,并不一味保守旧说,在大量的继承中时有创新。"④这种折中诸儒、淹通汉宋之学的风气,在乾隆年间开三礼馆纂修《三礼义疏》前后,表现得尤为明显,李光坡、方苞、

---

① 皮锡瑞:《经学通论》三,中华书局1954年版,第10页。

② 皮锡瑞:《经学历史》十,中华书局1959年版,第306页。

③ 苏惇元:《方苞年谱》,康熙二十六年丁卯二十岁条,载清戴钧衡编《方望溪先生全集》第十二,张元济等辑《四部丛刊初编》集部(第1749册),上海涵芬楼据咸丰元年戴钧衡刊本影印,商务印书馆1929年版。

④ 邓声国:《清代〈仪礼〉文献研究》,上海古籍出版社2006年版,第82页。

蔡德晋、吴廷华、李清植、马驌等人，都是这一流派学者的中坚力量。

一、李光坡与《仪礼述注》

（一）生平及其治学状况

李光坡（1651—1723），字皋轩，一字耜卿，号茂夫，又号茂叔，福建泉州府安溪县（今福建安溪）人。他出身于书香门第，父亲李兆庆是明诸生，究心程朱之学，兄李光地官至大学士，为康熙间理学名臣。天性至孝。少年时受学家庭，"祖宋而祢汉，先经而后史"①，宗尚宋儒及乡先正《蒙引》《存疑》诸书；弱冠为诸生，次第讲治十三经、濂、洛、关、闽书，旁及子、史。资质并不聪敏，但勤苦攻读，终致烂熟。《清史列传》谓其论学主程朱，论《易》主邵雍，兼取扬雄《太玄》，发明性理，以阐大义。光坡一生际遇坎坷，在追求功名之路上屡屡受挫，长期家居不仕，中年以后，放弃科举业，以"训励后生小子，使知敦本实学，为国家储人才"②为己任，授徒讲课，专心治学，李光地之子李钟伦即从其学三《礼》。

李光坡的经学和理学成就，曾得到过李光地的高度赞许，李光地曾说东吴顾炎武和光坡，都是数十年如一日用心经学，精勤不辍，有显著成就，可以传之后世。康熙四十五年（1706），李光坡入京都，与其兄李光地讲论研习。这期间，他著《性论》3篇，对理气的先后动静，反复认真论辩，以此订定近代儒者持论的差误。回乡时，光地赠诗曰："后生茂起须家法，我老栖迟望子传。"③其惓惓于光坡可见是何等厚重。

继张尔岐、姚际恒之后，李光坡对《仪礼》连同《周礼》《礼记》一道，又做了全面的研究。自康熙二十五年（1686）起，李光坡一边授徒讲学，一边"沉潜注疏，博征诸家"，开始其长达30余年的三《礼》研究，用力甚勤，至康熙六十一年（1722）冬，先后完成了《三礼述注》巨帙的撰著工作。其中，《周礼述注》完稿于康熙四十三年（1704）冬，《礼记述注》完稿于康熙四十七年（1708），《仪礼述注》则成书最晚，于康熙六十一年始竣全稿。《清史列传》称云："其书以郑注为主，疏解简明，不蹈支离，亦不侈奥博，自成一家言。"④光坡于三《礼》学的研究探讨中，阐幽抉微，自成一家之言，不能不令人称道，因而乾隆初官修《三礼义疏》，曾移文福建，索取李光坡著述。后来光坡诸礼书又被收

---

① 李清馥：《榕村谱录合考》卷上，"十六岁"条，道光六年刻本。
② 李钟伦：《周礼述注后跋》，李光坡《周礼述注》（第8册）卷末，清乾隆八年刻本，第1页。
③ 李光坡：《礼记述注》卷首，清乾隆三十二年刻本。
④ 清国史馆臣撰，王锺翰点校：《清史列传》卷六十七，《儒林传上二》"李光坡"条，中华书局1987年版，第5348页。

录到《四库全书》当中,得到学界同仁之高度体认。就《仪礼》研究来说,其所撰《仪礼述注》应该是继张尔岐《仪礼郑注句读》和姚际恒《仪礼通论》之后又一部重要的《仪礼》学专著。该书将清初的《仪礼》研究推进一步,且推高一层。对于后来乾嘉学派更加精深的《仪礼》研究,光坡此书可谓先导之一也。

（二）征引郑《注》贾《疏》的特点

李光坡《仪礼》学研究毕生心得,皆反映在《仪礼述注》书中。该书与张尔岐《仪礼郑注句读》一样,都属于礼学三次文献。但就文献本身的古籍整理体式而言,则与张尔岐《句读》仍有不同之处。这主要体现在以下几个方面:其一,张尔岐《句读》兼具了疏注体与章句体两种诠释形式,而李光坡《仪礼述注》仅仅采用了疏注体的形式,没有对《仪礼》经《注》加以句读,也没有对经文本身划分章节段落层次,基本上只是依遵贾公彦《仪礼注疏》的体例特点,并大致依照贾《疏》的句注安排情况,进行编撰工作。其二,张尔岐《仪礼郑注句读》转引郑《注》全文,而李光坡《仪礼述注》则对《注》文有所删节、刊削。其三,张尔岐《仪礼郑注句读》引贾《疏》虽亦节引,但不做文字改动;而李光坡《仪礼述注》引贾《疏》则往往在行文上有所改动,甚至用自己的语言进行重新组织表述。其四,张尔岐《仪礼郑注句读》收录了陆德明《仪礼音义》释音部分的内容,而李光坡《仪礼述注》则承袭了贾公彦《疏》的体例特点,没有收录这一部分内容。其五,在疏解经、《注》的方式上,张尔岐《仪礼郑注句读》虽然也多引贾《疏》加以疏解,但更多强调通过自身的按语进行申述和说明;而李光坡《仪礼述注》则主要是引用贾《疏》的方式,间或引用一些宋人成说,疏通训释《仪礼》经、《注》之意。

1.《仪礼述注》引录郑《注》的特点

《仪礼述注》对于郑《注》训语的删削原则,大致以不影响经、《注》大旨为依归。从《仪礼述注》一书引录情况分析看,李光坡所删节的郑《注》训语内容主要涉及以下几种情况:

一是删除郑《注》所载《仪礼》古今异文内容,有时也保留少数古今异文例。以《士冠礼》篇《注》文为例,据统计,郑《注》点明古今异文例者总计 28例,而《礼记述注》仅出现 2 次;又如《士昏礼》篇,郑《注》点明古今异文例 32次,而《礼记述注》只保留了 6 例。

二是删除郑《注》中有关比况性质的内容。《仪礼述注》中这一类删节例随处可见,如《士昏礼》:"姆纚、笄、宵衣,在其右。"郑注:"姆,妇人年五十无子,出而不复嫁,能以妇道教人者,若今时乳母矣。……"《仪礼述注》在援引郑《注》文句时,删去了"若今时乳母矣"六字。又如《士昏礼》:"妇执笲枣栗,自门入,升自西阶,进拜,奠于席。"郑注:"笲,竹器而衣者,其形盖如今之筥笭芦矣。"《仪礼述注》在援引郑《注》文句时,删"其形盖如今之筥笭芦矣"十字。以上二例,郑《注》皆就汉时相关的名物、称谓加以比况说明,故为李光坡所删。

三是删节郑《注》引以佐证词义训诂的文献材料。例如,《士冠礼》:"前期三日,筮宾,如求日之仪。"郑《注》:"筮宾,筮其可使冠子者,贤者恒吉。《冠义》曰:'古者冠礼筮日筮宾,所以敬冠事。敬冠事所以重礼,重礼所以为国本。'"郑《注》所以引《冠义》文者,"若贤恒吉,必筮之者,取其审慎重冠礼之事,故郑引《冠义》为证也。"①《仪礼述注》引郑《注》时,因其引证《注》语"筮其可使冠子者,贤者恒吉",遂删节其文。又如,《士昏礼》:"女从者毕袗玄,纚笄,被颎黼,在其后。"郑注:"女从者,谓侄娣也。《诗》云:'诸娣从之,祁祁如云。'"郑玄引《诗·韩奕》者,在于引证"侄娣"之义,《述注》删去。又如,《士昏礼》:"御衽于奥,媵衽良席在东,皆有枕,北止。"郑注:"衽,卧席也。夫人称夫曰良。《孟子》曰:'将见良人之所之。'止,足也。古文止作趾。"除删去"古文止作趾"外,《仪礼述注》还删去"《孟子》曰:'将见良人之所之。'"一语,郑《注》所以引《孟子》语者,在于证妇人称夫为"良人"之意。

以上所论三方面内容的处理方式,李光坡并非一以贯之。除此以外,《仪礼述注》删节的郑《注》内容还包括释词、解句、义理的阐发、礼制的解说等等。其中所删除的礼制解说内容,既涉及关乎礼经凡例的文字说明,也有郑《注》对所释具体经文的单一性说明文字。这些内容被删除的部分往往难以抽绎出一个规律性来。

对于李光坡《仪礼述注》删节郑《注》的情况,《四库全书总目》中有一段非常精彩的说明:

> 其中《注》《疏》原文有可删削者,如《士冠礼》:"筮人执筴,抽上韇",《注》曰:"今时藏弓矢者,谓之韇丸也。"考《左传·昭公二十五年》:"公徒释甲,执冰而踞",杜注:"冰,韇丸。或云:韇丸,箭筩。"《方言》曰:"弓藏谓之鞬,或谓之韇丸。"《后汉书·匈奴传》曰:"今齎杂缯五百匹,弓鞬韇丸一,矢四发,遣遗单于。"《广雅》作"韇皮光"。此傍借韇丸以明"韇"字之训,非经之正义,删之可也。至如《士冠礼》:"赞者洗于房中,侧酌醴。"注:"赞酌者,宾尊,不入房。"光坡节此二句,则宾不自酌而用赞者,义遂不明,为删所不应删矣。又《注》载古文、今文,最关经义,如《士丧礼》:"设决丽于掔",《注》引古文"掔"作"捥"。考《管子·弟子职》:"饭必捧掔,羹不以手。"《吕览·本味篇》:"述荡之掔",高诱《注》曰:"掔,古手捥之字也。"

---

① 贾公彦:《仪礼注疏》卷一,《十三经注疏》,中华书局1980年版,第947页中。

据此,则以古文之"捥"证今文之"擘",义更明晰。而光坡概节之,亦
为太简。①

以上一段文字中,四库馆臣共列举了三个例子,说明李光坡的郑《注》删节有
得有失,第一例属删节比况者,第二例属删节礼制解说内容,第三例则属删节
古今异文例。其云"《注》载古文、今文,最关经义",是说明这一内容不仅点明
了文字校勘的异同,而且它往往有助于我们准确理解经文含义,明辨郑《注》
校勘是非。目前研究表明,《仪礼》古今异文的产生,有多方面的原因,如有因
二字字义相近而异文者,有因二字为古今分别字关系而异文者,有因方言俗语
用词不同而异文者,有因二字字音相同或相近形成通假关系而异文者,有因二
字字形相近讹误而异文者,有因二字为异体字关系而异文者,有因二字为音转
关系而异文者,有因二字分别与正字形成音同(或相近)通假和同义关系而异
文者,等等。②　此外,还有一些古今异文出入较大,或衍或脱,原因较为复杂,
但大都总关经义训解,所以郑《注》一个重大成就便是保存下来了这些异文情
况,为后代《仪礼》研究者提供了一个可以信赖的版本异同情况,并借此进行
了文字训诂,准确把握经义。有鉴于此,李光坡随意删除大部分异文材料,似
有欠妥之处,况且所保留的某些实例,即使被删除,似亦对理解文意影响不大,
如《士昏礼》:"大羹湆在爨。"郑《注》:"大羹湆,煮肉汁也。……今文'湆'皆
作'汁'。"又《士昏礼》:"舅飨送者以一献之礼,酬以束锦。"郑《注》:"古文
'锦'皆为'帛'。"以上二例中的郑《注》异文材料,前一例"湆""汁"为一组同
义词,后一例郑《注》从"锦"不从"帛",据贾公彦《疏》云:"此及下文'锦'皆
为'帛',不从古文者礼有玉锦,非独此文,则礼有赠锦之事,故不从古文也。"
郑《注》前例从古文、后例采今文,洵为明晰无误,并应从郑氏说,删之亦不致
影响经义诠释。由此看来,李光坡删削标准并不明晰,带有很大的随意性。另
外,李光坡《仪礼述注》有时也删除郑《注》中有关礼制规律性的文字说明,如
《士冠礼》:"冠者奠觯于荐东,降筵,北面坐取脯,降自西阶,适东壁,北面见于
母。"郑《注》:"荐东,荐左。凡奠爵,将举者丁右,不举者于左。"《仪礼述注》
删除了"凡奠爵,将举者于右,不举者于左"数字,所删者属于礼经凡例,对理
解经文极有价值,删去似不可取。凡此之类,恕不逐一枚举。

　　2.《仪礼述注》征引贾《疏》的特点

　　李光坡《仪礼述注》援引贾《疏》语时,往往在行文上有所改动,有时甚至

---

　　①　永瑢等:《钦定四库全书总目》(整理本)卷二十,《经部》二十,《礼类二》,《仪礼述注》条,中
华书局 1997 年版,第 257 页。
　　②　详见邓声国:《郑玄所见〈仪礼〉古今异文考——兼谈〈仪礼〉异文的价值》,《中国语文通讯》
(香港)2002 年 3 月总第 61 期。

用自己的语言进行重新组织、表述。《仪礼述注》对《仪礼》经文和郑《注》意义的疏解阐发主要是通过援引贾《疏》而实现的，且全书随处可见贾《疏》之文，但所援引的贾《疏》在篇幅上不及其原来篇幅的三分之一乃至四分之一，而且这种援引实在已经过李氏的再处理再编排，成为李氏《仪礼述注》本身阐发经义、郑《注》要旨的重要组成部分，并体现了李氏的《仪礼》学见解，因而贾《疏》只能算是其摘引的对象。从李光坡《仪礼述注》对贾《疏》摘引情况的分析来看，呈现出以下三个较为明显的特点：

　　一是李光坡很少完整地引述贾《疏》的某一段疏文，往往删除那些闲碎之语，不追求因果关系分析表述上的完整性。例如，《士冠礼》："宰自右少退，赞命。"贾《疏》释云："知宰是有司主政教者，士虽无臣，以属吏为宰，若诸侯使司徒兼冢宰以出政教之类，故云'主政教者'。引《少仪》者，取证赞命在右之义，以其地道尊右，故赞命皆在右。是以《士丧礼》亦云：'命筮者在主人之右。《注》云：'命尊者宜由右出。'《特牲》云：'宰自主人之左赞命。'不由右者，为神求吉变故也。《士丧》在右不在左者，以其始死，未忍异于生，故在右也。《少牢》宰不赞命，大夫尊屈，士卑不嫌，故使人赞命也。"李光坡《仪礼述注》节引贾氏说："士无臣，以属吏为宰。地道尊右，故赞命皆在右。引《少仪》者，取赞命在右之义。"[①]贾《疏》原文包括三层，首句疏解郑《注》"宰，有司主政教者"之义，李氏只节引"士无臣，以属吏为宰"数字；李氏引次句文时，原《疏》文句次序有所改动；原《疏》"是以"之后为第三层内容，申述交代《士丧礼》《特牲馈食礼》《少牢馈食礼》赞命情况，以作礼制比较，然李氏《仪礼述注》并删弃之，以其与本句经文宏旨无关故也。

　　二是李光坡《仪礼述注》往往在援引贾《疏》时，为求语义简明精炼，亦时常对《疏》文句进行文意梳理，并重新组织语言加以表述。例如，《士昏礼·记》："父醮子"，贾《疏》释云："女父礼女用醴，又在庙。父醮子用酒，又在寝。不同者，父礼女者，以先祖遗体许人，以适他族，妇人外成，故重之而用醴，复在庙告先祖也。男子直取妇入室，无不反之，故轻之，而用酒在寝。知醮子亦不在庙者，若在庙以礼，筵于户西，右几布神位，今不言，故在寝可知也。"李氏《仪礼述注》节引贾氏说："女父礼女用醴，又在庙。父醮子用酒，又在寝。知不在庙者，不言筵于户西，以布神位，则在寝可知。"[②]两相比照不难发现，"知不在庙者，不言筵于户西，以布神位，则在寝可知"一句，系李氏对原文重新整

　　① 李光坡：《仪礼述注》卷一，《景印文渊阁四库全书》（第 108 册），台湾商务印书馆 1983—1986 年版，第 299 页。

　　② 李光坡：《仪礼述注》卷二，《景印文渊阁四库全书》（第 108 册），台湾商务印书馆 1983—1986 年版，第 330 页。

合的结果,语言亦更加简练。

三是李光坡《仪礼述注》在援引贾《疏》时,往往调整或改变贾《疏》原文的位次,以求达到贾《疏》前后互证之功用。例如,《士冠礼》:"若不醴,则醮用酒。"李氏《仪礼述注》卷一引贾《疏》云:"《疏》曰:'醴亦无酬酢,但醴大古之物,自然质无酬酢。此醮用酒,酒本有酬酢,故无酬酢得名醮也。'又云:'周之适子,三加一醴;夏、商适子,三加三醮,是以祝辞醴一而三醮。'"①案:前引《疏》出本句《疏》文,"又云"下所引,则见于同篇"若庶子,则冠于房外南面,遂醮焉"下《疏》文。又如,《士昏礼》:"降阶,受笲腶脩,升,进,北面拜,奠于席。始坐,举以兴,拜,授人。"李氏《仪礼述注》卷二引贾《疏》云:"《公羊传》云:'枣栗云乎?腶脩云乎?'枣栗,取其早自谨敬。腶脩,取其断,断自脩也。"②案:李氏所引以上《疏》语,不见于本句之《疏》,而见于同篇上文"妇执笲枣栗,自门入,升自西阶,进拜,奠于席"《疏》中。这种处理方式,便于读者对《仪礼》经、《注》的理解,具有重要的学术意义。

（三）礼经诠释旨趣及治经特色

《四库全书总目》撰者在谈到李光坡的治礼成就情况时,曰:"其论可谓持是非之公心,扫门户之私见。虽义取简明,不及郑、孔之赅博,至其精要,则亦略备矣。"③和当时大多数学者相比,李光坡的《仪礼》研究理路确有其独到之处,他不一味致力于追求新说,与当时许多学者以考据辨正前贤往哲之说颇不相类,形成了个性鲜明的简约治经风格。概而言之,主要体现在如下几方面:

首先,立足于郑、贾《注疏》作为研治《仪礼》的依凭。在清前期清算前明思想的大潮中,在复兴汉学的氛围中,李光坡强调要重新审视古注古疏的治礼理路,在当时学界普遍追求由王返朱的治学取向下,他指出,"朱子教学者看注看疏自好","本述注疏,朱子之教也",认为朱子治经的根柢就在于治学遵依汉唐儒训诂注疏旧法,对《注疏》逐字逐句加以理会,而不是像清初许多学者那样,"经文不解,指为傅会;注疏曲折,指为支离。然傅会者,世近于古;支离者,学多于吾。不顾理之是非而漫为指斥,则将何所承受取信也"④。有鉴于此,李光坡将目光转向了郑、贾《注疏》,他认为,郑注向来以简明著称,贾疏

①　李光坡:《仪礼述注》卷一,《景印文渊阁四库全书》(第108册),台湾商务印书馆1983—1986年版,第307页。

②　李光坡:《仪礼述注》卷二,《景印文渊阁四库全书》(第108册),台湾商务印书馆1983—1986年版,第322页。

③　永瑢等:《钦定四库全书总目》(整理本)卷二十一,《经部》二十一,《礼类三》,《礼记述注》条,中华书局1997年版,第272页。

④　李光坡:《礼记述注·序》卷首,《景印文渊阁四库全书》(第127册),台湾商务印书馆1983—1986年版,第282页。

及其他唐宋旧《疏》则以奥博誉世,这些都是注经的典范之作,所谓"注疏训说正当脉络分明,真解经之体也"。从这一治学旨趣出发,《仪礼述注》的礼经研究极力维护郑、贾《注疏》的正确性,并努力尽量摆脱明代以来王学的影响,致力于保持学术研究的求实精神。

为了宗主郑贾《注疏》,对于郑、贾《注疏》未明之处,李光坡亦强调注意申解之,如《聘礼》篇"上宾之公币、私币皆陈,上介公币陈,他介皆否",郑注:"皆否者,公币、私币皆不陈。此币,使者及介所得於彼国君卿大夫之赠赐也。其或陈或不陈,详尊而略卑也。其陈之,及卿大夫处者待之,如夕币。"贾《疏》于注语"夕币"无解,李光坡乃为之注云:"坡谓《疏》于'卿致馆'云:'有束帛致之',则此'夕币'似指致馆之币。何以名夕也?对下'厥明',知致馆或在夕也。"①解释经文"夕币"命名之由,甚合郑意。又如,《士丧礼》篇李氏自注云:"坡谓'甸人彻鼎巾',注、疏未明。此甸人彻鼎例以大敛奠正同节,则此'甸人彻鼎'为一句,'巾'字属下句读。云'巾待于阼阶下',盖前功布实于箪,至此方取出以待也。"②由于注、疏未明,故李氏从考察同篇礼经礼例入手,主张将"巾"字属下句读,进而训此"巾"为的指执巾者也。

其次,注经方法务求简明扼要,脉络分明,不以考证辩论为长。从治学遵循郑玄简洁明了的学术风格出发,李光坡《仪礼述注》的诠释礼经实践,反对侈口经纬、广张质文的诠释做法,着眼于效仿郑《注》,一切以标举礼经要旨为根本。他在征引郑《注》之时,务求消减其注语枝蔓之辞,或删除郑《注》所载《仪礼》古今异文内容,或删除郑《注》中有关比况性质的内容,或删节郑《注》引以佐证词义训诂的文献材料,并不影响读者对礼经的研读和理解。从这一解经注经理念出发,他又对致力于广征博引的贾《疏》诠释语进行删汰,精择贾《疏》之言,务求简约彰显其释义内容,弥补郑《注》训释之所未及,有助于读者抓住贾《疏》的诠释关键要旨,疏解更为简明而辞达。关于这方面详情,从上面征引郑《注》、贾《疏》体例特点的考察中,可以得到确切印证。即使是在自注的诠释性话语中,李氏的说解仍以简明为要,如《士冠礼》:"母拜受,子拜送。"李氏自注云:"坡谓母拜受,乃受脯而拜,非拜子也。妇人于丈夫皆侠拜,于子亦然,非先拜子也。小戴《昏义》言'见于母,母拜之',恐误矣。"③《四库

---

① 李光坡:《仪礼述注》卷八,《景印文渊阁四库全书》(第 108 册),台湾商务印书馆 1983—1986 年版,第 506 页。

② 李光坡:《仪礼述注》卷十二,《景印文渊阁四库全书》(第 108 册),台湾商务印书馆 1983—1986 年版,第 618 页。

③ 李光坡:《仪礼述注》卷一,《景印文渊阁四库全书》(第 108 册),台湾商务印书馆 1983—1986 年版,第 306 页。

全书总目》以为此条训释"其义最允",并为之佐证说:"盖此拜受,如《大射仪》'主人盥洗象觚,升,酌膳,东北面献于公,公拜受。'乃拜受觚,非公先拜其乡大夫也。又如《特牲馈食礼》'主人洗角,升,酌酳尸,尸拜受。'乃拜受角,非祖考先拜其子孙也。"[1]通过诸篇相近情况的比况,进一步申明了《述注》之义,切合《仪礼》经旨。

李光坡对于郑、贾《注疏》的推崇,特别是对郑玄诠释的推许,在当时学界可谓极其少有,当时光坡同乡好友陈迁鹤(1636—1711)极为赏识李光坡的才学,将他比作东汉经学家郑玄,称他为"康成公"。光坡的这一礼经治学取向,与光坡作为一名古文经学家的学术主张颇有关联。他在《仪礼述注》卷一开篇"仪礼"二字下,援引贾公彦《仪礼疏》"《仪礼》《周礼》同是周公所制,题号不同者,《周礼》取别夏、殷,故言'周';《仪礼》不言'周'者,欲见兼有异代之法,故《士冠》有'醮用酒',《燕礼》云'诸公',《士丧礼》云'商祝'、'夏祝',是兼夏、殷之言,以及孔颖达《礼记疏》"至武帝时,河间献王得古礼五十六篇,献王献之。又《六艺论》云:'后得孔子壁中古文礼,凡五十六篇。'其十七篇与高堂生所传同而字多异,其十七篇外则逸礼是也"之语,并无任何质疑之辞,可见光坡对于二者之说是认同的。另外,关于《仪礼》经文中现存《记》文的撰者问题,贾《疏》说:"凡言'记'者,皆是记经不备,兼记经外远古之言。郑注《燕礼》云:'后世衰微,幽、厉尤甚,礼乐之书,稍稍废弃。'盖自尔之后有记乎?又案《丧服》记子夏为之作传,不应自造,还自解之。《记》当在子夏之前,孔子之时,未知定谁所录。云'冠义'者,记《士冠》中之义者,记时不同,故有二记。此则在子夏前。"李光坡对此颇有异辞,加附注释说:"坡谓《记》中明引孔子曰,则虽未定谁所录,要当是夫子门徒,《疏》在子夏之前,未之考也。"[2]贾《疏》以为《仪礼》经后所录《记》文当出子夏之前,而李氏则主张《记》文应是孔子门徒所记。

再次,李光坡诠释礼经虽宗郑贾《注疏》为主,但并不一味遵从二者之说,而是在继承中又有所修正和发展。那么,这种对礼经诠释的修正和发展又缘于什么呢? 就像郑《注》、贾《疏》背后隐藏的解经方法那样,唯当求礼经文本意义之合,更寻绎理之是非来判断,只有如此方能实现训释的脉络分明,所谓"本述《注疏》,朱子之教也"。如《士昏礼》"若舅姑既没,则妇入三月,乃奠菜",贾《疏》解释说:"若舅存姑殁,妇人无庙可见,或更有继姑,自然如常礼

---

① 永瑢等:《钦定四库全书总目》(整理本)卷二十,《经部》二十,《礼类二》,《仪礼述注》条,中华书局1997年版,第257页。

② 李光坡:《仪礼述注》卷一,《景印文渊阁四库全书》(第108册),台湾商务印书馆1983—1986年版,第312页。

也。"李氏不同意贾《疏》"如常礼"的说法,他提出异议云:"姑殁,虽未得入庙,亦当祀于别寝,岂可全不修见礼? 似宜亦三月如礼见之。"①这一说法虽无明据,然李氏寻绎理之是非来判断其说,亦具一定参考价值。又如,《丧服·记》:"夫之所为兄弟服,妻降一等。"李氏自注云:"坡谓《注》无解,《疏》以为从母,犹非伦。近年万季野据以为嫂叔有服之证,坡意'小功章'夫之姑姊妹夫为期,妻降一等。出嫁,小功,因恩疏略从降,故在室及嫁,小功同。然则兄弟盖指姊妹女兄弟也。季野失检,当再详之。"②光坡不取万斯大之说,亦深有抉择。《仪礼述注》一书有 22 例李氏自注之文,这些按语内容涉及颇广,有对郑《注》、贾《疏》提出质疑商榷者,有纠正《小戴礼记》之说者,有点明经文句读者,有涉及文字校勘者,有解释经文字词意义者,有疏解经文所涉礼制情况者,四库馆臣对此亦多加肯定,以为"凡此之类,颇有可取"③。

复次,《仪礼述注》还广泛征引宋人旧说,体现出李光坡治学既注重汉唐《仪礼》研究的成果,又敢于吸收宋人的合理研究结论,不为汉学、宋学门户之争所拘囿的特点。根据统计,李氏主要引用刘敞、陆佃、陈祥道、杨孚、朱熹、张子(未详具体所指)六家研究成果,其中引刘敞说 2 次,分见于《乡饮酒礼》《少牢馈食礼》篇;引陆佃说只有 2 次,分见于《士昏礼》《聘礼》篇;引陈祥道说仅 1 次,见于《聘礼》篇;引杨孚说 50 次,散布于除《士相见礼》篇之外的诸篇疏解之中;引朱熹说 36 次,散布于《士冠礼》《士昏礼》《士相见礼》《乡饮酒礼》《乡射礼》《燕礼》《聘礼》《丧服》等篇;引张子说亦 1 次,只见于《特牲馈食礼》篇。这种援引宋人之说的做法,其中颇有可采者,如《燕礼》:"洗象觯,升,实之,坐奠于荐南,降,与立于洗南者二人皆再拜稽首送觯,公答再拜。"《仪礼述注》引杨孚之说云:"今按:经云'二大夫媵爵如初',谓如前下大夫二人媵爵时之礼也。然有同亦有异。前二人媵爵,此亦二人媵爵,故序进酌散交于两楹之北,降阼阶下奠觯,卒觯,再拜稽首,执觯待于洗南,是则同前小臣请致者。君命皆致,故序进酌膳奠于荐南,与后者交于东楹之北,降而之阼阶下,再拜稽首,送觯。此则不然,君命长致,故一人待于洗南,惟长一人进酌膳奠于荐南,降而之阼阶下,与二人皆再拜稽首,送觯,无序进交于东楹北之事,此其异也。"④

① 李光坡:《仪礼述注》卷二,《景印文渊阁四库全书》(第 108 册),台湾商务印书馆 1983—1986年版,第 324 页。

② 李光坡:《仪礼述注》卷十一,《景印文渊阁四库全书》(第 108 册),台湾商务印书馆 1983—1986 年版,第 594 页。

③ 永瑢等:《钦定四库全书总目》(整理本)卷二十,《经部》二十,《礼类二》,《仪礼述注》条,中华书局 1997 年版,第 257 页。

④ 李光坡:《仪礼述注》卷六,《景印文渊阁四库全书》(第 108 册),台湾商务印书馆 1983—1986年版,第 414 页。

李氏比较前后二大夫膳爵礼制之异同,便于读者掌握前后礼制的差异,颇可采信。

当然,李光坡引诸家之说亦有值得商榷之例,如《公食大夫礼》:"宰夫右执觯,左执丰,进设于豆东。"注:"食有酒者,优宾也。"《仪礼述注》引杨孚之说曰:"按:上文'饮酒浆饮,俟于东房',《疏》云:'酒浆皆以酳口。'此又云'将以酳口,不用酒。今主人犹设之,所以优宾。'两说抵牾不同。又按:下文'祭饮酒于上豆之间,鱼腊酱湆不祭。'夫鱼腊酱湆不祭,而祭饮酒,则知酒以优宾,但宾不举尔,岂酳口之物哉? 当以优宾之义为正。"①按:《四库全书总目》在论及李光坡《仪礼述注》之失时提及此例,并辩正其误说:"今考贾《疏》前云'酒浆皆以酳口',谓二饮本并设以待宾用也。后《疏》云:'将以酳口,不用酒',谓二饮虽并设,其实宾止用浆耳。前后一义相承,并无抵牾,杨氏殊未解《疏》意。至于郑《注》优宾之义,亦谓宾酳口止用浆,而主人仍特设酒,故曰优宾。下文之祭饮酒,乃宾加敬以报酳礼之优,与他篇献酬之酒祭酒不同。观郑上注,明云饮酒非献酬之酒,则为饭后洁口之物可知。杨氏以设饮酒为优宾,而谓饮酒非以酳口,于郑《注》优宾之义亦为未明。且考《周礼·酒人》曰:'共宾客之礼酒,饮酒而奉之。'注:'礼酒,飨燕之酒。饮酒,食之酒。'贾《疏》:'饮酒食之酒者,《曲礼》曰:酒浆处右。此非献酬之酒,是酳口之酒。'则杨氏谓饮酒非酳口之物,与《酒人》经、《注》皆相矛盾矣。"②《四库全书总目》撰者引证详博,诚为可信,李氏《仪礼述注》引杨氏说,实有失于深考。

需要指出的是,李光坡《仪礼述注》并无多少理论上之建树,亦乏名物制度专精之考证。根据上面的论述,还知其所征引内容亦有失于深考。与后来凌廷堪的《礼经释例》、胡培翚的《仪礼正义》等著作相比,李光坡是编之差距显而易见。尽管如此,该书客观上却为清初学者提供了一个疏解简明、辞达义通、资料完备的《仪礼》读本,"使学者不患于难读,亦足为说《礼》之初津矣",因而该书在整个清代《仪礼》学研究史上,无疑具有一席之地,"遗经勤在抱,万卷读已破;澜翻辨三《礼》,独唱许谁和"③。林存阳先生从李氏当时所处时代的高度,对其给予如是评价:"尤为可贵的是,其注重《注疏》的倾向,亦与清兴而来的学术潮流相合拍;其对道、礼关系的体认,及'缘其文,求其义'思想

---

① 李光坡:《仪礼述注》卷九,《景印文渊阁四库全书》(第 108 册),台湾商务印书馆 1983—1986年版,第 530 页。

② 永瑢等:《钦定四库全书总目》(整理本)卷二十,《经部》二十,《礼类二》,《仪礼述注》条,第257 页。

③ 李光坡:《周礼述注》卷末,清乾隆八年刻本。

的取向,不啻顾炎武礼学思想的倡和者。"①可谓非常精到,诚属笃论。李光坡死后,他的学术思想并非没有传承唱和之人,其从孙李清植著述《仪礼纂录》,即秉承光坡的治学思想,但就其学术影响力而言,却要略逊一筹。

二、方苞与《仪礼析疑》

(一)生平及其治学趣向

方苞(1668—1749),字凤九,一字灵皋,晚年自号望溪,学者多称其望溪先生,江南安庆府桐城县(今安徽桐城)人。父仲舒,寄籍上元,善为诗,苞即为其次子。方苞自幼聪慧,一生笃学修内行,治古文,自为诸生,已有声于时,以文名见重于康熙、雍正、乾隆三朝,成为清代桐城古文派一代宗师。后来受万斯同的影响,遂收敛其才气缀古文之学而求治经学,"一以阐明义理为主,而旁及于人情物态"②。康熙三十八年(1699)举人。四十五年(1706),会试中式,将应殿试,闻母病,归侍。康熙五十年(1711),因戴名世《南山集》案受牵连入狱,五十二年(1713),皆免罪入旗。世宗即位,赦苞及其族人入旗者归原籍。圣祖夙知方苞文学,大学士李光地亦荐方苞,乃召方苞以白衣入值南书房,开始了后半生约三十年的仕宦生涯。不久,改直蒙养斋,编校《御制乐律》《算法诸书》。六十一年(1722),命充武英殿修书总裁。雍正二年(1724),方苞乞归里葬母。三年(1725),还京师,入直如故。居数年,特授左中允。三迁内阁学士。苞以足疾辞,上命专领修书,不必诣内阁治事。寻命教习庶吉士,充《一统志》总裁、《皇清文颖》副总裁。乾隆元年(1736),充《三礼义疏》副总裁。命再值南书房,擢礼部侍郎,仍以足疾辞,上留之,命免随班行走。复命教习庶吉士,坚请解侍郎任,许之,仍以原职衔食俸。乾隆十四年(1749),病逝于故里,时年82岁。

方苞既以古文名世,世人亦皆以古文论方苞。实际上,方苞治学,贯穿经史,其于古文之外,治经深于三《礼》《春秋》,治史深于《史记》。方苞治学,向以"学行继程、朱之后"标榜于世,《清史稿·方苞传》总结其一生的学行,曰:"苞为学宗程、朱,尤究心《春秋》三《礼》,笃于伦纪。既家居,建宗祠,定祭礼,设义田。其为文,自唐宋诸大家上通《太史公书》,务以扶道教、裨风化为任。"③从乾隆五年(1740)告老还乡时起,一直到他辞世的前一个月,费时八年专意于《仪礼》的研究,撰成《仪礼析疑》17卷,分篇设卷。此外,他还撰有《礼记析疑》《丧礼或问》等两部礼学著作传世,撰述于康熙五十年(1711)至康熙

---

① 林存阳:《清初三礼学》,社会科学文献出版社2002年版,第207页。

② 戴名世:《方灵皋稿序》,《戴名世集》卷三,中华书局1986年版,第54页。

③ 赵尔巽:《清史稿》(册34)卷二百九十《列传七十七》,中华书局1977年版,第10272页。

五十二年(1713)的京城刑部狱中。

（二）《仪礼》学认知观

方苞于三《礼》之学深有研究，不轻易苟同他人之说，在相关礼学的基本问题上亦深有探讨，颇为同时代学者所关注。在《仪礼》一书的性质及相关问题的认知上，形成了他自己独到的一些见解，其值得注意的重要观点，约略言之，有如下数端：

其一，在《仪礼》《周礼》与礼之关系问题的认知上，方苞主张："《仪礼》所详，礼之细目也；《周官》所布，礼之大纲也。"①正是从这一立场出发，方苞研治《仪礼》的主要立论依据，就在于讲究其他《礼》经文献材料与《仪礼》本经的互证，特别强调依据《周礼》中的文献材料，对《仪礼》经文的礼制内涵及其义蕴加以发明。

其二，在《仪礼》是否完阙的问题上，方苞认为，今所传习之《仪礼》并非完本，其中包含有部分王莽、刘歆增窜的成分，也有礼文残阙的情况。在方苞看来，目前所习《仪礼》一书，存在着许多与理、义、性、情等相冲突的地方，实为无稽荒谬之言，必非周公手订之内容，实乃王莽、刘歆增窜经文之结果。例如，《丧服》云"大夫为祖父母适孙为士者"，方氏考辨说："祖父母适孙已明著于上经，而复窜此以为尊同不降之证，如其言，则祖父母之为庶人者亦降矣。此与尧及瞽瞍北面而朝舜荒谬略同，而先儒莫辨，盖以《仪礼》早列于学官，疑其为完书，必周公所手订耳，不知莽招群士，记说逸礼于庭中，正为欲增窜无稽之言于既列学官之书，使学者疑为所记述耳。"②《仪礼析疑》卷 11 论《仪礼·丧服》篇文时，时有谓其文句之妄增，乃莽、歆增窜其文以为"尊同而不降"之证，故多着力加以批判。

另外，方苞又以为，《仪礼》经文除有莽、歆妄增的情况外，尚有礼经本身残阙的情况存在。例如，《士丧礼》"主人髻发，袒，众主人免于房"一文，方苞论云："如无主后而小功者，王其丧饭含即大殓亦宜袒以致哀，特礼文残阙无考耳。"③《仪礼析疑》中这一类论说亦颇为常见，不烦赘举。对于礼经残阙的情况，方苞主张"学者宜折中义理而证以群经，不可以旧说自锢也"④，方苞的

---

① 方苞：《仪礼析疑》卷八，《景印文渊阁四库全书》(第 109 册)，台湾商务印书馆 1983—1986 年版，第 122 页。

② 方苞：《仪礼析疑》卷十一，《景印文渊阁四库全书》(第 109 册)，台湾商务印书馆 1983—1986 年版，第 169 页。

③ 方苞：《仪礼析疑》卷十二，《景印文渊阁四库全书》(第 109 册)，台湾商务印书馆 1983—1986 年版，第 193 页。

④ 方苞：《仪礼析疑》卷四，《景印文渊阁四库全书》(第 109 册)，台湾商务印书馆 1983—1986 年版，第 40 页。

这一认知,和当时学界的普遍认识基本上是一致的。

其二,在关于《仪礼》诸篇礼文性质的认知上,有别于《周礼·大宗伯》所谓吉、凶、宾、军、嘉五礼之说。和清初的许多学者一样,方苞亦注重讨论《仪礼》17 篇礼文的性质和各篇礼文的归属。方氏在《仪礼析疑》卷 4 中,对诸篇礼文的性质有明确的界说:"盖《冠》《昏》《士相见》《乡饮酒》《乡射》,乃乡党之通礼,王畿与列国宜通用之。惟《大射》《燕》《聘》《公食大夫》《士丧礼》《祭礼》十篇,经有明文为侯国之礼耳。若《丧服》,则自天子达于庶人皆具焉。《觐礼》,惟王朝有之。"将《仪礼》17 篇分为乡党礼、侯国礼、通礼及王朝礼四大类目,颇有与众人看法不同之处,极为独到。另外,据《与鄂少保论丧服注疏之误书》所及,方氏认为《仪礼》17 篇之外本应还有"邦国礼":"河间献王所得邦国礼,自汉不能用,至唐而亡,孔贾作疏,惟宗郑注,后儒遵守,于丧服之大经,承误而不知其非者,约有数端。"①只是到了唐代,"邦国礼"才消亡不存。

其四,在《丧服传》的礼制认知上,对传统的"尊同而不降"说持反对态度,认为其中存在"害义伤教"之蔽。众所周知,郑玄作《注》、贾公彦作《疏》时,论《丧服》之制颇主张"尊同而不降"之说,对此,方苞颇不以为然,并且提出了批评,如方氏论《丧服》"大夫为祖父母适孙为士者"时,即以为莽、歆是出于维护"尊同而不降"之说而妄增其文。在方苞看来,"汉、唐诸儒治经虽勤,程、朱既作取其不当于理者辨析而更易之,诚惧经之本指以之蔽晦,况害义伤教如此其甚者乎?"②方氏的这一见解虽然值得商榷,不过从中亦可见他的治学并不盲从前任成说。如前文所举方氏论《丧服》"大夫为祖父母适孙为士者",即以为莽、歆是出于维护"尊同而不降"之说而妄增其文。

其五,从《仪礼》所述繁文缛节的可操作性情况出发,方苞主张《仪礼》是先王制礼时"称情立文""缘情制节""依人性作仪"而制定的产物,后人可以从中发见圣人精微之学。这一观点,《仪礼析疑》中曾反复作过此类论述,如该书卷二方氏称云:"必各求其所以然,然后知先王依人性作仪之意。"论亲迎以昏为期时云:"故缘情制节,必近夜为宜。"卷十二方氏云:"先王制礼,称情以立文。"③卷十四又申明道:"先王制礼,皆所以效人情之实而不得不然者也。"④

---

① 方苞:《与鄂少保论丧服注疏之误书》,《方望溪全集》,中国书店 1991 年版,第 76 页。

② 方苞:《仪礼析疑》卷十一,《景印文渊阁四库全书》(第 109 册),台湾商务印书馆 1983—1986 年版,第 176 页。

③ 方苞:《仪礼析疑》卷十二,《景印文渊阁四库全书》(第 109 册),台湾商务印书馆 1983—1986 年版,第 197 页。

④ 方苞:《仪礼析疑》卷十四,《景印文渊阁四库全书》(第 109 册),台湾商务印书馆 1983—1986 年版,第 237 页。

此不逐一枚举。方氏之所以如此不惮烦复地加以说明，与其研治礼经强调以义、以情、以性言礼的需要出发有着密切关联。

（三）诠释《仪礼》的特色

就《仪礼析疑》一书的文献性质而言，当属二次文献，其"大指在举《仪礼》之可疑者而详辨之，其无可疑者并经文不录"①。从著述训诂体例来看，该书属于随文注释体中的考辨体著作，以考辨前人说解《仪礼》失误为要务，唯不载《仪礼》全文，依《仪礼》17 篇顺序逐一条举文句详加辨正论说而已。方氏《析疑》所运用的礼经研治方法，颇有值得探讨的地方，其中既有对前人说解《仪礼》方法的继承之处，亦深具其治学的独到之处。概而言之，方苞研治《仪礼》的诠释特色主要有以下数端：

其一，从治礼治学趣向及视野情况来看，方苞长于以义理说礼，而不专究于礼经名物制度的考辨，所谓"穷经文所以云之意，而以义理折中矣"②。在方苞看来，后人从《仪礼》中可以"见圣人尽精微之学"③，《仪礼》所述之仪节实为"圣人因事制宜以尽精微而各不可易者也"④。如前所云，方苞治学以"学行继程、朱之后"标榜于世，故方氏治《仪礼》，往往将义理的阐发融于相关词句仪节礼制的训解之中，从中探求所谓的先王、圣人制礼"深义"所在。在诠释方式上，常常采用设问或自问自答的话语组织形式，如《士冠礼》："筮于庙门。"《仪礼析疑》卷一："凡朝聘飨食及冠昏之礼，事皆行于庙堂，而筮则于门外，何也？天子则普天之下莫非先王之臣庶也，诸侯则二国之先君固比肩王朝而同方岳者也，士大夫之姻亲朋友亦可以祖宗临之卜筮外神，故用事于庙门之外，以独伸其尊及尝禘郊社尊无二上之义也。"又如，《燕礼》："执爵者受公爵，酌，反奠之。"《仪礼析疑》卷六："此爵公终不举而奠之，何也？奠之而公不举，以示饮有秩节而无醉饱之心也。"⑤凡此之类训语，方氏皆能从大处着眼，深入考察周代当时的历史情势，以义理的剖析来裁断经义，对于礼文中蕴涵的那些隐而不彰的立意与宗旨一一阐明，可谓深得《仪礼》经文之微旨。

方苞之所以如此强调以义理说礼，与其对礼文中"礼时为大"精神的体认

① 永瑢等：《钦定四库全书总目》（整理本）卷二十，《经部·礼类二》，《仪礼析疑》条，中华书局 1997 年版，第 258 页。

② 方苞：《与吕宗华书》，《方望溪全集》，中国书店 1991 年版，第 78—79 页。

③ 方苞：《仪礼析疑》卷八，《景印文渊阁四库全书》（第 109 册），台湾商务印书馆 1983—1986 年版，第 127 页。

④ 方苞：《仪礼析疑》卷十五，《景印文渊阁四库全书》（第 109 册），台湾商务印书馆 1983—1986 年版，第 253 页。

⑤ 方苞：《仪礼析疑》卷六，《景印文渊阁四库全书》（第 109 册），台湾商务印书馆 1983—1986 年版，第 89 页。

有关。方氏多次指出:"圣人制礼,必随世变而后能与民宜。"①又说:"礼穷则变,必有以权制。"②在方苞看来,《仪礼》虽为周公手定,然亦只是周初之仪节而已,"其制惟施于成周为宜;盖自二帝、三王彰道教以明民,凡仁义忠敬之大体,虽氓隶晓然于心,故层累而精其义,密其文,用以磨礲德性而起教于微眇,使之益深于人道焉耳。后世淳浇朴散,纵性情而安恣睢,其于人道之大防,且阴决显溃而不能自禁矣;乃使戈戈于登降进反之仪,服物采色之辨,而相较于微忽之间,不亦末乎? 吾知周公而生,秦、汉以降,其用此必有变通矣"③。出于对这种"礼时为大"精神的体认,方苞《仪礼析疑》不满足于对《仪礼》仪节的静态分析,而主张要深入探讨周公治礼的深意及其义理之所在,这不能不说是一种观念的进步。

其二,从礼制发覆视角情况来看,方苞在注重《仪礼》经文微旨说解的同时,更强调运用"比类推说"之法推阐礼文中的隐微仪制。历代学者对于《仪礼》经文的诠释,往往很大篇幅着眼于礼经中蕴涵的隐性仪制内容的发微和共性凡例的揭示,方苞《仪礼析疑》一书亦是如此。方苞对《仪礼》仪文典制的探讨,主要是通过"比类推说"法进行说解,因为在方氏看来,礼经本身的仪节存在一定的规律,后人说解礼制于未详之处,可以进行类比推理而得知其详。例如,《乡饮酒礼·记》:"主人、介,凡升席自北方,降自南方。"《仪礼析疑》卷四:"主人及介升席自北方,经有明文,而《记》复举此,何也? 主人之降席无文,介之降席虽见于受献而将彻俎,而宾降席之方亦可于升席自西方,比类而得之矣。"又如《大射仪》:"射人戒诸公卿大夫射,司士戒士射,与赞者。"《仪礼析疑》卷七:"曰戒士射,则知赞者不射矣。观此,则士旅食,乃升于司马掌于司士,而未受职者作之以赞射事明矣。用之推之,《乡射》赞者有司之类,射皆不与。"④由此二例可见,方氏所云"比类推说"之法,主要秉承《仪礼》经文之叙述体例、行文规律加以推演,这是对自郑玄注礼以来礼经研究传统的继承和弘扬。

其三,从礼经行文规律出发,方苞训解《仪礼》,注意有关经文义例的揭示。例如,《仪礼析疑》卷十五中说:"礼同则互备,《少牢》《特牲》是也;相类

① 方苞:《仪礼析疑》卷十二,《景印文渊阁四库全书》(第 109 册),台湾商务印书馆 1983—1986 年版,第 198 页。
② 方苞:《仪礼析疑》卷十四,《景印文渊阁四库全书》(第 109 册),台湾商务印书馆 1983—1986 年版,第 240 页。
③ 方苞:《读仪礼》,《方苞集》卷一,上海古籍出版社 1983 年版,第 23—24 页。
④ 方苞:《仪礼析疑》卷七,《景印文渊阁四库全书》(第 109 册),台湾商务印书馆 1983—1986 年版,第 93 页。

则参见,《乡饮》与《乡射》《燕》与《大射》是也;已前见则后不覆见,《觐礼》未及郊,以前已见于朝宗,则阙是也。"①又:"礼有经而等者,器位仪法尊卑略同,则彼此互见,《特牲》《少牢》或详或缺是也。礼有推而进者,则于士礼道其常,大夫之礼详其变。士献长宾长兄弟之礼与众宾众兄弟异,而大夫则同,或以示少不得并于长礼之经也,或以示贵尤当下于贱,义之权也。"②又:"凡仪物宜具而经无其文者,皆以别见而略也。"③方氏之所以强调义例的阐发,是因为"圣贤之文简而有法","圣人之经辞简而事不遗,义愈著"④。因此,方氏特别注意运用义例进行礼制的串讲分析,如方氏《仪礼析疑》卷十五举例云:"祭前一日设器、陈牲、省牲、视濯之仪,主人、兄弟、宾长、众宾之位,具详于《特牲》,而《少牢》则阙焉;牲体之数,实鼎升俎之人,陈俎、执匕、割制、升载之法,具详于《少牢》,而《特牲》则阙焉。"⑤这一类礼制串讲,深具提纲挈领之功效,颇有助于学人细致研读经文。

另外,《仪礼析疑》与郑《注》、贾《疏》之类的《礼》学文献一样,特别注重有关礼制凡例的揭示,如卷六云"凡燕外臣与本国之臣,皆不以卿为宾者",卷七云"合《燕》与《大射》观之,凡曰酬者,公先自饮也;曰赐者,即以其爵赐也",卷十二云"凡执事而不以名见者,皆主人之隶子弟也",卷十四云"凡丧奠,皆醴、酒并设",卷十五云"凡宾主相见之礼,摈者传言而后主人出"⑥,等等。凡此一类礼制凡例的发覆,方氏皆建立在《仪礼》经文的考索基础上,有时也兼及其他二《礼》材料。这些礼制凡例的揭示,诚为有功于其后礼学的深入研究与探讨,亦有益于礼学的传习。

其四,从礼经诠释方法论角度来说,方苞说解礼制,具有一系列独特的角度、方法和原则。方苞基于自身于《仪礼》性质的认知,以为《仪礼》乃周公"缘情制节""体性作仪"的产物,因此其说解礼制与义理时,颇喜以义言礼,以情言礼,以性言礼。例如,《特牲馈食礼》:"宾三献如初。"方苞议云:"主人主妇

① 方苞:《仪礼析疑》卷十五,《景印文渊阁四库全书》(第109册),台湾商务印书馆1983—1986年版,第245页。

② 方苞:《仪礼析疑》卷十五,《景印文渊阁四库全书》(第109册),台湾商务印书馆1983—1986年版,第256页。

③ 方苞:《仪礼析疑》卷十五,《景印文渊阁四库全书》(第109册),台湾商务印书馆1983—1986年版,第252页。

④ 方苞:《仪礼析疑》卷十二,《景印文渊阁四库全书》(第109册),台湾商务印书馆1983—1986年版,第203、198页。

⑤ 方苞:《仪礼析疑》卷十五,《景印文渊阁四库全书》(第109册),台湾商务印书馆1983—1986年版,第249页。

⑥ 方苞:《仪礼析疑》卷六、七、十二、十四、十五,《景印文渊阁四库全书》(第109册),台湾商务印书馆1983—1986年版,第91、110、190、226、246页。

之后不继以长兄弟,而以三献属宾,何也? 盖以义言之,祭得嘉宾乃可以为亲荣,兄弟之长者未必其皆贤也。即以情言之,其为执友则厉学辅仁,吾亲德谊所赖以成也;其为僚友则当官共事,吾亲职业所资以尽也。"①该例诠释中,方苞从义、情两个方面深入探讨"三献属宾"之理的合理性与否。又如,《特牲馈食礼》:"主人洗角,升,酌,酳尸,尸拜受。"《仪礼析疑》卷十五:"每三饭,主人拜,尸皆不答,至始拜受酒,以行气举爵而拜兴可也。方食而数拜兴,易至哽噎,故《公食大夫礼》宾再三饭,皆饭毕而后降拜。圣人体性作仪,或涵兹义。"②方苞又从"体性作仪"的角度加以阐释。

方苞诸般治《礼》方法的运用,与其研治三《礼》的指导思想有关。早在乾隆初年开三礼馆时,方苞便草拟《拟定纂修三礼条例札子》,并成为此后纂修三《礼》的重要原则,他认为纂修三《礼》应包括六个类目的内容,即一曰正义,二曰辨正,三曰通论,四曰余论,五曰存疑,六曰存异③。其中所谓"余论",就强调依附经义,于事物之理有所发明;而所谓"通论",或以本节本句参证他篇,比类以测义,或引他经与此经互相发明,总之意在使学者不迷于前人说解的是是非非。由于方苞精通三《礼》,于礼颇有考究,且其学宗程朱义理之学,又欲在治礼学上有所发明创新,必然促使他在治学观念、治学方法方面推求创新,因而当时参与三《礼》纂修之事的朱轼、李绂等人,对方苞治学之道的推崇是不无道理的。

其五,从处置各家分歧说解的治学态度来看,方苞主张在前贤众多成说分歧的情况下,加以公平的裁断。历代《仪礼》经解浩如烟海,且各家意见纷纭,故治礼者在此基础上必须有所宗旨。方苞认为,《仪礼》一书乃先王缘人情而制礼的产物,面对各种不同诠释见解,"心所不安,不可以前儒既有是说,而溺于所闻也,不可以经传本无是文,而遂谓古无是礼也"④,而应该持一种"一以事理之实求之"⑤的审慎态度。特别需要指出的是,方苞在《仪礼析疑》一书中,其所作为标靶的对象主要有三,即郑玄《注》、贾公彦《疏》以及元代敖继公的《仪礼集说》。根据著者对《仪礼析疑》一书前四卷的统计,方氏批驳郑《注》"非是""未安"之类的例子有 26 处,批驳贾《疏》的例子有 22 处,批驳敖氏《仪礼集说》的例子也有 22 处,尽管没有对《仪礼析疑》全书作周遍的统计,

---

① 方苞:《仪礼析疑》卷十五,《景印文渊阁四库全书》(第 109 册),台湾商务印书馆 1983—1986 年版,第 253 页。

② 方苞:《仪礼析疑》卷十五,《景印文渊阁四库全书》(第 109 册),台湾商务印书馆 1983—1986 年版,第 253 页。

③ 参见方苞:《拟定纂修三礼条例札子》,《方苞集·集外文》卷二,《方苞集》,上海古籍出版社 1983 年版,第 565 页。

④ 方苞:《答礼馆纂修书》,《方望溪全集》,中国书店 1991 年版,第 89 页。

⑤ 方苞:《答礼馆诸君子书》,《方望溪全集》,中国书店 1991 年版,第 87 页。

但从其前四卷的情况可以看出,方苞的《仪礼》治学趣向并不在于将郑《注》、贾《疏》或者敖氏《仪礼集说》作为著书立说攻击的对象,而是尽可能力求细咏经义,杂糅众家论说之所长,通过辩驳其中某一家说解礼制中存在的错误说解,实现礼经的合理化诠释。例如,《乡射礼》:"降自西阶,阼阶下之东南,堂前三笴,西面北上坐。"《仪礼析疑》卷十五:"《乡饮酒》著工之降而不见所坐之地,故互见于此。彼《注》云'降立于西方',误。"方氏正是通过揭示《仪礼》义例中的"互见"条例,论证说明郑玄《注》训释之误及其误训之所由。

其六,从文献考索出发,方苞在诠释礼经过程中,重视对《仪礼》经文文字的讹误情况加以校勘。无论是从发掘经文义理内涵的考虑,还是从发覆礼经仪制的需要,都有校勘《仪礼》文本的必要。方苞深悉此中的必要性,故《仪礼析疑》中颇多文字校勘的篇幅,几乎每一卷都有大量经文校勘的条文,有时也涉及对郑《注》、贾《疏》的校勘。从校勘方法看,基本上采用理校法,且大都不交代校勘理据。如《士相见礼》"非以君命使,则不称寡大夫;士,则曰寡君之老",《仪礼析疑》卷三校云:"'士'当作'使',以音同而误也。"方氏此说颇有可取之处,从音理角度看,士古与"吏""使"相通,士、吏、使等字古音同在之部,声亦为从(士)、心(吏、使)二组,同属齿头音,而且吏、使在甲骨文、金文系统里同为一字,因此,谓"士"作"使"解作出使之义,诚为可信。

(四)《仪礼》诠释之偏失

综上言之,方苞研读《仪礼》方面,用功既深,从辨明经文义理,到经文凡例及仪制考据,再到经文文本校勘,可谓皆有洞见。然而,方氏研治礼经长于义理,疏于文献考据和名物训诂,其所据以考索礼经仪制的依据,大都仅局限于三《礼》材料的参互印证,很少博引其他书证材料。因而,于《仪礼》经文的仪制揭覆与文字校勘方面,往往存在一些偏失之处:

于仪制考据方面,方苞有思虑不周而致误者。例如,《士昏礼》:"赞醴妇。"郑注:"'醴'当为'礼'。赞礼妇者,以其妇道新成,亲厚之。"《仪礼析疑》卷二:"舅姑不自醴妇,而使赞代,《注》以为亲厚之,敖氏以为示尊卑之礼,皆非也。妇未盥馈而舅姑先醴焉,非理也,故使赞代之。且女之父母急望其当于舅姑,俟妇既盥馈,舅姑飨之,而后以受礼归报,非情也。赞代醴,使妇先取脯以授送嫁者,然后情安而理得。"在这段话里,方氏从情、理两方面反证郑《注》、敖继公《集说》说解之误,看似有情有理,实于礼例未通,当从郑说为是。考《周礼·司仪》职"及礼,私面,私献,皆再拜稽首,君答拜",郑注:"礼,以醴礼客。"是郑康成所以改"醴"为"礼"者,当据正礼仪节完毕之后更有主人"礼宾"仪节,乃作此训诂校勘也,非谓"醴"字是"礼"的讹文。推衍此礼,可知《士昏礼》昏礼之次日妇见舅姑节,正礼完毕之后,"赞醴妇"节,郑康成又云

"醴当为礼",其原因殆正同此例。所以如此者,以下"妇馈舅姑"节郑注"馈者,妇道既成,成以孝养",推知此节妇道尚未成,犹有宾主之义,故有类似礼宾之仪,是以赞礼妇,犹代主人(舅姑)礼宾(妇)之义,故郑注云:"赞礼妇者,以其妇道新成,亲厚之。"后来凌廷堪在他的《礼经释例·宾客之例》中,特意设立"凡宾、主人行礼毕,主人待宾用醴则谓之礼,不用醴则谓之傧"之例,专门解释此所谓正礼仪节完毕后礼宾之仪。方氏乃自呈臆说,不通古人之礼而妄拟古人之心,不得为据。

　　于经文校勘方面,方苞有妄改经文文字而不可取者。例如,《士相见礼》"宅者,在邦,则曰市井之臣",《仪礼析疑》卷三校云:"'者',疑'若'字之讹。"这里的"者"字本为代词,所谓"宅者",指的是告老在家或未仕之士,方氏改为"若",殊无理据。又如,《燕礼·记》:"宾为苟敬,席于阼阶之西,北面。"《析疑》卷六校云:"'苟'当作'考',简编剥蚀,或传写讹也。"①经文中"苟敬"之义,人各为说,然有清一代学者皆不从方氏说,考张尔岐《仪礼郑注句读》卷六:"苟敬者,坐近君侧,而简于礼仪,疑于苟矣,实则敬之,故立以为名。"②张尔岐说极其简明,诚为可取,方氏说则颇为穿凿,且于文无据。此二例者,方苞盖以为属于形近而讹之例。此外,方氏亦有昧于前贤训诂之文而妄改经文文字的情况,例如,《乡射礼》"众宾未拾取矢",《仪礼析疑》卷五校云:"'未','不'字之讹。"按:考此段经文之下郑《注》云:"未,犹不也。"疑此即方氏据以为之校勘的证据。关于郑《注》所云"未,犹不也"之意,《仪礼正义》曾援引敖继公、胡肇昕等人说力辨"未""不"之别,特别是胡肇昕的诠释更能推阐其中深意:"经言'众宾未拾取矢'者,以上言三耦拾取矢,此继言众宾受弓矢事,嫌与三耦同伦,以众宾亦拾取矢也。故经特著之曰'众宾未拾取矢'。拾取矢之礼,必初时有射者,后乃有此礼。故上有三耦射后,乃有三耦拾取矢之礼。此时众宾未射,故不拾取矢。至第三番众宾射,乃亦有拾取矢之礼也。经文'众宾未拾取矢',对上'三耦拾取矢'为言,至三射众宾亦拾取矢,是不以其全不拾取矢,故不曰'不'而曰'未',《注》就本节言之,故转'未'为'不',而下又推言之以尽其义也。"③由此可见,"未""不"二字虽然皆为否定之辞,但在《乡射礼》一文中却有其深意存焉,关系经文大义而不可轻易替换,方氏所谓"'未','不'字之讹"的校勘结论实在难以成立。

---

　　①　方苞:《仪礼析疑》卷六,《景印文渊阁四库全书》(第109册),台湾商务印书馆1983—1986年版,第91页。
　　②　张尔岐:《仪礼郑注句读》卷六,刘晓东、杜泽逊主编《清经解三编》(第7册),齐鲁书社2011年版,第800页。
　　③　胡培翚:《仪礼正义》卷九,《续修四库全书》(第92册),上海古籍出版社2002年版,第104页。

　　对于方苞《仪礼析疑》治经的得与失,乾隆年间以纪昀为代表的四库馆臣深有发覆。四库馆臣曾从两个方面加以评价:一方面指出其"颇勇于自信",因为自信,故其辨正时常出现失误失察的情况,如《士昏礼》:"纳徵,玄纁束帛,俪皮,如纳吉礼。"方氏《仪礼析疑》卷二云:"致币之仪不具,何也? 士庶人所通行,人皆知之。又使者执一两以致辞,其余从者执之俪皮陈于庭中不言可知,与《冠礼》不言设屦与著之同也。"经文既云"如纳吉礼",则非因"人所通行""人皆知之"而省略其文。另外,纳徵之束帛凡五两(即十端),每端二丈,《礼记·杂记》郑注详记之,方苞云"使者执一两以致辞",实于古礼制不合,因此方氏此段论述是不可取的。另一方面,四库馆臣又指出《仪礼析疑》"用力既深,发明处亦复不少"。如《士相见礼》篇,方氏"辨《注》谓宾反见即有《燕礼》之非;辨张侯下纲之文所以见于《乡射》,而不载于《大射仪》之故",皆由《周礼》以通经义。似此之类礼制发明合乎经义者,每一卷里都能找到相应的例证。因此,四库馆臣在检讨全书的得失后评价说:"检其全书,要为瑜多于瑕也。"①应该说这是一个非常客观中肯的评价。

　　综上所述,方苞于《仪礼》的研究颇多究心,特别是其对于《仪礼》中的义理因素的张扬,深受后代学者重视,嘉、道间学者胡培翚著《仪礼正义》时,便屡引方苞《仪礼析疑》中的辨正考析文字以作佐证。关于《仪礼析疑》的总体成就,事实上,在清初儒臣的《仪礼》学研究中,方苞的《仪礼析疑》占据着非常重要的一席之地;方氏订立的《纂修条例》,甚至主导并影响了《三礼义疏》的编纂,贡献不小,因而颇受有清一代礼学研究者关注。今天考察方苞的《仪礼》研究状况,不能因为方氏《仪礼析疑》疏于名物训诂,便忽略该书在清初乃至整个有清一代所占据的学术地位和学术影响,而应清晰地看到方氏在礼学研究中张扬程朱义理之学独特的时代意义,看到方氏解释《仪礼》方式方法的独特贡献与价值,以及这些方式方法在今天《仪礼》学研究中的地位与影响。通过诠释和梳理方苞之《仪礼》学研究,不仅有助于清初礼学史的解读,亦可以帮助今人拓展当代礼学研究的视野与空间。

三、蔡德晋与《礼经本义》

(一)生平及著述概况

　　蔡德晋,生卒年不详,字仁锡(一作宸锡),号敬斋,江苏无锡人。雍正四年(1726)举人。蔡德晋于三《礼》之学颇为精通,"年十五即覃精三《礼》,至

---

① 　永瑢等:《钦定四库全书总目》(整理本)卷二十,《经部·礼类二》,《仪礼析疑》条,中华书局1997年版,第258页。

忘寝食"①。雍正二年甲辰(1724),蔡氏与同邑友人秦蕙田、吴鼐(字大年)、吴鼎(字尊彝)等人相约读经,期月二会,他们之间参错礼书,往复问难,彼此均受益匪浅。《五礼通考》卷端秦氏《自序》记载此事云:"甲辰,年甫逾冠,偕同邑蔡学正宸锡、吴主事大年、学士尊彝兄弟为读经之会","相与谓三《礼》自秦汉诸儒抱残守阙,注疏杂入谶纬,輗輵纷纭。……乃於礼经之文,如郊祀、明堂、宗庙、禘尝、飨宴、朝会、冠昏、宾祭、宫室、衣服、器用等,先之以经文之互见、错出足相印证者,继之以注疏、诸儒之牴牾訾议者,又益以唐宋以来专门名家之考论发明者。每一事一义,辄集百氏之说而谛审之,审之久思之深,往往如入山得迳,榛芜豁然;又如掘井逢源,溢然自出。然犹未敢自信也。半月一会,问者、难者、辨者、答者回旋反覆,务期惬诸已、信诸人而后乃笔之笺释,存之考辨"②。王昶《蒲褐山房诗话》"蔡德晋"条也记载说:"宸锡先生精通三《礼》,尝分门别类,以次相从,采掇钩贯,凡五十余册,功未竟而殁。秦文恭公少与同学,得其本而增修之,证以历朝史事,补以宋、元诸儒之说。今所传《五礼通考》,虽续健庵尚书《读礼通考》之遗,实则据先生书为蓝本。今其书割裂之余,无有存者。"为人极为严谨有律,"德晋既以礼经名世,谓横渠以礼教人,最得孔门博约之旨,故其律身甚严,燕居能自检摄,饮酒至醉不乱"③。

乾隆元年(1736)三月,三礼馆副总裁、礼部尚书杨名时以"留心经学,可备录用"④之由,荐举蔡德晋、官献瑶等7人,至十一月十一日引见,蔡德晋奉旨"交国子监以助教等缺题补"⑤,得授国子监学正,后终迁工部司务。自此,蔡氏得以入三礼馆担任《三礼义疏》纂修官。在馆期间,"其论三《礼》,多发前人所未发,与方侍郎苞、李学士绂侃侃辨论,悉有据依"⑥。钱林提及此事时,亦称云:"与侍郎方苞、李绂论三《礼》,苞、绂皆善之。"⑦在礼学研究方面,留下了《礼经本义》17卷、《礼传本义》20卷、《敬斋礼说》《通礼》50卷等传世之作。另外,秦蕙田《五礼通考》内录蔡氏礼经研究之说甚夥,如雍正三年

①　李桓:《国朝耆献类征初编》卷一百四十四,《清代传记丛刊》(第151册),明文书局1985年版,第547页。

②　秦蕙田:《五礼通考自序》,《五礼通考》卷首,《景印文渊阁四库全书》(第135册),台湾商务印书馆1983—1986年版,第60页。

③　李桓:《国朝耆献类征初编》卷一百四十四,《清代传记丛刊》(第151册),明文书局1985年版,第547—548页。

④　《清实录》(第9册)卷十四,"乾隆元年丙辰三月癸卯"条,中华书局1985年版,第400页。

⑤　《清实录》(第9册)卷三十,"乾隆元年丙辰十一月庚子"条,中华书局1985年版,第619页。

⑥　李桓:《国朝耆献类征初编》卷一百四十四,《清代传记丛刊》(第151册),明文书局1985年版,第547页。

⑦　钱林:《文献征存录》卷四,《清代传记丛刊》(第10册),明文书局1985年版,第680页。

(1725)蔡德晋撰成的《袒裼袭记》与《袒裼袭解辨》二文,为秦氏《五礼通考》卷220宾礼"天子诸侯朝"门予以采录。

关于《礼经本义》的著述时间,现行传世文献并无确切记载。考蔡德晋与秦蕙田(1702—1764)是同一时期学者,而且又是同乡,曾在雍正年间与吴鼎、吴鼎、龚绳中(龚灿)等人一起为讲经之会,一起共同讨论包括礼经研究在内的相关经学问题,两人有志于礼学著述时间可能几乎是同时的。乾隆初年,蔡德晋入三礼馆任纂修官编修《三礼义疏》,而秦蕙田则于乾隆元年(1736)一甲三名进士及第,授编修,南书房行走。《三礼义疏》纂修完成后,蔡德晋可能即返乡从事《礼经本义》的著述,并且正是缘于任纂修官期间,得以耳闻目睹清初周章成、徐乾学、高紫超、任启运等人的礼学见解,并且将其引入《礼经本义》之中。而乾隆十七年壬申(1752),秦蕙田《五礼通考》初稿垂成,恰值顾栋高入京师,为之作《序》说:"少宗伯秦公味经辑《五礼通考》一书,凡若干卷,书垂成,而余入京师,属为之叙。"①今人张涛《述〈五礼通考〉之成书》中说:"内中蔡德晋氏,贡献尤多,惜乎大著未就,先行下世。"②未详何据,但蔡氏卒年早于秦蕙田确系事实。笔者推测,相较于皇皇巨著的《五礼通考》,蔡德晋的《礼经本义》有可能此时也已基本完稿,但至迟不会晚于乾隆二十年(1755),书中并未见及援引之后学者诠释之说。

(二)蔡德晋之《仪礼》认知观

在《四库全书》本《礼经本义》卷一之首"五礼之仪"下,蔡德晋有这样一番话语:"此书亦周公所作,载行礼仪文节次之详,乃礼之条目也。汉高堂生所传,凡十七篇;后于孔壁中得《礼古经》五十六篇,于十七篇外,增多三十九篇,盖孔子所定礼之全经也。河间献王得而上之,以未列学宫,至唐亡失。而十七篇则后仓、大小戴、庆普递相传习,列于学宫,至郑康成为之注,名曰《仪礼》,然十七篇中,《既夕》即《士丧》下篇,《有司彻》即《少牢》下篇,实十五篇耳。其篇次,大小戴及刘向《别录》各不同,今以嘉、宾、军、凶、吉为序,而缺军礼,定为礼之下经云。"此文后又相继引书朱熹《仪礼经传通解》、杨复《仪礼图》各自有关《仪礼》认知观的内容行文。从这些话语中,大致可以抽绎出蔡德晋的《仪礼》认知观情况:

其一,立足古文经学家的立场认知《仪礼》经、《记》的作者及其性质。"此

---

① 顾栋高:《五礼通考原序》,秦蕙田《五礼通考》卷首,《景印文渊阁四库全书》(第135册),台湾商务印书馆1983—1986年版,第59页。

② 张涛:《述〈五礼通考〉之成书》,见 http://book.douban.com/subject/4905894/discussion/25786822/。

书亦周公所作,载行礼仪文节次之详,乃礼之条目也。"①蔡德晋以为,《仪礼》系周公所作,春秋时孔子有所增订。可见,蔡氏基本上是站在古文经学家的立场上看待这一问题的。至于经中出现的《记》文,蔡氏仍然认为是孔子 70 子之徒所作的,用以补《仪礼》经文之不足的,这从蔡德晋《礼经本义》将《记》文根据内容加以割裂,依附于《仪礼》各篇所分节次的概述之下的做法,可以得到印证。在《仪礼》与其他二礼的关系上,蔡氏大体延继了朱熹的看法,他径直转述朱氏的话说:"《周官》,周礼之纲领。至于仪法度数,《仪礼》乃其本经,而《礼记·郊特牲》《冠义》等篇,特其义疏耳。故《仪礼》,经也;《礼记》,传也。"并未置一词予以否定。

其二,《仪礼》17 篇应以嘉、宾、军、凶、吉五礼之次为序。蔡德晋并没有像吴廷华那样直接指斥郑、贾《注疏》序次之失,但是从该书对《仪礼》17 篇的次第安排情况,可以发见蔡德晋的主张。《礼经本义》以嘉、宾、军、凶、吉五礼之次为序,嘉礼下所载礼书篇目次第为《士冠礼》《士昏礼》《乡饮酒礼》《乡射礼》《燕礼》《大射仪》《公食大夫礼》;宾礼下所载篇目次第为《士相见礼》《聘礼》《觐礼》;军礼则仍缺而未补,凶礼下所载篇目次第为《丧服》《士丧礼》《士虞礼》(其中《士丧礼》分上下篇,依郑玄《注》之见将《既夕礼》并入《士丧礼》是为下篇);吉礼下所载篇次为《特牲馈食礼》《少牢馈食礼》(《有司彻》统此篇内);以上所论凡十六篇,每篇一卷。其篇次既与旧本不合,盖从朱子《仪礼经传通解》本,而间有增损。

其三,《礼古经》56 篇是孔子所定《仪礼》之全经,郑玄所注《仪礼》17 篇并未完书,有阙逸。"汉高堂生所传凡十七篇,后于孔壁中得《礼古经》五十六篇,与十七篇外增多三十九篇,盖孔子所定礼之全经也。"②

(三)编著体例

在蔡德晋众多礼学著作中,与《仪礼》研究最为密切者系《礼经本义》一书。现存《四库全书》本《礼经本义》只有 17 卷,但据清人周中孚《郑堂读书记》,这 17 卷仅仅只是"其所定礼之下经"③,而该书上经"专取《周礼》五官之文而诠释之",亦与今所流传之《四库全书》本内容只有《仪礼》部分有别。另据《国朝耆献类征初编》记载:"合《仪礼》《周礼》为《礼经》。《周礼》以'六

---

① 蔡德晋:《礼经本义》卷一,《景印文渊阁四库全书》(第 135 册),台湾商务印书馆 1983—1986 年版,第 59 页。

② 蔡德晋:《礼经本义》卷一,《景印文渊阁四库全书》(第 135 册),台湾商务印书馆 1983—1986 年版,第 59 页。

③ 周中孚:《郑堂读书记》卷三,《续修四库全书》(第 109 册),上海古籍出版社 2002 年版,第 500 页。

官’为序，而《考工记》不冠以《冬官》；《仪礼》以‘五礼’为序，而阙军礼；又补《逸礼》八篇，为《本义》三十九卷。”①由此看来，蔡德晋著述《礼经》本义一书，乃以《周礼》为礼之纲领，《仪礼》为礼之条目，而分上下经，可惜上经清人编纂《四库全书》时便未能目见之，未详其具体著述状貌。

具体就《四库全书》本《礼经本义》一书著述体例而言，除上述所及据嘉、宾、军、凶、吉五礼之次为序编排全书结构，割裂《记》文依附相应章段之下等以外，主要还有如下几方面特点：

其一，按照章句体的训诂体式组织全书体例。《礼经本义》在明确句读、分析解说全文的基础上，还依照《仪礼》经文的仪节顺序，划分章段，逐一概括大意，阐述思想内容。但是在明晰礼经句读方面，《礼经本义》并未像吴廷华那样着力，对于容易引起句读分歧的地方，仍然需要读者根据注释语来加以判断。

其二，除割裂《记》文变更位次外，蔡德晋有时也将《仪礼》的某些经文辞句进行位次调整，如《士冠礼》篇，经文末原载有“戒宾”（及其“宾对”）、“宿宾”（及其“宾对”）、“始加”“再加”“三加”“醴辞”“醮辞”“再醮”“三醮”“字辞”等仪节的话语内容部分，蔡德晋亦从理解经义的需要出发，与《记》文一起附载于各仪节总结性文字之下。

其三，著述引书情况。《礼经本义》中的文献引证情况，可以从两方面考察：一是引用前人成果涉及面较广，和当时大多数学者一样，主要涉及郑玄、贾公彦、陆佃、朱熹、杨复、敖继公、郝敬、徐师曾、徐贯（原一）等明季以前学者的诠释成说上，但蔡氏也注意吸纳万斯大、万斯同、周章成（1636—?）、徐乾学（1631—1694）、高紫超（1679—1759）、任启运（1670—1744）、华学泉等清初部分学者的诠释见解，这充分说明蔡德晋的治学涉猎颇广。二是蔡氏引用前贤时哲之说往往不加以任何评述，主要立足于正面型引用，重在采用引文的说解，并不是证明己说或辨正其说，凡著者不同意之诠释见解一般不予引述，只有按语部分较为例外。因为在蔡德晋的案语里，既有关于《仪礼》经文的补充阐述（相对于其自身的“注”文而言），也有对于前人错误说解的辨正，但这一部分内容只占全书的极少部分。

（四）礼经诠释特色

和吴廷华《仪礼章句》的礼经诠释相对比，蔡德晋《礼经本义》的诠释风格与之大体一致，如都强调运用分章段概括章旨的诠释方法，但蔡氏并不重视明句读的解经方式；都重视以吸纳郑《注》的诠释为主体，以推陈出新为要务，但

---

① 李桓：《国朝耆献类征初编》卷一百四十四，《清代传记丛刊》（151 册），明文书局 1985 年版，第 547 页。

蔡氏在校勘上着力极少;等等。客观而言,蔡德晋的《仪礼》诠释工作确有一定特色,有些创见颇有可取之处,胡培翚《仪礼正义》就多称引其说,在清代前期《仪礼》学史上拥有一席之地。其中值得关注者有如下数端:

首先,从承继郑《注》的诠释视角来看,蔡德晋的《注》文基本上是参考郑玄《注》语,并吸收历代学者研究成果杂糅而成的新产物。如《士冠礼》:"玄端,玄裳;黄裳、杂裳,可也;缁带;爵韠。"蔡德晋《注》云:"(1)玄端,即朝服;不以玄冠名服者,为缁布冠陈之也。玄端之服,其裳以玄为正,若无玄裳,即用黄裳或杂色之裳亦可也。(2)旧说以杂裳为前玄后黄,《易》曰:'夫玄黄者,天地之杂也。'亦通。(3)此始加之服,士之正服也。"①将这段《注》文与同篇郑《注》比较后发现,内容(1)为郑《注》所有,蔡德晋只是沿袭其说而已,内容(2)中的"旧说"亦采自郑《注》,蔡氏以为可通,内容(3)系蔡氏根据文意所加。在援引郑氏注语方面,蔡氏有时也直接说"郑康成曰"之类,从正面援引表明对郑氏诠释话语的肯定。

其次,从折中众说的诠释情况来看,蔡德晋对于诸家异同是非之抉择,大都不轻易苟同其中一家之说,注意将其与郑、贾《注疏》相互参证,从礼经上下文寻找理据,而对于其所不予认同的说法,一般不予直接引用,较少出现长篇大论式的考辨,体现出与朱熹《仪礼经传通解》《仪礼义疏》等不同的诠释风格。即使在蔡氏案语的是非考辨中,其对前贤注释的抉择亦多从礼经上下文出发,作出较为合适的取舍。例如,《士昏礼》:"下达。纳采用雁",蔡氏考辨说:"按:先儒论用雁之义有四:一取其随阳往来,象妇人从夫之义;一取其摄盛,盖士贽本用雉而大夫用雁,今士昏用雁摄行,盛礼也;一则昏贽不用死,故不得不越雉而用雁;一则雁不再耦,取其从一以终也。然以'下达'之文求之,则惟随阳及不再耦之义通乎上下,而不再耦之义尤为大矣。"②所以,《四库全书总目》撰者谓其"引宋、元、明诸家之说,与《注疏》相至参证,大旨不戾于左。于各物制度,考辨尤为详悉"③。清人周中孚也称许蔡氏这一折中众家旧注的特点说:"其所辑注义,亦与朱子各异,皆援引旧注,与郑《注》、贾《疏》参证;其考辨名物,颇为明晰。"④周氏甚至还将蔡氏之诠释情况和姜兆锡《仪礼经传内

---

① 蔡德晋:《礼经本义》卷一,《景印文渊阁四库全书》(第109册),台湾商务印书馆1983—1986年版,第504页。

② 蔡德晋:《礼经本义》卷二,《景印文渊阁四库全书》(第109册),台湾商务印书馆1983—1986年版,第513页。

③ 永瑢等:《钦定四库全书总目》(整理本)卷二十,《经部·礼类二》,《礼经本义》条,中华书局1997年版,第259页。

④ 周中孚:《郑堂读书记》卷三,《续修四库全书》(第924册),上海古籍出版社2002年版,第43页。

编》相比,认为蔡氏的总体诠释质量要高得多,而姜氏的诠释编纂则显得较为混乱:"以视姜上均《仪礼经传内编》,真所谓以政则鲁卫,以风则曹桧矣。"

再次,从《仪礼》17 篇适用范围的诠释角度来看,蔡德晋较少独出新见,更多是在旧解基础上加以补充论说。例如,《乡饮酒礼》,孔颖达疏《礼记·乡饮酒义》以为乡饮酒礼有四种情况:三年宾贤能,乡大夫饮国中贤者,州长习射饮酒,党正蜡祭饮酒;敖继公《集说》则云:"士与其同乡之士大夫会聚于乡学而饮酒之礼。"①蔡德晋则本敖氏之说而更扩展之,附加案语指出:"此乡之士大夫会聚于乡学而饮酒之礼也。旧说乡饮有四,一则乡大夫宾贤能,二则党正正齿位,三则州长习射于州序,四则乡大夫饮国中贤者。然乡人凡有聚会饮酒之事,皆当行此礼,不特四事为然矣。"②又如《燕礼》,贾公彦《疏》以为燕有四等,一为诸侯无事而燕,二为卿大夫有王事之劳,三为卿大夫出聘而还,四为与四方之聘客燕;蔡德晋则以为燕礼不止此四事,并扩展到凡与臣燕饮之礼:"此诸侯与其臣燕饮之礼也。……然燕亦不止此四事矣。"③由此可见,《礼经本义》有关各篇礼仪适用范畴的见解,其所谓的新说只是对前人旧说的拓展而已。

复次,从《仪礼》存在逸礼的认知出发,蔡德晋极为重视对《逸礼》遗文的辑佚、整理和诠释。《礼经本义》卷十七专门辑录《逸礼》之文,凡 8 篇,分别为《投壶礼》《巡狩礼》《出师礼》《奔丧礼》《吊礼》《诸侯衅庙礼》《诸侯迁庙礼》《袷于太庙礼》。其中《投壶》《奔丧》《诸侯衅庙》《诸侯迁庙》四篇为吴澄《仪礼逸经》所有,其余四篇则其自取经传之文订定,每篇亦多加注释,引宋元明以来诸家之说与《注》《疏》互相参证。蔡氏对于各篇的适用范畴亦多有辨说,如《吊礼》"此诸侯相吊及含襚赗临之礼",《诸侯衅庙礼》"此庙新成而衅之之礼",《诸侯迁庙礼》"此三年丧毕主自殡宫而迁于庙之礼",《袷于太庙礼》"此天子袷祭九献之礼",等等。

另外,相较于其他诸礼,蔡德晋于丧礼的研究尤为深入,故其对有关丧服、丧仪的研究往往有自己独到的见解。如《既夕礼·记》:"设床第当牖。衽,下莞上簟。设枕,迁尸。"《礼经本义》卷十二:"按《丧大记》疾病有废床一节,殊为非礼。观曾子易箦反席,未安而设,不闻有废床而置于地之事。此章设床

---

①　敖继公:《仪礼集说》卷四,《景印文渊阁四库全书》(第 105 册),台湾商务印书馆 1983—1986 年版,第 108 页。

②　蔡德晋:《礼经本义》卷三,《景印文渊阁四库全书》(第 109 册),台湾商务印书馆 1983—1986 年版,第 528 页。

③　蔡德晋:《礼经本义》卷五,《景印文渊阁四库全书》(第 109 册),台湾商务印书馆 1983—1986 年版,第 565 页。

第,盖设含之床几、含袭及迁尸于堂,共有三床,不相因,以示变也。郑康成谓病卒之间废床,至是设之,乃仍《丧大记》之误。"①在蔡氏看来,先王圣人制礼,往往因人情而定礼制,断无患疾病而废床之仪,此《礼记·丧大记》非礼之说,乃汉儒说解丧制之舛讹,郑玄仍其旧说不可信从。

在丧服制度研究上,从"圣人因人情而治礼"的诠释理念出发,蔡德晋不仅强调对《丧服》篇现有服制条文的诠释,更注重对礼经之未曾提及的相关民间服丧规制条文进行钩稽与考索。这种考索,主要是通过在具体条文诠释下,附列明代学者徐贯(徐原一)的相关礼俗规制异同情况比较成果而实现的。如《丧服》"妻为夫"下,蔡氏引述徐氏说:"徐原一曰:妻为夫、妾为君二条,《开元礼》《政和礼》《书仪》《家礼》《孝慈录》《会典》、今律文并同。"又"女子子在室为父"下,蔡氏引述徐氏说:"徐原一曰:《开元礼》《书仪》《孝慈录》《会典》、今律文并同,《政和礼》统于子为父内。"②在蔡氏看来,历代丧服制度的因革变化,往往是因人情而定礼制的不同时代理解差异造成的,其丧服要义和精神实质是一致的。

从对丧服要义精髓把握和对礼俗规制的重视出发,蔡德晋重视通代丧服制度的补辑工作。《礼经本义》往往在礼经各类丧服制度章段末尾,附补礼俗中各类服丧对象规制条文,如"斩衰三年"服期下,在礼经十条的基础上附补九条,依次为:天子诸侯父在为祖,天子卿大夫适子为天子,大夫适子为君,与诸侯为兄弟者,为祖后者,为曾祖后者,为高祖后者,天子之女嫁于诸侯,诸侯之女嫁于大夫为父,内外宗为君。"齐衰三年"服期下,在礼经四条的基础上附补九条,依次为:祖父卒为祖母后者,为曾祖母后者,为高祖母后者,为所后者之妻,为所后者之母,天子之女嫁于诸侯,诸侯之女嫁于大夫为母,大夫士之庶子父卒为所生母,为慈母后者为庶母可也为祖庶母可也,妾为君之长子。其他补辑情况,依次为齐衰杖期附补三条,齐衰不杖期附补十四条及疑经一条,齐衰无受附补记三条及疑经一条,大功殇九月七月附补二条,大功九月附补四条,小功五月附补五条,缌麻三月附补十一条,等等。蔡氏的这一类附补,与其重视丧服制度在民间礼俗中的变化认知有密切关联。

由此可见,蔡德晋《礼经本义》的礼经诠释,基本上是立足在前贤时哲《仪礼》诠释的基础上,长于通过考辨众说以抉择其间之是非得失,借以形成自身的诠释见解,兼综众说的特点颇为彰显突出。

---

① 蔡德晋:《礼经本义》卷十二,《景印文渊阁四库全书》(第 109 册),台湾商务印书馆 1983—1986 年版,第 677 页。

② 蔡德晋:《礼经本义》卷十一,《景印文渊阁四库全书》(第 109 册),台湾商务印书馆 1983—1986 年版,第 649 页。

（五）蔡德晋诠释礼经之阙失

蔡德晋在兼综众说诠释礼经的过程中，也存在一些方面的诠释不足，略而言之，主要体现在如下两方面：

首先，从诠释方面来看，蔡德晋对于《仪礼》本经及其郑注的校勘重视程度不够。众所周知，清初学者普遍接触的《仪礼》版本大都以明监本为主，而这一版本的阙误情况较为严重，因而张尔岐、方苞、吴廷华、沈彤等人的研治礼经，无不建立在对经文、郑《注》的细致校勘基础之上。然而，考之蔡氏《礼经本义》一书，虽然也有一些校勘条文，如《士昏礼》："妇彻于房中，媵御馂，姑酳之，虽无娣，媵先，于是与始饭之错。"蔡德晋校释说："'于是与始饭之错'七字疑有阙误，惟郝说稍通，然始字上亦当有'如'字。"[1]又如《士虞礼》："祝命佐食绥祭，佐食取黍稷肺祭授尸，尸祭之，祭奠。"《礼经本义》校订云："'绥'，郑本作'堕'，《注》云'今文堕为绥'，敖君善谓'绥'或是'授'字之误，当读作授，今从之。"[2]以上二例，前者为己校，后者为转录他人校勘成说并加以抉择，蔡氏均没有提出任何有力证据证成选择的合理性。有的校勘条文，其中并无多少存在的必要性，如《觐礼》："三享，皆束帛加璧，庭实唯国所有"，郑注："'四'当为'三'。古书作三、四或皆积画，此篇又多'四'字，字相似，由此误也。"《礼经本义》校订云："'三'，郑本作'四'，《注》云'四读作三，古书三、四皆积画相似而误'。"[3]综上诸例对比可见，这一类校勘并无多少新意、创见可言，蔡氏本人根据各种《仪礼》文献版本校勘的极少。

其次，从诠释方法来讲，如前所述，蔡德晋《礼经本义》诠释《仪礼》经文的话语，大都来自于郑《注》、贾《疏》，但又不是简单地照搬注语，郑氏注语原有的引文都被删减，主要保留其诠释结论性内容，但从蔡氏案语中的考证诠释情况来看，大致仍沿用以前人解礼之法，即以礼解礼，强调三《礼》之互证，远远不如清初的许多学者视野那么开阔。如《燕礼》："升歌献工"一节仪文下，蔡氏《礼经本义》卷五云："按《周官》太仆下大夫二人，小臣上士四人，而祭仆、御仆、隶仆中下士，凡二十人，天子之制也。今诸侯之制，小臣相工者四人，而请媵、辞宾之类亦皆小臣，则小臣之数几多于天子矣。然以《大射仪》考之，小臣纳工，工六人，四瑟，仆人正徒相太师，仆人师相少师，仆人士相上工，既称小

①　蔡德晋：《礼经本义》卷二，《景印文渊阁四库全书》（第109册），台湾商务印书馆1983—1986年版，第524页。

②　蔡德晋：《礼经本义》卷十四，《景印文渊阁四库全书》（第109册），台湾商务印书馆1983—1986年版，第724页。

③　蔡德晋：《礼经本义》卷十，《景印文渊阁四库全书》（第109册），台湾商务印书馆1983—1986年版，第643—644页。

臣,又称仆人,则是太仆之属俱得以小臣称之,其数故未尝多也。"①这一段考辨中,既有关于《周礼》官制情况的剖析,同时又强调结合《仪礼·大射仪》篇仪文进行客观评判,形成了"太仆之属俱得以小臣称之,其数故未尝多也"的见解。就全书而言,诸如此类的考辨性话语中,蔡氏较少广泛征引各类儒家典籍语料来证成己见,诠释视野限制较大。

综上所述,作为一名古文经学家,蔡德晋对《仪礼》的认知较为传统,既注重承继礼经的郑贾《注疏》治学传统和治学成果,但也强调融通宋元明以来诸家之说,形成独到的诠释己见,虽然也存在某些方面的诠释不足,但就总体而言则是得大于失,因而赢得了《四库全书总目》撰者"亦颇辨析精密,为前儒所未及,于经义深为有裨也"②的颇高评价。

四、吴廷华与《仪礼章句》

(一)生平及著述概况

吴廷华(1682—1755),初名兰芳,字中林,号东壁,浙江仁和(今杭州)人。先世自休宁迁海盐,家嬗儒术,少时吴氏便"资禀过人,少即嗜经术,于古今注疏笺义尽读之,而喜援古以证今"。康熙五十三年甲午(1714)举人,雍正二年(1724)以进士乙科授官中书舍人;雍正三年(1725)由中书舍人任海防同知,寻以原衔通判兴化,所至均善以经学饬吏事。雍正十年(1732)冬,计典有疾,诏以原品致仕,寓居在闽地。乾隆初年开三礼馆时,尝以荐预纂修《三礼义疏》,例授朝议大夫;乾隆十五年(1750)举经学,吴氏以老病辞。晚年寓居天津,"归主崇文书院讲席,弟子从游日众"③,于乾隆二十年(1755)八月二十日卒。著有《三礼疑义》《仪礼章句》《曲台小录》《东壁书庄集》各若干卷。

考吴廷华生平治学,"于六经笺疏,无所不窥"④,尤精于礼学。吴氏从事礼学研究时间跨度较长,大致分为两个阶段:第一个阶段,从福建任同知起,迄于雍正末年,主要著有《三礼疑义》数十卷,杭世骏《榕城诗话》称,吴廷华自兴化通判离职后,"侨居萧寺,穿穴贾、孔,著《三礼疑义》数十卷,何元锡录而藏之"⑤。

---

①　蔡德晋:《礼经本义》卷五,《景印文渊阁四库全书》(第109册),台湾商务印书馆1983—1986年版,第573页。

②　永瑢等:《钦定四库全书总目》(整理本)卷二十,《经部·礼类二》,《礼经本义》条,中华书局1997年版,第259页。

③　沈廷芳:《朝议大夫吴先生廷华行状》,《碑传集》卷一百二,《清代传记丛刊》(第111册),明文书局1985年版,分见第553、556页。

④　支伟成:《清代朴学大师列传》,岳麓书社1998年版,第40页。

⑤　杭世骏:《榕城诗话》卷上,《续修四库全书》(第1701册),上海古籍出版社2002年版,第156页。

其积多年治学之功，撰成《三礼疑义》，其中《周礼疑义》44 卷，《仪礼疑义》50 卷，《礼记疑义》72 卷。另据丁丙《善本书室藏书志》记载，《三礼疑义》注释体例分订义和疑义两门，"订义者，取《注疏》及唐宋诸家之说以订正经义也；疑义者，取《注疏》之义有可疑者为之反复辨论以正郑、贾之误也"，"其意重在疑义，故以'疑义'名其书也"①。在《三礼疑义》一书"自序"中，吴氏自述其著述该书的治学方法时说："经有可据则信之以经，经无可据则信之以理，至经与理俱无可据，则别之为疑义。"②大致反映了吴氏治学的手段与方法。这其中，《仪礼疑义》为吴氏《三礼疑义》的一部分，成书于雍正十三年（1735），和其他两部《疑义》一样，稿成后因卷帙浩繁，未能刊行以广学闻。该书现有张金吾《诒经堂续经解》写本传世，藏我国国家图书馆，只是较为残缺不全。

第二个阶段，始自吴廷华乾隆元年（1736）入京预修三礼，迄于乾隆二十年（1755）。这一时期，因为预纂修《三礼义疏》，遂得以遍览中秘储书之古今先儒著述，于当时四方遗老礼说亦多有了解，因此研治礼学较此前更趋赅洽，他在《仪礼疑义》一书基础上，重新著为《仪礼章句》17 卷，这也是吴氏《仪礼》学著作最广为传世、影响深远者。吴氏之所以著述此书，盖因为"其书以张尔岐《仪礼句读》过于墨守郑《注》，王文清《仪礼分节句读》以句读为主，笺注失之太略，因折中先儒，以补二书所未及"③，尽可能使该书发挥"学礼者阶梯"的缘故。

吴廷华死后，时人谓之"学醇论高，含咀诸经，精洽贯串；三《礼》之学，尤为专家"；陈黄中为其撰写铭文曰："六经初厄秦火燔，汉更利禄汩其原；《诗》《礼》发冢笑漆园，或饰六艺文奸言。折角五鹿乘朱轓，三经新义莫璵璠；断烂朝报谁更翻，三《礼》聚讼尤争喧。伟哉先生理丝棼，欲从九派探昆仑；继公崇义图纷纭，大手笔定如断轮。五礼秩秩肃骏奔，十年礼局宁遑迓！拂衣一笑西湖滨，遗经独抱贻后昆；经师循吏传八闽，千秋万岁此铭存。"④给予吴氏以极高的评价。

（二）吴廷华之《仪礼》认知观

吴廷华研究《仪礼》，不轻易苟同前贤的训释成说，无论是《仪礼疑义》，或

---

① 丁丙：《善本书室藏书志》，《续修四库全书》（第 927 册），上海古籍出版社 2002 年版，第 180　181 页。

② 吴廷华：《周礼疑义》卷首《自序》，转引自丁丙撰《善本书室藏书志》卷二，《续修四库全书》（第 927 册），上海古籍出版社 2002 年版，第 181 页。

③ 永瑢等：《钦定四库全书总目》（整理本）卷二十，《经部·礼类二》，《仪礼章句》条，中华书局 1997 年版，第 259 页。

④ 李桓辑：《国朝耆献类征初编》卷二百五十二，《清代传记丛刊》（第 163 册），明文书局 1985 年版，第 884—885 页。

者是《仪礼章句》，都体现了这一治学理路。《仪礼章句》虽以宗主郑《注》为主，但亦随处可见吴氏的不同见解，所言多具有启发意义。在《仪礼》经文相关问题的认知上，吴氏的独到认知观主要体现在以下诸方面：

首先，关于《仪礼》的真伪问题，吴廷华认为，现存《仪礼》有后人参杂之说，并非周公制礼之旧貌。他在应诏入三礼馆预修《三礼义疏》时，被三礼馆总裁及纂修官问及纂修应当注意的事项时说过这样一番话："读三代以上书，当别真伪；读三代以下书，当别是非。就三《礼》论，《周礼》《仪礼》多后人参杂之说，此真伪之当辨者；《礼记》本汉人作，与古多不合，此是非之当辨者。纂修之要，在先举《注疏》中舛谬处，合纂修诸君而论列之，别其真伪，而断其是非。经有可据，据以经；无可据，则断以理。明公集众说而折中之，大纲既举，则彼此无混淆，而成不刊之典矣。"①从这一番话来看，吴氏主张《仪礼》是有一部分后人伪作羼杂入内的成分。

其次，关于《仪礼》17 篇的序次问题，吴氏的见解可谓独树一帜，与历来治礼学者看法截然不同。众所周知，《仪礼》17 篇次第，始于大、小戴及刘向三家，且次第又各有不同，而今世所传习 17 篇次第乃是郑玄所定。吴氏不同意这种编排顺序。在吴廷华看来，《仪礼》一书为《周官·大宗伯》"五礼"节目，因而其序次的编定当以《大宗伯》"五礼"之次为准，传统旧说不当。据《周官·大宗伯》云："以吉礼事邦国之鬼神示"，吴氏以为此乃祭礼，祭有尊卑，因此，《少牢馈食》上篇当为第一，下篇（指《有司彻》）第二，《特牲馈食礼》为第三；《大宗伯》又云"以凶礼哀邦国之忧"，凶礼之首曰丧，则《丧服》当第四，《士丧礼》上篇第五，下篇（指《既夕礼》）第六，《士虞礼》第七；《大宗伯》其次又云"以宾礼亲邦国"，则《觐礼》当第八，《聘礼》第九，《士相见礼》第十；《大宗伯》其次又云"嘉礼亲万民"，并以昏冠宾射飨燕为目，则《士昏礼》当第十一，《士冠礼》第十二；又据《大射》先行燕礼，《乡射》先行乡饮酒礼，则《燕礼》第十三，《大射》第十四，《乡饮酒礼》第十五，《乡饮酒礼》第十六；食礼虽无文，但与飨、燕并行，则《公食大夫礼》当第十七。

吴廷华提倡更动《仪礼》17 篇叙次的主张，清末学者于鬯对此提出异议，于氏在《读仪礼日记》一书前所附《论仪礼叙次》中明确申明："《仪礼》17 篇叙次自不必更动，吴廷华《章句》据《周礼·大宗伯》五礼，欲变易旧次，不知彼言国礼，此乃士礼，士礼以一人之身言之，故始于冠终于丧，丧尽而后祭焉。"②可

① 沈廷芳：《朝议大夫吴先生廷华行状》，《碑传集》卷一百二，《清代传记丛刊》（第 111 册），明文书局 1985 年版，第 553 页。

② 于鬯：《论仪礼叙次》，《读仪礼日记》卷首，《续修四库全书》（第 93 册），上海古籍出版社 2002 年版，第 345 页。

谓切中吴氏说之弊。

再次，关于《仪礼》17 篇适用对象的认知上，吴氏也常常具有不同于郑玄《三礼目录》的说法，所诠释的适用对象范围较诸郑氏所解范围要更大一些，极少将礼文限定在"士礼"的范畴之列。例如：《士冠礼》一篇，郑玄《目录》云："童子任职居士位，年二十而冠，主人玄冠朝服，则是於诸侯。"郑氏以为此"士"为诸侯之士，吴氏则说："《注》谓童子居士位二十而冠，于礼未合。又以此士为诸侯之士，其实王朝侯国通用之礼也。"主张《士冠礼》为"王朝侯国通用之礼"。①

《士相见礼》一篇，郑玄《目录》云："士以职位相亲，始承挚相见礼。"贾《疏》申解郑《注》云："郑云'士以职位相亲，始承挚相见'者，释经亦有大夫及庶人见君之礼，亦士见大夫之法，独以《士相见》为名者，以其两士职位不殊，同类昵近，故以《士相见》为首。"吴氏进一步发覆说："古者以挚相见，凡公卿大夫士庶人于本国、异国之君若友初见时，挚虽不同，其礼则一。曰'士相见'者，以经首挚用雉为士，故以'士'冠之。"②适用对象较之郑《注》更广。

《燕礼》一篇，郑玄《目录》云："诸侯无事，若卿大夫有勤劳之功，与群臣燕饮以乐之。"吴氏则说："经言公，是郑所谓诸侯之礼也。然天子燕礼亦未尝不以此准之。"③较之郑《注》以为诸侯之礼的说法，吴氏的燕礼适用面亦更广。

《公食大夫礼》一篇，郑玄《目录》云："主国君以礼食小聘大夫之礼。"吴廷华则说："上、下大夫，礼有等杀，如经八豆、六豆之等，其礼则一而已。郑《目录》第以为食小聘之大夫，未尽也。"④吴氏以为，上大夫与下大夫所遵礼制同一也，只是礼器、礼食方面略有等杀而已。

《有司彻》一篇，郑玄《目录》云："大夫既祭傧尸於堂之礼。祭毕，礼尸于室中。天子、诸侯之祭，明日而绎。"吴氏不同意郑《注》的看法，他对此提出质疑说："《注》以此为祊绎，据《诗》及《尔雅》，祊是祭前求神之礼，绎是明日又祭之礼，皆别用牲，宾尸又祭之余节尔。此篇有宾而无祭，又牲即尸食之余，尚

---

① 吴廷华：《仪礼章句》卷一，《清经解·清经解续编》（第 2 册），凤凰出版社 2005 年版，第 2109 页。

② 吴廷华：《仪礼章句》卷三，《清经解·清经解续编》（第 2 册），凤凰出版社 2005 年版，第 2117 页。

③ 吴廷华：《仪礼章句》卷六，《清经解·清经解续编》（第 2 册），凤凰出版社 2005 年版，第 2131 页。

④ 吴廷华：《仪礼章句》卷九，《清经解·清经解续编》（第 2 册），凤凰出版社 2005 年版，第 2152 页。

可谓之绎乎?"①

　　(三)诠释礼经之特色

　　在对于《仪礼》文本的诠释上,吴廷华《仪礼章句》着力颇多,并具有有别于他人诠释的鲜明特色,具体来说,主要体现在如下诸方面:

　　首先,从诠释的外在方式来看,吴廷华的《仪礼》诠释有两大亮点:一是明句读;二是分章段。吴寿祺记载其父吴廷华言曰:"读《仪礼》之失有二:句读不明,则句可移缀上下,往往宾主易位,东西乖方,其失者一;章次不分,则礼之始终度数与宾尸介绍,冠服、玉帛、牲牢、尊俎之陈,如满屋散钱,毫无条贯,其失者二。"②为了纠正时俗"句读不明"和"章次不分"之弊,吴氏"用是删繁取约,补脱勘讹,作为《章句》。一篇之中画其节目,一节之内析其句读"。以《士冠礼》一篇,吴氏虽仍《仪礼》贾疏及朱熹《仪礼经传通解》所分之次,而更按其次第分为六章,依次为冠前之礼、正冠之礼、礼子、冠毕余礼、冠礼之变、补上经所不及等内容,每一章里又分数节,如第一章论冠前之礼,分四节,一筮日,二戒宿,三为期,四陈设。该书无论章节,吴氏均注意扼要总结内容大旨,与清初张尔岐《仪礼郑注句读》相类,只是位次略有差异,张氏《仪礼郑注句读》往往在每一部分首句下交代说明章节划分及其大旨情况,而吴氏《仪礼章句》则是在每一章节之末句下进行说明。

　　在句读离析方面,吴廷华特别注意强调形式上的醒目和阅读便利,往往将一个完整句子的各个分句单独进行处置,或是分别在各分句之后解释仪制和字词大意,或是将各分句之间用空格分隔开来。通过分章断句,吴氏力求使该书成为"学礼者阶梯",有益于礼经文本的流播和普及。在具体文句的断句上,该书基本上是对《仪礼注疏》句读的承袭,而如有不同意见时,吴氏则依己见径改句读,并略加按语加以交代申述,例如《士相见礼》:"执玉者,则唯舒武,举前曳踵。"吴氏案:"武当属上句,《注》断惟舒为句,易之。"③又如《士丧礼》:"甸人彻鼎,巾待于阼阶下。"吴氏案:"《疏》读'彻鼎巾'作句,误。"④有时,《仪礼章句》在点明贾《疏》句读有误之余,同时也申述错误因由及所从取依据,如《士丧礼》:"卜人抱龟,燋先。"吴氏案:"《注》《疏》以'卜人抱龟燋'

---

　　①　吴廷华:《仪礼章句》卷十七,《清经解·清经解续编》(第2册),凤凰出版社2005年版,第2192页。

　　②　吴廷华:《仪礼章句》卷首,《清经解·清经解续编》(第2册),凤凰出版社2005年版,第2108页。

　　③　吴廷华:《仪礼章句》卷三,《清经解·清经解续编》(第2册),凤凰出版社2005年版,第2118页。

　　④　吴廷华:《仪礼章句》卷十二,《清经解·清经解续编》(第2册),凤凰出版社2005年版,第2170页。

为句。据上，燋别有执者，何必卜人兼抱之？今从敖氏说。"①吴氏书中的此类句读改动不少，大多有理有据，合乎经义要旨，反映出吴氏敏锐的思考力、不囿于前人旧说的治学精神及严谨求是的治学态度。

其次，从诠释内在取向来看，吴廷华治礼在以郑、贾《注疏》为根本的基础上，广泛采纳吸取往哲时贤已有的合理成说，加附己见予以考订，体现出博通兼综的治学特点。吴寿祺概括其父治学特点时说："训释多本郑、贾笺疏，间亦采他说，附案以发明之。"②这里涉及两方面情况：一是吴氏如何承继郑、贾笺疏之说；二是如何采纳他说发明创新。为彰显吴氏这两方面治学的状况，兹略加分解说明如下：

关于承继郑、贾笺疏的方式，吴廷华大体一致。这里以吴氏宗主郑《注》为说的情况为例。受郑氏注解的影响，吴氏的诠释也主要限于释词、解句、校勘、揭示礼经凡例等方面。从表现形式角度来讲，吴氏承继郑《注》的方式有二：一是对郑注的解释行文进行删繁就简，或略加变更表达方式。如《士冠礼》："摈者请期。宰告曰：质明行事。"郑《注》："摈者，有司佐礼者。在主人曰摈，在客曰介。质，正也。宰告曰：旦日正明行冠事。"吴廷华释云："摈，有司相礼者。自西来，东面请之。宰亦自西来，主人之右告之。质，正也。谓旦日正明行冠事。"③两相比较，二者语词训诂基本相同，吴注仅增加摈、宰的方位介绍。二是吴氏直接引述郑玄注语，不再另加注释。如《士冠礼》："委貌，周道也。"《仪礼章句》："《注》云：'玄冠也。委，安也，所以安正容貌也。'"吴氏仅直接引述郑注语，不另诠释。吴氏有时还涉及对郑氏注语的诠释，如同例吴廷华补充解释"委貌，周道也"一语说："道，犹制也。"上述两种延继郑《注》的方式，前者是隐性的，不易辨别，而后者则是显性的，可以直接目测。

至于"间亦采他说，附案以发明"的创新性发明情况，在吴廷华的《仪礼章句》中随处可见。如前所述，吴氏在撰写《仪礼章句》之前，曾著有《仪礼疑义》50 卷，因此《仪礼疑义》中的许多辨正观点，应当在《仪礼章句》一书中有所继承。具体说来，这种学术创新性发明，主要表现为吴氏对《仪礼》经文以及郑《注》、贾《疏》的质疑辨正上。当然，吴氏的某些考订亦颇存在值得商榷之处：

一是关于对《仪礼》经文的质疑。例如《特牲馈食礼》："为加爵者作止爵，

---

① 吴廷华：《仪礼章句》卷十二，《清经解·清经解续编》（第 2 册），凤凰出版社 2005 年版，第2173 页。

② 吴廷华：《仪礼章句》卷首，《清经解·清经解续编》（第 2 册），凤凰出版社 2005 年版，第2108 页。

③ 吴廷华：《仪礼章句》卷一，《清经解·清经解续编》（第 2 册），凤凰出版社 2005 年版，第2109 页。

如长兄弟之仪。"吴氏案:"长兄弟无作止爵事,此当是众宾长之误。"①当然,这里吴氏的质疑恐有误,张尔岐《仪礼郑注句读》云:"如长兄弟之仪,其受尸酢、献祝,致爵主人主妇,受主人酢,皆同。"②结合礼经文本来看,《特牲馈食礼》此文云"如长兄弟之仪",乃是谓作止爵后,受尸酢,献祝不及佐食,洗致如初,皆如长兄弟为加爵之仪。张氏所说确凿无疑,吴氏所疑并无令人信服的充足依据。

二是关于对《仪礼》郑注的质疑。例如,《士昏礼》:"使者玄端至。"吴氏案:"使当是《周礼》媒氏,男氏使来纳采,故曰使。《注》以为夫家之属,恐非。"③又如《聘礼》:"壶设于东序,北上,二以并,南陈:醴、黍、清,皆两壶。"吴氏案:"《注》以醴为白酒,谓稻黍梁皆有清、白,三酒六壶,窃谓此致饮,恐不可以酒言之;又经明言黍,似不当兼言稻梁也。"④又如《公食大夫礼》:"有司卷三牲之俎,归于宾馆。"吴氏案:"《注》云'实于筐',窃谓经明言俎,与下不亲食礼异,不当据以为例也。"⑤按:郑《注》云"归俎者实于筐",恐非如吴氏所云,事实上,吉祭有肵俎,虞祭则无肵俎,尸举牲皆盛于筐,故褚寅亮《仪礼管见》卷中之三云:"归饔饩用鼎不用俎,俎乃行礼时设之,不以遗人。《注》用筐之说为长。"⑥可见,吴氏的立说理据并不充分。

三是关于对《仪礼》贾疏的质疑。例如,《士冠礼》:"冠之日,主人紒而迎宾。"吴廷华案:"不言采者,《深衣》曰:'孤子纯以素。'《疏》云即上采衣紒,盖误。"⑦这里,吴廷华据《礼记·深衣》篇文为说,以为贾《疏》训诂有误,深得经旨。事实上,《礼记·曲礼》篇亦云:"孤子当室冠,衣不纯采。"则贾《疏》之误尤为显明矣。《既夕礼》:"布席。乃奠如初。"吴氏案:"主人在枢东,奠在其南,则亦枢东矣。《疏》云枢西,误。"又同篇下文"宰由主人之北",吴氏案:

①   吴廷华:《仪礼章句》卷十五,《清经解·清经解续编》(第2册),凤凰出版社2005年版,第2185页。

②   张尔岐:《仪礼郑注句读》卷十五,刘晓东、杜泽逊主编《清经解三编》(第8册),齐鲁书社2011年版,第37页。

③   吴廷华:《仪礼章句》卷二,《清经解·清经解续编》(第2册),凤凰出版社2005年版,第2113页。

④   吴廷华:《仪礼章句》卷八,《清经解·清经解续编》(第2册),凤凰出版社2005年版,第2148页。

⑤   吴廷华:《仪礼章句》卷九,《清经解·清经解续编》(第2册),凤凰出版社2005年版,第2153页。

⑥   褚寅亮:《仪礼管见》卷中之三,《续修四库全书》(第88册),上海古籍出版社2002年版,第431页。

⑦   吴廷华:《仪礼章句》卷一,《清经解·清经解续编》(第2册),凤凰出版社2005年版,第2111页。

"主人在枢东,宰自东来,故得在其北,则枢西之说不足信,明矣。"①这里吴氏驳贾《疏》有关宰的方位说解之误,颇为可信。

较为可取的是,吴廷华《仪礼章句》并不为了一味求新而妄加抉择,轻易断下结论,往往采取较为审慎态度来处置,有时注以"未详",以示阙疑,有时又并存异说,以备参考。究其例则,吴廷华保存异说情况方式主要有三:一是在"未详"之后,存一说姑妄言之,表示仅供参考,如《士冠礼》:"玄端,玄裳;黄裳、杂裳,可也。"吴氏案:"杂色,未详,《注》云:'前玄后黄。'"②一是在难以确定孰是孰非的情况下并存诸说,以供读者选择,如《觐礼》:"啬夫承命,告于天子。"吴氏案:"啬夫,《左氏传》注以为主币之官,《注》以为司空之属,未知孰是。"③一是在说明自己的看法之外,又另附一说点明"存参",表示仅供参考,例如《士昏礼》:"女次,纯衣,纁袇",吴氏案:"袇,缘也,以纁缘衣,盛服也,惟昏服之。……敖氏曰:'袇,裳也。'存参。"④另外,吴氏在说解把握不定的情况下,往往注用"疑"一类不确定的文字说明自己的看法,这也是吴氏治《仪礼》态度审慎的一个重要表现。以上数种情况,充分说明了吴氏治学之严谨、审慎。

再次,从文献校勘角度来看,吴廷华在诠释《仪礼》的过程中,特别重视礼经文本的校勘。在清代前期,坊间流传的监本是当时学者所能见到的《仪礼》常见版本,也就是吴廷华的《仪礼章句》中所说的"俗本",当时的礼学研究者多据之借以研读礼经。但这一版本错误较多,因而清初学者多重视对其进行文字校勘,如张尔岐曾撰《仪礼监本正误》,沈彤曾撰《士冠礼监本刊误》《士昏礼监本刊误》《士丧礼监本刊误》三篇。吴廷华所做的校勘,更多属于随文注释体校勘的性质,着眼于对《仪礼》本经进行校勘。在校勘方法上,吴氏十分重视对校法的运用。他以明监本作为校勘底本,而所据以校勘的其他版本主要有唐石经本、贾《疏》本、陆氏《释文》、朱子《通解》本、杨复《仪礼图》本、聂崇义《三礼图》本、敖继公《集说》本、明本等等。这其中,吴氏所谓"明本",不知具体的指称对象信息。较之顾炎武、张尔岐校勘《仪礼》,吴廷华参校版本要丰富一些,这与其曾任三礼馆纂修官,并有幸浏览秘府藏书有关。

吴廷华校记保存的大量《仪礼》版本信息,客观地展示了当时所见不同版

---

① 吴廷华:《仪礼章句》卷十三,《清经解·清经解续编》(第 2 册),凤凰出版社 2005 年版,第 2175 页。

② 吴廷华:《仪礼章句》卷一,《清经解·清经解续编》(第 2 册),凤凰出版社 2005 年版,第 2109 页。

③ 吴廷华:《仪礼章句》卷十,《清经解·清经解续编》(第 2 册),凤凰出版社 2005 年版,第 2155 页。

④ 吴廷华:《仪礼章句》卷二,《清经解·清经解续编》(第 2 册),凤凰出版社 2005 年版,第 2113 页。

本的异文情况,在《仪礼》校勘学上很有文献价值,尽管有些校勘条文结论颇显不当。如《乡射礼·记》:"楅,籍,横而奉之。"吴氏在"奉"字下案云:"石经作拳。"①吴氏引礼经正文作"奉",盖系从朱熹《仪礼经传通释》之说,朱氏以为作"拳"乃误字,故《仪礼集说》《仪礼郑注句读》《钦定仪礼义疏》《仪礼章句》《仪礼集编》《仪礼正义》等均承其说,引正文时并改"拳"为"奉"。著者以为,陆德明《经典释文》亦作"拳",陆氏并音拳为权,由此可知唐石经作"拳"字不误。从上下文看,上文言楅的制造,这一句言籍,也还是指的制造,如作"奉",则与文意相左。吴氏《仪礼章句》客观记录了石经本的异文情况,仍然有助于后人对礼经文字的抉择与考释。

　　吴廷华随文校勘礼经,并不满足于对各类《仪礼》文献版本异文及其前人校勘成说的忠实记录,他更强调运用本校、理校法,校勘文字的脱衍讹误情况。例如《乡饮酒礼·记》:"其笙,则献诸西阶上。"吴氏案:"经已详之,此疑衍。"②按:据郑注"谓主人拜送爵也,于工则拜于阼阶上者,以其坐于西阶东也"的解释,是此文专指拜送爵而言,意思是献工堂上坐的歌工和瑟工本也该和献笙人一样,应该是在西阶上拜送爵。可是上面经文主人却在阼阶上拜送爵,说明这是由于歌工和瑟工坐在西阶东,不便于在西阶上拜,因此改在阼阶上,并不是尊工卑笙之故。不然,上面经文已经说了主人献笙于西阶上,这里就没有必要再重复它了。由于经文太简,很容易让人误会是《记》文出现衍文。吴廷华未遑细察,谓其"疑衍"是不对的。不过,吴氏运用一"疑"字,另一方面也说明了其校勘的审慎,并不随意乱改经文。另外,少数情况下,吴氏不像上例那样,只是径直点明校语,而不说明原因,例如《大射仪》:"三耦卒射,亦如之。"吴氏案:"三,当作二。"又同篇经文云:"负侯许诺,如初去侯",吴氏案:"二字疑衍。"③吴氏疑"去侯"系衍文,虽然没有说明原因,但这种怀疑似乎是有一定道理的,因为这是继射之后,司马正命取矢,故负侯者从乏西进而负侯以侯。

　　最后,从文字诠释注音角度来看,和张尔岐的《仪礼郑注句读》一样,吴廷华从力求使著述成为"学礼者阶梯"的考虑出发,也强调对《仪礼》经文某些字词加以释音。他所标识的释音材料,大都来自陆德明的《仪礼音义》一书。著

---

　　①　吴廷华:《仪礼章句》卷五,《清经解·清经解续编》(第 2 册),凤凰出版社 2005 年版,第2129 页。

　　②　吴廷华:《仪礼章句》卷四,《清经解·清经解续编》(第 2 册),凤凰出版社 2005 年版,第2122 页。

　　③　吴廷华:《仪礼章句》卷七,《清经解·清经解续编》(第 2 册),凤凰出版社 2005 年版,第2139 页。

者在将吴氏释音和陆氏《仪礼音义》对比后发现,吴廷华只是收录了《仪礼音义》中一部分注音语料,这主要是因为,吴氏只针对《仪礼》经文本身加以注音,而陆氏《仪礼音义》也兼释郑《注》的某些字词。此外,有些陆氏《仪礼音义》注音过的文字,吴氏并未标识释音;有些陆氏《仪礼音义》并未注音的地方,吴氏却予以注音。从注音的方法上讲,吴氏基本上承袭了陆德明《仪礼音义》的标音方式,包括反切注音、直音、叶音等。反切注音与直音,是从隋唐五代以来广为使用的释音方法,一直延续到清末,都有学者沿用之;至于叶音说,通过明末陈第的古韵研究,已经被彻底破除,《仪礼章句》利用叶音法注音,只能说明吴氏在古音学方面的认知是比较落后的,实在是一种比较落后的做法。

（四）《仪礼章句》存在的诠释阙失

作为一部章句体著作,和其他纂集体、通释体、考辨体著作比较起来,吴廷华《仪礼章句》以其简洁明了的诠释形式,它和张尔岐《仪礼郑注句读》、李光坡《仪礼述注》、王文清《仪礼分节句读》一样,都着眼于简明疏解《仪礼》本经,为乾隆前期《仪礼》学的传播,起到了其他著作难以替代的"学礼者阶梯"的作用。但是,从礼经学传播角度来说,吴氏的著述仍然有着一些诠释上的不足之处,关于这一点,前面也有提及,如妄据叶音法标识读音,妄据《大宗伯》"五礼"之次说解《仪礼》篇次先后,等等。略言之,吴氏《仪礼章句》的阙失还体现在如下三方面:

其一,前贤时哲相关礼图研究成果,未能充分吸纳进《仪礼章句》中来。清初学者研究《仪礼》,有感于《仪礼》之难读,"礼之始终度数与宾尸介绍,冠服、玉帛、牲牢、尊俎之陈,如满屋散钱,毫无条贯",因而大都重视礼图的研读,许多《仪礼》学著作都重视运用附载图解体的方式,来图解纷繁复杂的繁文缛节、名物礼器等礼制文化内容,借以直观体现自己的研究心得与创见。吴廷华在三礼馆任纂修官期间,"委以三《礼》礼节四图,因检诸儒礼图七十余种,增删补辑,多正敖氏之讹"①。既然在馆期间能够见到如此多的礼图典籍,又复加以纂修,但却在他后来成书的《仪礼章句》一书中未能采纳进来,实有未为允当之嫌疑。

其二,对于当代学者的《仪礼》研究成果,吴廷华《仪礼章句》吸纳还很不够。吴廷华著述中,不仅注意吸纳明以前聂崇义、朱熹、杨复、敖继公等人的诠释成说,同时也吸收了不少同时代学者的研究成果,这本是值得肯定之处。但稍微令人感觉遗憾的是,除毛奇龄、杭世骏、徐乾学等有限数家说解外,包括

---

① 吴廷华:《仪礼章句》卷一,《清经解·清经解续编》（第 2 册）,凤凰出版社 2005 年版,第 2108 页。

《仪礼义疏》中的大量考释新成果未能吸收进来,三礼馆诸纂修官的许多研究成果也未能有所反映,因为毕竟吴氏《仪礼章句》成书更晚一些,未知吴氏出于何种考虑。

其三,从治学方法上看,受著述体例及著述目的所限,在许多诠释新解的阐发上,未能充分援据典籍,深入发挥"以经解经"的治经特点。吴廷华承袭了前人"三礼互注,以经解经"的治学原则,往往引《周礼》《礼记》文训诂《仪礼》,引《仪礼》上下文进行比较互证,引其他儒家经典佐证礼制的说解,但在实际诠释过程中,可能是受著述篇幅的制约,吴氏往往一二言简约言之,未能充分彰显诠释理据,令人有说服力不够充足之嫌疑。

尽管吴廷华研治《仪礼》存在这样或那样的不足,但站在有清前期那个特定时段来说,吴氏著述能承袭汉代古文经学家的朴学之风,依遵注疏的治学传统,又不一味拘泥前说,间亦采信他说,强调以礼解礼,以经解礼,进而揭明礼经大旨,令读其书者多有受益,其子吴寿祺谓此书为"学礼者阶梯",确实称得上是较为恰当的评价。

第五节　张扬朱学派的《仪礼》学研究

鉴于晚明王学的流弊,清初一些儒者转向以复兴程朱理学为己任,这样一来,对朱子学的倡导与张扬,就成为一种必然选择。朱子学的复兴,其实质是"通过对传统理学基本观念的继承与发展,力图使儒学的有益因素得以延续的一种思想理论",同时,"它也是一种学术思潮,是一些张扬程朱理学、试图重建社会伦理秩序的人的思想的集合"①。在《仪礼》研究上,姜兆锡、盛世佐、任启运、梁万方、应撝谦、胡抡等人亦极为推崇朱熹的礼学研究,力图通过效法朱熹《仪礼经传通解》、黄榦《仪礼经传通解续》的治学方法,打破传统礼经研究的窠臼,采取通释体的著述体式,会通事类,分别章目,实现礼经与各类先秦两汉典籍的互贯融通,辑录与编纂礼经17篇的"义"篇礼文,力求使礼学研究取得新的突破。在姜兆锡、盛世佐等人的努力实践下,张扬朱学派悄然兴起,在康乾之际的礼学论坛上,成为一道亮丽的学术风景线。

一、姜兆锡与《仪礼经传内外编》

(一)生平及著述概说

姜兆锡(1666—1745),字上均,号素清学者,江苏丹阳(今江苏丹阳市)

---

① 程宝华:《张杨园与清初朱子学》,《郑州航空工业管理学院学报》(社会科学版)2008年第6期。

人。康熙二十九年(1690)举人,授内阁中书,改任蒲圻知县。亲老,告归。因其在理学研究方面的造诣深厚,乾隆元年(1736),以大学士鄂尔泰举荐,充任三礼馆纂修官。兆锡治学,凡先圣遗经,先儒注疏,皆能集其成,折中众说,寅入申出,以勤博称。姜氏兆锡曾建双桐书屋,在其中著述数十年,成书达数百卷之多,如《九经补注》《诗礼述蕴》《周易本义述蕴》《周易蕴义图考》《书经蔡传参义》《春秋参议》《春秋事义慎考》《孝经本义》《孔子家语正义》《家语孔丛子注》等,著述颇为丰硕。

姜兆锡自壮年始便钻研三《礼》之学,享誉学界,并著述多部礼学著作。与之同时学者礼学大家方苞亦长于三《礼》,与姜兆锡集议,二人所持见解多不合,然兆锡论出,方苞往往亦不能难之也。姜氏著有《礼记章义》10卷,以为《礼记》由汉儒掇拾而成,章段繁碎,当分章以明其义,因逐章逐条讨论,时有所见,论者谓其精审在陈澔《礼记集说》之上;著有《大戴礼翼删》4卷,因旧本而删其烦冗,节录《大戴礼记》而自为之注,并翼其义理者也;又著有《周礼辑义》12卷,多依本宋代王与之《周礼订义》,而攻讦郑注,其自出新义者,或纯出臆断,或颇有见地,可谓瑕瑜互见,不可尽弃,亦不可尽从。此外,姜氏在《仪礼》研究方面,主要著作有《仪礼经传内编》23卷,《外编》5卷,"撰其著书之意,盖欲补正《仪礼经传通解》,然不及原书远矣"①。此外,根据《江苏艺文志·镇江卷》的记载,姜氏尚著述有《古今丧服考》一书,该书目前存佚不详,卷帙亦不清楚,从书目情况来看,该书主于汇通历代丧服制度,既有先秦礼经丧服部分的内容,同时也应兼及周代之后各类礼书所载丧服制度的具体内容。

姜兆锡的《仪礼经传内外编》一书,《四库全书总目》将其归入杂礼书之属(见《礼类存目三》),但如《四库全书总目》所云,该书"大率以《仪礼》为主",因而可以视作清代初期《仪礼》学的文献。此书命名之由,据姜氏《自序》云:"《仪礼》之得名,本于升降揖让动作威仪之所发而为名,故十六篇及凡所补之属为内编;而《丧服》篇及凡所补之属,乃所以行是《仪礼》之具,而与其发见于升降揖让动作威仪之间者则有间矣,故为外编也。"②至于《仪礼经传内外编》一书的成书时间,可能就在雍正年间。从版本情况来看,此书现存最早刻本为乾隆元年(1736)寅清楼刻本,卷首有王步青的《序》及姜氏的《自序》,《续修四库全书》本即据此刻本影印出版。王步青的《序》作于雍正癸丑年七月既望,即雍正十一年(1733)七月十六这一天;而姜氏的《自序》则作于雍正乙卯

---

① 永瑢等:《钦定四库全书总目》(整理本)卷二十五,《经部·礼类存目三》,中华书局1997年版,第322页。

② 姜兆锡:《仪礼经传内外编》,《续修四库全书》(第87册),上海古籍出版社2002年版,第168页。

年孟夏朔,即雍正十三年(1735)四月初一这一天。据此可以推知,该书成书可能就在雍正十三年,至迟在姜氏写作《自序》时,便应该已经完成全稿的写作。

(二)姜兆锡的《仪礼》认知观

和朱熹编纂《仪礼经传通解》一样,姜兆锡在广罗群籍编纂礼经的同时,对于《仪礼》本经及其《记》文的相关问题进行了一些思考,形成了他自己的一系列见解。概而言之,主要反映在如下方面:

其一,关于《仪礼》有无阙逸的问题,姜兆锡乃持肯定的态度。例如《仪礼经传内编》卷九《士大夫投壶礼》下,姜氏申论说:"此亦燕以为乐而因以观德之礼,《周礼》不载,《小戴礼》之第四十篇实载之,而《大戴礼》亦有此篇。按:此当为《仪礼》经文而逸之耳,故今以类而附于射礼之后云。"①就中观点表述非常明确,以为大小戴《礼记》所载"士大夫投壶礼"之文当为"《仪礼》经文而逸之耳",其实质乃属于原本《仪礼》经文的一部分。由此看来,姜兆锡对《仪礼》经文性质的认定,并不局限于士礼的范畴,他以为汉初高堂生所传《仪礼》17篇当初就是残缺不全的,从这一认知出发,他对于朱熹《仪礼经传通解》的治学取向是极为认同的。

其二,关于《仪礼》17篇序次的认知,姜兆锡对传统郑注的编排颇有异议。对于戴德、戴圣及刘向《别录》三种17篇序次的不同,在姜兆锡看来,三者优劣有别,郑玄所采纳的刘向《别录》编排次第并非最佳:"大戴篇目之序,盖以冠昏丧祭为次,而递及于饮射聘觐也。其以《丧服》居后者,上各篇皆言礼仪之节,而此篇乃因礼仪而及其丧服之制,以见凡行丧礼之仪所相依以为用者,故后之与。由是以推,刘向篇目之次固胜于小戴,而其视大戴则有不及者。郑氏盖未免失所从违也。"②正是基于这一认知,姜氏的《仪礼经传内外编》一书在"五礼"序次的编排上有别于其他张扬朱学派学者的各种做法,使得该书在体例上赢得了很大的创新。

其三,关于《仪礼》经文原本礼文编排问题的认知,姜兆锡有着与其他学者完全不同的个性化看法。姜氏认为,《仪礼》传本17篇礼文编排较为混乱,往往一篇之中涉及多种礼类,有的篇目各小类礼文可以统于一篇之中,而有的篇目其中各小类礼文并不适合统一在一起。其中可以统于一篇之中者,主要有《士冠礼》《士昏礼》《相饮酒礼》诸篇,以《士冠礼》为例,篇中所列诸仪乃父母在为其适子为士者之礼,若果父不在而为孤子,或者父在而母不在,又或者

① 姜兆锡:《仪礼经传内外编》卷七,《续修四库全书》(第87册),上海古籍出版社2002年版,第310页。

② 姜兆锡:《仪礼经传内外编》卷首,《续修四库全书》(第87册),上海古籍出版社2002年版,第175页。

为其庶子,又或者其礼不用醴而用酒,及不用干肉折俎而特杀,则其礼并异,而一礼之中且分为数礼矣。然止目以士冠礼者,以并得以士冠统之也。至于《燕礼》《公食大夫礼》《士相见礼》之属,姜氏以为"则每篇当分为诸礼,不得相统,而旧盖误合而标之耳"①。

其四,关于《仪礼·记》文的认知。姜兆锡认为,现今传习的《仪礼》经文有《记》文混淆在其中的情况存在,例如《士相见礼》一篇即是如此。姜氏在《仪礼经传内编》卷十中指出:"窃念汉儒承秦火之后,既误以士见大夫及大夫相见以下凡六篇之文而通目为士相见之礼,说经者初不体正其误,而于各礼复率为之训如此,则先圣之遗经将益晦矣。"②另外,是篇对于经文"凡自称于君,士、大夫,则曰下臣;宅者,在邦则曰市井之臣,在野则曰草茅之臣;庶人,则曰刺草之臣;他国之人,则曰外臣"一句,姜氏《仪礼经传内编》卷十中云:"本《记》。旧误在经文,今按当为《记》。"③其所谓"本《记》",即是指现今传习《仪礼》一书中的《记》文,与大小戴《礼记》的称谓有别。

(三)著述体例

和朱熹的《仪礼经传通解》一样,姜兆锡的《仪礼经传内外编》也是一部纂集体著作,但又具有自己独到的编纂体例特点,与同一学派同类著作颇不一致。姜兆锡在该书《自序》中就说:"兹编实奉朱子遗训,以其所编家乡邦国王朝之礼,用勉斋丧、祭二礼之例以通之,不袭其迹而师其意。"这就点明了《仪礼经传内外编》在体例上源于《仪礼经传通解》和《仪礼经传续通解》,但姜氏却又有所调整变动。若分类言之,该书的编纂著述体例可以从如下方面加以全面观照:

其一,从"五礼"的分章布局情况来看。《仪礼经传内编》23卷,前22卷依次为嘉礼、军礼、宾礼、凶礼、吉礼,其中嘉礼、军礼、凶礼三者皆举纲统目,嘉礼分冠昏之礼、饮食之礼、飨燕之礼、宾射之礼、脤膰之礼、贺庆之礼,军礼分大封之礼、大均之礼、大田之礼、大役之礼、大师之礼,凶礼分丧礼、荒礼、吊礼、襘礼、恤礼;而宾礼、吉礼二者皆第举目,宾礼约以朝、聘之属统之,而吉礼约以人鬼天神地示之属统之,具体而言,则宾礼分朝觐之属之礼、聘问之属之礼,吉礼分享人鬼礼、祀天神礼、祭地示礼、因事之祭、类祭之事、因祭之事。第23卷,附庶民入小学礼,国子入小学礼,国子暨民俊入大学礼,弟子职礼,凡小学、大学简升礼,世子豫教礼,诸侯元年即位礼,王元年即位礼等九礼。《仪礼经传外编》5卷,卷一、卷二为《丧服》上下,卷三《丧服补》,别采经四篇;后附《五礼分合图考》,包括嘉礼图考、军礼图考、宾礼图考、凶礼图考、吉礼图考、后附图考、五礼总图考。

其二,从每一具体礼类的编排情况来看,《仪礼经传内外编》有源于《仪礼经传通解》和《仪礼经传续通解》之处,但姜兆锡却又有所调整变动。例如"丧礼"部分,《仪礼经传续通解》尝采《丧大记》及各经传之属,通将王侯大夫等丧礼、虞礼总汇为一篇,名之曰《丧大记》,又通将王侯大夫等卒哭祔练祥禫各礼汇为一篇,名之曰《卒哭祔练祥记》,而于王侯大夫等未以类分编;而姜兆锡《仪礼经传内编》卷十四、卷十五则参考其文,分丧礼为《大夫丧礼》《诸侯丧礼》《王丧礼》三类,而虞礼及卒哭祔练祥禫各礼之不可考者,仍总次为《记》,并略加参议其间。又如"馈食礼"部分,姜氏《仪礼经传内编》分《上大夫馈食礼》和《下大夫馈食礼》两类目,分别载于《仪礼经传内编》之卷十九和卷二十。凡此之类,都体现出姜氏在全书分门别类方面更趋细密、合理。

其三,从《仪礼》17篇经文的整合情况来看。姜兆锡根据17篇经文的礼类归属情况,依次将其归入相应的部类之下,《仪礼》中的《记》文也不在出现在对应17篇经文之后,而是作为"本记"条文,附之于相应仪节经文之后。例如,《士冠礼》一文,本经保留了相对的完整性,姜氏只是将其中诸辞及《记》文作为"本记"之文,归附在各分节的具体仪文之后;至于《燕礼》《公食大夫礼》《士相见礼》诸篇经文,如前所述,姜氏以为"每篇当分为诸礼,不得相统",故而原有完整的经文不再保留篇目经文的完整性,而是被分解到相应的礼类之下。如《燕礼》一篇,姜氏将其拆分为"诸侯燕大夫礼"和"诸侯燕聘大夫礼"二礼类,分别为之分章节次。

其四,从各大礼类的文献重构情况来看。姜兆锡对各大礼类的文献重构,完全统一于具体礼制建构的需要,从各类经书和准经书中去寻找与摘录文献素材,而被列入其中的文献材料经过新的排列组合,相当程度上具有了经的权威性,姜氏将这类经文称之为"参补之经"。例如,《仪礼经传内编》卷十《宾礼》之"诸侯会同礼",礼文原本阙而不备,姜氏汇考《周官·司仪》《掌客》诸职,参补为经,由此得以稍存"会同"之遗制;又"王时巡受朝礼",礼文本阙,姜氏参《虞书》《周礼》《孔丛子》之文补足之;又"诸侯膳王礼",礼文亦阙,姜氏取《周官·掌客》篇文补以为经。倘若某一礼类在传世文献当中无法找到具体的仪制记载,姜氏则阙而不录。如"饮食之礼"中的士族饮礼、大夫族饮礼、王食大夫礼、王食聘大夫礼、王食诸侯礼、王食牧伯礼、王食国宾礼,"飧燕之礼"中的本国大夫相飨礼、王大夫飨聘大夫礼、王大夫飨诸侯礼、诸侯飨大夫礼、王飨诸侯礼等等,皆有细目而无正文。按照姜兆锡的说法,"参补之经"有四种情况:"有逸见他经而体例当升为经者,曰采补;虽见他经,而体稍不合者,曰参补;旁见书传,而体有未合者,曰姑补;散之书传,而合为编次者,曰汇补。"①这种文献重构的做法,与黄勉斋《仪礼经传通解续》单纯补经的做法形成了鲜明的对比,亦更趋合理。

（四）整理与诠释特点

作为一名张扬朱学派学者,姜兆锡在礼经文献的整理和注释方面,从治学手段和治学方法角度而言,既有承继朱熹、黄榦治学方法的一面,同时也形成了一套自己的治学方法,颇具鲜明特色。究其大略,主要表现在如下诸方面:

其一,从姜兆锡博稽参订群书的处置情况来看,姜兆锡治学态度极为审慎,遇有存疑待考之文献,则列入参订的范畴。姜兆锡在该书《参义凡例九则》中明确申论:"总其为参者,凡分四类:曰礼,曰记,曰考,曰义。礼者,经之正也。记者,传之辅也。义者,理之解也。考者,事之实也。篇备四类,或有未备,因存亡为衍缩也。"②《仪礼经传内外编》中有些具体礼类,姜氏虽未补足经文,只是从历代经传中录取相关内容置于"记""考""义"细目之下,如吉礼之"祀天神礼"下,有"王祀五帝礼"一礼,姜氏未著经文,只是采录《周礼》《孔子家语》《孝经》《礼记》《周易》等经传之文,分附在"记""义"之下,以备考见;又如"王祭五岳礼",姜氏摘录《礼记》之文,依类分附"记""考"之下;再如"因事之礼"下之"士大夫受命祭礼",姜氏录《礼记》《国语》之文分附于"考""义"之下,等等。较之直接编入经文的做法,要客观合理可信得多。单就"考"部分而言,举凡先秦两汉经传子史当中记载之礼节仪文史实材料,姜氏皆将其列文于此一部分,其中所涉文献材料出处,主要有《诗经》《论语》《春秋三传》《国语》《诗传》《孔子家语》《列女传》等,与"考者,事之实也"极其吻合。简言之,姜氏不拘于《仪礼》17篇篇目的内容,通过设立各种大大小小的礼类目标,突破经传的界限分别,贯通三礼,融会诸子史书,扩大古礼文献资料和解说材料的选取范围,从而以经补经、以传补经、以子书补经、以史补传,就成为《仪礼经传内外编》一书的最突出特点。

其二,博稽群书,纠正错误。姜兆锡整理礼经时,注意通过博稽群书,着力比对,从而加以揭示其他诸经及注解之间的异同,纠正错误。例如,《仪礼经

---

① 姜兆锡:《仪礼经传内外编》卷首,《续修四库全书》（第87册）,上海古籍出版社2002年版,第177页。

② 姜兆锡:《仪礼经传内外编》卷首,《续修四库全书》（第87册）,上海古籍出版社2002年版,第177页。

传内编》卷一列有冠礼之"诸侯冠礼"一目，该目下无《士冠礼》经文可以列入，姜氏乃参考《孔子家语》及《大戴礼记》补订成文："诸侯冠，卿为宾，公自为主，迎宾，揖升自阼，立于席北。冠四加，玄端与皮弁，皆朝服素韠，玄冕祭。既冠祼享，节以乐，三醴宾，无介，无乐，皆玄端。既醴，降自阼。诸侯非公而自为主者，其所以异，皆降自西阶。酬币则束帛乘马。其余如士礼。"①以上一段正文下，姜氏又另行加注，既有前人注疏的成分，也有自注或按语的内容，如"玄冕祭"后首先自注云："此条诸本多异，《大戴礼》作'公玄端与皮弁，皆韠，公冠四加，玄冕祭。'"然后引郑注、孔疏，最后又加案语云："愚案：本条诸本舛误，《通解》参校为得之。或曰：天下无生而贵者，虽天子之元子犹士也，爵弁士服，王侯皆然，不待言。惟玄端皮弁二者皆朝服素韠，与士玄端爵韠不同，故言之耳。则四加之文，盖非误也。'异'字，当是'毕'字之误。毕，犹皆也。"②可见，姜氏在注文上，也同样广泛吸收历代礼家的见解以为补充，优游折中权衡于各家之说，截取和形成符合自身需要的诠释结论。

其三，从整理文献的方式情况来看，姜兆锡《仪礼经传外编》非常重视利用图式进行文献整理，直观明了地呈现给读者。《仪礼经传外编》卷三至卷五载《仪礼图考》，自云："《续通解》止有《丧服图式》，愚《仪礼图考》凡十数卷，今亦不具录也，谨分录五礼之要如左，而总录大凡于后。"③所录《仪礼图考》依五礼次第先分后合，一至五依次为嘉礼、军礼、宾礼、凶礼、吉礼图考，《图考六》为后附图考，《图考七》为五礼总图考。当然，姜氏利用图式整理文献的做法，亦是历代《仪礼》研究者的通行惯例，朱熹《仪礼经传通解》便亦如此。

其四，从相关类似礼类的文献处置方式来看，姜兆锡《仪礼经传内外编》尤善于互见别著之法，处置详略得当。互见别著主要是指明某一礼类不详列各类具体文献，并无"经""记""考""义"四类细目，只是用小字标明"说见于某某礼""见下""见上"之类。互见在行文中相当普遍，例如，《仪礼经传内编》卷六当中，"诸侯飨士庶子礼""诸侯飨工礼"二礼，姜氏皆附注云："见下。"所谓"见下"，即见本卷本篇下文。"大夫燕聘大夫礼""王大夫燕聘大夫礼""王大夫燕聘诸侯礼"，姜氏亦并附注云："说见食礼。"④凡此之类，姜氏正

① 姜兆锡：《仪礼经传内外编》卷一，《续修四库全书》（第87册），上海古籍出版社2002年版，第190页。

② 姜兆锡：《仪礼经传内外编》卷一，《续修四库全书》（第87册），上海古籍出版社2002年版，第190页。

③ 姜兆锡：《仪礼经传内外编》卷三，《续修四库全书》（第87册），上海古籍出版社2002年版，第657页。

④ 姜兆锡：《仪礼经传内外编》卷六，《续修四库全书》（第87册），上海古籍出版社2002年版，第253页。

是通过行文中的巧妙安排使文章结构更为精简,但同时提供给读者较完整的文本。

其五,从《仪礼》经文解读的外在方式来看,姜兆锡继承了朱熹《仪礼经传通解》中分节的治经方法。皮锡瑞的《经学通论》一书在谈到朱熹为《仪礼》分节的影响时说过这样一番话:"近马骕《绎史》载《仪礼》,张尔岐《仪礼郑注句读》、吴廷华《仪礼章句》、江永《礼书纲目》、徐乾学《读礼通考》、秦蕙田《五礼通考》,分节皆用朱熹之法。"①其实,姜兆锡的《仪礼经传内外编》亦是如此,此也是其治学深受朱熹编纂体例影响的重要表现之一。采取这种编撰形式的好处,就是对于《仪礼》所记录的各种程式仪节,通过《仪礼经传内外编》进一步有所条理化,也便于读者特别是初学者的研习和拓展。

其六,从义理阐发的角度来看,姜兆锡《仪礼经传内外编》中多用具体的文献证据予以佐证。作为重视义理阐发的礼学家,姜兆锡在治学过程中主张要处理章句与义理的关系,正如他在《礼记章义附论八则》中所云,既要推义理于章句中,又要求义理于章句外。② 不过,与前期一些礼学大家如方苞、吴廷华、徐乾学等人不同的是,方氏、徐氏等人治学更多的是从人情物理论断礼经的义理内涵,在贯通三《礼》的基础上来阐释《仪礼》的义理,是在礼制、礼仪的比较中探求礼义;而姜兆锡的义理阐发并不满足于停留在礼义的阐发和三礼融贯的训诂相结合上,姜兆锡更强调用具体的文献证据予以佐证和阐发义理内涵。姜兆锡在《〈内外编〉参义凡例九则》中说:"义者,理之解也。"③因此,"义"部分的设置,更多的是出于义理阐释的需要,只不过是借助于引入其他相关文献达到义理阐发的目的,文献语料大体出自《礼记》《孔子家语》二书,特别是《礼记》中的《冠义》《昏义》《射义》《燕义》《聘义》《乡饮酒义》一类篇目经文,姜氏皆将其纳入到"义"的范畴之列,收入其中,当然,姜氏所录亦不局限于此,同时也兼及其他先秦两汉时期的文献材料。例如,《士昏礼》"婿见妇父母"一节之"义",姜氏引《礼记·郊特牲》《昏义》《曾子问》《坊记》等篇及《白虎通义》《孔子家语》文为证。④ 与此前同类著作相比,"义"部分的设置,是姜氏《仪礼经传内外编》著述的一大创举,深有价值。

---

① 皮锡瑞:《经学通论·三礼》,中华书局1954年版,第23页。

② 姜兆锡:《礼记章义附论八则》,《礼记章义》卷首,《续修四库全书》(第98册),上海古籍出版社2002年版,第642—643页。

③ 姜兆锡:《仪礼经传内外编》卷首,《续修四库全书》(第87册),上海古籍出版社2002年版,第177页。

④ 参见姜兆锡:《仪礼经传内外编》卷二,《续修四库全书》(第87册),上海古籍出版社2002年版,第204—207页。

　　其七,从文献典籍的注释引文角度来看,姜兆锡《仪礼经传内外编》亦并不墨守成规,时有节略、删改前人注释行文的做法,其中尤以汉唐《注疏》的援引最为突出,也最具代表性。诚如姜氏在《〈内外编〉参义凡例九则》中云:"注疏文繁芜者,或颇有增损;又文不顺者,或稍参为易置;然皆注疏意也,仍以注疏标之。"①例如,《仪礼·乡饮酒礼》:"公如大夫入,主人降,宾、介降,众宾皆降,复初位。"郑注:"如,读若今之若。主人迎之于门内也。"贾疏:"云'主人迎于门内'者,以经公如大夫,主人不言出,故知迎于门内也。"而姜兆锡援引《注》《疏》的文字表述则略有出入:"注曰:'如,读若今之若。迎,谓迎于门内也。'疏曰:'以不言主人出,故知迎于门内也。'"②由此可见,姜氏这种称引注释类文献的方式,并不属于全搬不动的现代学术式的严谨征引,更多属于一种偏称现象。这种援引注疏的方式,与李光坡《仪礼述注》、盛世佐《仪礼集编》的做法可谓极为相似。③

　　从上述诸方面可以看出,姜兆锡的礼学研究是有自己的特点的,其中既有对朱熹《仪礼经传通解》、黄勉斋《仪礼经传续通解》治学方法的继承之处,但同时亦融入了自己的一些独到认识和独特治学方法。若就姜兆锡《仪礼经传内外编》的根本性质而言,并非是一部专门考礼、议礼之书,亦不是一部专门研究《仪礼》的考辨体著作。换言之,姜氏通过陈设先秦两汉典籍中的各种文献记载和说法,以供识礼者酌古今之宜,而并非以考证、辨析为旨趣,《仪礼经传内外编》从本质上讲还是一部融义理与礼乐为一炉、力求经史结合的经世致用之作。姜氏的研究目的,乃在于通过《仪礼经传内外编》的编纂,总揽了三代以来有关礼制文化的精华篇章,深入探讨了礼经中蕴涵的义理要素内容,加深了对周人"治道"精神的探索与追求,展现了他对礼在个人生命发展中重要性的认识,诚如《仪礼附论五则》中所云:"《仪礼》二百二千,不单是道问学,正是德性所流露处,大德是敦那化的,小德从这大处流出来,先儒所发'体用一原'四字以此,故曰合外内之道。"④尽管该书"类多因袭前人,发明最少"⑤,但作为清代前期《仪礼》研究中张扬朱学派的倡导之作,在康乾之际的学术圈中仍然产生了一定的反响。而通过这部礼书的编纂,姜兆锡亦充分展现了他

①　姜兆锡:《仪礼经传内外编》卷首,《续修四库全书》(第87册),上海古籍出版社2002年版,第177页。

②　姜兆锡:《仪礼经传内外编》卷四,《续修四库全书》(第87册),上海古籍出版社2002年版,第233页。

③　参见邓声国:《清代〈仪礼〉文献研究》,上海古籍出版社2006年版,第51—54页。

④　姜兆锡:《仪礼经传内外编》卷首,《续修四库全书》(第87册),中华书局1997年版,第177页。

⑤　永瑢等:《钦定四库全书总目》(整理本)卷二十五,《经部·礼类存目三》,中华书局1997年版,第322页。

作为一名礼学大家所特有的治学风采。

二、任启运与《肆献祼馈食礼》《朝庙宫室考》

（一）生平及著述概说

任启运（1670—1744），字翼圣，江苏荆溪（今江苏省宜兴市）人。因居近古钓台，世称钓台先生。"少读《孟子》，至卒章，辄哽咽，大惧道统无传。家贫，无藏书，从人借阅。夜乏膏火，持书就月，至移墙不辍。事父母以孝闻。年五十四，举于乡。"①雍正十一年（1733），会世宗问有精通性理之学者，尚书张照以启运名上，特诏廷试，得旨嘉奖。会成进士，特授翰林院检讨，在阿哥房行走。高宗登基，仍命在书房行走，署日讲起居注官，寻擢中允。乾隆四年（1739），迁侍讲，晋侍讲学士。乾隆七年（1742），擢都察院左佥都御史。乾隆八年（1743），充三礼馆副总裁官，寻升宗人府府丞。乾隆九年（1744），卒于赐第，75 岁，赐帑金治丧具，赐祭葬。

任启运一生晚年因礼学位显，在雍正、乾隆两朝恩遇特隆。乾隆十四年（1749），诏学经学，上谕有"任启运研究经术，敦朴可嘉"之语。所著礼学著作主要有《礼记章句》10 卷（又名《礼记类纂》）、《四书约旨》19 卷、《肆献祼馈食礼》3 卷②、《朝庙宫室考》13 卷、《夏小正注》等。任启运之所以编纂《肆献祼馈食礼》一书，主要出于两重考虑：任启运十分重视古代祭礼，在他看来，《仪礼》中的《特牲馈食礼》《少牢馈食礼》《有司彻》诸篇乃诸侯之士、大夫之祭礼，并不是天子、诸侯之祭礼，既然后者祭礼已经亡佚，当然需要补遗，这是其一。朱熹在编纂《仪礼经传通解》一书时，无暇编辑其文，将其委付诸黄勉斋。但任氏对于黄勉斋《仪礼经传通解续》所续祭礼之文，却很颇不以为然，认为其书体例颇为芜杂，与朱熹《仪礼经传通解》不能并提。诚如其后学檀萃《序》文中所说："黄勉斋《续通解》宗庙礼在祭礼之第九，混天子、诸侯言之，其节目则自庙制至告朔，凡二十章，大都割取三《礼》及他经传文，而全载注疏于其中，未免伤于烦杂重复，究於仪节之次第，迄未之详，未可推而行之也。""夫勉斋续丧、祭二门，视朱子家乡学邦国王朝礼，其卷帙且多三之一，惟博收而不加翦截联络，故为书既繁，仅同抄撮"，即使是推言其意盖主于尊经，乃不欲改窜

---

① 赵尔巽：《清史稿》（第 43 册）卷四百八十一《列传二百六十八》，中华书局 1977 年版，第 13184 页。

② 关于《肆献祼馈食礼》一书的命名称说由来，任启运曾引王肃之文有过一番说解："礼先祼后肆，而先言肆者，以血腥与荐熟对言之，明非臣所有也。或曰：肆旅也，及群庙，故旅献祼。"

以就我,也仍有"未及订定之遗恨"①,这是其二。有鉴于此,任启运乃重新为之编纂此书,勘正黄氏著述之不足。

除潜心礼学研究之外,任启运还撰有《周易洗心》9 卷、《孝经章句》10 卷以及《竹书纪年考》《逸书补》《孟子时事考》《清芬楼文集》等各种著作,于学术多有裨益。如四库馆臣评价《周易洗心》说:"其诠释经义,则多发前人所未发,大抵观《象》玩辞,时阐精理,实不尽从图、书生解。其文句异同,亦多从马、郑、王弼、王肃诸家之本。即不从旧本者,必注某本作某字,以存古义,亦非图、书以外废训诂而不言。然则其研寻奇偶,特好语精微而已,非如张行成等舍经而谈数也。"②文渊阁《四库全书》本《周易洗心》书前《提要》馆臣又云:"盖其说主于观象以玩词,要不为空虚剽窃之学也。"③二者之论,诚为中的之言。

(二)著述体例

任启运学宗朱子,对《仪礼》研究颇深。为了传承朱子礼学,补其未竟的事业,他著有《肆献裸馈食礼》3 卷。又著《朝庙宫室考》13 卷,于李如圭《释宫》之外别为类次:曰门,曰观,曰朝,曰庙,曰寝,曰塾,曰宁,曰等威,曰名物,曰门大小广狭,曰明堂,曰方明,曰辟雍,考据颇为精核。从任氏这两部著述的体例情况来看,二书都兼具通释体和专题考证体两种古籍整理体式的形式特点。

首先,看《肆献裸馈食礼》的著述体例情况。《肆献裸馈食礼》,又名《天子肆献裸馈食礼纂》,其名取《周礼》"肆献裸飨先王、馈食飨先王"之意。从文献计量学角度来讲,该书应归属于礼学二次文献类目。任启运认为,《特牲馈食礼》为诸侯之士之祭礼,《少牢馈食礼》为诸侯之大夫之祭礼,而天子、诸侯之祭礼已亡而不复见,因据三《礼》及他书中有关王礼者推之,不得于经者,则以注疏补之,凡五篇,类次分别为:祭统、吉蠲、朝践、正祭、绎祭。每篇之内,又各为节次,如"祭统"篇下,依次为时祭、大祭;"吉蠲"篇下,依次为卜日、齐(斋)戒、戒尸、卜尸、宿尸、致齐(斋)、请期、省牲视濯;"朝事"(亦名"朝践")篇下,依次为戒旦设位、王入庙、后入庙、省器、列位、立宾及佐食、迎尸、乐作、初献、亚献、迎牲、后荐朝事豆笾、纳牲诏于庭、血毛诏于室、祝诏于室、制祭、升首、再

————————

①　檀萃:《天子肆献裸馈食礼·序》,《景印文渊阁四库全书》(第 109 册),台湾商务印书馆1983—1986 年版,第 830 页。

②　永瑢等:《钦定四库全书总目》(整理本)卷六,《经部》六《易类六》,中华书局 1997 年版,第66 页。

③　永瑢等:《四库全书总目》之《周易洗心提要》,《景印文渊阁四库全书》(第 51 册),台湾商务印书馆 1983—1986 年版,第 182 页。

荐血、荐腥、荐肆、荐爓、三献、四献、合亨,等等;每节之内,先撮己说,后注其说之所出,其后并附经传之文。比之黄榦所续《祭礼》的纲目设置,该书的体例结构更为精密合理。

其次,看《朝庙宫室考》的著述体例情况。《朝庙宫室考》,又名《宫室考》,亦属于礼学的二次文献。在任启运看来,学礼而不知古人宫室之制,则其位次与夫升降出入皆不可明,因而作此《宫室考》一书。任氏之前,有宋人李如圭作《仪礼释宫》,乃仿《尔雅·释宫》体例,逐条之下引经记、注疏详加讨论和考证,属于单纯的专题考证体著作。而任氏此书考论古人宫室之制则不然,著述兼具通释体和专题考证体的双重特点,它于李如圭的《仪礼释宫》之外别为类次,共分门、观、朝、庙、寝、塾、宁屏、等威、名物、门大小广狭、明堂、方明坛、辟雍等十三专题,每一专题下,往往先点明所属类目有关宫室位次制度的具体安排情况,然后引述历代经籍所载特别是汉代及其以前的经传著作,详加考证论述。为了保证叙述的明晰性,任氏还吸纳了图解体著作的著述方式,在全书文末绘制了九幅相关的图表,这九幅图表依次为:“都城九区十二门全图”“天子五门三朝庙社图”“天子七庙都宫门道图”“诸侯五庙都宫门道图”“路寝小寝左右侧室图”“朝庙门堂寝室各名图”“明堂九室十二堂之图”“明堂四堂五室二个图”“方明坛四门三成之图”。较之单纯的文字说解,更加直观生动,效果颇好。

（三）任启运之治礼风格及诠释特色

任启运的《仪礼》学研究,较之任氏之前的其他清代学者的研究,在继承前人的基础上,同样具有自己的一些独到之处,颇为当时学者及四库馆臣所关注。具体说来,任氏的礼学研究有以下一些特点,颇值得后人关注:

其一,就任启运的治礼风格而言。任启运研治礼经的基调,在于学宗朱子,却又并不一味盲从,而是继承中又有所变化。一方面,关于三《礼》的性质问题,他秉承了朱熹的观点,认为《周礼》不是经,《礼记》非孔子定,其中只有一部分才是《仪礼》的传。但是与朱熹不同的是,任启运主张:“或曰:‘《仪礼》,经也;《礼记》,传也。’此以论冠、昏、饮、燕、射、聘诸义则然,他篇不可概论。”[1]认为对于《礼记》中的冠、昏、饮、燕、射、聘诸义来说,《仪礼》是经,至于其他各篇,则不可一概而论,因为“《礼记》名为小戴,选经诸儒窜易,实非小戴之旧,故亡失亦多”[2]。另一方面,和朱熹一样,任启运非常重视丧礼和祭礼,其所著《肆献裸馈食礼》,颇有依仿朱熹《仪礼经传通解》、黄榦《仪礼经传通解

---

①　任启运:《礼记章句·自序》,《续修四库全书》(99册),上海古籍出版社2002年版,第3页。

②　任启运:《礼记章句》卷首,《续修四库全书》(99册),上海古籍出版社2002年版,第10页。

续》的色彩，但又不同的是，任氏深受当时学界大多数学者重视考据的影响，将考据的成分融入自身的著述当中，兼有通释体和专题考证体的双重特点。

其二，就任启运的治经方法而言。在《礼记章句》一书的"类例"中，任启运概述该书的著述方法，有如下一番话语："愚反覆参互，或始睽而后合，或昔信而今疑，或百是而一非，或两存而交备。总求揆之天理而当，质之人情而安，考之古而有据，推之后而可行。非敢求异前人，庶几可俟来哲云尔。"①其实，不仅《礼记章句》一书的编著如此，任氏的《朝庙宫室考》《肆献裸馈食礼》两部著述也是如此。《四库全书总目》在论述《肆献裸馈食礼》时，有一段精审的考证："后荐朝事豆笾，启运列在纳牲之前，薛《图》列在三献之后。今考《内宰》疏曰：'王出迎牲，时祝延尸于户外之西，南面。后荐八豆笾，王牵牲入。'则启运之说确有所本。又考《明堂位》'君肉袒迎牲于门，夫人荐豆笾'，其下云：'君亲牵牲，大夫赞币而从。'据此，则朝事荐豆笾，贾《疏》列在纳牲之前，甚确。薛《图》舛谬，亦复显然。又后荐馈食之豆笾，启运列在五献之前，薛《图》列在五献之后。今考郑《司尊彝》注曰：'馈献荐孰时，后于是荐馈食之豆笾。'云'荐孰时'，则其时初荐孰而未及五献，甚明。故《少牢礼》'主妇荐韭菹醓醢，葵菹蠃醢'，尚在尸未入以前，即知后于馈食荐豆笾必不在五献以后。"②通过对有关三《礼》文献的具体分析比较，四库馆臣得出任启运的仪节编排顺序优于薛氏礼图的结论，并且认为《肆献裸馈食礼》一书"与《续仪礼通解》亦可以详略互考"，给予了该书一个相当高的评价。

其三，就文献编纂的角度而言。与康乾之际其他诸儒的文献编纂相比，任启运的编纂已经有所不同。以《肆献裸馈食礼》为例，这种不同主要表现为这样几方面：一是编纂的侧重点不同。姜兆锡《仪礼经传内外编》、江永《礼书纲目》、尹嘉铨《仪礼探本》、杨丕复《仪礼经传通解》等编纂体著作，不仅关注祭礼的编纂，同时也关注冠礼、昏礼、丧礼、军礼等不同方面的编纂，大都涉及全书的方方面面。而任启运则仅仅关注祭礼中的"肆献裸馈食"情况，编纂内容所涉及的范围要小得多。二是编纂的体例不同。在具体礼类的编纂过程中，任氏只是参以礼之节次先后编排礼文，而与江永"皆因《仪礼》所有者而附益之"的做法，姜兆锡分别"义""考""记"的编排法，杨丕复沿继朱熹《仪礼经传通解》的体例，等等，截然有别。三是郑《注》、贾《疏》的编录方式不同。三礼之经原文的训诂，任启运基本上不援引郑《注》、贾《疏》原文，与杨丕复《仪礼

---

① 任启运：《礼记章句》卷首，《续修四库全书》（99 册），上海古籍出版社 2002 年版，第 10 页。

② 永瑢等：《钦定四库全书总目》（整理本）卷二十，《经部·礼类二》，《肆献裸馈食礼》条，中华书局 1997 年版，第 261 页。

经传通解》的三《礼》文注皆出于郑玄《注》的做法迥然不同。四是编录前人异说的方式不同。与杨圮复《仪礼经传通解》博采群书,不专守一家之论、不贵繁文的做法有别,任启运大都只取所需,倘若有妄说则列入考据之中,寻找依据辨驳其非是。换言之,姜兆锡、江永、尹嘉铨、杨圮复诸儒的书虽冠之以《仪礼》命名,其实质只不过是想按自己的想法和需要,重新编纂一部合乎要求的礼书,而任启运却颇不相同,他的编纂中完全融入了考据的方法,"其根柢纯粹必本于考亭,而其著述质"①,重证据,追源头,努力寻找以类编礼的事实依据。

其四,就文献辑佚的角度而言。对于《礼》经亡佚之礼,任启运立足礼学传世文献,善于通过比类归纳与推理等手段,辑录出有关的佚文,借以还原和了解先前的有关仪节原貌。例如,《肆献裸馈食礼》讨论的是天子之祭礼,而天子之祭礼早已亡佚,只散见于儒家各经传及其注疏之中。任氏有关天子祭礼仪节的来源方式,主要有这样几种情况:一是单独据某一礼书所载说明仪节情况,如《祭统》篇"大祭"节云:"三年大事于太庙,五年而再殷祭。"②这是依据《公羊传·文公三年》经文及其何休《解诂》而云的。一是依据数种典籍记载相互参考斟酌而定,如《正祭》篇"正祭"节下云:"辞祝曰:孝王某,敢以一元大武、刚鬣、柔毛、明粢、芗合、嘉蔬、清涤,用荐岁事于先王,以王后某氏配,尚飨。"③任氏自云"据《少牢》参《曲礼》"而成。一是仿礼书所载某种仪节加以编定,如《朝践》篇"合亨"节云:"王退,乃合亨。君就东厢西面,祝就西厢东面,避如食间。"④自云这是"仿迁庙礼"而成之仪节。一是据典籍所载而略加变化编写而成,如《朝践》篇"列位"节云:"公侯卿西阶之前,东面,北上;同姓东阶之前,西面,北上;大夫门东,北面,西上;士门西,北面,东上;旅食在其后。"⑤这一位次的来源,任氏自注云"据孔《疏》而略变之"而来。以上四种情况,后两种情况都是任氏依据传世文献所载仪节情况,加以比类归纳、推理而成,充分体现了任氏治学的创造性。正是通过这种创造性的工作,使得天子的

① 檀萃:《天子肆献裸馈食礼·序》,《景印文渊阁四库全书》(第109册),台湾商务印书馆1983—1986年版,第830页。
② 任启运:《天子肆献裸馈食礼》,《景印文渊阁四库全书》(第109册),台湾商务印书馆1983—1986年版,第832页。
③ 任启运:《天子肆献裸馈食礼》,《景印文渊阁四库全书》(第109册),台湾商务印书馆1983—1986年版,第849页。
④ 任启运:《天子肆献裸馈食礼》,《景印文渊阁四库全书》(第109册),台湾商务印书馆1983—1986年版,第847页。
⑤ 任启运:《天子肆献裸馈食礼》,《景印文渊阁四库全书》(第109册),台湾商务印书馆1983—1986年版,第839页。

祭礼仪节情况大致有所编定。同时还应指出的是,任氏的这种创造性论述,都是立足于历代礼学文献的基础上斟酌而就的,并非空泛之言。

其五,从任启运对待前贤成说的角度来看。仍以《肆献裸馈食礼》为例,较之此前的清初学者,在对某些祭礼具体问题的探讨过程中,任启运更注意全面收集反映前人已有的各种不同成说,逐一加以胪列比较,最终得出自身的独到合理见解,如《祭统》篇"大祭"一节,历代先儒论"禘祫"之说,大多说解互异,任氏乃逐一引述刘向、徐邈、赵匡、张纯、某氏、杜预、刘歆、贾逵、郑众、郑玄、贾公彦、王肃、何休、孔颖达、陈祥道、张子、马融、蒋氏、苏轼、杨复、马端临、张存中、万斯大、朱熹等人之不同见解,以为"惟权衡于隆杀之宜、疏数之节,则诸儒之说一以贯之矣"①,考辨其间之是非得失,充分反映出任氏对前人研究成果之重视程度。两部著述在综核诸家礼学成果的基础上,"反覆参互,或始睽而后合,或昔信而今疑,或百是而一非,或两存而交备"②,强调立说的首尾融贯,条理秩然,使得著述极有伦要。

(四)考据之得失及评价

作为清代前期的礼学大家,任启运的《仪礼》研究贡献,不仅体现在礼经文本的编纂方面,同时也体现在对于礼经文本及其具体礼制内容的考证方面。如前所述,他的两部《仪礼》学著作以编纂中完全融入考据的方法,更强调对礼经所载名物、典制的具体精核考证,从而有别于同一流派学者姜兆锡、江永、尹嘉铨、杨丕复等人的通释体著作,并且受到了四库馆臣的极大关注。任氏这种研治礼学的独特风格,和他恰好处身于从清代前期向乾嘉时期的学术转型之际有着一定的关联。

首先,就《朝庙宫室考》一书来看。探考《四库全书总目》该书"提要"之言,对任启运的考据得失颇为中肯允当。关于该书,四库馆臣有这样一番说辞:"《仪礼》一经,久成绝学,启运能研究钩贯,使条理秩然,虽间有疵谬,而大致精核,要亦不愧穷经之目矣。"③验之任氏全书,四库馆臣称誉之言并非空发议论,而是确有依据,不是什么过誉之辞。例如,任启运在"朝"一节论"朝"之位次云:"天子之雉阙门两观,诸侯之雉台门一。天子外阙,诸侯内阙。阙以内有宗庙有社稷,阙以外有府有库。"又自注说:"殷之时右宗庙左社稷,周之时右社稷左宗庙。……庙、社在内,尊而重之也;府、库在外,轻

① 任启运:《天子肆献裸馈食礼》,《景印文渊阁四库全书》(第109册),台湾商务印书馆1983—1986年版,第833页。
② 任启运:《礼记章句》卷首,《续修四库全书》(第99册),上海古籍出版社2002年版,第10页。
③ 永瑢等:《钦定四库全书总目》(整理本)卷二十,《经部·礼类二》,《宫室考》条,中华书局1997年版,第260页。

财,故远之也。"①据任氏考证,天子之门有五,由外到内依次为皋门、库门、雉门、应门、路门;诸侯之门有三,由外到内依次为库门、雉门、路门。天子、诸侯之外朝就设在雉门之内,天子雉阙门有两观,诸侯雉台门只有一观。另外,外朝的右边为社稷,左边为宗庙。任氏并引《春秋·定公二年》"夏五月壬辰,雉门及两观灾",《礼记·礼运》"昔者仲尼与于蜡祭,事毕,出游于观之上"等文献为证。事实上,据《穀梁传·桓公三年》所云:"礼:送女,父不下堂,母不出祭门,诸母兄弟不出阙门。"注:"祭门,庙门也。阙,两观也,在祭门之外。"可见,"阙"在祭门之外,即在雉门里面,婚礼亲迎女方主人在庙行事,任氏以为宗庙在雉门以内,其结论显然是可信的,文献理据颇为详明充分。

当然,金无足赤,人无完人,在任启运的大量考据结论中,也有少数自为新说、没有考究《仪礼》全经的情况存在,以致误说礼制。例如,《宫室考》"庙"一节任氏云:"房东为东厢,西为西厢,北塘东塘西塘南户属诸堂,东为东堂,西为西堂。"②又说:"堂上东西墙曰序,序东为东夹室,西为西夹室,南塘东塘西塘北户偏诸东,东为东堂,西为西堂,堂有阶达诸妇人之闱门。"如任氏所云,则东西厢在房之东西,东西夹室在堂之东西。东西厢之南,东西夹室之北,则有四东西堂矣,考之《礼经》经传之文,又全无所据,关于这一点,《四库全书总目》撰者考诸经传、郑注和史籍,逐一对此进行了详细辩驳,认为其证以经文无一相合,核以史事亦无一相合。另外,任氏又谓"周之为学者五,中曰成均,左之前曰东膠,左之后曰东序,右之前曰瞽宗,右之后曰虞庠","于四郊先为四国学,南之东曰东膠,北之东曰东序,南之西为瞽宗,北之西为虞庠",四库馆臣认为,此说解"尤为特创,不足据也"③,其考据驳议之文,此不赘引。四库馆臣的批驳之言理据详明,任启运的上述说法不足取信,启运的说辞,乾嘉之后学者均无采纳,胡培翚的《仪礼正义》一书亦不取用其说,足为证明任氏上述之说之非是。

其次,就《肆献裸馈食礼》一书来看。和《宫室考》一样,四库馆臣就此书亦有如是一番评介性的话语:"较之黄榦所续《祭礼》,更为精密","然大致综核诸家,首尾融贯,极有伦要","启运考正薛《图》之误,俱精核分明。存而录

---

① 任启运:《朝庙宫室考》卷上,《景印文渊阁四库全书》(第109册),台湾商务印书馆1983—1986年版,第805页。

② 任启运:《朝庙宫室考》卷上,《景印文渊阁四库全书》(第109册),台湾商务印书馆1983—1986年版,第807页。

③ 永瑢等:《钦定四库全书总目》(整理本)卷二十,《经部·礼类二》,《宫室考》条,中华书局1997年版,第260页。

之，与《续仪礼通解》亦可以详略互考焉"①。前一则话语，是就《肆献裸馈食礼》的文献编纂情况而言的；中间一则话语，是就该书援引融贯众说而言的；而后一则，乃是针对任启运纠正"薛图"的礼制考证情况而言。任氏该书考据成功之例，文前已有枚举，此处不复赘举。

任启运《肆献裸馈食礼》考据失实的情况，馆臣《总目》提要列举了其中四则失误实例加以驳议，其所驳议者涉及以下四个方面情况：

一是割取反映诸侯之士大夫礼文来推演天子之礼。如《吉蠲》篇"省牲视濯"节，任氏据《周礼》《少牢礼》辑入"饔人溉鼎，廪人溉甑甗，司宫溉豆籩及勺爵"②一文，四库馆臣指出："今考《周礼·天官》，世妇掌祭祀之事，'帅女官而濯溉，为齐盛'，贾疏谓《少牢》濯溉以雍人廪人司宫者，彼大夫家无妇官，故并使男子官。此天子礼有妇官，与彼异。"任启运既推天子之礼，而仍据《少牢礼》之文，则"世妇帅女官濯溉"之文遂无归宿。

二是不用汉唐注疏之说而别创新说，与经义殊为不合。如《朝事》篇"列位"节，任启运据《中庸》辑入"宗庙之礼，所以序昭穆也；序爵，所以辨贵贱也；序事，所以辨贤也"一文，并考辨指出："礼之大者，混同姓於异姓，岂类族乎？愚意阼阶世次，则自北而南，以北为上，以序昭穆爵位，则於一世中自西而东，以尊卑为序。盖世异则子不可先父，故贵不敌亲；世同则弟不妨先兄，故亲不敌贵也。观《中庸》於燕毛言序齿，则昭穆不序齿可知矣。"③考《礼记》一书，《文王世子》篇言公族在宗庙之中，如外朝之位，宗人授事以爵以官。而《中庸》孔疏云："同姓无爵者从昭穆，有爵者则以官与公侯列西阶。"考孔颖达之说，盖欲将《中庸》与《文王世子》二义并归一义。又据《祭统》："凡赐爵，昭为一，穆为一，昭与昭齿，穆与穆齿。凡群有司皆以齿。此之谓长幼之序。"郑注："昭穆，犹《特牲》《少牢馈食礼》之众兄弟也。"四库馆臣认为，兄弟赐爵以齿，其位亦以齿，确有明文，"启运不用孔义，又不用郑义，别创'昭穆不序齿之说'，与经义殊为不合"④。

三是据所见薛氏礼图牵强为证。如《正祭》篇"荐币"节，任启运据薛氏礼

①　永瑢等：《钦定四库全书总目》（整理本）卷二十，《经部·礼类二》，《肆献裸馈食礼》条，中华书局1997年版，第261页。

②　任启运：《天子肆献裸馈食礼》，《景印文渊阁四库全书》（第109册），台湾商务印书馆1983—1986年版，第837页。

③　任启运：《天子肆献裸馈食礼》，《景印文渊阁四库全书》（第109册），台湾商务印书馆1983—1986年版，第839页。

④　永瑢等：《钦定四库全书总目》（整理本）卷二十，《经部·礼类二》，《肆献裸馈食礼》条，中华书局1997年版，第261页。

图辑入"祝荐币告于室"一文,自注云:"郑氏、孔氏皆未及。"①又引《周礼·天官·大宰》《小宰》文及《大戴礼记·诸侯迁庙礼》为据。四库馆臣认为,"今考《大宰》曰:'及祀之日,赞玉币爵之事',上承祀五帝之文,不与宗庙相涉。《小宰》曰:'凡祭祀,赞玉币爵之事、祼将之事。'贾《疏》云:'赞玉币爵,据祭天。而下云"祼将",是据祭宗庙。'则赞币非祭宗庙,明矣。"至于《诸侯迁庙礼》篇,"则告礼而非祭礼,明甚"②。由此看来,任启运以诸文证宗庙正祭实属牵附之举。

四是沿袭薛氏礼图之误而致失考。如《正祭》篇"后荐内羞"节,任启运据薛氏礼图辑入"后又羞籩二,糗餌粉餈羞豆二,酏食,糁食,内饔赞荐"一文,自注云:"孔疏但云内饔荐,兹据薛氏礼图。"③四库馆臣认为,"今考《内饔》职曰:'凡宗庙之祭祀,掌割亨之事。'无荐内羞明文,孔《疏》亦无所出。又《春官·内宗》曰:'掌宗庙之祭祀,荐加豆笾。'夫加豆笾隆于内羞,王后已不亲荐,况内羞乎?"④可见,启运沿袭薛氏礼图之误,亦为失考。

综上所述,任启运研治《仪礼》存在这样或那样的考据失误,但少量的考论缺失,并不能抹杀在学术史上的影响力及其客观地位。换言之,任启运研治的缺失毕竟是居于次要地位,他的礼学研究成就是主要的,他根柢于自身扎实的礼学知识,对相关礼学问题进行了卓有成效的考证,并不是无根之水、无本之木,而且极具鲜明的特色。

三、盛世佐与《仪礼集编》

盛世佐(1719—1755)⑤,字庸三,浙江秀水人。乾隆六年(1741)中举,乾隆十三年(1748)补殿试赐同进士出身,署贵州湄潭令,此后授贵州龙里县知县。据卢文弨《仪礼注疏详校自序》记载:"乾隆庚申之岁,吾师桑弢甫先生讲学于湖上之南屏,秀水盛庸三世佐实从之游。余馆于城中,不能与共学,而往

① 任启运:《天子肆献祼馈食礼》,《景印文渊阁四库全书》(第109册),台湾商务印书馆1983—1986年版,第851页。
② 永瑢等:《钦定四库全书总目》(整理本)卷二十,《经部·礼类二》,《肆献祼馈食礼》条,中华书局1997年版,第261页。
③ 任启运:《天子肆献祼馈食礼》,《景印文渊阁四库全书》(第109册),台湾商务印书馆1983—1986年版,第856页。
④ 永瑢等:《钦定四库全书总目》(整理本)卷二十,《经部·礼类二》,《肆献祼馈食礼》条,中华书局1997年版,第261页。
⑤ 关于盛世佐的生卒年,《清史稿》并无明确记载,据今人刘瑨心《盛世佐生平考》(《古籍整理研究学刊》2016年第6期)一文,盛沅纂修、嘉兴市图书馆藏《闻湖盛氏家乘》(清宣统三年刻本)当中有详细记载:"康熙己亥十月十一生,乾隆乙亥九月初八以解铜卒于仪征舟次,归葬大阙圩新阡。"此从之。

还恒数焉。"①可见,乾隆五年庚申(1740),盛世佐乃受业于桑调元(1695—
1771)受学,成为馀山学派劳史(1655—1713)的再传弟子。桑调元尊崇程朱
理学,教士定学规"以尚志力行为先",主张"穷经之要有三:博综、折中、自
得",强调"不通群经,不足以治一经;不知史法,不足与以谈;不博研象纬度、
山川、方名、器数之岩迹,不足以穷遐极幽",既强调学经要能博综、折中、自
得,方可有成,又反对以时文取科第,而不及经史。受其影响,盛氏亦深于经
学,尤其长于《仪礼》学方面的研究,花费了将近十年时间著成《仪礼集编》40
卷②,最终完稿于乾隆十二年(1747)。此外,盛氏又有订正杨复《礼仪图》,辨
之亦详。

（一）盛世佐之《仪礼》认知观

对《仪礼》经、《记》等相关问题的关注和重视,是盛世佐研治礼经的重要
方面。这一个方面的内容,突出体现在卷首《纲领》部分,各分上、下二篇,分
目依次胪列历代学者关于《仪礼》学一些基本问题的不同认知。《纲领》上篇
所论分目有:通论制礼之本、序礼经废兴、论作经之人、论《仪礼》与《周礼》《礼
记》不同、论仪节不可废、论题号篇目次第;下篇所论分目依次为论逸礼、论古
今文、论经礼威仪之别、杂论注疏传说得失、论读《仪礼》法、论以记传附经。
每一分目下,依次胪列历代学者的相关研究论点,对于帮助读者了解此前学者
相关问题的各种不同主张颇具裨益。至于盛世佐有关《仪礼》经、《记》基本问
题的具体认知,则主要保存在《仪礼集编》各卷中具体的按语部分,结合相关
经文的考释与前贤诠释之纠谬加以发覆。通过综合考量与分析,盛氏的《仪
礼》认知观较为传统,其较为突出鲜明者主要体现在如下方面:

其一,在《仪礼》成书与作者的问题上,盛世佐持传统旧说,并无标新立异
之处。他认为:"《礼记》出于汉儒之纂录,犹可曰是夏殷法也;《仪礼》《周礼》
皆周公制作时所定,不应枘凿乃尔。"③由此可见,盛世佐乃站在古文经学家的
立场上,主张《仪礼》和《周礼》并为周公所定之说。至于《仪礼》经文与孔子
的关系问题,《仪礼集编》的"世佐案"语中并无相关交代说明。

其二,在《仪礼·记》文成书性质的认知上,与当时其他学者的看法略有

①　卢文弨:《仪礼注疏详校·自序》,《续修四库全书》(第88册),上海古籍出版社2002年版,第
488页。

②　《仪礼集编》今存者有17卷和40卷两种版本:《浙江遗书总录》称是书17卷,且称积帙共二
千余翻,乃按篇数编排卷次,系嘉庆十年贮云居刻本,今浙江大学图书馆藏此刊本。《四库全书》本则
作40卷,宋慈抱《两浙著述考》以为"盖绲以卷帙太重,不得已而分之"。

③　盛世佐:《仪礼集编》卷二十一,《景印文渊阁四库全书》(第111册),台湾商务印书馆1983—
1986年版,第5页。

不同,盛世佐认为《记》文的性质较为复杂,包括三种不同的成分来源:"凡为《记》者有三,有记经所未备者,有记礼之变异者,有各记所闻颇与经义相违者。记经所未备者,周公之徒为之与经并行者也;记礼之变异,则非周之盛时书矣……其在春秋之际乎? 至于各记所闻而颇失经意者,则七十子后学者所记也。意其初经与《记》分,《记》与《记》亦不相杂,至汉儒掇拾灰烬之余,窜以经师之说,而三者之辨不可复知。且有经连于《记》《记》混于经者,错乱无次,于《记》为甚,读者不可不分别观之也。"①不仅如此,盛世佐还对诸《记》文的存书情况进行了推论:"据《汉书·艺文志》所载,诸《记》与经文各自为书,本不相杂,以《记》附于逐篇之下者,其始于郑氏乎? 郑氏注《易》,合象象于经,亦其例也。"②认为诸《记》文原本独立于经文之外,直到郑玄注释礼经之时,才被合并到相应篇章之末。盛世佐的这一主张,后来得到了同时代学者马骕的响应,马氏在他的《仪礼易读》一书中便重复了盛氏的这一见解。③

其三,关于《仪礼》是否属于完帙之书的认知情况,盛世佐持有佚文之说。他在该书《凡例》中曾有言曰:"愚於是经《士冠》《士相见》《丧服》等篇经记传注相泪处,心知其非圣经之旧,然不敢辄为改易",认为此 17 篇各篇经文有扞格不通之处,可见此非周公制礼之旧貌。然而《凡例》他处又说:"礼书之存於今者,惟此经称完备,惜古文增多三十九篇,佚不传。然冠、昏、丧、祭、乡、相见六礼修之司徒,以节民性为士大夫日用所不可阙者具在是矣,所亡惟军礼耳。"以为今本《仪礼》17 篇较之《周礼》更称完备,其所亡者惟军礼之篇耳。他处,盛氏还指出:"《汉志》所谓经十七篇,即高堂生所传也。"显然认为,所亡佚的军礼部分,汉代即已不复传习,散逸直至今日。

其四,关于《士冠礼》篇经、《记》,盛世佐认为二者有相互混淆的现象存在:"窃谓此篇之经至'归宾俎'而止矣,自此以下皆《记》也。"④盛氏之所以得出如此结论,主要是通过与《昏礼·记》文的比较而来:"试以《昏礼》较之,此'若不醴'及下文'若杀',犹《昏礼·记》'若不亲迎'也,所谓记礼之变异也。'若孤子'、'若庶人'及'冠子母不在',犹《昏礼·记》'庶妇及宗子无父'之类,所谓记经未备也。诸辞,则《昏礼》俱属《记》,尤为明证。唯屦制一节,朱

---

① 盛世佐:《仪礼集编》卷二,《景印文渊阁四库全书》(第 110 册),台湾商务印书馆 1983—1986 年版,第 107 页。

② 盛世佐:《仪礼集编》卷二,《景印文渊阁四库全书》(第 110 册),台湾商务印书馆 1983—1986 年版,第 124 页。

③ 参见马骕:《仪礼易读》卷一,《四库全书存目丛书》(第 88 册),影印清华大学图书馆藏清康熙刻《西河合集》本,齐鲁书社 1997 年版,第 16 页。

④ 盛世佐:《仪礼集编》卷二,《景印文渊阁四库全书》(第 110 册),台湾商务印书馆 1983—1986 年版,第 107 页。

子移附陈器服节之末，或是彼处脱简，然详其文体，亦似《昏礼·记》'挚不用死'、'腊不用鲜'之类，经盖以屡贱，不与冠服并言，而《记》者详之，亦是记所未备也。自'冠义'以下，乃汉儒取戴《记》《家语》以成文，观其中载孔子之言，而篇末又杂出老氏之意，其非本《记》之旧明矣。首以'冠义'二字题之，若小戴《记》篇目，然十七篇无此例也。作者原不敢自附于本经之《记》，而编礼者误以'记'之一字加之，若移彼'记'字于此节之首，则得矣。"①盛氏运用审文例的训诂方法，将《士冠礼》后一部分与《昏礼·记》文加以比较，发现它们之间存在很多相同之处，因而得出今本《士冠礼》篇存在经、《记》混淆的结论来。盛氏进而指出："此非愚之创见也。朱子谓醴宾节以上正礼已具，以下皆礼之变，固亦微示其意矣。张氏未尝见《通解》，亦谓送宾归俎以上《士冠礼》正经，似与朱子有暗合者，愚故推明之，以自附于窃取之意云。"②进一步申解自己的这一见解是受朱熹《仪礼经传通解》、张尔岐《仪礼郑注句读》的研究启发，进一步推明之而已。

另外，《士冠礼》经文后的诸辞（如戒宾辞、宿宾辞、醴辞、醮辞等）部分，盛世佐认为亦应属于经、《记》文混于经文的内容："诸辞之当为《记》，敖氏已见及之，特狃于汉儒所定本而未能断耳，且不知是篇之《记》混于经者固不止此也"③。这是盛氏承敖继公《仪礼集说》之端倪而发此见。盛氏还考证指出："诸辞唯醮辞后人拟作，其余皆周公制作时所定，未必周公自作，盖祝雍、史佚辈承旨为之，使天下后世皆遵而用之。《大戴礼·公冠》云：'成王冠，周公使祝雍祝王曰：达而弗多也。'是其徵矣。"④认为诸辞中"醮辞"属于后人拟作，其余诸辞则周公制作时所定，应是祝雍、史佚之辈承旨而为之也。

其五，对于今本《士相见礼》篇没有《记》文的情况，盛世佐亦有发现，认为并非古来就没有《记》文，只不过已经被归并到原有经文当中，后人难以分辨而已。在盛世佐看来，《士相见礼》篇《记》文的"消失"现象，只不过是"编礼者误合于经耳"造成的结果。那么，《士相见礼》篇中哪些篇幅属于《记》文的性质呢？"此篇之经止'士相见'一章，自'士见于大夫'以下皆《记》也。其中见大夫、大夫相见、见君三节文与本篇相似，犹可曰自士相见推之也；至'凡燕

---

　　① 盛世佐：《仪礼集编》卷二，《景印文渊阁四库全书》（第110册），台湾商务印书馆1983—1986年版，第107—108页。

　　② 盛世佐：《仪礼集编》卷二，《景印文渊阁四库全书》（第110册），台湾商务印书馆1983—1986年版，第108页。

　　③ 盛世佐：《仪礼集编》卷二，《景印文渊阁四库全书》（第110册），台湾商务印书馆1983—1986年版，第116页。

　　④ 盛世佐：《仪礼集编》卷二，《景印文渊阁四库全书》（第110册），台湾商务印书馆1983—1986年版，第120页。

见于君'以下,则其体宛似戴《记》,且与彼大同小异者亦多有以是续经,其为编次之误无疑。"①同样,盛氏乃运用审文例的方法,将其与小戴《礼记》文体相比较,断定《士相见礼》篇"士见于大夫"以下为《记》文。盛氏的这一看法,后来遭到了韦协梦的驳斥,以为其立论无法成立。在韦协梦看来,《士相见礼》篇"此篇总论卿大夫士相见之礼,本《记》体也,何必又为《记》以赘于后乎? 盛氏强分士相见一章为经,'士见于大夫'以下为《记》,夫'士见于大夫'以后诸章各为一体,与士相见礼绝不相关,安见彼为经而此为《记》乎? 盖盛氏不知此篇乃泛论相见之礼,非仅为士立文也,故不能不为是割裂耳。"②

（二）对《仪礼》诠释史之认知观

盛世佐治学颇为广博,文献阅读面特别是相关礼学著作多有涉猎,出于"博综、折中"的需要,无论是清代以前学者的重要著述,或者是清初学者的《仪礼》研究成果,盛氏都有细致的研读和思考,在此基础上形成了他对于前贤《仪礼》诠释的一些独到见解和宏观认知。在《仪礼集编》的《凡例》③当中,对某些重要学者、重要礼学著作的认知情况,有一些简明扼要的宏观性评价言论,其中重要者有如下数端:

首先,在对郑玄注解《仪礼》的认知上,盛世佐颇持一种辩证的观点。一方面,他肯定了郑氏研治礼经的贡献:"其家世习礼,身复博通群籍,故其为文简严该洽,先王之制度赖以不坠,其功居多。"与此同时,盛氏亦批评郑玄据谶纬之说解经,"康成祖谶纬,兼有牵强附会之病,同时通人已有讥其多臆说者"。其所谓"同时通人",乃是指当时学者孔融,见《太平御览·孔融与诸卿书》所载。

其次,关于宋代学者的《仪礼》研究,盛世佐极为推崇朱熹及其门下弟子等人的治学方法。他在《凡例》中说:"朱子及其门弟子著《经传通解》,裒集礼书,垂千古不刊之典,至于诠释多仍旧文。"对朱熹等人的著述体例和方法表示了肯定。进而他又指出:"《通解》一书规模阔大,原不为诠解礼经而设,而读者亦不可以释经之例绳之也。"对于杨复的《仪礼图》一书,《凡例》中亦指出其极具价值:"古人之制度不可见矣,信斋杨氏绘为图以著之,而其门户牖堂室之制,升降揖让之容,如在目前,后人叹其明便。"与此同时,盛氏亦注意到,

　　①　盛世佐:《仪礼集编》卷五,《景印文渊阁四库全书》(第 110 册),台湾商务印书馆 1983—1986年版,第 205 页。
　　②　韦协梦:《仪礼蠡测》卷三,《续修四库全书》(第 89 册),上海古籍出版社 2002 年版,第570 页。
　　③　盛世佐:《仪礼集编》卷首,《景印文渊阁四库全书》(第 110 册),台湾商务印书馆 1983—1986年版,第 3—6 页。本框题下所引,俱出自《凡例》部分,兹不逐一出注标明出处及页码。

以图释经的治学方法，倘若不能娴熟于礼经，毫釐之差，便有千里之谬，因而盛氏亦从宏观层面发覆其中颇存在不足之处："杨氏一遵《注疏》，无所是正，时复有并《注疏》之意而失之者，不无遗憾焉。"并且提出了他对于此书所应把持的一种客观态度和做法："今其书世多有之，不须备录，惟揆之于理而未安，稽之于古而未协者，则舍其旧而别搆之，细流土壤仰裨高深，谅亦先儒所不弃也。"这种治学取向及其类似辩证性的价值评判观，确实值得后人深思。

再次，关于元、明代两代的《仪礼》研究，盛世佐于《凡例》中谈到了他对于元人敖继公、明人郝敬两位学者著述的总体评价："敖继公《集说》出，间发新义以易之，而于制度文为反多阙而未备记，其优劣盖与陈澔之《礼记集说》等"，对其得失不执一而论。盛氏又说："京山郝氏尤好立异，所著《节解》一书掊击郑、贾不遗余力，而考据未精，穿凿已甚"，对其不精通考据而妄加抨击郑注、贾疏的做法，是不以为然的。从中亦可发见，盛氏礼经研究的治学取向是传统的，并不致力于标新立异的学术研究，对于元明学者的治学并没有一棍子打死。

另外，对于《仪礼》学史上"分节法"的治学方式，盛世佐《凡例》亦进行了发微探讨。关于《仪礼》本经的分节源始，他指出："分节法昉於《通解》，而后之说《仪礼》者多遵之，以其便于读者也。"至于《仪礼》中《记》文的分节源始，他又指出："《记》文旧不分章，张氏《句读》始分之。"后来，陈澧《东塾读书记·仪礼篇》溯《仪礼》经、《记》分节之源时，延继了盛氏的这一溯源说法。

由上可见，盛世佐对于朱熹及其门下弟子《仪礼》的研究风格是极为推崇的。当然，这种推崇，并未仅仅停留在推许尊崇的认知层面，他还将朱氏等人的治学手段运用到自己的著述中去，承继和发扬了纂集体这种文献整理体式，使之成为清代张扬朱学派当中的第一位代表人物。

（三）著述体例

作为一部纂集体著作，《仪礼集编》资料汇纂性质的著述体例特点极为突出和鲜明，"专仿何晏、范宁胪先说而衷之己意，裒然成编"①，这与盛世佐治学强调"博综、折中"的价值取向是相吻合的。概括说来，大致可以从这样两个方面进行观照和认知：

首先，从《仪礼集编》全书的文献编排体例情况来看，盛世佐的著述具有如下几大特点：一是盛氏准依郑玄所定体例，将《仪礼》经文与《记》文各自编

---

① 桑调元：《仪礼集编序》，《仪礼集编》卷首，《景印文渊阁四库全书》（第110册），台湾商务印书馆1983—1986年版，第2页。

排,"经自为经,《记》自为《记》"①,不相杂厕,从而与朱熹《仪礼经传通解》以《记》分属于经文每条之下的做法区别了开来。二是盛氏依仿章句体著作体例,将《仪礼》经文进行分节。分节法始于朱熹的《仪礼经传通解》,后儒治《仪礼》亦多遵之,以求便于读者阅读也,但各自分合之处参错不符,盛世佐斟酌众本,择善而从。三是盛世佐《仪礼集编》依仿张尔岐《仪礼郑注句读》的著述体例,亦将《记》文分章,从而与以往的《仪礼》纂集体著作卓然有别。

其次,从《仪礼集编》的引书情况来看,盛世佐的著述具有如下几重特点:一是引书数量众多,涉及面广。据该书"凡例"称云,采自先秦迄于清代学者共 197 家著作,其中全解《仪礼》之作仅十数家,其余有关文集、语类、杂说及其他经解与《仪礼》相发明者,"务撷而录之,志在博收兼存异义,不专主一家言"②。二是众说编排次第颇有讲究,"一以时代为序,二说略同则录前而置后,后足以发前所未备,始兼录之"③。三是撷录众说但求详备,不求芟除异说。"京山郝氏尤好立异,所著《节解》一书掊击郑、贾不遗余力,而考据未精,穿凿已甚。今并录诸家之说,断以己意,亦欲去讲其非而求是耳,非敢与先儒角长短也。"④四是引用贾《疏》往往有所删改。《凡例》云:"朱子尝谓《仪礼疏》说得不甚分明,故《通解》所引用往往加以润色,后儒因之,于贾《疏》各有删改,今掇其胜于原文者著于篇而分注其下,曰从某书节本,盖不没其所自也。若其未经删改者及他讲师之说,则但去其冗长而已,不敢妄加增损致乖本旨。"⑤也就是说,《仪礼集编》引据贾《疏》情况不一,或据朱熹等人删改后的贾《疏》加以转引,或盛氏根据需要自行缩减冗长的贾《疏》之文加以引据,皆以不乖违贾《疏》本旨为要务。五是在援引郑《注》上,一般来说盛世佐不予节省,但遇有重复之嫌的情况则删节之,用他的话说就是:"《乡射礼》文有与《乡饮酒礼》同者,《大射仪》有与《燕礼》《乡射礼》同者,郑氏各为之注,未免前后复出,今遇此等处,概从节去。"⑥六是在引用前人说解的同时,亦不排除引据

① 盛世佐:《仪礼集编》卷首《凡例》,《景印文渊阁四库全书》(第 110 册),台湾商务印书馆1983—1986 年版,第 5 页。

② 盛世佐:《仪礼集编》卷首《凡例》,《景印文渊阁四库全书》(第 110 册),台湾商务印书馆1983—1986 年版,第 3 页。

③ 盛世佐:《仪礼集编》卷首《凡例》,《景印文渊阁四库全书》(第 110 册),台湾商务印书馆1983—1986 年版,第 3 页。

④ 盛世佐:《仪礼集编》卷首《凡例》,《景印文渊阁四库全书》(第 110 册),台湾商务印书馆1983—1986 年版,第 4 页。

⑤ 盛世佐:《仪礼集编》卷首《凡例》,《景印文渊阁四库全书》(第 110 册),台湾商务印书馆1983—1986 年版,第 4 页。

⑥ 盛世佐:《仪礼集编》卷首《凡例》,《景印文渊阁四库全书》(第 110 册),台湾商务印书馆1983—1986 年版,第 4 页。

同时代学者的研究成果,例如张尔岐、万斯大、朱彝尊、汪琬、毛奇龄、阎若璩、姜兆锡等人的著述研究见解,在《仪礼集编》中亦多有撾引。

(四)考释特点

盛世佐研治《仪礼》"穷经之要"的第三方面,即"自得"。所谓"自得",即是指盛氏在读经过程中形成的有别于他人的独到见解,属于盛氏所自创的诠释性内容。盛氏在《仪礼集编·凡例》中引用《礼记·曲礼》的话说,强调治学要"毋剿说,毋雷同",就是彰显治学要有独创之处。从《仪礼集编》1619 则"世佐案"语的发覆情况来看,这种创见性的成分多属于微观的词句诠释性内容,与此前学者的礼经诠释焦点没有根本的区别。盛氏老师桑调元在给《仪礼集编》所作的《序》文中,称盛世佐"多抒特见,发前笺之所未尝。经奥之抉,疏讹之纠,若中理解刃之游且恢恢然"①,即是申言盛氏考释之精细。泛而言之,盛世佐对相关词句的考释,主要集中在如下方面:

其一,《仪礼集编》注重通过文字校勘之功考释礼经。盛世佐整理《仪礼》文献的一个重要内容,就是校勘《仪礼》及其郑《注》的文字讹误。桑调元《序》文称该书"后卷附录勘正监本、石本,补顾炎武、张尔岐之阙,郑贾杨氏之图之失,胥正之高识炯炯",不过今传文渊阁《四库全书》本并无此附录,四库馆臣推测说:"《总录》又称末附《勘正监本石经》,补顾炎武、张尔岐之缺,此本亦有录而无书,岂《总录》但据目录载之欤?"②从各卷所载"世佐案"语校勘情况来看,盛氏所运用的校勘方法主要集中在对校法、本校法及理校法诸法上,例如《士冠礼》:"啐醴,捷栖,兴,降筵,坐奠觯,拜,执觯兴,宾答拜。"世佐案:"'捷'当作'建',字之讹也。《士昏礼》《聘礼》皆云'建栖',谓以栖插于醴中也。"③这是运用本校法,即从《仪礼》经文本身寻找证据。《乡饮酒礼》:"羹定",郑《注》:"肉谓之羹,定犹熟也,著之者下以为节。"世佐案:"监本《注》中脱'著之者下以为节'七字,今从敖氏本补入。"④这是运用本校法校勘《注》文。《有司彻》:"主人降,洗爵,侑降,主人奠爵于篚,辞,尸对。"世佐案:"'爵',敖本作'觯',当从之,《乡饮酒·记》云'献用爵,其他用觯'是也。洗

① 桑调元:《仪礼集编序》,《仪礼集编》卷首,《景印文渊阁四库全书》(第 110 册),台湾商务印书馆 1983—1986 年版,第 2 页。
② 永瑢等:《钦定四库全书总目》(整理本)卷二十,《经部·礼类二》,《仪礼集编》条,中华书局 1997 年版,第 263 页。
③ 盛世佐:《仪礼集编》卷二,《景印文渊阁四库全书》(第 110 册),台湾商务印书馆 1983—1986 年版,第 100 页。
④ 盛世佐:《仪礼集编》卷六,《景印文渊阁四库全书》(第 110 册),台湾商务印书馆 1983—1986 年版,第 246 页。

觯为酬尸也。"①此例先运用对校法后运用本校法进行校勘。有时盛氏还注意透过古音角度揭示文字讹误,如《士昏礼》:"妇乘以几,姆加景,乃驱,御者代。"世佐案:"'景'当作'锦',音之讹也。"②唯此例盛氏未作具体音理的分析而已。特别值得注意的是,盛氏在《凡例》中特别声言说,张尔岐《正误》部分"所据止石本、监本、吴澄本而已,未尝博考宋元人旧本及其论著",其校勘存在"从违容有未当"之失,有鉴于此,盛氏"今更取朱子《通解》、杨氏《图》、敖氏《集说》诸本,辨其异同,务归至当,《注疏》阙误可考者亦与补正,庶不至谬种流传,疑误后学"③,在对校法的运用上版本更趋丰富全面。

其二,《仪礼集编》虽然不以考据见长,但容有一得之见,亦注意礼经相关文字的训诂考证,以字的音韵训诂来辅助文义的疏释。盛世佐曾经在《凡例》中称云:"音义、句读,小学之功,亦说经者所不废,而是编未之及,以其各有成书可考故也。"④尽管如此,遍览《仪礼集编》全书,不难发现,盛氏亦强调通过文字的训诂考辨藉以补正前贤诠释之阙失,颇具参考价值。例如,《少牢馈食礼》:"主妇被锡侈袂",世佐案:"被、髲通,《诗》云'被之僮僮'、'被之祈祈'是也。《庄子》'秃而施髢',即此'被'字。锡,布之滑易者,《汉乐府》云'曳阿锡',注云:'细布,言其滑易如锡也。'以细布为衣而侈其袂,即缘衣也。缘衣与宵衣俱以布为之,所异者在袂之大小耳。大夫妻从夫助君祭服展衣,此自祭于家,故服缘衣。服缘衣者服次,次即被也。"⑤

其三,盛世佐继承了传统的《仪礼》诠释方法,善于考量《仪礼》本经及其他儒家经典,纠正前贤诠释之失。例如,《士冠礼》:"筮于庙门。"盛世佐案:"下经云'屦,夏用葛',又云'冬,皮屦可也',然则冠无常月明矣。筮日而不筮月,筮之常法也。《疏》误。"⑥盛氏的按语,是针对贾《疏》所云"不筮月者,《夏小正》云'二月绥多士女',冠子取妻时也,既有常月,故不筮也"而言的,贾公彦用《礼记·夏小正》篇互证,而盛氏则据本篇经文互证,认为贾《疏》的说解

①　盛世佐:《仪礼集编》卷四十,《景印文渊阁四库全书》(第111册),台湾商务印书馆1983—1986年版,第669页。

②　盛世佐:《仪礼集编》卷三,《景印文渊阁四库全书》(第110册),台湾商务印书馆1983—1986年版,第152页。

③　盛世佐:《仪礼集编》卷首《凡例》,《景印文渊阁四库全书》(第110册),台湾商务印书馆1983—1986年版,第4页。

④　盛世佐:《仪礼集编》卷首《凡例》,《景印文渊阁四库全书》(第110册),台湾商务印书馆1983—1986年版,第6页。

⑤　盛世佐:《仪礼集编》卷三十七,《景印文渊阁四库全书》(第111册),台湾商务印书馆1983—1986年版,第609—610页。

⑥　盛世佐:《仪礼集编》卷一,《景印文渊阁四库全书》(第110册),台湾商务印书馆1983—1986年版,第73页。

有错误。又如,《士虞礼》:"祝祝卒。主人拜如初。哭,出,复位。"盛世佐案:
"此祝辞,《疏》谓宜与《少牢》迎尸祝孝子辞同,但称哀为异,非也。彼为大夫
之吉祭,此士之丧祭,其祝辞岂可袭用? 如云'柔毛'云'岁事'云'以某妃配'
之类称之,于是义安取邪?"[1]贾公彦用本书互证法,盛世佐指出二篇一为吉
祭,一为丧祭,祝辞不可袭用,贾《疏》说于义未安。又如,《乡饮酒礼》:"无
介。"郑注:"劳礼略也,司正为宾。"敖继公曰:"是礼虽主于司正,未必以司正
为宾,公父文伯饮南宫敬叔酒,以路堵父为客,是其徵矣。"[2]盛世佐案:"司正,
盖以州长为之,诸侯之州长,士也。此乃大夫燕士之礼,敖氏所引《左传》,盖
大夫族饮礼,故以异姓为宾,非此比也,当以《注》说为正。"[3]敖继公引他经互
证法说解,以异姓为宾,盛世佐则以为《左传》所载为大夫族饮礼,《乡饮酒礼》
乃大夫燕士之礼,不可类而推之。诸如此类在对前贤错误成说的攻驳中,盛世
佐辨必有析,驳必有据,勇于求证,避免了诠释的牵强附会,对于引发后人对此
前学者诠释结论的深层次思考,从而更加准确地解说《仪礼》的繁文缛节,有
着较为重要的意义。

综上所述,盛世佐的《仪礼》研究,既有对《仪礼》本经及《记》文认知的独
到见解,也有对《仪礼》诠释史上某些重要学者重要著述的清醒认知;在诠释
风格上,既体现出对前贤治学成果的"博综"与"折中",但也不囿于前贤成说
的"自得"要素,对《仪礼》经文及其郑《注》的文字讹误进行了纠谬,并通过文
字的音韵训诂和传统仪制的文献考量诸法,攻驳错误诠释,大胆求证,体现出
求真务实的治学作风。当然,盛世佐的《仪礼集编》亦有某些不足之处,相对
于乾嘉之际一些学者来说,他的文献校勘涉及面和校勘精度都存在狭隘之处,
"自得"的"世佐案"语部分,某些结论还存在一些诠释误区,不一定站得住脚,
但作为清代第一位张扬朱学派学者,他的《仪礼集编》治学方式方法对此后姜
兆锡、杨丕复等人亦有深远的影响。

四、胡抡与《礼乐通考》

(一)生平及礼学思想概况

胡抡,字应麟,江苏武进(今常州市武进区)人。生卒年及平生事迹不详,

---

①　盛世佐:《仪礼集编》卷三十二,《景印文渊阁四库全书》(第110册),台湾商务印书馆1983—
1986年版,第467页。

②　敖继公:《仪礼集说》卷四,《景印文渊阁四库全书》(第105册),台湾商务印书馆1983—1986
年版,第132页。

③　盛世佐:《仪礼集编》卷七,《景印文渊阁四库全书》(第110册),台湾商务印书馆1983—1986
年版,第287页。

大致生活于康熙至乾隆年间。胡氏研治经学，旨趣曾有所变革，早年"其始非孔子之经不敢信，非朱子之传不敢从"，后来乃专注于古代礼乐文化之研究，尤多着力于朱子之学。他有感于朱子《仪礼经传通解》一书"惜其暮年才定，未就而终"，以为当今所见《仪礼经传通解》一书并非朱熹亲笔所编订，存在"滚作一片，不成段落"之弊，不符合朱子修书之意。"所可幸者，文集所载，程式具存，抢得遵之，纂为《通考》三十卷"，遂始胡氏有鉴于朱子编纂《仪礼经传通解》之程式，纂集各类文献典籍，"远宗三《礼》，近及前明"①，发覆古代礼乐之制，著为《礼乐通考》一书，凡 30 卷。关于胡抡《礼乐通考》之撰述起讫时间，并无确切记载。考该书乾隆间藜照轩刻本，书首有乾隆十四年己巳（1749）胡氏《自序》文。根据胡抡著述自序创作通例及此篇《序》文文辞，是书完成时间最有可能是在乾隆十四年。

在胡抡看来，上古礼制之书大多已经散佚泯灭不存，三《礼》之书不过是其仅存者。这些典籍的泯灭丧失，主要废于两次毁书，"一废于强侯之去籍，孟子且不得其详；再废于秦政之焚书，汉儒徒以拾其烬"。与此同时，胡抡还认为，现存三《礼》之书亦有缺陷："《周礼》既非全书，《仪礼》又多缺略，《礼记》诸篇错综无序。"②而《礼记》诸篇之所以"错综无序"，很大程度上与"《礼记》类多出汉儒附会，是非颇缪"③有着密切关联。尽管如此，他仍然赞同朱熹关于三《礼》诸书与礼之间的关系剖析："《周官》一书，固为礼之纲领；至其仪法度数，则《仪礼》乃其本经，而《礼记·郊特牲》《冠义》等篇乃其义疏耳。"④后世学者研究上古礼乐文化，不能回避也无法回避对于三《礼》诸书的整理和研究，务求使著述举凡冠、昏、丧、祭之繁文缛节"条分缕析，开卷了然"。

在古代礼制文献的认知上，胡抡基本上沿袭了朱熹在《仪礼经传通解》中的说法，并无更多新的创见。故其在《礼乐通考》卷首，将朱熹的《乞修三礼札子》和《答李季章书》二文附于《自序》之后、《凡例》之前。对于朱熹所提出的三《礼》之间礼学关系的认知观点，胡氏亦高度认同。另外，在诸礼书作者的问题上，也基本上持与朱子相同的见解，认为《仪礼》出自周公之手，小戴《礼记》则多出汉儒附会。胡抡还对《丧服传》当中的"《传》曰"之文的作者问题

① 胡抡：《礼乐通考·序》卷首，《四库全书存目丛书》（第 111 册），影印原清康熙间刻《西河合集》本，齐鲁书社 1997 年版，第 272—273 页。

② 胡抡：《礼乐通考·序》卷首，《四库全书存目丛书》（第 111 册），影印清华大学图书馆藏清康熙刻《西河合集》本，齐鲁书社 1997 年版，第 272 页。

③ 胡抡：《礼乐通考·凡例》卷首，《四库全书存目丛书》（第 111 册），影印清华大学图书馆藏清康熙刻《西河合集》本，齐鲁书社 1997 年版，第 274 页。

④ 朱熹：《乞修三礼札子》，载朱熹：《仪礼经传通解》卷首《目录》，《景印文渊阁四库全书》（第 131 册），台湾商务印书馆 1983—1986 年版，第 12 页。

给予了说明,以为"《传》下称《传》者,子夏引古书也"①。

　　(二)《礼乐通考》之著述体例

　　作为一部通释体著作,胡抡的《礼乐通考》一书尽管也尊崇朱子《仪礼经传通解》、黄榦《仪礼经传通解续》的做法,将各类礼文按照一定的礼目分类,重新加以编次文献,但从《礼乐通考》一书的实际礼目设置情况来看,胡抡并没有延继朱子《仪礼经传通解》、黄榦《仪礼经传通解续》之书《家礼》《乡礼》《学礼》《邦国礼》《王朝礼》《丧礼》《祭礼》七个大类的结构布局全书,而是参考《周礼》的"五礼"说法,将全书划分为七个部分:首以《通论》1 卷,次《吉礼》《凶礼》各 6 卷,次《宾礼》2 卷,次《军礼》1 卷,次《嘉礼》7 卷,而终以《乐制》7 卷。《礼乐通考》之所以列此七目,该书卷一"通论"二字下,胡氏阐述发微其意云:"古礼之目有五,所谓吉、凶、宾、军、嘉是也。其序详于《周礼·春官》,其原肇于《虞书·舜典》。凡有作者,莫不以是为叙。刘向《石渠别录》取《戴记》诸篇分属五礼,而取泛论者号为'通论'。以其泛论五礼,不可专属一礼也。然其所谓专属者,未尝无泛论之文;所谓通论者,未尝无专属之处。循名考实,未臻至当。今以其不可分属之言,择其语精义醇者,汇为一编,仍称《通论》,一以发先王制礼之意,一以存先儒习礼之旧云。"②

　　另外,在七个大类的礼目结构之下,胡抡又设置了众多礼类分目,如卷一《通论》下设"通礼"这一小类目:"通礼者,五礼通用之器物也。其有虽为通用而本有从重之条者,则以见于所重之中,如宫室同于宗庙,圭璋见于宾礼衣服,粢盛见于祭祀,从其重也。若夫牲牢、鼎俎之属,虽亦以祭为重,而吉、凶、宾、嘉莫非是也。故合为此编,且便简阅。"③"通礼"所述之器物者,有簠簋、太牢、牺牲、鼎俎、笾豆庶羞内羞、鬱鬯尊彝、拜七个分节情况。如果说《礼乐通考》卷一"通论"部分是统论吉、凶、宾、军、嘉五礼的话,那么,其他"五礼"的设置亦是统论各礼之分属情况。《礼乐通考》"五礼"布局情况,依次如下:

　　吉礼,"祭祀之礼也。祭祀为吉礼者,丧三年不祭,对凶而言也。故凡天地、宗庙、社稷、山川、百神之祀,皆为吉礼,是宜各为一篇,而以其不可分者,合为此篇"④。据此,《礼乐通考·吉礼》除卷二总论"祭祀""粢盛""耕籍""祭

　　① 胡抡:《礼乐通考》卷之八,《四库全书存目丛书》(第 111 册),影印清华大学图书馆藏清康熙刻《西河合集》本,齐鲁书社 1997 年版,第 425 页。

　　② 胡抡:《礼乐通考》卷之一,《四库全书存目丛书》(第 111 册),影印清华大学图书馆藏清康熙刻《西河合集》本,齐鲁书社 1997 年版,第 281 页。

　　③ 胡抡:《礼乐通考》卷之一,《四库全书存目丛书》(第 111 册),影印清华大学图书馆藏清康熙刻《西河合集》本,齐鲁书社 1997 年版,第 291 页。

　　④ 胡抡:《礼乐通考》卷之二,《四库全书存目丛书》(第 111 册),影印清华大学图书馆藏清康熙刻《西河合集》本,齐鲁书社 1997 年版,第 300 页。

服""亲蚕""杂祭仪"等类目外,卷三迄于卷七依次为祭天地、祭宗庙、祭社稷、祭日月星辰、祭山川、祭五祀、祭四方、释奠先师八个类目。

凶礼,"盖列朝所为凶礼者,皆详于丧葬,而略于荒檜诸条,故今亦不得而详,惟以丧礼为凶礼耳。虽《仪礼经传通解》亦无荒檜诸条篇目,盖其不可考也久矣"①。据此,卷八迄于卷十三依次为丧服、丧通礼、丧礼、葬礼、丧祭(《士虞礼》)、天子之礼六个类目。其中丧服类大致对应于《仪礼·丧服》篇,丧礼类大致对应于《士丧礼》篇,葬礼类大致对应于《既夕礼》篇,丧祭类大致对应于《士虞礼》篇;至于天子之凶礼,"惟《顾命》及《康王之诰》,则天子所独有也,故特与唐、宋、明大丧之礼合为一编"②。

宾礼,"凡朝觐、聘问、巡狩、会同、相见,皆宾礼也。见存《仪礼》三篇,曰《觐礼》,曰《聘礼》,曰《士相见礼》而已;巡狩,则略见于《虞书》《王制》;至于朝会之礼,则无闻焉,而列朝亦多未备。"③据此,《礼乐通考》卷十四、卷十五依次为觐礼、聘礼、士相见礼、列朝宾礼四个类目。

军礼,"古者兵法起于井田,又因井田以为封建,因封建以制军旅,于是田赋定,谷禄均,而蒐苗有时,兴作有制,皆为军礼。……军礼今亡,故以《周礼》为主,而诸经传各以类从"④。据此,《礼乐通考》卷十六依次为封建、井田、军旅、车马、兵器诸类目。

嘉礼,《周礼·春官·大宗伯》言:"以嘉礼亲万民:以饮食之礼亲宗族兄弟,以昏冠之礼亲成男女,以宾射之礼亲故旧朋友,以飨燕之礼亲四方之宾客,以脤膰之礼亲兄弟之国,以贺庆之礼亲异姓之国。"据此,《礼乐通考》卷十七迄于卷二十三,依次为冠礼、昏礼、乡射礼、大射礼、投壶礼、乡饮酒礼、燕礼、公食大夫礼、养老礼、学礼、内则等11个类目。

胡抡在《礼乐通考·凡例》中谈到该书的整体布局情况时,也言及他在礼目设置方面的考虑:"是书务在洗刷头面,使人易看。所谓头面者,眉目清楚而不漾混,次第严整而无错乱也。全书之提纲挈领,莫大于此。"(第2条)总之,从通盘角度来看,胡氏的体例颇为谨严,礼之始终本末程式分明,整齐划一,从大类礼目到具体礼目下之小类设置,俱极有条理。

---

① 胡抡:《礼乐通考》卷之八,《四库全书存目丛书》(第111册),影印清华大学图书馆藏清康熙刻《西河合集》本,齐鲁书社1997年版,第418页。

② 胡抡:《礼乐通考》卷十三,《四库全书存目丛书》(第111册),影印清华大学图书馆藏清康熙刻《西河合集》本,齐鲁书社1997年版,第492页。

③ 胡抡:《礼乐通考》卷十四,《四库全书存目丛书》(第111册),影印清华大学图书馆藏清康熙刻《西河合集》本,齐鲁书社1997年版,第498页。

④ 胡抡:《礼乐通考》卷十六,《四库全书存目丛书》(第111册),影印清华大学图书馆藏清康熙刻《西河合集》本,齐鲁书社1997年版,第540页。

（三）延继朱子《仪礼经传通解》的治学表现

胡抡基于自身对古代礼乐文化不同于前贤时哲的独特认知观，并据以补正朱子《仪礼经传通解》之弊的设想。在编纂《礼乐通考》一书的实践过程中，他既吸纳了朱子《仪礼经传通解》的合理因素，又加入了自身的个性化思考成分，形成了不同于其他经俗互贯派学者不同的治学特色。就胡抡延继朱子《仪礼经传通解》一书的治学方面情况而言，大致可以从如下诸方面加以体认：

其一，从胡抡对朱子及其《仪礼经传通解》的认知观来看。朱熹在给李季章的书信中，曾经言及古代典礼的淆乱情况及因由："典礼淆讹处，古人都已说了，只是其书滚作一片，不成段落，使人难看，故人不曾看，便为憸人舞文弄法，迷国误朝，若梳洗得此书头面出来，令人易看，则此辈无所匿其奸于世，非小补也。"①朱熹的这一评价，深得胡抡的认同，为此，他在《礼乐通考·凡例》第1条明确申解朱氏之意云："推本朱子修书之意，为'礼书滚作一片，不成段落，使人难看'，故欲重修。其所谓滚作一片者，一篇之中五礼杂揉（糅）也。其所谓不成段落者，一礼条件不详始终本末也。"②在胡抡看来，今所见朱子《仪礼经传通解》一书本身就存在朱熹本人抵斥典礼的缺陷，存在"滚作一片，不成段落"之弊，据此，他得出了该书"必非朱子亲笔"的看法。而他重新编纂《礼乐通考》一书，一个重要方面原因便是为了纠正"滚作一片，不成段落"的阙失。

其二，从礼文纂辑之文献征引情况来看。从文献纂辑的来源角度考察，四库馆臣在提及朱子《仪礼经传通解》的文献编纂来源情况时，泛言其乃"以《仪礼》为经，而取《礼记》及诸经史杂书所载有及于礼者，皆以附于本经之下"③，所谓"经史杂书"，即其文献征引来源。考察胡抡《礼乐通考》关于礼书文献的辑录和征引情况，与朱子《仪礼经传通解》大致相似，并且遵循着如下原则："凡书贵详备，尤贵简洁。是书苟有关于礼者，必录之，欲其备也。其重复者，悉去之，欲其简也。其有两处必须并见者，注释亦止一处，其后则云'已见某处'。"（《凡例》第3条）在具体某一小礼类的文献纂集当中，即便是遇到不同文献有礼制记载出入者，胡抡亦"必录之，欲其备也"，凸显《礼乐通考》"贵详

---

① 朱熹：《答李季章书》，载胡抡《礼乐通考》卷首，《四库全书存目丛书》（第111册），影印清华大学图书馆藏清康熙刻《西河合集》本，齐鲁书社1997年版，第273页。

② 胡抡：《礼乐通考》卷首《凡例》，《四库全书存目丛书》（第111册），影印清华大学图书馆藏清康熙刻《西河合集》本，齐鲁书社1997年版，第274页。

③ 朱熹：《乞修三礼劄子》，载朱熹：《仪礼经传通解》卷首《目录》，《景印文渊阁四库全书》（第131册），台湾商务印书馆1983—1986年版，第12页。

备"的辑录特点。例如,《礼乐通考》卷三《吉礼·祭天地》在征引《周礼·春官·司服》"王祀昊天上帝,则服大裘而冕,祀五帝亦如之"一文后,又列举《孔子家语》《礼记·郊特牲》之文附益之,并且加附小字注语说明云:"《家语》《礼记》与《周礼》不合。"①如此之类,颇能体现出胡氏治礼"贵详备"的诠释风格。纵观胡氏《礼乐通考》,较之朱子《仪礼经传通解》,虽然二者引书都讲究"凡书贵详备"的编纂风格,但胡抡著述"尤贵简洁"的特点更趋显著。

其三,从礼文纂辑之文献编排方式情况来看。朱子《仪礼经传通解》"所载《仪礼》诸篇咸非旧次,亦颇有所厘析"②,这一编排方式,为胡抡所承袭,此前论及《礼乐通考》"五礼"布局情况时,便已有所说明,此不重复;而朱熹厘析经文分节标明各节要旨的做法,也在《礼乐通考》中得以传习。不仅如此,《礼乐通考》纂辑其他礼文篇幅较长者,胡氏亦延继了这一分节的举措,辨章仪制之功效果显著。该书既以《仪礼》为经,但是有关于《仪礼》经的篇目次第,一直到卷六《吉礼·祭宗庙》部分,才正式出现。究其原因,胡抡乃解释说:"一、二两卷,读礼者之所当先知也。三、四、五三卷,本先王制礼,因尊卑以为次第,则天地不得不在宗庙之先,庙制不得不在庙祭之先也。或曰:读礼者当以博考为先耳,何读以是为先也? 曰:贯通固在要其终,大纲必须挈于始,《通论》为礼意之所存,是宜最先矣。若夫牺尊俎豆,以及凡属五礼之所通用者,先以详察而熟悉之,然后全礼莫不迎刃而解矣。"③正因为"《通论》为礼意之所存",是宜先于《礼经》之文而存在;至于卷三、四、五辑录论列《吉礼》之《祭天地》,乃为《仪礼》经文之所无,其优先于《仪礼》有关祭祀宗庙之文,也是符合"因尊卑以为次第"编排原则的具体体现。

其四,从《仪礼》经文以及与之密切相关的《记》《义》的编排角度来看。朱熹在《答李季章书》的书信中,曾言及自己编纂《仪礼经传通解》一书的文献征集情况:"编礼大要以《仪礼》为本,分章附疏,而以《小戴》诸篇各缀于其后;其他书可相发明者,或附于经,或附于义;又于其外如《弟子职》《保傅》之属,又自别为篇,以附其类。"④朱熹《仪礼经传通解》关于《仪礼》经文和许多篇章的《记》文,及其《礼记》中的《义》篇编排方式,在胡抡著述《礼乐通考》之际,

　　①　胡抡:《礼乐通考·吉礼·祭天地》卷之三,《四库全书存目丛书》(第111册),影印清华大学图书馆藏清康熙刻《西河合集》本,齐鲁书社1997年版,第333页。
　　②　永瑢等:《钦定四库全书总目》(整理本)卷二十二,《经部·礼类四》,《仪礼经传通解》条,中华书局1997年版,第280页。
　　③　胡抡:《礼乐通考》卷首《凡例》,《四库全书存目丛书》(第111册),影印清华大学图书馆藏清康熙刻《西河合集》本,齐鲁书社1997年版,第275页。
　　④　朱熹:《答李季章书》,载胡抡:《礼乐通考》卷首,《四库全书存目丛书》(第111册),影印清华大学图书馆藏清康熙刻《西河合集》本,齐鲁书社1997年版,第273—274页。

继续得以延继。胡抡同样将《仪礼》视为礼之本经，并且将其经文分解并纂辑纳入到《礼乐通考》的相应礼类之下，诚如该书《凡例》第 4 条所言："是书以《仪礼》为经，故一字不敢增损移易，惟《祭礼》三篇则析而合之者，欲为《祭礼》详其始终本末，且不如此，则头面终不得清，不得已也，割裂之罪，姑取其便看，而或可原乎？抑终不得免乎？慎之慎之，穷经者勿轻移动经文也。《记》《传》则不妨矣。"出于尊崇礼经的考虑，胡氏并不轻易将《仪礼》经文增损移易。例如，《通考·凶礼·丧礼》部分，胡氏发覆说："《仪礼》自始死至卜葬为《士丧礼》，其下篇葬礼为《既夕礼》，二篇《记》文，总在《既夕》之下。自虞以后，为《士虞礼》。三篇皆为士礼，有前后次第，而无天子诸侯之制。《戴记》诸书，有天子诸侯之制，而无前后次第。"为此，胡氏在纂集安排《丧礼》这一部分时，乃"仍《仪礼》次第，而诸书以类附于其下，顶书《仪礼》，尊经也；诸书附见，以传从经也"，这样做的好处便是"传附于经，无次而有次矣。经统于传，未备而亦备矣"①。

另外，《仪礼》各篇经文之末的《记》文，以及《丧服》篇的《传》文，则不在《礼乐通考》遵循"一字不敢增损移易"之列，胡抡往往将其割裂附缀于相应内容章节章旨概括语之后，体现出文献的层级性。至于《礼记》之中的诸多《义》篇，则多放置在相应的《仪礼》各篇经文之后，如果《礼记》没有相应《义》文，则补辑之。这一处置态度和征引辑录方式，与胡氏认同朱熹"《仪礼》乃其本经，而《礼记》乃其义说"的说法有极为密切的关联，切合二《礼》之关联性事实。

（四）异于朱子《仪礼经传通解》的独特之处

胡抡著述《礼乐通考》一书，不仅注重继续了朱熹《仪礼经传通解》的合理成分，同时又强调有所发展和创新，体现出自身治学的独特之处。就《礼乐通考》一书在文献纂辑、编排及其注释方面要略而言，其异于朱子《仪礼经传通解》的特殊之处主要表现在如下方面：

其一，从胡抡对待《礼记》一书的态度和征引、编纂情况来看。《礼乐通考》对于《礼记》文句的援引情况，则与《仪礼》经文的援引略有差异，并不反对对其进行"增损移易"。因为在胡氏看来，"《礼记》类多出汉儒附会，是非颇缪，不但重复者在所当去也，然有文章在人耳目，而人或病其遗阙也"。据此，最为合理的取舍态度便是：一方面，胡抡有便于阐发《仪礼》经文之礼义和礼意者，则取而附从礼经之后；一方面，"取其悖理之尤甚者而辨论之，如《祭法》

---

① 胡抡：《礼乐通考·凶礼·丧礼》卷之十，《四库全书存目丛书》（第 111 册），影印清华大学图书馆藏清康熙刻《西河合集》本，齐鲁书社 1997 年版，第 446 页。

之'庙祧坛墠'是也。其余凡若此类者,概从不论之例而悉去之,实非遗漏。"①这一举措,与朱子重视《礼记》行文编入《仪礼经传通解》的做法确有不同。

其二,从胡抡《礼乐通考》引书的范围来看。从"《仪礼》又多缺略"的认知出发,胡抡在纂集辑录诸礼目各礼类文献之时,时常突破礼经范围的限制,而将辑录视角扩大到唐宋以来各类仪注文献的身上,成为胡氏纂辑文献异于朱子《仪礼经传通解》的一个方面。以《礼乐通考》卷六《吉礼·祭宗庙》为例,胡氏在纂集礼经论及古代祭祀宗庙之礼仪节之文后,加注"按"语指出:"《仪礼》所载祭宗庙之礼,而以诸经传考之,而知其有所未备者亦甚多矣。"例如,"方祭之始,不见有灌;馈食以前,不见朝践;杀牲视濯,不见荐毛血;割牲载俎,不见升牲首。即以《楚茨之什》参之扫堂,不见祝于祊;彻俎,不见燕兄弟",由此足以发见,礼经之文多所未备。胡抡认为,后人若要发覆其间礼制详情,较为合理的态度便是:"好礼者欲得其详,博稽经传可也,汉魏、六朝则不可考矣。故录唐、宋、明三朝仪注,以参其得失耳。"②从此一认知出发,该卷于"阳厌"之仪节文后,胡抡辑录了唐、宋、明三朝仪注情况以补其阙失,同时进一步考证指出:"古人祭祀之礼莫重于尸,然尸祝主宾饮食献酬,有非后世所能行者,况尸废而画像兴焉,古今异宜,不复可也。若夫主妇,则必不可废者也。乃自汉以来,历唐、宋、明皆不复,唯《隋志》萧梁后周有皇后亚献之文,岂非空谷足音、君子所当急讲者与?"③考论古人行礼得失,颇具全局性发展的视角。《礼乐通考》一书中,融入了一些礼俗制度的内容,历朝历代有关礼俗类著作的礼制文献,如朱子《家礼》之类,均在胡氏的编纂征引视线之内。

胡抡对于礼俗文献、仪注文献的搜罗与重视,主要是缘于民间礼俗的错乱,"未合礼"行为的普遍性比比皆是,而在当时民间知礼者却极为少见,即便是胡抡这样的儒者亦不例外:"予辑《丧礼》时,里中有丧吊者归,谓予曰:'孝子拜宾于东方,礼与?'予答之亦未合礼也。呜呼!正当编辑《丧礼》之时,人以丧礼来问,且不能答之以礼也。虽予之愚昧使然,然亦足见之礼之难也,行礼者可不慎哉?"④对于礼俗丧失礼义的行礼情况,只有将其加以"考经质

---

① 胡抡:《礼乐通考·凡例》卷首,《四库全书存目丛书》(第111册),影印清华大学图书馆藏清康熙刻《西河合集》本,齐鲁书社1997年版,第274—275页。

② 胡抡:《礼乐通考·吉礼·祭宗庙》卷之六,《四库全书存目丛书》(第111册),影印清华大学图书馆藏清康熙刻《西河合集》本,齐鲁书社1997年版,第391页。

③ 胡抡:《礼乐通考·吉礼·祭宗庙》卷之六,《四库全书存目丛书》(第111册),影印清华大学图书馆藏清康熙刻《西河合集》本,齐鲁书社1997年版,第395—396页。

④ 胡抡:《礼乐通考·凶礼·丧礼》卷之十,《四库全书存目丛书》(第111册),影印清华大学图书馆藏清康熙刻《西河合集》本,齐鲁书社1997年版,第451页。

传"，方能纠正时俗礼制之失。

其三，从注释文献的征引情况来看。朱子《仪礼经传通解》在广征博引各类文献典籍礼制成句的同时，乃具列汉、唐、宋代学者《注疏》释语，以及历朝历代诸儒诠释之说，附益所注之文下，若有心得新解，朱子则加附按语训释之，其中征引注释语时可谓不惮繁复之极。胡抡《礼乐通考》并没有延继朱子《仪礼经传通解》文献注释征引的做法，在胡氏看来，"经传注解之繁简详略，颇费筹蹰。太略，诚恐读之者不得明晓，不受穷经之益；太详，又恐言之者不能醇粹，不免雅郑之差"①。其注释大量辑录之文献，最佳的一种处置方式便是："详而不失之于繁，简而不病于其略，斯为美耳。"②然而这种处置方式更多属于一种理想境界，有时候难免会无法一以贯之，因而胡抡《通考·凡例》第6条称："窃恐材薄未逮，因取不明不醇之害而权之。不醇之害，烈也，故与其详也宁简。"③譬如，《礼乐通考·嘉礼·内则》一类目，"此篇收取经传，类从《通解》，而注释则删之"④，可见，胡抡《礼乐通考》本之于朱子《仪礼经传通解》，但又嫌朱子《仪礼经传通解》征引古注过于繁琐，并没有依从朱子之例，而是另行加以注释，释义表述更趋简洁明了。

其四，从《礼乐通考》的辑录文献注释情况来看。在先秦典籍的古注认知上，胡抡亦有自己的合理价值判断："慎之哉，考古之不可忽也！礼著于经，经牵于注，后世去古既远，非古注无以得其门，泥古注又苦于其杂，惟以经为主，而以理断之，不为旧说所惑，乃得考古之益耳。"⑤在胡抡看来，古注既有可取之处，所谓"非古注无以得其门"也；但亦不可全盘采录信从之，所谓"泥古注又苦于其杂"。因而，最为合理、科学的对待态度便是"惟以经为主，而以理断之，不为旧说所惑"。从这一认知观出发，胡抡对于所辑录之文献注释，包括《仪礼》经文的诠释在内，《礼乐通考》皆很少照搬古注，而是在参考糅合前贤诠释成果的基础上，另行用简洁的行文加以诠释说明。例如，《觐礼》："侯氏裨冕，释币于祢"，郑注："将觐，质明时也。裨冕者，衣裨衣而冠冕也。裨之为

①　胡抡：《礼乐通考·凡例》卷首，《四库全书存目丛书》（第111册），影印清华大学图书馆藏清康熙刻《西河合集》本，齐鲁书社1997年版，第275页。

②　胡抡：《礼乐通考·凡例》卷首，《四库全书存目丛书》（第111册），影印清华大学图书馆藏清康熙刻《西河合集》本，齐鲁书社1997年版，第275页。

③　胡抡：《礼乐通考·凡例》卷首，《四库全书存目丛书》（第111册），影印清华大学图书馆藏清康熙刻《西河合集》本，齐鲁书社1997年版，第275页。

④　胡抡：《礼乐通考·嘉礼·内则》卷二十三，《四库全书存目丛书》（第111册），影印清华大学图书馆藏清康熙刻《西河合集》本，齐鲁书社1997年版，第688页。

⑤　胡抡：《礼乐通考》卷之一，《四库全书存目丛书》（第111册），影印清华大学图书馆藏清康熙刻《西河合集》本，齐鲁书社1997年版，第291页。

言坤也。天子六服，大裘为上，其馀为裨，以事尊卑服之，而诸侯亦服焉。上公衮无升龙，侯伯鷩，子男毳，孤绨，卿大夫玄。此差，司服所掌也。祢，谓行主迁主矣而云祢，亲之也。释币者，告将觐也。其释币，如聘大夫将受命释币于祢之礼。既则祝藏其币，归乃埋之于祧西阶之东。今文冕皆作绕。"而胡氏《礼乐通考》则小字注释云："将觐之，质明时也。裨冕者，衮冕以下，五冕之通称也。祢，谓行主迁主矣而云祢，亲之也。释币者，告将觐也。"①将二者加以对比便可发现，胡氏的训释语源自郑玄《注》文，但表义更趋简洁，尽管如此，胡氏并未标明"郑《注》云"等一类字样。总体考察来看，《礼乐通考》的此类注释语，更多趋向于诠释礼经的礼节情况，而较少关注字词的意义诠释。

其五，从《礼乐通考》的案语部分诠释内容情况来看。和朱子《仪礼经传通解》一样，胡抡著述《礼乐通考》一书，亦加附了许多自己的考证性案语，颇有启发意义。但和朱子《仪礼经传通解》不同的是，胡氏案语所关注的，并不着眼于礼经本身字词的意义训释，更多着眼于礼制异同、礼义内涵、礼制变迁等方面的发覆。以胡氏对《特牲》《少牢》二篇的案语为例：《吉礼·祭宗庙》部分"筮日之仪"一节末，胡氏发覆礼经当中存在一些可存疑之处："《特牲》无击筮述命之文，《少牢》阙宗人告毕之事，其为文有未备无疑也。若夫《少牢》得吉即官戒，而《特牲》无之；《特牲》宰赞命设筮席，而《少牢》无之。其或各限于制，而有不得为与？抑亦文之未备与？"对于《特牲》与《少牢》仪节上的异同，胡抡难以作出明确判定，考察郑《注》与贾《疏》后附注指出："凡《少牢》礼有不逮《特牲》者，《注疏》皆嫌与君同也，然乎？其不然乎？"②据此可见，胡抡对于郑《注》、贾《疏》的诠释见解，和对《仪礼》经文的仪节差异因由，难以作出准确判定，故胡氏两难之，不妄加断语，而是加附此注解释说明之，态度极为审慎，值得令人深思。再如，同卷"《少牢》馈食礼"一节，胡抡加附案语指出："《特牲》《少牢》皆有'利成行馂'之节，《特牲》则在'旅酬'之后，《少牢》则在'傧尸'之先，未详其义，岂以二者皆为祭毕之礼？《少牢》则以正祭为重，故正祭终而即馂，《特牲》则以统体为序，鼓凡事尽而馂乃行，皆不害其为祭毕之礼与？"③通过考察二篇礼制异同，发覆其中礼节疑义。

不仅如此，胡抡亦注意考察和发覆古礼以来礼制变迁的情况，其中既有肯

①　胡抡：《礼乐通考·宾礼·觐礼》卷十四，《四库全书存目丛书》（第111册），影印清华大学图书馆藏清康熙刻《西河合集》本，齐鲁书社1997年版，第509页。

②　胡抡：《礼乐通考·吉礼·祭宗庙》卷之六，《四库全书存目丛书》（第111册），影印清华大学图书馆藏清康熙刻《西河合集》本，齐鲁书社1997年版，第370页。

③　胡抡：《礼乐通考·吉礼·祭宗庙》卷之六，《四库全书存目丛书》（第111册），影印清华大学图书馆藏清康熙刻《西河合集》本，齐鲁书社1997年版，第381页。

定世俗通行礼制复古者。例如,《凶礼·丧礼》部分"奠帷堂"一节后,《礼乐通考》加附案语云:"《仪礼》楔齿缀足即奠,唐制五品以上如《仪礼》,六品以下袭而后奠;《家礼》不计官品,沐浴正尸,然后设奠,主人不亲酹。今之世俗,始死即奠,殆本未知《家礼》,而暗与古礼合与,但失余阁之意耳。礼有从俗而即为复古者,此类是也。"①与此同时,胡抢案语中也有否定世俗做法的情况,如《凶礼·丧通礼》部分"主丧"一节后,胡氏附案语言:"灵座、魂帛、明旌、重主,皆属馈之事,宜从奉祀之人称之,而世俗于家长妻子之丧,以亡男荆室书魂帛者,失礼甚矣。若门状,则从家长可也。"②凡此之类,均是从考察古礼的可行性与可操作性入手,发覆民间礼制风俗的得失,增强了《礼乐通考》诠释的仪注色彩,及其著述自身的经世致用功能。这一举措,对于相应清廷统治者的礼制文化重建,具有积极的现实意义。

由上述分析情况不难发见,胡抢在著述《礼乐通考》之际,既对朱子《仪礼经传通解》的治学手段和学术取向有所承袭,但同时也有所发展变化与创新,即便是相较于同时代学者之同类礼学纂集著作,胡氏的纂辑工作已有其自身的特点。当然,胡氏《礼乐通考》的文献纂辑工作亦有其不足之处,如在历代有关仪注材料的出处标目方面,特别是历朝历代的相关语料来源方面,胡氏大多缺乏明确的文献出处记载和说明;对于所著文献纂辑当中与朱子《仪礼经传通解》异同之情况,特别是文献搜集的来源广狭、异同情况,胡抢均缺乏明确的案语予以交代说明,等等,皆是其《礼乐通考》的阙失所在。四库馆臣在论及胡氏《礼乐通考》一书时,评价较为低劣,认为:"抢欲窜改其书,而又嫌於改朱子,乃巧为之辞,谓非朱子之亲笔。盖即宋儒删改诸经托言于汉儒窜乱之故智。虽出尔反尔,足验好还,然尤而效之,夫亦可以不必矣"③。今验之胡氏该书,《礼乐通考》仍有可取之处,《四库全书总目》撰者贬低实有过激之处,不足完全取信。

五、梁万方与《重刊朱子仪礼经传通解》

(一)生平及著述概况

梁万方(?—1725),山西绛州(今运城市新绛县)人,字统一,号广菴。毕

---

① 胡抢:《礼乐通考·凶礼·丧礼》卷之十,《四库全书存目丛书》(第111册),影印清华大学图书馆藏清康熙刻《西河合集》本,齐鲁书社1997年版,第448页。

② 胡抢:《礼乐通考·凶礼·丧通礼》卷之九,《四库全书存目丛书》(第111册),影印清华大学图书馆藏清康熙刻《西河合集》本,齐鲁书社1997年版,第440页。

③ 永瑢等:《钦定四库全书总目》(整理本)卷二十五,《经部·礼类存目三》,《礼乐通考》条,中华书局1997年版,第322页。

生隐居不仕。著有《道统渊源》和《重刊〈朱子仪礼经传通解〉》二书流传于世。

　　根据乾隆十五年庚午(1750)二月闽中雷鋐所撰《〈朱子仪礼经传通解〉序》记载:"晋阳梁君统一,一笃学好古士也,读书遇有疑义,辄沉潜绅绎,求其至当乃止。平生尤嗜礼家言,而肆力于是经,久之叠出互证,多得前儒所未发。"①可见,梁万方平生嗜好礼学,特别是对朱子的礼学研究极为尊崇,对朱子的《仪礼经传通解》、黄榦《仪礼经传通解续》评价很高,如乾隆三年戊午(1738)三月梁万方之子梁开宗所作《〈重刊朱子仪礼经传通解〉序》称引其父梁氏语云:"此子朱子晚年所著之书,一生学力具焉。惜未及成,命勉斋黄先生续之,草具甫就而先生殁。故此书虽规模宏整,义法精严,而按论之外,其注疏与经义未合者尚多,吾集诸家之成说,体会子朱子之意,录吾所心得者若干条,欲以辅前贤而迪后学也。"②一方面肯定了《仪礼经传通解》及《仪礼经传通解续》的"规模宏整,义法精严",但同时也明言朱氏之书有"注疏与经义未合者尚多"之弊。海宁学者陈世倌也曾言及此一弊端,他在乾隆十五年庚午(1750)五月初一日所作《〈重刊朱子仪礼经传通解〉序》中称云:"迨宋朱子成《经传通解》二十三卷,家、乡、邦国、王朝之礼已备,而丧、祭二门属之勉斋黄氏,甫属草而黄氏殁,其间注疏与经仪相谬戾及挂漏者不胜偻指。"③有鉴于此一认识,梁万方遂起补正朱氏、黄氏著述、重新整理编订《仪礼经传通解》的创作动机。

　　《重刊〈朱子仪礼经传通解〉》一书卷帙浩繁,全书69卷,完全以朱子、黄榦《仪礼经传通解》《仪礼经传通解续》之书为宗,"梁君本其尊人遗稿,复加讨论编次,朱墨呫嗫中蒐罗宏富,决择精严,竭数十年之力,凡三脱稿而后成,洵可谓先圣之功臣、紫阳之嫡派矣"④。为了重刊《仪礼经传通解》《仪礼经传通解续》之书,梁万方毕生以此为治学追求,竭尽其数十年精力,一直到雍正三年(1725)他死时都未彻底完稿。梁氏"尝取诸家注疏,详加择别,间以意补其缺略,规模一以朱子之书为宗,草创未就而殁。其子裕厚痛先志之未终,而业之不可卒也,乃招致白下翁丈止园共事讨论。既脱稿,即邮致京师,就正于

---

　　① 雷鋐:《朱子仪礼经传通解序》,梁万方:《重刊朱子仪礼经传通解》卷首,《四库全书存目丛书》(第112册),影印清华大学图书馆藏清康熙刻《西河合集》本,齐鲁书社1997年版,第537页。

　　② 梁开宗:《〈重刊朱子仪礼经传通解〉序》,梁万方:《重刊朱子仪礼经传通解》卷首,《四库全书存目丛书》(第112册),影印清华大学图书馆藏清康熙刻《西河合集》本,齐鲁书社1997年版,第538页。

　　③ 陈世倌:《〈重刊朱子仪礼经传通解〉序》,梁万方:《重刊朱子仪礼经传通解》卷首,《四库全书存目丛书》(第112册),影印清华大学图书馆藏清康熙刻《西河合集》本,齐鲁书社1997年版,第536页。

　　④ 陈世倌:《〈重刊朱子仪礼经传通解〉序》,梁万方:《重刊朱子仪礼经传通解》卷首,《四库全书存目丛书》(第112册),影印清华大学图书馆藏清康熙刻《西河合集》本,齐鲁书社1997年版,第536页。

先师望溪先生。"①鉴于其书草创未就,万方之子梁开宗继承父业,与金陵人士翁止园等人一起继续梁氏著述未就之业。翁止园,名荃,颇能诗文,亦究心三礼,与礼学名家方苞友善,故能参与《重刊〈朱子仪礼经传通解〉》续修之事。

《重刊〈朱子仪礼经传通解〉》一书大约成书于乾隆十五年庚午(1750),海宁学者陈世倌《重刊〈朱子仪礼经传通解〉序》一文便撰写于这一年五月初一日。根据乾隆十八年(1753)五月梁万方之孙梁思炽的刻书记载:"曩为三礼馆征取,炽等缮录之余,弥觉切于安上全下,非可目为不近时务者,负大圣大贤者苦衷。今刊已告竣,家大人命列共事此书者前后百余人,历数十年,其功盖亦匪细云。"②可见,乾隆初年三礼馆征书之时,梁氏家人所献的《重刊〈朱子仪礼经传通解〉》一书并非目前所见乾隆间刻本,而是梁氏遗稿抄本。待万方之子梁开宗等人预修续作完稿之后,此后其家族中人乃付诸刊刻,到乾隆十八年(1753)方才刊刻告竣,此即今日所见《重刊〈朱子仪礼经传通解〉》之最早刻本,参与其事者前后多达百余人。

如上所言,梁万方所作《重刊〈朱子仪礼经传通解〉》虽然名为"重刊",实则是在朱熹《仪礼经传通解》、黄榦《仪礼经传通解续》之书的基础上改修而成,并非二者的简单翻版或调整,更多具有了重新进行文献加工与整理的色彩。简言之,梁氏《重刊〈朱子仪礼经传通解〉》既具有继承朱子、黄榦之书特点的地方,同时又具有新的著作元素。关于这两方面的情况,梁氏在《重刊〈朱子仪礼经传通解·凡例〉》③大部分条目当中概括得极为到位,兹逐一加以介绍说明如下。

(二)延继朱子《仪礼经传通解》的治学表现

首先,就梁氏继承沿袭和发展朱熹《仪礼经传通解》、黄榦《仪礼经传通解续》的情况而言。梁氏编纂《重刊〈朱子仪礼经传通解〉》,主要表现出对于朱子、黄榦治学的钦佩与依从,具有很大的学术继承性。这种治学方式的继承性主要表现为对于通释体著述体例的延继与发展,就其细端而言,在以下诸方面继承性的因素表现尤为明显:

其一,从全书的整体结构体例布局来看,具有很大的承袭之处。众所周知,

---

① 雷鋐:《朱子仪礼经传通解序》,《重刊朱子仪礼经传通解》卷首,《四库全书存目丛书》(第112册),影印清华大学图书馆藏清康熙刻《西河合集》本,齐鲁书社1997年版,第537页。

② 梁思炽语,载梁万方《重刊朱子仪礼经传通解》卷首,梁开宗《〈重刊朱子仪礼经传通解〉序》后附记,《四库全书存目丛书》(第112册),影印清华大学图书馆藏清康熙刻《西河合集》本,齐鲁书社1997年版,第539页。

③ 梁万方:《重刊朱子仪礼经传通解·凡例》,《重刊朱子仪礼经传通解》卷首,《四库全书存目丛书》(第112册),影印清华大学图书馆藏清康熙刻《西河合集》本,齐鲁书社1997年版,第540—542页。本节后引《凡例》文仅标注条目序号,不复一一出注。

朱熹《仪礼经传通解》采用通释体著述体例,全书分五大部分,"凡《家礼》五卷、《乡礼》三卷、《学礼》十一卷、《邦国礼》四卷,共二十三卷,为四十二篇。中缺《书数》一篇,《大射》至《诸侯相朝》八篇,尚未脱稿。其卷二十四至卷三十七,凡十八篇,则仍前草创之本,故用旧名《集传集注》,是为《王朝礼》"①。后来,黄幹、杨复等继续编纂此书,完成了《丧礼》15 卷、《祭礼》14 卷。梁万方"大致据杨复《序》文,谓朱子称黄幹所续丧、祭二礼'规模甚善,欲依以改定全书'而未暇,遂以幹之体例更朱子之体例,与幹书合为一编。补其阙文,删其冗复,正其讹误"②,因而他的《重刊〈仪礼经传通解〉》也延继了《仪礼经传通解》及《仪礼经传通解续》的编纂体例,其中《家礼》5 卷、《乡礼》3 卷、《学礼》12 卷、《邦国礼》5 卷、《王朝礼》15 卷、《丧礼》16 卷、《祭礼》13 卷,凡 69 卷 90 篇。梁氏《凡例》云:"朱子原本于《觐礼》以下初名《仪礼集传集注》,亦无编次名目;黄先生于《丧》《祭》二编加'续'字另序篇次,今悉遵朱子《仪礼经传通解》式法,《觐礼》篇接前至《祭义》,共为九十篇,前后通彻,合成一书。"(第 4 条)由此可见,梁氏并未更改朱熹、黄幹之书的著述体例与主体编排结构,而且《重刊〈朱子仪礼经传通解〉》全书的卷数与规模和《仪礼经传通解》《仪礼经传通解续》亦大致相当。

　　其二,从《家礼》《乡礼》《学礼》《邦国礼》《王朝礼》诸类目的各自礼篇设置上,完全相同于朱熹《仪礼经传通解》,而且在《仪礼》各篇之后,均仿朱熹的做法,每一篇之后设置一篇《义》文,如《士冠礼》之后,从小戴《礼记》之移入《冠义》之文;《燕礼》之后,从小戴《礼记》之移入《燕义》之文。倘若《礼记》没有《义》篇,则仍沿袭朱子的做法,从其他儒家经传删节补入,如《学礼》部分,《学制》一文之后,没有现存的《学义》文可以照搬,朱子乃"集诸经传凡言教法之意者补之,以释上篇之义"③,而梁万方《重刊〈朱子仪礼经传通解〉》亦据此加以仿效编订其文;又如,其补《丧服义》篇,乃谓"礼篇如《冠》《昏》《饮》《射》《燕》《食》《聘》《朝》皆有《义》,皆汉儒所造以释礼者,既列于经,今观小戴《丧服四制》《三年问》《服问》等篇,大抵皆要其义言之者,故悉取其文并他篇书记之言《丧服》起义者合之为此篇"④。另外,《重刊〈朱子仪礼经传通

　　① 永瑢等:《钦定四库全书总目》(整理本)卷二十二,《经部·礼类四》,《仪礼经传通解》条,中华书局 1997 年版,第 280 页。

　　② 永瑢等:《钦定四库全书总目》(整理本)卷二十五,《经部·礼类存目二》,《重刊朱子仪礼经传通解》条,中华书局 1997 年版,第 322 页。

　　③ 朱熹:《仪礼经传通解·仪礼经传目录》卷首,《景印文渊阁四库全书》(第 103 册),台湾商务印书馆 1983—1986 年版,第 8 页。

　　④ 梁万方:《重刊朱子仪礼经传通解·朱子仪礼经传通解目录》,《重刊朱子仪礼经传通解》卷首,《四库全书存目丛书》(第 112 册),影印清华大学图书馆藏清康熙刻《西河合集》本,齐鲁书社 1997 年版,第 564 页。

解》》纂集之各篇礼文部分,梁万方亦延继朱子《仪礼经传通解》的做法,仿效章句体著作的编纂方式,厘析经文划分章节次第,每一节之后题云右某事之类,"旧本分截章法,但云右某某,今仿朱子分《中庸》之例,每篇自第一章起,次第至末,凡若干章;又于篇下统注几章,每章细注几条,及章下分注又几条,总期贯彻详明。"(《凡例》第 17 条)

其三,对于《仪礼经传通解》《仪礼经传通解续》的缺额部分,梁万方深以为憾,他有意仿照朱熹《仪礼经传通解》的编撰体例进行增补,诚如《重刊〈朱子仪礼经传通解〉》中《凡例》第 3 条云:"旧本自《践阼》至《王制》之癸,共三十篇,序、题皆缺;又《丧》《祭》二礼亦多缺,今细探本篇之阃奥,联络上下篇之旨趣,以统贯其所采经书,仿朱子前式而补之。总书于纲领者,使学者一览而全义可洞悉也;后仍逐篇录入卷首者,所以使学者每读一篇,先领会其大义也。"

其四,考该书《凡例》第 5 条云:"此书旧名《仪礼经传通解》,今间有删订,亦悉本朱子之意;其附入诸家说及补注附按者,皆体会朱子平时所言之意旨,以发明经传之义理耳,不敢有更张也。"可见,在对待《仪礼经传通解》《仪礼经传通解续》原本辑录之材料和注释案语的处置方式上,梁万方《重刊》并未完全舍弃不用,而是略加删订而成,即使是需要补充其他文献材料及相关注释者,亦尽可能效仿原书编排之体例,不做大的改动。

其五,在自身注释语注释方式的编排上,梁万方《重刊〈朱子仪礼经传通解〉》亦强调沿袭朱子《仪礼经传通解》的做法:"经义内注疏所解有未熨帖者,有旁及他说拘滞而乖大义者,朱子皆发明订正,冠以'今按'二字。今敬仿之,用'附按'字为别。"(《凡例》第 11 条)一个"敬仿之"的处置态度,亦表露出梁万方对于朱熹治学态度的推崇和敬重。

此外,为了体现自身治学对于朱氏学术的尊崇与重视,梁万方还将朱子有关诸经的注释成果吸纳到《重刊〈朱子仪礼经传通解〉》中来,诚如梁万方在该书《凡例》第 13 条所说:"朱子前编引'四书'注皆用《集注》,《续》编犹有系《注疏》者,今悉改从朱注。又引《诗》皆改附朱子《集传》,引《易》改附朱子《本义》,引《书》改附九峰蔡氏《传》,一皆以至是为宗。"另外,该书《凡例》第 18 条也说:"朱子凡有说三《礼》及《语类》所载说经传语,今皆各随其条下录入,而周子、程子、张子语亦然。若诸家精微之说,即皆采入,用一'附'字别其原本。"凡此之类做法,为读者贯通朱熹经学研究的成果,提供了有益的学术积淀和翻阅便利。

(三)异于朱子《仪礼经传通解》的独特之处

这一部分,专门就梁氏有别于朱熹《仪礼经传通解》、黄榦《仪礼经传通解续》的情况进行讨论。梁万方编纂《重刊〈朱子仪礼经传通解〉》之时,并没有一味依从朱子、黄榦等人的编纂做法,在某些文献编纂的处置方式上,创新之处亦颇为凸显,特色鲜明,体现出更趋合理性的成分,具有自身的独到之处。

其一,从文献辑录的情况来看,无论是在各类文献的编辑方式上,或者文献征引的出处与书写式样上,都十分讲究,较之朱熹对《仪礼经传通解》的做法处置更为到位,具体而言主要表现在如下数方面:

一是在三《礼》文献的辑录上,体现出十分严谨的风格:"此编剖析大义必明备,而录经传则谨严。三《礼》为本经本传,今除《仪礼》前后编已全录外,若《周礼》《戴记》有原编偶遗当补者,各随文义悉补之;《仪礼》后本《记》亦然。"(《凡例》第 7 条)其标注方式亦略有差异:"《仪礼》而外,《周礼》为尊,旧编在条下注职名与他书等,今提职名于前,特作大书,条下分注《六官》,再总加'《周礼》'字。"(《凡例》第 6 条)至于其他儒家经典的征引,"《诗》《书》《易》三经,亦依此例移改。至引《春秋》系经文者,先提某公几年于前,作大书;若三《传》,则小注于后。皆所以尊经也。"(《凡例》第 6 条)凡此之属做法,体现出明显的尊经次撰色彩,经传次第等差颇为鲜明。

二是在相关文献出处的标示方面,从辑录的文献正文到征引的文献注释语料,梁万方《重刊〈朱子仪礼经传通解〉》亦皆具有统一的标著体例:

(1)"编内引用经文有两见及五六见者,其著述止载一处,余皆注某篇某章。旧本有错注者,今皆检对改正。"(第 8 条)

(2)"融贯二书三书作一条者,原本总注各书名于条末,若次第二书三书成条者,原本分注书名于各本文下,今恐读者疑为另系一条,因于末后皆明注此为合编。"(第 19 条)

(3)"旧本遇数条出一书者,逐条注书名,或四五次注'同上',稍觉冗繁,今于两条同者但下条注'以上某书',三四条同者止于最后注'以上几条某书',悉圈界出,使观者清爽。"(第 24 条)

其二,从所引文献及其文献注释的校勘情况来看,梁万方《重刊〈朱子仪礼经传通解〉》亦十分重视这方面的文献整理工作,仔细加以比勘靓正的整理实践。《凡例》中言及这方面的条目亦不少:

(1)"旧本阙文最多,李子潜先生搜补十之七八,其所未及者,今皆购求增补。"(第 2 条)

(2)"旧本有错注者,今皆检对改正。"(第 8 条)

(3)"各篇内有前贤及今考订确系衍文者,用大圈围其外;确系讹错者,旁用双钩,令阅者瞭亮。"(第 22 条)

其三,从文献分节的角度来看,梁万方《重刊〈朱子仪礼经传通解〉》在延继朱熹《仪礼经传通解》做法的基础上，又有变通，处理方式显得更为合理。有关《重刊〈朱子仪礼经传通解〉》的具体做法，《凡例》中亦有明言：

（1）"前编逐篇有分截名目，惟《王制》十篇则皆阙。《续》编有以本篇张数太繁而当分析为章次者，今皆照例补入。间有分截名目确须改易者，敬易之。"（第16条）

（2）"旧本分截下有'传'字或'记'字，今以所载间有属经文者，亦非《礼记》所能统；又每条下已细注书名，遂尽从删去。"（第18条）

其四，从传统旧注旧疏的辑录与征引情况来看，梁万方《重刊〈朱子仪礼经传通解〉》亦对《仪礼经传通解》的做法有一定的修正，显得更为规范合理：

（1）"《续》编内有引经文既截去上节而《疏》内犹云'上文'者，反增读者之疑，今注明本经上文云云；《疏》引既截下文者，亦注明本经下文云云，庶读者不至误认。"（《凡例》第9条）

（2）"旧本有注在读下者，今悉改为句下。又恐语无头项，因各提明原文参入数字。"（《凡例》第12条）

（3）"旧本《疏》内有发明注语而于原注却未载者，有经文中典故须注乃明而于原注亦偶缺者，又有《疏》内脱落数字数语者，犹有注待《疏》解《疏》则全阙及误解当辨明者，今一一据原本补入。《疏》文前后复句最多，又《续》编有上条已经解明而下条另采一书，复载原本疏解，或因备采群言，其解更三四见者，今悉为删削。"（《凡例》第14条）

（4）"《续》编于《疏》文多系全载，今鬃髴朱子前编式法，量为删除。"（第15条）统一了朱子《仪礼经传通解》与黄榦、杨复《仪礼经传通解续》的疏文引述体例。

其五，对于所辑录征引入书中的相关文献，梁万方《重刊〈朱子仪礼经传通解〉》亦重视为之训诂发明，他并没有满足于对于前儒学者注释成果的继承和辑录，同时也注意加入自己的发明理解："凡经文有难晓字义，旧注与《疏》俱未解释，又有注疏难解未及明备者，今悉为补注，以便读者"（《凡例》第10条）。例如，《乡饮酒礼》："逆降，洗，升，实觯，皆立于西阶上，宾、介皆拜"，贾《疏》申郑《注》云："言'席末拜'者，宾在席西南面，介在席南东面，以其俱是答拜，故同前席末拜也。"梁氏在辑录郑《注》、贾《疏》的同时，又附注说："逆降，犹《昏礼》'逆退'，《聘礼》'逆出'，谓后升者先降，先升者后降也。皆拜，拜受也。拜受于席末者，异于献酬正礼也。《疏》谓答拜误。"[1]梁万方不同意

————————

①　梁万方：《重刊朱子仪礼经传通解》卷七，《四库全书存目丛书》（第112册），影印清华大学图书馆藏清康熙刻《西河合集》本，齐鲁书社1997年版，第673页。

贾《疏》申解郑《注》的说法,乃从考察全书云"逆"之例,说明郑《注》云"于席末拜"者,是出于"逆降"是缘于"异于献酬正礼也"的考虑而发之言,并非出于宾、介"以其俱是答拜,故同前席末拜也"的因由,结论更趋可信得多。

再如,关于《仪礼·乡饮酒礼》一篇礼文的适用对象,梁万方在发覆郑《注》、贾《疏》成说的基础上附注云:"《注疏》谓《乡饮酒》一礼用之四事,今详本篇,是《乡饮酒》以宾贤能,仪节供为礼宾设可知,即《周官》乡大夫宾贤能之礼也。《乡射礼》是州饮酒以习射,仪节多为射设可知,即《周官》州长春秋以礼会民而射于序之礼也者。《乡饮酒义》中所言尊长养老礼节,乃《仪礼》本篇所无,是为《周官》党正饮酒正齿位之礼也,古应有礼文于此外焉为篇?盖饮酒之礼略同,而尊老与优宾其行乎礼者又必异。今释义者则于《乡饮酒礼》中统言之耳。夫既为州射饮酒,党正正齿位饮酒,而得以《乡射》《乡饮酒》称者,州、党之礼即乡礼也。今观《周官·乡大夫职》惟宾贤能饮酒询众庶以射,是乡大夫体望既尊,故但董州、党教法之成,至其每岁正齿位及春秋习射,则颁其法于州党之吏,行其礼于州党之学,乡大夫不必亲莅其事也。盖合之为乡,散之为州、党,岁时施教法势不能遍属五州二十五党之众于一乡学,故散而行之各州各党,则教化专而观习易,此《注疏》以州、党礼即皆乡礼也。"[1]通过这番考索,梁氏将《乡饮酒礼》《乡射礼》《乡饮酒义》礼制与《周官》州长、党正、乡大夫诸职责结合起来进行探讨,对于辨明郑《注》、贾《疏》"以州、党礼即皆乡礼也"的诠释立足点,颇有裨益。

其六,对于同乡学者李毓秀和当时礼学名家方苞等人的研究成果,《重刊〈朱子仪礼经传通解〉》一书多有采录,陈世倌在《〈重刊朱子仪礼经传通解〉序》中就曾声称说:"今读是书中,望溪先生之遗说多采录焉。"[2]梁万方且在该书《凡例》中颇有明言:"子潜先生原本于经传正文圈四声点句读,及《疏》文头绪多者,又分析段落作句读,今悉从此善本。"(第 20 条)又说:"绘图以资详考,子潜先生有《隔八相生》诸图及解释经传、订正段落之语,皆发明义蕴,裨益后学,今悉附入焉。"(第 21 条)其所谓"子潜先生",即是指李毓秀(1647—1729),子潜是李氏的字,也是山西绛州人,生于清代顺治四年,卒于雍正七年,所处年代正与梁氏同时,著作主要有《四书正伪》《四书字类释义》《学庸发明》《读大学偶记》等。另外,对于其他清初学者的诠释见解,梁氏《重刊〈朱子仪礼经传通解〉》亦偶有涉及援引,如《祭礼·祭物》篇"粢盛"章,万方乃援引

①　梁万方:《重刊朱子仪礼经传通解》卷七,《四库全书存目丛书》(第 112 册),影印清华大学图书馆藏清康熙刻《西河合集》本,齐鲁书社 1997 年版,第 662 页。

②　陈世倌:《〈重刊朱子仪礼经传通解〉序》,载梁万方:《重刊朱子仪礼经传通解》卷首,《四库全书存目丛书》(第 112 册),影印清华大学图书馆藏清康熙刻《西河合集》本,齐鲁书社 1997 年版,第 537 页。

清初学者朱轼训语诠释《周礼·春官·大宗伯》"大宗伯奉玉瓒"一文①,凡此之类不一而足。

（四）《重刊〈朱子仪礼经传通解〉》文献纂集的阙失之处

从上述情况发覆来看,梁万方《重刊〈朱子仪礼经传通解〉》一书颇具价值,如统一了朱熹、黄榦《仪礼经传通解》《仪礼经传通解续》的编纂体例,在二者基础上又进一步旁搜广征,强调了对所纂集文献的征引、校勘与考证诠释,等等。然而,从梁万方所处时代学术发展高度来看,他所纂集的《重刊〈朱子仪礼经传通解〉》一书亦颇有不甚允当之处,大致而言,有如下数端:

首先,从征引文献与礼之类目的相应度来看,梁万方《重刊〈朱子仪礼经传通解〉》或有不相匹配的情况存在,因而《四库全书总目》撰者曾经批评指出:"所补《学礼书》数篇,朱子原《序》本云取许氏《说文·序说》及《九章算经》为此篇。万方乃曼衍及五百四十部之首,附以周伯琦之《字原》。非略非详,已无裁制。至于以'楷书运笔诸法'为一章,更为泛滥。又不采古人旧说,而惟取近时傅山、冯班之论。其中傅山一条云:'乱嚷吾书好,吾书好在那。点波人应尽,分数自知多。汉隶中郎想,唐真鲁国讹。相如颂布濩,老腕一双摩。'掩其书名而观之,殆莫能知为《仪礼经传通解》之文也。"②这类文献征引现象的存在,有失之芜杂之嫌,并不利于礼学的传播与发展。

其次,从纂集文献征引的文字情况来看,《重刊〈朱子仪礼经传通解〉》一书时常采取删改的举措,不利于还原文献原貌,不利于保持文献的真实性。例如,梁万方在《凡例》中说:"《续》编于《疏》文多系全载,今鬐鬉朱子前编式法,量为删除。"（第15条）朱熹《仪礼经传通解》前后移易和删节贾《疏》释文的举措,乾隆年间便出现有学者对此失察失考的情况,如金曰追就未能发覆朱子此一做法,反而据《仪礼经传通解》引文来纠正通行本贾《疏》,本末倒置。因而,这一延继朱子《通解》的举措并不合理,梁氏万方纂集《重刊〈朱子仪礼经传通解〉》既已注意到朱子《仪礼经传通解》征引贾《疏》的特点,仍然以这一治学手段,与清人主张严整的治学风尚,以及当时学者著述引文求真的规范学风,颇不一致,有疏舛失实之嫌疑。

尽管如此,但和康乾之际成书的其他同类《仪礼》通释体著作相比而言,梁万方的《重刊〈朱子仪礼经传通解〉》一书可谓最为接近朱子《仪礼经传通解》、黄榦《仪礼经传通解续》之原貌,引来《四库全书总目》撰者生发"掩其书

---

① 梁万方:《重刊朱子仪礼经传通解》卷六十八,《四库全书存目丛书》(第114册),影印清华大学图书馆藏清康熙刻《西河合集》本,齐鲁书社1997年版,第360页。

② 永瑢等:《钦定四库全书总目》(整理本)卷二十五,《经部·礼类存目三》,《重刊朱子仪礼经传通解》条,中华书局1997年版,第322—323页。

名而观之,殆莫能知为《仪礼经传通解》之文也"的感慨。作为清初较早编纂
的一部通礼类礼学著作,《重刊〈朱子仪礼经传通解〉》的文献纂集体例和编纂
思想,较诸盛世佐等人之书,应是最为接近朱熹、黄榦等人当年的编纂思考,故
而赢得了当时礼学名家方苞的嘉誉。

第六节　经俗互贯派的《仪礼》学研究

与当时主流《仪礼》学研究者不同的是,当时也有一小部分学者试图跳出
传统礼经学的范畴,企求在《仪礼》与民间礼俗之间达成一种契合。他们的学
术研究,更重视沟通礼经与历代民俗礼制之间的关联,找出民俗中"草蛇灰
线"式的《礼》经遗制;在诠释对象的选择上,关注聚焦于《丧服》篇所论"五
服"礼制,及其在历代礼俗中的丧制变迁情况;在治学理念上,往往更加彰显
"礼时为大"的治学观念。这一流派学者的某些著述,有时也会受到朱熹《仪
礼经传通解》、黄榦《仪礼经传通解续》的治学影响,带有纂集体的某些特征。
他们的研究尽管并非学术研究的主流意识形态,但对当时的许多《仪礼》研究
产生了较大影响,一些礼学家(如蔡德晋等人)的礼经学著作甚至也融入了他
们主张经俗互贯融通的某些研究要素。这种经俗互贯融通式的《仪礼》研究,
有清前期主要以汪琬、徐乾学等人为代表,业已跳出狭隘的礼经学研究范畴,
更具有礼俗学研究的一些色彩。

一、汪琬与《丧服或问》《古今五服考异》

（一）生平及著述概况

汪琬(1624—1690),字苕文,小字夜仙,号钝庵,初号玉遮山樵,小字液
仙,晚年尊称钝翁。江苏长洲(今苏州市)人。顺治十二年(1655)进士。顺治
十五年(1658)夏,汪琬赴京谒选,得户部福建司主事。顺治十七年(1660)春,
进云南司员外,夏改刑部河南司。顺治十八年(1661),因奏销案诖累,例降二
级调用,罢官南归。康熙五年(1666)夏升户部山西司主事,秋解北城兵马司
指挥。康熙八年(1669)夏,选榷江宁西新关仓。康熙九年(1670)仲冬,告官
还吴中归隐。沉浮郎署十余年,仕途几经起落,屡遭打击,生活也异常贫困艰
辛。康熙十一年(1672)秋,汪琬购卢氏别业于横山之麓,名曰尧峰山庄,从此
潜心研究经学,著书立说。康熙十八年(1679),授翰林编修,入史馆纂修《明
史》。康熙二十年(1681),乞病归,隐居太湖尧峰山,学者称尧峰先生。康熙
二十九年(1690)十二月十日,卒于邱南小隐,葬尧峰。士友门人私谥文清。

汪琬一生交游极广,既有文坛巨匠,又有朝中重臣,还有乡野文士,乃至一

些释者。例如,在诗学上有共同认识和主张的王士祯,在思想上有着仕与隐纠结的刘体仁,有着狂狷之气的计东,与之平实交往的李良年、梁曰缉,等等,大都与汪琬的性格与爱好相近,这充分展示了汪琬一生中各个方面的生活轨迹。王士祯在《居易录》中说道:"海内知交甚多,至议论有根柢,终推此君","同年长洲汪钝翁琬以庚午十二月十三日卒。汪狷急多忤,交友罕善终者"①。宋荦也曾提及,汪琬"性狷急,不能容人过,意所不可,辄面批折人"②。如汪琬与同乡叶燮不合,曾互相抨击;因归有光文集,致与归庄往复辩难;又与阎若璩辩论丧服服制问题,不欢而散;等等。故当时大多人颇多认为汪琬性格狷介,不能容人。惠周惕曾从其学,汪琬称其"好为淹博之学。其于诸经也,潜思泛览者有年,怳若有悟,间出己意,为之疏通证明,无不悉有依据,非如专门之家,守其师说而不变者也"③。

　　纵观汪琬一生,其主要成就在文学,与魏禧、侯方域并称为清初"古文三大家",计东称其文"溯宋而唐,明理卓绝似李习之,简洁有气似柳子厚"④。其作品主要有《钝翁前后类稿》62卷、《钝翁续稿》56卷传世。然而,汪琬于经学亦颇有专攻,"先生之学,无所不通,而其指以六经为归"⑤,于《易》《诗》《书》及三《礼》皆有发明。而观其礼学研究,则主要集中在"五服"之学方面,与当时民间士大夫们忌讳"五服"之事有关。这正如汪琬所言:"自晚近以来,讳为凶事,往往弃而不讲。于是士大夫持服之时,率皆私行其胸臆,而王者制礼之意微矣,予窃慨焉。"⑥很多士大夫们遭遇丧事多率性而为,不遵循古代丧服制度,有违王者制礼之深意,汪琬乃为之著《丧服或问》1卷、《古今五服考异》8卷等,借此彰显"五服"之学的重要性。

　　汪琬的"五服"学说,除《丧服或问》《古今五服考异》外,《尧峰文钞》文集亦收录多篇有关"五服"之文,例如《丧服继母如母解》《疑丧服继父同居义》《古今五服考异序》(二篇)《古今五服考异后序》《五服图后序》《妾无服辨》《父卒未殡适孙为祖服辨》《五服皆为衰说》《丧服杂说》(五则)《答或人论祥

　　① 王士祯:《居易录》卷九,《景印文渊阁四库全书》(第869册),台湾商务印书馆1983—1986年版,第414页。
　　② 宋荦:《文清公本传》,《西陂类稿》卷五,商务印书馆民国六十二年(1973)版。
　　③ 汪琬:《诗说序》,《尧峰文钞别录》卷二,李圣华笺注:《汪琬全集笺注》(四),人民文学出版社2010年版,第2134页。
　　④ 计东:《钝翁生圹志》,《改亭文集》,《四库全书存目丛书》(集部第228册),影印清华大学图书馆藏清康熙刻《西河合集》本,齐鲁书社1997年版,第719页。
　　⑤ 惠周惕:《书〈尧峰文抄〉后》,《砚溪先生遗稿》卷下,庚辰丛编铅印本(惠氏红豆斋藏书)。
　　⑥ 汪琬:《古今五服考异序一》,《钝翁前后类稿》卷二十六,李圣华笺注:《汪琬全集笺注》(二),人民文学出版社2010年版,第577页。

禫书》等等。

（二）著述体例

1.《丧服或问》

该书属于专题考证体著作。全书共 21 类目，依次为继祖母、庶祖母、夫之本生父母、继姑、舅妻、庶母、继父、前母之党、继母之党、生母之党、同母异父之昆弟、妻母、衰负版辟领、杖、妇人衰、妇人杖、改葬、过时而葬、变除、命赴、丧主等目。每一目下，皆采用一问一答的形式结构全文，主要考证论述历代俗礼书有关五服服制情况之是非得失，如"妻母"目下云："或问：明《孝慈录》注：'妻母之嫁者、出者皆服缌。'然则果应服乎？曰：否。嫁母、出母为父后者犹无服，何有于妻母之出且嫁者乎？厚于妻母而薄于己之所生，其非先王之意也明矣。律文无服是也。"①汪琬对《孝慈录》制订的丧服制度予以了否定，指出"妻母之嫁者、出者皆服缌"的做法实在有违先王制礼之意。

2.《古今五服考异》②

《古今五服考异》成书于康熙十二年（1673），是清代礼学尤其是清代五服学的早期著作之一。同《丧服或问》不一样的是，该书属于杂体类著作，全书体例杂出，包括多种注释体式。它大致包括四个方面内容：第一部分（即卷一），分"斩衰三年""齐衰三年""齐衰杖期""齐衰不杖期""齐衰三月""小功殇五月""小功五月""缌麻三月""斩衰制度""齐衰制度""大功制度""小功制度""缌麻制度"等 13 类目，以《仪礼·丧服》为案，而以今之《律文》断之，逐条疏论该篇经文，中间加以发明辨正，杂采诸家之书，而稍述鄙见于其末。第二部分，即卷二、卷三，为图表部分。第三部分，自卷四迄卷六，为逐条"考异"部分。第四部分（即卷七、卷八），为"考、说、论、辨、或问"部分，卷七设"九族考""三年丧考""稽首稽颡考""五服皆为衰说""古人不忌白说""丧制杂说五条"6 目，卷八列"论继母如母义""论继父同居义""孤丧子辨""袒免辨""父卒未殡适孙为祖服辨""妾无服辨""丧服或问二十四条"。各个部分之间，体式迥然有别。

（三）汪琬治礼方法及著述风格

和历代治"五服"之学研究者相比，汪琬的丧服研究更能彰显"经俗互贯派"的一贯做法，他不斤斤计较执着于礼经《丧服》篇条文的考据和训释，更多地强调从礼俗学的视野出发，关注和审视礼经的实用性功能及其变异情况。

---

① 汪琬：《丧服或问》，《檀几丛书》，上海古籍出版社 1992 年版，第 50 页。

② 该书现有康熙年间刻《钝翁全集》本，为其宗后学汪峻堂重订，百城阁藏版。卷首附有《自序》二篇及《引用诸书》《凡例》三则，卷末又有《后序》一则。

他的治礼方法以及《丧服或问》《古今五服考异》的著述形式、著述风格,都呈现出个性化的特征,约略言之,有如下数端:

其一,汪琬重视"律文",治礼务求"用实"。汪琬精研三《礼》,有很强的实用意图,即羽翼"律文",施用于当世。他鉴于当时礼乐丧失、持服者私行胸臆,以及宋代以后礼学研究不力等现状,"作此《考》,以《仪礼》为案,而以今之'律文'断之,中间发明辨正,杂采诸家之书,而稍述鄙见于其末"①,撰成《古今五服考异》。该书得到顾炎武的称许:"五服异同之录,当与天壤并存。斯道之传,将赖之而不坠矣。"②《古今五服考异》最显著的一个特点,就是比较"律文"与三《礼》特别是《仪礼》之间的异同,考述古今五服变革,以求羽翼"律文",有用当世。《古今五服考异序二》载或问:"《礼》与'律文'不同,今吾子之为此《考》也,率皆取裁于'律',是毋乃徇今而不古之好与?"汪琬声言曰:"礼有'与民变革'者矣……而损益其可变革者,不亦善乎? 而又何周制之兢兢焉? 彼徇今而不通于古,与好古而不协于今,是皆谓之俗儒,君子弗与也。"③据此,汪氏的这种研治"五服"之学思想,可以概括为律、经并重的理念。

同样,汪琬《丧服或问》凡论及历代礼俗"五服"制度之文与"律文"相异者,也大都借助"律文"来否定后代礼俗条文。例如,"同母异父之昆弟"目下,或问:"同母异父昆弟之服,子游言大功,子夏言齐衰,而唐《开元礼》降从小功,三者不同,然则宜何服?"汪氏答云:"律文无服,此宜从'律'者也。《礼》同父母之昆弟期,同父异母之昆弟大功。因母既嫁,则与宗庙绝矣。彼既自绝于宗庙,则其子之为父后者,犹不为之制服,顾可使同母异父夸于同父异母之父乎?《礼》继母可以如母,继父不可以如父,故继父不同居者无服,而独为异父者大功,其失礼意明矣。子夏《传》曰:'禽兽知母而不知父。'擘人曰:父母何算焉? 使同母异父而为之服,此母而不知父者也,与禽兽何以异与? 然则齐衰亦非子夏之言也,记礼者之臆说也。"一方面汪氏否定了子游、子夏及《开元礼》皆为之制服的做法,同时又肯定《丧服》"律文"无服是合理的。凡此之类批评后代礼俗条文的规制实例,体现出汪琬的"五服"观更多倾向于《丧服》"律文"规制。

其二,从重"用实"出发,汪琬不专事考据训诂,而是强调求索大义。汪琬

---

① 汪琬:《古今五服考异序一》,《钝翁前后类稿》卷二十六,李圣华笺注:《汪琬全集笺注》(二),人民文学出版社 2010 年版,第 577 页。

② 顾炎武:《答汪苕文》,《蒋山佣残稿》卷二,《顾炎武诗文集》,中华书局 1983 年版,第 195 页。

③ 汪琬:《古今五服考异序二》,《钝翁前后类稿》卷二十六,李圣华笺注:《汪琬全集笺注》(二),人民文学出版社 2010 年版,第 578 页。

素不喜儒生斤斤章句训诂,他认为,近古以来能继"六经"、孔子者仅朱熹一人,以朱子所说"解经而通世务"为则,与阎若璩欲兴复古学、反对轻言训诂、不喜侈谈性理的做法,形成截然不同的两种风格。《潜丘札记》卷六《又与戴唐器书》说:"钝翁不足攻,生平所心摹手追者,顾也,黄也。"①顾指顾炎武,黄指黄宗羲。若璩谓汪琬"其不足攻",便是专门针对汪琬不事考据训诂而言,他所向往仰慕的,是顾炎武、黄宗羲那样的治学方法。确实如此,从汪琬的《丧服或问》《古今五服考异》来看,均不以丧服礼经条文的考据训诂见长。

其三,强调"以史证经"的治学方法,主张将史事和经典中的道理贯通起来,互相参证,为后世的现实服务。他从显明丧服礼制变迁情况出发,强调条举历代五服条文,进而推原丧服礼制历代因革始末。在汪琬看来,礼有与民变革者,也有不可变革者,"其不可变革者,则亲亲也,尊尊也,长长也,男女有别也"②。"夫贤君察相因乎其所不可变革,而损益其可变革者,不亦善乎?而又何周制之兢兢焉?彼徇今而不通于古,与好古而不协于今,是皆谓之俗儒,君子弗与也。"③因此,研治丧礼当考察历代五服的因革情况。这一特点在《古今五服考异》第三部分"考异"当中尤为突出,如《古今五服考异》卷四中分"《仪礼·丧服传》与后世异者六十条""《丧服记》与后世异者八条"两部分,逐一交代《传》《记》所载诸条在后世的变迁情况,例如"父卒为母继母如母"条下汪琬指出:"《开元礼》迄《明令》并同,《孝慈录》改斩衰,为人后者为所后母亦同。今律文仍之。"《古今五服考异》卷八更详细胪列《仪礼》及历代五服存在有无之实例,如"《仪礼》无服而西晋有服者二条""《仪礼》有服而《开元礼》无服者十条""宋通礼无服而天圣中有服者一条""唐宋有服而《明令》《孝慈录》无服者三条"等等。

其四,强调打通众经、归纳例证的著述风格。从文献学角度来看,汪琬的"五服"学研究视角同时也延及先秦两汉儒家典籍上,但这种关注更多地集中在与《仪礼·丧服》篇服制不同的礼制记载方面,借此彰显丧服礼制的变异情况,加强五服研究的对比性。例如,《古今五服考异》卷五中,汪氏详列《小戴礼》与《仪礼》服异者 9 条,《左传》与《仪礼》服异者 1 条,《荀子》与《仪礼》服异者 1 条,《仪礼》无服而《小戴礼》有服者 11 条,《仪礼》有服而《小戴礼》无

---

① 阎若璩:《又与戴唐器书》,《潜丘札记》卷六,《景印文渊阁四库全书》(第 859 册),台湾商务印书馆 1983—1986 年版,第 541 页。

② 汪琬:《古今五服考异序一》,《钝翁前后类稿》卷二十六,李圣华笺注:《汪琬全集笺注》(二),人民文学出版社 2010 年版,第 577 页。

③ 汪琬:《古今五服考异序二》,《钝翁前后类稿》卷二十六,李圣华笺注:《汪琬全集笺注》(二),人民文学出版社 2010 年版,第 578 页。

服者4条,《仪礼》无服而《孔丛子》有服者1条,《小戴礼》有服而《孔子家语》无服者1条。这种对比,有助于考察古人关乎礼制权变的观念,具有相当程度的礼经学色彩。

其五,汪琬还注意运用图表形式研究五服,分门别类,眉目清晰。《古今五服考异》卷二、卷三两部分为"五服图",卷二为器物图,包括"《仪礼》衰冠裳绖带杖屦式图"18幅,"麻衣练冠图"17幅,"妇人笄总髽式图"4幅;卷三为图表,包括"《仪礼》五服旁通图""律文五服旁通图""《仪礼》本宗服图""律文本宗服图""《仪礼》为姑姊妹女子子女孙适人者服图""律文为姑姊妹女及孙女在室出嫁者服图""《仪礼》女子子适人者为本宗降服图""律文出嫁女为本宗降服图""《仪礼》母党服图""律文母党服图""《仪礼》妻为夫党服图""律文妻为夫党服图""《仪礼》及今律妻党服图""《仪礼》妾为君党服图""律文妾为君党服图"等15幅,既考察《仪礼》服制,又考察律文服制。汪琬在卷三末《五服图总跋》交代云:"勉斋黄氏《仪礼经传续》及信斋杨氏《仪礼图》一书,其丧服门诸图虽本《仪礼》而实参之以《小戴记》,予所作则悉取《丧服传》本文,而又各以律文图次之。盖前贤所重在攻经,而予所重在遵律,宜其彼此不同也。"

此外,文献资料征引非常广泛,也是汪琬治学的重要特点。根据笔者统计,《古今五服考异引用诸书》一书引书范围遍及经、史、子、集四部,且引用书目多达97种,显然与汪琬家拥有丰富的藏书存在一定关联。

(四)与阎若璩的礼学论争

当下审视与评价汪琬礼学研究的价值,一方面要肯定汪琬在研治丧服方面的长足之处,正如赵经达《汪尧峰先生年谱》"康熙十二年癸丑"条所云:"先生在山中,力学勤苦,十倍于前,著书务疏经义,旁及先儒诸说,参稽异同,求至至当。以今世丧礼废坏,乃著《古今五服考异》八卷,凡八阅月,九易稿而成,综核精详,多宋元诸贤所未发焉。"①一方面也要正视汪氏所著中存在的各种缺失。正是其中可能存在的问题,从而引发了汪琬和阎若璩二人围绕"五服"治学展开的一场论争。因而考察汪琬的五服之学情况,就不能绕开阎、汪的这场"五服"论争。

汪琬与阎若璩的这场论争,发轫于康熙十七年(1678)清廷诏特开制科赴京之后结识之初的一次交恶。这一年,汪琬、阎若璩俱在荐举186人之列。汪琬屡辞不获,入都萧然而居,独喜与李因笃诸友谈学。若璩结识汪琬之初,即

---

① 赵经达:《汪尧峰先生年谱》,李圣华笺注:《汪琬全集笺注》(五)附录,人民文学出版社2010年版,第2442页。

因论学不合相龃龉。阎若璩《跋金石要例》载云："余戊午、己未间在京师,见汪苕文《缪封公墓志》载及高祖,谓之曰:'古人叙人家世,皆自曾祖以下,无及高祖者。间及高祖,亦必以其人其事足书,非空空仅及其名讳而已。……'时苕文怒甚。……后见三刻《尧峰文钞》,此篇削去'高祖讳某某'五字。此又当为书祖文广一例耳。"①汪琬性情孤傲,但对文章不合金石义例也有意改正。阎若璩又指出其《古今五服考异》之误,汪琬不能认同,遂发生激烈的冲突,以至交恶。康熙十八年(1679),汪琬指责若璩父母在不当言丧礼,更导致了二人关系的恶化。《四库全书总目》载:"若璩学问淹通,而负气求胜,与人辩论,往往杂以毒诟恶谑,与汪琬遂成仇衅,颇乖著书之体。"②当然,在阎若璩看来,二人所辩,皆关乎丧服大体。

围绕阎、汪这场礼服学上的具体论争,李圣华《阎若璩与汪琬礼学论争考述》曾做过一番客观的梳理。李文胪列阎、汪论礼服不合者八条,逐一加以剖析。这八条论争的礼服内容,依次为:(1)关于祥禫;(2)关于宗子为妻之服;(3)关于同母异父昆弟之服;(4)关于丈夫三十娶而妻有夫之姊之长殇;(5)关于贵臣、贵妾之服;(6)关于为高祖之服;(7)关于孔子三世出妻及出母之服;(8)关于大宗、小宗之继、置后及子思之兄。③ 至于其他不合及阎若璩指出汪琬"小误"处尚多,李氏并未逐一胪列解说。为免于繁复之嫌,这里只罗列其中二例予以观照和分析:

1. 关于祥禫

汪琬《答或人论祥禫书二》云:"昔汉儒有主二十七月者,此据《服问》'中月而禫'之说也;魏儒有主二十五月者,此据《三年问》'二十五月而毕',《檀弓》'祥而缟,是月禫'之说也;唐儒又有主三十六月者,此据《丧服四制》'丧不过三年','三年而祥'之说也。三说者,皆出于《礼记》,而惟汉郑玄为能酌情文之宜,得先王中庸之道,故历代行之,至于今不废。"④

关于汪琬上述言论,阎若璩在《潜丘札记》卷四中指出,其话语中存在两个问题:其一,"《服问》无'中月而禫'之文。《间传》有之,当改作'《间传》'"。其二,"唐儒主'三十六月',当改作'二十八月'方合。且所据乃《间

---

① 阎若璩·《跋金石要例》,《潜丘札记》卷五,《景印文渊阁四库全书》(第859册),台湾商务印书馆1983—1986年版,第507页。

② 永瑢等:《钦定四库全书总目》(整理本)卷二十,《子部·杂家类三》,《潜邱札记》条,中华书局1997年版,第1597页。

③ 李圣华:《阎若璩与汪琬礼学论争考述》,《浙江师范大学学报》(社会科学版)2012年第4期。

④ 汪琬:《答或人论祥禫书二》,《钝翁前后类稿》卷二十二,《汪琬全集笺校》,人民文学出版社2010年版,第527—528页。

传》'又期而大祥,素缟麻衣,中月而禫。禫而纤,无所不佩'之文,并非《丧服四制》"①。关于唐儒有主三十六月者,若璩亦有驳议,《札记》卷六《六与陶紫司》补充说:《新唐书》载王元感主此说,张柬之不赞同,元感之论遂废,"岂钝翁所指唐儒即王元感乎? 果尔,亦犬之拾骨。钝翁尚未至此,大抵《通典》中一段颇难理会。下迄宋治平初几三百年,礼官奏祖宗朝据《通典》为正,以二十五月终大祥,二十七月终禫,二十八月终禫除。是且二十九月,亦与杜说异。直至弟今日发之,然则何怪钝翁之不解邪?"②据此,汪琬的说法是站不住脚的。

2. 关于丈夫三十娶而妻有夫之姊之长殇

《古今五服考异序二》曰:"盖尝三复《丧服传》,而不能以无疑。……丈夫三十而娶,而为之妻者,乃有夫之姊之长殇之服,可疑三也。"又《古今五服考异》卷四《仪礼丧服传五服与后世异者六十条》引《内则》《孔子家语》详辩曰:"如此则虽男子娶妇不待三十,夫之姊亦不应有长殇之理。此'姊'字恐误。"

汪琬怀疑《丧服传》中男子三十娶而妻有夫之姊之长殇说,阎若璩以为不误,三十而娶非定说。《札记》卷四《与陶紫司书》引《左传》曰:"国君十五而生子冠而生子,礼也。"指出古人冠、婚固有不尽二十、三十者,"以十五之前之人而有妻,而适遭姊丧,姊尚可为中殇,且不必至长也"。未详汪琬是否闻此说,《古今五服考异序二》编入《尧峰文钞》,文字无改动。汪琬疑《丧服传》有误,拘泥三十而娶之说。康熙十三年(1674)《族谱杂论三则》其三《为未娶者后》开篇亦云:"或疑未娶不宜有后,予告之曰:古者二十而冠,三十而娶。"③阎若璩称汪琬不知古人礼变故不解,具见《札记》卷六《又与陶紫司书》。

由以上二例看来,阎若璩、汪琬的这场礼服学争辩,更多局限在学术讨论的范畴之列,涉及两种不同的治学风格之争,对于推动当时的礼学研究,具有重要的学术史意义。汪氏的礼学研究遭到阎若璩的质疑和攻击,二人在鸿儒士人和其他在京城的学者中都有拥护者,辩论礼学经义及其在现实中的应用问题,各执一词,势同水火。这表明探讨礼学和如何在现实社会中发挥"礼"的功用,已受到学者们的关注。正如李圣华先生所云:"阎、汪之争牵入了一大批著名学者,如徐乾学、顾炎武、李因笃、陆元辅、黄宗羲等。一代学术在论

---

① 阎若璩:《丧服翼注》,《潜丘札记》卷四,《景印文渊阁四库全书》(第859册),台湾商务印书馆1983—1986年版,第489页。

② 阎若璩:《六与陶紫司》,《潜丘札记》卷六,《景印文渊阁四库全书》(第859册),台湾商务印书馆1983—1986年版,第520页。

③ 汪琬:《族谱杂论三则》其三《为未娶者后》,《钝翁前后类稿》卷三十七,《汪琬全集笺校》,人民文学出版社2010年版,第759页。

难商证中得到发展,从这一意义上说,这场论争对清代礼学尤其是礼服学之兴,意义不凡。"①从另一个侧面来讲,它也有助于我们考察和了解清初学者兼采汉宋到乾嘉专门之汉学兴盛的变化过程。乾嘉之后,随着朴学之风的渐趋强势,汪琬的丧服研究影响力也渐趋淡薄,与对阎若璩的学术评价形成了两个极端,如江藩《国朝汉学师承记》、梁启超《中国近三百年学术史》、钱穆《中国近三百年学术史》等,都以阎若璩为朴学先驱,这固然无可非议,但他们却将汪琬仅视作古文家,"罢黜"于汉学家的行列之外。从《丧服或问》《古今五服考异》及其汪氏当时的实际影响力来看,这种处置方式未必尽然允当。

二、徐乾学与《读礼通考》

(一)生平及著述概说

徐乾学(1631—1694),字原一,号健庵,人称东海、玉峰先生,江苏昆山人。"昆山徐氏,至徐乾学时已有十代,其先世多贤,仕宦清廉,可谓书香门第;而清初大儒顾炎武即其舅氏。"②在优良家风的濡染和舅氏顾炎武的引导之下,徐乾学自幼即以聪颖好学而闻名乡邻,8 岁时便能撰写文章,得到尚书顾锡畴的赞赏。"嗟余才绾发,屈首事诵习。博膳服茂先,弇陋丑难及。发愤购遗书,蒐罗探秘笈。从人借抄写,瓶罂日不给。"③13 岁时便已熟读"四书五经"。顺治三年(1646),补弟子员;顺治五年(1648)参加金陵乡试,未及中举。顺治七年(1650),与毛奇龄、朱彝尊、尤侗、吴伟业等人在嘉兴组织十郡大社。顺治十一年(1654),入读太学,由府学生员拔为贡生。顺治十七年(1660),赴顺天参加乡试,中举。次年,因受"江南奏销案"而被错误地除去举人的功名,直至康熙五年(1666),冤案才获平反并恢复举人身份。康熙九年(1670),参加殿试,御赐一甲第三名进士及第,授翰林院编修,自此徐乾学步入仕途。康熙十一年(1672),担任顺天府乡试副考官,后因副榜遗漏汉军卷未取,遭给事中杨雍建弹劾,被降一级调用。康熙十四年(1675),捐复原官,后升为左春坊左赞善,充任日讲起居注官。康熙十九年(1680),他为纳兰性德搜集唐、宋、元、明学者的解经之书,纂辑成《通志堂九经解》1795 卷。康熙二十一年(1682),徐乾学被任命为《明史》总裁官。次年,为翰林院侍讲,后升为侍讲学士。康熙二十三年(1684)底,迁任詹事府詹事。次年,升为内阁学士、在南书

---

① 李圣华:《阎若璩与汪琬礼学论争考述》,《浙江师范大学学报》(社会科学版)2012 年第 4 期。
② 陈惠美:《徐乾学及其藏书刻书》,《古典文献研究辑刊》五编第四册,台湾花木兰文化出版社 2007 年版,第 2 页。
③ 徐乾学:《寄曹秋月先生(二首)》之二,《憺园文集》卷七,《续修四库全书》(第 1412 册),上海古籍出版社 2002 年版,第 409 页。

房值班,并出任《大清会典》《一统志》副总裁,教习庶吉士。此后,先后任职礼部侍郎充经筵讲官、左都御史、《一统志》编纂局总裁、刑部尚书等职。康熙二十九年(1690),徐乾学上书以病乞归,获准给假回籍。此后又因权势之争,徐乾学最终被罢官去职。康熙三十三年(1694),皇帝令大臣举荐翰林中选学问超众、卓著而擅长文章的人,徐乾学受大学士王熙、张玉书等举荐还京修书,未等圣旨送达,便因病去世于乡里。

"尚书为亭林外甥,熟于朝章国故之大,盈廷议礼,必折中焉。及发言为诗,亦复诸体惬当,艺林谓酷似其舅,信然。"①作为一名学者,徐乾学毕生治学著作等身,康熙朝钦定官书,十之八九都是他监修总裁的,被世人看重。死后遗疏,呈进其所纂的《一统志》,可谓撰写终生,死而后已。从青年时代起便大量收藏图书,获得了大量珍贵典籍,并著有《传是楼宋元本书目》一书。经部著述方面,徐氏著有《读礼通考》一书,也曾搜集唐、宋、元、明学者解经之书,汇为《通志堂经解》,纂辑之功甚巨。史部著述方面,徐乾学曾奉命编纂《大清一统志》《清会典》及《明史》,并和万斯同、阎若璩、胡渭等人一道编纂《资治通鉴后编》。集部著述方面,著有《憺园文集》36卷,又与其他学者一起奉康熙帝命,"时奉命选自周秦以来至元明之文,分正、外、别三集"②,编注《古文渊鉴》。

《读礼通考》一书是徐乾学毕生最为重要的一部经学著作,缘起于康熙十五年(1676)。这一年十一月,徐氏母病故。徐乾学居三年丁忧期间,阅读了大量古代典籍,以三《礼》为经,以史为纬,开始编著此书。如其在《〈读礼通考〉凡例》所云:"是编之作,始于康熙十六年之春,时居先太夫人之丧,因有事于此书,苦次先为蒐辑。"③归田后又加增订,积十余年,三易其稿而成,凡120卷,统括历代丧礼,于丧期、丧服、丧仪节、葬考、葬具、变礼、丧制、庙制诸端皆有所涉,可谓集丧礼之大成。徐氏著述颇丰,其礼学著作除《读礼通考》外,还有《五礼备考》180卷,《四库全书总目》未著录,属于三《礼》综论性著作。

关于《读礼通考》之编撰者,历来有不同看法。《四库全书总目》谓是"合众力以为之,故博而有要,独过诸儒"④,全祖望则云:"及昆山徐侍郎乾学居

① 沈德潜:《清诗别裁集》,上海古籍出版社1984年版,第374页。

② 韩菼:《资政大夫经筵讲官刑部尚书徐公乾学行状》,《碑传集》卷二十,中华书局1993年版,第683页。

③ 徐乾学:《读礼通考·凡例》,《景印文渊阁四库全书》(第112册),台湾商务印书馆1983—1986年版,第4—5页。

④ 永瑢:《钦定四库全书总目》(整理本)卷二十,《经部·礼类二》附录,《读礼通考》条,中华书局1997年版,第264页。

忧,先生(指万斯同)与之语丧礼,侍郎因请先生纂《读礼通考》一书。"①清末梁启超据全祖望说,亦以为全出万斯同之手。梁启超在1904年补写的《论中国学术思想变迁之大势》之第八章"近世之学术"中说:"季野(万斯同)为《读礼通考》百二十卷。(此书冒徐乾学名,实皆出季野手。——梁氏注)二万(万斯大、万斯同)之学,不标汉、宋门户,其感化所及于清代学界者,不如阎、胡之巨,然言三《礼》者必祖之。"②当代学者林存阳先生《清初三礼学》中论万斯同礼学成就,亦取从全祖望之说。然康熙三十五年(1678)朱彝尊为《读礼通考》作《序》时,并未交代万斯同冒名代写一事;另外,从徐乾学《憺园集》看,徐氏于丧礼多所考辨,因此,最为可信的是,徐氏著述《读礼通考》时,可能在某些方面受到了万氏治学之影响。

(二)文献体例与编排特色

徐乾学自叙云:"昔朱子尝以《仪礼》为经,《礼记》为传,编为《通解》之书,诸礼次第告成,独丧祭未竟,勉斋黄氏续成之,信斋杨氏又附图焉。予取两家之章次,益以后世之制,荟萃成篇,其说大约相同。"③可见,徐氏《读礼通考》乃仿朱熹《仪礼经传通解》一书编著体例而作,但因朱熹《仪礼经传通解》无丧礼篇,故又取黄榦《仪礼经传通解续》、杨复《仪礼图》二书章次,补缀以黄、杨氏之后的历代丧礼之文而成,但体例上较之朱熹、黄榦之作更趋合理、精审。

首先,就卷次编排情况来看。在清初的礼学著作中,《读礼通考》一书的篇幅是十分突出的,全书共120卷,主要分八个类目,依次叙述有关丧制的诸多方面,其中详情,徐乾学在该书《凡例》中有具体交代,兹转述如下:

> 是书之作,大纲有八:一曰丧期,则以《仪礼·丧服》篇为主,而凡古今之论服制者皆附见焉,先仿国史之例撰表三篇,自斩衰三年至缌麻三月,以及殇服,而国恤亦备载,为卷者二十有九;一曰丧服,古今五服制度及变除次第,有图有表,为卷者八;一曰丧仪节,则以《仪礼》之《士丧礼》《既夕》《士虞礼》三篇为主,而唐之《开元礼》、宋之《政和礼》、司马氏之《书仪》、朱子之《家礼》、明之《会典》五书,自疾病以至挽歌,凡言丧之仪节者皆附见焉,其历代国恤之仪以类而从,

---

①　全祖望:《万贞文先生传》,《鲒埼亭集》卷二十八,《续修四库全书》(第1429册),上海古籍出版社2002年版,第218页。

②　梁启超:《论中国学术思想变迁之大势》,《中国现代学术经典·梁启超卷》,河北教育出版社1996年,第102页。

③　徐乾学:《读礼通考》卷三十八,《景印文渊阁四库全书》(第113册),台湾商务印书馆1983—1986年版,第2页。

为卷者四十有四；一曰葬考，凡葬次、葬法以及祭墓，而历代山陵之制，亦以类而从，为卷者十有三；一曰葬具，凡附于身、附于棺、周于椁者皆具载焉，参考历代品式，一之以本朝制度，为卷者六；一曰变礼，本黄勉斋旧说六篇，今并闻丧、奔丧为一篇，又有缓葬、渴葬、改葬，暨后世父母乖离，不知存亡、亲柩被焚、墓毁制服诸事，各自为类，亦附于末，为卷者七；一曰丧制，本之古制以及今日通行之制，有变古、复古、守礼、过于礼、不及礼、违礼者，并为论次，而二氏（按：指佛、道）礼异俗礼亦及焉，为卷者十有一；一曰庙制，孝子报本追远，莫重于祭，自王侯以迄士庶，有图有说，悉为详考其制度，为卷者二。总得百有二十卷，而古今之丧礼略备矣。①

其次，就引书及具体文献编排情况来看。《读礼通考》所引文献以及文献的编排方面都很有鲜明特色，现根据《凡例》②所述条解如下：

其一，引书原则。据徐乾学《凡例》所云，其引书"上自王朝，下迄民俗，前自三古，后迄于今，凡简籍中所载有及于丧礼者，无不采入"，主求广博而备考，即使诸家中有臆说不可取者，一并依著述类目采录，不避"繁而鲜要"之嫌。是书《凡例》后附有具体引用书目，据统计一共列录了648种文献，举凡历代经史子集著作，包括各种注疏之作，都有涉足，这在清代治礼学者当中是极为少见的。当然，这与其家传是楼藏书"甲于当代"不无关系。

其二，所引文献的编排顺序。徐乾学是书，除八个总类目外，每一总类目下又有小类目，每一小类目下采列诸家之说，"本以历代前后为次第"，从总的情况来看，大旨以三《礼》为经，史志为纬，有关经传的注疏材料则依附于经传文句之下，条贯有序而不杂缀。

其三，所引各种文献，往往根据取义性质的不同，用大小字体及引文低格与否加以区分。徐乾学在是书《凡例》中有明确交代："而说取类从义贵条贯，不无前后错置者，程子、张子、朱子之说，例用大字以别之。或其说有未尽合者，或义止训诂者，亦用小字；诸家之说例用小字，间有事关典制者，亦用大字。至于肤见臆说，敢用大字，亦取标显，极知僭妄，故低四格以示贬抑。"这种处理方式，便于读者准确把握徐乾学著述中的精髓所在，颇为允当。

其四，论辑书之法须遵循三个原则。具体而言，就是指：宜补偏救弊、宜财成断制、宜有案而无断。关于每一原则的意旨，徐乾学在该书《凡例》中有详

---

① 徐乾学：《读礼通考》卷首《凡例》，《景印文渊阁四库全书》（第112册），台湾商务印书馆1983—1986年版，第3—4页。

② 徐乾学：《读礼通考》卷首《凡例》，《景印文渊阁四库全书》（第112册），台湾商务印书馆1983—1986年版，第3—7页。本框题下所引《凡例》文，恕不逐一出处。

细交代:"议礼之家,古称聚讼,宜一以经为断。然作者谓圣而有经,述者谓明而有传,厥后师传曹习,注疏论辨,各家杂然并兴,所闻异辞,所传闻又异辞,经可信,不敢舍经而从传;传可信,不敢舍传而从各家。然亦有经不足而不得不取之于传,传不足而取之注疏论辨者。辑书之法宜补偏救弊者,此也。经传而下,家是一说,言人人殊,其间质之于理之所是,反之于心之所安,权之于时势之升降迭变,必有可行者焉,有不可行者焉,则剂量其曲直轻重,从其可而不从其所不可。辑书之法宜财成断制者,此也。乃又有先后异宜,坚白两可,从一说而未备,执两端以互形。有若言六义则商赐分镳,赞一辞则游夏咋舌,是不得不考详胪数,以俟秉礼之儒提衡异同,折中今古。辑书之法宜有案而无断者,此也。"

其五,特殊类目编排情况。特殊类目的编排,《读礼通考》主要涉及三种情况,有一条而经本同文今分见于两处者,有一语而几处可载今止载一处者,有一事而两见者。第一种情况,如《丧大记》"居倚庐"数节,其言居处则载庐室篇,其言应对则载言语篇,徐乾学《读礼通考》之所以这样编排,是因为"以事既分门,不容混载而无别也"。第二种情况,如《杂记》言丧小功以上非虞祔练祥无沐浴,黄勉斋《仪礼经传通解续》分载虞祔练祥四处,《读礼通考》则但载于虞祭篇,这是出于"以义可总贯,不必分析而始明也"的考虑。第三种情况,如《士丧礼》小敛后易适发免髽说,徐氏《读记通考》一见于免髽篇,一见于小敛篇,是因为"前则欲考丧服之制度,不可得而略也,后则欲考行礼之次第,不可得而删也"。[1] 以上三种情况的妥善处理,较诸此前朱熹、黄榦之作,更加合理科学。

(三)治礼原则与考证方法

《读礼通考》在所引诸家文献书证材料后面,往往附有徐乾学按语,其中所涉内容颇广,小到经传句读,大到历代丧制内容的比较和丧制臧否的品评,皆有涉猎。从这些按语可见,徐氏治丧礼存在一定的研治原则和考证方法,约略有以下数端:

其一,徐乾学对礼学的研究,强调要"论世知人,以意逆志"。"论世知人,以意逆志"一直是中国经学研究的重要阐释原则,徐乾学的礼学研究,同样注意到了这一点,并将这一原则贯穿到其礼学研究当中,他认为:"盖文质递变,代有因革,古人宫室衣服多与后世不同,论世知人,以意逆志可耳。若执目前之见而致疑于古人,则案以礼经,窒碍正多也。"[2]在《读礼通考》的相关论述

---

① 本节引文凡未标注出处者,则俱见于《读礼通考·凡例》。
② 徐乾学:《读礼通考》卷三十五,《景印文渊阁四库全书》(第112册),台湾商务印书馆1983—1986年版,第717页。

中,很容易找到印证,如其论裘裼之制云:"《玉藻》'裘之裼也,见美也',《疏》言裘上加裼衣,裼衣上虽加他服,犹开露裼衣,见裼衣之美以为敬。又'吊则袭,不尽饰也',《疏》言凡此吊袭,谓主人既小敛之后,若未敛之前则裼裘。又'君在,则裼尽饰也',《疏》言君在之时则露此裼衣,尽其文饰之道以敬于君。又'服之袭也,充美也',《疏》言君之不在臣所加上服掩袭裼衣,谓覆盖裼衣之美以敬心杀故也,是故袭裘与表裘皆不入公门。"①

　　其二,徐乾学说解丧制,好以是否近人情来作为评判依据。徐乾学认为,礼出自朝廷,乃圣人之立制,而"圣人之立制,因人情而为之者也","其初先王制礼,最重者送死大事,而又恐以死伤生,故丧服有变除,哭踊有时候,所以节其哀而顺其变,其间轻重等杀,皆因人情而为之制"②。因此,对于丧礼的臧否情况,当遵循"礼近人情而设"的原则,并应将此作为礼制采信的一种重要标准。如《读礼通考》卷十五称:"古人之妾有出于姪娣者,故有贵贱之分。后世无姪娣媵之制,则贵贱何以分? 曰:亦分之于有子无子而已。《丧服小记》:'士妾有子而为之缌,无子则已。'其礼可据也。夫古人为贵妾缌,礼有明文,而后世制礼者无之,自是缺典,岂可因其缺而谓贵妾必不当制服乎? 且庶子为其母,古礼有服三月者,有服九月者,有服期年者,后世直增之为斩衰。至于《仪礼》'贵妾'之条及《礼记》'士妾有子'之条,则反削之而不服,此岂近于人情耶? 凡前王所定之礼,一时偶遗而不及载者类多有之,未敢谓前王所定为一字不可增损也。"③徐乾学以为依人情而论,《仪礼》《礼记》有关"贵妾有子"条削子不服的说解有误,乃圣人一时偶遗而不及载之故也。

　　其三,徐乾学注意运用图表的方式进行比较研究,直观地反映丧礼的各方面内容。《读礼通考》全书各个部分都有大量的图例,如"丧期"部分前三卷,徐氏将历代丧服制度异同情况,表解为十三个图例,依次为斩衰三年、齐衰三年、齐衰杖期、齐衰不杖期、齐衰五月、齐衰三月(以上卷一部分)、殇大功九月七月、大功九月、繐衰、殇小功五月、小功五月(以上卷二部分)、殇缌麻三月、缌麻三月(以上卷三部分)。通过这些图示,能够清楚地看出历代丧服制度的变迁情况,颇为有功于后学。宋明之际,一些治礼学者之著作多著图示用以说解礼制,徐乾学亦注意运用吸收前人这方面的研究成果,如卷三十依聂崇义

　　① 徐乾学:《读礼通考》卷三十五,《景印文渊阁四库全书》(第 112 册),台湾商务印书馆 1983—1986 年版,第 717 页。

　　② 徐乾学:《读礼通考》卷三十七,《景印文渊阁四库全书》(第 112 册),台湾商务印书馆 1983—1986 年版,第 766 页。

　　③ 徐乾学:《读礼通考》卷十五,《景印文渊阁四库全书》(第 112 册),台湾商务印书馆 1983—1986 年版,第 364 页。

《三礼图》,作《五服图》,包括斩衰服、齐衰三年服、大功服、缌衰服、殇小功妇人服、小功服、缌麻服等图例;卷三十一附录杨信斋《仪礼图》有关丧服图制的内容,如绘载了裁辟领四寸图、辟领四寸为左右适图、裁衽图等一系列图示;卷三十二收录陈祥道《礼书》"吉凶冠式"图以及"纚""笄""布总"等图例,又收录《朱子家礼》中的"丧冠图"。总之,徐氏运用图解法说解丧制,避免了烦琐缭乱的文字说解,收到了事半功倍而又一目了然的效果。

其四,徐乾学善举诸家偶见之失,以证定经传互通之理。如上所述,徐乾学《读礼通考》引书特别丰富,对同一丧制,往往引述诸家论说,尽可能全面反映前人的研究状况,并根据礼经经传所载予以评议,论定其中的是非得失,以证定经传互通之理。如《读礼通考》卷三十一徐氏云:"古之丧服,自三年至九月皆有受服,以初丧之衰疏而易坏,故至卒哭即易其衰,而受之以成布。《书仪》之不言受服者,以有居丧常服也。《家礼》既不言居丧之常服,又不言葬后之受服,将齐斩之衰可服至三年期年之久乎?抑葬后即除衰服,但存齐衰期年斩衰三年之名乎?凡此皆朱子之偶失而后人之所当补也。乃秦溪琼山亦竟未有补之者,与此书宁无遗憾哉?"①这是徐乾学据古丧制受服情况,论《朱子家礼》有关丧服之偶失,又论秦溪琼山失补之实。又如是书卷七"丧期七·疏齐衰三年"目下,其论《丧服》"母为长子"文,先引张子说:"礼称母为长子斩三年,此礼未安,父存子为母期,如何却服斩?此为父只一子,死则世绝,莫大之戚故服斩,不如此,岂可服斩?"乾学指出:"母服长子齐衰,非斩衰也,张子说误。"②徐氏依《仪礼》所载论定张子论母服长子服制之误,诚为可信。总之,对于前人说解纷纭之处,徐氏往往胪列诸说,予以中肯的判断和评述,择善而从,即使难定是非,亦多对诸家之说加以分析,点明自己的倾向性意见,供读者参考。

《读礼通考》中最具参考价值的,当属论三《礼》经传、注疏失误诸按语,例如,卷7"丧期七·疏齐衰三年"目下,徐乾学在《丧服》"父卒则为母"文下辩云:"贾氏之《疏》谓'父卒三年之内而母卒,仍服期',引《内则》'有故,二十三而嫁'之说曲为之解。愚窃以为不然。经不曰'父卒为母',而曰'父卒则为母',正见父卒之后而遭母丧,即服三年也,岂必父服除而母卒,然后行三年之服乎?且子之所以不得遂其三年者,以有父在尔。父既先没矣,复何所屈而不

<hr>

①　徐乾学:《读礼通考》卷三十一,《景印文渊阁四库全书》(第112册),台湾商务印书馆1983—1986年版,第654—655页。

②　徐乾学:《读礼通考》卷七,《景印文渊阁四库全书》(第112册),台湾商务印书馆1983—1986年版,第188页。

三年乎？此礼之必不然而贾氏之妄无待论者。"①徐氏论贾《疏》之失颇为可取。凡此之类，不一而足，实有功于《仪礼》学的深入探讨和研究。

需要指出的是，该书有些辨正《注》《疏》失误之例亦颇为乖违。例如，《读礼通考》卷一百一十四"丧制七·违礼一·丧中昏嫁"目下，徐乾学辩云："《仪礼》经文自大夫之妾至姑姊妹，旧读合为一章，盖言大夫之妾为君之庶子以下数等人皆服大功也。郑氏错解经文，分大夫之妾为君之庶子为一章，而以其下别为一章，因疑女子子嫁者为世叔父母姑姊妹固合降在大功，今未嫁者与已嫁者同降服大功，非服之正，因有逆降旁亲之说，不知经之本文明谓大夫之妾为君之庶子及女子子嫁者未嫁者服大功之服，何尝言女子子未嫁者为世叔父母姑姊妹服大功之服乎？经文本可疑而郑氏妄为分割，反疑未嫁者不应与已嫁者同服，而乃创为逆降之说，不亦大可异乎？"②徐乾学以为郑玄割裂《仪礼》经文而设此无稽之说，不当采信郑说。关于这其中所涉《丧服》文句的理解，是书卷十二"大功九月"目下徐氏还有更详细的论述："此条依旧读，理明词达，有何可疑？而郑氏必欲更之，经文本显，更之反晦。后之人又何为必欲附郑而诋子夏之《传》乎？今为考定文句，'大夫之妾为君之庶子女子子嫁者'为一句，'为世父母叔父母姑姊妹'为一句，下《传》文则自'《传》曰'至'得与女君同'为一段，释前一句。自'下言为世父母'至'服其私亲也'为一段，释后一句。郑氏以前读法原自如此，今不过复经传之旧尔。至若女子逆降之说尤为无理，从来论女子之服，但有已嫁未嫁之分，岂有已许嫁未许嫁之别？乃谓恐妨二十而嫁之期，故减其服制，此则背理乱常，不可不力为辨正者也。"③乾学主张郑氏之误实因变乱文句句读而起。

按：此所论"大夫之妾为君之庶子，女子子嫁者、未嫁者，为世父母、叔父母、姑、姊妹"一条，系《丧服》篇大功九月章文，该句下郑《注》云："旧读合大夫之妾为君之庶子、女子子嫁者、未嫁者，言大夫之妾为此三人之服也。"贾《疏》云："此是女子逆降旁亲，又是重出，故次之于此。知逆降者，此经云嫁者为世父以下出降大功，自是常法。更言未嫁者，亦为世父以下，非未嫁逆降，如何？云'旧读合大夫之妾为君之庶子、女子子嫁者、未嫁者，言大夫之妾为此

---

① 徐乾学：《读礼通考》卷七，《景印文渊阁四库全书》（第 112 册），台湾商务印书馆 1983—1986 年版，第 182—183 页。

② 徐乾学：《读礼通考》卷一百十四，《景印文渊阁四库全书》（第 114 册），台湾商务印书馆 1983—1986 年版，第 630 页。

③ 徐乾学：《读礼通考》卷十二，《景印文渊阁四库全书》（第 112 册），台湾商务印书馆 1983—1986 年版，第 305—306 页。

三人之服也'者,此马融之辈旧读如此,郑以此为非,故此下《注》破之也。"①案:郑康成破旧读,他于是条《传》发《注》破旧读之说:"此不辞,即实为妾遂自服其私亲,当言'其'以见之,齐衰三月章曰:'女子子嫁者、未嫁者为曾祖父母',经与此同,足以见之矣。《传》所云:'何以大功也? 妾为君之党服,得与女君同。'文烂在下尔。"由此看来,郑康成改读之因有三:一为大夫之妾若为其私亲服,当于"世父母、叔父母、姑、姊妹"上加一"其"字;二为此条文例与齐衰三月章同,理当分为二条;三为《传》文"何以大功也? 妾为君之党服,得与女君同"应属上条经文之《传》,以错简之故在此。张尔岐《仪礼郑注句读》卷十一云:"旧读与《传》文甚协。郑君必欲破之,不知何故? 且女子未嫁而逆降旁亲,于义亦自可疑,两存其说可也。"②采两存之说,而"逆降"若依盛世佐、凌廷堪之说,于义可通。盛世佐说:"嫁者,因出降也。不云适人,而云嫁者,见其虽贵为大夫妻,不再降也。……女子二十而嫁,有故,二十三年而嫁,谓父母丧也。圣人权于二者之间,以父母之丧,较之昏姻之时,则服重而时轻,故使之遂其服;以世、叔父诸丧,较之昏姻之时,则服轻而时重,故使人遂其时,此逆降之礼所由设也。"③凌廷堪《礼经释例》卷八又云:"未嫁者,谓许于大夫而未嫁者,盖尊尊之义。故郑君此《注》亦引齐衰三月章以证之,其义甚明。"④凌、盛二氏解郑玄"逆降"之说颇通,旧读甚协,两说义皆可通,故张尔岐《仪礼郑注句读》两存其说。又案:汉简本甲本"女子子"上无句读,与上条连,乙本、丙本例无句读,则甲本与旧读相合。由此看来,这一例当中徐乾学对郑玄《注》的批驳似不可从,仍当以旧读为正。

其五,徐乾学注意丧制说解的现实功用,并据此品评世俗丧制的臧否善恶。如《读礼通考》卷一百一十五"违礼二·居丧释服"目下,徐氏按语云:"古人居丧,既葬之后始食疏食,既练之后始食菜果,未有饮酒而食肉者,彼于酒肉犹不忍食,而况参预筵燕乎? 屡朝之定律非不森严,世之能秉礼而怀刑者谁也? 古礼既不知遵,而国宪又不知畏,人心之澌灭将何时而正乎?"⑤徐乾学针对现实生活中一些人处居丧时期不遵古制,无有酒食、筵燕之禁的现象,有感

---

①　郑玄注、贾公彦疏:《仪礼注疏》卷三十二,中华书局 1980 年版,第 171 页。

②　张尔岐:《仪礼郑注句读》卷十一,刘晓东、杜泽逊主编:《清经解三编》(第 7 册),齐鲁书社 2011 年版,第 861 页。

③　盛世佐:《仪礼集编》卷二十四,《景印文渊阁四库全书》(册 111),台湾商务印书馆 1983—1986 年版,第 176—177 页。

④　凌廷堪:《礼经释例》卷八,《续修四库全书》(第 90 册),上海古籍出版社 2002 年版,第 182 页。

⑤　徐乾学:《读礼通考》卷一百十五,《景印文渊阁四库全书》(第 114 册),台湾商务印书馆 1983—1986 年版,第 637 页。

而发,点明现实中的违礼情况。

其六,徐乾学在对丧制的认识上,颇具发展的眼光,并不一味盲从古制。《读礼通考》卷七十七"丧仪节四十·不伐丧"目下徐乾学云:"秦汉以下世变不同,先王之礼亦有不可太拘者,在君子善用之尔矣。"①这等于说,后人不必一味依尊三《礼》所定礼制,而当择善而从,如有可能,后世儒者自可重新论定有关仪文典制,根据人情所需便宜行事,因为"'有人心'三字警切动人,先王制礼,此其本矣"。如《读礼通考》卷三十一下徐氏云:"墨衰之制,本后世失礼之事,乃秉礼如张子,欲服于母丧期年之外,而朱子亦谓出入治事可以服之,岂墨衰竟可为礼服乎?愚谓母丧三年,朝廷既定之为制,有何所嫌而必欲墨其衰?若夫出入治事,难服齐斩,则易以白布之衣,如《书仪》所载葬后常服可也。如曰衰不可废而加之以墨,则是欲守古而反大戾乎古,欲尽礼而实大背乎礼矣,不亦作伪之至哉?"②这里,徐氏论古丧礼"墨衰"之制,以为后世虽失其事,然亦不必复古制而墨其服,唯当尽其心而已。

徐乾学这种礼制的发展眼光,与其对礼的认识、时俗与礼的关系见解分不开。在徐氏看来,礼有两类,有先王之礼,有先儒之礼,"先王之礼久不行于后世矣,先儒之礼犹可行于今日"③。秦汉以后时事巨变,不可以为拘泥先王之礼,且先王之礼亦有一时疏忽而偶失人情的情况,故后世朝廷及其大儒不一味拘泥于古礼,当从顺应"人情"的需要角度参以世俗所行之俗礼,"其间质之于理之所是,反之于心之所安,权之于时势之升降迭变"④,先儒之礼之所以可行于后世,正在于其颇有依人情之制。同时,徐乾学并不认为应完全依遵俗礼而变乱古礼,以为朝廷制礼"自当折中古典,以为天下万世之章程,岂可迁就俗习以变乱夫古制哉?"所以他批评政和君臣议礼云,"宜其谬戾而不可为典要也"⑤。总之,从《读礼通考》中,可以看出徐氏对世俗之礼的看法是辩证的,故其著述中亦多收集历代世俗礼文之相关记载。

---

①　盛世佐:《仪礼集编》卷七十七,《景印文渊阁四库全书》(册 113),台湾商务印书馆 1983—1986 年版,第 766 页。

②　盛世佐:《仪礼集编》卷三十一,《景印文渊阁四库全书》(第 112 册),台湾商务印书馆 1983—1986 年版,第 656 页。

③　徐乾学:《读礼通考》卷一百一,《景印文渊阁四库全书》(第 114 册),台湾商务印书馆 1983—1986 年版,第 413 页。

④　徐乾学:《读礼通考》卷首《凡例》,《景印文渊阁四库全书》(第 112 册),台湾商务印书馆 1983—1986 年版,第 6 页。

⑤　徐乾学:《读礼通考》卷四十四,《景印文渊阁四库全书》(第 113 册),台湾商务印书馆 1983—1986 年版,第 118 页。

（四）治学思想之传承与学术影响

《四库全书总目》称徐乾学《读礼通考》一书"博而有要，独过诸儒""蒐罗富有""古今言丧礼者，盖莫备于是焉"①，这一评价着实不低，亦非常客观。具体考察乾学所处时代背景及其治学传承，则可以看出徐氏的研究有一定学术和政治渊源。徐乾学生处清朝由乱而治时期，笃嗜学问，又好广事收藏古书，即使是在他于康熙九年跻身政坛以后，亦颇多关注经学、礼学，并积极荟萃唐宋以来先儒经解，致力于历代经解之编撰工作，后署名纳兰性德的《通志堂经解》便实出于徐氏之手。然而就其治学思想传承而言，至少有两个方面的影响是不能回避的，一是受其舅父顾炎武的影响，一是受其幕宾阎若璩、万斯同、胡渭、刘献廷、王源等人治学思想的影响。就前者而言，据《昆新两县续修合志》卷 24 称：徐乾学"得舅氏顾炎武指授，柢根益深"。其后的经学大师俞樾也曾指出："健庵徐公，先生之甥也，其所学一出于先生。"②因此，其舅顾炎武"理学，经学也""以礼存心"等学术思想必然会对其治礼学产生一定的影响，前所论徐乾学注意丧制说解的现实功用，品评世俗丧制的臧否善恶，便与顾炎武强调礼之功用的思想是一脉相承的。顾炎武虽没有专门礼学的论著，但其《日知录》中对丧礼的情况亦多有探讨，如是书卷五之《凶礼》《三年之丧》，卷十五之《停丧》《奔丧守制》《国恤宴饮》等条目，皆多有识见③，不可能对徐乾学之丧礼研究毫无影响。至于受其幕宾阎若璩、万斯同、胡渭等人的影响，亦系客观事实，这从《读礼通考》中所引诸家文献材料及其按语里不难得到印证。

《读礼通考》一书编撰，除了受其舅及同时代其他学者的影响以外，另一方面还与乾学积极响应清廷尊经倡礼的政治导向有关。作为一名身居要职、深受康熙帝器重的儒臣，他与同时代的其他儒臣（如李光地、方苞等）一样，"乃上层统治者与知识界沟通互动的中介"，在其身上，必然要体现清廷的学术导向，康熙时期，统治者逐渐改变原有的文化高压政策，调整趋向于对先进汉文化"崇儒重道"思想的认可，礼学研究作为传统经学研究的一个重要内容，具备了一个合法的生存空间，而丧礼在五礼当中地位尤重，因此，徐乾学以居母丧为契机，编著《读礼通考》一书，实是顺应了统治者重礼导向的结果。

---

① 永瑢等：《钦定四库全书总目》（整理本）卷二十，《经部·礼类二》附录，《读礼通考》条，中华书局 1997 年版，第 264 页。

② 俞樾：《重刻憺园集序》，《憺园文集》卷首，光绪九年重刻本，第 1 页。

③ 关于顾炎武《日知录》中对丧礼的探讨，林存阳先生有较详论述（《清初三礼学》，第 160—161 页），请参看，此不赘引。

关于徐乾学《读礼通考》一书的学术影响,林存阳先生称:"就学术发展历程而言,其所主持的《读礼通考》之结撰,不惟倡一时之先声,更影响于后世。承先启后之功,实不可没。"①谓之"承先启后",应该是非常恰当的。就《读礼通考》一书的编排义例情况而言,该书亦甚有影响,如其后秦蕙田著《五礼通考》,就是因袭该书的编排体例而成。从徐氏《通考》一书所论丧礼情况来看,就整个有清一代的研究而言,朱彝尊以为"古今言丧礼者,盖莫备于是焉",实为的论,《通考》深深影响着有清一代有关丧礼的研究,促进了丧制的深入探讨,如此后张朝晋的《丧礼节要》2卷、《闻丧杂录》1卷,方苞的《丧礼或问》1卷,程廷祚的《丧服琐言》1卷,华学泉的《仪礼丧服考》1卷、《丧服或问》1卷等,虽然在编著体例和著述规模方面都难以与《读礼通考》相提并论,但在某一程度上显然受到了徐氏研究的影响,从不同侧面深入探讨丧礼中的是是非非,发展了丧礼之学。另外,就那个时代而言,徐乾学以一介儒臣的身份进行礼学的研究,并强调丧礼之学研究的实用性,实践顾炎武的理学即经学思想,这是具有十分重要的时代意义的。

三、朱轼与《仪礼节略》

(一)生平及著述概说

朱轼(1665—1736),字若瞻,又字伯苏,号可亭,谥文端,江西高安(今江西高安市)人。其曾祖父朱崇,曾从师于明代理学家邹守益,颇有造诣。朱轼自幼在"严慎治学"的家风熏陶下,勤奋思索,刻苦攻读,少有"神童"之称。据崔骥《江西乡贤事略·朱轼》载:"家寒素,随父授徒为活;岁饥,三日不举火,几沦于殍,而轼为学且更深刻,气象闲然,人以知其有先天下之忧而后天下之乐之志也。"朱轼是一位历经康、雍、乾三世而"恩宠极人臣之分"的显赫人物,一生秉承"皇权专制加道德教化"为自己的政治主张和为官之道。康熙三十二年(1693),领解元,举乡试第一,次年考中进士,授翰林院庶吉士,始入仕途。由庶吉士改授湖北潜江知县,有惠政,先后任陕西学政、奉天府尹、浙江巡抚、左都御史。任浙江巡抚时,他刊印颁发了《大戴礼记》《仪礼节略》以及《张子全书》《颜氏家训》《温公家训》等书,使浙江风俗为之一变。雍正时,充圣祖实录总裁。行取授刑部主事,督学陕西。累官文华殿大学士,兼吏部尚书,与怡贤亲王共治畿辅营田水利,蓄泄得宜,溉田六十顷。朱轼其人品性高洁,清代学者洪亮吉曾经称誉说:"公(按:指刘统勋)之前为大学士者,高安文端公

---

① 林存阳:《清初三礼学》第四章第一节,社会科学文献出版社2002年版,第235页。

朱轼,最著立朝大节,多人所不能及。"①乾隆元年(1736),朱氏卒,受赐"文端"之谥。次年归葬故里,乾隆帝御赐"帝师元老"。生平事迹见《清史稿》卷二八九、《清史列传》卷一四、张廷玉《文端朱公墓志铭》及朱瀚、朱赊《朱文端公年谱》。

朱轼博学多才,对文史研究有卓著贡献,曾先后被雍正和乾隆帝召充为《圣祖实录》与《世宗实录》总裁,主编有《大清律集解》。乾隆帝在给朱轼的祭词中称"朱轼学术端醇,器资凝厚,早登词苑,蜚声著作之庭"②,诗人袁枚在《朱文端公墓下之作》中也称誉其治学"独将经术勤三圣,自起清风播九寰"。其著述较多,他六世孙朱赊集编的《朱文端公文集》就收录序、记、论、书等一百篇。主要作品有《历代循吏传》《历代名臣传》《历代名儒传》(合称《史传三编》),还纂有《孝经》1 卷,《春秋钞》10 卷,《仪礼节略》20 卷,《校补礼记纂言》36 卷,重订《校补礼记纂言》36 卷《吕氏四礼翼》1 卷,《周易传义合订》12卷,《钦定大清律解附例》30 卷图 1 卷总类 6 卷,《广惠编》2 卷等,至今在我国文史学术界影响甚大,如当时大学士方苞评价其学问时便说:"日晶玉洁,光焰万丈,岂虚誉哉!"

朱轼之所以著述《仪礼节略》一书,主要是出于两方面的考虑:一方面,朱轼特别重视礼在日常生活中的教化功用,因而平素治学乃好矫正时弊,力崇古道,诚如王业滋《识语》中所引朱轼本人之言曰:"余甚悯夫世俗之越于礼也,而将以是正之。"③朱轼在浙江巡抚任上,曾经增订《家仪》刊而布之,并且刊刻《大戴礼记》等书,致力于礼书的纂辑和推行,莫不与此有关。另一方面,朱轼对于历代礼学之作素有研习,他有感于《仪礼》自不列于学官以来,"习焉而得其解者罕矣",因而举凡晋、唐、宋、明诸礼书及其近世儒者论说于礼之言,往日读书多注意加以辑录,并折中判定众贤说解之是非,"虽片语单辞,疏栉必求其当"④,尤其推崇朱熹的礼学研究,对其《仪礼经传通解》与《家礼》之书极为看重,然而又有感于"其书惟章句是正,使学者知有古礼,而其宜于今与否,固未尝有所论断也。盖朱子于《仪礼》《家礼》皆有望于后人之损益折中",不利于发挥"寓示俭于示礼之中,所以化民成俗者"的教化职能,"故疾革时命

　　① 洪亮吉撰,刘德权点校:《更生斋文甲集》卷四《书刘文正遗事》,《洪亮吉全集》(第三册),中华书局 2001 年版,第 1030 页。
　　② 《御祭太傅朱轼文》,清同治《高安县志》卷首,第 5 页。
　　③ 王业滋:《识语》,载朱轼《仪礼节略》卷首,《四库全书存目丛书》(第 110 册),影印清华大学图书馆藏清康熙刻《西河合集》本,齐鲁书社 1997 年版,第 484 页。
　　④ 朱轼:《仪礼节略·凡例》卷首,《四库全书存目丛书》(第 110 册),影印清华大学图书馆藏清康熙刻《西河合集》本,齐鲁书社 1997 年版,第 484 页。

门人参酌《仪礼》《书仪》而行,其意可见,而要其定礼之大旨,则不越乎《家礼》之《序》之所云而已矣"①。鉴于这一方面认知,朱轼编著《仪礼节略》一书时,所采取的治学态度非常鲜明:"是书务矫时弊,力崇古道。然古礼有必不可行,近俗有必不可废,斟酌损益,颇废研虑。《曲礼》曰:'礼从宜。'孔子曰:'礼之中,又有礼焉。'变而通之,触类而长之,又非是书所得尽矣。"②

考《仪礼节略·凡例》第10条记载:"是书原刻三卷,今增为二十卷。始事丁酉季夏,迄己亥秋而卒业。"③康熙丁酉年,即康熙五十六年(1717),是书编纂始于这年六月;康熙己亥年,即康熙五十八年(1719),是书于这一年秋季完稿。根据这一条记载来看,朱轼《节略》一书今本二十卷之前,似乎应另外有一个三卷本之书,可惜未能保存下来,无法得见原书概貌。《四库全书总目》云:"是书别有一本,仅三卷,乃轼之初稿。此本成于康熙己亥,盖其后来定本云。"④今所见该书最早刻本为康熙、乾隆间刻朱文端公藏书本⑤,书首有康熙五十七年十二月黄利通《序》文,五十八年十二月吴隆元《序》文,以及雍正五年丁未(1727)李卫《序》文,继之又附有朱轼弟子王叶滋《识语》一则,《四库全书存目丛书》即据中国科学院图书馆藏此刻本影印而成。

全书最后三卷为相关礼图的编制,系朱轼弟子王叶滋所绘制。朱轼曾经与其弟子王叶滋言曰:"今书已告竣,未暇为图,然图不可以已不者,无能共晓,奈何?"有鉴于此一状况,王叶滋"乃作而对曰:'昔紫阳授《仪礼》于信斋杨氏,而杨氏为之图。滋也非曰能之,愿学信斋,可乎?'"在征得朱轼同意之后,王叶滋"遂蒐辑斋中群书,得陈氏《礼书图》、聂氏《三礼图》,合以《仪礼》《家礼》诸图,参订互考,绘为若干帙"。诸图绘制完成以后,王叶滋将诸图质之于朱轼,朱轼乃在其基础上,"删其复者疑者若干,存图一百有奇,为卷三"⑥。

---

① 吴隆元:《仪礼节略序》,载朱轼:《仪礼节略》卷首,《四库全书存目丛书》(第110册),影印清华大学图书馆藏清康熙刻《西河合集》本,齐鲁书社1997年版,第480页。

② 朱轼:《仪礼节略·凡例》第5条,《四库全书存目丛书》(第110册),影印清华大学图书馆藏清康熙刻《西河合集》本,齐鲁书社1997年版,第485页。

③ 朱轼:《仪礼节略·凡例》卷首,《四库全书存目丛书》(第110册),影印清华大学图书馆藏清康熙刻《西河合集》本,齐鲁书社1997年版,第485页。

④ 永瑢等:《钦定四库全书总目》(整理本)卷二十五,《经部·礼类三》,《仪礼节要》条,中华书局1997年版,第322页。

⑤ 据吴隆元《序》文"今大中丞朱可亭先生抚浙之明年,刊其所著《仪礼节略》二十卷行世"一语,可知此书刊刻始于朱氏担任浙江巡抚的第二年,即康熙五十八年(1719)。至于是书刻成时间,目前尚未见到明确文献记载。

⑥ 王业滋:《识语》,载朱轼:《仪礼节略》卷首,《四库全书存目丛书》(第110册),影印清华大学图书馆藏清康熙刻《西河合集》本,齐鲁书社1997年版,第484页。

（二）朱轼诠释礼经之特点

作为一位经俗互贯派礼学研究者,朱轼虽然重视继承和张扬朱熹的礼学成果,但他编著《仪礼节略》之时,也存在有别于朱熹《仪礼》学研究的一面,形成了自身独特的问学方式与《仪礼》诠释特点。概而言之,可以从如下数方面加以考见:

首先,从《仪礼节略》一书与朱熹问学的关联性方面来看。朱熹在《仪礼》学方面的研究,最为密切关联者,系《仪礼经传通解》和《朱子家礼》二书,其中后者是其主讲纲常伦理、礼节礼仪之书,分别为通礼、冠礼、昏礼、丧礼和祭礼5卷,主要着眼于家庭礼仪规范的研究和立制,更具礼俗学的著述色彩,实用性极强。而朱轼著述《节略》一书时,"以朱子《家礼》为纲,旁及晋、唐、宋、明诸礼书;其近世儒者论说于礼少有发明,辄随所见采入。至折中聚讼,以求适合,则必以十七篇为正鹄焉。"①所以吴隆元在给该书所作《序》文中指出,《仪礼节略》"盖合朱子二书而折其衷者",同时又评议是书说:"其权衡诸礼,皆与朱子略浮文务本实之意吻合,寓示俭于示礼之中,所以化民成俗者至矣。"②另外,李卫给《仪礼节略》一书所撰《序》文亦云:"大旨本于朱子,旁采历朝兼稽近代凡于礼有发明者,荟萃极博,审择极精。其中仪文之详晰,器数之综核,证据之明确,论议之微渺,靡弗归于至当。可以见之躬行,是真足以集先儒之成而合'于时为大'之旨矣。"③其云是书"大旨本于朱子""可以见之躬行""合'于时为大'之旨",等等,可谓一语中的,切合朱轼著述《仪礼节略》之本意。

朱轼治礼,特别崇尚朱子礼学的发展眼光,反对拘泥于遵循以《仪礼》为代表的古礼规制。为此,他在《仪礼节略》中多有此类论调之言,如卷十《附论》"古礼当辨正"条下申云:"古道之不复,悖礼者为之,亦泥礼者为之也。腐儒拘牵文义,动云师古,于古人制礼之意茫然莫辨,至有以手足并行为匍匐救丧者,此与于悖礼之甚矣。况《士丧》《既夕》半由后儒补缀,未必尽合先王之道,如废床寝地、楔齿缀足,何其忍也;塗殡鱼腊重木之制,又近于迂;明器方相,以及棺饰丧车,抑何易欤? 又有经无明文,后人附会穿凿,渐失礼意者,可不辨与?"④明显表露出对于礼制重构的积极性,顺应了康熙年间朝廷尊崇和

---

① 朱轼:《仪礼节略·凡例》,《四库全书存目丛书》(第110册),影印清华大学图书馆藏清康熙刻《西河合集》本,齐鲁书社1997年版。

② 吴隆元:《仪礼节略序》,载朱轼:《仪礼节略》卷首,《四库全书存目丛书》(第110册),影印清华大学图书馆藏清康熙刻《西河合集》本,齐鲁书社1997年版,第480—481页。

③ 李卫:《仪礼节略序》,载朱轼:《仪礼节略》卷首,《四库全书存目丛书》(第110册),影印清华大学图书馆藏清康熙刻《西河合集》本,齐鲁书社1997年版,第482页。

④ 朱轼:《仪礼节略》卷十,《四库全书存目丛书》(第110册),影印清华大学图书馆藏清康熙刻《西河合集》本,齐鲁书社1997年版,第745页。

加强礼制文化建设的需要。后来四库馆臣撰修《四库全书总目》时,对朱轼的这一治礼治学取向,亦给予了客观的评述:"大旨以朱子《家礼》为主,杂采诸儒之说而断以己意。大旨欲权衡于今古之间,故于今礼多所纠正,于古礼亦多所变通。然如《士相见》《乡饮酒》二篇,朱子以为今不可行,盖通儒明晰事势之言。轼事事遵朱子,惟是条所见与朱子相左,必欲复之。然其说迄不可行,则终以朱子为是也。"①四库馆臣所云"于今礼多所纠正,于古礼亦多所变通",正是对朱轼延继和发展朱子《家礼》的准确诠释与解读。

其次,从《仪礼节略》一书的著述体例和礼目设置情况来看。如《凡例》所言,"以朱子《家礼》为纲"。"是编分《冠》《昏》《丧》《祭》四大纲。而《冠礼》后附以《学义》,《昏礼》后附以《士相见》《乡饮酒》,於丧、祭二礼尤详。"②从卷一开始,依次设立冠礼、学义、昏礼、昏义、士相见、乡饮酒、丧礼、祭礼等类目,每一类若干卷不等。值得关注的是,朱轼特别重视"礼"与"义"的关系发覆,如卷三列"昏礼",卷四则列"昏义"一目;卷五并列"士相见礼"与"士相见义",卷六并列"乡饮酒礼"与"乡饮酒义";卷十六、卷十七则先论列祭礼之仪,后附"祭义"之文。如此突出强调"礼"与"义"的匹配关系和礼意发覆,在在彰显出朱轼本人的"凡礼皆以义起"思想,与自小戴《礼记》以来的礼学主张可谓一脉相贯。另外,在某些卷次仪文部分之后,朱轼又附列《余论》和《附论》两个部分,如卷一《冠礼》、卷三《昏礼》、卷十《丧礼》、卷十四《丧礼》"丧服"目等之后皆如此;至于卷十三《丧礼》之末仅列《余论》而无《附论》。根据《仪礼节略·凡例》第6条的解释:"是书既逐条辨析,更掇拾先儒时贤语为《余论》。余者,正条所未尽也。《附论》则一知半解,聊质之当代之学古者议礼云乎哉。"可见,这两部分乃讨论补足、发覆仪节部分所未完备明晰之处,是对前一部分的补充,但着眼点略有差异。

另外,《仪礼节略》卷十八迄卷二十为绘制之礼图部分,系朱轼在吸纳陈祥道《礼书图》、聂崇义《三礼图》等礼图诠释成果的基础上,又合以《仪礼》、朱子《家礼》诸图,参订互考而成,主要包括《冠礼图》《学义杂图》《昏礼图》《士相见礼图》《乡饮酒礼图》《仪礼丧礼图》《家礼丧礼图》《仪礼服制图》《今服制图》《仪礼五服图》《家礼五服图》《家礼衰服图》《家礼衰绖图》《家礼衰裳图》《家礼齐绖图》《家礼服制图》《古庙制图》《家礼祠堂图》《家礼祭礼图》《古祭器图》《古今牲体图》《乡射祭礼图》二十二个类别的礼图内容,每一类

①　永瑢等:《钦定四库全书总目》(整理本)卷二十五,《经部·礼类三》,《仪礼节要》条,中华书局1997年版,第322页。

②　永瑢等:《钦定四库全书总目》(整理本)卷二十五,《经部·礼类三》,《仪礼节要》条,中华书局1997年版,第322页。

别下各根据实际情况分别绘制礼图若干幅。这些礼图的类别颇广,从礼图的类别与内容角度划分,既有仪节图,也有器物图和服制类表解图;从礼图的来源角度划分,既有体现《仪礼》繁文缛节的古代礼制图,也有体现朱子《家礼》俗礼规制的礼制图。

再次,从《仪礼节略》诸礼目的行文重点情况来看,朱轼《仪礼节略》一书的礼目设置,并非专为诠释《仪礼》经文而设。他从礼文的实用性、可操作性角度出发,特别重视发覆礼目仪节的明晰度和操作性,以卷一《冠礼》部分为例,相继讨论了男子加冠和女子加笄的仪节情况。是书于男子加冠篇幅部分,依次辑录相关文献论及冠期、择日、合用之人、合用之物、祝文、戒宾、宿宾、陈设、迎宾、三加、醮礼、宾字冠者、宾出就次、冠者见于尊长、礼宾,等等。其所叙仪节,大致依照行礼先后次第,设置行礼细目。

特别值得一提的是,《仪礼节略》一书"于丧、祭二礼尤详"。以《丧礼》一目为例,篇幅占全书 20 卷中之卷七迄卷十五,凡九卷,比重加极。这其中,卷七至卷九为"丧仪"部分,卷十为"余论"和"附论"部分,卷十一至卷十三为"丧期"部分(后又附"心丧""追服""余论"),卷十四包括"丧服""余论"和"附论"三个部分,卷十五为"丧具"部分,总的说来,涉及"丧仪""丧期""丧具"三个方面的具体礼制情况,极为具体细致。根据《凡例》第 8 条所说:"《丧期》《服具》,友人王带存所述,其所未详,更汇辑群论,附以己意,庶读者无憾焉。"王带存,乃是湖北竟陵(今天门市)人,长于古代丧礼研究。《仪礼节略·凡例》中所言"更汇辑群论",主要指是书卷十四"余论"部分,之所以增加这一部分内容,是因为"带存所纂《丧服制》,主郑《注》、贾《疏》,参以文庄《仪节》,于正经靡所抵牾,而礼意尚少发明"①的缘故。

复次,从《仪礼节略》诸礼类细目之下所搜罗的文献情况来看,朱轼不仅将《仪礼》经文的相关文句分解开来,同时也重视相关学者的礼制文献,如杜佑《通典》、丘文庄《仪节》、徐乾学《读礼通考》与王带存《丧服制》等文献的诠释成果,将其合理地纳入《仪礼节略》一书当中来。关于这一方面情况,《仪礼节略·凡例》之中颇有交代,如其中第 2 条云:"丘文庄《仪节》敷衍明晰,间有舛误及详略未适,悉为增损辨正,惟祭仪烦多,概置不录。"(按:丘文庄,即琼州琼台(今属海南)学者丘濬(1418—1495),字仲深,号深庵、玉峰,别号海山老人,学识渊博,是明代著名政治家、理学家、史学家和文学家。)又如《凡例》第 9 条称:"《仪礼》《礼记》言丧事几半,而诸家之论亦较他礼为详,盖送死大

---

① 朱轼:《仪礼节略》卷十,《四库全书存目丛书》(第 111 册),影印清华大学图书馆藏清康熙刻《西河合集》本,齐鲁书社 1997 年版,第 88 页。

事,古人慎之又慎,亦辨之又辨也。是篇采录颇众,悉本健庵《读礼通考》。"凡此诸条,足证朱轼对于各类礼制文献和相关成果搜罗之宏富。而且,由于成书于徐乾学《读礼通考》一书之后,《仪礼节略》在礼俗文献的援引方面,多为徐氏《读礼通考》所未采辑录入的礼俗之作,起到了很好的补充效果。值得注意的是,朱轼在搜罗征引文献方面,特别讲求文献征引的准确性,所引文献有文辞出入之例,则更订校正之,如其书《凡例》第 3 条就说:"杜佑《通典》竖议明辨,他书弗及,惜无善本,鲁鱼亥豕,多不可句,篇中所引,未敢意为更定,仍之以俟校正。"可见,朱轼在援引文献方面,态度极为审慎与严谨。

　　继次,从所征引文献的补充诠释情况来看。朱轼《仪礼节略》一书中的文献诠释,主要有以下两种方式:一是援引与诠释文句密切相关的历代前贤学者已有训释成果,如郑《注》、贾《疏》、孔《疏》、杨复《仪礼图》、吴澄《考注》、万斯大《仪礼商》一类等;二是加附"轼按"二字的朱轼本人诠释,这一类注语大多说明与仪节、礼意相关的诠释话题,讨论俗礼当中的礼制得失及其所宜应对的态度与举措,极少涉及文句之中字词的具体含义。例如,朱轼在论及丧服的"冠制"情况时,先援引丘氏《补仪节》之文,后又加附案语诠释云:"轼按:丧冠无梁,丘氏考究未详","世俗齐衰以下冠武,往往背纸为材,用布裹之,别以布为缨,非《仪礼》条属之制,不可用"①。从中亦可以看出,这种诠释性研究,与朱轼对施行及改革清初的礼制仪俗的关注与重视,是密不可分的。

　　通过上述诸方面的考察可以看出,朱轼在《仪礼节略》中体现出来的淡化尊经的治礼风格,及其对朱子《家礼》的关注和重视,最能体现朱轼本人对礼践履的有关思想和实践取向,在某种程度上说,朱轼的文学主张和礼学实践,与清初学者陆世仪颇为相类似。如陆世仪曾说:"礼必有提纲、必有仪节、必有图说、必有疏义,四者备而后可以为礼书。盖有提纲,则便于记诵;有仪节,则便于演习;图说备,则按纸可识其文;疏义明,则开卷即通其旨。凡辑礼书,决当以此为准。"②从此认知出发,陆氏并著有《宗祭礼》一书实践自己的礼学主张,"予自庚辰,即为《陆氏宗祭礼》四卷,一提纲,一疏义,一仪节,一图说,俱备衍前义,欲会五服行此礼"③。将朱轼《仪礼节略》的著述体例与陆氏《宗祭礼》一书相对照,陆氏"一提纲,一疏义,一仪节,一图说"的治学方式,在《仪

① 朱轼:《仪礼节略》卷十四,《四库全书存目丛书》(第 111 册),影印清华大学图书馆藏清康熙刻《西河合集》本,齐鲁书社 1997 年版,第 79 页。
② 陆世仪:《思辨录辑要》卷三十三《经子类》,《景印文渊阁四库全书》(第 724 册),台湾商务印书馆 1983—1986 年版,第 314 页。
③ 陆世仪:《思辨录辑要》卷十《修齐类》,《景印文渊阁四库全书》(第 724 册),台湾商务印书馆 1983—1986 年版,第 86 页。

礼节略》中亦表现得极为突出明显,治学风格可谓极为相近。

总之,作为一名经俗互贯派学者,朱轼在著述《仪礼节略》一书时,其治学着眼点与徐乾学著述《读礼通考》之作恰好相反,尽管二者都试图融礼经学与礼俗学研究于一炉:徐氏《读礼通考》乃是融礼俗学于礼经学研究之中,礼经学研究的色彩更为浓烈;朱轼《仪礼节略》则不然,更多具有礼俗学的治学色彩,强调融礼经学于礼俗学研究之中,《仪礼》《礼记》等一批古代礼制典籍,并不是朱轼所要诠释考察的重点,而是借壳生蛋,试图重建朱轼心目中的民间礼制,迎合与适应当时社会官方倡导的礼制重构愿望。

四、朱建子与《丧服制考》

(一)生平及其著述概说

朱建子,字辰始,[①]生卒年不详,大约生活于康、乾之际,浙江秀水(今浙江嘉兴市)人。秀水朱氏是当时嘉兴有名的望族,以清德传家,世代均有文人著述,家学门风极盛,"秀水朱文恪公(国祚)以名德著万历中,诸子姓彬彬继起,号能文章。四十年来,浙西言文献者,必首朱氏"[②]。如朱建子祖父朱茂时著有《河政纪》《北河纪略》《咸春堂遗稿》,从父朱彝尊(1629—1709)也是清初著名学者,著述等身,"天资明睿,器识爽朗,于书无所不窥,于义无所不析。盖尝错综人物而比量之,其博物如张茂先,多识如虞秘监,淹通经术如陆德明、颜师古,熟精史乘如刘知几、刘原父兄弟,贯穿今古,明体而达用,如马郸阳、郑浃溧、王浚仪,而乃济以班、马之才,运以欧、曾之法,故其为文取材富而用物宏,论议醇而考证确"[③]。

除了受家学渊源影响,朱建子早年还从学于晚明遗老俞汝言(1614—1679),接受了俞氏的经世之学教育和熏陶。俞汝言字右吉,也是浙江秀水人,诸生,明末曾参加复社,自号渐川老农、渐川老民、渐川遗民;抗清失败后遂闭门著述,精熟诸史和明代掌故,著有《左氏晋军将佐表》《汉官差次考》《宋元举要》《崇祯大臣年表》《明世家考》《渐川集》等;其于经学亦素有研究,著述有《春秋平义》12卷、《春秋四传纠正》1卷等,礼学著作则有《礼服沿革》一书,主要着意于周代以后丧服制度的沿革情况。

受家学渊源及乡贤俞氏治学的影响,朱建子亦勤于治学,于经史之学颇有

---

① 关于朱建子的字,本书采用《四库全书存目丛书》所影印的南京图书馆藏清抄本中的记载。该版本书卷前题有这样一段文字:"秀水后学朱建子辰始氏辑,长男丕武谨校。"然而,如果根据《四库全书总目》的记载,则其字当作"辰起"。未知孰是,今权从抄本。

② 王士祯:《竹垞文类序》,朱彝尊:《竹垞文类》卷首,清康熙二十一年(1682)刻本。

③ 查慎行:《曝书亭集序》,朱彝尊:《曝书亭集》卷首,清康熙五十三年(1714)朱稻孙刻本。

研究,著有《阙里记》《史事纪原》《历代正闰考》《历代建元考》《丧服制考》《禹贡汇注》《春秋占验》《明季遗书》《两浙人才考》等,此外还著述有《禾郡见闻记》《蜀行日记》《秀水朱氏家乘》《鹤洲杂著》等书①。单就礼学研究而论,他于昏、丧、葬、祭诸礼都有所研习,"于古礼今制之同异颇能识一二"②。后来又对《丧服》篇及《礼记》中的丧礼内容多加研讨,并于唐《开元礼》以来的历代俗礼书钻研颇深。在朱建子看来,"诸儒著述,自汉迄今,千八百余年,虽代有损益,亦不过小过不及之间",如他认为唐代《开元礼》,宋代《政和礼》,司马温公《书仪》,朱熹《家礼》,许敬宗、李义甫《显庆新礼》,欧阳修《太常因革礼》等礼俗著作,与《丧服》所载相去不远;唯独明太祖年间礼制秩序一变,《孝慈录》议丧礼而"古礼尽易",对此朱建子提出见解云:"昔我夫子生周之世,为周之民,尝论乐而谓《武》尽美矣,未尽善也,安在生今之世不可论今之礼,而况于易世乎?"有鉴于此,朱建子逐一对比古今礼俗的服制情况,"将服制之古有今无、古无今有、古重今轻、古轻今重者,一一详考而备录焉,与诸儒之论议可采者,悉取而折中焉"③,著为《丧服制考》8 卷。④

关于《丧服制考》一书的著述起止时间,大致可以根据卷首《自序》进行推断。朱建子《自序》开篇即言"己丑元旦,供奉我高曾祖考之像于中堂,余以年老力衰,命玄孙修岁事……自朝至夕清心对越者三昼夜,取《礼经》(按:指《礼记》)、《仪礼》《家礼》诸书,读之忾焉僾焉"云云,可见朱建子创作《丧服制考》一书,发始于康熙四十八年己丑(1709)元旦祭祀之仪。又据同篇《自序》末尾署写的时间,亦标明为"康熙四十八年",根据这一《自序》行文情况来看,朱氏《丧服制考》至迟应在这一年便已完成撰修工作。

(二)《丧服制考》之诠释特点

《仪礼·丧服》篇中的丧服规制,与后世礼俗中的情况颇不相同,朱建子《丧服制考》的著述,即立足于对此一方面情况的考察,结合礼经学研究的某些方法,编纂考订而成。具体而言,该书在《丧服》篇文献诠释方面存在如下几方面特点:

其一,从《丧服》文献整理体例角度来看,《丧服制考》一书应为考证体中的混合分类杂考体。该书共 8 卷,可以分为两大部分:前七卷为第一部分,重

① 参看彭玉兰、王利民:《浙江秀水朱氏家世考》,《赣南师范学院学报》2011 年第 5 期。
② 朱建子:《丧服制考·自序》卷首,《四库全书存目丛书》(第 88 册),影印清华大学图书馆藏清康熙刻《西河合集》本,第 137 页。
③ 朱建子:《丧服制考·自序》卷首,《四库全书存目丛书》(第 88 册),影印清华大学图书馆藏清康熙刻《西河合集》本,第 137—138 页。
④ 据《四库全书总目》,该书一名又作《制服图考》。

在对历代丧服制度的异同进行比较,按《仪礼·丧服》篇的服制顺序分为九大类:斩衰三年、齐衰三年、齐衰杖期、齐衰不杖期、齐衰五月、齐衰三月、大功九月、小功五月、缌麻三月;然后在每一类目下,又分"古有今无""古无今有""古重今轻""古轻今重"四个子目,较好地将古今服制的变化情况联系了起来。至于该书第八卷,则采用问答的形式,自加类目进行分类考证,如"问五服""问服术""问期丧""问变除""问三父""问八母""问本生祖父母服"等,凡39条。

其二,从该书的诠释视角来看,朱建子著录《丧服制考》一书前七卷,并没有局限于《仪礼·丧服》篇经传的服制及其间的礼意诠释,主要以周代以来历朝历代有关丧服服制的变迁情况为考察对象,发覆各种服制在唐宋以来礼俗著作中的变迁情况,研究其间的异同得失,其间既有礼经学考察范畴的内容,同时又加入了大量礼俗学考察的成分,经俗互贯的诠释特点极为鲜明。这一著述风格,与当时许多学者拘泥于《仪礼·丧服》单一考证的治学风格形成了鲜明对比,并与康熙年间注重民间礼制重建工作遥相呼应。关于礼制变迁情况的考察方式,朱建子主要采用了以下这样三种手段:

一是该书前七卷每一大类下小目的设置,主要分"古有今无""古无今有""古重今轻""古轻今重"四个小目,每一目下根据实际情况依次胪列具体丧服条目,数量不一,且多有变化,这就从总体上把握住了时代的变化情况,具有发展的学术眼光。以"斩衰三年"服制为例,朱建子载"古有今无"4条,依次为"诸侯为天子""父在为祖""天子女嫁于诸侯为父""诸侯女嫁于大夫为父"等;"古重今轻"者仅载录"父为长子"1条;"古轻今重"者,共收丧服规制7条,依次为"子为母""子为继母""子为慈母""子为养母""庶子为所生母""庶子为君母""子妇为舅姑"等。①

二是每一具体丧服条目下,朱建子往往首先陈述"古礼"情况,以及历代礼俗文献所载丧服制度变迁情况,记载极为全面。朱建子所说的"古礼",主要指《仪礼·丧服》篇丧服规制,以及《周礼》《礼记》等古代儒家经典所载礼服条文。以"大功九月"为例,朱建子首列那些能够体现古今丧服延续发展的丧服规制,如"为姑之出嫁者""为姊妹之出嫁者""为女之出嫁者""为兄弟女之出嫁者"等条目,朱氏低正文一格注云:"古礼姑姊妹、女子子适人者大功九月,《唐律》同;《开元礼》增兄弟之女为姑姊妹适人者降服大功九月报,为女子子适人者降服大功九月,为兄弟之女适人者降服大功九月报,《宋政和礼》同;

①　朱建子:《丧服制考》卷一,《四库全书存目丛书》(第88册),影印清华大学图书馆藏清康熙刻《西河合集》本,齐鲁书社1997年版,第167—168页。

《书仪》为女、姑姊妹、兄弟之女适人者大功九月,《家礼》为姑姊妹及兄弟女适人者及女适人者降服大功九月,《明集礼》同;《会典》为姑及姊妹兄弟之女出嫁者、为女之出嫁者大功九月,今律为姑及姊妹之已出嫁者、为女及侄女之已出嫁者大功九月。"①从古礼到《唐律》《开元礼》《宋政和礼》《书仪》《家礼》《明集礼》《会典》,再到今律,相关服制增加的变化情况叙述一目了然。

三是朱建子通过按语、"臆说"等方式,详细说明了历朝相关丧服礼制的变更情况,或者推论说解相关服制情况。例如,"缌麻三月"部分,朱建子在"妇为夫伯叔祖父母""妇为夫同堂伯叔父母"两条义服例下,先低正文一格标注说:"古礼夫之诸祖父母缌麻三月报,《唐律》为夫之从祖祖父母缌麻三月,《开元礼》为夫之从祖祖父母、为夫之从祖父母义服缌麻三月报,《宋政和礼》同,《书仪》无,《家礼》为夫之从祖祖父母、为夫之从祖父母义服缌麻三月,《明集礼》《会典》、今律并同。"朱氏加附案语说:"建子按:经所谓'诸祖父母'者,即小功章之从祖祖父母、从祖父母也,夫为之服小功,妻降一等,故从服缌麻也。"②《丧服制考》一书并不满足于单纯地比较诸礼俗丧服规制异同,还通过考察礼经记载与唐宋以来服制对应情况的方式,进一步推论上引服制条文所以从服缌麻之由来,为礼俗丧服规制寻找合理的理论依据。

其三,从朱建子按语部分的服制解读情况来看,朱建子的具体丧服礼制考辨,无论是有关古礼的论说,还是唐、宋以来礼俗服制的解读,或者是清代"今律"的推演阐释与辨正,仍然承继了历代研治丧服制度学者的推衍技巧,大致依从情、理的角度推求经义,这在《丧服制考》中的"建子按""建子臆说"行文里表现得尤为突出。如该书"齐衰杖期之服"之下,列有"为嫁母出母"一条服制,"建子臆说"云:"士君子之家不幸而有出母嫁母之事,为人子者实有难言之隐,非其亲生可以无服,苟为亲生子而恝然无服,岂不伤心?故古人分父之存殁而为之丧与不丧,又分嫡子、众子而为之丧与不丧,丧则齐衰杖期,不丧则心丧三年,此真合乎情礼之至,无可议也。若子思之所谓道隆道污,智未足以知圣人,亦不必强为解也。独是古今诸儒论子为二母服制如此之详,而于二母之子妇不言从夫服,岂以嫁母不能守节,出母得罪于父,皆无立身之范可以训妇,故于子妇不言服与,则又圣人制服之微意而不必以言示也。"③在朱建子看

① 朱建子:《丧服制考》卷五,《四库全书存目丛书》(第 88 册),影印清华大学图书馆藏清康熙刻《西河合集》本,齐鲁书社 1997 年版,第 210 页。

② 朱建子:《丧服制考》卷七,《四库全书存目丛书》(第 88 册),影印清华大学图书馆藏清康熙刻《西河合集》本,齐鲁书社 1997 年版,第 251—252 页。

③ 朱建子:《丧服制考》卷二,《四库全书存目丛书》(第 88 册),影印清华大学图书馆藏清康熙刻《西河合集》本,齐鲁书社 1997 年版,第 177—178 页。

来,古代圣人往往"称情而立文",因而推求丧礼节文之意,要考究于情理之合与否,如此才能体察圣人制礼之深意。

再如,"小功五月"之"古有今无"部分,朱建子在"祖为孙女之出嫁者"一条下,先陈述服制变迁说:"古礼为孙女适人者小功五月,《唐律》无,《开元礼》为孙女适人者降服小功五月,《宋政和礼》同,《明集礼》《会典》并同,今律无。"鉴于今律没有服制,朱氏以为甚不可取,遂加附"建子臆说"云:"今律文载,祖为众孙及孙女之在室者大功九月,则为孙女出嫁者似宜仍旧而不可省也。况在室大功,出嫁降一等小功,可遂无服乎?"①建子根据今律丧服制条文情况,依据人情性理加以推衍说明,指出《唐律》、今律无此条丧服规制情况的不合理性。

其四,从文献称引辑录情况来看,《丧服制考》一书的文献纂辑涉及两个层面:一是丧服制条文及其具体条文的礼义诠释文献,这种称引主要来源于历代经传、礼书及诸家文集之说;二是历代礼经学家诠释三《礼》文献的考论诠释成果,郑玄、贾公彦、敖继公、郝敬等人的礼学著作皆在其间,文献称引工作颇为该洽贴切。就后者而言,即便是同时代学者的研究成果,如顾炎武、吴肃公、汪琬等人的诠释成果,亦多被朱氏治学所关注,列入到著述胪列征引范畴,颇有助于前一类礼制文献的深入探讨和把握。无论是前一类文献辑录,或者是前人考论之说的称引,朱建子大都立足于经俗结合式的诠释视角,采取正面式的文献征引方式,文献涉及面较广,所涉文献时间跨度较大。

其五,对于具体丧服条目"五服"义例诠释的高度关注和重视。按照清初学者盛世佐的说法,"五服"义例有8种:"此篇(按:指《仪礼·丧服》篇)体例与他篇绝异,他篇止据一理而言,此则总论尊卑、贵贱、亲疏、男女之服制,若今之律令,自斩衰以至缌麻服,虽止于五,而其中有正,有降,有义,有从服,有报服,有名服,又有生服,有推而远之者,有引而进之者,或加服以伸恩,或抑情以伸义,委曲详尽,广大精微。"②在《丧服制考》一书中,朱建子对于每一条丧服规制的义例情况,大都有一定交代说明,但并没有盛世佐所说的那样纷繁复杂,不外乎正服、降服、义服、加服四类。关于这四类义例的认知,朱氏在承继前贤的研究基础上,在该书卷八的《问五服》当中,曾为之逐一加以明确界定,他指出:"正服者,于情于分皆当为之服而不可已,如子为父母服斩之类是也。义服者,亲虽异于所生而其分同,则以义为之服,如妇为舅姑服斩之类是也。

---

① 朱建子:《丧服制考》卷五,《四库全书存目丛书》(第88册),影印清华大学图书馆藏清康熙刻《西河合集》本,齐鲁书社1997年版,第236页。

② 盛世佐:《仪礼集编》卷二十二,《景印文渊阁四库全书》(第111册),台湾商务印书馆1983—1986年版,第36页。

加服者,本非其所服,而礼主于进,故自轻以从重,如嫡孙为祖父母承重服斩之类是也。降服者,情不可杀而分有所制,故自重以从轻,如女子已嫁为父母降服期之类是也。"在此界说基础上,他又针对礼俗所谓"降服重于正服"之说,加以解释推阐道:"礼言降服重于正服也,非正服轻而降服重也,情从重,礼从轻,圣人之制为降服也,非得已也,势也。"①

以"小功五月"章为例,朱建子所提及的三类义例,属于"正服"的主要有"为伯叔祖父""为从祖祖姑之在室者""为堂伯叔父""为从祖姑之在室者"等规制条文,凡 14 条;属于"降服"的主要有"为从姊妹之出嫁者""为人后者为其本生姑姊妹之出嫁者""出嫁女为本宗从兄弟""出嫁女为本宗从姊妹之在室者"等规制条文,凡 7 条;属于"义服"的主要有"为伯叔祖母""为堂伯叔母""为兄弟之妻""祖父为嫡孙妇"等规制条文,凡 15 条;另外,在"古无今有""古轻今重""古有今革"类目部分下,尚罗列有 26 条丧服条文,朱氏在著述中并未说明其义例归属情况,未详何因。② 就全书前七卷丧服条文诠释而论,朱建子的丧服条文义例情况说明,颇为丰富全面,在清初学者当中可谓极其为少见。

(三)《杂问篇》之诠释特点

如果说,前七卷重在具体丧服条文的对比研究上,那么,第八卷《杂问篇》的研究则更具有理性的总结和阐发价值。朱建子从"五服"制度中抽绎出 39 个相关话题,进行专题式的解答,从中也体现出朱氏的一些治学思想和"五服"观。就《杂问篇》诸话题的诠释情况而言,其诠释存在如下几方面特点:

其一,从诠释对象和内容来看,《杂问篇》卷三十九则问答,大多围绕"五服"的相关内容设问,如"问五服""问服术""问变除""问三父"(嫡父、嗣父、继父)、"问八母"(嫡母、继母、养母、慈母、嫁母、出母、庶母、乳母)、"问三年丧中复遭期丧"等;但有一些问答篇,则属于就丧礼、祭礼类情况进行设问,如"问神主书奉祀""问书神主""问题神主""问为人后者为本生父母治丧及应试""问非父母丧不应举赴选""问复""问葬""问坟制""问祭祀",等等。从诸多问题的情况来看,《杂问篇》所关注的诠释焦点,并不在于具体的丧服条文,而主要在于诠释话题与众多丧服规制的密切相关性,民间的各类丧服行为是否合乎礼,一切主于从现实行为的困惑角度提问,便于传播和廓清一系列民间的错误认知。其中也有少数问题属于基本概念的总结,如"五服"所指称的

① 朱建子:《丧服制考》卷八,《四库全书存目丛书》(第 88 册),影印清华大学图书馆藏清康熙刻《西河合集》本,齐鲁书社 1997 年版,第 264 页。

② 朱建子:《丧服制考》卷六,《四库全书存目丛书》(第 88 册),影印清华大学图书馆藏清康熙刻《西河合集》本,齐鲁书社 1997 年版,第 224—240 页。

内涵与范围,廓清了当时人们的模糊认识。例如《问五服》一则,朱建子不仅解释了"何谓五服"的问题,同时也针对当时礼俗中"以三为五""以五为九""上杀下杀旁杀"等说法进行了解答,指出:"盖由己而上有父,由己而下有子,因此三者,由父以亲祖,由子以亲孙,是以三为五也。由祖以亲曾、高祖,由孙以亲曾孙、元孙,是以五为九也。由父而上杀至高祖,由子而下杀至元孙,是上杀下杀也。"①当然,这一段解释性话语并非朱氏的发明,乃是抄录自《礼记·丧服小记》之郑、孔《注疏》语。

其二,从诠释话语行文来看,朱建子对"五服"制度的研究,非常重视小戴《礼记》中的"五服"诠释见解,为此,朱氏甚至将《礼记》称之为"礼经",如《问服术》篇开卷即说:"先王制礼至精至密,而礼经所谓服术何也。"在《问变除》中,朱建子针对"丧服"所谓"变除"之说,解释指出:丧服变除与哀情相终始,其中,变有受而除无受,"冠也,衰也,杖也,衣也,男子之腰绖也,妇人之首绖也,屦也,则变而不遽除者也;男子之首绖也,妇人之腰绖也,则除而不更变者也"。在各种变除中,有为经之所已详者,如果为经所未详者,他主张应"间取《戴记》中之可见者以折中之"。由此出发,朱建子批评现实社会世俗丧服制度的错误举措说:"世俗不知变除之义,于撤灵祔庙之时焚毁凶服,即易吉服,顷刻之间忽而衰麻,忽而绮绣,甚至称觞娱客,宾主欢欣,绝无古孝子变而不忍变、除而不忍除之情。"②由此亦可见,《丧服制考》的诠释,颇多折中于古礼和不同礼俗规制之间,从情与理当中去寻找平衡点。

其三,从朱建子丧服制度诠释推衍的基本原则与立足点来看,《杂问篇》对《礼记·大传》所谓六种"服术"之说高度认同,并据此作为他诠释解读历代丧服规制的重要依据和评判标准。《大传》所述这六种"服术",乃详解古人制服之原则,汉代大学者郑玄曾经为之作解释说:"亲亲,父母为首。尊尊,君为首。名,世母、叔母之属也。出入,女子子嫁者及在室者。长幼,成人及殇也。从服,若夫为妻之父母,妻为夫之党服。"朱建子既然看重《礼记》,自然无法回避《大传》篇"服术"问题,况且《大传》篇"五服之轻重至精至密,详矣备矣",是有关"服术"之总纲,不能不加以重视。因而他在《问服术》里面,继续延继了郑玄的看法,而稍加变通其说之措辞云:"亲亲者,父母为首,次妻子、世叔父也。尊尊者,君为首,次公卿大夫也。名者,若世叔母、兄嫂、弟妇之属也。出入者,女在室为入,适人为出,及为人后者亦为出也。长幼者,长谓成人,幼

---

① 朱建子:《丧服制考》卷八,《四库全书存目丛书》(第88册),影印清华大学图书馆藏清康熙刻《西河合集》本,齐鲁书社1997年版,第263页。

② 朱建子:《丧服制考》卷八,《四库全书存目丛书》(第88册),影印清华大学图书馆藏清康熙刻《西河合集》本,齐鲁书社1997年版,第265—266页。

谓三殇也。从服者,即下文六等是也。"①大致与郑玄的解释相同,并未有任何新意发明。

《问服术》关于从服的解释,朱建子并未满足于郑玄"从服,若夫为妻之父母,妻为夫之党服"之语,他又引用《大传》文云:"从服有六:有属从,有徒从,有从有服而无服,有从无服而有服,有从重而轻,有从轻而重。"在此基础上,朱氏又对这六种从服类型进行了详细的说解:"属,亲属也。子从母而服母之党,妻从夫而服夫之党,夫从妻而服妻之党,是属从也。徒,空也。非亲属而空从之服,如臣从君而服君之党,妻从夫而服夫之君,妾服女君之党,庶子服君母之父母,子服母之君母,是徒从也。如公子之妻为父母期,而公子为君所厌,不得服外舅外姑,是妻有服而公子无服;如兄有服而嫂无服,弟有服而弟妇无服,是从有服而无服也。公子为君所厌,不得为外兄弟服,而公子之妻则服之;妻为夫之兄弟无服,而娣姒则服之,是从无服而有服也。妻为其父母期重也,夫从妻而服则三月是轻;母为其兄弟之子大功重也,子从母而服则三月是轻,此从重而轻也。公子为君所厌,自为其母练冠,轻矣,而公子之妻为之服期,此从轻而重也。"根据这一番推论,朱建子遂肯定《大传》篇"五服之轻重至精至密,详矣备矣"。尽管缺乏新的创见,更多是在沿袭前贤训释成说,但对于读者了解相关专题知识,仍然具有借鉴参考价值。

然而,不能不指出的是,《丧服制考》第八卷《杂问篇》亦存在一个重要的学术规范问题。朱建子在《杂问篇》各篇诠释行文中,大量援引了前贤礼学注释成果,但大都没有标注说明,特别是《礼记》的郑玄、孔颖达《注疏》语,朱氏少有交代说明,更多是直接照搬辑录于篇幅说解之中,易于让人误解为朱氏诠释语。然而,这种文献裁取方式,如果用"朱氏不过一文钞公而已"②来加以评价,实有抹杀了该书在推行民间礼俗重构中的实际价值之嫌,不利于发覆清初经俗互贯派学者礼学研究的客观史实。

第七节　三礼馆与《仪礼义疏》

"乾隆初叶,三礼馆的设置,《三礼义疏》《大清通礼》的纂修,是关系乾隆一朝政治、社会和学术演进的大事。"③从政治上说,清廷诏开三礼馆的这一举

---

① 朱建子:《丧服制考》卷八,《四库全书存目丛书》(第88册),影印清华大学图书馆藏清康熙刻《西河合集》本,齐鲁书社1997年版,第264页。

② 刁小龙:《评〈清代仪礼文献研究〉》,《清华大学学报》(哲学社会科学版)2008年第2期。

③ 陈祖武:《三礼馆:清代学术与政治互动的链环·序》,载《三礼馆:清代学术与政治互动的链环》卷首,社会科学文献出版社2008年版,第1页。

措,一方面,进一步彰显了顺治、康熙年间以来确立的"崇儒重道""以礼为治"
政治文化决策,另一方面,又为后来乾隆皇帝诏开四库全书馆的举措奠定了基
础。从学术自身发展而言,它为稍后"由理学而经学"学术风气的转型提供了
良好的发展契机,既是对前一阶段礼经学研究的阐发与总结,同时也为当时的
礼经学研究人员提供了良好的学术保障。简言之,三礼馆诏开,为当时的政治
和学术搭建了一个链接的中介性平台。

一、三礼馆的诏开

乾隆元年(1736)六月十六日,清高宗皇帝因其祖已有四经《义疏》,唯独
三《礼》还没有相应的《义疏》,于是特下御诏成立"三礼馆"纂修《三礼义疏》,
从而揭开了"三礼馆"的序幕。七月初九,高宗皇帝又亲自任命了第一批主持
《三礼义疏》纂修工作的总裁、副总裁人员,标志着三礼馆作为内阁的独立机
构正式成立和运行。从此,一项以清廷统治者政治意志为导向的礼学文化整
理项目,登上政治舞台。此后,经过一大批纂修官的努力,一直到乾隆十九年
(1754)四月,正式完成《三礼义疏》的定本工作,三礼馆完成开馆任务,正式宣
告封馆。三礼馆的诏开和《三礼义疏》的完成,标志着清代前期三《礼》学研究
趋于大成,成为清代礼学发展史上乃至经学发展史上的一件重要大事,影响了
前后数十年时间的三《礼》研究发展走向,并为下一阶段礼学研究的文化转型
提供了重要契机。

(一)开三礼馆的原因

乾隆元年(1736)六月十六日,清高宗给总理事务王大臣颁发了一道上
谕,命其等筹措开馆纂修《三礼义疏》事宜:"昔我皇祖圣祖仁皇帝阐明经学,
嘉惠万世,以《大全》诸书驳杂不纯,特命大臣等纂集《易》《诗》《书》《春秋》四
经传说,亲加折中,存其精粹,去其枝蔓,颁行学校,昭示来兹。……朕思五经
乃政教之原,而《礼经》更切于人伦日用,《传》所谓'经纬万端,规矩无所不
贯'者也。昔朱子请修三《礼》,当时未见施行,数百年间,学者深以为憾。应
取汉、唐、宋、元以来注疏诠解,精研详订,发其义蕴,编辑成书,俾与《易》《诗》
《书》《春秋》四经并垂永久。"①乾隆十三年(1748)十月初一日,《御制三礼义
疏序》中也提及开馆缘由等事宜:"三《礼》之传远矣……汉唐以来,笺疏训释,
无虑数十家,考其义或相抵牾,先儒尝讥其聚讼;要其掇拾灰烬之余,传先王制
作之旧,得什一于千百,好古者所为郑重而爱惜之也。我皇祖圣祖仁皇帝表章
群经,既御纂《周易折中》,而《诗》《书》《春秋》则以分授儒臣,纂辑义疏,颁布

---

① 《清实录》(第9册)卷二十一,"乾隆元年丙辰六月己卯"条,中华书局1985年版,第501页。

海内,惟三《礼》未就。朕御极之初,儒臣上言:'今当经学昌明、礼备乐和之会,宜纂辑三《礼》,以蕆五经之全。'爰允其请,开馆编校……故言礼者,惟求其修道设教之由,以得夫礼之意而已。顾其教之不泯,道之所由传,未尝不赖于经。"①

根据高宗上述谕令及钦定《义疏序》文,清高宗之所以决定纂修《三礼义疏》的直接动因有以下三个方面:一是圣祖康熙皇帝曾命大臣等纂集、钦定《易》《诗》《书》《春秋》四经,没有钦定折中三《礼》经文,对于儒家"五经"来说未为完备,不能不说是一种缺憾;二是现实社会政治清明,社会稳定,经学昌明,完全有条件响应高宗登基之初有儒臣上书"今当经学昌明、礼备乐和之会,宜纂辑三《礼》,以蕆五经之全"的请求,保持纂修政策上的延续性;三是三《礼》经文具有十分重要的经世致用效应,"五经乃政教之原,而《礼经》更切于人伦日用,《传》所谓'经纬万端,规矩无所不贯'者也",当时社会言礼者只有"惟求其修道设教之由,以得夫礼之意",才能纠正世俗社会礼俗混乱、礼制缺失之弊。

但是客观反思乾隆登基之际的社会文化状况,这一举措又确实有其外在环境的影响和内在深层次因素的推动考虑,可以称得上是在清廷"崇儒重道"政策与加强礼制建设呼声高涨的政治背景和清初"以经学济理学之穷"学术潮流的顺应要求下出现的新产物。

就政治需求方面因素而言,乾隆御极登基之际,当时社会已普遍趋于稳定,民间反清复明的社会心理普遍有所回落。有鉴于此,清廷统治者原有的统治思路必然要顺应新的社会变化而有所调整,开始加强文化上的钳制策略,逐渐确立起"崇儒重道"的治国策略,为当时文化建设的繁荣和传统经学的再度兴起提供了发展空间;再加之从民间到朝廷官员关于加强礼制建设的呼吁日益高涨,熊赐履、魏象枢、陈紫芝等人对强化礼治、编纂礼制之书的不断呼吁②,如何正视和发挥三《礼》为代表的儒家礼制文化政教功能,使之成为维系社会稳定的牢固精神基石,成为清廷统治者所要思考的必然抉择。"礼为治世之大经……圣贤之微言精意,杂见其中。敛之可以正心修身,推之可以齐家、治国、平天下。自天子以至庶人,莫不于是取裁焉。"③可以说,纂修《三礼义疏》,敦崇礼乐教化,是当时清高宗的最佳选择。

---

① 清高宗:《御制三礼义疏序》,《钦定周官义疏》卷首,《景印文渊阁四库全书》(第98册),台湾商务印书馆1983—1986年版,第1—2页。

② 陈紫芝:《请编辑礼书疏》(康熙二十六年),《皇清奏议》卷二十二。

③ 永瑢等:《钦定四库全书总目》(整理本)卷二十一,《经部·礼类三》,《日讲礼记解义》条,中华书局1997年版,第270页。

　　就学术思潮发展方面因素而言,随着清廷统治地位的渐趋稳固,统治者必然要顺应清初知识界"以经学济理学之穷"的学术思潮,将经学兴起之势推向复兴的高潮,使之与朝廷"崇儒重道"的治国取向相互契合。而对于清初发经学兴复之先声的三《礼》学来说,由于有顾炎武、黄宗羲等晚明遗老的倡导,张尔岐、毛奇龄、万斯大、姚际恒等人的积极响应和诠释实践,此后又出现了像姜兆锡、任启运、方苞、吴廷华等一批礼学研究的中坚力量,取得了《仪礼郑注句读》《仪礼疑义》《仪礼经传内外编》等诸多诠释成果,从而为进一步整理和系统化研究包括《仪礼》在内的历代三《礼》文献,编纂集大成的《三礼义疏》,打下了坚实厚重的学术积淀。

　　《三礼义疏》的编纂在乾隆元年清高宗即位不久就得以实施,除上述方面因素外,还有清高宗自身方面因素的考虑。对此,林存阳先生认为,清高宗欲为其父行三年之丧所引发的波折,实是一条导火索。"尽管这一波折在清高宗的执意下得到折中解决,但那些不赞成行三年之丧的满洲权贵,内心里仍不免存有抵触情绪,如何消除这一来自统治集团内部的隐患,成为清高宗不得不妥善处置的一大棘手问题。三《礼》经典文献的权威性,正好为清高宗化解困境提供了思想依据。"①另外,对于清高宗本人而言,他本人拥有深厚学养和丰富的经义知识,更能体会出三《礼》当中蕴含的深层意味和现实价值,这也为他注目于礼之为治的文化统治策略奠定了思想基础,为三礼馆的诏开提供了很大的可能性。

　　(二)开馆纂修人员的确立

　　1.总裁、副总裁人员的任命

　　乾隆元年(1736)七月初九,高宗皇帝任命大学士鄂尔泰、张廷玉、朱轼、甘汝来充任总裁,但此后这些总裁官却均未能坚持到《三礼义疏》的完成定本之际,其中朱轼于这一年九月十八日因病去世,甘汝来于乾隆四年(1739)七月二十一日卒离人世,鄂尔泰于乾隆十年(1745)四月十二日撒手而逝,唯独张廷玉一人坚持到乾隆十四年(1749)年底休致还老,此后一直到三礼馆封馆为止,都没有再任命新的三礼馆总裁职衔人员。

　　与鄂尔泰、张廷玉等人被任命为总裁官的同时,杨名时、徐元梦、方苞、王兰生四人也被命充任副总裁之列。这第一批副总裁官人选,不久也因诸般原因而相继离职,其中杨名时于乾隆元年(1736)九月初一日因病去世,紧接着王兰生于次年(1737)二月二十三日谢世离职,徐元梦于乾隆六年(1741)十二月初四病故,而方苞也于乾隆七年(1742)三月二十一日以病致仕回归故里。

----

　　①　林存阳:《三礼馆与清代学术转向》,《南开大学学报》(哲学社会科学版)2007年第1期。

为了确保《三礼义疏》编纂工作的顺利实施,以便接替杨名时等人的工作,乾隆元年十二月二十五日,又任命李绂充任三礼馆副总裁之职。乾隆四年(1739)八月,增补时任吏部侍郎的陈大受、时任刑部尚书的尹继善二人为副总裁,但此二人先后于是年十一月初九日、翌年(1740)三月初九日相继离京分别出任安徽巡抚、川陕总督,无法履行副总裁的职责。乾隆八年(1743)四月初六日,李光地之孙李清植受命充补副总裁之列;同年五月十七日,任启运也被命充任副总裁,但此二人也相继于翌年(1744)三月、七月病逝而离职。乾隆九年(1744)三月二十三日,为了进一步加强纂修官的实力,补充副总裁人员离职的不足,又御命兵部尚书彭维新、工部尚书汪由敦二人充补副总裁之列,并负责具体主持工作。此后,随着《三礼义疏》的次第成书,副总裁一职再也没有增补新的官员充任。

2. 其他纂修官的遴选和确立

三礼馆奉旨纂修《三礼义疏》期间,吸引了一批饱学之士充任纂修官。当时清廷统治者对《三礼义疏》十分重视,在具体纂修官的遴选上也十分讲究,鄂尔泰、张廷玉在一道举荐纂修官的奏折中声称:"臣等窃惟三《礼》之书,必得平日研究经义者,始可充分修之任。"①乾隆十二年(1747)续修《大清会典》,议称:"请照三礼馆例,听该总裁于进士、举、贡内,确知经术湛深、长于编纂者,酌保数人具奏。"②曾经任职三礼馆纂修官的杭世骏言及此事时说:"时方重其事,非著儒硕学专门名家者,不获与是选。"③吴绂也提及说:"御极之初,即开三《礼》之馆,命阁部大臣董其事,而选诸臣之夙从事于此者,分任纂修。"④可见,当时遴选纂修官的标准有二:一是学术研究方面的要求,即"必得平日研究经义者""著儒硕学专门名家者";二是纂修者政治身份的要求,即翰林院出身、"进士、举、贡"之列官员。据乾隆十九年(1754)闰四月二十五日奉旨开列的诸臣职人员名单,当时充任具体纂修官的达 46 人之多,有的是入选博学鸿词科的人士,也有的是科举中仕者,还有的则是由总裁、纂修官特荐加入的士人。再加上中途补任副总裁之职的李清植、任启运二人,三礼馆可谓集中了当时社会专精礼学的绝大多数学者。在这 48 人纂修过程中,各有分工,

①　中国第一历史档案馆藏《乾隆朝汉文录副奏折》,004—1626(缩微号)。

②　《清实录》(第 12 册)卷二百八十二,"乾隆十二年丁卯正月丙申"条,中华书局 1985 年版,第 680 页。

③　杭世骏:《送金东山归维扬序》,《道古堂文集》卷十五,《续修四库全书》(第 1426 册),上海古籍出版社 2002 年版,第 350 页。

④　吴绂:《仪礼训解序》,载王士让:《仪礼训解》卷首,《续修四库全书》(第 88 册),上海古籍出版社 2002 年版,第 2 页。

其分工情况大致如下：

篆修《周官义疏》者，主要有：惠士奇、官献瑶、赵青藜、钟晼、陶敬信、雄晖吉、杨述曾等。

篆修《仪礼义疏》者，主要有：徐用锡、王文清、李清植、吴廷华、诸锦、程恂、潘乙震、徐铎、吴绂、王士让、叶酉等。

篆修《礼记义疏》者，主要有：杭世骏、潘永季、王文震等。

上述学者当中，颇有一批学者有礼学著述传世，如王文清著《周礼会要》，李清植著《仪礼篆录》，吴廷华著《仪礼章句》，诸锦著《补飨礼》《夏小正诂》，王士让著《仪礼训解》，惠士奇著《礼说》，等等。此外，还有姜兆锡、宋照、蔡德晋、徐以升、姚范等人，他们专精于三《礼》学，且均被邀请参加《钦定三礼义疏》的篆修工作，可能不止胜任其中一经《义疏》的篆修工作。

（三）篆修的工作进程与安排

从三礼馆正式开馆篆修《三礼义疏》之日起，到乾隆十九年（1754）四月三礼馆封馆，整个篆修工作前后跨度长达19年时间，根据篆修工作的任务情况，可以将整个篆修进程划分为以下四个阶段①：

第一阶段，从乾隆元年（1736）七月迄于乾隆二年（1737）年底，主要任务是以制定和确立篆修《三礼义疏》的凡例、搜罗各类三礼文献等。

篆集体文献的编纂，最为关键的一部是为著述确立凡例。尽管经过此前一些清初儒者的倡导与研究实践，不乏兴复之功，但要篆修《三礼义疏》，仍然缺乏可行的著述范式加以依仿，而且康熙年间编修的《御篆周易折中》《钦定春秋传说汇篆》《钦定诗经传说汇篆》《钦定书经传说汇篆》诸书也不可循依，"欲如《折中》《汇篆》，但依时代编次群言，则漫无统纪，学者终茫然莫知其指要"。经过谨慎思考，三礼馆副总裁方苞认为，"必特起凡例，俾大义分明，而后兼综众说，始可以信今而传后"②，提出了《三礼义疏》"各注本节、本注之下"分为正义、辨正、通论、余论、存疑、存异六类条例，得到了总裁官大学士鄂尔泰等人的认可，乾隆元年（1736）十一月，鄂尔泰以《拟定篆修三礼条例》上奏高宗皇帝，高宗回复"此所定六类，斟酌允当，著照所奏行"③。随着《三礼义疏》实际篆修工作的启动和开展，又在方氏拟定"六例"的基础上，增加了一

---

① 林存阳：《三礼馆：清代学术与政治互动的链环》，社会科学文献出版社2008年版，第30页。本节行文过程中多有参考借鉴此书的研究成果，特此说明。

② 方苞：《拟定篆修三礼条例札子》，《方苞集·集外文》卷二，载《方苞集》，上海古籍出版社1983年版，第565页。

③ 《清实录》（第9册）卷三十一，"乾隆元年丙辰十一月己未"条，中华书局1985年版，第627—628页。

个"总论"部分,进一步丰富了礼经文本整体性的诠释;又遵循《折中》《汇纂》的做法,在一些诠释语之后加附"案语"。不过关于七条体例,当时也有不同的意见看法,如总裁甘汝来认为"辨正"一条应放在"存异""存疑"之后,副总裁李绂认为"辨正"与"存异""存疑"分别不甚清楚,"通论""余论"与"总论"相矛盾等,但经过商讨,"七条体例"仍成为最终的纂修依据。

纂集体文献的编纂基础和编纂质量如何,取决于所拥有的诠释著作的丰富程度。三礼馆开馆之初,当时京师文献资源的储备极其匮乏,杭世骏在谈到当时的情景时说:"条例既定,所取资者则卫氏之书(即卫湜《礼记集说》)也。京师经学之书绝少。"①杭世骏纂修《周礼义疏》者如此,则其他学者纂修《仪礼义疏》《礼记义疏》亦然。为了克服这一困境,当时三礼馆人员主要采取了以下三种办法来解决问题:一是从翰林院贮藏的《永乐大典》里面辑录有关三《礼》之书,如宋代学者张淳《仪礼识误》、李如圭《仪礼集释》就辑录自《永乐大典》。这一办法最早是由李绂提出来,后来方苞听从了李氏的建议,"奏请出秘府《永乐大典》,录取宋、元经说"②,起到了很大的作用。二是充分利用内府藏书,作为纂修《义疏》的文献重要来源之一。"奉两师相命,诣文渊阁搜检遗书,惟宋刻陈氏《礼书》为完善,余皆残阙,无可取携,珠林玉府之藏,至是亦稍得其崖略已。"③三礼馆人员曾相继从内府取到《周礼句解》《礼记集解》《三礼编绎》等礼学文献,但数量极为有限。三是从各直省搜求三《礼》诠释性著作。"诏修三《礼》,辱承下问三《礼》书目。在注疏经解之外者,约略记忆,共得一百一十六种,皆浙江藏书家所有。……且其书为明人所纂者多,而宋元以前名家之书十才一二,其中可采者亦不过十之一二耳。"虽然采辑上来的图书有116种,但在当时确实是购求颇难,当时江南的许多藏书家有多种顾虑:"有惧当事不行抄写,而以势力强取,遂秘而不肯出者;亦有因卷帙浩繁,难于抄写,恐时迟费重,遂以无可购觅咨复者。"这样一来,尽管从各直省献书有益于纂修,但往往也造成了"往复行移,徒淹时日,无益于纂修"④的实际后果。

第二阶段,从乾隆三年(1738)年迄于乾隆十一年(1746)三月,属于《三礼义疏》的具体纂修阶段。

---

① 杭世骏:《续礼记集说·自序》,《道古堂文集》卷四,《续修四库全书》(第1426册),上海古籍出版社2002年版,第235页。

② 苏惇元:《方苞年谱》,乾隆元年丙辰、年六十九条,《方苞集》附录,上海古籍出版社2009年版,第883页。

③ 杭世骏:《续礼记集说·自序》,《道古堂文集》卷四,《续修四库全书》(第1426册),上海古籍出版社2002年版,第235页。

④ 李绂:《答方阁学问三礼书目》,《穆堂初稿》卷四十三,《续修四库全书》(第1422册),上海古籍出版社2002年版,第86页。

在纂修期间，三部《义疏》的纂修人员各负其责，根据三礼馆开馆之初的分工安排，主要由方苞主持《周官义疏》的编纂，王兰生负责《仪礼义疏》的编纂，甘汝来主持《礼记义疏》的编纂，但随着王兰生、甘汝来的相继去世，分别由周学健、李绂接替他们原本的工作。此后《三礼义疏》的纂修工作得以顺利进行。当时各部《义疏》主流的纂修任务分解方式，是采纳总裁甘汝来、副总裁王兰生的主张，分别"计人数，俾各纂数篇"，而方苞"人删三经《注疏》各一篇，择其用功深者各一人，主删一经《注疏》，一人佐之，余人分采各家之说，交错以遍"①的分工合作建议并未得到采纳。乾隆六年（1741）冬，《周官义疏》初稿首先告竣完成，"上留览兼旬，命发刻，一无所更"②，尽管其中尚有抵牾驳杂之处。乾隆十年（1745）年底，《仪礼义疏》《礼记义疏》初稿也基本完成，并经过张廷玉、高斌等人会同三礼馆相关工作人员互加文字校正，同时也可能涉及某些内容的厘定，由于卷帙浩繁，直到次年三月才将其订正后的两部初稿进呈给清高宗皇帝。

第三阶段，从乾隆十一年（1746）四月迄于乾隆十三年（1748）九月，主要任务是对第二阶段的《义疏》初稿进行参订、修改与补充，形成初刻本。

三部《义疏》初稿完成后，一方面由于各自初稿有抵牾驳杂之处，一方面又缘于《周官义疏》与《仪礼义疏》《礼记义疏》各自的初稿在某些具体编纂体例方面可能有所出入，因而需要统一及参订文字，所以三礼馆相关工作人员不得不继续对初稿加以修订完善。经过两年多时间的相互参订补充，于乾隆十三年（1748）九月最终形成初刻本。

第四阶段，从初刻本形成后迄于乾隆十九年（1754）四月，主要在初刻本基础上进行改刻，形成定本。

初刻本形成后，三礼馆工作人员的工作并未停止，仍然继续了相当一段时间，如配合武英殿的刊刻工作，对诸书加以校对，以便刊刻形成定本，处理三礼馆封馆前的各项具体事务，补刻清高宗所作《三礼义疏》序文，整理纂修者、收掌者、监造者的名单等。乾隆十九年（1754）四月，三礼馆正式封馆，宣告这场政治性强的大型学术活动正式结束。次年（1755）十月，礼部正式照会各直省，"敬谨刊刻，准人刷印，听坊间翻刻，以广传习"，开始了三部《义疏》在全国的传播推进工作。

---

① 方苞：《与鄂少保论修〈三礼〉书》，《方苞集》卷六，上海古籍出版社1983年版，第154页。

② 苏惇元：《方苞年谱》，乾隆六年辛酉、年七十四条，《方苞集》附录，上海古籍出版社2009年版，第886页。

二、《仪礼义疏》的著述体例

就《仪礼义疏》的文献整理体式而言,它是整个清代出现最早的第一部官修《仪礼》纂集体著作,其初稿完成的时间,可能要早于李清植的《仪礼纂录》和盛世佐的《仪礼集编》,是较诸此前历代各种《仪礼》学著作,其体例方面称得上是一种创新。为彰显与发覆《仪礼义疏》的著述体例情况,可以从以下三方面进行综合考量:

其一,全书的"义例"编排情况。如前所述,三礼馆诸儒在纂修《仪礼义疏》时,特别拟定了七大"义例":"一曰正义,乃直诂经义确然无疑者;二曰辨正,乃后儒驳正旧说至当不易者;三曰通论,或以本节本句参证他篇比类以测义,或引他经与此经互相发明;四曰余论,虽非正解,而依附经义于事物之理有所推阐;五曰存疑,各持一说义亦可通,又或已经驳论而持此者多未敢偏废;六曰存异,名物象数久远无传,难得其真,或创为一说,虽未即惬人心而不得不姑存之以资考辨;七曰总论,本节之义已经训解,又合数节而论之,合全篇而论之。"①和《周官义疏》《礼记义疏》一样,《仪礼义疏》采掇群言也分为正义、辨正、通论、余论、存疑、存异、总论七个义例,对于历代礼学研究成果进行剖析整合,胪列于相应的义例之下,使得全书的类目非常清晰,突破了传统《仪礼》学论著的体例范式,同时也彰显了编纂者对于各类立说的是非判断。

其二,全书的卷目编排情况。《仪礼义疏》除卷首部分,共分 48 卷。卷首又分上、下两部分,其中上篇为"纲领"部分,分三个细目:《纲领一》"论本经源流及本经精蕴",《纲领二》"论本经义例及读经方法",《纲领三》"论诸家醇疵及后代礼仪",颇具"辨章学术,考镜源流"之功。卷首下则附录宋李如圭《仪礼释宫》全文,②并附有"论"。之所以附着《仪礼释宫》于此,是出于"《仪礼》之学,当以宫室为先,宫室既定,然后人有所丽,器有所措,升降、往来之节可得而通也"的礼经诠释需要,而《仪礼释宫》恰好具有"荟萃前人诸说,先提其纲,次疏其义,胪列言之,颇有端绪"的功效。卷一至卷四十为该书的主体部分,依次载录《仪礼》正文及其历代学者之各种训解,十七篇次第则从郑玄悉依刘向《别录》之旧。卷四十一至卷四十八为礼图部分,前四卷为"礼器图",后四卷为"礼节图",属于图解体诠释体式,大致采辑自聂崇义《三礼图》与杨复《仪礼图》的礼图研究成果,并根据经文及参考陈祥道《礼书》图逐条论

---

① 《钦定周官义疏·凡例》,《景印文渊阁四库全书》(第 98 册),台湾商务印书馆 1983—1986 年版,第 6 页。

② 文渊阁《四库全书》辑录之《钦定仪礼义疏》卷首,将李如圭《仪礼释宫》署名为"朱子《仪礼释宫》",说明当时纂修官们并未意识到坊间流传著述者之错误。

说的结果。不同于前四十卷的是,这一部分只有图例和案语,没有正义、辨正、通论、余论、存疑、存异、总论等义例,确实可以起到辅翼《仪礼》经文诠释的效果。

其三,全书的注释书写体例。从照应全书"义例"编排的需要出发,《仪礼义疏》在辑录各类注释成果的书写形式上,通过大小写的形式分类,彰显编纂者的治学取向。关于这一点,纂修官在是书"凡例"中有这样一段明晰说辞:"贾《疏》释《注》者双行小书,各分附本注之下,后儒说有与《注》《疏》相证相足者亦然。其推阐经义者,仍大书特列。"换言之,凡历代申解郑《注》之训语,则用小字列出,其余诠释《仪礼》经文要义者则用大字书写。另外,《义疏》中注音及郑《注》中有关古今异文部分的内容,亦用小字书写,附于《仪礼》正文各句之后。

总之,从著述体例情况来看,作为一部纂集体著作,《仪礼义疏》有其值得褒奖的地方,三礼馆的纂修官们并不满足于简单的诠释资料汇编,而是主于会通众说,于异同是非始末之际,加案语出己意,给予总结,与其他同类体式著作往往只追求资料详备,不深究训释效果,又多无按断者绝然不同,两者之间的学术价值高下之分极其显著。

三、《仪礼义疏》的学术取向

关于《仪礼义疏》的学术取向,和当时大多数学者一样,基本上是"超越汉宋"或"兼采汉宋"的治学取向,纂修官征引历代注家诠释之说,务求其是,而不偏主一家;此外,除征引历代注家诠释外,凡有涉于是书者,亦广搜博采,一切以有助于礼经说解为指归。《仪礼义疏》的这一编纂取向,可以从其对待郑玄《仪礼注》、朱熹《仪礼经传通解》及其门人之作、敖继公《仪礼集说》三者的态度及诠释取舍情况得到印证。

（一）对待郑玄《仪礼注》之态度及取舍方式

清高宗御命纂修《仪礼义疏》之时,"朱子之影响虽仍颇为浓厚,然汉唐注疏之学亦渐受到关注,学术倒演或经学回归之势更趋明显"[1]。浙江天台齐召南(1703—1768)在谈到郑玄训释儒家经籍的情况时,曾经说:"康成,汉代大儒,兼通五经,尤精礼学。……大醇小疵,瑕瑜自不相掩。至于礼器制度,先古遗文,本本原原,无非确有根据,故即以宋儒之好去古注以解经,独于礼则墨守康成,亦步亦趋,不敢轻于置议。岂非天人性命之旨,可据理自骋其心思;名物

---

① 林存阳:《三礼馆:清代学术与政治互动的链环》,社会科学文献出版社 2008 年版,第 136 页。

象数之学,必不可凭虚以拟其形似乎哉!"①杭世骏对郑玄的礼经注释成果,特别是有关于礼经的礼例研究,也基本上持肯定的看法:"例何所取? 吾于孔、贾二《疏》中,刺取之例立于此。凡郑之注《士礼》,于郑之注《周礼》者可参观而得也。"②杭世骏是《三礼义疏》的纂修官,齐召南也曾参与了《仪礼义疏》的校订工作,他们的意见在当时纂修官群体占有一定的比重,"郑《注》为解经之权舆,孔《疏》为释《注》之墨守"③,成为当时学者们普遍达成的一种共识。正因为如此,除古今文校勘语外,《仪礼义疏》几乎全文收录郑玄的诠释语,因为这些诠释语基本上属于注重名物度数的考究性话语,并没有什么以己意为说者的成分。除了收录郑《注》注释语外,以下两方面亦体现了纂修官的取向情况:

一是《仪礼义疏》对《仪礼》17 篇篇次的编排,完全依循郑玄所据刘向《别录》之旧。曾任三礼馆纂修官的杭世骏在谈到吴澄《礼记纂言》变乱礼经篇次的做法时,曾经批评说:"元儒莫如吴草庐,《礼记纂言》变乱篇次,妄分名目,乃经学之骈枝,非郑孔之正嫡也。"④事实上,不仅杭世骏反对变乱《仪礼》《礼记》篇次,绝大部分三礼馆纂修官都持此一共识,强调维护《仪礼》17 篇郑、贾《注疏》的篇章秩序,即刘向《别录》之旧次,故《钦定仪礼义疏·凡例》第 1 条说:"篇次先后,大戴、小戴、刘向《别录》各有异同。兹从郑氏,悉依刘向《别录》之旧。"

二是《仪礼义疏》对古今文的取舍较为审慎,并没有完全依搬沿用郑《注》的注释处置方式。据该书《钦定仪礼义疏·凡例》第 6 条称:"《仪礼》高堂生所传者为今文,出于淹中者为古文,经文并同,而字间有异。郑氏于二者之中,择从其一,而仍存古文某为某、今文某为某于注末,志慎也。兹另提附经文音切之下,以省涸目。其后人有所论说,或不从郑氏者,仍入本注。"这种编排处置古今文的方式颇为审慎,体现出《仪礼义疏》体例上的独到性。

当然,《仪礼义疏》纂修官也认为,郑《注》的诠释并非完全没有缺陷,所以采录了元儒敖继公《仪礼集说》及其他先贤时哲之说,补正郑氏注解的阙失。其之所以借敖氏之说以补正郑氏之失,是因为纂修官认为"《集说》细心密理,

① 齐召南:《进呈〈礼记注疏考证〉后序》,载徐世昌编纂,舒大刚等校点:《清儒学案》(第四分册)卷六十八,人民出版社 2010 年版,第 1766 页。

② 杭世骏:《礼例序》,《道古堂文集》卷四,《续修四库全书》(第 1426 册),上海古籍出版社 2002年版,第 235 页。

③ 《钦定礼记义疏》卷六十七,《中庸》,《景印文渊阁四库全书》(第 126 册),台湾商务印书馆1983—1986 年版,第 231 页。

④ 杭世骏:《续礼记集说序》,《道古堂文集》卷四,《续修四库全书》(第 1426 册),上海古籍出版社 2002 年版,第 235 页。

抉摘阐发,颇能得经之曲折;其偶驳正注疏,亦词气安和"①,既继承了郑《注》解礼的方法,而又有所发明创见,对研读礼经深有裨益。

(二)对待朱熹《仪礼经传通解》的态度及取舍方式

《三礼义疏》的编纂,如前所述,其直接动因之一是延继圣祖康熙皇帝纂集、钦定《易》《诗》《书》《春秋》四经的做法,补正没有钦定折中三《礼》经文的阙失。康熙间《折中》《汇纂》诸御书的编纂,在很大程度上受到了康熙帝推崇朱子内圣外王之学的影响。《御纂朱子全书·凡例》中就说:"近代名儒,惟朱子之学最醇,其所著作亦最备……《家礼》《仪礼经传通解》诸书,皆所以发明性道,补益经术。"②《三礼义疏》的修纂,作为延继《折中》《汇纂》诸御书的重要文化活动,必然要继续打上朱子学的烙印。

《仪礼义疏》纂修官对于朱熹《仪礼经传通解》一书的著述体例,既有肯定之处,也认为其间存在某些疵瑕。据《钦定周官义疏·凡例》称:"三《礼》自朱子请修而未果,群言莫适为主。即《仪礼经传通解》亦仅开其端绪,而意义则未暇发明。"③所谓"亦仅开其端绪,而意义则未暇发明",即是就其体例方面不够完备而言。此外,在章段划分、经《记》离合的取舍上,纂修官表露出两种不同的态度和做法:

一是在《仪礼》经文是否章段划分方面,纂修官肯定了朱熹的做法。《钦定仪礼义疏·凡例》第 3 条说:"朱子谓《仪礼》经不分章,所以难读,每篇俱案行礼之节次分为章段。以后杨氏复作《仪礼图》,敖氏继公著《仪礼集说》,俱分章段,而与朱子本微有异同。兹所分章,大概遵用朱子,而于杨、敖两家亦参取其长者。"《义疏》经文章段的划分以朱子《仪礼经传通解》为主,又参考了杨、敖两家的一些分节做法,取长补短,不宗主一家之说。

二是在《仪礼》经、《记》离合的取向上,纂修官没有采纳朱熹《仪礼经传通解》的体例。该书《凡例》第 4 条说:"兹以经还经,以《记》还《记》,悉无移置。而于《记》文,亦略分节次,以为识别焉。"可见,纂修官不赞同仿效朱熹《通解》割裂《记》文附经的做法,而是采取经自为经、记自为记的处置方式,二者各不相混;同时,又仿效朱熹给《仪礼》经文分章节次的举措,为《仪礼》之《记》文略分节次,实属一种创新之举。

---

① 《钦定仪礼义疏》卷首《凡例》,《景印文渊阁四库全书》(第 106 册),台湾商务印书馆 1983—1986 年版,第 3 页。

② 《御纂朱子全书》卷首《凡例》,《景印文渊阁四库全书》(第 720 册),台湾商务印书馆 1983—1986 年版,第 7 页。

③ 《钦定周官义疏》卷首《凡例》,《景印文渊阁四库全书》(第 98 册),台湾商务印书馆 1983—1986 年版,第 6 页。

（三）对于敖继公《仪礼集说》的态度

《仪礼义疏》在名物训诂与仪节阐释方面,若遇不满郑《注》之处,往往参考元儒敖继公《仪礼集说》的解释,认为其抉摘阐发《仪礼》经文多有可取之处。诚如《凡例》第9条说:"元儒敖继公《仪礼集说》细心密理,抉摘阐发,颇能得经之曲折;其偶驳正注疏,亦词气安和。兹编所采特多,其有未是者仍加驳论。"后来,《四库全书总目》撰者谈到《仪礼义疏》的著述大旨时,也客观地指出:"惟元敖继公《仪礼集说》疏通郑《注》而正其失,号为善本。故是编大旨以继公所说为宗,而参核诸家补正其舛漏。"①不过,纂修官们也并不是一味盲从敖继公的解说,尽管所采敖氏说特多,但对于敖氏说解考虑未周密处,纂修官也会加以批驳。

例如,《士冠礼》一文的适用对象情况,郑《注》认为是"童子任职居士位年二十而冠"之礼,也就是士身自加冠之礼,敖继公《仪礼集说》则所持看法不同:"此篇主言士冠其适子之礼,然此士云者,据其子而立文也。"②《仪礼义疏》则说:"敖氏谓士冠其子之礼,是也。《注疏》以士身自加冠者言之,或疑古者十五入大学,九年大成,约其出学之年,已二十有四,四十始仕,则不当有童子任职居位者似矣。然四十而服官,五十而为大夫,古人特差其大概耳。如有才能出众者,未必拘此限。故贾氏以大夫为兄之长殇之服证之也,抑士虽无世官,或亦有世爵勋德之胄,虽未及岁,岂尽列于编氓? 则父子同为士者,容当有之,苟有一焉,则《注疏》之说不可废也。"③既表明了对于敖氏《仪礼集说》的诠释的认同,同时也表明郑《注》、贾《疏》之说不可轻废,既不附会,也不武断,遵循了"多闻阙疑"的诠释原则。凡此,皆彰显出《仪礼义疏》重实而不务空发议论的总体特征。

四、《仪礼义疏》的学术影响

作为一部官修之作,而且是集中了诸多礼学名家集中讨论纂修之作,《仪礼义疏》可以称得上是对清代之前礼学成果的一次集大成式的整理实践,同时也对乾隆元年(1736)以迄乾隆二十年(1755)前后《仪礼》学研究,产生了较大的影响,这一期间便出现了不少纂集体与通释体《仪礼》诠释著作。后来,

---

① 永瑢等:《钦定四库全书总目》(整理本)卷二十,《经部·礼类二》,《钦定仪礼义疏》条,中华书局1997年版,第255页。

② 敖继公:《仪礼集说》卷一,《景印文渊阁四库全书》(第105册),台湾商务印书馆1983—1986年版,第36页。

③ 《钦定仪礼义疏》卷一,《景印文渊阁四库全书》(第106册),台湾商务印书馆1983—1986年版,第65页。

《四库全书总目》撰者评价说："举数百年庋阁之尘编,搜剔疏爬,使疑义奥词涣然冰释,先王旧典可沿溯以得其津涯,考证之功实较他经为倍蓰,岂非遭遇圣朝表章古学、万世一时之嘉会欤?"①馆臣的这一评价虽有时代因素成分在内,有为乾隆帝歌功颂德之嫌,但由此亦不难推想该书在当时学林之中的地位与影响。可以说,《仪礼义疏》的成功编纂与社会士人群体之间的广泛推广、流布,在一定程度上纠正了不少志学之士重视《礼记》研读而忽视《仪礼》研读的风气,《仪礼》古学之风因缘而兴。

但是,就学术自身层面来说,乾隆皇帝及其清廷的政治干预,并没有完全左右《三礼义疏》的学术走向,它依然沿着礼学自身的学术路径而精进不已,而且通过三礼馆总裁、纂修官等一批人士之口,将自己的学术主张影响于最高统治者,"不惟充溢南北学术界,而且借助儒臣而深入宫廷"②,发挥着自身的独特影响力。概括言之,《仪礼义疏》在学术上对此后学者《仪礼》研究的影响,涉及如下多个诠释层面:

首先,就文献整理体式方面的影响而言,《仪礼义疏》的纂修,催生了《仪礼纂录》《仪礼集编》等一批纂集体礼学著作的诞生。李清植《仪礼纂录》、盛世佐《仪礼集编》的撰著,皆得益于《仪礼义疏》的纂修与参编,使得他们接触到了大量的礼学文献,加深了他们对于礼经的理解。另外,《仪礼义疏》的纂修,也促使一些学者加深了朱子《仪礼经传通解》治学地位的认知,并借助《仪礼经传通解》通释体形式编纂了《礼乐通考》《五礼通考》《重刊朱子仪礼经传通解》等一批礼学著作。这些著作,大都成书于《仪礼义疏》纂修期间,或纂修完成后不久。

其次,就纂修官"兼采汉宋"的治学取向而言,《仪礼义疏》引导了当时一批学者自觉打破经学研究中汉学与宋学泾渭分明的学术界限。根据林存阳《〈御纂七经〉引用姓氏统计表》的统计,《钦定仪礼义疏》引用历朝历代学者196家之说,其中数目较大的朝代情况分别是:汉代学者39家,晋代学者21家,唐代学者17家,宋代学者65家,元代学者9家,明代学者25家,其他朝代学者都不超过5家,而且许多朝代都只有1家。③可见,《仪礼义疏》主要追求的是一种博学,强调广征博采的著述形式,其中既有大量汉学家的诠释成果,也有宋代以来一批宋学家的诠释成果,纂修官心目中并无所谓汉、宋之学的明显界限。无论是汉唐学者的论著,还是宋元学者的论说,完全依据是否有助于

---

① 永瑢等:《钦定四库全书总目》(整理本)卷二十,《经部·礼类二》,《钦定仪礼义疏》条,中华书局1997年版,第255页。

② 陈祖武:《论清初学术的历史地位》,《清史研究》1991年第1期。

③ 林存阳:《三礼馆:清代学术与政治互动的链环》,社会科学文献出版社2008年版,第148页。

揭示经义的评判原则,既注重文字、文句本身显性意义的训诂,又强调隐性礼制义蕴的阐发,借以进行诠释语料的义例整理,形成礼经的一种新诠释。例如,《士相见礼》:"庶人见于君,不为容,进退走。"《仪礼义疏》"辨正"义例下引王昭禹曰:"庶人非特府史胥徒而已,凡民在焉。"纂修者加案云:"《周官》有大询之礼,《洪范》有'谋及庶人'之文,是平民皆得见君也,此等见君宜不用贽,如敖氏之说。若府史胥徒,则《大宗伯》疏云:'新升时执鹜。'注家之说盖为庶人在官者言之也。"①因为所引王昭禹说过简,因而纂修官据他经情,既申补其说,又说明敖继公《集说》与郑《注》各执一端之偏失。

再次,就诠释实践的研究方法而论,纂修官特别重视《仪礼》礼例研究的诠释方法,所谓"礼无不归之例,而天下亦无难治之经"②,并且在《凡例》中大力倡导"或以本节本句参证他篇比类以测义,或引他经与此经互相发明"的礼经诠释方法,从理论上揭示和总结了自东汉郑玄以来历代治《礼》学者的主要诠释方法,对推进《仪礼》的深入研究有较大意义。与此同时,纂修者还重视结合具体的礼经诠释来印证、实践诸般方法,借以揭示前人训诂之失,或进一步阐发经义。例如,《士冠礼》:"主人之赞者筵于东序少北,西面。""正义"下编著者加"案语"云:"左氏《传》言士有隶子弟,而《特牲礼》士有私臣,盖隶子弟之类即可谓之私臣,有事则执其劳役。主人之赞者,敖氏以为私臣,是也。如郑说即一士,而冠、昏、丧、祭需人多矣,安所尽得中士、下士而驱使之哉?"③这是针对郑玄《注》所云"主人之赞者,其属中士若下士"而发的,其引《左传》《特牲礼》与本文相互类比推理,得出"隶子弟之类即可谓之私臣"的结论,因而将郑《注》的训释语置于"存疑"一则义例之列。

续次,就治礼原则而言,纂修官所倡导的"圣人因人情而治礼"礼学研究原则,对于彰显礼经的现实意义,拓展学者礼经研究的视角,有着重要的启示。纂修官往往通过具体的诠释"案语",揭示礼学研究的这一治学原则。例如,《丧服》:"子嫁,反在父之室,为父三年。"纂修官在"余论"部分附加"案语"云:"七出之法,圣人之所制也。古人君臣、朋友、夫妇皆有离合之道、去就之义,圣人盖料人情贤否各别,事势顺逆不同,而以此周其变焉。观孔曾孟氏之

---

①　《钦定仪礼义疏》卷五,《景印文渊阁四库全书》(第106册),台湾商务印书馆1983—1986年版,第201页。

②　杭世骏:《礼例序》,《道古堂文集》卷四,《续修四库全书》(第1426册),上海古籍出版社2002年版,第235页。

③　《钦定仪礼义疏》卷一,《景印文渊阁四库全书》(第106册),台湾商务印书馆1983—1986年版,第87页。

家法,可见圣人亦有不能格者则出之而已矣。出之,亦所以刑家也。"①在《仪礼义疏》纂修者看来,"圣人因人情而治礼",因而研究《仪礼》特别是研究其中的"丧礼"内容,必须考察其所论仪文节制是否合乎人情。故而纂修官论丧服制度,案语中颇多这方面的言辞论调。

另外,就对待前贤诠释成说的态度而言,纂修官主张要在尊重旧解的同时,同时必须推陈出新,反对一味因循守旧、抱守残缺的不合理陈规。这种创新,主要体现在"案语"部分,"案语"往往是各以类附着于各个"义例"之下。有的案语重在申解经文,补充前贤之所未及之处,如《乡饮酒礼》:"拜洗,主人坐,奠爵,遂拜。"《仪礼义疏》"正义"部分先引录郑《注》、敖继公说,但二者皆未论及位次问题,故编撰者于其下加"案语"申经义云:"沃洗者之位,在洗东,西面,至主人洗则斜乡之,故西北面。《乡射礼》宾西阶上北面洗,主人阼阶上北面答拜。"②有的案语重在驳正前人误说,如《乡饮酒礼》:"司正实觯,降自西阶,阶间北面坐,奠觯,退共,少立。"《仪礼义疏》"存疑"义例下引郑玄《注》云:"阶间,其南北当中庭。"编撰者于此下附加"案语"云:"云阶间,则距阶不甚远,《士丧礼》遂匠纳车于阶间,既祖,妇人降,即位于阶间,《士虞礼》馈黍稷两敦于阶间,《特牲礼》执事之俎陈于阶间,是以徵其非南北之中矣。《乡射》中庭北面,盖与此异也。"③此句里"阶间"的理解,前人多未对郑注提出异议,《义疏》纂修者则从《仪礼》一书的辞例角度,考察各篇"阶间"出现的有关位次情况,从而佐证郑《注》位次说解之误,颇具说服力。

综上所述,《仪礼义疏》纂修官在根植于此前《仪礼》学发展学术积累的基础上,吸收了往代诠释者的解礼经验,形成了自己的诠释风格与特色,孕育出新的学术生长点,如纂修官王士让的《仪礼训解》、秦蕙田的《五礼通考》等著述,就是深受这种影响的赓续之作,为清代《仪礼》学由理学向经学的转型提供了良好的契机。当然,《仪礼义疏》亦存在一些可以商榷之处,如纂修官所罗列辑录的礼学研究成果,更多是集中于明代以前学者的发覆,而未能尽可能罗列清初学者的研究成果,彰显清初礼学的发展成绩;又如,尽管承认郑玄《注》注释的重要性,并且大量予以引用,但在礼经有关名物语词及相关需要破读的语词诠释上,未能建立在审音以明义的方法论之上,强调语音与字义的

---

① 《钦定仪礼义疏》卷二十二,《景印文渊阁四库全书》(第106册),台湾商务印书馆1983—1986年版,第753页。

② 《钦定仪礼义疏》卷六,《景印文渊阁四库全书》(第106册),台湾商务印书馆1983—1986年版,第223页。

③ 《钦定仪礼义疏》卷六,《景印文渊阁四库全书》(第106册),台湾商务印书馆1983—1986年版,第247页。

内在关系等。《仪礼义疏》诸如此类问题的存在,为清代中期《仪礼》学的演进与发展留下了很大的拓展空间。

第八节　其他学者的《仪礼》学研究

如上各节所述,清前期《仪礼》研究的大部分学者,或倡导创发新说类研究,或主张淹通汉宋学之研究,或张扬朱熹、黄榦《通解》类研究,或实践经俗互贯类研究,在这种此起彼伏、缤纷绚烂的研究局面之下,也有少数学者有别于他们而另起炉灶,彰显出不同的特点,如江永中年之际表现出对朱氏《仪礼》学旨趣的继承和张扬,而到晚年,则力主实事求是的《仪礼》考据之学;吴江学者沈彤更是直接开启了清中期汉学考据派《仪礼》的先声,影响很大。故本节特撷取二人的研究著述略加介绍,发覆他们各自的治学特点。

一、江永与《礼经纲目》

(一)生平及著述概况

江永(1681—1762),字慎修,一字春斋,清安徽婺源(今属江西)人。江永为人性情极为平和,道德高尚。江藩曾称说云:"永为人,和易近人;处里党,以孝、弟、仁、让为先;人多化之。"①江永一生科场不利,年二十一为县学生,年四十补廪膳生,六十二为岁贡生。一生鄙薄功名,不羡仕途,蛰居乡里,终身仅一至江西,一游京师,后居家治学,从事著述。江永27岁开始以教书为业,先后在婺源大畈、江湾,城郊宜园、七里亭,安徽休宁山斗、五城,安徽歙县紫阳书院等地开设学馆收徒授业,授徒讲学长达60年。乾隆十七年(1752),江永应歙县西溪不疏园主人汪泰安的礼聘讲学不疏园,这一年江永72岁,而戴震、程瑶田、金榜、汪凤梧等七八人便于歙县西溪不疏园从其授学,他们大都在二三十岁之间,问学有良师,质疑有挚友,更有不疏园的丰富藏书可查阅,所得教益极大。这可以称得上是"徽派朴学"奠基之始。其著述颇富,学行至尚,《清史稿》《安徽府志》《婺源县志》等史册、志书于《儒林列传》卷中均有浓墨记载,然其传记材料尤以戴震《江慎修先生事略状》最为详核②。

江永是一位百科全书式的大学者。他为诸生数十年,读书好深思,博古通今,一生致力于研覃十三经注疏,举凡古今制度及钟律声韵,无不探赜索隐,对

---

①　江藩:《国朝汉学师承记》,中华书局1983年版,第77页。

②　记述江永的生平,除戴震《事略状》外,同时代人中,还有刘大櫆《江先生传》,钱大昕《江先生永传》,王昶《江慎修先生墓志铭》。这些传、铭的内容,都没有超过《事略状》的范围。

皖派学术影响较大,堪称皖派学者之前驱。其毕生治学,有注重考据、训诂、不
务空谈的特点,开创了徽派朴学的一代新风,在学术史上评介甚高。江永的朴
学思想主要应用于礼学、音韵学、天算历法三个方面,既讲求义理,不出朱子之
学的规矩,又不专讲义理,并举训诂、考据,是徽派朴学"无信不征"治学理念
的集中体现。江永平生所著二十多种,其所著有:《律吕阐微》10 卷、《律吕新
论》2 卷、《春秋地理考实》4 卷、《乡党图考》11 卷、《读书随笔》12 卷、《古韵标
准》4 卷、《四声切韵表》4 卷、《音学辨微》1 卷、《河洛精蕴》9 卷、《推步法解》5
卷、《七政衍》1 卷、《金水二星发微》1 卷、《冬至权度》1 卷、《恒气注历辨》1
卷、《岁实消长辨》1 卷、《历学补论》1 卷、《中西合法拟草》1 卷、《近思录集注》
14 卷、《昏礼从宜》1 卷、《四书典林》30 卷、《四书古人典林》12 卷,《考订〈朱
子世家〉》1 卷等。其主要著作经高足戴震力荐,大多收入《四库全书》之中。
据《四库全书总目》校核,所收江永著述 16 种 150 多卷。可以说,江永以其自
身的研究实践,拓宽了一条在历算、律吕、音韵、考工、地理等方面的新路,之后
得到了他的弟子戴震、程瑶田、金榜、汪凤梧、郑牧、方矩等人的发扬光大,成为
徽派朴学诸家遵循的矩镬。

　　除上述诸方面研究外,江永亦谙熟于三《礼》学,在这方面研究用功尤深,
受到当时学界礼学名家的关注和重视,产生了很大的影响。其 6 岁时读书日
记数千言,曾经读到邱濬所著《大学衍义补》中多处征引自《周礼》,于是求得
《周礼》原本,兴致浓厚,朝夕讽诵。其游京师时,三礼馆总裁方苞曾以所疑
《士冠礼》《士昏礼》数事相问,江永从容应答。吴绂则质之以《周官》疑义,江
永是以有《周礼疑义举要》7 卷之作,对先秦各种典章制度和物产进行考释,而
对《周礼·考工记》的研究尤其独到。《考工记》原是春秋时齐国人记录手工
业技术的官书,汉河间献王刘德因《周礼》缺《冬官》篇,以此书补入。《考工
记》对于古代车舆、宫室、兵器以及礼、乐诸器等的制作分别详细记载,流传久
远,讹伪甚众。江永对此作了必要的整理与阐述。其《仪礼》学方面著作有
《礼经纲目》88 卷,《仪礼释宫增注》1 卷,《仪礼释例》1 卷,《昏礼从宜》1 卷
等;《礼记》方面著作则有《礼记训义择言》6 卷,《深衣考误》1 卷等。另外,
《群经补义》卷三里面有关于《仪礼》《礼记》考释各自数条不等,与《周礼疑义
举要》7 卷相对应。除《礼书纲目》撰于 41 岁外,其他多种重要著作都撰于 60
岁至 82 岁这　晚年岁月中。

　　(二)江永中年之际的《仪礼》学研究

　　江永身处新安(徽州)理学向皖派经学的过渡时期,因此他既精通汉学,
又兼采宋代理学,涉猎广博,为新安理学先儒所未有,又为后来徽州朴学家所
注目。事实上,考察江永中年之际,其治学在学术观点上,对朱熹极为推崇备

至，强调为学要以宋学为宗，他甚至在乾隆七年壬戌（1742）62岁那年，还专门为朱熹的《近思录》一书作集注，并认为朱氏的《近思录》是"为天地立心，为生民立道，为去圣继绝学，为万世开太平"①，意义甚夥。关于这一点，在他撰成于41岁的《礼书纲目》（以下简称《纲目》）一书中表现最为突出。关于《纲目》一书的创作缘起，《清史稿》卷四百八十一有云："以《朱子》晚年治《礼》，为《仪礼经传通解》，书未就，黄氏、杨氏相继纂续，亦非完书。乃广摭博讨，大纲细目，一从吉、凶、军、嘉、宾五礼旧次，题曰《礼经（书）纲目》，凡八十八卷。引据诸书，厘正发明，实足终朱子未竟之绪。尝一至京师，桐城方苞、荆溪吴绂质以《礼经》疑义，皆大折服。"②由此可见，江永著述《礼书纲目》一书，和张扬朱学派学者姜兆锡、盛世佐等人的治学旨趣是一样的。

具体就《礼书纲目》一书而言，江永对朱氏《仪礼》学旨趣的继承和张扬是极为鲜明的，主要表现在如下方面：

首先，从该书著述体例的安排抉择情况来看，延续了黄榦《仪礼经传通解续》著述体式。据江永《〈礼书纲目〉序》所述，江氏以朱子《仪礼经传通解》一书修于晚岁，前后体例不一，然学者治礼"尊经之意当以朱子为宗，排纂之法当以黄氏《丧礼》为式"，因以黄榦《仪礼经传通解续》为著书之式，为之增损隐括，撰成《礼书纲目》一书。该书主体部分凡85卷，共包括八大门类，依次为嘉礼（19篇12卷）、宾礼（10篇5卷）、凶礼（17篇16卷）、吉礼（15篇14卷）、军礼（5篇5卷）、通礼（28篇23卷）、曲礼（6篇5卷）、乐（6篇5卷），总计106篇。其中，嘉礼、宾礼、凶礼、吉礼部分"皆因《仪礼》所有者而附益之"，军礼、通礼、曲礼部分则"皆补《仪礼》之所不备"，举凡三代以前礼乐制度散见经传杂书者搜罗赅备，纂集体著作的特点一览无遗。

其次，从该书的《仪礼》诸篇目安排序次情况来看，与《通解》《通解续》亦无多大差别。《礼书纲目》主体部分之106篇各门类经文之篇目顺序安排上，《仪礼》诸篇大都置于此书前一部分相应类目下，而且《礼记》中解释《仪礼》之诸篇《义》文，往往依次附于《仪礼》相应篇目之后独立作为一篇，如《冠义》附在《士冠礼》篇之下，《昏义》附于《士昏礼》之下，《乡饮酒义》附于《乡饮酒礼》之下，《燕义》附于《燕礼》之下，《聘义》附于《聘礼》之下；若《礼记》中无有《义》篇者，则从早期传世典籍当中补辑文句成篇，同样置于《仪礼》相应篇目之后，如江氏补辑《士相见义》一篇附于《士相见礼》之下，又补辑《丧服义》

① 江永：《近思录集注·序》，同治八年（1869）江苏书局刊本。
② 赵尔巽：《清史稿》（册四十三）卷四百八十一《列传二百六十八》，中华书局1977年版，第13188页。

一篇附在丧服制度各篇之后,颇有利于《仪礼》诸篇经文大旨之理解。

再次,从该书纂集群籍的情况来看,《礼书纲目》依仿朱熹《通解》的文献辑录方式,采辑群书极多,举凡经史子集皆有涉猎。考察《礼书纲目》采辑群书的大致情况,江永关注和辑录的文献材料包括以下几方面:一是正经13部以及各自的汉、唐、宋诸朝代表性注释,汉晋郑玄、孔安国、杜预、何休、赵岐、郭璞等人的注文,唐宋孔颖达、贾公彦、邢昺、孙奭等人的疏文,均在重点采录的范畴之列,其中宋代大学者朱熹的著述采录最多,包括《周易本义》《诗经集传》《论语集注》《孝经刊误》《孟子集注》诸书;二是附经四种,包括《大戴礼》(郑康成注)、《国语》(韦昭注)、《孔子家语》(王肃注)、伏生《尚书大传》(郑康成注);三是杂书八种,包括《汲冢周书》(孔晁注)、《吕氏春秋》(高诱注)、贾谊《新书》、刘向《说苑》、刘向《新序》、刘向《列女传》、刘向《世本》、班固《白虎通》等;四是子书五种,包括《管子》(房玄龄注)、《庄子》(郭象注)、《荀子》(杨倞注)、《淮南子》(高诱注)、《孔丛子》;五是兵书五种;六是史书四种(《史记》及司马贞索隐、《汉书》及颜师古注、《后汉书》《资治通鉴》);七是类书一种(杜佑《通典》);八是字书、算书各一种(许慎《说文解字》《九章算术》);九是宋儒集六种,包括《仪礼经传通解》《朱子文集》《朱子语类》、朱熹与蔡元定《易学启蒙》、陈祥道《礼书》、蔡元定《律吕新书》。以上9类著述,凡48种(不含注释)。

复次,从该书卷首罗列的相关文献情况来看,和朱熹一样,江永亦十分重视礼之大要内容的说解。朱熹《仪礼经传通解》卷首首列《仪礼经传目录》一则,对礼古经、逸礼、礼经17篇次第等系列问题进行了考订说明。江永著述亦重视礼之大要内容的发覆,除正文部分以外,《礼书纲目》卷首共分三卷,卷首上包括《朱子乞修三〈礼〉劄子》《朱子考定〈汉书·艺文志〉》《孔颖达〈礼记正义序略〉》《贾公彦〈仪礼〉篇次说》《贾公彦〈序周礼废兴录略〉》《陈祥道〈礼书序略〉》《杨复序丧祭通解》《张宓刊丧祭二礼》,卷首中载《朱子论编礼书》,卷首下附载《朱子论礼纲目》《朱子〈仪礼释宫〉》。凡此种种,虽然没有属于自己专门的考证性文字,但通过辑录前贤的相关诠释考证性语料,有助于读者了解礼经相关问题的来龙去脉,在在彰显出前贤的学术识见。卷首采录诸文,《朱子乞修三〈礼〉劄子》《朱子考定〈汉书·艺文志〉》二篇被江永置于卷首上之开篇,卷首中下部分更论列朱氏论礼之文,充分彰显出江氏对朱熹礼学见解和主张的推崇之高。

另外,从有关《仪礼》与《礼记》之间关系的认知角度来看,江永与朱熹的见解基本上是一致的。朱熹曾经就此问题表明见解说:"《仪礼》,礼之根本,而《礼记》乃其枝叶","《仪礼》是经,《礼记》是解《仪礼》。如《仪礼》有冠礼,

《礼记》便有《冠义》;《仪礼》有昏礼,《礼记》便有《昏义》;以至燕、射之类,莫不皆然"①。在宋绍熙五年(1194)所上的《乞修三礼劄子》中,朱熹亦明言说:"《周官》一书,固为礼之纲领,至其仪法度数,则《仪礼》乃其本经,而《礼记》《郊特牲》《冠义》等篇乃其义说耳。"②对此,江永深以为然,他在给《礼书纲目》一书所作序中,对《仪礼》与《礼记》诸篇的关系做过一番类似的论述:"《礼记》四十九篇,则群儒所记录,或杂以秦汉儒之言,纯驳不一,其《冠》《昏》等《义》,则《仪礼》之义疏耳。""散逸之余《仪礼》正篇,犹存二戴之《记》者,如《投壶》《奔丧》《迁庙》《衅庙》之类,已不可多觏。"③在江永看来,小戴《礼记》诸篇文性质较为复杂,其中《冠义》《昏义》《射义》《燕义》《聘义》一类为《仪礼》经文之义疏,而小戴《礼记》之《投壶》《奔丧》与大戴《礼记》之《迁庙》《衅庙》一类,原本属于《仪礼》之逸篇,因而关系较为复杂,但仍强调《礼记》对《仪礼》解经的重要性。

从《记》文补充诠释《仪礼》经文仪节、礼义的角度来看,江永对《记》文的处置方式殊为独到。概而言之,江永《礼书纲目》中与《仪礼》经文相对应的《记》文,有三个层面的内容,各自关注的内容焦点并不相同:

一是《仪礼》十七篇经文中已有各篇之后的《记》文,一般置之于相应经文章节大义之后,较《仪礼》经文要低两格,行文内容多属于补充说明经文仪文节制之未详备方面情况。《礼书纲目》各卷次诸篇皆承续朱子《仪礼经传通解》、黄榦《仪礼经传续通解》之例,"因事而立篇目,分章以附《传》《记》"(见江氏自序),其中《仪礼》原有各篇皆经、《记》釐析分章,《记》文附于相应经文章节大义之下。不过所附《记》文位置则大同小异,其相同者,如《士冠礼》"屦夏用葛"以下五十字本在辞后《记》前,《通解》移置于经文"陈器服"一节之末,江永是书亦沿袭其处理方式。其稍有出入者颇多可取之例,如《士昏礼·记》"父醮子命之辞曰"以下三十一字,《通解》列在"陈器馔"一节下,而是书则改置于"亲迎"一节之下;又如《士昏礼·记》"妇入三月,然后祭行"二句,《通解》别为"祭行"一节,列在"奠菜"一节之前,而此书则将此二句附于"庙见"一节之末,即《通解》所谓释奠,较诸《通解》之处理方式似更有伦次;又如《士冠礼·记》文"无大夫冠礼,而有其昏礼。古者五十而后爵,何大夫冠礼之

①　黎靖德编:《朱子语类》卷八四、八五,《朱子全书》,上海古籍出版社、安徽教育出版社 2002 年版,第 2888、2899 页。

②　朱熹:《乞修〈三礼〉札子》,刘永翔、朱幼文校点:《晦庵先生朱文公文集》卷十四,《朱子全书》(第 20 册),上海古籍出版社、安徽教育出版社 2002 年版,第 687 页。

③　江永:《礼书纲目·序》,《景印文渊阁四库全书》(第 133 册),台湾商务印书馆 1983—1986 年版,第 43 页。

有?"四句,《通解》以为当在《家语·冠颂》之内,疑错简于此经,颇属臆断,而江永则仍《记》文之旧,不从《通解》,尤为详慎。是书凡此之类釐正发明,皆足以补正朱子《仪礼经传通解》之不足。从中亦可发见,《礼书纲目》对《仪礼》传记文句的处理方式来看,较之朱子既有继承又有发展变化。

二是《礼记》中的诸多《义》篇和其他前贤依仿《礼记》诸多《义》篇的补苴之作,大都着眼于《仪礼》经文礼义、礼意的阐释。前者,如《礼书纲目》卷二移植《礼记》中的《昏义》一篇,以及其他篇章如《郊特牲》《曲礼》《曾子问》《坊记》《经解》《哀公问》《祭统》中的相关经文和《孔丛子》《家语》《白虎通》《列女传》中的文句,要而言之,一切以是否说解《仪礼》经文仪节的礼义、礼意为抉择采录标准。后者,如《礼书纲目》卷六《公食大夫礼》经文之后辑录的《公食大夫义》一篇,本系《礼记》所无之篇章,系为宋人刘敞补苴而成,江永移植于本篇经文之后。

三是江永自身所补苴之《记》文。例如,江永在《礼书纲目》卷三补《冠昏记》,卷七补《飨食燕记》,卷十一补《三射记》,卷十五补《王朝邦国遣使礼》等。补苴的这类《记》文,大都属于对具体礼仪规制方面的内容,极少涉及礼义、礼意,而且江永亦往往将其按照经文划分章节的做法,为其分章节概括章节要旨,在一定程度上具有《仪礼》"经记"的性质。以卷三所补《冠昏记》为例,该篇江永取《周礼》《礼记》《孔子家语》《大戴礼记》《公羊传》《考工记》《说苑》等各类典籍中的相关成句以为《冠昏记》文,又根据文句内容依次为其分章节为:通论、天子诸侯冠礼、冠变礼、女子笄、嫁娶、不取同姓、天子诸侯大夫昏礼、庶人昏礼、昏变礼、不改嫁、归宁、出妻。

从上述诸方面论述来看,江永《礼书纲目》对朱熹、黄榦等人《仪礼经传通解》《仪礼经传通解续》的推崇和张扬是极其显著的,著述体例上依仿色彩极其鲜明。从这一推崇态度和治学评判取向出发,江永认为自身的著述仍然有其不足之处,这一点在他所作《礼书纲目序》中也有明言:"依朱子例,当入释文音疏与后儒论说;依黄氏、杨氏例,当增丧服图式、丧服古今沿革及宫庙器服、儒节仪制等图。其书甚巨,非私家所能就,姑缮写本文及旧注弆藏之。"尽管如此,江永对《纲目》之作亦颇为得意,以为"异日圣朝有制作,命儒臣重加纂辑,庶成大备完书,是书或可为粉本耳"。从当时学界的普遍治学风格来看,加入释文音疏与后儒论说、礼制图、礼器图等内容,确实有助于礼经原典的研读,江永囿于私家藏书的欠缺而未能增添这方面内容,确实是一大遗憾。但总的说来,江永的《仪礼》学研究,承继了朱熹、黄榦等人的礼学研究风格,以贵能通其大本为治学要务,并通过采用纂辑的治学路径来对《仪礼》《礼记》《周礼》及其他文献典籍进行重新排列组合,将它变成自己认可的模样,形成对礼经的一种新的诠释。但同时,我们也应看到,江永的《礼书纲目》并不是简单的"钞书",而是在"钞书"之中融入了点滴的"考证"成分,尽管这种考证的篇幅所占比例极小,但亦充分说明该书并不是简单的一种"纂辑"。汪廷珍序《礼书纲目》一书言:"承朱子之学,而不苟同于朱子,《四库全书提要》表明之矣。……其纂辑也,以古经为主,经不足补以传记,又不足则旁证以诸家之说,巨细咸备,正变不遗,而缺者可补矣。……斯则先王之礼得朱子而不坠,朱子之志得先生而后成。呜呼,此岂寻常经生之书断断于章句训诂者所可比哉!"①乾隆初,儒臣纂修《三礼义疏》,礼部取江永所著《礼书纲目》考订,并请江永赴京答解疑义,由此亦可见该书的影响。

(三)江永后期的《仪礼》学研究

60岁以后,江永进入著书立说的黄金时期。特别是到晚年,江永已渐从礼学转向小学、天文、历算的研究,学术思想日臻成熟,他的许多著作也是在这一时期完成的。江永后期的三礼学研究,其重点在《周礼》和《礼记》学的研究上,而《仪礼》学著作仅仅《仪礼释宫增注》和《仪礼释例》各1卷问世,篇幅都较为短小,其中后者又名《礼经释例》,按照《四库全书总目》撰者和清人钱熙祚的说法,该书乃是一部未竟之作,如钱熙祚言曰:"江氏《仪礼释例》,盖未成之书也,《四库全书》著之存目,而文澜阁本附《仪礼释宫增注》之后,殆以其纲目井然,有条不紊,弃之可惜与?"②尽管这两部著述的篇幅均较为短小,但其对整个皖派的《仪礼》学研究影响是巨大的,因而考察清代《仪礼》学研究的情况,不能忽视江永的研究史实,对其著作进行总结性评述。大致说来,江永后期的《仪礼》学研究,其中值得后人称道及关注者约有这样如下数端:

首先,从文献注释体例的角度来看,他开创了清代《仪礼》学史上的释例体著作之先河。他所著述的《仪礼释例》一书,属于礼学二次文献中的释例体著作,但非随文释例,较之凌廷堪《礼经释例》、夏燮《五服释例》出现要早得多。全书虽名曰《仪礼释例》,由于是一部未竟之作,实则只有《释服》一个部分的内容,它通过"释例"的形式,第一次系统论述了从天子到庶人的古服制情况,依次为天子冕服、诸侯冕服、大夫冕服、爵弁服、皮弁服、韦弁服六个类目,其中"大夫冕服"一目,《仪礼》经文未见,江永依据郑玄《注》语加以考论分析,为后人提供了清晰的文字说明。每一类目下,往往先引述《仪礼》及郑《注》、贾《疏》中各种有关服饰、礼制的诠释之文,然后广引三《礼》及其他经

---

① 汪廷珍:《礼书纲目序》,江永:《礼书纲目》卷首,嘉庆十五年刻本。

② 钱熙祚:《仪礼释例·跋》,《礼经释例》卷末,《四库全书存目丛书》(第87册)影印原清道光二十四年(1844)刻《守山阁丛书》本,齐鲁书社1997年版,第371页。

籍文献加以注解,佐证其中的是非得失。江永采用这种"释例"形式,在体例上可能是受李如圭《仪礼释宫》一书的影响,对后来的《仪礼》学研究者也产生了重要影响,如任大椿《弁服释例》,宋绵初《释服》,胡匡衷《仪礼释官》等,基本上都是这一类体式的著作。

至于《仪礼释宫增注》一书体例则有所不同,是书取宋代庐陵学者李如圭《仪礼释宫》一篇为之详注,如果说《仪礼释宫》为二次文献的话,那么该书毫无疑问属于《仪礼》学研究的三次文献。从文献本身的训诂体式来看,李如圭的《仪礼释宫》为专题考证体,而江永的《仪礼释宫增注》则属于随文考辨体,考论辨正李如圭《仪礼释宫》相关注解的是是非非。甚至可以这样说,江永是将李如圭《仪礼释宫》的文句当做儒家经籍来进行注释考据的,对于提升李氏著述的价值和影响极有裨益。

其次,从礼经诠释的关注视角来看,江永《仪礼》研究的治学趣向发生了很大转型。如前所述,江永中年所著《礼书纲目》承继了朱熹、黄榦《仪礼经传通解》《仪礼经传通解续》的治学方法,采取以分类为基础的纂编重构式诠释手段;而后期则略有不同,特别是《仪礼释宫增注》一书,称得上是礼学知识的考据与考古,着眼于以考据为基础的诠释策略。该书涉及的注解内容较为丰富,主要包括:补充解释礼经仪文节制和典章制度,纠正前贤训释错误,语词释音,文句校勘,名物训解等。这些考据性文字,考证精密,多有新的发明之处,四库馆臣对是书评价极高,以为"其稍有出入者,仅一二条。而考证精密者,居十之九。……其辨订俱有根据,足证前人之误,知其非同影响剿掇之学矣"①。《仪礼释宫增注》的注释基本上不解释说明礼经仪制的礼义与礼意内容,与《礼书纲目》注意通过辑录古代典籍补充发掘礼经的礼义与礼意形成截然对比,江永此时的治学态度更趋严谨求实,完全以"求是"为宗旨,不迷信权威,不拘泥文典,在研究中侧重于文献的考据与语言文字的音韵训诂。正是江永这种治学前后差异的现实存在,所以后人在人为划分汉宋阵营时,唐鉴将其收入《国朝学案小识》,视为理学阵营,又被江藩收入《汉学师承记》,视为汉学阵营,未能正视其治学风格的变化结果所致。戴震后来曾在《与是仲明论学书》中提出一个治学公式:"由字以通其词,由词以通其道。"②代表了"徽派朴学"的治学方法、手段,事实上已经能够在江永后期的礼学著作及其他相关研究著作中得到一定的体现。

---

① 永瑢等:《钦定四库全书总目》(整理本)卷二十,《经部·礼类二》,《仪礼释宫增注》条,中华书局 1997 年版,第 262 页。

② 戴震:《与是仲明论学书》,《戴震全书》第六册,黄山书社 1995 年版,第 370 页。

　　倘若细心研读江永此二书，便能时常为其对相关古礼的名物、制度的精审考证所吸引，为之拍案叫绝，训诂更趋精密，考据更加详审。例如，李如圭《仪礼释宫》云："序之外谓之夹室。"江永考证其说之误云："序外之室，《仪礼》及《顾命》皆言东夹、西夹，未有言夹室者，盖此处所夹者堂，不可谓之夹室，注疏或有言夹室者，因《杂记下》'衅庙'章及《大戴礼·衅庙篇》而误耳。《杂记》云：'门、夹室皆用鸡。'先门而后夹室。又云：'夹室中室。'此'夹室'二字本不连，夹与室是二处，室谓堂后之室也。室是事神之处，衅庙不可遗，先儒读者误连之，则事神之室顾独不衅。而序外夹堂之处谓之夹室，亦名不当物矣，当正其名曰东夹、西夹。"①以上考证，江永不仅指出《仪礼释宫》之误，而且指出其说所以误之由，引据翔实，辩驳有理有力，应从其所论说为是。《仪礼释例》1 卷，同样也有考证精彩之笔，如"天子冕服"一目下，江永论冕有前旒无后旒，辨正郑玄注解之误，尤为精彩，此不繁引。如此之类的新的发明与精密考证，及其对礼经相关礼制的关注，更重视从语言文字训诂入手，审订文献、校勘谬误、注疏和诠释文字、典章制度等等，较之前贤多有新的发明，赢得了四库馆臣的极高评价，以为"其稍有出入者仅一二条，而考证精密者居十之九"，可谓切中肯綮。

　　总体说来，江永后期的礼学著作往往不囿于前人之说，善于参会有关文献，进行实事求是的考据，因而其考证大多比较精致可信，远非与之同时的一般考礼穷经的经学家们所能望其项背。但站在后世的高度加以吹毛求疵，江永这一阶段的《仪礼》学研究仍有一些礼制考索与考据方面的不足，主要有：

　　其一，从释例的体例和广度、深度而言，较之凌廷堪的《礼经释例》、任大椿的《弁服释例》等同类著作而言，都还存在一定的缺陷。一方面，作为一部未竟之作，《仪礼释例》只有《释服》一个部分，未能与著述的标目名称相一致。另一方面，就《释服》这一部分而言，著述的体例亦有不够完善之处。当然，这是作为清代释例体开山之作所难免的，毕竟这是"前修未密，后出转精"的学术惯例。

　　其二，从考据的精准度而言，如同四库馆臣所言，虽然大部分考据都很精审，但有时不免也存在疏忽之处，无法回避"稍有出入者"的情况，亦即有时出现了辨其所不当辨的情况。例如，郑玄注《仪礼》以为大夫、士无左右房，只是东房西室，李如圭《仪礼释宫》则怀疑大夫、士亦有西房而未决，江永以为李如圭所疑是对的，并为之详加考辨云："堂后室居中，左右有房，上下之制宜皆

---

　　①　江永：《仪礼释宫增注》，《景印文渊阁四库全书》（第 109 册），台湾商务印书馆 1983—1986 年版，第 889—890 页。

同,若东房西室,则室户牖偏西,堂上设席行礼皆不得居中。疑古制不如此。
且《乡饮酒》宾皆专席,若偏于西,则西序以东为地无多,不能容众宾矣。左房
无北塾有北堂、北阶,异于右房,故凡陈器服及妇人立位常在此。经或省文单
言服,即知是东房,非谓无西房右房也。而经与《记》亦有言左房、东房、右房
者,妇上下同制可知。自天子降杀至士,士亦左右房,其室虽迫狭,亦自足以行
礼,必不至甚迫狭也。先儒东房西室之说,由《乡饮酒义》而误。"①又说:"设
尊于堂,除燕、大射外,房户之间是设尊之常处,非必谓宾主共之也。《义》又
谓四面之坐象四时,亦附会之说。僎席在东北,其来否不定,如无僎,岂四时缺
一时乎? 宾坐户牖间,主人自阼阶上望之若在西北耳,其实在北而正中,非西
北也。旧说泥此《义》,遂有大夫、士东房西室之说,非是。"②事实上,郑玄注
《仪礼》谓大夫、士无左右房,只是东房西室,这是针对大夫、士"寝"之制而言
的,而大夫、士之"庙"则仍有东西房,关于大夫、士寝制只有东房西室,《四库
全书总目》对江永所论有详细的辩驳,这里不复赘引。又如,《仪礼释例》"韦
弁服"一目下,江永佐证陈祥道所谓韦弁服即爵弁服之说,对郑玄分别二者的
做法提出异议,亦属误考,与事实不符,实不可从。

其三,从文献辨伪的角度而言,和当时大多数学者一样,江永对于《仪礼
释宫》的撰者问题未能详察,错误地将其著作权归属于朱熹之手,未能还归于
真正的著作者李如圭的头上。江永给《仪礼释宫》一书作注时,《永乐大典》尚
未显于世,故不知非朱熹之笔。众所周知,明亡后,《永乐大典》正本不知下
落,康熙年间,在原本故宫东南的皇家档案库皇史宬发现了嘉靖副本,可惜已
佚不少,乾隆三十七年(1772)修纂《四库全书》时,曾清查嘉靖抄本,发现已缺
失 2422 卷,1000 余册。乾隆三十八年(1773)秋,戴震以举人特召,入四库馆
校勘《永乐大典》,任纂修及分校官。在馆期间,戴震从《永乐大典》中辑录出
李如圭《仪礼集释》一书,又校订还原了《仪礼释宫》一书的作者是李如圭而非
朱熹所作。而这一切,都已是江永死后发生的事情,江永生前并未有所发现。

尽管存在上述不足之处,却难以抹杀江永后期两部著作《仪礼释例》《仪
礼释宫增注》的影响。从目前已知的情况来看,清代中期汉学考据派学者戴
震、凌廷堪、胡承珙等人的《仪礼》研究,就从江氏这两部著作中得到了启发,
在治学方法和著述体例诸方面受益匪浅。换言之,乾嘉之际"汉学考据派"的
兴起与江永的开创之功是分不开的。

---

①　江永:《仪礼释宫增注》,《景印文渊阁四库全书》(第 109 册),台湾商务印书馆 1983—1986 年版,第 886 页。

②　江永:《仪礼释宫增注》,《景印文渊阁四库全书》(第 109 册),台湾商务印书馆 1983—1986 年版,第 887 页。

二、沈彤与《仪礼小疏》

(一)生平及著述概说

沈彤(1688—1752),字冠云,号果堂,诸生。祖籍浙江吴兴,元代迁居江苏吴江(今江苏苏州市)。沈彤出生于吴江的沈氏世家,这是明清时期江南著名的一个文学世家。其父名沈始树,与朱彝尊素有交往,"尝与竹垞先生纵谈古今,竹垞极以博洽推之"①。沈彤少时,"君少方古举止若成人。弱冠从学士何公焯游,始邃于理学"②。何焯(1661—1722)字屺瞻,号义门,博通经史,"自《十三经注疏》《二十一史》《诸子》《离骚》《文选》,俱一一订伪勾贯"③,堪称一代大家。著有《义门先生集》12卷,《何义门读书记》58卷,《困学纪闻补笺》20卷等。沈彤师从经学家何焯之门五年,接受了何氏长于考据的治学传统熏陶。

雍正年间,沈彤前往京师,深得方苞器重,称其经学著述"能守朴学,不事浮藻"④。方苞弟子沈廷芳《皇清征士文孝沈先生墓志铭》载其事云:"(彤)雍正间至京师,望溪方公见其所疏三经,谓得圣人精奥;读其文,又谓气格直似韩子。"⑤沈德潜《沈彤传》亦云:"(彤)中岁善方阁学望溪,商订三《礼》,书疏往复,辨论精核。"⑥沈彤亦以师礼事方苞,曾上书方苞说:"彤于先生,虽未具师弟之礼,而实以师事。"⑦乾隆元年(1736),举博学鸿儒不遇;后值方苞奉诏预修《三礼义疏》,遂荐沈彤入三礼馆,一时名动辇下。后因与修三《礼》及《一统志》,得清廷授九品官,以亲老辞归。及卒,门人私谥文孝先生。

沈彤在古文、经学、考据学诸方面均素有长才,特别是在经学方面用力颇为专深,惠栋在所撰《沈彤墓志铭》中述云:"自古理学之儒滞于禀而文不昌,经术之士汩于利而行不笃。君能去两短,集两长,非纯儒之行欤!"⑧沈氏经学方面的主要著述有:《周官禄田考》3卷,《尚书小疏》1卷,《仪礼小疏》7卷,《春秋左氏传小疏》1卷。这些经学著述,皆以博究古籍、精于考据而为世人瞩目。其中尤以《周官禄田考》一书影响最大,一时颇受好评,如《四库全书总

---

①　沈祖禹辑:《吴江沈氏诗集录》卷十,清乾隆五年刻本。

②　惠栋:《沈彤墓志铭》,《沈果堂全集》附录,清乾隆间刻本。

③　王豫辑:《江苏诗征》卷三,引《国朝别裁》,清道光间刻本。

④　王峻:《沈冠云文集序》,载沈彤:《果堂全集》卷首,清乾隆间刻本。

⑤　沈廷芳:《皇清征士文孝沈先生墓志铭》,《沈果堂全集》附录,清乾隆间刻本。

⑥　沈德潜:《沈彤传》,《沈果堂全集》卷首,清乾隆间刻本。

⑦　沈彤:《沈果堂全集》卷四,清乾隆间刻本。

⑧　惠栋:《沈彤墓志铭》,《沈果堂全集》附录,清乾隆间刻本。

目》称此书"其说精密淹通,于郑《注》、贾《疏》以后,可云特出"①,清人陈格高度评价说:"是考阐经传之义法,与补其所未备,闳深精密,超前绝后,询周礼之大功臣也。"②同时代礼学名家吴廷华亦对此书有"同家一类大典,因类阐发几于无遗,则经之精蕴亦略尽于是已"③之评语。沈彤的《春秋左氏传小疏》对顾炎武所补《左传杜注》多有订正,"于读《左传》者亦有所裨"④,也颇受时人好评。另外,沈彤的《果堂集》12卷,其中有不少篇幅是订正经学的文字,故《四库全书总目提要》称之"尤足补汉、宋以来注释所未备……颇足羽翼经传,其实学有足取者,与文章家又别论矣"⑤。方苞的弟子王峻在评价沈彤治经特点时说:"今冠云之学,笃古穷经,尤精三《礼》。其解经诸文,于群经聚讼之处疏通证明,一句一字必获其指归而后已。"⑥可谓笃实之论辞。

(二)《仪礼小疏》之著述体例及成书情况臆测

作为参与三礼馆纂修者,沈彤深于《仪礼》学的研究,《仪礼小疏》便是其这一方面的诠释著作。此外,在《果堂集》的部分条目当中,也涉及沈氏有关于《仪礼》学方面的研究。关于《仪礼小疏》,目前主要传世版本有《四库全书》本和《皇清经解》本两种,其中文渊阁《四库全书》本分为7卷,而《皇清经解》本则是8卷。两种版本不同之处在于:一是《左右异尚考》的放置位置不同,《四库》本将其作为附录放置在第7卷卷末,而《经解》本则将其独立出来,作为第8卷;二是《士冠礼监本刊误》《士昏礼监本刊误》《士丧礼监本刊误》三篇校勘专文,《四库全书》本将其作为附录,分别放置在卷一、卷三、卷五之末,而《皇清经解》本则没有收入这三篇校勘专文。

该书虽然名之曰"小疏",其篇幅小则小矣,但其体式方面则难以与"疏体"相契合,显得颇为混杂,实为名实不相符,颇具杂考体的体式特征。这种杂乱的"小疏"著述体式情况,大致体现在如下诸方面:

其一,诠释篇目情况:全书虽名曰《仪礼小疏》,但并未诠释《仪礼》十七篇经文,而是专取《士冠礼》《士昏礼》《公食大夫礼》《丧服》《士丧礼》《既夕礼》六篇部分礼经条文为之疏笺,各数十条。其中卷一、卷二专门解释《士冠礼》,

① 永瑢等:《钦定四库全书总目》(整理本)卷十九,《经部·礼类一》,《周官禄田考》条,中华书局1997年版,第247页。

② 陈格:《周官禄田考题词》,《周官禄田考》卷首,《沈果堂全集》,清道光间刻本。

③ 吴廷华:《周官禄田考题词》,《周官禄田考》卷首,《沈果堂全集》,清道光间刻本。

④ 永瑢等:《钦定四库全书总目》(整理本)卷二十九,《经部·春秋类四》,《春秋左氏传小疏》条,中华书局1997年版,第380—381页。

⑤ 永瑢等:《钦定四库全书总目》(整理本)卷一百七十三,《集部·别集类二十六》,《果堂集》条,中华书局1997年版,第2353页。

⑥ 王峻:《沈冠云文集序》,载沈彤:《沈果堂全集》卷首,清乾隆间刻本。

卷三专门解释《士昏礼》,卷四专门解释《公食大夫礼》,卷五专门解释《丧服》,卷六、卷七则专门解释《士丧礼》《既夕礼》二篇,其中《既夕礼》盖因系《士丧礼》之下篇,故附之于其后,但一共仅3条疏证条文。

其二,《仪礼小疏》主体部分著述体式颇不一致,有杂考体之嫌。从整体来看,该书各卷一般皆先引所需诠释的经文,然后标注郑《注》的解释,结合前人的不同说解予以考辨,达到既释经文又释《注》文的效果。但是,该书各卷次又明显表现出不同的诠释风格。这其中,卷一、卷三、卷四、卷五四个部分,主于诠释疏通礼经之繁文缛节,沈彤特别强调援引郑《注》、贾《疏》、敖氏《集说》等诠释语料进行考辨,目的亦在于通过辨别各家说解之是非,借以达成准确诠释礼经正文礼制的目的。卷二部分,沈彤题名曰《士冠礼笺》,所谓"笺"者,既要疏通郑《注》隐略之意,如有不同于郑《注》诠释者,更要表明己意,包括申明、补足、辨正郑《注》的任务。卷七部分,沈氏虽题名曰《士丧礼笺》,实则无"笺"《注》之举,更大程度上属于注体的诠释风格,基本上主于直接解释《士丧礼》经文仪制情况,不主于辩说前贤说解之是非得失,全卷也极少引录前贤时哲训释语,只有6例诠释语料类引文。卷六部分,虽未题名《士丧礼笺》,然则颇有"笺"《注》之实,一切以申明、补足、辨正郑《注》为要务。

其三,据《四库全书》本情况来看,《仪礼小疏》卷一、卷三、卷五各自附录之《士冠礼监本刊误》《士昏礼监本刊误》《士丧礼监本刊误》三篇,属于校勘体专文,主要以监本郑《注》为校勘对象,独立性较强。至于卷七之附录《左右异尚考》,《皇清经解》本独立为卷八,它围绕"左右异尚"这一辑录主题,专门从《仪礼》各篇中抽取相关经文,以及与之诠释相关的郑《注》、朱子《通解》、陈祥道《礼书》、敖继公《仪礼集说》等专门语料,纂集体考据的性质倒很明显突出。沈氏通过逐一罗列疏通所引经要义的诠释实践,借以考据说明《仪礼》经中存在"左右异尚"现象,但在诠释考据的文献来源上较为狭小,基本上来源于上述诸篇经文的行文语料,而未能扩延到《仪礼》十七篇整体,从而在一定程度上影响了它的整体价值。

其四,《仪礼小疏》全书诠释文献援引的特点:《仪礼小疏》中出现的诠释文献目标较为集中,主要为郑玄《注》、贾公彦《疏》、敖继公《集说》、万斯大《仪礼商》四者,同时也涉及朱熹《通解》、李如圭《释宫》(受当时学界共识的影响,沈彤误以为是朱子之作)、黄榦《通解续》、杨复《仪礼图》、陈祥道《礼书》等宋代《仪礼》诠释文献,明郝敬《节解》则极少援引;至于清初学者的《仪礼》诠释结论,除万斯大《仪礼商》外,沈氏《仪礼小疏》也极少提及与援引,较少的几次也主要是涉及顾炎武、张尔岐、方苞、徐乾学几人的诠释观点。可见,这一诠释语料援引方式,着实与沈氏的考辨治学目标相适应。

从该书上述诸方面著述情况介绍来看,学界目前所见《仪礼小疏》一书,可能属于沈彤的未完成之作,也就是说,直到乾隆十七年(1752)沈彤逝世之际,该书都尚未完全定稿。笔者的这一臆测,主要建立在以下诸方面情况的认知上:

首先,从诠释篇目的广狭度来看,该书专取《士冠礼》《士昏礼》《公食大夫礼》《丧服》《士丧礼》《既夕礼》六篇部分礼经条文为之疏笺各数十条,并未诠释《仪礼》十七篇经文,与全书的标目相比,有头重脚轻之嫌。之所以如此不完整,可能是因为沈彤任职三礼馆期间,纂修工作较为繁忙,影响了该书的撰写与修订;三礼馆闭馆后,到沈氏逝世的短短几年时间里,又因多部著述同时系于一身,而无暇专门致力于《仪礼》学研究。

其次,从该书各卷的体式情况,如上所述,该书虽然名之曰"小疏",但并非各卷都属于疏注体,与此同时,还涉及笺体、注体、考证体、校勘体、图解体等各类训诂体式,与古代著述家首重体式选择、强调著述体例严整划一的著述风格截然不同。

再次,从该书的治学旨趣来看,主要通过考辨郑《注》、贾《疏》、敖继公《仪礼集说》等的异同,求其是而订其非,从微细之处寻求证据、考证得失,但如上所述,该书卷七部分基本上主于直接解释《士丧礼》经文仪制情况,并不主于辩说前贤说解之是非得失,并无鲜明的考据特色。

复次,从《左右异尚考》的考据对象来看,该文所纂及的《仪礼》经文,基本上也仅限于《士冠礼》《士昏礼》《公食大夫礼》《丧服》《士丧礼》诸篇,沈彤没能站在《仪礼》十七篇全局性高度进行综合考察,考据条辨色彩较为浓厚,与卷次标目明显不完全对称。

(三)沈彤《仪礼小疏》的诠释特色

沈彤《仪礼小疏》虽然篇幅不大,只有8卷,而且可能尚未完稿,但和当时的《仪礼》研究者相比较,《小疏》仍然具有自身鲜明的个性诠释特征,特别是其从小学角度加强名物训诂的训释,为乾隆中后期学者开启了先河。兹就这一方面情况略加分析说明如下。

首先,从诠释策略的选择情况来看,《仪礼小疏》考辨立说的色彩极强,并不宗主一家之说。沈彤善于从前贤的各种训释分歧捕捉入手,剖析他们各自立说的是非得失,进而得出自己的看法。沈氏立说的主要靶标,主要集中在郑玄《注》、贾公彦《疏》、敖继公《仪礼集说》、万斯大《仪礼商》四者身上。沈氏对于四家的是非臧否情况,除从正面申解笺释郑《注》者不统计在内,各卷次臧否次数大致如下表:

	郑玄《注》		贾氏《疏》		敖氏《仪礼集说》		万氏《仪礼商》	
	肯定次数	否定次数	肯定次数	否定次数	肯定次数	否定次数	肯定次数	否定次数
卷一	2	3		6	2	5	2	3
卷二		2		1	1	3		2
卷三		1		1		8		3
卷四				1				1
卷五	2	10		9	8	15		1
卷六	3	7		6	5	16		4
卷七		1						
总计	7	24		24	16	47	2	14

从上表，大致可以得出这样几点结论：

一是沈彤考辨中对于郑玄《注》语例的肯定比例远远要低于否定的比例，主要是出于笺释郑《注》的需要，出于和敖氏《集说》立论对比的需要，并非是出于否定郑《注》的考虑。沈氏对于郑《注》实际上是颇为推崇的，这从其设列《士冠礼笺》《士丧礼笺》之目可以发现。在考辨过程中，沈氏亦多次表明对郑《注》的肯定，甚至还说过这样的话："康成之《注》，于书名物数悉有依据。"[①]可见，其推许郑《注》是实在的。

二是沈彤考辨中对于贾《疏》申解郑玄《注》语的情况较为不满，这从《小疏》一书中每一篇否定的次数可以发现，贾《疏》几乎被打上了考辨的靶标痕迹。尽管该书中也有一些援引贾《疏》诠释经文的情况，但沈氏大都没有肯定性的言辞表明自己的推许态度。有时候，甚至表露出对于贾《疏》一味屈从郑《注》的诋斥和不满。例如，《士冠礼》"归宾俎"，郑注："一献之礼，有荐有俎，其牲未闻。"贾疏："经有俎必有特牲，但《乡饮酒》《乡射》取择人而用狗，此《冠礼》无择人之义，则不用狗，但无正文，故云'其牲未闻'也。"沈氏考辨说："有俎必有特牲，《乡饮酒》《乡射》取择人而用狗，此《冠礼》戒宾、宿宾亦有择人之义，当亦用狗。郑云'未闻'，而《疏》乃曲从之，何也？"[②]以为贾公彦未能深悉《士冠礼》戒宾、宿宾亦有择人之义，故对其提出异议。

三是沈彤考辨中对于敖继公《仪礼集说》的看法是得失兼存，他从考辨的

---

① 沈彤：《仪礼小疏》卷六，阮元、王先谦编：《清经解·清经解续编》（册二），凤凰出版社2005年版，第2547页。

② 沈彤：《仪礼小疏》卷一，阮元、王先谦编：《清经解·清经解续编》（册二），凤凰出版社2005年版，第2518页。

需要出发,在所援引的数目中,肯定性的引用比例只占 25.4%,远远要低于 74.6%的辨非引用比例。当然,《仪礼小疏》中也有直接援引敖氏《仪礼集说》而未置一词臧否者,不在上表统计之列。在《仪礼》名物语词的训诂方面,沈氏认为,郑《注》的解释大都较为精微,相比较而言,敖氏在这方面的诠释多有可议之处,因而《仪礼小疏》中每有"敖不之深考而每易郑说,何邪""敖谓有不当鬒者误矣"①之类诋斥性的言辞。

四是对于清初学者万斯大《仪礼商》一书的认同度极低。在沈彤提及万斯大的 16 次诠释例中,只有 2 次是表示肯定,其余 14 次均为驳斥之辞,甚至有说"万充宗之误尤多,故不暇辨"②这样的话。

其次,从繁文缛节诠释方法的选择与实践情况来看,和当时方苞等人的治学一样,《仪礼小疏》充分运用礼经互证法探求礼制之精微处,而广泛征引各类儒家经籍论证礼制的情况极少。具体说来,主要有三种情况:

一是细致考察礼经的行文文例和叙事风格、"文势"等,从本篇上下文的行文之中斟酌仪制的细微点,实践经文的准确诠释。例如,《士冠礼》"屦,夏用葛"至"不屦繐屦",沈彤申解说:"此论三服之屦不在前'爵弁皮弁缁布冠各一匴'一节后者,一为此篇是冠礼,宜以冠弁为主,论冠弁而即及屦,非类也;一为执以待于西坫南,南面,东上,宾升则东面,论及执冠者面位,已引到'主人玄端爵韠'云云,不可以论屦,截断文势也。……此乃古人造文之法,断续参差,要皆有谓。"③据此,他对贾《疏》"不於上与服同陈者,一则屦用皮葛,冬夏不同;二则屦在下,不宜与服同列,故退在於此"的说法提出了质疑,并发出反问说:"服固有裳,屦不可从裳列乎? 皮葛虽不同,将不可类叙乎?"④沈氏倡导的这种"文势"审读法,确实有其可取之处。

有的时候,沈彤对于"文势"、叙事风格的把握,更着眼于《仪礼》不同篇章的整体叙事特征的考虑。以《士昏礼》一篇为例,该篇开头说:"昏礼。下达。"沈氏认为,这两句有严重的脱文现象存在。理由有二:一是考《仪礼》各篇开头叙述风格,"凡篇题皆用经首句,故首句尢不与篇题同"。例如,《士冠礼》首云"士冠礼。筮于庙门",《士相见礼》云"士相见之礼。贽,冬用雉,夏用腒",

①　沈彤:《仪礼小疏》卷六,阮元、王先谦编:《清经解·清经解续编》(册二),凤凰出版社2005年版,第2552页。

②　沈彤:《仪礼小疏》卷三,阮元、王先谦编:《清经解·清经解续编》(册二),凤凰出版社2005年版,第2529页。

③　沈彤:《仪礼小疏》卷一,阮元、王先谦编:《清经解·清经解续编》(册二),凤凰出版社2005年版,第2519页。

④　沈彤:《仪礼小疏》卷一,阮元、王先谦编:《清经解·清经解续编》(册二),凤凰出版社2005年版,第2519页。

《乡饮酒礼》云"乡饮酒之礼。主人就先生而谋宾介",《乡射礼》云"乡射之礼。主人戒宾",《燕礼》云"燕礼。小臣戒与者",《公食大夫礼》云"公食大夫之礼,使大夫戒"。二是"首句下必序是礼之始事,不及其它,且明了无不成辞者"。根据这两个理由,沈彤断言:"此经'昏礼'上当脱'士'字,'下达'上亦有阙文。玩郑《注》'必先使媒氏下通其言'及引《诗》'匪媒不得'诸语,当脱'使媒氏'三字,则昏礼有其始而辞成,与诸篇首句一例矣。"据此,他批评敖继公、万斯大等人"乃为'自天子下达庶人'之解,无论其辞不成也","其说虽本先儒,其误实甚"。在此基础上,沈彤又进一步发覆《士昏礼》整篇叙事角度说:"'下达'下字当去声读,与《周易》'男下女'之下同。盖自'请期'以上皆婿父下女父之事,亲迎为婿之下女,女在家,婿家未有不为之下者,故'使媒氏下达'乃婿父自下之始也。"①从考察礼经各篇开篇叙述风格,到考索郑《注》诠释叙述行文,再到揣摩《士昏礼》整篇叙事角度,无不与"文势"的把握有关。

二是从《仪礼》各篇之间相关仪节的对比中,寻找礼经的行文凡例,借以合理诠释礼经仪节。《士丧礼》:"馔于东堂下,脯醢醴酒",沈彤《仪礼小疏》卷六:"凡堂之南下直东西序内者,经皆谓之堂下,自阼阶以东通谓之东方,自西阶以西通谓之西方。堂之东下谓之东堂下,亦谓之堂东;堂之西下谓之西堂下,亦谓之堂西。"②从此礼例阐发出发,沈氏指出杨复《仪礼图》的错误说:"杨《图》图脯醢醴酒等于堂上,则与经、《记》堂下之文显背。"说服力较强。《小疏》卷八部分,从"左右异尚"的角度进行的礼经文纂集和诠释语料的集释,亦深有助于礼经仪制的发覆与体认,如《士冠礼》"士冠礼,筮于庙门。主人玄冠,朝服,缁带,素韠,即位于门东,西面。有司如主人服,即位于西方,东面,北上",沈氏释云:"主人位东,而有司位西,尚右也。有司,宾也,凡宾位皆在右。"③

三是从《礼记》可以补充说解《仪礼》的认知出发,借助《礼记》的相关礼制记载来诠释《仪礼》的繁文缛节隐微不明处,达成二礼的比较互证。例如,《士丧礼》:"商祝布绞、衿、衾",沈彤释云:"《丧大记》云:'铺绞、衿踊,铺衾踊,铺衣踊。'"又同篇"士举迁尸,复位。主人踊无算",沈氏释云:"《丧大记》云:'迁尸踊,敛衣踊,敛衾踊,敛绞衿踊。'此经'踊无算',盖包敛而言。"④沈

---

① 沈彤:《仪礼小疏》卷三,阮元、王先谦编:《清经解·清经解续编》(册二),凤凰出版社2005年版,第2524页。

② 沈彤:《仪礼小疏》卷六,阮元、王先谦编:《清经解·清经解续编》(册二),凤凰出版社2005年版,第2549页。

③ 沈彤:《仪礼小疏》卷八,阮元、王先谦编:《清经解·清经解续编》(册二),凤凰出版社2005年版,第2559页。

④ 沈彤:《仪礼小疏》卷七,阮元、王先谦编:《清经解·清经解续编》(册二),凤凰出版社2005年版,第2557页。

氏诠释二文,前者直接罗列《丧大记》文达成说解之功效,而后者则通过列举《丧大记》文,补充说明《士丧礼》"踊无算"包括"包敛"的仪节在内。在沈彤看来,《仪礼》文约辞丰,故而诠释其繁文缛节,需要借助《礼记》来补充诠释礼经的仪制,达成还原礼经的实际效果。

再次,从名物训诂的角度来看,和当时其他学者治学颇为不同的是,沈彤特别重视从文字声形义关系入手,结合《说文》《尔雅》《释文》等小学语料加以考察,往往颇具新意。受何公焯治学的影响,沈彤著述中也十分重视名物训诂和语词的辨析,对于某些语词的诠释常有耳目一新的感觉。例如,《士丧礼》:"牢中旁寸",郑《注》:"'牢',读为'楼'。楼谓削约,握之中央,以安手也。"贾《疏》:"读从'楼'者,义取楼敛狭少之意。云'削约'者,谓削之使约少也。"沈彤释云:"按:《尔雅》云:'敛、楼,聚也。'郭《注》云:'楼,犹今言拘楼。'此《疏》文所本。又按:《说文》云:'摟,曳聚也。'《玉篇》云:'摟,亦曳也。《诗》曰:"弗曳弗摟。"本亦作"娄"。'《说文》又云:'娄,空也。从母,中女。空之意也。'然则义取敛聚者当作'摟',义取削约中央者当作'娄'。此《注》字盖本作娄,后旁加手,又讹为木旁耳。或谓重屋亦有聚义,'楼'、'摟'通,非也。"[1]沈氏从辨析"楼""摟"二字的词义入手,说明郑《注》、贾《疏》语义诠释所本各不相同,郑《注》流传过程中发生了文字错讹,因而不可据以说明"楼""摟"二字音近义通。不过,此例辨析中,沈氏谓郑《注》"牢,读为楼"应为"牢,读为娄"的说法,后来受到了《四库总目》撰者的质疑,并举焦延寿《易林》《淮南子·本经训》高诱注、《水经注》引释氏《西域记》等加以疏证郑《注》,着实说明了此例沈氏的考据有"未尝深考"[2]之嫌。

不仅名物语词的训释如此,有些常规语词的训释,沈彤也注意从小学考据入手,阐发前人之未关注处,如《士丧礼》:"君使人吊,彻帷",郑《注》:"彻帷,宦之事毕,则下之。"贾《疏》:"宦之者,谓褰帷而上,非谓全彻去。"沈氏释云:"《释文》云:'宦,《字林》《玉篇》皆云闭也。《纂文》云:古阖字。'彤谓宦是帷之所以开阖者,故阖之曰施其宦,开之则曰宦之,犹门关之关训扃,亦训通,其例一也。"[3]凡此之类诠释,在《小疏》中较为普遍,体现出极其鲜明的小学考据色彩,在当时礼学研究中可谓独树一帜,着实彰显出沈氏与当时大多数学者

① 沈彤:《仪礼小疏》卷六,阮元、王先谦编:《清经解·清经解续编》(册二),凤凰出版社2005年版,第2547页。

② 永瑢等:《钦定四库全书总目》(整理本)卷二十,《经部·礼类二》,《仪礼小疏》条,中华书局1997年版,第263页。

③ 沈彤:《仪礼小疏》卷六,阮元、王先谦编:《清经解·清经解续编》(册二),凤凰出版社2005年版,第2546—2547页。

不同的治学风格。沈氏的这一诠释特点，也为乾隆中期之后的《仪礼》诠释考据学风的兴起，开启了研究先河。

复次，在涉及丧礼、丧服制度的研讨时，和大多数学者的认识一样，沈彤也认为"圣人制礼，皆缘人情"，因此对《仪礼》丧制的研究应从合乎人情与否的角度立论，考辨前贤诠释结论的是非得失。例如，《士丧礼》"复者降自后西荣"，郑《注》："不由前降，不以虚反也。降因彻西北厞，若云此室凶不可居然也，自是行死事。"沈氏释云："郑谓'若云此室凶不可居'，然则是方冀其生而即致死之，与'复'之义违矣。"①沈氏从人情观入手，推论郑玄训释语之不合情理。

另外，在校勘方面，沈彤善于借助多种不同版本，对《仪礼》监本中的《士冠礼》《士昏礼》《士丧礼》三篇郑玄《注》文进行了细致的校勘，著有《士冠礼监本刊误》《士昏礼监本刊误》《士丧礼监本刊误》三篇校勘专文，共 108 条校勘例，《四库全书》本附着在该书卷一、卷三、卷五之末。沈彤据以校勘的版本较为丰富，他以明监本为校勘底本，并据明嘉靖本、贾《疏》本、陆德明《释文》本、朱子《通解》本、杨复《仪礼图》本、聂崇义《三礼图》本、敖继公《集说》本等各类文献版本进行了细勘，少数校勘条文还涉及"李本""金本""吴本"，其中"李本""吴本"可能分别是指李如圭《集释》本、吴澄《仪礼考注》本，至于《士冠礼监本刊误》中提过一次的"金本"，则未知其具体所指版本情况如何。

沈彤校勘明监本《仪礼》郑《注》，在一定程度上是对张尔岐《仪礼监本正误》校勘工作的延续，但沈氏的校勘版本更为丰富，校勘方法也更为多样，除对校法以外，沈氏还运用了本校法、他校法、理校法等；在校勘结论的处置上，张尔岐的校勘更着眼于简单地论定讹误正字如何，而沈彤的校勘，更着眼于寻找依据来判定它讹误的原本状况如何，为什么会造成这一讹误情况，等等。例如，《士昏礼监本刊误》中"或谓委貌为玄冠"条，沈氏校云："嘉靖本无此七字，《疏》同。按：篇首《注》云：'玄冠，委貌也。'语意明，决不应此处反作疑词。盖此七字乃郑注《郊特牲》文，因《通解》移在此，故传写者误入之。当从嘉靖本。"②沈彤这种重视校勘结论是非缘由考据的治学方式，对此后阮元、卢文弨等人《仪礼》注疏校勘产生了较大影响。

（四）沈彤诠释礼经的影响

作为一名毕生读书以穷究经学为要务的清初学者，沈彤治学不强调兼通

---

① 沈彤：《仪礼小疏》卷七，阮元、王先谦编：《清经解·清经解续编》（册二），凤凰出版社 2005 年版，第 2555 页。

② 沈彤：《仪礼小疏》卷三，《士昏礼监本刊误》第 43 条，《景印文渊阁四库全书》（第 109 册），台湾商务印书馆 1983—1986 年版，第 936 页。

众说,而是善于从细微处发覆前人训释得失,因而赢得了四库馆臣"大抵援据淹通,无可訾议"①的美誉。近人张舜徽在谈到沈彤问学情况时,也高度评价说:"(彤)出何焯之门,而其学根柢深厚,通贯群经,实非焯所能及,当时博洽如全祖望,专精如惠栋,均叹服之。……顾彤之学,绝无门户之见,平生长于故训名物,而亦不废宋儒义理之学。是集卷十一有述先师仪封张公训一篇,可以觇其治学趣向,盖门庭较阔,固犹有清初诸大儒气象,与乾嘉诸经师宗风固自不同也。"②若细言之,沈彤对乾嘉时期礼学研究的影响,可从如下方面加以发微:

首先,从《仪礼小疏》诠释名物语词的风格与方法来看,它开启了乾嘉时期汉学考据派学者注重小学研究的考据学风。如前所述,沈彤长于故训名物,在对《仪礼》经文及其郑《注》一些具体语词的诠释上,挖掘历代字书及各类典籍注释中的可贵材料,有时也注意发覆语词声、形、义之间的联系,以求得确实可信的诠释结论。这种研究风尚,不仅体现在《仪礼小疏》中,沈氏的其他学术著作,如《春秋左氏传小疏》《释骨》等,都有这种诠释风格存在。可以说沈氏和江永一样重视汉学考据之学,他们对乾嘉之际倡导以小学研究为考据重点的学风之形成,起到了积极的推进作用。

其次,沈彤对郑《注》古今文异文分类的关注和讨论,揭开了乾嘉时期《仪礼》今古文校勘考证的先河。沈氏在关注郑《注》的诠释过程中,特别从声、音、形、义四个角度,考察郑《注》迭出的古文与今文之间的内在关系情况,并且将其分为以下八类:

> 有声之一者,若旅作胪、谡作休、箭作晋之类;
>
> 有声之近者,若阈为蹙、糅为缩、牢为纋之类;
>
> 有音之一者,若闑为槷、与作预之类;
>
> 有音之近者,若盥作浣、縢作腾之类;
>
> 有形之近者,若繡作熏、啐作呼之类;
>
> 有形之于上下文一者,若酳作酌、常为祥、用为于之类;
>
> 有义之近者,若黍作稷、俟为立、射人为揍者、特为俎之类;
>
> 有义之一者,若起为开、扄作铉之类。③

这种古今异文关系的剖析,有助于辨明《仪礼》异文形成的原因和致误缘

①　永瑢等:《钦定四库全书总目》(整理本)卷二十,《经部·礼类二》,《仪礼小疏》条,中华书局1997年版,第263页。

②　张舜徽:《清人文集别录》卷五,中华书局1963年版,第129—130页。

③　沈彤:《仪礼小疏》卷三,阮元、王先谦编:《清经解·清经解续编》(册二),凤凰出版社2005年版,第2524页。

由，考订郑《注》取舍得失。例如，《士昏礼》："宾升西阶，当阿，东面致命"，郑注："阿，栋也。入堂深，示亲亲。今文'阿'为'庪'。"沈彤释云："此阿之作庪，则由义之一而误者。阿之言倚，屋宇倚焉；庪之言阁，屋宇阁焉。名异实同，故缘此致误。庪不见于经，而阿见《考工记》，今虽不依郑义，亦当从古文尔。"当然，沈氏上述八类古今异文形成原因的剖析，并不是绝然对立的，"其中亦有互相兼者，皆郑以为误而不之从者也"。从整个清代《仪礼》学史情况来看，沈彤《小疏》对于郑《注》古今文异文的探讨，是最早的一次，虽然其研究还谈不上全面、系统、深入的程度。但它为此后李调元《仪礼古今考》、程际盛《仪礼古文今文考》、徐养原《仪礼古今文异同》、宋世荦《仪礼古今文疏证》、严可均《仪礼古今文异同说》、胡承珙《仪礼今古文疏义》等一系列研究，开启了探究之先导。

再次，沈彤对明监本《仪礼》郑《注》的细致校勘，既是对前贤《仪礼》校勘工作的承继，更加入了自身治学的亮点，对乾嘉时期及稍后的注疏类《仪礼》校勘实践产生了较大影响。尽管前有张尔岐著《仪礼监本正误》对《仪礼》监本进行校勘，但张尔岐的校勘篇幅较少，校勘并不彻底，所据参校版本极少，校勘结论之依据表述不明，而沈彤对明监本《仪礼》郑《注》的校勘则不一样，校勘方法多样，校勘重视理据说明，不轻易判定讹误字的是非，校勘说服力较强，易于为他人所接受。正因为如此，尽管他所校勘的篇幅仅局限在《士冠礼》《士昏礼》《士丧礼》三篇，但对后来卢文弨、金曰追、阮元、孙诒让等人的《仪礼》注疏校勘颇具启发意义，在一定意义上讲，沈彤开启了乾嘉时期校勘《仪礼注疏》的先河，为此后《仪礼注疏详校》《仪礼经注疏正讹》《仪礼石经校刊记》《仪礼注疏校记》《仪礼正讹》等一大批注疏类校勘著作的出现，奠定了坚实的基础。

复次，从沈彤治学方式来看，《仪礼小疏》贯穿古人异同而求其至是，不轻易苟同前贤成说，确实有可取之处，所以《四库全书总目》撰者称其大多数考据条目"其说皆具有典据，足订旧义之讹"，但有时难免会犯削足适履，造成"未尝深考"郑《注》而"过于推求，转致疏舛"的毛病①。《四库全书总目》中列举的此类疏舛例子，此不重复赘举。这里再举一例，借以考见有时沈氏勇于订正旧说之弊：《士丧礼》"考降"，沈彤辨订前贤旧说云："郑云'考，登也。降，下也'，敖云'考，成也。降，下也。谓成其下棺之事'，张尔岐云'考，父也。降骨肉复归于土也'。彤谓：郑训'考'为登，以'考降'为魂神之上下，不若言骨

---

① 永瑢等：《钦定四库全书总目》（整理本）卷二十，《经部·礼类二》，《仪礼小疏》条，中华书局1997年版，第263页。

肉复归于土者之切;但训'考'为父,又与上其父之文相犯。敖本《尔雅·释诂》,训'考'为成最佳,然谓成其下棺之事,亦未稳顺,若云成幽宅而下棺,则得之矣。"①沈氏考释中,并未有任何佐证材料,仅"以'考降'为魂神之上下,不若言骨肉复归于土者之切"便推倒郑《注》,又以"谓成其下棺之事,亦未稳顺"一语,推倒敖继公说,训释理据诚不足令人取信。凡此之类,足以证明《仪礼小疏》的辨订旧说得失兼存,但总体来说是书仍是得大于失。所以,四库馆臣评价该书时,下了一个较为客观的评价:"盖彤三《礼》之学,亚于惠士奇,而醇于万斯大。此书所论,亦亚于所作《周官禄田考》,而密于所作《尚书小疏》焉。"②

综上所述,《仪礼小疏》由于可能属于沈彤未完之稿,全书各卷体例亦有不整齐划一之嫌,加之考据中偶有"过于推求,转致疏舛"之弊,但其总体治学态度是谨慎的,这从他对万斯大《仪礼商》的诋斥驳议程度就可发见。《小疏》中存在阙失与不足,客观上并不能淹没沈氏在《仪礼》学研究方面的贡献,也不能淹没《仪礼小疏》对于稍后清代中期《仪礼》学研究之导向性作用。

第九节　本阶段研究旨趣与特色

纵观清代前期110年来的《仪礼》学研究状况,从官方为稳定统治局面的需要,加强对儒家礼制文化的倡导与引领,纂修《三礼义疏》编辑《四库全书》,到民间士人们的自觉《仪礼》学研究和经世礼制文化履践,无不彰显出这一时期《仪礼》学研究的多彩风姿。虽然研究者们各自凭依的学术背景不同,学术的思想和治学趣向不同,形成了各种不同的学术派别,他们却皆倡导经世致用,且无不以矫弊而兴,无不以求治而起,形成了有别于其他时期、其他专经领域的研究风格与治学旨趣,特色极其鲜明。

一、思想史层面的研究考察

《仪礼》学的研究,是清代经学研究中的一个重要部分。因为《仪礼》代表的是古礼,可以用它来规范人们的道德行为、整治人心风俗,加之礼学本身固有强烈的经世特色,故从明代遗民开始,一直到乾隆初期逐渐成长起来的学者,颇不乏人致力于《仪礼》学的研究,而且这种研究的风气很盛,一定程度上

---

①　沈彤:《仪礼小疏》卷六,阮元、王先谦编:《清经解·清经解续编》(册二),凤凰出版社2005年版,第2553页。

②　永瑢等:《钦定四库全书总目》(整理本)卷二十,《经部·礼类二》,《仪礼小疏》条,中华书局1997年版,第263页。

左右着当时的礼制文化建构思潮。从思想史层面来看,这一时期的《仪礼》学研究可以从如下两方面加以考察。

(一)从研究者身份异同看"经世致用"的践履情况

《仪礼》学在有清初期更多具有个性化的民间私学色彩,并不居于官学层面。然而,当这股民间的学术力量逐渐发展壮大起来,并且影响到当时社会中下层人们的日常生活时,清廷统治者开始认识到礼学研究的重要性,试图努力将它们吸纳到官方意识形态之中,从而形成一种民间与官方学术层面的交织状态。因而,考察清前期治《仪礼》者的"经世致用"践履情况,就不能不联系研究者本身的社会地位状况,发掘各类不同身份研究者的经世致用观差异所在。从时代的前后发展阶段不同,以及各自身份和任职履历的差异情况来看,大致可以将其分为以下三类学者,不同类别学者各自所执持的"经世致用"着眼点亦略显些许差异。

一是与清廷拒绝合作的晚明遗儒,如王夫之、顾炎武、黄宗羲等人。王学末流的那种重静心体悟、重主观感受的气氛,致使士人只重视所谓德性的修养,而缺乏实际的经世学问,陷入"置四海困穷不言,而终日讲危微精一之说"的尴尬境地,只剩下在精神上持守伦理道德规范的空壳。顾炎武针对这种状况,开始呼吁学风的改换。他提出"博学于文,行己有耻"的主张,即要广泛学习各种知识,施之于实践,认为这才是"明圣人之道"①。黄宗羲批判明人的讲学之风说:"明人讲学,袭《语录》之糟粕,不以六经为根柢,束书而从事于游谈。"②在明清易代的背景下,晚明遗老非常敌视入侵中原的清朝贵族,虽然满族崛起于边陲而入主中原,但在遗老们眼中,他们仍然是中原周边的夷人,是野蛮之人,历代以来一直缺乏中国固有的礼乐文明的熏陶。为此,顾炎武等人主张必须潜心研读礼经,传承与重塑汉民族赖以自豪的民族文化的精髓——礼乐文明,倡导"以经学济理学之穷"的为学路向。

在晚明遗老看来,只有在汉民族群体人们心中恢复固有的礼乐精神,使他们反省自己的行为,恢复民族气节和君子的品行,才能有效阻止士人们反颜事仇、不顾廉耻的屈膝行为,重塑和规范在动荡社会背景下的世人心态。他们大都没有研治《仪礼》的专门论著,关于礼经研究的言论更多保存在各自文集的相关篇章之中,形式上显得更为零散;他们的学术研究尽管充满了哲学思辨的成分,但是学术的本位已经归位于礼乐文化的倡导和重构,学术功能极为淡

① 顾炎武:《与友人论学书》,《顾亭林诗文集》卷三,中华书局 1983 年版,第 41 页。
② 全祖望:《梨洲先生神道碑文》,《鲒埼亭集》卷十一,《续修四库全书》(1429 册),上海古籍出版社 2002 年版,第 51 页。

化,社会政治意识更趋强烈,同时也为后来礼学与经学的繁荣发展铺平了道路。正是在他们的大力倡导和履践之下,促使知识界将研究重心转向对《仪礼》等礼经文献的探讨,经学家开始舍理言礼,"以礼代理"的思想渐趋萌芽。在此礼学思潮的影响下,学者们纷纷致力于礼学的考索和研究,而且试图将"礼"施用于实践,挽救世风,纯正人心,使人们的日常生活有所规范。

二是明清之交出生且任职朝廷的学者,如毛奇龄、朱轼、姜兆锡、方苞、任启运、吴廷华、徐乾学等人。这些人当中,有相当一部分人属于入职翰林院的博学鸿儒之士,也有一部分人是京师任职的朝廷高官。博学鸿儒们在清廷的有效控制之下,和任职朝廷高官的学者一道,在礼经学研究方面,充当着朝廷引领学术导向的先行官角色。康熙时期,毛奇龄、汪琬等一些鸿儒翰院之士,和同时期的徐乾学、阎若璩等学人一道,就嘉靖大礼议、康熙守孝三年等一些具体礼制问题展开讨论。这些博学鸿儒在为朝廷的礼制文化建设服务过程中,必然要探讨礼俗的沿革和礼经的研究历史,并对某些前贤传注的具体说法进行一番深入的辨析,将其与当时的风俗教化情况结合起来进行剖析论证。例如,汪琬与阎若璩围绕丧礼、丧服之类礼学经义问题,及其在现实中的应用问题,开展了一场影响深远的大辩论;顾炎武的外甥徐乾学在居母丧丁忧期间,进行有关丧礼的研究,在相关学者的辅助下,开始编纂一部关于丧礼的重要著作《读礼通考》,都着实表明古代礼制文化的研究风气具有很强的实用色彩,并非单纯的礼经学研究,他们的礼学研究隐然有从经学范畴中独立出来之势。毛奇龄、徐乾学等人,既是兼具典章制度和风俗教化的研究者,也是由礼学的研究到付诸实施的具体实践者。这种礼学研究和礼学实践工作,在发挥"礼"的功用方面找到了一定的切合点,深受当时学者们的广泛关注,对改变当时的社会风俗发挥着积极的作用。正是基于这一方面认识,汪琬为羽翼律文、施用于当世而著的《古今五服考异》成书后,顾炎武在给汪琬的书信中称许说:"五服异同之录,当与天壤并存。斯道之传,将赖之而不坠矣。"①简言之,毛奇龄等一批博学鸿儒探讨古礼的目的,在于为立国制度、王朝典制和改变当时礼乐丧失现状等,从而在研究古代的礼乐制度与建树新的朝廷礼乐礼制、重建民间的健康礼制风俗之间达成默契。

清高宗执政初期,为了进一步维护社会的稳定、规范失衡的民间人伦秩序,先是于乾隆元年(1736)诏开三礼馆,征召了一批博学之士入驻三礼馆,从事于《三礼义疏》的编纂工作,"应取汉、唐、宋、元注疏诠解,精研详订,发其义

---

① 顾炎武:《答汪若文》,《蒋山佣残稿》卷二,《顾炎武诗文集》,中华书局1983年版,第195页。

蕴,编辑成书,俾与《易》《书》《诗》《春秋》四经,并垂永久"①,不久又诏命纂修《大清通礼》。这表明,高宗皇帝对于圣祖康熙帝的经学思想和治学趣向是认同的,《三礼义疏》的编纂与康熙年间编纂的《御纂春秋传说汇纂》《御纂诗经传说汇纂》等四部御纂经学著作的性质、地位是大体一致的。在这一编纂指导思想之下,三礼馆纂修官方苞、朱轼等礼学名家,为达成御诏要求的"缘人情而制礼,依人性而作仪,所以总一海内,整齐万民,而防其淫侈,救其凋敝也"②编纂目的与效果,他们在纂修《仪礼义疏》时,着眼于从宏观上把握礼的社会统治功能,以发展《仪礼》中的礼治思想,同时,对历代学者关于《仪礼》的各种阐释,借助于正义、辨正、通论、余论、存疑、存异6种纂修条例,作出全面系统的整理和选择。他们通过具体的文献纂修实践,以务实的态度诠释《仪礼》礼义,把礼经中的礼义置于经验或实证层面,使空悬之义理内容落到实处,并与人伦日用结合在一起,发挥着具体的社会功效。这样一来,《仪礼义疏》的编纂实践,实质上充当了一种政治资源,通过纂修吸纳了一大批礼学名家的目光,引导着他们自身的礼经研究工作,朝清廷期望的学术理路发展,而非走上一条纯粹的礼经学研究之路。这种标举要义的治学旨趣,充溢着一定的朱子理学的色彩,与民间学者强调考证礼制节目式的礼经研究旨趣,存在很大一段差异。

　　三是明清之交出生而又不仕的民间学者,主要以姚际恒、万斯大、徐世沐、李光坡、江永等人为代表,少数入仕位居地方官但其官位较低者亦可以归入此列。他们多致力于《仪礼》的学术探研,礼经学研究的治学特点更为鲜明,但也时常站在民间基层礼俗文化建设的角度去思考社会底层的礼制文化问题,如姚际恒、万斯大之流从此角度考辨民间礼俗之是非得失,将《仪礼》的学术研究与基层礼教的实践相结合,在平常日用之中履行践约他们的"礼"制思想,对中下层人们的生活,特别是对居住地周边民间社会的稳固有序和风俗教化,往往能够产生较大的影响。不过,也有少数这一类学者属于例外,如李光坡就较为特殊,他本是朝廷大学士李光地的弟弟,受学家庭,毕生未出仕。李光坡的治学风格与兄长李光地颇不相类,他所著的《三礼述注》属于淹通汉宋派代表之作,"以郑康成为主,疏解简明,不蹈支离,亦不侈奥博,自成一家言"③。有学者以为,"其注重注疏的倾向,亦与清兴而来的学术潮流相合拍;其对道、礼关系的体认,及'缘其文,求其义'思想的取向,不啻顾炎武礼学思

　　① 《清实录》(第9册)卷二一"乾隆元年六月己卯"条,中华书局1985年版,第501页。
　　② 《清实录》(第9册)卷二一"乾隆元年六月丙戌"条,中华书局1985年版,第507页。
　　③ 赵尔巽:《清史稿》(册43)卷四百八十,《列传二百六十七·儒林一》,中华书局1977年版,第13138页。

想的倡和者"①。尽管该书兼采汉宋元明儒者之言,诠释中亦较少自得之见,但其治学根邸在于郑《注》,在于对《仪礼》文本的阐释,礼经学研究的性质较为纯净。凡此之类民间底层学者研究经学,目的在于探寻经典本义,并以之作为经世致用的内容,视为他们的经世大业。和前一类学者标举要义的治学旨趣相比,他们并没有将研究礼学提拔到很高的认知高度,即使是对于义理的阐释,也是以礼经的考证训诂和辨伪为其研究基础。

从上述论述可以发现,由于研究者身份的不同以及社会地位的差异,使得他们各自的《仪礼》研究呈现出不同的特点,对礼经研究"经世致用"观的理解也各有偏差。清初晚明遗老的礼经学研究,他们标举"以经学济理学之穷"的为学路向,试图通过自身潜心研读礼经的举措,倡导一种"博学于文,行己有耻"的学术行为,具有松散的导向性特点。而后两种身份的人,由于身份、地位和识见的差异,各自在学术研究的视野、理路与方法上,明显存在一定的分野。这种研究的认知分野表现在:博学鸿儒之士和官方学者多运用朱子理学来阐释《仪礼》,标举礼经的礼义与礼意,吸取其治世的政治资源,与朝廷倡导的礼制文化重建实践结合较为紧密,官方色彩更趋浓烈,具有很强的治礼导向性;而民间学者的研究,则多关注《仪礼》礼制节目之诠释,以考证辨伪训诂研究作为义理实践的一个前提,研究其向下的可行性,以考证辨难为其治学研究所长。

（二）从著述者的治学取向看宋明学术的延继情况

作为一种学术思潮,任何时代的《仪礼》学研究观念的发展与演变总是与当时的社会状况、文化走向、学术思潮紧密相连,清代前期 110 来年的《仪礼》学研究史亦不例外。就这一阶段《仪礼》学认知情况而言,《仪礼》的研究每一步发展,每一个转变,都与社会历史的发展转变分不开,与不同学者对《仪礼》学研究中的朱氏学、明代《仪礼》学认知观分不开,甚至在一定程度上左右着学者们的经世致用履践方式方法。因此,我们要考察清代前期学者们有关宋明学术的延继情况,以及对有关汉宋学术之争的认知,就有必要从他们大量的文集、书信、序跋中,从他们的具体著述作品言辞中,抽绎出他们各自的治学旨趣和治学风格个性,进而形成一个个不同的学术群落。

首先,就清代前期学者对于有关汉宋学术之争的认知观情况来看。宋学者与汉学者之间持门户之见、互相贬抑的现象,出现于乾隆中后期以后。清初至乾隆二十年(1755)之前,学者之间似乎没有因为宋学与汉学的门户之见而互相诋讥的情况。在清初经义榛芜之时,"国初诸儒治经,取汉唐注

---

① 　林存阳:《清初三礼学》,社会科学文献出版社 2002 年版,第 207 页。

疏及宋、元、明人之说,择善而从。由后人论之,为汉、宋兼采一派;而在诸公当日,不过实事求是,非必欲自成一家也"。又"国初,汉学方萌芽,皆以宋学为根柢,不分门户,各取所长,是为汉、宋兼采之学"。清代初期,学者生当易代,怀陆沉之痛,憾骈发之辱,力矫明末空疏之习。黄宗羲、顾炎武等人垂文作范,提倡经世致用、实事求是之学,为学不分汉、宋学之别。"王(夫之)、顾(炎武)、黄(宗羲)三大儒,皆尝潜心朱学,而加以扩充,开国初汉、宋兼采之派"①这种"潜心朱学"的举动,与尊崇郑玄、倡言"六经之所传,训诂为之祖。仲尼贵多闻,汉人犹近古"(顾炎武《述古》诗)之间并不是截然对立的。

　　清代前期兼采汉宋之学的礼经学研究风气,不仅体现在民间学者与一般官宦学者身上,同样也体现在三礼馆《义疏》纂修官的身上,体现在康熙以及乾隆初期清廷的治学倡导上。就官方层面而言,清廷统治者并未强行灌输推行单一的汉学或宋学治学理念。以康熙朝为例,尽管康熙帝声称自己"自幼好读性理之书",将朱熹升于大成殿十贤哲之次,颁行发布了《朱子全书》《四书注释》之书,又确定将朱熹的《四书章句集注》纳入科举的必考范畴等,但如此之类决策性举措却无法掩盖他对于理学哲理层面的不甚关注,他所重视的是,只不过打着理学的旗号,要求士人依照理学的道理去"身体力行","凡人读书,宜身体力行,空言无益也"②。从此一要求出发,在御纂群经的实际过程中,纂修实际执行者并没有偏向汉、宋儒者任何一方,而是诚如江藩所著《汉学师承记》中说,"凡御纂群经,皆兼采汉、宋先儒之说,参考异同,务求至当"③。乾隆初年,清廷纂修《三礼义疏》,与康熙年间官方组织人马御纂群经皆兼采汉、宋先儒之说的做法也是一致的,因为乾隆帝关注程朱理学的本质目的,也在于其"实有裨于化民成俗、修己治人之要"④的功效。这种种御纂修书的举措,对于倡导读经和研究经典、传注之风的形成,有一定的客观意义,实质上也促进了理学向经学方向的转变。

　　从乾隆前期某些汉学家对待宋学的态度来看,同样不存在所谓汉学家排击宋学的事实,有些学者甚至对宋学有推崇备至之嫌。例如,汉学先导者江永,本以名物象数之学蜚声学苑,却着力为朱熹《近思录》作注,对朱熹等宋儒表现出异常推崇的激情:"道在天下,亘古长存,自孟子后,一线弗坠,有宋诸大儒起而昌之,所谓为天地立心,为生民立道,为去圣继绝学,为万世开太平,

① 皮锡瑞:《经学历史》,中华书局 1959 年版,分见第 305、341、300 页。
② 《康熙起居注》(第 3 册),中华书局 1984 年版,第 2222 页。
③ 江藩:《国朝汉学师承记》卷一,中华书局 1983 年版,第 4 页。
④ 《清实录》(第 10 册)卷一百二十八,"乾隆五年十月己酉"条,中华书局 1985 年版,第 876 页。

其功伟矣！其书广大精微,学者所当博观而约取,玩索而服膺者也。昔朱子……为《近思录》十四卷,凡义理根源,圣学体用,皆在此编,其于学者,心身疵病,应接乖违,言之尤详,箴之极切,盖自孔、曾、思、孟而后,仅见此书……则此书直亚于《论》《孟》《学》《庸》,岂寻常之编录哉!"①纵观江永的这段论述,完全没有丝毫汉学门户之私,相反,从他中年著述《礼书纲目》,表现出对郑玄注释成果的重视和对朱熹、黄榦《通解》《通解续》的推崇与仿效接续,到他后期给误传为朱熹所作的《仪礼释宫》一书作注,以及为朱熹《近思录》作注,再到著述《仪礼释例》时,有意识地吸纳朱氏的考释成果,都表明江永没有绝然的汉、宋之学歧见,而是各取所长,是其是而非其非,态度极为客观。

其次,就清代前期学者对于宋代学者朱熹治学的认知观情况来看。随着清初学者对晚明王学的否定,同时也迎来了朱子学的复兴与发展,"王学反动,其第一步则返于程朱,自然之数也",就连顾亭林、王船山、朱舜水等人,"虽对于宋明人讲学形式都不大以为然,至其自己得力处,大率近于朱学"②。从整个学术界来说,"清初朱子学是以复兴程朱理学为己任,以谋求思想的大一统、社会的稳定和经世致用为主要学术内容,通过对传统理学基本观念的继承与发展,力图使儒学的有益因素得以延续的一种思想理论。同时,它也是一种学术思潮,是一些张扬程朱理学、试图重建社会伦理秩序的人的思想的集合"③。受此学术风气影响,清初学者亦悉心研读朱熹及其门下所著之《仪礼经传通解》《通解续》,而张扬朱学派学者们更是不遗余力,力图将其《仪礼》研究的门径、方法视作《仪礼》研究的圭臬。而朱熹《仪礼经传通解》将《仪礼》本经加以分节并概括节旨的做法,使得经文血脉流贯,条理秩序井然不紊,因而清前期学者"说《仪礼》者多遵之,以其便于读者也"④,没有局限于张扬朱学派学者之间,为当时更多学者普遍接受。清初学者之所以摒弃宋明理学,却不废朱熹及其门下弟子的《仪礼》学诠释策略和治学方法,诚如晚清学者皮锡瑞所说的那样,"朱子在宋儒中,学最笃实。元、明崇尚朱学,未尽得朱子之旨。朱子尝教人看《注疏》,不可轻议汉儒。……朱子晚年修《仪礼经传通解》,盖因乎此,惜书未成而殁。"⑤皮氏的这一番话,确实深得朱熹治学之根

① 江永:《近思录集注·序》,同治八年江苏书局刊本。
② 梁启超:《中国近三百年学术史》,东方出版社2004年版,第110页。
③ 程宝华:《张杨园与清初朱子学》,《郑州航空工业管理学院学报》(社会科学版)2008年第6期。
④ 盛世佐:《仪礼集编》卷首《凡例》,《景印文渊阁四库全书》(第110册),台湾商务印书馆1983—1986年版,第5页。
⑤ 皮锡瑞:《经学历史》,中华书局1959年版,第299页。

柢,考朱熹《答张敬夫孟子说疑义》书云:"看得《周礼》《仪礼》一过,注疏见成,却觉不甚费力也。"又《答余正父》书云:"今所编礼书内,有古经阙略处,须以注疏补之,不可专任古经而直废传注。"①又《朱子语类》云:"郑康成是个好人,考礼名数,大有功,事事都理会得。"②言语之间,处处体现出朱熹研礼过程中,对于郑玄《仪礼注》的尊崇与重视。清初学者从反王学而尊朱学,以及兼采汉、宋之学的治学趣向出发,大肆张扬朱氏《通解》的诠释策略与治学手段,也就成为一种必然之举。

再次,就清代前期学者对于元人敖继公、明人郝敬《仪礼》研究的认知观情况来看。这一时期绝大部分学者对于敖继公、郝敬二人的治学,并不像清代中后期学者那样抵触,极少数学者如姚际恒者流,甚至在其著述中表现出盲从的态度,例如姚际恒称赞敖继公《仪礼集说》"颇称精密,未许粗心人领会,于是书大有裨益",嘉誉郝敬《仪礼节解》"训释详明,为《仪礼》第一书……优于《仪礼注疏》多矣"③,其《仪礼通论》引述肯定的比例极高,甚至将其置于郑《注》、贾《疏》的对立者地位。受姚氏《仪礼通论》治学的影响,清前期的大部分学者对于敖、郝著述成果的态度,是既肯定其积极的一面,并且大量引述二者的众多诠释话语,但其中也有对其著述中的某些错误诠释提出质疑之辞的情况,并不像姚氏那样一味否定郑《注》、贾《疏》的成就。他们之所以如此重视和引述敖、郝二人的诠释,是因为敖、郝的著述并不是一味以颠覆《仪礼》郑注为目的,其中确实有可取之处,"敖继公《仪礼集说》,虽似与康成立异,然于郑注之中,录其所取而不攻其所不取,犹有先儒谨严之遗"④。一直到乾隆中期,汉学大兴之后,才有一些株守郑氏学的学者称"敖氏之说,深按经文,穿凿支离,破碎灭裂,实弥近似而大乱真"⑤,对郝敬《仪礼节解》、敖继公《仪礼集说》多有批驳议论之辞。

若论及敖继公、郝敬对清初《仪礼》研究的影响,至少有以下两重:一是他们对汉儒郑玄注释的批驳质疑态度,使得清初学者著述中出现了一股质难解纷的治学思潮,姚际恒、毛奇龄、万斯大等人皆如此。二是清初学者从"兼采汉宋"的学术取向出发,大量引述他们不同于郑玄的各种学术见解,不以诸家

---

① 钱穆:《朱子新学案》,巴蜀书社1986年版,第1415页。
② 黎靖德编,王星贤点校:《朱子语类》(第六册)卷八十七,中华书局1986年版,第2226页。
③ 姚际恒:《仪礼通论·仪礼论旨》卷首,《续修四库全书》(第86册),上海古籍出版社2002年版,第14页。
④ 马宗霍:《中国经学史》第十一篇,上海书店1984年版,第131—132页。
⑤ 褚寅亮:《仪礼管见·自序》,《续修四库全书》(第88册),上海古籍出版社2002年版,第375页。

学术见解的异同与否来决定纂集汇编各家不同说解的选择,成为与郑《注》、贾《疏》相辅而行的素材,从而有助于一种新的学术范式的确立。关于后者,在《钦定仪礼义疏》中,以及张扬朱学派、淹通汉宋派两大治学流派学者的身上,都表现得极为明显,调和色彩较为突出。

另外,就清代前期学者对于《仪礼》经文撰作者的认知情况来看。关于《仪礼》经文的撰作者及其成书年代问题,可谓悬而未决,至今难以达成共识。清初学者大多数人赞同郑玄所谓周公"制礼作乐"的说法,如张尔岐、李光坡、王士让等人即如此。也有部分学者则从他们的自身治学求新和政治需要出发,推倒前贤之见而倡为新说,主要有姚际恒、毛奇龄、方苞、马骕等人。姚际恒在给所著《仪礼通论》一书所作的《序》文中,明确声言道:"《仪礼》作于衰周,上不及文、武之盛,下不尽裸后世之用。"①既然属于衰周之时之作,则《仪礼》与周公就毫无关系了,这亦可谓姚际恒疑辨儒经之一大证据。其他学者,如毛奇龄谓"《周礼》《仪礼》虽或为周时所著,然并非春秋以前夫子经见之书也"②,"《曲礼》本战国时书,而《士礼》又在战国之后"③,方苞谓"先儒莫辨,盖以《仪礼》早列于学官,疑其为完书,必周公所手订耳,不知莽招群士,记说逸礼于庭中,正为欲增窜无稽之言于既列学官之书,使学者疑为所记述耳"④,等等,皆就《仪礼》的成书问题针对前贤之说提出了异议。他们之所以如此质疑周公所作说,主要是出于个人治学旨趣的考虑和当时普遍治学风气的影响。例如,姚际恒之所以勇于疑辨《仪礼》,从其自身学术取向来讲,如彭林先生所言,"姚氏此书的学术趋向,以追随风行于清初的元儒敖继公、明儒郝敬之说为主,绝少创见,故不存在反传统的问题。姚氏轻诋郑玄而失之草率,暗用贾公彦疏而不注出处,勇于议论而流于肤浅"⑤,不轻易苟同汉儒旧说;从整个社会的治学风气来看,"际恒生于国朝初,多从诸耆宿游,故往往剽其绪论。其说经也,如辟图书之伪则本之黄宗羲,辟《古文尚书》之伪则本之阎若璩,辟《周礼》之伪则本之万斯同,论《小学》之为书数则本之毛奇龄,而持论弥加恣肆"⑥,如《四库全书总目》撰者此说,则当时普遍存在着·种疑古风气,而姚际恒则是前有所承而已。在这一治学风气影响下,毛奇龄、方苞、马骕亦有意

①　姚际恒:《仪礼通论·序》,《续修四库全书》(第86册),上海古籍出版社2002年版,第7页。

②　毛奇龄:《昏礼辨正》,《续修四库全书》(第95册),上海古籍出版社2002年版,第3页。

③　毛奇龄:《丧礼吾说篇》卷四,《续修四库全书》(第95册),上海古籍出版社2002年版,第42页。

④　方苞:《仪礼析疑》卷十一,《景印文渊阁四库全书》(第109册),台湾商务印书馆1983—1986年版,第169页。

⑤　彭林:《论姚际恒〈仪礼通论〉》,《湖南大学学报》(社会科学版)2006年第1期。

⑥　永瑢等:《钦定四库全书总目》(整理本)卷一百二十九,《子部·杂家类存目六》,《庸言录》条,中华书局1997年版,第1719页。

或无意地参与到这一讨论中去。

从上述两方面的分析情况可以看出，传统儒家经学研究的"经世致用"理念在清初礼经学研究方面占据着主导地位，与当时的社会思潮以及学界的治学氛围相契合，体现出一种时代的进步。综述而言之，从思想史角度而言，这一时期的《仪礼》学研究特点可概括为：在礼学研究的主导精神上，站在"礼时为大"的精神高度，将礼经的探讨与礼制建设有机地联系起来，强调从性、情、义等多角度，对礼经的礼义与礼意进行发掘，而不空发虚妄之辞；在礼学研究的思想取向上，强调从剖析礼与法、礼与理的关系入手，探讨礼与儒家倡导的修身、齐家、治国、平天下思想的内在关系，将礼作为一种理想的儒家处事模式；在礼学研究的认知上，大多数礼经学家不仅重视文献层面的理论考索之功，更能适应当时社会对礼的紧迫需求，从礼的思想与行为等方面自觉加以体认与履践，"经世致用"的治学理念实践性强；在礼学研究的学术价值观上，趋向于"超越汉宋"或"兼采汉宋"，没有什么强烈的门户之见，体现出一种学术延继性和创新性。

二、礼经学层面的研究考察

礼经学，属于经学的范畴，它一般不研究《唐开元礼》《清通礼》、朱熹《家礼》之类的礼仪学著作，也不研究散见于各类经、史、子、集著作篇章里的礼论思想，更不以其他儒家典籍中的泛礼学语料为专门研究对象，而主要是指研究《周礼》《仪礼》《礼记》的一种专门之学。清代的《仪礼》学，在一定程度上属于礼经学的研究层面，不属于礼仪学、礼论、泛礼学的范畴，更多具有经学研究的性质，但又与礼仪学、礼论、泛礼学等学问相互连贯。从礼经学层面讨论清代前期的《仪礼》学史，可以从《仪礼》本经认知层面和《仪礼》诠释实践层面分别加以观照。

（一）《仪礼》本经认知层面的关注

《仪礼》本经认知层面的关注，是指从宏观层面出发，对这一时期礼经学史上有关于《仪礼》与"五礼"的关系问题，《仪礼》17 篇的序次先后及适用对象问题，《仪礼》与《周礼》《礼记》的关系问题等方面情况，加以细致的检讨和剖析。在整个清代礼经学史上，较之中后期研究情况而言，乾隆二十年（1755）之前的学者对此类问题的关注更趋明显，既有较为传统的性质认知，也有趋于新潮的创新性发见。

其一，关于《仪礼》17 篇序次的重新认知及于"五礼"的归属认知。在两汉时期《仪礼》传习过程中，17 篇出现了三种不同的叙次，戴德、戴圣二人所传与刘向《别录》本之间皆有差异。此后遂有《仪礼》17 篇序次的论争，清初学者普遍比较重视郑氏治礼家法,但大都不出这三种序次。王士让在言及 17 篇三种序次问题时,倒是对郑玄《仪礼注》的篇次有一番解释:"其篇次先后,要以礼始于冠,本于昏,达于相见,和于饮射燕食,尊于聘觐,重于丧祭,礼之大经也。"①解释了这一编排序次的合理内核所在。此外,盛世佐在论及十七篇序次时,尽管有"诸篇次第,皆出于汉儒所定,未必合作经者之旧况,高堂生所传本以士礼为名,则其以士先大夫也固宜"②之言,表露出他对于三种编排次序的不满,但他所著《仪礼集编》一书仍遵从《仪礼注疏》旧貌。真正提出不同意见的只有吴廷华的讨论。在吴氏看来,《仪礼》一书当以《周官·大宗伯》"五礼"节目之次为准,汉人的三种编排序次均欠允当。《周官·大宗伯》篇云:"以吉礼事邦国之鬼神示",吴氏以为此乃祭礼,祭有尊卑,因此,《少牢馈食礼》上篇当为第一,下篇(指《有司彻》)第二,《特牲馈食礼》为第三;《大宗伯》又云"以凶礼哀邦国之忧",凶礼之首曰丧,则《丧服》当第四,《士丧礼》上篇第五,下篇(指《既夕礼》)第六,《士虞礼》第七;《大宗伯》其次又云"以宾礼亲邦国",则《觐礼》当第八,《聘礼》第九,《士相见礼》第十;《大宗伯》其次又云"嘉礼亲万民",并以昏冠宾射飨燕为目,则《士昏礼》当第十一,《士冠礼》第十二;又据《大射》先行燕礼,《乡射》先行乡饮酒礼,则《燕礼》第十三,《大射仪》第十四,《乡饮酒礼》第十五,《乡饮酒礼》第十六;食礼虽无文,但与飨、燕并行,则《公食大夫礼》当第十七。③ 由于理据不够充分,因而吴廷华这种变易序次的做法,遭到了清末学者于鬯的批驳,认为该说实在是"不知彼言国礼,此乃士礼,士礼以一人之身言之,故始于冠终于丧,丧尽而后祭焉"④。至于各篇"五礼"所属情况,清儒在各自著述的题解当中大都有所交代,表明对传统分类情况的高度认同,毫无疑义。

其二,关于《仪礼》17 篇各篇适用对象问题的探讨。《仪礼》17 篇,各篇的适用对象和使用范畴是大不相同的,郑玄《目录》中即对此加以解说探究,此后学者续有说明,清前期学者亦多有所考索,张扬朱学派学者和一些使用纂集体著述形式的研究者更是对前贤关于各篇适用对象和使用范畴的诠释性行文加以采辑和汇编,间或加附己见为之申解,吴廷华、方苞、盛世佐等人更是就此展开辩说,歧见迭出。例如,方苞著《仪礼析疑》时,主张"盖《冠》《昏》《士

　　① 王士让:《仪礼训解》卷一,《续修四库全书》(第 88 册),上海古籍出版社 2002 年版,第 11 页。
　　② 盛世佐:《仪礼集编》卷三十四,《景印文渊阁四库全书》(第 111 册),台湾商务印书馆 1983—1986 年版,第 513 页。
　　③ 关于吴廷华的这一说法,详参本书第一章第四节的相关论述,此不逐一引录标注文献。
　　④ 于鬯:《论仪礼叙次》,《读仪礼日记》,《续修四库全书》(第 93 册),上海古籍出版社 2002 年版,第 345 页。

相见》《乡饮酒》《乡射》乃乡党之通礼,王畿与列国宜通用之"①,与郑玄《目录》以为《冠》《昏》《士相见》乃诸侯之士之礼,《乡饮酒》乃诸侯之乡大夫之礼,《乡射》乃州长之射法等,截然有别;吴廷华著《仪礼章句》时,谓《士冠礼》乃"王朝、侯国之士通用之礼",《乡饮酒礼》乃"凡养老诸饮酒礼皆用之",《燕礼》乃"天子、诸侯之礼",《公食大夫礼》为国君以礼食聘上下大夫之礼,而非仅限于郑玄所谓"国君以礼食小聘大夫之礼",《士丧礼》《士虞礼》非仅诸侯之士之礼而是士之通礼,《少牢馈食礼》是"天子之士时祭于祖祢之礼"而非郑玄所谓"诸侯之卿大夫祭其祖祢於庙之礼",等等。② 暂且不论其各自立说之是非,要皆着实彰显出他们对于《仪礼》17 篇各篇适用对象及适用范围问题的关注和重视。

　　其三,关于《仪礼》中《记》文的性质认知。现存《仪礼》12 篇《记》文的作者是谁,成书年代当在何时,历来都未达成一定共识,清初礼学家主要有盛世佐、马骕对此问题提出了新的看法,二人的看法趋于一致。盛氏认为,早期之《记》有三类,其中有周公之徒所作之《记》,有春秋时记礼之变异者,有七十子后学者所作之《记》,由于秦际诸书尽毁无存,"意其初经与《记》分,《记》与《记》亦不相杂,至汉儒掇拾灰烬之余,审以经师之说,而三者之辨不可复知。且有经连于《记》《记》混于经者,错乱无次,于《记》为甚,读者不可不分别观之也"③;"据《汉书·艺文志》所载,诸《记》与经文各自为书,本不相杂,以《记》附于逐篇之下者,其始于郑氏乎? 郑氏注《易》,合象象于经,亦其例也。"④由此可见,盛氏认为至汉代诸儒审以经师之说而附于《仪礼》经文之后,遂成今所见之《记》模样,且内容颇有错乱无次的现象存在。稍后不久,其乡邻山阴学者马骕认同了此说,并在他的《仪礼易读》中重复了这一说法。

　　其四,关于《仪礼》有经无《记》诸篇之考辨。众所周知,《仪礼》17 篇当中有 5 篇没有《记》文,这几篇篇目依次为《士相见礼》《大射仪》《士丧礼》《少牢馈食礼》《有司彻》。《士丧礼》为《既夕礼》之上篇,《有司彻》是《少牢馈食礼》之下篇,所以实际上仅 3 篇没有《记》文。关于这一方面问题的认知,主要

　　① 方苞:《仪礼析疑》卷四,《景印文渊阁四库全书》(第 109 册),台湾商务印书馆 1983—1986 年版,第 40 页。
　　② 关于吴廷华的诸说出处,详参本书第一章第四节的相关部分,此不逐一标注文献出处。
　　③ 盛世佐:《仪礼集编》卷二,《景印文渊阁四库全书》(第 110 册),台湾商务印书馆 1983—1986 年版,第 107 页。
　　④ 盛世佐:《仪礼集编》卷二,《景印文渊阁四库全书》(第 110 册),台湾商务印书馆 1983—1986 年版,第 124 页。

有姚际恒与盛世佐两位学者进行检讨。按照姚际恒的说法，"《士丧》连《既夕》为一篇，《少牢馈食》连《有司彻》为一篇，《大射》已见于《乡射》《燕礼》二《记》中，《有司彻》正文毕无杂事可记，故皆无《记》。而《士冠》《士相见》仪文皆简，即以杂事三数端附缀于后，不令立《记》名，其实亦《记》也。"①姚氏在5篇之外，另立新说，主张现本有《记》文的《士冠礼》篇亦应无《记》，今所见该篇《记》文乃汉儒妄取《郊特牲》之文以增入者，可惜立论依据不够充分，说服力不强。后来，盛世佐也针对此篇提出，《士冠礼》篇经、《记》，盛氏认为二者有相互混淆的现象存在："窃谓此篇之经至'归宾俎'而止矣，自此以下皆《记》也。"同时又进一步指出，该篇经文后的诸辞（如戒宾辞、宿宾辞、醴辞、醮辞等），亦应属于《记》文混入经文的内容，"诸辞之当为《记》，敖氏已见及之，特狃于汉儒所定本而未能断耳，且不知是篇之《记》混于经者固不止此也"②，主张诸辞中"醮辞"属于后人拟作，其余诸辞则周公制作时所定，应是祝雍、史佚之辈承旨而为之也③。凡此之类，皆是盛世佐承敖继公《仪礼集说》之端倪而发此见的结果。至于《士相见礼》篇无《记》文，盛世佐认为这是属于《记》文的"消失"现象，是"编礼者误合于经耳"造成的结果，其中"此篇之经止'士相见'一章，自'士见于大夫'以下皆《记》也"。④ 盛氏之说在当时响应者寥寥，后来更有韦协梦、胡培翚、曹元弼等人诋斥其说之妄。

其五，关于《仪礼》周公所作说的真伪问题之检讨。受彼一时代治学风气的影响，一些学者纷纷重视重新审视和考订各类先秦典籍的真伪问题，而《仪礼》亦遭受到毛奇龄、姚际恒、方苞、马骕等礼经学者所辩难。事实上，关于《仪礼》经文的作者与撰作年代，传统的一般说法是周公"制礼作乐"的产物，但后世一些学者颇为质疑之，至今仍然悬而未决。清初姚际恒就明确主张《仪礼》是衰周时期的产物，为春秋后人所作，"《仪礼》作于衰周，上不及文、武之盛，下不尽禅后世之用"⑤，"《仪礼》是春秋以后儒者所作，如《聘礼》皆述春秋时事，又多用《左传》事，尤可见春秋时人之文，寓工巧于朴质，若七国以后，

①　姚际恒：《仪礼通论》卷一，《续修四库全书》（第86册），上海古籍出版社2002年版，第71—72页。

②　盛世佐：《仪礼集编》卷二，《景印文渊阁四库全书》（第110册），台湾商务印书馆1983—1986年版，第116页。

③　盛世佐：《仪礼集编》卷二，《景印文渊阁四库全书》（第110册），台湾商务印书馆1983—1986年版，第120页。

④　盛世佐：《仪礼集编》卷五，《景印文渊阁四库全书》（第110册），台湾商务印书馆1983—1986年版，第205页。

⑤　姚际恒：《仪礼通论序》，《仪礼通论》卷首，《续修四库全书》（第86册），上海古籍出版社2002年版，第7页。

则调逸而气宕矣,此犹近春秋本色也"①。稍后,毛奇龄也肯定地说,"《周礼》《仪礼》虽或为周时所著,然并非春秋以前夫子经见之书也"②,由此更将现存《仪礼》创作的时间推后到战国时期,"春秋战国言礼不一,总不足据,但其中有最可笑者,《曲礼》本战国时书,而《士礼》又在战国之后"③。与姚、毛氏等人一味诋斥撇清周公与《仪礼》之间关系的做法不同的是,三礼馆副总裁方苞没有直接否定《仪礼》周公所作说,但他又从另一个角度辨正说,"(先儒)盖以《仪礼》早列于学官,疑其为完书,必周公所手订耳,不知莽招群士,记说《逸礼》于庭中,正为欲增窜无稽之言于既列学官之书,使学者疑为所记述耳"④,认为至少在现存《仪礼》之中,有王莽篡政时期召集一批儒生"增窜无稽之言"的许多成分在内。而浙江山阴马骕以为姚氏"后世陋儒疑是经为周末人作,固属庸妄之见",但同时也在传统周公所作说提出了修正性意见:"若竟以为周公之手笔,似又不然。其大纲非圣人不能定,若其细微曲折处,谅由史臣润色以成之,而道撰法守皆于是乎在。"⑤主张《仪礼》大纲由周公所定,史臣在此基础上执笔成文,最后由周公整理删定而成。

以上种种方面的讨论,从剖析《仪礼》17 篇序次、适用对象、"五礼"之归属,到讨论《仪礼》一书的真伪、经《记》文有无互混等问题,都是有关《仪礼》经文的宏观全局性问题,清初学者在朴实穷经、研礼热潮的驱动下,一批学者将关注现实改革的倡言与礼经的实践性考索结合起来,他们重视儒家经学原典的研究,但又不满足于汉儒关于礼经文本上述诸方面的各种认知,考辨前贤成说之是之非非,虽然结论不一定都很正确,但这种讨论的风气却很有益于当时礼经学研究的全面深入,有益于推进《仪礼》研究的健康发展。

(二)《仪礼》诠释实践层面的关注

《仪礼》诠释实践层面的关注,是指从宏观层面出发,对历代礼经诠释实践中出现的诠释现象、诠释问题进行讨论和分析,诸如《仪礼》校勘与文本诠释的关系认知问题,"三礼互证"的诠释观问题,对待前贤诠释成果所持的态

① 姚际恒:《仪礼论旨》,《仪礼通论》卷首,《续修四库全书》(第 86 册),上海古籍出版社 2002 年版,第 25 页。

② 毛奇龄:《昏礼辨正》,《四库全书存目丛书》(第 108 册),影印清华大学图书馆藏清康熙刻《西河合集》本,第 518 页。

③ 毛奇龄:《丧礼吾说篇》卷四,《四库全书存目丛书》(第 87 册),影印清华大学图书馆藏清康熙刻《西河合集》本,第 675 页。

④ 方苞:《仪礼析疑》卷十一,《景印文渊阁四库全书》(第 109 册),台湾商务印书馆 1983—1986 年版,第 169 页。

⑤ 马骕:《仪礼易读》"凡例",《四库全书存目丛书》(第 88 册),影印清华大学图书馆藏清康熙刻《西河合集》本,第 8 页。

度问题,汉儒与宋儒礼经研究的学术价值观评判问题,等等。

　　其一,从《仪礼》文本诠释角度看清初学者如何看待"三礼互证"的诠释观情况。所谓"三礼互证",是指历代《仪礼》诠释者经常从《周礼》《礼记》当中去寻找诠释证据,揆诸《仪礼》本经的仪节探究方法,换言之,即通过考察《周礼》《礼记》二书有关礼制记载来申解、阐发《仪礼》经文仪节及相关含义,前人谓礼学研究需三《礼》融通互证,即是据此而言。① 清代前期的礼经诠释者亦都对这一诠释史上的重要治学理念持肯定态度,并注意从事这一方面的治学实践。但也有少数学者从讨论《仪礼》与《周礼》《礼记》的关系入手,表达了一些不同看法,认为《周礼》《礼记》各自与《仪礼》的诠释关系并不是对等的。例如,万斯大在倡导"以经解经"诠释方法的同时,一方面,"《仪礼》一经,与《礼记》相表里。考仪文,则《仪礼》为备;言义理,则《礼记》为经"②,"《仪礼》之义,固有即《仪礼》而可考者,况又有《礼记》可相发明哉?"从这一认知出发,他的研究普遍运用《礼记》语料来诠释礼经;一方面,他又反对以《周礼》解《仪礼》,认为"《仪礼》《礼记》与《周礼》决不可通,故置弗论。"③这两方面认知观,前者是对朱熹《通解》治学思想的承继与发挥,而后者则是因为万氏认为《周礼》属于伪书的范畴,他曾撰著《周官辨非》,从《周礼》与"五经"《论》《孟》不合,所定制度有伤国体,有害民生,猥琐不经,自相谬戾等诸多方面,考辨《周官》之非,并借此来反思明亡历史、探讨治乱之原。其他学者如婺源学者江永和李光地等,亦大略持类似看法,都充分肯定了《礼记》对《仪礼》诠释的重要性,江永甚至还提出大、小戴《礼记》中有"散逸之余《仪礼》正篇"的说法,"散逸之余《仪礼》正篇,犹存二戴之《记》者,如《投壶》《奔丧》《迁庙》《衅庙》之类,已不可多觏。"④在江永看来,小戴《礼记》诸篇经文性质较为复杂,其中《冠义》《昏义》《射义》《燕义》《聘义》一类为《仪礼》经文之义疏,而《投壶》《奔丧》与大戴《礼记》之《迁庙》《衅庙》一类,则原本属于《仪礼》之逸篇,因而关系较为复杂,但均不影响《礼记》在诠释《仪礼》中的重要地位。至于万斯大反对牵合《周礼》之文说解《仪礼》的解经理念,也与寄居浙江仁和的姚际恒观念一致,在姚氏看来,确实《周礼》就是一部伪书,"原名《周官》,则官也,

---

① 邓声国:《清代〈仪礼〉文献研究》,上海古籍出版社2006年版,第321页。

② 万斯大:《与陈令升书》,《仪礼商》附录所附,《经学五书》,华东师范大学出版社2012年版,第230页。

③ 万斯大:《与陈令升书》,《仪礼商》附录所附,《经学五书》,华东师范大学出版社2012年版,第230页。

④ 江永:《〈礼书纲目〉序》,《礼书纲目》卷首,《景印文渊阁四库全书》(第133册),台湾商务印书馆1983—1986年版,第43页。

况又伪书",且《仪礼》作于周末春秋之后,而《周礼》出于西汉之末,原多蹈袭《仪礼》《礼记》二书,故"注疏有非处,多与辨正,若其《周礼》袭此而郑氏反据《周礼》为解者,尤必详辨焉","吁!自《周礼》淆乱诸礼,又为郑逐处牵合为解,益惑后世,此皆经学中大事,愚故亦逐处辨正,不敢惮烦,诚不得已也"①。与其他同时期学者如姚际恒、万斯大等人相比,姚际恒此一诠释理念颇具独特之处。

其二,从《仪礼》文本校勘角度看清初学者诠释礼经的客观性评判情况。校勘《仪礼》经文与郑《注》,是清代前期学者进行礼经学研究的一个重要工作,几乎大多数学者都参与到这一文献整理工作中来了。这一时期的《仪礼》文献校勘主要有如下特点:一是关注礼经校勘成为学者的普遍共识,但专门从事礼经文献校勘的著作极少,除顾炎武《九经误字》中的《仪礼误字》,张尔岐《仪礼郑注句读》附录中的《仪礼监本正误》《仪礼石本正误》外,几乎没有其他同类著作问世。大部分《仪礼》校勘成果主要保存在各类随文注释体礼经文献当中,融贯于礼经文本的诠释过程当中。二是在校勘对象的选择上以《仪礼》本经文字词句的讹误、衍脱为主,有时也涉及对郑玄《注》、贾公彦《疏》文字词句的校勘情况,但并不占据主体地位。三是较少采取对校法和他校法两种文献校勘方法,在运用本校法校勘礼经时,大多数人都把民间流传的明监本《仪礼》作为校勘的底本,而据以校勘的其他版本则较少,主要以唐石经为主,有时亦涉及朱熹《通解》本、吴澄《考注》本、郝敬《节解》本、敖继公《集说》本,不同学者略有差异,但几乎普遍都很少据宋、元精刻精校椠本进行对校。四是理校法运用频率极高,且喜好校订文字讹误衍脱之是非,又多不交代理校依据,推论性色彩较为浓烈,如吴廷华《仪礼章句》中许多理校实例就是如此。总体而言,清初学者注重校勘《仪礼》本经及其《注疏》的治学倾向,亦与清兴而来的重视实学的学术潮流相合拍,而他们对理校法的高频率运用,更与诠释者自身对道、礼关系的思想体认密切关联。另外,有极少数学者如焦以恕之类,亦反对轻易妄自校勘变易经文词句,主张要持审慎稳健的理校态度。因为焦氏认为,目前所见《仪礼》经文阙误殊少,不能轻易采用理校之法来更定所谓"误字"之类情况,主张解经要融会《仪礼》经文加以说解。在他看来,"郑氏于《礼记》之文多所更定者,因经之阙误者多也;若《仪礼》则缺误处殊少,当融会其意而解之,不当轻为更定也"②,否则就会重犯敖氏《仪礼集说》的轻易妄改经文诠释礼经之失。

---

① 姚际恒:《仪礼通论》卷四,《续修四库全书》(第86册),上海古籍出版社2002年版,第177页。
② 焦以恕:《仪礼汇说》卷五,《续修四库全书》(第89册),上海古籍出版社2002年版,第32页。

其三，从前贤成果引述方式角度看清初学者礼经诠释实践。清初学者非常重视前贤诠释成果的传承、延继与扬弃，从张尔岐《仪礼郑注句读》开始即已形成这一治礼传统。有的学者善于袭取郑玄、贾公彦的《注疏》诠释话语而变通为说，甚至为求得训语更趋简洁明了，而不说明文献出处，张尔岐、李光坡、吴廷华等人的著述中，均有此类现象存在，前二者则尤为显著。他们在自己的著述中，往往通过纂集、辑录、据以为证、节引等方式，或臧或否，表明是非价值判断。就整个清代前期而言，在引述前贤成果的方式上，大部分学者援引文献的方式较为客观，不会轻易变更、删改引文，采取全称式征引的做法；但是也有部分学者采取偏称式征引的做法，在一些学者的纂集体、通释体著作中，其所辑录、纂集、汇编的郑氏《注》语，大都比较完整，而对贾公彦《疏》的援引则常有增删、调整语序的情况出现，如盛世佐《仪礼集编》、姜兆锡《仪礼经传内外编》都存在这一类现象。李氏、盛氏、姜氏等人之所以如此变易、删节贾《疏》，是因为他们认为，"《注》《疏》文繁芜者，或颇有增损，又文不顺者，或稍为易置，然皆《注》《疏》意也"①，故仍以《注》《疏》标之，但他们的变易引述性话语做法，一概以"不敢妄加增损致乖本旨"②为援引原则，以不乖违贾《疏》本旨为要务。这一治学举措，最早可以追溯到朱熹《通解》的治学援引做法上，"在宋代大学者朱熹所作《仪礼经传通解》中，其援引贾《疏》材料往往有所变动，常常移易其前后位次，后文所见乃前文所删，偶或亦有朱熹增添的成分在内"③。他们出于尊崇朱熹《通解》的考虑，延续了这一文献征引的变易手段，确实也更趋于简洁化，有其值得肯定之处。

在这一阶段汉儒与宋儒礼经研究的学术价值观评判方面，有清前期形成了"汉学方萌芽，皆以宋学为根柢，不分门户，各取所长，是为汉、宋兼采之学"的学术风尚和治学趣向，关于这一点，前面已经有交代，此不重复。

三、诠释学层面的研究考察

从诠释学层面对清代前期《仪礼》一经的诠释情况进行考察，与从礼经学层面的考索关注视角不同，它更重视探讨这一时期礼学家们如何确定礼经诠释的策略，如何选择文献的诠释与整理体式，如何从既定的诠释目标出发选择合适的方式与方法等。

---

① 姜兆锡：《仪礼经传内外编·参义凡例九则》卷首，《续修四库全书》（第87册），上海古籍出版社2002年版，第177页。

② 盛世佐：《仪礼集编·凡例》卷首，《景印文渊阁四库全书》（第110册），台湾商务印书馆1983—1986年版，第4页。

③ 邓声国：《清代〈仪礼〉文献研究》，上海古籍出版社2006年版，第51页。

（一）文献诠释与整理体式概况

考察清代《仪礼》学的发展演变情况，还可以从著述文献整理体式的考察分析入手，因为学者在选择文献整理体式的时候，不同的诠释目的、诠释理念和诠释方法等，往往能左右和决定研究者需要选用与之相适应的文献整理体式，它在一定程度上决定着诠释工作的成败以及诠释质量的高低，否则就难以达到意料之中较好的诠释效果，难以完成与他人进行学术交流的预期效应。为便于详细了解清代前期学者的文献诠释与整理著述风尚，更准确地揭示清代《仪礼》学研究发展演化的规律，兹将这一时期目前所能及见的《仪礼》典籍各自运用的文献注释与整理体式情况，加以汇总并表解如下①：

清前期部分《仪礼》学著述体式情况简表

著述	整理体式	著述	整理体式
《士丧礼说》	说体	《仪礼易读》	读本体
《丧礼注》	注体	《读礼问》	考辨体
《仪礼郑注句读》	疏注体、章句体	《仪礼纂录》	纂集体
《仪礼疑义》	考辨体	《仪礼丧服考》	考证体
《昏礼辨正》	考辨体	《丧服或问》	专题考证体
《丧礼吾说篇》	考证体	《仪礼分节句读》	章句体
《三年服制考》	专题考证体	《丧服制考》	考证体
《丧礼杂说》	考证体	《仪礼章句》	章句体
《丧服或问》	专题考证体	《仪礼训解》	训解体
《古今五服考异》	多种训诂体式	《飨礼补亡》	专题辑佚体
《读礼通考》	通释体	《古宫室图》	图解体
《仪礼商》	考辨体	《古冠服图》	图解体
《丧服通考》	考证体	《仪礼约编》	读本体
《丧服图》	图解体	《古今丧服考》	专题考证体
《丧服翼注》	翼体	《仪礼经传内外编》	通释体
《仪礼述注》	疏注体	《朝庙宫室考》	专题考证体
《仪礼惜阴录》	疏注体	《肆献裸馈食礼》	专题考证体
《仪礼通论》	评点体	《仪礼小疏》	考辨体

---

① 所谓文献整理体式，是指古代学者整理和注释古代典籍进行著述的一种体裁和方式。此处所论各类古籍整理体式类目，均依据冯浩菲先生《古籍整理体式研究》（高等教育出版社2003年版）一书。考虑到存佚不详者难以对其体式情况判定，这里一般不列入本表中加以统计说明，极少数从书名便可得悉者则保留在表里，如陈天佑《丧服图》一类。

续表

著述	整理体式	著述	整理体式
《仪礼注》	注体	《仪礼集编》	纂集体
《丧礼或问》	专题考证体	《钦定仪礼义疏》	纂集体
《仪礼析疑》	考辨体	《仪礼郑注监本刊误》	校勘体
《礼书纲目》	通释体	《礼乐通考》	通释体
《仪礼释例》	释例体	《五礼通考》	通释体
《仪礼释宫增注》	随文考辨体	《重刊朱子仪礼经传通解》	通释体
《礼经本义》	章句体		

根据上表所示,大致可以得出如下结论:从文献整理体式角度来看,清代前期的学者们在有关《仪礼》学研究著述体式的选择方面,与其自身研究旨趣、学术视野、研究方法等基本保持一致,完满而有效地实现了自身的诠释任务。具体说来,可以从如下几方面得到印证:

首先,考辨体和考证体这两类体式著作计19种,在上述49种文献当中所占比例达到了约38.78%强。① 这表明,清前期学者在批判理学、倡导新型经学理念之际,对于此前《仪礼》学研究的关注与极度不满。这种礼制考证与考辨的着眼点,主要涉及两类情况:一是对于当下民间礼俗的疵议,如浙江萧山学者毛奇龄就说:“丧礼莫重于三年,使三年之丧而不能明,则亦无庸读礼矣。然自汉唐宋以迄于今,实亦无能明之者。……汉后作经注者皆周章不明,而唐儒袭误,遂因之有二十七月之限,而三年之丧从此绝矣。”②从创发新说派的万斯大、毛奇龄、姚际恒等人,到经俗互贯派的汪琬、朱建子等人,都强调折中于古代礼制和历代民间礼制的异同考察,从情、义、理等诸多方面进行理性思辨,或结合《仪礼》及《礼记》《大戴礼记》等儒经典籍的记载考辨礼制是非,务求有助于当时的民间礼制文化重构。一是对于礼经文献本身的礼制记载进行考证,强调礼经与其他先秦儒家典籍的互贯融通,考察典籍礼制记载中的正礼与

① 考辨体著作大都表现为自成体系的独立论著,对所解礼经原文没有必然的依附关系,主要就对与礼经原文中密切相关的重要礼制问题,或者前贤说解礼经礼制的错误成说等内容,进行一番新的考稽、考释、辨正和阐发;而考证体著作尽管同样以考论辨正前人礼经礼制说解过程中出现的某些疑难问题和诠释失误之处,但选择这种著述体式却无法离开礼经原文而独立存在,虽然著作者一般并不罗列《仪礼》17篇全部原文,只罗列与所需考论辨正的问题相关的具体礼经文句,其他无关而不考辨的原文并不出现在书中。

② 毛奇龄:《三年服制考》,张潮、张渐编:《昭代丛书》丙集卷七,道光七年沈楙德世楷堂刊、光绪二年重印本。

变礼异同,"第传记多后人所述,有就古初之正礼以为言者,有就衰时之变礼以为言者。读者要当择善而从,不可不慎也。又礼文参错,一事之本末,往往互见于他书,苟非会通以考其详,则一隅之见,或不无病于偏执,此又研礼者所当知也"①,务使礼经与儒家诸传记文献实现融通式考察,从而深入挖掘其中的礼义与礼意内涵所在。有的学者甚至抱着一种"经有可据则信之以经,经无可据则信之以理,至经与理俱无可据,则别之为疑义"②之类疑经的治学态度,具有强烈的疑古思辨精神。他们之所以重视考证和考辨儒家礼制,是因为出于尊崇古代经典的需要,也是为了纠正古人治学的不足和错误思想的需要。凡此种种,无不与当时学界普遍主张对明末心学末流进行反思,主张回归原典研读的学术思潮相吻合。

其次,纂集体和通释体这两类体式著作计9种,在上述49种文献当中所占比例达到了约18.37%强。这表明,当时学界在《仪礼》诠释理念上兼采汉、宋治学风尚已经悄然普遍形成,而且在当时社会的高层知识分子身上体现得尤为明显。纂集体著作研究者关注的焦点,在于对历代《仪礼》研究的主要成果之摭录,借以从中发见各家解说之是非优劣,进而廓清元、明两朝学者的许多错误诠释影响。例如,盛世佐著《仪礼集编》一书时,采辑先秦以来各家杂说,"务摭而录之,志在博收兼存异义,不专主一家言",而且在该书《凡例》中声言:"京山郝氏尤好立异,所著《节解》一书掊击郑、贾不遗余力,而考据未精,穿凿已甚。今并录诸家之说,断以己意,亦欲讲去其非而求是耳,非敢与先儒角短长也。"③并不以一己之喜好而轻易废除前贤臆说和异说,最多只是加附按语表明己见,体现出求真务实的治学态度。至于张扬朱学派学者的《仪礼》学研究,则更多喜好采用通释体的著述方式,在谋篇布局方面,参考朱熹《仪礼经传通解》、黄榦《通解续》的体例结构,有的继续采用朱熹的家礼、乡礼、邦国礼、王朝礼、丧礼、祭礼大类而变更小的类目,有的则变为采用嘉礼、军礼、宾礼、凶礼、吉礼,重新厘定各大礼类之子类目,或者采用其他类目结构全书,丰富了通释体《仪礼》学著作的体例特点。在编纂过程中,极少具有宋明理学的色彩,更强调向传统经学的特点回归,所纂集编入的各家文献、诠释学说,亦不论汉、宋之别。他们的问学涵泳六经之道,博通礼乐诸学,恪守朱子治

---

① 万斯大:《三与应嗣寅书》,《仪礼商》附录所附,《经学五书》,华东师范大学出版社2012年版,第239页。

② 吴廷华:《周礼疑义》卷首《自序》,转引自丁丙撰:《善本书室藏书志》卷二,《续修四库全书》(第927册),上海古籍出版社2002年版,第181页。

③ 盛世佐:《仪礼集编·凡例》,《景印文渊阁四库全书》(第110册),台湾商务印书馆1983—1986年版,第4页。

学家法,有时也不废礼制训诂和名物考据,要皆以义理为折中,从而建构起有别于他人的一套礼学理论体系。这一治学风尚的形成,正好反映了当时雍乾之际"理学渐衰,经学渐盛"①的学术嬗变之一大轨迹特征。

再次,疏注体、章句体和评点体等三类体式著作计9种,在上述49种文献当中所占比例达到了约18.37%强。这表明,《仪礼》文本的传播方式不再是束之高阁,也不再是少数人关注的对象,《仪礼》学的范畴从单纯的学术范畴向普通士人群体扩散,礼经已成为当时书院学子授课的内容之一。例如,马駉编撰的《仪礼易读》就是一部供《仪礼》初学者阅读的著作,属于评点体著作,该书仿高头讲章之式,于《仪礼》经文难解者,另注数语于每页经文上方,往往汇集诸说于此,并参以己意,欲使人开卷了然经义,对推进礼经的传播极有裨益。这是其一。其二,疏注体、章句体的广泛运用,说明清初诸儒对于汉、唐学者治经方法的高度体认。这一类礼经学著作关注的对象在于《仪礼》文献本身,在主体依尊郑《注》训释原则的同时,又不拘泥、曲徇、盲从郑《注》,注重对郑玄、贾公彦等先贤说解错误之处进行补正,讲究有理有据。如张尔岐的《仪礼郑注句读》一书,它兼采古代疏注体和章句体各自治学之所长,针对《仪礼》经注中较为难懂隐讳的地方加以疏解说明,避免了贾公彦《仪礼疏》之类著述过程中的繁琐与芜累之弊,同时也有助于重构与还原汉代礼经学研究的真实面貌。

复次,专门图解体著作虽然只有3部,而且皆未流传下来,但在大量的清代前期《仪礼》著作中,都包含有相关的礼图内容,这说明这一时期学者对宋代学者杨复《仪礼图》研究方法的传承与体认。如汪琬《古今五服考异》一书中,作为一部杂体类著作,该书卷二部分为丧服器物图,包括"《仪礼》衰冠裳絰带杖屦式图"18幅,"麻衣练冠图"17幅,"妇人笄总髽式图"4幅;卷三为丧服图表,包括"《仪礼》五服旁通图""律文五服旁通图""《仪礼》本宗服图""律文本宗服图"等15幅,既考察《仪礼》服制,又考察律文服制。又如,姜兆锡《仪礼经传外编》卷三至卷五载《仪礼图考》,自云"《续通解》止有《丧服图式》,愚《仪礼图考》凡十数卷,今亦不具录也,谨分录五礼之要如左,而总录大凡于后"②,其中所录《仪礼图考》依五礼次第先分后合,一至五依次为嘉礼、军礼、宾礼、凶礼、吉礼图考,《图考六》为后附图考,《图考七》为五礼总图考。凡此之类学者甚众,大都是对宋儒以来重视礼图研究的治学传统做法的继承,

---

① 钱穆:《〈清儒学案〉序》,《中国学术思想史论丛》卷八,安徽教育出版社2004年版,第371页。
② 姜兆锡:《仪礼经传内外编》卷三,《续修四库全书》(第87册),上海古籍出版社2002年版,第657页。

以及对此前相关礼图成果的扬弃。这种礼图式的礼经学研究,一般关注的焦点在于《仪礼》文本中的具体名物如宫室、器物、衣冠、射器之类,仪节图,五服服制表解图,等等,恰好迎合了当时批判程朱理学、讲求"实学"的治经风气。

（二）礼经诠释策略

从传统诠释学角度来看,清代前期《仪礼》学研究的诠释策略亦颇具特点。由于不同诠释者所持的诠释策略差异,造成了他们各自的诠释内容、诠释方法也各具千秋,对于汉唐以来各家诠释礼经的诠释传统看法不一,甚至在对于《仪礼》与其他儒家经典、传记文献的关系认知上有时也相差很大。概而言之,清代前期学者对于《仪礼》文本及其礼制的诠释策略主要有如下几种情况:

其一,纂集重构——以结构为基础的诠释策略。即是指"从结构入手,通过调整全书的篇章结构次序,以达到建构礼学思想体系的目的"①这样一种诠释策略。在《仪礼》学史上,影响最为巨大亦最为深远的纂集重构策略之作当属朱熹《仪礼经传通解》、黄榦《通解续》,他们"以《仪礼》为经,而取《礼记》及诸经史杂书所载有及于礼者,皆以附于本经之下,具列注疏诸儒之说"②,试图将三《礼》及其他儒家典籍中有关礼制文化内涵的篇章等文献材料,按照一种以类相从的原则,进行重新编次,属于典型的纂集体著作。尽管《仪礼经传通解》《通解续》并非只是专门针对诠释《仪礼》本经,但《礼记》及其他儒家典籍显然是居于从属的位次,对他人研读《仪礼》具有十分重要的辅助作用,兼且它们通过纂集各类儒家典籍解释礼制的文句和各种注释类成果汇总在一起,以及对《仪礼》经文进行分节,确实有传统礼经诠释的很大成分,因而称得上是一种十分独特的礼经学著述。在清代前期学者看来,"朱子《通解》之书,纯是汉唐注疏之学"③。

受朱氏及其弟子之书诠释结构特征的影响,有清前期学者,尤其是那些张扬朱氏学派的一些学者,扬弃和发展了这一诠释策略。首先,从大的结构布局划分方面讲,此类著作全书的结构较少延继朱子、黄榦之家礼、乡礼、邦国礼、王朝礼、丧礼、祭礼的大类划分法,而是创设符合自己礼学思想的新的结构体系,采用通释体的文献整理体式谋篇布局。如姜兆锡《仪礼经传内编》采用嘉礼、军礼、宾礼、凶礼、吉礼的纂集重构分布结构,江永《礼书纲目》则在姜氏结

---

① 曾军:《义理与考据——清中期〈礼记〉诠释的两种策略》,岳麓书社 2009 年版,第 13 页。本节所论三种诠释策略的称谓方式,皆源自此书。

② 朱熹:《乞修〈三礼〉札子》,刘永翔、朱幼文校点:《晦庵先生朱文公文集》卷十四,《朱子全书》(第 20 册),上海古籍出版社、安徽教育出版社 2002 年版,第 687—688 页。

③ 陈澧著,杨志刚校点:《东塾读书记》,中西书局 2012 年版,第 151 页。

构类目基础上增添了通礼、曲礼两大类等,皆是如此。其次,从礼经文本的诠释方式方面讲,清初学者受朱熹《仪礼经传通解》的影响,而对《仪礼》原典进行"分节"并概括节旨,进而明了礼经的礼义和礼意所在。而后者的影响更为深远,它并不仅仅局限于通释体的文献著述,同时也影响了在一批其他文献整理体式的著述。后来陈澧在《东塾读书记·仪礼篇》中讲到这种分节做法的影响时,便对清初学者此一方面延继情况,作了如下一番总结:"至国朝而马宛斯《绎史》所载《仪礼》,张稷若《仪礼郑注句读》,吴中林《仪礼章句》,皆用朱子之法。江慎修《礼书纲目》,因朱子《通解》而编定之,固宜遵用其法。徐健庵《读礼通考》,秦文恭《五礼通考》,亦皆分节。自朱子创此法,后来莫不由之矣。"①另外,从相关"记"文的纂集安排方式情况看,他们大都将《仪礼》本经之《记》文附列到具体的某一"节旨"概括之后,而将《礼记》中那些解释《仪礼》礼义的篇目,诸如《冠义》《昏义》《乡饮酒义》《燕义》《聘义》等篇目,依附在与之对应的《仪礼》篇目经文之后;对于那些《仪礼》经文中没有对应《礼记》"义"篇的篇章,有的学者甚至为之从各类文献典籍中寻章摘句,进行重新纂修和补辑,形成一个新的"义"篇,借以发明阐释礼经某些篇目的礼制礼义。

不过,当时也有少数学者注意到这一类治学方式的艰难,他们指出,这种文献的大批量纂集重构的方式极易于陷入"汗漫之书抄"的治学困境,需要治学者拥有高超的学术识见。如汪绂(1692—1759)在给江永的信中就颇有饬议之言:"大抵有明先辈,类多融贯全经,故时艺非必引用经文,而无非六经精义。后人专求工于时艺,而无暇以穷经,故满纸引用经言,究无当于经义。……今人因时艺而讲经学,亦已偾矣。况乃弃经学不讲,而从事于汗漫之书抄,不亦伤乎?"②认为当时的许多这类书籍在一定程度上等同于"汗漫之书抄",其实质是"弃经学不讲"的一种做法。因为如果无法形成一种有价值的礼学体系,这种纂集重构就形同于彻底失败了。另外,清初学者姚际恒对于这一类诠释策略之作亦颇不认同,并大加抵斥说:"吾实不解作者意指,以为尊《仪礼》耶?全录《注疏》毫无发明,一抄书吏可为也,尊之之义安在?以裁割《礼记》《周礼》、史传等书附益之为能耶?检摘事迹可相类者合于一处,不别是非同异,粗识文字童子亦可为也,又何以为能?其于无可合者则分家、乡、学、邦国、王朝等名,凭臆变乱,牵强填塞,此全属纂辑类书伎俩,使经义破碎支

---

①　陈澧著,杨志刚校点:《东塾读书记》,中西书局 2012 年版,第 140 页。

②　汪绂《与江慎修论学书》,《双池文集》卷之三,《续修四库全书》(第 1425 册),上海古籍出版社 2002 年版,第 63—64 页。

离,何益于学? 何益于治?"①姚氏的这一番话似有失公允,他忽略了群经与《仪礼》之间具有互贯融通的学术特征,因而并未得到当时学者的积极响应,清代前期"张扬朱学"派学者的治学风格仍有很强的生命力,一直延继到有清中期,都有此类著述出现。

其二,礼学知识的考古——以考据为基础的诠释策略。它着眼于通过对《仪礼》文本中经传语词的训诂、名物的考订和仪文节制的具象化阐释,进而有助于探讨礼制文化的物质层面与礼经礼义、礼意之间的独特关系。清代前期学者注意到,汉代以来学者研治礼经,莫不以仪文节制、名物的考订和词句训诂为诠释重点,由于去古久远,后世诠释者往往纷纭众说,令人莫衷一是,因而清初治《仪礼》学者多将精力投入此间,加大了以考据为基础的诠释力度,形成了各类特色各异、重点鲜明的礼学著述。有清前期《仪礼》类著述对于礼经之礼学知识的考据,从训释的外在形式上看,大致可分为如下四类:

一是章义述注类,大都注意厘析《仪礼》经、《记》的文本章句,概括各仪节章旨,由分章括旨而彰明礼经之义理,同时也依仿汉代学者郑玄等前贤的做法,在吸纳前贤成果加上自己的一些研究心得体会的基础上,对经文的字词、仪文节制加以简约化的诠释,如张尔岐《仪礼郑注句读》、吴廷华《仪礼章句》、李光坡《仪礼述注》、马骕《仪礼易读》之类著述即采用此法。清初这一类礼经学著作的文本诠释,对于郑玄《仪礼注》和贾公彦《仪礼疏》的训释成果吸纳颇多,间或亦吸纳部分前贤研究成说,有时也加附学者自己研究中的一得之见。它们对《仪礼》经文章节的离析,并不像张扬朱学派学者,将《仪礼》文本之《记》割裂到相应经文之下,而是尊重原有礼经的文本编排次第,传统礼经学的诠释味道更趋连贯,考据结论亦较为精审。现在看来,此类著述的出现,乃是专为学者通达疏解礼经文意有所适从而作,在一定程度上起到了推进礼经普及的效果。

二是从汉代以来的大量前贤注疏成果中精心挑选各种不同训释见解,或通过正义、辨正、通论、余论、存疑、存异、总论之类的编排义例精择众注,或通过加注方式附以己意,从而实现一种新的诠释方式,如官修《钦定仪礼义疏》、盛世佐《仪礼集编》之类著述即采用此法。以官修之作《钦定仪礼义疏》为例,和其他钦定的《周官义疏》《礼记义疏》一样,该书采掇群言,将全书统一分为正义、辨正、通论、余论、存疑、存异、总论七大义例,整合分析所能见到的各家礼学诠释成说,然后根据诠释者的理解与看法,分别胪列于各种义例之下,这

---

① 姚际恒:《仪礼通论·论旨》卷首,《续修四库全书》(第86册),上海古籍出版社2002年版,第30—31页。

样一来,全书的类目非常清晰,历代礼家的各种成说与编纂者的是非评判、价值取向都能从中得到明晰的体现,颇具"辨章学术,考镜源流"之功。这一体例编排方式,突破了传统《仪礼》学论著的体例范式,是著书体例上的一种新创举。凡此之类著作,礼经诠释者在文献整理体式的选择上,大都青睐于采用纂集体的编排体例;也有少数学者吸纳章义述注类的著述方式,将《仪礼》经文加以分章括旨,但其重点却在于纂集众说,并且在融通和折中前贤众说的基础上,考辨此前某些成说之是非得失,从而得出自己的诠释见解。

三是订误质疑类,校勘补正前人注疏之遗漏错误,特别是汉郑玄《仪礼注》、唐贾公彦《仪礼疏》、元敖继公《仪礼集说》、明郝敬《仪礼节解》等人的错误成说,将《仪礼》与他经比勘而考辨长期聚讼之疑义。清代前期学者在《仪礼》为学方面,兼采汉宋之学,对于汉、唐、元、明学者的治学较少持偏颇之见,他们从求真务实的治学理念出发,不立门户之见,一切以取长补短为立说根本,强调对前贤学者研究错误成说的订误质疑,从郑玄到贾公彦,从敖继公到郝敬等,都在他们的订误质疑之列,即使是同时代学者也不例外。如江永撰《仪礼释宫增注》一书,或补充解释礼经仪文节制和典章制度,或纠正前贤礼制训释与名物训解错误,或进行语词释音、文句校勘等基础性工作,大都考证精密,且多有新的发明之处,因而赢得了四库馆臣的高度评价,谓"其稍有出入者,仅一二条。而考证精密者,居十之九。……其辨订俱有根据,足证前人之误,知其非同影响剿掇之学矣"①。这种礼学家撰书正误的举措,在当时影响极大。

四是图解礼制类,传承杨复《仪礼图》一书治学传统,依经绘像,约举大端,以粗见古礼之梗概,于学者不为无裨。当时治礼经学者普遍认为,"读《仪礼》者,必明于古人宫室之制,然后所位所陈,揖让进退,不失其方,故李如圭《仪礼通释》、朱子《仪礼经传通解》皆特出《释宫》一篇,以总挈大纲,使众目皆有所丽。"②宫室图重要性如此,其他衣冠礼帽、射器、乐器、礼器等名物图,礼节图,服制图等,也都难以通过文字描述达到通俗易懂而又直观具体的诠释效果。所以,许多学者或专门著述礼图成书,或在著述的有关章节附加部分礼图内容,如陈天佑、吕宣曾二人即如此,他们分别选择丧服之制和古代宫室、冠服规制开展专门性礼图式研究,前者撰成《丧服图》一书,而后者亦有《古宫室图》《古冠服图》二部专门图解体著作问世,可惜这三部著述目前存佚均已不

---

① 永瑢等:《钦定四库全书总目》(整理本)卷二十,《经部·礼类二》,《仪礼释宫增注》条,中华书局1997年版,第262页。

② 永瑢等:《钦定四库全书总目》(整理本)卷二十,《经部·礼类二》,《仪礼图》条,中华书局1997年版,第252页。

详,难以考见诸书全貌。至于附载图解体著作,则是更趋普遍,此不一一赘举。

其三,意义空间的时代转换——以义理为基础的诠释策略。"《礼记》,言义理者也;《仪礼》,言器数者也"①,尽管如此,清代前期的学者们在关注礼制实学的同时,也注重从义理发掘的角度,探寻《仪礼》礼制的礼义与礼意。在当时的一些学者眼中,研究礼经的一个重要任务,就是"在主导精神上,阐发'礼时为大'精神,注重对礼义的探讨"②,这是因为"礼文之中有礼意焉,不可不知也。不明礼文,不可以求礼意;然明礼文而不明礼意,则或疑古礼不可行于后世,不知古今礼文异而礼意不异"③。因此,采取这一诠释策略的研究者,他们主要着眼于通过探寻《仪礼》文本中所反映出来的礼义、礼意及其内部思想,以达到还原礼经中蕴涵的礼制思想内涵的目的,展示周人制礼作乐的文化本质与思想基础。在清初研治礼经的学者当中,方苞治学向以"学行继程、朱之后"标榜于世,其所著《仪礼析疑》诠释礼经,也并未以礼经词句的训诂和仪文节制的考订为精善而著称,即使论及有关仪文节制情况,也是充分关注于礼意的分析,"穷经文所以云之意,而以义理折中矣"④,从"称情立文""缘情制节""依人性作仪"等先王制礼的原则入手,分析《仪礼》所述之繁文缛节是因时因情因人而制定的,其中蕴含着圣人精微之学,主张"必各求其所以然,然后知先王依人性以作仪之意"⑤,"礼之变必有义,而置之各有其所"⑥,"圣人制礼,称情以立文"⑦,"先王制礼,皆所以效人情之实而不得不然者也","礼穷则变,必有以权制"⑧,"圣人因事制宜,以尽精微而各不可易者也"⑨。《仪礼析疑》中,凡此之类言辞甚众,处处体现着方苞对"礼时为大"精神的深度体认,这种不满足于对《仪礼》仪节静态分析的做法,完全立足于意义空间的时代转换的诠释策略,在当时是有其积极意义的。

① 姚际恒:《仪礼通论·论旨》卷首,《续修四库全书》(第 86 册),上海古籍出版社 2002 年版,第18 页。

② 林存阳:《清初三礼学》,社会科学文献出版社 2002 年版,第 312 页。

③ 陈澧:《赠王玉农序》,载杨寿昌:《陈兰甫先生澧遗稿》,《岭南学报》1932 年第二卷第三期。

④ 方苞:《与吕宗华书》,《方望溪全集》,中国书店 1991 年版,第 78—79 页。

⑤ 方苞:《仪礼析疑》卷二,《景印文渊阁四库全书》(第 109 册),台湾商务印书馆 1983—1986 年版,第 18 页。

⑥ 方苞:《仪礼析疑》卷五,《景印文渊阁四库全书》(第 109 册),台湾商务印书馆 1983—1986 年版,第 69 页。

⑦ 方苞:《仪礼析疑》卷十二,《景印文渊阁四库全书》(第 109 册),台湾商务印书馆 1983—1986 年版,第 197 页。

⑧ 方苞:《仪礼析疑》卷十四,《景印文渊阁四库全书》(第 109 册),台湾商务印书馆 1983—1986 年版,第 237、第 240 页。

⑨ 方苞:《仪礼析疑》卷十五,《景印文渊阁四库全书》(第 109 册),台湾商务印书馆 1983—1986 年版,第 253 页。

（三）礼经诠释方式方法

清代前期礼经学研究,作为一个学术分期阶段,它在学术研究的方式方法上,亦有值得关注的地方。这一阶段学者治学大都以释难解纷为目标,他们的研究在集前人大成的基础上,往往又主张与追求学术创新,这种学术创新与他们注重运用合理的诠释方法是分不开的。很多学者常常能够历史地、辩证地看待有关礼制问题,注重文献证据,注重逻辑分析,处处运用归纳演绎方法,抽举礼经行文条例,推广训释效果。发覆此中情况,颇能彰显清人学术识见与治学手段的独到之处。

首先,就治学方式而言,陈澧在《东塾读书记·仪礼篇》中曾经说过:"《仪礼》难读,昔人读之之法,略有数端:一曰分节,二曰绘图,三曰释例。"①陈氏所论三种读经方法,其实也是清初学者承继前贤治学的治学方式之三种,而且也是非常重要的三种方式。关于分节与绘图的情况,此前已有交代,此不赘述。但就释例而言,清代以前的《仪礼》学诠释类著作中,大多数学者就非常重视个案礼制的凡例与变例情况剖析,进入清代以后,礼经学家更加关注这方面的诠释性工作,在具体的礼经诠释过程中,十分重视这方面礼经内容的概括和总结,同时又出现了江永所著《仪礼释例》这一专门释例体著作,尽管它并不是一部完整的通释性著作,却为有清中期凌廷堪《礼经释例》等同类著作的撰成开启了学术先导。

其次,就治学方法而言,清初学者研治礼经的方法极为丰富亦各具特色。从宏观层面来说,涉及诠释仪文节制和诠释词句两方面,但若综合起来说,其中影响最大者,主要有如下数种:

一是以经解经法。这一方法,清初最早可以追溯到黄宗羲身上,他在甬上讲经会上,要求会友们每读一经时都要尽可能地搜集古今各种版本的注疏进行对照研习,直接启迪了后来他的弟子万斯大的礼学研究。诚如万斯大自言研礼方法时所说:"礼文参错,一事之本末,往往互见于他书,苟非会通以考其详,则一隅之见,或不无病于偏执,此又研礼者所当知也。"②又说:"私谓礼教弘深,学者务使礼经与诸经传逐节关通。"③另外,浙江萧山毛奇龄研治礼经,也基本上采用了以经解经的诠礼方法,他曾说:"予尝昌言礼备于《春秋》,韩简子所云'周礼尽在鲁'者真非虚言,故予传《春秋》特创为礼例一科,舍此则

---

① 陈澧著,杨志刚校点:《东塾读书记》,中西书局 2012 年版,第 138 页。

② 万斯大:《三与应嗣寅书》,《仪礼商》附录所附,《经学五书》,华东师范大学出版社 2012 年版,第 239 页。

③ 万斯大:《学礼质疑·自序》,《学礼质疑》卷首,《经学五书》,华东师范大学出版社 2012 年版,第 7 页。

《论语》《孟子》犹为可信,而三《礼》反不与焉。必不得已,在《春秋》《论语》《孟子》三书所无有者,则然后遍考三《礼》,而酌取其近理者以为据,此真学礼之法。"①而其他张扬朱学派学者的《仪礼》研究,更是通过辑录大量经史文献语料,以达到诠释礼经仪文礼制的目的。

二是博征类比法。就是通过对《仪礼》经文的全局性把握,秉持和借助它的叙述体例、行文规律和仪文节制的凡例,对《仪礼》经文中简约了的仪制内容加以推演的一种诠释方法。自汉代学者郑玄以来,历代治礼学者就注意挖掘和把握礼经行文的规律和凡例一类内容,并据此诠释礼经的繁文缛节仪制情况,他们所广泛运用的就是博征类比法。江永的《仪礼释例》一书乃是运用博征类比法的代表性著作,它通过"释例"的形式,第一次系统论述了从天子到庶人的古服制情况,包括天子冕服、诸侯冕服、大夫冕服、爵弁服、皮弁服、韦弁服六个类目服制情况,对后来的《仪礼》学研究者也产生了重大影响,如任大椿《弁服释例》、宋绵初《释服》、胡匡衷《仪礼释官》等,基本上都是秉承了这一治学传统,赢得了后来者的瞩目与重视。

三是以意逆志法。这里所谓的"意",就是方苞所说的性、情、义等方面内容,而所谓的"志"则是指先王、圣人制礼"深义"。借助以意逆志法,既可以发覆礼经中蕴涵的礼义和礼意,也可以据以判定前贤诠释礼经规制和官方、民间礼俗中的是非得失。如前所述,方苞就经常运用以意逆志法诠释礼经,他认为,包括《丧服》在内的《仪礼》乃周公"缘情制节""体性作仪"的产物。又如,浙江秀水的礼学家盛世佐也是如此,其《仪礼集编》在论及《丧服传》时也明确指出:"凡《传》所云不敢降者,皆原制礼之故,礼缘人情而制者也;人情所不敢降者而故降之,则是强世而行,不可以久。故圣人于此权其轻重之宜,定为隆杀之等,而无一毫造作于其间也。"②这些理论见解的提出,为清初许多学者从情、义、性诸角度言礼提供了理论依据。

四是经俗对比法。又称"礼俗互证法",就是"强调通过《礼经》所载与民间礼俗的各种冠、婚、丧葬、燕饮一类习俗相比较,并在纵向的比较当中探求古礼在民间礼俗的继承与演变情况"③。例如,清初学者毛奇龄就特别喜好运用此法。他在面对古礼之佚失者问题时,主张通过民间礼俗的探考去进行寻求

---

① 毛奇龄:《丧礼吾说篇》卷十,《四库全书存目丛书》(第 87 册),影印清华大学图书馆藏清康熙刻《西河合集》本,齐鲁书社 1997 年版,第 730 页。

② 盛世佐:《仪礼集编》卷二十三,《景印文渊阁四库全书》(第 111 册),台湾商务印书馆 1983—1986 年版,第 138 页。

③ 邓声国:《清代〈仪礼〉文献研究》,上海古籍出版社 2006 年版,第 326 页。

古代礼制情况:"礼失求野。古礼虽亡,然尚有草蛇灰线可隐相踪迹。"①后来李清植撰《仪礼纂录》一书时,亦十分强调通古今礼制之变,他主张并强调,研究《仪礼》不能一味泥古,须通古今之变,例如《士冠礼》篇论冠服之制云"爵弁服:纁裳、纯衣、缁带、韎韐。皮弁服:素积、缁带、素韠"等,李清植《仪礼纂录》卷上则以为:"案:冠服代有新制,难以泥古,今或以成人冠袍代缁布玄端,以雀顶圆领代皮弁素积,以七品顶戴代爵弁服,理亦可行。"②从而体现了一种"礼时为大"的发展渐进式礼学观念。特别值得注意的是,清代前期学者在诠释《丧服》之规制时,多结合历代官方规制和民间礼俗加以比较分析,寻绎其中的是非得失和礼义内涵,从而彰显他们注重实学的治学旨趣。

通观清代前期学者的《仪礼》学著述可以发现,他们的治学较少停留在一种单一的诠释方法运用上,而是致力于将各种方法加以综合考察和运用,力求达到"揆之本文可行,协诸他文亦通"的训释效果。其中更多外化为一种礼经仪节阐释的治学趋势,"不合《周官》《戴记》治之,而更旁通于《周易》《书》《诗》《春秋》三传、《国语》《尔雅》、周秦诸子之言,无以考证而征其信也;不反覆于汉注、唐疏及宋元明诸儒之所著述,无以画其义类而定是非之所折中也"③,这种综合性特征实质上代表了清儒的一个新的治学走向,也迎合了当时学者普遍兼采汉学与宋学成果的治学旨趣。

四、经学地理学层面的研究考察

清代经学家法与地理学派有着一定的关系,从治学方法、治学风尚到治学理念,莫不如此。一定地域的学者,会因其地方特有的社会文化、学术传统、师承关系,形成一定的学派家法、学术风格认同。因此,考察清代《仪礼》学研究状况,不能不考察其经学地理学层面的学术表征。就经学地理学层面而言,顺治、康熙、雍正和乾隆前期这一百来年的《仪礼》研究,从经学家们的籍贯分布来看,在扬弃前代经学发展成就、形成新的昌盛局面的同时,又呈现出新的特点,与当时的政治文化风气相适应。为便于显明这一方面特点,兹将这一时期《仪礼》学家的籍贯分布及其对应的著述情况列表汇总如下:

---

①　毛奇龄:《丧礼吾说篇》卷七,《四库全书存目丛书》(第 87 册),影印原清康熙间刻《西河合集》本,齐鲁书社 1997 年版,第 707 页。

②　李清植:《仪礼纂录》卷上,道光十一年《榕村全书》本。

③　吴绂:《仪礼训解序》,载王士让:《仪礼训解》卷首,《续修四库全书》(第 88 册),上海古籍出版社 2002 年版,第 3 页。

清前期《仪礼》学家籍贯分布及著述情况简表

礼学家	籍贯	著述名	成书时间
张凤翔（？—1657）	山东聊城	《仪礼经集注》	顺治七年前
朱朝瑛（1605—1670）	浙江海宁	《读仪礼略记》	康熙九年前
沈　昀（与应㧑谦同时好友）	浙江仁和	《士丧礼说》	顺、康之际
吴名溢（崇祯二年补诸生，卒年76岁）	浙江钱塘	《丧礼注》	顺、康之际
张尔岐（1612—1678）	山东济阳	《仪礼郑注句读》	康熙九年
毛奇龄（1623—1716）	浙江萧山	《仪礼疑义》	康熙二十四年之后
		《昏礼辨正》	康熙二十四年之后
		《丧礼吾说篇》	康熙二十四年之后
		《三年服制考》	康熙二十四年之后
毛先舒（1620—1688）	浙江仁和	《丧礼杂说》	康熙年间
汪　琬（1624—1691）	江苏长洲	《丧服或问》	康熙年间
		《古今五服考异》	康熙年间
徐乾学（1631—1694）	江苏昆山	《读礼通考》	康熙三十五年之前
万斯大（1633—1683）	浙江鄞县	《仪礼商》	康熙十九年
许　楷（？—？）	浙江海宁	《丧礼考》	未详
严际昌（？—？）	浙江仁和	《丧服通考》	未详
陈天佑（？—？）	浙江海宁	《丧服图》	未详
张朝晋（1672—1754）	浙江海宁	《丧礼节要》	康熙四十年之后
		《闻丧杂录》	雍正五年
阎若璩（1636—1704）	山西太原	《丧服翼注》	康熙年间
李光坡（1651—1723）	福建安溪	《仪礼述注》	康熙六十一年
徐世沐（1635—1717）	江苏江阴	《仪礼惜阴录》	康熙年间
姚际恒（1647—1715）	安徽休宁	《仪礼通论》	康熙三十八年
蔡廷治（1648—1707）	安徽休宁	《仪礼注》	康熙年间
方　苞（1668—1749）	安徽桐城	《丧礼或问》	康熙五十年至康熙五十二年
		《仪礼析疑》	乾隆十四年

礼学家	籍贯	著述名	成书时间
江　永（1681—1762）	安徽婺源（今属江西）	《礼书纲目》	康熙五十九年
		《仪礼释例》	乾隆五年之后
		《仪礼释宫增注》	乾隆五年之后
		《昏礼从宜》	乾隆五年之后
马　骕（1741 年前后在世）	浙江山阴	《仪礼易读》	乾隆六年
		《礼经先路》	未详
吴肃公（1626—1699）	安徽宣城	《读礼问》	康熙年间
程廷祚（1691—1767）	江苏江宁	《丧服琐言》	未详
朱董祥（约 1675 年前后在世）	江苏长洲	《读礼记略》	康熙十四年
李清植（1690—1745）	福建安溪	《仪礼纂录》	乾隆初年
		《仪礼注疏考证》	乾隆初年
华学泉（康熙间人，外甥顾栋高）	江苏无锡	《仪礼丧服考》	康熙年间
		《丧服或问》	康熙年间
陈世仁（1676—1722）	浙江海宁	《仪礼注释》	康熙年间
王文清（1688—1779）	湖南宁乡	《仪礼分节句读》	康熙年间
朱建子（1709 年前后在世）	浙江秀水	《丧服制考》	康熙四十八年
吴廷华（1714 年举人，曾预纂修《三礼义疏》）	浙江仁和	《仪礼章句》	乾隆二十二年之前
		《仪礼疑义》	雍正十三年
王士让（1687—1747）	福建安溪	《仪礼训解》	乾隆十三年
诸　锦（1686—1769）	浙江秀水	《飨礼补亡》	乾隆初年
吕宣曾（康熙间举人，1756 年前后在世）	河南中州	《古宫室图》	乾隆二年以前
		《古冠服图》	乾隆二年以前
汪　基（1738 年前后在世）	安徽婺源（今属江西）	《仪礼约编》	约乾隆三年
姜兆锡（1666—1745）	江苏丹阳	《古今丧服考》	未详
		《仪礼经传内外编》	雍正十一年
任启运（1670—1744）	江苏荆溪	《朝庙宫室考》	乾隆九年之前
		《肆献裸馈食礼》	乾隆初年
葛祖亮（1736 年进士）	江苏上元	《礼经千古要义》	未详

续表

礼学家	籍贯	著述名	成书时间
沈 彤(1688—1752)	江苏吴江	《仪礼小疏》	乾隆十七年前
盛世佐(? —1781)	浙江秀水	《仪礼集编》	乾隆十二年
		《仪礼郑注监本刊误》	乾隆十七年前
胡抡(1749 年前后在世)	江苏武进	《礼乐通考》	乾隆十四年
蔡德晋(1726 年举人,1737 年前后在世)	江苏无锡	《礼经本义》	乾隆二十年之前
秦蕙田(1702—1764)	江苏金匮	《五礼通考》	乾隆十七年
梁万方(? —?)	山西绛州	《重刊朱子仪礼经传通解》	乾隆十五年前

根据上表可以发现,从经学地理学角度来看,大致可以得出如下结论:

第一,就经学家的地域分布而言,这一时期的经学家大多出自江苏、浙江、安徽三省。由上表可以看出,雍正、乾隆时期的经学家有浙江籍 16 人、江苏籍 13 人,安徽籍 6 人,福建籍 3 人,山东籍 2 人,山西籍 2 人,河南籍 1 人,湖南籍 1 人。江苏、浙江、安徽三省的学者数量,占总人数的 79.55%,牢牢占据着《仪礼》研究的话语主导权;而其他省份学者的人数,只占总人数的 20.45%,处于弱势地位。换言之,清代前期的《仪礼》学家大多生活在江浙、安徽一带,深受其家乡深厚地域文化思想的浸润。

清代前期的《仪礼》学研究之所以集中于江浙、安徽地区籍贯的人士身上,主要受这样几重因素的影响:一是该地区的社会经济较为发达与繁荣,为士人们的潜心治学提供了必要的物质保障。江浙地区乃古吴越之地,宋朝南渡以来,更因为其物土丰饶、文化繁盛而成为中国的经济文化的腹心之地。二是该地区拥有一些有众多家学渊源的文化世家,有助于在当地学界产生一定的区域性影响,保证了良好的文化传承。就其学术渊源而言,从远了说,江浙、安徽地区乃是朱熹理学的故里,历史上培养出了许多理学名家,清代许多学者的思想便多发源于此;就近了说,以余姚黄宗羲世家为例,宗羲本人是兼通经史的学术大家,据《清史稿》卷四百八十《列传二百六十七》中记载:"弟宗炎、宗会,并负异才,自教之,有'东浙三黄'之目。"①明末清初时期,东浙黄氏一门学者辈出,闻名当时学界,其弟宗炎、宗会在经学上的成就也颇大。三是该

① 赵尔巽:《清史稿》(册 43)卷四百八十,《列传二百六十八·儒林二》,中华书局 1977 年版,第 13103 页。

地区的经学家群落当中拥有一些有巨大影响力的经学名家,他们通过日常的学术交往和著述影响,推动和倡导着当时《仪礼》学的全方位、深层次研究。如徽派朴学的奠基者江永,他通过自身的《仪礼》学研究实践,对后来汉学考据派学者戴震、凌廷堪、胡承珙等人的《仪礼》研究产生了导向性作用。四是该地区达官名宦乃至众多商人对文化事业发展的热心关注和重视。一些达官名宦热心发展文化,他们位居高位,不仅自己不废学问,同时还利用自身雄厚的经济基础,重视选拔和培养人才,出资编书刻书;与此同时,随着康熙年间大批工商业城镇的崛起,以及民间手工业的发达,催生了一批富有的商人,他们当中颇有些人十分重视对学者从事传统学术研究与育人工作的资助,尤其对书院的资助颇为重视,对于当时大批从事经学研究人才的培养和产生,对该地区经学的全面而深层次的发展,在一定程度上起到了巨大的推动作用。

第二,就经学家的渊源情况而言,该时期的经学家之间往往存在着一定的关系,如父子关系、甥舅关系、翁婿关系、学友关系、师生关系等。"清代经学往往以家族、姻亲、书院学堂为中心形成某一地域的学术圈,他们相互影响,又往往会有地域认同,容易形成共同的学术旨趣与学术方法;而经学的传承又往往会以世家、师友相承的方式实现,其学术往往会首先在某一地域传播,某一地域的经学家大多会接受与继承乡贤学派家法,容易形成以地域为范围的学派。"①在日常的生活交往与治学过程中,互相学习、互相影响,促进了《仪礼》学研究的蓬勃兴盛与发展。例如,顾炎武与徐乾学、徐秉义、徐元文三兄弟是舅甥关系,虽然各自走的是不同的政治道路,顾炎武对明朝忠心耿耿,孤高自守,而徐氏兄弟则是清朝的显贵,但在日常的交往过程中,母舅顾炎武却常常教育和影响着外甥,据清代《昆新两县续修合志》记载,徐乾学的学问"得舅氏顾炎武指授,根柢益深"②,诚如当代学者张舜徽先生论及徐乾学著述时所言:"耳目濡染,闻见日广,故为学具有端绪。于义理则宗程、朱,而黜陆、王;于训诂则宗古注,而亦不废宋元经说;于词章则主变化日新,而不可以格调拘,以时代限。皆与炎武为近。"③又如,黄宗羲在今浙江宁波、绍兴等地办学讲学,传授古代经史之学,推动了"实学"的传播,培养了很多学生,礼学名家万斯同、万斯大兄弟俩便都是他的著名弟子,万斯大的《仪礼》研究即受黄氏的影响很深。

---

①　罗福惠:《江南经学家的学派家法与地缘》,《鄂州大学学报》2006年第5期。

②　金吴澜等纂修:光绪《昆新两县续修合志》卷二十四,《中国地方志集成》丛书本,江苏古籍出版社1991年版,第398页。

③　张舜徽:《清人文集别录》卷二《惜园集三十六卷》,中华书局1963年版,第60页。

　　第三,就北方《仪礼》学者研究情况而言,虽然其间学者人数并不算多,但并不乏有影响的经学大家,如山东济阳的张尔岐、山西太原的阎若璩、山西绛州的梁万方等人,他们在清代经学研究领域都取得了较大的成就,并且在与江南学者的长期学术交往中,以其厚重的人格魅力和扎实具体的学术研究,亦拥有很高的学术声望,彻底融入当时社会普遍存在的"经世致用"学术风尚之中。北方《仪礼》学的先声者张尔岐,更是赢得了晚明遗老顾炎武"独精三《礼》,卓然经师,吾不如张稷若"①的此般美誉。

---

　　① 　顾炎武:《广师》,《亭林文集》卷六,《顾亭林诗文集》,中华书局 1983 年版,第 134 页。

第二章 清中期的《仪礼》学研究

第一节 《仪礼》学兴盛的背景

经过顺治、康熙、雍正及至乾隆前期这110来年的发展,在清廷的大力倡导和学界士人的努力实践下,到乾隆二十年(1755)之后,《仪礼》学的研究由初始的"萌芽发展期"迈入了一个真正的"兴盛期",甚至远远超迈清初期《仪礼》学研究的实际成就。当然,清中期礼学的鼎盛发展,既有其外在的社会政治经济因素,同时也与内在的学术发展规律相适应。

一、清廷崇奖经学格局的确立

(一)国家的安定统一与经济的繁荣发展

首先,从整个社会形势来看,自乾隆二十年至道光初期整个清中期,这时的清朝封建统治势力已经占据了相对稳定的统治地位,政治稳定统一,为《仪礼》学的兴盛提供了安定的发展环境。随着清初吴三桂等三藩之乱的平定,东北、西北边境叛乱的平定,基本上实现了国家的统一,清廷统治进一步得到巩固和加强。到了乾隆二十年(1755)之后,满汉矛盾已经不再成为当时社会的主要矛盾,社会政治日趋安定。当时的"状元宰相"、大学士于敏中嘉誉乾隆说:"觌光扬烈,继祖宗未经之宏规;轹古凌今,觏史册罕逢之盛世。"①即便是乾隆后期,为了避免朝廷内部出现各树门户、结党纷争的局面,加强中央集权统治,高宗皇帝大力整顿吏治,打击朋党势力,实施严刑峻法,因各种不法行为而被杀戮、被关押、被遣戍的官僚数量众多。尽管如此,也没有造成社会的动荡不稳,就诚如高宗自诩所说:"前代所以亡国者,曰强藩,曰外患,曰权臣,曰外戚,曰女谒,曰宦寺,曰奸臣,曰佞幸。今皆无一仿佛者。"②高宗的这种绝对权威和政治掌控,在一定程度上确保了政治的稳定统一,为推行清廷的"佑

---

① 于敏中:《贺平定西域表》,《素余堂集》卷二十五,嘉庆十一年刻本。
② 弘历:《古稀说》,《御制文集》,《景印文渊阁四库全书》(第1301册),台湾商务印书馆1983—1986年版,第322页。

文兴学"政策,崇奖经学,确立科举制度的导向,奠定了政治基础。

其次,与整个国家社会政治安定统一相适应的是,康熙、雍正及至乾隆前期各朝的统治者都特别强调经济大繁荣与发展,他们陆续颁布了一系列恢复生产的政策,采取了一些可行性高的促进经济发展的举措,例如实施奖励垦荒、减免赋税、兴修水利、赈济灾荒等,为《仪礼》学的兴盛奠定了充足的物质基础。特别是乾隆时代,人口与耕地面积都有了较大幅度的增长;作为重要产粮区的中原地带,也长期没有经历战乱的骚扰;加之明代传入中国的番薯、玉米、花生等高产作物的普遍推广与种植,使得粮食生产能够适应日益增长的人口繁殖需求。据戴逸先生统计,"乾隆以前中国社会最多曾经生产过能够养活一亿多人口的粮食,而到乾隆末,中国已能生产足够养活近三亿人之多的粮食,大大超过了历史上的最高水平"①。另外,据《清朝文献通考》《清会典》《大清一统志》等有关文献记载,至嘉庆、道光时,全国耕地面积应在 1100 万至 1200 万顷左右,单单是嘉庆二十五年(1820),全国新垦田数就达到 466127 顷,远远超过了以往的任何一个朝代。另外,作为家庭副业的纺织业,也在农村普遍盛行开来:"民间于秋成之后,家家纺织,赖以营生,上完国课,下养老幼。"②另外,伴随着人口的增长、农业耕地面积的扩大,以及农作物产量的提高,手工业和商业也日趋活跃,"在丝织业、棉纺织业、制瓷、采铜、冶铁、造纸、井盐等行业中有了手工业场或包买商,经济生活中出现了资本主义的萌芽","商业城镇的增加,对外贸易的发展以及国家财政状况、国库储备都达到了前所未有的水平"③,所谓"国家全盛,内外度支,有盈无绌,府库所贮,月羡岁增"。各行各业的繁荣与发展,同样使得民间百姓的生活渐趋殷富起来,正如清代皇族昭梿所记:"本朝轻薄徭税,休养生息百有余年,故海内殷富,素封之家,比户相望,实有胜于前代。"④可见,乾嘉时期倡为学术之流风确实有了充裕的经济基础,从官方朝廷到民间,都不乏其人支持士人从事儒学文化研究。

(二)清廷的"佑文兴学"政策

清廷在其统治地位确立后,便十分重视文化建设,确立了"佑文兴学"的文化政策,并通过崇儒重道、尊孔尊朱、纂集图书、解除书院禁令、儒学科举取士等一系列统治措施与手段,极力拉拢和重用汉族出身的知识分子。例如,顺治十二年(1655)春,世祖皇帝曾经谕礼部说:"朕惟帝王敷治,文教是先;臣子

---

① 戴逸:《论乾隆》,《清史研究》1992 年第 1 期。

② 李煦:《苏州织造李煦奏折》,《请预为采办青蓝布匹折》,《文献丛编》第三十二辑,中华书局 1990 年版。

③ 戴逸:《论乾隆》,《清史研究》1992 年第 1 期。

④ 昭梿:《啸亭杂录·续录》之《续录》卷二"本朝富民之多"条,上海古籍出版社 2012 年版。

致君,经术为本。自明季扰乱,日寻干戈,学问之道阙焉未讲。今天下渐定,朕将兴文教、崇经术以开太平,尔部即传谕直省学臣,训督士子,凡经学道德经济典故诸书,务须研求淹贯,博古通今。明体则为真儒,达用则为良吏。果有此等实学,朕当不次简拔、重加任用。"①清圣祖康熙皇帝的儒学思想虽然一直强调以理学为主,但也接受了陈廷敬"道学即在经学中"的主张②,希望融理学于经学当中。

到乾隆皇帝登基以后,同样延继了这种"佑文兴学"的文化政策。他不仅在政事之暇注意留心有关经学的学问,定期邀请朝廷大臣为自己讲解儒家经传,同时还采取了一系列崇儒重道的文化发展举措,以积极推行和保证"佑文兴学"文化政策的顺利实施:

一是高宗继续辅助完成康熙帝"融理学于经学"的夙愿,于乾隆元年(1736)设立"三礼馆",先后纂修《三礼义疏》《大清通礼》。就二者的编纂影响来说,"《三礼义疏》的编纂,在客观上对三礼学研究和其他经学研究,起到了一种积极的舆论导向作用。其纂修《大清通礼》的目的,则是想通过礼仪的制定与宣传,使人们以礼来维系社会人心"③。

二是高宗十分重视儒家经典的普及与传播,如于乾隆元年颁发《十三经》和《二十一史》,御令各省督抚藩臬多印制各种康熙朝御纂经书,及即将告竣的《三礼义疏》,以便供应给各地官学机构;又于乾隆十二年(1747)重新刊刻《十三经注疏》《二十一史》,并特意为其撰写序文,倡导"笃志研经,敦崇实学"④;乾隆十六年(1751)春,颁赐江浙各书院殿板经史,予"江宁之钟山书院,苏州之紫阳书院,杭州之敷文书院,各赐武英殿新刊《十三经》《二十二史》一部,资髦士稽古之学"⑤;乾隆五十九年(1794)四月,重刊徐乾学编纂的《通志堂经解》颁发给各省。凡此种种广布经书的举措,带来的结果是,"刊印经书为尊经崇汉推波助澜,并且直接引发士人校勘、研究儒经的热潮"⑥,为后来乾嘉学者大规模地校勘、注释各类儒家典籍开了良好先河。

三是高宗积极鼓励科举士人讲求经学,推行科考以经试士,张扬经学而贬抑时文。乾隆三年(1738),朝廷再次谕令科考重经义而抑时文。高宗要求当时的士人:"士人以品行为先,学问以经义为重","治一经必深一经之蕴,以此

①　《清实录》(第3册)卷九十一"顺治十二年三月壬子"条,中华书局1985年版,第712页。
②　中国第一历史档案馆:《康熙起居注》(第二册),中华书局1984年版,第879页。
③　邓声国:《清代仪礼文献研究》,上海古籍出版社2006年版,第4页。
④　《清实录》(第12册)卷二百八十六"乾隆十二年三月丙申"条,中华书局1985年版,第729页。
⑤　《清实录》(第14册)卷三百八十四"乾隆十六年三月戊戌"条,中华书局1986年版,第45页。
⑥　罗检秋:《乾嘉两朝的文治变化及其学术效应》,《清史研究》2005年第1期。

发为文辞,自然醇正典雅",不能只知道一味"记诵陈腐时文百余篇,以为弋取科名之具"①。乾隆二十六年(1761),乾隆帝策试各省贡士云:"夫学者载籍极博,必原本于《六经》。《易》有四尚,《诗》有六义,《书》有古今,《礼》有经曲,《春秋》有三传,能举其大义,详其条贯欤? ……朕崇尚经术,时与儒臣讲明理道,犹复广厉(励)学宫,蕲得经明行修之士而登之,其何以克副期望之意欤?"②这一科举制度的嬗变,"促使士子由专治一经转向博通《五经》,强化了偏重经学之风"③。

四是积极寻访民间遗著,组织编纂《四库全书》。乾隆三十七年(1772)正月,高宗皇帝在乾隆六年(1741)谕令"着直省督抚、学政,留心采访,不拘刻本、抄本,随时进呈,以广石渠、天禄之储"④的基础上,又下诏要求地方官积极访求民间遗书,"着该督抚等先将各书叙列目录,注系某朝某人所著,书中要旨何在,简明开载,具折奏闻"⑤。同年十一月,安徽学政朱筠上奏访书收获,并建议开馆校核《永乐大典》。次年二月,清廷正式下旨开设《四库全书》馆,戴震、王念孙、任大椿、朱筠、金榜等一大批崇尚经术、精通小学的学者参预其中,按照经史子集四部分类法,众多前贤时哲的著作得到系统的分类与整理。在《四库全书总目》的撰写过程中,永瑢等人虽然力图消融汉学与宋学的门户之间,但其言辞中实则"扬汉抑宋的倾向十分明显。其《总目提要》或者对宋学家明尊暗贬,或者直接批评"⑥,对于推动包括三《礼》学在内的经学研究影响很大。这种由官方出面组织的大型学术丛书纂修活动,对于推动各个经学分支研究的深入开展,以及在朝廷儒臣与民间士子之间搭建好学术沟通的渠道,起到了重要作用。

二、汉学考据学风的兴起

(一)文字狱促使士人埋首研经读史

顺治、康熙、雍正、乾隆四朝,是清代文字狱的频发时期,特别是乾隆皇帝在位期间,制造的各类文字狱案件多达 135 起,罹难人士遍及社会各个阶层。有学者统计发现,"乾隆朝的文字狱主要集中在中期,即十六年(1751)至四十

---

① 《清实录》(第 10 册)卷七十九,乾隆三年十月辛丑条,中华书局 1985 年版,第 243 页。
② 《清实录》(第 17 册)卷六百三十五"乾隆二十六年四月庚寅"条,中华书局 1986 年版,第 90—91 页。
③ 罗检秋:《乾嘉两朝的文治变化及其学术效应》,《清史研究》2005 年第 1 期。
④ 《清实录》(第 10 册)卷一百三十四"乾隆六年正月庚午"条,中华书局 1985 年版,第 941 页。
⑤ 《乾隆三十七年正月初四日奉上谕》,《钦定四库全书总目》(整理本上册),中华书局 1997 年版,卷前第 1 页。
⑥ 罗检秋:《乾嘉两朝的文治变化及其学术效应》,《清史研究》2005 年第 1 期。

八年(1783),前期和后期文字狱较少"①。这些文字狱的产生,如戴名世《南山集》案、尹嘉铨为父请谥案、徐述夔《一柱楼诗》案、祝庭诤《续三字经》案、戴移孝《碧落后人诗》等,要么触犯了皇帝权威,要么因鼓吹民族情绪、阐扬汉民族精神而触怒高宗,涉案人员之广、处罚之重,较之顺治、康熙、雍正三朝,有过之而无不及。此外,乾隆帝大兴文字之狱,也与当时朝廷查缴禁书存在密切关系。据统计,查缴禁书期间的文字狱就有48起。清代文字狱的盛行,带来了极为严重的后果,即:"不仅使众多文化典籍遭到极为严重的破坏,箝制和禁锢了思想文化的发展,败坏了学风、吏治和社会风气,阻碍了历史发展的进程,而且令无数文人惊恐万状、不寒而栗,严重影响了文人心态,破坏了文学生态。"②在这样一种紧张的文化气氛之下,思想文化领域自然而然地产生了一个禁区,直到道光年间龚自珍还发出"避席畏闻文字狱,著书都为稻粱谋"的深层感慨。

　　近人钱穆先生在谈到这一阶段清代学术的嬗变情况时,明确指出:"凡及前代史实,尤触忌讳。于是诸儒结舌,乃不敢治近史,性理之学又不可振,然后学人之心思气力,乃一进于穷经考礼之途,而乾、嘉以下所谓'汉学'者以兴。故清初诸儒博综经世方之学,一转而为乾、嘉之穷经考礼者,盖非无故而然也。"③为了回避文字狱的灾难,这一时期的士人们不得不为自己寻求一片新的学术宽松领域。因为倘若选择继续秉承清初学者经世救国的治学路径,注重诠释儒家经典的微言大义,则很容易被人找到"学术之触时讳者",进而被罗织罪名。在他们看来,如果能够积极响应高宗帝及四库馆臣所倡导的"扬汉抑宋"的学术倾向,延继顾炎武、黄宗羲等人开辟出来的考音、证史的文学路径,一味埋首古代经史文献,则可以避免过上那种"惴惴不自保"的不安稳生活。士人们的这种文化研究抉择,不仅改变了明季以来积久而成的凿空之风,同时反过来推动了儒家经典学问在文献校勘、古音考证、文字训诂等方面的越发细密研究,促进了士人学问的专精化发展,使得乾嘉考据学风的影响愈发深厚。

　　(二)四库馆臣的学术倡导

　　"乾隆之初……汉学犹不显于世。及四库馆开,而治汉学者踵相接。"④乾

---

　　①　张兵、张毓洲:《清代文字狱的整体状况与清人的载述》,《西北师范大学学报》(社会科学版)2008年第6期。

　　②　张兵、张毓洲:《清代文字狱的整体状况与清人的载述》,《西北师范大学学报》(社会科学版)2008年第6期。

　　③　钱穆:《国学概论》(下册)第九章《清代考证学》,商务印书馆民国二十年版,第82—83页。

　　④　刘师培:《清儒得失论》,载章太炎、刘师培:《中国近三百年学术史论》,上海古籍出版社2006年版,第158页。

隆三十八年(1773),乾隆帝下诏开四库馆,先后网罗了300余位学者,而在总纂修官纪昀的周围,聚集了戴震、王念孙、任大椿、朱筠、金榜等一批汉学考据学者。在四库馆臣看来,虽然研治儒家经学"本汉、唐之《注疏》,而佐以宋儒之义理,亦无可疑也"①,似乎主张调和汉学与宋学之纷争,但纪昀又说:"夫汉儒以训诂专门,宋儒以义理相尚,似汉学粗而宋学精,然不明训诂,义理何由而知?概用诋诽,视犹土苴,未免既成大辂,追斥椎轮;得济迷川,遽焚宝筏。于是攻宋儒者,又纷纷而起。故余撰《四库全书(总目)·诗部总叙》有曰:'宋儒之攻汉儒,非为说经起见也,特求胜于汉儒而已。后人之攻宋儒,亦非为说经起见也,特不平宋儒之诋汉儒而已。'"又说:"至《尚书》三《礼》《三传》《毛诗》《尔雅》诸《注疏》,皆根据古义,断非宋儒所能;《论语》《孟子》,宋儒积一生精力,字斟句酌,亦断非汉儒所及。"②

　　出于对汉学考据治学风尚明显偏颇,"读古人之书,则当先通古人之字,庶明其文句,而义理可以渐求"③的治经方法受到纂修官们的普遍重视。"圣人之道,譬若宫墙,文字训诂,其门径也。"④清初学者中凡是未能宗守郑氏家法者,都受到了中期学者的批评指责,如王鸣盛批评张尔岐、马德淳的研究"但粗为演绎,其于敖氏之似是而非,均未能正其失,以明郑学之精也",批评万斯大、沈冠云的作品"于郑《注》亦多所纠驳"⑤。对于《仪礼》这样一部"儒者罕通,不能聚讼"的经籍来说,"宋儒攻击,仅摭其好引谶纬一失,至其训诂则弗能逾越。盖得其节文,乃可推制作之精意,不比《孝经》《论语》可推寻文句而谈"⑥。另外,举凡敷衍他说、无甚发明之类的著述,牵强附会、空疏臆说之类的著述,好立异说、考证不精之类的著述,治学固守偏执、学术视野狭隘之类的著述等,如元人敖继公、明人郝敬、清初万斯大诸位的礼学著作,均受到当时《四库》馆臣们的诋斥与非议,有的著述甚至被列入"礼类存目"之列。《四库全书》修成并传播开来后,一批批精通考据学的士人在科举考试中脱颖而出;民间士人纷纷将汉学考据视为治学根柢,倡导《仪礼》学研究延继汉唐诸儒的学术传统。"在具体的文献诠释实践中,清中期学者从汉学家的治学取向出发,强调经学研究要有所宗,尤其不能抛弃汉人的传统旧注,不能一味发

　　① 永瑢等:《钦定四库全书总目》(整理本)"礼类"总叙,中华书局1997年版,第234页。

　　② 纪昀:《阅微草堂笔记·滦阳消夏录一》卷一,上海古籍出版社1980年版,第10页。

　　③ 永瑢等:《钦定四库全书总目》(整理本)卷三十三,《九经古义》条,中华书局1997年版,第436条。

　　④ 阮元:《拟国史儒林传序》,《揅经室集·一集》卷二,商务印书馆1937年版,第32页。

　　⑤ 王鸣盛:《仪礼管见序》,《仪礼管见》卷首,《续修四库全书》(册88),上海古籍出版社2002年版,第373页。

　　⑥ 永瑢等:《钦定四库全书总目》(整理本)"礼类"总叙,中华书局1997年版,第234页。

掘所谓'新意'。"①

（三）士人为学术而学术，经世精神的淡化

"用实证的态度来对待儒学，则多半会把儒学当成一门考史的学问。"②随着清廷统治地位的巩固和民间社会的稳定，遗老恢复故国的愿望不断落空，士人们原本的民族情绪逐渐在丧亡，救时济世的责任感、使命感也犹如断线的风筝般，从人们的学术追求中逐渐隐遁。人们依然在兴味盎然地研究经学，相较于清初，研究的风气甚至更加浓厚，平日聚会之时，学者们时常会引经据典、解纷辩难，沉浸于经史学问的研索，即便是往来的书信也成为他们探讨经典疑问的良好平台。一向尊崇汉学，并以经学护法自诩的阮元曾说过如下一番客观事实："我朝儒学笃实，务为其难，务求其是，是以通儒硕学有束发研经白首而不能究者。岂如朝立一旨，暮即成宗者哉！"③

然而冷静地思考一下就能发现，纵观乾隆、嘉庆年间学者孜孜不倦从事的学术，与明清之际顾炎武、黄宗羲等晚明大儒，毛奇龄、李光坡、汪琬、徐乾学等礼学大师的学术研究相比，其研究宗旨已经发生了很大的变化，通儒硕学们束发研经白首孜孜追求的，不再是清初学者的经世致用追求，不再去寻求救时济世的良方何在，学术研究本身反倒成了一种追求的根本目的，振兴民族文化的宏愿转变为纯粹的对古学的兴趣。他们秉持戴震"实事求是"的治学理念，声称："夫实事在前，吾所谓是者，人不能强辞而非之也；吾所谓非者，人不能强辞而是之也，如六经、人数及典章制度之学是也。"④力图运用"实事求是"的实证方法去考订古籍，试图通过文字校勘与古音辨析、字词训诂去诠释还原儒家典籍的本意。由于原本为倡导经世致用而兴起的朴学考据，文字校勘与训诂、古音辨析等考据手段原本也仅仅是探明三代之治的工具之学，却在一些乾嘉汉学家的眼里，成了以光阴研磨心血的法宝，这明显背离了戴震用"吾之精心"去思辨圣贤"精微之所存""以词通道"的治学思想，结果出现了工具意识与目的意识合二为一的现象。可见，由于经世精神的日渐淡化，带来的是本末倒置的埋首经籍、"为学问而学问""为考证而考证，为经学而治经学"⑤现象。诚如有学者所批判的那样，"他们倚重实事求是、无征不信的治学方法，将顾炎武开创的征实以致用的学问发展为纯粹考证的饾饤之学，经世致用的学问

---

①　邓声国：《清代"五服"文献概论》，北京大学出版社 2004 年版，第 47 页。

②　杨国强：《儒学的衍变和清代士风》，《史林》1995 年第 1 期。

③　阮元：《国朝汉学师承记序》，载江藩：《国朝汉学师承记》，中华书局 1983 年版，第 1 页。

④　凌廷堪：《戴东原先生事略传》，《校礼堂文集》卷三十五，中华书局 1998 年版，第 317 页。

⑤　梁启超：《清代学术概论》，东方出版社 1996 年版，第 5 页。

宗旨遂黯而不彰"①,经学的经世致用精神遽然丧失一空。

（四）印刷出版业的高度发达

随着儒学思想文化的复兴,官方对各类传统文化典籍搜罗与整理的重视,书院教育与科举取士的不断兴盛,《古今图书集成》和《四库全书》等类书、丛书的编纂与推广,到乾隆中期,"清代出版业并没有因文化专制主义政策而凋零,反而出现了繁荣局面"②。源于藏书和刻书、研究等需要,从清廷最高官府机构到地方政府机构,从书院到民间士人,都热心于对文化编刻事业的资助。特别是在经济发达、文化繁荣的江南一带,"清代中期以地域、宗族、学派为基础的文化编纂事业一直在发展壮大"③,或刊刻同邦乡贤著作,或为先人、师尊及自编文集编刊出版,或刊刻发行科举课塾读物,有力地促进了当时各地方文教事业的发展,为儒家经学人才的成长和经学研究的传播发展,积淀了雄厚的基础。而且,学术研究自身的推广、活跃与繁荣,往往需要大量可见的精善的图书文献资料,这些典籍多由各个地区私人刻印来满足士人的交流需求。除各种官方刻书机构及民间作坊外,许多卖书的书坊、书肆充斥民间。另外,当时各地区私人大量刻书活动的出现,往往需要精通目录、版本、校雠、辨伪、辑佚等专门学问的人才,"这类学术既为出版学术,却骑经学之墙,可谓一身二任焉"④,它对于促进儒家经学校勘考据事业的发展,具有无与伦比的先天优势;对于汉学考据学风的形成,具有导向性的引领作用。

三、学界礼学思潮的嬗变

清中期《仪礼》学的兴盛,除了受乾隆中后期持续的文化高压与怀柔、考据学风的兴起等外在因素的引发外,还与这一时期出现的礼学思潮变迁有内在关联。清初,遗老顾炎武等学者有感于晚明王学的流弊,从复兴经学之途作为治学切入点,倡导"以经学济理学之穷",并声称"古之所谓理学,经学也,非数十年不能通也",有意识地引导士人将研究重心转移到经学原典上来,得到了当时诸儒的积极响应,遂成一时之学界共识,朴实穷经成为一种新思潮。经过一段时间的酝酿和经学诠释实践的检验,到乾隆前、中期,"以礼代理"的学术思想渐趋萌芽,由安徽歙县凌廷堪撰文《复礼》上中下三篇,首先揭开这一学说,随后又得到了阮元等人的唱和与响应。一时之间,学界上下掀起一股读礼、研礼、践礼的文化热潮。

---

① 白兴华:《乾嘉考据史学的别派:赵翼史学的新定位》,《高校理论展现》2012 年第 12 期。
② 江凌:《试论清代前中期的出版文化环境》,《出版科学》2010 年第 1 期。
③ 曾军:《义理与考据——清中叶〈礼记〉诠释的两种策略》,岳麓书社 2009 年版,第 72 页。
④ 宋原放等:《中外出版史》,北京师范大学出版社 1993 年版,第 7 页。

　　凌廷堪极为推崇江永、戴震之学，为学重视儒家经典文本，一方面，他反对宋明理学舍弃经典空谈义理的空疏学风；另一方面，他又有感于当时诸多单纯从事于汉学考据者，往往存在唯汉是求、一味反宋的学术弊病，强调要通过对经籍原典的研读与回归，由此探求经史的本原所在，表现出对江永、戴震主张寻求"义理"不可舍经而空凭胸臆之思想的高度体认。凌廷堪还在《荀卿颂（并序）》中言道："夫舍礼而言道，则空无所附；舍礼而复性，则茫无所从。盖礼者，身心之矩则，即性道之所寄焉矣。"①显而易见，研究诠释儒家经典就必须正视"礼"这一核心要素，所谓"说圣人之遗书，必欲舍其所恒言之礼，而事事附会于其所未言之理，是果圣人之意邪？"②为此，他专门撰写了《复礼》上、中、下三篇，并且反复申论说："《论语》记孔子之言备矣，但恒言礼，未尝一言及理也。"③"夫圣人之制礼也，本于君臣、父子、夫妇、昆弟、朋友，五者皆为斯人所共由，故曰道者所由，适于治之路也，天下之达道是也。若舍礼而别求所谓道者，则杳渺而不可凭矣。""盖至天下无一人不囿于礼，无一事不依于礼，循循焉日以复其性于礼而不自知也"④。凌廷堪由"礼"推至于人的德性，据此探寻天命之原，进而将"礼"上升到复性、修身、平天下之本的思想高度。既然如此，那么"圣人之道，一礼而已矣"，"礼之外，别无所谓学也"⑤。简言之，研究儒家经学，研究礼经，不论通过何种手段，其根本目的，就是去诠释发掘经典著作中"礼"文化的内涵。

　　自凌廷堪《复礼》提出"以礼代理"的问学思想与治学主张，其交游刘台拱、汪中、宋守端、秦恩复、焦循、阮元、杨贞吉、黄承吉等人无不歆然而动。尤其值得一提的是，素有"汉学护法神"称号的经学大师阮元倡之最力，他以一介封疆大吏的身份起而推倡凌氏之说，将凌氏引为学术知己，造成之影响极大。江藩曾经就此评价说："凌君乃一代之礼宗也。如阮氏，则真所谓知己矣。"⑥一时间，"学界几乎以言理为禁忌，后学者群弃理学而归之"⑦，深深影响了当时一代学者的礼经学研究。

　　总之，在乾隆中后期政治文化更新与学术自身内在逻辑发展之共趋激荡下，原本的儒学研究呈现出由理学向经学转型的新态势，清初顾炎武提出的

---

①　凌廷堪：《荀卿颂（并序）》，《校礼堂文集》卷十，中华书局1998年版，第76页。
②　凌廷堪：《复礼》（下），《校礼堂文集》卷四，中华书局1998年版，第32页。
③　凌廷堪：《复礼》（下），《校礼堂文集》卷四，中华书局1998年版，第31页。
④　凌廷堪：《复礼》（上），《校礼堂文集》卷四，中华书局1998年版，第27、28页。
⑤　凌廷堪：《复礼》（上），《校礼堂文集》卷四，中华书局1998年版，第27页。
⑥　张其锦：《校礼堂文集·识》，《校礼堂文集》卷首，中华书局1998年版，第12页。
⑦　林存阳：《清初三礼学》，社会科学文献出版社2002年版，第323页。

"以经学济理学之穷"学术取向,也逐步为凌廷堪提出的"以礼代理"学说所取代,并渐次居于学界的主流地位。

第二节 汉学考据派的《仪礼》学研究

"乾隆以后,许、郑之学大明,治宋学者已鲜,说经皆主实证,不空谈义理,是为专门汉学。"①乾嘉时代,为研古而研古的汉学支配着当时学术界的潮流,是为考据之学。考据学者中,素有吴派、皖派之分,这主要是就其居住地区而言,其实在学术上也有所同异,如吴派大师惠栋、皖派大师戴震两人在《仪礼》学研究方面的治学旨趣和治学方法就颇为相近,他们"谐声诂字必求旧音,援传释经必寻古义,盖彬彬乎有两汉之风焉"②。清中期的汉学考据派《仪礼》研究,主要以惠栋、戴震、凌廷堪等人为代表。较之这一阶段其他流派的研究,在治学方法上,此类学者更加强调文字、音韵分析对语词训诂的综合考据,较少像清初学者那样随意广据群经互为论证,引证更趋严谨;在礼经仪制的诠释上,更强调从本经的互贯融通入手,疏通挖掘《仪礼》经文存在潜在的隐性"礼例"内容;在文献校勘上,重视对校法和理校之法的运用,强调从金石文献和其他传世典籍文献材料中寻找证据。

一、惠栋与《仪礼古义》

(一)生平及治学趋向

惠栋(1697—1758),字定宇,号松崖,江苏元和(今苏州吴县)人。惠栋出生于一个官宦之家,例如,其曾祖父惠有声是晚明时期的一位秀才;而祖父惠周惕是清康熙三十年(1691)进士,选翰林院庶吉士,散馆后改任密云县知县;康熙四十八年(1709),其父亲惠士奇考中进士,先后官编修、侍读学士等职。与此同时,惠栋生活在一个素有深厚学养氛围的学术世家,祖父惠周惕精通经学,有《易传》《春秋问》《三礼问》《诗说》等著作传世;父亲惠士奇传祖父惠周惕之学,有《易说》《礼说》《春秋说》《大学说》诸书传世。惠氏家中有一个红豆书屋,于是当时人们称其祖父惠周惕为"老红豆先生",称其父亲惠士奇为"少红豆先生",又称惠栋为"小红豆先生"。正是由于惠氏家学渊源深厚,而且其家中颇多藏书,惠栋自幼便笃志向学,而且日夜讲诵大量文献典籍,所谓

① 皮锡瑞:《经学历史》,中华书局1959年版,第341页。
② 凌廷堪:《与胡敬仲书》,《校礼堂文集》卷二十三,中华书局1998年,第206页。

"于经史、诸子、稗官、野乘及七经毖纬之学,无不津逮"①。在惠栋早年,他曾经随同其父惠士奇至广东提督学政任所,在其父亲的亲自督学之下,潜心于砥砺儒家学问之中,为此后的经学研究奠定了坚实的基础。乾隆十五年(1750),以经明行修荐,不为朝廷所用,此后惠栋遂终生不仕,且以授业和治学著述终老。

根据当代学者漆永祥先生的考证,惠栋的学术生涯主要以中年为界,大致可以分为两个时段,其中惠栋治学前期主于"泛览杂取",而在其治学后期"特别是四十以后专明汉学,尤致力于汉《易》,对宋明理学与帖括之学严加痛责"②。惠栋治学兴趣颇广,于儒家诸经可谓熟洽贯通。综览惠栋毕生研治经学情况,大体上是沿继清初学者顾炎武倡导的治学途径,张扬高举汉学研究之风,强调从古文字入手,重视古音训诂,以为非经师不能辨之,乃作有《九经古义》22 卷。惠氏对汉儒《易》说搜辑钩稽,不遗余力,"凡古必真,凡汉必好";他评《毛诗注疏》时说,"宋儒之祸,甚于秦灰",等等。简言之,惠栋乃开创了当时一派学者求古而不问是非、为考证而考证经史之学,使其成为吴派经学研究的重要学术标杆。惠栋著述当中颇充溢着一种"饾饤烦琐"的学术旨趣,以致时人对其颇有"嗜博泥古""株守汉学"一类批评讽刺之辞。受其祖父惠周惕、父惠士奇皆研治《易经》之学的影响,惠栋亦长于易学研究,乾隆十四年(1749),惠栋着手总结其祖父、父亲二人经说所得,并加上自己治《易》的心得,此后撰成《周易述》23 卷及《易汉学》《易例》等各类易学著作。此外,惠栋所著还有《古文尚书考》2 卷、《后汉书补注》24 卷、《明堂大道录》8 卷、《禘说》2 卷、《松崖文钞》等,可谓著述等身。

惠栋在当时学界的名声传播很广,在其周围集中了一批学术旨趣志同道合之士。青浦学者王昶在为惠栋撰写的《墓志铭》当中就提道:"吴江沈君彤、长洲余君仲霖、朱君楷、江君声等先后羽翼之,流风所煽,海内人士无不重通经,通经无不知信古,而其端自先生发之。"③与之有学术交往的学者不乏学界名家,如受方苞邀请曾经入三礼馆预修《三礼义疏》的吴江学者、礼学名家沈彤,便是惠氏的一位至交好友,二人多有学术往来。惠氏的受业弟子颇多,吴县学者余萧客、常熟学者江声、嘉定学者王鸣盛与钱大昕、休宁学者戴震等人,都曾对其执弟子礼,向其请益问学。作为"吴派"经学之集大成者,惠栋被誉

①　支伟成:《清代朴学大师列传》,岳麓书社 1998 年版,第 30 页。
②　漆永祥:《乾嘉考据学研究》,中国社会科学出版社 1998 年版,第 115 页。
③　王昶:《惠先生墓志铭》,钱仪吉纂《碑传集》133 卷,文海出版社 1985 年版,第 6332 页。

为"汉学之绝者千有五百余年,至是而粲然复章矣"①,享誉当时学界。从传世文献来看,惠栋是乾嘉年间首位公开打出汉学旗帜,并与"宋学"直接对垒之人,清人袁枚就声言说:"闻足下与吴门诸士厌宋儒空虚,故倡汉学以矫之。"②惠栋死后,他的弟子钱大昕为其作传称:"予尝论宋、元以来,说经之书盈屋充栋,高者蔑弃古训,自夸心得;下者剽袭人言,以为己有。儒林之名,徒为空疏藏拙之地。独惠氏世守古学,而先生所得尤深,拟诸前儒,当在何邵公、服子慎之间,马融、赵岐辈不能及也"。③ 后来江苏甘泉学者江藩在其所著《宋学渊源记》中亦直指汉学源始说:"本朝为汉学者,始于元和惠氏。"④凡此种种,要皆彰显了惠栋治学的主体风格,诚属学术界之共识。

(二)惠栋对"礼"及《仪礼》的认知

惠栋生活在清初与清中期的交接期,在关于儒家核心要素之一"礼"及《仪礼》一书的认知上,同样具有较为个性化的体悟。从其留下来的各类著述点滴言论中,惠栋着实有自己的一番独到见解,主要体现在以下数方面的认知上:

其一,在关于"礼"的内涵的理解上,清代不同学者往往有不同的解读、认知,而惠栋则主张,"礼"即为理,治天下当以礼为本,礼重践履。例如,惠栋在《周易述》中说:"周公作周礼,其法于《易》乎?"⑤关于惠氏的这一认知,当代学者郑朝晖在《论惠栋的循"理"观》一文中剖析后指出:"礼之精义实存于'发乎情,止乎礼'。礼并不反对人的欲望,它只是让欲的发动和实现处在一个合理的限度之中,惠栋因此以为'礼者谓有理'。"⑥《管子·心术上》一文有如是一段文字说:"《心术》曰:德者,道之舍,物得以生生,知得以职道之精。故德者,得也。……以无为之谓道,舍之之谓德。故道之与德无间,故言之者不别也。间之理者,谓其所以舍也。义者,谓各处其宜也。礼者,因人之情,缘义之理,而为之节文者也。故礼者谓有理也。理也者,明分以谕义之意也。故礼出乎义,义出乎理,理因乎宜者也。"在惠栋看来,《管子》在"理也者,明分以谕义之意也"这一明分之义思想的基础上,进一步提出"礼者谓有理也"的主

① 钱大昕:《惠先生栋传》,《潜研堂文集》卷三十九,吕友仁校点:《潜研堂集》,上海古籍出版社1989年版,第699页。

② 袁枚:《答惠定宇书》,《小仓山房文集》卷十八,沈云龙主编:《近代中国史料丛刊续编》第七十八辑,台北文海出版社民国六十三至七十一年影印原随园藏版。

③ 钱大昕:《惠先生栋传》,《潜研堂文集》卷三十九,吕友仁校点:《潜研堂集》,上海古籍出版社1989年版,第705页。

④ 江藩:《宋学渊源记》卷上,《国朝汉学师承记》附,中华书局1983年版,第154页。

⑤ 惠栋撰,江藩补,袁庭栋整理:《周易述》,巴蜀书社1993年版,第63页。

⑥ 郑朝晖:《论惠栋的循"理"观》,《学术论坛》2007年第10期。

张,是较为合乎先秦时期"礼"产生之事实的。按照郑朝晖对惠栋其话语的深度解读,"《管子》在明分之义的基础上认为'礼者谓有理',这完全可以看作是惠栋思想的表达。所谓礼者、理者,都是人情之宜;礼只是理的制度化表达而已,其潜在的含义则是以三代之'礼'代宋儒之'理'"①。惠栋之所以强调要"以三代之'礼'代宋儒之'理'",其本身就是要突出彰显"礼"的通经致用功能,与他的"为考证而考证"治学取向是一脉相承的,而不是停留在空洞的思想道德层面修养上。

其二,在关于"礼"的通经致用观方面,惠栋亦与清初学者的看法略有差异。惠栋反对晚明学者所持程朱理学的那套思想学说与话语体系,转而特别强调尊礼、守礼,主张实现尊礼、守礼与研治训诂章句之学两者的"知行合一"观。诚如惠栋本人在《趋庭录》中所指出的那样:"章句训诂,知也;洒扫应对,行也。二者废其一,非学也。"②在惠栋看来,通过对儒家经典的章句训诂,可以深入发掘知晓其中的"理",但这并不是治学的根本目的所在,而是要在发掘知晓圣人之义理基础上,进一步践行这种典籍中蕴含的"理",在真正意义上实现知行合一,从而合理地避免宋人治学上的空疏之弊,恰好迎合了乾嘉时期学界对于解经"经世致用"的客观需求,这也是惠栋强调"以礼代理"为学思想的又一方面。

在《周易述》中,惠栋还明确声言说:"郑《礼记序》曰:'礼者,体也、履也,统之于心曰体,践而行之曰履。'……礼以敬为主也。"③此番话语当中,惠栋之所以引述郑玄《礼记序》之文,从根柢上看,乃是将"礼"看作是一个"知行合一"的统一体。惠栋认为,古人追求的"礼",倘若体现于人的内心当中,这就是所谓"理";践行于人的行动当中,这就是通常所谓之"礼",由心而达外,需要通过内心的"敬"来一以贯之。换言之,只有通过内心的"敬",才能将外在的"礼"与内在的"理"统一起来,这才是古人所说的"礼"的真正内涵,而不是出于内心畏惧的考虑,从而去服从作为外在规定的"礼"。惠栋这一"知行合一"的通经致用观,显然有其积极的一面,当然其中亦存在一定的不足之处,诚如有当代学者所说:"在不进入政治领域就无法将学术系统与政治系统相结合,从而切实做到'学以致用'的封建社会,作为一介书生,惠栋的济世情怀

---

① 郑朝晖:《论惠栋的循"理"观》,《学术论坛》2007年第10期。

② 惠栋:《趋庭录》,《九曜斋笔记》卷二,《丛书集成续编》(第92册),上海书店出版社1994年版,第526页上。

③ 惠栋:《周易述》卷四《周易上经》,《景印文渊阁四库全书》(第52册),台湾商务印书馆1983—1986年版,第55页。

也无可避免地只能停留在口头和书本上了。"①

其三,在有关《仪礼》撰者问题的认知上,惠栋一方面坚持古文经学家的立场观点,继续徜徉周游于《仪礼》一书为周公所作之说。惠栋《仪礼古义》中虽然没有表达过类似的话语,但他在《吕坤尊朱子而驳周公》当中,确有如下言论:"《仪礼》为周公所定,夫人而知之。《经典叙录》曰:'周公居摄,曲为之制,故曰经礼三百,威仪三千。'经礼谓《周官》也,威仪谓《仪礼》也。"②这一礼经著述者的具体认知,与惠栋一贯所持的"厌宋儒空虚,故倡汉学"治学取向,主张通过训诂实践恢复经的本义的立场观点,基本上是连贯一致的。

另一方面,惠栋又主张说,《仪礼》的最终成文,还与儒家创始人孔子存在着较为密切的关系:"孔子当春秋之世,有天德而无天位,故删《诗》,述《书》,定《礼》,理《乐》,制作《春秋》,赞明《易》道。"③在某种意义上说,惠氏乃是承袭了历代古文经学家的传统观念,而不一味追求所谓新见。惠栋所说的"定《礼》",与今文学家将礼经归之于孔子所作说,是有很大差别的。事实上,即便是清初学者当中,亦颇有与之观点相似之人,例如,山东济阳学者张尔岐在《仪礼郑注句读·自序》中就声称:"在昔周公制礼,用致太平,据当时施于朝廷乡国者勒为典籍,与天下共守之。其大体为《周官》,其详节备文则为《仪礼》。"又说:"《仪礼》则周公之所定、孔子之所述。"④又如,清初无锡学者蔡德晋在《礼经本义》中也说:"此书亦周公所作,载行礼仪文节次之详,乃礼之条目也,汉高堂生所传凡十七篇。后于孔壁中得《礼古经》五十六篇,于十七篇外增多三十九篇,盖孔子所定礼之全经也。"⑤要皆表示出对《仪礼》曾经孔子之手整理、删定而成的高度体认。

（三）《仪礼古义》之诠释特色

对于《周礼》《仪礼》二经,惠栋亦素有研究,并著述有《周礼古义》《周礼会最》《仪礼古义》各 1 卷,后皆收录在《九经古义》一书当中。《九经古义》成书大约在乾隆九年(1744)以前,此时惠栋已经年近 50,应能代表他的治学诠释风格。和其他各卷一样,《仪礼古义》充分彰显了惠栋复兴汉学的问学主

---

① 尹彤云:《惠栋学术思想研究》,《清史研究》1999 年第 2 期。

② 惠栋:《吕坤尊朱子而驳周公》,《九曜斋笔记》卷二,《丛书集成续编》(第 92 册),上海书店出版社 1994 年版,第 513 页下。

③ 惠栋:《周易述》卷十一《象传上》,《景印文渊阁四库全书》(第 52 册),台湾商务印书馆1983—1986 年版,第 119 页。

④ 张尔岐:《仪礼郑注句读·自序》,载刘晓东、杜泽逊:《清经解三编》(第 7 册),齐鲁书社 2011年版,第 736 页。

⑤ 蔡德晋:《礼经本义》卷一,《景印文渊阁四库全书》(第 109 册),台湾商务印书馆 1983—1986年版,第 500 页。

张,其治学长于文字、音韵、训诂等小学范畴的学术实践也一览无遗,是奠定惠栋毕生学术成就的重要基石之一。关于该书的撰述缘由,惠栋本人曾做过如是一番阐述:"五经出于屋壁,多古字古言,非经师不能辨;经之义存乎训,识字审音乃知其义,是故古训不可改也,经师不可废也。余家四世传经,咸通古义,守专室,呻稿简,日有省也,月有得也,岁有记也。顾念诸儿尚幼,日久失其读,有不殖将落之忧,因述家学,作《九经古义》一书。吾子孙其世传之,毋堕名家韵也。"①可见,惠栋《古义》一书之作,乃深受其祖父惠周惕和父亲惠士奇等家学解经传统的影响,所谓"余家四世传经,咸通古义"便是明证。

具体而言,《仪礼古义》一书在以下诸方面上,着实彰显出惠栋的礼经诠释颇具鲜明之汉学考据性特色,而不以礼意的发覆见长:

其一,从《仪礼古义》一卷的著述体例和著述体式角度来看。该卷释文一如所著《九经古义》其余各卷,篇幅并不很大。惠栋并不强调全录对《仪礼》所有经文的全面性疏解,而是仅仅针对礼经文本当中不易明晓者,或者是郑玄《注》文存在可考之处的例子,对其进行细致的训诂与疏证,释难解纷的色彩较为明显,这和他对其他八部儒家经书的诠释风格是基本一致的。笔者曾经对《仪礼古义》一书做过周密的统计,并指出,《仪礼古义》"全书共60条,校勘条目占一半以上,其中属于古今异文疏证之例39条,其他校勘之例8条"②,由此可见惠栋研习礼经的诠释焦点,更多着眼于还原礼经文本,以便于更有利地诠释经文早期的"古义",这亦符合此前所述惠栋的治学旨趣和治学风尚。书名之所谓"古义",乃是标榜惠栋此书是通过"述"古训以解经之道,这是"汉学"典范下之一种颇具代表性的解释性著述类型。不过,和"笺注"一类体式著作仍有一定的差异,并不着眼于对郑玄《注》文做出是非得失的判定与取舍。

其二,和当时的汉学家治经传统一样,惠氏治学十分注重疏证的文献依据。为了疏通证明郑《注》诠释的可信度,惠栋还从历代经史文献当中,寻找相应的异文及古注破读材料。当代学者尹彤云在谈到《九经古义》引书的具体情况时,曾经中肯地评价说:"惠栋对九经经书的考释,大都以经文为本,以所宗诸家之说为基础。考订古字古音,则博及经传诸子及《说文》《释文》等书,对钟鼎、石经、汉简等,也兼而采之,详加考证,以归于古。其考古训,则博引群书,发明所宗之说,最终一一归本于汉儒诂训。"③事实上,惠栋的《仪礼古义》亦同样如此,例如,《士冠礼》:"将冠者,采衣,紒",郑《注》:"紒,结发。古

①　惠栋:《九经古义原序》,《九经古义》,《景印文渊阁四库全书》(第191册),台湾商务印书馆1983—1986年版,第362页。

②　邓声国:《清代〈仪礼〉文献研究》,上海古籍出版社2006年版,第103页。

③　尹彤云:《惠栋〈周易〉学与九经训诂学简评》,《宁夏社会科学》1997年第1期。

文'紒'为'结'。"惠栋《古义》云:"《广雅》曰:'发结也。'曹宪曰:'案《说文》,即籀文'髻'字也。'古'髻'字皆作'结'。汉有假结、安虇结、大手结。《周礼注》'结'作'紒',俗作'髻'。"①这一则疏证例当中,惠栋广泛征引《广雅》《周礼注》和曹宪的诠释结论,证成古今异文的文字使用情况。再如,《乡射礼》:"不贯不释",郑《注》:"古文'贯'作'关'。"惠栋《古义》云:"《吕氏春秋》云'中关而止',谓关弓弦正半而止,即《仪礼》所谓'不贯'也。'贯'与'关'古今通。《史记·伍子胥传》云:'伍胥贯弓执矢,向使者。'《注》云:'贯,乌还反。'《后汉·祭彤传》:'能贯三百斤弓。'司马贞曰:'满张弓。一云:贯谓上弦也。'"②这一则疏证训释之例,惠栋广泛征引《吕氏春秋》《史记》《后汉书》当中的相关文献,为礼经古今异文的语义关系分析提供了丰富的实证材料。其他各条疏证例,亦大都类此。

其三,从《古义》相关礼经古今异文的疏证实例情况来看,惠栋并不满足于依靠搜寻传世文献中的异文和古注破读材料提供佐证,他更擅长于透过礼经古今异文文字的构字状况及其文字之间的声韵关系揭示,寻找和发覆两个异文之间存在的声义关系。例如,在《士射礼》"不贯不释"一条疏证当中,惠栋不仅征引《吕氏春秋》《史记》《后汉书》等文献语料加以佐证分析,他还考察不同文字在音形义之间的关系情况,指出:"古'串'与'患'通,又读为'贯',故古文'患'作'闷',从心,关省声也。"③再如,《士丧礼》:"幂奠用功布",郑《注》:"古文奠为尊。"惠栋《古义》:"案:古'尊'字作'算',与'奠'相似,故讹从之。奠从丌,读若箕;算从廾,读若拱。"④这一则训释例,惠栋从分析古今异文的文字形体入手,深度剖析了异文各自之间的形体上的细微差别,并借助"读若"法,进一步分析二字之间的语音差别。这种训释情况,惠栋所寻求的,往往不是两汉时期礼经古今异文本身的优劣得失,并不主于轻易判定是非。

以上所论之二、三两点,往往是惠栋著述着力最多之处,他通过搜罗各类典籍中更多的相似性语料,再结合文字的形体分析,及其礼经古今异文的音义关系分析,进而实现礼经古今异文之间实际存在的语义关系的揭示。从整个

---

① 惠栋:《仪礼古义》,《九经古义》卷九,《景印文渊阁四库全书》(第 191 册),台湾商务印书馆1983—1986 年版,第 443 页。

② 惠栋:《仪礼古义》,《九经古义》卷九,《景印文渊阁四库全书》(第 191 册),台湾商务印书馆1983—1986 年版,第 445—446 页。

③ 惠栋:《仪礼古义》,《九经古义》卷九,《景印文渊阁四库全书》(第 191 册),台湾商务印书馆1983—1986 年版,第 446 页。

④ 惠栋:《仪礼古义》,《九经古义》卷十,《景印文渊阁四库全书》(第 191 册),台湾商务印书馆1983—1986 年版,第 451 页。

有清中后期学术发展史来看,惠栋对于《仪礼》古今异文之间的语义关系的揭示与发覆,引起了乾嘉时期学者对于这一话题的高度关注与重视,直接催生了程际盛、李调元、徐养原、宋世荦、胡承珙、段玉裁等人各自撰著的《仪礼古文今文考》《仪礼古今考》《仪礼古今文异同》《仪礼古今文疏证》《仪礼今古文疏义》《仪礼汉读考》等一系列同类诠释性著作,逐步推动郑《注》古今异文的研究更加细致深入。

其四,随着当时金石之学的深入发展,一大批金石文献的语料进入惠栋治学的视角,作为其诠释郑《注》的重要疏证材料。这也是惠栋研治礼经,有别于清初诸家学者诠释考辨疏证古今异文之地方,充分彰显出惠栋治学之严谨、细密与精深。例如,《聘礼》:"及庙门,公揖入,立于中庭",《古义》疏证说:"'立'字,当作'位'也。古钟鼎文如周毛父敦铭及盠和钟,'立'字释者皆训为位。又周郏敦铭云:'毛伯内门,立中庭。'周散敦铭云:'苏公入右散,立中庭,北乡。'韦弘嗣、许叔重皆云:'列中庭之左右曰位。'明'立'字亦当作'位'。释者仍训为本字,非也。"①此则训释当中,惠栋广泛征引各类出土文献语言材料加以佐证,可谓颇具新意。又如,《大射仪》:"且左还",郑《注》:"古文'且'为'阻'。"《古义》云:"古钟鼎文'祖'字皆作'且',如祖乙卣、盠和钟,文王命疕鼎,师毁敦皆然。《尚书》:'黎民阻饥',今文作'祖饥',徐广曰:'祖,始也。'孟康曰:'古文言阻。'古文'祖'作'且','且''阻'同字,故《仪礼》《尚书》皆作'阻'。"这一则疏证例,惠栋同样强调广泛征引金石文献材料,并且将其与传世文献语料结合起来运用,使得其疏证结论更趋可信。凡此之类训例,在惠栋的《仪礼古义》中甚众,这里恕不繁引。

这一治学传统,也为此后学者疏解《仪礼》今古文异文关系所继承,例如,浙江德清学者徐养原著述《仪礼古今文异同》一书,便注意运用这一治学手段,考索礼经今古文异文之间的具体关系,例如,《仪礼·大射仪》:"媵觚于宾",郑《注》:"古文'媵'作'腾'。"徐养原《仪礼古今文异同》卷二诠释说:"《隶释》石经《仪礼》残碑:'入盥洗,升,媵觚于宾',石经熹平所立,乃今文也,与此《注》合,足证《燕礼》注称今文为传写之误。"②又如《士冠礼》篇"古文眉作麋"例,徐氏引《集古录》有关石刻及古器铭文字材料相互佐证。凡此之类,在一定程度上提高了礼经文本古今异文诠释的可信度。

① 惠栋:《仪礼古义》,《九经古义》卷十,《景印文渊阁四库全书》(第 191 册),台湾商务印书馆 1983—1986 年版,第 448 页。
② 徐养原:《仪礼古今文异同》卷二,《续修四库全书》(第 90 册),上海古籍出版社 2002 年版,第 300 页。

（四）惠栋诠释礼经的阙失

综上所述，惠栋的《九经古义》一书研治诸经，纯粹张扬汉学传统，通过详审明辨儒家九经古字之字形、古音及其古训情况，以发覆印证汉儒解说经书的合理性，这在有清乾嘉时期，可谓是开学界汉学风气之先河，对于发覆经学经典之旧义，及其传承汉人旧注的精义，着实功不可没。单就惠栋的《仪礼》文本诠释研究而言，可以说，他开启了清代《仪礼》学汉学考据派研究风格的先河，对《仪礼》中的文字依古训加以注释，作出了很大的贡献，并且形成了上述诸种诠释特色。从有限的 60 例《仪礼》经文诠释条目来看，在相当范围和程度上，惠栋的《仪礼》诠释得失往往是兼存的，得中有失，体现出一定的辩证性色彩。泛泛而说，惠栋诠释礼经的具体实践当中，主要存在如下数方面的阙失：

其一，从诠释视角和诠释目的来看，和《周礼古义》《礼记古义》的诠释一样，《仪礼古义》乃归本东汉大儒郑玄注文之说，阐发经书古义。在惠栋看来，汉代经书旧注当中凿然保存了圣人治世大旨，今人要阐发经书古义，就必须依靠汉儒之经说经训，而作为儒家经典之一的《仪礼》经，同样亦不例外。为了达成诠释揭示儒家经典的古义目的，惠栋力图在尊崇前贤古说的前提下，通过考索礼经之古字、古音、古训材料等手段，进一步考证了其中丰富的器物、典章、制度等内容，申明发覆郑《注》之意，这便是惠氏著述《仪礼古义》的根本要旨。凡此种种治学风格，乃是在"尊汉"学术思潮影响之下直接催生的产物。然而，这种尊古崇汉的治学旨趣，亦有弊失之处，有时难免有矫枉过正之嫌，此一点，为稍后学者所觉悟并加批评。嘉庆九年（1804）夏，焦循曾致书高邮学者王引之，其中就有批评惠栋《周易述》存在拘执之弊的情况，他指出："东吴惠氏为近代名儒，其《周易述》一书，循最不满之。大约其学拘于汉之经师，而不复穷究圣人之经。譬之管夷吾名尊周，实奉霸耳。"[①]同年十月，王引之复书焦循，唱为同调。王氏在和焦循的往来通信中声称："惠定宇先生考古虽勤，而识不高，心不细。见异于今者则从之，大都不论是非。"这种治学"识不高，心不细"的后果，便是惠氏将经学研究陷入单纯文字声韵形的考释当中，在事实上忽视了儒家经典背后经义的哲学层面考察。正是基于此种考虑，王引之称焦循"来书言之，足使株守汉学而不求是者，爽然自失"[②]。

---

　　① 焦循：《又复王伯申书》，载罗振玉：《罗雪堂先生全集》五编《昭代经师手简二编》，台湾文华出版公司 1969 年版。

　　② 王引之：《与焦理堂先生书》，《王文简公文集》卷四，《续修四库全书》（第 1490 册），上海古籍出版社 2002 年版，第 392 页上。

　　其二，从小学方法治经的角度来看，惠栋并不是为小学而小学，他强调从声音、训诂、校勘等小学基本功夫入手，深入整理和研究古代儒家的经籍，一方面确实有助于克服魏晋以后学者普遍存在的牵强附会、随意解释之弊病，消除历代学者长期以来附加在儒家经典上的错误见解，还其以经典的本来面目。在《仪礼古义》一书的60则校释条文中，惠氏同样运用文字、音韵方面的相关知识，进行语词方面的训诂考证，加之其中尤以校勘考证为主，对后来学者关注《仪礼》经、注、疏的校勘，产生了很大的影响。不过，这诸多校释条文中的因声求义之例，和惠氏其他经籍的文字疏证一样，在识字审音方面的功夫并不高明。关于这一点，惠栋治学招至了当下学者的批评，漆永祥先生便指出："惠栋大倡从古字，重古音，但惠氏本人对音韵训诂并无深入专门的研究。……因此惠氏在古文献的整理与研究中多采用以形求义的传统训诂方法治学，有时貌似因音求义，但实际上是拘形索义或望文生训。"①正是因为惠栋缺乏上古音韵学方面的精细化研究，在对于上古声韵调的认知上，并不像后来者段玉裁、王念孙等人那么精深，因而在具体的考证技术层面上，惠栋的文字考证还很粗疏，有时难免会出现一些失误。例如，《既夕礼》："设披"，郑《注》："今文'披'皆为'藩'。"《古义》云："披，从手皮声，古音'皮'与'蕃'同，'蕃'又（与）'藩'通，故今文'披'作'藩'，声之误也。"②惠栋对古音的认识并不十分清晰，大多停留在一种古注破读材料的互证上，因而其对于礼经文本古今异文之间的声义关系分析是粗疏的。故当代文献学家孙钦善先生在谈到惠栋治学时，评价其"通古字而昧古音，往往拘泥于字形，不明通假"③，从惠栋《仪礼古义》之数十则训释情况来看，孙氏的评价显然是比较客观的。较之于惠栋的疏证，乾嘉时期皖派学者戴震、段玉裁等人的破假借，后者著述当中的声韵疏证之法，运用得更趋娴熟，论证过程更趋完善而细密，训释结论也更趋合理可信，这一点当毋庸置疑。

　　其三，从文献引证角度来看，如前所述，惠栋广泛征引传世经籍异文及古注破读材料疏证郑《注》语，这一治学手段，与其治学以"博闻强记为初基"④不无关联。惠氏于经典语词的训释一"准《尔雅》，六书依《说文》及

　　①　漆永祥：《乾嘉考据学研究》，中国社会科学出版社1998年版，第155页。
　　②　惠栋：《仪礼古义》，《九经古义》卷十，《景印文渊阁四库全书》（第191册），台湾商务印书馆1983—1986年版，第452页。
　　③　孙钦善：《中国古文献学史》，中华书局1994年版，第935页。
　　④　徐世昌等编纂，舒大刚等校点：《研溪学案》，《清儒学案》（第三分册）卷四十三，人民出版社2010年版，第1118页。

《急就章》《经典释文》、汉魏碑碣，至《玉篇》《广韵》以下，非所屑也"，在遍考各种前贤旧注训释语料的基础上，力求"博采兼收"，"离同合异"①，这为其汉学考据之治学手段奠定了坚实的基础。在惠栋的眼中，考据之学言须有据，取义须有所本，因而引证十分重要，文献比空洞的义理推理可信度要大得多。但与此同时，这种广征博引的考据治学方法，也为其治学著述带来了"博而不精"的缺陷。在《九经古义》当中，惠栋"爱博嗜奇，不能割爱者"②不止一二例，广征博引的治学引证手段事实上并未能起到良好的学术效果。诚如晚清民国间学者章太炎在谈到惠栋治学特点之时，一方面说他"其学好博而尊闻"，同时又指出他的《九经古义》《周易述》《古文尚书考》《左传补注》等著作往往"撰始精眇，不惑于秘闻，然亦泛滥百家"③，可谓博而不精。

　　总之，惠栋《仪礼古义》对礼经古今异文的疏证工作，力求疏通揭示郑氏《注》文之古，实际上是他对汉人注说推崇与尊尚真实客观之写照。《仪礼古义》当中对礼经 17 篇古今异文校勘释例的疏证，虽然只是 39 条，涉及的数量虽少，但仍具有重要的学术价值，治学影响也极为深远。四库馆臣在谈到惠栋治学之优劣时，曾从总体层面做过如是一番评价，"盖其长在博，其短亦在于嗜博；其长在古，其短亦在于泥古也"④，颇具辩证性色彩。《仪礼古义》作为《九经古义》中的一部分，和此书其他卷帙一样，尽管其间存在"为例之不纯者"的情况，然"大抵元元本本，精核者多，较王应麟《诗考》、郑氏《易注》诸书，有其过之无不及也"⑤。正因为如此，"乾隆中叶，海内之士知钻研古义，由汉儒小学训诂以上溯七十子六艺之传者，定宇先生为之导也"⑥，惠氏治学影响当可谓深远至极。就清代中期礼经研究的流派情况而论，从汉学考据派到尊尚郑学派，无不是受到惠栋治学主张及其治学取向的影响，关于这一方面情况，此不多加阐述说明。

----

① 钱林辑，王藻编：《文献征存录》卷五，《续修四库全书》（第 540 册），上海古籍出版社 2002 年版，第 189 页。

② 永瑢等：《钦定四库全书总目》（整理本）卷三十三，《九经古义》条，中华书局 1997 年版，第 436 页。

③ 章太炎：《訄书·清儒》十二，古典文学出版社 1958 年版，第 300 页。

④ 永瑢等：《钦定四库全书总目》（整理本）卷二十九，《左传补注》条，中华书局 1997 年版，第 380 页。

⑤ 永瑢等：《钦定四库全书总目》（整理本）卷三十三，《九经古义》条，中华书局 1997 年版，第 437 页。

⑥ 陶澍：《书四世传经遗像后》，李桓辑：《国朝耆献类征初编》卷四百一十七，经学七，台湾明文书局 1985 年影印本。

二、戴震与礼经文献整理

（一）生平及治学旨趣概说

戴震（1724—1777），字东原，一字慎修，号杲溪，休宁隆阜（今安徽黄山市屯溪区）人。早年因家境贫寒而进族里办的义塾就读，深思好问，17岁时便已精通《十三经注疏》，自称"余于疏不能尽记，经注则无不能倍（背）诵也"①。20岁那年（1742），偶遇年过六旬的江永，此后遂从江永问学。在江永的指点下，原先颇有根柢的学问完全成熟，他开始高屋建瓴地考虑贯通群经的内在逻辑，从而开始了他的学术发轫期。戴震科举仕途颇不顺利，29岁始补县学诸生，乾隆二十七年（1762）中举人，以后6次入京会试皆不第。乾隆二十年（1755），戴震"避仇入都"（《清史稿·戴震传》）②，以其学识与翰林院中的钱大昕、朱筠、纪昀、王昶、卢文弨等人交往论学，并因所著《勾股割圜记》《考工记图注》而一时名重京城，以至"海内皆知有戴先生矣"③。又经钱大昕举荐受聘于秦蕙田，助秦编纂《五礼通考》。乾隆二十二年（1757），戴震离京客居扬州，并结识了著名经学家惠栋，二人论学往复，"交相推重"，引为知己，自此戴震治学方式及思想观念发生了很大的改变。乾隆三十七年（1772）末，戴震往浙江金华，主讲于金华书院。次年，开《四库全书》馆，戴震以举人受特诏任纂修官。乾隆四十年（1775）第六次会试下第，因学术成就显著，特命参加殿试，赐同进士出身，为翰林院庶吉士，仍从事《四库全书》的编纂。次年三月，戴震得足疾，行走不便，仍在寓所著述不息。由于劳心过度，加之生活贫困，终于乾隆四十二年（1777）五月二十七日殁于北京崇文门西范氏颖园。

戴震治学广博，音韵、文字、历算、地理无不精通，不主一家，亦不尚博览，务为专精；又进而阐明义理，对理学家"去人欲，存天理"之说有所抨击，被梁启超称之为"前清学者第一人"。在戴震毕生的学术研究中，他有意识地继承并发扬了顾炎武以来的学术传统，提出"由故训以明义理""执义理而后能考核"的学术思想，既反对程朱理学空谈义理的虚玄无物，又反对乾嘉时期考据的矫枉过正。他说："圣人之道在六经也。……凡学始乎离词，中乎辨言，终乎闻道。"④

①　段玉裁编：《戴东原先生年谱》十七岁条，清宣统二年（1910）渭南严氏重刻本。

②　对于戴震入京避难时间，钱大昕、凌廷堪等人认为是乾隆十九年（1754），是年戴震32岁，而段玉裁、洪榜等人则认为是乾隆二十年（1755年），是年戴震33岁，笔者在此取前一说。

③　钱大昕：《戴先生震传》，《潜研堂文集》卷三十九，吕有仁校点：《潜研堂集》，上海古籍出版社1989年版，第711页。

④　戴震：《沈学子文集序》，《戴东原集》卷十一，《戴震全书》（第6册），黄山书社1995年版，第393页。

又说："仆自十七岁时，有志闻道，谓非求之《六经》、孔、孟不得，非从事于字义、制度、名物，无由以通其语言。宋儒讥训诂之学，轻语言文字，是犹渡江河而弃舟楫，欲登高而无阶梯也。"①在文字、音韵、训诂及地理、数学等方面，都以断制精审著称，取得了超越前人的成就。针对当时对汉儒传注株守笃信的学术倾向，戴震提出了"志乎闻道"的为学宗旨，主张寓义理于考证，在对儒家经典的训诂中去求义理。戴震在《题惠定宇先生授经图》中曾言："夫所谓理义，苟可以舍经而空凭胸臆，将人人凿空得之，奚有于经学之云乎哉？"②戴震卒后，其小学，则高邮王念孙、金坛段玉裁传之；测算之学，曲阜孔广森传之；典章制度之学，则兴化任大椿传之；此皆其弟子也。

戴震死后，卢文弨为《戴氏遗书》作序，称："吾友新安戴东原先生，生于顾亭林、阎百诗、万季野诸老之后，而其学足与之匹。精诣深造，以求至是之归。胸有真得，故能折中群言，而无徇矫之失。"王昶后来为戴震作墓志铭，钱大昕后作《戴先生震传》详细记录了戴一生行谊及学术成就。章学诚曾经评价说："戴君所学，深通训诂，究于名物制度，而得其所以然，将以明道也。时人方贵博雅考订，见其训诂名物，有合时好，以谓戴之绝诣在此。及戴著《论性》《原善》诸篇，于天人理气，实有发前人所未发者。时人则谓空说义理，可以无作，是固不知戴学者矣。"③可谓独具慧眼。而在晚近学者中，章太炎更称得上是推重戴震的第一人，"铨次诸儒学术所原，不过惠、戴二宗"④。

（二）前期的《仪礼》诠释概况

根据李开《戴震评传》的说法，从乾隆七年（1742）课学童于邵武、从师江永至乾隆二十二年（1757）结识惠栋为其治学前期，"其思想特征是不批宋学，同时褒扬汉学和宋学"⑤。关注礼学与礼制文化，是戴震经学的主要内容之一，他说："为学须先读《礼》，读《礼》要知得圣人礼意。"⑥这在其前期就已得到初步显露。关于戴震前期《仪礼》学的识见与价值观，可以从《经考》《经考附录》中的相关条文中找到认知，但总的说来还处于发轫阶段，尊崇朱熹礼学的色彩较为明显。

《经考》五卷，是戴震早年读经时所写的札记，当代学者杨应芹考证认为，

---

① 段玉裁编：《戴东原先生年谱》十七岁条，清宣统二年（1910）渭南严氏重刻本。

② 戴震：《题惠定宇先生授经图》，《戴震杂录》，《戴震全书》（第6册），黄山书社1995年版，第504页。

③ 章学诚著，叶瑛校注：《文史通义校注》卷三，书《朱陆》篇后，中华书局1985年版，第275页。

④ 章炳麟：《与吴检斋论清代学术书》，载章太炎、刘师培：《中国近三百年学术史论》，上海古籍出版社2006年版，第39页。

⑤ 李开：《戴震评传》，南京大学出版社1992年版，第35页。

⑥ 段玉裁：《戴东原先生年谱》，《戴震集》，上海古籍出版社1980年版，第488页。

查《经考》卷四《大戴礼记八十五篇》，其末署"乾隆丁丑夏东原氏记"，可证《经考》一书应成书于乾隆二十二年丁丑（1757）夏或稍后。① 书名所谓"经考"，亦即经学考证，该书以读书笔记的形式摘记经文及各家注疏，然后于卷中或卷末加"按语"，从"按语"可看出戴氏的思想观点，及其以书本知识为领域的实事求是研究之法。第一卷为《易考》，第二卷为《尚书考》，第三卷为《诗经考》，第四卷为《礼经考》，含"三礼"、逸礼、《大戴礼记》等，第五卷为《春秋考》《论语考》《孟子考》《尔雅考》等。全书共引用典籍七十余种，另有"按语"四十八条，这些均成为戴氏后来撰写专著的重要依据。余国庆先生认为："书中反映了戴氏早年的学术路向，这时期他是程朱理学的坚定信徒，书中尊崇、肯定程朱观点之处所在多有。"②卷四《礼经考》中，与《仪礼》学密切相关者二条——《礼经十七篇》《逸礼三十九篇》，纂集的性质特别明显。例如，《礼经十七篇》依次收录《史记儒林列传》《汉书艺文志》《汉书儒林传》《晋书》《隋书经籍志》及王应麟、敖继公、熊朋来、何乔新、朱彝尊十家有关《礼经》17 篇传习情况、礼制分类情况的说解文句，无其他 17 篇情况考证性文字；《逸礼三十九篇》依次收录刘歆《移让太常博士书》《汉书艺文志》、郑玄《六艺论》、贾公彦《仪礼疏》、朱熹《通解》、王应麟、吴澄、阎若璩等 8 家关于《逸礼》39 篇的由来及相关篇目情况的说解文句，最后加附按语指出："《本命》亦《大戴礼记》篇名，及《聘礼志》，均非《逸礼》。《投壶》《奔丧》，郑康成虽以为《礼》之正经，而不云在《逸礼》中。"③由此二条行文来看，戴震并未提出什么新的创见和新的理据，更多属于纂集体的性质，和当时学界的普遍治学风气并无二致。

《经考附录》七卷，亦为戴震早年读经时所写札记，"补'经考'所未备，而为之疏通证明"（《安徽丛书》编者许承尧语）。第一卷为《易考》，第二卷为《尚书考》，第三卷为《诗经考》，第四卷为《礼经考》，第五卷为《春秋考》，第六卷为《论语考》《孝经考》《孔子家语考》《孟子考》《尔雅考》等，第七卷为《石经考》。全书引用典籍 100 多种，有"按语"25 条，这些按语同样是研究戴震早期思想的重要资料。其中与《仪礼》学密切相关的条目有：《仪礼十七篇次第》《贾公彦〈仪礼疏〉》《〈周礼〉〈仪礼〉〈礼记〉称"三礼"》《朱子以〈礼记〉附〈仪礼〉》《朱子〈仪礼经传通解〉》《吴氏〈仪礼逸经〉》。各条目下，体例与《经考》一样，均着眼于采辑各家相关成说行义，如《吴氏〈仪礼逸经〉》一条，依次条列吴澄《仪礼逸经自序》、吴澄《仪礼传自序》、张采、黄虞稷、朱彝尊 5 家有关吴

①　参见杨应芹：《戴震与江永》，《安徽大学学报》（哲学社会科学版）1995 年第 4 期。

②　余国庆：《戴震文献学著作述评》，《古籍研究》2002 年第 2 期。

③　戴震：《经考》卷四《逸礼三十九篇》，《戴震全书》（第 2 册），黄山书社 1995 年版，第 281 页。

澂《仪礼逸经》纂述情况的文句,戴氏并无加注新的具体考证结论性文字。其他各条目亦类此。凡此之类,纂集体色彩极为显著,对于了解各种文献著述概貌颇具裨益。

从上述介绍情况来看,戴震早年的《仪礼》研究并无专门论著,《经考》《经考附录》中的《仪礼》条目亦都属于纂集体性质,多限于罗列前贤旧说,有时也为某些古人文句加附按语,进行疏解补苴,而很少断下己见表明尊旨所在,尚未体现出后期治学重专精、重识断的风格。之所以如此,诚如戴震在乾隆十八年(1753)所作《与是仲明论学书》中提到《经考》时说:"仆所为《经考》,未尝敢以闻于人,恐闻之而惊顾狂惑者众。"戴氏又言:"凡经之难明,右若干事,儒者不宜忽置不讲。仆欲究其本始,为之又十年,渐于经有所会通,然后知圣人之道,如悬绳树臬,毫厘不可有差。"①有学者谓"'不偏主一家',是年轻的戴震胜过他的先贤的表现,为皖南学派开了唯求其是的务实风气"②,从此二书的情况来看,确有一定的道理。

(三)充任纂修官期间的《仪礼》学研究

乾隆三十八年(1773)二月,乾隆皇帝下令开四库全书馆。这年秋天四库全书馆正总裁于敏中以纪昀、裘日修之言,向乾隆帝推荐戴震,特诏入京为四库馆纂修官,一直到戴震终老时为止,凡五年时间。在四库馆任纂修官期间,戴震作出了不少成绩。据《清史稿》中记载,"震以文学受知,出入著作之庭。馆中有奇文疑义,辄就咨访。震亦思勤修其职,晨夕披检,无间寒暑"。在评价戴震所校书时又说:"震为学精诚解辨,每立一义,初若创获,乃参考之,果不可易。"③这一期间,戴震从事于与《仪礼》研究相关的工作,主要有如下数端:

其一,《仪礼》文献的辑佚和辨伪。例如,戴震从《永乐大典》中辑录出李如圭所撰《仪礼集释》一书,并厘订为30卷,众所周知,清乾隆年间并无该书单行本传世,当时学界端赖戴氏所辑,才得以发见该书原貌。戴震在四库馆期间,对所接触到的许多古书条别参证,辨明真伪,"对所校官书从撰人名氏、著述时代、著录传授、思想渊源、材料来源、原书文体等方面综合考辨,体现出辨伪方法的高明和见解的审慎"④。又如,李如圭《仪礼释宫》一书,当时学界普

① 戴震:《与是仲明论学书》,《东原文集》卷九,《戴震全书》(第6册),黄山书社1995年版,第370—371页。

② 杨应芹:《戴震与江永》,《安徽大学学报》(哲学社会科学版)1995年第4期。

③ 赵尔巽:《列传二百六十八·儒林二》,《清史稿》(第43册)卷四百八十一,中华书局1977年版,第13199页。

④ 徐道彬:《戴震辨伪成就述论》,《古籍整理研究学刊》2007年第1期。

遍误以为是宋代学者朱熹所作,端赖戴震根据《永乐大典》所采录之书记载,对当时的朱熹所作说进行了纠正,将其著作权还归于李如圭之手:"考《朱子大全集》亦载其文,与此大略相同,惟无序引。《宋中兴艺文志》称朱子当与之校定《礼》书,疑朱子固尝录如圭是篇。而集朱子之文者,遂疑为朱子所撰,取以入集,犹苏轼书刘禹锡语题姜秀课册,遂误编入轼集耳。观朱子《仪礼经传通解》,于《乡饮酒礼》'荐出自左房',《聘礼》'负右房',皆但存贾《疏》,与是篇所言不同,是亦不出朱子之一证也。"①戴氏从著录传授和思想渊源考察朱子《仪礼经传通解》中所释二段文字与《仪礼释宫》释言不同,证其不为朱子作,推测为汇录朱子文集者误入朱子集中。

其二,《仪礼》文献的提要撰写。戴震任纂修官期间,他一共为《四库全书》撰写了十六篇提要。这些提要是:《仪礼识误》《仪礼集释》《仪礼释宫》《大戴礼记》《蒙斋中庸讲义》《方言注》《项氏家说》《水经注》《周髀算经》《九章算术》《孙子算经》《五曹算经》《五经算术》《夏侯阳算经》《张丘建算经》《海岛算经》等。其中《仪礼》文献三篇提要撰写各具特色,如《仪礼识误》"提要"表明该书的文献版本学价值,"是书存而古《经》汉《注》之讹文脱句藉以考识,旧椠诸本之不传于今者亦藉以得见崖略";《仪礼集释》"提要"表明该书的注释特点,"全录郑康成《注》,而旁征博引以为之释,多发贾公彦《疏》所未备",以及该书在《仪礼》传播与接受史上的版本学价值;《仪礼释宫》"提要"考订辨伪当时学界关于该书作者的认识错误;等等。凡此之类,均有很高的学术价值。

其三,《仪礼》文献的校订与刊误。例如,戴震据《永乐大典》辑录出来的《仪礼集释》,当时并非完本,"十七篇中,首尾完具者尚十五篇。惟《乡射》《大射》二篇在《永乐大典》阙卷内,其纲目一篇亦阙,无从考补,姑仍其旧。然已得其十之九矣"。《仪礼》一经,因唐宋之后治之者希,经文并《注》往往讹脱,戴氏乃据《集释》订补贾公彦《仪礼注疏》中的脱字、讹字、衍字,使《仪礼》成为可读之书。后来凌廷堪撰《礼经释例》,以及张惠言撰《仪礼图》,均是在戴氏《仪礼》定本的基础上完成的。

这里特别值得一提的是,戴震对于当时传习本《仪礼》经文及其郑玄《注》文的校勘,价值尤其巨大。宋人李如圭撰《仪礼集释》一书,尽管尚能得见古本,然其所据引宋本《仪礼》经、《注》不无文字讹舛,明人将其编纂入《永乐大典》之时,亦未能予以精刊精校,戴震遂以所见《十三经注疏》本为主要参校本,并参考唐《石经》及陆德明《经典释文》、张淳《仪礼识误》及各种文献典籍

---

① 戴震:《仪礼释宫提要》,《戴震全书》(第6册),黄山书社1995年版,第622页。

所引，"补《注疏》本经文脱字二十四，改讹字十四，删衍字十，补《注》文脱字五百有三，改讹字一百三十二，删衍字一百六十九"①。这些校勘成果，大都保存在文渊阁《四库全书》收录的李如圭《仪礼集释》一书小字校语里面。概括起来说，当时戴震的这些校勘实践，很有特色，主要体现在以下三个方面：

一是善据各种善本进行校勘，体现出强烈的校勘版本意识。可以说，对校法是戴震校雠《仪礼》经、《注》最基本的校勘方法。如前所述，他在案语中提到的文献版本信息主要有：《十三经注疏》本、唐《石经》本、古本、宋本、张淳《仪礼识误》本、朱熹《仪礼经传通解》本、《仪礼图》本、敖继公《仪礼集说》本，等等。这其中的《十三经注疏》本，又涉及两种版本，即"今《注疏》本"和"明监本《注疏》"两种。② 例如，《士昏礼》："壻授绥，姆辞，曰：未教，不足与为礼也"，戴氏校云："案：明监本《注疏》脱此十四字，唐石经亦有。"又郑注："姆，教人者"，戴氏校云："案：明监本《注疏》脱此四字。"（卷二）乃校勘明监本《注疏》之脱文情况。最能体现戴氏版本意识的是，他在校雠《仪礼》经、《注》的实践中，还参看了一些弥足珍贵的版本，如案语中屡屡言及"唐《石经》"本和"古本""宋本"，这些都是后世所说的善本。关于"唐《石经》"，戴氏不仅据以校勘《仪礼集释》一书所载，同时也涉及校勘其中的某些讹误情况，例如，《士昏礼》："主人爵弁，纁裳缁袘"，戴氏校云："案：'袘'，唐石经及各本并讹作'袘'，今据《说文》改正。"（卷二）颇具辩证而审视的眼光。戴氏关于"宋本"的提法，案语当中大多云"据宋本删""据宋本改""据宋本订正""据宋本补""从宋本"等，表现出了戴氏对宋本的重视。至于戴氏所说的"古本"，如《士冠礼》"主人再拜，宾荅拜"，戴氏校云："案：'荅'，今《注疏》本作'答'，唐石经及古本并从艸，无从竹者。"（卷一）则无法得知其具体所指何本，不过，考戴氏《尚书义考·义例》云："今文、古文传本各异，其东晋孔《传》未出以前，所引《尚书》皆古本也。今于案语内论其异同得失，而经文之下则云某当从古本作某。概称古本，以明不必存今文、古文之见。"③根据戴震的这一番话语来看，既然东晋孔传出现之前的《尚书》传本为古本，则东晋之前的《仪礼》传本，包括郑玄所见《仪礼》今、古文传本，都应属于戴氏所谓的"古本"范畴。

除大量使用对校法外，戴震还大量使用本校法、他校法、理校法等各种校勘方法。以校雠《仪礼》经文为例，戴震使用的方法有：以《仪礼》本经校经文

---

　　① 永瑢等：《钦定四库全书总目》（整理本）卷二十，《经部·礼类二》，《仪礼集释》条，中华书局1997年版，第251页。

　　② 参见《十三经注疏》一书，明代有监本和汲古阁本，戴震校勘《仪礼》经、《注》，并未明确提及明汲古阁本，未详何因。

　　③ 戴震：《尚书义考·义例》，《戴震全书》（第1册），黄山书社1995年版，第10页。

之误,读郑《注》而得经文之误,读贾《疏》而得经文之误,据他书所引而得经文之误,据《周礼》《礼记》而得经文之误,据《释文》而得经文之误,据他人校语而正经文之误,据《说文》而得经文之误,等等。至于校雠《仪礼》郑注之方法,则有:据《仪礼》本经校《注》文之误,据他处注文校郑《注》文之误,读《疏》而得《注》文之误,据所引原书校郑《注》引文之误,据他书所引而得《注》文之误,据《释文》而得《注》文之误,据他人校语而得《注》文之误,据名物考证而得《注》文之误,等等。① 言而总之,戴震校勘的方法非常丰富多样,在一定程度上确保了校勘结论的合理与可信。

二是戴震在比勘各版本异文情况的同时,更重视定其中之是非,发掘出其中造成《仪礼》经、《注》某些衍、脱、讹文情况之具体根源。《仪礼》经、《注》文出现的错误,有些完全是后人人为有意造成的,戴震在案语中亦有所涉及,他提到人为造成的错误根源,主要有以下几种情况:

(1)后人因郑《注》而妄增《仪礼》经文。例如,《士丧礼》:"夏葛屦,冬白屦,皆繶缁纯。"戴震校云:"案:'缁'下,各本衍'絇'字。据《释文》'缁纯'中,无'絇'字。又《周礼·屦人》《注》引此文皆'繶缁纯',《疏》云:'葛屦、皮屦,皆有繶也。缁纯,纯用缁。'可证汉及唐初之本皆无'絇'字,后人因《注》引《士冠礼》'缁絇繶纯',讹入经耳,今删正。"(卷二十)

(2)后人误据《释文》而妄改《仪礼》经文。例如,《士冠礼》:"冠者即筵坐,左执觯,右祭脯醢,以柶祭醴三,兴,筵末坐,啐醴,建柶,兴。"戴震校云:"案:《释文》云:'捷柶,初洽反,本又作插,亦作扱。'张淳《仪礼识误》以为《注》之'扱柶'《释文》作'捷柶',李如圭以为经之'建柶'《释文》作'捷柶',今《注疏》本此处经文作'捷柶兴',乃误据《释文》改经。考之他篇经文,仍作'建柶',不得此处独异。唐石经亦作'建柶',则《释文》指《注》非指经明矣。"(卷一)

(3)后人误以《仪礼经传通解》之文窜入《仪礼》注文。例如,《士昏礼》:"卒爵,皆拜,赞苔拜,受爵,再酳,如初,无从。三酳,用卺,亦如之。"郑注:"亦无从也",戴震校云:"案:经文'卒爵皆拜'下,今《注疏》本有'妇拜见上篇见母章,此篇妇见奠菜一章,及《内则》女拜尚右手',凡二十四字,乃后人误以《仪礼经传通解》之文窜入于此。"(卷二)

(4)后人误以《释文》之文窜入《仪礼》注文。例如,《聘礼》:"授如争承,

---

① 关于戴震校雠《仪礼》经、《注》的方法及特色等情况,笔者曾经撰文详加讨论过,详细内容参见《戴震校勘〈仪礼〉郑注论析》(《井冈山大学学报》2010 年第 1 期)和《戴震校勘〈仪礼〉经文浅议》(《齐鲁文化研究》2010 年总第 9 期)二文。

下如送；君还，而后退。"郑《注》："重失队也"，戴震校云："案：此句上，今《注疏》本有'争争阕之争'五字，乃《释文》讹入《注》内。"（卷十四）

（5）后人误从敖继公《仪礼集说》说窜改《仪礼》经文。例如，《士昏礼》："对曰：某得以为昏姻之故，不敢固辞，敢不从。"戴震校云："案：'得以'，今《注疏》本作'以得'。今考上言'某以得为外昏姻之数'，以者自以也，对称某以非他，故此乃云'某得以为昏姻之故'，以者指壻以之也。唐石经亦作'某得以为'，敖继公疑上言之数此言之故必有一误，因云'得以'宜作'以得'，不知'以'字在下，正与'故'字语气相贾，又与上'故'字相应。今《注疏》本从敖氏说改经耳。"（卷二）

（6）后人因贾《疏》而妄增《仪礼》郑《注》文。例如，《士丧礼》："巫止于庙门外，祝代之。小臣二人执戈先，二人后。"郑《注》："《周礼·男巫》：王吊则与祝前"，戴震校云："案：此下，今《注疏》本有'丧祝王吊则与巫前'八字，盖《疏》内所引，后人误加入《注》耳。"（卷二十二）

（7）后人妄取《礼记》经、《注》混入《仪礼》经、《注》文。例如，《既夕礼》："属纩以俟绝气。"戴震校云："案：此条之前，今《注疏》本有记文'男女改服'四字，注文'为宾客来问病亦朝服主人深衣'十三字，与《礼记·丧大记》篇正文及《注》并同。盖人取彼混入，故《永乐大典》本无此十七字。"（卷二十四）

三是戴震校勘《仪礼》经、《注》，特别重视吸纳前贤学者的校勘成果。众所周知，南宋张淳《仪礼识误》、朱熹《仪礼经传通解》以及元代敖继公《仪礼集说》等，皆有相当丰富之校勘成果，作为一代考据学大师，戴震在校勘《仪礼》经、《注》之文时，也充分体现出时代学术风尚，他往往详细援引前贤的校勘成果，体现出前贤校勘的合理因素，据以表明自己对其校勘结论的认同态度，这也是其校勘重视溯源的一种体现。另外，他对于同时代学者张尔岐、周学健等人的校勘成果，也曾有所采录。戴震的这一处置方式，与他本人的一贯审慎务实求真的治学态度是相适应的，极大地避免了校勘的重复劳作。

戴震的这些文献整理工作，体现出他治学上以"精专"为最高的学术追求，所谓"知十而皆非真知，不若知一之为真也"①。他在校勘《仪礼》经、《注》之际，在校勘态度上强调求真务实，在校勘方法上既有继承又有创新，在校勘论证的过程中更极力强调对于语料的搜寻，凡此种种，在很大程度上确保了戴震校勘结论的可信度。可以这样说，正是由于戴震对《仪礼》经、《注》之精心校雠，这在一定程度上推动了此后《仪礼》文献校勘学的繁荣与发展。李开先生在《戴震评传》里面提到，戴氏著有《仪礼考证》一卷，是他在馆期间边校补

---

① 段玉裁：《娱亲雅言序》，《经韵楼集》卷八，上海古籍出版社2008年版，第192页。

《仪礼》等书边撰著的。孔广森《戴氏遗书总序》中也说："君入书局分淹《礼》，乃取忠甫（张淳）《识误》、德明（陆德明）《释文》，殚求亥豕之差，期复鸿都（贾公彦）之旧，互相参验，颇有整齐，削康成（郑玄）长衍之条，退《丧服》厕经之传。"①而段玉裁又曾称未见过该书，故此阙而不论。

（四）礼学"十三记"的撰述与实施

《七经小记》是戴震制订的宏大的著述计划，这个计划的实施贯穿戴震的一生，《七经小记》的各部组成，又形成了戴震的全部思想体系。按照李开先生的说法，"《七经小记》写作计划的正式提出，大约是在进京以后经过前期第一阶段的学问蕴蓄，著述成功，第二阶段朴学理论的完善，戴震酝酿成熟新的著述计划"②。至于戴氏著述《七经小记》的目的，据段玉裁说："《七经小记》者，先生朝夕常言之，欲为此以治经也。"③戴震希望通过《七经小记》的写作，进而对中国传统文化加以继承、改造和创新，形成一部新的著述。戴震的这一宏伟计划，它包括《训诂篇》《原象篇》《学礼篇》《水地篇》《原善篇》以及关于《论语》《孟子》思想的阐述七个方面，总体上说，是经学方法论的教科书。这其中，礼学"十三记"就是《学礼篇》的条目纲纪。

礼学一直以来都是中国传统文化中的热门话题和难点所在，《七经小记》自不能少，今日所见戴震礼学"十三记"论文 21 篇就是其中的一部分，号曰《学礼篇》。这 13 篇文章分别是：《记冕服》《记皮弁服》《记爵弁服》《记朝服》《记玄端》《记深衣》《记中衣裼衣襦褶之属》《记冕弁冠》《记冠衰》《记括发免髽》《记经带》《记缫藉》《记捍决极》。倘若外加上《周礼太史正岁年解》《大戴礼记目录后语》《明堂考》《三朝三门考》《匠人沟洫之法考》《乐器考》等 8 篇论文，总数共是 21 篇。有学者认为，戴震的这些考证与诠释，拨开了礼学的千年尘封，还古代制度的本来面目，充分体现出了他朴学的考证精神。④

众所周知，《七经小记》"学礼篇"并未完全成书，因而我们很难窥测其中《仪礼》学研究及其他礼学研究全貌，但从《学礼篇》现存诸篇目条文情况来看，戴震此中的礼学研究并不属于单经的研究色彩，该书讨论礼学的典章制度大致呈现出如下特点：

首先，就礼学"十三记"研究的性质而言，这些篇目的研究打破了传统三《礼》及《大戴礼记》的单经研究范畴，是一种综合性礼制研究，但仍然属于礼经学的研究范畴，不属于泛礼学的范畴。段玉裁在《戴东原先生年谱》中说，

①　孔广森：《戴氏遗书总序》，转引自《戴震集》，上海古籍出版社 1980 年版，第 478 页。

②　李开：《戴震评传》，南京大学出版社 1992 年版，第 94 页。

③　段玉裁编：《戴东原先生年谱》五十五岁条，清宣统二年（1910）渭南严氏重刻本。

④　参见余国庆：《戴震文献学著作述评》，《古籍研究》2002 年第 2 期。

《学礼篇》"其书未成,盖将取六经礼制纠纷不治言人人殊者,每事为一章发明之"①。李开先生在《戴震评传》中指出:"戴震礼学禀承江永,《七经小记》'学礼篇'与《礼书纲目》一样,有志于再作全面的综合研究,实在是通观'四礼'的'礼学篇',惜未成书。"②礼学"十三记"各篇极少针对《仪礼》一经的礼制条文说解,多是杂糅"四礼"中的相关服制内容为之说解。

其次,就礼学"十三记"讨论的焦点内容来看,戴震钻研礼学,对于典章制度的说解是其重点所在,这些篇目主要论述了古代的一系列服饰名物制度,大多数与《仪礼》经文中所及名物密切相关。兹迻录《记朝服》一文考见戴震的论述情况:"诸侯日视朝,缁衣,十五升而积素裳,是谓朝服。大夫以为祭服。其冠委貌,所谓冠弁也。王服以田,燕养老亦如之。《士冠礼》'主人玄冠、朝服、缁带、素韠',《特牲馈食礼》'其祭也,宾及兄弟皆朝服、玄冠、缁带、缁韠'。经于士之朝服言玄冠,异于大夫以上弁也。《玉藻》记曰:'羔裘豹饰,缁衣以裼之。'郑氏以羔裘为卿大夫之朝服,惟豹祛与君异。《毛诗》曰'古者素丝以英裘',言织之为纮,施诸缝中者也。"③此所论朝服情况,主要建立在礼经本身的文献材料上。其他诸篇亦类此,此不赘举。

再次,就礼学"十三记"礼学研究的行文特点来看,戴震说解名物、礼制的文献依据主要来源于三《礼》及《大戴礼记》,有时也兼及其他儒经的礼制记载文句,行文礼制的说解风格极为传统。如上举之例,戴震这类名物制度的考证,一以简明说解朝服服制为要务。少数行文还注意挖掘礼制后面所隐藏的圣人之意,如《记中衣裼衣襦褶之属》有云:"然则固有不服上衣而裣絺綌表裘者矣。犬羊之裘不裼,不文饰也。不裼,则有虽裘而不以衣裼之者矣。君子之于裘,盖亦无嫌质略也。"④因此,有人说,戴震是将三《礼》中记载之古代典章制度内容当作承载圣人之"道"的"器",礼学"十三记"的根本要旨,不仅要求得礼之"器",更要由"器"而求得"道"之所在。

除上述叙述诸典籍涉及礼经研究的情况外,戴震文集中的少数篇章亦蕴涵着戴震关于礼经典章制度的一些见解,如《答朱方伯书》《与任孝廉幼植书》(《东原文集》卷九)等,皆有这方面内容的讨论,此处不再赘述。总的来说,戴震早期的礼经学研究主于尊崇朱熹礼学,尚未形成自身鲜明的特点。在京逗

① 段玉裁编:《戴东原先生年谱》五十五岁条,清宣统二年(1910)渭南严氏重刻本。
② 李开:《戴震评传》,南京大学出版社1992年版,第102—103页。
③ 戴震:《记朝服》,《东原文集》卷二,《戴震全书》(第6册),黄山书社1995年版,第260—261页。
④ 戴震:《记中衣裼衣襦褶之属》,《东原文集》卷二,《戴震全书》(第6册),黄山书社1995年版,第263页。

留避难期间,帮助秦蕙田编纂《五礼通考》,其中也肯定有戴震的手笔,可惜由于《通考》本文不标具体作者名,于今已难以确指,但可以从中发见戴氏当时秉承江永治学的一些研究风格。在他充任四库馆纂修官期间,则《仪礼》学研究的贡献最大,治学更趋质朴务实,且以考据、校勘见长,对乾嘉时期汉学考据派的《仪礼》研究影响较大。至于他毕生力图创作成书的《七经小记》礼学“十三记”,虽然未能最终成定稿,但其务实尚质的治学手段与治学风尚,以及对名物制度的考证之学的亲身实践,为当时学界所关注,时儒后学纷纷继之,可见其影响之巨。

三、凌廷堪与《礼经释例》

(一)生平及著述概说

凌廷堪(1755—1809),字次仲,一字仲子,祖籍安徽歙县。祖父始寄居于江苏海州板浦(今江苏连云港市灌云县),廷堪即出生于斯地。少赋异禀,读书一目十行,年幼家贫,弱冠之年方始读书,后“慕其乡江永、戴震之学”[1]而渐好治经,故自称为戴震的私淑弟子。治学勤奋刻苦,博闻强记,游走于徽州、扬州、北京等地,广交师友,学问日益增长。乾隆五十五年(1790)进士,例授知县,自请改为教职,入选宁国府教授,曾参与《四库全书》的编纂。凌氏一生困顿,得志不得意,曾一度主讲敬亭、紫阳二书院,后因阮元聘请,担任阮常生之学业恩师。晚年下肢瘫痪,毕力著述十余年。生平著述有《礼经释例》《燕乐考原》《校礼堂文集》《梅边吹笛谱》《充渠新书》《元遗山年谱》等,另外还有诗集14卷及读书札记若干卷。

凌廷堪于经史皆造诣宏深,雅善属文,尤工骈体,时人江藩称其“得汉魏之醇粹,有六朝之流美,在胡稚威、孔㢢轩之上,而世人不知也”[2]。凌廷堪之学无所不窥,于六书、历算以迄古今疆域之沿革、职官之异同、史传之参错、外属之源流,靡不井然条贯,江藩曾有赞曰:“君读书破万卷,肆经,邃于《士礼》,披文摘句,寻例析辞,闻者冰释。至于声音、训诂、《九章》、八线,皆造其极而抉其奥。于史,则无史不习,大事本末,名臣行业,谈论时若瓶泻水,纤悉不误。”[3]凌廷堪尝从翁方纲、钱大昕、阮元学,受惠栋、戴震学术思想影响很深,治学极其重视基础知识的积累,坚决反对做学问走捷径的做法,他遵循戴震实事求是、以词通其道的治学方法,从文字训诂到名物考证,无不博涉旁通而且

①　赵尔巽:《清史稿》(册43)卷四百八十一,《列传二百六十八·儒林二》,中华书局1977年版,第13228页。

②　江藩:《国朝汉学师承记》,中华书局1983年版,第121页。

③　江藩:《国朝汉学师承记》,中华书局1983年版,第121页。

重在典章制度,影响了嘉庆、道光以后学界征实崇礼的风气。同时,凌廷堪又在义理方面对戴震学术思想有所继承和发展,诚如钱穆所云:"次仲论学,极尊东原。"①梁启超亦称道:"其言绝似实证哲学派之口吻,而戴震之精神见焉,清学派之精神见焉。"②

在经学研究方面,凌廷堪尤专精于礼学,年将三十始肆力于《仪礼》研究,终成《礼经释例》(以下简称《释例》)一书。该书曾先后五易其稿,其中初稿撰写于乾隆五十二年丁未(1787),凌氏仿《尔雅》之例,著为《礼经释名》12篇。凌廷堪《与阮伯元孝廉书》中记载说:"郑氏既注《礼经》,又注《戴记》,既注《尚书》,又注《伏传》,此其礼也。自范蔚宗有三《礼》之称,而经传不分,后儒耸陋,束之不观,六籍遂阙其二,心窃惑焉。今拟区其门类,为《礼经释名》一书。年来初有规模,到都日当以草创请正也。"③这封书信写就于这一年六月,应是确凿可信的,张其锦《凌次仲先生年谱》卷一也有类似记载。后来凌氏听到江永也撰写有《仪礼释例》一书,"见杭氏《道古堂集》有《礼例序》,虑其雷同,辍而弗作者经岁"④,便停止了该书的写作。后来,又发现江永《释例》只有《释服》一目,其他均未成稿,"于是重取旧稿,证以群经,合者取之,离者则置之,信者申之,疑者则阙之"⑤。凌氏以为,《仪礼》宏纲细目必以例为主,有非训诂名物所能赅者,于是于乾隆五十九年(1794)开始对原稿《礼经释名》加以删芜就简,并仿杜预《春秋释例》,将其更定为《仪礼释例》。嘉庆四年己未(1799),凌氏利用任职宁国府教授的闲暇期间,完成了《释例》三稿的写作。另据张其锦《凌次仲先生年谱》卷三、卷四记载,凌氏又先后于嘉庆九年甲子(1804)、嘉庆十三年戊辰(1808),陆续完成《释例》一书的四稿、五稿的写作与修订。而五稿的完成,已是他去世的前一年。可见,《释例》的著述前后费时长达22年之久,称得上是凌廷堪毕生《仪礼》研究的一部呕心沥血之作,也是清代中期礼学研究的一部集大成之作。

另外,与《礼经释例》相发明,凌廷堪在所著文集《校礼堂文集》中,于礼亦多所阐发。如卷二之《乡射赋》;卷四之《复礼》(上中下);卷五之《读〈顾命〉》;卷十四之《〈周官〉〈乡射〉"五物"考》《〈诗·楚茨〉考》;卷十五之《〈周官〉"九拜"解》《〈周官〉"九祭"解》《"旅酬"下为上解》《"父卒则为母齐衰三年"解》《〈仪礼〉释牲》(上下篇);卷十七之《射礼"数获"即古算位说》;卷二

---

① 钱穆:《中国近三百年学术史》,商务印书馆1997年版,第542页。
② 梁启超:《清代学术概论》,东方出版社1996年版,第35页。
③ 凌廷堪:《与阮伯元孝廉书》,《校礼堂文集》卷二十二,中华书局1998年版,第198页。
④ 凌廷堪:《〈礼经释例〉序》,《校礼堂文集》卷二十六,中华书局1998年版,第242页。
⑤ 凌廷堪:《〈礼经释例〉序》,《校礼堂文集》卷二十六,中华书局1998年版,第243页。

十二之《与阮伯元孝廉书》;卷二十三之《与焦里堂论"路寝"书》;卷二十四之
《与孙渊如观察书》《复钱晓征先生书》;卷二十五之《与程易畴先生书》;卷二
十六之《〈仪礼注疏详校〉序》《〈礼经释例〉序》;卷三十之《书校正汲古阁本
〈仪礼注疏〉后》《〈大戴礼记解诂〉跋》等,所论皆足与《礼经释例》相印证,或
相发明补足之。

（二）凌廷堪之礼学观点及礼学思想

和此前的许多学者一样,凌廷堪在礼学研究过程中,颇有一番独特的认
知,并据此进行《仪礼》礼制的考据和发覆。纵观《礼经释例》《校礼堂文集》
中的相关言论,可将其重要的礼学观点及其礼学思想大致归结为以下三方面:

首先,是凌廷堪的"三《礼》的著述性质"认知观。这其中,涉及三大层面
的认知问题:

一是《仪礼》的性质问题。在凌廷堪看来:（1）"《仪礼》十七篇,礼之本经
也"。（2）《仪礼》"信非大圣人不能作也"[1],"非周公制礼,则后世将无人
伦"[2]。（3）周公所制之礼,当时并非如《仪礼》那般只有"士礼",同时还涉及
大夫礼、诸侯礼、天子礼等各个层面的礼制规定。例如,凌廷堪曾经指出:"天
子即位之礼,《仪礼》无此篇,其不传久矣。惟《尚书·顾命》尚存其制,必是周
公所制之礼,康王循之而行耳。盖康王之时,全礼俱存,未必如今之十七篇。
后人据《顾命》以补《礼经》之阙可也。"[3]简言之,凌廷堪认为,现存《仪礼》17
篇并非周公制礼之完本,《尚书·顾命》就尚存其制,后世所谓"逸礼",可能便
是周公制礼之遗存内容,因而后世学者据各类可信的传世文献以"补《礼经》
之阙可也"。

二是《周礼》《礼记》的性质问题。《周礼》作为一部礼制体系较为完备的
礼学文献,其中颇有关于周代礼制、礼器等的具体规定内容。关于它的作者问
题,《礼经释例》《校礼堂文集》中并未言及,但凌廷堪也有说:"《周官》晚出,
故宋人或疑为莽、歆伪撰","为此论者自非丧心病狂不至于此"[4]。可见,凌
氏虽然承认《周礼》比《仪礼》更为晚出,但也不认为是王莽、刘歆所伪作。与
此同时,凌氏也指出,后人不可完全依据《周礼》礼制来推导士礼和诠释《仪
礼》,如其在"凡宾至,则使人郊劳"一则凡例下言:"《聘礼》郊劳,受于舍门
内",《注》:"不受于堂,此主于侯伯之臣也。公之臣受劳于堂。"《疏》云:"案:

①　凌廷堪:《礼经释例序》,《校礼堂文集》卷二十六,中华书局1998年版,第241—242页。
②　凌廷堪:《拜周公言》,《校礼堂文集》卷五,中华书局1998年版,第40页。
③　凌廷堪:《读〈顾命〉》,《校礼堂文集》卷五,中华书局1998年版,第37页。
④　凌廷堪:《礼经释例》卷八,《续修四库全书》（第90册）,上海古籍出版社2002年版,第
181页。

《司仪》'诸公之臣相为国客。及大夫郊劳,三辞拜辱,三让,登听命'。是公之臣受劳于堂之事。然则郑氏此《注》盖据《周礼》而推之,非《礼经》本义矣。"①关于大、小戴《礼记》,凌氏主张它属于汉代经师的释礼之辞,"乃章句之余,杂记说礼之言"②,并非周公所制古礼的本来面目,属于"《传》《记》之文"的性质。"《曲礼》出诸儒所记,信传固不如信经也。"③而且,作为《传》《记》之文的《礼记》,"有与经合者,有与经违者","未可强经以就传、《记》也"④。相比较而言,在凌氏眼里,《仪礼》的地位显然要高于大小戴《礼记》,《仪礼》才是汉人所言"五经"之一。

三是《仪礼》和《礼经》的称名认知问题。凌廷堪指出:"《仪礼》一经,在汉与《易》《书》《诗》《春秋》并列为五。《史记·儒林传》《汉书·艺文志》皆以此书为《礼经》。后人不曰《礼经》而曰《仪礼》者,犹之《易》曰《周易》《书》曰《尚书》也。"⑤换言之,在凌廷堪看来,《仪礼》和《礼经》两者的指称对象是一回事,只不过后者是简称,而前者是全称而已。

其次,是凌廷堪的"三《礼》互证诠释"认知观。就考证诠释立论过程中文献引证角度而言,凌氏大体上是主张三《礼》互证诠释的做法的,《释例》中也基本上是如此做的。但在实际礼制考索过程中,凌氏发现,"三《礼》互证"更多是一种理想状态,三者之间并非没有牴牾的礼制现象存在。因而,他在实际礼经诠释中提出了两重原则:

一是从礼经诠释的角度言,当《周礼》《礼记》与《仪礼》存在分歧时,强调"当据经以正《传》《记》,未可强经以就《传》《记》也"⑥。由于凌氏秉持"《仪礼》十七篇,礼之本经也"的学术主张,以为《礼记》一类"《传》《记》之文,有与经合者,有与经违者"⑦,既然是出自诸儒所记,因而"信《传》固不如信经也"⑧。每当遇到《礼记》与《仪礼》礼制记载相互抵牾的情况,凌氏大都取从

---

① 凌廷堪:《礼经释例》卷六,《续修四库全书》(第 90 册),上海古籍出版社 2002 年版,第113 页。

② 凌廷堪:《与阮伯元孝廉书》,《校礼堂文集》卷二十二,中华书局 1998 年版,第 198 页。

③ 凌廷堪:《礼经释例》卷二《通例(下)》,《续修四库全书》(第 90 册),上海古籍出版社 2002 年版,第 55 页。

④ 凌廷堪:《礼经释例》卷一《通例(上)》,《续修四库全书》(第 90 册),上海古籍出版社 2002 年版,第 29 页。

⑤ 凌廷堪:《与阮伯元孝廉书》,《校礼堂文集》卷二十二,中华书局 1998 年版,第 198 页。

⑥ 凌廷堪:《礼经释例》卷一,《续修四库全书》(第 90 册),上海古籍出版社 2002 年版,第 29 页。

⑦ 凌廷堪:《礼经释例》卷一《通例(上)》,《续修四库全书》(第 90 册),上海古籍出版社 2002 年版,第 29 页。

⑧ 凌廷堪:《礼经释例》卷二《通例(下)》,《续修四库全书》(第 90 册),上海古籍出版社 2002 年版,第 55 页。

《仪礼》之说,而对《礼记》之说加以非议。当然,对于《礼记》释《仪礼》可信之文,凌廷堪则是谨慎辨别,择善而从,因为《礼记》礼制记载尽管不如《礼经》所说那么准确,但其作为汉代经师学者解释《仪礼》的遗文,在时间上距离西周毕竟尚未多远,所得之礼制论说与经文相合者,比例上仍然居多数情况,自有其可取之处,不可一概抹杀。

二是从诠释《周礼》《礼记》的角度言,凌廷堪主张要立足于《仪礼》的礼制记载,对于与礼经相关联的《周礼》《礼记》礼制内容,进行对比互证性释读。《释例》中不乏此类话语,如:"郑氏注《礼记》,偶未引《聘礼》证之,后人遂有据《檀弓》为夺情解者。嗟乎! 读《传》《记》而不读经,其弊乃至于此。"①又如,"彼说'乡射'五物者,不于《乡射礼》求之,无怪其乖隔鲜通而多纷纷之论也"②。

最后,是凌廷堪"以礼代理"的治学思想。凌廷堪在顾炎武提出的"经学即理学"思想基础上,进一步提出了"以礼代理"的学术思想。凌廷堪受惠栋、戴震学术思想影响很深,众所周知,惠、戴二人均主张"义理"不可舍经而空凭胸臆,其要在于存乎典章制度,林存阳先生将戴震有关"理"的认识精密地做了这样一番概括:"在他看来,所谓'理',只不过是就天地、人物、事为求其不易之则,是事情之条理,而非'"理无不在",以与气分本末,视之如一物。'戴氏此解,无疑是对宋儒之'理'的挑战。"③凌廷堪汲取了戴氏的这一思想,但将其所言之"理"易之以"礼",他在《复礼》上、中、下三篇当中,对儒家制礼思想、礼理之辨多所阐发,系统地概括为"以礼代理"。究其要点而言,主要有如下数端:

一是凌廷堪认为,儒家经典之中言"礼"而不言"理","礼"乃是儒家思想的核心要素。他在《复礼》中指出:"《论语》记孔子之言备矣,但恒言礼,未尝一言及理也。"④"夫圣人之制礼也,本于君臣、父子、夫妇、昆弟、朋友,五者皆为斯人所共由,故曰道者所由,适于治之路也,天下之达道是也。若舍礼而别求所谓道者,则杳渺而不可凭矣。"既然如此,那么"圣人之道,一礼而已矣","礼之外,别无所谓学也"。"盖至天下无一人不囿于礼,无一事不依于礼,循循焉日以复其性于礼而不自知也"⑤。既然"礼"在儒学中的地位如此重要,那么,其后为什么"礼"丧失了它的原有地位呢? 凌廷堪说:"后儒不察,乃舍

---

① 凌廷堪:《礼经释例》卷六,《续修四库全书》(第 90 册),上海古籍出版社 2002 年版,第 129 页。
② 凌廷堪:《礼经释例》卷七,《续修四库全书》(第 90 册),上海古籍出版社 2002 年版,第 149 页。
③ 林存阳:《清初三礼学》,社会科学文献出版社 2002 年版,第 319 页。
④ 凌廷堪:《校礼堂文集》卷四,中华书局 1998 年版,第 31 页。
⑤ 凌廷堪:《校礼堂文集》卷四,中华书局 1998 年版,第 27、28 页。

礼而论立,纵极幽深微渺,皆释氏之学,非圣学也。"①由于受到了佛教讲究性、理的影响,宋代以后的理学家在诠释儒家经典之际,舍弃了原有儒家的"礼"而去空谈所谓的"理",从而使得包括礼学在内的儒家经典诠释背离了"礼"这一核心要素。

二是凌廷堪认为,儒家经典所言之"礼"关乎人的修身之本,也关乎圣人的治世之要。一方面,礼具有端正人的心理思想的功能:"夫人之所受于天者,性也;性之所固有者,善也;所以复其善者,学也;所以贯其学者,礼也。"如果舍弃了"礼"而空谈所谓的"复性",就"必如释氏之幽深微眇而后可"。② 另一方面,礼又具有建构和稳定社会秩序的功用:"圣人知其然也,因父子之道而制为士冠之礼,因君臣之道而制为聘觐之礼,因夫妇之道而制为士昏之礼,因长幼之道而制为乡饮酒之礼,因朋友之道而制为士相见之礼。"③简言之,"礼"既是修身之本,也是平天下之本;既是约束人们行为、加强道德修养的外在准则,同时也是提升和改善国家社会政治秩序的基本准则。

三是凌廷堪认为,既然"礼之外,别无所谓学也",因而研究诠释儒家经典就必须正视"礼"这一核心要素,所谓"说圣人之遗书,必欲舍其所恒言之礼,而事事附会于其所未言之理,是果圣人之意邪?"④既然"礼"既是修身之本,也是平天下之本,具有实践性的特点,那么礼经学研究的根本方向,不是为学术而进行礼制考证。考诸《礼经》的具体礼制内容,从"礼"的角度言,"冠、昏、饮、射,有事可循也;揖、让、升、降,有仪可按也;豆、笾、鼎、俎,有物可稽也"⑤。因此,研究《礼经》,就是要讲究经世致用,求得一条能够"明道救世"的发展道路,这才是清代社会崇尚礼经研究的根本目标。

(三)凌廷堪诠释《礼经》之特色

从诠释学角度来看,凌廷堪的《仪礼》研究,既遵循着东汉学者郑玄以来的《礼经》诠释传统,提倡乾嘉时期朴学的考据之风,学术风格自成一体,颇有别于当时其他学者的诠释之作,诠释极富鲜明特色。概要言之,其治学特色主要体现在如下几方面:

首先,从诠释方法上看,凌廷堪特别强调对于礼经的"发凡立例",并借此安排全书的著述体式,按类分卷。考之《礼经释例》一书,其文献整理体式明显属于单书释例体中的专门释例体著作,凌廷堪通过归纳《礼经》通例,以例

① 凌廷堪:《校礼堂文集》卷四,中华书局1998年版,第32页。
② 凌廷堪:《校礼堂文集》卷四,中华书局1998年版,第27—28页。
③ 凌廷堪:《校礼堂文集》卷四,中华书局1998年版,第28页。
④ 凌廷堪:《校礼堂文集》卷四,中华书局1998年版,第32页。
⑤ 凌廷堪:《校礼堂文集》卷四,中华书局1998年版,第31页。

治经,为研治礼经学开辟了一条新的学术路径。如前所述,凌氏乃仿照杜预《春秋释例》而作,《礼经释例》全书共分通例、饮食之例、宾客之例、射例、变例、祭例、器服之例、杂例8类,各类目下所列礼例数目依次为40例、56例、18例、20例、21例、30例、40例、21例,全书释例凡246例。至于宫室之例,则因宋人李如圭已著有《仪礼释宫》一书而不再别为之立例。礼例的总结条目明晰,类目合理,颇具纲举目张之功效,有助于经文具体仪节的训诂。倘若将该书与杜预《春秋释例》、江永《仪礼释例》所立之义例情况相比,不难发现凌氏立例类目更趋明晰,所设方面更加周密。这种礼例式的礼经研究方法,更多是建立在一种排比式的文献考察基础上的,因而其对于读者正确理解本经是很有好处的。具体说来,凌廷堪的"发凡立例"类礼制诠释,又有以下两重特点:

一是凌廷堪释例条目所涉综例,有仪节凡例的综合总结,也有具体名物及其文例的总结。例如,该书卷三所列"凡荐脯醢在升席先,设俎在升席后""凡酢如献礼,崇酒,不告旨;礼杀者,则以虚爵授之"之类,皆是属于对《仪礼》"饮食之例"的高度概括。又如,卷十一"器服之例(上)"部分,其中所列20则凡例,诸如"凡取矢之器曰楅,饮不胜者之器曰丰""凡酌酒而饮之器曰爵""凡扱醴、扱羹之器曰柶"之类,均属于器服之类名物的训诂范畴。再如,卷四"饮食之例"部分云:"凡君之酒曰膳,臣之酒曰散。"又:"凡食宾以币曰侑币,饮宾以币曰酬币。"又卷九"祭例"部分云:"凡尸未食前之祭谓之堕祭,又谓之捼祭。"(卷九)凡此之类,皆属于对礼经文例的总结之例,力求从《仪礼》本经的融通互贯入手,进一步疏通和发掘《仪礼》本身存在的潜在的隐性"礼例"内容。简而言之,凌氏概括的这些文例,兼有释词与解释仪节两重功能,研究重点极为突出鲜明,与当时学者普遍强调以具体经文字词训诂为基础的研究传统并不形成冲突,对于通达《仪礼》经文礼文及礼义、礼意,颇具裨益。

二是凌廷堪礼例的考察,既注重礼经常例、正例的总结,又深入探讨具体仪节的正变之别和盛杀差异,寻求礼节差异的因由分析,并且在礼制互证的对等性原则把握上极具创获。主要体现在三个方面:第一,从立例类目的分类上,专门设置"变例"一目,下列21例凡例性质的仪节综例。第二,从各卷所举综例的内容性质看,也注意到礼节的正变和盛杀,如"饮食之例",有这样一个具体凡例条目:"凡献酒,礼盛者受爵告旨,卒爵,皆拜,酢主人;礼杀者不拜告旨,又杀者不酢主人。"(卷三)就专论盛杀仪节之别。第三,在具体礼经凡例的分析考辨中,亦注意在考察常例、正例之后,诠释礼经所涉诸种变例情况,如该书卷一"凡以臣礼见者则入门右"条下,凌氏首先详考《燕礼》《大射仪》《觐礼》《聘礼》以臣礼见入门右之例,然后胪举以上诸篇变例,谓以客礼则入门左,分析详明,理据充分可信。

其次,从对待引经、《传》《记》三者解经的态度来看。纵观《释例》诠释的考证发微,凌廷堪更为强调据经解经,而引《传》《记》文解经则为次之。这是因为在凌氏看来,《礼记》属于古经师解释《仪礼》之辞,"《传》《记》之文有与经合者,有与经违者,当据经以正《传》《记》,未可强经以就《传》《记》"①。倘若碰到本经与《礼记》等《传》《记》文相违者,当取本经为是。基于这一诠释态度,凌氏《释例》不乏辩驳《礼记》非是之论,例如卷一"凡为人使者不答拜"一例下云:"《曲礼》:'大夫士见于国君,……君迎拜,则还辟不敢答拜。'《注》谓嫌与君抗宾主之礼。此说误也。凡臣与君行礼,若君拜之在庭,则再拜稽首;在堂,则降阶再拜稽首,安有不答拜之礼?《礼记》出于汉儒说礼者之言,徒见《聘礼》有'宾入门左,公再拜,宾辟,不答拜'之文,不得其义,遂以为大夫士见于国君之礼而见之,不知此为人使者之礼也。"其考证从"凡臣与君行礼"的仪节凡例入手,辨析《曲礼》之误说凿然可信。但凌氏亦非一概不征引《礼记》经注之文,如该书卷一"凡升阶皆让,宾主敌者俱升,不敌者不俱升"例下,就征引《礼记》经文为说,并云:"盖古经师释《礼》之辞,亦可与经相证也。"②指出两者之间存在着可以相互贯通印证之处。

再次,从文献引证的采纳和援引情况来看。与其他学者研治礼经一样,凌廷堪治学崇尚质朴,注重从传世儒家经籍中寻求诠释立论的依据,进而揭示礼经凡例之正变、盛衰的礼义和礼意。具体到《释例》对众凡例的训释考据而言,大致体现在两个方面:

一是凌廷堪多强调从《仪礼》经文及其郑《注》取以为证,经文仪节叙述详明者录之,经文略而不具或语焉不详之例举而阐释之,务求使得每一条礼经"凡例"的考证都能达到精善的地步。《释例》既然强调以材料作为礼制事实说话,因而凌氏的凡例概括和考证,往往建立在穷尽式的礼例发微基础之上。即便是说明不符合凡例的仪节情况,凌氏也力求列出所有经文与郑《注》材料,务使自身的结论可取可信。这一考证诠释举措,充分彰显出凌廷堪对于《仪礼》经文礼制内涵的融会贯通,科学地避免了"不会通其例一以贯之,只厌其胶葛重复而已耳,乌睹所谓经纬途径者哉"③的诠释阙失。

二是凌廷堪对礼制引证文献的采录,不仅关注礼经自身语料的取用,同时也涉及《周礼》《礼记》《诗经》《尚书》《春秋》及三《传》《论语》等儒家经典的采录,以及《荀子》《吕氏春秋》《白虎通》等诸子文献的语料取用。与此同时,

---

① 凌廷堪:《礼经释例》卷一,《续修四库全书》(第90册),上海古籍出版社2002年版,第29页。
② 凌廷堪:《礼经释例》卷一,《续修四库全书》(第90册),上海古籍出版社2002年版,第20页。
③ 凌廷堪:《礼经释例序》,《校礼堂文集》卷二十六,中华书局1998年版,第242页。

对于《开成石经》之类石刻文献,《尔雅》《经典释文》之类小学文献,凌氏亦莫不加以采录引证。

三是凌廷堪善于汲取同时代学者的研究成果,但又持谨而慎之的客观态度。举凡他人有可取以证成己说者征引之,有不足取信者,或是尚待存疑之例,《释例》亦援引入内,依据凡例加以发覆否定。即便是凌廷堪所仰慕的江永、戴震二人,对于他们的研究见解,《释例》也不一味妄从、盲从,而是从凡例的提炼出发,对于不同见解加以区别对待。有学者统计,"《礼经释例》中5次引用江氏之文,其中肯定1次,否定3次,存疑1次","《礼经释例》中8次引用戴说,其中肯定4次,否定2次,存疑2次"①。这充分表明,凌廷堪治学并不因私而废学,而是秉持着一种客观公正的考量态度。

复次,从诠释视角来看,《礼经释例》的礼经诠释并不仅仅局限于对于所提炼出的众多礼经凡例的疏通证明,同时还结合礼经凡例的申说,纠正前贤时哲颇具影响力的错误观点,评述颇为客观,结论大多也颇具说服力。例如"宾客之例"部分,凡例云:"凡宾主人行礼毕,主人待宾用醴,则谓之礼;不用醴,则谓之傧。"凌廷堪在胪举经文实例进行佐证凡例后,又加案云:"《周礼·秋官·司仪》云:'宾亦如之。'后郑《注》:'宾当为傧,谓以郁鬯礼宾也,上于下曰礼,敌者曰傧。'郑氏盖以上文'凡诸公相为宾',故云'敌者曰傧',与礼例未若。贾氏引之以释《礼经》,非也。"②此系论郑玄注《周礼·司仪》篇文之失,贾公彦引《司仪》篇文诠释《仪礼》尤误。更为可贵的是,凌氏在匡谬正讹的同时,还时常指出导致前贤诠释错误的因由,使人更趋信服,诸如"夫《注》因《曲礼》之文附会以就之,《疏》又因《注》而自为说以实之,以致礼之通例游移无定,而学者莫知适从矣"③、"孔氏《正义》不知引《乡射注》,博考《礼经》,疏通证明,但因文而妄为之说。至《中庸章句》,因旧注复增'故逮及贱者,使亦得以申其敬也'二语,而郑义益晦"④之类的言论,《礼经释例》中时常可见。这种错误因由的总结概括,对于发覆与纠正前贤的错误诠释,给予《礼经》诠释方法论上的指导,颇有借鉴参考价值。

续次,从校勘学角度来看,《礼经释例》还注意通过礼经凡例的考察与诠释,考校礼经文献的异文,纠正《仪礼》经、《注》的文字讹误现象。就考校礼经

---

①　李富侠:《凌廷堪〈礼经释例〉研究》,安徽大学硕士学位论文,2013年,第71、72页。

②　凌廷堪:《礼经释例》卷六,《续修四库全书》(第90册),上海古籍出版社2002年版,第119页。

③　凌廷堪:《礼经释例》卷二,《续修四库全书》(第90册),上海古籍出版社2002年版,第55页。

④　凌廷堪:《礼经释例》卷四,《续修四库全书》(第90册),上海古籍出版社2002年版,第76—77页。

文献的异文而言,凌廷堪大都采用正文用小字加附校记的方式来进行。如
"凡君待以客礼,下拜则辞之,然后升成拜"一则凡例下,其中有这样一段话:
"若君以客礼待之,如《燕礼》《大射》公举媵爵,为宾举旅行酬,'宾降,西阶下
再拜稽首。公命小臣辞,宾升成拜'。"凌氏在"公命小臣"后加注校记云:
"《大射》作'小臣正'。"①凡此之类甚众,大多数情况下是对不同礼篇行文用
字的校勘说明,这对礼经凡例的考察是极具效果的。至于纠正《仪礼》经、
《注》的文字讹误,虽然不像前者那么普遍,但亦极有学术价值,如"凡尸所食
之肺脊,必先奠于菹豆,尸卒食,佐食始受之,加于肵俎"一则凡例下,凌氏诠
释云:"《士虞礼》主人初献,'宾长以肝从,实于俎,缩,右盐。尸左执爵,右取
肝,擩盐,振祭,哜之,加于俎'。《注》:'加于俎,从其牲体也。'《特牲》《少牢》
初献从俎,尸皆加于菹豆。《士虞》初献从俎,则加于俎。盖《特牲》《少牢》吉
祭,尸皆嘏主人,《士虞》尸不嘏主人,故不加于菹豆而加于俎欤? 窃谓以《特
牲》《少牢》经文校之,则《士虞》'俎'字恐是'菹'字之误,盖加于菹即菹豆也。
然经文不敢臆改,存此以质知者。"②凌氏在考察《士虞》《特牲》《少牢》诸篇礼
制常例的基础上,推断《士虞》"加于俎"应为"加于菹"之讹误,确实有一定道
理。尽管如此,凌氏亦未径改,而是行文表明存疑态度,校勘极为审慎。

　　不仅如此,凌廷堪还曾就汲古阁本《仪礼注疏》详加校正,校正其中《仪
礼》经、《注》的讹误情况。乾隆年间,毛氏汲古阁本诸经通行,其中《仪礼注
疏》脱误最多。凌廷堪通过细致研习发现,一是其中所脱误者"在明监刻本已
如此,不自毛氏始也",二是尽管此前有顾炎武、张尔岐据唐《开成石经》校正
之,"而郑氏《注》则概未之及",戴震始据宋本及嘉靖本刊定其误,"虽有厘正,
亦不能尽也"③。乾隆五十二年丁未(1787)夏天,凌廷堪"客南昌,从谢蕴山
太守家假得正德本,复取杨氏《仪礼图》、钦定本、永怀堂本、张氏本、戴氏本,
详加校对郑《注》一过"。根据《书校正汲古阁本〈仪礼注疏〉后》一文记载,凌
氏校正毛氏汲古阁本《仪礼注疏》之讹误情况主要有这样几种情况:有经文脱
误者,有《注》文脱误者,有经文及《注》文从朱子《仪礼经传通解》而误入者,
有《注》文从陆德明《释文》而误入者,有经文从贾《疏》而误入者,有《注》随经
文而脱据他本补入者,有《注》文文字讹误者,有《注》文次第错乱者,等等。通
过各本对校,凌廷堪皆就所见诸本校订之,即便是"一二字之异同","亦备录

<hr />

① 凌廷堪:《礼经释例》卷一,《续修四库全书》(第90册),上海古籍出版社2002年版,第26页。
② 凌廷堪:《礼经释例》卷九,《续修四库全书》(第90册),上海古籍出版社2002年版,第191—
192页。
③ 凌廷堪:《书校正汲古阁本〈仪礼注疏〉后》,《校礼堂文集》卷三十,中华书局1998年版,第
270页。

于此本之上方"。通过比勘,凌氏还发现,"永怀堂本脱误与明监刻同"①。凡此之类,可谓有益于汲古阁本《仪礼注疏》的传播与使用。

最后,从礼义与礼意的阐释角度来看。"礼文之中有礼意焉,不可不知也。不明礼文,不可以求礼意"。"礼意,即天理也,人情也,虽阅百世不得而异者也"。"国朝儒者之于礼学,为宋以后所不及。然考证礼文者多,发明礼意者少。"②和清中期许多学者不同的是,凌廷堪关于《礼经》的诠释,尤其善于立足于"尊尊""亲亲"的诠释理路,于纷繁复杂的礼节中,探讨具体仪节凡例的正变之别和盛杀之异,进而深层次探究周公制礼之精义与礼意奥妙。用凌氏自己的话说,就是:"其繁缛之中,有条而不紊,非比其例而观之,则圣人之亲亲之杀、尊贤之等,何由而见乎?"③他还特别指出"尊尊""亲亲"在礼经诠释中的重要性,说:"窃谓不明尊尊之义而言古之丧服,如瞽者无相,坐云雾之中而辨四方,无论信经传疑经传,从郑《注》违郑《注》,枝蔓不休,徒无是处也。"④凌氏这种从礼制凡例之正变、盛杀角度考察剖析礼义与礼意的诠释方法,迥然异于宋元以来任凭己意串讲礼义与礼意的解经举措。具体而言,论及《释例》"尊尊""亲亲"的诠释理路,有以下几点值得关注:

一是凌廷堪借助"尊尊""亲亲"解经原则,表现在《丧服》篇的诠释最为突出。凌氏在《封建尊尊服制考》篇首开宗明义说:"亲亲、尊尊二者以为之经也,其下四者以为之纬也。所谓尊尊者,皆封建之服。何休所谓'质家亲亲,文家尊尊'是也。先王制礼合封建而言之,故亲亲与尊尊并重。封建既废,尊尊之义,六朝诸儒或有能言之者,宋以后儒者因陋生妄,于其所不知辄以己意衡量圣人,由是说丧服者日益多而礼意日益晦。心窃惑焉。谨取经与《传》言尊尊之义者别辑为一篇,名曰《封建尊尊服制考》,而以《戴记》释经与《传》者证之。俾读者一览而知,不致迷于所往。庶于经义不少无裨焉。"⑤可见,凌氏之所以重视礼意的探讨,源于对宋代以后儒生因陋生妄,造成礼意日益晦暗不明的反思。故《释例》在具体的丧服条文义理阐发中,时常借助《礼记》之文,从"尊尊""亲亲"的视角阐释经、《传》礼义,如其论斩衰三年章云"天子至尊

---

① 凌廷堪:《书校正汲古阁本〈仪礼注疏〉后》,《校礼堂文集》卷三十,中华书局 1998 年版,第 272 页。

② 陈澧:《赠王玉农序》,《东塾集》卷三,《续修四库全书》(第 1537 册),上海古籍出版社 2002 年版,第 270 页。

③ 凌廷堪:《礼经释例》卷二,《续修四库全书》(第 90 册),上海古籍出版社 2002 年版,第 42 页。

④ 凌廷堪:《礼经释例》卷八,《续修四库全书》(第 90 册),上海古籍出版社 2002 年版,第 174 页。

⑤ 凌廷堪:《封建尊尊服制考》,《礼经释例》卷八,《续修四库全书》(第 90 册),上海古籍出版社 2002 年版,第 167 页。

也""君至尊也""父至尊也""夫至尊也",论齐衰不杖期章云"祖父母至尊也",论齐衰三月章云"(尊祖父母)不敢以兄弟之服服至尊也",认为凡此之类皆属于"尊尊"之义的典型表现。

二是凌廷堪对于《丧服》篇"尊尊"原则的诠释,完全是"根据封建制度下丧服制度中对'尊尊'的认定,来阐释何谓尊尊"。① 例如,凌廷堪在论及齐衰三年章"母为长子"时,解释说:"父为长子斩衰三年,母为长子齐衰三年,封建之制,以适长为重,因其将为后也,故异其服。皆尊尊之义也。"又如,"殇服"是《丧服》篇服制中的一个特殊类别,其中殇大功九月、七月章经中凡七条,凌氏以为亦可以分成两类,其中为封建之制者四条,如"大夫之庶子为适昆弟之长殇中殇""公为适子之长殇中殇""大夫为适子之长殇中殇"三条,唐《开元礼》、宋《政和礼》、明《集礼》皆无之,凌廷堪以为这是因为编修礼服文者"知其为封建之制也";而"适孙之长殇中殇"一条,以上三部礼书尚有之,其实该条文亦属封建之制,而修礼者不能明察而已。除以上四条外之其余三条,皆非封建之制者,故凌氏不加讨论。

三是凌廷堪将"尊尊""亲亲"解经原则视作一对并列的二系情理结构原则,但对二者的价值判断却存在主次之分。凌氏多次提到,《丧服》经传是封建之世的产物,是合"尊尊""亲亲"原则而制定出来的结果。作为与"尊尊"礼制秩序平行的"亲亲"情理原则,在《封建尊尊服制考》中,凌氏也作了一定的深度探讨,其中"不仅涉及家族中父母亲尊之礼秩,也涉及帝统过继下政治身份与血缘身份的讨论",确切地说,他"把礼学的重要性提高到与历代典制的对话"②。依凌氏之见,"亲亲"原则在历代礼俗当中仍然在继续延续,这在礼俗中的丧服条文中多有体现;而"尊尊"原则却不同,"唯先王时有之,封建既废则不行,陋者昧于古今世变,不得其解,往往穿凿,遂成聚讼"③。因而凌氏该篇讨论的话语重点,仍然主要在"尊尊"这一原则。

四是凌廷堪对于"从服""名服"等制服原则的剖析,同样立足"封建尊尊服制"的阐释视角。例如,凌氏论"从服"一术,将它区分为两类,一类是有"尊尊"之从服,一类是有"亲亲"之从服。凌氏只讨论了有"尊尊"之从服,包括"为夫之君""为君之父母妻长子祖父母""君母之昆弟"3 条丧服条文,而有关于"亲亲"之从服,则未加以讨论。又如,在论及"士为庶母"一服时,以为"名服"在《礼记·大传》"六术"中的位次,之所以继于"亲亲""尊尊"之后,主要

① 张寿安:《十八世纪礼学考证的思想活力》,"中央研究院"近代史研究所 2001 年版,第 175 页。
② 张寿安:《十八世纪礼学考证的思想活力》,"中央研究院"近代史研究所 2001 年版,第 178 页。
③ 凌廷堪:《封建尊尊服制考》,《礼经释例》卷八,《续修四库全书》(第 90 册),上海古籍出版社 2002 年版,第 186 页。

是因为"名"是人治之大者,"即亲亲、尊尊之所系"的缘故,同样将其与"封建之制"之间系上了关联纽带。

（四）礼经研究影响

凌廷堪的《礼经释例》十三卷问世后,即受到了当时学术界众多儒者的高度瞩目,在清代的礼学研究者中产生了很大的影响,赞誉之声一时鹊起,如校勘名家卢文弨撰《序》称道说:"君此书出,而天下始无有畏其难读者矣。"①著名的博学大儒钱大昕也致书凌廷堪,为之推崇不已:"《礼经》十七篇,以朴学人不能读,故郑君之学独尊。然自敖继公以来,异说渐滋。尊制一出,学者得指南车矣。"②后来之清儒江藩在其所作《校礼堂文集序》中,高度称誉凌廷堪的礼学研究成就:"学贯天人,博综丘索,继本朝大儒顾、胡之后,集惠、戴之大成。"③将凌廷堪抬到了与顾炎武之流大儒相等的地位,称誉学界一时。具体说来,凌廷堪礼学研究对后来者的影响主要体现在如下几方面:

其一,"以礼代理"学术思想的影响。在凌廷堪提出"以礼代理"的学术思想,主张将"礼"视为儒学的核心之后,一时间,当时的学者们纷纷强调以明道救世为己任的经学研究,致力于礼学的倡导和对礼经本体的研究,使世人从更多追求个性冥想和主观体悟的理学中脱离出来,走上了实证性的经学研究道路。阮元就曾指出:"朱子中年讲理,固已精实;晚年讲礼,尤耐繁难。诚有见乎理必出于礼也。古今所以治天下者,礼也。五伦皆礼,故宜忠宜孝,即理也。"④阮元立足于汉学,从辨正"礼"与"理"的关系入手,以儒家德性之学来重新诠释礼学,无疑是受到了凌廷堪的影响。对古代郊禘、宗庙、学校、明堂、宗法等礼制文化素有研究的黄式三,在其所著《复礼说》《崇礼说》等文中,进一步接续凌廷堪的"复礼"主张,进一步倡导礼学研究,主张重新阐述古代儒家经典中的礼意。"后世君子,外礼而内德性,所尊或入于虚无;去礼而滥问学,所道或流于支离。此未知崇礼之为要也。"⑤诚如当代学者罗检秋所分析的那样:"在他看来,'复礼'是践履儒家德性修养的有效途径,'复礼者,为仁之实功也,尽性之实功也'。他以礼学统摄儒学,又像阮元那样将宋儒的性理

---

① 卢文弨:《校礼堂初稿序》,载凌廷堪撰,纪健生点校:《凌廷堪全集·附录》（第四册）,黄山书社 2009 年版,第 318—319 页。

② 钱大昕:《钱辛楣先生书》,载凌廷堪撰,纪健生点校:《凌廷堪全集·附录》（第四册）,黄山书社 2009 年版,第 290 页。

③ 江藩:《校礼堂文集序》,见《校礼堂文集》卷首,中华书局 1998 年版,第 3 页。

④ 阮元:《书东莞陈氏〈学蔀通辩〉后》,《揅经室续集》卷三,上海涵芬楼《四部丛刊》影印初刻本,第 5 页。

⑤ 黄式三:《崇礼说》,《儆居集》,光绪十四年刊本,第 18 页。

之学引入礼学,重释其德性基础。"①正是在凌廷堪"以礼代理"学术思想的努力倡导下,在阮元、黄式三等一批学者的大力弘扬下,清代中期的礼学研究更多是走上了考证实学道路,在经文的疑难考释、礼例的总结与分类专考、经注文献版本的校勘等方面,取得了超迈前贤的成就,造就了清代中期礼经学极为兴盛的局面。

其二,《丧服》篇"封建尊尊服制"及"亲亲服制"诠释原则和解经实践的影响。凌廷堪对"五服"制服原则的重新发覆与认知,引发了此后诸多学者的研讨,影响极大。他的"五服"制服原则诠释观点,后来为其弟子胡培翚所继承,胡培翚在《仪礼正义》中,就常常将"封建尊尊服制"及"亲亲服制"作为《丧服》诠释的重要依据,并且得到了不少创获,为其礼经研究的集大成奠定了坚实的理论基础。此外,清后期的曹元弼也深受凌廷堪的影响,曹氏声称:"礼之大例,首重尊尊,其次亲亲,故高曾三月之服虽无子不敢降,而昆弟姊妹之服则大夫降之矣,安有昆弟姊妹旁亲尚为降等之服,而高曾服正尊反无服者哉?且《传》于无服者每谨识之,出妻之子为外祖父母无服之类是也。"②故曹元弼在所著《礼经学》一书中,又专门依据《礼记·大传》"服术"六要素,详细考核《丧服》篇诸服制条文的服制原则归属情况,在凌廷堪研究基础上,进一步加以补充和完善,完成了凌氏未竟之事,可谓凌氏之功臣。

其三,在《礼经释例》礼学成果的继承上,由于凌廷堪专注于《仪礼》本经礼制凡例(包括正例与变例)的发微和总结,对于后来者的礼学研究具有指导性的作用,因而凌氏《礼经释例》的许多诠释见解多为后来之诠释者所称引。例如,浙江定海学者黄以周著《礼书通故》一书,曾多次征引凌廷堪《礼经释例》的诠释见解。据李富侠统计,黄氏《礼书通故》共征引其说94次,其中肯定凌氏说者28次,否定凌氏说者63次,对其说存疑者3次。③

在这种礼学界众多学者倡和的大背景下,也有个别学者对于凌廷堪的"复礼"主张和"以礼代理"思想提出了不同看法。例如,安徽桐城学者方东树指斥凌氏的"以礼代理"思想是"失其本":"今汉学家厉禁'穷理',第以礼为教。又所以称礼者,惟在后儒注疏名物、制度之际,益失其本矣。"④安徽当涂学者夏炘、夏燮二人从维护"三纲"的角度,"他们接续汉学家的礼学论题,却

---

　　① 罗检秋:《学术调融与晚清礼学的思想活力》,《近代史研究》2007年第5期。
　　② 曹元弼:《礼经校释》卷十六,《续修四库全书》(第94册),上海古籍出版社2002年版,第439页。
　　③ 参见李富侠:《凌廷堪〈礼经释例〉研究》,安徽大学硕士学位论文,2013年,第87页。
　　④ 方东树:《汉学商兑》,生活·读书·新知三联书店1998年版,第294—295页。

维护宋学的正统性","驳斥凌廷堪的见解,强调儒家的'复礼'即'复其天理'"①。夏燮甚至还亲身实践他们的以"三纲"为礼学主旨的问学主张,依仿凌廷堪所著《礼经释例》而撰成《五服释例》20卷,据此批驳凌廷堪的"以礼代理"礼学观点。但无论如何,他们的各种批判和指斥,在一定程度上也印证了凌氏"以礼代理"思想在当时学界的影响是如何之大,印证了凌氏的《礼经释例》一书在当时的传播之广。无怪乎江藩论及凌廷堪在清代礼学研究中的地位时,如是评价说:"上绍康成,下接公彦。而《复礼》三篇,则由礼而推之于德性,辟蹈空之蔽,探天命之原,岂非一代之礼宗乎!"②

四、胡承珙与《仪礼古今文疏义》

（一）生平及著述概说

胡承珙(1776—1832),字景孟,号墨庄,安徽泾县人。胡氏出身于书香世家,其高祖胡尚衡是顺治壬辰年(1652)进士,官至湖南布政使司参议;曾祖胡之栋,河南新安县知县;祖父胡兆殷,邑庠生;父亲胡远龄,多隐德豁行。胡承珙自幼颖悟,"五岁诵读倍常,十岁能文辞,十三补博士弟子"③,嘉庆十年(1805)进士,殿试二甲,选翰林院庶吉士,散馆授编修。嘉庆十五年(1810)之后,历任广东乡试副考官、御史、给事中。嘉庆二十四年(1819),授福建延建邵道;道光元年(1821)三月,上官廉其能,调署分巡台湾兵备道,在官三年,民番安肃,道光四年(1824)十月卸职回归故里。承珙回归乡里后,不参与外事,闭户著书。

胡承珙是徽派朴学阵营中的知名学者,注重将训诂考据的方法应用在治学当中,但是也有重视义理之学之趣向,具有兼收并蓄的开明学术态度。在所作《寄姚姬传先生书》中,胡氏提到"窃谓说经之法,义理非训诂则不明,训诂非义理则不当"④;在《四书管窥序》中,又再次申明他的这一观点:"治经之法,义理非训诂则不明,训诂非义理则不当,二者实相资,而不可偏废。……吾则谓治经无训诂、义理之分,惟求其是者而已;为学亦无汉、宋之分,惟取其是之多者而已。"⑤承珙自少工辞章,通籍后,究心经术,多心得,不苟同前人。归

---

①　罗检秋:《学术调融与晚清礼学的思想活力》,《近代史研究》2007年第5期。

②　江藩:《校礼堂文集序》,《校礼堂文集》卷首,中华书局1998年版,第3页。

③　钱仲联编:《广清碑传集》,苏州大学出版社1999年版,第688页。

④　胡承珙:《寄姚姬传先生书》,《求是堂文集》卷二,《续修四库全书》(第1500册),上海古籍出版社2002年版,第235页。

⑤　胡承珙:《四书管窥序》,《求是堂文集》卷四,《续修四库全书》(第1500册),上海古籍出版社2002年版,第273页。

里后,与陈奂交往甚好,互相往复讨论切磋,将其毕生精力倾注于所著《毛诗后笺》之中,主要用自己所注疏的语言文字、名物训诂疑难之处申述毛公本义。该书虽名为《毛诗后笺》,其实并不专宗毛、郑,马瑞辰在其《毛诗后笺序》中说:"其书主于申述毛义,自《注疏》而外,于唐、宋、元诸儒之说有与《毛传》相发明者,无不广征博引;而于名物、训诂,及毛与三家《诗》文有异同,类皆剖析精微,折中至当。"①所成著述有《仪礼古今文疏义》17 卷,《毛诗后笺》30 卷,《尔雅古义》2 卷,《小尔雅义证》13 卷,《求是堂诗集》2 卷,《文集》6 卷,《骈体文》2 卷等;未成者,则有《公羊古义》《礼记别义》2 书。

胡承珙不仅是一位治《诗》大家,也是一位出色的礼学家,在胡氏所著《毛诗后笺》之中,便有一些篇幅就属于详考名物礼制的内容,常通过考证名物的方法来训诂字义,乐器、车马、服饰都有涉及。具体就《仪礼》学方面的研究而言,主要有《仪礼古今文疏义》17 卷,该书前有自序一篇,乃主于《仪礼》今古文发凡起例之作。据当代学者考证,该书"承珙着手撰作,在嘉庆二十四年(1819)冬授福建分巡延建邵道,调署台湾兵备道后。盖道光二年(1822)承珙即积劳成疾,乞假归,不复出;又道光五年(1825)承珙五十岁时,是年仲夏《疏义》求是堂刻本刊成,四月十六日作《仪礼古今文疏义》自序。故知《疏义》定稿不迟于道光五年春季。"②大概该书创始于京曹,卒业于在闽渡台之后,每日公务余暇,辄纂数事,终著成 17 卷。

(二)《仪礼古今文疏义》之诠释疏证特色

东汉之时,郑玄给《仪礼》作注释时,其治学今古文经学兼通博综,或从今文或从古文,"皆逐义强者为之",并在《注》中详加交代,保存了大量可贵的校勘实例。这些校勘成果,受到了乾嘉时期《仪礼》研究者的高度重视,程际盛《仪礼古文今文考》、李调元《仪礼古今考》、徐养原《仪礼古今文异同》、宋世荦《仪礼古今文疏证》、严可均《仪礼古今文异同说》(存佚不详)③等,皆是此类著作,大都受惠栋《仪礼古义》著述的影响甚深。

胡承珙的《仪礼今古文疏义》也是一部这样的礼学著作。作为一部疏证体之作,胡氏《仪礼今古文疏义》体裁结构简明。其条文安排,胡氏乃先依《仪礼》分卷次序,摘录相应本经;次录郑注今文作某,古文作某;再列本卷中及他卷同字经文及相应郑注。然后另起一行作疏证:先求诸郑玄《仪礼》本文注及他卷注,次引另外二《礼》郑注及贾疏,不明则征引《说文》《尔雅》及《广雅》

---

① 胡承珙撰,郭全芝校点:《毛诗后笺》,黄山书社 1999 年版,第 2 页。

② 金玲:《〈仪礼古今文疏义〉引书考》,《浙江社会科学》2011 年第 9 期。

③ 上述诸书的古今异文疏证校勘情况,可参看笔者所著《清代〈仪礼〉文献研究》第八章第三节,上海古籍出版社 2006 年版,第 389—402 页。

《方言》《一切经音义》等字书，更不明则引后人说经之书。如有己见，则以"承珙案"领起其文，以与引书区分开来。若以校勘考辨今古文异文而论，较之此前数种更具特色，《疏义》大致体现在以下几个方面：

首先，第一次对郑玄折中古今异文之抉择义例进行了系统的探究。在胡承珙之前，程际盛、宋世荦、徐养原等人的著作中皆无这方面内容，属于胡氏著述所独有。细考该书《自序》及其各卷实例，其所总结之义例约略有如下数端：

其一，"有必用其正字者，取其当文易晓"例。例如，《士冠礼》："侧尊一甒礼在服北"，郑《注》："古文'甒'作'庑'。"《疏义》卷一："《说文》无'甒'字，古皆借'庑'为之。《方言》：'甒，罂也。周、魏之间谓之甒。'此亦必本作'庑'，瓦旁乃后人所加耳。郑不从古文作'庑'者，《疏》云：此甒为酒器，庑是夏屋两下，亦当句易晓意也。"①《疏义》中此类实例颇多，他如从盥不从浣（卷一）、从伸不从信（卷三）、从早不从蚤（卷三）之类皆是其例也。

其二，"有即用其借字者，取其经典相承"例。例如，《乡饮酒礼》："众宾辩有脯醢"，郑《注》："今文'辩'皆作'徧'。"《疏义》卷四："郑于《注》或用'徧'、或用'辩'，不尽依经文，如《乡饮》云：'皆如宾酬主人之礼，辩'，《注》云：'辩，辩众宾之在下者。'《有司彻》'辩受爵，其荐脯醢与胾'，《注》云：'徧献乃荐。'是'辩'、'徧'二字《注》则便文通用，惟于经则皆依古文作'辩'。郑于古今文假借字多从本字，此独不然者，疑'徧'乃后出之字，故郑于经文必皆从'辩'，以存古字古义也。"②胡氏将经文之取舍与郑氏注语之用字结合起来考察，发明其中之凡例与变例，诚为可信。他如从脄不从嗌（卷十四）之类是也。

其三，"有务以存古者"例。例如，《士昏礼》："视诸衿鞶"，郑《注》："'视'乃正字，今文作'示'，俗误行之。"《疏义》卷二："承珙案：《小雅》'视民不恌'，《笺》云：'视，古示字。'《曲礼》注云'视，今之示字'者，谓此'视'字即今人所用之'示'字，古人正作'视'不作'示'耳。孔《疏》云：'郑注经中"视"字者，是今之以物示人之示也。'是举今以辨古，此语得之。贾《疏》谓《曲礼》注破'视'从示，非也。"③如承珙所考，"视""示"当属于一组古今字，郑玄从古字不从今字，体现了语言文字的发展变化规律。

---

① 胡承珙：《仪礼古今文疏义》卷一，《续修四库全书》（第91册），上海古籍出版社2002年版，第499页。

② 胡承珙：《仪礼古今文疏义》卷四，《续修四库全书》（第91册），上海古籍出版社2002年版，第518页。

③ 胡承珙：《仪礼古今文疏义》卷二，《续修四库全书》（第91册），上海古籍出版社2002年版，第512页。

其四,"有兼以通今者"例。例如,《丧服》:"冠六升,外毕,锻而勿灰。衰三升。"郑《注》:"布八十缕为升。'升'字当为'登'。"《疏义》卷十一:"承珙案:《说文·禾部》:'布八十缕为稷。'《王莽传》'十缕布二匹',孟康云:'缕,八十缕也。'《说文》有'稷'无'缕',盖此无正字,故贾《疏》又谓之宗。稷、宗、登、升皆一语之转。郑既破'升'为'登',而诸经注仍用'升'字者,则以经典相承已久,不复追改耳。"①胡承珙据古注及音韵角度疏通四字乃一音之转的结果,很有说服力。

其五,"有因彼以决此者,则别白而定所从"例。例如,《公食大夫礼》:"雍人伦肤七",郑《注》:"今文'伦'或作'论'。"《疏义》卷九:"《少牢馈食礼》'雍人伦肤九',郑云:'伦,择也。肤,胁革肉。择之取美者。'此篇训'伦'为理,理亦择也。精理滑脆者,即谓择取胁革肉也。'伦'或作'抡',《周礼·山虞》'凡邦工入山林而抡财不禁',《注》云:'抡,犹择也。'《说文》:'抡,择也。''龠'下云:'从品、仑。仑,理也。''伦'、'论'字皆从仑,声兼义,故古文作'伦',今文作'论'。郑以《少牢》决之,故从古文。"②胡承珙在指出"伦""论"声义同源之同时,谓郑氏乃"以《少牢》决之",故从古文作"伦"。这种情况,在《乡饮酒礼》《乡射礼》《特牲馈食礼》《少牢馈食礼》诸篇所论尤为习见,此不逐一胪举。

其六,"有互见而并存者,可参观而得其义"例。例如,《士冠礼》:"加栖,面枋。"郑《注》:"今文'枋'为'柄'。"《少牢馈食礼》:"加二勺于二尊,覆之,南柄。"郑《注》:"古文'柄'皆为'枋'。"《疏义》卷一:"案:《说文》:'柄,柯也。从木,丙声。''枋,木作车。从木,方声'此经之义作'柄'为近。然古音方声、丙声同部,从方从丙字多通,故郑于此从古文作'枋',而于《少牢馈食礼》则又依经文作'柄'也。"③胡承珙从"同声必同部"的音韵角度,论"柄""枋"二字之相通,进而考察《士冠》《少牢》二篇郑氏抉择之异,推求义例之所属,可谓别开生面。

其七,"因训诂字代正文"例。例如,《既夕礼》:"加茵,用疏布,缁翦,有幅",郑《注》:"今文'翦'作'浅'。"《疏义》卷十三:"承珙案:《考工记·鲍人》云,则是以博为帴也。郑司农云:'帴读为翦,谓以广为狭也。'郑君云翦者如倩浅之倩。考《诗·小戎》传云:'倩,浅也。'是先郑以'翦'为狭,后郑以'翦'

①　胡承珙:《仪礼古今文疏义》卷十一,《续修四库全书》(第91册),上海古籍出版社2002年版,第550页。
②　胡承珙:《仪礼古今文疏义》卷九,《续修四库全书》(第91册),上海古籍出版社2002年版,第545页。
③　胡承珙:《仪礼古今文疏义》卷一,《续修四库全书》(第91册),上海古籍出版社2002年版,第503页。

为浅,其意略同。'蔪'字亦作'前',《周礼·巾车》'前樊鹄缨',《注》:'前读为"缁蔪"之蔪,浅黑也。'然'蔪'可训浅,不当及作'浅'字。今文'蔪'作'浅',乃以训诂字代,故郑不从。"①胡氏据古训,细为推导"蔪"有浅义,发明郑氏义例极其细密。

其次,胡承珙对异文音义关系的探讨,较之程、李、宋、徐氏等人有了更进一步的认识,除了音义通假关系、语义对等之同义关系、讹字与正字关系外,第一次引进了古今字的概念说明异文之关系。例如,《士丧礼》:"右人左执匕,抽扃,予左手,兼执之。"郑《注》:"古文'予'为'与'。"《疏义》卷十二:"案:《说文》:'与,党与也。从舁从与。'又:'与,赐予也。一勺为与。'二字皆与'予'通。'予,推予也。象相予之形。''予'又借为'予我'之'予',《仪礼》古文、左氏《传》则皆作'余'。郑注《曲礼》曰:'余、予,古今字。'此推予之'予',则又'予'、'与'为古今字也。"②在古今异文诸多音义关系的分析中,当以通假字音义关系的揭示最为普遍,务存折中。

复次,胡承珙理校之法的运用既有文字、音韵、训诂等小学层面的介入,同时亦继承了《礼》经治学的传统,强调审本句文辞、审本篇上下文、审他篇礼文的综合考辨。例如,《士相见礼》:"众皆若是",郑《注》:"今文'众'为'终'。"《疏义》卷三:"若'众'为终,不独与'卒视面''卒'字为复,且上文又云'毋改',郑云'毋自变动',不必复言'终皆若是'矣。"③承珙从本篇文辞分析入手,指出当从古文为是。在这方面,较之程、李、宋、徐氏等人大都局限于文字本身的疏证工作,胡承珙的结论更具有说服力,具有更高的可信度。

续次,由于胡承珙精通小学,因而是书特别注意《说文》、段《注》与郑说之异同比较,或增成郑《注》训义,或考辨郑、许所从异同。例如,《觐礼》:"侯氏裨冕,释币于祢",郑《注》:"今文'冕'皆作'絻'。"《疏义》卷十:"《说文》:'冕,大夫以上冠也。从曰,免声。絻,冕或从系作。'段氏玉裁曰:'《觐礼》注云:"今文'冕'皆作'絻'。""许'或'之者,许意从古文也。絻字亦见《管子》《荀卿子》及《封禅书》。'承珙案:《逸周书》'冕'字亦皆作'絻',郑出今文,于《注》意正与许同。"④这是与郑说相同之例。相异之例,如该书卷十四疏"古

① 胡承珙:《仪礼古今文疏义》卷十三,《续修四库全书》(第91册),上海古籍出版社2002年版,第566页。

② 胡承珙:《仪礼古今文疏义》卷十二,《续修四库全书》(第91册),上海古籍出版社2002年版,第563页。

③ 胡承珙:《仪礼古今文疏义》卷三,《续修四库全书》(第91册),上海古籍出版社2002年版,第514页。

④ 胡承珙:《仪礼古今文疏义》卷十,《续修四库全书》(第91册),上海古籍出版社2002年版,第548页。

文曰:左股上。"①此不赘引。

最后,和宋世荦《仪礼古今文疏证》一样,胡承珙《仪礼古今文疏义》也强调典籍异文材料之广综博采,但在处理方式上与宋氏略有不同。宋氏《仪礼古今文疏证》按郑氏 17 篇次第编排,凡首见已加疏证之相同古今异文,其后不复论证,只注明见某篇某条。而胡氏则将《仪礼》本经诸篇相同异文材料全部置于首见之篇,以后各篇不再逐一条举,至于其他先秦两汉典籍异文材料则置诸按语当中。这种处置方式,在一定程度上体现了胡承珙治学的互贯融通特性,同时也节省了全书的篇幅。

可见,胡承珙《仪礼古今文疏义》一书诠释礼经的特色极其鲜明,胡氏能将《仪礼》古今文疏证和《仪礼》经文的具体语境结合起来,据此阐明词义;又能于西汉以前古书中反复寻考,贯通文义;又能重视运用文字、音韵、训诂等小学通经之途,进而破解《仪礼》经文中的通假字、音讹形讹字,较之前贤的同类研究,可谓迈出了一大步。

(三)《仪礼古今文疏义》之诠释引书情况

古人著述注释时,多引用他书以证成己说,胡承珙《仪礼古今文疏义》亦不例外。胡氏所引之书,不仅有先秦两汉典籍,同时亦强调将宋元以来学者的正确说解纳入《仪礼古今文疏义》的诠释之中,以证实己说,颇具求实精神。关于胡氏《仪礼古今文疏义》的引书情况,当代学者金玲曾撰《〈仪礼古今文疏义〉引书考》一文加以剖析②,深得其中要旨。兹据其文,对胡氏《仪礼古今文疏义》的引书情况略加介绍说明如下:

首先,从引书的方式情况来看:"(胡氏)引文方式包括:一、全引,全录整段原文,不加改易。此种最多,不赘引。二、摘引,截取原文,重加编排。三、改引,据行文需要改写或缩写原文,甚至改动顺序。此外,胡氏引书仅称某氏曰,不称书名;又有引而没其名者。"

其次,从引书的类型和版本情况来看,胡承珙并不以藏书名家,因而《仪礼古今文疏义》引书涉及面并不像清前期一些学者那样广博,加之诚如胡培翚《别传》所说,承珙"其后在闽渡台,以书笥累重难携,独携《仪礼》一经"③,因而胡氏引书多以近时通行易得之本为主。泛言之,胡氏引书主要涉及这样几类:

其一,胡承珙据以疏通诠释《仪礼》古今文的文献底本,主要为嘉庆二十

① 胡承珙:《仪礼古今文疏义》卷十四,《续修四库全书》(第 91 册),上海古籍出版社 2002 年版,第 577 页。

② 参见金玲:《〈仪礼古今文疏义〉引书考》,《浙江社会科学》2011 年第 9 期。

③ 胡培翚:《福建台湾道胡君别传》,《研六室文钞》卷十,《续修四库全书》(第 1507 册),上海古籍出版社 2002 年版,第 479 页。

年(1815)《十三经注疏》阮元南昌府学刻本。由于撰写时间更早,成书刊刻于道光五年(1825),因而胡氏未能见到及采纳道光十年(1830)苏州汪士钟艺芸书舍影南宋监本单疏本。

其二,后代礼书。例如,引宋人书有张淳《仪礼识误》4条,李如圭《仪礼集释》1条,朱熹《仪礼经传通解》2条,此7条引文皆录自《十三经注疏校勘记》;其他文献,如敖继公《仪礼集说》用通志堂经解本,盛世佐《仪礼集编》用贮云居刻本,《钦定仪礼义疏》用御纂七经本,段玉裁《周礼汉读考》用嘉庆三年(1798)经韵楼本,程瑶田《丧服文足征记》用通艺录本,等等。

其三,总论群经之书涉及礼经部分。如浦镗《十三经注疏正字》、山井鼎《七经孟子考文》,经校不出《十三经注疏校勘记》之囿;其他,如臧琳《经义杂记》用拜经堂丛书本,惠栋《九经古义》用省吾堂四种本,王引之《经义述闻》用嘉庆二十二年刻本,段玉裁《说文解字注》用经韵楼本,等等。

其四,小学诸书。《说文》当用段玉裁《说文解字注》本,段氏该书嘉庆十三年(1808)年写成,嘉庆二十年(1815)年刊行,即经韵楼刻本。《释名》疑用毕沅《释名疏证》灵岩山馆刻经训堂丛书本,毕氏书有正字本和篆字本两种,分别在乾隆五十四年(1789)和五十五年(1790)刻成,胡氏应见及是本。

(四)《仪礼古今文疏义》之诠释阙失

如上所述,作为一部校勘疏证式著作,胡承珙《仪礼古今文疏义》的古今异文疏证研究,力主实现《仪礼》文本之古今异文的互贯融通,取得了相当大的成绩。但若就其书求全责备、严加评判,亦存在以下一些阙失之处:

首先,从具体条文的书证结论发覆情况来看,胡承珙《仪礼古今文疏义》的某些古今异文疏证条文尚存在误疏的问题。较之程际盛、宋世荦、徐养原等人,虽然胡氏的校勘疏证工作更趋细密深入,但在某些条目的判断方面,确实也存在不够精密的地方。例如,《士昏礼》篇郑《注》云"古文'始'为'姑'",胡氏《仪礼古今文疏义》卷二就未能准确指出"姑"乃误字,反而为之妄为说解以求圆通。关于这一类误疏情况,黄以周在《礼书通故·六书通故》卷四十三当中最早提出了异议。近人胡玉缙也以为,"惟所举郑《注》略例数端,实不止此,而无非取其当文易晓,承珙未之深究。故其疏义尚未能尽,间或舛误"①,并称引大量失误实例疏证说明之。其所叙议,黄以周《礼书通故·六书通故》皆有所辩,此不繁述。

其次,从文字、音韵、训诂等小学专门学问运用情况考察来看,胡承珙的古

① 胡玉缙:《〈仪礼古今文疏义〉提要》,载中国科学院图书馆整理《续修四库全书总目提要·经部·礼类》,中华书局1993年版,第514页。

今异文疏证工作尚有欠缺之处。以音韵情况为例,胡氏尽管也运用了"凡同声旁之字古多通假"一类音韵理论,但由于他并未专门致力于上古声韵系统的全面系统研究,因而他对古今异文的音韵角度分析存在一定的片面性,这方面的说服力不高。对于文字的字形分析,大都局限在借助《说文》一类字书,未能充分重视和全面吸收当时的金石学研究成果进行古今异文的校勘和疏证。因而,较之段玉裁《仪礼汉读考》运用其《六书音均表》所分古音 17 部理论沟通文字音义关系的做法,胡氏的声韵分析更缺乏说服力。

再次,从文献征引角度来看,胡承珙的引证文献大都局限于历代经籍有关礼书类文献,同时也兼及部分小学类著作,但缺乏其他相关典籍文献语料的佐证材料,文献征引视野略显狭窄;而且,未能注意并充分吸收、运用金石文献材料进行佐证。

虽然胡承珙的《仪礼古今文疏义》存在上述诸方面的缺失,但就总体而言,其仍然是乾嘉《仪礼》学史上不可回避的一部重要疏证体著作,在《仪礼》古今异文的疏证方面成绩斐然,也极具鲜明的诠释特点,较之程际盛、宋世荦、徐养原等人的古今异文疏证工作,显然要细密可信得多,为后来段玉裁《仪礼汉读考》与陈光熙《礼经汉读考》的写作,奠定了坚实基础。

第三节 淹通汉宋派的《仪礼》学研究

继清前期李光坡、方苞、蔡德晋、吴廷华等人之后,乾隆中后期乃至嘉庆年间,仍有少数学者致力于淹通《仪礼》汉宋之学,主张杂糅各个朝代礼学家关于《仪礼》研究成果,博征兼通,折中众说,力求于继承中有所创新,取得新的创见。这一时期的淹通汉宋派《仪礼》学者,主要以焦以恕、韦协梦、胡匡衷等人为代表。与汉学考据派相比,他们的研究在当时拥有一定的学术影响,但却并非当时《仪礼》学研究的主流研究风格。

一、焦以恕与《仪礼汇说》

(一)生平及著述概说

焦以恕(1698—1773),字心如,号越江,江苏金山县(今属上海)人。征士焦袁熹(1661—1736)第四子。岁贡。"弱冠为名诸生,屡试不售,召试列二等,授淮安府训导,在任八年,归。"①焦以恕治学,"亲承家学,以经

____

① 孙星衍、莫晋等编:《嘉庆松江府志》卷五十九,《中国地方志集成》(第 1 册),上海书店出版社 2010 年影印本,第 397 页。

术为先"①,与兄长焦以敬二人受其父影响较大,被收入《四库全书》、署名焦袁熹著的《此木轩四书说》九卷,其实经焦袁熹手定的部分仅有其中的十分之六,剩余的十分之四乃为其子焦以敬、焦以恕兄弟二人所作。乾隆十三年(1748),金山县筹划纂修《金山县志》,由知县常琬担任主修,以恕兄长焦以敬担任总纂,以恕参与了该书的具体纂辑工作。

　　焦以恕从事《仪礼》一书研究较迟,自中年后方始肆力其间。据焦氏《仪礼汇说目录后自跋》记载:"窃从诵阅之余,先为顺文,诠释一尊《义疏》,而引用者亦不复著某氏名姓,曰《便读》,仍依经文先后,计一十七卷。旋取诸儒之说,自《注疏》及《义疏》,引用诸条,辑为《汇说》,悉著引用某氏,不敢掠人之美也,亦计一十七卷。其于《正义》《辨正》之解疏通证明者,例如疏家之释注。其或有旁参一得而可以并存者,亦采于集中。若不揣梼昧、间陈己见者,以'愚按'别之。"②焦氏乃取古今礼经训故,谨遵《钦定仪礼义疏》,历经十五年时间,分别编成《仪礼便读》《仪礼汇说》二书,其中,"依内外注而顺文诠释者,曰《便读》;博采众说,以己意衷其是否者,曰《汇说》"③。

　　关于著述缘起,焦以恕在《仪礼汇说目录后自跋》中亦有所说明。焦氏对乾隆初年所修《钦定仪礼义疏》评价极高,认为该书"宏纲细目,莫不条分缕析,直如日月经天,江河行地。读是书者,不啻置身成周,而周旋揖让于其间,闗榛芜而骤康庄,诚千载一时之盛也",但同时他也注意到该书"顾卷帙繁重,自非颖敏之士罕能遍观而尽识"④,对于普通读礼者而言十分不便。有鉴于此,焦氏遂起而作《仪礼汇说》一书。至于该书的完成时间,据焦氏《自跋》末署"乾隆三十七年岁次壬辰春日"的时间来看,是乾隆三十七年(1722)这一年春,焦以恕便已完成写作,并于是年出资自行刊刻,号金山焦氏研雨斋刻本。

　　(二)焦以恕诠释礼经之特点

　　叶承拜在给焦以恕《仪礼汇说》一书所作《序》中,曾高度评价说:"君学博而识高,深味乎经文而有会心,《注疏》之中同者融之,异者参之,同而异异而同者平以融之,婉以通之,或并存之,或进阙之,且引他书以会之,要不失乎经

---

①　孙星衍、莫晋等编:《嘉庆松江府志》卷五十九,《中国地方志集成》(第1册),上海书店出版社2010年影印本,第397页。

②　焦以恕:《仪礼汇说目录后自跋》,载《仪礼汇说》卷首,《续修四库全书》(第89册),上海古籍出版社2002年版,第3页。

③　《嘉庆松江府志》卷五十九,《中国地方志集成》(第1册),上海书店出版社2010年影印本,第397页。

④　焦以恕:《仪礼汇说目录后自跋》,载《仪礼汇说》卷首,《续修四库全书》(第89册),上海古籍出版社2002年版,第3页。

旨而有以服古人之心而启后人之心。"①要言之,焦以恕的《仪礼》研究,虽然源于《钦定仪礼义疏》,但又形成了自己的诠释特色:

首先,从《礼经》相关构成要素的认知情况来看,焦以恕亦有自身独到的见解。关于《仪礼》经文中的《记》文,焦氏认为,"经后之《记》,所以补经文之不见者,盖并时而作,无先后也"②,与大多数先儒的观点颇不相类。至于《丧服》篇之《传》文,此前一般学者以为系春秋时子夏所作,焦以恕则持不同看法,他认为:"《传》之作后于经,经为周公、孔子所定,则《传》出七十子之手,固宜有之,而敖氏以为又在作《记》者之后,则臆说,未足凭矣。"他还说:"《周易十翼》《春秋左传》皆不与经文相杂,而后世儒者移而置之经文之间,则《仪礼》之《传》亦同斯例可知也。敖氏谓康成为之者,未知果否也。"③由此看来,焦氏以为《丧服传》之作晚于《仪礼》经文,且其初原与《丧服》经文不相杂,今所以相杂者,系出于后世儒者移置的结果。至于《传》文作者是谁,焦氏没有具体明言,似不赞成子夏所作之说,但主张是出于孔子弟子中的"七十子"之手可能性最大。

其次,从著述的诠释体例来看,《仪礼汇说》属于集解体著作。如上所述,是书之作一遵《钦定仪礼义疏》,征引前儒之说,集为是书,一般不全列经文,唯于有汇说者,引经据典,给予疏证,亦有特见。焦以恕《跋》云:"其于《正义》《辨正》之解疏通证明者,例如疏家之释注。其或有旁参一得而可以并存于者,时亦采于集中。若不揣梼昧、间陈己见者,以'愚按'别之。"其引述前贤之说,多据郑《注》、贾《疏》、孔《疏》、李如圭《仪礼集释》、杨复《仪礼图》、敖继公《仪礼集说》、郝敬《仪礼集解》等著作。值得一提的是,焦以恕称引《义疏》之文,若属"愚按"部分之引,则径称《义疏》云云。另外,其征引前贤之说解文,往往亦据《义疏》转引,称"'余论'某氏云""'通论'某氏云""'存疑'某氏云"。因而,虽源自《义疏》,但著述极其简明扼要,体例极其严谨,特色鲜明,避免了《义疏》原本"卷帙繁重"的阙失。

再次,从诠释方法来看,焦以恕说解礼制大多主于据《仪礼》本经互证,或据上下文推论,或据各篇相关礼制类推互证,一般不广征其他先秦著作互证。这是因为在焦氏看来,"凡经所不载而以例起之者,互见于别处经文,或《记》中具之也。若都无所见,则初无是礼而无事纷纭,乃所以确守经文矣。"④例

---

① 叶承拜:《仪礼汇说序》,载焦以恕:《仪礼汇说》卷首,《续修四库全书》(第89册),上海古籍出版社2002年版,第1页。

② 焦以恕:《仪礼汇说》卷十一,《续修四库全书》(第89册),上海古籍出版社2002年版,第96页。

③ 焦以恕:《仪礼汇说》卷十一,《续修四库全书》(第89册),上海古籍出版社2002年版,第96页。

④ 焦以恕:《仪礼汇说》卷五,《续修四库全书》(第89册),上海古籍出版社2002年版,第31页。

如,对《乡射礼》篇"遵者之节",焦氏疏证说:"《乡饮酒礼》惟篇末略言遵者之礼,此则详言之。下《记》云:'有诸公,则如宾礼,大夫如介礼;无诸公,则大夫如介礼。'可见诸公亦来,而经专举大夫耳。又案:《乡饮酒礼》宾若有遵者,则既一人举觯乃入,此即叙于一人举觯之后,顺其节也。"①这一段话里,焦氏通过《乡饮酒礼》与《乡射礼》两篇礼文详略的考察对比,说明《乡射礼》篇遵者之节礼制情况。又如,《燕礼》篇"'射人告具'节",焦氏疏证云:"敖氏云:'是时盖在阼阶东南南乡,射人北面告之。'愚按:下文'卿大夫入门,公降,立于阼阶之东南',敖氏云:'公侯其入,乃降而揖之,明尊之义也。'若然,则前者告具时,未即在阼阶东南矣,敖说不免自相矛盾也。解经者遇此阙所疑焉可也。"②据上下文辨敖氏说解之非是,体现了严谨的治学态度。

　　续次,从校勘方面来说,焦以恕较少从事于校勘工作,在他看来,目前所见《仪礼》经文阙误殊少,"郑氏于《礼记》之文多所更定者,因经之阙误者多也;若《仪礼》则缺误处殊少,当融会其意而解之,不当轻为更定也"③。因而反对遇到难以解释之处便轻易妄改经文文字的做法,亦反对随意根据理校之法更定所谓经文误字之类解经举措,主张融会《仪礼》经文加以说解,"窃谓经文果误,乃不得已而阙之。经文无误,则仍旧贯而解之。盖其慎也,动出新意,实所未安耳"④。例如,《乡射礼》篇"'三射'首节":"作上射如初",焦氏先引敖氏说:"'上'字似衍,否则其下当有'耦'字。今文或言'作升射',盖亦疑其误而易之。"接着批评《集说》称,"此则敖氏之失欤"⑤。这一诠释礼经的校勘态度,最大限度地避免了解经的盲目性与随意性,避免了轻妄诠释的解经现象。

　　最后,从对待敖继公《仪礼集说》、郝敬《仪礼集解》的态度来看,焦以恕并未像清中期许多礼学家那样牴牾批驳其说,而是持一种客观态度,依据自己的理解或臧或否,大致和《义疏》编纂者所持观点趋于一致,并无全盘否定的态度。例如,《公食大夫礼》篇"'宰夫授公饭粱'节",焦氏援引郝敬《仪礼集解》说:"粱,谷之大,即今高粱,炊以为饭。"⑥同篇"'挽手兴北面坐'节",焦氏援引敖继公《仪礼集说》:"公寸止馔先设酱,寸加馔先设粱,故宾亲彻此二者。阶西向者,所欲食之处也。"⑦然而,对于敖继公训解《仪礼》仪节时,常持所谓

①　焦以恕:《仪礼汇说》卷五,《续修四库全书》(第89册),上海古籍出版社2002年版,第20页。按:查《记》文,"介礼"乃"宾礼"之误。

②　焦以恕:《仪礼汇说》卷六,《续修四库全书》(第89册),上海古籍出版社2002年版,第37页。

③　焦以恕:《仪礼汇说》卷五,《续修四库全书》(第89册),上海古籍出版社2002年版,第32页。

④　焦以恕:《仪礼汇说》卷九,《续修四库全书》(第89册),上海古籍出版社2002年版,第84页。

⑤　焦以恕:《仪礼汇说》卷五,《续修四库全书》(第89册),上海古籍出版社2002年版,第32页。

⑥　焦以恕:《仪礼汇说》卷九,《续修四库全书》(第89册),上海古籍出版社2002年版,第86页。

⑦　焦以恕:《仪礼汇说》卷九,《续修四库全书》(第89册),上海古籍出版社2002年版,第88页。

"变礼"之说,却是极力加以反对。焦氏以为:"凡敖氏往往言某礼变于某礼,愚谓礼唯其宜,实不须屑屑示变以著其新异。"①因此,凡遇见此类诠释情况,焦氏皆力辨敖氏"变礼"说之非,如《聘礼》篇:"公侧授宰币马,出。"焦以恕先引敖氏云:"马出而皮入,亦相变也。"接着加按道:"敖氏往往以礼相变为词,而此释受马,亦主相变,乃令人失笑也。皮则宜入,马岂可入耶?"②凡此之类,《仪礼汇说》不乏其例,焦氏皆主驳论。

特别需要说明的是,有时候焦以恕对于敖继公、郝敬诠释的批驳,并非完全属于自己的创见,而是依遵《钦定仪礼义疏》的结果。例如,《聘礼》篇"大夫来使,无罪,飧之;过,则饩之"一句,焦氏诠释礼制称:"敖曰:'谓假道而过者则饩之也。过,即经所谓过邦;饩,即经所谓饩之。以其礼复记于此者,蒙无罪之文也。若有不假道、不禁侵掠之类,是过者之罪矣。'《义疏》驳其非是,当以《注疏》为正也。"③案:检之《仪礼义疏》一书,编纂者将敖氏之说归入"存疑"一目下,"正义"部分则采录郑玄《注》的说解,可见,焦氏所谓《义疏》驳其非是,当以《注疏》为正也",即据《钦定仪礼义疏》的处置方式来否定敖氏《仪礼集说》的礼制诠释。

作为一名淹通汉宋派学者,面对汉唐以来诸儒者的不同说解,焦以恕始终把持一种严谨的治学态度。无论是征引前贤旧说,或是辨识旧说自加新说,焦氏皆不妄为训诂,坚持据《仪礼》本经进行互证推理诠释。同样,其对于前人不同旧说之去取,处理亦颇为审慎,多种异说并存之,如《少牢馈食礼》篇,《仪礼汇说》有如是一则诠释:"'荐两豆菹醢',郑云:'葵菹蠃醢。'贾云:'是乃馈食之豆,当馈食之节,是其常事,故祝用之。'敖云:'韭菹醓醢也。盖祝筵以尸之上筵,则其豆亦当以尸之上豆也。'二说未详孰是,今两存之。"④对于贾《疏》及敖氏《仪礼集说》不同训释,焦氏未知孰是,故并存于是书之中。

综上所述,焦以恕《仪礼汇说》的研究,大体依尊《钦定仪礼义疏》,但又更趋于简洁明了,可谓《钦定仪礼义疏》礼学传播之功臣。在取法《钦定仪礼义疏》诠释传统的同时,焦氏亦有自己的诠释性创见,并非完全沿袭《钦定仪礼义疏》的现有成说。当然,作为一部依尊《钦定仪礼义疏》之作,该书也存在某些不足之处,如:每一条诠释条文,由于体例上不载《仪礼》经文,仅标识"某某节",不利于读者对应礼经的研读;在诠释视角与诠释内容方面,较少涉及具

---

① 焦以恕:《仪礼汇说》卷六,《续修四库全书》(第89册),上海古籍出版社2002年版,第43页。
② 焦以恕:《仪礼汇说》卷八,《续修四库全书》(第89册),上海古籍出版社2002年版,第70页。
③ 焦以恕:《仪礼汇说》卷八,《续修四库全书》(第89册),上海古籍出版社2002年版,第82页。
④ 焦以恕:《仪礼汇说》卷十六,《续修四库全书》(第89册),上海古籍出版社2002年版,第184页。

体语词的训释,大都停留在仪文节制的诠释方面,无法彰显"汇说"一词的方方面面情况,等等。尽管如此,《仪礼汇说》的编纂和诠释中仍有其可取之处。

二、韦协梦与《仪礼蠡测》

(一)生平及著述概说

韦协梦,字云吉(一说字静山),安徽芜湖人,生卒年不详,韦谦恒(1715—1792)之子。乾隆三十九年(1774)甲午举人,官直隶河间知县,升顺天张湾通判。少年之际即研读《仪礼》,后又曾"藉以授徒课子嗣"。《四库全书》纂修期间,韦氏父子二人均入职《四库》馆参与修书之事,其中韦谦恒担任武英殿提调官,而韦协梦则任职缮签官。著有《带草轩诗》一卷。

韦协梦毕生之经学研究,主要专事于《仪礼》学,未留下其他经学方面研究著作。乾隆四十六年(1781)辛丑三月,韦协梦为所作《仪礼蠡测》(以下简称《蠡测》)作《序》称:"余自髫龄受读斯编,于趋庭之训迪,师友之辩论,问难析疑,曲畅旁通,因取康成、公彦、君善之解诂,紫阳、勉斋、信斋之论说,旁搜博采,融会贯通,勒成《集解》一编,藉以授徒课子嗣。又病征引太繁,篇帙太富,恐初学之士或至穷大失居,复详加参考,错综诸说,约之又约,别为《章句》十七卷。岁月既久,研精覃思,间有考诸经文而有得、徵诸先儒而未安者,既缀其说于全书之内,暇日复校勘参订,抄撮成编,颜曰《仪礼蠡测》,固不敢肆其狂瞽,自附诸儒之末,成一家言。"①可见,韦氏曾先后作《仪礼集解》《仪礼章句》17卷、《仪礼蠡测》17卷,可惜前二书均未能刊刻传世,至今存佚不详。至于《仪礼蠡测》的成书时间,从两篇序文的写作时间来看,韦协梦所作《自序》撰于乾隆四十六年(1781)三月既望(十六日),而翁方纲的《序》文则成于乾隆四十七年(1782)冬十月十日,那么,至迟在乾隆四十七年翁氏作《序》之前,韦氏便已经完成《蠡测》书稿的写作。

(二)韦协梦对《仪礼》之认知观

首先,关于《仪礼》经文作者及其成书情况,韦协梦《蠡测》并未言及这方面内容,但对经后之《记》及《丧服传》的作者问题,却有所讨论。《蠡测》卷十一:"先儒以《传》为子夏所作,细玩《传》文,释经兼释《记》,《记》出于七十子之手,子夏于诸弟子中年为差长,安有子夏之《传》转在七十子后乎?疑亦戴圣之流所为而假托子夏之名。"②由此可见,韦氏主张《记》文出于孔子弟子七

① 韦协梦:《仪礼蠡测·序》卷首,《续修四库全书》(第89册),上海古籍出版社2002年版,第560页。

② 韦协梦:《仪礼蠡测》卷十一,《续修四库全书》(第89册),上海古籍出版社2002年版,第625页。

十子之手,至于《丧服传》则是戴圣之流假托子夏之名所作,不可能是出于孔子弟子及再传弟子之手。

其次,关于《仪礼·记》文性质的认识,韦协梦与清初学者的说法亦有不同之处:"《记》者,记经文之未备,及经义之未明者也。"但也有《记》之变体存在,如《士冠礼》篇"记冠义"下,韦氏注释说:"此篇所记,专释经义,与《郊特牲》略同,盖又《记》之变体也。"①一般说来,《仪礼》17 篇当中,除开《士相见礼》《大射仪》《少牢馈食礼》3 篇无《记》文之外,其余各篇大多数《记》文是通其一文而言,但韦氏认为《乡射礼》一篇篇末之《记》却并非如此:"《记》不言篇名,盖此篇所记有通《燕射》《大射》而言者,非独为《乡射》而记也。此据州长春秋以礼会民而射于州序,用此《乡射礼》者也。若行此礼于宾兴贤能之后,则宾即《乡饮》所谋之宾,乌可易乎?"②

关于《士相见礼》《大射仪》《少牢馈食礼》3 篇之所以没有《记》文的缘由,韦协梦亦深有思考。其一,《士相见礼》篇没有《记》文,是因为"至此篇总论卿大夫士相见之礼,本《记》体也,何必又为《记》以赘于后乎",不存在"记经之未备,释义之未明"的必要性,至于"盛氏强分士相见一章为经,士见于大夫以下为《记》,夫士见于大夫以后诸章各为一体,与士相见礼绝不相关,安见彼为经而此为《记》乎? 盖盛氏不知此篇乃泛论相见之礼,非仅为士立文也,故不能不为是割裂耳"③。其二,"《大射》《少牢》与《乡射》《特牲》其仪制多有同者,《乡射》《特牲》有《记》,则二篇可无。"④

最后,关于《仪礼》17 篇各篇适用对象的认知,虽有与前贤说解相同者,如《乡射礼》篇,韦协梦云:"乡射之礼,主于州长。《周礼·乡大夫职》云:'退而以乡射之礼五物询众庶',即谓以州长乡射之礼也。"⑤与郑玄《目录》说法相同,但韦氏亦时常有不同于郑玄、贾公彦《仪礼注疏》的见解。兹将韦氏不同于二者之见者胪列于此:

《士冠礼》《士昏礼》2 篇,郑玄《目录》所记:"童子任职居士位,年二十而

---

① 韦协梦:《仪礼蠡测》卷一,《续修四库全书》(第 89 册),上海古籍出版社 2002 年版,第 565 页。
② 韦协梦:《仪礼蠡测》卷五,《续修四库全书》(第 89 册),上海古籍出版社 2002 年版,第 585 页。
③ 韦协梦:《仪礼蠡测》卷三,《续修四库全书》(第 89 册),上海古籍出版社 2002 年版,第 570 页。
④ 韦协梦:《仪礼蠡测》卷三,《续修四库全书》(第 89 册),上海古籍出版社 2002 年版,第 570 页。
⑤ 韦协梦:《仪礼蠡测》卷五,《续修四库全书》(第 89 册),上海古籍出版社 2002 年版,第 576 页。

冠,主人玄冠朝服,则是仕於诸侯。天子之士,朝服皮弁素积。古者四民世事,士之子恒为士。"又"士娶妻之礼,以昏为期,因而名焉"。乃专指童子任职居士位者而言,而韦协梦则云:"士者,男子之美称。《王制》命乡论秀士升之司徒曰选士。是未仕者亦谓之士。"既然如此,则《士冠礼》"此篇所载,盖兼已仕、未仕而言也。古者四十强而仕,其未冠而仕,特偶有之,《注》专指童子任职居士位,言犹未备"①,《士昏礼》"此篇所载,亦兼已仕、未仕而言也。《注》专据已仕言,亦未备"②。

《士相见礼》篇,郑玄《目录》:"士以职位相亲,始承挚相见礼。"贾《疏》:"释经亦有大夫及庶人见君之礼,亦士见大夫之法,独以《士相见》为名者,以其两士职位不殊,同类昵近,故以'士相见'为首。"皆主于为士者之礼。韦协梦则说:"细玩此篇所载,或士自相见,或大夫自相见,或士见于大夫,或大夫见于士,或大夫士庶人见于本国及他国之君,以至言视之法,侍坐侍食之仪,执玉称名之制,皆泛论相见之礼而已。"③较之郑、贾所说适用对象更广,主张是泛论相见之礼。

《燕礼》篇,郑玄《目录》:"诸侯无事,若卿大夫有勤劳之功,与群臣燕饮以乐之。"贾《疏》:"案上下经注,燕有四等。《目录》云诸侯无事而燕,一也;卿大夫有王事之劳,二也;卿大夫又有聘而来,还与之燕,三也;四方聘客与之燕,四也。"韦协梦则云:"贾、吕所言,泛论'燕礼'之所有而已。其实此经所载,惟诸侯燕本国臣子之礼,若燕宾客燕族人,及天子燕诸侯,亦当视此仪制,而礼宜稍异。"④与郑氏说解大致相同,但与贾《疏》相异,说解适用对象更狭。

《聘礼》篇,郑玄《目录》:"大问曰聘。诸侯相於久无事,使卿相问之礼。小聘使大夫。"韦协梦云:"此据侯伯之卿大聘而言,其公及子男之卿大聘亦当与此略同,但大国之卿七介,子男之卿二介,微异耳。"⑤虽然赞同郑氏之说,但又以为公及子男之卿大聘仪制大略相同,只不过"介"的数量略有差异而已。

---

① 韦协梦:《仪礼蠡测》卷一,《续修四库全书》(第89册),上海古籍出版社2002年版,第561页。

② 韦协梦:《仪礼蠡测》卷二,《续修四库全书》(第89册),上海古籍出版社2002年版,第566页。值得注意的是,韦氏并未将所有以"士"名篇的"士"者都兼已仕、未仕而言,如《士丧礼》篇,韦氏云:"《士丧礼》与《士冠》《士昏》不同,《士冠》《士昏》统已仕、未仕而言,则此专指已仕而言也,但未仕者之丧礼亦大同小异耳。"(卷十二,第636页)与该篇郑《注》、贾《疏》说法基本　致。

③ 韦协梦:《仪礼蠡测》卷三,《续修四库全书》(第89册),上海古籍出版社2002年版,第570页。

④ 韦协梦:《仪礼蠡测》卷六,《续修四库全书》(第89册),上海古籍出版社2002年版,第587页。

⑤ 韦协梦:《仪礼蠡测》卷八,《续修四库全书》(第89册),上海古籍出版社2002年版,第605页。

关于《觐礼》一篇的适用对象,韦协梦的看法与郑玄《目录》所述"诸侯秋见天子之礼"并无不同,但他又认为该篇礼文并不完整:"此篇自至郊始,而未入郊以前当更有仪节,文不具者,疑诸侯见天子之礼别有他篇可互见也。"①这种"疑"的态度,似乎并无多少实质上的意义。

(三)韦协梦诠释礼经之特点

尽管韦协梦身处乾嘉时期,但他的《仪礼》学研究与同时代的一些学者风格颇有不同,在很多方面颇为类似于清代前期学者的治学特性。其中颇为值得关注者,主要表现在如下几个方面:

首先,从总体治学趣向来看,韦协梦的《仪礼》诠释研究颇有清初淹通汉宋派学者的特点,广采汉、唐以来学者的治学成说,参考本经及其他典籍折中形成己见。如韦氏所作《仪礼蠡测序》云,他尝博采郑《注》、贾《疏》及朱熹、黄榦、杨复、敖继公诸说,勒成《仪礼集解》一书,《仪礼蠡测》尽管有后来考订的成分,但其治学大旨并未发生根本性的变化,这从该书的诠释话语中可以得到印证,或肯定郑《注》而否定敖氏说,或否定郑《注》而肯定敖氏说,或糅合折中二者之说而解经,或从贾氏《疏》而否定他说,等等,不一而足。

例如,《大射仪》篇,郑玄《目录》:"诸侯将有祭祀之事,与其群臣射以观其礼。数中者,得与于祭;不数中者,不得与于祭。"韦协梦云:"《大射》,先儒皆据《戴记》以为将祭择与祭者之射,敖氏谓诸侯相与群臣饮酒而习射之礼,若然,则亦谓之燕射可也,何必复异其仪而名《大射》乎?"②关于《大射仪》篇的适用对象与礼文性质,韦氏主张采纳郑氏《目录》之说,而认为敖氏《仪礼集说》的说法不可取信。又如,同篇"遂适西阶前,东面,右顾。命有司纳射器,射器皆入",贾《疏》:"命,谓司射命之也,言有司,则前文'司士戒士射与赞者',注云'谓士佐执事不射者'是也。"敖继公《仪礼集说》:"东面而右顾者,为有司在南也。此有司,其旅食者与? 上经云'士旅食者在士南,北面东上',命之之仪如是者,以其贱也。"③韦氏注云:"有司之说,敖氏近是,贾氏据郑《注》,以士不射者当之,士不射者或有或无,不定,纳射器之事多且烦,非其人所能共也。"④此例有关于"有司"的所指对象,郑玄没有解释说明,贾《疏》认

①　韦协梦:《仪礼蠡测》卷十,《续修四库全书》(第89册),上海古籍出版社2002年版,第624页。

②　韦协梦:《仪礼蠡测》卷七,《续修四库全书》(第89册),上海古籍出版社2002年版,第594页。

③　敖继公:《仪礼集说》卷七,《景印文渊阁四库全书》(第105册),台湾商务印书馆1983—1986年版,第242页。

④　韦协梦:《仪礼蠡测》卷七,《续修四库全书》(第89册),上海古籍出版社2002年版,第597页。

为是"土佐执事不射者",而敖继公认为是"土旅食者",韦氏则从事理角度加以推断,认为敖氏之说胜于贾氏,故有此一番诠释断语。

特别值得注意的是,韦协梦有时候不同意郑、贾《注疏》之说,但又不直接表明对于郑《注》的否定,而是直接申言自己的诠释观点。如《聘礼》"众介皆少牢",郑《注》云:"亦饪在西。鼎五,羊、豕、肠胃、鱼、腊。新至尚亵,堂上之馔四豆、四笾、两铏、四壶,无簠。"贾《疏》:"云'堂上之馔四豆、四笾、两铏、四壶,无簠',知数如此者,以宾与上介降杀以两,故然也。"韦氏注云:"唯言'皆少牢',是并无堂上之馔矣。无堂上之馔,下上介也。"①案:根据贾《疏》的说法,此士介之馔,郑乃据宾、上介降杀以两推之。韦氏则以为,士介无堂上之馔,是可据重明轻诠释之例,郑君用例非是。

总之,对于诸家之说,韦协梦并未表现出对某一家注解的高度认同和株守,而是强调从《仪礼》经文文本解读入手,取诸家说法其中较优者而取从之,表明其自身的取舍依据和认同态度。

其次,从文献诠释体式角度看,《仪礼蠡测》一书乃属于注体之著作。在《仪礼蠡测》之前,韦协梦所撰《仪礼集解》一书应属于纂集体著作,《仪礼章句》一书则属于章句体著作。《仪礼蠡测》较诸此二者,显然篇幅更为短小,诠释更趋简明,并不划分章段和概括章旨,"是书不尚引证,意在空隙处推求"《仪礼》经文仪制②,务求形成一家之言。该书十七卷,各卷凡一篇,依刘向、郑玄《仪礼》17 篇次第编排,每一篇韦氏亦不全录经文,而是仅节录所需注释的文句,另起一行加以注释。在诠释话语的组织上,一是务求简明扼要,其即使是援引前贤诠释结论,也不一一标注表明之;二是诠释的焦点更多集中在礼经仪制及其礼义的发覆上,较少关注于常规语词及名物语词的诠释方面;三是务求有别于郑《注》、贾《疏》的诠释焦点,发覆其中隐略之处。如《士昏礼》"主人筵于户西,西上,右几",郑《注》:"主人,女父也。筵,为神布席也。户西者,尊处,将以先祖之遗体许人,故受其礼于祢庙也。席西上,右设几,神不统于人,席有首尾。"韦氏注云:"设筵者虽非主人,而主人必亲莅其事,故以主人立文也。"③从礼经叙述的角度,解释说明行文"主人"领衔的独特视角,至于郑《注》业已解释的内容,韦氏并不重复诠释,使得整条训释语极其简明,表述不

---

① 韦协梦:《仪礼蠡测》卷八,《续修四库全书》(第 89 册),上海古籍出版社 2002 年版,第 608 页。

② 参见胡玉缙:《〈仪礼蠡测〉提要》,载中国科学院图书馆整理:《续修四库全书总目提要(经部全二册)》,中华书局 1993 年版,第 509 页。

③ 韦协梦:《仪礼蠡测》卷二,《续修四库全书》(第 89 册),上海古籍出版社 2002 年版,第 566 页。

臃肿烦琐。这种诠释叙述风格,贯穿在全书各个篇卷的全过程。

再次,从韦协梦诠释考察的方法来看,更强调从《仪礼》经文文本的推求和解读入手,不大讲求通过大规模旁征博引式的诠释方法实现礼经文本的训诂。关于韦协梦《仪礼蠡测》一书的训诂特色和方法,翁方纲《仪礼蠡测序》有这样一段评述:"今韦君之书于其事同者则以本经他篇证之,于其节同者则以本篇上下章证之,经未显者必析言之,礼见于文外者必质言之。"①胡玉缙为《仪礼蠡测》一书所作《提要》亦云:"是书不尚引证,意在空隙处推求,凡事之相同,义之未显,或以本经他篇,或以本篇上下,互相比附,而有得有失。"②两者的评述大致相同,胡玉缙的论述当源本翁方纲之《序》言,翁方纲的论述相对而言分析更趋条理化,指出了《仪礼蠡测》一书诠释的四个方面,兹逐一列举训例予以说明:

其一,"于其事同者则以本经他篇证之"。以《乡饮酒礼》与《乡射礼》二篇为例,韦协梦《仪礼蠡测》多互引经文予以证明礼制,例如,《乡饮酒礼》:"主人坐取觯于篚,降洗。宾降,主人辞降,宾不辞洗,立当西序,东面。"韦氏《仪礼蠡测》云:"《乡射礼》主人奠觯辞降,此亦宜然。又《乡射礼》主人奠觯辞降下有'宾对,东面立。主人坐取觯,洗'十一字,当以《乡射》为正。"③又《乡射礼》:"主人坐取爵于上篚以降,宾降,主人阼阶前西面坐奠爵,兴,辞降,宾对。"《仪礼蠡测》卷五:"取爵于上篚以降,降洗也;坐奠爵,奠爵于阶前也。不言者,与《乡饮》互见也。"④以上二例,前者乃据《乡射礼》引证《乡饮酒礼》篇仪文之略,以为有省文11字;后者乃据《乡饮酒礼》引证《乡射礼》篇仪文叙述之略,可以前后互见。遍观《仪礼蠡测》全书,言与他篇"互见""互文见义""互备""不言者文略"之类随处可见,此不一一枚举。

其二,"于其节同者则以本篇上下章证之"。倘若《仪礼》各篇上下章节里有相关仪节相同而行文不详者,韦协梦往往以上下文相互推求证明之。例如:《士冠礼》:"冠者见于兄弟,兄弟再拜,冠者答拜;见赞者,西面拜,亦如之。"《仪礼蠡测》卷一:"据经云:'见赞者,西面拜',则是冠者先拜赞者,'亦如之'者,赞者亦再拜,冠者复答拜也。……若然,则冠者见于兄弟,亦当先拜兄弟,

---

① 翁方纲:《仪礼蠡测序》,载《仪礼蠡测》卷首,《续修四库全书》(第89册),上海古籍出版社2002年版,第559页。

② 胡玉缙:《〈仪礼蠡测〉提要》,载中国科学院图书馆整理:《续修四库全书总目提要(经部全二册)》,中华书局1993年版,第509页。

③ 韦协梦:《仪礼蠡测》卷四,《续修四库全书》(第89册),上海古籍出版社2002年版,第573页。

④ 韦协梦:《仪礼蠡测》卷五,《续修四库全书》(第89册),上海古籍出版社2002年版,第577页。

兄弟再拜,而冠者又答拜也。不言者,于见赞者言之,则兄弟可知。冠者见赞者且先拜之,则上文见于母亦宜先拜母,而后母拜受其脯也。”①又如,《聘礼》:“摈者入告,出,许。上介奉币,俪皮,二人赞。”《仪礼蠡测》卷八:“庭,宾用皮用马,惟其所有。经于宾言马,于上介言皮,互文也。上介若用马,则亦二马与。”②以上二例,前者韦氏据本篇上下文推理经文省略交代之行礼仪节,后者则揭示本篇行文叙事“互见法”的运用情况,使得行文礼制之意得以显露。

其三,“经未显者必析言之”。如果说上述两方面意在对韦协梦的训释方法做总结的话,那么谓“经未显者必析言之,礼见于文外者必质言之”,则是强调韦氏《仪礼蠡测》一书训释中更加关注的工作方面特征。所谓“经未显者必析言之”,指的就是通过具体的诠释实践,阐发《仪礼》经文所隐含的各种繁文缛节,揭示其中所存在的“文省”“互见”一类现象。上面所述的他篇互证法、本篇上下文互证法则是其运用的主要手段。例如:《大射》:“卒,遂命三耦取弓矢于次。”《仪礼蠡测》诠释说:“取弓矢不言拾,文略。《注》谓‘取弓矢不拾者,次中隐蔽处’,非也。”③郑《注》的解释,主要在于说明为什么拾取弓矢于“次”;而韦氏则从文例入手,辩言“取”兼有“拾取”两重含义,只不过“文略”兼言而已。又如,《公食大夫礼》:“有司卷三牲之俎归于宾馆。”《仪礼蠡测》发覆说:“《乡饮》《乡射》《燕礼》《大射》宾皆执脯以出,而俎于未燕时已彻之;《特牲》《士虞》有肵俎者盛之肵俎,无则盛之于篚;此既无肵俎之可盛,而归宾又不可徒手执之,故《注》谓与《士虞》同盛于篚,敖氏乃以卷为尽以俎与其实归之,公俎岂可以归宾乎?”④韦氏从全书食礼“俎”的处置方式考辨入手,析言此篇乃卷三牲之俎于篚而归于宾馆,进而说明敖氏解说的不合理之处。

其四,“礼见于文外者必质言之”。所谓“礼见于文外者”,实际上就是通过经文细微处探求仪文节制的言外之意或礼之深意,例如:《士冠礼》:“主人玄冠、朝服、缁带、素韠,即位于门东,西面。”郑《注》:“筮必朝服者,尊蓍龟之道。”韦协梦以为郑玄的解释犹有未尽之意,故为之重加诠释说:“筮必朝服,

① 韦协梦:《仪礼蠡测》卷一,《续修四库全书》(第89册),上海古籍出版社2002年版,第564页。

② 韦协梦:《仪礼蠡测》卷八,《续修四库全书》(第89册),上海古籍出版社2002年版,第610页。

③ 韦协梦:《仪礼蠡测》卷七,《续修四库全书》(第89册),上海古籍出版社2002年版,第598页。

④ 韦协梦:《仪礼蠡测》卷九,《续修四库全书》(第89册),上海古籍出版社2002年版,第623页。

重冠事也。《注》专指尊著龟,义犹未尽。"①又如,《士昏礼》:"尊于房户之东,无玄酒。篚在南,实四爵,合卺。"郑《注》:"无玄酒者,略之也。"贾《疏》申解郑《注》云:"云'无玄酒者,略之'者,此对上文夫妇之尊有玄酒,此尊非为夫妇,故略之也。"韦氏不同意郑、贾二人的说法,乃别有礼意内涵,故为之诠释说:"无玄酒者,玄酒非当饮之酒,特陈之以表不忘古耳,故无庸再陈也。"②凡此之类"礼见于文外者",不能单纯依据上下文简单加以发覆其言外之意,韦氏乃专门为之重新加以解释,揭明前贤所未及深思、疏漏之处。

复次,从《仪礼蠡测》征引其他先秦文献来诠释经文的情况来看,与清代前期方苞、盛世佐、吴廷华、沈彤等淹通汉宋派学者治学不同,韦协梦并不广泛援据《周礼》《礼记》及其他先秦儒家典籍解释礼经礼制。当然,少数情况下,韦协梦亦注意考察相关文献礼制记载,例如,《既夕礼·记》:"既殡,主人说髦。"《仪礼蠡测》卷十三:"《诗·鄘风》'髧彼两髦',则髦当有两,儿生三月始翦发,其不翦者结其发为角形,夹于脑盖之两旁,《甫田》诗所谓'总角丱兮'是也。今时儿始生结发垂于头角,亦谓之髦。女子则三髦,其形亦与男子同,观《卫风》之'总角之宴'可知。经不言女子说髦之节,其既笄即说之与。"③韦氏乃根据《诗经》相关诗篇记载,说解"髦"的相关俗制情况。但是,《仪礼蠡测》一书中此类诠释例极其少见,所占比重极低,与其据《仪礼》本经行文诠释礼经繁文缛节的诠释焦点无法匹比。

最后,从最为有别于其他篇章的诠释特色来看,《仪礼蠡测》卷11对于《丧服》篇的诠释颇有差异,主要表现为:

其一,韦协梦的诠释焦点乃在于"五服"义例的发覆与说明,但仅局限于经文本身条文服制的说明,对于《传》《记》及历代礼俗典籍中的"五服"条文,《蠡测》不加讨论,属于严格意义上的礼经学范畴研究,不属于兼顾礼俗学的丧服制度文化范畴。

其二,韦协梦的"五服"义例观,与郑玄、盛世佐、江筠等人的认知略有差异,主要包括正服、义服、降服、加服四种类型,没有从服、报服、名服、生服等义例条目。"五服有降、有正、有义。降服有六:父在子为母也,大夫公之昆弟大夫之子为其兄弟也,女子子适人者为其父母兄弟也,为人后者为其本亲也。正

---

① 韦协梦:《仪礼蠡测》卷一,《续修四库全书》(第89册),上海古籍出版社2002年版,第561页。

② 韦协梦:《仪礼蠡测》卷二,《续修四库全书》(第89册),上海古籍出版社2002年版,第566页。

③ 韦协梦:《仪礼蠡测》卷十三,《续修四库全书》(第89册),上海古籍出版社2002年版,第644页。

服有四:子为父也,妻为夫也,妾为君也,妇为舅姑也。义服有三:臣为君党也,妻为夫党也,子为母党妻党也。他若姑姊妹女子子适人无主者,姪(侄)与兄弟为之加一等,而姑姊妹女子子亦为姪与兄弟加一等;兄弟皆在他邦加一等,不及知父母与兄弟居加一等,此又加服之义也。"①韦协梦并未像盛世佐《五服降正义图》那样,将"报服"作为一个单独义例独立出来。

韦协梦因《丧服》篇旧注俱未分析"五服",故于每则经文条目下悉为详解,现将其所论经文"五服"义例具体归属情况,一并整理胪列于此:

正服:父,为人后者,妾为君,女子子在室为父,父卒为母,继母如母,母为长子,妻,大夫之适子为妻,为众子,昆弟之子,大夫之庶子为适昆弟,女子子适人者为其昆弟之为父后者,公妾大夫之妾为其子,女子子为祖父母,大夫为祖父母适孙为士者,公妾以及士妾为其父母,庶人为国君,大夫为宗子,曾祖父母为士者如众人,女子子嫁者未嫁者为曾祖父母,庶孙之妇。

义服:诸侯为天子,君,父为长子,子嫁反在父之室为父,公士大夫之众臣为其君,慈母如母,出妻之子为母,父卒继母嫁从为之服报,适孙,继父同居者,为夫之君,为君之父母妻长子祖父母,妾为女君,妇为舅姑,夫之昆弟之子,夫之昆弟之子女子子之长殇中殇,夫之祖父母世父母叔父母,为夫之昆弟之妇人子适人者,为夫之叔父之长殇,大夫之妾为庶子之长殇,为外祖父母,从母丈夫妇人报,夫之姑姊妹娣姒妇报,君母之父母从母,君子子为庶母慈己者,夫之叔父之中殇下殇,从母之长殇报,君母之昆弟,为夫之从父昆弟之妻。

降服:父在为母,女子子适人者为其父母,为旧君君之母妻,姑姊妹女子子适人者,为人后者为其昆弟,女子子适人者为众昆弟,姪丈夫妇人报,公之庶昆弟大夫之庶子为母妻昆弟,为人后者为其昆弟从父昆弟之长殇,大夫大夫之子公之昆弟为从父昆弟庶孙姑姊妹女子子适士者,夫之诸祖父母报,大夫公之昆弟大夫之子为兄弟,君之所为兄弟服室老降一等。

降服兼义服:为人后者为其父母报。

加服:外孙,曾祖父母。

在韦协梦所论降、正、义服之例当中,某些具体丧服条文的规制情况,与清初盛世佐的看法也颇有差异,如"父为长子"一例,盛氏归入正服,韦氏归入义

---

①　韦协梦:《仪礼蠡测》卷十一,《续修四库全书》(第89册),上海古籍出版社2002年版,第635页。

服;"出妻之子为母",盛氏归入降服,韦氏归入义服;"公妾以及士妾为其父母",盛氏归入降服,韦氏归入正服;"为旧君君之母妻",盛氏归入义服,韦氏归入降服;等等。另外,在盛氏看来,任何丧服条文都不可能兼跨降、正、义服之二,而韦氏义例归属则恰恰相反,例如韦氏论"为人后者为其父母报"义例,兼属于降服和义服两类,而盛氏则将它归属于正服兼报服,两人的义例认知相差很大。详情请参看笔者所制《清儒"五服"义例研究归属对比表》①。此外,韦氏亦极少论及有关殇服条文的义例情况,只提及如下几条:"为人后者为其昆弟之长殇""从父昆弟之长殇""夫之昆弟之子、女子子之长殇中殇""为夫之叔父之长殇""大夫之妾为庶子之长殇""夫之叔父之中殇下殇""从母之长殇报",其中前两条为降服例,后五条属于义服例。

(四)韦协梦诠释《仪礼》之阙失

如上所述,韦协梦的《仪礼》经文诠释确实有其独到的见解,特别是其诠释方法更多着眼于《仪礼》经文本身的发覆与推论,颇具可取之处。但是,《仪礼蠡测》的诠释同样不可能尽善尽美,无丝毫瑕疵,略言之,其诠释阙失主要体现在如下诸方面:

其一,韦协梦《仪礼蠡测》虽强调"于其事同者则以本经他篇证之",但在实际诠释中,《仪礼》他篇之可取证者亦偶有疏漏之例。例如,《大射仪》"乃歌《鹿鸣》三终",韦氏注云:"凡歌诗,皆连歌三篇,无止歌一篇者,况射重于燕,燕歌三篇,而射歌一篇,此必无之事也。《注》谓'歌《鹿鸣》三终',而不歌《四牡》《皇皇者华》,非是。"②案:关于歌诗的有关情况,《仪礼》中不止一处,倘若能援据《乡射记》"歌《驺虞》,若《采蘋》,皆五终",《燕礼记》之"升歌《鹿鸣》,下管《新宫》,笙入三成,遂合乡乐",等等,则更具说服力。其他如"惟不引《乡射》之'反位,东面,揖',以证《大射》之'反面揖'为东面;不引《燕礼》《乡射记》之'上射退于物一笴,既发,则答君而俟'以证《大射》之'公既发,为公先发'"③,等等,皆是此类疏漏之例。

其二,韦协梦《仪礼蠡测》有时候过于局限于《仪礼》本经,忽略了其他典籍的记载,导致对于郑《注》等的片面批判。如《大射仪》"乐正命大师曰:奏《貍首》,间若一",郑《注》:"《貍首》,逸诗《曾孙》也。貍之言不来也。其诗有'射诸侯首不朝者'之言,因以名篇,后世失之,谓之《曾孙》。曾孙者,其章头

---

① 参见邓声国:《清代〈仪礼〉文献研究》,上海古籍出版社2006年版,第210—221页。
② 韦协梦:《仪礼蠡测》卷七,《续修四库全书》(第89册),上海古籍出版社2002年版,第597页。
③ 胡玉缙:《〈仪礼蠡测〉提要》,载中国科学院图书馆整理:《续修四库全书总目提要(经部全二册)》,中华书局1993年版,第510页。

也。《射义》所载《诗》曰'曾孙侯氏'是也。以为诸侯射节者,采其既有弧矢之威,又言'小大莫处,御於君所,以燕以射,则燕则誉',有乐以时会君事之志也。"案:郑《注》据《礼记·射义》篇诠释"《貍首》","此与乐时会之义合,即与诸侯君臣尽志于射之义合"①,故多为后来学者所接受,而韦协梦则不同意郑玄说,他别为之注注释说:"《驺虞》《采蘩》《采蘋》皆未尝明言射事,而射节以之《貍首》之诗,应与三诗相类,讵必拘拘以射为辞乎?《射义》'曾孙侯氏'之云,盖后人附会而为之说。《注》既以《貍首》为逸诗,而又以《曾孙》诗当之,殊不必。"②韦氏从《礼记·射义》篇之说乃后人附会而为之说的角度,反对将《貍首》与《曾孙》等同起来,理据殊未充足,郑《注》意似较为允当。

其三,关于古代名物制度及其礼经繁文缛节的诠释,韦协梦《仪礼蠡测》颇有接受前贤诠释见解之处,然而韦氏《仪礼蠡测》为求行文简省,往往不予标明,易于让人误解以为韦氏新发见。如《特牲馈食礼》:"设洗于阼阶东南,壶禁在东序,豆笾铏在东房南上,几席两敦在西堂。"《仪礼蠡测》解释"东房"说:"东房,左房也。云东房者,对西房而立文也。《注》以东房为房中之东,若然,当云房东不当云东房矣。盖《注》《疏》见经文多言房而不分东西,遂谓人君有左右房,而大夫以下直东房西室,故不得不牵经文以从己意耳。然考《聘礼》君使卿还玉于馆,宾退负右房,馆,宾所馆之大夫士家也,则是大夫士皆有右房矣。朱子《释宫》已斥其不然,后之人安可舍经而狥《注》乎?"③关于大夫士房室问题的讨论,自郑玄《注》以为大夫士之正寝是东房西室之制,后来学者多从其说,但自宋代以来,随着研究的不断深入,一些学者发现此说与经文多有不尽相合之处,遂疑其非是,如陈祥道《礼书》、李如圭《仪礼释宫》、杨复《仪礼图》、敖继公《仪礼集说》、万斯大《仪礼商》、江永《乡党图考》及《仪礼释宫增注》等,于此皆有辩驳之文。经过上述诸家的讨论,关于大夫士正寝亦有左右房之说,已渐成为一部分治礼者的共识,韦协梦认为大夫士有东西房、中为室也之说,显然来源于诸家说法的影响,但在《蠡测》一书注释语中,除提及《仪礼释宫》外,其余诸家著述韦氏均未置一词提及之,似有不够严谨之嫌;而且将李如圭《仪礼释宫》一书归之于朱熹,亦有欠允当。

韦协梦《仪礼蠡测》的阙失亦涉及其他方面情况,如韦氏完全致力于《仪

---

① 胡玉缙:《〈仪礼蠡测〉提要》,载中国科学院图书馆整理:《续修四库全书总目提要(经部全二册)》,中华书局1993年版,第510页。

② 韦协梦:《仪礼蠡测》卷七,《续修四库全书》(第89册),上海古籍出版社2002年版,第604页。

③ 韦协梦:《仪礼蠡测》卷十五,《续修四库全书》(第89册),上海古籍出版社2002年版,第649页。

礼》17 篇礼文仪制的诠释,而忽略了对于经文字词的诠释,未能充分吸纳当时汉学家之文字、声韵、训诂诸学问之所长,考订训释各类语词之义。当然,金无足赤,《仪礼蠡测》一书的某些方面阙失并不能掩盖该书的独特价值,其时韦氏整理和兼采诸家诠释成果、加附己见的举措,以及穷尽本经以发覆《仪礼》仪节的做法,均有别于当时学者的治学,值得今人关注与重视。

三、胡匡衷与《仪礼释官》

(一)生平及著述概说

胡匡衷(1728—1801),字寅臣,号朴斋,安徽绩溪人。岁贡生,候补训导,赠承德郎,官户部广东司主事,累赠资政大夫。幼承家学,遍读诸经,笃学好古,治学严谨,必究所以,实事求是,以经论政,不苟与先人同异,著述卓然可信,学界尊称其为"朴斋先生"。胡匡衷生平以问学授徒为乐事,"勤学敦行,以孝友为乡里所重,经义精研,毕世于儒先注说多所发明"①。即便平日闲暇之余,胡匡衷也喜好与人讲学辩论问题。据胡培翚成年后回忆说:"培翚生晚,不及见诸伯祖,唯见叔祖别庵公、性山公及吾祖及公(指胡匡宪)而已,当时咸授徒城内,以力学相切磋。吾家世居绩溪市东,先祖与别庵公居新巷内,公与性山公居新巷外。巷口有楼亭,下课憩息。每于日晡自书塾归,会于巷口,各以所疑、所得相质,证一义之异,高声辩论,断断不休。自远闻者,惊以为争,及前,乃知其讲学于此,咸敬异之,一时巷口有齐棘下之目。"②

胡匡衷治学颇为广泛,经、子、集部文献皆有涉猎,子、集二部更多关注于《庄子》《楚辞》二书,著有《庄子集评》《离骚集注》两部诠释著作。但其研究更多偏重于经学,他继承了胡氏家族——"金紫胡氏"的治学传统,潜心考据,为后世所推重。有学者谓其深于《易》学,研究多有创见。在其所著《周易传义疑参》之中,胡匡衷折中于程、朱诠释之异同,补其罅漏,又多采宋、元各家羽翼程朱之说,以相订正,而尚能时出己见,清人李桓称其"论据精确,足补充《注疏》所未及"③,对当时学界同人的《周易》研究颇有裨益与启示。此外,又于《左传》《论语》二书下过一番研读功夫,著有《左传翼服》《论语古本证异》《论语补笺》等书,其中《论语古本证异》总诸古本,"以今四本书校其异者,录为一册,兼采通人之论,考之字书,疏通而证明之",小学考据色彩较为浓郁,

---

① 汪莱:《仪礼释官序》,《仪礼释官》卷首,《续修四库全书》(第 89 册),上海古籍出版社 2002 年版,第 303 页。

② 胡培翚:《赠奉直大夫叔祖绳轩公行状》,《研六室文钞》卷九,《续修四库全书》(第 1507 册),上海古籍出版社 2002 年版,第 473 页。

③ 李桓辑:《国朝耆献类徵初编》卷四六一《胡匡衷传》,广陵书社影印本 2007 年版。

突现了徽派朴学考据严谨的治学特点。

通考胡匡衷的整体经学研究,乃以三《礼》学研究最具代表性,影响也最为深远。代表之作主要为《仪礼释官》六卷,称得上是其毕生礼学呕心之作。此书之作,胡匡衷以《周礼》所记皆天子之官,特详考《仪礼》诸篇所见诸侯之官,分别胪列,根据郑《注》、贾《疏》,采撷其他经传,次第诠释,汇为一编。自清乾嘉以来,研究周代侯国官制当以此书最为详审。胡氏之所以撰述此书,主要是有感于《周官》"皆纪天子之官,而诸侯之官弗传,春秋列国之官莫详。左氏《传》而往往出东迁后所僭设,不尽可据"①。有鉴于此,胡匡衷遂发为《仪礼》官制研究,并于嘉庆六年(1801)完成《仪礼释官》的著述任务。

除《仪礼释官》外,胡匡衷尚著有《周礼井田图考》(今存佚不详)、《井田出赋考》《侯国官制补考》二卷、《侯国职官表》一卷(附《大夫家臣考》一篇)、《周礼畿内授田考实》(《昭代丛书》道光本)一卷、《郑氏仪礼目录校证》《三礼札记》(今存佚不详)等礼学专著。其中,《仪礼释官》与《郑氏仪礼目录校证》《侯国官制补考》《侯国职官表》一道,均被收入《续修四库全书》当中。收入时,《郑氏仪礼目录校证》被置于《仪礼释官》卷首,《侯国官制补考》《侯国职官表》被列为《仪礼释官》卷七、八、九,与《仪礼释官》形成一个有机的整体。

(二)胡匡衷之治学及诠释礼经特色

仔细研读胡匡衷的礼学著作,与前修时哲相比,胡匡衷的三《礼》学研究治学态度极为严谨,也很有个性,形成了自己独特的治学路径。概而言之,主要有以下几重特点:

首先,就著述体式而言,《仪礼释官》属于一部考证体著作。该书"刺取十七篇中所陈各官条举件系,一准《周礼》为差次,明其所以分职联事之意,成书六卷;又取《左传》《国语》《戴记》诸官名为《仪礼》所未有而有合于《周礼》者,别辑为《侯国官制考》二卷、《侯国职官表》一卷,总名曰《仪礼释官》。"②至于胡匡衷所著《郑氏〈仪礼目录〉校证》一卷,意在汇集散存于《仪礼注疏》中郑玄所撰写的《目录》,并对其讹字、郑《注》等进行校正,同时引唐孔颖达、贾公彦、宋朱熹、吕大临、元敖继公、清张尔岐等人之说附证于后,同样体现了这一治学取向与治学风格。在这一部分的按语当中,颇有一些关于礼制方面的诠释行文,如匡衷考辨古代食礼云:"天子有食诸侯之礼,《大行人》云'上公食礼九举,侯伯食礼七举,子男食礼五举'是也;诸侯相朝,有相食之礼,《掌客》云

①　胡匡衷:《仪礼释官自序》,《仪礼释官》卷首,《续修四库全书》(第89册),上海古籍出版社2002年版,第304页。

②　胡承珙:《仪礼释官序》,胡匡衷:《仪礼释官》卷首,《续修四库全书》(第89册),上海古籍出版社2002年版,第302页。

'上公三食,侯伯再食,子男壹食'是也。此篇是主言诸侯食聘宾并及大夫相食之礼,即《聘礼》所云'公于宾,壹食,再飨','大夫于宾,壹飨,壹食',敖氏谓此篇与前篇互见其礼者是也。飨、食皆行于庙,但飨有酒,食无酒。"①完全是一种建立在《周礼》与《仪礼》互贯融通的食礼制度诠释,考证综合性极强。

其次,在治学视角上,胡匡衷不过多关注于三《礼》本经的逐字逐句诠释,而是更多将注意力集中在古代"井田"制度和侯国"职官"制度的研究上,进而有所突破。关于古代"井田"制度的研究,胡氏有《周礼井田图考》《井田出赋考》问世。至于古代职官制度的考证,主要有《侯国官制补考》《侯国职官表》《大夫家臣考》《春秋列国职官谱》《礼记官职考》等,今人大可借以考见先秦时期侯国设官的有关情况。胡匡衷在日常研读《仪礼》一书中发现,"《周礼》以官为纪,《仪礼》以事为纪,而官因事见;节目较《周礼》更密,称名较《周礼》更繁"②,例如,《周礼》但言射人,而《仪礼》有司射、射正、大射正、小射正,《周礼》但言小臣,而《仪礼》有小臣正、小臣师,等等。即便单就《仪礼》一经而言,有不同篇之中名同而实异者,一篇之中名同而实异者,又有一篇之中名异而实同者,又有不同篇之中名异而实同者,等等。"若此类纠纷错出,不为疏通而证明之,则于尊卑繁杀之际,必多窒碍,而不能展卷了然以达于制作之意,亦足为读是经者之病。"③

再次,在治学方法上,胡匡衷著述不以文字、声韵、训诂一类小学考据手段见长,也不以旁征博引先秦两汉以来经史子集文献语料见称,而是延续了历代礼学大家"以经治经"的诠释理路,履践三《礼》学自身"本经互证""三礼互证""他经引证"的考据方式。例如,《大射仪》:"获者适右个,荐俎从之。"郑《注》:"不言'服不',言'获者',国君大侯,服不负侯。其徒居乏代获,变其文,容二人也。司马正皆献之。"胡匡衷加附"案"文说:"上'释获者命小史,小史命获者',《注》云:'传告服不,使知此司射所命。'是'服不'即'获者'也。著其官则曰'服不',言其事则曰'获者'。服不唱获而谓之获者,犹大射正摈,经即谓之'摈者';大史释获,经即谓之'释获者'也。"④整则按语,胡氏将《大射仪》经文和郑氏《注》语融贯互通,厘清了职官"服不"的本末,爬梳颇称到

① 胡匡衷:《郑氏〈仪礼目录〉校证》,《仪礼释官》卷首,《续修四库全书》(第89册),上海古籍出版社2002年版,第312页。

② 胡匡衷:《仪礼释官》卷首《例言》,《续修四库全书》(第89册),上海古籍出版社2002年版,第304页。

③ 胡匡衷:《仪礼释官》卷首《例言》,《续修四库全书》(第89册),上海古籍出版社2002年版,第304页。

④ 胡匡衷:《仪礼释官》卷三,《续修四库全书》(第89册),上海古籍出版社2002年版,第358页。

位,亦可谓极为允当之言。因而,《清史稿·儒林传》在谈到胡匡衷在礼学研究方面的学术特点与贡献时称:"其《释官》则以《周礼》《礼记》《左传》《国语》与《仪礼》相参证,论据精确,足补《注》《疏》所未及。"①难怪王引之《〈仪礼释官〉序》会发出"皆足以裨补前贤,启发后学,洵考官制者不可无之书也"②的感叹。《清儒学案》言及胡匡衷的治学特点时,也如是评介说:"朴斋实事求是,以经证经,遂开家学。"③皆据胡氏"以经证经"的治学特点而言,实为的论。

复次,在有关侯国官制的身份诠释上,善于依据《周礼》进行合理推论。《仪礼》中的许多职官,大都属于侯国官制,其职责情况,大致可以从经文所叙述的情况加以确定,但其身份情况却并无明确记载。有鉴于此,胡匡衷在诠释时,善于根据《周礼》中对应的相应职官情况,进行合理的推论,并结合三《礼》注疏类语料进行充分佐证,确保了诠释结论的可信度。例如,卷三解释"司马""司马正""司马师"三职官说:"《周礼》:'政官之属,大司马卿一人,小司马中大夫二人,军司马下大夫四人,舆司马上士八人,行司马中士十有六人,旅下士三十有二人。'诸侯之司马,亦卿一人,小司马下大夫一人,军司马当上士为之。司马正、司马师,射时所立以监射事者,盖军司马之属。"④凡此之类诠释推论,皆缘于胡氏对《周礼》职官制度的娴熟和准确把握。《仪礼释官》卷九部分,详载《侯国职官表》,"依《周礼》'六官'次第,凡见于经而可信为周初侯国之制者,则书其官;其疑而未能定者,依次附录其说;若出后人之僭设者,则阙而不录。分孤、卿、大夫、士、庶人在官者为五格,其官爵下《周礼》一等,本郑氏《燕礼注》推而列之"⑤,初步建构起了侯国职官的大致框架。

最后,在对待历代注家的态度上,持取"折中"的治学取向,主张会合诸家之论而持其平,治学力求持论公平,实事求是,体现出一种"博通兼综"的学术面目。《清史稿·儒林传》称,胡匡衷"于经义多所发明,不苟与先儒同异",便是就此特点而为之发微之论。从《仪礼释官》一书来看,即便对于汉代兼通

① 赵尔巽:《清史稿》(册43)卷四百八十二,《列传二百六十九·儒林二》,中华书局1977年版,第13272页。
② 王引之:《仪礼释官序》,载王达津主编:《清代经部序跋选》,天津古籍出版社1991年版,第147页。
③ 徐世昌等编纂,舒大刚等校点:《朴斋学案》,《清儒学案》(第五分册)卷九十三,人民出版社2010年版,第2529页。
④ 胡匡衷:《仪礼释官》卷三,《续修四库全书》(第89册),上海古籍出版社2002年版,第348页。
⑤ 胡匡衷:《仪礼释官》卷九,《续修四库全书》(第89册),上海古籍出版社2002年版,第411页。

今、古文学的大家郑玄，胡氏也不一味盲从，而是采取了"是其是而非其非"的科学态度，肯定其所长，质疑其阙失。诚如王引之在给《仪礼释官》所写的《序》文中指出的那样："迹其是正旧说，确有依据者"，如"释《燕礼》'膳宰'，据《礼记·文王世子》'膳宰为主人'，谓'主人'当是'膳宰'，郑氏仍《燕义》以为'宰夫'，非"①，等等。凡此之类的胡匡衷职官考证见解和诠释著书取向，对后来胡培翚撰著《仪礼正义》，产生了很大影响。

　　胡匡衷研治三《礼》，不仅仅是其个人行为，更难能可贵的是，他还在生活中注意"以《礼》学传家"，将其礼学研究和诠释实践转化为一种家学文化传承，对其后世子孙产生了很大的影响。如其堂侄胡秉虔于礼学也颇有研究，有《周礼小识》《仪礼小识》《礼记小识》《月令小识》《大戴礼记札记》等三《礼》学著作。其孙胡培翚撰著《仪礼正义》的初始动机，如其本人的说法，便实是受到了胡匡衷的影响："今夏因校先祖《仪礼释官》，取《仪礼》全经覆读之，而贾氏之《疏》疏略失经、《注》意者，视《诗》孔《疏》更甚焉，遂有重疏《仪礼》之志。"②更为令人注目的是，胡培翚在撰写《仪礼正义》之时，"凡涉及对官职的疏解，基本上沿用了其祖《仪礼释官》一书之说"③。胡培翚的堂弟胡培系（1822—1888）亦颇为重视礼学研究，曾补著《仪礼宫室提纲》及《燕寝考补图》，又有《大戴礼记笺证》《皇朝经世文续钞》等作品传世。胡氏的玄孙辈中，又有胡肇昕（1813—1861）绍续其学，与胡培翚弟子杨大堉一道，在培翚《仪礼正义》遗稿的基础上，帮助完成《士昏礼》《乡饮酒礼》《乡射礼》《燕礼》《大射仪》五篇"正义"的增补、校勘，并且将其加以连缀成篇，了却胡培翚之遗愿。在《仪礼正义》刊刻后，肇昕又订正刊刻过程中产生的讹误，后由其弟子胡宣铎编成《仪礼正义正误》一册，称得上是胡氏家学的后继者。由此可见，受胡匡衷的影响，他的子侄辈中不乏研究礼学之人，而且都能延继胡匡衷"求是""求真"的治学风格，一以文献考据为治学准绳。

　　纵观汉代以来的三《礼》诠释学史，以《仪礼》各篇所设侯国职官作为考证对象的专门论著，胡匡衷的《仪礼释官》是第一部此类著作，因而其意义和价值毋庸赘言。胡匡衷以汉学家的学术视野，从儒家诸经籍特别是三《礼》诸篇，以及历代注家的诠释文献中，逐一爬梳各种文献史料，加以互贯

　　① 王引之：《仪礼释官序》，载王达津主编：《清代经部序跋选》，天津古籍出版社1991年版，第147页。
　　② 胡培翚：《复夏郎斋先生书》，《研六室文钞》卷四，《续修四库全书》（第1507册），上海古籍出版社2002年版，第400页。
　　③ 陈功文：《胡培翚〈仪礼正义〉研究》第一章第二节，扬州大学博士学位论文，2011年，第31页。

疏证,取得了颇为可喜的成绩。因而,龚丽正、胡承珙、汪莱、王引之等人,先后为之撰写序文,给予了高度评价。如汪莱称此书"断据精确,足补《注疏》所未及,诚古来治《仪礼》者未有之作,而实不可少之作也"①,王引之称此书"足以裨补前贤,启发后学。洵考官制者不可无之书也"②,等等。即便是就今日而言,若要研究先秦时期的职官制度,《仪礼释官》也是非常重要的参考书目。

第四节　尊尚郑学派的《仪礼》学研究

乾隆二十年(1755)之后,一些学者有感于清前期学者务求新说、喜好折中于汉宋元明诸儒的训诂成说之间的治学趣向,并且时常对以郑玄、贾公彦为代表的汉学具体诠释结论提出各种各样的质疑,为此,清中期学者批评前期学者"知崇汉学,然尚不免改郑君之旧辙,助敖、郝之狂澜"③,倡导重新正视和回归到郑玄《仪礼注》的治学理路上来,提出"文字宜宗许叔重,经义宜宗郑康成"④的治学宗旨。他们在文本诠释上,注重细绎《注》文,挖掘郑学之所本所源,并据本《注》推明《仪礼》经文仪制及其语词的训释,对郑氏《注》文隐晦质略者加以申明,或补足郑氏训义,对郑氏《注》中极少数失误之例则辨而正之,不刻意追求和探寻所谓的新说,不以推翻郑氏《注》解为要务。这一时期尊尚郑学派的代表性人物主要有褚寅亮、张惠言、凌曙、丁晏等人。

一、褚寅亮与《仪礼管见》

(一)生平及治学旨趣

褚寅亮(1715—1790),宁搢升,号鹤侣、宗郑,江苏长洲(今苏州)人。自幼即潜心于经史之学,"少以博雅名,心思精锐,于史书鲁鱼,一见便能订其误谬"⑤。少年时曾从乡贤任德成问学,赢得其"他日为经术醇儒者,褚了也"的

① 汪莱:《仪礼释官序》,载胡匡衷著,邓声国点校:《仪礼释官》卷首,江西人民出版社2019年版,第5页。

② 王引之:《仪礼释官序》,载胡匡衷著,邓声国点校:《仪礼释官》卷首,江西人民出版社2019年版,第6页。

③ 凌曙:《礼论略钞序》,载凌曙:《礼论略钞》卷首,道光六年丙戌越缦堂藏蕓云阁《凌氏丛书》刻本。

④ 王鸣盛:《仪礼管见序》,载褚寅亮:《仪礼管见》卷首,《续修四库全书》(第88册),上海古籍出版社2002年版,第373页。

⑤ 赵尔巽:《列传二百六十八·儒林二》,《清史稿》卷四百八十一,中华书局1977年版,第13190页。

肯定;雍正十三年(1735),"籍郡校,食饩,旋举优行,肄业紫阳书院"①。乾隆十六年辛未(1751),高宗南巡至江浙,召试举人,授内阁中书学习行走,与蒋雍植、钱大昕、吴烺等人为同年友。乾隆二十一年(1756),由户部本裕仓汉监督任上迁刑部主事②,后升任刑部员外郎。明于律戒,决狱无冤滥。乾隆三十六年(1771),遭遇父丧,开缺回籍,居家丁忧,"日读《仪礼》,以郑注精深,非后儒可及,遂以'宗郑'自号焉"。乾隆四十年(1775)夏,在刑部员外郎任上以病告归,并主讲于常州龙城书院。乾隆四十八年(1783),自龙城书院辞归,"公退,门无杂宾,惟偕同志陈说经义,引掖后进,多所成就,不为标榜声气自名其学。古称为君子儒者,公庶几无愧矣。其致政归里也,汲汲以著述为事"③。精通天文历算,长于勾股和较诸法,作《勾股广问》3 卷;钱大昕撰《三统术衍》,褚氏为之校正刊本误字,钱氏服其精审。复有《十三经笔记》10 卷,《诸史笔记》8 卷,《诸子笔记》2 卷,《名家文集笔记》7 卷等。

褚寅亮研治经学颇有家学渊源,其祖父褚思善治《穀梁春秋》,其父省曾善治《毛诗》,且皆有论著问世。寅亮早年乃研习《公羊》何氏之学,著成《公羊释例》30 篇,"谓《三传》惟《公羊》为汉学,孔子作《春秋》,本为后王制作,訾议《公羊》者,实违经旨";后"又因何邵公言,'礼有殷制,有时王之制',与周礼不同"④,著成《周礼公羊异义》二卷。褚氏研治《仪礼》较晚,大约起始于乾隆三十六年(1771)为父丁忧守丧期间,日读《仪礼》精研郑注,十分服膺郑氏礼学,遂起而发彰显郑氏《仪礼注》之愿,后著有《仪礼管见》(以下简称《管见》)三卷传世,被收入《丛书集成初编》之内。关于《管见》之著成时间,《仪礼管见·自序》并未有所交代,但王鸣盛所作《仪礼管见序》标明作序时间为"乾隆四十有九年岁在甲辰正月上日",也就是乾隆四十九年(1784)正月王氏便已完成序文写作,在此之前王氏应该阅读褚氏《仪礼管见》一过。因而可以断言,至迟在乾隆四十八年(1783)年底,《仪礼管见》便已著述完毕。

关于褚寅亮著述《仪礼管见》一书的动机,根据褚氏《自序》和王鸣盛《序》文的记载,大致有如下两方面考虑:

一是为了阐发郑玄《仪礼注》。在褚寅亮看来,说解儒经必然要有所专主

① 任兆麟:《刑部员外郎鹤侣褚公墓表》,《有竹居集》(第 5 册)卷十,嘉庆二十四年(1819)广州两广节署刻本,第 23 页。

② 关于褚寅亮擢升刑部主事的时间,程晋芳《勉行堂诗集》的说法与任兆麟《刑部员外郎鹤侣褚公墓表》记载不同,此从任氏《墓表》说。参董洪利、金玲:《褚寅亮生平事迹考》,《古籍整理研究学刊》2011 年第 4 期。

③ 任兆麟:《刑部员外郎鹤侣褚公墓表》,《有竹居集》(第 5 册)卷十,嘉庆二十四年(1819)广州两广节署刻本,第 24 页。

④ 赵尔巽:《列传二百六十八·儒林二》,《清史稿》卷四百八十一,中华书局 1977 年版,第 13190 页。

之学，与史学不必有所专主相异，"文字宜宗许叔重，经义宜宗郑康成，此金科玉条，断然不可改移者也。郑学尤精者三《礼》，乃《周礼》《礼记注》妄庸人群起嗤点之，独《仪礼》为孤学，能发挥者固绝无，而谬加指摘者亦尚少"①。三《礼》之学端赖郑玄遍注之而得以显扬于世，褚氏高度评价郑《注》说："夫郑氏之注《仪礼》，简而核，约而达，精微而广大，礼家莫出其范围。"②然而"顾自宋迄明六、七百年之间，说经者十九皆以叛郑为事，其叛郑者十九皆似是而非"，即便是在清代康、乾之际学者当中，万斯大、沈彤"于郑《注》亦多所纠驳"，张尔岐、马驌"但粗为演绎"，他们"于敖氏之似是而非，均未能正其失，以明郑学之精也"。因此，"所以欲明郑《注》之精者，正为郑《注》明而经义乃明也"③。褚氏因思维护郑《注》，发明其中精义，补正前贤之失，而生发著述之动机，此其一也。

　　二是为了驳斥敖继公《仪礼集说》。在褚寅亮看来，宋代以来众多说解《仪礼》学者当中，"其貌似宗仰，阴肆掊击，而书得以盛行于世者，惟敖继公而已矣"④。敖继公著述《仪礼集说》，以为郑《注》"其间疵多而醇少"，故"辄删其不合于经者，而存其不谬者，意义有未足则取疏记或先儒之说以补之，又未足则附之以一得之见焉"⑤。然而褚氏认为，尽管郑《注》偶有失误之处，但绝不像敖继公《仪礼集说》所说那样"疵多而醇少"，褚寅亮批评敖氏解《仪礼》"穿凿支离，破碎灭裂，实弥近似而大乱真"，"其意似不专主解经，而维在与康成立异，特含而不露，使读之者但喜其议论之创获，而不觉其有排击之迹"，特别是其改窜经文的做法更为寅亮所深恶痛绝："又其甚者，于说有不通处，则改窜经文以迁就其辞，毋乃近于无忌惮乎？"在褚寅亮看来，敖氏改窜经文，只不过是一种削足适履的做法，其根本目的不在于解经，而是要背离以郑《注》为代表的旧有经训，敖氏虽云采先儒之言，其实自《注疏》而外皆自逞私臆，

　　①　王鸣盛：《仪礼管见序》，载褚寅亮：《仪礼管见》卷首，《续修四库全书》（第88册），上海古籍出版社2002年版，第373页。

　　②　褚寅亮：《仪礼管见·自序》卷首，《续修四库全书》（第88册），上海古籍出版社2002年版，第375页。

　　③　王鸣盛：《仪礼管见序》，载褚寅亮：《仪礼管见》卷首，《续修四库全书》（第88册），上海古籍出版社2002年版，第373页。

　　④　土鸣盛：《仪礼管见序》，载褚寅亮：《仪礼管见》卷首，《续修四库全书》（第88册），上海古籍出版社2002年版，第373页。

　　⑤　敖继公：《仪礼集说·自序》卷首，《景印文渊阁四库全书》（第105册），台湾商务印书馆1983—1986年版，第36页。客观而言，从经学史自身发展的角度来讲，敖继公的改经行为并不是一味追求与郑《注》的对立，这诚如林翠玫先生《〈仪礼·郑注〉的护卫——〈仪礼管见〉》一文所言："宋人疑经是因为尊经，疑此经，所以尊他经，改经当如是，若不是认为此书为圣贤之智慧结晶，有益于千秋万世，怎会费尽心思去审查、删改？"（载《孔孟月刊》1996年第三十四卷第10期）

专攻郑玄,这一治学取向显然与褚寅亮治礼墨守郑氏家法的主张相离甚远。为了维护墨守治经家法的尊严,"不使异论邪说汩乱而晦蚀之",避免陷入"一旦敖氏之说行,而使人舍平平之正道转入于歧趋"①,褚氏遂起纠正敖氏《礼仪集说》错误,回到彰显申扬郑《注》之途上来,此其著述《仪礼管见》动机之二也。

《仪礼管见》一书的称名,褚寅亮在其《自序》中有明确交代:"脱稿之后,名以《管见》,藏诸箧笥,以俟后之君子,或者因是书而循流溯源,知郑学之灼然而易明,确然而可信,而不使异论邪说汩乱而晦蚀之,岂非斯经之大幸也夫!"②"管见"一词,本是形容自己的见识较为狭小之义,如同从管中窥视他物一般,此处借以书名之称,盖系"寅亮谦称此书只是他个人偏狭的意见,无法得《仪礼》之精要,故名曰《管见》"③。

(二)《仪礼管见》的著述体例

褚寅亮《仪礼管见》一书,在著述体例上颇具独到之处,大致可以从全书的编排方式、诠释体式与格式、引用前贤成说的处置方式三方面进行发覆:

首先,从全书的编排方式情况来看。《仪礼管见》上、中、下三卷之前,除王鸣盛《序》文和褚寅亮《自序》外,继之又有《敖氏〈集说〉妄改经文摘录于左》《笙诗有声无词辨》《"拜下"解》《"旅酬"考》《宫室广修考》5篇,后4篇皆属于专题考证体之作,4篇中与《仪礼》文本诠释最为紧密者当系《"拜下"解》《"旅酬"考》2篇,林翠玫曾概括此二篇要旨,兹转录如下:

> 《"拜下"解》,先言《觐礼》《公食大夫礼》《聘礼》《燕礼》《大射仪》诸篇的拜下礼,有诸侯之礼、外臣之礼、本国之君臣礼之分别,故其行拜下礼亦有细节上的差异。《仪礼》言"升成拜"者皆是两番拜;言"升拜"者,下而未拜,升乃拜也。

> 《"旅酬"考》,旅酬礼合言之为"旅酬",分言之则有"旅酬"与"算爵"之别。《乡饮》《乡射》《燕礼》《大射》《特牲》《少牢礼》有之,因性质不同,故有分宾主党之别,旅酬时亦在顺序与交错上相异,此为各礼行仪之异处。

至于《宫室广修考》一文,"寅亮以为《周礼》制数度甚为详备,唯在宫室制度上

---

① 褚寅亮:《仪礼管见·自序》卷首,《续修四库全书》(第88册),上海古籍出版社2002年版,第375—376页。

② 褚寅亮:《仪礼管见·自序》卷首,《续修四库全书》(第88册),上海古籍出版社2002年版,第376页。

③ 林翠玫:《〈仪礼·郑注〉的护卫——〈仪礼管见〉》,《孔孟月刊》1996年第三十四卷第10期。

未得其详,故参酌以《尚书》《仪礼》、郑《注》,以备《周礼》之不足"①,重在补足《周礼》所载宫室制度。

《管见》上、中、下三卷,各卷所涉篇目次第情况大致如此:卷上依次为《士冠礼》《士昏礼》《士相见礼》《乡饮酒礼》《乡射礼》《燕礼》6篇,卷中依次为《大射仪》《聘礼》《公食大夫礼》《觐礼》《丧服》5篇,卷下依次为《士丧礼》《既夕礼》《士虞礼》《特牲馈食礼》《少牢馈食礼》《有司彻》6篇。可见,褚寅亮关于《仪礼》17篇次第,如同郑玄作注之际的做法,仍然取从《别录》本编排之序。

其次,从上、中、下三卷的诠释体式、格式情况来看。与书首《笙诗有声无词辨》《"拜下"解》《"旅酬"考》《宫室广修考》4篇采取专题考证体诠释体式不同的是,正文部分三卷的诠释乃属于考辨体,以考论辨正前贤说解《仪礼》经文中所存在的疑难失误为著述要务,褚寅亮并不全载《仪礼》17篇全文,乃依17篇次第,凡褚氏认为前贤说解有疑误者,乃先列所解经文原文,继之加以考辨,至于无疑惑者则从略不录原文。这一治学方式,与方苞《仪礼析疑》一书的做法颇为一致,亦与书名"管见"二字相契合。

最后,从褚寅亮诠释语对前贤成说的引用情况来看。根据林翠玫的研究,褚氏引用前贤之说,有两大特点:一是"寅亮在说解经文时,引用郑玄、贾公彦、孔颖达之论为根本基础,其余亦有采他人之说,或相辅相成之,或一并驳斥其误,以使己见益明";二是褚氏尽管"引用郑玄、贾公彦、孔颖达之论为根本基础",但并不偏执一说,而是具有多种不同的援引目的,或借以反驳敖说,或借以认同敖说,或借以指正郑《注》、贾《疏》之误,或借以表明存疑,等等。据林翠玫统计,除郑、贾、孔三家外,《仪礼管见》一书引录的前贤成说涉及35家学者之言,既有汉代以来迄至明末的学者,如毛苌、马融、王肃、崔灵恩、杜佑、李如圭、朱熹、郝敬等人的解说之辞,也有清初顾炎武、张尔岐、汪琬等寥寥数家学者的诠释见解,但主要以明代以前学者的成说引用为主。

(三)《仪礼管见》的诠释特色

褚寅亮研习《仪礼》,从宗主郑玄《注》的立场出发,在乾隆中后期的《仪礼》学思潮当中可谓独树一帜,并形成了有别于他人的鲜明的诠释特色。概而言之,主要体现在如下几个方面:

首先,在对待敖继公《仪礼集说》的态度及诠释取舍上,强调驳斥敖说之非而不全盘否定《集说》。褚寅亮尽管在《自序》中批评敖氏解《仪礼》"穿凿支离,破碎灭裂,实弥近似而大乱真",但同时也表明了著述《仪礼管见》之时

---

① 林翠玫:《〈仪礼·郑注〉的护卫——〈仪礼管见〉》,《孔孟月刊》1996年第三十四卷第10期。

的客观态度:"撮敖说之故与郑违而实背经训者,一一订而正之,其指摘偶有一二条可采者,亦间附焉。"①褚氏所说的"敖说之故与郑违而实背经训者",主要有两种情况,即妄改经文为说和随意破注为说。兹为之分别举例说解如下:

敖继公《仪礼集说》妄改经文为说,是褚氏批评最为用力之处。在《仪礼管见》一书卷首,专门设置《敖氏〈集说〉妄改经文摘录于左》一则,集中列举了敖氏妄改《仪礼》经文的具体条目情况,其中《士昏礼》1 条,《士相见礼》2 条,《乡饮酒礼》1 条,《乡射礼》4 条,《燕礼》5 条,《大射仪》8 条,《聘礼》1 条,《公食大夫礼》2 条,《觐礼》1 条,《丧服》2 条,《士丧礼》1 条,《士虞礼》4 条,《特牲馈食礼》4 条,《少牢馈食礼》2 条,《有司彻》3 条,凡 41 条妄改经文之例。例如,《特牲馈食礼》:"三拜众宾,众宾答再拜。"敖氏《集说》:"众宾答一拜,言'再'者,字误也。"②褚寅亮发覆其误说:"敖氏欲改'再'为'一',谬也。《乡饮酒》众宾答一拜者,大夫为主人也;《有司彻》之答一拜者,大夫为祭主也。此则士礼,安得以彼相例而妄改经文乎?下经'主人拜宾如初',亦同。"③褚氏从《乡饮酒礼》《特牲馈食礼》《有司彻》3 篇"答拜"的行礼对象差异入手,说明敖氏据其他 2 篇众宾答一拜以窜改经文是错误的,不同礼类之间不存在对等性"以彼相例"的情况。

敖继公《仪礼集说》随意破注为说的情况,也是褚寅亮《仪礼管见》商榷的重点话题之一。仅以《士冠礼》《士昏礼》《士相见礼》《乡饮酒礼》4 篇为例,褚氏批评敖氏随意破注的此类释例依次分别有 16 条、17 条、6 条、8 条之多。例如,《士冠礼》:"摈者告",褚氏驳斥说:"敖氏谓此宾乃主人戒宿而来,故不出请事,盖破《注》'出请'之言。"④既然此宾系受主人邀请前来主持加冠之礼一事,故当其来到大门外,摈者理应入内告知主人,主人亦当到大门外亲迎入内,因而郑玄《注》乃云"告,出请入告",敖继公的解释明显不同于郑《注》,褚寅亮谓其"出《注》"即指此而言。又如,《丧服》:"丈夫、妇人为宗子、宗子之母、妻",褚氏诠释语曰:"妇人,当依《注》指本宗宗子言。敖谓兼宗妇在内,而经无夫之宗子文,非也。此服专为宗子而制,不问亲疏、尊卑及无服者,皆服。嫂

① 褚寅亮:《仪礼管见·自序》卷首,《续修四库全书》(第 88 册),上海古籍出版社 2002 年版,第375—376 页。
② 敖继公:《仪礼集说》卷十五,《景印文渊阁四库全书》(第 105 册),台湾商务印书馆 1983—1986 年版,第 549 页。
③ 褚寅亮:《仪礼管见》卷下之四,《续修四库全书》(第 88 册),上海古籍出版社 2002 年版,第463 页。
④ 褚寅亮:《仪礼管见》卷上之一,《续修四库全书》(第 88 册),上海古籍出版社 2002 年版,第380 页。

叔无服,为宗子及母、妻,则当服矣。敖谓无服,亦非。"①敖继公与郑《注》二者之间在"妇人"及"为宗子及母、妻"有无服的问题上看法不一,故《仪礼集说》破注为说,褚氏则据此指明敖氏说解之非是。

褚寅亮对敖继公《仪礼集说》的解释并不全盘否定,《仪礼管见》一书中就有明言取从敖氏《仪礼集说》者,亦有表明"可备一义""亦通"之例。其中有的褚氏声言胜于贾《疏》,例如,《士昏礼》:"北面载执而俟。"褚氏辨析云:"案:《少牢》云:'匕皆加于鼎,东枋。'东枋者,鼎西面,匕者在东,便也。此鼎亦西面,则敖氏谓西面匕,胜《疏》南门匕之说。"②此例诠释,褚氏据《少牢馈食礼》篇"鼎""匕"的方位情况,判定敖氏的解说优于贾《疏》的训解,更趋合理。有的褚氏声言胜于郑《注》,如《士丧礼》:"旁三,右还,入门。"褚氏辨析说:"《注》谓先西面拜,乃南面拜,东面拜;《集说》谓先南面拜,次东面拜,西面拜,以尊卑为次,理似较长。"③此外,亦有明言据郑氏《注》语推演为说之类训例,如《聘礼》:"宾皮弁袭,迎于外门外,不拜。"褚氏申解说:"敖氏谓礼不主于己,故不拜,则是慢君事矣。从《注》不纯为主之说,乃得礼意。"④不过,这一类取从敖说或者表明可备一说的情况,在《管见》中比例较低,如《士冠礼》部分仅 2 条,《士昏礼》部分仅 4 条,《士相见礼》部分仅 3 条,《乡饮酒礼》部分仅 2 条,远远少于驳斥敖说的数量。

其次,在对待郑玄《仪礼注》的诠释态度及诠释方式上,强调宗主郑氏礼学而不一味墨守成说,主张是其是而非其非。尽管褚寅亮《自序》中声言郑《注》"简而核,约而达,精微而广大",但他也不否认郑《注》存在这样那样的诠释失误,凡褚氏所发见者,《管见》中亦不惜行文发覆其失。例如,《士冠礼》:"若杀,则特豚。载合升,离肺。"褚氏发覆郑、贾《注疏》之失云:"《注》'凡牲皆左胖','左'字疑'右'字之讹。盖诸吉礼皆升右胖,而此《注》言'凡',则是解全经之通例,何反背经而云'左'?斯不然矣。《疏》不悟其讹,乃云'据夏殷法',曲说也。"⑤褚寅亮说"诸吉礼皆升右胖",可见诸《特牲馈食

①　褚寅亮:《仪礼管见》卷中之五,《续修四库全书》(第 88 册),上海古籍出版社 2002 年版,第 440 页。

②　褚寅亮:《仪礼管见》卷上之二,《续修四库全书》(第 88 册),上海古籍出版社 2002 年版,第 386 页。

③　褚寅亮:《仪礼管见》卷下之一,《续修四库全书》(第 88 册),上海古籍出版社 2002 年版,第 452 页。

④　褚寅亮:《仪礼管见》卷中之二,《续修四库全书》(第 88 册),上海古籍出版社 2002 年版,第 424 页。

⑤　褚寅亮:《仪礼管见》卷上之一,《续修四库全书》(第 88 册),上海古籍出版社 2002 年版,第 382 页。

礼》《少牢馈食礼》二篇,在孔颖达《礼记正义》和贾公彦《仪礼注疏》中皆已发现郑《注》与经文前后之异。在褚氏看来,同一时代之礼,制礼者绝无可能出现礼仪规制前后不一的情况,郑《注》说"凡牲皆左胖",属于误解,不必为之加以祖护,贾、孔曲为之说亦不是一种求真务实的治学态度。

褚寅亮对于郑《注》的关注与体认,更在于重视阐发和解释郑《注》的合理性和诠释依据。例如,《既夕礼》:"御者执策,立于马后。哭,成踊",寅亮疏解说:《注》指主人为是。《杂记》云'荐马,哭踊',亦指主人也。孔《疏》云'马是牵车为行之物,今见进马,是行期已至,故孝子感之而哭踊',是也。敖氏指圉人御者,夫主人不哭踊,而圉人御者反哭踊,揆其礼节,必不若是。"①关于"哭,成踊"的实施者,有主人和圉人御者两种不同的看法,褚氏乃据孔颖达《礼记正义》之言补充申解郑《注》,并据理以批驳敖继公的错误成说。凡此之类,《仪礼管见》颇多见,要皆达成宗主和维护郑氏《注》语权威性的目的。

如前所述,褚寅亮《仪礼管见》"引用郑玄、贾公彦、孔颖达之论为根本基础",延展而言之,褚氏不仅对待郑《注》强调"是其是而非其非",对于贾公彦《疏》、孔颖达《正义》的取舍亦是如此,只不过褚氏并未将其作为立说的基础立足点和驳议的主要标靶,更多是作为一种诠释参照物、诠释依据来对待。例如,《士昏礼》:"若舅姑既没,则妇入三月乃奠菜。"褚寅亮申论说:"舅没姑存,则当时见姑,三月亦庙见舅。若姑没舅存,则妇人无庙可见,斯不行奠菜之礼矣,《疏》极分明。庾氏蔚之谓舅姑偏有没者,见其存者,不须见亡者,岂祢庙可不见乎? 崔氏灵恩谓盥馈于存者,庙见于亡者,当舅见在,姑未有专庙,又何由而见乎? 皆属一偏之见。《疏》谓妇人无庙,非无庙也,以舅尚存,则权附于皇祖姑之庙耳。既入皇祖姑之庙矣,乃竟专见姑乎? 事有难处,故姑没舅存,断以不见为正。三月祭行,达礼也;三月祭菜,变礼也。不可混而为一。孔颖达谓奠菜之礼惟适妇乃得行之,庶妇则否。"②褚氏乃据贾《疏》指正庾蔚之、崔灵恩二人说解之偏失,又据孔《疏》补正有关礼制情况,二者皆属于正面援引之例。又如,《大射仪》:"乃荐士,祝、史、小臣师亦就其位而荐之。"褚氏诠释说:"史,小史也。太史先已献之、荐之矣,《疏》失检。"③乃借诠释说明贾《疏》"若然,太史等亦北面,则亦西面授酒也其小臣师"的阙失,乃误将此经文

---

① 褚寅亮:《仪礼管见》卷下之二,《续修四库全书》(第 88 册),上海古籍出版社 2002 年版,第454 页。

② 褚寅亮:《仪礼管见》卷上之二,《续修四库全书》(第 88 册),上海古籍出版社 2002 年版,第388 页。

③ 褚寅亮:《仪礼管见》卷中之一,《续修四库全书》(第 88 册),上海古籍出版社 2002 年版,第416 页。

之"史"等同于前文之"太史",但褚氏《仪礼管见》并非专为纠正贾《疏》而设此条诠释语也。

再次,从褚寅亮诠释方法的视角来看,褚氏较少采取通过援引各类先秦两汉广征博考达成训释的方式,更强调和重视"以经解经"之法,尤其重视运用《仪礼》本经互证和三《礼》互证来推阐训释礼经仪节。褚氏十分推崇郑玄《注》而诋斥敖说,是因为在他看来"《注》皆依经立训",而敖继公《集说》则是往往"欲破《注》而倍经"①,"《注》俱依经设解,夫安可破? 破《注》已非,而况改经乎"②。在论及《士昏礼》篇的婚制情况时,他批评唐代学者杜佑的诠释是"舍经不信,而信孙卿、王肃等言",主张从《仪礼》本经与《周礼》当中去寻找证据,强调要"力扫群说而独申郑义"③。褚氏的这一治学举措,后来赢得了钱大昕"皆贯串全经,疏通证明,虽好辩者莫能置其喙"④的美誉。

在依据本经不同篇章类似礼经仪节互证诠释的过程中,褚寅亮也十分注意发覆二者之间的异同所在,而不是一味求同,一味据彼解此。如《乡饮酒礼》:"无算爵",褚氏解释说:"此文甚略,当参考《乡射礼》。但《乡射》则举觯于宾与大夫,此则举觯于宾、介,二觯错酬,其节不同耳。"⑤不仅如此,他还将这种比较说解之法扩展到相似礼类的对比说明中去。例如他在谈到待宾之礼"飨礼""食礼""燕礼"三者的异同时申解说:"飨重于食,食重于燕。飨主于敬,燕主于欢,而食以明养贤之礼。飨则体荐而不食,爵盈而不饮,设几而不倚,致肃敬也;食以饭为主,虽设酒浆,以漱,不以饮,故无献仪;燕以饮为主,有折俎而无饭,行一献之礼,说屦升坐以尽欢,此三者之别也。飨、食于庙,燕则于寝,其处亦不同矣。考之诸经,诸侯于己臣,有燕而无飨、食,意者飨、食之礼自待宾客外,惟施之于耆老孤子与。"⑥这一段诠释语中,褚氏先后从礼意、礼仪程式、行礼场所、行礼对象等多个角度,逐一说明三者的差异,一切建立在礼经文本及其他儒经的基础上比较立说,说解易于赢得读者的信服。

---

① 褚寅亮:《仪礼管见》卷中之二,《续修四库全书》(第88册),上海古籍出版社2002年版,第425页。

② 褚寅亮:《仪礼管见》卷上之二,《续修四库全书》(第88册),上海古籍出版社2002年版,第385页。

③ 褚寅亮:《仪礼管见》卷上之二,《续修四库全书》(第88册),上海古籍出版社2002年版,第384页。

④ 钱大昕:《仪礼管见序》,载《仪礼管见》卷首,《续修四库全书》(第88册),上海古籍出版社2002年版,第374页。

⑤ 褚寅亮:《仪礼管见》卷上之四,《续修四库全书》(第88册),上海古籍出版社2002年版,第395页。

⑥ 褚寅亮:《仪礼管见》卷上之六,《续修四库全书》(第88册),上海古籍出版社2002年版,第404页。

复次，从褚寅亮的诠释态度情况来看，《仪礼管见》一书持“大胆假设，小心求证”的治学态度，在无凿然可信证据可以断定之时，往往言辞之中表露出自身的某些猜测和怀疑，不强就己说而改经、《注》。例如《士虞礼》：“祝俎，髀、脰、脊、胁、离肺，陈于阶间敦东。”褚氏发覆说：“此与《特牲》执事俎陈处同云‘敦东’，明不正在东西之中也。《注》谓统于敦，明神惠，似可商。”①又如，《有司彻》：“司马羞湆鱼”，褚氏论曰：“敖氏谓‘司马’当作‘司士’，不敢妄改经文，姑阙其疑。”②以上二例，前者据本经他篇为说，然无更多确凿证据，故云郑《注》“似可商”；后者则因无确凿证据推倒敖氏改经之说，但因反对敖氏妄改经文的做法，故称言“姑阙其疑”表明己见。

另外，在《丧服》篇经文的训释上，褚寅亮亦颇有一些独到之处：一是关于丧服制度的认知上，以为《丧服》篇“篇内五服，所未著者甚多，读者引申触类，以意求之，斯可得矣”③，虽然褚氏并没有补丧服条文，但亦可见他对汉代以来根据形势变化补足调整丧服条文的规制，并非像此前某些古文经学家那样持否定意见。二是对于丧服条文的诠释，并没有像盛世佐、江筠等人那样，纠缠于“五服”义例的阐释，更着意于从经文字词的考辨入手，从丧服规制的礼意入手，剖析前贤诠释成说的是是非非，如《丧服》：“父卒，继母嫁，从为之服。”褚氏发挥说：“《注》训‘从’为虚字，言从而为之服，所以答其为父三年斩衰之恩。王肃则训为随从之义，言随之而嫁则服，否则不服，义似胜郑。”④又“尊祖故敬宗”，褚氏演绎其意说：“以曾高之服服宗子，是敬宗也。所以然者，以宗子传先祖之重，祖宜尊，故宗宜敬也。”⑤一切从“尊尊”“亲亲”的制服原则入手，折中优游于古代丧服制度的礼意内涵，为之逐一说解。由此看来，褚氏的《丧服》诠释，亦是其宗守郑学的确切表征，不以追新求异为治学风尚。

(四)《仪礼管见》诠释之阙失

褚寅亮著述《仪礼管见》，以宗主郑氏学、驳斥敖氏《仪礼集说》为宗旨，其特色不可谓不突出，诠释亮点亦颇多见，但是全书的《仪礼》诠释实践中仍存

---

① 褚寅亮：《仪礼管见》卷下之三，《续修四库全书》(第 88 册)，上海古籍出版社 2002 年版，第 460 页。

② 褚寅亮：《仪礼管见》卷下之六，《续修四库全书》(第 88 册)，上海古籍出版社 2002 年版，第 477 页。

③ 褚寅亮：《仪礼管见》卷中之五，《续修四库全书》(第 88 册)，上海古籍出版社 2002 年版，第 436 页。

④ 褚寅亮：《仪礼管见》卷中之五，《续修四库全书》(第 88 册)，上海古籍出版社 2002 年版，第 438 页。

⑤ 褚寅亮：《仪礼管见》卷中之五，《续修四库全书》(第 88 册)，上海古籍出版社 2002 年版，第 440 页。

在一些瑕疵,影响着褚氏《仪礼管见》在礼学史的学术地位。略而言之,约有如下数端:

其一,褚寅亮《仪礼管见》出于维护的立场,对于郑玄《注》的一些诠释往往加以发挥体认,偶有体认发挥错误的情况。例如,《公食大夫礼》:"宰右执镫,左执盖。"褚寅亮阐述说:"上言宰夫设黍稷,下言宰夫设铏、执觯、启会,俱不云反位,此在中间独云'宰',独云'反位',非宰夫之属可知。故《注》指为太宰,所以别于上下也。"①关于此文中的"宰"字,郑《注》指为太宰,褚氏以为其然,事实上此说颇有失考之处,胡培翚《仪礼正义》对此深有发覆:"按此宰当为内宰,即前立东夹北者,郑解为太宰,非是。"胡氏之所以发为此论,主要是立足于如下思考:"宾客之飨食,内宰有事焉,诸侯礼亦同也。……彼《注》乃谓宰为太宰,不知《周礼·太宰职》不主宾客飨食之事也。"②由此可见,郑玄解释"宰右执镫"的"宰"为太宰,并不符合太宰的职责事务范畴,而褚氏失察郑玄此一注释指称对象的错误,乃单纯依据本篇前后文为之推理笺释,与礼制本身有违,体认维护郑注的成说颇为失实。

其二,从著述的诠释体例角度而言,作为一部考辨体著作,《仪礼管见》本应以考论辨正前贤说解《仪礼》经文中所存在的疑难失误为治学要务,但是这一治学方式并未贯穿于整部著述的所有条目诠释,如果说有的条目的诠释主于疏通郑《注》之义还较为合理的话,那么有的条目则干脆撇开所有前贤的成说独自为说,如《士冠礼》:"彻荐爵,筵尊不彻。"褚寅亮释云:"荐则暂彻而更设,爵则再醮时仍取以酌。"③类似的这种诠释情况还不少,与考辨体的诠释风格不相一致,是否合适有待商榷。

其三,从著述的文献征引角度而言,《仪礼管见》对前贤成说的征引体例还不够严谨。例如,《燕礼》:"主人就旅食之尊而献之。"褚寅亮注云:"当依《注》尊后北面酌向君之义为长。献之或西南面,敖说可从。"④此例褚寅亮诠释云"敖说可从",却没有罗列敖继公《集说》的具体行文,既然如此取从敖氏说,则应以胪列《集说》为宜。又如,《聘礼》:"授如争承,下如送",褚氏注云:

---

① 褚寅亮:《仪礼管见》卷中之三,《续修四库全书》(第 88 册),上海古籍出版社 2002 年版,第 429 页。

② 胡培翚:《仪礼正义》卷十九,《续修四库全书》(第 92 册),上海古籍出版社 2002 年版,第 311 页。

③ 褚寅亮:《仪礼管见》卷上之一,《续修四库全书》(第 88 册),上海古籍出版社 2002 年版,第 382 页。

④ 褚寅亮:《仪礼管见》卷上之六,《续修四库全书》(第 88 册),上海古籍出版社 2002 年版,第 408 页。

"《集说》读'争'字绝句。如此,则授受时成何威仪。"①此例褚寅亮诠释云"《集说》读'争'字绝句",并未罗列《集说》的诠释语,未能反观敖继公如此"绝句"的因由,无以作出客观评判。

综上所述,褚寅亮的《仪礼》研究高举宗主郑氏学的旗帜,在参酌众家诠释之见的基础上,择善而从,于发覆礼经辞旨礼意、阐述郑《注》释语之意、驳斥敖氏《仪礼集说》改经破《注》谬说等各个方面,都取得了较好的成就,可谓有功于郑氏礼学,有益于《仪礼》经旨的发覆,所以钱大昕评价说:"先生是编,洵中流之砥柱矣。"②当然,《仪礼管见》中亦不乏以私意加以论断的例子,在著述的诠释体例和文献征引等方面也偶有阙失的情况,但这方面的些许瑕疵并不能影响褚氏《仪礼管见》一书的整理成就,无损于褚氏《仪礼管见》在乾、嘉之际礼学史上的独特地位。

二、张惠言与《读仪礼记》《仪礼图》

(一)生平及著述概说

张惠言(1761—1802),原名一鸣,字皋文,一作皋闻,号茗柯,江苏武进(今江苏常州市武进区)人。出身于世代业儒的贫寒家庭,自七世祖张典以迄父张蟾宾,"皆补郡县学生,有文章名,世以教授为事"③。张惠言四岁丧父,迫于家贫,年十四,即为童子师。"少学为时文,穷日夜力,屏他务,为之十余年。"④"修学立行,敦礼自守,人皆称敬。"⑤17 岁时,张惠言补武进县学附生,两年后试高等,又补廪膳生。乾隆四十八年(1783),张惠言因受金�赏识,被邀至安徽歙县金氏家族担任教习,有幸得与金榜、王灼、邓石如等众多师友交游问学。乾隆五十一年(1786),张惠言考中举人,他辞去了金氏家塾的教席,赴京参加春闱,从此开始了多年困居京师的生活,先后就职咸阳宫和景山宫官学教习。嘉庆四年(1799),与王引之、陈寿祺、胡秉虔等人一起考取进士,改庶吉士,充实录馆纂修官。嘉庆六年(1801)四月,散馆,奉旨以部属用,朱珪

---

① 褚寅亮:《仪礼管见》卷中之二,《续修四库全书》(第 88 册),上海古籍出版社 2002 年版,第 427 页。

② 钱大昕:《仪礼管见序》,《仪礼管见》卷首,《续修四库全书》(第 88 册),上海古籍出版社 2002 年版,第 375 页。

③ 张惠言:《先府君行实》,《茗柯文编·二编》卷下,《续修四库全书》(第 1488 册),上海古籍出版社 2002 年版,第 536 页。

④ 张惠言:《文稿自序》,《茗柯文编·三编》,《续修四库全书》(第 1488 册),上海古籍出版社 2002 年版,第 551 页。

⑤ 赵尔巽:《清史稿》(第 43 册)卷四百八十二《列传二百六十九》,中华书局 1977 年版,第 13241 页。

奏改翰林院编修。

张惠言毕生学术成就，主要集中在经学与文学两方面。"皋文为人，其始为词章，志欲如六朝诸人之所为而止。已迁而为昌黎、庐陵，已迁而为前、后郑，已迁而为虞、许、贾、孔诸儒，最后遇先生（指汤金钊），迁而为镰、洛、关、闽之说。其所学皆未竟，而世徒震之，非知皋文者也。"①就经学方面而言，据《清史稿》记载：张惠言"生平精思绝人，尝数从金榜问故，其学要归六经，而尤深《易》《礼》。"②主要从事《易》《礼》两方面研究，其中尤以《易》学方面影响最大，著有《周易虞氏义》9 卷、《消息》2 卷、《虞氏易礼》2 卷、《易候》1 卷、《易言》2 卷，还著有《周易郑氏义》3 卷、《周易荀氏九家义》1 卷、《周易郑荀义》3卷、《易义别录》14 卷、《易纬略义》3 卷、《易图条辨》2 卷，尽括汉《易》各家古义，以羽翼虞氏《易》。

至于礼学方面，张惠言著《仪礼图》6 卷，又著《读仪礼记》2 卷、《仪礼词》1 卷。张氏从事于《仪礼》之学，实得安徽歙县学者金榜（1735—1801）礼学研究之真传。金榜与戴震同为江永之高足弟子，精通三《礼》，著有《礼笺》一书。嘉庆七年（1802），张惠言在给金榜所作祭文中称，"则理其秽，则沦其清，挄之拓之，以崇以闳"③。由此可见，金榜在经学研究上对张氏的影响是很深的。在这三部礼学著作当中，《仪礼词》一卷已佚，无由考见该书原貌及其创作情况；《仪礼图》一书，据张氏《文稿自序》称，嘉庆三年戊午（1798），"图《仪礼》十卷，而《易义》三十九卷亦成"④，是该书这一年便已完稿。至于《读仪礼记》一书，张惠言在世之时并无刻本传世，据《中国古籍善本书目·经部》记载，道光元年（1821），张惠言之子张成孙曾依其手稿本缮录之，即复旦大学图书馆藏抄本，而且，该书颇具札记特点，可能系其平日读书点滴条记所得，据此，该书很有可能在其辞世之际方始完稿。

（二）《读仪礼记》之诠释特点

通读《读仪礼记》发现，该书与张惠言另一部礼学著作《仪礼图》的礼经研究颇不相同，具有自身鲜明的诠释特点，这可以从如下凡方面加以发覆：

首先，从诠释体式情况来看。该书属于考辨体著作，不载全文，依篇次寻

① 恽敬：《与汤编修书》，《大云山房文稿·初集》卷三，《续修四库全书》（第 1482 册），上海古籍出版社 2002 年版，第 128 页。

② 赵尔巽：《清史稿》（第 43 册）卷四百八十二《列传二百六十九》，中华书局 1977 年版，第13241 页。

③ 张惠言：《祭金先生文》，《茗柯文编·四编》，《续修四库全书》（第 1488 册），上海古籍出版社2002 年版，第 569 页。

④ 张惠言：《文稿自序》，《茗柯文编·三编》，《续修四库全书》（第 1488 册），上海古籍出版社2002 年版，第 551 页。

究,对于郑《注》、贾《疏》之中有疑误者,或需加补充申明之例,先列所解原文,继加考辨,随文注释的色彩十分明显。全书共分卷上、卷下两部分,卷上所论篇目依次为《士冠礼》《士昏礼》《士相见礼》《乡饮酒礼》《乡射礼》《燕礼》《大射仪》,凡57条;卷下篇目次第为《聘礼》《公食大夫礼》《觐礼》《丧服》《士丧礼》《既夕礼》《士虞礼》《特牲馈食礼》《少牢馈食礼》《有司彻》,凡62条。在这119条诠释例中,所涉内容主要包括申解《仪礼》经文、郑《注》、贾《疏》,校勘《仪礼》经文、郑《注》、贾《疏》,纠正驳斥郑《注》、贾《疏》诠释《仪礼》讹误之例,少数条目(5例)中还涉及对敖继公、张尔岐、沈彤三人礼学诠释见解的辨正,要言不烦,均不以旁征博引而著称。另外,在卷下末尾,附有《席上下升降》一篇,对《仪礼》各篇设席位次、面向及宾主升降情况,进行了一次全面的考量与剖析,极具礼经学价值,有助于帮助读者厘清礼经设席礼制文化的仪文节制情况,有一个明晰的全局把握。

其次,从对待贾公彦《仪礼疏》的态度情况来看。据统计,在《读仪礼记》的119条诠释例中,就有63条诠释例与贾《疏》有关,占所有诠释条例之52.94%强。其中,申解贾《疏》诠释之例8条,校勘贾《疏》文字讹误之例2条,驳斥贾《疏》诠释《仪礼》、申解郑《注》讹误之例有53条,而后者在63条诠释例中又占据了84.13%的比重。由此看来,纠正驳斥贾《疏》诠释《仪礼》讹误,称得上是《读仪礼记》最主要的诠释任务。例如,《读仪礼记》卷下第1条:"'习夫人之聘享',《疏》云:'行聘君讫,则行聘夫人;行享君讫,则行享夫人。'案:下经享君讫,始聘夫人,即享夫人,此《疏》误也。"①张惠言据本经上下文进行考量,指出贾《疏》的礼制诠释有误。凡此之类充分说明,张惠言对贾公彦《疏》申解郑《注》颇为不满,认为贾氏的疏解有时候甚至存在违背《仪礼》经文、郑《注》的地方,故《读仪礼记》中颇多驳斥,力辩其非。

再次,从对待郑玄《仪礼注》的态度情况来看。据统计,在《读仪礼记》的119条诠释例中,就有33条诠释例与郑《注》有关,占所有诠释条例之27.73%强。其中,校勘郑《注》文字讹误之例11条,驳斥郑《注》诠释《仪礼》讹误之例有7条,申解郑《注》诠释之例15条,而后者在33条诠释例中又占据了45.45%的比重。由此看来,张扬申解和客观评价郑《注》诠释《仪礼》之功,着实是《读仪礼记》的第二大诠释目标。例如,《读仪礼记》卷上第11条:"'宾降,直西序,东面。主人降,复初位。'案:初位,谓先时主人玄端爵韠,立于阼阶下直东序西面之位,与宾相向。《注》云'初至阶让、升之位',非也。"②又卷

———————

① 张惠言:《读仪礼记》卷下,《续修四库全书》(第90册),上海古籍出版社2002年版,第416页。
② 张惠言:《读仪礼记》卷上,《续修四库全书》(第90册),上海古籍出版社2002年版,第409页。

下第50条:"'无算爵'节,《注》:'凡堂下拜,亦皆北面。'案:此为经云'长答拜',不著面位,故明之也。"①以上二例,前者乃是驳斥郑《注》诠释之非是,而后者则是申解郑《注》诠释之所由。事实上,张惠言的校勘、驳斥与申解郑《注》,是其是而非其非,其目的在于倡扬彰显郑《注》的价值,并非简单的就事论事。

复次,从礼经文献校勘角度来看。受清代前期、中期学者重视礼经文献校勘治学风气的影响,张惠言在日常研礼过程中,也十分重视这方面的文献整理工作。据统计,在张氏《读仪礼记》的119条诠释例中,就有18条诠释例涉及文献校勘,占所有诠释条例之15.13%强。其中:校勘《仪礼》经文文字讹误之例5条,校勘郑《注》文字讹误之例11条,校勘贾《疏》文字讹误之例2条。例如,《读仪礼记》卷上第54条:"'司马正升自西阶,东楹之东,北面告于公,请彻俎。'案:射事已竟,无事司马,'马'字误衍,当云'司正'。"②又如,卷下第7条:"'宾立接西塾',《注》:'介在币南,北面,西上。'《疏》云:'宾门西北面,介统于宾。'案:门西,当作'幕西'。介西上,则宾幕西可知。北面,又当作'东面'。下《注》云'上介北面受圭,进,西面授宾',《疏》云'宾东面,故上介西面授'是也。皆写误。"第8条:"'礼宾北面奠于荐东',《注》:'醴醴不啐。''啐'是'卒'之讹。"③从这三例可以看出,张惠言的文献校勘,并不像阮元、卢文弨等人那样重视版本对校,更多是从上下文文意推导角度进行校勘,理校色彩非常鲜明。

续次,从礼经诠释的方式方法角度来看。张惠言《读仪礼记》的119条诠释例中,基本上不关注礼经文句某个字词的含义,而更多关注于礼经仪文节制的诠释。从这一诠释立足点出发,张惠言所据以诠释的依据主要有二:一是礼经文本本身,从上下文及其礼经凡例入手发覆礼制情况;二是《仪礼》郑玄《注》语,从郑《注》仪节诠释语入手,推导发覆礼经礼制情况。如果说前者是历代礼经学家研治《仪礼》的重要手段,张惠言更多是传承的话,那么,后一种诠释方法在张氏手上得到了极大的发挥与扬弃,运用得极为普遍。例如,《读仪礼记》卷上第3条:"'所卦者',《注》云:'所以画地记爻。'案:《少牢》'卦者在左坐,卦以木',画地者此木也。又下'筮人书卦',《注》云:'以方写所得之卦。'则所卦兼有木、方二物。"④这一则训释例,同时运用了上述两种诠释方法,较诸郑《注》所说"所以画地记爻",礼制诠释更加到位、更加全面。

---

①　张惠言:《读仪礼记》卷下,《续修四库全书》(第90册),上海古籍出版社2002年版,第422页。

②　张惠言:《读仪礼记》卷上,《续修四库全书》(第90册),上海古籍出版社2002年版,第415页。

③　张惠言:《读仪礼记》卷下,《续修四库全书》(第90册),上海古籍出版社2002年版,第417页。

④　张惠言:《读仪礼记》卷上,《续修四库全书》(第90册),上海古籍出版社2002年版,第407页。

最后,从《丧服》的诠释情况来看,张惠言亦善于从礼意阐释入手,辨析"五服"规制的合理性。在张氏看来,"盖先王之制礼也,原情而为之节,因事而为之防。民之生固有喜、怒、哀、乐之情,即有饮食、男女、声色、安逸之欲,而亦有恻隐、羞恶、辞让、是非之心。故为之婚姻、冠笄、丧服、祭祀、宾乡相见之礼,因以制上下之分,亲疏之等,贵贱、长幼之序,进退、揖让、升降之数。使之情有以自达,欲有以自遂,而仁、义、礼、智之心油然以生,而邪气不得接焉。"①《丧服》篇的"五服"条文,可谓古代"尊尊""亲亲"制服原则的真实体现,为此,张氏诠释"五服"条文,多注意从礼意发微入手。例如,《读仪礼记》卷下第29 条:"适妇,大功。《传》:'不降其适也。'凡适服皆加,此云'不降',则庶妇之服为降,而适妇以不降为加也。昆弟之子期,旁尊也,不足以加尊焉,然则正尊于卑者加尊有降。妇于亲杀宜大功,孙妇小功,加尊降一等,故以妇小功,孙妇缌为服,而适妇之不降者为加,非不庶为宜降也。由是言之,子孙之服者皆以至亲无降尊之降,亦是加隆,与上杀之服至尊加隆正相报也。"②张氏完全从考量"尊尊""亲亲"制服原则的角度进行推论,礼意诠释极为明显。

另外,张惠言《读仪礼记》很少提及此前的各类《仪礼》文献著述,据笔者目力所及,仅偶尔引及敖继公《仪礼集说》、张尔岐《仪礼句读》、沈彤《仪礼小疏》、金榜《仪礼礼笺》的说法,次数极少,且大都属于张氏礼制诠释辩驳树立的标靶,并非站在正面称引的立场证成己见。

(三)《仪礼图》之诠释特点

通过绘制图表的方式来诠释礼经,是汉代以来一些礼经学家著书立说的又一重要形式。张惠言延继了这一治学手段,他的《仪礼图》便是彰显和全方位展示张惠言礼经研究创见的又一重要成果。从著述体例与结构情况来看,张氏《仪礼图》属于一部图解体著作,凡六卷,卷一包括"宫室图"与"衣服图"两部分,卷二至卷六则主要涉及《仪礼》经文仪节图、器物图、服制表解图三类。其中,《士冠礼》《士昏礼》《士相见礼》在卷二,《乡饮酒礼》《乡射礼》《燕礼》《大射仪》在卷三,《聘礼》《公食大夫礼》《觐礼》在卷四,《丧服》《士丧礼》《既夕礼》《士虞礼》在卷五,《特牲馈食礼》《少牢馈食礼》《有司彻》在卷六。在张氏之前,宋代学者杨复著有同名之作《仪礼图》17 卷,又分《宫庙门》《冕弁门》《牲鼎礼器门》,制图 25 幅,名为《仪礼旁通图》附于之后。为明了张惠言礼图研究的继承和创新情况,今将二者加以对比分析,借以彰显张氏礼图研

① 张惠言:《原治》,《茗柯文编·三编》,《续修四库全书》(第 1488 册),上海古籍出版社 2002 年版,第 548—549 页。

② 张惠言:《读仪礼记》卷下,《续修四库全书》(第 90 册),上海古籍出版社 2002 年版,第 420 页。

究的诠释特色：

首先，从著述的诠释目的来看，张惠言与杨复著述礼图的目的不同。作为朱熹的弟子，宋人杨复治学更着眼于遵循朱熹《仪礼经传通解》和黄榦《仪礼经传通解续》中所倡导的朱子"《仪礼》为经"的思想，因而他撰著《仪礼图》不以追求礼图的实用性和可操作性为治学目的，这与《仪礼经传通解》《仪礼经传通解续》的著述思想是一脉相承的。而张惠言则不同，他研究《仪礼》，一开始就具有很强的现实性目的。在《迁改格序》中，张惠言指出："夫决嫌疑、定犹豫、别是非，舍礼，何以治之？故礼者，道义之绳检，言行之大防，进德修业之规矩也。君子必学礼，然后善其所善，过其所过。"①张氏从他所界定的"礼"之内涵出发，主张《仪礼》礼图研究必须具有很强的实践性和可操作性功能，借以达成"经世致用"的诠释效果。诚如今人王志阳所说，"张惠言解读《仪礼》的过程注重考查《仪礼》内容的可行性，固然有宗汉的门户偏见因素，但更为深刻的原因是张惠言持《仪礼》在清代具有可行性的观点"，张氏试图"通过构筑具体详细的礼图来帮助习礼者掌握礼仪，虽和杨复《仪礼图》有交集，但是其出发点却是着力于实现礼图的实用性和可操作性"②。正是基于这一考量，阮元在给张惠言《仪礼图》作序时，称："昔汉儒习《仪礼》者必为容，故高堂生传《礼》十七篇，而徐生善为颂，礼家为颂皆宗之。颂即容也。……然则编修之书非即徐生之颂乎？"③他把张惠言《仪礼图》抬高到与汉代徐生所为之"颂"相同的地位，其实质就是突出张氏礼图具有和徐生之"颂"相同的实用性功能。换言之，杨复的礼图研究礼经学色彩要鲜明一些，而张惠言的礼图研究礼俗学、泛礼学色彩更突出一些，二者皆借助于《仪礼》礼图的制作来达成自己的诠释目标。

其次，从著述的"宫室"研究情况来看，张惠言与杨复对"宫室"研究的认知与重视程度颇有差异。杨复《仪礼图》主体17卷未列宫室图，而是在卷后所附《仪礼旁通图》中的《宫庙门》部分，绘制了7幅图，包括：寝庙辨名图、两下五架图、郑《注》大夫士东房西室图、诸侯五庙图、贾《疏》诸侯五庙图、大夫三庙图、贾《疏》大夫三庙图等，颇为疏略。而张惠言则将"宫室图"的研究抬高到相当高的地位，他注意到，历代儒者研究《仪礼》多有昧于宫室不明的情

---

① 张惠言：《迁改格序》，《茗柯文编·二编》卷上，《续修四库全书》（第1488册），上海古籍出版社2002年版，第526页。

② 王志阳：《论杨复〈仪礼图〉与张惠言〈仪礼图〉之关系》，《中南大学学报》（社会科学版）2015年第2期。

③ 阮元：《仪礼图序》，载张惠言：《仪礼图》卷首，《续修四库全书》（第90册），上海古籍出版社2002年版，第427—428页。

况,"言朝则昧于三朝、三门,言庙则闇于门揖、曲揖,言寝则眩于房室、阶夹,言堂则误于楹间、阶上"①,因而后人研治《仪礼》,必先明古人宫室之制,然后才能知所位所陈及揖让进退之节。有鉴于此,张惠言《仪礼图》卷一里,首述"宫室图",兼采唐以来及清代诸儒研究心得,断以经、《注》,绘图凡7幅,依次为:郑氏大夫士堂室图、天子路寝图、大夫士房室图、天子诸侯左右房图、州学为榭制图、东房西房北堂、士有室无房堂。这些图例中,既有传统礼学家相沿已久的情况,如"郑氏大夫士堂室图"一图,后来曹元弼《礼经学》收录时更名为"礼家相传大夫士堂室图";也包括有张惠言的研究创新所得之图例。这些"宫室图",对于其他仪节图例具有导向性的作用。

　　再次,从著述的"仪节"研究情况来看。若将张惠言《仪礼图》与杨复《仪礼图》相比,不难发现张氏的仪节图研究,对杨氏的礼图既有所继承也有所发展,总的来说则更趋细密、精审。按照四库馆臣的说法,"复因原本师意,录十七篇经文,节取旧说,疏通其意,各详其仪节陈设之方位,系之以图,凡二百有五"②。杨复《仪礼图》仍录《仪礼》17篇经文,且节取旧说疏通其意,在各节经文之后系之以图,图解仪节陈设之方位,共计205幅图。张惠言《仪礼图》既有与之相似之处,又有不同的地方,该书卷一至卷五不详载礼经原文,仅依郑氏《仪礼》17篇次第,随事逐篇立图,结合卷一"宫室图"的房室、堂榭考订成果,绘制图文,或纵或横,或左或右,便于读者对揖让进退之仪节位次了然于胸。相较而言,张氏的仪节划分更趋细致,因而所作图例数量也要更多一些。以《聘礼》篇为例,杨复礼图凡13幅,依次为:授使者币图、使者受命图、致馆并设飧图、揖宾入及庙门图、受玉图、受享币图、礼宾图、宾私觌图、公送宾问君问大夫劳宾介图、归宾饔饩图、宾问卿面卿图、还玉图;而张惠言礼图则有30幅,依次为:夕币、释币于祢、受命、受劳、傧劳者、致馆设飧、迎宾、聘、享、礼宾、宾以臣礼觌、宾觌、介以臣礼入觌、拜介礼、上介觌、士介觌、答士介拜、公出送宾、送宾大门内、致饔饩、傧大夫、饩士介、问卿、宾面卿、上介面卿、众介面卿、夫人归礼陈位、大夫饩宾陈位、还玉、反命。除《丧服》篇外,其他15篇仪节图例亦是如此。此外,即便是就同一仪节的礼图情况进行比较,张惠言的礼图也要更趋精密。杨复礼图中的用语,大都与《仪礼》经文相一致;而张惠言的礼图则"不局限于《仪礼》经文,还结合了郑注、贾疏及《礼记》的内容,细化了杨复《仪礼图》的内容,完善了礼图的细节,增

---

　　①　阮元:《仪礼图序》,载张惠言:《仪礼图》卷首,《续修四库全书》(第90册),上海古籍出版社2002年版,第428页。

　　②　永瑢等:《仪礼图》条,《经部·礼类二》,《钦定四库全书总目》(整理本)卷二十,中华书局1997年版,第252页。

强了礼图的实用功能"①。最值得称许的是,与杨复礼图相比,张惠言在每一幅仪节类图例中,不仅强调和追求礼图所体现出来的行礼流程、方位的准确性,更强调凸显有关行礼之人数量、行礼之物摆设规格和位次等内容的精密度,力求通过礼图客观呈现出礼经行礼过程的繁文缛节,克服文字叙述带来的种种弊端。由此可见,张惠言对《仪礼》经文章节内容的划分与认知,更趋全面、周密,更有助于读者掌握经文之仪节。

最后,从《丧服》篇礼图类型处理情况看,杨复、张惠言二者礼图之《丧服》篇,均包括表解图和器物图两个大类,但侧重点各不相同。杨复《丧服》篇礼图在该书卷 11 中,其中《丧服斩衰正义服图》《齐衰三年降正服图》《齐衰杖期降正服图》《齐衰不杖期降正义服图》《齐衰三月义服图》《大功殇降服图》《大功降正义服图》《小功殇降服图》《小功降正义服图》《缌麻降正义服图》《五服衰冠升数图》等图,并非表解或图解,而是依照《丧服》篇经文次第,依次条列所属服制之服文条目;表解图,则依次有:《本宗五服图》《天子诸侯正统旁期服图》《己为姑姊妹女子子女孙适人者服图》《大夫降服或不降图》《大夫妇人为大宗服图》《己为母党服图》《母党为己服图》《妻为夫党服图》《己为妻党服图》《妻党为己服图》《臣为君服图》《臣从君服图》《君为臣服图》《妾服图》《公士大夫士为妾服图》等,并不崇尚考证;器物图则较少,仅有《衰裳图》《冠图》《绖带图》三图。整体而言,杨复这一部分,主要在于总结概括《仪礼·丧服》及《礼记》相关丧服服例,通过罗列的方式反映出来。

而通观张惠言有关《丧服》一篇的图例情况,其属于表解图的仅有《亲亲上杀下杀表》《丧服表》《衰服变除表》《麻同变葛表》4 幅图,属于器物图的则有衰裳、中衣、冠、绖、绞带、屦、笄、杖、明衣裳、绞、纷、衾、夷衾、冒、翣笒、布巾、掩、瑱、幎目、握手、决极、角柶、浴衣、铭、重、夷槃、轴、倚床、柩车、柩饰、折、抗木抗席、茵、苞、御柩功布 35 幅图,没有杨复礼图条列的条目处置方式。通过对比,可以发现:一是张惠言打破了《丧服》篇经传的次第,不以服制类属和服期专门列表,体现出更强的综合色彩;二是张惠言的服制条文,既包括《丧服》篇及《礼记》中"五服"诸条文,又跳出了礼经的范畴,如《亲亲上杀下杀表》,完全依据"尊尊""亲亲"的服制原则进行推演,"各以其服降服田此而进退焉"②;三是较诸杨复,张惠言对于丧服文化所涉各类器物,显得颇为重视,并将《丧服》《士丧礼》《既夕礼》中出现的各种丧葬器物,逐一绘制图文,加

---

① 王志阳:《论杨复〈仪礼图〉与张惠言〈仪礼图〉之关系》,《中南大学学报》(社会科学版)2015年第 2 期。

② 张惠言:《仪礼图》卷五,《续修四库全书》(第 91 册),上海古籍出版社 2002 年版,第 102 页。

以考证说明;四是张惠言注意从礼仪的实际应用,以及男女服制有别的认知出发,部分图表增加了女子服制的内容。例如,"衰裳"图共分五幅图,分别为斩衰前、斩衰后、斩裳、妇人衰前、妇人衰后。有论者以为,张惠言的这一举措,乃是恢复了黄榦《通解续·丧服图式》分别男女差异的制图传统,"弥补黄榦《丧服图式》的《男子成服旁通图》附有《冠衰裳制》的不完整体例,使张惠言《仪礼图》更贴合制图的目标,即指导学者学习《仪礼》的目的"①,可谓的论。

　　另外,从著述中的文献引证情况来看,张惠言《仪礼图》虽然尊尚《仪礼》郑氏《注》,但也注意吸纳历代礼学家的研究成果。诚如阮元所说:"兼采唐、宋、元及本朝诸儒之义,断以经、《注》。"②通观《仪礼图》全书的文字考释部分,张惠言在文献引证方面最为突出的有如下几个方面:一是大量引用小戴《礼记》文句加以佐证,"张惠言对小戴《礼记》中诸多篇目的引用多达 29 处,约占《仪礼图》引文总数的 37%"③。这其中,又以引述《服问》《间传》《玉藻》诸篇之文居多。二是充分重视杜佑《通典》中的礼文材料,尤其注意吸纳和引述《通典》之《礼》类所述内容,或持赞同意见,或持反对意见。例如,张惠言在解释"衰裳"时,专门转引《通典》之文:"开领处左右各开四寸,向外辟厌之,谓之适。"此后又加附按语说:"以郑用布阔中八寸案之,不得如《通典》所言。"④其批评杜佑的落脚点,正是郑玄《注》所谓"辟领广四寸,则与阔中八寸也"⑤。三是在汲取清代前期礼经学研究成果方面,大量参考了阎若璩(1638—1704)、江永(1681—1762)和戴震(1724—1777)诸人之研究成说,特别是其恩师金榜《礼笺》中的一些观点,据以解释《仪礼图》中的诸多图形规制。四是对于郑玄《三礼注》文及其贾公彦、孔颖达的《疏》文称引,不仅征引次数众多,而且在礼图的制作数量及命名方面,也力求简化汉唐注疏的同时,努力确保了所引《注》《疏》内容的完整性与准确性。

　　综上所述,张惠言《仪礼图》是在继承杨复《仪礼图》研究成果的基础上,在批判性吸收历代礼经家《仪礼》研究成果的基础上,依据礼图绘制和文字诠释的需要,"断以经、《注》"而成的一部创新性著作,达到了那个时代应有的礼

　　① 王志阳:《论杨复〈仪礼图〉与张惠言〈仪礼图〉之关系》,《中南大学学报》(社会科学版)2015年第 2 期。

　　② 阮元:《仪礼图序》,载张惠言:《仪礼图》卷首,《续修四库全书》(第 90 册),上海古籍出版社2002 年版,第 428 页。

　　③ 周茂仲:《张惠言学术渊源研究》,扬州大学硕士学位论文,2011 年,第 31 页。

　　④ 张惠言:《仪礼图》卷五,《续修四库全书》(第 91 册),上海古籍出版社 2002 年版,第 127 页。

　　⑤ 贾公彦:《仪礼注疏》卷三十四,中华书局 1991 年《十三经注疏》本,第 1125 页中。

图研究高度。关于张惠言的《仪礼》研究,清人支伟成有如是一番评价:"先生治《礼》,专宗康成。以宋杨复作《礼仪图》,虽经文完具,而地位或淆,因兼采唐、宋、元及近儒之义,断以经注,首述宫室图,而后依图比事,按而读之,步武朗然。又详考吉凶冠服之制,为之图表,别成《仪礼图》六卷。"①支伟成的评述是较为客观而准确的,但同时也应注意到,张氏的礼图研究仍然存在一定的阙失。仅就器物图的绘制而言,至少存在着几方面的处置阙失:一是礼图所对应的《仪礼》篇目记载有误,例如,绞、紟、衾、夷衾、冒、鬠笄、布巾、掩、瑱、幎目、握手、决极、角柶、浴衣、铭、重、夷槃、轴、俟床、柩车、柩饰、折、抗木抗席、茵、苞、御柩功布等一类器物,明显出现在《士丧礼》《既夕礼》篇经文当中,但张惠言却将他们归入《丧服》篇中。二是某些器物如绞、紟、衾、夷衾、冒等,仅有文字说明而无图例绘制,与全书通例不符,亦与全书称名不相吻合。三是为照顾《仪礼》篇目及其吉、凶之制的对应性,人为将器物图分割为两个部分,分别放置在卷一(如"衣服图"所涉冕、弁、爵弁、冠、衣、裳、深衣中衣、带、韠韨、舄屦等)和卷五两个地方,造成了"宫室图""仪节图""器物图"三种图例的杂错出现,体例不够严谨,等等。当然,凡此之类阙失,无碍于张惠言《仪礼图》的学术贡献和学术价值,无怪乎赢得了清后期学者皮锡瑞"绘图张惠言最密"②的美誉。

三、凌曙与《仪礼礼服通释》《礼说》

(一)生平及著述概说

凌曙(1775—1829),字晓楼,一字子昇,江苏江都(今扬州)人。国子监生。家贫好学,曾一度以作杂佣保谋生。20岁时,充任塾师,从安徽泾县学者包慎伯问学,得其"治经必守家法,尊治一家,以立其基,则诸家可渐通"教益,乃"稽典礼,考故训",悉心研治郑氏礼学。后"又从吴沈小宛(即沈钦韩)问疑义","闻武进刘中受(即刘逢禄)论何氏《公羊春秋》而好之"③。道光年间,入京为阮元校辑《经郛》,得以博览载籍,特别是魏晋以来诸家《春秋》说,学问遂从此大进。

凌曙开启援公羊学入礼学之先声,认为《春秋》之义存于《公羊》,而《公羊》之学传自董仲舒《春秋繁露》,此书"测阴阳五行之变,明制礼作乐之原,体大思精,推见至隐,可谓善发微言大义者。然旨奥词赜,未易得

---

① 支伟成:《清代朴学大师列传》,岳麓书社1998年版,第244页。

② 皮锡瑞:《经学通论·三礼》,中华书局1954年版,第32页。

③ 徐世昌著,舒大刚等校点:《晓楼学案》,《清儒学案》(第七分册)卷一百三十一,人民出版社2010年版,第3498页。

其会通"①，又因病宋、元以来学者空言无补，于是搜采旧说，并吸取清代学者研究成果，著《春秋公羊礼疏》《公羊问答》《春秋繁露注》《公羊礼说》等，以公羊学的精神来阐发礼义之要旨，并对徐彦疏释《公羊》"详于例而略于礼"的缺失，加以驳正厘定，以明《公羊传》的本旨，促成了晚清援经议政的新风气。

凌曙礼学研究，主要集中在古代"五服"方面，所著礼学著作有《仪礼礼服通释》6 卷、《礼论略抄》1 卷、《礼说》4 卷等。其中，《仪礼礼服通释》是修正徐乾学《读礼通考》之作。众所周知，有清初期，徐乾学曾经综纂历代丧礼研究成果，撰成《读礼通考》120 卷，由此得以"制度典章燦然大备，使读者了然于沿革之际"。然而，凌曙在研读过程中发现，该书亦存在某些弊端，其中最大的问题在于：徐乾学"独持论稍偏，不能慎选，往往取后世之臆说而驳先儒之传说，所短盖在所是矣。"②有鉴于此，凌曙产生了对于《读礼通考》的修正之心，并将《仪礼通考》中的《丧期》29 卷删减至 6 卷，即今所见《仪礼礼服通释》6卷。关于它的著述时间，据该书卷首《序》文末题"道光元年冬十有二月八日江都凌曙撰"等字样来看，《仪礼礼服通释》至迟应该在道光元年（1821）便已完成全书写作。

《礼说》4 卷是凌曙"五服"研究的又一重要著作，而《礼论略抄》1 卷可能是其简本，因为后者的条目在《礼说》中大都能够找到。毛岳生曾经言及凌曙博考古书及前人礼论之事说："余友江都凌君子昇性质厚，好学，少通《公羊》家言，尝为其《礼说》《礼疏》十余卷，后尤殚心服术，于是因前人论礼偶舛与他立异攻康成者，原本此经，博考古书史传，钩校浩赜异同，统疏条列，正所由讹，复成《礼论》百余首，其善者率明确可资辩驳。"③由此看来，《礼说》《礼论》的成书，大致经历了一个由"《礼说》《礼疏》十余卷"到"《礼论》百余首"的由博返约过程。而《礼论略抄》一书，应该又是在《礼说》的基础上简要而成，据该书卷首凌氏《自序》，大致成书于道光二年（1822）。

（二）《仪礼礼服通释》的诠释特色

通读凌曙《仪礼礼服通释》一书，就该书的礼经《丧服》篇诠释情况来看，凌氏此书的诠释特点，主要体现在删节体的著述体例、删节礼文的引书方式、诠释引证文献较少等方面。今试详言之：

---

① 赵尔巽：《清史稿》（第 43 册）卷四百八十二《列传二百六十九·儒林三》，中华书局 1977 年版，第 13265 页。

② 凌曙：《仪礼礼服通释序》，《仪礼礼服通释》卷首，清光绪丁亥年重雕李氏《木犀轩丛书》本，第 1 页。

③ 毛岳生：《礼论略抄序》，载凌曙：《礼论略抄》卷首，道光六年丙戌越缦堂藏蕫云阁《凌氏丛书》刻本。

其一，从著述体例情况而言。《仪礼礼服通释》是一部删节体著作，它沿袭徐乾学著书旧貌，"仍以《礼服》为经，而传记群说为纬，其有合于经传者存之，并不拘以时代"，借以实现"使治礼之士庶几有所依据，而不惑于新奇可喜之说"①的诠释效果。《仪礼礼服通释》一书凡6卷，各卷所诠释的《丧服》篇起讫情况大致如此：卷一，自斩衰章"子为父斩衰三年"，迄于齐衰三年章"母为长子齐衰三年"；卷二，自齐衰期章"父在为母齐衰杖期"，至"公妾以及士妾为其父母齐衰不杖期"；卷三，自齐衰三月章"寄公为所寓齐衰三月"，至正大功章"君为姑姊妹女子子嫁于国君者大功九月"；卷四，自缌衰章"诸侯之大夫为天子缌衰裳牡麻绖，既葬除之"，迄于正小功章"君子子为庶母慈己者五月"；卷五，自缌麻章"族曾祖父母"一节，至于"从父昆弟之子之长殇"一节；卷六，自《记》"公子为其母练冠麻，麻衣縓缘"一节，至"改葬缌"皆载。全书通例，皆以《丧服》篇丧服规制经文作为诠释对象，至于《丧服传》文则不在诠释对象之列。

其二，从考察《仪礼礼服通释》删节的礼文情况来看。如前所述，凌曙删节徐乾学《读礼通考》一书《丧期》部分，被所删去的那部分历代传记群说，大都属于凌氏认为与《丧服》经传不相合之说。例如，胡培翚《仪礼正义》曾经引凌曙驳敖继公言缌麻章"长殇中殇"等四句为经之脱文，及程瑶田以为此四句为经之说，《仪礼礼服通释》皆未收入其中。《仪礼礼服通释》对于所保留的以及所删除者，亦没有加附按语表明取舍之由，故颇有"过分简略"之嫌，即使在他的《礼说》一书中，也缺乏理据说明，很容易遭人质疑。

其三，从引证的诠释话语类文献角度而言。凌曙所援引的文献，最常见的主要涉及子夏《丧服传》《礼记》经文、马融《注》、郑玄《注》、贾公彦《疏》、孔颖达《正义》、杜佑《通典》等少数几种。例如，正大功章"女子子适人者为众昆弟大功九月"条，凌氏引证诠释说："《丧服注》：'父在则同，父殁乃为父后者服期也。'《疏》：'为本亲降一等是其常，故无《传》也。'"②折中于前贤训释众说，借助引证文献的选择与截取，然后实现凌氏想要达到的诠释目的与诠释效果。对于著述成书之前的清人"五服"研究成果，除援引顾炎武等极少数学者的成说外，凌氏几乎没有吸纳。可见，凌曙编纂此书，并未参考大量清人的研究成果，而是崇尚简约，力求避免出现所谓"取后世之臆说而驳先儒之传说"的诠释弊端。

---

① 凌曙：《仪礼礼服通释序》，《仪礼礼服通释》卷首，清光绪丁亥年重雕李氏《木犀轩丛书》本，第1页。

② 凌曙：《仪礼礼服通释》卷三，清光绪丁亥年重雕李氏《木犀轩丛书》本，第9页。

（二）《礼说》《礼论略钞》的诠释特色

《礼说》《礼论略钞》二书,体现的是不同于《仪礼礼服通释》的凌曙礼学研究另一面。具体来说,主要有如下方面的诠释特色:

首先,从文献的诠释体式情况来看。《礼说》《礼论略钞》二书都属于群籍考辨体著作,专门考论辨正前人"五服"礼制说解中所存在的疑难失误,一般先点明所要考辨的对象及其具体内容,然后展开详细辨疑。以《礼说》为例,就其所考辨的对象而言,卷一主要考论《丧服》篇经、《传》《记》的相关丧服条文,以及辩议《后汉书》《晋书》《宋书》《魏书》《唐书》《唐会要》《宋史》等历代史籍"五服"规制之是非得失;卷二前一部分主要议论《通典》《御览》《册府元龟》之丧服规制是非,至于后一部分及卷三、卷四,则重在考辨宋以来历代儒家之错误见解,宋迄有明的著作主要有陈祥道《礼书》、陈澔《礼记集说》、元敖继公《仪礼集说》、明郝敬《仪礼节解》,其中尤以考辨敖氏之说为主。自清初以来的辨非对象则包括:盛世佐《五礼通考》、徐乾学《读礼通考》、万斯同《群书疑辨》、汪琬《钝翁类稿》、顾炎武《日知录》、阎若璩《潜邱杂记》、吴廷华《仪礼章句》等。①

其次,从礼经诠释的风格而言,《礼说》《礼论略钞》以宗守郑玄《注》说为主,彰显出凌曙是一位尊尚郑学派学者的典型代表。凌曙自言:"唐人作《礼疏》,亦专宗郑说,然唐代典礼多违古义。延及宋、元,臆说谈经如敖氏、郝氏,破道甚矣。近儒知崇汉学,然尚不免改郑君之旧辙,助敖、郝之狂澜。故辨正诸儒之说,而受裁于郑氏云。"②凌氏好友曾燠也评价凌曙治学之道说:"其撮拾汉、魏、六朝及近代诸名家言凡与礼经有稍背者,必条举而缕剖之,洵足以羽翼康成之学矣。"③从《礼说》《礼论略钞》诸礼制条文的考论情况来看,处处彰显出维护郑《注》的诠释理念。

从这一理念出发,凌曙对元敖继公《仪礼集说》多有微词,在他看来:"敖于全经之中或疑《传》《注》之明文,或破先儒之旧说,无所发明。"④例如,《丧服》篇小功章"为外祖父母",《传》曰:"何以小功也? 以尊加也。"敖继公《集

---

① 据统计,《礼论略钞》礼论考释仅 39 条,其中直接考论《丧服》礼文 3 条,考论《后汉书》《晋书》《宋书》《魏书》《唐书》《宋史》等正史礼志卷及《唐会要》《通典》《册府元龟》中礼制有违郑玄之意者 14 条,考论敖继公、郝敬、万斯大、万斯同、顾炎武、阎若璩、吴廷华、徐乾学、秦蕙田、金榜、程瑶田诸家"五服"训释讹误者 22 条,明显比《礼说》4 卷的条文数量更少。

② 凌曙:《礼论略钞序》,载凌曙:《礼论略钞》卷首,道光六年丙戌越缦堂藏蕈云阁《凌氏丛书》刻本。

③ 曾燠:《礼论略钞序》,载凌曙:《礼论略钞》卷首,道光六年丙戌越缦堂藏蕈云阁《凌氏丛书》刻本。

④ 凌曙:《礼说》卷二,《续修四库全书》(第 110 册),上海古籍出版社 2002 年版,第 520 页。

说》:"尊云者,谓其为母之父母也。子之从其母而服母党者,当降于其母二等。母为父母期,子为外祖父母小功,宜也,非以尊加也。"①对《丧服传》提出了质疑,为此,凌曙批评敖氏说:"马融曰:'母之父母也本服缌,以母所至尊加服小功。'马所以知此者,以《丧服记》云:'外亲无过缌麻。'母之父母虽尊,其为外亲一也,皆当以缌为断。今以母之所尊,故加服小功。若如敖说,本宜小功,非加服也,则外亲以缌断之说为不足据也。"凌氏依据《丧服·记》的记载,推断敖氏说解之误,进而表明说:"先儒《注疏》,可妄非乎?"②总之,在凌氏看来,先儒之注辞深义奥,非悉心反复体察不能明之,后来者不可以轻易妄加怀疑。

从维护郑《注》的诠释理念出发,凌曙对于敖继公主张《丧服传》"作《传》者又在于作《记》者之后"的说法,进行了大力批评和抵斥。元人敖继公说:"先儒以《传》为子夏所作,未必然也。今且以《记》明之,《汉·艺文志》言《礼经》之《记》,颜师古以为七十子后学者所记是也。而此《传》则不特释经文而已,亦有释《记》文者焉,则是作《传》者又在于作《记》者之后明矣。"③对于敖氏此说,凌曙以为"此真妄诞不经之谈",为此进行了一番激烈的辩驳。他首先转述孔颖达《正义》之言,指出"《仪礼》未有作《礼经》之《记》者","七十子后学者所记是《礼记》而非《仪礼》也",这是其一。其二,"汉已来之注《仪礼》者与注《丧服》者皆分别言之",如郑玄注《仪礼》全经称《仪礼注》,而单注《丧服》者如马融、王肃之辈,陆德明明曰"自马以下皆注《丧服》者",颜师古注《汉书·萧望之传》"又从夏侯胜问《论语》《礼》服",曰"礼之丧服也",皆说明了"从未有《丧服》一门谓之《礼经》之《记》者,但目之为《丧服》而不总目之曰《仪礼》者"。其三,《汉书·艺文志》云"《记》百三十一篇",并未云"《礼》经之《记》","亦不得以上有《礼古经》五十六篇、经七十篇牵扯合而为一,改《礼古经》为《礼经》,删去'古'字,又合下《记》为一,名之曰《礼经》之《记》"④。因此,凌氏认为敖继公之说并不可信。

再次,就礼经诠释的方法而言。凌曙对于"五服"服制的诠释,一如此前所说,从维护郑《注》的诠释角度,选择合适的诠释方法。就其要者而言,主要

---

①　敖继公:《仪礼集说》卷十一,《景印文渊阁四库全书》(第105册),台湾商务印书馆1983—1986年版,第420页。

②　凌曙:《礼说》卷二,《续修四库全书》(第110册),上海古籍出版社2002年版,第520页。

③　敖继公:《仪礼集说》卷十一,《景印文渊阁四库全书》(第105册),台湾商务印书馆1983—1986年版,第439页。

④　凌曙:《礼说》卷二,《续修四库全书》(第110册),上海古籍出版社2002年版,第522页。

有以下三种方法：

一是强调礼经"例"的发掘，据礼例来诠释"五服"。在凌曙看来，《仪礼》和《易》《春秋》一样，"皆以例言者也"，这种所谓的"例"，凌氏以为是丰富多样的："其中有正例，有变例，且有变例中之正例，有正例中之变例，更有变例中之变例也，参伍错综，非比而同之不能知也。"①凌氏据此立论，对"五服"斩衰三年的情况进行了考察，并将其所涉诸丧服条文分为"正例""变例""变例中之正例"及"变例中之变例"四种情况。例如，斩衰章"子为父""臣为君"属于"正例"，《传》"父卒然后为祖后者服斩"一条属于"变例"，然而"凡父卒传重于祖者莫不服斩"则属于"变例中之正例"，至于"君为父服斩，而臣从服期"则又属于"变例中之变例"。即使就今日而言，这种正、变之"例"的研究，仍然具有重要的学术意义。

二是强调从《传》《注》材料中发覆《丧服》经文的内涵。凌曙特别强调指出："凡经所不见者，当以意求之。《传》《注》所以与经相表里者，以能足成其义耳。经不具，故待《传》《注》以补之也。若经所不言，《传》亦不言，尚何需于《传》《注》耶？"②例如，《丧服》经但言"众臣"，凌曙以为，"经但言众臣，则必有不在众臣之列者矣"，所以《丧服传》补之曰："公卿大夫室老、士，贵臣；其余皆众臣也。"③不然，则不知经所谓"众臣"何所指称。又如，郑玄注《传》"君，谓有地者也"一句："天子、诸侯及卿大夫有地者皆曰君。"凌氏认为："郑知此者，以《传》云'君，谓有地者也'，《传》必以为有地者，以贵臣之中有士也，有采地者有邑宰复有家相；无地者，直有家相而已。今既有士，则其为有地之君可知矣。"④由此看来，凌曙非常重视《丧服传》和郑《注》的诠释，反对轻易窜改郑《注》的解释。

三是强调发明礼经行文凡例阐释"五服"条文。凌曙非常尊崇《丧服传》及郑《注》，反对说经者"逸出于经传之外以求胜于古人"⑤，但这并不表示他对于《传》《注》只是一味地继承，研究中无所创新。前人研究《仪礼》，多强调发明行文凡例，凌曙亦重视这方面的内容阐释，例如，他揭示《丧服》篇"昆弟""兄弟"之行文凡例说："《丧服》条例，亲者言昆弟，疏者言兄弟，自斩至缌，经、《传》中无言'兄弟'者，唯《记》乃有之耳。"⑥不仅如此，凌氏亦重视对《传》

① 凌曙：《礼说》卷一，《续修四库全书》(第110册)，上海古籍出版社2002年版，第505页。

② 凌曙：《礼说》卷二，《续修四库全书》(第110册)，上海古籍出版社2002年版，第518页。

③ 凌曙：《礼说》卷二，《续修四库全书》(第110册)，上海古籍出版社2002年版，第518页。

④ 凌曙：《礼说》卷二，《续修四库全书》(第110册)，上海古籍出版社2002年版，第519页。

⑤ 凌曙：《礼说》卷一，《续修四库全书》(第110册)，上海古籍出版社2002年版，第508页。

⑥ 凌曙：《礼说》卷一，《续修四库全书》(第110册)，上海古籍出版社2002年版，第508页。

《注》之所以然进行探究,例如,《丧服》经"唯子不报",《传》曰:"何以言唯子不报也? 女子子适人者为其父母期,故言不报也。言其余皆报也。"郑《注》:"唯子不报,男女同不报尔。《传》唯据女子。"凌氏阐释道:"《传》专据上经'女子子无主者'而言也,《注》则推广经例而言之者也。《注》说为详矣。报者无降杀之差,两相为服也。不报者有降杀之差,一重一轻也。然亦有两相为服有似于报而其实非报者,此经、《传》所以著不报之例也。"①凡此种种,皆足以阐发前人旧说,凌氏诚可谓郑氏之功臣。

最后,从对待清代诸礼经学者的"五服"成果态度看。"我朝经学昌明,说经之儒辈出,昆山顾氏为之倡,徐健庵、秦树峰为之继,近时江慎修、金辅之诸君皆能恪守古训,博而有要,虽论难时有牴牾,而综核无伤本始,诚不朽之盛业也。"②与《仪礼礼服通释》极少参考清人的研究成果不同的是,凌曙《礼说》从维护郑玄学术理念的角度,虽然肯定"近儒知崇汉学",但也认为他们的诠释著作存在"不免改郑君之旧辙,助敖、郝之狂澜"③的阙失。而凌氏《礼说》"摭拾汉、魏、六朝及近代诸名家言凡与礼经有稍背者,必条举而缕剖之"的考礼举措,足以实现其"羽翼康成之学"④的诠释目标。

综上所述,凌曙的"五服"研究,从《仪礼礼服通释》到《礼说》《礼论略钞》,都着重在对于《传》《注》的诠释发挥,以及对古书礼制记载及前贤"五服"研究的是非考辨方面。就《仪礼礼服通释》而言,虽然只是一部删汰取舍之作,并无强烈的辨非色彩,倘若将其与《读礼通考》略加比对,仍不难发见凌曙的某些"五服"礼制诠释思想,后人大可从中受到许多启发。而《礼说》《礼论略钞》二书,则着实彰显了凌曙尊崇郑学的学术理念,为清后期株守郑学派学者和今文经学派学者的礼学研究开启了先河。当然,凌曙的研究亦不无瑕疵,如《礼说》中注重《丧服》篇全文之"服例"研究,将所涉诸丧服条文分为"正例""变例""变例中之正例"及"变例中之变例"四种情况,但无论是在《仪礼礼服通释》具体丧服条文的诠释中,或者是在《礼说》《礼论略钞》诸考礼条文的发微中,凌曙都没有对《丧服》经传礼制条文作一次全面的分析归纳,不乏为一种礼经诠释上的遗憾。

---

① 凌曙:《礼说》卷一,《续修四库全书》(第110册),上海古籍出版社2002年版,第505页。

② 曾燠:《礼论略钞序》,载凌曙:《礼论略钞》卷首,道光六年丙戌越缦堂藏蕫云阁《凌氏丛书》刻本。

③ 凌曙:《礼论略钞序》,载凌曙:《礼论略钞》卷首,道光六年丙戌越缦堂藏蕫云阁《凌氏丛书》刻本。

④ 曾燠:《礼论略钞序》,载凌曙:《礼论略钞》卷首,道光六年丙戌越缦堂藏蕫云阁《凌氏丛书》刻本。

四、丁晏与《仪礼释注》

(一)生平及著述概说

丁晏(1794—1875),字俭卿,号柘唐,一作柘堂,别署柘翁、俭翁、淮亭、晚年号石亭居士等,江苏山阳柘塘(今属淮安市洪泽县)人。他出生于一个儒生家庭,故自幼即习治儒经,性嗜典籍,见典籍即详阅默识心通,勤学不辍。丁晏素喜交际,常与许瀚、魏源、黄爵滋、鲁一同等人宴饮谈玄,吟诗赋文,相互切磋,深得诸学者推崇。年19,入府学为郡庠生,时漕督阮元督察郡学,以"汉易十五家发策"质学子,丁晏"草万余言上之,分条析派,博而有要",阮元大为赞赏,以为精奥为当世之冠,奖以《诂经精舍集》,以资鼓励。然而,丁晏在科举仕途上却非一帆风顺,参加了几次乡试,道光元年(1821)方应江南乡试为举人。此后又多次赴京参加会试均不售,道光元年(1821),由"举人大挑得教谕,不谒选",一意研究经学,著书考古,先后主讲于阜宁观海书院、盐城表海书院、淮安淮关、文津、丽正书院,以惠泽后学,时有"江淮经师"之称。其长子受业恩师曾国藩赠联"教子苏明允,著书王仲任",将其比拟为宋苏洵、汉王充,称誉极高。咸丰十年(1860),因平定捻军有功,晏端上书保荐,赏戴花翎。同治三年(1864),漕督吴元炳又奏保"赏二品封典,诰授通奉大夫"。热心地方公益事业,"于乡里利病,凡赈恤灾荒、筑城浚渠诸役,每当事者牵挽,多有成效"(《续纂山阳县志》);同治十年(1871),与何绍基共同主持了《重修山阳县志》《淮安艺文志》的修纂工作,历三年方始刊成,诚有功于乡里。

丁晏一生历乾、嘉、道、咸、同、光六朝,正值乾嘉朴学和道咸金石学兴盛之时。观丁氏一生,乃潜心向学,道行则乐其治,道不行则乐其身,一心尊德道学:"大丈夫得志则不负所学,慨然有志于时。不得志则闭户穷居,不以贫贱而改行,不以困阨而尤人,讲求经史,归于实用,酌古准今,有裨治道。使后之人用其说,不难致太平、安天下。若此人者,然后生斯世而无所愧。"①并以此为终生处世穷经的宗旨。兼通史事,尤熟于《通鉴》,亦长于研治经学,汉宋兼修,强调读经要"本之训诂以正其文,求之义理以衷其解。训而诂者,义理之本根也;义理者,训诂之标准也"②,认为汉儒正其诂,宋儒析其理,二者不可偏废,有诸儒之不可及者。其撰著极富,达47种136卷,已刊者称为《颐志斋丛书》,未刊稿本多为北京等图书馆收藏。1948年丁志安编印《颐志斋文集》,柳诒徵为之作跋,称丁氏为"旷代大师"。

---

① 丁晏:《与潘四农先生书》,《颐志斋文集》卷八,民国三十八年(1949)排印本,第1—2页。
② 丁晏:《周易解诂自叙》,《颐志斋文集》卷一,民国三十八年(1949)排印本,第1页。

　　丁晏治经涉及面颇广,于《易》《书》《诗》三《礼》《左传》《孝经》等均有研究。曾自署其堂曰"六艺",取郑康成《六艺论》以深景仰之思。于《易》,有《周易解故》1卷,《易林释文》1卷,《周易述传》2卷,《讼卦浅说》1卷。于《书》,继阎若璩后研究《尚书》,有《尚书余论》2卷,断《古文尚书》及《孔传》为王肃伪作;《书蔡传附释》1卷,《禹贡锥指正误》1卷,《禹贡蔡传正误》1卷。于《诗》,有《毛郑诗释》4卷,《郑氏诗谱考正》1卷,《诗考补注》2卷,《补遗》1卷。于《礼》,有《三礼释注》8卷,《佚礼枝微》1卷,《投壶考原》1卷。于《孝经》,有《孝经述注》1卷,《征文》1卷。于《左氏纂注》致力颇勤,遗稿仅有传抄3本。又有《北宋二体石经记》1卷,《读经说》1卷。丁氏上述诸书,莫不博通训诂,笃守家法。此外其余所撰著,则有《金天德大钟款识》1卷,《子史粹言》2卷,司农、陈王、靖节、宣公四家《年谱》4卷,《钞淮南万毕术》1卷,《石亭纪事》2卷,《淮亭雅录》1卷,《百家姓韵语》3编1卷。

　　《三礼释注》8卷是丁晏最为重要的礼学著作,包括《周礼释注》2卷、《仪礼释注》2卷、《礼记释注》4卷。关于这三部书的成书起始时间,只有《礼记释注》一书《自序》有明确记载,谓此书爰始于"庚辰之秋",即嘉庆二十五年(1820);至于各书的完成时间,丁晏在各书卷首《自序》中亦无明确交代,但可以根据各篇《自序》的著述时间加以推知,其中:《礼记释注》的《自序》作于"壬午夏四月二十五日",即道光二年壬午(1822),是此书至迟于这一年便已完成;《周礼释注》一书《自序》作于"道光三年八月初七日",《仪礼释注》的《自序》作于"道光三年八月十六日",是这两部书的著述时间应该不会晚于道光三年癸未(1823)八月。由此看来,三部书的完成先后次序为:《礼记释注》《周礼释注》《仪礼释注》,都是丁晏的早年之作,基本上与《清史稿·丁晏传》所载丁晏著述特点相吻合:"晏少多疾病,迨长读书养气,日益强固。治一书毕,方治他书,手校书籍极多,必彻始终。"①由于三部书篇幅都不甚大,因而成书时间较为贴近。

　　(二)《仪礼释注》之诠释特色

　　从《仪礼释注》二卷对《仪礼》的诠释情况来看,丁晏的礼经研究尽管篇幅不大,但却是其倾力研究《仪礼》学的结晶,其学术价值不容忽视,著述中体现出颇具自身鲜明的诠释特色。简而言之,主要体现在如下两方面:

　　首先,从治学旨趣角度而言,丁晏笃好郑学,曾专门为郑玄辑《郑康成年谱》一书,且因郑氏有《六艺论》,而署其堂曰"六艺",推崇郑学之意十分明显。

----

　　①　赵尔巽:《清史稿》(第43册)卷四百八十二《列传二百六十九·儒林三》,中华书局1977年版,第13278页。

丁晏著述《仪礼释注》一书,乃以诠释郑玄《仪礼注》为治学要旨,表现出明显的株守郑学趣向。这一治学趣向,大致可以从以下几点得到印证:

第一,从著述体式的选择来看,《仪礼释注》一书大致应属于疏注体著作,与贾公彦《仪礼疏》体式基本一致,是《仪礼》学著作中的三次文献。这从书名即可得到印证。诚如丁氏本人在《礼记释注叙》中所云:"刘君孟詹语余曰:'贾公彦《仪礼》《周礼》疏皆称释曰,谓释郑《注》也,今子亦解释郑意,何不曰《释注》?'余韪其言,遂易今名。"①丁氏有选择性地从郑《注》中择取部分注语进行阐释发微,依17篇次第及注语先后顺序,逐一进行笺释解说。

第二,从该书自序的记载来看,亦可发见丁晏治学以汉儒传注为宗。《续四库全书》据以影印的《仪礼释注》底本为清咸丰二年(1852)杨以增刻本,卷首有丁晏道光三年作《仪礼释注序》,云"蒙既笃好郑学,绅绎注文,博考而研究之,为《释注》二卷"②。诚如《清史稿·丁晏传》所述,丁晏"生平笃好郑学,于《诗笺》《礼注》研究尤深"③。在丁氏看来,郑氏注《礼》至精,去古未远,不为凭虚臆说,原本先儒,确有依据;故致力于为郑《注》疏通证明,撰《三礼释注》以阐释发微其说,与其认为孔疏多失郑旨而撰《毛郑诗释》四卷是同一缘由。

第三,从该书的诠释涉及面情况来看,亦足证丁晏治《仪礼》宗主郑氏之学。丁晏著述时,从"考训诂,捃秘逸,发疑正读"的要旨出发,"阐发郑旨以相贾《疏》之所未及"④,具体说来,是书文本诠释过程中主要涉及如下几个方面:申明郑《注》语词训释之源;论证郑《注》仪节之解释;考辨《仪礼》古今异文语义关系;校勘今所见俗本《仪礼注》之文字舛错。这四个方面诠释实践,无一不是着眼于发明郑《注》训释要旨,祛其疑滞,具有很高的学术价值。

就申明郑氏语词训诂而言,丁晏往往结合文字、音韵方面内容进行疏证,例如《公食大夫礼》:"启簋会",郑《注》:"会,簋盖也。"《仪礼释注》卷二:"案:郑《注》多以'会'为盖。《释诂》:'盇、会,合也。''盇'与'盖'通,取盖覆相合之义。《说文》:'会,合也。''盇,覆也。从血大。'徐鼎臣曰:'大,象盖覆之形。''盒,覆盖也。'大徐本乌合切。又作'盒',《钟鼎款识》有印仲盒铭云:

---

① 丁晏:《礼记释注叙》,《礼记释注》卷首,《续修四库全书》(第106册),上海古籍出版社2002年版,第1页。

② 丁晏:《仪礼释注序》,《仪礼释注》卷首,《续修四库全书》(第93册),上海古籍出版社2002年版,第238页。

③ 赵尔巽:《清史稿》(第43册)卷四百八十二《列传二百六十九·儒林三》,中华书局1977年版,第13277页。

④ 丁晏:《周礼释注叙》,《周礼释注》卷首,《续修四库全书》(第81册),上海古籍出版社2002年版,第583页。

'伯戈自作馈盒'，薛尚功引《说文》：'盒，覆盖也。'"①以上一段疏证，主于文字会通，借以达到申明郑《注》之意，由于丁氏熟稔文献，善于全面占有材料以考订郑《注》，因而颇具说服力。特别需要指出的是，受乾嘉考据之风的影响，丁晏精通《说文》，据赵铮先生《清丁晏〈说文通说〉平议》一文研究，丁氏所著《说文通说》一书"阐释《说文》体例精审严谨；示例校勘，方法正确得当；揭示古今文字之变，条分缕析"②，此外还撰有《说文举隅》一书，正缘于此，《仪礼释注》多结合许慎《说文》及有关研究成果，详细为之疏通发明，对于读者准确理解郑《注》颇具裨益。

为了准确把握郑《注》仪制的训诂情况，丁晏特别注意挖掘郑《注》之所本，借以说明其学有所宗。例如，《士虞礼》："中月而禫"，郑《注》："禫，祭名也。与大祥间一月，自丧至此凡二十七月。禫之言澹，澹然平安意也。"《仪礼释注》卷二："案：《释名·释丧制》：'间月而禫，亦祭名。孝子之意，澹然哀思益衰也。'与郑说合。《檀弓·疏》引戴德《丧服变除》云：'礼二十五月大祥，二十七月而禫。'郑言二十七月，远本大戴，足征郑君之学有所传授矣。"③这些疏解，对于后人准确理解郑《注》的训释极有帮助。

第四，从郑《注》所载古今异文的辨析情况来看，丁晏特别擅长于从文献用词异文入手，广泛地占有材料，仔细梳理异文演变源流，从文献学的角度揭示古今异文形成之源，借以明辨是非得失，进而有助于读者了解郑玄在古今异文抉择上的成功之处。例如，《乡射礼》："各以其耦进。"郑《注》："以，犹与也。今文'以'为'与'。"《仪礼释注》卷一："案：《诗·江有汜》云：'不我以'，笺：'以，犹与也。'《檀弓》：'吾未尝以就公室'，注：'未尝与到公室。'《国语·越语》：'节事者与地'，《史记·越世家》'与'为'以'，《国语·燕策》'得贤士与共国'，《史记·燕世家》'与'为'以'，古'与'、'以'通用。"④以上一段疏证，丁氏从据古训、考异文两方面，广泛蒐集各类古训和异文材料，细加斟酌，得出"古'与'、'以'通用"之见，颇有其独到之处，彻底贯通了古今异文之间的语义关系；而且，从中亦可看出，丁晏的文献功底极为扎实，具有深厚的经史学养。

不仅如此，丁晏在对《仪礼》古今异文语义关系的分析中，第一次提出了古今字的音义关系。如《燕礼》："寡君有不腆之酒"，郑《注》："古文'腆'皆作

①　丁晏：《仪礼释注》卷二，《续修四库全书》（第93册），上海古籍出版社2002年版，第253页。
②　赵铮：《清丁晏〈说文通说〉平议》，《襄樊职业技术学院学报》2006年第3期。
③　丁晏：《仪礼释注》卷二，《续修四库全书》（第93册），上海古籍出版社2002年版，第260页。
④　丁晏：《仪礼释注》卷一，《续修四库全书》（第93册），上海古籍出版社2002年版，第246页。

'殄'。"《仪礼释注》卷一:"腆、殄,古今字。详见《毛郑诗释》。"①又如,《聘礼》:"归饔饩五牢",郑《注》:"今文'归'或为'馈'。"《仪礼释注》卷二:"案:'归'、'馈',古今字。详见《论语孔注证伪》。"②不过,丁氏所说的"古今字",大概是指字形产生的时间有先、后而形成的情况,而今人所指"古今字"更主要是文字发展过程中的一种孳乳现象,往往指古今同词异形而又有区别意义的一组字,其中古字先出,今字是为承担古字的某一部分意义而造的新字,可见二者略有不同。丁晏在《说文通说》中阐述《说文》所收正字和用字的关系时共分为六种,其中之一种便是说的古今字,如:櫛下曰梳比,"比""箆"古今字;……僅下曰材能,"材""纔"古今字;縅下曰落也,"落""络"古今字;伏下曰司也,"司""伺"古今字;般下曰舟旋,"舟""周"古今字,等等。③ 其中所论"古今字",与丁晏《仪礼释注》中的"古今字"概念并无差异。丁晏《仪礼释注》在这部分诠释内容中沟通"古今字",成为帮助读者阅读《说文》及其他先秦典籍的津梁,具有明显的正字功能。

其次,从维护郑玄《仪礼注》出发,丁晏也非常重视对世传郑《注》俗本中的文字舛错现象加以认真的校勘,纠正其间存在的错误,颇有益于学界。有学者称:"从丁晏《说文通说》有关版本的校勘内容来看,首先丁氏贯彻了古人'书不校不能读'的正确观点。"④诚然,丁晏校勘郑《注》也是如此。例如,《士昏礼》:"则妇入三月,乃奠菜。"《仪礼释注》卷一:"案:'壻,悉计反'以下十四字乃《释文》,非郑《注》也。刊《注疏》者以《音义》散附句下,而又讹为大字溷入《注》文,遂致贻误耳。阎氏《尚书古文疏证》卷五亦误以此文为郑《注》,谓郑作反语有此一条,晏谓汉儒注经未有翻切,潜邱据俗本《注疏》谓郑有反语,失之甚矣。又《礼记·昏义》《释文》亦云:'婿,悉计反,女之夫也。依字从士从胥。'《左传·文八年》《释文》:'壻,俗作婿。'正与此文一类。其为《释文》无可疑者,今《释文》单行本有此十四字,尤为明证。宋李氏《集释》、明徐氏翻刻宋单注本皆无'壻,悉计反'云云,近刻《礼书纲目》,引《昏礼·记》亦无此十四字,江氏之援据审矣。"⑤其间运用对校、他校等方法,博稽群籍,详细辨析《释文》误入郑《注》之因故,文献依据充分,论证细密精审,诚为可信。

除上述特点外,《仪礼释注》的诠释风格亦极为简约,尽管重视收集文献依据,一切以文献史实为论断,但并未陷入烦冗的考证之中,然亦诚可谓郑康

① 丁晏:《仪礼释注》卷一,《续修四库全书》(第93册),上海古籍出版社2002年版,第248页。
② 丁晏:《仪礼释注》卷二,《续修四库全书》(第93册),上海古籍出版社2002年版,第251页。
③ 参见赵铮:《清丁晏〈说文通说〉平议》,《襄樊职业技术学院学报》2006年第3期。
④ 赵铮:《清丁晏〈说文通说〉平议》,《襄樊职业技术学院学报》2006年第3期。
⑤ 丁晏:《仪礼释注》卷一,《续修四库全书》(第93册),上海古籍出版社2002年版,第243页。

成之诤友也。当然,《仪礼释注》存在历史的局限性也是显而易见的。例如,丁晏既主张训诂与义理并重,可是却仍延继着乾嘉时期的治学传统,而于郑《注》的义理阐释部分并无丝毫的发微笺释。又如,《仪礼释注》笺释郑《注》的语词训例和疏通有关古今异文之语义关联,尽管涉及语音知识,却没有吸纳乾嘉学者有关上古声韵的研究成说予以评判。诸如此类阙失,在一定程度上影响了《仪礼释注》诠释结论的可信度。但总的看来,瑕不掩瑜,在清后期的《仪礼》学著作中有着较高学术价值。

第五节　张扬朱学派的《仪礼》学研究

继清前期姜兆锡、盛世佐、任启运、胡抡、梁万方等人之后,乾隆中后期乃至嘉庆年间,仍有少数学者延续了朱熹《仪礼经传通解》和黄榦《仪礼经传通解续》的礼经治学做法,致力于融通先秦两汉的文献典籍,重新构建起一套合乎个人设想的儒家礼制文化,其中尤以杨丕复、尹嘉铨、秦蕙田等人为代表。不过,相较于清中期整个《仪礼》学研究的状况考察来看,这一派学者的研究,并不占据主导地位,而且到了道光初年之后,便退出了历史舞台,此后不复重现。

一、杨丕复与《仪礼经传通解》

(一)生平及著述概说

杨丕复(1780?—1829?),字愚斋,湖南武陵(今湖南省常德市武陵区)人。嘉庆十二年丁卯(1807)举人,借补石门县学训导。杨氏家学渊源深厚,自其祖父起迄于杨丕复三代藏书颇丰,据杨氏《云五堂储书目录》记载,藏书计209种8593卷,在当时极为罕见。其弟杨丕树亦有名。其子杨彝珍(1807—1898),字湘涵,一字性农,别号移芝,道光三十年庚戌(1850)进士,选翰林院庶吉士,咸丰二年(1852)散馆,改兵部主事,工诗古文,有《移芝室诗文集》及《紫霞山馆诗钞》传于世。

杨丕复平生服膺宋儒,博览古籍,耽精著录,擅长于史籍地理之考证,尝谓:"郡志沿革,名儒每不惜搜讨以究今昔之异同,而其考据必以正史为断。……读史之余,每即诸地寻其因革,见后儒不无袭谬承讹之病,遂竭四载力,制成斯表,又以山脉水道附于后。分搜博采,不为无稽之言。"[1]其中《历代舆地沿革表》一书称最,凡曰总纲者四,分纪者三十六,共四十卷。杨丕复生

---

① 支伟成:《清代朴学大师列传》,岳麓书社1998年版,第244页。

平著作甚富,其经学研究主要集中在《春秋》学方面,其中:《春秋宗经录》十四卷,书以经文为主,折中三《传》之说,意在革除前人轻经重传、违经从传之弊;又有《春秋经传合编》30 卷,《杂说》1 卷,《书法汇表》3 卷,《辨疑》2 卷,该书亦用纲目例,取经文为纲,《左传》为目,至于先儒解说,则别为书法翼之。其他经学著作,主要有《朱子四书纂要》40 卷,《序说》1 卷,与其他著作一起,被编入《杨愚斋先生全集》,有清光绪二十六年(1900)武陵杨氏汇刻本。

杨丕复之《仪礼》学研究,大致依仿朱子《仪礼经传通解》、黄勉斋《仪礼经传续通解》体例,著有《仪礼经传通解》58 卷。该书卷首,包括《序说》《杂说》《纲领》上下、《目录》等。《序说》主要收录《汉书艺文志礼经序》《朱子乞修三礼箚子》《朱子语录文集十条》《朱子在刊仪礼经传通解序》《杨氏复仪礼经传通解续序》《张氏虑刊仪礼经传通解续序》《杨氏复更定祭礼序》《新定仪礼经传通解序》《凡例》,其中《新定仪礼经传通解序》(嘉庆元年所作)、《凡例》为杨丕复所作;《杂说》包括《礼学源流》《说礼得失》《读礼方法》《后代礼仪》《后儒纂修》等目,胪列历代史书及礼学家所言各相关专题内容话语,对传统礼学相关专题予以论说;《纲领上》首为“总论”“论《周礼》”“论《仪礼》”“论《礼记》”,摘引前人论说而成诸篇,次载《仪礼释宫》,并详加考辨,有申有驳,次又为“朱子跪拜坐说”“朱子九拜辨”二篇;《纲领下》为“今纂《三礼释器》”,均为杨氏新著而成。据杨丕复自言:“丙辰夏,编纂《仪礼经传通解》既竣,后又再四推详,而家、乡、学、邦国四礼,虽经朱子手定,于愚心似犹有未安,不辞僭妄,更取而参校之。所有增损更易,总期归于一是而已。缮写既毕,因复记其梗概于此。时嘉庆戊午立秋前八日杨丕复再书。”①嘉庆“戊午”为嘉庆三年(1798),“丙辰”为嘉庆元年(1796)。据此可知,杨氏《仪礼经传通解》初稿完成于嘉庆元年,但此后陆陆续续又有增损更易,一直到嘉庆三年方始定稿。

杨丕复之所以编撰《仪礼经传通解》一书,主要是基于两方面的考虑:一方面是因为倾慕朱熹的礼学研究,“取三书而釐定之,兼采他书,补其所未备者,规模齐整,条目疏通,洵读礼者所必考矣”;另一方面,是因为朱熹、黄榦《仪礼经传通解》及《仪礼经传通解续》存在着令人感到颇有不足之处,“奈《王礼》一编尚未脱稿,《丧》《祭》二礼又出勉斋先生之手,未经是正,亦非朱子之成书也”②。即便是朱熹所修《仪礼经传通解》部分,杨氏也认为“虽经朱子手定,于愚心似犹有未安”。可见,杨丕复著述该书,纯粹是出于尊崇朱氏之学的角度,对于原本朱熹《仪礼经传通解》、黄榦《仪礼经传通解续》加以进

---

① 杨丕复:《仪礼经传通解》(第 1 册)卷首《序说》,光绪十九年博约堂刊本,第 24 页。

② 杨丕复:《仪礼经传通解》(第 1 册)卷首《序说》,光绪十九年博约堂刊本,第 17—18 页。

一步修订完善的结果。

（二）著述体例

首先，从与朱熹、黄榦《仪礼经传通解》《仪礼经传通解续》的著述体例结构对比情况来看，杨丕复所著《仪礼经传通解》与之既有相同之处，也有一些差异。杨氏《仪礼经传通解》正文第五十八卷部分，大致仿朱子《仪礼经传通解》、黄勉斋《仪礼经传通解续》体例结构全书，共分《家礼》《乡礼》《学礼》《邦国礼》《王朝礼》《丧礼》《祭礼》7 类。诚如杨丕复在《目录》中所云："今所编次，悉准郑氏，而以《家》《乡》《学》《邦国》《王朝》《丧》《祭》七者分之，其有未备，则纂诸经传以补之，共八十五篇。"①朱、黄二氏之书只有六礼，杨丕复《通解》在其书原有基础上，又增成《学礼》一礼目，所收入的文献则分为《学制》《学义》《弟子职》《少仪》《曲礼》《臣礼》《钟律》《钟律义》《诗乐》《礼乐记》《书数》《学记》《大学》《中庸》《保傅传》《践阼》《五学》等篇。该书 85 篇，其中从《家礼》之《士冠礼》以迄《学礼》之《保傅传》，篇题依朱子《仪礼经传通解》原本，经文则较朱子所纂内容更为丰富。

如前所述，杨丕复对黄榦所修《丧》《祭》二礼并不满意，主要有两点意见：一是篇幅较朱子《仪礼经传通解》过大，"其书《丧礼》十六卷，《祭礼》十三卷，共二十九卷，视朱子所纂《家》《乡》《学》《邦国》《王朝》五礼，已赢三分之一矣"。二是收录的经文注疏语料繁冗重复不少，"其所载《注》《疏》似涉繁冗，所辑经传以欲便于考核，故分门别类，重复实多。而或截去首尾，仅载中间数语，似反不见全文头绪。"②为了力避其弊端，杨丕复所采取的做法是："因取《王朝》及《丧》《祭》三礼，更从而汇次之，务使经传义旨各得所安。又凡《注》《疏》之有待商者，皆为删正，以期舍非趣是。"③又说："今窃为节其繁，省其复，于篇目有可并者并之，于位置有宜易者易之，亦不复别为续出，直承朱子'五礼'之后，编其卷第，以成礼书合览。"④例如，杨氏《仪礼经传通解》卷三十五《乐制》第六十二，"此篇原本为《乐制》《乐记》，今为增损合之。"⑤其中既有继承之处，更有发展、损益之举。

其次，从杨丕复《仪礼经传通解》各礼类、礼目收录的具体各篇正文来源情况看。该书仿朱子《仪礼经传通解》之例，以《仪礼》17 篇为本，而别取《周礼》、大小戴《礼记》及诸经、史、杂书所载有关于礼者，附于诸篇之下。据该书

---

①　杨丕复：《仪礼经传通解》（第 4 册）《目录》卷首，光绪十九年博约堂刊本，第 1 页。

②　杨丕复：《仪礼经传通解》（第 29 册）卷三十八《小序》，光绪十九年博约堂刊本，第 1 页。

③　杨丕复：《仪礼经传通解》（第 1 册）卷首《序说》，光绪十九年博约堂刊本，第 17—18 页。

④　杨丕复：《仪礼经传通解》（第 29 册）卷三十八《小序》，光绪十九年博约堂刊本，第 1 页。

⑤　杨丕复：《仪礼经传通解》（第 26 册）卷三十五，光绪十九年博约堂刊本，第 1 页。

《凡例》交代,所采诸书凡 36 种,其中"在《周官》一书,盖已尽入是编,《小戴》则凡泛言事理而无关仪文度数者皆不以入,《大戴》亦然。故《小戴记》之入该书者三分之二,《大戴记》之入是书者四分之一"。与此同时,杨氏亦注意收入前人补亡、缀辑之文,如《乡礼》之《士相见义》及《邦国礼》之《公食大夫义》二篇为宋人刘敞补亡之文,又如《祭礼》之《宗庙大礼》《天地百神礼》及《因事祭礼》三篇为杨复所补之文。除《仪礼》篇外,其余诸篇皆取他经记补辑成篇:"凡天子之礼,大概取于《周官》一书;若《小戴记》中如《冠义》《昏义》之类为汉儒所造以释《仪礼》经者,亦因其旧目各为一篇,随系于各经之后。……其有《小戴》无其篇而所言有实指一礼而言其义者,亦有牵类而言者,则随其所宜采之即系于所补经文之后,而谓之传,不必各为一篇,如所补《内则》《内治》诸篇是也。"

最后,从杨丕复《仪礼经传通解》有关《仪礼》经、《记》的编排与处理方式情况来看。就《仪礼》经文本身的完整性情况而言,举凡礼经 17 篇文,杨氏《仪礼经传通解》大多悉仍其旧,"间有移易亦尠矣"。尽管 17 篇经文都依序分解到七大礼类中去,但所受序次大体保留了刘向《别录》、郑玄《仪礼注》的《礼经》17 篇顺序,"今所编次,悉准郑氏,而以《家》《乡》《学》《邦国》《王朝》《丧》《祭》七者分之"。这是因为杨氏对于刘、郑的排序最为认同:"盖《仪礼》之次,贱者为先,而人年二十而冠,三十而娶,四十强而仕,即有挚见乡大夫、见国君之等,又有乡大夫、州长行乡饮酒、乡射之事,已下先吉后凶,凶尽则又行吉礼也。"[1]至于其他经典文献,则"不无割截以成章者,要必令其文义完全方不失本经之旧"。在儒家经、《记》的编排与处理方式上,该书所载《仪礼》诸篇《记》文,随附于各章之后,咸非置于经文末尾之旧次;至于《仪礼》未备而取他经记补为篇者,亦仿此法,同样分经、《记》两大块,大致"以言其纲者为经,以言其细目者为《记》",《记》文随附于各章之后。

（三）杨丕复诠释礼经之治学特色

作为一部以张扬朱氏学为治学主旨的著作,杨丕复《仪礼经传通解》并不局限于礼经正文的诠释,但又着实存在着鲜明的礼经诠释特色。就其要者而言,约略有如下数方面特点:

首先,从《仪礼》与"礼古经"的关系认知角度来说,杨丕复主张《仪礼》是"礼古经"的一部分,"盖汉世诸儒每为专门之学,各不相通。时礼家立于学官者,惟戴德、戴圣、庆普,而此三家所传则高堂生十七篇也。故古经所多之三十

① 杨丕复:《仪礼经传通解》(第 4 册)《目录》卷首,光绪十九年博约堂刊本,第 1 页。

九篇,虽已献于孔安国,而藏之秘府,伏而未发,以其为三家所不习者也"①。杨氏还认为,东汉学者郑玄作《仪礼注》时,尽管未曾为其他各篇"逸礼"进行诠释,但其时"逸礼"犹存在:"盖康成时,逸礼犹在,故郑以二书参校,而酌其可从者。……凡逸礼篇名,时见于其《注》中,《天子巡守礼》见《内宰注》,《朝见礼》见《聘礼注》,《朝事仪》见《觐礼注》,《中霤礼》见《月令注》,然则逸礼在汉末犹完然全书也。特以不立学官,而又非小戴所传,故郑氏不为之作注。"②正是基于这一认知,他对于朱熹、黄榦编纂《仪礼经传通解》《仪礼经传通解续》体认之深,可谓迥异于同时代其他学者。这也是杨丕复撰述《仪礼经传通解》的基本立足点。

其次,从治学视野认知角度来看,杨丕复治学更趋注重宏通开阔的学术理念总结,在其所著《仪礼经传通解》卷首《杂说》部分,专门设立"礼学源流""说礼得失""读礼方法"等专题,抽绎出前贤围绕专题主题发覆之见解言论,罗列于所属专题之下,按照时间顺序依次排列,客观反映出礼学研究过程中形成的共识性认知,借以指导当下乃至此后的礼学研究。例如,"读礼方法"一目下,杨氏先后罗列孔颖达、张子、郑樵、项安世、朱熹等人的治学方法见解,学术研究指导性强,颇有创见。再如,卷首《纲领上》部分,依次设立"总论""论《周礼》""论《仪礼》""论《礼记》"等专题,摘引前人论说而辑成众篇;卷首《序说》部分,更依次收入《汉书艺文志礼经序》《朱子乞修三礼劄子》《朱子语录文集十条》《朱子在刊仪礼经传通解序》《杨氏复仪礼经传通解续序》《张氏虑刊仪礼经传通解续序》《杨氏复更定祭礼序》《新定仪礼经传通解序》《凡例》等一系列"通解"类著作纲领性文献,对于揭示朱熹礼学发展脉络及其演进轨迹,彰显朱氏及门下弟子礼学研究特色等,都极具裨益。

再次,从礼文纂辑重构的处置方式角度而言,杨丕复继续延继了朱熹《仪礼经传通解》"釐析经文""分节经文"的做法。众所周知,朱熹《仪礼经传通解》"所载《仪礼》诸篇咸非旧次,亦颇有所厘析"③,并且为重新纂辑而成的经义进行"分节经文"。这一治学方式为清代张扬朱学派学者所继承,成为这一派学者一种重要的礼制诠释手段,杨丕复编纂同名《仪礼经传通解》也是如此。例如,该书卷六部分,杨氏收录了《仪礼·士相见礼》一文,并将经文分解为初相见、复见、士见大夫、士尝为臣者见于大夫、大夫相见、尊者请见等数节。对于收录的《仪礼》之外的其他礼文,杨氏也采取同样的分节方法,突出了礼

---

①　杨丕复:《仪礼经传通解》(第1册)卷首《序说》,光绪十九年博约堂刊本,第3页。

②　杨丕复:《仪礼经传通解》(第1册)卷首《序说》,光绪十九年博约堂刊本,第4页。

③　永瑢等:《钦定四库全书总目》(整理本)卷二十二,《经部·礼类四》,《仪礼经传通解》条,中华书局1997年版,第280页。

文自身的逻辑层次性。特别值得一提的是,杨丕复对于《仪礼》各篇经文的处置上,时有差异之处,例如《士相见礼》"大夫相见"一节,朱子《仪礼经传通解》说:"本文此下有'始见于君'、'庶人见于君'、'若他邦之人'及'燕见于君'四条,今并入《臣礼》篇。"①杨丕复又加"愚按"说:"此下又有'言视请退'三条,原本在此,今移入《曲礼》篇。"②可见,杨氏对礼文的处置,并非是对朱氏《仪礼经传通解》的简单沿袭,而是有自身的取舍考虑,作为对"于愚心似犹有未安"的某一方面回答。

复次,从礼文注释的处置方式来说,杨丕复《仪礼经传通解》既有相似于朱氏《仪礼经传通解》之处,但也有其独特的地方。全书的礼文注释部分,包括转引他人旧注及按语式自注两大类别,根据杨氏《仪礼经传通解》卷首《凡例》所言,其礼文注释有这样几重特点:一是虽然不如朱子、黄榦《仪礼经传通解》《仪礼经传通解续》那么博采群书,但也不专守一家之论,凡解释经旨,不贵繁文,"而遇有辨正,则不惮反覆言之",而朱子、黄榦《仪礼经传通解》《仪礼经传通解续》则惟载《注疏》,间有附存他说及自申己意者;二是举凡三《礼》之注皆出于郑玄《注》文,亦有转引历代先贤训诂之文;三是纂辑罗列之他经注解,亦多称引历朝代表性注家之见,皆著其姓氏,"在诸儒之说,既各别以姓字,其有遵用朱子、黄氏之说,今亦以'朱子曰'及'黄氏曰'别之";四是"其有引用近说而原书(指朱子、黄氏《通解》《通解续》)未注姓氏者,则亦以按字别之";五是"其有稍出己见与先儒相参酌者,则又以'愚按'或'今按'别之";六是"凡引用,于一条中或有是非,则去其非而存其是,而辞义惟有损无增"③。

最后,从礼器制度的诠释视角来看,杨丕复专门纂辑著述有《三礼释器》,可谓集此前礼器研究之大成。在《仪礼经传通解》卷首《纲领下》里,专门收录有"今纂《三礼释器》",为杨丕复自著,属于专题释例体著作。据统计,《三礼释器》所收诠释条目凡96条,大部分条文目录属于训释类,如前6条依次为:"著谓之筵,藏筵谓之䩛,书卦谓之木""炬谓之燋,契谓之楚焞""承水谓之洗,设水谓之罍,剩水谓之枓""君尸盥器谓之槃匜""灌尊谓之彝""酒尊谓之尊"。此外,还有少量条目并非训释性话语,而是单独的被释词,如"筐""箪笥""篚""筐筥"之类,则是完全依靠各条目下所引文献材料达到诠释目的。

----

① 朱熹:《仪礼经传通解》卷六,《景印文渊阁四库全书》(第131册),台湾商务印书馆1983—1986年版,第117页。杨氏《通解》引朱氏此语略有出入,作:"本文此下有'始见于君'、'广见于君'、'若他邦之人'及'燕见于君'、'君赐之食'五条,今并入《臣礼》篇。"

② 杨丕复:《仪礼经传通解》(第9册)卷六,光绪十九年博约堂刊本,第8页。

③ 杨丕复:《凡例》,《仪礼经传通解》(第1册)卷首,光绪十九年博约堂刊本,第18—24页。

（四）诠释阙失

作为一部长达 58 卷的皇皇巨著，其文献诠释实践总的说来是较为成功的，但就其诠释效果而言，却仍有些许不足之处，影响了该书的著述质量。就其要者而言，杨丕复《仪礼经传通解》在以下几方面的阙失显得颇为明显：

其一，忽略了对图解类诠释成果的吸纳。在杨丕复《仪礼经传通解》成书之前，无论是清代以前的图解类著作，或者是清初图解体礼学著作，向来不乏其例，而且也出现了不少附载图解体著作，这些著作的礼图成果，对于礼制文化的诠释颇有裨益。然而，通观杨氏著述，明显没有吸纳这方面的研究成果。

其二，引证之文献典籍及其诠释类成果较少，而且缺乏引证文献目录之编纂。和清初几部同类著作（如姜兆锡《仪礼经传内外编》、江永《礼书纲目》、盛世佐《仪礼集编》等）相比，杨丕复的《仪礼经传通解》，从作为礼制正文的文献材料到作为诠释材料的注释材料，文献品种数量都普遍偏少，远远无法实现博综兼通的诠释效果。书的卷首和末尾，都没有编制相应的引证文献目录供读者参阅咨询。就《仪礼》各篇经文的具体诠释成果收录情况来说，到杨氏《仪礼经传通解》成书完稿之际，从文句礼制的诠释到具体字词的考释，礼学界都已经取得了相当丰富的研究成果，但在该书中很少看到被吸纳其中。

其三，礼经文句诠释方法陈旧单一。从具体的“愚按”“今按”类杨丕复按语部分来看，杨氏的诠释方法大多延继了清初学者的考释方法，属于推导性的诠释话语较多，全局性的“凡例”式研究较少，蜻蜓点水式的分析较多，考据性的论证严重缺乏，难以取得说服力强的诠释效果。例如，《士昏礼》：“纳徵，玄纁束帛、俪皮，如纳吉礼。”杨氏案：“郑《注》释‘徵’为成，谓纳币以成昏礼，不如蓝田吕氏之说为当。汉时，聘士谓之徵士，已受聘者谓之徵君，与此‘徵’字同义。纳徵者，谓纳其徵求此女之币也。”①表面上孤立地看来，杨氏说似乎颇为成立，然而与“纳吉”对应起来看，将“徵”解释为“聘”，就显得颇为不类，从词汇学角度讲，属于词义意象选择的失败。

总体而言，作为清中期极少见延继朱子、黄榦《仪礼经传通解》《仪礼经传通解续》的一部续作，杨丕复的《仪礼经传通解》仍然有其独到之处，虽然存在这样或那样的不足之处，但在清中期礼学史上占有重要的一席之地，对于后人考镜礼学源流，有着无可取代的价值。

---

①　杨丕复：《仪礼经传通解》（第 6 册）卷二，光绪十九年博约堂刊本，第 9 页。

二、尹嘉铨与《仪礼探本》

(一)生平及著述概说

尹嘉铨(1711—1782),字亨山,尹会一(1661—1748)之子,直隶博野(今属河北)人。雍正十三年(1735)举人。自幼秉承家学,其父曾为其"延请名儒王步青为师,使之受业,研习《小学》《近思录》等书,又命拜师于名儒方苞门下,效仿蔡沈父子同受学于朱熹的故事。方苞乃授以《仪礼析疑》,学问日增"①。乾隆元年(1736),由举人授刑部主事,后升为郎中。乾隆二十八年(1763),擢山东济东道,再迁甘肃布政使,改大理寺卿,后以事部议革职,诏免,以原品休致。乾隆四十六年(1781),高宗巡幸保定,嘉铨遣其子至行在,奏为其父会一请谥,又请以汤斌、范文程、李光地、顾八代、张伯行及会一从祀孔庙,被责谬妄,逮至京师,坐极刑,改绞死。尹嘉铨平素醉心于道学,常以承接道统为己任。著述颇丰,编纂有《小学大全》《本朝名臣言行录》等书,但均被禁毁。

此外,可能受尹嘉铨业师礼学大家方苞的影响,其对《仪礼》学方面亦素有探究,并著述有《仪礼探本》13卷。关于该书的编纂缘起,尹氏在《后序》中有如是一番交代:"余自三十以还,向往正学,弃举子业,从事朱子《仪礼经传通解》,以为内圣外王、广大悉备,将终身以之。由绎往复,越十九载。窃见所引《注疏》中多抵牾,心窃疑之,乃就正于望溪方子,授以《三礼析疑》藏稿,受而读之,比及五年,始觉豁然。不揣固陋,欲尊所闻编次成书。"后来,尹氏有机会见到了梁万方所著《重刊朱子仪礼经传通解》一书,发出了"叹其先得我心,无劳末学之费日力矣"之感慨,但又有感于梁氏之书"卷帙甚繁,寒儒难购",不利于著述的传播,故继续发愿编纂《仪礼探本》一书。又鉴于"先闲有家,乃经始太亟,而贞疾遽作,遂尔中辍",最后出于轻重缓急的考虑,以及"冠、昏为《仪礼》之首,而丧、祭尤人生所重"②之思,该书仅修成冠、昏、丧、祭四礼,但鸿篇巨制却已初具规模。

《仪礼探本》冠、昏、丧、祭四礼缀成之后,"台山先生闻而闵之,刻日排纂,由春徂秋,共成十有三卷。"③今国家图书馆藏乾隆间世德堂刊本,即为此台山先生刻本。全书13卷,卷一《士冠礼》,卷二《冠义》,卷三《士昏礼》,卷四《昏义》,卷五、卷六《士丧礼》上、下,卷七《士虞礼》,卷八《虞后记》,卷九《丧义》,

①　曹月堂主编:《中国文化世家》(燕赵辽海卷),湖北教育出版社2008年版,第360页。
②　尹嘉铨:《仪礼探本后序》,载《仪礼探本》卷首,乾隆间世德堂刊本,第1页。
③　尹嘉铨:《仪礼探本后序》,载《仪礼探本》卷首,乾隆间世德堂刊本,第1页。

卷十《士祭礼》（即《特牲馈食礼》），卷十一《祭礼二》（即《少牢馈食礼》），卷十二《祭礼三》（即《有司彻》），卷十三《祭义》。

（二）尹嘉铨之治学特色

据《仪礼探本后序》所述，尹嘉铨著述此书，是在朱熹《仪礼经传通解》、梁氏《重刊仪礼经传通解》的基础上删减约编成书，因此，该书的治学特色颇与二者相类似。具体来说，可以从如下诸方面加以观照：

首先，从礼经文本的来源角度看。较诸朱子《仪礼经传通解》、黄榦《仪礼经传通解续》、梁万方《重刊仪礼经传通解》，尹嘉铨在礼经文本的择取上更为审慎。《仪礼探本》基本上主要来源于《仪礼》之《士冠礼》《士昏礼》《士丧礼》《既夕礼》《士虞礼》《特牲馈食礼》《少牢馈食礼》《有司彻》诸篇，以及小戴《礼记》中的相关礼篇行文。例如，该书卷五《士丧礼上》篇，本于《仪礼·士丧礼》篇经文，《记》文原在经后，尹氏依黄氏《续通解》"釐其事目，析本《记》文，并取《小戴记》诸篇分载各目礼节之下"，而"其重出杂引者亦为删去，以省繁文"①；又《士丧礼下》即本《仪礼·既夕礼》经文，尹氏亦"釐其事目，析本《记》文，并取《小戴》诸篇之言葬礼者及他书一二条，分载各目下"②。

颇有意思的是，《仪礼探本》冠、昏、丧、祭四礼之"义"文，并非完全对应于小戴《礼记》中相应的"义"篇，而是通过裒集各类先秦两汉典籍相关礼类材料汇编而成。例如，卷二《冠义》篇，乃取《礼记·冠义》及《孔子家语·郏隐公篇》《冠颂篇》诸书文句汇成此编；卷四《昏义》篇，乃依朱子《通解》，以《礼记·郊特牲》《坊记》《曾子问》及《诗》《春秋内外传》③《白虎通义》《说苑》等所说昏礼之义及其变节，合之以为此篇；卷九《丧义》，古本无此篇，尹氏于是"取《礼记·檀弓》及《问丧》《三年问》《间传》《丧服四制》为传，而以《论》《孟》《孝经》《家语》《荀子》《大传》《白虎通》诸书附之，集为一篇"④，以补丧礼部分释义篇之阙；卷十三《祭义》篇，尹氏以为小戴《礼记·祭义》"盖汉儒所造以释祭礼之义者也，顾其中杂及他礼，未为完善"⑤，于是依《经传通解续》之例，将是篇杂出者别载前编，而通取其文，并辑《祭统》《礼运》诸篇以补其阙，又加参订，合为此篇。凡此种种举措，无疑有助于彰显《仪礼》与大小戴《礼记》乃至其他先秦两汉文献之间，在礼"义"上存在的融贯互通性质。

准确说来，尹嘉铨《仪礼探本》择取相关先秦两汉典籍礼类语料汇编"义"

---

① 尹嘉铨：《仪礼探本》卷五，乾隆间世德堂刊本，第1页。
② 尹嘉铨：《仪礼探本》卷六，乾隆间世德堂刊本，第1页。
③ 按：尹氏所称"《春秋内外传》"，包括《春秋三传》和《国语》等。
④ 尹嘉铨：《仪礼探本》卷九，乾隆间世德堂刊本，第1页。
⑤ 尹嘉铨：《仪礼探本》卷十三，乾隆间世德堂刊本，第1页。

篇的做法,虽然源出于朱子《通解》、黄榦《通解续》,但其并没有建构起一套独特的礼类体系和新的文献编排方式,并据此打乱《仪礼》17 篇各篇的先后次序,而是照顾到了原本《仪礼》各篇的次第,这在一定程度上更加彰显了礼经诠释的本色,有别于朱熹著述《通解》"建构礼学思想体系的目的"①的诠释目的。

还需一提的是,在处置多种不同典籍中与小戴《礼记》记载相近者的文献语料方式上,尹嘉铨往往会择取其中最佳者取代之,例如,卷二《冠义》一节末,又节录《孔子家语·冠颂》篇文,尹氏并注云:"今按:此条与《仪礼》后记、《郊特牲》《公冠篇》多同,今从其长者。"②如此做法,避免了全书行文的冗余繁复。

其次,从该书的著述体例及编排方式看。一如朱子《仪礼经传通解》、黄榦《仪礼经传通解续》之作,《仪礼探本》仍然选择通释体的编纂方式,主于重新编次所解原文,分别章目,会通事类,集传集解。二者间文献语料的处理方式极为相似之处:一是对所编次的《仪礼》《礼记》文本进行划分章节,并为各章节标目置于节末;二是对于《仪礼》本经之后的各篇《记》文,按照朱氏的惯例做法,根据文字内容,将其割裂开来,依附置于相应章节标目之后;三是将小戴《礼记》诸篇之言《仪礼》各类礼"义"的篇文,置于《仪礼》相应篇目之后,独立成卷,如《冠义》置于《士冠礼》之后,《祭义》置于《少牢馈食礼》《有司彻》二篇之后,等等。上述举措,和绝大部分张扬朱氏学的著述基本是一致的。

再次,从礼经文本注释语料的来源角度看。对于所要诠释的礼经文本,尹嘉铨《仪礼探本》的注解大都来源于前贤的相关文献注释。从文献研读所掌握的情况来看,其文字释音,主要节录陆德明《经典释文》中的语料;就行文释义情况而言,则主要撷取郑玄《仪礼注》《礼记注》、贾公彦《仪礼疏》、孔颖达《礼记正义》、敖继公《仪礼集说》、方苞《仪礼析疑》《礼记析疑》、梁万方《重刊朱子仪礼经传通解》等书,同时兼采历代其他学者研究成果汇纂而成。其中郑注一般出现在经文之后或《经典释文》之后,贾公彦《仪礼疏》、孔颖达《礼记正义》、朱熹《仪礼经传通解》的释语一般径称"疏曰",方苞的释语一般径称"方子曰",等等。此外,注释语料的出处还涉及其他一些学者,明代及之前的注家如崔灵恩、吴澄、吕坤、邱濬等,清代的注家如张尔岐、徐乾学、任启运等,但整体上都称引得很少。简言之,尹氏《仪礼探本》不以广征博引为著述要旨,一般征引自身认同的前人诠释观点,不同意见的则不予征引。另外,在同

---

① 曾军:《义理与考据——清中期〈礼记〉诠释的两种策略》,岳麓书社 2009 年版,第 13 页。

② 尹嘉铨:《仪礼探本》卷二,乾隆间世德堂刊本,第 6 页。

一经文的不同注释语之间,尹氏往往用〇的标识分别开来,使读者不至于混淆。

复次,从相关文献的校勘情况来看。在所辑录书中的经传注疏材料的征引上,尹嘉铨较为尊重和保持所见文本版本情况的原文,如有尹嘉铨认为属于衍文的情况,《仪礼探本》采取的方式是:“经传注疏,凡衍文,皆以圈别以便读者。”①这种校勘上的处置方式,是尹氏较为独特的一种著述举措,重复体现了尹氏治学的审慎与严谨态度,是值得肯定的。

如前所述,出于节省篇幅的考虑,相关文献记载相同或相似之例,尹嘉铨往往仅择取其中较优者辑录。尹氏还往往从校勘文字异同的角度,附加按语进行必要的说明,便于读者从中体现各自的文本优劣。例如,《仪礼探本》卷二部分小注多称:“今按:《大戴》无‘北’字”“今按:《大戴》作‘公玄端与皮弁皆韠’。又按:《大戴》无‘异’字,疑或是‘皆’字”②,等等。就《仪礼探本》中的校勘条文情况考察来看,尹氏对于所引入正文的经文的校勘,较少涉及《仪礼》各篇经文的文本校勘,也基本上不涉及所引郑氏《注》、贾氏《疏》文的校勘,也不讨论郑氏有关《仪礼》今古文异文的抉择优劣情况。

最后,从礼经文本自注的方式看。如前所述,尹嘉铨对于纂集而成的礼经文本的诠释,主要兼采历代部分主要学者的诠释著作注释语料汇纂而成,但在少数情况下,尹氏亦附上己见,表明自己的研究心得和读书体会。就尹氏自身注释的情况来看,主要包括有“今按”“附注”“附按”等标识的几种情况,它们之间往往具有不同的诠释功能:

一般说来,尹嘉铨的“附注”更多具有针对前贤注释之未涉及的方面内容,进行补充解释的味道,例如:《士冠礼》“侧尊一甒醴,在服北”一句,尹氏先援引郑氏《注》文,未涉及“甒”“醴”“实”“脯”“醢”等词语的训诂,故尹氏在郑《注》加上“附注”说:“甒,亦饮器,上锐中宽,下直,即所谓罋也。醴,酒之甘浊不沛者。实者,谓以勺、觯、角柶三者纳于篚之内也。脯,干肉。醢,肉酱。”③再如,《既夕礼记》“启之昕,外内不哭”,郑氏《注》文未解释“昕”的意思,故尹嘉铨增加“附注”说:“昕,日将出也。”④凡此之类,小学训诂的色彩较为浓厚。

尹嘉铨的“附按”,则针对前贤的旧说,附加表明自身的不同见解,或者说明二说兼存的情况。例如:《士冠礼》“弃尔幼志,顺尔成德”一句,尹氏先援引

①　尹嘉铨:《仪礼探本》卷二,乾隆间世德堂刊本,第11页。
②　尹嘉铨:《仪礼探本》卷二,乾隆间世德堂刊本,第4页。
③　尹嘉铨:《仪礼探本》卷一,乾隆间世德堂刊本,第7页。
④　尹嘉铨:《仪礼探本》卷六,乾隆间世德堂刊本,第3页。

前贤《注》"'顺',古与'慎'通用"文,然后增加"附按"说:"'顺',即用本字义对'弃'字,言去幼志以顺此成德,亦可通。下再加,乃言敬慎以进之也。"①

尹嘉铨的"今按",与礼经文本的语义解释关联性不大,大多交代说明不同文献的文字异同情况(如前文校勘例),或者说明《仪礼探本》在文本处理上的编排情况。例如:《士丧礼》"死于适室,幠用敛衾"一句后,尹氏加附"今按"称:"今按:复而后行死事,则'幠用敛衾'当在复章之后,然复楔齿、缀足、设饭、帷堂并作,则亦初无先后之别。今依经文,及凡传记言始死之事,虽在复后者,皆列于此章之下。"②

综上所述,在清代所有张扬朱学派著述当中,尹嘉铨的《仪礼探本》是一本颇具简约风格的通释体著作,它一改同类著作鸿篇巨制的规模,无论是在礼经文本的剪辑和提炼、编排上,还是在注释语料的选择上,都以精练而著称,但又不失朱子《仪礼经传通解》的编排和诠释特色。与此同时,在自身注释部分的处理上,"今按""附注""附按"等类目的划分,使得注释的内容和性质得到彰显,走出了自己的风格。当然,从读者的阅读层面来看,该书也存在某些方面的不足,例如:全书缺乏引用书目和著述"凡例"的部分;引书多称"某氏曰",一般不表明人名全称;书名曰"仪礼探本",但却仅仅涉及《仪礼》的8篇行文诠释,还有9篇阙略;历代礼图的研究成果缺少征引,不利于读者对名物制度的直观体察;等等。尽管如此,对于一部未完之作,颇有吹毛求疵之嫌,无损于该书在张扬朱学派著述中的独特地位。

三、秦蕙田与《五礼通考》

(一)生平及著述概说

秦蕙田(1702—1764),字树峰,号味经,江苏常州府金匮县(今江苏无锡市)人。世服其知人,学者称味经先生。秦蕙田"少承家学,以经术笃行,为江阴杨名时所知"③,年幼时就研究、学习礼书。雍正二年(1724),他开始与本地的几位知己蔡宸锡、吴大年、吴尊彝等组织发起半月一次的读经会,共同收集、探讨各种有关礼经疑难问题。乾隆元年(1736)进士,授翰林院编修;乾隆八年(1743),授翰林院内阁学士,后累官礼部侍郎,工部、刑部尚书,数次充任乡试、会试考官④。乾隆二十九年(1764),秦蕙田以疾请罢,命回籍养病,不开

---

① 尹嘉铨:《仪礼探本》卷一,乾隆间世德堂刊本,第11页。
② 尹嘉铨:《仪礼探本》卷五,乾隆间世德堂刊本,第3页。
③ 支伟成:《清代朴学大师列传》,岳麓书社1998年版,第218页。
④ 例如,乾隆三年及六年,秦氏俱出任顺天乡试同考官。乾隆七年,秦蕙田出任会试同考官。乾隆二十五年及二十八年,两次出任会试主考官。

缺，卒于返乡途中。

秦蕙田治学颇广，举凡"律吕、算数以及医方、堪舆、星命家言，皆能溯流穷源得其要领"①。所著主要有《周易象日笺》《味经窝类稿》等，诸书后来皆收录在秦蕙田的文集《味经窝类稿》中。但其真正治学，却以穷经为主，自言"儒者舍经以谈道，非道也；离经以求学，非学也"②，尤其长于礼学研究，曾花费 38 年时间写成《五礼通考》262 卷。书中所言"五礼"，系根据《周礼·大宗伯》的说法，所谓"吉礼"是祭祀典礼，"嘉礼"是节日庆典，"宾礼"是宾主之间的礼节，"军礼"是军旅礼节，"凶礼"是天灾人祸（如丧葬类）的哀悼。

关于《五礼通考》的成书缘起，秦蕙田曾在该书《自序》中有所交代。雍正二年甲辰（1724），秦蕙田与蔡宸锡、吴大年兄弟等在读经会论辩时发现，"三《礼》自秦汉诸儒抱残守阙，《注疏》杂入谶纬，缪輵纷纭"，"今观所著《经传通解》，继以黄勉斋、杨信斋两先生修述，究未足为完书"，于是他们"迺于礼经之文，如郊祀、明堂、宗庙、禘尝、飨宴、朝会、冠昏、宾祭、宫室、衣服、器用等，先之以经文之互见错出足相印证者，继之以《注疏》、诸儒之牴牾訾议者，又益以唐宋以来专门名家之考论发明者，每一事一义，辄集百氏之说而谛审之"。到乾隆元年（1736），"丙辰通籍，供奉内廷，见闻所及，时加厘正"。乾隆十年乙丑（1745），秦氏"简佐秩宗，奉命校阅礼书，时方纂修《会典》，天子以圣人之德制作礼乐，百度聿新，蕙田职业攸司源流沿革，不敢不益深考究"。乾隆十二年丁卯至十三年戊辰（1747—1748），居本生父忧，杜门读礼，读到徐乾学《读礼通考》一书，发现该书"规模义例具得朱子本意，惟吉、嘉、宾、军四礼尚属阙如"。有鉴于此，秦蕙田和吴尊彝一起重理旧箧，"发凡起例一依徐氏之本，并取向所考定者分类排辑，补所未及。"服阕期满后，秦氏"再任容台，遍览典章，日以增广"，与方承观（宜田）"邮籤往来，多所启发，并促早为卒业"，并得到卢抱孙、宋宗元作同调之鸣。乾隆二十三年戊寅（1758），秦氏"移长司寇，兼摄司空，事繁少暇，嘉定钱宫允晓征实襄参校之役"③。一直到乾隆二十六年辛巳（1761）冬，爰始竣事。可见，《五礼通考》的成书，实得蔡宸锡、吴大年、吴尊彝、方承观、卢抱孙、宋宗元、钱大昕等诸多同好的大力襄助。

（二）治学与诠释特色

作为一部清中期礼学集大成之作，《五礼通考》继承和发展了朱熹、黄榦

---

① 　支伟成：《清代朴学大师列传》，岳麓书社 1998 年版，第 218 页。

② 　徐世昌著，舒大刚等校点：《味经学案》，《清儒学案》（第四分册）卷六十七，人民出版社 2010年版，第 1742 页。

③ 　秦蕙田：《五礼通考自序》，《五礼通考》卷首，《景印文渊阁四库全书》（第 135 册），台湾商务印书馆 1983—1986 年版，第 60—61 页。

《仪礼经传通解》《仪礼经传通解续》的礼经诠释理念和方式、方法,同时也充分彰显出了秦蕙田的治学特色。就其要者而言之,主要体现在如下几方面:

首先,从学术取向的视角来看,秦蕙田继承并发展了朱熹礼学的"会通"治学思想,致力于以会通三《礼》为突破口,打破了经史分离、经俗对立的界限。朱熹著述《仪礼经传通解》之时,"以《仪礼》为经,而取《礼记》及诸经史杂书所载有及于礼者,皆以附于本经之下,具列《注》《疏》、诸儒之说"①。在编纂过程中,"朱熹逐渐认识到考察礼制发展沿革的重要性,认为并不能仅仅将经注编纂在一起,还需要经史结合,考察礼制的发展变化"②。秦蕙田对此深有体悟,他在早年读书会与好友研讨之际,便"遂于礼经之文,如郊祀、明堂、宗庙、禘尝、飨宴、朝会、冠昏、宾祭、宫室、衣服、器用等,先之以经文之互见错出足相印证者,继之以《注疏》、诸儒之牴牾訾议者,又益以唐宋以来专门名家之考论发明者,每一事一义,辄集百氏之说而谛审之"。等到他编纂《五礼通考》之时,"取向所考定者分类排辑,补所未及,……遍览典章,日以增广"③,体现出经史并举、经俗并重的治学特点。其所主张"会通"的文献,不仅有经学文献,亦有史学文献。就史籍而论,他在《凡例》中批评杜佑《通典》、马端临《文献通考》"所载历代史事,大概专据志书,而本纪列传不加搜采",因而他编纂《五礼通考》乃"兹特遍采纪传,参校志书,分次时代,详加考核。凡诸议礼之文,务使异同并载,曲直具存,庶几后之考者得以详其本末",又"五礼各门经文之后,二十二史纪、志、列传搜择颇广。今附《通解》王朝礼各类,经则照'五礼'条目详加考证,史则第载沿革大端,以备参考,全文概从摘略"④。

其次,从对待礼制因革的态度来看,秦蕙田推崇"礼时为大"的礼制观念,故在其编纂《五礼通考》之时,多关注及搜罗历代礼俗文献礼制变革情况。《论语》记载孔子之言曰:"殷因于夏礼,所损益,可知也;周因于殷礼,所损益,可知也。其或继周者,虽百世可知也。"《汉书·礼乐志》:"王者必因前王之礼,顺时施宜,有所损益,即民之心,稍稍制作,至太平而大备。"纵观历代礼典,可谓纷纭众出,"历代礼典,西京贾、董昌言,未遑制作;东都锐意举修,多

---

① 朱熹:《乞修三礼劄子》,《仪礼经传通解》卷首,《朱子全书》(第2册),上海古籍出版社、安徽教育出版社2010年版,第25页。

② 曹建墩:《论朱子礼学对〈五礼通考〉的影响》,《江海学刊》2014年第5期。

③ 秦蕙田:《五礼通考自序》,《五礼通考》卷首,《景印文渊阁四库全书》(第135册),台湾商务印书馆1983—1986年版,第60页。

④ 秦蕙田:《五礼通考·凡例》,《景印文渊阁四库全书》(第135册),台湾商务印书馆1983—1986年版,第64页。

杂谶纬;魏晋则仅传《仪注》。逮梁天监中,五礼始有成书。唐《开元礼》出,而五礼之文大备,杜氏因之参辑旧闻,作为《通典》。马氏续加增广,纂入《通考》。元、明各有集礼及典章、会典等书。"有鉴于此,秦蕙田主张编制《五礼通考》须"述礼制因革","上自王朝,下逮民俗,古礼今制,靡弗该载",包括唐《开元礼》、宋《政和礼》在内的历代礼制变革情况,《五礼通考》均有详细收罗反映,务使"《大宗伯》之五礼古今沿革、本末源流、异同失得之故,咸有考焉"①。

再次,从探求礼之意蕴奥旨的视角来看,秦蕙田通过各类文献资料的合理编排,将礼制考索与礼义探究并重诠释,可谓把握住了朱子《仪礼经传通解》治礼之根本和精髓。众所周知,朱子之学主要以研究和儒家经典蕴含的义理要旨为主,他的《仪礼经传通解》一书内容包罗万象,举凡古今典章制度、象数名物等方方面面情况,通过文献编纂的方式进行博考兼综,"取《通典》及诸史《志》《会要》与《开元》《开宝》《政和礼》,斟酌损益,以为百王不易之大法"②。对此,秦蕙田亦深有体悟,他在《五礼通考·凡例》中声言,"考制必从其朔,法古贵知其意","作者谓圣,述者谓明圣,则经而贤则传。……宋元诸大儒出,粹义微言,元宗统会,而议礼始有归宿"③。王鸣盛在给《五礼通考》作序时称:"大司寇梁溪秦公味经先生之治经也,研究义理而辅以考索之学,盖守朱子之家法也","书成,人但知为补续徐氏,而公则间语予曰:'吾之为此,盖将以继朱子之志耳,岂徒欲作徐氏之功臣哉!'"④由此可见,秦氏治礼同样重视礼义的阐发,强调礼之奥旨的阐发要与义理诠释并重的解经理路。

最后,从诠释类按语的考察情况来看,秦蕙田《五礼通考》诠释《仪礼》经文的视角和内容,更多集中在仪文节制方面,而不在具体语词和具体名物的诠释上,即便是面对经文仪节诠释的明显不同说法,秦氏也不过多进行考据性辨正,有时仅仅略加交代,说明自己的取舍观点而已。按语中的这种诠释态度和诠释方式,明显趋同于清初学者的治学理念。按语中体现出来的礼经仪节的阐释依据和方法,也更多倾向于根据三《礼》本身的礼制记载进行判断推理,不以旁征博引先秦典籍为长。

① 秦蕙田:《五礼通考·凡例》,《景印文渊阁四库全书》(第135册),台湾商务印书馆1983—1986年版,第62页。
② 王鸣盛:《五礼通考序》,《西庄始存稿》卷五五,《续修四库全书》(第1434册),上海古籍出版社2002年版,第318页。
③ 秦蕙田:《五礼通考·凡例》,《景印文渊阁四库全书》(第135册),台湾商务印书馆1983—1986年版,第63页。
④ 王鸣盛:《五礼通考序》,《西庄始存稿》卷五五,《续修四库全书》(第1434册),上海古籍出版社2002年版,第318页。

（三）延继朱子《通解》的治学表现

作为张扬朱学派学者，秦蕙田著述《五礼通考》承继了朱熹、黄榦《仪礼经传通解》《仪礼经传通解续》的诸多治学特点，主要体现在如下方面：

首先，从著述体式情况来看，和朱熹《仪礼经传通解》一样，秦蕙田《五礼通考》同样采取了通释体这一文献整理体式。"近代崑山徐氏乾学著《读礼通考》一百二十卷，古礼则仿《经传通解》兼采众说，详加折中；历代则一本正史，参以《通典》《通考》，广为搜集，庶几朱子遗意所关经国善俗，厥功甚巨，惜乎吉、嘉、宾、军四礼属草未就。是书因其体例，依《通典》五礼次第，编辑吉礼如干卷，嘉礼如干卷，宾礼如干卷，军礼及凶礼之未备者如干卷，而《通解》内之王朝礼别为条目，附于嘉礼，合徐书。"①在"五礼"的安排序次上，依次为吉礼、嘉礼、宾礼、军礼、凶礼，其中吉礼 127 卷，嘉礼 92 卷，宾礼 13 卷，军礼 13 卷，凶礼 16 卷。众所周知，清前期，姜兆锡的《仪礼经传内编》同样以"五礼"作为编纂纲目，但在"五礼"的编排顺序上，姜兆锡《仪礼经传内编》序次为嘉礼、军礼、宾礼、凶礼、吉礼，和秦氏《五礼通考》截然不同。另外，从"五礼"各自的卷次情况来看，可以考见秦氏对于吉礼和嘉礼给予了高度重视，着力最多，文献搜罗之功亦远远超过了宾礼、军礼和凶礼三个部分。

其次，从礼经各篇处置的方式来看，和朱熹《仪礼经传通解》一样，秦蕙田《五礼通考》亦根据 17 篇礼经篇文的内容归属到具体的礼类范畴当中，打散了《仪礼》17 篇的原有次序。按照传统礼学观，《仪礼》17 篇可以在《周官·大宗伯》所谓吉、凶、军、宾、嘉"五礼"中找到对应礼类，仅仅无与"军礼"相对应的篇目礼文。从《仪礼》各篇在《通考》中的处置情况来看，秦氏《五礼通考》对《仪礼》各篇礼文的归属情况，大致如下："吉礼"卷一百十收录《特牲馈食礼》篇文，卷一百十一收录《少牢馈食礼》篇文；"嘉礼"卷一百四十八收录《士冠礼》篇文，卷一百五十二收录《士昏礼》篇文，卷一百五十七收录《燕礼》篇文，卷一百五十九收录《公食大夫礼》篇文，卷一百六十一收录《大射仪》篇文，卷一百六十二收录《乡射礼》篇文，卷一百六十七收录《乡饮酒礼》篇文；"宾礼"卷二百二十二收录《觐礼》篇文，卷二百三十收录《聘礼》篇文，卷二百三十二收录《士相见礼》篇文；"凶礼"卷二百五十二至卷二百五十九收录《丧服》篇文，卷二百六十收录《士丧礼》篇文，卷二百六十一收录《既夕礼》篇文，卷二百六十二收录《士虞礼》篇文。特别需要指出的是，《大射仪》《乡射礼》二篇，按照郑《注》和《宋史》的说法，应归属于嘉礼，而杜佑《通典》和唐《开元礼》则

---

① 秦蕙田：《五礼通考·凡例》，《景印文渊阁四库全书》（第 135 册），台湾商务印书馆 1983—1986 年版，第 62 页。

以二者归属于军礼。秦蕙田以为,"夫古者射以观德,贯革非所尚也"①,故《五礼通考》在编纂之时,依从郑氏之说,将其纳入"嘉礼"的范畴。

再次,从礼经及其他各类所纂文献正经篇目的行文安排来看,和朱熹《仪礼经传通解》一样,秦蕙田同样采取了"分节"的诠释方式。"唐代以前,各家注释者都没有从具体形式上给《仪礼》经文划分章次,到宋代朱熹作《仪礼经传通解》时,始仿章句体著作体例,开始按行礼之节次将经文各篇划分章节次第,厘析经文每一节截断后一行题云右某事。以后杨复《仪礼图》、敖继公《仪礼集说》俱分章段而与朱熹《通解》微有异同。"②清代前期,张尔岐《仪礼郑注句读》、盛世佐《仪礼集编》、徐乾学《读礼通考》《钦定仪礼义疏》等,都继承了这一独特的礼经诠释方式。同样地,秦蕙田在著述《五礼通考》之时,从张扬朱氏学角度出发,采取了对礼经文段进行"分节"的方法。例如,秦氏在给《特牲馈食礼》分节时,依次将经文分为筮日、筮尸、宿尸、宿宾、陈鼎拜宾视濯视牲告期等37节,并且将《记》文分为记祭服、记器物陈设、记尸入盥、记执事者之节等10节。较之朱熹、张尔岐、盛世佐等人的分节,显得更加细密,而且不同于他们的是,秦氏并未将《记》割裂,依附到相应经文之后,而是仍旧置于经文之后,并且加以"分节",保证了《记》文本身的完整性与独立性。

最后,从礼经文本诠释的注释文献援引情况来看,和朱熹《仪礼经传通解》一样,秦蕙田《五礼通考》不以个性化的经文诠释考证为长,他对《仪礼》各篇经文的诠释,主要是通过征引汉代以来各家诠释文来实现的。从所引注释文献的来源看,秦氏征引最多的注释文献,清代以前主要有郑《注》、贾《疏》、陈祥道《礼书》、朱熹《仪礼经传通解》、杨复《仪礼图》、敖继公《仪礼集说》、郝敬《仪礼集解》;清代前期礼学著作援引最多的,则属张尔岐《仪礼句读》、盛世佐《集说》、蔡德晋《礼经本义》《钦定仪礼义疏》等几种出现最为频繁。而且,其援引敖继公《仪礼集说》、郝敬《仪礼集解》二家之说,并未像清初以来的许多学者那样,持所谓批判的诠释眼光,更多属于正面援引。

(四)秦蕙田《五礼通考》之治学阙失

在清代的张扬朱学派著作当中,秦蕙田的《五礼通考》称得上是卷次最为浩繁,编纂时间跨度漫长的一部通礼类著作。但是,就该书的文献编纂和礼经诠释而言,仍存在某些方面的不足之处,历代学者多有发覆探考,兹为之总结申述如下:

---

① 秦蕙田:《五礼通考·凡例》,《景印文渊阁四库全书》(第135册),台湾商务印书馆1983—1986年版,第64页。

② 邓声国:《清代〈仪礼〉文献研究》第二章,上海古籍出版社2006年版,第45—46页。

　　首先，就引书全局观照而言，如前所述，《五礼通考》全书引书相当广博，举凡与礼制文化相关之经史子集都在秦蕙田征引范畴之内，然而，通观全书，没有编制一个引书目录，不利于读者探考秦氏引书的整体全貌，所以今人张涛批评说："《五礼通考》未有引用书目，所载文献上自经史，下至文集小说，靡不引及，颇有至今不能明其渊源所自者。"①可谓切中秦氏著述的一大要害。

　　其次，就文献征引的史源而言，秦蕙田《五礼通考》引书有经有史，其史料方面文献出处，据张涛先生考察，"其中论历代流变，袭用《集成》最多"，"要以其中载录历代史事，参用《古今图书集成》为多，而袭取《经济汇编·礼仪典》者尤众"，"《五礼通考》所采文献，多在其他分典（按：此指《经籍典》以外的其他分典），且于编年隶事之'汇考'采录尤多"。这就造成了一个重要弊端，亦即"昧经此书偏据《集成》，虽成稿易易，然终必有失，其大者，在文献缺失与文献讹误两端。"②

　　再次，就《仪礼》文献的引录情况而言，秦蕙田《五礼通考》所引录的《仪礼》各篇经说，并非依据所见各家礼经注释原本，而是"略本《钦定仪礼义疏》、盛世佐《仪礼集编》二书定其大体，稍加增删而成"③。众所周知，《义疏》编纂之时，由于成书众人之手，所引注疏家诠释语料难免有所讹脱，盛世佐的《仪礼集编》甚至存在删改所引诠释文献、改变叙述文字表述的情况。秦蕙田据《钦定仪礼义疏》《仪礼集编》来引录诠释语料，却极少去进一步核对原始文献文字情况，这就不免造成引书的不规范和文字讹误等现象出现。

　　复次，从具体礼目设置情况而言，由于崇尚旁征博引，举凡与礼制文化略有关联者，秦蕙田《五礼通考》皆为之设目编次之，这就造成了礼目设置失当的情况出现。诚如《四库全书总目》所称："以乐律附于吉礼宗庙制度之后；以天文推步句股割圆，立观象授时一题统之；以古今州国都邑山川地名，立体国经野一题统之；并载入嘉礼。虽事属旁涉，非'五礼'所应该，不免有炫博之意。"④后来，汪之昌在《青学斋集·论〈五礼通考〉各门得失》中亦云："《提要》谓以乐律附于吉礼宗庙制度之后云云，失之彰者固确有明征，即就书中各门而论，有编次未当者，有立名未洽者，有参之体例不合者，有准之凡例宜省者。"⑤确实切中秦氏《五礼通考》一大要害。

　　① 张涛：《〈五礼通考〉史源举要》，《中国文化研究》2011年秋之卷。
　　② 张涛：《〈五礼通考〉史源举要》，《中国文化研究》2011年秋之卷。
　　③ 张涛：《〈五礼通考〉史源举要》，《中国文化研究》2011年秋之卷。
　　④ 永瑢等：《钦定四库全书总目》（整理本）卷二十二，《经部》二十二，《礼类四》，《五礼通考》条，中华书局1997年版，第281页。
　　⑤ 转引自《钦定四库全书总目》（整理本）第281页注释。

诸如此类等等阙失，在一定程度上着实影响了《五礼通考》一书的质量，秦蕙田亦因此颇受一些学者非议之辞，如近人章炳麟《检论·清儒》中就说："秦蕙田《五礼通考》，穷尽二千余年度法，欲自比《通典》，意以世俗正古礼，虽博识，固不知量也。"①当然，就总体而言，其对古代礼制文化的文献编纂与阐释确有可以肯定之处，故阳湖学者蒋汾功称誉秦蕙田说："积数十年博观阅览之资，用以搜择融洽，折诸儒之异同而求其是，将使后之考礼者恍然如日再中，不至若扣槃扪烛也。"②顾栋高也十分嘉许秦氏此书编纂之功："今读秦公书，恍然如其意所欲出，纲举而目张，州次而部居，折中百氏，剖析同异，复举两汉以来至前明凡郊祀、礼乐、舆服诸志及纪传之关于'五礼'者，悉以类相附，详历代之因革，存古今之同然，盖举《二十二史》，悉贯以《周官》《仪礼》之书，细大不遗，体要备举。余谓是书如女娲之补天，视王通之续经、束晳之补亡，其大小纯杂，殆不可以里道计，至是而成周之礼始灿然大明于世。"③晚清学者曾国藩也对秦氏治学给予了充分肯定："秦尚书蕙田遂纂《五礼通考》，举天下古今幽明万事，而一经之以礼，可谓体大而思精矣。"④

第六节　专事校勘的《仪礼》学研究

"乾、嘉时期，校勘学已经成为考据学中的一门显学。"⑤与乾、嘉年间诸儒重视小学考据，主张"求其训诂、核其制度、明其道义"以通经学相应的是，这一时期学术界也出现了一批以专事校勘为毕生治学目标的经学家，如卢文弨、顾广圻、阮元等人，他们大都具有广博的学识和求实的学风，从"死校"到"活校"，各有专长。"考诸经《正义》，宋端拱、咸平、景德递有校正，而板本久湮，明以来公私刻板，亦有据宋本刊正者，而所校往往不同。"⑥在这一背景之下，颇有一些校勘名家将校勘的目光投入到《仪礼》经文和郑、贾《注疏》的身上，出现了众多《仪礼》类校勘撰著，如《仪礼注疏正字》《仪礼经注疏正讹》《仪礼注疏详校》《仪礼注疏校勘记》等。尽管这些学者的《注疏》校勘著作较多，有

　　① 章炳麟：《国学讲演录》附录一《清儒》，凤凰出版社 2008 年版，第 266 页。

　　② 蒋汾功：《五礼通考序》，《五礼通考》卷首，《景印文渊阁四库全书》（第 135 册），台湾商务印书馆 1983—1986 年版，第 58 页。

　　③ 顾栋高：《五礼通考序》，《五礼通考》卷首，《景印文渊阁四库全书》（第 135 册），台湾商务印书馆 1983—1986 年版，第 60 页。

　　④ 曾国藩：《圣哲画像记》，温林编：《曾国藩全集·诗文》，京华出版社 2001 年版，第 229 页。

　　⑤ 李慧玲：《试论阮元〈十三经注疏校勘记〉得以问世的客观条件》，《东南学术》2013 年第 1 期。

　　⑥ 永瑢等：《钦定四库全书总目》（整理本）卷三十三，《经部》三十三，《五经总义类》，《十三经注疏正字》条，中华书局 1997 年版，第 437 页。

的注重"死校"，有的则更多着眼于"活校"，未能形成一个特定的《仪礼》学流派，然皆在《仪礼注疏》的传播方面起到了很大的促进作用。

一、沈廷芳与《仪礼注疏正字》

（一）生平及著述概说

沈廷芳（1702—1772），本姓徐，字畹叔，一字萩林，号椒园，浙江仁和（今浙江杭州）人。廷芳为查声山宫詹外孙，少受业于查浦、初白（查慎行）两先生之门，得其诗法，尊甫东隅先生。乾隆元年（1736），由监生举博学鸿词科，授翰林院庶吉士，散馆授编修，乾隆六年（1741）补山东道监察御史。乾隆十三年（1748）十月，内奉旨补授山东登莱青道，"奏毁都城智化寺内明阉王振造像及李贤所撰颂德碑，报可。出为登莱青道，迁河南按察使。"①乾隆二十七年（1762），沈廷芳以原品休致后回杭州，与好友齐召南交往频繁。他以经学自任，古文宗方苞，诗效查慎行，于经学多有阐述。嗜藏书，建有藏书楼名"隐拙斋"，藏书丰富。自言与沈彤"同族，同举，用学行相切劘者垂二十载"②，沈彤卒后，沈廷芳为之作《墓志铭》，盛称其文章与为人。晚年曾掌教于粤秀、敬敷等书院。著述有诗文集《隐拙斋诗集》30 卷、《隐拙斋文集》20 卷，还有《舆蒙杂著》4 卷、《古文指绥》4 卷、《鉴古录》16 卷、《下学渊源》10 卷、《十三经注疏正字》80 卷、《续经义考》40 卷等。

关于《十三经注疏正字》80 卷的作者，《四库全书总目》《清史稿·艺文志》、钱林辑《文献征存录》、唐鉴《国朝学案小识》等都明确说是沈廷芳。然而在清人之中，亦颇有不同的说法。沈氏门下弟子汪中在给其师所作《行状》中说："其《十三经注疏正字》80 卷，则嘉善浦镗同校。"③卢文弨《群经拾补》中也说："外间通行，唯毛本独多，故仁和沈萩园廷芳、嘉善浦声之镗作《十三经注疏正字》，日本国足利学山井鼎等作《七经孟子考文》，皆据毛本为说，今亦依之。"④二氏皆主张《正字》系沈廷芳与浦镗合作之说。而徐世昌等编《清儒学案》卷 80 则主张该书为浦镗独撰说，他为浦镗作《小传》云："浦镗，字金堂，号声之，一号秋稼。嘉善人，廪贡生。乾隆壬午（1762），入都应京兆试，假馆纪文达家。一夕，友人招饮，醉后仆地不起，视之已绝。家居时，尝与同里陈唐、周澧、章恺为讲学之会，各攻一业，先生独究心注疏。每遇古籍善本，辄广

---

① 赵尔巽：《清史稿》（册 44）卷四百八十五《列传二百七十二》，中华书局 1977 年版，第 13372 页。

② 沈廷芳：《皇清征士文孝沈先生墓志铭》，《隐拙斋集》卷四十八，清乾隆间刻本。

③ 汪中：《大清诰授通议大夫山东提刑按察使司按察使原品致仕恩加一级沈公行状》，《汪中集·文集》卷六，台湾"中央研究院"中国文哲研究所筹备处 2000 年版，第 234 页。

④ 卢文弨：《群经拾补》，《续修四库全书》（第 1149 册），上海古籍出版社 2002 年版，第 221 页。

为购借。于文字之异同，参互考订，前后历 12 年，成《十三经注疏正字》81 卷。兼终条贯，抉微纠谬，功不在陆德明下。仁和沈椒园为御史时，尝录存其副。后携书北上，及丧归，则原稿已失。至嘉庆中，阮文达撰《十三经注疏校勘记》，犹屡引其书焉。"①并小字注明，此小传系"参《嘉善县志》、盛百二《柚堂续笔谈》、周振荣撰《先友传》"。阮本引据《十三经注疏正字》时，冠以"浦镗"二字，亦认为此书为浦镗所著。此外，《四库全书总目提要补正》著录《十三经注疏正字》81 卷说："案廷芳为浦镗作传云：'《正字》书存余所，故人苦心，会当谋诸剞劂，芳得附名足矣。'而镗弟铣《秋稼吟稿序》云：'《正字》书，沈椒园先生许为付梓，今已入《四库全书》，而非兄之名也。'据此，则是书为浦镗撰，非出沈廷芳。"②

对于上述《十三经注疏正字》作者之纷纭众说，当代学者李慧玲认为："综合各种说法，以《清儒学案》所载最为合情合理，以胡玉缙《四库全书总目提要补正》的结论最为合乎实际。《十三经注疏正字》是浦镗之作，与沈廷芳没有关系。硬要说有关系的话，那就是沈廷芳之子沈世炜将此书进献于四库馆。"③综览李慧玲的考证，似乎尚未有更趋充分的说服力，难以据以形成定论，故此处但附浦镗所撰说备为一说。

至于《十三经注疏正字》的成书时间，目前尚未见到确切的文献记载。但最早不会早于乾隆二十年(1755)之前成书，只可能在此之后。倘若为沈廷芳所作，则不会晚于乾隆三十七年(1772)；倘若为浦镗所作，根据徐世昌等编《清儒学案》卷八十《浦镗小传》记载，则不会晚于乾隆二十七年(1762)。要皆《十三经注疏正字》一书完稿时间，必然早于乾隆三十八年(1773)四库全书馆诏开之前。

(二)《仪礼注疏正字》之文献校勘特点

《仪礼注疏正字》系《十三经注疏正字》的一部分，集中在后者的卷三十三至卷四十三，凡 11 卷。该书校勘《仪礼注疏》的特点，可以从校勘对象、校勘底本选择、校勘行文范式、校勘方法、校勘态度等多个方面进行考察。兹略为分析如下。

首先，从校勘对象角度来看，较之陆德明《仪礼音义》的异文校勘，《仪礼注疏正字》的校勘对象并不满足于《仪礼》经文和郑《注》二者，它还要校勘贾氏《疏》文，举凡校勘对象中的衍脱、讹误、倒乙等，书中皆有所正。"字有形

---

① 徐世昌等编纂，舒大刚等校点：《献县学案》，《清儒学案》(第四分册)卷九十三，人民出版社 2010 年版，第 2099 页。

② 胡玉缙：《四库全书总目提要补正》卷八，上海古籍出版社 1998 年版，第 211 页。

③ 李慧玲：《阮刻〈毛诗注疏(附校勘记)〉研究》，华东师范大学博士学位论文，2008 年，第 178 页。

误,有声误,上下互易,左右跳行,前脱者后重,初衍则中落,甚者以《释文》羼《注》,以传《注》并经,或《疏》存而经亡,或彼《疏》而此《注》,诸如此例,难可因仍。若《疏》中标目自某至某,间有缪讹,经注可考,则从省略。"①不仅如此,它又将陆德明《仪礼音义》一并纳入校勘的范畴,如《士昏礼》"下达"节,陆氏《音义》云:"取妻,七住反,下同。"《仪礼注疏正字》卷三十三:"'七'字脱。"②就后者而言,这一对象的校勘,是其后学者金曰追、卢文弨、阮元等人的校勘著述所未涉足的新领域。这种凭一人或二人之力专务从事如此广度范畴的校勘,确实需要很大的勇气,着实可嘉。

其次,从校勘底本角度来看,《仪礼注疏正字》的校勘底本主要为监本修板和毛氏汲古阁本。《四库全书总目》云:"是编校正《十三经注疏》,以监本、重修监本、陆氏闽本、毛氏汲古阁本参互考正;而《音义释文》则以徐氏通志堂本为准。"③四库馆臣谓该书校勘《注疏》以四本"参互考正",恐有误,《例言》中著者明言:"十三经所见者有四本,一监本,一监本修板(修板视原本误多十之三),一陆氏闽本,一毛氏汲古阁本。闽本及旧监本世藏较少,故据监本修板及毛氏本正焉。《释文》则从徐氏通志堂本校。"④可知该书没有使用监本及陆氏闽本作为底本,只使用了其他两个版本,即监本修板和毛氏汲古阁本。这两个版本,也就是《仪礼注疏正字》校勘十三经使用的底本。至于陆德明《音义》的校勘,则一以徐乾学刻通志堂本为底本,情况较为单一。

再次,从校勘的行文范式角度来看,《仪礼注疏正字》的校勘行文体例较为严谨。沈廷芳在《例言》当中对此有一个总纲性的说明:"字一本误者曰某本误,并误者曰某字误,某误而无可考者曰当某字误,可商曰疑某字误,不可知曰某字疑,或脱或衍或误而不能定则概曰疑。"⑤兹结合书中实例加以明晰说明:

(1)"字一本误者曰某本误,并误者曰某字误":是指如果监本修板和毛氏汲古阁本其中有一本存在讹误,则标明"某本误"。如沈氏校《疏》文"则于庶

①　沈廷芳:《十三经注疏正字·例言》,《景印文渊阁四库全书》(第192册),台湾商务印书馆1983—1986年版,第3页。

②　沈廷芳:《十三经注疏正字》卷三十三,《景印文渊阁四库全书》(第192册),台湾商务印书馆1983—1986年版,第447页。

③　永瑢等:《钦定四库全书总目》(整理本)卷三十三,《经部》三十三,《五经总义类》,《十三经注疏正字》条,中华书局1997年版,第437页。

④　沈廷芳:《十三经注疏正字·例言》,《景印文渊阁四库全书》(第192册),台湾商务印书馆1983—1986年版,第3页。

⑤　沈廷芳:《十三经注疏正字·例言》,《景印文渊阁四库全书》(第192册),台湾商务印书馆1983—1986年版,第3页。

人不答之者"一句云："于，监本误'与'。"①倘若监本修板和毛氏汲古阁本二本并有相同错误，则标明"某字误"，如同篇《疏》文"以上大人云事君"一句，沈氏校云："大人，误'大夫'。"②是此二底本并误。

（2）"某误而无可考者曰当某字误"：是指根据文意推断，《仪礼》经、《注》《疏》行文中的某一个或某几个字有误，无法找到依据考证者。例如《聘礼》篇《疏》文"来之舍前云云"，沈廷芳校勘说："来，当'未'字误。"③又如，《丧服》篇《疏》文"此七者答有意义"，沈氏校云："答，当'各'字误。"④皆是根据前后行文语意加以推断校勘的结果。

（3）"可商曰疑某字误，不可知曰某字疑"：其中所谓"疑"者，是指沈廷芳无法作出确切判定，如有某种校勘见解而没有充足证据证明者，则说"疑某字误"；如果没有丝毫校勘根据，难以作出判定结论，则说"某字疑"。例如，《聘礼》"释币于门"，《疏》"故在门外亦在东方也"，该书校云："故在，疑'故知'误。"⑤

复次，从校勘方法角度来看，《仪礼注疏正字》的校勘方法较为多样，本校、对校、他校、理校诸校法均有涉猎，但是主要仍以对校法为主。例如，该书校《士相见礼》篇《疏》文"是特见图事之时并宾反见之燕义也"一句云："图事之时，误'皆图事'；'并'下衍'与'字，从《通解》校。"⑥这是根据《通解》本校勘监本修板和毛氏汲古阁本二底本之误。校《乡射礼》篇《疏》文"案经乡大夫射于庠"一句云："案：《通解》及《仪礼图》作'然此'二字。"⑦此系据《仪礼经传通解》及《仪礼图》二本校勘底本异文。在运用对校法校勘时，沈廷芳据以校勘的其他版本主要有监本、陆氏闽本、《释文》本、朱子《通解》本、杨氏《仪礼图》本、敖氏《集说》本、石经本等等。

---

①　沈廷芳：《十三经注疏正字》卷三十四，《景印文渊阁四库全书》（第192册），台湾商务印书馆1983—1986年版，第455页。

②　沈廷芳：《十三经注疏正字》卷三十四，《景印文渊阁四库全书》（第192册），台湾商务印书馆1983—1986年版，第455页。

③　沈廷芳：《十三经注疏正字》卷三十七，《景印文渊阁四库全书》（第192册），台湾商务印书馆1983—1986年版，第497页。

④　沈廷芳：《十三经注疏正字》卷三十九，《景印文渊阁四库全书》（第192册），台湾商务印书馆1983—1986年版，第515页。

⑤　沈廷芳：《十三经注疏正字》卷三十七，《景印文渊阁四库全书》（第192册），台湾商务印书馆1983—1986年版，第502页。

⑥　沈廷芳：《十三经注疏正字》卷三十四，《景印文渊阁四库全书》（第192册），台湾商务印书馆1983—1986年版，第455页。

⑦　沈廷芳：《十三经注疏正字》卷三十五，《景印文渊阁四库全书》（第192册），台湾商务印书馆1983—1986年版，第463页。

　　本校法,如《乡射礼》"宾所执脯节",《注》"志礼不忘乐",沈廷芳校云:"案《燕礼》注作'不忘礼'。"①又如,《公食大夫礼》"诸侯前朝节",《注》"馆人布幕于寝门外",《正字》校云:"馆,经文作'管',《注》:'管犹馆也。'"②以上二例,校者乃据他篇郑《注》进行注文互校,说服力较强。再如,《特牲馈食礼》篇《注》文"《诗》有'素衣朱宵',《记》有'元宵衣'",《正字》校云:"宵,《毛诗》作'繡',《记》作'绡';素衣,毛本误'素有'。"③沈廷芳据《毛诗》与《记》校勘郑《注》,标明文献异文,亦是本校。

　　他校法,如《乡射礼》"宾进东北面节",《注》"宜违位也",沈廷芳校云:"'违'下,《乡饮酒》疏引此有'其'字。"④又《燕礼》篇"与卿燕则大夫为宾节",《注》"以路堵父为客",校云:"路,《国语》作'露'。"⑤以上二例,前者乃据贾《疏》所引《注》文加以校勘,后者则系根据《国语》文校勘郑《注》,间接表明注文出处。

　　理校法,如上文所论"某误而无可考者曰当某字误""可商曰疑某字误,不可知曰某字疑"二者所举诸例,皆此类。对于那些无丝毫校勘依据判定是非者,《仪礼注疏正字》附加一"疑"字说明己见,体现出严谨审慎的校勘态度。这一类校勘颇有"活校"的意味,但就全书主体而言,绝大多数校勘条文仍然属于"死校"的性质。

　　另外,从校勘态度角度来看,《仪礼注疏正字》的每一条校勘篇幅虽然较为短小精悍,但亦较为重视校勘理据。沈廷芳(或浦镗)校勘《仪礼注疏》时,特别强调对版本文字异同及语词顺序倒乙一类情况作出明确的是非判断,每一条校勘实例皆先标其本句,而后标明其讹误于下,"其据某本改者并显出之,有未定者则以疑存之,或有据某人说者亦缀附焉。于形声'六体',尤所究详。"⑥如前所述,《仪礼注疏正字》善于通过一定的行文范式说明校勘依据:"字一本误者曰某本误,并误者曰某字误,某误而无可考者曰当某字误,可商

　　① 沈廷芳:《十三经注疏正字》卷三十六,《景印文渊阁四库全书》(第192册),台湾商务印书馆1983—1986年版,第494页。

　　② 沈廷芳:《十三经注疏正字》卷三十八,《景印文渊阁四库全书》(第192册),台湾商务印书馆1983—1986年版,第511页。

　　③ 沈廷芳:《十三经注疏正字》卷四十二,《景印文渊阁四库全书》(第192册),台湾商务印书馆1983—1986年版,第553页。

　　④ 沈廷芳:《十三经注疏正字》卷三十五,《景印文渊阁四库全书》(第192册),台湾商务印书馆1983—1986年版,第465页。

　　⑤ 沈廷芳:《十三经注疏正字》卷三十六,《景印文渊阁四库全书》(第192册),台湾商务印书馆1983—1986年版,第483页。

　　⑥ 永瑢等:《钦定四库全书总目》(整理本)卷三十三,《经部》三十三,《五经总义类》,《十三经注疏正字》条,中华书局1997年版,第437—438页。

曰疑某字误,不可知曰某字疑,或脱或衍或误而不能定则概曰疑。"①读者可从其行文表述据以推断校例之类型。而其援引敖继公《仪礼集说》的校勘语料证成己见,更是彰显出著述者对前人校勘成说的重视。

有时,为了增强校勘的说服力,《仪礼注疏正字》还特别标明造成行文讹误的缘由。诚如是书《凡例》中所说:"书有因校而误者,如《郑志》中孙皓,康成弟子也,后人误以皓为归命侯,而改《郑志》作《吴志》;误史起为吴起,而改魏襄王为魏文侯,此因校得误也。极知梼昧,未敢莽卤,至于参伍考校,未能尽正,尚以俟好古博学。"基于此认知,沈廷芳校勘对此种讹误现象颇为关注考察和着力校勘。例如,《士昏礼》"凡行事节",《注》"壻悉计切从士从胥俗作婿女之夫",《仪礼注疏正字》校云:"案一十四字系《释文》'经期初昏节'音义,《通解》本附于此节下,后人遂误入《注》耳。当归《释文》,作双行细书。"②凡此之类校勘,可谓明其然而又明其所以然。

(三)《仪礼注疏正字》的文献校勘阙失

全面考察、客观评价《仪礼注疏正字》的校勘实践,可谓得失兼存。由于属于《仪礼注疏》校勘的初始草创阶段,沈廷芳的校勘中往往还存在一些考虑不够周密之处。约略言之,其校勘的不足之处主要体现在如下几方面:

其一,从全书总体校勘方法运用情况来看,《仪礼注疏正字》的校勘主要侧重于对校法,尽管也如上所举之例也涉及本校、他校、理校之类校勘方法,但其校勘之例所占比例较低,在这一点上与其后的卢文弨、阮元等人的《仪礼》文献校勘相比,存在很大的差距。沈廷芳运用理校法时,大都根据《注疏》的上下行文来确定,而不是建立在文字、音韵、训诂的小学考据基础上,说服力有时就显得不够充足。

其二,从吸纳前贤的校勘成说角度来看,对于清初学者的随文校勘成果重视不够。沈廷芳在对待前人随文注释体文献之校勘成果方面,涉及面较窄,对敖继公《仪礼集说》的校勘结论收罗征引颇众,而且大多数校例都属于正面征引,缺乏具体的补充性考证。例如《特牲馈食礼》"三拜众宾,众宾答再拜",《仪礼注疏正字》卷四十二:"案:敖氏继公云:'众宾答一拜,言"再"者字误也。'"③似此之类,不一而足。相反,对于清初学者如张尔岐、李光坡、吴廷华、

　　①　沈廷芳:《十三经注疏正字·例言》,《景印文渊阁四库全书》(第192册),台湾商务印书馆1983—1986年版,第3页。

　　②　沈廷芳:《十三经注疏正字》卷三十三,《景印文渊阁四库全书》(第192册),台湾商务印书馆1983—1986年版,第451页。

　　③　沈廷芳:《十三经注疏正字》卷四十二,《景印文渊阁四库全书》(第192册),台湾商务印书馆1983—1986年版,第553页。

方苞等人的随文注释校勘成果缺乏应有的重视。

其三，从个案校勘的是非得失角度来说，由于受所见版本较少、缺乏《仪礼》诠释实践等因素的制约，有些校语难免断言结论失实。无论是沈廷芳，或者是浦镗，都不是专事《仪礼》研究的学者，加之此书成书于纂修《四库全书》之前，当时学界所能见到的礼学著作较少，若非富有之藏书家也难以见到宋元旧椠本等诸多善本，兼且《仪礼注疏正字》本身并不重视烦琐考证性说明，因而有时难免会存在这样那样的一些校勘失误。例如，《士冠礼》"陈服于房中节"，《疏》"自此至以待冠者"，《仪礼注疏正字》校勘云："一十八字已见上'夙兴节'，《疏》此重出。"①然而诚如阮元《仪礼注疏校勘记》所说："此两节适在两卷交接之处，故重言之。浦未见单疏本，故未喻其重出之故。"②由于没有见到《仪礼》单疏本，不明了古籍刊刻体例，结果造成了校勘结论之断语有失实之嫌。

当然，《仪礼注疏正字》尽管存在这样或那样的问题，但其首始全面校勘《仪礼注疏》之功却是难以抹杀的，而且校勘结论存在阙失，是任何一位校勘家所难以避免的事情。关于《十三经注疏正字》一书的学术地位，《四库全书总目》对此书"提要"有一段评价："是书所举，或漏或拘，尚未能毫发无憾。至于参稽众本，考验六书，订刊板之舛讹，祛经生之疑似；《注疏》有功于圣经，此书更有功于《注疏》。较诸训诂未明而自谓能穷理义者，固有虚谈、实际之分矣。"③这些评价话语，着实并非过誉之辞。《四库全书总目》"提要"撰者从清初《仪礼注疏》流传版刻情况出发，指出沈廷芳校勘在当时学术研究所具有的实际意义和学术价值，虽然《仪礼注疏正字》只是其中的一部分，但它与整部书的治学风格是完全一致的，因而这一番话应是对沈廷芳之《仪礼》学校勘较为允当的论述。从整个清代《仪礼注疏》的校勘情况来看，该书的校勘学地位与卢文弨、阮元等人的校勘著作尽管难以伦匹，但却具有开创之功。即使对于今天的《仪礼注疏》释读，仍有参考价值。

二、金曰追与《仪礼经注疏正讹》

（一）生平及著述旨趣

金曰追（1737—1781），字对扬，号璞园，浙江嘉定（今上海）人。乾隆四十

---

① 沈廷芳：《十三经注疏正字》卷三十三，《景印文渊阁四库全书》（第192册），台湾商务印书馆1983—1986年版，第442页。

② 阮元：《十三经注疏校勘记·仪礼注疏校勘记》卷一，《续修四库全书》（第181册），上海古籍出版社2002年版，第294—295页。

③ 永瑢等：《钦定四库全书总目》（整理本）卷三十三，《经部》三十三，《五经总义类》，《十三经注疏正字》条，中华书局1997年版，第438页。

五年庚子(1780)岁贡生。① 受业于同乡学者王鸣盛(1722—1797)，王氏尝语江藩曰："予门下士以金子璞园为第一。"②家庭较为贫寒，但有志于务学，"食廪饩甚久，屡蹶省闱，不见取，仅需次贡，入辟雍。又以家贫，未克赴上舍。平居淡静，尚治经业。未及中寿，旋赍志以终"③。乾隆四十六年(1781)七月，金氏卒于家乡。同乡嘉定张式慎(字德华)曾从曰追学习经学，为其亲传弟子，曾专门刊刻金氏遗书传世，使其学问得以传世。除上述生平事迹，因其家贫，加之金氏终生未出仕，大都居于家乡问学，加之一生仅存人世45虚龄，故史传记载往往多语焉不详，《清史稿·儒林传》《清史列传·儒林传》皆有其传。

金曰追死后，王鸣盛论及他的治学情况时说："璞园研究实学，好古而具深识。其于九经《正义》，旁及《孝经》《论语》《孟子》《尔雅》，精心雠校，并有成书，统名曰《十三经注疏正讹》。"④金曰追的这一治学取向及治学方法，受业师王鸣盛重视实学的治学主张影响甚深。王鸣盛在《十七史商榷》自序中说："经以明道，而求道者不必空执义理求之也，但当正文字，辨音读，释训诂，通传注，则义理自见，而道在其中矣。"又云："予识暗才懦，一切行能，举无克堪，惟读书校书颇自力，尝谓好著书不如多读书，欲读书必先精校书。校之未精而遽读，恐读亦多误矣；读之不勤而轻著，恐著且多妄矣。"⑤另外，王鸣盛在《仪礼经注疏正讹序》中也说："夫读书之道，当求其实；欲求其实，必自精校始。不校者，必不能读；不校不读而动辄驾浮词、骋诡辩，坐长虚伪，甚无谓也。……校书册，正文字，析章句，乃事之最急者，可不务乎？"⑥他所著述的《十七史商榷》就是践行这一主张的代表之作。受其师王鸣盛的影响，金曰追遂着力于《十三经注疏》的校勘工作，后著成校勘学巨著《十三经注疏正讹》。和其他经学方面研究一样，金氏于《仪礼》学方面的学术成就，主要在于对《仪礼注疏》的校勘方面，著述有《仪礼经注疏正讹》17卷，是金氏从事《仪礼》文献校勘的重要成就，亦是其《十三经注疏正讹》之一。后来阮元奉诏校勘《仪

①　《清史稿·儒林传》《清史列传·儒林传》均载金曰追为"诸生"，有误，考光绪间杨震福等纂《嘉定县志》卷十四《科贡》载，金氏乃是一名岁贡生，光绪八年(1882)刻本，第45—46页。另外，清光绪四年重刻道光本《练川名人画像续编》，亦标明其为岁贡生身份。

②　江藩：《国朝汉学师承记》，中华书局1983年版，第40页。

③　张式慎：《仪礼经注疏正讹后序》，《仪礼经注疏正讹》卷首，《续修四库全书》(第89册)，上海古籍出版社2002年版，第422页。

④　王鸣盛：《仪礼经注疏正讹序》，《仪礼经注疏正讹》卷首，《续修四库全书》(第89册)，上海古籍出版社2002年版，第420页。

⑤　王鸣盛：《十七史商榷·序》卷首，上海书店出版社2005年版，第1—2页。

⑥　王鸣盛：《仪礼经注疏正讹序》，《仪礼经注疏正讹》卷首，《续修四库全书》(第89册)，上海古籍出版社2002年版，第420页。

礼》石经,即多采该书校勘之说。

在《十三经注疏正讹》当中,《仪礼经注疏正讹》著述最早,"欲作《十三经注疏正讹》,先托始于《仪礼》,因《仪礼》自初唐人作《疏》之后遂为孤学","大约居今日而言经学,其义训《易》《书》《左传》为急,以汉学已佚也;其文字《仪礼》为急,以阙误尤甚也"①。金曰追有鉴于此,故首为《仪礼》注疏之校勘。金曰追之所以校勘《仪礼注疏》,主要是出于两方面的考虑:一是自唐贾公彦《仪礼注疏》著成以来,"自五季以还,渐次板刻,辗转传讹,亥豕非遗"②,造成《仪礼》经文及郑、贾《注疏》文字错讹现象百出,有的错讹甚至是官方造就的结果,如"元宗开元中,命卫包以改字尽趋于俗谬。文宗开成间,命郑覃以刻石,转益其殽舛。迨至宋、元、明汇刻《十三经》,俗谬殽舛弥甚。《仪礼》则并经之正文且多讹误,而《注》文《疏》文不待言矣"③。二是据王鸣盛所作《序》文说,在金曰追校勘之前,有顾炎武《九经误字考》校正《仪礼》若干条,张尔岐《仪礼郑注句读》、马骕《仪礼易读》校正《仪礼》经及郑注若干条,沈彤《仪礼小疏》则"惟校《冠》《昏》《丧》三篇,余皆未暇及,且疏者所以解经及注也",凡此诸家著述"皆未详校及此,犹或不无遗憾焉"④。有鉴于此,金曰追专为著述《仪礼经注疏正讹》一书,详为《仪礼注疏》加以校勘,并逐一罗列自己的校勘成果。

关于《仪礼经注疏正讹》的起始时间,据该书《凡例》言,"自戊子后,即从事于《注疏》全书,每读一经,有疑误处,随条辄录",是开始于乾隆戊子年(1768)。至于该书的最后成书时间,目前并未见到明确的文献记载。考王鸣盛《序》文说:"曩者丁酉秋,璞园曾以此编质余。明年戊戌夏,草草题数行而归之,意未尽也。越四年,璞园卒。"由此看来,该书初稿成书于乾隆丁酉年,即乾隆四十二年(1777),推测其后第二年夏收到王鸣盛的修改意见后又有所增改修订,但此时应该已无大的改动。据此,可以暂定乾隆四十三年(1778)为该书最终完成时间,前后跨度长达10年。但该书完成后,由于经济原因并未立即得以刊刻广布,一直到乾隆五十二年(1787),金曰追弟子张式慎"乃谋刻其师之遗书",并索序于王鸣盛,于次年(1788)刊刻完成,署为"肃斋家塾藏

---

① 张式慎:《仪礼经注疏正讹后序》,载《仪礼经注疏正讹》卷首,《续修四库全书》(第89册),上海古籍出版社2002年版,第422页。

② 金曰追:《仪礼经注疏正讹·例言》卷首,《续修四库全书》(第89册),上海古籍出版社2002年版,第423页。

③ 张式慎:《仪礼经注疏正讹后序》,《仪礼经注疏正讹》卷首,《续修四库全书》(第89册),上海古籍出版社2002年版,第422页。

④ 王鸣盛:《仪礼经注疏正讹序》,《仪礼经注疏正讹》卷首,《续修四库全书》(第89册),上海古籍出版社2002年版,第420页。

板"。从王氏《序》文介绍及《仪礼经注疏正讹》行文内容来看,尽管该书颇晚于沈廷芳《仪礼注疏正字》,但金曰追《仪礼经注疏正讹》和王鸣盛《序》都未提及沈氏之书及其校勘信息,未详何因。

(二)《仪礼经注疏正讹》之文献校勘特点

作为乾隆年间第二部《仪礼注疏》专门校勘体著作,与沈廷芳《仪礼注疏正字》的校勘相比,金曰追的《仪礼注疏正讹》文献校勘往往呈现出一些不同之处,体现出自身独到的校勘特点。具体说来,该书的《仪礼》文献校勘具有如下方面特点:

首先,就该书校勘著述体例情况而言。金曰追著述时,乃依仿唐宋《正义》旧例,于每节经文仅标起止各二字,而以所校经、《注》《疏》明于下。这样做,避免了"若全载经文,则浩繁无既"①的不便。该书各卷行文当中,凡经文有脱讹,则顶格书一经字,而旁注异同脱误,然后列经文于下;《注》则于次行低一格标一"注"字,《疏》则于又次行低两格标一"疏"字,而旁注异同脱误,然后列《注》文《疏》文于下;至于辨讹之语,则不论经、《注》《疏》皆低三格写。

其次,就校勘底本的选择情况而言。当时民间士人当中,普遍流传的《仪礼注疏》版本有五种:一是宋刻本;二是元刻附注释文本;三是万历北监重刻本;四是毛氏汲古阁本;五是建本。就普及面而言,主要以万历北监重刻本为主,元板书其中多有明人补刻的痕迹。这5种《注疏》版本,金曰追在《例言》中说,尽管经过长时间多次搜罗,但毕生仍然没有见到宋刻本与元刻附注释文本,至于监本和毛氏汲古阁本,"皆承监刻之旧,而其误更多"。据此,金曰追以为,"读经《疏》者当先考之万历监本,然后更订监本、毛本之讹"②。就《正讹》一书校勘参本的选择而言,根据是书《例言》所述,金氏乃专据朱熹《仪礼经传通解》为主,附以杨复《仪礼图》、敖继公《仪礼集说》,元陈凤梧、明钟人杰两郑《注》本,以及沈彤《仪礼小疏》、马骕《仪礼易读》诸说。和沈氏《仪礼注疏正字》比较起来,由于著述时间要晚一些,金氏所据以校勘的版本更趋丰富多样一些。

再次,就该书校勘对象和校勘内容情况而言,和绝大多数《注疏》类校勘著作一样,金曰追《仪礼经注疏正讹》所关注的校勘对象,主要涉及《仪礼》经文及其郑《注》、贾《疏》。金氏关注的校勘方面,据该书《例言》称,"是录标题

<hr />

① 金曰追:《仪礼经注疏正讹·例言》卷首,《续修四库全书》(第89册),上海古籍出版社2002年版,第424页。

② 金曰追:《仪礼经注疏正讹·例言》卷首,《续修四库全书》(第89册),上海古籍出版社2002年版,第424页。

有脱文、脱句、脱字、异文、异句、异字、误句、误字、衍文、衍字、误倒等名色。"可见,该书校勘内容涉及面广,举凡历代校勘实践中的各个方面,包括脱文、脱句、脱字、异文、异句、异字、误句、误字、衍文、衍字、误倒等十一大类目,金曰追《仪礼经注疏正讹》都有涉猎。至于各种《仪礼注疏》版本校勘对象的篇章错讹差异情况,金氏亦有关注,以《仪礼》17篇经文情况为例,"《仪礼·既夕》篇则与《注》并误衍一节,非此经而误为此经,非此注而误为此注,赖有开成石经、钟氏旧本,更参以《小戴礼·丧大记》文,遂得著明相沿《通解》之讹,特与校正涂乙。"①至于《仪礼》其他16篇经文,脱、讹、衍文情况"亦不过一二字"而已,明显存在错讹的不均衡性。

接着,就金曰追据以校勘的方法情况而言。通观金曰追《仪礼经注疏正讹》一书,无论是本校、对校,或者是他校、理校法,金氏校勘实践中均有运用,但其主要采取各种《注疏》版本进行文献对校,例如:

《乡射礼》:"(经误字)改取一个挟之",金曰追校勘说:"取,今误作'依',唐石经及《通解》、杨《图》、钟氏诸本正之,《疏》文亦曰改'取'。"②这例校勘中,金氏判定明监本、毛本等通行《注疏》本经文有误,其依据有二,一是根据唐石经及朱子《仪礼注疏通解》、杨复《图》和钟氏诸本,经文"取"皆作"依";二是贾公彦《疏》引经文,仍然作"取"字。前者校勘经文的误字情况,即是采用的对校法。

《公食大夫礼》:"肠胃七,同俎",贾《疏》:"(误字)故肠胃各一",金曰追校勘说:"一,今误'七'。依《有司彻》及《通解》正之。"③此例校勘中,金氏判定贾《疏》文字讹误的依据有二:一是根据《有司彻》的行文礼例加以推断;二是根据朱子《通解》中贾《仪礼经传疏》文进行校勘。其中后者的校法即属于对校法。

在普遍运用对校法之余,金曰追有时亦兼及本校法、他校法和理校法,但使用频率远远不如前者,特别是本校法的运用极为少见。兹各举一二例,借以考见其校雠状况如下:

本校法,如《聘礼》"乃入"至"皆否"节,贾疏:"(误字)以其上介无郊劳币",金曰追校勘云:"今本作'无郊赠币'。追按:以上文考之,则'赠'当为

---

① 金曰追:《仪礼经注疏正讹·例言》卷首,《续修四库全书》(第89册),上海古籍出版社2002年版,第425页。

② 金曰追:《仪礼经注疏正讹》卷五,《续修四库全书》(第89册),上海古籍出版社2002年版,第451页。

③ 金曰追:《仪礼经注疏正讹》卷九,《续修四库全书》(第89册),上海古籍出版社2002年版,第482页。

'劳',传写误也。"①既然金曰追云"以上文考之",则系运用本校法校雠无疑。

又如,《特牲馈食礼》"众宾"至"骰膂"节,贾《疏》:"(误字)执巾以授尸",金曰追校勘说:"授,误'接'。盖因上下文而误。"②既明云贾《疏》"因上下文而误",则可见其运用本校法校雠确凿无疑。金曰追《仪礼经注疏正讹》此类本校之校例,数量极少,大概因其未能娴熟礼经文本的缘故,对于清代前代根据《仪礼》本篇及各篇前后经文进行校雠的大量校勘成果,金氏也基本上没有任何援引,可见金氏的校勘"死校"的成分要多一些。

他校法。纵览金曰追《仪礼经注疏正讹》全书,其运用他校法的校雠实践,往往注意据郑《注》校勘经文和贾《疏》,也有依据贾《疏》校雠郑《注》之例。例如,《乡饮酒礼》:"(羡字)宾乡服以拜赐",金氏《仪礼经注疏正讹》校云:"追按:《注》云:'今文曰:宾服乡服。'明古文经'宾'下无'服'字,郑不从今文可知。今作'宾服乡服'者,衍也。依唐石经及《通解》诸本校乙'服'字。"③此校例中,金氏首先依据郑《注》校勘今古文之校语记载,推断郑玄所见所从《仪礼》古文经用字无前"服"字,这种考索郑《注》所载今文情况进行推论的方法,就是所谓他校之法。

又如,《乡射礼》"众宾"至"上耦"节,贾《疏》:"(误字)宾、主人射,则司射摈升降。"《正讹》校勘说:"摈,今误'宾',据《记》文改正。"④这是考察《记》文叙述用字情况,借以校勘和说明各本贾《疏》文之误字情况。

少数校雠之例,金曰追《仪礼经注疏正讹》亦采用理校法加以校勘,例如,《士昏礼》"赞者"至"于房"节,郑《注》:"(异字)待主人梧授。"金氏《仪礼经注疏正讹》校勘云:"'梧授',今本作'迎受',此依陆德明《释文》校。按:《聘礼》'宾进,讶受几于筵前',《注》:'古文讶为梧。'《公食大夫礼》'从者讶受皮',《注》:'今文曰梧受。'《既夕礼》:'若无器,则梧受之。'盖'梧'与'讶'古本同音,而古今文又无适从,故郑叠出其文以广异耳。疑此《注》本作'梧',传写作'讶',后人又以'迎'、'讶'同义,遂更转而为'迎'也。"⑤这里金氏首先

① 金曰追:《仪礼经注疏正讹》卷八,《续修四库全书》(第89册),上海古籍出版社2002年版,第478页。

② 金曰追:《仪礼经注疏正讹》卷十五,《续修四库全书》(第89册),上海古籍出版社2002年版,第534页。

③ 金曰追:《仪礼经注疏正讹》卷四,《续修四库全书》(第89册),上海古籍出版社2002年版,第447页。

④ 金曰追:《仪礼经注疏正讹》卷五,《续修四库全书》(第89册),上海古籍出版社2002年版,第452—453页。

⑤ 金曰追:《仪礼经注疏正讹》卷二,《续修四库全书》(第89册),上海古籍出版社2002年版,第436页。

遍考《仪礼》全书，指出"讶""梧"异文为古今《仪礼》异文通例，又指出"梧""讶"二字古音同，且又因"讶""迎"同义，故传写者遂写作"迎"，理据分析颇为科学。

又如，《士昏礼》"御衽"至"北止"节，郑《注》："（异字）吾将见良人之所之。"金曰追《正讹》卷二："旧本作'见'，今本作'觋'，《疏》引《孟子》作'觋'，举郑《注》作'见'，又以'觋'义为'见'而解郑之改字，则作'见'是也。按：《释文》'觋'、'见'并存，则当时原有此两本，特贾所从者为'见'字本耳，今本作'觋'，与《疏》不合。"①在这一校勘例中，金氏首先运用本校法和他校法，考察了各本文字之异文情况，说明隋、唐之际《仪礼注》各本"觋、见并存"的事实，并从文字训诂角度指出，"觋"字的意思就是"见"，二者属于同义词异文。

通观金曰追《仪礼经注疏正讹》一书校勘例，一个较为普遍的情况是，金氏并不满足于仅仅依赖所据各种文献版本加以本校，表明异同与判定是非，他还往往将各种校勘方法结合起来综合运用，在一定程度上使得校雠结论更趋客观、合理，可信度亦更高得多。

最后，从前贤校勘成说的吸纳与处置情况来看。如前所述，此前沈廷芳《仪礼注疏正字》曾收罗征引敖继公《仪礼集说》的校勘结论，其他学者著述校勘成果则基本上未能吸纳进去；而金曰追《仪礼经注疏正讹》较之《正字》则更有所突破，特别是有关《仪礼》经文及其郑《注》的校勘方面，金曰追更多吸收了前人时哲这方面的研究成果，但同时又有所突破。兹以《仪礼》经和郑《注》的校勘方面情况为例，举凡明代以前朱子《仪礼经传通解》、杨复《仪礼图》、敖继公《仪礼经传集说》等书，以及清代学者顾炎武《九经误字》、张尔岐《仪礼句读》、马骕《仪礼易读》、沈彤《仪礼小疏》等书，这些著述中有关礼经文献的校勘成果，在金曰追《仪礼经注疏正讹》中均有反映。在处置方式上，金氏并非一味采录取从，而是择其是者而从之，其不善者则辨正之，凡一字一句之是非异同，莫不博加考定，务求折中至当为是。例如，金曰追吸纳顾炎武《九经误字》之校勘结论，便是如此，书中既有采信顾氏说者，亦有批驳、补正顾氏之例，如《乡射礼》："（脱字）相揖退反位"，《仪礼经注疏正讹》校勘说："顾炎武曰：'"反位"上，石经有"退"字，监本脱。'（追按：《通解》、杨《图》及陈氏、钟氏诸本并无'退'字，则其脱不自监刻始矣。）"②顾炎武仅据石经本校勘"监本"脱字，令人有误以为监本始脱字之嫌；而金氏则遍考所见各类《仪礼》文献

<hr/>

① 金曰追：《仪礼经注疏正讹》卷二，《续修四库全书》（第89册），上海古籍出版社2002年版，第438页。

② 金曰追：《仪礼经注疏正讹》卷五，《续修四库全书》（第89册），上海古籍出版社2002年版，第452页。

版本,对顾炎武的校勘结论进行了局部修正,得出了"其脱不自监刻始"的结论。此条校勘,较之顾氏的版本依据更为全面,结论亦更为可信。

据此可见,金曰追的校勘比此前学者顾炎武等人的零星校勘有更加合理的成分,校勘成就有高下之别。金氏老师王鸣盛在《仪礼经注疏正讹序》中,也曾经有过如下一番比较:"即以顾氏所校经之正文与璞园所校参观之,如《士昏礼》一篇'主人'至'答拜'节,'主人拂几授校','按'当改'校';'馔于'至'皆盖'节,'菹醢四豆','菹'当改'葅';'女从'至'其后'节,'被颎黼','颎'当改'颖';'席于北牗下'节,'牗'当改'墉';'命之'至'宗事'节,'命之辞曰','辞'字衍。此五条,皆顾氏之所未及而璞园得之,其他可知矣。"[1]显然,金氏的《仪礼》文献校勘成果并不是对前贤校勘成果的简单罗列与综合,而是建立在亲身的校勘实践基础上的,既有继承又有发展和突破,不可因其有某些阙失与不足而妄加否定和忽视,在清代《仪礼》校勘学史上颇有值得特书之处。

(三)文献校勘阙失

综上所述,金曰追《仪礼经注疏正讹》对《仪礼》经文及其郑、贾《注疏》的校勘,确实存在一定的校勘特色,较之沈廷芳《仪礼注疏正字》的校勘,校勘版本丰富,是非考辨与择取详明,结论颇具可取之处。然而,金无足赤,人无完人,金曰追的《仪礼》文献校勘同样存在着一些思虑不周到处,撇开某些具体校勘的结论是非不论,就大略之处而言,主要有如下几方面处置欠允当的情况:

首先,从《仪礼经注疏正讹》据以校勘的版本情况来看,金曰追所见校勘参本有限,未能依据各种宋元旧本进行校勘,颇有版本根据稍欠全面之嫌,更未能依据宋元旧椠之类善本进行精校,因而有时校勘结论难免有武断之嫌,较之其后卢文弨所作《仪礼注疏详校》远有未逮。例如,《士冠礼》篇"有司"至"北上"节,郑《注》:"(误字)今时卒吏及假吏皆是也。"金氏《正讹》校云:"卒吏,《通解》引《疏》作'卒史'。沈彤曰:按《汉书·倪宽传》'补廷尉文学卒史',《黄霸传》'补左冯翊卒史',《儒林传》'置五经百石卒史',皆作'史',当据改正。"[2]撇开金氏《仪礼经注疏正讹》校勘是非不论,单就其对各种版本文字异同情况的反映而言,亦不够全面充分,如朱子《通解》载郑《注》仍作"卒史",此外魏了翁《仪礼要义》引郑《注》亦作"卒史",金氏对此却有失考之嫌,是其校勘疏舛之一大表现。后来,顾广圻在谈到金曰追的校勘时,也发覆金氏此一方面阙失云:"浦声之多凭臆之改,金朴园惟《通解》是从,识者又病之。无他,不见善本之过而已。"①

其次,从贾《疏》据以校勘的依据和处置方式来看,金曰追往往随意根据朱熹《仪礼经传通解》删改和增补贾《疏》。众所周知,朱熹《通解》援引贾《疏》往往有变动,常常移易其前后,后所见乃前所删,偶或亦有朱熹增成的成分在内。简言之,《通解》中的《疏》语并非贾公彦《疏》文原貌,业已做过文字增删润色。然而,金曰追校勘《仪礼注疏》之《疏》文,未能细察朱子引《疏》体例,反而依《通解》为正,据《通解》校勘贾《疏》,进而校勘出现如下结果:对于《通解》前后移易之例,金氏往往忘贾《疏》前文之所有,而遽以后文为脱去,辄以《通解》增补;对于《通解》所增成的成分,金氏亦往往据以补入,殊为疏舛。为此,其后卢文弨作《仪礼注疏详校》,也注意到了金曰追校勘贾《疏》之阙失:"《通解》于贾《疏》,往往有移易其前后者,后之所见乃前之所删。嘉定金氏作《正讹》,专依朱子为正,忘贾《疏》前文之所有,而遽以后文为脱去,辄以《通解》补之。今既灼知其误,不以录入。其他亦有一二为朱子所增成者,宋本各家本皆无之,本亦人所易晓,故不据以增补。"②在卢氏《仪礼注疏详校》正文部分,亦逐一指出金氏校勘中的这方面失误,此不赘引。另外,周中孚《郑堂读书记》一书亦颇有抨击言辞,其质疑金氏《仪礼经注疏正讹》曰:"璞园专依朱子为正,忘贾《疏》前文之所有,而遽以后文为脱去,辄以《通解》补之,益滋其误。其他亦有一二为朱子所增成者,宋本各家本皆无之,而亦据以补入。如此'正讹',恐其讹终不能尽正矣。盖璞园于宋、元《注疏》刊本从未寓目,虽用力精密,万不及后来卢抱经之《仪礼注疏详校》、阮云台师之《校勘记》矣。后之治《仪礼》者舍此而求之卢氏、阮氏可也。"③言辞否定之激烈,可谓极为少见。依著者看来,周中孚之辞有过激之嫌,尽管金氏《仪礼经注疏正讹》不如卢文弨《仪礼注疏详校》、阮元《校勘记》之精,其中亦颇有与宋、元旧本暗合者,不能完全因为金氏未及见宋、元《注疏》刊本便全盘否定之,这不是辩证的治学态度。

再次,从《仪礼经注疏正讹》吸纳前贤时哲校勘的成果情况来看,对于清

---

① 顾广圻著,黄明标点:《思适斋书跋·仪礼疏五十卷》卷一,《中国历代书目题跋丛书》(第二辑),上海古籍出版社 2007 年版,第 3 页。

② 卢文弨:《仪礼注疏详校·凡例》卷首,《续修四库全书》(第 88 册),上海古籍出版社 2002 年版,第 492 页。

③ 周中孚:《郑堂读书记》卷四,《续修四库全书》(第 924 册),上海古籍出版社 2002 年版,第 44 页。

人业已取得的理校、对校成果,也没有予以收录补充。如前所述,金曰追注意吸纳前人的校勘成果,从宋元学者的《经传通解》《仪礼图》、敖继公《集说》等,到顾炎武《九经误字》、张尔岐《句读》、马骕《易读》、沈彤《小疏》等著述,都有涉猎;但是,和沈廷芳《注疏正字》一样,对于清初学者李光坡、吴廷华、方苞、江永等人的随文校勘成果,未能吸纳到《仪礼经注疏正讹》一书的校勘中来,不能不称得上是一种缺陷。

此外,《仪礼经注疏正讹》还存在其他方面的失误现象,例如,《士冠礼》"乃醴"至"之礼"节,郑《注》:"(脱三句)稻醴清糟,黍醴清糟,粱醴清糟。"《仪礼经注疏正讹》校勘云:"《注》'重醴'下脱'稻醴清糟,黍醴清糟,粱醴'十字,据《内则》元文及敖《集说》本增定。其《通解》、钟本又于'重醴'下误衍'清糟'二字,亦误也。盖《疏》括《注》语,本曰'云"重醴"至"清糟"者',不知何时脱去'至'字,遂使传写者反据《疏》中'重醴''清糟'四字,转抹去《注》中'稻醴'以下十字,真可叹也。"①金曰追谓"重醴"下脱"稻醴清糟"十字极是,但云"《疏》括《注》语,本曰'云"重醴"至"清糟"者'"则不妥,胡玉缙先生在给该书所作的《提要》中称云:"殊弗思《疏》引《内则》注,先释'清糟'二字,乃云'稻醴'以下是也。是《疏》举《注》语,未必总括五句,不应有'至'字。且《疏》凡标目用'至'字,述《注》则从不用'至'字。"②胡氏从贾《疏》标目和举《注》语存在不同体例的角度,指出金曰追考辨之误,颇具说服力。

尽管如上述所言,金曰追《仪礼经注疏正讹》存在着这样那样的一些阙失,不如卢文弨、阮元等人的校勘那么精善,但金曰追注重《仪礼》校勘实学的治学取向的确是值得肯定的,为后来卢文弨、阮元校勘《仪礼注疏》积累了经验,奠定了进一步校勘的学术基础。

三、卢文弨与《仪礼注疏详校》

(一)生平及著述旨趣

卢文弨(1717—1795),初名嗣宗,字绍弓,一作召弓,号矶渔,又号檠斋,晚号弓父、署必庵、万松山人。其堂号曰抱经堂,人遂称其抱经先生。浙江杭州府仁和县东里坊人,余姚县籍,其先祖从范阳迁越,明代时从余姚迁杭州,故自属"杭东里人"。为人正直、严肃、诚实,以孝事亲,悌弟爱友,以诚对师友之谊,少传父业,敦笃古,喜好抄书,"公生而颖异,擩染庭训,又渐

---

① 金曰追:《仪礼经注疏正讹》卷一,《续修四库全书》(第89册),上海古籍出版社2002年版,第432页。

② 胡玉缙:《〈仪礼经注疏正讹〉提要》,载中国科学院图书馆整理:《续修四库全书总目提要·经部·礼类》,中华书局1993年版,第505—506页。

涵于外王父之绪论"①;稍长,则从其岳父桑调元问学,深得桑氏赏识、器重。乾隆三年(1738)中顺天乡试,乾隆七年(1742)考授内阁中书;乾隆十七年(1752),中进士一甲第3名(探花),授翰林院编修;乾隆二十二年(1757)入直南书房,历官左春坊左申允、翰林院侍读学士。乾隆三十年(1765)充任广东乡试正考官,次年充会试同考官、提督湖南学政。乾隆三十三年(1768),因条陈学政事宜,被降三级还都任职,次年继母张太宜人春秋高,乃告终养归。归杭后,卢文弨钻研汉学,致力于经籍和唐宋儒学之作的校勘,曾先后在江浙钟山(1772—1779)、崇文(1779)、紫阳(1780—1781)、龙城(1788—1795)等书院主持讲席,"以经术导士,江、浙士子多信从之,学术为之一变"②。生平喜藏书,家有藏书楼名"抱经堂",又精通校勘,被人誉为是乾嘉时期"藏书家中的校雕家",广校群书达二百多部,经其所校之书多被称为善本,对此后学术研究影响极大。卢氏本人后来取其以为校勘最精审者,著为《群书拾补》,收书38种;又汇刻所校书有《抱经堂丛书》,颇称精善,实为传世善本。

卢文弨对《仪礼》文献的校勘成果,大都保留在《仪礼注疏详校》17卷一书中。之所以称"详校",是因为该书"凡经、《注》及《疏》一字一句之异同,必博加考定,归于至当"③。该书成于乾隆年间,前后长达十数年时间。卢氏64岁那年,因"稍得见诸家之本往往有因传写之讹误,而遂以訾郑、贾之失者",乾隆四十五年(1780),卢氏于乡人沈萩园处获见《十三经注疏正字》一书,次年元日并为此书作《跋》,既有肯定之辞,也有不满之见;至于金曰追《仪礼经注疏正讹》一书,卢氏评价也颇低,以为此书"专依朱子为正,忘贾《疏》前文之所有,而遽以后文为脱去,辄以《通解》补之"④,存在很大阙失,"于是发愤先为《注疏》校一善本","夫前人有失,后人知而正之宜也,若其辞气之间有不当过于亢厉者,此则微为削之"⑤。但一直到乾隆六十年(1795)六月卢氏作《自序》之际,《仪礼注疏详校》方才完稿。之所以校勘时间跨度如此大,跟他为求取好的校勘版本,往往要花费很长的时间去寻觅有密切关系。

---

① 段玉裁:《翰林院侍读学士卢公墓志铭》,载卢文弨:《抱经堂文集》卷首,《续修四库全书》(第1432册),上海古籍出版社2002年版,第552页。

② 赵尔巽等:《清史稿》(第43册)卷四百八十一《列传二百六十八》,中华书局1977年版,第13191页。

③ 凌廷堪:《〈仪礼注疏详校〉序》,载卢文弨:《仪礼注疏详校》卷首,《续修四库全书》(第88册),上海古籍出版社2002年版,第487页。

④ 卢文弨:《仪礼注疏详校·凡例》卷首,《续修四库全书》(第88册),上海古籍出版社2002年版,第492页。

⑤ 卢文弨:《仪礼注疏详校·自序》卷首,《续修四库全书》(第88册),上海古籍出版社2002年版,第488—489页。

卢文弨长期致力于各类文献的校勘实践,形成了一整套鲜明的校勘思想、校勘原则和主张。例如,他提出了"相形而不相掩"①的著名校勘原则,主张不论正误,一律不能随意改动底本文字,而是通过校语注明异文情况,即保存异文以显其异,是一种"不持择之"的做法,有利于存真。与此同时,卢氏又"主张应校立说之是非,但不可能'尽加更正',只能'即其书而略正之','缀一二语'以说明问题,决不可改得面目全非。"②因而在《仪礼注疏详校》一书中,卢文弨的校勘往往是校是非与校异同并重,换句话说,校勘兼有纠谬的任务。卢文弨在《〈仪礼注疏详校〉自序》中还说:"知郑、贾之说实有违错,凡后人所驳正信有证据,知非凭臆以薪胜于前人也,因复亟取而件系之。向之订讹正误,在于字句之间,其益犹浅;今之纠谬释疑,尤为天地间不可少之议论,则余书亦庶几不仅为张淳、毛居正之流亚乎?"③所谓"订讹正误"即定立说之是非,而"纠谬释疑"即校底本之是非。显然,在卢文弨的校勘学思想当中,"纠谬释疑"处在比"订讹正误"更高内涵的一个层次上。

(二)卢文弨《仪礼注疏详校》之文献校勘特点

从整个清代《仪礼》校勘学著作发展演变情况来看,卢文弨《仪礼注疏详校》的《仪礼》文献校勘有其自身的独到之处,既有继承沈廷芳《注疏正字》、金曰追《仪礼经注疏正讹》的一面,又有发展创新的一面。详言之,可以从如下几方面加以审视:

首先,从《仪礼注疏详校》校勘对象情况来看,和金曰追《仪礼经注疏正讹》一样,卢文弨关注的目标在《仪礼》经文、郑玄《注》、贾公彦《疏》三者。乾隆间学者注意到,士人间所见明监本、汲古阁本《仪礼注疏》舛误特盛,故多有学者为之校勘,"昆山顾氏、济阳张氏既据开成石本校正其经文矣,校郑《注》者则有休宁戴氏,并校贾《疏》者则有嘉定金氏。戴氏所据者小字宋本、嘉靖相台本,金氏所据者明钟人杰本、陈凤梧本。至于所校贾《疏》,惟据《经传通解》一书而已"④。而卢氏《仪礼注疏详校》则在博采方面下大力气,"自宋李氏《集释》而下,所引证者数十家,凡经、《注》及《疏》一字一句之异同,必博加

① 卢文弨:《与工怀祖庶常论校正〈大戴礼记〉书》,《抱经堂文集》卷二十,民国八年商务印书馆影印本,第 1 页。

② 孙钦善:《中国古文献学史》(下册),中华书局 1994 年版,第 1053 页。

③ 卢文弨:《仪礼注疏详校·自序》卷首,《续修四库全书》(第 88 册),上海古籍出版社 2002 年版,第 488 页。

④ 凌廷堪:《〈仪礼注疏详校〉序》,载卢文弨:《仪礼注疏详校》卷首,《续修四库全书》(第 88 册),上海古籍出版社 2002 年版,第 487 页。

考定,归于至当,以云'详校'诚不虚也"①。正是建立在汲取众家之所长的基础上,因而《仪礼注疏详校》成为当时最为详尽的校勘读本。

其次,从《仪礼注疏详校》校勘内容方面来看,和沈廷芳《注疏正字》、金曰追《仪礼经注疏正讹》一样,《仪礼注疏详校》也重视订正《仪礼》经、《注》《疏》中字句之讹误、脱衍、倒乙和错简等情况,但卢文弨并不满足于此,他还注意纠正后人刻书之变乱旧有体式,力求恢复古书行款格式以及篇第之原貌,甚至连补圆圈、改空格亦逐一注明。后一方面之校勘工作,与古人注重探求著述义例、考察旧刻格式的主张是相适应的。诚如朱一新《无邪堂答问》所云:"不通其书之体例,不能读其书,此即大义之所存,昔人所谓义例也。校勘字句,虽亦要事,尚在其后,此其大纲。校勘其细目,不通此则愈校愈误。"②从《仪礼》经文到郑《注》、贾《疏》,如果不通其著书"义例",于各本比而同之,随意互改,其校勘结果必然会多失其真,愈校愈误。例如,《士冠礼》:"蒲筵二在南",贾《疏》:"云筵席也者",卢氏校云:"句上'郑注'二字衍。案:旧本俱经注连释,官本始分作两段,然体例亦不尽合。"③又如,《公食大夫礼》:"先者反之,由门入,升自西阶。"贾《疏》:"释曰:反之者",卢氏校云:"此《疏》五十五字旧误作《注》,大书于'先者反之'之下,考朱、李、杨本皆不误,今官本从之。依大例,尚当增小字阴文'注'字,并添'庶羞至取也'及一圈,方合作《疏》之式。"④以上二则校勘例,前者主要通过考察贾《疏》体例判定其中衍文情况,后者则从贾《疏》自身的体例角度,据以考察判定旧本之误。

事实上,对于金曰追援据朱子《仪礼经传通解》所引《疏》语的做法,卢文弨也正是从考察朱熹《仪礼经传通解》引用贾《疏》的方式入手,批评《仪礼经注疏正讹》失考《仪礼经传通解》引书体式,造成校勘结论之荒诞不经。他认为,正确对待朱子《仪礼经传通解》所引贾《疏》的态度和方式是:"贾《疏》本多晦涩,传写弥复滋讹,朱子《通解》一书细为爬疏,或润色其辞,或增成其义,读者易以通晓,致为有功。今凡改订不多处,即连于贾《疏》中,但注某字为朱子所增所改所删,可以一览了然。若贾语微滞而义不甚违,则宁仍其本文,或

① 凌廷堪:《〈仪礼注疏详校〉序》,载卢文弨:《仪礼注疏详校》卷首,《续修四库全书》(第88册),上海古籍出版社2002年版,第487页。

② 朱一新著,吕鸿儒、张长法点校:《无邪堂答问》卷五,中华书局2000年版,第183页。

③ 卢文弨:《仪礼注疏详校》卷一,《续修四库全书》(第88册),上海古籍出版社2002年版,第497页。

④ 卢文弨:《仪礼注疏详校》卷九,《续修四库全书》(第88册),上海古籍出版社2002年版,第574页。

以朱子所改注其下,不致全失本文。"①这样做,显然更有助于保持旧本原貌。

再次,从《仪礼注疏详校》吸纳前贤时哲校勘成说的情况来看,较之沈廷芳《注疏正字》、金曰追《仪礼经注疏正讹》,卢文弨的学术视野更趋开阔,主张合理吸收前人的学术成果。在具体校勘实践中,卢氏充分认识到古人学术经典和时人学术研究成果的重要性和启发意义,因而他反对闭门造车,也反对全盘接受的做法,主张积极地引用与批判地吸收他们的成果,为己所用,在继承之中更要有所创新,力争达到"是其是而非其非"的校勘效果。对于明代之前的《仪礼》文献,如陆德明《仪礼音义》、张淳《仪礼识误》、李如圭《仪礼集释》、朱熹《仪礼经传通解》、黄榦《仪礼经传通解续》、杨复《仪礼图》、魏了翁《仪礼要义》、敖继公《仪礼集说》等校勘成果,卢氏《仪礼注疏详校》均有吸纳。比起沈氏《注疏正字》仅采录敖继公《仪礼集说》的做法,以及金氏《仪礼经注疏正讹》疏漏张淳《仪礼识误》、李如圭《仪礼集释》、魏了翁《仪礼要义》的情况,卢氏《仪礼注疏详校》显得更为全面。

卢文弨在校勘过程中,还秉持一种客观求实的治学态度,特别注意参考引用此前清人《仪礼》文献校勘的丰富成果,这是沈廷芳《注疏正字》、金曰追《仪礼经注疏正讹》所未给予高度重视的地方。"古之君子,闻善以相告也,见善以相示也。鹿得美草,尚呼其群,而况于人乎?故随所得辄录之。"②卢氏关注的时哲成果对象,既包括张尔岐《仪礼郑注句读》、方苞《仪礼析疑》、吴廷华《仪礼疑义》《钦定仪礼义疏》、盛世佐《仪礼集编》③等随文校勘成果,也包括沈廷芳(或言"浦镗")《十三经注疏正字》、金曰追《仪礼经注疏正讹》等专门校勘成果,除此以外,还有吴绂、程恂、周学健、戴震、金榜、汪肇漋等人的部分说解,所引证者数十家,其搜罗前人校雠成说实在可谓不遗余力。卢氏在撷取清儒校勘之说时,仅仅"采其确然至当者,以小字缀之于下,论之驳者不具录也"④,力主融会贯通众家校勘之说,因而其取舍大都较为恰当。

复次,从《仪礼注疏详校》对校法运用的情况来看,卢文弨特别重视广泛搜罗《仪礼》经及郑、贾《注疏》之各种版本,再三比勘对校,充分提高校雠质量。作为一名"藏书家中的校雠家",卢文弨在实际校勘《仪礼》经文及其《注

①　卢文弨:《仪礼注疏详校·凡例》卷首,《续修四库全书》(第88册),上海古籍出版社2002年版,第491页。

②　卢文弨:《钟山札记·自序》卷首,商务印书馆1939年版,第1页。

③　据卢文弨《自序》申言,卢氏作《仪礼注疏详校》时,并未见到盛世佐《仪礼集编》一书定稿,只是征引了其书一两条,"犹是昔年之录于简端者也"。

④　卢文弨:《仪礼注疏详校·凡例》卷首,《续修四库全书》(第88册),上海古籍出版社2002年版,第491页。

疏》过程中,主要以对校之法为主。卢氏所见《仪礼》之注疏版本颇为完备,如宋本、石经本、官本(官刻《注疏》本)、汲古阁本、明监本尽皆囊括在内,且前人注本(如《通解》本、《集释》本、《释文》本、《义疏》本等)及其校勘成果一并得以反映,因而其对《仪礼》经文及其注疏的校勘,远远超过了此前清代学者的死校成果,和顾广圻等人比较起来亦毫不逊色。卢氏运用对校法进行校勘时,遵循底本流行广泛性的原则,进行《仪礼注疏》校勘底本的选择,根据该书《凡例》云,"外间常行之本惟汲古阁所刻,家有其书,今所摘误字皆就此本而言,他本间一及之,未能详也",则此书乃以通行之汲古阁本为校雠底本无疑。

　　卢文弨《仪礼注疏详校》之运用对校法,主要有以下三种校雠方式:一是只是指出各本文字异同,不作是非的具体评判,例如:《士冠礼》:"爵弁、皮弁",郑《注》:"爵弁者,制如冕。"卢氏校云:"《疏》引有'而'字,朱、李、杨各本无。"①二是既指出各本文字异同,又说明异文是非之取舍,例如:《士昏礼》:"大羹湆在爨",郑《注》:"爨,竈也。"卢氏校云:"各本皆讹作'火上',今从宋本改正。"②又如,《乡饮酒礼》:"进,坐奠觯",贾《疏》:"'若亲受谦也'者,若于人手相接受,名为受。"卢氏校云:"《通解》作'若于人手相所授,而己受之,则名为受',浦据此欲易本文,今案:本文亦甚明白,可不改。"③三是标明系从何人所校补或校改、校删,例如:《大射仪》:"司马师受虚爵",贾《疏》:"卒司马师受虚爵。"卢氏于《疏》文"卒司马师"下作校云:"石经有,浦、金校补。"④可见,卢氏虽然未云异文所应取舍,但也未表明浦、金校补之非是,说明卢氏是认同二人的校雠结论的。据此可见,上述三种异文校勘之例,并不像顾广圻那样单纯死校,而是融是非评判于对校之中。

　　续次,从《仪礼注疏详校》他校法运用的情况来看,比之沈廷芳《注疏正字》、金曰追《仪礼经注疏正讹》,卢文弨运用频率远远要高得多,而且无论是校勘《仪礼》经文,还是校勘郑、贾《注疏》,都有此类校例。众所周知,自唐、宋以来,《仪礼》经文及其《注疏》相传皆有讹误,纯据各类版本互校,已经很难保证校书的质量,因而卢文弨也重视运用他校法来弥补对校之不足。根据著者的考察,《仪礼注疏详校》运用他校法主要涉及三种情况:一是校勘《注疏》引

　　①　卢文弨:《仪礼注疏详校》卷一,《续修四库全书》(第88册),上海古籍出版社2002年版,第497页。

　　②　卢文弨:《仪礼注疏详校》卷二,《续修四库全书》(第88册),上海古籍出版社2002年版,第504页。

　　③　卢文弨:《仪礼注疏详校》卷四,《续修四库全书》(第88册),上海古籍出版社2002年版,第517页。

　　④　卢文弨:《仪礼注疏详校》卷七,《续修四库全书》(第88册),上海古籍出版社2002年版,第554页。

文的异文情况,二是校勘《注疏》引文的书名称谓讹误情况,三是校勘《仪礼》经文及其郑《注》、贾《疏》训语的异文情况。① 例如,《聘礼》:"公升二等",贾《疏》:"君行一,臣行二,此《齐语》晏子辞。"卢文弨校云:"《齐语》无,见《韩诗外传》四。"②此校例中,卢氏加附校记主要说明和勘正贾《疏》标明引文出处之误,可能与历代刊刻者之刊刻失误并无必然关系。又如,《士冠礼》:"周弁",郑《注》:"收,言所以收敛发也。"卢氏校云:"此下有'齐所服而祭也'六字,李无。金云:'钟本无,亦郑注《郊特牲》文而《通解》移入者,传写者不知而误仍耳。'(案:《郊特牲·疏》全引此两节《注》文而无'或谓委貌为玄冠'及'齐所服而祭也'二句,尤可证。)"③这一则校例,卢氏在取从金曰追校勘结论的同时,依据《礼记·郊特牲·疏》所引郑氏《注》语,证成金氏校语。

再者,从《仪礼注疏详校》本校法运用的情况来看,卢文弨运用本校法校勘《仪礼》经文及《注疏》,同样也强调论定校勘文字之是非得失,借以求得更接近版本原貌。卢文弨善于通过考察校勘对象自身行文的语言事实,借以实现本经互证、《注》文互证,从而校勘和纠正通俗《注疏》本行文之误。兹举卢氏校勘郑《注》的此类校例为例,如:《士冠礼》:"主人戒宾",郑《注》:"古者有吉事,则乐与贤者欢成之。"卢氏校云:"(欢)李作'劝',讹。'欢成',正与下凶事'哀戚'相对,'劝'字无义。"④按:卢氏据郑《注》本文,运用训诂学上考对文之法判定李氏《集释》本《注》文之讹。又如,《士冠礼》:"请醴宾",郑《注》:"必帷幕簟席为之。"卢氏校云:"《通解》《集释》俱作'以',宋本作'必'。文弨案:必字胜,乃意度之辞。""案:《聘礼》:'次以帷,士或用簟席',两者不定,则作'必'字是也。"⑤与上例不同的是,面对郑《注》的版本异文,卢文弨乃从考察"必"字的词义入手,进而考察《聘礼》篇经文的辞例情况,推断郑《注》诠释语的异文取舍,比之单纯对校结论更加可信。

最后,从《仪礼注疏详校》理校法运用的情况来看,较之沈廷芳《注疏正字》、金曰追《仪礼经注疏正讹》,卢文弨的理校实践校勘理据更趋详审合理,论证更趋严密,结论更趋可信。此前论及卢文弨该书注重探求著述义例、考察

---

① 邓声国:《清代〈仪礼〉文献研究》,上海古籍出版社 2006 年版,第 365 页。

② 卢文弨:《仪礼注疏详校》卷八,《续修四库全书》(第 88 册),上海古籍出版社 2002 年版,第 561 页。

③ 卢文弨:《仪礼注疏详校》卷一,《续修四库全书》(第 88 册),上海古籍出版社 2002 年版,第 501 页。

④ 卢文弨:《仪礼注疏详校》卷一,《续修四库全书》(第 88 册),上海古籍出版社 2002 年版,第 495 页。

⑤ 卢文弨:《仪礼注疏详校》卷一,《续修四库全书》(第 88 册),上海古籍出版社 2002 年版,第 498 页。

旧刻格式,通过类比推论,考察俗本之误和古本旧貌,便属于这一校勘方法。后来,段玉裁便高度评价卢氏此一据"义例"校勘古书的做法:"公治经有不可磨之论,其言曰:'唐人之为义疏也,本单行,不与经、《注》合。单行经、《注》,唐以后尚多善本。自宋后附《疏》于经、《注》,而所附之经、《注》,非必孔、贾诸人所据之本也,则两相鉏铻矣。南宋后又附《经典释文》于《注》《疏》间,而陆氏所据之经、《注》,又非孔、贾诸人所据也,则鉏铻更多矣。浅人必比而同之,则彼此互改,多失其真,有改之不尽以滋其鉏铻者,故《注疏》《释文》合刻似便而非古法也。'其读书特识类如此。"①段玉裁云这是"不可磨之论",可见其对卢氏此类校勘推崇之甚。

　　但卢文弨的理校法并不仅限于此,他兼通小学,娴熟古代名物典制,注意到古书"多古言古义,往往有不易得解者,则又或以其难通而疑之"②,因而主张从语言、体例、史实等不同角度,考察和推断其错误原因,并据此加以改正版本文字阙失。例如,《士昏礼》:"祝盥妇",贾《疏》:"言若张子、李子也。"卢氏校云:"当依《特牲·注》作伯子、仲子为是。"③卢文弨以为贾《疏》用词不当,不合古人行文表述风格,主张依《特牲·注》作"伯子、仲子"改动为宜,如此方合古人说话特点,并非校勘通俗本之文字错误也。又如,《聘礼》:"夫人使下大夫劳以二竹簠方。"卢氏校云:"石经'簠'作'簋',敖同,戴校《集释》亦从之,并注'簠亦作簋'。文弨案:此从《释文》作'簋'是也。'簋'者外圆,今云'竹簋方',故《注》云'状如簋而方','簋'者外方,知此虽名竹簋而实不圆,状如簋之方也。若本是'簋',则何必更言'方'?至云'状如簋而方',更不辞矣,是知'簋'字为是。"④卢文弨首先根据版本对校,发现了各本文字异同,为此,他一方面考察了簠、簋二物异形之事实,同时又考察了郑《注》自身行文的文辞情况,加以综合推断,得出应从"簋"为是的结论。卢氏往往还通过《注》《疏》各自体例的考察,校勘文辞次第等,此不一一赘举加以说明。

　　(三)卢文弨《仪礼注疏详校》文献校勘之阙失

　　卢文弨在《仪礼》经文及郑、贾《注疏》校雠上取得了巨大的成就,较诸沈廷芳《仪礼注疏正字》、金曰追《仪礼经注疏正讹》,确实要严密、可信得多,但

---

　　①　段玉裁:《翰林院侍读学士卢公墓志铭》,载卢氏:《抱经堂文集》卷首,《续修四库全书》(第1432册),上海古籍出版社2002年版,第553页。

　　②　卢文弨:《段若膺说文解字读序》,《抱经堂文集》卷三,《续修四库全书》(第1432册),上海古籍出版社2002年版,第574页。

　　③　卢文弨:《仪礼注疏详校》卷二,《续修四库全书》(第88册),上海古籍出版社2002年版,第508页。

　　④　卢文弨:《仪礼注疏详校》卷八,《续修四库全书》(第88册),上海古籍出版社2002年版,第559页。

毋庸讳言，即使是最出色的校勘学者，他们的校勘实践也会存在一定的局限与不足，卢文弨也不例外。他的校勘实践局限性，主要表现在如下诸方面：

其一，受所见精善《仪礼》版本较少的影响，对于某些讹误已久的《注疏》行文情况，卢文弨未能作出准确勘正。例如，《士昏礼》："赞尔黍，授肺脊。皆食，以湆、酱，皆祭举、食举也。"郑注："以，用也，用者，谓啜湆咀酱。"贾《疏》："云'用者，谓啜湆咀酱'者，以其大羹汁不用箸，酱又不须以箸，故用口啜湆，用指咀酱也。"乾嘉时期士人所见郑《注》有作"以，用也，用者，谓用口啜湆，用指咀酱"者，卢氏《仪礼注疏详校》校云："各本皆有'用口'、'用指'字，唯李本无。金云：钟本亦无之。案：《公食大夫疏》引此《注》亦无此四字。沈氏彤云：'经云以湆酱，故《注》以用训其字，而以啜咀解其义。若云'用口'、'用指'，则似所用者在口、指，而不在湆酱矣。此四字，盖写者因《疏》文而误入也。'文弨案：此说甚是。然案《疏》文，似贾本有用口、用指字。"①考阮氏《校勘记》校记说："徐本、《集释》俱无用口、用指四字，与《疏》合，《通解》、杨氏俱有。"可见，郑《注》无"用口、用指"字的版本，并非只有卢氏所见李本，徐本、《集释》本也无此四字。阮元《校勘记》亦援引沈彤及卢氏校语，但又考证说："按：《注》以'啜湆咀酱'释'湆酱'之义，《疏》又以'用口'、'用指'释'啜'、'咀'之义，各明一义。《疏》中叠《注》，本无'用口'、'用指'四字，后人误会，遂于《注》中《疏》中各增四字。沈彤、卢文弨未见单《疏》本也。"②由此看来，沈氏、卢氏谓郑《注》无此四字确凿无疑，但说"盖写者因《疏》文而误入也""似贾本有用口、用指字"的断言却系无据之辞，考单《疏》本亦并无此四字，这一讹误的出现，乃是因为"《疏》中叠《注》"导致后人"误会，遂于《注》中《疏》中各增四字"的结果。

其二，卢文弨《仪礼注疏详校》的某些校语，对郑、贾《注疏》释语的异文记载有误，易于影响人们对于异文是非的抉择。例如，《士冠礼》"若不醴，则醮用酒"，郑《注》："若不醴，谓国有旧俗可行，圣人用焉，不改者也。"卢氏《仪礼注疏详校》校郑《注》云："者，李作'旧'，《疏》同。"③卢氏虽然没有说明异文取舍，但其"《疏》同"一语着实令人无所适从；而且按照卢文弨的说法，贾《疏》引郑《注》"者"字应该也作"旧"字，然而阮元在具体核验之后，其《校勘

①　卢文弨：《仪礼注疏详校》卷二，《续修四库全书》（第88册），上海古籍出版社2002年版，第506页。

②　阮元：《十三经注疏校勘记·仪礼注疏校勘记》卷二，《续修四库全书》（第181册），上海古籍出版社2002年版，第312页。

③　卢文弨：《仪礼注疏详校》卷一，《续修四库全书》（第88册），上海古籍出版社2002年版，第499页。

记》纠正卢氏校勘之失指出:"按:《疏》中'旧'字,本亦作'者'。又《冠义疏》引此注云:'"若不醴,谓国有旧俗可行,圣人用焉,不改"是也'。'是也'二字,系《疏》语。《疏》引郑《注》至'不改'止,明无'旧'字。"①若如此,则卢氏仅据语感判定,失察贾《疏》引语所包括的起止范围矣。

其三,《仪礼注疏详校》有的校语虽然结论不误,但卢文弨所据版本却非善本,颇有说服力不强之嫌。例如,《士相见礼》"执玉者,则唯舒武,举前曳踵",郑《注》:"唯舒者,重玉器,尤慎也。"卢氏《仪礼注疏详校》校勘郑《注》云:"朱子云:'陆佃读经文武字绝句,谓容弥蹙同,唯武则舒。陆说良是。'(案:此因《疏》说以"唯舒"为句也。但上"凡执币"节《疏》明以下文"舒武"连读,宋本"唯舒"下本有"武"字,后脱去耳。)"②卢氏校语中所谓宋本,即敖氏《仪礼集说》本,然而此本并非好的善本,诚如阮元《校勘记》所说:"敖引《注》多臆改,不足凭也。然《注疏》实不以'舒'字绝句,卢说良是。"③尽管结论无疑,但因所据版本不能堪称善本,导致易于引起后人质疑。

其四,《仪礼注疏详校》校勘郑、贾《注疏》,有时未能从各自著述行文特点出发进行本校法的考察论证,导致校勘结语缺乏说服力。例如,《乡饮酒礼》:"乡饮酒之礼,主人就先生而谋宾介。"贾《疏》:"是易观盥而不荐。"《仪礼注疏详校》云:"是,疑衍,或当作'案'。"④卢文弨云"疑"云"或",校勘理据未明,或衍或讹,均无很强的说服力,故阮元《校勘记》质疑其说云:"按:'是'下当有'以'字,《疏》每省之。"⑤乃从贾《疏》整体行文叙事风格加以考察,结论更为可信,更具说服力。

总之,卢文弨凭一己之力完成如此鸿篇巨制,这种精神实在让人赞赏。卢文弨虽以对校著称于世,但从上述校勘实例可以看出,他在具体校勘实践当中,总是尽可能综合运用各种校法,因而这在一定程度上确保了校勘理据之充分和校勘结论的扎实可信。当然,由于受时代因素的制约,卢氏所见到的与《注疏》相关的文献版本有限,较诸阮元时代难以相匹比,同时又受卢文弨自

---

①　阮元:《十三经注疏校勘记·仪礼注疏校勘记》卷一,《续修四库全书》(第181册),上海古籍出版社2002年版,第301页。

②　卢文弨:《仪礼注疏详校》卷三,《续修四库全书》(第88册),上海古籍出版社2002年版,第513页。

③　阮元:《十三经注疏校勘记·仪礼注疏校勘记》卷三,《续修四库全书》(第181册),上海古籍出版社2002年版,第324页。

④　卢文弨:《仪礼注疏详校》卷四,《续修四库全书》(第88册),上海古籍出版社2002年版,第514页。

⑤　阮元:《十三经注疏校勘记·仪礼注疏校勘记》卷四,《续修四库全书》(第181册),上海古籍出版社2002年版,第325页。

身《仪礼》文献娴熟程度的影响制约,因而《仪礼注疏详校》之中存在一些缺陷在所难免,后来阮元等作《十三经注疏校勘记》便纠正了该书的一些失误。

四、阮元与《仪礼注疏校勘记》等

(一)生平及著述旨趣

阮元(1764—1849),字伯元,号芸台,又号雷塘庵主,晚号怡性老人,谥号"文达",江苏仪征人。年少时,曾先后师从扬州名儒胡廷森、乔书西、李晴山等问学。乾隆四十七年(1782)始究心于经学,并与凌廷堪成为益友。阮元称得上是清乾、嘉、道"三朝阁老""九省疆臣"。乾隆五十四年(1789),阮氏中进士,改翰林院庶吉士,充万寿盛典纂修官、国史馆武英殿纂修官,次年散馆,授翰林院编修。乾隆五十六年(1791),升少詹事,奉旨南书房行走,充石经校勘官。乾隆五十八年(1793)七月,奉旨出任山东学政。乾隆六十年(1795)八月,奉旨调任浙江学政。嘉庆四年(1799),先后任职兵部左侍郎、户部左侍郎、礼部左侍郎、国子监算学,充经筵讲官,充己未科会试副总裁,后又奉署浙江巡抚。嘉庆十二年(1807)十一月,奉上谕补授兵部右侍郎。嘉庆十三年(1808)三月,再任浙江巡抚,但次年九月,受浙江学政刘凤诰科场舞弊案牵连而遭革职。嘉庆十五年(1810),充署日讲起居注官,兼国史馆总辑,辑《儒林传》。嘉庆十七年(1812),补授工部右侍郎、漕运总督。嘉庆十九年(1814)八月,调任江西巡抚。嘉庆二十一年(1816),任河南巡抚,次年先后接任湖广总督、两广总督。道光六年(1826)九月,任云贵总督。道光十八年(1838),以大学士致仕,晋加太子太保衔。

阮元历官所至,以倡学术、兴学教士为己任,并且曾罗致了一批学者从事编书刊印工作,如嘉庆二年(1797)正月,主编《经籍籑诂》,于次年修成;嘉庆六年(1801)正月,在杭州创立"诂经精舍",延请王昶、孙星衍主讲;嘉庆二十五年(1820)三月,目睹"边省少所师承,制举之外,求其淹通诸经注疏及诸史传者,屈指可数",于是仿诂经精舍之例,在广州创办学海堂,要求生徒"或习经传,寻疏义于宋齐;或解文字,考古训于《仓》《雅》;或析道理,守晦庵之正传;或讨史志,求深宁之家法;或且规矩汉、晋,熟精萧《选》,师法唐宋,各得诗笔"(《学海堂集序》);道光五年(1825),主辑《皇清经解》(又名《学海堂经解》),并在道光九年(1829)刻成于粤东;等等。对推动当时的经典考据及汉学兴盛,起到了推波助澜的作用。

作为徽派朴学发展后期的代表人物,阮元治学师承戴震,守以古训发明义理之旨。阮元治学,经历了一个由宋而唐而汉,后又折中汉宋之学的演变历程。前期在对待儒家经典的解释上,阮元主张说:"余之说经,推明古经,实事

求是而已,非敢立异也"①,"圣贤之道存于经,经非诂不明。汉人之诂,去圣贤
为尤近。……有志于圣贤之经,惟汉人之诂多得其实,去古近也。汉许、郑,集
汉诂之成者也。……舍经而文,其文无质;舍诂求经,其经不实。为文者尚不
可以昧经诂,况圣贤之道乎?"②他还说:"后儒说经,每不如前儒说经之确。何
者?前儒去古未远,得其真也。故孔(颖达)、贾(公彦)虽深于经疏,要不若
毛、郑说经之确。毛、郑纵深于《诗》《礼》,更不若游、夏之亲见闻于圣人矣。
予谓《易》《书》《诗》皆有古学。古学者何?商周之卿大夫,鲁、邹之诸圣贤,
秦、汉之诸儒是也。"③表露出对于汉学的推崇之见。但到后来,阮元有感于当
时一些学者严守汉、宋学之分,"仅取汉人传注之一名一物而辗转考证之"④,
"误以繴绩补苴谓足尽天地之能事也"⑤,导致汉学研究的路子越走越窄,遂提
倡经学研究必须兼顾汉宋,"两汉名教,得儒经之功;宋明讲学,得师道之益;
皆于周孔之道,得其分合,未可偏讥而互诮也。我朝列圣,道德纯备,包涵前
古,崇宋学之性道,而以汉儒经义实之,圣学所指,海内向风"⑥,试图竭力打破
汉学与宋学壁垒,兼收并蓄汉、宋之学各自之所长。

在《仪礼》文献校勘方面,阮元着力颇多,亦取得了可喜的成就,撰有《仪
礼石经校勘记》4卷、《仪礼注疏校勘记》50卷,这是乾嘉时期较为重要的两部
《仪礼》校勘学著作。钱宗武、陈树二人根据《阮元年谱》提供的资料研究认
为,其校雠《仪礼》文献可以分为三个阶段⑦:

第一阶段,乾隆四十八年(1783),阮元时方20虚龄,即有志于校勘《十三
经注疏》,据《雷塘庵主弟子记》卷二记载:"先是,先生弱冠时,以汲古阁本《十
三经注疏》多讹谬,曾以《释文》、唐石经等书手自校改。"⑧此时阮氏校勘《仪
礼》,主要以毛氏汲古阁本为底本,以唐石经为校本,以陆德明《经典释文》为
参校本。由于这一次校经,乃诸生习读经书之作,非为专门从事刊刻而作,因
而并未成书,但这一时期的校改成果,后来在《十三经注疏校勘记》中多有吸

①　阮元:《揅经室集·自序》,载邓经元点校:《揅经室集》卷首,中华书局1993年版,第1页。
②　阮元:《西湖诂经精舍记》,《揅经室集·二集》卷七,中华书局1993年版,第547—548页。
③　阮元:《小沧浪笔谈》(二)卷四,《丛书集成初编》本,商务印书馆1935—1937年版,第123页。
④　凌廷堪:《戴东原先生事略状》,《校礼堂文集》卷三十五,《续修四库全书》(第1480册),上海
古籍出版社2002年版,第345页。
⑤　章学诚著,叶瑛校注:《文史通义校注》内篇《博约中》,中华书局1985年版,第162页。
⑥　阮元:《拟国史儒林传序》,《揅经室集·一集》卷二,中华书局1993年版,第37页。
⑦　钱宗武、陈树:《论阮元〈十三经注疏校勘记〉两个版本系统》,《扬州大学学报》(人文社科版)
2007年第1期。
⑧　张鉴等:《雷塘庵主弟子记》卷二,《续修四库全书》(第557册),上海古籍出版社2002年版,
第241页。

纳与体现,影响可谓至深。

第二阶段,乾隆五十六年(1791)十一月,阮元时方 28 岁,奉旨充任《石经》校勘官。《雷塘庵主弟子记》卷一记载:"十一月,奉诏充《石经》校勘官,时先生分校,得《仪礼》。"据阮氏《自序》,这次校勘于乾隆五十七年(1792)六月即已完成,但一直到乾隆六十年(1795)四月,所著《仪礼石经校勘记》4 卷方才刻成。"此次校经,阮元藉朝廷校经之便,不仅接触到先前难以见到的诸多版本,而且确立了在以古为善基础上的择善而从原则,此为全面校勘十三经奠定了深厚的术业基础。"①由此看来,这次分校石经,为阮元后来校勘《十三经注疏》等各类传世文献,增加了具体而丰富的校勘实践经验。

第三阶段,嘉庆五年(1800),阮元时龄 37 岁。陈康祺在《郎潜纪闻》之《阮刻十三经校勘记》中说:"盖公抚浙时,出旧藏宋版十行本十一经,及《仪礼》《尔雅》单疏本为主,更罗致他善本,属诂经精舍高才生分撰成书。……《书》《仪礼》属德清徐养原,《诗》属元和顾广圻,《周礼》《公羊》《尔雅》属武进臧庸,《礼记》属临海洪震煊。"②负责《仪礼》一经校勘的徐养原,自幼便从师于名流学者,探究学术源流,对经学、小学等素有研究,著有《仪礼古今文异同》5 卷;臧庸和洪震煊也长于经学研究,各自分别著有《月令杂说》《乐记二十三篇注》和《石鼓文考异》《夏小正疏义》等著作。在阮元的积极组织领导下,在段玉裁前期的精心"主其事"之下③,一直到嘉庆十三年(1808),经过诸人多年的不懈努力下,终于集群体之力撰成《十三经注疏校勘记》。此即孙殿起所记阮氏文选楼单刻本。

在担任江西巡抚、河南巡抚期间,阮元又加重刊《十三经注疏校勘记》附于《十三经注疏》之后,"嘉庆二十有一年秋八月,南昌学堂重刊宋本《十三经注疏》,成卷四百十六,并附录《校勘记》,为书万一千八百一十页。距始事于二十年仲春,历时十有九月,或输廉以助,或分经以校,续残补阙,证是存疑,而宫保于退食余间,详加勘定,宫保既记其刻书始末于序目之后。"④南昌府学本属于合刊本,虽然仍以文选楼本阮校为底本,但"惜南昌刊版时,原校诸君大

①　胡鸣:《阮元〈论语注疏〉校勘价值诉求》,《赤峰学院学报》(汉文哲学社会科学版)2013 年第 6 期。

②　陈康祺:《阮刻十三经校勘记》,《郎潜纪闻初笔》卷九,中华书局 1984 年版,第 196 页。

③　根据当代学者唐光荣的考察,"至迟嘉庆九年已离开了阮元专为校勘《十三经注疏》而设的《十三经》局",并没有自始至终主持这一校勘全过程。参见唐光荣:《阮元、段玉裁与〈十三经注疏校勘记〉》,《达县师范高等专科学校学报》(社会科学版)2004 年第 3 期。

④　此系江西盐法道胡稷《重刊宋本十三经注疏后记》文,转引自钱宗武、陈树:《论阮元〈十三经注疏校勘记〉两个版本系统》,《扬州大学学报》(人文社科版)2007 年第 1 期。

半星散,公亦移节河南。刊者易在速成,遂不免小有舛误云"①,"此书尚未刻校完竣,家大人即奉命移抚河南,校书之人不能如大人在江西时细心,其中错字甚多。有监本、毛本不错而今反错者,要在善读书人,参观而得益矣。《校勘记》去取亦不尽善,故大人颇不以此刻本为善也"②。可见,由于《十三经注疏校勘记》经过卢宣旬等人之手的删补,改动较大,不尽如阮元之意。所以后来阮元在广州设学海堂编纂《皇清经解》之时,阮元《十三经注疏校勘记》并没有采用南昌府学本,而是沿用最初的文选楼本。

(二)《仪礼石经校勘记》与石经校勘

如上所述,乾隆五十六年(1791)十一月,阮元奉旨充任《石经》校勘官,得分校《仪礼》一经。当时士人所见《仪礼》石经本多有残字,而其校本又未尽精审,急需重新加以校勘,诚如阮元《自序》所云:"《仪礼》汉石经仅有残字,难校全经。自郑康成作《注》参用今古文后,至隋末陆德明始作《释文》校其异同,今《释文》本又多为唐宋人所乱。唐开成石经所校未尽精审,且多朱梁补刻及明人补字之讹。宋张淳校刻浙本,去取复据臆见。"③后来,阮氏在《仪礼注疏校勘记·引据各本目录》中提及《唐石经》时也注解说:"明王尧惠补缺。案:此刻自五季以来,名儒俱不窥之,不特张淳、李如圭诸人生于南宋,固不及见,即敖继公当元一统之时,亦未尝过而问焉。至国朝顾炎武、张尔岐,始取以校监本,多所是正。"④有鉴于此,阮元乃据各种《仪礼》版本重加校勘,并择辨其是非。具体说来,该书校勘主要有这样几个特点:

首先,从依据的校勘版本情况来看,当时阮元校勘《仪礼》唐石经,所据版本搜罗较广,胪列诸本,择善而从,每一条校勘例之首载诸本文字异同情况,然后才进行疏证考辨,如《乡饮酒》:"遵者降席席东。"《仪礼石经校勘记》卷一:"石经、李本、杨本、敖本、《义疏》、殿本皆如此,惟监本作'降席东',少一'席'字。臣元谨按:《乡射礼》云:'大夫降席席东南面',大夫即遵者也,彼亦叠'席'字,今拟从石经诸本。"阮氏首先指出诸本之文字异同,然后运用本校法进行文字取舍之辨择。该书校勘中所据参校底本情况,阮氏《序》有交代云:"臣今揔汉石经残字、陆德明《释文》、唐石经、杜佑《通典》、朱熹《经传通解》、李如圭《集释》、张淳《识误》、杨复《图》、敖继公《集说》、明监本、《钦定义疏》、武英殿《注疏》诸本以及内廷《天禄琳琅》所收诸宋元本、曲阜孔氏宋本综而核

---

① 陈康祺:《阮刻十三经校勘记》,《郎潜纪闻初笔》卷九,中华书局1984年版,第196—197页。
② 阮元:《揅经室集·三集》卷二,中华书局1993年版,第621页。
③ 阮元:《仪礼石经校勘记序》,《仪礼石经校勘记》卷首,《粤雅堂丛书》(第十八集)刻本,第1页。
④ 阮元:《仪礼注疏校勘记序》,《十三经注疏校勘记·仪礼注疏校勘记》卷首,《续修四库全书》(第181册),上海古籍出版社2002年版,第287页。

之,经文字体择善而从。"①

其次,从吸纳前贤时哲的校勘成说情况来看,尽管该书也注意吸收当时学者的某些校勘结论,"胪列诸本,反覆经义,兼又博访通儒,务从人善。如'以为昏姻之故为庶子适人者'则用戴东原编修说,'宾服乡服卿大夫'则用刘端临教谕说,'脊胁胳肺'则用王伯申明经说,《丧服传》刊去四十字则用金辅之修撰说。又钱辛楣宫詹、王怀祖给谏亦曾执手问"②。戴震、刘台拱、王念孙、王引之、钱大昕、金榜等人,都是当时一时俊杰之士,也都属于汉学阵营学者,阮元采纳他们的学术见解,可谓从善如流。然而,和早年沈廷芳(或浦镗)《仪礼注疏正字》校勘一样,也没有注意充分吸纳清初及康、乾之际一大批礼学名家(如顾炎武、方苞、李光坡等)的校勘成果,大量此前清代学者校勘成果均未收入其间。另外,阮元对《仪礼》石经的校勘,虽然起步晚于卢文弨《仪礼注疏详校》,但成书时间却更早于该书,因而也未能将卢文弨的校勘成说吸收进来。虽然有"内廷《天禄琳琅》所收诸宋元本、曲阜孔氏宋本"等宋元旧本之类善本参校,但较诸卢文弨《仪礼注疏详校》及其阮元自身此后所撰《十三经注疏校勘记》,该书总体学术视野确实要显得更为狭窄一些。

再次,从校勘性质的角度来看,阮元的《仪礼石经校勘记》(以下简称《校勘记》)倾向于融"活校"于"死校"当中,特别是他往往建立在各个版本对校的基础上,通过加附案语的方式,进而运用本校法、他校法和理校法,进行较为详审的异文疏证和是非辨别,形成较为可信的校勘结论。阮元对《仪礼》本经亦颇为娴熟,因而,他善于从考察《仪礼》本经的行文入手,通过明辨文例的方式寻找证据,对各种版本的异文及前贤校勘结语加以是非抉择,择其善者而从之。例如,《乡射礼》:"众宾皆",《校勘记》卷一:"臣元谨按:敖继公谓此三字衍,非是。诸篇仪节相同者,属辞不妨互有详略,转以相补,非互为衍脱也。敖说虽细密,多武断。"又,《有司彻》:"主妇洗于房中",《校勘记》卷三:"石经、李本、宋本、敖本、《义疏》皆如此,监本、殿本'洗'下有'爵'字。臣元谨按:《少牢馈食》亦有'主妇洗于房中'之文,与《特牲馈食》'主妇洗爵于房'不同者,《少牢》《有司》之爵皆为妇赞者所授,则洗之为洗爵者;《特牲》篇不言赞者授爵一节,故云'主妇洗爵于房'。此古人文字之疏密也。拟从石经。"以上二例,前一例中,阮元注意到敖继公的校勘成说不确切,故从考察《仪礼》各篇仪节叙述特点入手,明辨其非;后一例中,阮元则不仅校勘各本异文,同时又通

① 阮元:《仪礼石经校勘记序》,《仪礼石经校勘记》卷首,《粤雅堂丛书》(第十八集)刻本,第1页。

② 焦循:《仪礼石经校勘记后序》,载阮氏:《仪礼石经校勘记》卷首,《粤雅堂丛书》(第十八集)刻本,第1页。

过考察《仪礼》诸篇的属辞、行文文例、上下文等方面情况,借以判定各本文字是非,可谓择善而从之。

阮元有时亦运用他校法进行文献疏证与文字辨非,借助其他典籍文献来辅证自己的是非抉择之合理性。如,《士虞礼》:"佐食隋祭",《校勘记》卷三:"李本、郑注《周礼》经文及注引皆作'隋',石经、《释文》、杨本、监本、《义疏》、殿本作'堕',敖本作'绥'。臣元谨按:郑《注》:'下祭曰堕,堕之言堕下也。《周礼》曰:"既祭,则藏其堕。"谓此也。'考《周礼·春官·守祧》经文及《注》,证《仪礼》皆作'隋',知此经及《注》上,二'堕'字引多引《周礼》'堕'字,皆误加土也。敖继公改从今文作'绥',愈非是。拟从'隋'。"此例校勘案语当中,阮氏据《周礼》及其郑《注》,断言《士虞礼》经文当从"隋"字为是,并据此来批驳敖继公《仪礼集说》改从今文作绥的错误做法。

阮元精通小学和文字训诂,也谙熟于古书刊刻体例,因而有时亦强调借助小学知识辅助校勘,娴熟地运用理校法进行文字疏证和是非取舍。如,《士丧礼》:"苴絰大鬲",《校勘记》卷三:"石经、《释文》、李本、宋本、《义疏》、殿本皆作'鬲',敖本作'搹'。臣元谨按:石经、《释文》皆作'鬲',敖继公改从'搹',意在与《丧服传》'苴絰大搹'画一,不知以字体而论,'鬲'古于'搹',《士丧礼》乃周初人所撰,《丧服传》乃周末人所撰,其间字体已略变异,未可画一。况鬲,搹也,'搹'与'扼'同,《考工记》大车'鬲'与'扼'虽二物,其扼牛颈义同也。拟从'鬲'义长,近古。"阮氏从《士丧礼》《丧服传》成书年代不同入手,考察鬲、搹二字乃文字形体演变之结果,说明不能以时代较晚之书推考年代更早的著作之用字情况。

此次《仪礼》石经校勘实践,虽然在学术视野上略显拘束,但从版本的搜罗角度来讲,较之此前顾炎武、张尔岐的石经校勘,沈廷芳的《仪礼注疏正字》校勘,金曰追的《仪礼经注疏正讹》校勘,却又有大的突破,所谓"前修未密,后出转精"也。因而,乾隆六十年(1795),焦循刊刻该书并为之作《后序》,给予了高度评价说:"胪列诸本,反覆经义,兼又博访通儒,务从人善。"又说:"是编博综约取,祛其成见,不期骇俗,择善惟公,学者得此藉以贯通此经,为不难矣。"[1]大致反映了该书校勘的实际情况,评价较为客观公允。

(三)校勘《仪礼注疏》

嘉庆年间,阮元主持编纂了《十三经注疏校勘记》,聘请了段玉裁、顾广圻、徐养原等当时的一批知名学儒参加。该书原名《十三经注疏考证》,后改

---

① 焦循:《仪礼石经校勘记后序》,载阮氏:《仪礼石经校勘记》卷首,《粤雅堂丛书》(第十八集)刻本,第1页。

名为《十三经注疏校勘记》,共217卷。《校勘记》实行分任纂辑,其中《仪礼注疏》部分乃由徐养原负责汇合诸本,属详列异同,然后经阮元复加核定其是非。该书系阮元巡抚浙江时所作,整部《十三经注疏校勘记》乃于嘉庆十一年(1806)完稿。《仪礼注疏校勘记》一出,海内研治《仪礼》学者大为受益。故林伯桐盛赞该书说:"读阮宫保《十三经注疏校勘记》,精深广大,三《礼》会通,本末具详,折中一是,尊其所闻,固治礼者之幸也。"①由此亦可见该书深具学术价值,影响甚为宏大。由于阮氏在此之前已经著有《仪礼石经校勘记》一书,并对经文进行过精深细致的校勘,因而《仪礼注疏校勘记》17卷的校勘重点,主要集中在郑《注》、贾《疏》二者的释语上。阮氏该书在校勘《仪礼》之郑、贾《注疏》方面,着力颇巨,在继承和总结前人校勘成果的基础上,又有新的贡献,形成了鲜明特色,举凡各种版本的异文校勘及讹字、衍文、脱文、语词顺序之倒乙等情况,《仪礼注疏校勘记》中皆有全面涉猎,同时还涉及对《仪礼注疏》著述编排格式方面内容的校勘,称得上是清代《仪礼》注疏类校勘研究之集大成者。具体说来,其校勘特色主要有如下数端:

首先,从校勘底本和参校版本情况来看,阮元深知校勘版本的选择在具体校雠实践中的重要性,因而他延继了之前沈廷芳《仪礼注疏正字》、金曰追《仪礼经注疏正讹》、卢文弨《仪礼注疏详校》诸书的校勘传统,不遗余力地搜罗各类《仪礼》文献版本加以参校,特别是在宋、元时期各类善本和明代版本的收集上,比起此前学者更给予了高度重视。从校勘版本情况看,阮氏认为,校勘工作首要先务便是选择好的底本,他强调选择当时所存的最古版本作为校勘《仪礼注疏》所资的原始底本:"大约经、《注》则以唐石经及宋严州单《注》本为主,《疏》则以宋单行本为主,参以《释文》《识误》诸书,于以正明刻之讹。"②阮氏选定北宋苏州所刻的单疏本,是贾公彦的原书,比其他《注疏》采用的宋十行本还早。在校勘资料方面,贵博尚古,参校版本甚富。据《仪礼注疏校勘记序》后所附《引据各本目录》,阮元所用以校勘《注疏》之版本有:唐石经、宋严州单注本、明嘉靖徐氏翻刻宋单注本、明钟人杰单注本、明永怀堂单注本、宋单疏本、李元阳注疏本(闽本)、明北京国子监注疏本、汲古阁注疏本、国朝重修国子监注疏本、《经典释文》本、张淳《仪礼识误》本、李如圭《仪礼集释》本、朱熹《仪礼经传通解》本、魏了翁《仪礼要义》抄本、杨复《仪礼图》通志堂本、敖继公《仪礼集说》通志堂本、浦镗《十三经注疏正字》本、卢文弨《仪礼注疏详

①　林伯桐:《修本堂稿》卷五,清道光二十四年(1844)《修本堂丛书》本。

②　阮元:《仪礼注疏校勘记序》,《十三经注疏校勘记·仪礼注疏校勘记》卷首,《续修四库全书》(第181册),上海古籍出版社2002年版,第287页。

校》本、顾炎武《九经误字》、张尔岐《仪礼误字》。较之卢文弨《仪礼注疏详校》要更胜一筹，因而赢得了此后治《礼》学者的推崇。

颇有意思的是，阮元颇为关注参校的各种版本的版本学价值，并有一些极有思考的言论，如其论魏了翁《仪礼要义》本云："魏了翁著专录贾《疏》，多与单《疏》本合，有删节而绝无改窜，远胜《通解》。间录经、《注》，虽不尽与严本合，终胜今本。"①论敖继公《仪礼集说》本云："敖继公所载郑《注》，多移易点窜，不足尽凭"②，"敖引《注》多臆改，不足凭也"③。论及《通典》中所引《仪礼》经、《注》文的特点时，又说："《通典》引诸经传注，往往增入'也'字……此类甚多，岂古本尽有俱有'也'字，而今本俱删之欤？凡类书征引群籍，有删无增，此或原本如是。"④凡此之类，均属阮氏校勘经验之谈，不仅在校勘学上具有重要的参考价值，同时对于指导《仪礼》的研读亦有启发意义。

其次，从该书校勘原则及成果编纂体例的安排来看，阮元也有自己的独到思考与匠心处置。"阮元的学术标帜乃是其独有心得的'实事求是'。阮元的整个'说经'活动皆以此相标榜⑤，在阮元看来，"刻书者最患以臆见改古书，今重刻宋板，凡明知宋板之误字，亦不使轻改，但加圈于误字之旁，而别据校勘记择其说，附载于每卷之末"，以便于还《仪礼注疏》之原貌，"俾后之学者不疑于古籍之不可据，慎之至也，其经文、注文有与明本不同，恐后人习读明本，而反臆疑宋本之误。"⑥从此校勘原则认知出发，对于金氏《仪礼经注疏正讹》随意根据朱熹《通解》删改和增补贾《疏》的做法，阮氏亦有所关注，并表明了态度："近世校《仪礼》者，奉此为准则，然其于佳处不能尽依，而移易删润之处则多据之，是取其糟粕而遗其精华也。"同时，他也批评杨复《仪礼图》说："与《通解》略同。《注》内叠今古文俱删去。"还是同样的原因，阮氏也批评敖继公《仪礼集说》，因为他在援引郑《注》的做法上，与敖氏引《疏》语的做法颇为相似：

①　阮元：《引据各本目录》，《十三经注疏校勘记·仪礼注疏校勘记》卷首，《续修四库全书》（第181册），上海古籍出版社2002年版，第288页。
②　阮元：《引据各本目录》，《十三经注疏校勘记·仪礼注疏校勘记》卷首，《续修四库全书》（第181册），上海古籍出版社2002年版，第288页。
③　阮元：《十三经注疏校勘记·仪礼注疏校勘记》卷三，《续修四库全书》（第181册），上海古籍出版社2002年版，第324页。
④　阮元：《十三经注疏校勘记·仪礼注疏校勘记》卷四，《续修四库全书》（第181册），上海古籍出版社2002年版，第325页。
⑤　余新华：《阮元的学术渊源和宗旨》，《中国人民大学学报》1998年第3期。
⑥　阮元：《江西校刻宋本十三经注疏书后》，《揅经室三集》卷三，民国十八年（1929）商务印书馆重印《四部丛刊》初编本。

"所载郑《注》多移易点窜,不足尽凭。"①

与其校勘理念相适应的是,阮元极力主张校书不改字,诚如有学者所说"他校《十三经注疏》时,凡明知宋版之误字,亦不使轻改,但加圈于误字之旁,而别据校勘记,择其说附载于每卷之末,十分慎重",阮氏"并不是机械地记版本及诸说之异同,而是在众本比勘之后定其是非,达到'不校校之'的目的"②。对于《仪礼注疏校勘记》来说,亦是如此。《仪礼注疏》流传到嘉庆之际,时间业已久远,传世的各个版本之间往往存在文字差异,对此阮元有其独到认知:"盖经典相沿已久之本,无庸突为擅易,况师说之不同,他书之引用,未便据以改久沿之本也,但当录其说之不同,他书之引用"③,故《仪礼注疏校勘记》(以下简称《校勘记》)多重视《注疏》版本异同比较,罗列诸家异同,校正讹误脱漏,便于读者作出自己的正误判断,而校书者的意见仅供参考而已,不随意强加于人。

从"实事求是"的校勘原则和校勘态度出发,阮元也十分关注《仪礼注疏》讹误原因的探讨,例如,《聘礼》"无傧",《校勘记》云:"傧,唐石经、徐、陈、闽、葛、《集释》《通解》、杨、敖俱作'擯',与单《疏》《述注》合。李氏曰:'擯当作傧,下经、《记》无擯,及《注》不擯宾,同。'按:篇中言'无傧'者,旧本俱作'擯',今本俱作'傧',殆因李说而改。"④阮氏遍考今传世俗本《仪礼》经文"擯"字俱作"傧",但考李光坡《仪礼述注》校语可见,作"傧"者系承李光坡之校而误。又如,《丧服传》"故子生三月则父名之,死则哭之,未名则不哭也",贾疏:"《传》必以三月造名,始哭之者,以其三月一时天气变,有所识盼,人所加怜,故据名为限也",阮氏校勘贾《疏》云:"盼,单《疏》《要义》俱作'盻',陈、闽、监本俱作'眄'。按:《玉篇》云:'眄,俗作盻。'《说文》:'眄,目偏合也。'合俗以'眄'、'盻'、'盼'混为一字,故遂误为'盻'、'盼',宜作'眄'。"⑤阮氏从考察字书文字形体入手,说明发生文字讹误之缘由系因形近而讹。通过诸如此类的校勘探考,不仅易于令人把握致误的缘由,同时还有助于动态了解其讹误产生的具体年代。

再次,从处置同时代学者校勘成果的态度来看,和阮元校勘《仪礼》石经

---

① 阮元:《引据各本目录》,《十三经注疏校勘记·仪礼注疏校勘记》卷首,《续修四库全书》(第181册),上海古籍出版社2002年版,第288页。

② 郭明道:《阮元的校勘思想和方法》,《扬州师院学报》(社会科学版)1991年第2期。

③ 阮元:《十三经注疏校勘记序》,《揅经室集·一集》卷十一,中华书局1993年版,第254页。

④ 阮元:《十三经注疏校勘记·仪礼注疏校勘记》卷八,《续修四库全书》(第181册),上海古籍出版社2002年版,第400页。

⑤ 阮元:《十三经注疏校勘记·仪礼注疏校勘记》卷十一,《续修四库全书》(第181册),上海古籍出版社2002年版,第447页。

之时"博访通儒,务从人善"的做法略有不同的是,该书引用的同时代学者校勘成果,主要来源于金曰追《仪礼经注疏正讹》、卢文弨《仪礼注疏详校》、段玉裁《仪礼汉读考》等人之校勘著作,而对其他清人《仪礼》注释文献之校勘成果,其收录程度则非常有限。其征引方式不外两类,一是直接地正面征引,通过收录他人校勘成果,表明持赞同态度,这就避免了重复式的劳作,例如:《士昏礼》"妇乘以几",贾《疏》"是石几之类也",阮元校勘直接援引段玉裁《仪礼汉读考》说:"段玉裁云:当作'几石',此误倒也。"①阮氏未置一词质言之。二是反面式征引,此类征引不仅仅摘录他们的校勘结论,而且对此类校勘结论加以批驳,例如:《士相见礼》"凡侍坐于君子,君子欠伸,问日之早晏,以食具告",郑《注》"具,犹辩也",《校勘记》云:"辩,《释文》作'辨'。张氏曰:'《注》曰"具犹辨也"。案:《释文》云:"辨,皮苋反。"《特牲馈食》注亦曰:"具,犹辨也。"从《释文》。'按:张氏所见《注》作'辨',与今本异。《说文》有'辨'无'辩',则当以'辨'为证,作'辩'非也,作'辩'尤误。"②阮氏根据许慎《说文》,力辩张氏从《释文》作"辨"字之非是。无论是哪一种征引时哲成说的处置方式,均有助于后人全面了解误字校勘的是是非非,进而加以合理审视和新的考察,特别是后者的处置方式,更为后人的研读提供了一种治学新思路。

复次,从校勘方法的实践情况来看,通览《校勘记》全书,阮元的校勘大致是建立在各种《仪礼》文献版本互校的基础之上,以使用对校法为主,这与阮氏十分强调校勘资料"贵博尚古"的理念密切相关。然而,在阮氏的大量案语里面,他校法和本校法则运用较多,其中他校法主要体现在阮氏从他书寻找引文证据,而本校法的运用则更多重视从上下文文意角度进行推理,对各种版本异文情况予以抉择。如《聘礼》"凡致礼",贾《疏》"亦实于甒筐者",《校勘记》云:"单《疏》《要义》俱无'筐'字。魏氏曰:'温本"甒"下有"筐"字。'按:下文两言豆实实于甒,则无'筐'是也。《注》内'筐'字恐系衍文,经不言篚实,不必有'筐'字。"③阮元先用对校法,罗列各本贾《疏》用字情况,后用本校法,据《聘礼》篇文例进行推理,辨正说明毛氏汲古阁本等其他《注疏》版本有"筐"者属于衍文。值得关注的是,阮氏往往将他校法和本校法两种校勘方法结合起来使用,极大程度上确保了该书校正讹误脱漏结论的可信度,与其反对以臆

①　阮元:《十三经注疏校勘记·仪礼注疏校勘记》卷二,《续修四库全书》(第181册),上海古籍出版社2002年版,第288页。

②　阮元:《十三经注疏校勘记·仪礼注疏校勘记》卷三,《续修四库全书》(第181册),上海古籍出版社2002年版,第323页。

③　阮元:《十三经注疏校勘记·仪礼注疏校勘记》卷八,《续修四库全书》(第181册),上海古籍出版社2002年版,第414页。

见改古书之治学主张颇相适应。

《仪礼注疏校勘记》中,理校法亦时有运用,阮元多借助传统小学知识决断各版本异文之是非,然而此法在其中所占比例较少。例如,《聘礼》"降筵,北面,以柶兼诸觯,尚擖",阮氏校勘说:"擖,聂氏从木。按:《说文》无'楬'字,《手部》:'擖,理持也。'又'揭,刮也。'《士冠礼》'面叶'注云:'古文"叶"为"揭"。'然则今文作'叶',古文作'揭',或作'擖'。'擖'、'揭'虽皆《说文》所有,宜以'擖'为正。凡字之从歇者,俗皆从葛,如'膈'、'足葛'、'獦'之类,故又为'揭'。后人以柶从木,并'擖'字亦从木,非也。《少仪》曰'执箕膺擖',擖,箕舌也,字亦当作'擖'。《弟子职》作'揲','揲'即'叶'耳,其字亦从手。"[1]阮氏从文字分析入手,说明从"歇"与从"葛"之字往往相通,故"擖""揭"二字同,断无从木作"楬"之理,盖系因形近而误的缘故所致。阮氏借助小学知识的介入和分析,极大地增强了校勘的说服力。

最后,从校勘对象来看,阮元《校勘记》不仅校勘《仪礼》经文及其郑贾《注疏》的释语,同时还效法沈廷芳《仪礼注疏正字》的做法,将陆德明《仪礼音义》一并纳入校雠范畴,统名曰《仪礼释文校勘记》,依照郑氏《仪礼》17 篇次第。在校勘《释文》的方法上,同样以对校法为主,但其据以参校的版本,主要是宋本《释文》,校勘过程中也经常指正宋本《释文》之缺误,如《聘礼》篇《释文》:"五臧,音职",阮氏校勘说:"职,宋本误作'臧'。"[2]另外,有时也运用本校法或他校法,如《既夕礼》篇《释文》:"辟敛,下辟患同",阮元校勘说:"患,宋本作'忌'。"按:辟忌,乃下文'君视敛'注,'患'字非也。[3]可见,阮氏并不一味依据宋本来纠正通俗本《释文》。凡此之类《释文》校勘,对推动它的传播和利用颇有裨益。

(四)阮元之文献校勘阙失

和其他《注疏》类校勘著作一样,阮元的校勘千虑之失在所难免,《仪礼注疏校勘记》中同样也存在这样或那样的一些错误。由于整部《校勘记》卷帙浩繁,工程量大,阮氏不可能有更多时间与精力逐一精研,故其后汪文台作《仪礼注疏校勘记识语》[4]专门就其中的某些校例加以补正,而清末大儒孙诒让所

---

[1] 阮元:《十三经注疏校勘记·仪礼注疏校勘记》卷八,《续修四库全书》(第 181 册),上海古籍出版社 2002 年版,第 394 页。

[2] 阮元:《十三经注疏校勘记·仪礼释文校勘记》,《续修四库全书》(第 181 册),上海古籍出版社 2002 年版,第 554 页。

[3] 阮元:《十三经注疏校勘记·仪礼释文校勘记》,《续修四库全书》(第 181 册),上海古籍出版社 2002 年版,第 556 页。

[4] 汪文台:《十三经注疏校勘记识语》卷二《仪礼》部分,《续修四库全书》(第 183 册),上海古籍出版社 2002 年版,第 569—574 页。

著《仪礼注疏校记》(以下简称《校记》)亦时有驳议其校例之文。另据清人刘秉璋所言,"高邮王石臞观察曾手斠是书,题识迨遍","惟所记多证经文,未及《注疏》"①,可惜今未能见到传本遗世。据晚清孙诒让所校正的情况看,阮元校勘中存在的不足之处,主要表现在如下几个方面:

其一,阮元对所参校诸版本异文的择取,偶尔存在疏忽失误之处。例如:《觐礼》"飨礼乃归",贾《疏》:"欲解经变食燕而言飨礼。"阮氏《校勘记》云:"飨,单《疏》《要义》俱作'之',是也,下同。"②孙诒让《校记》云:"闽本亦作'飨',下同。案:依文义作'飨'是也。"③相比较而言,阮氏据单《疏》《要义》二善本改字,而孙氏据闽本及文义校定阮校非是,更为可信一些。又如,《丧服》"朋友,麻",郑《注》:"庶人不爵弁,则其吊服素冠委貌。"阮氏《校勘记》云:"陈、闽、监、葛俱作'则其冠素委貌',与《疏》合。"④孙诒让《校记》云:"《司服》疏引作'则其吊冠素委貌'。案:当作'则其吊服冠素委貌',今本倒'冠素'二字,不可通。"⑤两相对比,阮氏校勘仅据各本对校,理据略显充分,而孙氏则据贾氏《周礼·司服》疏所引,指出各本有文字倒乙之误,进而说明阮校失考,更趋可信。当代学者段熙仲先生在谈到阮氏版本校勘的失误情况时,也曾指出:"阮校本误于顾千里盲从钟本,未见严州本、徐氏本之真面目,致二本经常混淆。"⑥后来胡培翚作《仪礼正义》,便弥补了阮氏校勘中的这方面不足。

其二,阮元引据同时代学者校勘成果,偶有失考、沿袭错误之例。例如:《士丧礼》"东方之馔",郑《注》:"盛之也。"阮元《校勘记》云:"段玉裁校本作'神之也',云:下文《注》云'弥神之',正蒙此,《疏》同。"⑦孙诒让《校记》云:"'弥神之'是承小敛而言,《疏》说甚明,不可据此改'盛'为'神',段校未允。"⑧可谓允当之辞。又如,《特牲馈食礼》"众宾及众兄弟、内宾、宗妇,若有

---

① 刘秉璋:《〈十三经注疏校勘记识语〉序》,《十三经注疏校勘记识语》卷首,《续修四库全书》(第183册),上海古籍出版社2002年版,第547页。

② 阮元:《十三经注疏校勘记·仪礼注疏校勘记》卷十,《续修四库全书》(第181册),上海古籍出版社2002年版,第428页。

③ 孙诒让:《十三经注疏校记》,齐鲁书社1983年版,第433页。

④ 阮元:《十三经注疏校勘记·仪礼注疏校勘记》卷十一,《续修四库全书》(第181册),上海古籍出版社2002年版,第456页。

⑤ 孙诒让:《十三经注疏校记》,齐鲁书社1983年版,第436页。

⑥ 段熙仲:《胡氏〈仪礼正义〉引用书目》,见《仪礼正义》附录四,江苏古籍出版社1993年版,第2469页。

⑦ 阮元:《十三经注疏校勘记·仪礼注疏校勘记》卷十二,《续修四库全书》(第181册),上海古籍出版社2002年版,第470页。

⑧ 孙诒让:《十三经注疏校记》,齐鲁书社1983年版,第441页。

公有司、私臣"，郑《注》："私臣，自己所辟除者。"阮氏校勘说："按：段玉裁云：
'"自"当是"目"字，此与《丧服》注"私兄弟目其亲族也"同。'"①孙诒让《校
记》云："《（有）司彻》注云：'私人家臣，己所自谒除也。'则'自'字不误，段校
未塙。"②以上二例，阮元皆从正面采录段玉裁《汉读考》的校勘成果，孙诒让
则指出段氏校语与经文以及《注》语不合，由此可见阮氏校勘引据之失察也。

其三，阮元的许多校勘往往只校勘版本异同，不校是非，阮氏在《仪礼注
疏校勘记序》中指出要"复定其是非"，只是针对部分情况而言，并非指全体校
勘情况，这种编纂体例虽然和阮氏的校勘主张相吻合，但少数校例之异文情况
比较复杂，校勘者极有必要提供自己的看法供读者参考，倘若不作是非之辨
别，确有模糊之嫌。例如：《聘礼》"卿为上摈"，郑《注》"则卿受之，反面传面
上"，阮元校勘说："卿，徐、陈、《集释》俱作'乡'。按：《礼记·聘义》引作
'乡'。"③并未明确说明异文应如何取舍，但从案语来看，似乎是主张从"乡"
为说。孙诒让《校记》云："'乡受'与'乡本受命'之'乡'同，与'反面'对文，
不当作'卿'也，毛误。"④孙氏从郑《注》前后文用词情况之对比，指明毛氏汲
古阁本的文字有错误。又如，《既夕礼》"商祝执功布"，贾《疏》"葬时乘车"，
阮元《校勘记》云："车，单《疏》《通解》《要义》俱作'人'。"⑤阮氏未明言"车"
"人"如何取舍，考孙诒让《校记》则确切指出："'乘人'，《杂记》文，毛本妄
改。"⑥孙诒让通过点明贾《疏》语出处，说明毛本之非。以上二例，阮元只是
说明各本文字异同，而皆未交代去取情况。

其四，阮元虽然引据校勘版本颇多，但在《仪礼》经文及郑、贾《注疏》训语
用词异文的辑录上，仍有失收的现象，有关版本异文记载有欠全面。例如：
《乡射礼》"礼射不主皮"，郑《注》："凡祭，取余获陈于泽。"阮元《校勘记》云：
"'凡'，《要义》作'己'，与单《疏》《述注》合。'取'上，《要义》有'则'
字。……按：'凡'字是也。《射义》：'天子将祭，必先习射于泽'，下文又
云：'射中者得与于祭，不中者不得与于祭。'是射泽必在祭之先，况禽待祭
后而班，则委积日久，'已'字非也。段玉裁云：'单《疏》本、《述注》作"已"，

①　阮元：《十三经注疏校勘记·仪礼注疏校勘记》卷十五，《续修四库全书》（第181册），上海古
籍出版社2002年版，第526页。
②　孙诒让：《十三经注疏校记》，齐鲁书社1983年版，第448页。
③　阮元：《十三经注疏校勘记·仪礼注疏校勘记》卷八，《续修四库全书》（第181册），上海古籍
出版社2002年版，第390页。
④　孙诒让：《十三经注疏校记》，齐鲁书社1983年版，第419页。
⑤　阮元：《十三经注疏校勘记·仪礼注疏校勘记》卷十三，《续修四库全书》（第181册），上海古
籍出版社2002年版，第486页。
⑥　孙诒让：《十三经注疏校记》，齐鲁书社1983年版，第443页。

亦误字。'"①阮元择从"凡祭"而不取"已祭"未误,但阮氏既以版本对校为主要校勘手段,又参《礼记·射义》之文,其各本异文所载确有疏漏,故孙诒让《校记》补充云:"《礼记·射义》正义引《书传》亦作'凡祭'。"②又如:《少牢馈食礼》"食举",郑《注》"先饮啗之",阮元《校勘记》云:"'饮',《释文》《集释》、杨氏俱作'食',陆氏曰:'作饮、饭者皆非。'按:《疏》亦作'食'。"③孙氏《校记》补充云:"《特牲注》亦作'先食啗之'。"④孙氏根据郑《注》不同篇前后注文补充之,辅益之。事实上,凡此一类《注疏》本身的用词材料,其搜集非常重要,极有利于校勘结论之论定,宜以搜罗全面更为妥当。

　　尽管阮元《仪礼注疏》的校勘存在上述种种方面不足,然从总体而言,该书及《仪礼石经校刊记》的完成,使《仪礼》经文及《注疏》本身的许多讹谬得到了纠正。这充分体现出,阮元在《仪礼》校勘学上的成绩是显著的,泽溉后学之功难以灭没,即使称阮氏《校勘记》为清代《仪礼》校勘文献之最佳者,恐亦不为过誉之辞。诚如清代学者夏炘所言,"仪征阮氏就宋刊本为《校勘记》,诸经《注疏》从此易读,其功非浅显矣"⑤。

五、黄丕烈与《严本仪礼郑氏注校录》

(一)生平及著述旨趣

　　黄丕烈(1763—1825),字绍武,一字承之,号荛圃、荛翁等,又号复翁、求古居士、秋清居士、知非子、抱守老人、宋廛一翁、荛圃主人、士礼居主人等,江苏长洲(今苏州市)人。少读书,务求精纯;发为文章,必以六经为根柢。乾隆五十三年(1788)中举。嘉庆六年(1801)入都,由举人挑一等,以知县用,签发直隶,不就,纳赀议叙,得六部主事,有怀才不遇之感而辞官归,专事收藏、校雠和著述。因独嗜宋本书。平生鲜声色之好,惟喜聚书,闻有宋元精椠,或旧抄善本,不惜多方购置,所藏古今善本、秘本、珍本极为丰富,曾得宋刻几百余种,为当时东南之巨擘,颜其藏书之所曰"百宋一廛"(又名学耕堂、县桥小隐、学圃堂等),且自号为"佞宋主人"。黄丕烈精于鉴别,经其判明先后,甄别真伪,殆可不凿而定,因此他被洪亮吉推举为清代"赏鉴"一派藏书家的代表人物,

---

① 阮元:《十三经注疏校勘记·仪礼注疏校勘记》卷五,《续修四库全书》(第181册),上海古籍出版社2002年版,第353页。

② 孙诒让:《十三经注疏校记》,齐鲁书社1983年版,第443页。

③ 阮元:《十三经注疏校勘记·仪礼注疏校勘记》卷十六,《续修四库全书》(第181册),上海古籍出版社2002年版,第534页。

④ 孙诒让:《十三经注疏校记》,齐鲁书社1983年版,第443页。

⑤ 夏炘:《夏仲子集》卷四,民国十四年(1925)刻本。

后世以此为特征的藏书家莫不奉黄为宗。

黄丕烈非常重视文献校勘，每获一书，日夜雠校，研索订正，经他手所校之书，在藏书家、书商界有声望，学术价值也较高。在长期的校书实践中，积累了丰富的校雠经验，提出了一系列有价值的看法，如提出校书要广搜异本，择善而从；主张校书要以"死校"为主，不轻易改动一字；强调校书要汲取他人成果，要撰写札记、题跋；等等。① 又喜刻书，所刻之书皆精，版式一般皆从宋版，并附撰《札记》或《校录》，钱大昕、段玉裁等称其所刻书"可矫近世轻改古书之弊"。其所刻之书，皆收入《士礼居黄氏丛书》。著有《荛言》《士礼居藏书题跋记》《续录》《汪本隶释刊误》《芳林秋思》等。另外，黄丕烈亲手编订的藏书目录，主要有《百宋一廛赋注》《求古居宋本书目》《百宋一廛书录》等，大致反映了佞宋主人黄丕烈收藏宋版书的基本情况。

嘉庆二十年（1815），黄丕烈重刻宋严州本《仪礼郑注》17卷②，附《严本仪礼郑氏注校录》1卷，于严州本之是非悉校录之，属于经、《注》校勘方面的重要代表著作。众所周知，黄丕烈与顾广圻关系非常密切，诚如孙钦善先生所言，"孙星衍、黄丕烈、胡克家、张敦仁、秦恩复等先后请他主持校刻古书"，"士礼居所刻诸书，大多由顾正定，世并称顾、黄"③。不过，黄丕烈所作《宋严州本仪礼经注精校重雕缘起》并未有托付顾氏校刻之言。因此，怀疑此《严本仪礼郑氏注校录》大抵亦出顾广圻之手，惜无足够证据，姑妄存疑之。

（二）《严本仪礼郑氏注校录》之文献校勘特点

黄丕烈《严本仪礼郑氏注校录》（以下简称《校录》）一书校雠宋严州本《仪礼郑注》，有别于此前沈氏、金氏、卢氏、阮氏等人的《仪礼》校勘，并不以著述为要务，仅仅是其为了求得刻书之精善而加以校勘，充分体现出黄氏的校雠理念和校雠方法，但同样对推动《仪礼》校勘学的发展具有重要的意义。具体说来，该书的文献校勘主要有如下几个特点：

首先，从《校录》的校勘对象情况来看，黄丕烈的校勘不如卢文弨、阮元那么广博，仅仅只针对《仪礼》经、《注》二者，其中又以郑《注》校勘为主。黄氏以宋严州本《仪礼郑注》为校雠底本，至于其所据以参校的版本则主要有：明叶石君影宋抄《释文》本，单行50卷贾《疏》宋刻本，《四库全书》聚珍板之宋李

---

① 参见顾志华：《黄丕烈与校勘学》，《古籍整理研究学刊》1989年第2期。

② 在黄丕烈重刻宋严州本《仪礼经注》之前，阮元曾据之加以校勘，如《严本仪礼郑氏注校录》卷首所附《宋严州本仪礼经注精校重雕缘起》云："国朝顾氏炎武、张氏尔岐只取唐石经以校明监本，余先后收得宋刻《经注》本及宋刻单行《疏》本，各校副本流传于外，阮芸台侍郎取以入《仪礼校勘记》中者是也。"

③ 孙钦善：《中国古文献学史》（下），中华书局1994年版，第1064页。

如圭《仪礼集释》本,宋张淳《仪礼识误》本,影宋刻魏了翁《仪礼要义》本。由此不难发见,从版本、版本学上讲,黄丕烈选择的这些参校的版本大都刊刻较为精善,有助于确保校勘实践的质量。不过,黄氏所据之单行 50 卷贾《疏》宋刻本并非完本,据《荛圃藏书题识》记载,"余近得《仪礼疏》七帙,通为五十卷,内缺三十二卷至三十七卷,首尾完善,实足证五十卷之说,正经注语,皆标起止,而疏文列其下,为宋景德年间本,与马廷鸾之说合。"①该本完足本,顾广圻于嘉庆五年(1801)见过此书,称该版书"实于宋椠书籍为奇中之奇,宝中之宝,莫与比伦者也"②。后来此书于道光十年(1830)为汪阆源所得,并予以重刻,顾广圻又代汪氏撰写《重刻宋本仪礼疏序》,并自撰《后序》详加说明。

其次,从《校录》体现出来的宋版书校雠态度来看,黄丕烈强调校勘的善本依据,既重视宋本而又不迷信宋本,较其得失,兼采众本之长。对校是黄丕烈《校录》最擅长的,在黄氏看来,宋代《仪礼》相关刊本较少讹舛,故多据宋本校勘其他版本经、《注》的讹误。例如,《士冠礼·注》"韇,藏筮之器",《校录》云:"李本'筮'作'筴'。案:影宋刻魏氏《要义》'筮',严本不误。"③此例黄氏据影宋刻魏氏《要义》佐证严州本不误,并据此断言李如圭《集释》本有误。又如,《特牲馈食礼》"及两铏芼",《校录》云:"张本所见严本'铏'作'鉶',云监本多一'鉶'字,张本从诸本作'及两鉶',李本增一'鉶'字。案:严本宋刻'鉶'作'铏','铏'字不重。"此例亦据宋严州本加以校勘。不过,黄氏并不一味信从宋本,"今人校书多据宋本,亦有高下之别……然余将近时传本展阅,亦有一二可据,何必过信汲古阁之本而没其善也?"④据此,他校书有时亦指正宋本文字之讹误所在,如《大射仪·注》"其诗有射诗侯首不朝者之言",《校录》云:"宋本'诗侯'作'诸侯'。案:'诸'讹,为'诗'形涉而误。"此例指出宋本之形涉而误。又如,《丧服·注》"止者不降",《校录》云:"李本'止者'作'此著'。案:单《疏》述《注》'此著',严本'此著',乃皆误字。"此例指出宋刻单《疏》本和严州本误字情况。又如,《丧服·注》"治其缕如小功而成布尊四升半",又"以服至也",《校录》云:"张本移'尊'字在'至'字下,谓上句多一'尊'字,下句少一'尊'字,据《疏》也。李本'尊'字未误。案:此严本误。"此

① 黄丕烈著,屠友祥校注:《荛圃藏书题识·说文十五卷》卷一,上海远东出版社 1999 年版,第 34 页。
② 顾广圻著,黄明标点:《思适斋书跋·仪礼疏五十卷》卷一,《中国历代书目题跋丛书》(第二辑),上海古籍出版社 2007 年版,第 3 页。
③ 黄丕烈:《严本〈仪礼〉郑氏注校录》,《士礼居黄氏丛书》民国十一年上海博古斋影印原清黄氏刊本。下同,恕不逐一标注。
④ 黄丕烈著,屠友祥校注:《荛圃藏书题识·说文十五卷》卷一,上海远东出版社 1999 年版,第 66 页。

例指出宋严州本之误。凡此种种,皆说明校勘者的态度是辩证的,并没有迷信宋椠本到"佞宋"的地步。

再次,《校录》强调校勘各本之失,注重通过比较来考察各本异文演变之源流,溯其失误之本末因由,创获尤多。黄丕烈由于藏书甚富,特别是收藏了大量的善本书,因而校勘中得以考其源流,较其得失,兼采众长,这样就避免了孤立的文字对校。例如,《士昏礼·注》"将见良人之所之",《校录》云:"张本改'见'为'覵',据陆也。李本'见'。案:《释文》云:'今本亦作见。'严盖用亦作本。又案:单《疏》引《孟子注》云:'覵,视也。'彼'覵'为视,亦得为见,故郑此注为'见'也。贾所见郑《注》,与严本合。"又如,《燕礼·注》"寝露寝",《校录》云:"张本改'露'为'路',据《疏》也。李本同。案:单《疏》'路'。'露'、'路'古通。"以上二例,黄氏皆指出了张淳《仪礼识误》本改字的依据所在,并进而分析其得失所在。又如,《聘礼·注》"豕束之",《校录》云:"张本出'束'字于上,而原文作'豕东之',是张所见严本为'东'也,故引《疏》云:'豕束缚其足。'是张改'东'为'束'者,据《疏》也。李本'束',今严本宋刻未误。"此例黄氏详细分析了张淳《仪礼识误》改字的理据和缘由。由此可见,在这一校勘方面而言,《校录》的做法要远远胜于卢文弨《仪礼注疏详校》的孤立胪列和版本异同比较,提升了校雠的质量。

复次,《校录》既重视对校,但又不局限于各种文献版本的对校,而是同时参以运用其他各种校法,避免了妄改宋本及他本文字之失。例如,《大射仪》"洗象觚",《校录》云:"宋本'觚'作'觯',案:《注》云:'觚当为觯。'则经文不应改字。《释文》云:'音觯。'则但当读如觯音,不得改从'觯'文也,严本不误。"黄丕烈乃据《注》文校勘宋本经文之误,又参以他校法加以校雠。又如,《特牲馈食礼·注》"季,小也",《校录》云:"张本改'小'为'少',据陆也;李本'小'。案:《注》'挂袺以小指者',则'小'字不误。"这是参以本校法纠正张本之误。不过,《校录》的校勘,基本上不运用理校法借以辅助异文之是非判断。

此外,《校录》亦注意征引时哲段玉裁等人的研究论说作为校雠依据,借以佐证自身的是非抉择结论。例如,《觐礼·注》"其盟愒其著明者",《校录》云:"李本'愒'作'揭'。案:单《疏》述《注》'愒',影宋钞《释文》同。段氏曰:字作'愒'从心,义作'揭'从手。揭者举也,谓王巡守及诸侯之盟祭其就祭之所日山川月最著明者也。愒,盖'揭'字之假借,应基竭切,而陆氏乃苦盖反。贾《疏》亦不定'愒'字之义,皆其疏也。"此例校勘,黄丕烈乃依据段玉裁的成说,说明"愒""揭"二字相互通假。又如,《丧服·注》"如著幓头焉",《校录》云:"张本云:'监本"幓",从诸本"幓"。'案:'监本"幓"'下,戴氏云:'案此下

有脱文，当是言监本"慘"作"懆"。'据此，则作'懆'者惟监本矣。李本'慘'，
单《疏》'慘'，段氏曰：'"慘"非，"懆"是。'"此一例校雠中，黄丕烈依据戴震
和段玉裁二人的考证为说，表明从"慘"之确凿可信。凡此之类，皆足证黄氏
重视吸收时哲们的研究成说。

　　嘉庆二十二年（1817），黄丕烈又刊《严本仪礼郑氏注续校》（以下简称
《续校》），弥补此前《校录》的不足之处。他在《续校》题首下有一段缘起的交
代："余既刊严本《仪礼》，并附校语行世，近同年友张君翰宣读是书，举其误数
十条来谂于余。余惟是刊悉存严本面目，其中讹缺断坏之字，间据陆、贾、张、
李四家书是正完补，即校语有未尽举出之字，多见芸台侍郎《仪礼校勘记》及
段若膺《仪礼汉读考》中，读者自能得之，已于前校《缘起》涉及，而张君精心解
诂，妙悟博通，是有以助余不逮，为不可没，故复校雠一过，续刊所举。并冀世
之如张君者复有以告余也。"由此看来，该《续校》乃黄氏张翰宣同年友所校
勘，而黄丕烈又曾"复校雠一过"，弥补了此前《校录》的不少漏校例，极有价
值。《续校》共44条，其中补校《乡饮酒礼》篇3条，补校《大射仪》篇5条，补
校《聘礼》篇6条，补校《公食大夫礼》篇3条，补校《觐礼》篇2条，补校《丧
服》篇4条，补校《士丧礼》篇5条，补校《既夕礼》篇8条，补校《士虞礼》篇5
条，补校《特牲馈食礼》篇1条，补校《少牢馈食礼》篇3条，补校《有司彻》篇4
条。这些校例，大多仍以对校为主，校勘风格与《校录》之例大致相同，此不逐
一举例说明。

　　总之，作为一名以藏书、刻书为生的校雠家，黄丕烈校雠《仪礼》文献的具
体实践，成为当时致力于"实事求是"治学风尚的学术研究之典范，赢得了士
人的尊崇；与此同时，经他之手校勘刻成的重刻宋严州本《仪礼郑注》一书，也
具有很高的版本学价值，对推动当时《仪礼》学的研究起到了积极的影响。

第七节　其他学者的《仪礼》学研究

　　除上述诸学派学者的《仪礼》研究影响较大以外，还有少数学者虽然难以
形成学术流派群体优势，但他们通过各自的学术研究在礼学界赢得了一席之
地，著述流播较广，为礼学界同人所尊崇。其中，最为受人关注的主要有崔述、
凌曙、程瑶田等人。如果说，崔述着眼于经俗互贯视野下的"五服"规制研究
的话，那么，作为公羊学创始人之一的凌曙则兼采郑玄礼学、公羊礼学二者之
所长，而程瑶田则是乾、嘉之际少数非议郑玄治学者之代表人物之一，可谓各
具特色。

一、崔述与《五服异同汇考》

(一)生平及著述概说

崔述(1740—1816),字武承,号东壁,直隶大名府魏县(今河北魏县)人。父崔元森治经学,宗程朱之学,乡试不第。崔述生于乾隆五年庚申(1740),母李氏以《大学》《中庸》授之,14岁时,已泛览群书。乾隆二十七年(1762)与其弟崔迈一起应顺天乡试,同榜中举人。乾隆二十九年(1764)与邠州成静兰成婚,又一年返魏县,设馆授徒。乾隆三十四年(1769)赴京会试不第,访孔广森,这是崔述毕生唯一认识的称得上著名的学者。乾隆三十四年(1769),"近三十岁始渐自悔,专求之于六经,不敢他有所及。日积月累,似若有得,乃知秦汉以来传注之言往往与经牴牾,不足深信"①,从此走上了他考证经史的学术生涯。嘉庆元年(1796)元月,被任命为福建罗源县知县,颇有廉声,任职期间"案无枉者"。嘉庆四年(1799)四月,署理上杭县知县,但在次年十月又回任罗源县知县。嘉庆六年(1801)十月,老病乞休,以著述自娱。崔述生平著书34种,包括《考古提要》《夏考信录》《商考信录》《丰镐考信录》《洙泗考信录》《孟子事实录》等,凡88卷,门人陈履和将其汇刻为《崔东壁遗书》。

崔述治学好疑古辨伪,胡适就称崔述为"二千年来的一个了不得的疑古大家"②。崔述指责当世汉学家"但以为汉儒近古,其言必有所传,非妄撰者",又斥其"但据后人之训诂,遂不复考前人之记载"③,始终难以进入清代学术的主流。清代编辑的《皇清经解》和《皇清经解续编》均将崔述的《考信录》摈斥在外,张澍则斥责崔述"陋儒无识"。清朝重视崔述学说的只有张维屏一人。《清史稿》称:"其著书大旨,谓不以传注杂于经,不以诸子百家杂于传注。以经为主,传、《注》之合于经者著之,不合者辨之。异说不经之言,则辟其谬而削之。述之为学,考据详明如汉儒,而未尝墨守旧说而不求其心之安;辨析精微如宋儒,而未尝空谈虚理而不核乎事之实。然勇于自信,任意轩轾者亦多。"④一直到民国年间,崔氏之学得以大显,诚如钱穆在《崔东壁遗书序》中所说:"东壁之学传矣而不广,存矣而不著,浮沉淹没于书海之底者又百

①　崔述:《与董公常书》,《无闻集》卷三,顾颉刚编订:《崔东壁遗书》,上海古籍出版社1983年版,第705页。

②　胡适:《玄同先生与适之先生书》,载顾颉刚:《古史辨》第一册,上海古籍出版社1982年版,第59页。

③　崔述:《考古续说》卷之一,载顾颉刚编订:《崔东壁遗书》,上海古籍出版社1983年版,第446页。

④　赵尔巽:《清史稿》(册43)卷四百八十二《列传二百六十九》,中华书局1977年版,第13270页。

年,乃迄于今始大显。"①

　　崔述于《仪礼》一经的研究,一是考订今本《仪礼》春秋战国间学者所记,见于《丰镐考信录》卷五之中;二是著述有《五服异同汇考》一书,凡 3 卷。据崔述《五服异同汇考小引》交代,始撰于乾隆四十六年(1781),至乾隆五十三年(1788)书乃初成。该书相当于一部丧服沿革史,"其研究每一种亲属,先记古经的丧服,然后记述后世的沿革,再去评论其得失"②。嘉庆六年(1801),崔述在罗源任知县,复自检阅订正而就定稿;嘉庆十二年(1807),崔述年近 70岁,他又补写《五服异同汇考小引》和《五服余论》,附在此书之后。道光四年(1824),其弟子陈履和在东阳县任知县期间,将该书与《丰镐考信别录》等 12种 32 卷一起初刻传世,从此在学界流传开来。

　　(二)论《仪礼》为周公制其大纲说

　　作为一名辨伪学家,崔述对《仪礼》之作者问题亦有研究,他不同意古文经学家出自周公之手的说法,乃力辩《仪礼》非周初周公所作之书,以为:当初周公所制之《礼》只是制定了一个大纲,"盖凡传记所称'周公制礼'云者,亦止制其大纲而已","至于润泽,则亦随其国之俗";至于目前所见之《仪礼》,则是春秋战国间学者所记。崔述认为,这可以从目前所见《仪礼》的繁文缛节、费用之奢、礼节之乱、与史实记载不尽相符等几个方面得到印证③。崔述的这一论说,主要立足于以下诸方面理据:

　　第一,崔述从繁文缛节与否的角度对古礼与《仪礼》之异加以比较。他说:"周公曰:'享多仪,仪不及物,曰不享,惟不役志于享。'孔子曰:'先进于礼乐,野人也;后进于礼乐,君子也。如用之,则吾从先进。'然则圣人所贵在诚意,不在备物;周初之制犹存忠质之遗,不尚繁缛之节明矣。今《礼经》所记者,其文繁,其物奢,与周公、孔子之意判然相背而驰,盖即所谓后进之礼乐者,非周公所制也。"崔述以为,周初之礼制不尚繁缛之节,圣人所贵在于诚意,而今所见之《仪礼》却多繁文缛节,不存古人忠质之意。

　　第二,崔述辩《仪礼》所述之礼讲究费用之奢而以为非先王之制:"古者公侯仅方百里,伯七十里,子男五十里;而今聘食之礼,牲牢笾豆之属多而无用,废而无当,度其礼每岁不下十余举,竭一国之民力犹恐不胜。至于上士之禄仅倍中士,中士仅倍下士,下士仅足以代其耕;而今《士礼》,执事之人实繁有徒,

　　① 钱穆:《崔东壁遗书序》,载顾颉刚编订:《崔东壁遗书》附录,上海古籍出版社 1983 年版,第 1046 页。
　　② 吴量恺:《崔述评传》,南京大学出版社 2001 年版,第 356 页。
　　③ 崔述:《丰镐考信录》卷五,载顾颉刚编订:《崔东壁遗书》,上海古籍出版社 1983 年版,第 214—216 页。本标题下所引之文,如未出注,皆源自于此。

陈设之物粲然毕备,又岂分卑禄薄者所能给乎? 此必春秋以降,诸侯吞并之余,地广国富,而大夫士邑亦多,禄亦厚,是以如此其备,非先王之制也。"由于《仪礼》所述之礼讲究费用之奢,故亦不合古人忠质之意。

第三,崔述以为《仪礼》存礼节淆乱之弊,与典籍所存古礼遗制不符。"襄王赐齐侯胙曰:'以伯舅耋老,加劳赐一级,无下拜。'齐侯曰:'小白,余敢贪天下之命,无下拜?'下拜登受。是古礼,臣拜君于堂下,虽君有命,仍俟拜毕乃升,未有升而成拜者也。齐桓为诸侯盟主,权过于天子,然犹如是,则寻常之卿大夫可知矣。秦穆公享晋公子重耳,公子赋《河水》,公赋《六月》。公子降拜稽首,公降一级而辞焉。是古礼,君自行君之谦,臣自循臣之节;辞者自辞,拜者自拜;不因其辞而遂不成拜于下也。晋文乃邻国之公子,且夕为晋君,于秦穆同列,然犹如是,则本国之卿大夫可知矣。故孔子曰:'拜下,礼也;今拜乎上,泰也。'今《礼经》,臣初拜于堂下,君辞之,遂升而成拜,是孔子所谓'拜上'矣。齐桓、晋文所不敢出而此书乃如是,然则其为春秋以降沿袭之礼而非周公之制明矣。"

第四,崔述从《仪礼》"诸公"称名的角度,申论《仪礼》成书于春秋、战国时期:"名也者,圣人之所尤重者也。吴楚之僭王也,《春秋》书之曰'子',慎其名也。故曰'王臣公,公臣大夫',曰'一国三公,吾谁适从'。王之下不得复有王,即公之下不得复有公明矣。今《礼经》诸侯之臣有所谓'诸公'者,此何以称焉? 说经者无可置词,乃以'大国之孤'当之。大国之孤仅见于《周官》,经传未尝有也。宋,公爵也,春秋之世谁为之孤者? 即使大国果有孤,既名为孤矣,亦不当复称为公;而孤止一人,亦不当称之为'诸公'也。……然则此书乃春秋、战国间学者所记,所谓'诸公'即晋三家、鲁三桓之属,周公时固无此制也。"崔述以为,周公之时无诸侯之臣有所谓"诸公"之称名,此称应在春秋战国之际。

第五,崔述从《觐礼》与《聘礼》礼制记载详略轻重颠倒的角度论今存《仪礼》之失:"觐礼,诸侯朝于天子,天下之大礼也。聘礼,诸侯使大夫聘于诸侯,礼之小焉者耳。觐礼之详,虽百聘礼不为过;而今《聘礼》之详反十倍于《觐礼》,此何故哉? 此无他,春秋以降,王室微弱,诸侯莫朝,觐礼久失其传矣,但学士大夫闻于前哲者大概如此,因而记之;若聘礼乃当世所通行,是以极其详备。然则此书之作当在春秋以后明甚。若果周公所为,岂容于其大者反略而其小者反详,轻重之颠倒如是乎?"崔述以为,《觐礼》之义大于《聘礼》,因而其为文亦当详繁于《聘礼》,而今略于《聘礼》者,轻重颠倒,因此《仪礼》当作于春秋以后无疑。

第六,崔述从《士昏礼》及《丧服》二篇所载仪制与史实记载不尽相符角度论非周公之作："郑世子忽取于陈，陈鍼子送女，先配而后祖，鍼子曰：'是谓不夫妇，诬其祖矣！'今《昏礼》篇正配而后祖。然则郑人昏礼，先配后祖；陈人昏礼，先祖后配也。果周公所制之礼颁行天下，不应陈人独不知；即不知，亦不当反以此为讥也。王穆后崩，太子寿卒，晋叔向曰：'王一岁而有三年之丧二。'今《丧服》篇为妻期年。叔向博通古今，楚欲傲以所不知而不能；果周公所制之礼，叔向何容不知？叔向不知，天下之人又谁知之？"

基于上述诸方面原因，崔述以为，《仪礼》一书绝非周公所作，当成书于春秋战国之际。他又认为："盖凡传记所称'周公制礼'云者，亦止制其大纲而已。"又云："周公所制，特其大略，至于润泽，则亦随其国之俗"。有关《仪礼》成书的大致情况，崔述以为，"盖自周衰，礼乐散佚，圣贤采列国之文献，参互考订"，故成今所见之书。另外，崔氏还以为，孔子有整理《仪礼》之可能，因为"《记》曰：'恤由之丧，哀公使儒悲学《士丧礼》于孔子，《士丧礼》于是乎书。'是《士丧礼》之文出于孔子。以一反三，则他篇亦必非周公之笔"。他同时又进一步指出："然今《士丧礼》篇亦未必即孔子之所书。司马氏之《史记》，褚先生补之，后汉人续之矣；刘向之《列女传》，后汉人续之矣；许慎之《说文》，徐铉更定之矣。况于秦火以前，安能必其为当日之原本？犹不敢必为孔子之书，况欲笃信其为周公之事乎？"

另外，崔述在《五服异同汇考》一书中，又单独论及《仪礼》"丧礼"部分之经文非周公所作。他在《五服余论》中也说："考经与《记》所载丧礼之繁，可谓极矣。说者以为周公所制，非也。此乃周末文胜之弊，当时习于礼者载之册耳。孔子曰：'先进于礼乐，野人也；后进于礼乐，君子也。如用之，则吾从先进。'岂有于丧礼而多为是繁文末节者哉？且父母初丧，为人子者心肝崩裂哀痛之不暇，何暇一一详辨其仪节而遵行之？而丧本凶礼，又非可尝试演习于平日者，故孔子曰：'丧与其易也，宁戚。'子游曰：'丧致乎哀而止。'苟笃于哀，必不能致详于仪节，若此时尚能一一致详于仪节，吾恐其必减于哀也。"[①]他从《仪礼》"丧礼"仪节之烦琐与孔子所倡导的尚简精神相违入手，提出礼经存在"周末文胜之弊"的问题，从一个侧面再次表明：《仪礼》并非周公制礼作乐的产物。

（三）《五服异同汇考》之诠释考

崔述治学主张当为有用之学，有补于齐家治国之道，"述自读诸经、《孟子》以来，见其言皆平实切于日用，用之修身治国，无一不效，如布帛菽粟，可

---

① 崔述：《五服余论》，《五服异同汇考》卷三后附，《续修四库全书》（第95册），上海古籍出版社2002年版，第339—340页。

饱可暖,皆人所不能须臾离者"①。对于《仪礼·丧服》篇,崔述极为看重,"服也者,纪纲名分之所系也,犹之乎治国者必使上下有服、都鄙有章也"②。崔述所处乾、嘉时期,当时人们对于古礼制的实用价值,已经不像清初学者那样特别强调和重视了,"今世之人未有能行古丧礼者,此固势之所至,非尽人情之薄,虽圣人亦无可奈何者也"③。有鉴于此,崔述乃从整理《丧服》篇服制入手,并将其与历代民间礼俗规制对比,著为《五服异同汇考》3卷,力图使之有益于当代的丧服礼制文化建设。

首先,从该书的文献整理体式情况来看,崔述采取的是通释体的著述形式。众所周知,历代专论《丧服》篇的许多训诂著作往往以服制分章列目,而崔述著该书时,则别立新的著述形式,乃"以人分之,亲属同者则为一篇",卷一为至亲之服、同堂之服、同族之服、外姻之服,卷2为女子为其私亲之服、妇为夫党之服、臣为君及君党之服、妾为君及君党之服,卷3分为人后者之服、母出母嫁之服。这种编排方式,打破了原本以丧服期制的结构布局,更便于读者对服制的把握和遵循。另外,道光四年刻《汇考》一书时,又将后来所著的《礼经大夫公子降服考》《礼经殇服考》《五服余论》3篇附于卷三之尾,其中亦多具创见。

其次,从该书关注的诠释对象来看,据该书《凡例》交代,"凡传、记有与经文互相发明或补经文未备及与经异同者,咸列于后","凡后世一时所立之制,非以后通行者及贤哲懿行可励浇风者,史传所记甚多"④,崔述就其所得者录之,以备参考。换言之,崔述关注的不仅是礼经的服制情况,同时也关注民间礼俗丧服规制的变迁情况。因而,该书在每一服制条文下,详列古今五服之制、沿革之异,于唐《开元礼》、朱子《家礼》、明《孝慈录》及萧嵩、魏仁浦之议等,皆详著明其服制规定。全书几乎没有关注于礼经中具体丧服条文的具体考证性文字,而将目光更多聚焦在民间礼俗丧服规制的承继情况与新服制的合理与否,情与理的分析意味很浓。崔述之所以如此重视民间礼俗丧服制度与《丧服》篇经文服制的对比研究,与他所主张的"经史不分"观有关:"三代以上,经史不分,经即其史,史即今所谓经者也。后世学者不知圣人之道体用同

①　崔述:《考信录提要》卷下《总目》,载顾颉刚编订:《崔东壁遗书》,上海古籍出版社1983年版,第16页。

②　崔述:《五服余论》,《五服异同汇考》卷三后附,《续修四库全书》(第95册),上海古籍出版社2002年版,第339页。

③　崔述:《五服异同汇考》卷一,《续修四库全书》(第95册),上海古籍出版社2002年版,第304页。

④　崔述:《五服异同汇考》卷首《凡例》,《续修四库全书》(第95册),上海古籍出版社2002年版,第288页。

原，穷达一致，由是经史始分。"①换言之，经就蕴藏在史之中，"六经"乃历史之遗迹，历代民间礼制作为历史的一部分，其中必然蕴含着圣人之道的"经"，"余窃谓圣人之道大而难窥，圣贤之事则显而易见，与其求所难窥，不若考所易见"②。

再次，从该书辨析历代服制异同的原则与视角来看，崔述一准"尊尊、亲亲"而立说。"《丧服》一篇，两言足以蔽之，曰尊尊、亲亲而已。"③对于历代服制及前人说解相异者，崔述并不主张一味复兴古礼，强调要顺应时势的发展需要，不可斥之为"人情之薄"。从这一认知出发，如遇到这一类相异者，崔氏则详加按语，从"礼以义起"的角度，以"尊尊""亲亲"为衡量准绳，辨析诸说，如《五服异同汇考》卷二论云："按：经女子子适人者无为从祖祖父母、从祖父母之文，然此二端皆系尊长，《开元礼》补之，近是。至明增从祖祖姑在室者之服，已属赘文，而又增从父昆弟之女之服，不益过乎？经于父之姑不言报，盖以其年尊而卑幼人数众多故也。《开元礼》补此服，似亦可已。"④总体而言，崔述对于"亲亲"原则，表现出了高度的认同感。

《五服余论》其中所补十二条，半数以上重在阐扬礼意"亲亲、尊尊两不相悖"，尤其对服丧期间感物生情之哀痛反复申说，如其开篇第一条明云：

丧非独服然也。其饮食，其居处，其言行，皆与寻常有异，而古人独于服致详焉者，所以立纪纲、正名分、殊亲疏而别尊卑也，故《丧服》一篇，两言足以蔽之，曰尊尊、亲亲而已。子生三年，然后免于父母之怀，故《丧服》皆以三年。由父而上推之、旁推之，则由期而大功，而小功，以至于缌。由母而推之，则为小功，为缌。皆亲亲之义也。父在为母为期，庶子为父后者为其母缌，为尊者所厌也。妇为夫党则有从服，为父党则有降服，为人后者服有变焉，母出母嫁服有变焉。尊尊、亲亲，不使两相悖也。故服也者，纪纲、名分之所系也，犹之乎治国者必使上下有服，都鄙有章也，是以古人必于此致详也。

《五服余论》第三条论父母之丧服何以三年的问题时，从"亲亲"制服原则角度阐述亦极为详尽："服何以三年也？圣人制之乎？非也，此人情之必至行乎其所不得不行者也。何者？凡哀莫重乎感，而感多因乎时期也者，历时之一

①　崔述：《洙泗考信录自序》，载顾颉刚编订：《崔东壁遗书》，上海古籍出版社1983年版，第262页。
②　崔述：《考信录提要》卷下，载顾颉刚编订：《崔东壁遗书》，上海古籍出版社1983年版，第16页。
③　崔述：《五服余论》，《五服异同汇考》卷三后附，《续修四库全书》（第95册），上海古籍出版社2002年版，第339页。
④　崔述：《五服异同汇考》卷二，《续修四库全书》（第95册），上海古籍出版社2002年版，第311页。

周也。故见新麦则感焉,见新谷则感焉……凡至亲之丧期之内无乎不哀也,故曰至亲以期断也。至于父母之丧,思尤深,义尤重,不但初见之而感而哀也,即再见之而犹不能不感,不能不哀,但感渐浅,而哀渐杀耳。必至再期之后三见之,然后其情渐习,其心渐平,可以勉强复其故常,故亲丧皆以三年为断也。"凡此之类论述,《五服余论》中比比皆是,皆系崔述重视"亲亲"的表现。总之,依崔氏之见,"情之不得已"是《丧服》最为根本的制服原则,他反对把丧失父母的三年之丧视为"圣人"的定制,也反对把丧服当成僵硬的规制条文,"礼本乎情,非强人以所不能行者也"[1]。

复次,从丧服义例的诠释情况来看,崔述对降服条文的关注远远要大于对正服、义服的剖析程度。在崔氏看来,"大抵经文多简,其义可互见者往往从略,要宜参观互证以会其全,不可遂谓无此服也"[2]。为此,崔氏专门撰成《礼经大夫公子降服考》一篇,考察礼经中大夫公子的降服缺载情况,因为"大夫公子之降服,自秦、汉以后皆无之,于今诚无所用。然经文中往往有与他服制相比照者参观互证,似不可缺"[3]。其中,有齐衰期不降者,有齐衰期降大功者,有齐衰无受之服不降者,有大功不降者,有大功降小功者。其降与不降者之因由亦较多,其不降者则有以尊故不降、以适故不降、以与尊者异体故不降、以体敌故不降等情况,其降者则有以体不敌故降、以厌故降两者情况。例如,"大夫之子公之昆弟为从父昆弟庶人""姑姊妹女子子适士者"并为"以体不敌故降"的情况,崔述加附案语指出:"大功章有大夫之妻为姑姊妹女子子不降服之文,则此章为姑姊妹女子子之降服,亦当有大夫之妻在内,盖因其兼从父昆弟庶孙言之,未便冠以大夫之妻,故缺此文。"[4]在崔述看来,尽管礼经"因其兼从父昆弟庶孙言之,未便冠以大夫之妻",但从现实丧服礼制执行的角度而言,确有明确的必要性。

《礼经大夫公子降服考》之后,崔述又附《礼经殇服考》一篇,因为"此亦人不讲,然不可以不知"。该篇依次分为五大类:本期为服大功者,本期为服小功者,本大功为服小功者,本大功为服缌者,本小功为服缌者;每一类下,依次列举补辑该类礼经阙无的殇服条文,如"本期为服大功者"下,依次辑录"叔父

①　崔述:《五服余论》,《五服异同汇考》卷三后附,《续修四库全书》(第95册),上海古籍出版社2002年版,第342页。

②　崔述:《礼经大夫公子降服考》,《五服异同汇考》卷三后附,《续修四库全书》(第95册),上海古籍出版社2002年版,第337页。

③　崔述:《礼经大夫公子降服考》,《五服异同汇考》卷三后附,《续修四库全书》(第95册),上海古籍出版社2002年版,第334页。

④　崔述:《礼经大夫公子降服考》,《五服异同汇考》卷三后附,《续修四库全书》(第95册),上海古籍出版社2002年版,第337页。

之长殇中殇""昆弟之长殇中殇""姑姊妹之长殇中殇""子女子子之长殇中殇""适孙之长殇中殇""夫之昆弟之子女子子之长殇中殇"等殇服条文,这些殇服条文皆系礼经所未记载,故崔述加附案语说:"后小功章有为昆弟之子女子子之下殇,则此章亦当有长殇中殇之服,盖经缺文。"①由此可见,《礼经殇服考》一篇的考证服制,和《礼经大夫公子降服考》一样,都是出于现实服制需要出发而加以考订的结果,礼俗性色彩极为强烈。

续次,从礼经学诠释的角度来看,崔述反对依据《礼记》文来解释《仪礼》,因为在崔氏看来,"大抵记礼之书篇各自为义,例不必悉同,故《记》往往与经差互,不得尽以彼而证此也。"既然例不必悉同,当然就不可以彼此互证。就《丧服》篇的诠释而言,崔述同样反对参互说解,如《汇考》卷二"为父之君"条下,崔氏申述云:"春秋之季大夫之适子多有侍君侧者,如郑之门子楚之御士,此固不可不如士服,《服问》之说盖因乎此,所谓礼以义起者未必本当如是也。若晋之公族又不当仅以士服服君矣,说者缘此,遂谓大夫父子皆为君斩,误矣。"②这和清初许多学者主张三《礼》互证,据《礼记》解《仪礼》的治学方法颇有出入,绝然相左。

最后,从对待汉儒的诠释态度来看,受乾嘉时期整体学风的影响,崔述对郑玄遍注群经所持态度较为客观。他曾经说:"郑康成,东汉名儒也,所注虽不尽是,然亦未尝尽非。"③但他对郑玄为《周礼》一书作注却有不满,"《周官》一书,尤为杂驳,盖当战国之时,周礼籍去之后,记所传闻而傅以己意者。乃郑康成亦信而注之,因而学者群焉奉之,与古《礼经》号为三《礼》。"④崔述对三《礼》中的《周礼》一书驳斥最力,连带着对给《周礼》作注的郑玄也一并表示不满。但他并没有一味排斥郑《注》,例如,他在考察明代儒者研究《丧服》篇经传的情况时,发现"明儒多驳《注》而从《传》"这一治学现象。那么,为什么明代会出现这样一种治学取向呢?对此,崔述亦有所深考,在他看来主要原因有三:"一则愚而轻信,妄谓《传》之必出子夏;二则矜才好异,欲驳先儒之说以见其能;三则郑氏逆降之说本有可疑。"⑤由此看来,崔述之所以谓"明儒多驳《注》而从《传》",首先是立足于他怀疑《丧服传》并非子夏之作所引起的,并

---

　　①　崔述:《礼经殇服考》,《五服异同汇考》卷三后附,《续修四库全书》(第95册),上海古籍出版社2002年版,第337页。
　　②　崔述:《五服异同汇考》卷二,《续修四库全书》(第95册),上海古籍出版社2002年版,第318页。
　　③　崔述:《考信录提要》卷上,载顾颉刚编订:《崔东壁遗书》,上海古籍出版社1983年版,第10页。
　　④　崔述:《考信录提要》卷上,载顾颉刚编订:《崔东壁遗书》,上海古籍出版社1983年版,第12页。
　　⑤　崔述:《五服异同汇考》卷二,《续修四库全书》(第95册),上海古籍出版社2002年版,第309页。

且他对所谓"逆降旁亲"之说也表示出一定的疑虑。

　　崔述在他的一生中，无论是做事情，或者是做学问，都坚持要考辨虚实以求其真，对于当时学者"多好议论古人得失，而不考其事之虚实"的风气，是极其诋斥的。崔述辨章古代丧服制度，考察合乎历史事实的丧服规制衍变情况，正其是而订其讹，并为之从情与理角度予以诠释，力图制定一套合乎当时社会现实的丧服制度来，既是礼经经世致用观的体现，也是他本人坚持实事求是治学宗旨的唯一选择。

二、程瑶田与《丧服文足征记》《仪礼经注疑直》

（一）生平及著述概说

　　程瑶田（1725—1814），字易田，一字易畴，号让堂、葺荷、葺翁，或署葺郎，晚号辨谷老民，安徽歙县人。少年时资质愚钝，读书百遍或不能记诵，但却好深沉之思。早年师从淳安方粹然（即雪瓢老人），后又与戴震、金榜一同问学于婺源江永，学问从此大进。曾先后 9 次参加乡试，后于乾隆三十五年（1770）考中举人，五十三年（1788）大挑，由吏部选授江苏嘉定县教谕，在任期间廉洁自持，以身率教，在任 4 年，以病乞归，钱大昕、王鸣盛皆赠诗推重。嘉庆元年（1796），朝廷开孝廉方正科，与钱大昭、江声、陈鳣等人一起被推举。阮元任浙江巡抚时，在杭州西湖开办诂经精舍，曾延请四方博学之士著书立说，程瑶田亦在被邀请之列，在其内从事著述数年，后归卒于家，终年 90 岁。

　　程瑶田一生好学深思，博学宏通，"笃志治经，东原自言逊其精密"，其说经尤"长于旁搜曲证，不屑依傍传注，而融会贯通，确有心得"①。治学特重求实，在礼制、象数、水地、名物、音韵等方面的训诂、考据方面，程氏都有所涉略，所撰《通艺录》42 卷，包括《沟洫疆理小记》1 卷、《水地小记》1 卷、《释草小记》2 卷、《考工创物小记》8 卷、《磬折古义》1 卷、《九谷考》3 卷、《宗法小记》1 卷、《释宫小记》1 卷等 24 种，一时"艺林争购，坊贾无以为应"，为当世所推重。著名经学大家王念孙甚为称誉推许之，以为"先生立物之醇，为学之勤，持论之精，所见之卓，一时罕有其匹"②。

　　程瑶田治经尤为长于礼学，著有《仪礼丧服文足征记》10 卷、《仪礼经注疑直》5 卷 2 种传世。这其中，《仪礼丧服文足征记》一书，是一部被段玉裁推许为"易田著述之最大者，不可不读之书也"③的著作，完稿于嘉庆七年

---

① 徐世昌著，舒大刚等校点：《让堂学案》，《清儒学案》（第四分册）卷八十二，人民出版社 2010 年版，第 2148 页。

② 王念孙：《高邮王氏遗书》，江苏古籍出版社 2000 年版，第 151 页。

③ 段玉裁：《与刘端临第二十八书》，载《经韵楼集》，中华书局 2008 年版，第 412 页。

（1802）。程氏之所以命名为"足征记"，"盖征于经、《传》本文也"①。至于《仪礼经注疑直》，则很可能仅是一部未完稿，"此编为平时致力之书，非礼堂写定之作"②，乃程氏平日有所发正，随手录于简端而就。程氏命名其为"疑直"者，取《礼记·曲礼》"疑事毋质，直而勿有"之义。据吴承仕《程易畴〈仪礼经注疑直辑本〉序录》云，此书胡培翚《仪礼正义》多引其说，吴氏将所见残本与胡氏所引相校，有义同而文句稍有增益者，有全出于此残本之外者，故吴承仕辑录胡氏《正义》之文与残本相合，是为吴氏辑本。民国二十年（1931）安徽丛书编印处以吴氏辑本录于《通艺录》之末，遂行于世。20 世纪 90 年代修《丛书集成续编》，即据此本影印出版。

（二）《丧服文足征记》之诠释特色

作为一部专力研究《丧服》条文规制的巨作，自嘉庆七年（1802）问世后，即赢得了不少人的嘉许，如段玉裁谓"《考工》《丧服》经制度条例，考核精当，上驾康成，愚不如易田徵君"③，王念孙谓"足正汉以来相承之误"，"每立一说，辄与原文若合符节，不爽毫釐，说之精皆出于心之细也"④，等等。究其根本，程瑶田的《丧服》研究颇具特色，形成了如下几方面鲜明特色：

首先，就全书著述体例而言，程瑶田从考订《丧服》经传及稽考前贤错误成说的角度考虑，选择了多种文献体式综合著述的方式。《仪礼丧服足征记》卷一、卷二为"《丧服》经传考定原本"，属于考辨体；卷三属于图解体，包括"《丧服》通别表""本服殇服一贯表""成人本服小功长殇缌麻表"3 部分，凡29 表，其中"《丧服》通别表"包括丈夫通服表、为人后者为所后者服表、为人后者为其亲服表、为出母嫁母继父服表、庶子服表、大夫服表、大夫之子服表、大夫庶子服表、士服表、臣为君服表、庶人为君服表、诸侯服表、公子服表等 27表；卷四至卷十为自加类目杂考体，不局限于《丧服》篇文，且有时亦涉及《礼记》中的有关问题，根据既定的研究角度自拟纲目，依次进行考稽论证，其中有的属于正面立论，也有的属于驳论，其所属纲目如"《丧服》经传无失误说""辨论郑氏斥子夏《丧服传》误之讹""庶子不为长子三年述""两殇服章发例述""小功卒哭可以取妇取妻说""《丧服小记》上下旁杀亲毕说""葬北方北首说""葬服考"，等等，所涉范围极广。

---

① 程瑶田：《仪礼丧服文足征记》卷一，《续修四库全书》（第 95 册），上海古籍出版社 2002 年版，第 152 页。

② 吴承仕：《程易畴〈仪礼经注疑直辑本〉序录》，载程瑶田：《仪礼经注疑直辑本》卷首，民国二十二年（1933）《安徽丛书》（第二期）本。

③ 段玉裁：《答黄绍武书》，《经韵楼集》，上海古籍出版社 2008 年版，第 331 页。

④ 王念孙：《果臝转语记跋》，《程瑶田全集》（第 3 册），黄山书社 2008 年版，第 505 页。

其次,就《丧服》经文的性质认定而言,程瑶田主张《丧服》篇是完整而无逸文的。孔颖达疏《礼记·丧服小记》时,曾发《礼》经《丧服》篇有逸文之说。程瑶田不同意这种观点,故作《〈丧服〉无逸文述》一则,认为:"礼穷则变,变而不失其常,自非圣人,安能议礼哉? 孔冲远之疏《丧服小记》也,至曾孙之下,疑《丧服》之有逸文,于从父昆弟之子、昆弟之孙二人小功服外,又补出'从父昆弟之孙缌麻'及'昆弟之曾孙缌麻'二条,由不明五世祖免、六世亲竭而性别戚单诸精义,而以为元孙必有缌麻之服,故推而旁杀之亦应如此,卒不能融会《丧服》全经,错综参伍,以证明同姓庶姓之分之在于何人而不可少有假借焉者也。"①凡此种种,无疑是程瑶田贯通《丧服》通篇经传之显证。为了维护和证明《丧服》经传行文条例的严密性与完整性,他在《答段若膺大令论"为人后者服其本生亲降一等"书》中,明确反对段玉裁将经文"于兄弟降一等"中"兄弟"二字改成"昆弟"的做法,并且声言:"当其事者,援经比例,礼固可以义起与,然欲持之以释《丧服》经传,则不敢知也。"②因此,今有学者说:"程瑶田绝不会像段玉裁那样大胆地去改易经文,因为他坚信《丧服》经传文字是完备无缺且准确无误的,这就是《足征记》所谓'足征'的内涵,也是本书的基本前提。"③可谓抓住了程氏治《丧服》的基本立足点。

再次,就程瑶田关于丧服制度"精义""礼义"认知而言,程瑶田体认颇为精深而切要。制礼之精义把握与否,直接关系到礼制说解的根本,"圣人制礼精义一旦昭著,所以裨益经学、启迪后人非浅鲜也"④,有助于把握圣人制礼、贤人传礼之心。程瑶田说:"礼,穷则变,变则通,制礼之精义也。"⑤这显然是根据《周易·系辞下》作出的诠释。程氏又说:"圣人缘人情以制礼,因以辨上下而别尊卑,此所以有尊者统上、卑者统下之殊。"⑥这与汉代学者司马迁"缘人情而制礼,依人性而作仪"、明代学者张璁"圣人缘人情以制礼,所以定亲

---

①　程瑶田:《仪礼丧服文足征记》卷四,《续修四库全书》(第95册),上海古籍出版社2002年版,第180页。

②　程瑶田:《答段若膺大令论"为人后者服其本生亲降一等"书》,《仪礼丧服文足征记》卷十,《续修四库全书》(第95册),上海古籍出版社2002年版,第268页。

③　冯茜:《论程瑶田的丧服学》,《儒家典籍与思想研究》第四辑,北京大学出版社2012年版,第146页。

④　阮元:《仪礼丧服文足征记叙》,载程瑶田:《仪礼丧服文足征记》卷首,《续修四库全书》(第95册),上海古籍出版社2002年版,第139页。

⑤　程瑶田:《报服举例述》,《仪礼丧服文足征记》卷四,《续修四库全书》(第95册),上海古籍出版社2002年版,第191页。

⑥　程瑶田:《仪礼丧服文足征记》卷一,《续修四库全书》(第95册),上海古籍出版社2002年版,第147页。

疏,决嫌疑,别异同,明是非也"①的话,可谓如出一辙,是对儒家前贤礼制思想的进一步延继和生发。

复次,就服制考订方法而言,程瑶田主张从《丧服》经传中,从服制条文上下文中,去寻找行文文例、"义例""凡例",发覆经文丧服条文之间的联系。既然《丧服》经传是一部完整的周代丧服制度作品,那么,就必须要"玩索经之全文,以求经之义,不为《传》《注》所拘牵",方能"精言善解,穷极隐微,明圣人制礼、贤人传礼之心",方能摆脱"西晋、南宋门户之锢习"②。例如,《丧服》:"父卒,继母嫁,从,为之服报。"《传》曰:"何以期也? 贵终也。"程瑶田乃发覆服制说:"经于'为某服'下见'报'文者,则报某之服不重见于经,此经之例也。"③又"世父母、叔父母"一条下,程瑶田继言:"经于为某服而某当报者,本经不见'报'文,则报某之服必重见于经,其《传》亦必见'报之'之文,此经例,亦《传》之例也。如此经,为世父母、叔父母期,则二父母亦报以期,见于后经,而《传》必曰'报之'是也。"④这种经文"礼例"的揭示,业已成为他诠释礼制的重要立论依据。即便是诠释《传》文,他亦主张"《传》则皆依经发义,无凭空立义之例"⑤的诠释理论。凡此种种,为他的《丧服》经传研究,似乎找到了一条颇为可取的诠释路径。

续次,就对待郑玄《丧服注》的态度而言,程瑶田《仪礼丧服文足征记》中颇多非议郑《注》之辞,以为"治经不涵泳白文,而惟《注》之徇,一失其趣,即有毫厘千里之缪"⑥。其所谓"涵泳白文",就是治经要"玩索经之全文,以求经之义,不为《传》《注》所拘牵"。在程氏看来,如果一味依据郑玄的注解说解《丧服》经传,就必然出现很多扞格难通的情况,乃至导致错误成说的产生,故其疏解当中对郑《注》时有批评之言。例如,"从父姊妹、孙适人者"一条,郑玄将"从父姊妹"和"孙适人者"分解为各自独立的两条,并且分别注释曰:"父之昆弟之女。""孙者,子之子,女孙在室,亦大功也。"贾《疏》据此解释说:"此谓

---

① 张璁:《正典礼第一疏》,《张文忠公集类·奏疏》卷一,《敬乡楼丛书》,民国间永嘉黄氏排印本。

② 阮元:《仪礼丧服文足征记叙》,载程瑶田:《仪礼丧服文足征记》卷首,《续修四库全书》(第95册),上海古籍出版社2002年版,第139—140页。

③ 程瑶田:《仪礼丧服文足征记》卷一,《续修四库全书》(第95册),上海古籍出版社2002年版,第146页。

④ 程瑶田:《仪礼丧服文足征记》卷一,《续修四库全书》(第95册),上海古籍出版社2002年版,第147页。

⑤ 程瑶田:《仪礼丧服文足征记》卷二,《续修四库全书》(第95册),上海古籍出版社2002年版,第162页。

⑥ 程瑶田:《仪礼丧服文足征记》卷首,《续修四库全书》(第95册),上海古籍出版社2002年版,第141页。

从父姊妹在家大功,出适小功。不言出适,与在室姊妹既逆降,宗族亦逆降报之,故不辨在室及出嫁也。"在程氏看来,"'适人者'三字总承从父姊妹孙",因为"以姊妹适人者在大功章,从祖姊妹适人者在缌麻章,比例而知之"。既然二者是连承的,那么贾《疏》的解释必然是谬误的,"皆出郑氏女子子成人者有出道降旁亲及将出者明当及时之说误之也"。况且,"为从父昆弟在大功章,男女同也,故郑《注》云其姊妹在室亦如之,在室而长殇,在小功殇服,成人未嫁乃服大功,适人则降在此章服小功。细检经文,无逆降之说也。"①既然经文无所谓"逆降"之说,则尤足证明郑《注》的解释有误。

再如,缌麻章末《传》云:"何以缌也? 以为相与同室,则生缌之亲焉。长殇中殇降一等,下殇降二等,齐衰之殇中从上,大功之殇中从下。"程瑶田以为,后面四句《传》文原本乃是《丧服》经文,因为"若《传》则皆依经发义,无凭空立义之例"。之所以造成经文混入《传》文的现象,是源于"郑氏误以上文同室生缌之《传》连言,遂并此四句以为《传》文而注之,又不审此经发殇服之例者,专为制大功、小功两'殇服'章而发之",加之郑氏"不审两'殇服'章专为成人服齐衰,今为长中殇降在大功,下殇降在小功,而为之制此服也"。那么,程氏又是何以知晓它"专为成人服齐衰者而制之"的呢? 他的诠释法宝,便是根据《丧服》经文"比例而知之"而来。"其降一等之大功殇服,齐衰之长中殇也;降二等之小功殇服,齐衰之下殇也。所以有降一等、二等之殊者,以齐衰之殇中从上,故长殇、中殇并降一等,而下殇则降二等也,故特发此例以明制两'殇服'章之精义微意。若大功成人之殇则中从下,并服缌麻,而不为之特制中下殇之服也。"②在程氏看来,既然是"专为制大功、小功两'殇服'章而发之",那么再将其看作是《传》文就难以成立了。

以上二例中,程瑶田衡量郑《注》解释正确与否的首要标准,其实便是经文之中隐藏的"比例"。表面上看,程氏所言"比例而知之""若《传》则皆依经发义,无凭空立义之例",似乎都是立足于《丧服》经传自身的"比例"而发,并据以推导出郑氏注解之误的,但据当代学者冯茜的考察研究,其实质是"程瑶田构造理论、解决问题时经常画的'辅助线'","经文本身的文献构成有它的复杂性,要在经文条例之间建立起完备体系十分不易,严谨如程瑶田,虽然有很多巧思,但稍有不慎就会出现错误。这本来属于解经技巧层面的东西,却被桯瑶出当作最客观根本的解释依据,使他的解释非常字面化和形式化,架空了

---

① 程瑶田:《仪礼丧服文足征记》卷二,《续修四库全书》(第95册),上海古籍出版社2002年版,第156页。

② 程瑶田:《仪礼丧服文足征记》卷二,《续修四库全书》(第95册),上海古籍出版社2002年版,第162页。

丧服礼的实际内涵"①,进而建构起一套新的丧服诠释话语体系,而这明显偏离了传世《丧服》经传条文原本蕴涵的礼义内容。难怪后来夏燮批评程瑶田说:"程氏误以《传》为归重齐衰,因疑其经文之烂入于《传》下者,不知缌章《传》义正为大功之再降者而发,又何有凭空立义之疑哉?"②即便是凌廷堪《礼经释礼》、张履《丧服足征记辨误》、凌曙《礼说》、叶大庄《丧服经传补疏》等礼经文献中,也纷纷对程氏此说发出讥讽之辞,或明辨其失,或隐刺其非。

(三)《仪礼经注疑直》之诠释特色

如前所述,《仪礼经注疑直》一书可能是一部未完稿,乃取《礼记·曲礼》"疑事毋质,直而勿有"之义而命名。全书通篇依郑氏注《仪礼》17 篇顺序,逐条加以校注辨析,其中卷 4 校释《丧服》篇诸条文,大多重见于《丧服文足征记》中,"而遣词述义颇有损益",文句或存异同。最有意思的是,该书甚至存在"同说一事而两义并列、前后相违者","盖晚年所见颇有异同,故特署年月以著其先后变迁之迹"。就该书的文献诠释体式而言,当属于校注体著作。"辑录之例,先出经、《注》《疏》文,略标起讫,次注原本卷数、叶数、行数于下,次低一格迻写《疑直》本文。"③全书共分两大内容,一曰"校字",一曰"说义"。这两大块各有各的特色,兹分别言之。

首先,就程瑶田《仪礼经注疑直》"校字"部分言。程瑶田的老师江永治学"崛起穷陬,深思独造,于声律、音韵、历数、典礼之学,咸观其会通,长于比勘"④,作为江永的弟子,程瑶田治学同样也长于校勘,《仪礼经注疑直》即可得到印证。从该书校勘对象、参校版本、校勘方法等方面来看,显然属于"《仪礼》著述校勘类"文献。具体来说:

一是就校勘对象言,其所校对象涉及《仪礼》经文、郑《注》及贾《疏》三大层面。乾嘉时期,研治礼经的学者们发现,通行本《仪礼》著述文字讹误的情况非常普遍,甚至"全书内时有前后违互者,且有一节内文义不甚融贯者,又加以颠倒舛误,古书之受诬,非一日矣"⑤。有鉴于此,程瑶田在平日研读《注疏》的过程中,时常对所见《仪礼》经文、郑《注》及贾《疏》讹误之例进行逐一校勘。例如,卷一"经'遂以挚见于乡大夫乡见生'(38 页上第 4 行)"条下,程

①　冯茜:《论程瑶田的丧服学》,《儒家典籍与思想研究》第四辑,北京大学出版社 2012 年版,分见第 151、153—154 页。

②　夏燮:《五服释例》卷七,《续修四库全书》(第 95 册),上海古籍出版社 2002 年版,第 458 页。

③　吴承仕:《程易畴〈仪礼经注疑直辑本〉序录》,载程瑶田:《仪礼经注疑直辑本》卷首,民国二十二年(1933)《安徽丛书》(第二期)本。

④　刘师培:《南北学派不同论》,载刘师培:《清儒得失论》,吉林人民出版社 2013 年版,第 212 页。

⑤　曹元弼:《礼经校释》卷十七,《续修四库全书》(第 94 册),上海古籍出版社 2002 年版,第 467 页。

氏校勘说:"乡大夫,据《疏》改作'卿大夫',阮伯元书来,刘端临之说亦然,嘉靖本亦讹作'乡大夫'。乡见生,'见'改'先'。"程瑶田根据贾《疏》所引经文,校勘今本经文之误。凡此之类,《仪礼经注疑直》"校字"部分随处可见,不胜枚举,这些校勘成果大多为阮元《校勘记》所吸纳。

二是所据参校版本众多。程瑶田《仪礼经注疑直》当成书于阮元《校勘记》之前,虽不如阮元详审,且非校勘《仪礼》全经,然亦颇具特色,诚如吴承仕所云,"引据各本比勘异同至为详审,其时误本甚众,校者不得不尔"①。程氏乃以李元阳刻《仪礼注疏》本为底本,而附识语于上方,然后广据众本以校异文,进行文字校勘。该书引据参校版本很多,主要有:陆德明《释文》、杜佑《通典》、唐石经、张淳《识误》、李如圭《集释》、杨复《仪礼图》、朱子《仪礼经传通解》、元丰己未本、宋本、敖氏《仪礼集说》、监本、北监本、嘉靖本、陈凤梧本、永怀堂本、顾炎武《九经误字》、张尔岐《仪礼句读》、沈廷芳《仪礼注疏正字》、钟人杰刊本、集虚堂校本、清殿本、《钦定仪礼义疏》本、吴廷华《章句》、金曰追《仪礼注疏经正讹》、戴震校本、金榜校本、方晞原校本等。今所见吴氏辑本因阮氏《校勘记》广行于世,且阮《记》"文间危疑皆与发正,其所据版本亦有出于《仪礼经注疑直》所引外者,"故吴氏辑本"于程君据本校字各条不烦甄录,以免繁文,若以意校改或据校而复加案语者,则具抄之简端。"

三是广泛运用对校法,偶尔亦使用本校法和他校法两种方法,一般不作理校之辨非。例如,该书卷三"《注》犹守故之辞云云(44页下第2行)"条下,程氏校记云:"按:《乡射注》略与此同,作'有故之辞',此讹为守,据改之。嘉靖本、永怀堂本并讹。"此乃据《乡射礼》篇《注》文校《燕礼》篇《注》文之误字,属于本校法。又如,卷五"《注》使亲接神"条下,程氏校记云:"《疏》作'使祝接神',今据改正。"此据贾《疏》所引校勘所见底本《特牲》篇郑《注》之误,属于他校法。当然,少数情况下,程瑶田亦有运用理校法校勘讹误的例子,如该书卷五"《疏》不见其惠"条下,程瑶田出校记云:"按:'惠'当为'位',声之误也。"在程氏看来,联系《仪礼疏》上下文,"不见其惠"颇为不辞,故从声韵角度入手,校勘《特牲馈食礼》篇贾《疏》之误,考阮元本《疏》文乃作"不见其处","位""处"二字之义相近,程氏说可通。

通观《仪礼经注疑直》全书,程瑶田广据各类文献参校,又多联系礼经上下文进行本校,其校勘质量较之沈廷芳《仪礼注疏正字》、金曰追《仪礼经注疏正讹》的校勘要好上不少,但毕竟该书只是一部未完之作,校勘中难免存在一

---

① 吴承仕:《程易畴〈仪礼经注疑直辑本〉序录》,载程瑶田:《仪礼经注疑直辑本》卷首,民国二十二年《安徽丛书》(第二期)本。

些不足,甚至出现前后所作校记结论不相同乃至矛盾之例,如卷一"《注》:《内则》曰饮重醴清糟(38 页第 9 行)"条下,前一条校记云:"《通解》本'重醴'下有'清糟'二字,《正讹》本以为误衍,非也。又谓引《内则》'重醴'下脱'稻糟'等十字,据敖氏《集说》增补,亦不然。玩《注》意,本不引全文,敖氏往往增改郑《注》,吾不凭也。"后一条校记又说:"嘉靖本'注《内则》曰饮重醴清糟稻醴清糟梁醴清糟',据此细绎《正讹》之说,亦是,从之。"前一条校正金曰追《仪礼经注疏正讹》说,后一条又据所见嘉靖本校之,以《仪礼经注疏正讹》为是,前后互相矛盾。当然,就全书的校勘整体而言,校勘错误之例毕竟只是其中的一小部分,其价值是主要的。

其次,就程瑶田《仪礼经注疑直》"说义"部分言。吴承仕《辑本序录》论及"说义"云:"作者自下己意以申经、《注》之义,或归正郑、贾及儒先旧说。"简单地说,就是程瑶田通过加附按语自下己意,以申礼经、郑《注》之义,或者纠正其他前贤旧说。就其按语中体现出来的训释疏解方法而言,一如阮元概括程氏治学特点时所指出的那样,"玩索经之全文,以求经之义,不为《传》《注》所拘牵"①,从《仪礼》本篇、他篇中去寻找互证材料,从其他儒家典籍中去寻找佐证材料。笔者曾经在《清代〈仪礼〉文献研究》第六章将其"说义"情况概括为两点②,兹仍其旧迻录于此:

一是《仪礼》经义难明及郑《注》、贾《疏》训义隐晦处,程瑶田择而申明其意。例如,卷 2"《注》退犹去也云云"条下,程氏疏云:"《注》'退犹去也',谓主人出宾门,宾送出门,又拜其辱也。"此说解《乡饮酒礼》篇郑《注》之义。又如,卷二"经乃张侯下纲不及地武"条下,程氏疏云:"按:《大射仪》'大侯之崇见鹄于参,参见鹄于干,干不及地武',郑《注》:'糁侯去地一丈五寸少半寸,大侯去地二丈二尺五寸少半寸。'然则此采侯二正之侯,同《大射》干侯之不及地武也。"此补充说解《乡射礼》篇经文礼制情况。

二是对于郑《注》、贾《疏》及其他前贤说解有误之例予以纠正辨说。"说义"部分,程瑶田近采同时好友如戴震、段玉裁、金榜、汪中、阮元等诸家说义以辨其失,并下己意,归正郑、贾及先儒旧说,以申经、《注》之意。例如,卷四"《记》:他用刚日亦如初"条下,程氏瑶田疏云:"他者,他刚日外也。亦者,亦再虞也。初者,初始虞也。郑氏谓报葬、报虞、虞卒哭之间有祭事谓之他,不然也。郑氏误解《檀弓》'必于是日也接'句,故于'他'字别生枝节,不知是日接

---

① 阮元:《仪礼丧服文足征记叙》,载程瑶田:《仪礼丧服文足征记》卷首,《续修四库全书》(第 95 册),上海古籍出版社 2002 年版,第 139—140 页。

② 邓声国:《清代〈仪礼〉文献研究》,上海古籍出版社 2006 年版,第 291—292 页。

者,言明日之袝必接卒哭之祭,为不忍一日末有所归。"先说明己见,后点明郑《注》误训之由。此类训例甚多见,兹不繁徵。

综上《仪礼丧服文足征记》《仪礼经注疑直》二书的讨论来看,程瑶田的礼学研究仍然属于崇尚实学的范畴,诚如笔者曾经所说的那样:"没有脱离《仪礼》本经的诠释范围,并不重视礼俗中的'五服'规制情况考察,这与当时的'五服'诠释风气基本上是一致的。不过,他的'五服'学研究更强调追求'新异',往往以批评前人旧说为要务,甚至敢于大胆怀疑《郑注》,此类批驳之议甚众,与许多学者崇尚郑学的做法相抗衡,在乾、嘉之际'五服'研究中可谓独树一帜。"①

第八节　《四库全书》编纂与《仪礼》学研究

乾隆年间,四库馆的诏开与《四库全书》的编纂,是清中叶学术发生变迁的一个重要标志。它不仅为后世保存了丰富的文献,提供了大量研究我国古代政治、经济、文化各方面的资料,而且在"辨章学术,考镜源流",批评历代学术得失以及考证、辑佚、校勘古籍等方面,总结了丰富的理论和方法。自乾隆初惠栋致力于倡复古学以来,"识字以通经"的问学路径得到不少学者的响应与张扬,特别是在清廷下诏开《四库全书》馆之后,乾嘉经学研究之风明显与乾隆二十年之前学界的研究风尚有了很大变化。在这种大气候之下,清中期学者对《仪礼》的诠释与文献整理也发生了很大的转变,小学考据色彩渐趋明显,《四库全书总目》对此前《仪礼》著述的目录学整理研究与评价,更从一个侧面引导着此时的《仪礼》学研究治学及评价取向。

一、四库馆的诏开

（一）开四库馆的缘起与组建

清顺治、康熙、雍正、乾隆诸朝,都非常重视文化建设,皆谕令礼部、翰林院等征集图书,凡经、史、子、集等善本宜广为访辑,搜罗罔失,到清高宗御极登帝位后,更是不断地展开大规模的征书活动,命内外官员留心访查,不拘刻本、抄本,随时进呈,以扩大宫廷中"天禄""石渠"的收藏。乾隆四年(1739),清高宗为重刊校订《十三经》《廿二史》发现,内府藏书贫乏,"据主办此事的官员奏疏等档案记载,当时的内府藏书很少,嘉靖以后的刻版已屡经改补,监版也多有剥蚀,几乎没有一个完善的底本可凭以校对。为此,有关大臣只能疏请内府

---

① 邓声国:《清代"五服"文献概论》,北京大学出版社 2004 年版,第 61—62 页。

内阁藏书处,遍检旧本,乾隆则下谕诸王大臣及在京各官家藏旧本,并敕江南、浙江、江西、湖广、福建五省督抚购送明初及泰昌以前监版经史旧本,以供经史馆详校改正"①。其实,早在乾隆元年(1736)开三礼馆纂修《三礼义疏》之际,便已发现这一尴尬的现状,而下诏从各直省搜求三《礼》诠释性著作,"诏修三《礼》,辱承下问三《礼》书目"。

乾隆三十七年(1772)正月初四日,清高宗又发出征书的诏书——《谕内阁著直省督抚学政购访遗书》,谕令各省督抚、学政加意购访搜辑古今群书,以彰千古同文之盛:"今内府藏书,插架不为不富,然古今来著作之手,无虑数千百家,或逸在名山,未登柱史,正宜及时采集,汇送京师,以彰稽古右文之盛……但各省搜辑之书,卷帙必多,若不加之鉴别,悉行呈送,烦复皆所不免。著该督抚等先将各书叙列目录,注系某朝某人所著,书中要指何在,简明开载,具折奏闻。候汇齐后,令廷臣检核,有堪备览者,再开单行知取进。庶几副在石渠,用储乙览,从此四库七略,益昭美备,称朕意焉。"②然而征书工作极不顺利,在当时文字狱阴影的社会背景下,官员们一时无法揣摩透彻高宗下此谕旨究竟有何意图,结果迟至十月份仍应之者寥寥。对此情形,高宗大为失望,故于是年十月十七日再下谕旨,敦促各省督抚、学政实心从事,无论刊本、抄本,一一汇收,以备采择。自此,地方大吏始渐次展开该项工作。

正是在此背景之下,朱筠以其敏锐的洞察力,相继上了两道折子。第一道奏折为《购献遗书折子》,自述近一年间已陆续采访搜集到"潜心服古,说有依据,足成一家之言,可备甄择"者,如安庆方以智《通雅》,徽州江永《礼书纲目》、戴震《考工记图》,宁国梅鼎祚《算学全书》等,而"其余前代故书,尚竣渐次网罗"③,以示对高宗之谕的积极响应。第二道奏折为《谨陈管见开馆校书折子》,主要阐发了自己对购求遗书事宜的看法,提出了"旧刻抄本,尤当急搜也","金石之刻,图谱之学,在所必录也","中秘书籍,当标举现有者,以补其余也","著录校雠,当并重也"四条建议。④ 根据林存阳先生《朱筠与清中叶学术变迁》一文研究,朱筠的四条建议体现出以下思想取向,兹略加精简转录于此:

① 刘墨:《乾嘉学术的知识谱系》,南京师范大学博士学位论文,2003 年,第 247 页。

② 清高宗:《谕内阁著直省督抚学政购访遗书》,载中国第一历史档案馆编:《纂修四库全书档案》,上海古籍出版社 1997 年版,第 1—2 页。

③ 朱筠:《购献遗书折子》,载中国第一历史档案馆编:《纂修四库全书档案》,上海古籍出版社 1997 年版,第 23 页。

④ 朱筠:《谨陈管见开馆校书折子》,载中国第一历史档案馆编:《纂修四库全书档案》,上海古籍出版社 1997 年版,第 20—21 页。

其一，与高宗搜求刻本、抄本稍异，朱筠对旧本的重要性给予了揭示："汉唐遗书存者希矣，而辽、宋、金、元之经注文集，藏书之家尚多有之，顾现无新刻，流布日少。其他九流百家，子余史别，往往卷帙不过一二卷，而其书最精。是宜首先购取"，如此"则著述有所原本矣"。

其二，鉴于汉刘向"外书既可以广中书，而中书亦用以校外书"的校书之例，朱筠对内府藏书的作用给予充分关注，指出若能"先定中书目录，宣示外廷，然后令各举所未备者以献"，则内府藏书效果更佳，并希望朝廷能派人"择取其中古书完者若干部，分别缮写，各自为书，以备著录"，以使"书亡复存"，嘉惠艺林。

其三，在朱筠看来，著录固然重要，但若不加以校雠，亦不能收到好的效果，因而有命儒臣"分任校书之选，或依《七略》，或准四部，每一书上，必校其得失，撮举大旨，叙于本书首卷，并以进呈，恭俟乙夜之披览"的必要。

其四，鉴于前代著录金石、图谱"并为考古者所依据"的意义，朱筠认为收书之外，对此二者也应加以充分利用。①

针对朱筠的后一则奏议，乾隆三十八年(1773)二月初六日，军机大臣提出批复意见：同意朱筠搜求旧书、从《永乐大典》中辑校遗书、著录与校雠并重的建议；而对著录金石、图谱的看法予以否定。二月乙丑，高宗作出如下决定："军机大臣议复朱筠条奏内将《永乐大典》择取缮写各自为书一节……著即派军机大臣为总裁官，仍于翰林等官内选定员数，责令及时专司查校……先行摘开目录奏闻，候朕裁定……至朱筠所奏每书必校其得失，撮举大旨，叙于本书卷首之处，若欲悉仿刘向校书序录成规，未免过于繁冗。但向阅内府所贮康熙年间旧藏书籍，多有摘叙简明略节，附夹本书之内者，于检查洵为有益。应俟移取各省购书全到时，即令承办各员将书中要指隐括，总叙厓略，粘贴开卷副页右方，用便观览。"②是年三月，高宗皇帝正式接受了朱筠的建议，决定开馆校辑《永乐大典》，同年五月又重申前谕，命各省着力访查，大规模地汇集天下图籍。这一征书活动，直接的结果就是《四库全书》的编纂成书。

四库馆的正式全称为"办理四库全书处"，其正式设立的确切时间，据四库馆臣祝德麟所云，"乾隆癸巳二月吉，诏开馆局编从帙"③，则应该是在乾隆三十八年(1773)二月底。根据张升先生研究，这一年二月二十一日乾隆将辑佚工作做了定性，即编辑《四库全书》，应是正式编修《四库全书》的开始之日。

---

①　林存阳：《朱筠与清中叶学术变迁》，《中国史研究》2011年第1期。

②　中国第一历史档案馆编：《纂修四库全书档案》，上海古籍出版社1997年版，第55—56页。

③　祝德麟：《悦亲楼诗集》卷十《纪事》，《续修四库全书》(第1462册)，上海古籍出版社2002年版，第603页。

一直到乾隆四十九年(1784)十一月,《四库全书》前四部方才修成,随后四库馆正式闭馆(约在乾隆五十年正月)。①

(二)开馆纂修人员的确立

《四库全书》的修纂是整个清代官修书籍中最雄心勃勃的工程。围绕《四库全书》的编纂,四库馆里面集结了清朝当时最为优秀的一批学者,目前通行的浙本《四库全书总目》卷首,共开列总裁26人,总纂3人,总阅15人,总校1人,翰林院提调官22人,武英殿提调官9人,总目协勘官7人,校勘《永乐大典》纂修兼分校官39人,校办各省送到遗书纂修官6人,黄签考证纂修官2人,天文算学纂修兼分校官3人,缮书处总校官4人,分校官179人,篆隶分校官2人,绘图分校官1人,督催官3人,翰林院收掌官20人,缮书处收掌官3人,武英殿收掌官14人,督造官3人。除去重复的,列名的编纂者多达360人,其中还有乾隆皇帝的3个儿子。如果将抄写人员也加在一起,人数将数倍于此。聚集在这里的大多数学者,大都来自江南的安徽、浙江、江苏3省。另考殿本《四库全书总目》开列的职名表,与浙本职名表相对比,存在人员的数量差异、人名差异、馆臣所带官衔的差异等情况,收录的馆臣也更多一些,共计371人。这是因为此表是后来修订而成的,是在四部《四库全书》全部修成之后补正的,会有一些人员的出入是当然的。

1. 总裁官与副总裁官的遴选和确立

四库馆总裁一职,前后共有30位官员担任过此职位,其中正总裁就有16位之多。如永瑢、舒赫德、于敏中、福隆安、英廉、金简阿桂、和珅、庆桂、钟音、裴曰修、永璇、永瑆、刘纶、王际华、彭元瑞、李友棠、嵇璜等人,都曾先后担任过总裁或副总裁一职,他们在位之际,各自的分工颇有差异。那么,清高宗是按照什么标准来遴选四库馆的总裁、副总裁人选的呢?按照张升先生的说法,主要有这样几点:

一是得到乾隆帝信任、倚重的大臣。如军机大臣于敏中、尚书王际华二人,便是四库馆早期最重要的两位总裁。

二是被纳入培育、锻炼考虑之列的皇子。如永瑢、永璇、永瑆三位贵为皇子,清高宗任命他们为总裁,是希望他们通过参与四库馆修书事宜得到能力锻炼。

三是出于褒奖、补过等因素的考虑而被钦定的大臣。例如,阿桂因在金川战役中立有大功,虽非翰林出身,亦出任总裁之职。

在总裁人选确定以后,对于那些阅书的总裁官而言,具有相当大的责任,

---

① 张升:《四库全书馆研究》,北京师范大学出版社2012年版,第37页。

他们往往要承担诸多工作,诸如审查采进书目、举荐馆臣、制定办书章程,对图书应刊、应抄、应存、毋庸存目等意见进行裁定,裁定纂修的签改,裁定分类,裁定提要,抽查抄定的书,查禁书,等等。①

2. 纂修官人选的遴选与职责

四库馆开馆之初,时任翰林官(包括庶吉士)者,多数被派往四库馆充任纂修官一职,"诏开四库全书馆,选一时翰林宿学为纂修官"②。如黄寿龄、俞大猷、王汝嘉等均为当时的庶吉士,出任为四库馆纂修官。此外,也有极少数来自其他各部门及社会知名人士,如郑福照记载说:"延置儒臣,以翰林官纂辑不敷,大学士刘统勋荐进士邵晋涵、周永年,尚书裘曰修荐进士余集、举人戴震,尚书王际华荐举人杨昌霖,同典秘籍。后皆改入翰林,时称'五徵君'。此其著者也。"③又如,张羲年任纂修官。据永瑢等人的奏折中称:"张羲年原系拔贡出身,学问尚优,以教职卓异,俸满保荐,特蒙恩准例得即选知县。……今具呈情愿赴馆效力……请令张羲年在纂修上行走,该员自必感激奋勉。"④不过,这一类情况极为少见而已。

在浙本与殿本《四库全书总目》两大职名表里面,著录的实际纂修官有56人。此外,还有一些浙本、殿本职名表均未列入的纂修官,根据张升先生的整理研究,此类未被列入纂修官的有32人,如程晋芳、任大椿、张羲年、李璜、朱绂、王汝嘉、徐天柱等。⑤ 他们的主要职责有二:一是分派办书,拟写提要,提出处理意见,如应刊、应抄、存目、毋庸存目等;二是对应刊、应抄的书籍进行校改,包括校正文字、删改、增补、调整次序、签记违碍之处等。"是时余以再入翰林预修《四库》书,日事校雠,不暇为举业课。"⑥可见,当时纂修官的文献校雠工作是十分繁重的。

3. 总纂官人选的确立和工作任务

作为负责全书事宜的总编者,总纂官的职责非常重要,需要有学识渊博之士担任。在阁本《四库全书总目》书前提要之末,均有纪昀、陆锡熊、孙士毅三人的署名,这三人就是《四库全书》的总纂官。当然,在他们几个人下面,又有许多杰出的助手帮助他们。三人当中,就贡献度而言,当以纪昀和陆锡熊最

---

① 张升:《四库全书馆研究》,北京师范大学出版社 2012 年版,第 140—153 页。

② 郑福照:《姚惜抱先生年谱》,《北京图书馆藏珍本年谱丛刊》(第 107 册),北京图书馆出版社 1999 年版,第 580—581 页。

③ 赵尔巽等:《清史稿》卷一百九《选举志四》,中华书局 1977 年版,第 3187 页。

④ 中国第一历史档案馆编:《纂修四库全书档案》,上海古籍出版社 1997 年版,第 276 页。

⑤ 张升:《四库全书馆研究》,北京师范大学出版社 2012 年版,第 125 页。

⑥ 翁方纲:《复初斋文集》卷十三《次儿树培小传》,《续修四库全书》(第 1455 册),上海古籍出版社 2002 年版,第 475 页。

大。关于总纂官的工作职责，张升先生概括为筛选采进书、阅定处理意见、修改提要、编辑《四库全书总目》与《简明总目》、审核内容与校正文字等方面。李调元《与纪晓岚先生书》记载说："其时林林总总，无非待诏著作之廷者也，而每遇一事之疑，则必曰问先生；一字之缺，则必曰问先生。"①王昶《诰授通奉大夫都察院左副都御史陆公墓志铭》中提及此事也说："公考字画之讹者，卷帙之脱落者，卷第之倒置，与他本之互异，是否不谬于圣人，及晁公武、陈振孙诸人议论之不同，总撰人之生平，撮全书之大概，凡十年书成。"②从中可见，总纂官的工作是极为琐碎的，但有时是极其重要的，牵涉《四库全书》的整体质量和水平。

以上所提及的总裁官、总纂官和纂修官，以及此处未予提及的总校官、分校官等，颇有一些当时的著述名家，他们往往各有所长，在经、史、子、集各部上多有专长，但就汉学与宋学阵营的角度来看，却以汉学家占据了重要多数，在一定程度上影响着《四库全书》书目的编纂与《四库全书总目》的撰写。《四库全书》开馆之际，正值清代汉学方兴未艾之时，当时参加纂修工作的许多学者，如戴震、王念孙、任大椿、朱筠、金榜等人，都以精通小学著称学坛，他们精通先秦两汉典籍，文字、音韵、训诂功底扎实，而且有些纂修官还撰有《仪礼》学及《周礼》《礼记》学方面的学术论著，如戴震著《仪礼正误》1卷（今存佚不详），任大椿著《弁服释例》8卷，金榜的《礼笺》虽属三《礼》综论类著作，然该书卷二部分亦属于专门辨释《仪礼》之文，他们的治学注重证据，讲究探本溯源，取真求实。纂修者的这种深厚文献学养，给《四库全书总目》的纂修工作带来极大影响，在三《礼》研究论著提要撰写当中往往重考据，主张"考订异同，别白得失"，重视"校其得失，撮举大旨"③，因而三《礼》研究论著提要的内容往往以"辨驳之文为多"，有时甚至还要对文献的真伪和学术价值作出客观的评判。刘墨《乾嘉学术的知识谱系》曾参考任松如先生《四库全书答问》一书，绘制成《〈四库全书〉馆中著述家一览表》，大体反映了当时纂修官中一些重要著述家的相关情况，显示出汉学家的强有力阵营，兹转录如下供参考。

---

① 李调元：《与纪晓岚先生书》，《童山文集》卷十，《续修四库全书》（第1456册），上海古籍出版社2002年版，第561页。

② 王昶：《诰授通奉大夫都察院左副都御史陆公墓志铭》，载陆锡熊：《宝奎堂集》卷首，《续修四库全书》（第1451册），上海古籍出版社2002年版，第7页。

③ 《笥河文集·谨陈管见开馆校书折子》卷一，收入《办理四库全书档案》（王重民辑），国立北平图书馆排印本1934年版。

《四库全书》馆中著述家一览表①

姓名	籍贯	学科	派别	在馆职务
彭元瑞	江西南昌	史学、校勘学	汉学	副总裁
庄存与	江苏阳湖	经学	汉学	总阅官
谢墉	浙江嘉善	小学、校勘学	汉学	总阅官
朱珪	直隶大兴	骈文	汉学	总阅官
纪昀	直隶献县	经学、目录学	汉学	总纂官
陆锡熊	上海	史学	汉学	总纂官
李潢	湖北钟祥	算学	汉学	总目校勘官
任大椿	江苏兴化	经学、小学	汉学	总目校勘官
邵晋涵	浙江余姚	经学、小学	汉学	校勘《永乐大典》纂修
周永年	山东历城	校勘学	汉学	校勘《永乐大典》纂修
戴震	安徽休宁	经史小学等	汉学	校勘《永乐大典》纂修
姚鼐	安徽桐城	经学、理学、古文	宋学	校办各省送到遗书纂修官
翁方纲	直隶大兴	经学、金石学	汉学	校办各省送到遗书纂修官
朱筠	直隶大兴	经学、小学	汉学	校办各省送到遗书纂修官
王太岳	直隶定光	骈文		《黄签考证》纂修官
陈际新	直隶宛平	算学		天文算学纂修官
金榜	安徽歙县	经学	汉学	缮书处分校官
曾燠	江西南城	骈文		缮书处分校官
洪梧	安徽歙县	经学、小学	汉学	缮书处分校官
赵怀玉	江苏阳湖	校勘学	汉学	缮书处分校官
王念孙	江苏高邮	经学、小学、校勘学	汉学	篆隶分校官

二、《四库全书》的编纂

(一)纂修的工作进程

当时编纂《四库全书》,一共有四个来源:第一个来源是内府所藏的皇家图书,第二个来源是《永乐大典》中珍贵的有价值的图书,第三个是各省督抚以及私人藏书家根据上谕而进奉的书籍,第四个来源是由皇帝所指定编纂有关史书、公文等书籍。根据文献的具体来源差异,可以将文献版本分为六大类,即可分为敕撰本、内府本、各省采进本、私人进献本、通行本及永乐大典本

---

① 刘墨:《乾嘉学术的知识谱系》,南京师范大学博士学位论文,2003 年,第 249—250 页。

六种。经儒臣校阅后,书籍内容完全相同者,采最佳之版本,每书阅毕,即撰写一则提要,介绍该书之内容、流变及作者等情况。

若详言之,根据当代学者黄爱平先生《〈四库全书总目〉与〈四库全书〉》一文的研究①,在当时整个《四库全书》编纂过程中,馆臣们的主要编纂工作可以分为以下几大块。兹略加调整删汰转录于下:

首先,是《永乐大典》的辑佚。从《永乐大典》中搜辑佚书,是四库全书馆较早开展的一项工作。《四库全书》开馆前后的图书搜访,《永乐大典》未列其中。为了使搜集工作巨细不遗,乾隆三十八年(1773)二月,乾隆帝正式批准大学士刘统勋等人议定的辑校《永乐大典》章程,下令"将来办理成编时,著名《四库全书》"。根据乾隆帝的旨意,总裁很快拟定了办理章程,将当时尚存的9800余册《大典》分派到各纂修官名下,规定每天应阅册数,以计日程功,考核督催。纂修官则各司其职,逐一检阅,并与《古今图书集成》互为校核,凡有符合采辑标准的书籍条目,即粘签标识,送交缮书处"迅速缮写底本"。底本缮成后,又对照原书,详细校正,再"将各书大旨及著作源流详悉考证,诠疏崖略,列写简端",然后呈送总裁。总裁"复加勘定,分别应刊、应抄、应删三项,其应刊、应抄各本均于勘定后即赶缮正本进呈",至于"应删者亦存其书名,节叙删汰之故,附各部总目后"②。

其次,内府书籍的办理。清宫内廷各处如武英殿、懋勤殿、摛藻堂、味腴书屋等地,都收藏有不少前代流传旧书,以及本朝皇帝敕令纂修的书籍。《四库全书》开馆后,这些内府藏书也都集中到翰林院,由总裁指定纂修官专职办理。由于这些书籍或经官刻,或属敕撰,因而大多直接送交缮书处缮写,少数"旧刻显然讹误",或因种种原因需改纂增补者,则由纂修官予以校阅或酌情修改。与《永乐大典》的爬梳辑校工作相比,内府书籍的办理比较偏重于改纂增补,其后又奉乾隆帝的谕旨转入各种书籍的纂修,一直持续到乾隆末年。

再次,进呈书籍的甄别。进呈书籍主要指各省督抚的采进本和各地藏书家的进献本,也包括从社会上采购而来的通行本。据记载,在《四库全书》开馆前后进行的大规模征书活动中,全国各地搜访进呈的图书总数达到15300余种。当时在遗书采集与甄别上,四库馆臣们是有着一定的标准的。这一标准就是:第一,历代流传旧书,内有阐明性学治法、关于世道人心者;第二,发挥传注,考核典章,暨九流百家之言,有裨实用者;第三,历代名人与清初士林宿望,自有诗文专集,及乾隆初沉潜经史、原本风雅,各著成编并非剿说卮言可比

---

① 黄爱平:《〈四库全书总目〉与〈四库全书〉》,《史苑》2005 年第 2 期(总第九期)。

② 王重民辑:《办理四库全书档案》,乾隆三十八年三月十一日办理四库全书处奏折。

者;四、坊肆间所售举业时文及民间无用之族谱、尺牍、屏嶂、寿言等类不采;五、其人本无实学,不过嫁名驰骛、编制酬唱诗文、琐屑无当者,不采。①

复次,进呈书籍的校阅。进呈书籍经过初步的清理甄别之后,总裁即根据校阅单分别发下,由纂修官进一步作详细的考订校阅。校阅工作大致包括版本鉴别、真伪辨订,内容考证、文字校勘等重要内容。一般说来,在版本选择方面,"诸书刊写之本不一,谨择其善本录之;增删之本亦不一,谨择其足本录之"②。对前代流传书籍的真伪,纂修官也根据自己的学识和水平,尽可能地进行认真细致的考辨,"大抵灼为原帙者,则题曰某代某人撰;灼为赝造者,则题曰旧本题某代某人撰",若"有本属伪书,流传已久,或掇拾残剩,真赝相参,历代词人已引为故实,未可概为捐弃,则姑录存而辨别之"③,力求正本清源,弄清传世书籍的真实面目。至于内容文字方面的考证校勘,他们或广泛参校不同版本,择善而从;或依据本书前后行文体例,考其歧异;或勘之《永乐大典》,订讹补阙。

此外,还有书目提要的撰写。书籍经过甄别、校阅之后,纂修官的最后一项任务,便是给它们各撰一篇提要,叙列作者爵里,记述版本源流,撮举典籍要旨,考订文字得失,并根据乾隆帝制定的标准,提出具体的处置建议。四库馆臣们在处理通过校阅的书籍之际,往往会根据编纂目的不同的需要,将它们分为应刻、应钞、应存目三种:凡传世稀少者,则刊印流传,编为《武英殿聚珍版丛书》;凡有助于实用者,则校雠誊写,汇为《四库全书》;于理俗伪谬无可采者,则只存书名,注出节略,谓之存目。最后再"进呈御览",由乾隆帝予以定夺。凡应刊、应抄之书,均交缮书处组织专人按规定格式予以抄录,收入《四库全书》。其中应刊之书除缮写外,还专门送交清内府刻书机构武英殿,列入《武英殿聚珍版丛书》,广为刊刻流传。至于应存之书,则不再抄录,只将书目提要列入《四库全书总目》。

(二)《四库全书》的纂修结果

1. 选编完成了《四库全书荟要》

在纂修《四库全书》之时,乾隆帝谕令从应钞书籍中撷取菁华,编为一套规模较小的丛书,此即《四库全书》的姐妹编——《四库全书荟要》。《四库全书荟要》选取的主要原则有三:一是注重反映经学源流,二是注重著作之代表性,三是崇尚征实。因此《四库全书荟要》的学术意味颇浓。

---

① 参见刘墨:《乾嘉学术的知识谱系》,南京师范大学博士学位论文,2003 年,第 248 页。
② 《四库全书总目》卷首《凡例》。
③ 《四库全书总目》卷首《凡例》。

2. 编成与抄纂了 7 份《四库全书》

经过长达九年的辛勤工作和艰苦努力,乾隆四十六年(1781)十二月,第一部《四库全书》告成,贮藏于文渊阁当中。为了"广布流传,以光文治",清高宗又要求钞成正本 7 份,副本 1 份。这样,继第一部《四库全书》告成之后,至乾隆四十九年(1784 年)十一月,第二、三、四部《四库全书》相继办理完竣,分别贮藏于宫中文渊阁、圆明园文源阁、承德避暑山庄文津阁、盛京(今沈阳)故宫文溯阁。续缮三部《四库全书》,也于乾隆五十二年(1787 年)四月同时告竣。乾隆五十年(1785 年),内廷文渊、文源、文溯、文津四阁《四库全书》先后装潢送藏完毕。此后,江浙地区的扬州文汇阁、镇江文宗阁、杭州文澜阁《四库全书》的装潢度置事宜也陆续完成。一时之间,内府藏书臻于极盛,插架之供不啻千缃万帙,而江浙三阁《四库全书》,也因特许士子入阁抄阅,所以很快成为事实上的图书集聚传播中心,不仅起到了"嘉惠艺林,启牖后学"的作用,而且大大地促进了清代文化事业的发展。可惜的是,其中文源阁、文宗阁、文汇阁,最终却被毁于战乱。

3. 禁毁了 3000 余种图书

"清朝满族最高统治者的高明之处,恰恰在于将禁毁图书和编纂大型图书混在一起,以整理总结中国自古以来古典传统文化的名义掩盖其寓禁于编纂图籍的阴险本质,而且这类举措又多发生于康、雍、乾三朝,即历史上所谓的康乾盛世","禁书与编书两种手段方糅合起来,形成一种寓禁于修的特有的文化现象"①。为了编修《四库全书》,《四库全书》馆开馆未久,清高宗皇帝即下令在全国范围内征收各类图书,随之而来的便是有一批图书文献被纳入清查、禁毁之列。据目前已知情况看,《四库全书》编纂过程中,总共聚集了13000 余种图书,禁毁了 3000 余种图书,最后将 10254 种图书编入了《四库全书总目》。被禁毁的书籍内容,主要是明末清初的史料、文集、笔记、石刻碑铭、郡邑志乘、剧本曲目,以及天文占验之书等等,这些被禁毁的书籍虽然后世大多尚存(仅孙殿起所撰《清代禁书知见录》即收书 1400 多种),但此举在一定程度上对中国文化的发展造成了损害。

4. 编撰完成了目录学著作《四库全书总目》

在编纂《四库全书》的同时,适应清理编次历代典籍、总结评判传统学术的需要,《四库全书总目》这部官修目录学重要著作由此应运而生。《四库全书总目》的编纂者总结历代目录著作的经验教训,选择了传统目录学注重"条其篇目,撮其指意"的著录方式,明确规定了提要的撰写体例:"每书先列作者

---

① 参见王钟翰:《四库禁毁书与清代思想文化》,《清史余考》,辽宁大学出版社 2001 年版。

之爵里以论世知人,次考本书之得失,权众说之异同,以及文字增删,篇帙分合。"①并在统一的体例之下,因书而异,突出重点,或辨作者真伪,或述篇章体例,或考文字得失,或论内容大旨,或叙版本源流,使读者对《四库全书》著录、存目的各部书籍,都能有一个既完整清晰、又主次分明的理解,较好地起到了目录著作提要钩玄、指示门径的作用。

作为一部重要的目录学著作,《四库全书总目》在具体撰写过程中颇具自身的独特评价标准,一是强调从实证角度,用较为客观的学术方法来看待和评价传统学术发展的轨迹和著述之特点,二是讲求历史经验与现实问题的结合,不空洞妄发议论。美国学者艾尔曼曾对《四库全书总目》之中的评价标准作过一个统计,大致有这样7类:1.是否正确使用文献和考证方法;2.判断是否武断;3.是否具有考证价值;4.是否运用宋儒义理的思辨方法;5.是否和专题性研究有关;6.是否正确运用训诂方法;7.有无发明创见。② 正是这7类评价标准,使得《四库全书总目》一书有了与以往的目录学著作相比颇不相同的学术旨趣,"辨章学术,考镜源流"的学术功能更趋凸显,注重考据实学特征的汉学风尚更趋鲜明。

三、《四库全书总目》之《仪礼》文献纂修思想

《四库全书总目》从干预和钳制思想文化的需要出发,在对历朝历代各类图书进行整理、校勘、禁毁等一系列纂修过程中,处处彰显着强烈的官修意识,各级各类图书,被人为划分为"存目"与"非存目"两大类,体现出独特的纂修思想。具体就《仪礼》文献的纂修而言,可以从以下诸方面加以观照:

首先,从"存目"与"非存目"文献的时间断线来看,《四库全书总目》有关《仪礼》类文献的纂修方式和提要编排上,很明显地体现出尊古尚古的纂修思想。凡是汉、唐、宋、元四代的《仪礼》学著述,基本上被收入《四库全书》的"《仪礼》类"之中,即使是有"又疑《丧服传》违悖《经》义,非子夏作,皆未免南宋末年务讪汉儒之余习"之嫌,且颇多阙失的元人敖继公《仪礼集说》;四库馆臣也以为"继公所学,犹有先儒谨严之遗,固异乎王柏、吴澄诸人奋笔而改《经》者也"③,没有将其纳入"礼类存目"之列。至于明、清两代《仪礼》学著述,有相当一部分被编入"礼类存目"的范畴,如张凤翔《礼经集注》、吴肃公《读礼问》、朱建子《制服图考》等,皆被四库馆臣纳入"礼类存目"之列。

---

① 　《四库全书总目》卷首《凡例》。

② 　转引自刘墨:《乾嘉学术的知识谱系》,南京师范大学博士学位论文,2003年,第263页。

③ 　永瑢等:《钦定四库全书总目》(整理本)卷二十,《经部》二十,《礼类二》,中华书局1997年版,第254页。

其次,从《四库全书总目》"存目"类著述遭指斥的情况来看,四库馆臣在纂修《四库全书》的过程中,强调将缺乏创新、考证粗疏、学术品味淡薄等一类著述排斥在纂修之列,只是将其纳入"礼类存目"的范畴。具体说来,考察馆臣在《四库全书总目》提要中所诋斥和非议的文献情况,主要表现为以下几大类:

一是对明代郝敬《仪礼节解》的诋斥和非议。众所周知,郝敬《仪礼节解》一书,在清初学者那里,引录较为普遍,即使是官修《仪礼义疏》亦不排斥其说,然而四库馆臣却将该书列入到"礼类存目"的范畴,并严正指出:"敬所作九经《解》,皆好为议论,轻诋先儒。此编尤误信《乐史》'五可疑'之说,谓《仪礼》不可为经,尤其乖谬。所解亦粗率自用,好为臆断。……敬之所辨,亦时有千虑之一得,然所见亦罕矣。"①从这一认知出发,对于"所录多郝敬、敖继公之说"的朱朝瑛《读仪礼略记》一书而言,自然亦只能被列入"礼类存目"之中,不为四库馆臣所喜好。

二是对敷衍他说、无甚发明之类著述的诋斥和非议。"《四库全书总目》反对经学研究中'莫敢同异','及其弊也拘'的做法"②,对这一类礼学著作多颇有微词,如《四库全书总目》论马驌《仪礼易读》一书,馆臣谓其"大约以郑《注》、贾《疏》为主,而兼采元敖继公《集说》、明郝敬《节解》及近时张尔岐《句读》诸书"③,故将其纳入"礼类存目"的范畴;《四库全书总目》论朱董祥《婚礼广义》,馆臣谓其"斟酌今古之间,较为易行,然皆前人家仪所已有,无劳复衍为也"④,亦将其列入"礼类存目"的范畴;《四库全书总目》论姜兆锡《仪礼经传内外编》,馆臣谓其"大率以《仪礼》为主,《仪礼》所未备,则采他书以补之,类多因袭前人,发明最少"⑤,亦被列入"礼类存目"之中。

三是对牵强附会、空疏臆说之类著述的诋斥和非议。例如,胡抡《礼乐通考》一书,四库馆臣以为"抡欲篡改其书(按:指《仪礼经传通解》),而又嫌于改朱子,乃巧为之词,谓非朱子之亲笔,盖即宋儒删改诸经,托言於汉儒窜乱之

---

①　永瑢等:《钦定四库全书总目》(整理本)卷二十三,《经部》二十三,《礼类存目一》,中华书局1997年版,第297页。

②　宁夏江:《〈四库全书总目〉中〈书〉学著目的纂修思想》,《图书馆工作与研究》2011年第2期。

③　永瑢等:《钦定四库全书总目》(整理本)卷二十三,《经部》二十三,《礼类存目一》,中华书局1997年版,第300页。

④　永瑢等:《钦定四库全书总目》(整理本)卷二十三,《经部》二十三,《礼类存目一》,中华书局1997年版,第301页。

⑤　永瑢等:《钦定四库全书总目》(整理本)卷二十五,《经部》二十五,《礼类存目三》,中华书局1997年版,第322页。

故智。虽出尔反尔,足验好还,然尤而效之,夫亦可以不必矣"①;又如,梁万方《重刊仪礼经传通解》一书,四库馆臣亦诋斥说:"此本名为'重刊',实则改修。大致据杨复《序》文,谓朱子称黄榦所续丧、祭二礼'规模甚善,欲依以改定全书'而未暇,遂以榦之体例,更朱子之体例,与榦书合为一编。补其阙文,删其冗复,正其讹误,又采近代诸说,参以己意发明之。其中间有考证,而亦颇失之芜杂。"②这种篡动经文的做法,尤为四库馆臣们所不喜欢。有鉴于此认知,四库馆臣乃将二书列入"礼类存目"的范畴。

四是对好立异说、考证不精之类著述的诋斥和非议。例如,徐世沐《仪礼惜阴录》一书,四库馆臣评价说:"亦疏于考证。……世沐心知其误,而不能究其所以误,殊核之未审。又此书多载郑《注》所引古今文,然阙漏不可枚举"③;又如,毛奇龄《丧礼吾说篇》一书,四库馆臣质疑说:"奇龄说经,好立异义,而颠舛乖谬,则莫过於是书。大旨以子夏《丧服传》为战国以后人伪作,故逐条攻击,务反其说。其叛经之尤者,如谓丧服有齐衰无斩衰。……夫稍可穿凿之处,即改易其训诂句读以就己说。至必不可掩之处,则遁而谓之妄改。持是以往,天下复有可据之书乎?"④因此,二书均被列入"礼类存目"之中。

五是对治学固守偏执、学术视野狭隘之类著述的诋斥和非议。例如,朱朝瑛《读仪礼略记》一书,四库馆臣提出异辞说:"所录多郝敬、敖继公之说,取材颇俭。其自为说者,亦精义无几。"⑤又如,明代徐骏《五服集证》一书,四库馆臣以为其著述视野较为狭隘,"大旨于古制尊朱子《家礼》,当代之制则遵明太祖《孝慈录》。所采诸书,不过十余种而已"⑥。因此,二书均被列入"礼类存目"之列。

六是对注重普及、"为举业讲授而设"之类著述的轻诋。例如,汪基《三礼约编》一书,四库馆臣介绍说:"是书取《仪礼》《周礼》《礼记》删汰全篇,节录

① 永瑢等:《钦定四库全书总目》(整理本)卷二十五,《经部》二十五,《礼类存目三》,中华书局1997年版,第322页。

② 永瑢等:《钦定四库全书总目》(整理本)卷二十五,《经部》二十五,《礼类存目三》,中华书局1997年版,第322页。

③ 永瑢等:《钦定四库全书总目》(整理本)卷二十三,《经部》二十三,《礼类存目一》,中华书局1997年版,第298页。

④ 永瑢等:《钦定四库全书总目》(整理本)卷二十三,《经部》二十三,《礼类存目一》,中华书局1997年版,第298—299页。

⑤ 永瑢等:《钦定四库全书总目》(整理本)卷二十三,《经部》二十三,《礼类存目一》,中华书局1997年版,第298页。

⑥ 永瑢等:《钦定四库全书总目》(整理本)卷二十三,《经部》二十三,《礼类存目一》,中华书局1997年版,第300页。

其文,盖取其便於诵习。"①这一类礼学著作,对于礼经研究并无裨益,因而四库馆臣亦将其列入"礼类存目"之中,并不过多关注。

再次,从《四库全书》收录书目及其《四库全书总目》提要评价态度来看,四库馆臣对于"非存目"类《仪礼》著述的选择亦有一定的价值评判标准,并据此作为收入《四库全书》的基本要求。概而言之,据其要者而言,约略有如下数端:

一是尊崇那些广稽博考《仪礼》"逸礼"之类著述。例如,元吴澄《仪礼逸经》一书,四库馆臣评述说:"是篇掇拾逸经,以补《仪礼》之遗。……取之郑康成《三礼注》所引逸文。其编次先后,皆依行礼之节次,不尽从其原文,盖仿朱子《仪礼经传通解》之例。……较之汪克宽书,则条理精密多矣。……《逸经》八篇,《传》十篇,适符其数。"②又诸锦《补飨礼》一书,四库馆臣评述说:"锦之所补,非属凿空。且是编以《周官》为宗,《经》固《仪礼》纲领。以经补经,固无訾於不类。至于分注之传、记,证佐天然,咸有条理,尤非牵强附会之比。"③又任启运《肆献裸馈食礼》一书,四库馆臣评述说:"是编以《仪礼》特牲、少牢馈食礼皆士礼,因据三《礼》及他传记之有关於王礼者推之,不得於经,则求诸注疏以补之。……较之黄榦所续《祭礼》,更为精密。"④纂修官将此三部著述均收录于《四库全书》之中。

二是推崇那些言之有据、考据严谨、较有创见之类《仪礼》著述。例如,四库馆臣论及万斯大《仪礼商》一书,谓"斯大学本淹通,用思尤锐,其合处往往发明前人所未发"⑤;论及方苞《仪礼析疑》一书时,言其"其用功既深,发明处亦复不少。……皆细心体认,合乎《经》义。其他称是者尚夥"⑥;论及任启运《宫室考》一书时,言"启运能研究钩贯,使条理秩然。中间有疵谬,而大致精

---

① 永瑢等:《钦定四库全书总目》(整理本)卷二十五,《经部》二十五,《礼类存目三》,中华书局1997年版,第320—321页。

② 永瑢等:《钦定四库全书总目》(整理本)卷二十,《经部》二十,《礼类二》,中华书局1997年版,第252—253页。

③ 永瑢等:《钦定四库全书总目》(整理本)卷二十,《经部》二十,《礼类二》,中华书局1997年版,第259页。

④ 永瑢等:《钦定四库全书总目》(整理本)卷二十,《经部》二十,《礼类二》,中华书局1997年版,第260—261页。

⑤ 永瑢等:《钦定四库全书总目》(整理本)卷二十,《经部》二十,《礼类二》,中华书局1997年版,第256页。

⑥ 永瑢等:《钦定四库全书总目》(整理本)卷二十,《经部》二十,《礼类二》,中华书局1997年版,第258页。

核，要亦不愧穷经之目矣"①；论及江永《仪礼释宫增注》一书时，称其"多所发明补正，其稍有出入者仅一二条，而考证精密者居十之九。……其辨订俱有根据，足证前人之误，知其非同影响剽掇之学矣"②；等等。凡此之类《仪礼》著述，四库馆臣皆收入《四库全书》当中。

三是推许注重《仪礼》文献校勘的《仪礼》著述。例如，四库馆臣论及宋张淳《仪礼识误》一书时，称道其"核订异同，最为详审。……然是书存而古《经》汉《注》之讹文脱句藉以考识，旧椠诸本之不传于今者亦藉以得见崖略。其有功于《仪礼》，诚非浅小"③；论及张尔岐《仪礼郑注句读》一书时，推崇其"字句同异，考证尤详。所校除监本外，则有唐开成石刻本、元吴澄本及陆德明《音义》、朱子与黄榦所次《经传通解》诸家。其谬误脱落、衍羡颠例、《经》《注》混淆之处，皆参考得实。又明西安王尧典所刻《石经补字》，最为舛错，亦一一驳正"④；等等。凡此之类著述，皆有裨益于礼经的诠释和研究，故而亦深受馆臣们的重视与喜好，将其列入《四库全书》所收之列。

综上所述，《四库全书总目》所体现出的尊古崇学、广稽博考、贵求专深的《仪礼》学著目纂修思想，实际上是倡导《仪礼》诠释和研究的途径和方法，要回复到汉学的"实证"路数上去，从根本上扭转明代正德、嘉靖以后形成的"其学各抒心得，及其弊也肆。空谈臆断，考证必疏"的经学流弊，这与乾隆时期兴盛的汉学考据之风是一脉相通的。

四、《仪礼》文献编纂的学术影响

随着《四库全书》编纂与《四库全书总目》撰写的相继完成，以及在学界的广泛流传，对学术界士人的学术研究产生了广泛而深远的影响。就学术自身层面来讲，它对当时的《仪礼》诠释研究风气和治学方法的转变，对《仪礼》研究焦点问题的深入思考，对《仪礼》文本的求真性考察，等等，都产生了很大的作用和学术影响力。

首先，就《四库全书总目》学术取向的影响而言。四库馆臣认为："夫汉学具有根柢，讲学者以浅陋轻之，不足服汉儒也。宋学具有精微，读书者以空疏

---

①　永瑢等：《钦定四库全书总目》（整理本）卷二十，《经部》二十，《礼类二》，中华书局1997年版，第260页。

②　永瑢等：《钦定四库全书总目》（整理本）卷二十，《经部》二十，《礼类二》，中华书局1997年版，第262页。

③　永瑢等：《钦定四库全书总目》（整理本）卷二十，《经部》二十，《礼类二》，中华书局1997年版，第250页。

④　永瑢等：《钦定四库全书总目》（整理本）卷二十，《经部》二十，《礼类二》，中华书局1997年版，第255页。

薄之，亦不足服宋儒也。消融门户之见而各取所长，则私心祛而公理出，公理出而经义明矣。”①所以，研治经学最为根本的治学态度在于：“本汉、唐之《注疏》，而佐以宋儒之义理，亦无可疑也。”②四库总纂官纪昀在《阅微草堂笔记·滦阳消夏录一》中也有说：“夫汉儒以训诂专门，宋儒以义理相尚，似汉学粗而宋学精，然不明训诂，义理何由而知？概用诋诽，视犹土苴，未免既成大辂，追斥椎轮；得济迷川，遽焚宝筏。于是攻宋儒者，又纷纷而起。故余撰《四库全书（总目）·诗部总叙》有曰：‘宋儒之攻汉儒，非为说经起见也，特求胜於汉儒而已。后人之攻宋儒，亦非为说经起见也，特不平宋儒之诋汉儒而已。’……至《尚书》三《礼》三《传》《毛诗》《尔雅》诸《注疏》，皆根据古义，断非宋儒所能；《论语》《孟子》，宋儒积一生精力，字斟句酌，亦断非汉儒所及。”③具体到《仪礼》学研究来说，由于“《仪礼》难读，儒者罕通，不能聚讼”，“宋儒攻击，仅摭其好引谶纬一失，至其训诂则弗能逾越。盖得其节文，乃可推制作之精意，不比《孝经》《论语》可推寻文句而谈”④，所以在四库馆纂修官看来，《仪礼》诠释和研究仍然应该延继汉唐诸儒的汉学传统。受此影响，校勘、训诂及有关名物度数的考证受到人们的普遍重视，“读古人之书，则当先通古人之字，庶明其文句，而义理可以渐求”⑤的治经方法受到普遍重视。清初学者中凡是未能宗守郑氏家法者，都受到了中期学者的批评指责，如王鸣盛批评张尔岐、马德淳的研究“但粗为演绎，其于敖氏之似是而非，均未能正其失，以明郑学之精也”，批评万斯大、沈冠云的作品“于郑《注》亦多所纠驳”⑥。

从辑佚学方面的影响来看。梁启超先生曾经说过：“乾隆中修《四库全书》，其书之采自《永乐大典》者以百计，实开辑佚之先声。”⑦确实如此，经四库馆众多学者长达数年的辛勤努力，总计从《永乐大典》中辑出经史子集各类图书多达 385 种，在当时学界可谓蔚为大观。时为四库馆纂修官的汉学大师戴震，曾从《永乐大典》中辑录出李如圭所撰《仪礼集释》一书，并厘订为 30 卷，众所周知，清乾隆年间并无该书单行本传世，当时学界端赖戴氏所辑，才得以发见该书原貌。又根据《永乐大典》所采录之书记载，对《仪礼释宫》一书所

① 永瑢等：《钦定四库全书总目》（整理本）“经部总叙”，中华书局 1997 年版，第 1 页。

② 永瑢等：《钦定四库全书总目》（整理本）“礼类”总叙，中华书局 1997 年版，第 234 页。

③ 纪昀：《阅微草堂笔记·滦阳消夏录一》卷一，上海古籍出版社 1980 年版，第 10 页。

④ 永瑢等：《钦定四库全书总目》（整理本）“礼类”总叙，中华书局 1997 年版，第 234 页。

⑤ 永瑢等：《钦定四库全书总目》（整理本）卷三十三，《九经古义》条，中华书局 1997 年版，第 436 条。

⑥ 王鸣盛：《仪礼管见序》，载《仪礼管见》卷首，《续修四库全书》（第 88 册），上海古籍出版社 2002 年版，第 373 页。

⑦ 梁启超：《清代学术概论》，东方出版社 1996 年版，第 55 页。

谓朱熹所作说进行了纠正,通过考察该书与朱子《仪礼经传通解》的不同,将其著作权还归于宋人李如圭之手。这一辑佚成果,受到了当时礼经学研究者的普遍重视和高度评价。受此影响,嘉庆年间,山东历城学者马国翰(1794—1857)将辑佚工作作为自己的毕生事业,其中所辑佚的《仪礼》学著作就有 27部之多。① 尽管这一类辑佚成果大都不复古书原貌,但其价值确是相当地大。较诸清代前期学者更多关注"逸礼"遗文的辑佚,这一时期学者的辑佚视野更趋开阔,更具学术价值。

其次,从校勘学方面的影响来看。《四库全书》馆开馆以后,由于纂修工作的需要,一大批汉学家进入四库馆内,从事校勘、整理编次历代典籍的工作,成绩斐然。对于四库馆臣们来说,进行文献校雠是一项十分重要的工作,从总纂官到纂修官,从分校官到复校(总校),再到助校,层层对所办之书的内容、文字进行审核、校正和订补,无论是《永乐大典》本,或者是其他版本文献莫不如此。受此治学风尚影响,乾嘉时期出现了一批以校勘名家的学者,他们专事于经、史、子、集各类文献的校勘。按照今人顾颉刚先生的说法:"清代治校勘者可分二级:下一级罗列版本,选取其善者(即古者,愈古自愈少错误)而从之,卢文弨、顾广圻等是也;此当解决唐以后之问题。上一级则不但根据古刻以正误文,且能抉出向来以为无误之文字而平定之,高邮王氏父子及孙诒让等是也;此可解决汉以后之问题矣。"② 在《仪礼》学方面,同样出现了一批专门校勘体著作,如卢文弨撰《仪礼注疏详校》,阮元撰《仪礼石经校刊记》和《仪礼注疏校勘记》,黄丕烈撰《严本仪礼郑氏注校录》等,这些校勘著作大都属于顾颉刚先生所说的下一级校勘。这些校勘著作的催生,对于推动当时的《仪礼》学专深研究,有着较大的影响。

再次,从目录学方面的影响来看。一方面,后世学者普遍认为,《四库全书总目》的分类标准和部别原则充分体现了中国古典文献传承的科学体系。乾嘉以后,凡编纂书目者,无不遵循其制度。就礼学文献的分类而言,四库馆臣将其分为六类:"曰《周礼》,曰《仪礼》,曰《礼记》,曰《三礼总义》,曰《通礼》,曰《杂礼书》。"③ 单就《仪礼》文献来看,跨越了多个类目,主要包括《仪礼》类、《三礼总义》类和《通礼》类。这种分类方法,为后世学者所继承,现当代的某些古籍目录学著作如《续修四库全库总目提要》《三礼研究论著提要》等,也延续了这一分类方法。另一方面,"在编修《四库全书》时,除了《四库全

① 邓声国:《清代〈仪礼〉文献研究》,上海古籍出版社 2006 年版,第 464—465 页。
② 顾洪编:《顾颉刚学术文化随笔》,中国青年出版社 1998 年版,第 302 页。
③ 永瑢等:《钦定四库全书总目》(整理本)"礼类"总叙,中华书局 1997 年版,第 234 页。

书总目》，还直接或间接促进了其他书目的编纂，如《浙江采集遗书总录》《江苏采辑遗书目录》《四库全书简明目录》《四库全书附存目录》《四库未收书目提要》《续修四库全库总目提要》等"①。在相关文献的评价体系和评价标准上，这些目录学著作也在一定程度上延续了四库馆臣的某些做法，效仿的风格较为明显。

复次，从版本学方面的影响来看。一方面，纂修《四库全书》征书过程中出现了历代文献的各类版本，当时编纂《四库全书》所据底本中，有很多是珍贵善本，如宋元刻本或旧抄本，还有不少是已失传很久的书籍，在修书时重新发现的，也有的是从《永乐大典》中辑录出来的佚书，等等。这些珍贵版本的出现，为《仪礼》经文及其郑、贾《注疏》的校勘，提供了较好的版本对照。另一方面，就后来的《仪礼》诠释实践的影响来说，《四库全书》本《仪礼》文献往往成为学者们据以文献诠释与研读的重要版本。在纂修《四库全书》时，有的传世文献所能见到的版本较多，在经儒臣校阅后，书籍内容完全相同者，采最佳之版本，为其加以校雠、订正文字讹误，使之成为经过修订的善本，并撰写提要介绍该书之版本、内容、流变及作者等情况。在具体的修书实践中，四库馆臣们通过具体的校勘活动得以考见和鉴定各种文献的版本优劣，梳理版本源流，进而为编纂《四库全书》选择出一个好的底本，对其加以校雠。有学者在提到《四库全书总目》评价版本的情况时说："《总目》评价版本重在对其内容的考订和校勘，以精校精注、不确不讹、近古存真为主要标准。在提要中对篇卷的考订颇精，并常有大量校勘记，其于版本学当考订校雠一派。"②四库馆臣的这种版本抉择做法，充分体现出馆臣们版本意识的浓厚，在一定程度上确保了编入《四库全书》的诸书均能拥有一个较好的文献版本。诚如曹之先生所说："《总目》作为版本目录是无庸质疑的，《总目》中蕴藏着极为丰富的版本学资料，值得我们认真发掘。"③尽管乾隆之后并没有出现专门的《仪礼》版本目录学著作，但黄丕烈、丁丙等人的版本目录学著作中，都涉及《仪礼》文献的版本介绍，在一定程度上起到了版本推介的作用。

最后，从诠释学方面的影响来看。《四库全书总目》所体现出的尊古崇学、广稽博考、贵求专深的《仪礼》学著目纂修思想，验之美国学者艾尔曼统计的各类《四库全书总目》评价标准，其中"是否正确使用文献和考证方法""判断是否武断"和"是否具有考证价值"三者，对乾嘉时期乃至后来礼经学者的

① 江曦：《清代版本学史稿》，山东大学博士学位论文，2011年，第111页。
② 江曦：《清代版本学史稿》，山东大学博士学位论文，2011年，第111页。
③ 曹之：《〈四库全书总目〉是版本目录吗》，《山东图书馆季刊》1991年第4期。

诠释影响,当是最为深远。这从清代中期的《仪礼》诠释流派情况可以得到印证。从这一礼学价值取向出发,校勘、训诂及有关名物度数的考证受到人们的普遍重视。与此治学取向相应的是,这一时期《仪礼》研究出现了一股宗主"郑学"之风,而且这种风气表现得渐趋明显,清初学者中凡是未能宗守郑氏家法者,都受到了中期学者的批评指责。作为《仪礼》学研究的一部分,当时的"五服"学研究同样也受到了这种风气的影响,"礼俗学研究的色彩明显在偏离'五服'学研究的主旋律,无论是历代朝廷的礼律,还是民间的礼俗,都在逐步淡出学者研究的视线"①。就微观的诠释焦点而言,此后学者并不注重阐发《丧服》经文义理方面的内容,反对空发议论,他们所关心的是,"经未显者必析言之,礼见于文外者必质言之"②。这种治学取向,与当时学术界倡导汉学考据之风和实学化的研究价值取向是分不开的,《注疏》层校勘讹误、古今异文疏证、疏解古训、考辨疑误等,成为此后学者诠释和研究礼经的重要焦点话题。

　　总之,乾隆中期清高宗开设四库全书馆并编纂大型丛书《四库全书》,无论是具体编纂之前的征书活动,还是编纂过程中的辑佚、校勘活动,或者是《四库全书总目》的学术总结,都对此后的《仪礼》学研究产生了重要的学术影响。

第九节　《仪礼》文献的广泛传播

　　讨论清代《仪礼》学的演变与发展历史,尽管主要是围绕出现的各类清代《仪礼》文献开展研究,考察诸家学者关于《仪礼》名物训诂和仪节仪制诠释等的相关情况,考察诸多流派的演变与发展脉络,但同时也要探讨《仪礼》学在具体现实社会的传播与接受情况。就清代中期而言,特别是在《四库全书》修纂完成之后,《仪礼》文献的传播变得更趋便利,这主要是有赖于书院的兴盛和刻书事业的繁盛等众多因素。就清代中期《仪礼》文化传播的路径而言,主要有书院与家塾授受、私家与官方刻书、通俗类礼学读物的普及等众多方式、路径。

一、书院讲学与礼学人才培养

　　刘玉才先生称:"考察清代学术的兴衰变迁,书院无疑是一个非常好的视

---

　　① 邓声国:《清代"五服"文献概论》,北京大学出版社 2004 年版,第 50 页。

　　② 翁方纲:《仪礼蠡测序》,载韦协梦:《仪礼蠡测》卷首,《续修四库全书》(第 89 册),上海古籍出版社 2002 年版,第 559 页。

角”，因为这一时期“学术变迁的几乎所有重要环节”，诸如清初诸儒的讲学、程朱理学的崇尚、乾嘉学派的构建、晚清学术的转向等，“都与书院密切相关”①。考察清代礼学发展的演进轨迹，清代书院及其士人的繁盛之道，在礼经文化的传播乃至研究风尚的确立上，着实发挥了相当大的影响力。众所周知，清初满族入关，统治者有感于明末书院“群聚徒党，及号招他方游食无行之徒，空谭废业”②，“摇撼朝廷，爽乱名实”③的深刻教训，因而对书院的开办，主要采取的是抑制政策。康熙在位统治后期，在各地官府的严密监控之下，虽然没有解除创办书院的禁令，但对官员或士人的讲学干预较少，显得较为宽松了许多，江西白鹿洞书院、苏州紫阳书院、胡安国书院等一些书院也得以陆续恢复或创办；而到雍正年间，书院恢复及创办的速度与规模更超之前，讲学之风也悄然得以迅猛发展，其目的主要在于重塑“兴贤育才”“敦崇教化”之道。诚如雍正十一年（1733）“谕旨”中所言：“谕内阁各省学政之外，地方大吏每有设立书院，聚集生徒讲诵肄业者。……建立书院，择一省文行兼优之士，读书其中，使之朝夕讲诵，整躬励行，有所成就，俾远近士子观感奋发，亦兴贤育才之一道也。”④在此风气的影响和延续之下，清代中期的书院讲学，在当时《仪礼》学的传播与发展之路上，占有着相当重要的一席之地。“经学较儒学为专，掌握经学的人须具有一定的专业知识。”⑤《仪礼》学作为传统经学的一部分，作为一种专门的学问，在清代中期的传播与授受过程中，无疑成为书院与私塾教授讲学的重要内容之一。甚至可以说，书院讲学在培养《仪礼》学的研究专才和文化普及方面，发挥了相当大的作用。因而，有必要就此加以探讨和分析。

　　清代中期，经学研究的渐趋深入和广泛性，很大程度上与当时成规模性的人才培养有关，因此，书院在儒家经学文化传承史上的地位颇为特殊。统而言之，书院是经史学者讲习之场所，也是培养学士之机构；书院是传承和发展经学的基地，也是培养儒生的重要基地。因而，它天然地与经学的发展与传承有着各种各样的内在关联，礼学的传播亦不例外。就有清中期而言，书院对于推动礼经文化的传播发挥着其他各类机构无以取代的作用。

---

　　① 刘玉才：《清代书院与学术变迁研究·前言》，北京大学出版社 2008 年版，第 2—3 页。

　　② 张居正：《请申旧章饬学政以振兴人才疏》，《张太岳集》卷三十九，上海古籍出版社 1984 年版，第 496 页。“谭”应为“谈”字之讹误。

　　③ 张居正：《答南司成屠平石论为学》，《张太岳集》卷二十九，上海古籍出版社 1984 年版，第 361 页。

　　④ 张廷玉等：《清朝文献通考》卷七十《学校八》，浙江古籍出版社 1988 年版，第 5504 页。

　　⑤ 蔡方鹿：《朱熹经学与中国经学》，人民出版社 2004 年版，第 5 页。

首先,书院是礼学传承和发展的重要基地。在礼学发展史上,书院一度成为礼学家讲学传播礼学文化、著书立说的重要场所,催生新的礼学思想的重要场所,或隐性或显性地体现出清代书院蕴涵的学术追求和学术精神。"清代的汉学家和宋明时期的理学家有相同之处,那就是都以书院为大本营,开展学术研究、交流活动,培养学术传人,以壮大其队伍。"①乾、道间,有不少《仪礼》学研究者均有从事过书院教习或担任书院山长的经历,譬如,著有《仪礼正误》的休宁学者戴震(1722—1777),著有《仪礼注疏详校》的余姚学者卢文弨(1717—1795),著有《仪礼汉读考》的金坛学者段玉裁(1735—1815)等人,都是其中的代表人物,他们都曾主持过书院,而且为书院的发展和经学人才的培养倾注了大量精力,影响了相当一批士人从事于包括礼学在内的经学研究。

兹以卢文弨为例,《清史稿·卢文弨传》记载说:"文弨历主江、浙各书院讲席,以经术导士,江、浙士子多信从之,学术为之一变。"②据翁方纲所作《卢文弨墓志铭》所言,卢氏"前后掌钟山、紫阳书院,及崇文、龙城、娄东、暨阳、晋阳,迭主讲席,著录极称盛焉"③,书院讲学时间陆陆续续长达23年之久。例如,乾隆二十四年(1759),江苏学政李因培在江阴兴建暨阳书院,卢文弨接受其邀,以翰林的身份主讲暨阳,当地学子仰之如见天人,"一时人士竞向风焉"④,由原本注重从事"制艺"的研习,开始更加重视"经术"的研习,乾嘉学术之风得以传播开来。又如,乾隆三十七年(1772),卢氏应当时两江总督高晋的邀请,前往担任江苏省会书院——钟山书院山长一职,前后长达11年,在钟山书院任职期间,他一方面从事主讲工作,另一方面也潜心校雠工作,为众多文献典籍进行鉴定题跋,题词作序。为了便于平时开展各类文献校勘和经史考据,他利用讲授薪酬所得,借以大量收藏和充实卢氏抱经堂,以便进一步开展文献考据与研究;同时,还向周边的友人与乡绅士子借阅各类典籍,如曾借观汪中案头何仲子校本《〈孟子〉注疏》、宋本《仪礼》等书,大大提高了文献校雠的数量与质量。据统计,钟山任职期间,卢氏亲自参与校勘各类经史子集著作达75种次,占其一生所校文献总数的40%左右。这种书院讲学经历,其效果是显见的,诚如有学者所言:卢氏"大力提倡经学教育使钟山书院的学术氛围得到极大改善,良好的环境也使卢文弨在学术研究上更上一层楼,十年中

---

①　陈谷嘉、邓洪波主编:《中国书院制度研究》,浙江教育出版社1997年版,第298—299页。

②　赵尔巽:《清史稿》(册43)卷四百八十一《列传二百六十八·儒林二》,中华书局1977年版,第13192页。

③　翁方纲:《卢文弨墓志铭》,载卢文弨:《抱经堂文集》,《四部丛刊》本。

④　李因培:《兴建书院记》,载光绪间修《江阴县志》。

成果辈出,尤其是在校勘古籍方面取得了辉煌成果"①。

　　除卢文弨等人之外,著述有《礼经释例》一书的安徽歙县学者凌廷堪(1755—1809)也曾有过书院教习的经历。乾隆五十五年(1790),凌廷堪考中进士,例授知县,藉以"养母治经"之由自请改任他职,被任命为宁国府学教授一职,从此一边从教一边从事著述工作。嘉庆十一年(1806),服母氏丁忧而去官,先后主讲于敬亭书院和紫阳书院。他所著述的《礼经释例》一书,正式开始于乾隆五十七年(1792),也就是始于宁国府学教授的任上,后于嘉庆四年(1799)完成初稿撰写工作,但此后一直处于修订状态,延续到书院主讲期间,其间五易其稿,一直到嘉庆十三年(1808),方始敲定书稿。这种边任教边著述的经历,对他潜心思考和整理历代礼学研究成果,极有裨益;对于书院士子的经学人才培养,也大有好处。在凌廷堪主讲紫阳书院期间,当时朝夕相聚一起的众多书院士子、学友同仁多喜抄录他的《复礼》等著作。夏炘曾记述期间事迹云:"予幼随先训导公于新安学舍读书,时凌次仲教授以忧归里,主紫阳讲席。……教授又以所作《复礼》上中下三篇广示同人,一时传抄几遍。"②

　　在凌廷堪任职教习期间,阮常生(1788—1833)、胡培翚(1782—1849)、张其锦等人可谓其中之学业佼佼者,受其礼学研究的影响很深。仅以胡培翚为例。胡培翚一生转益多师,各个师长对他的教育和治学上的影响着实不可低估。胡氏出身于绩溪一个著名的文化世家,因而他幼年起便笃志励学,较早时候即从著述有《仪礼释官》一书的祖父胡匡衷受学,初步接受了《礼经》的研读与培养;乾隆五十九年(1794)胡氏年仅 13 岁,又跟随叔祖胡匡宪受业。在经过家学数年的熏陶与教育之后,胡氏的个人学术修养日渐增进。但真正引导他走上从事《仪礼》研究之路,并从方法论上给予他《仪礼》学研究学术指导的人,却应归功于安徽歙县学者凌廷堪。嘉庆十二年(1807),胡培翚就读歙县城南紫阳书院,恰逢当时著名礼学大师凌廷堪主讲紫阳书院,而且正值《礼经释例》书稿写作之际,而胡培翚由于家学原因,打下了很好的《仪礼》学根底,得以亲身聆听凌氏讲学,亦由此得窥凌氏研治礼经"证以群经,合者取之,离者则置之,信者申之,疑者则阙之"③之问学途径,并为此后著述《仪礼正义》,进而成为清代后期《仪礼》学史上的一位集大成者,打下了坚实基础。

　　其次,书院也是礼学人才培养的主要发源地。在有清一代,书院一度成为礼学家接受礼学熏陶、成就礼学学养的重要场所,使得一小部分学士树立以礼

---

①　余九红:《卢文弨与钟山书院》,《南京晓庄学院学报》2009 年第 2 期。

②　夏炘:《书〈礼经释例〉后》,《夏仲子集》卷三,咸丰乙卯年(1855)刻本,第 30 页。

③　凌廷堪:《〈礼经释例〉序》,《校礼堂文集》卷二十六,中华书局 1998 年版,第 243 页。

学研究为将来治学的追求。乾、嘉、道时期,同样也是如此,从书院接受经学教育进而继续深入礼学研究的学者亦颇不乏其例。例如,著述有《仪礼管见》一书的长洲学者、礼学家褚寅亮(1715—1790),少年时代就在苏州的紫阳书院接受过较为系统的经史方面学术训练。雍正十三年(1735),"年二十一,籍郡校,食饩,旋举优行,肄业紫阳书院"①。褚寅亮进入府学成为一名廪生,显然不久便因"举优行"之故,被推选到紫阳书院进一步深造。在书院作为诸生期间,褚寅亮与钱大昕、王昶、褚廷璋等人成为同学和好友,以"古学"相互切磋砥砺。"(乾隆)十四年己巳,(钱大昕)年二十二岁……檄本县具文送紫阳书院肄业……青浦王兰泉、长洲褚鹤侣、左莪及礼堂、习庵皆在同舍,以古学相策励。"②通过数年的书院经史学习,褚寅亮和至交好友一块切磋"古学",探讨儒家经典学术旨趣,后从书院肄业而出。褚寅亮37岁那年(1751),他与钱大昕、吴烺、吴志鸿等多人一道,被清高宗皇帝特赐予举人,得授予内阁中书学习行走,此后便开始了在京师担任公职的生涯。在此之前,褚寅亮尚未从事《仪礼》学的专门研究,但却为他此后的研究奠定了坚实的经学基础。一直到乾隆三十六年(1771)褚寅亮居家为父服丁忧期间,他方始精研《仪礼》郑玄注文,树立了以驳敖继公《集说》申郑《注》为旨归的为学宗旨。乾隆四十年(1775)褚寅亮61岁,本年夏,褚寅亮在刑部员外郎任上以病告归,不久便应常州龙城书院之邀请,前往书院从事主讲一职,一直到乾隆四十八年(1783)方始告休归乡,一心从事《仪礼管见》一书的著述工作,"公退,门无杂宾,惟偕同志陈说经义","其致政归里也,汲汲以著述为事"③。纵观褚寅亮的一生,早年就读于紫阳书院,受到了良好的学术熏陶,为他后来的《仪礼》研究打下了扎实的学术基础;而后期其胜任龙城书院主讲之职,则为他全面著述《仪礼管见》的撰写积累了深厚学养。

再次,书院还是儒家经学文献的重要藏书机构。历代各级各地的书院,无论是官办的或者私办的,无论它的规模人小,都极为重视藏书,皆有较为丰富的藏书,以供学者参考,或供学人学习。就其藏书因由,便诚如班书阁在《书院藏书考》中所说:"书院所以教士者,而书籍为教士之具。使有书院而无书,

---

① 任兆麟:《刑部员外郎鹤侣褚公墓表》,《有竹居集》(第5册)卷十,嘉庆二十四年(1819)广州两广节署刻本,第23页。

② 钱大昕:《钱辛楣先生年谱》,咸丰间刻本。按:左莪,即褚廷璋,系褚寅亮从弟,并就学于苏州紫阳书院。

③ 任兆麟:《刑部员外郎鹤侣褚公墓表》,《有竹居集》(第5册)卷十,嘉庆二十四年(1819)广州两广节署刻本,第24页。

则士欲读不能,是书院徒有教士之名,已失教士之实。"①

最后,书院也是反映儒家治学思想变迁晴雨表的重要场所。这一时期,一批汉学家、经史学家不仅注重著书立说,同时也强调建立汉学宣传的阵地——书院,借以宣传他们的治学立场与主张。"乾嘉学派中的不少人都曾在书院讲过学,有的也曾建立过书院。"②在清中叶的书院办学历史上,特别值得一提的是,江苏仪征阮元(1764—1849)所创办的两所书院——诂经精舍和学海堂书院,是当时影响相当大的两所书院,称得上是汉学的最高学府。作为一名经学家的阮元,他撰有《仪礼石经校刊记》和《仪礼注疏校勘记》两部《仪礼》学著述,对于清代中期《仪礼》文献的校勘具有相当大的贡献。作为一名官员的阮元,曾经先后担任过翰林院编修、山东学政、浙江学政、巡抚,湖广、两广、云贵等地总督,官至体仁阁大学士,也是乾嘉学派学者型官员中办学成绩最为卓著者。嘉庆六年(1801),阮元时任浙江巡抚,在杭州西子湖畔创建了一所名为"诂经精舍"的书院,将汉代著名学者许慎和郑玄二人作为精舍学子祭祀的对象。嘉庆二十二年(1817),阮元移督两粤,在这3年以后(1820),他开设学海堂课;一直到道光四年(1824),阮元始于广州粤秀山上建堂,给书院命名为"学海堂",意取汉代经学家何休无学不通,有"学海"之美誉。学海堂与诂经精舍的不同之处,是完全不设有关科举的课程,是一所纯粹学术性的书院。阮元创建的这两所书院,并不迎合当时大多数书院的那种科举气息,反而将进行有关经史训诂之学的教育确立为书院的特色办学宗旨,授课的内容以经史为主,兼及小学、天文、地理、算法等知识,选用的教材有《十三经注疏》《史记》《汉书》《后汉书》《三国志》等。在公务之余,他还经常亲自到书院进行讲学,也时常聘请一些知名的经史学家前来书院讲学,如王昶、孙星衍等人都曾受其邀请讲学授课。在阮元等人的大力倡导和推进下,诂经精舍和学海堂两所书院,俨然成为东南地区的学术中心,从中走出来的学生很多人留下了显赫名声,成就一家之言者不可胜数。阮元创办的这两所书院,即便到了晚清时期,依旧有很大影响,如江苏江阴的南菁书院、浙江黄岩的九峰书院、上海的诂经精舍、龙门书院、湖北武昌的经心书院、湖南长沙的水校经堂、四川成都的尊经书院、广州的广雅书院等,都是以阮元的办学宗旨为标榜。

总之,有清中期,有相当一部分经学家,尤其是以礼学名家的学者到南方各地书院主讲经学,除上述诸学者外,还有王先谦主讲南菁书院,阮元先后创设及讲学诂经精舍、学海堂,沈廷芳主讲鳌峰、端溪、乐仪、敬敷等书院,等等。

① 班书阁:《书院藏书考》,《国立北平图书馆馆刊》1931年第五卷第3号,第59页。

② 樊克政:《书院史话》,社会科学文献出版社2012年版,第115页。

他们在书院讲学期间,一边治学,一边传播包括礼学在内的经学文化,特别是倡导乾嘉汉学的治学主张,对乾隆中后期乃至嘉庆、道光年间的礼学研究,发挥了积极的倡导和导向性治学功能,意义极其深远。

二、家塾教育与礼学读物普及

乾、嘉时期,随着清廷统治的逐步稳定,科举取士制度的深入人心,社会经济的繁荣与兴盛,特别是基于四库馆《四库全书》经史子集文献纂修的完成和推广传播,经学文化的教育与普及也出现了一种下移的趋势,一批学者在研经治学的同时,也热心于传播和普及包括礼学在内的儒家文化,通过承担家塾教育的馆课和通俗易懂的文化普及类读物的编纂工作,为下层社会特别是乡村社会的教育事业效力,这其中甚至不乏硕学鸿儒之流的人物。诚如有学者指出,当时社会上“家族性人才培养计划被越来越多的家族所接纳和施行”,“江南地区书院家塾林立,读书喜学成风”,“规模性的人才培养有助于优秀者脱颖而出。同时,这种风气对学术传承也产生巨大影响,学术延续的方式由师徒授受转为宗族化、家学化”①。在这种大潮流背景下,以三《礼》文化为代表的礼学文化也得到了广泛的传播,特别是礼学类普及读物的出现,使得《礼经》学的传播更加深入民间,深入普通民众当中,也使得《仪礼》学的传播与接受,在民间变得更趋便利。

乾隆四十二年(1777),安徽望江学者檀萃(1725—1801)著《仪礼韵言》。檀萃,字默斋,又字岂田,号废翁,别号白石,又称草堂,安徽望江人。乾隆二十六年(1761)进士,官至云南禄劝知县。毕生笃志经学,历长云南五华、成材两书院,先后垂20年,名士多从游,人称滇南先生。据檀氏所作《自序》文介绍说:“丁酉携儿子西上,过洞庭,于舟中取《仪礼章句》本摘其大要,效唐人蒙求例,整其句而韵之,凡上下卷,不过八九十纸,俾儿辈易诵,名曰《仪礼韵言》,至滇因付诸梓印数百本散之。”②可见,檀氏编纂此书意在便于家塾诵读,非为考究经义而作,加之因成书于舟中,故仅据吴廷华《仪礼章句》删节整改而成。据光绪十五年笃学楼重刊本,此书共分2卷,卷上自《士冠礼》至《大射仪》,卷下自《聘礼》至《有司彻》。全书括经文为韵语,“所用之韵通叶各归部分”,韵语四五字至七八字不等,但以四言为多,而间以长短句参错历乱,随其文气所全而已。惟《丧服》篇因其原文“本似《公》《谷》”,只略加以虚字,且与之分节,不以韵系。各篇次序章段尽标于正文之上,且“采本经、《记》即入正文次

---

①　曾军:《义理与考据——清中期〈礼记〉诠释的两种策略》,岳麓书社2009年版,第115页。

②　檀萃:《仪礼韵言·序》卷首,光绪十五年笃学楼重刊本。

序之中,照《经传通解》例。"①至于正文未备者于《注》中补出,《注》文形式多样,有正文细注、顶批、旁注三种形式。其中以细注为主体,但正文细注未备者,则于顶批和旁批补出。张之洞在介绍该书时说:"《仪礼》难读,因之乡塾遂不知有此经。檀氏此编,约取经义节次,编为四言韵语,注解明白。童蒙于未读经典之先,令熟此编。他日读《仪礼》亦较易,即不读亦知梗概矣。岂不胜于读村书杂字、百家姓万万耶!"②可谓深知此书作为礼学普及读物的重要性。

乾隆四十五年(1780),江苏常熟学者吴卓信(1755—1823)著《约丧礼经传》。吴卓信,字顼儒,号立峰,诸生。父东才,姊静,均有文名。"少孤,母顾氏授以经、子诸书,为之讲解。及长,笃嗜载籍,有田百亩,尽以买书。尤好典章经制之学,欲追杜、郑、马、王而起。再与乡试,不售,益厌弃举业。"③比及弱冠之时,九经诸史百家尽通大义,尤长于经古文学。吴氏所著《约丧礼经传》1卷,属于删改体著作,"《约丧礼经传》合《仪礼》《戴记》经文《注》《疏》而序次之也,条分缕析,纲举目张,在近人经解中洵属不可多得"④。实际上是在《仪礼》《礼记》有关"丧礼"诸篇经文及其《注》《疏》的基础上删节增改而成,《仪礼》本经止于《士虞礼》,虞以下无文,吴卓信则"取散见于传记者裒集成文以补之。"故乾隆四十五年(1780)冯伟为之作《序》评价说:"采录传疏属辞比事,若网之在纲,文简义该。"⑤

乾隆后期,江苏泰州学者宫为坊选辑《仪礼节录》。宫为坊,字慎余,号言可,又号荔圃。生卒年不详。宫焕光子。乾隆四十年(1775)举人。博学工诗文,通经义,尤深于《史》《汉》。从《仪礼节录》书名来看,宫氏此书盖以节录《仪礼》经文为准,属于删改体著作,重在《仪礼》文化的普及,方便课塾之用。该书现有乾隆五十五年(1790)自刻本,嘉庆间又自刻墨稼山房印本,可见该书成书时间,至迟应不晚于乾隆五十五年。

乾隆后期,湖南善化(今属长沙)学者唐陶山(1753—1827)著《仪礼蒙求》。唐仲冕,号陶山,乾隆五十八年(1793)进士。"仲冕幼稍通敏,父兄教之经,皆成诵。壮游四方,学殖将落,自惟孱昧,不克续成前书,别为《仪礼蒙求》

①　檀萃:《仪礼韵言》卷首《凡例》,光绪十五年笃学楼重刊本。
②　张之洞著,陈居渊编,朱维铮校:《书目答问二种》,中西书局 2012 年版,第 222 页。
③　徐世昌编纂,舒大刚等校点:《诸儒学案四》,《清儒学案》(第十分册)卷一百九十八,人民出版社 2010 年版,第 5201 页。
④　杨复吉:《约丧礼经传跋》,载《约丧礼经传》卷末,嘉庆间《昭代丛书》本。
⑤　冯伟:《约丧礼经传序》,载《约丧礼经传》卷首,嘉庆间《昭代丛书》本。

十四篇,虽义本过庭,而辞人里耳矣。"①先后历任荆溪、吴江、吴县知县,海州同知,代理松、苏州知府,升福宁知府。道光元年(1821),授福建按察使,调陕西护理巡抚。晚年辞官后,侨居金陵,专门从事著述。《仪礼蒙求》一书,纂成于乾隆五十七年(1792),据唐氏《仪礼蒙求·自叙》云,该书乃作者"殚数年之功,以义会词,各为一篇,使文从字顺,便蒙诵耳"②。从体例上看,该书就《仪礼》每一礼编为一篇,"其例无郑《注》、贾《疏》一字入文"③。唐陶山极为重视《仪礼》一书,在他看来,《仪礼》关于"天理""人道"之大旨,"愚谓《仪礼》乃所以率循天理之门径也,故《冠》为修身之要,《昏》为齐家之始,犹《易》首乾坤之意。由是出而拜献,则有《士相见》《乡饮》《乡射》之仪。至于《燕》与《大射》而上之所以礼之者笃择之者精,《聘食》彰浚明之良,《觐礼》表亮采之懿,而天子之平天下者端序亦见矣。若夫慎终追远,则有《丧服》《丧礼》《虞》与《馈食》诸篇,由士庶以至君公,由生存以迄死亡,莫不纤悉具严,人道备矣。"从中可见他对《仪礼》一书的推崇之高。

　　乾隆、嘉庆年间,湖南武冈学者曾家模著《仪礼先易》。曾家模,生卒年不详,字资汀,清嘉庆八年(1803)岁贡生,入读国子监,后因家贫性直无由请托,未能授官,愤而回乡教授生徒。此后遂潜心学问,好学不厌,"以穷经砥行为务,毕生对《十三经》疑义、天文、舆地、河渠水利、周髀勾股等学进行精心钻研",时人尊为资汀先生。曾家模一生著述甚为丰硕,主要以经史研究为主,"他教学生徒,既求口体之奉,又是惠及乡邻的善举,为此非常认真地编写了《字母明义》《诗学启蒙》《律体谱法》《左传塾钞》等课本。这些书籍多散佚民间,今无存本。"④此外,曾家模还编纂了一部《仪礼》学普及读物——《仪礼先易》,至今存佚不详。据曾氏为所著《仪礼先易图考》前序称:"家模性疏慵,检读斯经,略得其大意。记曰:'先其易者,后其节目。'爰取经文节为句读,余文双行小书,纲举目张,初未尝增减经文,而体要先得,自不难由粗略以致精详。既乃概郑《注》、贾《疏》及诸儒之说,参以己意,作为集注,名目《仪礼先易》。浅见薄识,于周公制作之原不能详也,而为学者开导于先路,其亦少省工力矣夫!"⑤可见,《仪礼先易》之作,实取便于平日阅读之便,"为学者开导于先路",普及实用性较强。

　　①　孟昭水校点集注:《岱览校点集注》(下篇),泰山出版社 2007 年版,第 844 页。
　　②　唐陶山:《仪礼蒙求·自叙》,《仪礼易读指掌》下篇卷首,光绪十四年汤馥藻家刻本。
　　③　汤馥藻:《仪礼指掌·自序》,载《仪礼易读指掌》下篇卷首,光绪十四年家刻本。
　　④　政协邵阳市委员会编:《古今中外宝庆人》(上卷),岳麓书社 2005 年版,第 86 页。
　　⑤　曾家模:《仪礼先易图考》,载道光《宝庆府志·艺文略》卷一百一,转引自李溥主编:《都梁文钞今编》,湖南出版社 1992 年版,第 268 页。

总之，就清代中期《仪礼》普及读物的考察情况来看，当时的许多礼学家都纷纷选择了"读本体""删改体"两种著述体式编纂书稿，其中读本体《仪礼》读物有焦廷琥《仪礼讲习录》、曾家模《仪礼先易》、魏云琯《仪礼一览》等3种，而删改体读物则有王廷桂《仪礼义疏酌要》、崔应榴《仪礼约文》、檀萃《仪礼韵言》、宫为坊《仪礼节录》、章平《仪礼注疏温》、朱璠《仪礼节贯》、唐仲冕《仪礼蒙求》、吴卓信《丧礼经传约》8种，数量相当客观。由此亦可发见，当时颇有一支队伍从事于底层社会《仪礼》文化的普及与传播。

三、文献刊刻与《仪礼》传播

图书文献的出版与刊刻，是社会文化事业发展的一个重要组成部分。叶德辉在《书林清话》中感慨："藏书大非易事，往往有近时人所刻书，或僻在远方，书坊无从购买；或其板为子孙保守，罕见印行。吾尝欲遍购前、续两《经解》中之单行书，远如新安江永之经学各种，近如遵义郑珍所著《遗书》，求之二十余年，至今尚有缺者……往者觅张惠言《仪礼图》、王鸣盛《周礼田赋说》、金榜《礼笺》等书，久而始获之，其难遇如此。每笑藏书家尊尚宋、元，卑视明刻，殊不知百年以内之善本，亦寥落如晨星。"①对于包括《仪礼》学在内的儒家文化传播而言，它有助于《仪礼》文献的广泛传播，对于推动《仪礼》学研究的深入，起到了相当大的积极作用。清代中期，《仪礼》文献的刊刻，主要有官府刻书、书院刻书和私家刻书三种情况，并且形成了一定的出版规模。

（一）官方刻书

道光之前，官刻图书业主要集中在内府。这些内府刻书基本上以所修钦定之书为主，有时也涉及少量清人及此前学者的学术著作。从目前已知的情况来看，武英殿有关本朝《仪礼》学著作的刻书活动极少，例如，乾隆十九年（1754）刻《钦定仪礼义疏》，而更多倾向于刊刻明代以前某些学者的《仪礼》学著作，例如：乾隆四年（1739），武英殿刻《十三经注疏》之《仪礼注疏》，并附有考证本。乾隆中，还刊刻了宋人张淳《仪礼识误》、李如圭《仪礼集释》《仪礼释宫》等礼书，并收入《武英殿聚珍版书·经部》之中。

清代地方官府刻书，一般情况下主要是刊印当地的地方志，有时也刊印其他类别的图书，至于清代学者所著《仪礼》文献，似乎很难列入其出版规划，现存已知的《仪礼》文献刊刻活动，主要有如下几次零星的刻印：

乾隆二十年（1755），山阴县学刻当地学者马骕所著《仪礼易读》一书，系

由当时山阴县丞万以敦、会稽县丞彭复捐俸刊刻出书。

嘉庆十二年(1807),钱塘陈嵩庆广东学署重刊黄淦《三礼精义》,其中之一便为《仪礼精义》。

嘉庆二十年(1815),南昌府学刊《十三经注疏》附《校勘记》本《仪礼注疏》,其中贾氏《疏》文用宋单疏本,《仪礼》经文及郑《注》用唐石经及宋严州单注本,并参以别本加以校勘。

道光四年(1824);陈履和东阳县署刻《崔东壁遗书》,其中收入崔述所著《仪礼》学之作——《五服异同汇考》一书。

由此看来,地方官府刻书的文献类别,既有明以前学者的《仪礼》学著作,也有清代学者的《仪礼》学著作,刊刻的书目并不多。

(二)书院刻书

书院和书之间有着一种血缘上的亲情,修书、刻书也是书院与生俱来的一项任务。在儒家经学发展史当中,"书院本"赫然独立于我国古代刻书史上,不仅为校勘学家、版本学家所注目,同时也受到历朝历代读书士人的关切。清代是书院刻书事业最为繁华的一个朝代,刊刻出版了大量的礼学文献,承担着传承和总结一代学术的任务。也正因为有了这批刊刻的文献,使得众多士人免受"抱膝空吟"之苦,使得清代《仪礼》学的传播和交流更加便利,更加深入士人当中。

清代中期,以道光初年广州学海堂刊刻《皇清经解》为代表,集中体现了乾嘉时期众多经学家的学术成就。现存所见《皇清经解》丛书收录的《仪礼》文献主要有:吴廷华《仪礼章句》,沈彤《仪礼小疏》,任大椿《弁服释例》,程瑶田《仪礼丧服文足征记》,段玉裁《仪礼汉读考》,胡匡衷《仪礼释官》,凌廷堪《仪礼释例》,阮元《仪礼注疏校勘记》等。这种倾全力挖掘整理和刻印当朝经学研究著作的做法,保存文献之功甚大,对当时学者研读传统儒家经典,提供了极大便利,也有助于更加深刻地认识清代道光之前儒家经学的发展轨迹和主要成就。

除丛书刊刻以外,各地书院也有少量非丛书类别的《仪礼》文献刊刻活动,例如:乾隆十三年(1748),紫阳书院翻刻《钦定仪礼义疏》一书。乾隆四十六年(1781),同日书院刻印任大麟《仪礼大要》一书。道光十年(1830),大梁书院刊刻杨国桢《十一经音训》,其中之一为《仪礼音训》。这些单行本《仪礼》文献,主要供书院师生使用,使用范围可能远远不如官府刻本流传范围那么广。

(三)私家刻书

乾嘉时期,私家刻书的情况十分普遍,"当时的许多私人出版家多兼学者和藏书家数重身份,对书籍的校勘了如指掌,他们往往把出版书籍看成一种非常高尚的文化事业,因而其刻书态度是严肃认真的,多不以牟取暴利为刻书目的,而是强调把传播书籍、加强文化积累、弘扬学术价值作为自身的出版宗旨"①。从清代中期的刻书情况来看,私家刻书活动,占据了相当大的比重,占据着《仪礼》文献刊刻的主体地位。

清代中期,一些藏书家延聘著名校勘学者从事校书刻书工作;与此同时,又有一些文献学家利用自身的学养和丰厚的经济条件校书刻书。例如,黄丕烈刻《士礼居丛书》、鲍廷博刻《知不足斋丛书》、卢文弨刻《抱经堂丛书》、李塨等刻《西河合集》、阮氏刊《文选楼丛书》、吴省兰刻《艺海珠尘》等。这一类丛书,刻印大多较为精良,时人多称精善,深受当时读书人的欢迎。简言之,学者型私家刻书风气的形成,对于推动当时学界《仪礼》学研究的全面铺开和深入,对于《仪礼》学研究人才的培养,对于《仪礼》学的文化传播,均起到了一种助推器的作用。

考察现存各种《仪礼》文献私家刻本的刊刻情况,从刻书者与文献著述者之间的关系角度来看,大致有以下几种类型:

其一,刊刻自身的著述,例如:乾隆六十年(1795),余姚学者卢文弨刊刻自己所著《抱经堂丛书》,其中包括礼学著作《仪礼注疏详校》一书。又如,嘉庆八年(1803),黄淦自刊所著《七经精义》,其中之一为《仪礼精义》。又如,嘉庆年间,宫为坊②自刻所著《仪礼节录》一书,世称"墨稼山房印本"。

其二,刊刻家族先人的著述,例如:乾隆二十二年(1757),吴氏东壁书庄刻印吴廷华《仪礼章句》一书。又如,乾隆二十六年(1761),万福刻《万充宗先生经学五书》,其中之一种即为万斯大的《仪礼商》。又如,道光九年(1829)至道光十一年(1831),李维迪刊《榕村全书》。该丛书收录了李光地的各种著作,在此基础上又收入李钟伦著作4种、李清植著作4种、李清馥著作3种编刊于后,作为附录。后人所见李清植《仪礼纂录》一书,即于道光十一年刻成问世。又如,段玉裁《仪礼汉读考》一书的最早刻本,是嘉庆末年家刻本。是书末有段玉裁嘉庆十九年(1754)十二月所写的"识语",称此书仅成1卷,其他16卷尚未完成。薛惠媛《段氏经韵楼刻书考》一文认为:"今检书中'宁'字并不避讳,则其刊刻在道光之前,故今定为嘉庆末年刻本。"③此书后来又刻附于《经韵楼集》之后,收录到《经韵楼丛书》当中。又如,嘉庆至道光间,临海洪氏刊《传经堂丛书》12种,其中收录有洪颐煊(1765—1837)《礼经宫室答问》

---

①　邓声国:《清代〈仪礼〉文献研究》,上海古籍出版社2006年版,第476页。

②　宫为坊,字慎余,焕光子。廪生,乾隆三十年(1765)拔贡,廷试二等,乾隆三十九年(1774)顺天举人。乾隆四十年(1775),大挑候选知县,国子监学正。

③　薛惠媛:《段氏经韵楼刻书考》,《山东图书馆学刊》2010年第1期。

一书。凡此之类刊印家族中人《仪礼》文献的现象,清中期极为普遍,而且所刻《仪礼》文献,大多属于某一丛书之一种。

其三,刊刻乡贤的著述,例如:浙江萧山学者毛奇龄所著《仪礼疑义》《昏礼辨正》《丧礼吾说篇》等礼学著作,原本有康熙中李塨等刊《西河合集》丛书本,然而该刻本并未尽善,乾隆三十五年(1770),毛奇龄同乡陆体元不惜重金购得原版,修其残缺,补其遗亡,得经集51种236卷,文集66种257卷,合共493卷,最终成为毛奇龄全集之最全本。嘉庆元年(1796),阮元督学两浙,陆体元复请作序,刷印行世,此即嘉庆元年刊本。又如,嘉庆二十年(1815),福建闽县人冯缙刻同乡前辈孟起然所著《亦园亭全集》,其中便包括礼学著作《丧礼辑略》一书。

其四,刊刻时贤的著述,例如:雍正年间,浙东学者刘捷刊刻安庆学者方苞《仪礼析疑》一书。又如,乾隆三十五年(1770),台湾学者张源义刻印安溪学者王士让《仪礼训解》一书。又如,嘉庆二十二年(1817),张海鹏刊《墨海金壶》丛书,其中所刻礼学著作有江永《仪礼释例》等。张海鹏,字若云,号子瑜,江苏昭文海虞(今常熟)人。精研经学,在补博士弟子员之后,便绝意科场,闭门读书,家藏宋元旧椠颇多,故于治经之暇,时以传刻古籍为己任,尝对人言:藏书不如读书,读书不如刻书;读书只以为已,刻书可以泽人。其所刻丛书颇多,如《学津讨原》《借月山房汇钞》《墨海金壶》之类皆是。

特别值得一提的是,在私家刻书当中,有一类刻书较为特殊,有别于一般的私家刻书,那就是家塾刻书,所刻之本即"家塾刻本"。例如:乾隆五十三年(1788),嘉定张式慎肃斋家塾刊刻同乡学者金曰追《仪礼经注疏正讹》17卷;嘉庆元年(1796),望贤家塾刻印任大椿《弁服释例》一书。然就其刻书性质及刊刻之文献作者情况而言,仍不脱上述4种情况,不用单独为之分类。

综上所述,种种私家刻书情况皆缘于一些民间家族,尤其是与一些科举世家、文学世家、学术世家在人力与物力上的全面支持密切相关。对于这些豪门大族来说,他们不仅拥有雄厚的经济实力,同时他们又拥有一批学养丰富、学术传承不断的士人,学术传承数代、十数代延绵持续不断。已故学者陈寅恪先生在谈到汉代以后民间大族盛门与文化传承之间的关系时,曾经精辟地论述说:"地方大族盛门乃为学术文化之所寄托。中原经五胡之乱,而学术文化尚能保持不堕者,固由地方大族之力,而汉族之学术文化变为地方化及家门化矣。故论学术,只有家学之可言,而学术文化与大族盛门常不可分离也。"①对

---

① 陈寅恪:《崔浩与寇谦之》,载《金明馆丛稿初编》,生活·读书·新知三联书店2001年版,第148页。

于包括礼学文化在内的经学文化传承而言,他们的私家刻书活动,独立于官方掌控知识与文化的话语权之外,既有助于协助家族先人、乡贤时哲礼学著作的流传下去,更在一定程度上充当了经学文化的自觉传道者、守道者,使礼学文化不因任何官方行为而泯没世间。

第十节　本阶段研究旨趣与特色

纵观清代中期将近80年的《仪礼》学发展状况,随着清廷社会政治的安定统一和社会经济的繁荣发展,《仪礼》学研究逐渐步入一个新的学术趋势,由前期诸儒博综经世救国的学术价值观向倡导复兴汉唐考据学风转型,更注重于《仪礼》及其郑、贾《注疏》的考释、校订等诠释方面,学术趣向也不如前期那么色彩斑斓、多元化。尽管如此,却也迈入了《仪礼》研究的繁盛阶段,并且出现了80多种《仪礼》学专门论著,彰显出新的诠释风格与学术态势。因而,本节将从思想史、礼经学、诠释学、经学地理学等多个层面进行全方位考察剖析,加深对这一时期《仪礼》学发展的认知。

一、思想史层面的《仪礼》研究考察

清代学者对儒家经典的诠释和再诠释过程,其实质就是中国传统思想文化演进与发展的过程,由此可见,儒家经学在中国思想史上占据相当重要的地位,意义非常特殊。考察清代礼学发展的历史,其实就是考察清代学者对三《礼》原典进行各级各类文献诠释的演进轨迹和发展历史。因而考察清代中期《仪礼》学的研究状况,首先应该围绕人的因素,从思想史层面进行考察,从礼经研究者参与现实社会礼制文化建设的视角,从考察研究者对于此前学术趣向的认知状况角度,进行综合发覆探讨。

（一）从研究者身份差异看清中期礼学践履情况

不同学者所处社会身份的差异,必然会造成学术研究的诠释理念差异,对于参与民间社会礼制文化建构的认可度亦有千差万别的体悟。如果说清前期的礼经研究具有更多个性化的色彩,参与民间礼制文化建构积极性更高的话,那么清中期的礼经研究不同研究者之间尽管存在个性差异,但其共性色彩则表现得更为明显,特别是在《四库全书》纂修完毕,经学考据化地位确立以后尤为突出,礼经研究参与社会礼制文化建设的力度明显减弱。为了进一步加深这一认识,兹从这一阶段礼经研究者的不同身份入手,剖析各个社会群体之间《仪礼》研究的共性与个性差异情况。

首先,从研究者是否参与四库馆工作的角度来看。乾隆中期,朝廷开设四

库馆,组织一大批学者纂修《四库全书》,而在这批队伍之中,就有一些礼经学家参与文献的纂修、校勘等工作。据初步统计,有清中期著述有《仪礼》学专门论著的学者主要有张羲年、戴震、凌廷堪、任大椿、韦协梦等人。戴震、凌廷堪二人的研究情况,都属于汉学考据派的礼经研究,本章前文已经作过有关介绍,此不重复。张羲年(1733—1778),字淳初,号潜亭,浙江余姚人。早年曾就读于姚江书院,从学于沈虹舟,饱学而久困科场。一直到乾隆乙酉年(1765),方始以拔贡身份任职潜县教谕,后被推选入四库馆,赐国子监助教、充纂修,为协勘总目官之一。乾隆四十三年(1778),被赏赐殿试,未与试卒。章学诚在谈到张羲年的四库馆经历时称:"君于四库馆行走八年,校勘书籍不下数百种,大约史、集两门序录签档,多出君手。"①虽然在四库馆从事的是"史、集两门序录签档",但平素治学乃主张以经学经世,于礼学亦颇有研究,留下了《周官随笔》《丧礼详考》等礼学著作。其中,《丧礼详考》一书"原书16卷,后残为2卷,有《丧礼仪节表》《丧礼仪节图》《丧礼言论》等八篇,分论《仪礼》中丧礼及宋元明礼制,多言古人未有之议论,有益于世者多"②。

任大椿(1738—1789),字幼植,又字子田,江苏兴化(今江苏兴化)人。在任大椿还是举人时,恰值皖学派巨擘戴震暂住扬州,他即执弟子礼前往求教,向戴震请益学问,并有书信往来。乾隆二十五年(1760),戴震修书一封(即《戴东原文集》卷9所收《致任孝廉幼植书》),对任大椿向他请他指教的2篇论礼制的文章,极为赞赏。乾隆三十四年(1769),大椿考中进士,得授礼部主事,充《四库全书》馆纂修官。后又历官员外郎、郎中,52岁时得迁陕西道监察御史,未莅任而病卒。大椿久官京师,不近权贵,唯闭门读书。任氏长于小学,治学"究心经义及六书之学",特别是"淹通于礼,尤长名物。初欲荟萃全经,久之,知其浩博难罄,因即类以求",著有《弁服释例》8卷、《深衣释例》1卷、《释缯》1卷等典章制度方面的礼学著作,又有《小学钩沉》之书,"皆博综群籍,衷以己意"③。任大椿充《四库全书》馆纂修官期间,"经部礼类提要不出一于,皆大椿详定"④。从任氏的著述来看,与戴震一样,他的治学也是建立在从考据训诂、名物、典章制度入手的,也是汉学考据派中的一员。

韦协梦,生卒年不详,字云吉,安徽芜湖人。乾隆三十九年(1774)举人,历官知县、直隶通州运粮通判等职。四库馆开馆期间,韦协梦担任"缮签官"

---

① 张羲年:《啜蔗全集·文》卷四,光绪十九年上海著易堂排印本。

② 王锷:《三礼研究论著提要》,甘肃教育出版社2001年版,第189页。

③ 徐世昌著,舒大刚等校点:《东原学案》,《清儒学案》(第四分册)卷七十九,人民出版社2010年版,第2068页。

④ 司马朝军:《〈四库全书总目〉编纂考》第一章,武汉大学出版社2005年版,第38页。

一职,也就是负责缮写《四库》各册、各匣封面书签的人员①。乾隆四十六年辛丑(1781),韦协梦为所作《仪礼蠡测》一书自序称,该书成书跨时较长,先后一共经历了三个阶段:一是早期博采郑《注》、贾《疏》及朱熹、黄榦、杨复、敖继公诸说,勒成《仪礼集解》一书;二是嗣以征引太繁,恐初学者或至穷大失居,约为《仪礼章句》17 卷;三是在《仪礼章句》基础上又校勘参订,抄撮成编,名曰《仪礼蠡测》,凡 17 卷。从所作自序来看,至迟在乾隆四十六年,便已完成《仪礼蠡测》书稿定本写作,但要早于《四库全书》的编成时间。该书和其他同时代学者乃至清初学者的《仪礼》诠释颇为不类,不崇尚从各类经史子集著作中寻找诠释证据,而是强调"于其事同者则以本经他篇证之,于其节同者则以本篇上下章证之,经未显者必析言之,礼见于文外者必质言之"②,对于《周礼》和大小戴《礼记》,韦协梦亦不求与之互通诠释。至于郑《注》、贾《疏》、敖继公《集说》等前贤成说,确凿无疑者采纳之,有疑误者否定之。在治学趣向上,韦协梦虽然强调据《仪礼》本经诠释经文,但却不像凌廷堪那样注意发凡礼例,他在诠释当中所说的"经凡单言'房'者,皆左房也"③之类,并非是建立在礼经 17 篇文例的周密性统计基础之上的,随意性更趋明显,表现出对于清初儒者治学方法的尊崇和延继。

从上述诸位四库馆臣的治学取向可以看出,戴震、凌廷堪、任大椿 3 人的汉学考据特点颇为鲜明,而张羲年、韦协梦 2 人的治学更多着眼于延继清初学者的治学方法,汉宋兼采的特点更为鲜明。

其次,从研究者是否参与科举取士的角度来看。随着科举取士制度的深入人心,乾嘉时期的士人大都接受过书院和私塾的教育,对于参与科举考试并不像清初那么抵斥,接受书院教育的熏陶和科举考试的洗礼,成为士人的一大重要履历。在已知的 79 名《仪礼》研究学者当中④,考取进士的有 22 人,包括龚元玠、孔继汾、唐仲冕、檀萃、孔广森、李调元、庄述祖、李惇、胡承珙、汪德钺、胡秉虔、秦蕙田、张惠言、孟起然、管幹珍、凌廷堪、任大椿、阮元、程际盛、翁方纲、卢文弨、王绍兰,占比达到 27.85%;考中举人的有 20 人,包括尹嘉铨、龚锡纯、褚寅亮、江筠、戴震、段玉裁、张光㵳、张校均、丁晏、杨丕复、汪喜孙、朱亦栋、宋世荦、严可均、程瑶田、宫为坊、刘台拱、韦协梦、崔述、黄丕烈,占比达到25.32%;岁贡生、拔贡生则有 16 人,包括王廷桂、焦以恕、周骏岳、胡清煦、徐

① 张升:《四库全书馆研究》,北京师范大学出版社 2012 年版,第 385 页。

② 翁方纲:《仪礼蠡测序》,载韦协梦:《仪礼蠡测》卷首,《续修四库全书》(第 89 册),上海古籍出版社 2002 年版,第 559 页。

③ 韦协梦:《仪礼蠡测》卷一,《续修四库全书》(第 89 册),上海古籍出版社 2002 年版,第 562 页。

④ 参见本节第四部分《清中期〈仪礼〉学家籍贯分布及著述简表》。

养原、张鉴、田浚、常增、曾家模、金鹰扬、洪颐煊、孔广林、王聘珍、胡匡衷、宋绵初、金曰追,占比达到 20.25%。统而言之,这三类科举出身的学者,占据当时《仪礼》学研究的主导地位,所占人员比例竟高达 73.42%。

若进一步从这些科举取士成功人士的职官角度来考察,这些《仪礼》研究者大部分或在京师朝廷任职,或在州、府担任要职,如孔继汾、尹嘉铨、褚寅亮、唐仲冕、江筠、孔广森、李调元、庄述祖、胡承珙、汪德钺、胡秉虔、汪喜孙、秦蕙田、洪颐煊、孔广林、张惠言、孟起然、管幹珍、凌廷堪、阮元、程际盛、翁方纲、韦协梦、卢文弨、沈廷芳、王绍兰等。同样,也有少数《仪礼》学者有在基层任职的经历,担任过知县、教谕、训导一类地位较低的职务,其中这一期间担任知县的《仪礼》学家有龚元玠、檀萃、段玉裁、李惇、宋世荦、崔述等人,担任教谕的有张鉴、金鹰扬、严可均、程瑶田等人,担任县学训导的有焦以恕、张校均、杨丕复、胡匡衷、宋绵初、刘台拱等人。这些人所占比例,几乎占到了总数的一半强。而真正终生不仕的学者也有一小部分,主要有龚锡纯、任兆麟、周骏岳、庄有可、焦廷琥、吴卓信、惠栋、曾家模、凌曙、王聘珍、崔应榴、江承之、黄丕烈、金曰追等十数人,尽管如此,在他们的生涯当中,也往往与学者型官员们有着这样或那样的交往与联系。

值得正视的是,在有清中期从事《仪礼》研究的学者当中,相当一部分受到了四库馆修书及《四库全书总目》纂修工作的影响。如前所述,在四库馆纂修官看来,"读古人之书,则当先通古人之字,庶明其文句,而义理可以渐求"[1];《四库全书总目》所体现出的尊古崇学、广稽博考、贵求专深的《仪礼》学著目纂修思想,也得到礼学家们的高度认同。因而,这一时期的《仪礼》诠释与研究更多注重彰显汉唐诸儒的汉学传统,礼经学者颇多从事于《仪礼》文献的字词校勘、礼经文本的释疑解纷类训诂以及礼制名物度数的考证,礼学文本自身的考索性质更为突出,礼学教化色彩和礼制文化重构性能较之有清前期趋于淡薄。就治学旨趣而言,这一时期虽然仍有学者致力于张扬朱学派和淹通汉宋派的治学风尚,但汉学考据的学术理趣得到进一步彰显,郑玄、贾公彦的《仪礼注疏》得到更为广泛的普及和传播,随着衍生出汉学考据派、尊尚郑学派、专事校勘派三大研究流派,并且占据了《仪礼》学研究的主要地位。

再次,从研究者有无书院讲学的角度来看。"清代书院不仅担负着国民教育的重任,同时也将国家、士大夫们的社会教化理想付诸实施,以教学、讲学

---

① 永瑢等:《钦定四库全书总目》(整理本)卷三十三,《九经古义》条,中华书局 1997 年版,第 436 条。

和祭祀等为主要手段培养了大批中下层士人,并通过这些士人进一步对社会产生影响。"①在这已知的 79 名礼学研究者当中,真正拥有书院讲学经历的学者,已知的主要有十来位,各自讲学及著述情况大致如下:浙江仁和(今杭州)学者沈廷芳(1702—1771),晚年曾主讲粤秀、敬敷等书院,著有《十三经注疏正字》;江苏长洲(今苏州)学者褚寅亮(1715—1790)乾隆四十年至四十八年(1775—1783)主讲于常州龙城书院,著有《仪礼管见》;浙江仁和(今杭州)学者卢文弨(1717—1795),曾先后主讲江浙钟山、崇文、紫阳、龙城等书院,著有《仪礼注疏详校》;安徽望江(安庆)学者檀萃(1725—1801)历长云南五华、成材两书院,著《仪礼韵言》;江苏高邮学者李惇(1734—1784)治经博洽通敏,曾主讲暨阳书院,著有《大功章烂简文》一书(今已亡佚不存);安徽歙县学者凌廷堪(1755—1809),曾一度主讲敬亭、紫阳等书院,著有《礼经释例》;浙江德清学者徐养原(1758—1825),阮元抚浙之时,与其弟徐养灏一起被阮元选为高才生,讲肄诂经精舍中,并被委以校勘《尚书》《仪礼》之事;江苏甘泉(今扬州)学者江藩(1761—1831),阮元督漕淮安时,被其聘为丽正书院山长,著有《仪礼补释》(未刊之书,今存佚不详);江苏仪征学者阮元(1764—1849),曾先后创办诂经精舍和学海堂两书院,并著有《十三经注疏校勘记》《仪礼石经校刊记》;浙江乌程(今湖州)学者张鉴(1768—1850),曾以博通经史而为阮元延聘讲学杭州诂经精舍,所著礼学著作有《丧服古注辑存》(今存佚不详);江苏山阳(今淮安)学者丁晏(1794—1875),曾先后主讲于阜宁观海书院,盐城表海书院,淮安淮关、文津、丽正书院,著有《仪礼释注》。

上述有书院讲学经历的学者,基本上都是来源于江、浙、皖等省份的学者,他们的《仪礼》文本诠释,也大都立足于文献考据的功夫,如褚寅亮、凌廷堪、徐养原、张鉴、李惇、江藩等皆其类;而沈廷芳、阮元、卢文弨 3 人则以专事《仪礼》文献校勘为主,包括对《仪礼》经、《注》《疏》;丁晏则是清中期第一位株守郑玄《仪礼注》诠释的学者,为后来张锡恭、郑珍的研究开启了先导,从本质上属于汉学考据的范畴;而只有檀萃一人,主要从事于《仪礼》普及类工作,所著《仪礼韵言》学术含量不高。对于这些具有书院讲学经历的《仪礼》研究者来说,他们从事礼经研究,所倡导的不再是寻求济世的良方经学研究原本的经世致用之风更多让位于"以词通道",甚至于某些学者趋向于"为学问而学问""为考证而考证,为经学而治经学"②,著述当中大多专注于穷经考礼,充溢着注重校勘、字词考释等朴学考据色彩,礼经文献朴学考索之功极其突出鲜明。

---

① 于祥成:《清代书院的儒学传播研究》,湖南大学博士学位论文,2012 年,第 13—14 页。
② 梁启超:《清代学术概论》,东方出版社 1996 年版,第 5 页。

这些书院学者通过教学、讲学等方式,必然会对当时的中下层士人们的礼经研读与治学产生较大影响。

(二)从著述者的治学取向看宋元明学术的延继情况

清代中期将近80年的《仪礼》学发展状况,不仅与当时社会的思想状况、文化政策走向紧密相连,同时也与礼经著述者自身对于宋代以来,特别是对于宋、元、明各朝诸儒相关礼经学术诠释的认知观密切相关,因为这在一定程度上决定了诠释者的著述风格、诠释角度和诠释重点,决定了礼经研究者的经世致用观。因此,倘若要考察清代中期学者们有关宋元明诸朝学术的延继情况,考察他们对有关汉宋学术之争的认知观,就有必要从他们著述的具体诠释话语当中,抽绎出著述者各自的治学旨趣和治学风格特征,抽绎出一个个鲜活的学术群落。

首先,就礼经学者对于有关汉、宋学术之争的认知观情况来看。"乾隆之初,……汉学犹不显于世。及四库馆开,而治汉学者踵相接。"①清代中期,特别是在乾隆中后期以后,学界有关于宋学与汉学之间的门户之见、互相贬抑现象开始出现,一些研治礼经的学者也纷纷倡导《仪礼》研究的汉学考据之风尚,这与《仪礼》研究崇尚实证的治学传统可谓一脉相承。例如,著有《仪礼古义》一书的惠栋首倡汉学研究之风,他治学往往从古文字入手,重视古音训诂,以为"凡古必真,凡汉必好",成为清代专采汉注说经第一家,开启了清代《仪礼》学汉学考据派研究风格的先河,虽然也遭致了"株守汉学""嗜博泥古"之讥,但对《仪礼》中的文字依古训加以注释,作出了很大贡献。稍晚,休宁学者戴震提出寓义理于考证的问学主张,一方面说"为学须先读《礼》,读《礼》要知得圣人礼意"②,同时又体现出尊崇汉学的学术趣向,在四库馆担任纂修期间,他对所接触到的许多古书条别参证,辨明真伪,进行过《仪礼》文献的校订与刊误工作,比勘各版本异文,定其中之是非,发掘《仪礼》经、《注》衍、脱、讹文情况之具体根源,并为《仪礼识误》《仪礼集释》《仪礼释宫》等礼经文献逐一撰写提要,显现出求真务实的汉学考据之风。安徽歙县学者凌廷堪曾从钱大昕、阮元等人受学,受惠栋、戴震学术思想的影响也很深,诚如钱穆所云:"次仲论学,极尊东原。"③凌廷堪所著《礼经释例》强调对礼经进行"发凡立例",通过归纳《礼经》行文通例,以例治经,为研治礼经学开辟了一条新的汉学考据路径。安徽泾县学者胡承珙申言,治经之法本"无训诂、义理之分,

①　刘师培:《清儒得失论》,载章太炎、刘师培:《中国近三百年学术史论》,上海古籍出版社2006年版,第158页。

②　段玉裁:《戴东原先生年谱》,《戴震集》,上海古籍出版社1980年版,第488页。

③　钱穆:《中国近三百年学术史》,商务印书馆1997年版,第542页。

惟求其是者而已；为学亦无汉、宋之分，惟取其是之多者而已"①，表面上倡为调和汉、宋之学，但在他的著述《仪礼今古文疏义》当中，力主实现《仪礼》古今异文的互贯融通，其中既有文字、音韵、训诂等小学层面的介入，同时亦继承了《礼》经治学的传统，强调审本句文辞、审本篇上下文、审他篇礼文的综合考辨，毫无义理因素的阐发推衍。其他如焦以恕、韦协梦、胡匡衷、褚寅亮、张惠言、丁晏、沈廷芳、金曰追、卢文弨、阮元等人，审察他们的礼经学著作，研究颇能钩贯《仪礼》全经，辨订俱有根据，也都回归到汉学的"实证"式治学理路上来。

其次，就礼经学者对宋代学者朱熹治学的认知观情况来看。到清代中期，仍有一小部分学者延继了清初姜兆锡、盛世佐、任启运、梁万方、应撝谦、胡抡等人的治学方式，大力推倡朱熹《仪礼经传通解》、黄榦《仪礼经传通解续》二书的治学方法，以图跳出传统礼经研究的窠臼，会通事类，分别章目，实现礼经与各类先秦两汉典籍的互贯融通，进而构建起一套合乎著述者眼中理想的儒家礼制文化体系，其中尤以杨丕复、尹嘉铨、秦蕙田等人最具代表性。湖南武陵学者杨丕复重新纂修《仪礼经传通解》一书，大致依仿朱子《通解》、黄勉斋《续通解》体例，以《仪礼》17 篇为本，而别取《周礼》、大小戴《礼记》及诸经、史、杂书所载有关于礼者，附于诸篇之下，"补其所未备者，规模齐整，条目疏通，洵读礼者所必考矣"②。常州府金匮学者秦蕙田有感于"今观（朱子）所著《经传通解》，继以黄勉斋、杨信斋两先生修述，究未足为完书"，"迺于礼经之文，如郊祀、明堂、宗庙、禘尝、飨宴、朝会、冠昏、宾祭、宫室、衣服、器用等，先之以经文之互见错出足相印证者，继之以《注疏》、诸儒之抵牾訾议者，又益以唐宋以来专门名家之考论发明者，每一事一义，辄集百氏之说而谛审之"③，"遍采纪传，参校志书，分次时代，详加考核。凡诸议礼之文，务使异同并载，曲直具存，庶几后之考者得以详其本末"，又"五礼各门经文之后，二十二史纪、志、列传搜择颇广。今附《通解》王朝礼各类，经则照'五礼'条目详加考证，史则第载沿革大端，以备参考，全文概从摘略"④，进一步发展了朱熹礼学的"会通"治学思想，打破了经史分离、经俗对立的界限。正如王鸣盛所云："大司寇

①　胡承珙：《四书管窥序》，《求是堂文集》卷四，《续修四库全书》（第1500册），上海古籍出版社2002年版，第273页。

②　杨丕复：《仪礼经传通解》（第1册）卷首《序说》，光绪十九年博约堂刊本，第17—18页。

③　秦蕙田：《五礼通考自序》，载《五礼通考》卷首，《景印文渊阁四库全书》（第135册），台湾商务印书馆1983—1986年版，第60—61页。

④　秦蕙田：《五礼通考·凡例》，《景印文渊阁四库全书》（第135册），台湾商务印书馆1983—1986年版，第64页。

梁溪秦公味经先生之治经也,研究义理而辅以考索之学,盖守朱子之家法
也。"①不过,相较于清中期整个《仪礼》学研究的状况考察来看,这一治学理
路的学者研究礼经,并不占据主导地位,等到道光初年之后,便彻底退出了礼
经学研究的历史舞台。

　　再次,就礼经学者对于元人敖继公、明人郝敬《仪礼》研究的认知观情况
来看。由于汉学考据之风的极大盛行,清代中期的许多学者(尤其是尊尚郑
学派学者)对敖继公《仪礼集说》、郝敬《仪礼节解》大都持抵牾批驳的态度。
例如,江苏长洲学者褚寅亮著《仪礼管见》,江苏江都学者凌曙著《礼说》《礼论
略钞》,他们从维护、宗守郑玄《仪礼注》说出发,强调驳斥敖说之非。在褚寅
亮看来,敖继公著述《仪礼集说》,认定郑《注》"其间疵多而醇少",因而"删其
不合于经者,而存其不谬者,意义有未足则取疏记或先儒之说以补之,又未足
则附之以一得之见焉"②。敖继公这种改窜经文的做法,为褚寅亮所深恶痛
绝:"又其甚者,于说有不通处,则改窜经文以迁就其辞,毋乃近于无忌惮乎?"
在褚寅亮看来,敖氏改窜经文,只不过是一种削足适履的做法,其根本目的不
在于解经,而是要背离以郑《注》为代表的旧有经训,故褚寅亮治礼多力斥其
非,批评其解《仪礼》"穿凿支离,破碎灭裂,实弥近似而大乱真"③。凌曙亦与
褚寅亮所持见解大致相当:"唐人作《礼疏》,亦专宗郑说,然唐代典礼多违古
义。延及宋、元,臆说谈经如敖氏、郝氏,破道甚矣。近儒知崇汉学,然尚不免
改郑君之旧辙,助敖、郝之狂澜。故辨正诸儒之说,而受裁于郑氏云。"④特别
是对元敖继公《仪礼集说》颇有微词:"敖于全经之中或疑《传》《注》之明文,
或破先儒之旧说,无所发明。"⑤对于敖继公主张《丧服传》"作《传》者又在于
作《记》者之后"的说法,凌曙以为"此真妄诞不经之谈",因而在其《礼说》《礼
论略钞》等书的诠释中,往往据此加以批驳。

　　当然,也有少数学者如江苏金山学者焦以恕、安徽芜湖学者韦协梦等淹通

---

　　① 王鸣盛:《五礼通考序》,载《西庄始存稿》卷五五,《续修四库全书》(第1434册),上海古籍出
版社2002年版,第318页。

　　② 敖继公:《仪礼集说·自序》卷首,《景印文渊阁四库全书》(第105册),台湾商务印书馆
1983—1986年版,第36页。客观而言,从经学史自身发展的角度来讲,敖继公的改经行为并不是一味
追求与郑《注》的对立,这诚如林翠玫先生在《〈仪礼·郑注〉的护卫——〈仪礼管见〉》一文所言:"宋人
疑经是因为尊经,疑此经,所以尊他经,改经当如是,若不是认为此书为圣贤之智慧结晶,有益于千秋
万世,怎会费尽心思去审查、删改?"(载《孔孟月刊》1996年第三十四卷第10期)

　　③ 褚寅亮:《仪礼管见·自序》卷首,《续修四库全书》(第88册),上海古籍出版社2002年版,第
375页。

　　④ 凌曙:《礼论略钞序》,载凌曙:《礼论略钞》卷首,道光六年丙戌越缦堂藏蜚云阁《凌氏丛书》
刻本。

　　⑤ 凌曙:《礼说》卷二,《续修四库全书》(第110册),上海古籍出版社2002年版,第520页。

汉宋派学者,并无全盘否定的态度,而是持一种客观态度,依据自己的理解对敖继公《集说》或臧或否,大致和《义疏》编纂者所持观点趋于一致。例如,焦以恕《仪礼汇说》书中不乏引述肯定敖继公《仪礼集说》、郝敬《仪礼节解》的例子,但对于敖继公训解《仪礼》仪节常持所谓"变礼"之说,却是极力加以反对。韦协梦《仪礼蠡测》则或肯定郑《注》而否定敖氏说,或否定郑《注》而肯定敖氏说,或糅合折中二者之说而解经,或从贾氏《疏》而否定他说,等等,并未完全否定敖继公《集说》的不同训释见解。凡此之类,本章第三节多有讨论分析,此不逐一详述。

二、礼经学层面的《仪礼》研究考察

考察有清中期的《仪礼》文献不难发现,清代的《仪礼》学研究经学的性质更为鲜明,大都隶属于礼经学的研究层面,较少隶属于礼仪学、礼论、泛礼学的范畴,较量此类著作与礼仪学、礼论、泛礼学等学问相互连贯。如同前一章第九节行文论述,本节仍从《仪礼》本经认知和《仪礼》诠释实践两个层面,讨论和观照清代中期的《仪礼》文本整理和研究情况。

(一)《仪礼》本经认知层面的关注

如前所述,《仪礼》本经认知层面的关注,是指从宏观层面出发,对这一时期礼经学史上有关于《仪礼》与"五礼"的关系问题,《仪礼》17篇的序次先后及适用对象问题,《仪礼》与《周礼》《礼记》的关系问题等方面情况,加以细致的检讨和剖析。较之有清前期礼经研究情况而言,这一阶段礼经研究者对此类问题的关注明显渐趋弱化,并非提升到研究者关注和认知的焦点话题,而且也并非出现什么创新性的发见。从清中期《仪礼》文献的研读情况来看,这一阶段研究者围绕《仪礼》本经的认知焦点,主要集中在如下诸方面:

其一,就礼经学者对于《仪礼》经文撰作者的认知情况来看。在有关《仪礼》撰者问题的认知上,清代中期绝大多数礼经研究学者尤其是古文经学家们崇守传统之见,主张为周公所作说。例如,惠栋《吕坤尊朱子而驳周公》一文说:"《仪礼》为周公所定,夫人而知之。《经典叙录》曰:'周公居摄,曲为之制,故曰经礼三百,威仪三千。'经礼谓《周官》也,威仪谓《仪礼》也。"[1]这一认知,与惠栋尊汉黜宋、主张恢复经的本义的治学取向是一致的。凌廷堪也说:《仪礼》"信非大圣人不能作也"[2],"非周公制礼,则后世将无人伦"[3]。其他

①　惠栋:《吕坤尊朱子而驳周公》,《九曜斋笔记》卷二,《丛书集成续编》(第92册),上海书店出版社1994年版,第513页下。
②　凌廷堪:《礼经释例序》,《校礼堂文集》卷二十六,中华书局1998年版,第241—242页。
③　凌廷堪:《拜周公言》,《校礼堂文集》卷五,中华书局1998年版,第40页。

学者在他们的《仪礼》学著作中没有言及于此，可见并无异议。这一时期明确在自己的礼经学著作中提出异说的，则仅有知名辨伪学家、直隶大名府魏县学者崔述一人而已。崔述不同意古文经学家出自周公之手的说法，乃力辨《仪礼》非周初周公所作之书，认为当初周公制《礼》只是制定了一个大纲，"盖凡传记所称'周公制礼'云者，亦止制其大纲而已"，"至于润泽，则亦随其国之俗"；至于目前所见之《仪礼》，则是春秋战国间学者所记，两者不能完全等同视之。为此，崔述在《丰镐考信录》当中，从目前所见《仪礼》的繁文缛节、费用之奢、礼节之乱、与史实记载不尽相符等几个方面，逐一加以论证说明①。崔氏的这一主张，大致是站在今文经学家的立场所发之言，为有清后期的今文经学派《仪礼》研究首开了先河。

其二，就礼经学者关于《仪礼》中《记》文的性质认知情况来看。现存《仪礼》12 篇《记》文的作者是谁，成书年代当在何时，《记》文与《仪礼》本经之间在内容上有何关联性等等之类问题，有清中期学者基本上没有人关注于此，唯有焦以恕和韦协梦 2 人在他们的著述当中有过片言只语的讨论。焦以恕认为，"经后之《记》，所以补经文之不见者，盖并时而作，无先后也"②，与大多数先儒的观点颇不相类，也未得到过与之同时代的礼经学者之响应。至于韦协梦，一方面他认可传统的说法，以为礼经中的"《记》者，记经文之未备，及经义之未明者也"，但又指出其中某些《记》文其实属于《记》之变体，如他认为《士冠礼》篇"记冠义"之下《记》文"专释经义，与《郊特牲》略同，盖又《记》之变体也"③，认为《乡射礼》篇末《记》文"盖此篇所记有通《燕射》《大射》而言者，非独为《乡射》而记也"④，等等。而在其他清中期学者的著述当中，则基本上没有专门讨论这一类问题。

其三，就礼经学者关于《丧服》篇之《传》文的性质认知情况来看。清中期以前，绝大多数学者一般认为系春秋时子夏所作，清中期的礼经研究者在论著中基本上没有什么异议，只有焦以恕在他的《仪礼汇说》中提出了不同看法。焦以恕认为："《传》之作后于经，经为周公、孔子所定，则《传》出七十子之手，固宜有之，而敖氏以为又在作《记》者之后，则臆说，未足凭矣。"又言："《周易十翼》《春秋左传》皆不与经文相杂，而后世儒者移而置之经文之间，则《仪礼》

---

① 崔述：《丰镐考信录》卷五，载顾颉刚编订：《崔东壁遗书》，上海古籍出版社 1983 年版，第214—216 页。崔氏礼经辨伪的具体介绍分析，请参看本章第七节的相关论述。

② 焦以恕：《仪礼汇说》卷十一，《续修四库全书》（第 89 册），上海古籍出版社 2002 年版，第 96 页。

③ 韦协梦：《仪礼蠡测》卷一，《续修四库全书》（第 89 册），上海古籍出版社 2002 年版，第 565 页。

④ 韦协梦：《仪礼蠡测》卷五，《续修四库全书》（第 89 册），上海古籍出版社 2002 年版，第 585 页。

之《传》亦同斯例可知也。敖氏谓康成为之者,未知果否也。"①可见,焦以恕以为《丧服传》之作晚于《仪礼》经文,且其初原与《丧服》经文不相杂,今所以相杂者,系出于后世儒者移置的结果。至于《传》文作者是谁,焦以恕虽未明言,似不赞成子夏所作之说,可能主张出自孔子弟子中的"七十子"之手。

其四,就礼经学者关于《仪礼》17 篇序次及各篇适用对象等问题的认知情况来看。与清前期吴廷华、盛世佐、王士让等众多学者著述中重视讨论《仪礼》17 篇序次问题,纠缠于戴德、戴圣 2 人所传与刘向《别录》本之间序次的论争不同的是,有清中期学者几乎无人对此进行专题讨论。即便是《仪礼》17 篇各篇适用对象的问题,除淹通汉宋派学者韦协梦《仪礼蠡测》一书外,也少有学者和相关礼经文献论及。韦协梦关于《仪礼》17 篇各篇适用对象的认知,有一些说解与前贤相同之例,如其论《乡射礼》篇适用对象云"乡射之礼,主于州长。《周礼·乡大夫职》云'退而以乡射之礼五物询众庶',即谓以州长乡射之礼也"②,便与郑去《目录》的说法相同。但韦协梦亦时常有不同于郑玄、贾公彦《仪礼注疏》的见解,关于这一点,本章第三节有称引说明,此不赘述。至于《仪礼》各篇"五礼"所属情况,清中期学者在各自著述当中也几乎不再讨论,就其实质而言,亦表明学者们对传统分类情况的高度认同而已。

以上方面种种情况足以说明,清中期学者在朴实穷经、"扬汉抑宋"学术风潮的驱动下,重视将关注礼经的文本考索和郑玄、贾公彦等前贤的注释成果考辨结合起来,重视对《仪礼》原典和郑《注》、贾《疏》等的文献校勘工作,考辨郑玄、贾公彦等前贤成说之是是非非,研究者关注的焦点问题更多集中在具体礼制条文和字词的校勘与考释方面,至于有关《仪礼》经文的宏观全局性问题,诸如《仪礼》一书的真伪、经《记》文有无互混、17 篇序次及适用对象之类问题,不再成为共识性的讨论焦点,这种研究旨趣对于当时礼经学文本的深入研究和重新审视前贤的学术成就,都是十分有益的。

(二)《仪礼》诠释实践层面的关注

如前所述,《仪礼》诠释实践层面的关注,是指从宏观层面出发,对历代礼经诠释实践中出现的诠释现象、诠释问题进行讨论和分析。考察有清中期礼经学者在进行《仪礼》诠释实践层面的关注情况,大致可以从如下几个方面进行审视:

其一,从《仪礼》文本诠释角度看清初学者如何看待"三礼互证"的诠释观情况。通过考察《周礼》《礼记》二书有关礼制记载来申解、阐发《仪礼》经文

---

① 焦以恕:《仪礼汇说》卷十一,《续修四库全书》(第 89 册),上海古籍出版社 2002 年版,第 96 页。
② 韦协梦:《仪礼蠡测》卷五,《续修四库全书》(第 89 册),上海古籍出版社 2002 年版,第 576 页。

仪节及相关含义,这是自汉代郑玄《仪礼注》以来众多前贤诠释礼经的一个基本诠释方法。考察有清中期众多的《仪礼》文献,亦大体延继了这一治学手段,如:胡匡衷著述《仪礼释官》就延续了历代礼学大家"三礼互证"的诠释理路,《清史稿·儒林传》称"其《释官》则以《周礼》《礼记》《左传》《国语》与《仪礼》相参证,论据精确,足补《注》《疏》所未及"①;褚寅亮著述《仪礼管见》、尹嘉铨著述《仪礼探本》,也都重视运用《仪礼》本经互证和三《礼》互证来推阐训释礼经仪节,彰显三礼之学的互贯融通。但清中期也有一部分学者著述礼经学时,很少借助《周礼》《礼记》记载的礼制内容来申解、阐发《仪礼》本经,例如:焦以恕著述《仪礼汇说》时,主张"凡经所不载而以例起之者,互见于别处经文,或《记》中具之也。若都无所见,则初无是礼而无事纷纭,乃所以确守经文矣"②,极少援据《周礼》《礼记》及其他先秦儒家典籍解释礼经礼制;韦协梦著述《仪礼蠡测》时同样不尚引证,更强调从《仪礼》经文文本的推求和解读入手,"于其事同者则以本经他篇证之,于其节同者则以本篇上下章证之,经未显者必析言之,礼见于文外者必质言之"③,在礼经行文空隙处推求礼制内涵;张惠言著述《读仪礼记》,或从礼经文本上下文及其礼经凡例入手发覆礼制情况,或从郑《注》仪节诠释语入手,推导发覆礼经礼制情况,同样不借助《周礼》《礼记》二书有关礼制记载进行礼经仪文节制的诠释。而安徽歙县学者凌廷堪在实际礼制考索过程中提出,"三《礼》互证"更多是一种理想状态,三者之间并非没有抵牾的礼制现象存在;因而他在著述《礼经释例》一书时,当《周礼》《礼记》礼制记载与《仪礼》存在分歧,以为《礼记》一类"《传》《记》之文,有与经合者,有与经违者"④,强调"当据经以正《传》《记》,未可强经以就《传》《记》也"⑤,大都取从《仪礼》之说,甚至发出"郑氏注《礼记》,偶未引《聘礼》证之,后人遂有据《檀弓》为夺情解者。嗟乎! 读《传》《记》而不读经,其弊乃至于此"⑥的感慨。

其二,从《仪礼》文本校勘角度看清初学者诠释礼经的客观性评判情况。

　　① 赵尔巽:《清史稿》(第 43 册)卷四百八十二《列传二百六十九·儒林二》,中华书局 1977 年版,第 13272 页。
　　② 焦以恕:《仪礼汇说》卷五,《续修四库全书》(第 89 册),上海古籍出版社 2002 年版,第 31 页。
　　③ 翁方纲:《仪礼蠡测序》,载《仪礼蠡测》卷首,《续修四库全书》(第 89 册),上海古籍出版社 2002 年版,第 559 页。
　　④ 凌廷堪:《礼经释例》卷一《通例(上)》,《续修四库全书》(第 90 册),上海古籍出版社 2002 年版,第 29 页。
　　⑤ 凌廷堪:《礼经释例》卷一,《续修四库全书》(第 90 册),影印原嘉庆十四年阮氏文选楼刻本,第 29 页。
　　⑥ 凌廷堪:《礼经释例》卷六,《续修四库全书》(第 90 册),上海古籍出版社 2002 年版,第 129 页。

"乾、嘉时期,校勘学已经成为考据学中的一门显学。"①校勘《仪礼》本经与郑《注》、贾《疏》,是清中期学者进行礼经学研究的一个基础性工作,很多学者都非常重视这一文献整理工作。这一时期的《仪礼》文献校勘主要有如下特点:一是关注礼经校勘成为学者的普遍共识,并且出现了一批专门从事礼经文献校勘的名家(如沈廷芳、金日追、卢文弨、顾广圻、阮元等)和著作(如《仪礼注疏正字》《仪礼经注疏正讹》《仪礼注疏详校》《仪礼注疏校勘记》等)。二是在校勘对象的选择上,清中期校勘学家对《仪礼》文献的校勘,不再像清前期学者那样单纯以《仪礼》本经文字词句的校雠为主,同时还加强了对郑玄《注》、贾公彦《疏》文字词句的讹误、衍脱情况校勘,并且吸引了校勘者的主要目光。甚至有少数以字词诠释为主的礼经学著作,其中也包括少量对郑《注》、贾《疏》的考释与校勘情况,如丁晏的《仪礼释注》就强调从维护郑玄《仪礼注》出发,对世传俗本郑《注》中的文字舛错现象加以认真的校勘,纠正其间存在的错误。三是在校勘方法的选择上,运用对校法校勘礼经及其郑《注》、贾《疏》成为最为重要的方法,较之清前期,校勘家据以校勘的版本更趋宏富,尤其强调搜罗宋、元精刻精校椠本进行对校;本校法、他校法运用也较为广泛,但其使用频率要略低于对校法;校勘家虽然也有使用理校法,但其使用频率远远不如清前期学者那么高,也不轻易校订文字讹误衍脱之是非,更加重视理校依据的说明,结论更趋可信,避免了轻易妄改经文诠释礼经之阙失。四是在校勘态度上,更趋科学合理,反对闭门造车,注意吸纳前贤时哲的校勘成说,批判性地吸收已有校勘成果,在继承之中务求有所创新,力争达到"是其是而非其非"的校勘效果。

其三,从前贤成果的相关引述及所持态度角度看清中期学者礼经诠释实践。一如清前期学者那样,这一阶段礼经研究者大都延继了历代的朴实治礼传统,重视对前贤诠释成说的引用、传承,从汉学考据功夫入手对其进行发展、扬弃。这可以从如下几个方面得到印证:一是举凡他人著述有可取以证成己说者征引之,有不足取信者或是尚待存疑之例亦援引入内,考据学家或考古字、古音、古训,或考器物、典章、制度,加以发覆否定之。清中期学者往往强调言须有据,取义须有所本,即便是众人所仰慕的汉代大学问家郑玄,对于他的研究见解,也不一味妄从、盲从,而是从文献史料的提炼和考据出发,对于不同见解加以区别对待。二是在尊尚郑学派和专事校勘派学者的礼经著述当中,围绕与文字的古音、古义密切相关的小学文献方面的征引呈现出一种普遍性、广泛性的趋势,并且崇尚简约,力求避免出现所谓"取后世之臆说而驳先儒之

---

① 李慧玲:《试论阮元〈十三经注疏校勘记〉得以问世的客观条件》,《东南学术》2013 年第 1 期。

传说"的诠释弊端。在文献征引的方式上,存在全引、摘引、改引等几种形式,或全录整段原文不加改易,或截取原文,重加编排,或据行文需要对原文进行改写或缩写,使得引文更趋于简洁化,有其值得肯定之处。其中,尤以胡承珙的《仪礼今古文疏义》最具代表性。另外,这一时期也有少数学者较少重视征引前贤时哲的各类《仪礼》学著述,如张惠言的《读仪礼记》一书就很少引述此前的各类《仪礼》文献著述,仅偶尔引及敖继公《集说》、张尔岐《句读》、沈彤《小疏》、金榜《礼笺》几家的说法,次数极少,且大都属于张惠言礼制诠释辩驳树立的标靶,并非站在正面称引的立场证成已见;凌曙的《仪礼礼服通释》一书,对于其成书之前的清人"五服"研究成果,除援引顾炎武等极少数学者的成说外,凌曙几乎不予吸纳。凡此之类,与清前期礼经学家著述时的广征各家诠释成说迥然不同。

其四,这一阶段学者在汉儒与宋儒礼经研究的学术价值观评判方面,与有清前期形成的带有普遍性的"汉、宋兼采"治学趣向不同的是,这一时期虽然还存在焦以恕、韦协梦、胡匡衷等极少数几位淹通汉宋派《仪礼》学者,但总体上看,礼经学史上的宋学治学理路已经基本上让位于汉学考据之风,无论是汉学考据派学者,还是尊尚郑学派、专事校勘派学者,从惠栋、戴震、凌廷堪等人开始,以及《四库全书总目》提要的撰修,他们的著述当中就传承着汉唐儒者的治学理路,汲汲于《仪礼》本经的训诂、校勘和名物度数的考证,关注着阐发郑氏《仪礼注》的释语,反对妄改经文为说和随意破注为说的陋习。关于这一点,前面诸节已经有所交代,此不重复。

三、诠释学层面的《仪礼》研究考察

在儒家经学史上,对于儒家"十三经"文献的诠释与解读,大都是通过一部部经典著作的训诂语料体现出来的,清代中期《仪礼》文本的诠释情况亦是如此。对于清代中期的《仪礼》学史进行诠释学视角的断代考察,同样涉及多个不同的方面,例如,这一时期的礼学家们是如何确定礼经诠释策略的,又如何根据确定的诠释策略选择文献的诠释与整理体式,如何选择合适的诠释方式与诠释方法,等等。可见,从诠释学层面考察清代中期的《仪礼》研究状况,与从礼经学层面的考索关注视角并不相同,与其他儒家典籍的诠释具有更多的相似之处,而后者更多属于礼学自身的范畴。

（一）文献诠释与整理体式概况

细致研读清代中期的各类《仪礼》文献,不难发现,这一时期《仪礼》学家的研究重点,更多集中在对《仪礼》原典的具体校释和一级、二级文献的细致校勘上。由于训诂家校勘与校释的目的、理念不同,校释的焦点也往往存在一

定的差异,所擅长的诠释方法也因人而异,因而在具体文献整理体式的选择上,纷纷从各自的诠释目的、诠释理念入手进行综合考量,选用更为允当的文献整理体式,以期达成良好的诠释效果,追求最高的诠释质量。纵观这一阶段的《仪礼》文献体例,大致不外随文注释体、考证体、总论体、释例体、图解体几个大类。为便于详细了解该时期学者的文献诠释与整理著述风尚,更准确地揭示清代《仪礼》学研究发展演化的规律,兹将本期各种《仪礼》文献注释与整理体式情况,表解汇总如下:

清中期《仪礼》学著述体式情况简表

著述	整理体式	著述	整理体式
《仪礼义疏酌要》	删改体	《仪礼丧服经传分释图表》	专门图解体
《仪礼探本》	通释体	《读仪礼条记》	考辨体
《仪礼私测》	补注体	《仪礼约文》	删改体
《仪礼大要》	义体	《礼经酌古》	说体
《畏斋仪礼客难》	考证体	《仪礼学》	学体
《劻仪纠缪集》	考证体	《仪礼札记》	考辨体
《丧服表》	专门图解体	《仪礼臆测》	补注体
《丧礼详考》	考证体	《仪礼士冠礼笺》	笺体
《仪礼汇说》	集解体	《仪礼释官》	专题考证体
《仪礼管见》	考辨体	《仪礼古今文疏证》	补注体
《仪礼图》	专门图解体	《礼经释例》	释例体
《仪礼经注疏正字》	校勘体	《仪礼蒙求》	删改体
《仪礼经注疏正讹》	校勘体	《问礼一隅》	考证体
《仪礼注疏详校》	校勘体	《丧礼辑要》	辑佚体
《仪礼石经校勘记》	校勘体	《读仪礼记》	考辨体
《仪礼注疏校勘记》	校勘体	《仪礼节贯》	删改体
《严本仪礼郑氏注校录》	校勘体	《仪礼古今文异同说》	补注体
《仪礼释注》	疏注体	《仪礼古今文疏义》	补注体
《五服异同汇考》	通释体	《礼经偶记》	记体
《仪礼蠡测》	通释体	《礼经辨误》	考辨体
《仪礼蠡测笺注》	校勘体	《仪礼小识》	考辨体
《仪礼韵言》	删改体	《仪礼古今文异同》	补注体
《读仪礼私记》	考辨体	《丧服古注辑存》	纂集体
《仪礼器制改释》	专题考证体	《丧礼考要》	考证体

续表

著述	整理体式	著述	整理体式
《仪礼正误》	考辨体	《仪礼补释》	广补体
《仪礼汉读考》	补注体	《丧服子夏传》	传体
《仪礼古今考》	补注体	《参补礼经精要》	广补体
《弁服释例》	释例体	《仪礼讲习录》	读本体
《丧服文足征记》	杂糅体①	《冕服考》	专题考证体
《仪礼经注疑直辑本》	校注体	《礼经宫室答问》	专题考证体
《仪礼传注》	注体	《作室解》	《尔雅》体
《仪礼精义》	附载总论体	《仪礼礼服通释》	专题考证体
《仪礼古文今文考》	补注体	《礼论略抄》	考辨体
《仪礼节录》	删改体	《仪礼一览》	读本体
《释服》	专题考证体	《丧礼经传约》	删改体
《特牲馈食礼节记》	记体	《丧服答问记实》	专题考证体
《仪礼说心》	说体	《仪礼先易》	读本体
《仪礼正讹》	考辨体	《仪礼聚考》	考辨体
《仪礼图说》	专门图解体	《仪礼注疏温》	删改体
《仪礼或问》	专题考证体	《读礼纂言》	纂集体
《大功章烂简文》	校勘体	《仪礼要义》	总论体
《礼笺驳正》	考辨体	《仪礼琐辨》	考辨体
《仪礼经传通解》	通释体		

由上表所示 80 余种文献的体式选择情况分析来看,清代中期礼学家在诠释《仪礼》选择体式方面,具有不同于清代前期礼学家们的体式选择取向,更与这一阶段的整体治学思潮相互贴合。关于这一点,可以从如下几个方面得到印证:

首先,就文献体式的比重而言,考辨体和考证体这两类体式著作计 26 种,在上述 80 余种文献当中所占比例达到了 32.5%强,占据着主导的地位。

其次,随着校勘学成为乾嘉时期的一门显学,校勘体、校注体两种体式成为考据学家选择的主要体式。80 余种文献当中,就有 9 种文献属于此类体式

---

① 按:所谓"杂糅体",是指程瑶田在《丧服文足征记》一书中各卷体例不统一。该书共分 10 卷,其中卷一、卷二为"《丧服》经传考定原本",属于校注体;卷三属于图解体,包括《丧服》通则表"本服殇服一贯表""成人本服小功长殇缌麻表"三部分,凡 29 表;卷四至卷十为自加类目杂考体,不局限于《丧服》篇文,且有时亦涉及《礼记》中的有关问题,根据既定的研究角度自拟纲目,依次进行考稽论证,其中有的属于正面立论,也有的属于驳论,所涉范围极广。

著作,占上述文献总量的 11.25%。

再次,补注体和广补体两种训诂体式在所有随文注释体著作占据相当大的比重,充分彰显出清代中期《仪礼》学研究的一大亮点。据上表统计,其中补注体著作有《仪礼私测》《仪礼臆测》《仪礼汉读考》《仪礼古今考》等 9 种文献,广补体著作有《参补礼经精要》《仪礼补释》2 种文献,合计达 11 种之多,占上述文献总量的 13.75%。

复次,较之清代前期,《仪礼》文化的普及开始收到一定程度的关注,读本体、删改体两类体式著作数量有了一定的突破。在上述 80 余种文献当中,读本体《仪礼》著作有《仪礼讲习录》《仪礼先易》《仪礼一览》3 种,删改体著作有《仪礼义疏酌要》《仪礼约文》《仪礼韵言》《仪礼节录》《仪礼注疏温》《仪礼节贯》《仪礼蒙求》《丧礼经传约》8 种,所占比例达到了 13.75%强。

续次,较之清代前期,专门图解体著作仍然保持较小的比例,只有《仪礼图》《仪礼丧服经传分释图表》《仪礼图说》《丧服表》等仅有的 5 种,占上述文献总量的 6.25%。其中《仪礼图》有 2 种同名之作,一是张惠言所著,一是王绍兰所著。

另外,作为清代前期占据较大比重的纂集体、通释体 2 种体式,到了清中期,不再成为学者们青睐和选择的首选对象,而是退居到二线地位。在上述 80 余种文献当中,纂集体著作仅有《丧服古注辑存》《读礼纂言》2 种,通释体著作略多一些,有 4 种之多,二者加起来约占 7.5%,和清前期约占 19%的比例相比,可谓大幅度缩减了。另外,对于"通释体"这一体式而言,不同诠释者所关注的诠释着眼点也各有差异,其中便存在 2 种不同的类别:一类是重新编次所解原文加以集传集解,崔述《五服异同汇考》、尹嘉铨《仪礼探本》、杨丕复《仪礼经传通解》等书便属于此类著作。众所周知,历代专论《丧服》篇的许多训诂著作往往以服制分章列目,崔述《汇考》之书则"以人分之,亲属同者则为一篇",卷 1 为至亲之服、同堂之服、同族之服、外姻之服,卷 2 为女子为其私亲之服、妇为夫党之服、臣为君及君党之服、妾为君及君党之服,卷 3 分为人后者之服、母出母嫁之服,后附《礼经大夫公子降附考》《礼经殇服考》《五服余论》。每一条下,详列古今五服之制、沿革之异,于唐《开元礼》、朱子《家礼》、明《孝慈录》及萧嵩、魏仁浦之议等,皆详著之。崔述在其书《凡例》中指出,"凡传、记有与经文互相发明或补经文未备及与经异同者,咸列于后","凡后世一时所立之制,非以后通行者及贤哲懿行可励浇风者,史传所记甚多"①,崔

---

① 崔述:《五服异同汇考》卷首《凡例》,《续修四库全书》(第 95 册),上海古籍出版社 2002 年版,第 288 页。

氏就所得者录之,以备参考。而尹嘉铨《仪礼探本》一书则主要依仿朱熹《仪礼经传通解》、黄榦《仪礼经传通解续》之例,经、《记》鳌析分章,《记》文附于相应经文章节大义之下。此外,尹氏又对《仪礼》经文稍有变更,如《探本》卷五《士丧礼上》篇,本于《仪礼·士丧礼》篇经文,《记》文原在经后,尹氏依黄氏《通解续》"鳌其事目,析本《记》文,并取《小戴记》诸篇分载各目礼节之下",而"其重出杂引者亦为删去,以省繁文";又《士丧礼下》即本《仪礼·既夕礼》经文,亦"鳌其事目,析本《记》文,并取《小戴》诸篇之言葬礼者及他书一二条,分载各目下"。一类是贯通文意,简明洞达,韦协梦《仪礼蠡测》一书即属于此类著作。在通释《仪礼》经文之时,韦协梦注意博采此前众家诠释所长,加以融会贯通,行文力求"简明洞达,跟纂集体的浩博繁缛形成鲜明的对比"①。为了达到简明洞达的诠释效果,韦协梦特别强调"于其事同者则以本经他篇证之,于其节同者则以本篇上下章证之,经未显者必析言之,礼见于文外者必质言之"②,极具鲜明特色。

通过上述分析可见,正是由于清代中期考据之风的迅速崛起,学者们的研究旨趣与清代前期相比已经发生了很大变化,追求新意也不再成为学者治学的第一要务,更多关注的是务实而准确、科学的礼制和字词考据,力求取得对《仪礼》原典的真实还原。可以说,绝大多数学者在著述体式的选择上,与其自身、学术视野、研究方法等基本保持一致,是十分成功的,为完满而有效地实现自身的诠释任务,奠定了坚实基础。

(二)礼经诠释策略

礼经诠释策略,是从传统诠释学角度考察清代中期《仪礼》研究的一个重要视角。诠释者出于各自的诠释目的,选择特定的礼经诠释内容和与之相应的诠释方法,就有可能形成各具特色的诠释策略。反过来看,今人透过各自不同的诠释策略,很有可能观察到历代礼经诠释者对于《仪礼》与其他儒家经典、传记文献的关系认知。与清代前期的礼经学研究相比,清代中期学者对于《仪礼》文本及其礼制的诠释策略有同有异。概而言之,主要有如下几种情况诠释策略:

其一,纂集重构——以结构为基础的诠释策略,亦即"从结构入手,通过调整全书的篇章结构次序,以达到建构礼学思想体系的目的"③的诠释策略。在礼经学史上,"以《仪礼》为经,而取《礼记》及诸经史杂书所载有及于礼者,

---

① 冯浩菲:《中国古籍整理体式研究》,高等教育出版社2003年版,第169页。

② 翁方纲:《仪礼蠡测序》,载韦协梦《仪礼蠡测》卷首,《续修四库全书》(第89册),上海古籍出版社2002年版,第559页。

③ 曾军:《义理与考据——清中期〈礼记〉诠释的两种策略》,岳麓书社2009年版,第13页。

皆以附于本经之下,具列注疏诸儒之说"①的朱熹《仪礼经传通解》、黄榦《仪礼经传通解续》二书,就是典型的纂集重构策略之作。朱熹、黄榦2人试图将历代儒家典籍中有关礼制文化的篇章,按照一种以类相从的原则,进行重新编次,尽管并非专门针对诠释《仪礼》本经,但其书通过对《仪礼》经文进行分节,对礼经诠释确实起到了很好的效果,称得上是一种特殊的礼经学著述。受朱熹、黄榦2人著述诠释结构特征的影响,和清前期学者姜兆锡、盛世佐、梁万方、应撝谦、胡抡等人一样,清中期张扬朱氏学派学者杨丕复、尹嘉铨、秦蕙田等人,进一步延续和发展了这一著述的诠释策略,通过他们各自对大量文献材料进行一次新的纂辑与重构实践,达成一种对礼经的新诠释。

第一,从结构全书的礼文类目布局设置方面来看,这一阶段此类著作全书的结构基本上较少延继朱子、黄榦《仪礼经传通解》《仪礼经传通解续》六大类划分法,而是延继通释体的文献整理体式重新谋篇布局,结构全书。例如:杨丕复的同名之作《仪礼经传通解》,除了延续朱子《仪礼经传通解》家礼、乡礼、邦国礼、王朝礼、丧礼、祭礼六大类目外,在此基础上又增加了"学礼"一目,放置在"邦国礼"之前。而秦蕙田著述《五礼通考》时,则效法清前期学者姜兆锡《仪礼经传内编》一书的举措,采用"五礼"——吉礼、嘉礼、宾礼、军礼、凶礼的纂集重构分布结构,与姜兆锡《仪礼经传内编》嘉礼、军礼、宾礼、凶礼、吉礼的"五礼"序次完全不同,创设出一套符合自己礼学思想新的结构体系。

第二,从礼经篇目文本的编排处置方式来看,这一阶段张扬朱学派学者同样深受朱熹《仪礼经传通解》、黄榦《仪礼经传通解续》的影响,无论是对《仪礼》本经的行文,还是对新编订成文的礼经篇目行文,杨丕复、秦蕙田等人都为之"分节"并概括节旨,有助于发覆礼经行文仪文节制的逻辑层次和礼节要旨。具体到《仪礼》经文的"分节"情况看,杨氏《仪礼经传通解》、秦蕙田《五礼通考》二书较之朱熹及清初张尔岐、盛世佐等人的分节,礼文节数显得更加细密,概括更趋精审。

第三,从礼经文本"记"文的纂集安排方式情况来看,不同礼经纂辑者采取了不同的处置方式:秦蕙田著述《五礼通考》时,并未将《仪礼》经文与《记》文加以割裂,依附到相应经文之后,而是仍旧置于经文之后,并且同样加以"分节"。杨丕复著述《仪礼经传通解》时,由于体例不同,处置《记》文的做法也有差异,他将所载《仪礼》诸篇《记》文随附于各章之后,而并非置于经文末尾之旧次;至于《仪礼》未备而取他经记补为篇者,亦仿此法,同样分经、《记》

两大块，大致"以言其纲者为经，以言其细目者为《记》"①，《记》文随附于各章之后。

第四，从礼经文本注释语的源流情况来看，一如此前各种通释体著作的做法，主要通过征引前贤已有的权威注释语纂辑而成。如：杨丕复《仪礼经传通解》举凡三《礼》之注皆出于郑玄《注》语，亦有转引历代先贤训诂之文；即便是纂辑罗列之他经注解，亦多称引历朝代表性注家之见，皆著其姓氏，"在诸儒之说，既各别以姓字，其有遵用朱子、黄氏之说，今亦以'朱子曰'及'黄氏曰'别之"②。又如，尹嘉铨《仪礼探本》举凡《仪礼》之经、《记》原文的训诂，大体上乃剪裁陆德明《释文》、郑《注》、贾《疏》、朱子《仪礼经传通解》、敖继公《仪礼集说》及方苞《仪礼析疑》诸注，偶尔亦兼采其他学者研究成果汇纂而成。

其二，礼学知识的考古——以考据为基础的诠释策略。如前所述，这种诠释策略类著作着眼于从礼学知识的考古入手，包括对《仪礼》文本语词的诠释，名物的考订和仪制度数的具象化、图像化阐释，借此探讨礼制文化的物质层面与礼经礼义、礼意之间的独特关系所在。和清代前期学者一样，清中期学者研治礼经同样以仪文节制、名物的考订和词句训诂为诠释重点，对于历代诠释者纷纭的诠释成说进行深层次梳理，从《仪礼》本经的系统全面把梳和文字、音韵、训诂的考据入手，以释疑解纷为治学要旨，进行礼经文本的诠释，形成了各类特色各异、重点鲜明的礼学著述。从训释的外在形式上看，清中期《仪礼》类著述对于礼经文本礼学知识的考据，大致可分为如下几类：

一是精择众注集解类。这是一种强调从汉代以来的大量注疏成果和前贤时哲诠释成说中，通过一定的编排义例精择众注集解起来，逐一表明是非优劣，或通过加注方式附以己意，从而实现一种新的诠释方式。这类著作，清代前期主要有官修之作《钦定仪礼义疏》和盛世佐的《仪礼集编》，而清代中期则当以焦以恕《仪礼汇说》一书为代表。焦以恕对《钦定仪礼义疏》认同度极高，以为是书"宏纲细日，莫不条分缕析，直如日月经大，江河行地"，但同时又有感于此书"卷帙繁重，自非颖敏之士罕能遍观而尽识"，基于这一认识，他征引前儒之说，集为是书，不全列经文，惟于有汇说者，引经据典，予以疏证，"其于正义、辨正之解疏通证明者例如疏家之释注，其或有旁参一得而可以并存者时亦采了集中，若不揣梼昧间陈己见者以'愚按'别之"③。《仪礼汇说》虽然源自《钦定仪礼义疏》，但著述极其简明扼要，体例极其严谨，特色鲜明，避免

① 杨丕复：《目录》卷首，《仪礼经传通解》（第4册），光绪十九年博约堂刊本，第1页。
② 杨丕复：卷首《凡例》，《仪礼经传通解》（第1册），光绪十九年博约堂刊本，第18—24页。
③ 焦以恕：《仪礼汇说·跋》，《续修四库全书》（第89册），上海古籍出版社2002年版，第3页。

了《钦定仪礼义疏》原本"卷帙繁重"的阙失。也正源于此，该书赢得了焦氏好友叶承拜的高度评价："君学博而识高，深味乎经文而有会于心，《注疏》之中同者融之，异者参之，同而异异而同者平以融之，婉以通之，或并存之，或进辟之，且引他书以会之，要不失乎经旨而有以服古人之心而启后人之心。"①

二是图解礼制类。图解体著作早在西汉时期就已出现了，以后各代相继出现续作，从宋朝以下有许多学儒多采用此式著述立说，如杨复《仪礼图》便是较有影响的一部礼经学著作。有清一代礼学研究论著当中，也都特别注意强调图解对《仪礼》学研究的重要性，并且出现了附载图解体和专门图解体两类礼经学图解体著作。从礼图的内容性质归属来看，按照黄以周《礼书通故》的说法，可以分为礼节图表、礼节图、名物图三大类。以张惠言《仪礼图》一书为例，该书的名物图包括"宫室图"与"衣服图""器物图"三大类，礼节图类则涉及《仪礼》各篇经文的仪节图，随事逐篇绘制礼图；而礼节图表则有《丧服》篇服制表解图，如《丧服斩衰正义服图》《齐衰三年降正服图》《齐衰杖期降正服图》《齐衰不杖期降正义服图》《亲亲上杀下杀表》《丧服表》《衰服变除表》之类，皆其例；各大类图分散在全书6卷当中，颇具条理而不紊乱。除张惠言《仪礼图》外，庄有可《仪礼丧服经传分释图表》、张校均《仪礼图说》、孔继汾《丧服表》、王绍兰《仪礼图》等书，也是此类图解礼制类的诠释策略之作。

三是订误质疑类。一些清中期学者的礼经学研究，主要着眼于匡正汉唐注疏乃至前贤时哲之遗漏错误，特别是汉郑玄《仪礼注》、唐《仪礼疏》、元敖继公《仪礼集说》、明郝敬《仪礼节解》等礼学文献的错误诠释说法，从而进一步廓清长期聚讼之疑义。他们往往从求真务实、实事求是的治学理念出发，不立门户之见，以准确还原礼经真貌为学术要务。以褚寅亮《仪礼管见》为例，在褚寅亮看来，敖继公《仪礼集说》训解《仪礼》多"穿凿支离，破碎灭裂，实弥近似而大乱真"，为此，他著述《管见》之时，乃"摭敖说之故与郑违而实背经训者，一一订而正之，其指摘偶有一二条可采者，亦间附焉"②，对其间妄改经文为说和随意破注为说之例逐一加以匡正。

四是申解《注》意类。这一时期，一些礼经学研究者将目光透视到郑玄《仪礼注》的身上，他们主张"文字宜宗许叔重，经义宜宗郑康成"③，推崇郑玄

① 叶承拜：《仪礼汇说·序》，《续修四库全书》（第89册），上海古籍出版社2002年版，第1页。
② 褚寅亮：《仪礼管见·自序》卷首，《续修四库全书》（第88册），上海古籍出版社2002年版，第375页。
③ 王鸣盛：《仪礼管见序》，载褚寅亮：《仪礼管见》卷首，《续修四库全书》（第88册），上海古籍出版社2002年版，第373页。

之《仪礼注》"简而核，约而达，精微而广大，礼家莫出其范围"①，对于元明以来许多学者妄议妄改郑《注》的做法极不认同。为此，他们从卫护郑氏《仪礼注》的著述宗旨出发，"考训诂，捃秘逸，发疑正读"，"阐发郑旨以相贾《疏》之所未及"②。就其诠释方面，或申明郑《注》语词训释之源，或论证郑《注》仪节之解释，或考辨《仪礼》古今异文语义关系，或校勘今所见俗本《仪礼注》之文字舛错，一切以发明郑《注》训释要旨、祛其疑滞为要旨。丁晏《仪礼释注》、张惠言《读仪礼记》、凌曙《礼说》等，皆是这方面的代表之作。另外，围绕郑玄《仪礼注》中的大量古今异文校勘材料，一些礼经学家进行了疏证式研究，借此实现古今异文的互贯融通，留下了许多这方面的《仪礼》文献专著，目前所知的主要有李调元《仪礼古今考》、程际盛《仪礼古文今文考》、徐养原《仪礼古今文异同》、宋世荦《仪礼古今文疏证》、严可均《仪礼古今文异同说》、胡承珙《仪礼今古文疏义》等几种，着实有助于进一步礼经文本的发覆。

五是发凡立例类。自郑玄给《仪礼》作注以来，很多礼经学者都强调对礼经文例的总结，并认为："不会通其例一以贯之，只厌其胶葛重复而已耳，乌睹所谓经纬途径者哉？"③力求从《仪礼》本经的融通互贯入手，进一步疏通和发掘《仪礼》本身存在的潜在的隐性"礼例"内容。这一阶段，有安徽歙县学者凌廷堪仿效杜预《春秋释例》著述方式，主张从《仪礼》经文及其郑《注》中寻绎"礼例"，按照通例、饮食之例、宾客之例、射例、变例、祭例、器服之例、杂例八类，依次进行总结疏证，其中经文仪节叙述详明者录之，经文略而不具或语焉不详之例举而阐释之，务求使得每一条礼经"凡例"的考证都能达到精善的地步。另外，安徽绩溪学者胡匡衷所著《仪礼释官》亦是同类之作，它"刺取十七篇中所陈各官条举件系，一准《周礼》为差次，明其所以分职联事之意，成书六卷"，"又取《左传》《国语》《戴记》诸官名为《仪礼》所未有而有合于《周礼》者，别辑为《侯国官制考》二卷、《侯国职官表》一卷"④，对于研究周代侯国官制颇有裨益。

倘若将清中期礼经学家在礼经诠释策略上的选择情况与清前期进行对比，不难发现，随着当时礼经学家对于汉学考据之风的高度体认，清前期学者

---

① 褚寅亮：《仪礼管见·自序》卷首，《续修四库全书》（第88册），上海古籍出版社2002年版，第375页。

② 丁晏：《周礼释注叙》，载《周礼释注》卷首，《续修四库全书》（第81册），上海古籍出版社2002年版，第583页。

③ 凌廷堪：《礼经释例序》，《校礼堂文集》卷二十六，中华书局1998年版，第242页。

④ 胡承珙：《仪礼释官序》，载胡匡衷：《仪礼释官》卷首，《续修四库全书》（第89册），上海古籍出版社2002年版，第302页。

颇为关注的"意义空间的时代转换——以义理为基础的诠释策略",不再成为这一阶段礼经学家的宠儿,一些学者所倡导的"穷经文所以云之意,而以义理折中矣"①之学术喜好,已经退出了礼学家们的关注焦点,对"礼时为大"精神的体认逐渐让位于文字、音韵、训诂等汉学考据手段,"称情立文""缘情制节""依人性作仪"等先王制礼的原则也不再反复出现于礼经文献的诠释话语中,学者们对于礼意与礼义的分析,更多需要读者从礼经词句的训诂和仪文节制的考订中细细品味。即便是崔述的《五服异同汇考》和程瑶田的《丧服文足征记》偶有"圣人制礼精义"的探讨,然究其治学要旨,也强调玩索礼经之文本,从《丧服》经传中,从服制条文上下文中,去寻找行文文例、"义例""凡例",发覆经文丧服条文之间的联系,进而稽考前贤错误成说。

（三）礼经诠释的方式方法

就诠释的方式方法角度考察而言,清代中期的《仪礼》学研究,既有与清初礼经研究的相通之处,又着实存在有别于清初学者的诠释情况。这一时期的大多数研究者们,较少掺杂和重构自身的礼学思想,也不崇尚礼经的逐字逐句式全面通解,而是更强调从"实事求是"的汉学思维出发,以"释难解纷"为治学创新追求,力求尽可能地还原礼经文本本身,为礼经的客观诠释提供更为可信的文本依据,借以彰显汉学考据的治学独特魅力。为彰显这一阶段研究的独特性,兹分别就诠释方式与诠释方法分别说解如下。

首先,就诠释方式而言,陈澧《东塾读书记·仪礼篇》总结历代《仪礼》诠释的方式说:"《仪礼》难读,昔人读之之法,略有数端:一曰分节,二曰绘图,三曰释例。"②关于绘图的诠释方式,清中期主要有张惠言《仪礼图》、庄有可《仪礼丧服经传分释图表》、孔继汾《丧服表》、王绍兰《仪礼图》、张校均《仪礼图说》等几种礼图著作,以专门图解体著述方式研究《仪礼》的仪文节制、礼器和丧服规制等内容,其中尤以张惠言的研究影响最大,诠释最为完备。关于分节的诠释方式,主要出现在杨丕复《仪礼经传通解》、秦蕙田《五礼通考》等少数通释体著作当中,并非这一阶段礼学研究的主流方式。关于释例的诠释方式,如前所述,主要以凌廷堪《礼经释例》为代表,是对江永所著《仪礼释例》的扬弃。由此可见,分节、绘图、释例这三种诠释方式的著作,在清中期的《仪礼》著述当中所占比例只是一小部分,并非学者们所选择的主要诠释方式。事实上,最受清中期学者关注和重视的诠释方式,更多的是《仪礼》及《注疏》类文献的校勘,以及对郑、贾《注疏》等文献诠释的随文疏证,其中既涉及具体词句

---

① 方苞:《与吕宗华书》,《方望溪全集》,中国书店 1991 年版,第 78—79 页。
② 陈澧著,杨志刚校点:《东塾读书记》,中西书局 2012 年版,第 138 页。

的考辨,也涉及具体繁文缛节的诠释。

其次,就诠释方法而言,清中期学者研治礼经,无论是对于《仪礼》经文具体仪节的诠释,或者是具体语词的考据疏证,都着实彰显出丰富独特的诠释方法。就经文仪节具体诠释情况来说,清初学者普遍使用的"以经解经法""博征类比法""以意逆志法",在清中期继续得以使用,但"礼俗互证法"则极少受到重视和使用,真正意义上得到清中期学者重视的,主要是"凡例诠释法"。综合言之,其中这一时期使用普遍、影响最大者,主要有如下数种:

一是凡例诠释法。这是此前学者乃至汉代学者郑玄便已曾经使用过的一种方法,更多强调借助《仪礼》经文的总体抽绎,寻找其中存在的叙述体例、行文规律和仪文节制的凡例,实现《仪礼》本经仪文节制和名物内容的诠释。如果说清前期主要以江永的《仪礼释例》为代表,那么清中期则主要有凌廷堪的《礼经释例》和胡匡衷的《仪礼释官》等礼经文献普遍使用这一诠释方法。以凌廷堪《释例》为例,该书力求从《仪礼》本经的融通互贯入手,从通例、饮食之例、宾客之例、射例、变例、祭例、器服之例、杂例 8 个方面入手进行考察,站在礼制互证的对等性原则立场上,通过穷尽式的罗列和排比每一种礼例的文献例证,归纳和总结礼经中的常例与正例,以及具体仪节的正变之别和盛杀差异,第一次全面系统地疏通和发掘了《仪礼》本身存在的潜在的隐性"礼例"情况。从礼例条文的内容而言,凌廷堪概括的这些文例,兼有释词与解释仪节双重功能,对当时的《仪礼》研究产生了重大影响。

二是据文推证法。主要指诠释者通过《仪礼》经文用辞的考察,或通过全篇文法、结构的考察,或通过上下文语言叙述体例加以推导,甚至于考察《仪礼》本经他篇相关仪制的记载情况,或求其同,或存其异,所谓"礼同则互备,《少牢》《特牲》是也;相类则参见,《乡饮》与《大射》是也"①,推求和阐发训释有关隐性的仪制情况,借以实现仪文训诂的目的。与凡例诠释法不同的是,运用此法并不强调对《仪礼》本经的穷尽式的罗列排比,较为突出考察经文礼制的具体语境。与凡例诠释法一样,此法亦是前贤普遍使用过的诠释方法,但在清中期学者手上使用更趋频繁。例如,江苏金山县学者焦以恕所撰《仪礼汇说》中便广泛运用此法,并申言"凡经所不载而以例起之者,互见于别处经文,或《记》中具之也。若都无所见,则初无是礼而无事纷纭,乃所以确守经文矣"②。又如,安徽芜湖学者韦协梦著述《仪礼蠡测》一书,其所用的诠释方

---

① 方苞:《仪礼析疑》卷十五,《景印文渊阁四库全书》(第 109 册),台湾商务印书馆 1983—1986 年版,第 245 页。

② 焦以恕:《仪礼汇说》卷五,《续修四库全书》(第 89 册),上海古籍出版社 2002 年版,第 31 页。

法,一如翁方纲所评述的那样:"今韦君之书于其事同者则以本经他篇证之,于其节同者则以本篇上下章证之,经未显者必析言之,礼见于文外者必质言之。"①要皆属于据文推证法的典范之作。

三是以经解经法。和清前期对比,此法运用的频率清中期要低得多,主要集中在张扬朱学派和淹通汉宋派学者的研究当中。例如,安徽绩溪学者胡匡衷著述《仪礼释官》一书,诚如《清史稿·儒林传》所称说的那样,"以《周礼》《礼记》《左传》《国语》与《仪礼》相参证,论据精确,足补《注》《疏》所未及"②。《仪礼》中的许多职官,大都属于侯国官制,胡匡衷在对侯国官制进行诠释时,一方面根据《仪礼》经文所叙述的情况确定其职责情况,同时又依据《周礼》进行合理推论,并结合三《礼》注疏类语料进行充分佐证,初步建构起了一套侯国职官的大致框架。至于杨丕复、尹嘉铨、秦蕙田等张扬朱学派学者的《仪礼》学著述,更是通过辑录大量经史文献语料,借以实现礼经仪文礼制的诠释目的。

四是推注诠经法。这是指诠释者根据本经郑《注》的仪制训诂话语来推阐揭示本句经文仪节情况的一种方法。③"《传》《注》所以与经相表里者,以能足成其义耳。经不具,故待《传》《注》以补之也。若经所不言,《传》亦不言,尚何需于《传》《注》耶?"④注家所取郑《注》释语,主要来源于《仪礼注》,基于《三礼注》通贯了郑氏的礼学体系,有时亦兼采《周礼注》和《礼记注》的相关释语。就清中期礼经文献研读情况来看,张惠言的《读仪礼记》称得上是最具代表性的一部著作,往往从考索礼经郑《注》仪节释语入手,推导发覆礼经隐性的仪文节制内容,极有助于发覆礼经郑《注》的整体价值。

通观清中期学者的《仪礼》学著述可以发现,与前一阶段对比,这一时期学者从汉学考据的需求出发,礼经诠释方法的选择更趋专门化,不同学术流派学者在方法的选择上也更趋个性化,如张扬朱学派学者多喜好使用历代经史文献补正法,汉学考据派学者则颇多青睐于博征类比法,专事校勘派学者则最为推崇对校法,尊尚郑学派学者则广泛地使用推注诠经法和据文推证法,等等。这种新的治学趋向,也恰好迎合了当时学者追求汉学治学风尚的多面性诠释格局。

---

① 翁方纲:《仪礼蠡测序》,载《仪礼蠡测》卷首,《续修四库全书》(第89册),上海古籍出版社2002年版,第559页。

② 赵尔巽:《清史稿》(第43册)卷四百八十二《列传二百六十九·儒林二》,中华书局1977年版,第13272页。

③ 参见邓声国:《清代〈仪礼〉文献研究》第七章第二节,上海古籍出版社2006年版,第324页。

④ 凌曙:《礼说》卷二,《续修四库全书》(第110册),上海古籍出版社2002年版,第518页。

若是就具体语词的诠释来说,清中期学者为求得《仪礼》本经字词训释的准确性,破除文字词义的古今变异及文字通假等现象给语词训释带来的诠释障碍,亦曾广泛地使用各种训释方法,如古注互推法、审文例推证法、因声求义法、据形索义法、语法推证法、博征类比法、据境索义法等。[①] 这一时期的礼经文本字词训诂,大都属于一种“论证的训诂”,学者们借助于诸如此类方法的运用,特别是因声求义法、古注互推法、审文例推证法方法的运用,从破除文字音、形、义之间的关系入手,彰显出礼经文本的考据性诠释由知其然到知其所以然的全过程。

四、经学地理学层面的《仪礼》研究考察

从汉代开始,经学研究的地域性特征就已经形成,并且在南北朝时期南、北之间的地域因素导致经学研究的差异非常明显,此后一直为经学史研究者所注目。考察清代中期的《仪礼》学研究状况,不难发现,南北之间不同省份出身的学者对《仪礼》的关注度差异颇大,一些省份甚至根本没有出现专门的礼学论著。而不同地域不同学者之间研究《仪礼》所关注的研究焦点、研究视阈、诠释风格、诠释特征,也颇有差异,总体上呈现出一种鲜明而特殊的不平衡的研究发展态势。这种经学地理学层面的治学现象,对于《仪礼》学研究的发展而言是颇为健康的,并不能视之为一种畸形的发展现状。审视乾隆二十年(1755)以迄道光十年(1830)长达七十多年的《仪礼》研究者群体地域因素特征,与清代前期、后期相比,这一时期《仪礼》学家们的籍贯情况呈现出一定的独特个性差异,各省学者的治学风格、治学风气也反映出一定的分布差异,呈现出一种独特的文化现象,从而与当时的政治文化风气变化相适应。为进一步显明这一方面特点,现将这一时期众多《仪礼》学家的籍贯分布及其对应的著述情况列表汇总如下:

清中期《仪礼》学家籍贯分布及著述情况简表

礼学家	籍贯	著述名	成书时间
王廷桂(1736 年前后在世)	浙江秀水	《仪礼义疏酌要》	乾隆中期
尹嘉铨(1711—1782)	河北博陵	《仪礼探本》	乾隆中后期
龚锡纯(1741 年举人)	江苏武进	《仪礼私测》	乾隆中后期
任兆麟(1781 前后在世)	江苏吴江	《仪礼大要》	乾隆四十五年

---

① 关于这一方面具体训释方法及释例情况,参见邓声拙《清代〈仪礼〉文献研究》第七章第一节,上海古籍出版社 2006 年版,第 300—312 页。

续表

礼学家	籍贯	著述名	成书时间
龚元玠（1782 年前后在世）	江西南昌	《畏斋仪礼客难》	乾隆中期
孔继汾（1725—1786）	山东曲阜	《劻仪纠缪集》	乾隆三十四年之前
		《丧服表》	乾隆中期
张羲年（1737—1778）	浙江余姚	《丧礼详考》	乾隆中期
焦以恕（1698—1773）	江苏金山	《仪礼汇说》	乾隆三十七年
褚寅亮（1715—1790）	江苏长洲	《仪礼管见》	乾隆四十八年
唐仲冕（1753—1827）	湖南善化	《仪礼蒙求》	乾隆五十七年
王绍兰（1760—1835）	浙江萧山	《仪礼图》	嘉庆年间
沈廷芳（1702—1772）	浙江仁和	《仪礼经注疏正字》	乾隆三十七年之前
金曰追（1737—1781）	江苏嘉定	《仪礼经注疏正讹》	乾隆四十二年
卢文弨（1717—1795）	浙江仁和	《仪礼注疏详校》	乾隆六十年
黄丕烈（1763—1825）	江苏长洲	《严本仪礼郑氏注校录》	嘉庆二十年
崔述（1740—1816）	河北大名	《五服异同汇考》	乾隆四十六年
韦协梦（乾、道间在世）	安徽芜湖	《仪礼蠡测》	乾隆四十六年
翁方纲（1733—1818）	顺天大兴	《仪礼蠡测签注》	乾隆中后期
檀萃（1725—1801）	安徽望江	《仪礼韵言》	乾隆四十二年
江筠（乾隆间在世）	江苏长洲	《读仪礼私记》	乾隆中后期
孔广森（1752—1786）	山东曲阜	《仪礼器制改释》	乾隆中后期
戴震（1724—1777）	安徽休宁	《仪礼正误》	乾隆三十九年
段玉裁（1735—1815）	江苏金坛	《仪礼汉读考》	嘉庆十九年
李调元（1734—1803）	四川绵州	《仪礼古今考》	乾隆中后期
任大椿（1738—1789）	江苏兴化	《弁服释例》	乾隆中后期
程瑶田（1725—1814）	安徽歙县	《丧服文足征记》	嘉庆七年
		《仪礼经注疑直辑本》	嘉庆十九年
刘台拱（1751—1805）	江苏宝应	《仪礼传注》	乾隆嘉庆间
程际盛（1780 年进士）	江苏长洲	《仪礼古文今文考》	乾隆五十六年？
黄淦（？—？）	浙江钱塘	《仪礼精义》	嘉庆八年之前
宫为坊（1732—1798）	江苏泰州	《仪礼节录》	乾隆五十五年之前
宋绵初（1777 年拔贡生）	江苏高邮	《释服》	嘉庆二十三年前
阮元（1764—1849）	江苏仪征	《仪礼石经校刊记》	乾隆五十七年
		《仪礼注疏校勘记》	嘉庆十三年

礼学家	籍贯	著述名	成书时间
庄述祖（1750—1816）	江苏武进	《特牲馈食礼节记》	乾隆嘉庆间
周骏岳（1784 年贡生）	江苏武进	《仪礼说心》	乾隆后期
张光諟（1792 年举人）	浙江海宁	《仪礼正讹》	乾隆嘉庆间
张校均（1795 年举人）	浙江镇海	《仪礼图说》	嘉庆间
潘谷（？—？）	浙江德清	《仪礼或问》	乾隆嘉庆间
李惇（1734—1784）	江苏高邮	《大功章烂简文》	乾隆嘉庆间
庄有可（？—？）	江苏武进	《礼笺驳正》	乾隆道光间
		《仪礼丧服经传分释图表》	
江承之（乾隆间人）	安徽歙县	《读仪礼条记》	乾隆后期
崔应榴（1754—1815）	浙江海盐	《仪礼约文》	嘉庆间
李灏（？—？）	江西南丰	《礼经酌古》	乾隆中后期
王聘珍（乾嘉道间人）	江西南城	《仪礼学》	嘉庆道光间
朱亦栋（乾隆间举人）	浙江上虞	《仪礼札记》	嘉庆间
孔广林（1746—1814）	山东曲阜	《仪礼臆测》	嘉庆间
		《仪礼士冠礼笺》	嘉庆间
胡匡衷（1728—1801）	安徽绩溪	《仪礼释官》	嘉庆六年
宋世荦（1765—1831）	浙江临海	《仪礼古今文疏证》	道光初年
凌廷堪（1755—1809）	安徽歙县	《礼经释例》	乾隆五十七年
管幹珍（1734—1798）	江苏阳湖	《问礼一隅》	乾隆中后期
孟起然（乾隆间进士）	福建闽县	《丧礼辑要》	乾隆五十九年之前
张惠言（1761—1802）	江苏武进	《仪礼图》	嘉庆三年
		《读仪礼记》	嘉庆间
朱璠（？—？）	江西南城	《仪礼节贯》	嘉庆道光间
严可均（1762—1843）	浙江乌程	《仪礼古今文异同说》	嘉庆道光间
胡承珙（1776—1832）	安徽泾县	《仪礼古今文疏义》	道光五年
汪德钺（1748—1808）	安徽怀宁	《礼经偶记》	嘉庆间
胡清照（乾隆间岁贡生）	安徽绩溪	《礼经辨误》	嘉庆间
胡秉虔（1770—1840）	安徽绩溪	《仪礼小识》	嘉庆道光间
徐养原（1758—1825）	浙江德清	《仪礼古今文异同》	嘉庆道光间
张鉴（1768—1850）	浙江吴兴	《丧服古注辑存》	嘉庆道光间
田浚（嘉庆增贡生）	安徽宿松	《丧礼考要》	嘉庆道光间

礼学家	籍贯	著述名	成书时间
江藩(1761—1831)	江苏甘泉	《仪礼补释》	嘉庆道光间
王述曾(？—?)	不详	《丧服子夏传》	嘉庆间
庄中伟(？—?)	不详	《参补礼经精要》	嘉庆间
焦廷琥(1782—1821)	江苏甘泉	《仪礼讲习录》	嘉庆间
		《冕服考》	嘉庆十九年
洪颐煊(1765—1833)	浙江临海	《礼经宫室答问》	嘉庆十七年
金鹰扬(乾隆时恩贡)	浙江黄岩	《作室解》(仿《尔雅》体为之疏证)	乾隆嘉庆间
凌曙(1775—1829)	江苏江都	《仪礼礼服通释》	道光元年
		《礼论略抄》	道光二年
魏云珀(？—?)	湖北黄州	《仪礼一览》	嘉庆十二年之前
刘逢禄(1776—1829)	江苏武进	《仪礼决狱》	嘉庆道光间
袁履洁(1813年举人)	江苏武进	《仪礼节解》	嘉庆道光间
曾家模(嘉庆八年岁贡)	湖南武冈	《仪礼先易》	嘉庆道光间
杨筼(？—?)	江苏海陵	《仪礼聚考》	光绪四年之前
章平(？—?)	安徽绩溪	《仪礼注疏温》	道光二年之前
吴挹桂(？—?)	安徽桐城	《读礼纂言》	乾隆嘉庆间
		《仪礼要义》	
常增(1825年拔贡)	江苏泰州	《仪礼琐辨》	道光七年之前
丁晏(1794—1875)	江苏山阳	《仪礼释注》	道光三年
杨丕复(1780？—1829?)	湖南武陵	《仪礼经传通解》	嘉庆三年
汪喜孙(1786—1847)	江苏江都	《丧服答问记实》	道光十三年
吴卓信(1754—1823)	江苏常熟	《丧礼经传约》	乾隆四十五年

　　根据上表可以发现,这一时期《仪礼》研究者的籍贯考察,呈现出鲜明的经学地理学特征。概而言之,大致表现为如下几个方面:

　　第一,就经学家地域分布而言,和清前期一样,这一时期的礼经学家仍然大多数出自江苏、浙江、安徽三省。由上表可以看出,乾隆二十年以迄道光十年的这一时期内,这三个省份有专门论著的《仪礼》研究经学家数量较多,其中江苏籍30人,浙江籍17人,安徽籍14人,占总人数的77.22%,这些区域内的经学家继续占据着《仪礼》诠释话语的主导地位。之所以礼经学家大多集中在江苏、浙江、安徽三个省份一带,究其因由,与前期的经学地理学考察情况基本一致。如前章所述,三地扎实的经济基础、普及的书院教育、众多的文化世家和深厚的文化底蕴、具有众多有影响力的经学名家等因素,使得其地的学者们耳闻濡染间接受到了家乡深厚地域文化思想的浸润和熏陶。

至于其他省份,据统计,南北两方都有相应的士人从事于《仪礼》的诠释、研究,其中南部地区其他省份有 10 人,依次为江西籍 4 人,湖南籍 3 人,四川籍 1 人,湖北籍 1 人,福建籍 1 人,约占总人数的 12.66%;北方地区仅有 6 人,依次为山东籍 3 人,河北籍 2 人,北京籍 1 人,仅占总人数的 7.59%。这后面八个省份出身学者加起来,也仅占总人数的 22.25%,处于绝对弱势的地位。和清代前期对比后可以发现:一是这些次要省份学者的籍贯分布发生了一定的变化,所涉省份更多,增加了江西、四川、湖北、河北(直隶)、北京等省市的学者。二是即便是排除了江苏、浙江、安徽三省之后,中南部地区学者从事《仪礼》诠释与研究的人数仍然占据一定的优势,例如江西和湖南二省籍贯出身的《仪礼》学者各有数位人选,其中江西籍的学者分别是龚元玠、李灏、王聘珍、朱璠四位,湖南籍的学者分别是唐仲冕、曾家模、杨丕复三人。

若单单就北方《仪礼》学者研究情况而言,虽然其间学者人数并不算多,仅仅只有 6 人但并不乏有影响的经学大家,其中尤以山东人数居多,有 3 人,依次为:著有《劻仪纠缪集》《丧服表》的孔继汾,著有《仪礼器制改释》的孔广森,著有《仪礼臆测》《仪礼士冠礼笺》的孔广林。三人皆系曲阜籍孔氏家族人氏,由此亦可见出文化世家文化传承的影响力。河北省亦有 2 人,分别是著有《仪礼探本》的博陵籍学者尹嘉铨和著有《五服异同汇考》的大名籍学者崔述。另外 1 人,则系顺天大兴籍学者翁方纲,著有《仪礼蠡测签注》一书。这 6 位学者往往与江南籍出身的学者往来密切,以其厚重的人格魅力和扎实深厚的学术素养,赢得了学界的高度认同。

第二,就经学家的渊源情况而言,"清代经学往往以家族、姻亲、书院学堂为中心形成某一地域的学术圈,他们相互影响,又往往会有地域认同,容易形成共同的学术旨趣与学术方法;而经学的传承又往往会以世家、师友相承的方式实现,其学术往往会首先在某一地域传播,某一地域的经学家大多会接受与继承乡贤学派家法,容易形成以地域为范围的学派"①。与有清前期一样,这一时期的经学家有时往往存在着一定的关系,如父子关系、甥舅关系、翁婿关系、学友关系、师生关系等。在日常的生活交往与治学过程中,互相学习,互相影响,促进了《仪礼》学研究的蓬勃发展与兴盛。

---

① 罗福惠:《江南经学家的学派家法与地缘》,《鄂州大学学报》2006 年第 5 期。

以学友关系、师生关系为例,惠栋、戴震、翁方纲、阮元、凌廷堪等人之间的往来事迹,便是极好的例证。乾隆年间,江苏元和学者惠栋与著有《仪礼小疏》的礼学名家吴江人氏沈彤素有深交,在治学上强调延续顾炎武的治学理路,从古文字入手,重视古音训诂,主张"凡古必真,凡汉必好",后来成为清代中期汉学考据的主要发起者。乾隆二十二年(1757),惠栋与当时客居扬州的戴震结识,二人之间论学往复,"交相推重",引为知己,自此戴震治学方式及思想观念发生了很大的改变,主张在对儒家经典的训诂中去寻求义理之学。担任四库馆纂修官期间,戴震向以倡导朴学而著称,通过日常的学术交往和具体修书实践,影响了当时很多纂修官员的学术理念。出身于江苏海州的凌廷堪,"次仲论学,极尊东原"①,因"慕其乡江永、戴震之学"②而渐好治经,常自称为戴震的私淑弟子。凌廷堪也曾参与过《四库全书》的编纂工作,他尝从翁方纲、钱大昕、阮元学,他遵循戴震实事求是、以词通其道的治学方法,从文字训诂到名物考证,无不博涉旁通,而且重在典章制度,于经史皆有宏深造诣。由于生活困顿,凌氏曾一度主讲敬亭、紫阳二书院,后来又因受阮元聘请,担任阮常生之学业恩师。清廷开设四库全书馆期间,翁方纲也被任命为《四库全书》纂修官,又曾担任过编修一职,与戴震、凌廷堪等亦有交往。凡此种种,不一而足。

① 钱穆:《中国近三百年学术史》,商务印书馆1997年版,第542页。

② 赵尔巽:《清史稿》(第43册)卷四百八十一《列传二百六十八·儒林二》,中华书局1977年版,第13228页。

第三章　清后期的《仪礼》学研究

第一节　《仪礼》学发展的背景

在经历乾、嘉时期的兴盛发展之后,随着清朝社会动荡不安局面的到来,传统经学研究步入了一个转型时期,《仪礼》学研究亦是如此。研究者开始总结和反思,乾隆二十年以来《仪礼》学走过的发展历程,其中存在的得失,甚至有些学者将研究目光与社会改革潮流联系起来,强调经学研究"经世致用"的一面。可以说,《仪礼》研究随着"总结与衰微期"的到来,虽然不再如乾、嘉间那般兴盛,却仍然彰显出与此前礼经研究截然不同的诱人风采。

一、动荡岁月中的学术分野

（一）道、咸以后之社会动荡

道光以下以迄光绪、宣统之世,清政府遭遇内乱外侵交加的局面,社会矛盾日益尖锐,有如晚明动荡的乱局。事实上,早在乾隆末年乃至整个嘉庆朝,清王朝便已经盛极而衰,吏治败坏,民变大兴。嘉庆元年(1796)至九年(1804),湖北、四川、陕西三省多次爆发以白莲教为组织形式的农民起义。嘉庆四年(1799),乾隆驾崩,仁宗皇帝亲政,面对危机丛生的社会现实,他着实束手无策,仅仅只是发出了"朕缵承统绪,夙夜勿遑,以皇考之心为心,以皇考之政为政,实不敢稍自暇逸"①如是一番无奈的感慨。此后内忧外患接踵而至,当时的士大夫们"懔于商羊石燕之警,惧有梁倾压侨之祸。于是自陇亩以至庙堂,相与讨论朝章国故,古今利病,边陲离合,绝域政教"②。19世纪初,英国等国向中国大量输出毒品鸦片,鸦片开始流入内地。道光元年(1821),清廷接受了阮元建议重申禁烟严令,但因官商勾结而屡禁不止,致使中国每年白银外流达600万两,林则徐上书的奏折中竟然发出"是使数十年后,中原几

---

① 《清实录》(第29册)卷九十"嘉庆六年十一月甲申"条,中华书局1986年版,第191页。

② 陆宝千:《嘉道史学——从考据到经世》,载台湾"中央研究院"《近代史研究所集刊》1973年第4期。

无可以御敌之兵,且无可以充饷之银"的哀叹,其严重程度由此可见一斑。清政府从自身利益出发,1821—1834 年颁布禁烟禁令达八次之多。道光二十年(1840),鸦片战争正式爆发。由于战争的失败和《南京条约》等一系列不平等条约的签订,使中国社会发生了根本性的变化。原本政治上独立自主的清廷,战后由于领土主权遭到破坏,自给自足的自然经济解体,逐渐成为世界资本主义的商品市场和原料供给地,中国开始沦为半殖民地半封建社会。清朝原有的满汉民族矛盾逐步瓦解,随之而来的外国资本主义的政治压迫、经济剥削和宗教、文化的入侵,给当时的知识分子带来了强烈刺激。换言之,康乾之际的"太平盛世"已成明日黄花,整个社会呈现出一片乱世景象,面对政治腐败、经济衰敝和社会动荡,学者们再也不可能"镇日书帏校勘劳,出门不觉已秋高",汉学赖以生存、发展的社会环境和经济基础再也不复存在。

(二)今文经学的复兴

晚清今文经学的复兴,是在资本主义萌芽已有所孕育,封建危机四处隐伏、阶级矛盾渐趋激化的背景之下出现的一大学术思潮,为适应晚清特定的社会背景与文化背景应运而生的特殊产物。

今文经学的复兴,首先是它顺应了时代发展潮流的需要。冯友兰对于这一方面情况,有一段极为精彩的分析:"此派经学之复兴与当时又一方面之潮流,亦正相适应。此派经学家所以能有新问题者,亦受此新潮流之影响。盖自清之中叶以降,中国渐感觉西洋人之压迫。西洋人势力之前驱,以耶教传教士为代表,其后继之军事、政治、经济各方面之压力。此方面之压力,在当时中国人之心中,引起各种问题。……然其时经学之旧瓶,仍未打破。人之一切意见,仍须于经学中表出之。而西汉盛行之今文经学家之经学,最合此需要。盖在今文经学家之经学中,孔子之地位,由师而进为王,由王而进为神。在纬书中,孔子之地位,固已为宗教之教主矣。故讲今文经学,则孔子自成为教主;而孔子之教,自成为宗教。今文经学家,又有孔子改制、立之世之政治制度,为万世制法之义。讲今文经学,则可将其时人理学中之政治,托孔子之说,以为改革其时现行政治上社会上各种制度之标准。"①第二次鸦片战争以后,清朝统治阶级集团内部开始分化,出现顽固派和洋务派两大派系,前者趋于守旧,对外来新鲜事物多加拒绝,而洋务派人物则提出了"中学为体,西学为用"的口号,主张接受西学文化。其中,以康有为、梁启超等人为首的中国资产阶级改良派,强烈要求变法,并纷纷著书立说,宣传自己的主张。在这样一种社会变革背景下,很多学者纷纷从传统考据学的纯训诂风气中走了出来,将目光投注

---

① 冯友兰:《中国哲学史》(下册),中华书局 1961 年版,第 1010—1011 页。

于现实社会的改革倡言与实践之中,他们借助《春秋公羊传》中的"微言大义",讥切时政,把晚清的经今文学与社会改革潮流联系起来,强调经世致用。

今文经学的复兴,还在于它顺应了学术自身逻辑发展规律的要求。"今文经学作为清代儒学的重要组成部分,就其学理而言,它的兴起是由崇古善疑、汉学特点、汉宋不能兼融等多种原因造成的。"①作为延续晚明遗老顾炎武等人经世致用学说的乾嘉汉学,从它形成之日起,除戴震等极少数汉学大家能够保持怀疑、批判的精神外,绝大多数的乾嘉学者都满足于借助文字、音韵、训诂、校勘等小学手段来研究儒家经学,研究儒家经典,成为现实社会"润饰鸿业"的点缀品,成为躲避文字狱及应和清廷官方学术取向的学术港湾,对于清代前期学者研究中所彰显出来的"经世致用"的治学取向和治学价值观,并没有很好地承继和发扬。尽管他们也倡扬继承和发扬戴震"实事求是"的学风,主张采用戴震求真、求实、求是的治学方法,但实实在在带给世人的,更多是大型图书的收集、整理与刊刻,以及儒家典籍支离破碎的训诂考据,但很少有学者达到哲学诠释的理论高度。长此以往,带给当时学界士人的是思想界的一片冷落与沉寂,文字、音韵、训诂、校勘等小学手段,不仅仅只是诠释儒家经典的方法和手段,更在一定意义上成为束缚和捆绑人们思想的绳索、紧箍咒。这种片面而残缺式的考据学经学研究,并未激发出众多士人的创造性思维火花,并未克服掉宋明理学给晚明士人所带来的思想危机,反倒将儒家治学手段人为地划分出汉学与宋学的明显界限。嘉、道间,一些有识之士如陈澧、黄以周等,他们注意到乾嘉考据学的种种弊端,注意到汉学与宋学的截然对立,试图从儒家经典诠释中找到一条调和汉学、宋学之间矛盾的路径,但着实难以改变晚清内忧外患的社会现实。于是邵懿辰、廖平、康有为、梁启超、皮锡瑞等一批今文经学大师跳出调和汉学、宋学之路,倡扬超越汉学、宋学之争,"吾儒所读之书,皆周、孔之书;所传之学,皆周、孔之学,降为汉学、宋学,可乎?"②

正是在这样一种社会背景与文化背景的双重激荡之下,今文经学以其鲜明的经世特点异军突起,尤其是其中的《公羊》学复兴,由庄存与首倡,中经刘逢禄、宋翔凤的播扬,后经魏源、龚自珍等人发展成一股经世思潮,在晚清跳出了单纯的学术范畴,成就一段显赫的文化思潮。值得注意的是,虽然这一阶段社会如此纷乱,传统的考据式经学研究却并没有停滞不前,尽管传统的吴派学术研究后继乏人,皖派学者则坚持延续朴实的乾嘉治学传统,继续从事经学研究。

---

① 汪学群:《中国儒学史·清代卷》,北京大学出版社2011年版,第485页。

② 汪喜孙:《与朱兰坡先生书》,《从政录》卷一,《汪喜孙著作集》,台湾"中央研究院"文史哲研究所2003年版,第408页。

二、调和汉宋的礼学思潮

在清代礼学研究和发展的演进轨迹中，礼学思潮的嬗变一直与礼经研究的学术取向相终始，对《仪礼》学的研究发挥着导向性的作用，清代后期的学术史同样证明了这一规律。"嘉道之际，汉、宋调和成为学术主潮，融合理学与礼学的趋势随之增强。"①在清后期学术与社会均呈纷纭变幻、错综复杂的形势下，围绕"礼"与"理""礼学"与"理学"的关系认识问题，出现了两种近似而又略存差异的礼学思潮，一是陈澧提出的"理学即礼学"说，一是黄以周的"礼学即理学"说。

（一）陈澧的"理学即礼学"

东塾先生陈澧（1810—1882）一生横跨清中、后期两大阶段，共历经了嘉庆、道光、咸丰、同治、光绪五个朝代。由于受不同时代不同学术趋向的熏陶，其治学曾经有过数次变迁："余少时志欲为文章之士，稍长为近儒训诂考据之学。三十以后，读宋儒书，因而进求之《论语》《孟子》，及汉儒之书。近年五十，乃肆力于群经子史，稍有所得。"②他的弟子胡锡燕也说："先生早年读汉儒书，中年读宋儒书，实事求是，不取门户争胜之说"。而陈澧中年之后所著《汉儒通义》则突破乾嘉汉学的困囿，"盖取先儒二十二家之说，会萃精要，以成一家之书"③。此后，其治学一直走这样一条道路："秉承乾嘉学术优良传统，立足于汉学立场，以古文经学为主，融合宋学及其他，兼收并蓄，独树一帜。"④

嘉、道年间，当时学界士人普遍追求"为学问而学问"的狭隘训诂考据学风，"今人只讲求训诂考据而不求其义理，遂至于终年读许多书，而做人办事，全无长进，此真与不读书者等耳！"⑤陈氏虽然早年受到以学海堂为代表的广东朴学风气的影响，面对当时清朝社会内忧外患的时局，他主张重拾经学"经世致用"的社会功用，"夫治经者将以通其大义，得其时用也"⑥。据此，他"试图从儒家德治主义传统出发，把清王朝的衰败和所面临的内忧外患归结为'道德废，人心坏，风俗漓'，希望通过学术来培育人才，改良世道人心，从而改

①　罗检秋：《学术调融与晚清礼学的思想活力》，《近代史研究》2007 年第 5 期。
②　汪宗衍：《陈东塾先生（澧）年谱》，台湾文海出版社 1971 年版，第 68 页。
③　胡锡燕：《汉儒通义跋》，载陈澧：《汉儒通义》卷末，《续修四库全书》（第 952 册），上海古籍出版社 2002 年版，第 446 页。
④　李绪柏：《陈澧与汉宋调和》，《南开学报》（哲学社会科学版）2005 年第 6 期。
⑤　陈澧：《赠王玉农序》，载杨寿昌：《陈兰甫先生澧遗稿》，《岭南学报》1932 年第二卷第三期。
⑥　陈澧：《答杨辅香书二首》，《东塾续集》卷四，近代中国史料丛刊第 77 辑，台湾文海出版社 1970 年版。

善现实政治"①。

陈澧既以惩救学风之弊端、发挥经学"经世致用"功用为己任,因而他声言"读经而详味之,此学要大振兴","读书能寻味经文,则学行渐合为一矣,经学、理学不相远矣"②。这一见解,无疑是对清初顾炎武"经学即理学"说法的继承和扬弃。在陈澧看来,学问贵在学有师承,但却不可以有汉学与宋学的门户之见,"合数百年学术之弊而细思之,若讲宋学而不讲汉学,则有如前明之空陋矣;若讲汉学而不讲宋学,则有如乾、嘉以来之肤浅矣",于是乃致力于会通汉、宋之学,借以挽救世风、学风。

对于"礼"及三《礼》之学,陈澧毕生没有从事过名物器数、繁文缛节的烦琐考据,但从其著述中散存的点滴记载来看,亦曾有过细致的研讨和思考。在他看来,"周公制礼,若细微之事,皆为撰定,则毕世不能成矣。大纲既举,天下遵行,其余细事,则学士大夫各加讲究。有不能较若画一者,无足怪也,岂必由于乱离崩坏哉?"③陈澧认为,"《仪礼》,礼之文也;《礼记》,礼之意也。"但他同时也指出:"礼文之中有礼意焉,不可不知也。不明礼文,不可以求礼意;然明礼文而不明礼意,则或疑古礼不可行于后世,不知古今礼文异而礼意不异。礼意即天理也,人情也,虽阅百世不得而异也。"④据此,陈澧阐为"理学即礼学"的礼学思想。陈澧并由此认为,研究《仪礼》,既要"明礼文",更要"明礼意"。从发微"礼文"与"礼意"的角度,陈澧对凌廷堪和郑玄给予了高度体认:"朱筠河以《仪礼》难读,欲撰释例之书;又以礼莫精于丧礼,欲撰礼意之书。释例则凌次仲为之矣,礼意则郑《注》最精,非独丧礼也","读郑《注》,乃知正己以帅人之意。其深微至此,得郑《注》而神情毕见,可谓抉经之心矣"⑤。

(二)黄以周的"礼学即理学"

与岭南学者陈澧会通汉、宋之学的学术取向颇相类似的,有浙东定海(今浙江省舟山市定海区)汉学家黄式三、黄以周父子。黄式三(1789—1862),字薇香,号儆居,道光十二年(1832)岁贡生,暮年好言礼,著《复礼说》《崇礼说》《约礼说》等篇,集中体现了他强调"理义"而又不废训诂考据的问学观。黄式三曾经就汉学与宋学相互会通而申言说:"经无汉、宋,曷为学分汉、宋也乎?"⑥

①　钟玉发:《论陈澧的学术经世思想与实践》,《肇庆学院学报》2012 年第 6 期。
②　陈澧:《赠王玉农序》,载杨寿昌:《陈兰甫先生澧遗稿》,《岭南学报》1932 年第二卷第三期。
③　陈澧著,杨志刚校点:《东塾读书记·礼记》九,中西书局 2012 年版,第 159 页。
④　陈澧:《赠王玉农序》,载杨寿昌:《陈兰甫先生澧遗稿》,《岭南学报》1932 年第二卷第三期。
⑤　陈澧著,杨志刚校点:《东塾读书记·仪礼》八,中西书局 2012 年版,第 150 页。
⑥　黄式三:《汉宋学辩》,《儆居集》"经说三",光绪十四年刻本,第 22 页。

又："然则士苟志学,何不取汉、宋之所长者兼法之也邪?"①可见,黄式三对汉学、宋学是持取"各用所长,以补所短"的会通态度的。另外,对于汉学与宋学各自的代表性宗师郑玄、朱熹二人,他也没有表示盲崇,反对江藩"宗郑而遂黜朱"的做法,认为古今儒说"苟有裨于经义,虽异于汉郑君、宋朱子,犹宜择其是而存之"②。黄式三博通兼综儒家群经,于先秦宗法、郊禘、明堂、宗庙、学校等礼制内容素有研究,对于古代礼学亦颇为推崇。在"礼"与"理"的关系认知上,黄式三延继并发展了凌廷堪、阮元等人提出的"复礼""崇礼"的诠释路向,进一步倡导礼学、阐述礼意,力求做到"理、礼融合,既重宋学之性理,又发掘礼学的思想内涵"③。黄式三在《复礼说》中申言道:"复礼者,为仁之实功也,尽性之实功也。"④在《崇礼说》中又说:"后世君子,外礼而内德性,所尊或入于虚无;去礼而滥问学,所道或流于支离。此未知崇礼之为要也。"⑤据此可知,式三眼中的"礼学",具有强烈的社会性,是后人践履圣人之道的重要手段与途径,并试图借助"礼学"来统摄儒家经学,重塑宋儒的性理之学,并与"礼学"相互融合,这与其主张汉学与宋学会通的趋向是一致的。

　　黄式三研治礼学的方法,为其第四子黄以周(1828—1899)所继承。以周本名元同,字元同,号儆季,"少承家学,以为三代下之经学,汉郑君、宋朱子为最。而汉学、宋学之流弊,乖离圣经,尚不合于郑、朱,何论孔、孟?"⑥以周有感于顾炎武"经学即理学"之说,"乃体顾氏之训,上追孔、孟之遗言,于《易》《诗》《春秋》皆有著述,而三《礼》尤为宗主"⑦。黄以周之所以专研礼学,和陈澧及其父式三一样,便是试图借此改革汉学、宋学之流弊,倡导汉、宋合流之经学研究。与陈澧一样,黄以周同样存在以礼学统摄儒学的做法,试图将经学问题礼学化。他在承继其父黄式三"礼者,理也。古之所谓穷理者,即治礼之学也"⑧思想的影响下,又针对陈澧"理学即礼学"之说加以修正,进一步提出了"礼学即理学"的治学主张。在黄以周看来,"礼者,理也","古人论学,详言礼

　　① 黄式三:《读果堂集》,《儆居集》"读子集四",光绪十四年续刻本。
　　② 黄式三:《论语后案原叙》,《儆居集》卷五"杂著一",光绪十四年刻本,第7页。
　　③ 罗检秋:《学术调融与晚清礼学的思想活力》,《近代史研究》2007年第5期。
　　④ 黄式三:《复礼说》,《儆居集》"经说一",光绪十四年刻本,第17页。
　　⑤ 黄式三:《崇礼说》,《儆居集》"经说一",光绪十四年刻本,第18页。
　　⑥ 徐世昌编纂,舒大刚等校点:《儆居学案》(上),《清儒学案》(第八分册)卷一百五十三,人民出版社2010年版,第4027页。
　　⑦ 徐世昌编纂,舒大刚等校点:《儆居学案》(下),《清儒学案》(第八分册)卷一百五十四,人民出版社2010年版,第4044页。
　　⑧ 黄家岱:《礼记笺正叙》,《嬿艺轩杂著》卷下,光绪二十年(1894)江苏南菁讲舍刻《儆季杂著》附载本。

而略言理,礼即天理之秩然者也","故考礼之学,即穷理之学也"①。又说:
"经以载道,经学即是理学,经学外之理学为禅学"②。细细体悟黄以周的这番
话语,不难发现,其所谓"经学即是理学",换一种表述便是"礼学即是理学"。
无怪乎后来缪荃孙揭示说:"先生(案:这里指黄以周)以经学为理学,即以礼
学为理学。顾氏之训,至先生而始阐。"③

　　黄以周不仅大力倡导"礼学即理学"的思想学说,而且还以具体的礼学诠
释践履自己的学说,最为彰著者首推《礼书通故》与《礼说》二书的著述,其中
推《礼书通故》是其毕生礼学研究心血之结晶,而《礼说》所著"皆补《礼书通
故》所未备,凡七十六篇"④。此外,黄以周曾长时间在南菁书院担任主讲之
职,门生遍及江南各地,有不少礼学名家接受其"礼学即理学"学说的影响,如
著有《礼经学》《礼经校释》二书的吴县学者曹元弼,就曾师从黄以周,曹氏说:
"六经同归,其指在礼。《易》之象,《书》之政,皆礼也;《诗》之美刺,《春秋》之
褒贬,于礼得失之迹也;《周官》,礼之纲领,而《礼记》则其义疏也;《孝经》,礼
之始,而《论语》则其微言大义也。"⑤这一说法,明显来源于黄氏"礼学即理
学"的思想学说。

　　从上述三个时期的礼学思潮状况来看,从清初顾炎武首先倡为"经学即
理学"学说,到中期凌廷堪、阮元等提出"以礼代理"的礼学思想,再到后期陈
澧"理学即礼学"学说、黄以周"礼学即理学"思想的发微,皆是缘于不同历史
阶段发挥前贤遗说、专意礼学思索所得,大都发前贤所未发,与各个阶段的社
会政治思潮、学术取向相适应,对于彰显礼经学的经世致用功能,引导礼经学
的学术走向,具有重要的导向性作用。

三、印刷出版业的新发展

　　自从雕版印刷术发明以来,出版印刷业的发展就与传统学术研究关联互
动起来。鸦片战争爆发之后,随着西方先进印刷技术的传入,原有的雕板、活
字板等手工操作方式逐步向机器印刷过渡,新兴出版体系逐渐确立,传统出版
业趋于没落,但总体来看,仍不失一派欣欣向荣的景象。无论是官府刻书,或

---

　　①　黄以周:《曾子论礼说》,《儆季杂著》文钞一,光绪二十年(1894)江苏南菁讲舍刻刊本。
　　②　黄以周:《南菁书院立主议》,《儆季杂著》文钞六,光绪二十年(1894)江苏南菁讲舍刻刊本。
　　③　缪荃孙:《中书衔处州府学教授黄先生墓志铭》,《续碑传集》卷七十五,江楚编译书局宣统二
年(1910)刊本。
　　④　黄以周:《礼说一》,《儆季杂著》之一,《续修四库全书》(第112册),上海古籍出版社2002年
版,第677页。
　　⑤　曹元弼:《会通》,《礼经学》卷四,《续修四库全书》(第94册),上海古籍出版社2002年版,第
713页。

者是私家刻书、坊间刻书，都在一定程度上促进了印刷出版业的新发展，更加便捷地推进了儒家文化典籍的快速传播。

清朝后期，官府刻书的主体已经为各省官书局所取代。鸦片战争以后，南方战火连年，为了补充动乱中损失的书籍，避免出现士人无书可读的凋敝现状，地方官员们纷纷"提出'及时振兴文教，刊刻成本'的主张，并且奏请把'刊书'一事当做'亟宜兴办'之要务"①。同治初年，时任两江总督的曾国藩于南京创设了全国的第一所官书局——金陵书局(后更名为江南官书局)。由此，引发了各省官府的兴趣，纷纷设立了自己的官书局，如江楚书局、淮南书局、浙江官书局、山东官书局、江西书局、安徽官书局、山西濬文书局、四川官书局、湖北崇文书局、湖南书局、直隶官书局、云南书局、广东广雅书局等。从此之后，传统的儒家典籍及其研究著述也有了各种各样新的"局刻本"。这些官书局大都聘请有名的学者担任校勘，所刻之书以校勘精当著称。另外，"局刻本"所印之书大多是"御纂""钦定"的经史诗文，定价低廉，刻印数量大，流通范围广，对儒家经史文化的普及发挥了较好的作用。特别是阮元《皇清经解》、王先谦《续皇清经解》等一系列大型丛书的刊印出版，更在一定程度上推进了同时代学者经学论著的流传。

除官府重视刻书外，清代私家刻书的风气也普遍比较盛行，直到清末，私家刻书仍然盛行不衰。有达官显宦为博"好学"雅名刻书的，有文人为传播学术成果而刻印前贤诗文和自身著述的，有藏书家、校勘学家复刻善本的，或是辑佚、校勘丛书、逸书的，等等，正所谓"藏书不如读书，读书不如刻书。读书只以为己，刻书可以泽人，上以寿作者之精神，下以惠后来之沾溉，视区区成就一己之学业者，其道不更广邪"②。如咸丰时，广东南海伍崇曜辑刻了《粤雅堂丛书》30集，辑录古书190种，每种都附有跋文，叙述作者的生平和本书的源流。他还刻印出版了《岭南遗书》61种，所收载的都是汉代至清代广东学者的著述，特别是以明清著述最多。据张绍勋先生统计，"仅就清代私家所刻的丛书而言，约有2000种之多，大多精校精刻，可谓美不胜收。因而这些刻书家，对中国古典文献的保存和对中国文化的研究工作，可以说做出了重大贡献"③。

坊间刻书，也是晚清民间刻书业的一个重要组成部分。作为以赢利为目

---

① 张雪琴:《从浚文书局到山西书局——近代至民国时期的山西图书出版业》,《新闻出版交流》2003年第5期。

② 黄廷鉴:《朝议大夫张君行状》,《第六弦溪文钞》卷四,《丛书集成初编》本,上海商务印书馆1935年版,第84页。

③ 张绍勋:《中国印刷史话》,商务印书馆1997年版,第131页。

的的民间刻书机构,平日更多刊印启蒙、应试及日常生活类用书,但他们有时也出版少量经学研究著作,并以其灵活便利的销售手段,推动了儒家著作的传播。刻坊当中最著名的要数席氏扫叶山房,不过扫叶山房所刻单行本清人礼学著作较少,仅有江永《仪礼释宫增注》、檀萃《仪礼韵言》等少量几种。真正大规模刊印传播儒家经学著作的坊间刻书机构,其中尤当以上海的鸿宝斋、点石斋、蜚英馆等几家影响最大。仅以光绪年间为例,鸿宝斋于光绪十七年(1891)出版石印本《皇清经解》,点石斋于光绪中出版石印本《皇清经解》,蜚英馆光绪十五年(1889)出版石印本《续皇清经解》,等等。这几部经学丛书的出版,在传播与总结清代经学成就方面发挥了较大影响。

通过观察清代后期的政治、经济和社会文化思潮等,我们发现,经世致用的学风,今文经学的兴起,"理学即礼学""礼学即理学"等礼学思潮的倡扬,印刷出版技术的新发展,都对推动这一阶段礼经学的发展与传播,产生了较大影响,并使其散发着浓郁的时代气息,为整个清代的《仪礼》学研究,作了一个圆满的句号。

第二节　汉学考据派的《仪礼》学研究

清代后期,尽管众多学者大力倡导"经世致用"的治学取向,甚至有学者主张为政治而做学问,但仍有少数学者延继乾嘉以来的治学理路,这其中,主要以陈光煦、孙诒让、俞樾、于鬯等人的《仪礼》研究为代表。就著述形式而言,尽管也出现了《礼经汉读考》这样的皇皇巨著,但相对于晚清其他学派学者而言,专门性的《仪礼》学论著要少得多,而是大多以群书札记的形式出现。因而,就其影响力而言,远远不如乾嘉时期汉学考据派学者的著作影响那么深远。尽管如此,却也保存了汉学的火种,推进了《仪礼》文本的精细化研究,具有不可抹杀的学术地位。

一、陈光煦与《仪礼通诗释》《礼经汉读考》

(一)生平及著述概说

陈光煦,字斗垣(一作斗园),生卒年不详,四川酉阳(今属重庆市)人。出身于官宦之家,满门为官为学,其父陈亨乐,庚午科举人,官拜国史馆誊录,知直隶省保定府定兴县正堂、诰授奉政大夫。长兄陈光熊,监生,官直隶宣化县典史;二兄陈光廌,咸丰十一年(1861)从征发匪功,保府经历,官镇远府参军;三兄与五弟均为酉阳州太学生;六弟陈光熬官拜武翼都尉。其祖父陈继业,也以父序乐贵,封承德郎,以兄弟贵,赠奉政大夫。光绪二年(1876),陈光煦到成都尊经书院学习,成为书院廪生。光绪五年(1879),经学家王闿运应四川总督丁宝桢之邀来到成都,担任尊经书院山长,遂从王闿运问学。起初,陈光熙潜心跟王闿运学治《公羊》《穀梁》《左传》《师说》、"春秋三传"等,后来转习《仪礼》。书院就读期间,陈氏曾作有《大夫士庙无夹室〈聘礼〉士有夹室解(并考夹室所在)》《男子夹拜妇人不夹拜说》等考证性小短文,奠定了其此后的礼经学研究成就。书院肄业后考取功名,以大挑选授直隶定兴县知县、奉调山东德州知事。民国元年在山东馆陶管理税务,后任山东师范学堂教习。作为一名晚清蜀中经学家,曾著有《春秋三传会义》12卷,目前少有传本。此外,陈氏在《仪礼》学上颇有造诣,并著有《仪礼通诗释》和《礼经汉读考》二种,各17卷。宣统元年(1909)九月二十二日,山东巡抚孙宝琦上书奏称:"候补知县陈光熙,辑成《礼经汉读考》17卷,首卷士冠礼,为乾隆年间四川巫山县知县段玉裁所作,后十六卷,皆陈光熙踵成。考据详明,征引确当,缮分六册,咨送军机处恭候呈进。"①由此得以在学界流传开来。

陈光熙著《礼经汉读考》一书,缘起于段玉裁《仪礼汉读考》之未完稿,仅成《士冠礼》一篇。嘉庆十九年(1814)十二月,段氏在其书卷末作《跋》称:"《礼经汉读考》一卷,其他十六卷未成,后之人当有能踵为之者。"有鉴于此,陈光熙继之而起,踵武段氏之书而作《礼经汉读考》17卷,大约完成于宣统元年(1909)。至于陈氏撰写《仪礼通诗释》一书,主要原因有二:

一是他发现《礼经》中的礼制记载大多可以在《诗经》中得到印证,如"《冠礼》'屦,夏用葛',即《魏风》之'纠纠葛屦';《昏礼》'执烛前马',即《唐风》之'绸缪束薪,于旌咏于';《射礼》'旅酬',即是手仇;《特牲》《少牢》之'献酢',《诗》皆咏之,《序》言'主文谲谏'者,谏失礼也;《聘》《觐》燕享,明外交之义;《南风》《雅》《颂》,见政治之精。惟通其大义,则六艺皆圣人经世之书"②。

二是他发现汉儒释《礼》多引《诗经》相互印证,如"卜氏因《诗》悟《礼》,孔子云:'不能《诗》,于《礼》谬。'汉儒说《礼》多引《诗》,小戴《记》《仪礼》郑注引《诗》百有一条,太史公《礼书》引《清庙》歌,《大戴礼》《周官》注、《白虎通义》、叔孙《礼器制度》多以《诗》为证"③。陈氏《仪礼通诗释》卷首前有《自序》一篇,作于光绪二十八年(1902),是该书至迟成书于这一年。

(二)《仪礼通诗释》之诠释特色

作为一部礼经的汉学考据性著述,《仪礼通诗释》尽管以札记形式结构全

---

①　陈光熙:《仪礼通诗释》卷首,国家图书馆藏光绪间抄本(第1册)。

②　陈光熙:《仪礼通诗释》卷一,国家图书馆藏光绪间抄本(第1册)。

③　陈光熙:《仪礼通诗释·序》卷首,国家图书馆藏光绪间抄本。

书,却又颇有别于清后期的其他各类礼经学著作,不求烦琐的考据,颇为彰显陈氏自身的学术个性,治学特色亦较为鲜明突出,简言之,主要体现在如下数个方面:

首先,从诠释视角来看,该书采取注体的训诂体式,却又主于《诗》《礼》互证,摘取《礼》经与《诗》文可互相发明贯通者诠释之。换句话来说,陈光煦更强调根据《诗经》文本材料来解释《仪礼》经文,并不撷取其他儒家典籍乃至各类史部、子部、集部著作加以印证。陈氏诠释礼经的焦点,在于礼经文本字词及其所记载的礼制内容,力求通过撷取《诗经》文本文句及其各类诗学诠释文献加以佐证互通。这是该书最大的学术特点。可见,陈光煦此书的著述,在很大程度上是对汉代学者释《礼》多引《诗经》相互印证传统的延继,试图实现帮助读者明了"惟通其大义,则六艺皆圣人经世之书"①的诠释目的。

其次,从文献称引角度来看,该书也有别于其他同时代学者的著作:一是陈光煦称引文献不追求广博,不致力于旁征博引,一切以简明实证为诠释手段。二是称引的文献主要集中在《诗经》《仪礼》经文本身及其相应的注释语料,特别是汉代学者的注释材料。三是《诗经》文句的称引一般不标识所属篇目,仅说明诗文出处的类属。如该书卷一部分,《士冠礼》"兄弟毕袗玄"一条下,有这样一段诠释文字:"《注》:'兄弟,主人亲戚也。'《小雅》:'兄弟无远',《笺》:'兄弟,父之党、母之党。'"②陈光煦仅仅通过征引《仪礼》《诗经》经文及郑玄《注》《笺》训释语,便圆满地达到了诠释目的,行文亦极为简明。

再次,从诠释方法来看,陈光煦强调适当借助音韵分析的因声求义诠释方法,帮助读者明了古注中难以明晰的礼制文化内涵。例如,该书有这样一条,《乡饮酒礼》"乃息司正",陈氏诠释说:"《注》:'息,劳也。劳赐昨日赞执事者。'《周颂》:'兕觥其觩,旨酒思柔,不吴不敖,胡考之休。'《笺》:'柔,安也。绎之旅士用兕觥。'按:觥、觚一声之转,用木用兕异耳。自大夫以下谓之觯,君爵谓之觚。礼所谓象膳觯者其实酒。养老则宾醴所容加至一斗,故又谓之大斗。旨酒,醴也。休,息也。祭之明日而燕,燕之意主于休息,故《记》云'明日乃息司正'。"③一句简简单单的"觥、觚一声之转"训释话语,却道破了古人名物命名取义之由;聊聊一句"休,息也",揭示了二者之间的双声关系及意义关联。

复次,从部分按语条目的诠释来看,陈光煦较少关注礼经文本的礼意与礼义诠释,更多着眼于以小见大的诠释视角,揭示和发覆礼经文本个别词语自身

①　陈光煦:《仪礼通诗释》卷首《自序》,国家图书馆藏光绪间抄本(第1册)。
②　陈光煦:《仪礼通诗释》卷一《士冠礼》,国家图书馆藏光绪间抄本(第1册)。
③　陈光煦:《仪礼通诗释》卷四《乡饮酒礼》,国家图书馆藏光绪间抄本(第2册)。

蕴涵的礼制文化内涵。例如，《士昏礼》"女次"一条，陈光煦诠释说："《注》：
'首饰也，今时髲也。'据《周官·追师》注疏，'次'与《诗经》之'被'为一物，
《召南》：'被之僮僮。'被，《广雅》'髲'，'髲'即《追师》'副'，《后汉书》章怀
《注》：'副，妇人首服，三辅谓之假紒。被者，所以配褖衣也。妇人之褖衣，因
男子之玄端。'"①这种从细微处着眼的诠释方法，与陈氏考据学家的治学特点
极为相称。

　　另外，从著述形式卷次的安排角度来看，通观陈光煦《仪礼通诗释》全书，
17卷诠释的礼经篇目安排与贾公彦《注疏》17篇次第相对应，每一卷下都依
次根据礼经各篇原文的先后次序罗列考释。这类诠释举措充分表明，对于
《仪礼》17篇刘向、郑玄编排次第，陈光煦所持的一种完全赞同与高度体认
态度。

　　要之，陈光煦《仪礼通诗释》的这种诗礼互证式研究，对于疏通《仪礼》与
《诗经》之间的礼制关联性，具有研究领域的开拓之功，是第一部开山之作，为
20世纪80年代的诗礼互证式研究开启了先河，颇具学术影响力。例如，民国
年间，杨树达撰述《汉代婚丧礼俗考》一书，颇与《仪礼通诗释》治学之风相像。
杨氏从《汉书》《后汉书》等大量历史文献中抽绎出一系列文献材料，引证说明
汉代婚嫁及丧葬方面的习俗情况，广征博引详加考证分析，很有可能受到了陈
光煦此书撰述的影响。

　　(三)《礼经汉读考》与续补段氏之作

　　《礼经汉读考》一书，是陈光煦的又一部礼经学皇皇巨著。其所著述，缘
起于段玉裁同名之作——《仪礼汉读考》，可惜的是，段氏之书却是一部未完
稿，而且段氏临终前仅仅完成礼经《士冠礼》一篇的诠释部分。诚如段氏于嘉
庆十九年(1814)十二月在其所著之书卷末所附《跋》文称："《礼经汉读考》一
卷，其他十六卷未成，后之人当有能踵为之者。"②正是出于弥补这一缺憾的缘
故，陈光煦继段氏之述而起补作之念，踵武段氏之书，最终于宣统元年(1909)
完成所作《礼经汉读考》，凡17卷，诚可谓踵武段氏之功臣，也是清后期汉学
考据派最具影响力的一部礼经学著作。

　　陈光煦《礼经汉读考》一书现有宣统元年(1909)石印本传世，该本卷首有
光绪十九年(1893)陈氏《礼经汉读考叙》1篇，卷末又收藏有荣庆时、赵藩、翁
同龢所作3篇《跋》文。全书凡17卷，卷一收录了段玉裁《仪礼汉读考》原文，

---

　　①　陈光煦：《仪礼通诗释》卷二《士昏礼》，国家图书馆藏光绪间抄本(第1册)。按："《后汉书》
章怀《注》"数字，原本作"《汉书》章怀《注》"，误，此径改。
　　②　段玉裁撰，钟敬华校点：《经韵楼集·仪礼汉读考》，上海古籍出版社2008年版，第356页。

但陈光熙在收入此书时又有所增补,并标以"光熙按"字样予以区别;卷二至卷十七则全出于其本人所著。陈氏各条疏证文字,大致上以《仪礼》古今异文的疏证为主,深入探讨郑氏异文取舍之由,少数条目则兼及郑氏破读释例的情况。就该书的礼经诠释研究而言,陈氏研究颇具特色,就其要者而论,主要体现在如下几个方面:

首先,从诠释理路而言,陈光熙该书除了具有传统经学的诠释特性外,同时也具有了一些现代语言文字学的诠释色彩。在陈光熙之前,探讨《仪礼》古今异文并加以疏证的著述并不少,如李调元《仪礼古今考》、程际盛《仪礼古文今文考》、徐养原《仪礼古今文异同》、宋世荦《仪礼古今文疏证》、严可均《仪礼古今文异同说》(存佚不详)、胡承珙《仪礼今古文疏义》等①,都是此类代表性的著作。陈光熙著述《礼经汉读考》一书时,随着西学东渐的不断深入和影响加大,晚清之际,语言文字学作为一门学问逐渐从经学附庸的"小学"中独立出来,文字学、音韵学的影响更趋深入到传统学者的学术视线。正是在这样一种学术背景影响之下,陈光熙的古今异文疏证被更多赋予了一种新的学术元素和色彩,充溢着现代语言文字学的诠释特点。可能正是基于这一方面的考虑,荣庆时在给该书作《跋》文时声称:"其为此书,盖以《礼经》之义不能尽人而喻,因取古今之语言文字沟而通之,亦如求新知识者之于英、法、德、日之文言,务罄其迻译之力,庶人人鉴于无礼则危而返于自强焉,此其著书之微意也。"②相比较之下,此前李调元、程际盛、徐养原、宋世荦、严可均、胡承珙等人对《仪礼》古今异文的疏证,更多是立足于经学诠释背景下展开的诠释研究,考据色彩更为突出。

其次,从承继段玉裁《仪礼汉读考》的角度来看,作为一部踵武段氏之作,陈光熙的《礼经汉读考》在诠释视角、诠释体例、诠释方法等方面都有众多延续的情况,但又并不完全因袭,而是有所发展和创新。光绪二十一年乙未(1895)三月,赵藩给陈氏之书撰写《跋》文,声称:"陈斗垣孝廉仍段氏体例,踵而为之,统成书十七卷,辨晰今古文之同异,博取群经故训以为佐证,阙疑存信,精当不苟,于郑《注》时有推勘,匪第足以纠段。"③另外,光绪二十四年戊

---

① 有关此类著作,笔者在《清代〈仪礼〉文献研究》第八章第三节中,将他们视作"《仪礼》今古文校勘类著作",并将此类古今异文的疏证工作看作是清儒《仪礼》文献校勘的一大类别。限于体例,本文不再逐一对他们详加介绍和讨论,请参看《清代〈仪礼〉文献研究》,上海古籍出版社2006年版,第389—410页。

② 荣庆时:《仪礼汉读考跋》,载陈光熙:《礼经汉读考》(第4册)卷末,光绪三十四年石印本,第38页。

③ 赵藩:《仪礼汉读考跋》,载陈光熙:《礼经汉读考》卷末,宣统元年石印本,第2册。赵氏此跋文,光绪三十四年石印本《礼经汉读考》并无,此处据宣统元年石印本援引。

戌（1898）闰月，翁同龢给陈氏之书撰写《跋》文也称云："大箸捃《礼经》之异文，区六书之声类，合符复析，释滞解疑，继武金坛，洵无愧色。"①赵藩、翁同龢二人的"跋"文，均从延继段玉裁《仪礼汉读考》（1卷）治学的角度，既指出了陈光煦《汉读考》与段氏治学上的继承关系，同时也肯定了陈氏著述有其创新之处，可谓精允恰当之言论，这从下文分析可以得以印证。

　　再次，从诠释视角来看，陈光煦《礼经汉读考》更善于着眼于借助音韵手段，深入探究《仪礼》今古文异文之间的音义关系。考之清中期学者李调元、程际盛、徐养原、宋世荦、严可均、胡承珙等人的著作，虽然他们有时也注意疏通今古文异文之间的音义关系，但他们并不长于上古音韵理论的研究，所运用的音韵理论大都还很不成熟，往往借助"凡从亶、从善之字古多通用"②"大抵古文多假借，又多从省"③之类训语揭示字词之间的音义关系，缺乏严格的上古音声韵定位，甚至于有些学者由于不明古音规律，只能借助于中古音进行音韵分析，如"讬在铎韵，宅在陌韵，古音同部"④之类，说服力较弱。而陈光煦《礼经汉读考》则更强调运用清儒最新的上古音研究成果，特别是借助段玉裁《六书音均表》的古音十七部划分理论，进行文字的上古音韵地位的分析，从而使自身的诠释理据显得更趋充分，说服力更强。例如，《士相见礼》："在野，则曰草茅之臣。"郑《注》："古文'茅'为'苗'。"陈氏《礼经汉读考》卷三："《说文》：'苗，草生于田者。''茅，菅也。'虽同为草而迥别。此古文以'茅'为'苗'者，'苗'古音在第二部，'茅'古音在第三，音近，古多假借耳。《洛阳伽蓝记》云：魏时苗茨之碑，实即茅茨，取尧舜茅茨不翦也。"⑤这一则考释中，陈氏既剖析了"苗""茅"二字上古韵部的实际情况，又举《洛阳伽蓝记》之例证实自身分析的可行性与实证性，结论更加令人信服。

　　复次，从文献引证角度来看，陈光煦《礼经汉读考》引据详博。《仪礼》今古文校勘类著作的治学目的在于，结合各类音韵、训诂材料，疏证《仪礼》今古文异文之间的音义关系，明辨郑《注》取舍之精。陈氏《礼经汉读考》作为此类校勘成果的代表性之作，更加强调疏证过程中的引证文献的广博性和确切性。

---

　　①　翁同龢：《仪礼汉读考跋》，载陈光煦：《礼经汉读考》卷末，光绪三十四年石印本，第4册，第39页。
　　②　徐养原：《仪礼古今文异同》卷三《聘礼》，《续修四库全书》，《经部》第90册，上海古籍出版社2002年版，第304页。
　　③　徐养原：《仪礼古今文异同》卷一《士冠礼》，《续修四库全书》，《经部》第90册，上海古籍出版社2002年版，第281页。
　　④　徐养原：《仪礼古今文异同》卷一《士相见礼》，《续修四库全书》，《经部》第90册，上海古籍出版社2002年版，第290页。
　　⑤　陈光煦：《礼经汉读考》卷三《士相见礼》，光绪三十四年石印本，第1册，第37页。

在程继盛、宋世荦、胡承珙等人的著述中,更注重强调先秦典籍异文材料之广综博采,例如:《士冠礼》:"面枋。"郑《注》:"今文'枋'为'柄'。"宋氏《仪礼古今文疏证》卷上:"《士昏礼》'皆南枋',注:'今文"枋"为"柄"。'《特牲馈食》注'东枋',《释文》:'枋,本亦作"柄"。'《周礼》'内史掌王之八枋之法',《释文》:'枋,本又作"柄"。'《小戴记·礼运》'以四时为柄',《释文》:'柄,本又作"枋"。'《五经文字·木部》:'枋,古"柄"字。'"①几乎将三《礼》中的"柄""枋"异文材料搜罗殆尽。与他们相比,陈光煦《礼经汉读考》治学略有差异,他从现代语言文字学诠释角度入手,更加注重小学类文献,更多喜欢征引字书、音韵类典籍文献中的训诂材料,以及大量前人文句训诂材料,例如:《大射仪》:"记拾取矢,梱之",郑《注》:"梱,齐等之也。古文'梱'作'魁'。"陈氏《礼经汉读考》卷七:"光煦按:'梱'、'魁'皆假借字,本字当作楣。《说文》:'桄,楣木薪也。''楣,桄木未折也。'《一切经音义》四引《通俗文》曰:'合薪曰楣。'又十二引《纂文》曰:'未判为楣。'《尔雅·释木》:'髡楣',郭《注》云:'未详。'考《尔雅》之'髡楣',即《说文》之'桄''楣',为合薪之义。此郑《注》云齐等之者,谓合四矢使齐等也,与合薪同义。'梱'、'楣'声亦相近,古或通用,因'楣'讹'梱','梱'又讹'捆',又借作'魁'。"②此例诠释文当中,陈氏大量援引《说文》《尔雅》《一切经音义》等各类工具书中的训诂材料,据以推论今文"梱"当为"楣"字之讹,考据非常详明,说服力较强。

　　续次,从崇尚郑学的角度来看,陈光煦《礼经汉读考》的礼制疏证取法郑玄据行文辞例推论的做法,对于推导分析郑氏古今异文的取舍理据颇有参考价值,彰显了汉学考据派的考辨功夫。例如,《乡射礼》:"退少立",郑《注》:"古文曰:少退立。"《礼经汉读考》卷五:"光煦按:《乡饮酒礼》'司正退,共少立',《燕礼》'司正北面,少立',《大射仪》'司正北面,少立',据彼证此,'少'下'立'上无'退'字,故郑不从古文。"③从这一疏证中可见,陈氏通过考察《仪礼》各篇饮食之例"司正"位次交代的行文情况,发现"少"字下、"立"字上均无"退"字,原书各篇行文理应保持一致,故郑氏作《注》时,乃取今文"退少立"的序次,而不取古文"少退立"也。通观《礼经汉读考》全书,陈光煦对《仪礼》经文行文辞例的剖析,往往强调"既考察上下文,又考察他篇用辞之例"④,据此进一步推明郑《注》古今异文取舍之缘故。由此可见,《礼经汉读

<hr />

①　宋世荦:《仪礼古今文疏证》卷上《士冠礼》,《续修四库全书》,《经部》第91册,上海古籍出版社2002年版,第291页。

②　陈光煦:《礼经汉读考》卷七《大射仪》,光绪三十四年石印本,第2册,第16页。

③　陈光煦:《礼经汉读考》卷五《乡射礼》,光绪三十四年石印本,第1册,第53页。

④　邓声国:《清代〈仪礼〉文献研究》,上海古籍出版社2006年版,第413页。

考》这种诠释疏证之法,如果缺乏对《仪礼》经文通盘行文辞例的整体把握,单靠文字的音韵、训诂分析是不可能做到的,亦着实彰显出陈光煦对于《仪礼》经文的娴熟了解和礼经全局观。

继次,从还原礼经、郑《注》的角度来看,陈光煦通过今古文异文疏证,不仅强调还原《仪礼》经文今古文异文情况,更有助于纠正郑《注》流布过程中产生的文字讹误情况。郑《注》在流传的过程当中,其所存记载古今异文之语往往也出现了讹误现象,陈光煦《礼经汉读考》对这一现象颇为关注,并取得了大量的研究成果。例如,《士丧礼》:"渜濯弃于坎",郑《注》:"古文'渜'作'缘',荆、沔之间语。"《礼经汉读考》卷十二:"《说文》:'渜,汤也。从水,耎声。'《释文》:'渜,奴乱反。与濡音义俱别。'今《丧大记》作'濡濯弃于坎',孔《疏》引皇氏云:'濡为烦润其发。'竟作'濡'字解,误矣。误于偏旁本从耎,讹而从需,其音亦由此乱。古文'渜'作'缘',音土乱反,音近假借,荆沔间谓'湪'为'渜','缘'为'湪'之误字。"①陈氏考辨文字,引工具书语料为证,指出孔颖达《礼记正义》援引《士丧礼》经文文字有误,理据分析合理可信。再如,《既夕礼》:"幂用疏布",郑《注》:"今文'幂'皆作'密'。"《礼经汉读考》卷十三:"《礼》经今文或'鼏'或'幂',无作'密'者,惟古文多作'密',乃同音假借。此《注》'今文'当亦'古文'之误。"②陈氏立足于《仪礼》全书今古文各自用词的周密性考察,据此判定目前所见郑氏《注》语"今文"为"古文"之误,颇为可信。诸如此类文字校勘和疏证工作,已经跳出了单纯的《仪礼》今古文异文疏证范畴,但却有功于郑氏学,有功于郑《注》的传播。相较于程继盛、宋世荦、胡承珙等人的著述,这是陈光煦《汉读考》超越其他同类著作的一个重要方面。

另外,从各篇雷同古今异文疏证方式的处置情况来看,相较于众多《仪礼》今古文校勘类著作,陈光煦《礼经汉读考》和胡承珙著作一样,都非常重视依照郑玄《注》文对《仪礼》17篇,举凡各篇相同的古今异文之例,只于首见例下加以疏证,其余诸例则只列目注明参见某某篇。这样的处置方式,既兼顾了与郑玄《注》文今古文异文标注的序次,同时也减省了著述本身的行文篇幅。

综上分析来看,较之李调元、程际盛、徐养原、宋世荦、严可均、胡承珙等人的同类著作,陈光煦的《礼经汉读考》对于《仪礼》古今异文的疏证更趋精审广博,考据更趋详明,结论更趋可信,既具礼经学诠释色彩,又具语言文字学注释风格,赵藩《跋》称该书"辨析今古文之同异,博取群经故训以为佐证,阙疑存

---

① 陈光煦:《礼经汉读考》卷十二《士丧礼》,光绪三十四年石印本,第3册,第16页。
② 陈光煦:《礼经汉读考》卷十三《既夕礼》,光绪三十四年石印本,第3册,第27页。

信,精当不苟,于郑《注》时有推勘,非第足以究段已",实非溢美之词。然而,《礼经汉读考》也有某些不足之处,如陈光煦延继了胡承珙引进"古今字"概念说明异文之间关系的做法,但在实际分析过程中,有些例子的评判并不十分贴切允当,例如:《聘礼》:"又弗能教",郑《注》:"古文'弗'为'不'。"陈光煦疏云:"《说文》:'不,鸟飞上翔不下来也。从一,一犹天也。象形。'经传多与'弗'字通用。《春秋·僖公二十六年》:'公追齐师,至巂弗及。'《公羊传》曰:'弗者,不之深者也。'《书·尧典》'绩用弗成',《诗》'瞻望弗及',均作'不'字用,是弗、不古今字。"①按:"弗""不"当为一组音转字关系,在语音上,"弗"上古音为邦母术部,"不"上古音为邦母之部,古声纽相同;在用法上,二字亦略有区别,一般说来,凡用"弗"字之处皆可以用"不"字,但先秦时期"弗"字后面的动词不出现宾语。因此,陈氏谓之古今字似不十分科学。当然,瑕不掩瑜,就其整体而言,对于后人深入体悟郑玄《仪礼》古今异文取舍得失,以及发覆郑氏《仪礼》学的成就,有着同类著作无可比拟的优势。

二、孙诒让与《仪礼注疏校记》

(一)生平及著述概说

孙诒让(1848—1908),字仲容,号籀廎,浙江瑞安人。同治六年(1867)举人,曾官刑部主事,因淡泊名利,后遂称病家居著述四十年。《清史稿》有传。孙诒让生于书香门第,自幼就养成了读书为学的良好习惯,如其在《札迻·叙》中所说:"诒让少受性迂拙,于世事无所解顾,窃嗜读古书,咸丰丙辰、丁巳间,年八九岁,侍家大人于京师澄怀园,时甫受四子书,略识文义。皮阁有明人所刻《汉魏丛书》,爱其多古册,辄窃观之,虽不能解,然浏览篇目,自以为乐也。"十六七岁开始,诒让乃景慕乾嘉考据之学,"读江子屏《汉学师承记》及阮文达公所集刊《经解》,始窥国朝通儒治经、史、小学家法"②;其时,得元大德本《白虎通德论》、阮元校刻本薛尚功《钟鼎彝器款识法帖》,并取吕大临《考古图》、土黼《博古图》、王俅《集古录》诸书校各器款识,始为鉴藏善本及治金石学。21岁,即开始收藏古代文献,深善王念孙《读书杂志》,并取其义法以治古书,时与金陵诸公切磋学问,为以后重新疏证《周礼》、研治经、子以及从事古文字之学研究打下了基础。

1895年中日甲午战争的惨败,使埋头在故纸堆中的孙诒让受到了强烈的刺激。"他不再只是捧着经书,迷恋于名山事业,而且关心国运,注意匡时救

---

① 陈光煦:《礼经汉读考》卷二《士昏礼》,光绪三十四年石印本,第1册,第30页。

② 孙诒让著,雪克、陈野点校:《札迻·自序》,《札迻》卷首,中华书局2009年版,第1页。

国之策的探讨了。"①用他自己的话来说，就是"少耽雅诂，矻矻治经生之业。中年以后，怵念时艰，始稍涉论治之书"②。1896 年，他试图仿效孙中山创建"兴中会"、康有为等成立"强学会"的举措，于家乡成立一个"以尊孔兴儒为名，以保华攘夷为实"③的"兴儒会"，并且手订略例 21 条，虽然没有组织成功，但亦从中体现出他对资产阶级改良主义新思想的认同，着意于富国强兵之实用学问。辛丑(1901)以后，他一反早年治学初衷，不再矻矻于治经生之业，而是"站出来抨击了'为握而握'、'为学术而学术'"④，从中年时期的热心变法转入到兴学的实际工作，一方面，"远法成周，近采西制"⑤，撰成了《周礼政要》四十篇，提出了他自己有关变法图强的积极思考和全面主张，"真正完成了从'考礼'向'议礼'、'用礼'，从'治经'向'经世'的重大转变"⑥；另一方面，他立志兴办新学，几乎全部心力都花费在故乡一带兴学工作上，如 1896 年在瑞安创办算学书院，1899 年在温州府城开办了瑞平化学学堂，后又曾主温州师范学校，充任浙江教育会会长，等等，积极倡导和推行新式的资产阶级文化教育。

作为清末的知名朴学大师，孙诒让与俞樾、黄以周二人齐名，世称"清末三先生"，毕生务力于博览群籍，锐意治学，在经学、诸子学、文字学、训诂学、校勘学等传统学术方面都有著述传世；同时，"对乡邦文献搜求的勤劬、辑集的宏富、考订的精详，也为历来学者所罕有"⑦。据董朴垞先生统计，"已成者二十六种，未成者七种，别有题跋书牍之属，不在著纂者，不可胜记。顾其书内容，未有简明记述，兹考其著述，分内编，属于自己所著各书的，曰经术类、小学类、诸子类、文献类、结集类；外编，属于批校他人所著各书的"⑧。例如，经学著述类著名的有《周礼正义》《大戴礼记斠补》等，诸子学著述类著名的有《墨子间诂》，文字学著作类主要有《契文举例》《古籀余论》《古籀拾遗》《名原》《籀顾述林》(部分章节)等，训诂校勘类著名的有《札迻》十二卷、《广韵姓氏刊误》等，地方文献整理类的著作有《温州经籍志》《永嘉丛书札记》等，可谓十分宏富。其治学兼采钱大昕、段玉裁、王念孙诸家治学之法，为有清一代朴学

① 胡福畴、洪震寰：《试论孙诒让的生平及其思想》，《温州师范学院学报》1963 年第 1 期。
② 孙诒让：《沈俪崐富强刍议叙》，《籀顾述林》卷五，民国五年丙辰(1916)刻本，第 27 页。
③ 前永嘉县籀园图书馆采编组编印：《孙籀公传略》，转引自胡福畴、洪震寰：《试论孙诒让的生平及其思想》(《温州师范学院学报》1963 年第 1 期)一文。
④ 胡福畴、洪震寰：《试论孙诒让的生平及其思想》，《温州师范学院学报》1963 年第 1 期。
⑤ 孙诒让：《周礼政要·广学》卷二，民国间陕西通志馆印《关中丛书》本，第 4 页。
⑥ 陈安金、孙邦金：《论孙诒让的礼学研究与中西政治文化观》，《哲学研究》2012 年第 9 期。
⑦ 胡福畴、洪震寰：《试论孙诒让的生平及其思想》，《温州师范学院学报》1963 年第 1 期。
⑧ 董朴垞：《孙诒让著述考略》，《温州师专学报》1980 年第 2 期。

之殿军,诚如章炳麟所评价的那样,"诒让学术,盖笼有金榜、钱大昕、段玉裁、王念孙四家,其明大义、钩深穷高过之。……诒让治六艺,旁通墨氏,其精辟足以摩撼姬、汉,三百年绝等双矣"①。

(二)《仪礼注疏校记》之校勘特色

在孙诒让将近 50 年的学术生涯当中,对于古书之校勘,是其极为重要的一项工作。这些古籍校勘成果,大都保存在孙氏所著《札迻》及《十三经注疏校勘记》等文献之中,遍及各类儒家经典和诸子文献,创获颇为丰硕。究其原因,与孙氏对古书流传讹误的形成原因存在清醒认识是分不开的。他曾在《〈札迻〉自序》中有过这样一番精辟的论述:"尝谓秦汉文籍,谊恉奥博,字例文例多与后世殊异,……骤读之,几不能通其语。复以竹帛梨枣,钞刊娄易,则有三代文字之通假,有秦、汉篆隶之变迁,有魏、晋正草之混淆,有六朝、唐人俗书之流失,有宋、元、明校椠之羼改,迤径百出,多歧亡羊,非覃思精勘,深究本原,未易得其正也。"②

《仪礼注疏校记》(以下简称《校记》)是孙诒让校勘学著作中的一种,为孙氏所著《十三经注疏校记》之一部分。据雪克所撰《辑点说明》交代,该书孙氏生前尚未经刊定,其中"札记实有先后,非一时之作"③,包含了孙氏中年和晚年校经的手笔,如孙氏校《仪礼注疏》卷九《乡饮酒礼》篇《疏》文"以其云献荐脯醢即云相祭"云:"'献'字不当删,闽本误,余初校误从之。"雪克于校语下加附按语指出:"阮氏《校勘记》云:'闽本无献字',孙校据阮《记》而言。"④可证。考索孙诒让《校记》的所有校勘实例可见,孙氏的礼经文献校勘主要有以下特点:

首先,从《仪礼注疏校记》所据以校勘的版本情况来看,孙诒让校读"十三经"系以江西刻阮元校勘之《十三经注疏》为底本,《仪礼注疏校记》同样如此。至于其所参考的礼经版本,从孙氏按语提及的情况看,主要有:杜佑《通典》、魏了翁《仪礼要义》、李如圭《仪礼集释》、宋本、毛本、闽本、监本、葛本、朱熹《通解》本、《通释》本曹元弼《礼经校释》、黄以周《礼书通故》本、陈本、徐本、单疏本、严本、胡培翚《仪礼正义》、段玉裁本、聂崇义《三礼图》。和阮元《仪礼注疏校勘记》相比,孙氏的校勘显然不以搜罗广据众多版本进行对校见长,但其所据参校版本,却为其进行贾《疏》的校勘提供了依据。

---

① 章炳麟:《孙诒让传》,载傅杰编校:《章太炎学术史论集》,中国社会科学出版社 1997 年版,第 390 页。

② 孙诒让著,雪克、陈野点校:《札迻·自序》,《札迻》卷首,中华书局 2009 年版,第 2—3 页。

③ 雪克:《辑校说明》,载孙诒让:《十三经注疏校记》(上册)卷首,中华书局 2009 年版,第 1 页。

④ 孙诒让:《十三经注疏校记》(下册),中华书局 2009 年版,第 408 页。

　　其次,从校勘对象的选择情况来看,与其他《仪礼注疏》类校勘著作不同的是,孙诒让之作并不对《仪礼》经文本身进行校勘。孙氏的《仪礼》文献校勘主要针对贾《疏》本身,纠正其中的文字讹误等。当然,往往还包括其他方面内容的校勘。具体来说,主要包括以下几种情况:

　　有校正《疏》引书出处之误,例如:《仪礼注疏》(以下简称《注疏》)卷六《〈士昏礼〉疏》"《郊特牲》云五齐加明水,三酒加玄酒,不言郁鬯者,记人文略也",孙诒让校云:"此《郊特牲》注文,非正文,不得云'记人文略'。"①又如,《注疏》卷十三《〈乡射礼〉疏》"'歧蹄'以上,《山海经》文。《周书》,见于《国语》也"一文,孙氏校云:"《周书》出《王会》篇,此云《国语》,误。"②又如,《注疏》卷三十六《〈士丧礼〉疏》"是以郑注《周礼·鞮鞻氏》云:'鞮屦者无絇之屝'"一文,孙氏校云:"此《曲礼》注说,《周礼》注无此文,贾误。"③皆其例。

　　有纠正贾疏句读之失者,如《注疏》卷十三《〈乡射礼〉疏》"故郑又云'折以大夫之余体也'",孙诒让校云:"'折'当属上句读,贾失之。"④

　　有指正贾《疏》说解自相矛盾者,如《〈乡射礼〉疏》云:"纯三只,只八寸,二尺四寸者,据缯幅也。《周礼》《郑志》《士丧礼》云:'亡则以缁长半幅。'"孙诒让云:"此《疏》与《〈士丧礼〉疏》说异。"⑤这是就《仪礼疏》本身之前后矛盾相质疑之例。又如卷二十七《〈觐礼〉疏》"又云'燕与侑献无常数',又不言致燕以币,则无致燕之礼,亲燕亦无酬币,《鹿鸣序》云'燕群臣嘉宾也'",孙氏云:"《周官·酒人》疏又引《鹿鸣序》证燕有酬币,与此《疏》自相抵牾,何也?"⑥这是指出贾公彦《仪礼疏》与《周礼疏》相互矛盾之处。

　　有指明贾《疏》引文出处者,如《注疏》卷一《〈士冠礼〉疏》"故《大戴礼·公冠》篇云'公冠四加'者,缁布、皮弁、爵弁、后加玄冕,天子亦四加,后当加衮冕矣。"孙诒让交代云:"《冠义》正义。"⑦

　　有贾《疏》申论郑《注》之义讹误者,如《注疏》卷二十四《〈聘礼〉疏》"云'杂采曰缫'者,凡言缫者皆象水草之文",孙诒让云:"'象水草文'非郑义。"⑧有申论贾《疏》称名之由,如《注疏》卷三十九《〈既夕礼〉疏》"案两《小传》皆

①　孙诒让:《十三经注疏校记》(下册),中华书局 2009 年版,第 362 页。
②　孙诒让:《十三经注疏校记》(下册),中华书局 2009 年版,第 369 页。
③　孙诒让:《十三经注疏校记》(下册),中华书局 2009 年版,第 393 页。
④　孙诒让:《十三经注疏校记》(下册),中华书局 2009 年版,第 368 页。
⑤　孙诒让:《十三经注疏校记》(下册),中华书局 2009 年版,第 368 页。
⑥　孙诒让:《十三经注疏校记》(下册),中华书局 2009 年版,第 387 页。
⑦　孙诒让:《十三经注疏校记》(下册),中华书局 2009 年版,第 357 页。
⑧　孙诒让:《十三经注疏校记》(下册),中华书局 2009 年版,第 378 页。

云车马曰赗",孙诒让云:"唐人俗语以《公羊》《穀梁》为《小传》,此《疏》偶用之。"①

　　以上诸多方面,有些是清代中期其他《仪礼注疏》校勘类著作所缺乏的。由此可见,与卢文弨、阮元等人的校勘著作相比,二者关注之重点并不相同,孙诒让的《注疏》校勘更多具有训诂疏证的特点,并非处在同一个校勘性质层面上。

　　此外,孙诒让《校记》有时亦兼及对郑氏《注》文的校勘,如《注疏》卷十三《〈乡射礼〉注》"今文'糅'为'缩'",孙氏校云:"以后《记》注例之,疑'缩'当为'縐'。"②又如,《注疏》卷四十八《〈少牢馈食礼〉注》"举,牢肺正脊也。先饮啖之,以为道也"一文,孙氏校云:"'饮'当作'饭',《疏》作'食',义同。"③不过,这一类校例在孙氏《校记》当中并不多见,并非其校勘关注的重点。

　　再次,从校勘讹误纠正的性质角度来看,其所校贾《疏》讹误情况,大致包括衍文、脱文、异文、讹文、倒乙等各个方面,例如《注疏》卷七《〈士相见礼〉疏》"《燕礼》亦云:'君与卿同事之时,有北面位,无常之法也。'"孙诒让校云:"'同'当作'图'。"④此乃校文字讹误之例。又如《注疏》卷三十四《〈丧服〉疏》"以其三衰共有弁绖,当事著皮弁亦同",孙氏校云:"'当事'上疑有'不'字。"⑤此系校贾《疏》脱文。又如《注疏》卷三十五《〈士丧礼〉疏》"故《礼纬》云'天子之旗九刃'",孙氏校云:"'旗',《司常》疏作'旌'。"⑥此为校异文之例。凡此之类,不一一赘举。

　　复次,从处置前贤校勘成果的方式及态度角度来看。孙诒让从求真务实的治学态度出发,对前贤校勘成果既有取从之例,不仅如此,他还对前人校勘之失亦多所纠驳。这从孙诒让对阮元《校勘记》的校勘处置情况当中,完全可以得到印证。孙氏往往将各卷之《校勘记》文与《注疏》文校勘单独区分开来,如阮刻《注疏》本卷十九首载一例《疏》文校勘,然后附载《校勘记》文之二例再校勘。据统计,孙氏《仪礼注疏校记》之中这　类校勘实例共计31条,就其中考论角度而言,有以下几种情况:

　　有的主于指出其校勘之误,如阮刻《注疏》卷四《校勘记》云:"'故指币体

---

①　孙诒让:《十三经注疏校记》(下册),中华书局2009年版,第396页。
②　孙诒让:《十三经注疏校记》(下册),中华书局2009年版,第368页。
③　孙诒让:《十三经注疏校记》(下册),中华书局2009年版,第402页。
④　孙诒让:《十三经注疏校记》(下册),中华书局2009年版,第362页。
⑤　孙诒让:《十三经注疏校记》(下册),中华书局2009年版,第390页。
⑥　孙诒让:《十三经注疏校记》(下册),中华书局2009年版,第392页。

而言'：《要义》同，毛本'体'作'礼'，是也。"孙诒让校云："'体'不误，毛本非。"① 又如《注疏》卷十一《校勘记》云："'《乡饮酒》亦云宾介'：毛本'介'作'降'。（按：毛本是。）"孙氏校云："此夺'降'字耳，'介'字则不当删，毛改未尽允。"② 对于阮氏没有说明异文取舍者，孙氏则往往加以深入考辨，如《注疏》卷七《校勘记》云："'侯执身圭'：闽本、《要义》同，毛本'身'作'伸'。"孙氏校云："作'身'者，郑《大宗伯》义。然此《疏》自证'伸'、'信'字通，则当以作'伸'为是。《曲礼》孔《疏》引江南儒者解'信圭'义如此，盖贾所本也。宋本作'身'，乃后人以郑义改之。"③

有的则说明前人所校依据，如《注疏》卷二十四《校勘记》云："'礼玉束帛乘皮'：毛本作'礼用玉帛乘皮'，《要义》作'礼用束帛乘皮'。"孙诒让校云："毛本据《司仪》注校。"④

有的亦主于补充异文情况，如《注疏》卷四十八《校勘记》云："'先饮啐之'：'饮'，《释文》《集释》、杨氏俱作'食'，陆氏曰：'作"饮饭"者皆非。'按：《疏》亦作'食'。"孙诒让校云："《特牲》注亦作'先食啐之'。"⑤ 此类校勘，大多具有拾遗补缺之性质，颇有助于推动《仪礼》之学诸方面的深入发展。

除阮元《仪礼注疏校勘记》外，《校记》亦多称引曹元弼《礼经校释》和黄以周《礼书通故》二者之说，不过一般主要是从正面转引其说，表明对其校勘结论之认同。如《注疏》卷一《〈士冠礼〉疏》"故以庙决堂"，孙氏《校记》："曹云：'"庙决堂"，"庙"疑当为"门"。'"⑥ 又如，《注疏》卷二十五《〈公食大夫礼〉疏》"若非祢庙，则言庙祧"，孙氏《校记》："曹云：'"庙祧"，"祧"似当为"号"。'"⑦ 等等，不一而足。

继次，从校勘方法的运用上看，此书不像孙诒让《札迻》那样以理校见长，很少据理校之法进行校勘，同时亦不广据各种《仪礼注疏》本或单行本进行对校。孙氏《校记》更多主要运用本校法和他校法。在运用本校法方面，又重要侧重于据文义校勘郑《注》、贾《疏》。例如：《注疏》卷二十《〈聘礼〉疏》"若然，此侯伯之卿礼，其公之臣亦以币帛致"，孙氏校云："以文义校之，此当云'其公之臣亦不以币帛致'，今本脱'不'字，遂与下引《司仪》注文迕。"⑧ 又如，

---

① 孙诒让：《十三经注疏校记》（下册），中华书局 2009 年版，第 360 页。
② 孙诒让：《十三经注疏校记》（下册），中华书局 2009 年版，第 366 页。
③ 孙诒让：《十三经注疏校记》（下册），中华书局 2009 年版，第 363 页。
④ 孙诒让：《十三经注疏校记》（下册），中华书局 2009 年版，第 379 页。
⑤ 孙诒让：《十三经注疏校记》（下册），中华书局 2009 年版，第 402 页。
⑥ 孙诒让：《十三经注疏校记》（下册），中华书局 2009 年版，第 357 页。
⑦ 孙诒让：《十三经注疏校记》（下册），中华书局 2009 年版，第 380 页。
⑧ 孙诒让：《十三经注疏校记》（下册），中华书局 2009 年版，第 374 页。

《注疏》卷二十七阮元《校勘记》"'欲解经变食燕而言之礼':《要义》同,毛本'之'作'飨'。(按:'之'是也,下同。)"孙诒让校云:"闽本亦作'飨',下同。(案:依文义作'飨'是也。阮云'之是',未详其说。)"①最为普遍使用的仍属他校法,例如,《注疏》卷二十三《〈聘礼〉注》"《周礼》曰:'宾从拜辱于朝,明日,客拜礼赐,遂行之'",孙氏校云:"《司仪》无'之'字,此疑涉《疏》而衍。"②又如,《注疏》卷三十六《〈士丧礼〉疏》"王公立饮,则有房俎"一文,孙氏校云:"'房俎',《周语》作'房烝'。"③这一类校勘实例甚众,恕不逐一征引。

另外,还应值得一提的是,孙诒让《校记》还将对贾《疏》的校勘与文字训诂、礼经文本、郑玄《三礼注》的贯通结合起来,力求从贾《疏》行文叙述风格、礼经行文内容的相互照应和文理脉络、郑氏《三礼注》的关联性等方面寻找校勘证据,体现了他在学术上求真务实的一面。例如,《注疏》卷十二《〈乡射礼〉疏》"优至尊,先知审政也",孙氏校云:"'政',毛从《通释》作'故',近是。'故''固'字通,此用《祭义》'持弓矢审固'之义。"④孙氏校释贾《疏》,不仅肯定了毛本作"故",同时从音义之间的关联性(音近义通)角度指出,"审故"即《礼记·射义》篇"持弓矢审固"之"审固",考据味道十足。又如,《注疏》卷十六《〈大射〉疏》"而天子之士特县,直东有钟磬,且是全之为肆",孙氏校云:"'且'或'具'字之误,属上读。'是全之'五字句,与上同,下两言'具',贾君文例如是,余初校误依毛改'亦'。"⑤从贾《疏》文例角度入手,避免了错误依据毛本亭校的弊病。凡此种种,表现出孙诒让对于被校勘对象内容上的娴熟和融会贯通,与乾嘉时期沈廷芳、金曰追、卢文弨等人的为经书校勘而校勘的治学价值取向迥然有别。

综上所述,孙诒让《校记》的校勘是精审严密的,它还在一定程度上弥补纠正了阮元《仪礼注疏校勘记》校勘上的一些不足,"裨补遗阙"之功极大,更多方便了此后治《仪礼》学者的研究。同时,我们也应注意到,孙氏该书中也有许多校例仅仅只是交代其校勘结论,而不说明校勘理据所在,如《注疏》卷十一《〈乡射礼〉疏》"今大夫言席于尊东,明为宾夹尊可知"一文,孙氏校云:"'为',当为'与'。"⑥凡此之类,可能与该书未经刊定有关。这小小缺失,仍

---

① 孙诒让:《十三经注疏校记》(下册),中华书局2009年版,第388页。
② 孙诒让:《十三经注疏校记》(下册),中华书局2009年版,第377页。
③ 孙诒让:《十三经注疏校记》(下册),中华书局2009年版,第394页。
④ 孙诒让:《十三经注疏校记》(下册),中华书局2009年版,第366页。按:"祭义"二字,当为"射义"之讹文。
⑤ 孙诒让:《十三经注疏校记》(下册),中华书局2009年版,第371页。
⑥ 孙诒让:《十三经注疏校记》(下册),中华书局2009年版,第366页。

丝毫无损于《仪礼注疏校记》一书的整体价值。无怪乎雪克先生在辑校《仪礼注疏校记》后,称《校记》是继阮元《十三经注疏校勘记》之后"清代学者通校《十三经》的又一份重要的学术成果"①,诚属笃论。

三、俞樾与《仪礼平议》等

(一)生平及著述概说

俞樾(1821—1906),字荫甫,自号曲园居士,浙江湖州德清县人。俞氏一族世以务农为生,至俞樾祖父俞廷镳始耕读传家。受祖父及父亲俞鸿渐影响,俞樾自小便熟读"四书",10 岁时师从于戴福谦,15 岁离乡求学,从此遍读群经,踏上问学、仕宦之路。道光十六年(1836),被取入县学。道光十七年(1837)应乡试,中丁酉科副榜第十二名。道光二十四年(1844)秋,又中举人第三十六名。道光三十年(1850),考中进士第十九名,授翰林院庶吉士。在保和殿复试时,俞樾以首句"花落春仍在,天时尚艳阳"之诗,而深受阅卷官曾国藩的赏识,并将其推举为复试第一名。咸丰二年(1852)四月,散馆考试后,得授编修一职。咸丰五年(1855),俞氏得咸丰皇帝赏识,放任河南学政。咸丰七年(1857),俞氏为防止考生作弊而当堂另出题面试,后因出题有割裂经文及犯上之嫌而落人口实,遭御史曹登庸上书以"举止轻浮、试题乖谬"之名弹劾,终被免官回乡。咸丰十年(1860)四月,太平天国攻陷苏州,团练大臣邵灿受命讨伐,骁勇之士奋起言兵,俞氏自顾无能效劳,写诗称"会逢朝议练乡兵,戎马崎岖勉一行。大局已非材力短,故乡父老怨书生"(俞樾《自述诗》),加之受咸丰九年(1859)同治帝"奉旨革职之员,何得擅请录用"②谕旨的打击,从此绝意仕途,潜心经史之学的著述和书院讲学生涯。

咸丰八年(1858),俞樾拜读高邮王氏之《读书杂志》《经义述闻》《广雅疏证》诸书,对其学问非常推崇,遂有研治经学之志,并自言自己是"瓣香私自奉高邮"③。咸丰十一年(1861),他又从上虞令处借得《学海堂经解》半部,悉心研读,苦心钻研学术。同治五年(1866)二月,得到李鸿章推荐,主讲于苏州的紫阳书院。此后,俞氏还先后主讲于杭州诂经精舍、上海诂经精舍、上海求志书院、归安龙湖书院,讲学时间长达 30 余年,其间尤其于诂经精舍主持讲学时间最长。因其潜心钻研学术著作等身,声誉日盛,许多书院争相请俞樾授课,享有"门秀三千士,名高四百州"的赞誉,其间如黄以周、朱一新、章太炎、戴

---

① 雪克:《辑校说明》,载孙诒让:《十三经注疏校记》(上册)卷首,中华书局 2009 年版,第 3 页。
② 《清实录》(第 50 册)卷二九九,中华书局 1986 年版,第 242 页。
③ 俞樾:《曲园自述诗》,光绪二十三年《春在堂全书》本,第 3 页。

望、吴承志等知名学者皆出于其门下。俞樾去世后,得光绪帝特颁上谕褒奖,并诏入国史馆《儒林传》,一时可谓声名远播。

尽管处身于有清后期,俞樾治学仍然继承了皖派汉学实事求是的精神和治学门径,主张"即训诂名物以求义理"①。在俞樾看来:"自来治经者,其要有三,曰义理,曰名物,曰训诂。三者之中,固以义理为重。"②其治学涉及面极广,主要以经学为主,涉及对群经的校勘、训释,此外还旁及诸子、史学、训诂,乃至中医、戏曲、诗词、小说、书法等,人们常尊之为朴学大师,章太炎誉其师曰"道咸之冠"③,顾颉刚誉之为清同光年间"最有声望"④的经学家。平生著作极丰,《春在堂全书》是他学术成果的总集,近500卷,其中特别彰著者有《群经平议》50卷、《茶香室经说》16卷、《诸子平议》50卷、《古书疑义举例》7卷等。在礼经学研究方面,强调通过"治小学"以贯通《仪礼》大义,"以疑存疑""大胆致疑",著述有《士昏礼对席图》《仪礼平议》《丧服私论》等。

(二)《仪礼平议》之考辨特色

俞樾的《仪礼平议》属于《群经平议》的一部分,即卷十五、十六两卷。就其治学成就和特色而言,可以从如下诸方面加以观照:

首先,从古籍整理体式角度来看,《仪礼平议》一书属于考辨体著作。和《群经平议》其他各卷诠释群经体例一样,俞樾评论《仪礼》,乃先举郑玄《仪礼注》及贾公彦《疏》等前贤成说,然后加"樾谨按"进行平议,多数为辨正前贤诠释的错误之例。据统计,《仪礼平议》全书共88条考辨文,其中卷十五38条,卷十六50条。考察这些条目,诠释内容主要以考证性诠释为主,其中涉及校勘经文讹误者10条,校勘郑《注》者9条,校勘贾《疏》讹误者2条,指正阮元《仪礼注疏校勘记》校勘错误者2条,指正卢文弨《仪礼注疏详校》校勘错误者1条,批驳郑《注》诠释错误或疏失者43条,批驳贾《疏》疏证错误者20条,批驳王引之《经义述闻》诠释错误者1条,批驳敖继公《仪礼集说》诠释错误者1条。尽管俞樾关于《仪礼》的论述凌乱不成体系,但他能够在此前已有众多成说的基础上,通过一些日常文字及有关名物语词的训诂而凸显《仪礼》仪节中的微言大义,不囿成说,驳议前人说解,进而有所发挥,自成一家之言,对于进一步加深人们对于《仪礼》经文的理解,可谓功不可没。

其次,从考辨条文的名物典章及相关语词的训释方法来看。众所周知,俞

---

①　俞樾:《重建诂经精舍记》,《春在堂杂文》卷一,光绪二十三年《春在堂全书》本,第1页。

②　俞樾:《何崃青〈五经典林〉序》,《春在堂杂文续编》卷二,光绪二十三年《春在堂全书》本,第6页。

③　章太炎:《俞先生传》,《章太炎学术史论集》,中国社会科学出版社1997年版,第385页。

④　顾颉刚:《秦汉的方士和儒士》,上海古籍出版社1988年版,第5页。

樾从"通晓古言,推明古制,即训诂名物以求义理,而微言大义存其中矣"①的治经理念出发,强调会通汉、宋,但在实际的礼经诠释过程中,非常重视文字训诂,娴熟地运用皖派汉学的治学方法与门径,不受"疏不破注"的律令束缚,跳出陈陈相因的注疏重围,因而训释《仪礼》某些文字与名物语词往往精义迭出,常有涣然冰释而怡然理顺之感。具体而言,其语词诠释在研究方法上形成了一套鲜明的训释特色,其中最为突出之处有三:

一是长于以通假借为途径,以声音通训诂,由训诂通义理。俞樾论《仪礼》重在训诂,以声音通训诂,以训诂立学,尤重通假借,由训诂以通义理。就其强调破除语词假借的训诂本质而言,则是为了获得对《仪礼》礼制内涵的准确解读。例如:《士相见礼》:"宅者在邦,则曰市井之臣;在野,则曰草莽之臣。"郑《注》:"宅者,谓致仕者去官而居宅,或在国中,或在野。……今文'宅'或为'诧'。"按:关于"宅者",历代颇有不同解说,如敖继公《仪礼集说》解释为"未仕而家居者也",俞樾议论云:"其见于君,则亦庶人而已矣,安得别之曰宅者乎?"王引之《经义述闻》以为当从今文"诧"者,"盖羁旅之人诧于此国者"之意,俞氏考之该篇行文,亦以为站不住脚:"经文先言士大夫,次言宅者,次言庶人,次言他国之人,则宅者自是本国之人。若是寄托此国者,其文当次他国之人之下,不当次士大夫之下也。"凡此种种,皆与郑玄注语的解释一样"殊有未安"。俞氏考证指出:"《尚书·顾命篇》'王三宿三祭三咤',《释文》曰:'字亦作宅。'是宅有卻义也。此文'宅者'之'宅'亦当训卻,实则为斥之假字,宅从乇声,与斥声相近。《周易》解《象传》'百果草本皆甲坼',郑本作'甲宅',即其例也。《文选·思元(玄)赋》'斥西施而弗御兮',注曰:'斥,卻也。''宅'与'斥'通,故亦有卻义。宅者,盖旧为大夫有过斥退者,不敢自同于士大夫,而亦不得自同于庶人,故即其在邦在野异为之称以别之。经文次士大夫之下、庶人之上,正其所也。'宅''诧'异文,犹'宅''咤'异文,止取乇声,故无定字,必泥其字以求之,则失之矣。"②俞氏破除文字的形体障碍,从声义关系角度入手,结合有关异文和古注材料,考之以本经上下文,得出一较为可信的新说,对重新训解礼经仪制极具价值。

二是长于通过考索先秦典籍古训材料,借以训释《仪礼》文字及名物典章制度。在俞樾看来,考求词语的正确义训,是训诂的核心内容。俞越在训释《仪礼》经文时,善于从各类文献典籍注释语料考索出发,联系具体行文语境,

---

① 俞樾:《重建诂经精舍记》,《春在堂杂文》卷一,光绪二十三年《春在堂全书》本。
② 俞樾:《群经平议》卷十五,《续修四库全书》(第 178 册),上海古籍出版社 2002 年版,第 246—247 页。

博采众说而择之己意,探寻词句的具体语义。例如:《聘礼》:"士介四人皆奉玉锦束,请觌。"按:关于"玉锦"一词,郑《注》解释为"锦之文纤缛者",贾《疏》申云:"云'玉锦,锦之文纤缛者也'者,案《聘义》孔子论玉而云'缜密以栗,知也',是玉有密致。锦之纤缛,似玉之密致者。"乃着眼于从郑《注》训语"文纤缛"入手加以推演"玉"之特性,将"玉"等同于物质特性的玉字义。可见,郑《注》、贾《疏》皆不是作字面训诂,而是在于描述玉锦的性质。对此,俞樾颇不满意,以为"《疏》说尚未得古义",换言之,他认为贾公彦申解郑《注》语时对"玉"字的具体语境义解释不够到位,为此,俞氏从古代典籍注释材料分析入手申解说:"古谓美好者为玉。《尚书·洪范篇》'惟辟玉食',《史记集解》引马注曰:'玉食,美食。'《吕氏春秋·贵直篇》'身好玉女',高注曰:'玉女,美女也。'然则玉锦犹言美锦矣。"因而,"《疏》说尚未得古义。阮氏《揅经室集》谓《说文》'玉'字无点,有点者解云'朽玉也。读如畜牧之畜',凡为美好之义者,其字并当为有点之'玉',然金玉之'玉'与畜声亦相近,阮说未必然也。"①俞氏之说似颇合古人名物命名取义的规律,且与郑《注》的训释并不矛盾,颇具词义训释补益之功效。

三是长于根据语言环境,通过贯通经文上下文意,阐发经典经文的"微言大义",进一步证成己说。换言之,俞樾善于结合礼经上下篇上下文句,对语言实例作必要的剖析,具体了解语境与词义句意的关系,解释词义紧扣本句,严格要求传注笺疏与经典原文统一,能将《仪礼》的具体内容还原到它的时代背景下加以阐释,力求忠实于经文本意。例如:《燕礼》:"请致者。若命长致,则媵爵者奠觯于篚,一人待于洗南。"按:考之郑《注》,以为"命长致者"乃"公或时未能举,自优暇"也,俞樾以为其所说非是经意,在他看来,"盖脱屦升坐以前,公为宾为卿为大夫三举旅,此一定之节也。三举旅,则止须三觯。而媵爵者皆二,大夫两次媵爵,则有四觯,是多一觯矣。是以周公制礼,有皆致,又有长致。皆致者,二大夫序进奠觯;长致者,长者一人升奠觯也。如此,则两次媵爵适得三觯矣。在制礼之意,止欲适得三觯,初无他义,故或第一次皆致而第二次长致,或第一次长致而第二次皆致,皆无不可。上文曰'小臣请致者,若君命皆致',明其可以长致也。此文曰'请致者。若命长致',明其可以皆致也。此经文互见之义也。且上文以'皆致'言,则有二觯在荐南,已行一觯,尚有一觯,乃小臣必于此时请媵爵者,正以皆致、长致无一定也。礼意以推阐而愈见矣。"②

---

① 俞樾:《群经平议》卷十六,《续修四库全书》(第178册),上海古籍出版社2002年版,第258页。

② 俞樾:《群经平议》卷十五,《续修四库全书》(第178册),上海古籍出版社2002年版,第254页。

俞樾正是通过这种仪文节制的推阐,愈发彰显经文蕴含的礼意内涵。

当然,俞樾《仪礼平议》(以下简称《平议》)的经文词句诠解还有其他方面特色,如其援引文献证成己见多举一二要例而不赘举旁征博引,一以论证简明为训释要务;重视本证与旁证相结合,等等,可谓继承发扬了乾嘉学者考证之学的治学精髓,而又具有自己的特色。

再次,从礼经文献的校雠角度来看。对于《仪礼》经文及其注疏词句的校勘,向为治礼经学者所关注,历代成果极为丰硕,清代尤为如此。俞樾熟谙校勘之学,他凭借自身的饱学卓识,以疏通经文的文字和句义为中心,既重视校正《仪礼》经文及其郑《注》、贾《疏》中的衍脱讹错情况,同时也兼及纠正前贤们的各类错误校勘结论。试析言之:

一是校勘《仪礼》经文。对于《仪礼》经文文字的校正,是俞樾《仪礼平议》校勘的一个重要方面。据统计,该书卷十五、卷十六之中这方面的校勘例有 10 条,虽或有可议之处,然亦颇为可观,且具重要参考价值。例如:《士昏礼》:"设黍于腊北。"俞樾《平议》卷十五:"'腊'字,疑'豚'字之误。妇席之前,菹醢二豆在南,酱一豆在北,菹、醢二豆之前设豚鱼二俎,酱之前设黍稷两敦,然则黍正在豚北明矣。腊为特俎,设于豚、鱼二俎之南,与黍相隔。言设黍者,当据豚言北,不当据腊言北也。又按:上文云'腊特于俎北'者,此俎止谓鱼俎,不兼谓豚俎,犹俎入设于豆东,止谓菹醢两豆,不兼谓酱豆,皆据后设者言之也。如此,则稷与鱼、腊三者为一列,腊与稷值,不与黍值,'腊北'之当为'豚北'更可知矣。"①按:俞樾改经文之字,乃据上下文饮食器皿位次之情况推理而来,并无其他依据可证,故云"疑豚字之误",态度较为严谨。

《乡饮酒礼》:"主人阼阶上当楣北面再拜。"郑《注》:"楣,前梁也。"俞樾《平议》卷十五:"《说文·木部》:'楣,秦名屋㯭联也。齐谓之檐,楚谓之梠。'据此,则楣即檐也。《广雅·释室》曰:'楣、檐、㯮,梠也。'《释名·释宫室》曰:'楣,眉也,近前若面之有眉也。'其文即次梠下,并古人谓檐为楣之证。《尔雅·释宫》:'楣谓之梁。'据《说文》:'木冒,门枢之横梁',是《尔雅》'楣'字乃'木冒'字之误,《释文》两存其字,曰:'楣,忘悲反,或作木冒,忘报反。'实则'木冒'是而'楣'非也。五架之屋,栋南一架为前木冒,栋北一架为后木冒。栋之言中也,谓正中也。木冒之言冒也,谓覆冒也。门枢之有木冒,即依此而名之。其制大小不同,其为横梁一也。自《尔雅》误'木冒'为'楣',而学

---

① 俞樾:《群经平议》卷十五,《续修四库全书》(第 178 册),上海古籍出版社 2002 年版,第 245—246 页。

者遂不知'楣''木冒'之有辨矣。"①按：俞樾的这番推阐分析，完全建立在各类辞书语料的事实基础上，极具理据，校勘结论颇可取信。

二是校勘《仪礼》郑《注》。郑《注》在宋代以后的传本中亦颇多讹误，故宋迄清末多有学者校勘其文，有清一代俞樾之前的学者更是取得了众多成果，廓清了郑《注》原貌。尽管如此，俞樾在前人校勘基础上仍有这方面校勘所得，《仪礼平议》一书载俞氏校《仪礼》郑《注》文凡9例，亦足供今人参考。例如《聘礼》："上介出请入告"，郑《注》："每所及至，皆有舍。其有来者与，皆出请入告。于此言之者，宾弥尊，事弥录。"按：《注》文"其有来者与，皆出请入告"中的"与"字，陆德明《经典释文》曰："者与，音余。"俞樾《平议》以为陆氏所言非是，"未得其旨"，而"朱文公《通解》疑本'介'字，则亦失之"，盖"《注》文'与'字乃'举'字之误，谓举皆出请入告也"，则全句行文应为"其有来者，举皆出请入告"。其校勘理据主要在于："《周官·师氏》'王举则从'，故书'举'为'与'，是古字本通用耳。"②乃据《周礼》一书异文为旁证也。

《聘礼》："宾请有事于大夫。"郑《注》："请问，问卿也。不言问聘，聘亦问也，嫌近君也。"按：关于郑《注》之语，卢文弨曾就"不言问聘"一文加以校勘，其《仪礼注疏详校》指出："此'聘'字疑衍，《义疏》无。"③俞樾以为，卢氏的校勘仍未彻底，以为"请问问卿也"中的下一"问"字亦为衍文，《仪礼平议》卷十六考证说："'请问卿也'正释经文'请有事于大夫'之义，'请有事'即请问也。然则何以不言宾请问于大夫？故又自释之曰：'不言问，聘亦问也，嫌近君也。'经文止言'请有事'，不言'请问'，《注》安得举'请问'而释之乎？足知今本之非矣。"④俞氏从文意推理角度，申论不作"请问，问卿也"而作"请问卿也"的行文理据所在，较合经文大旨。

三是校勘《仪礼》贾《疏》。贾《疏》作为申解郑《注》，亦有着极为重要的地位，因而颇受有清一代学者关注，费精力于校勘对象之列，俞樾亦是如此。不过《群经平议》卷十五、卷十六中数量很少，仅见此类校勘者2例。兹为之列举如下：《乡饮酒礼·记》："若有诸公，则大夫于主人之北，西门。"郑《注》："其西面者，北上统于公。"贾《疏》："若无诸公，则大夫南面西上，统于遵也。"

---

① 俞樾：《群经平议》卷十五，《续修四库全书》（第178册），上海古籍出版社2002年版，第247页。

② 俞樾：《群经平议》卷十六，《续修四库全书》（第178册），上海古籍出版社2002年版，第257页。

③ 卢文弨：《仪礼注疏详校》卷八，《续修四库全书》（第88册），上海古籍出版社2002年版，第563页。

④ 俞樾：《群经平议》卷十六，《续修四库全书》（第178册），上海古籍出版社2002年版，第259页。

按：贾《疏》"统于遵"一文，阮元《仪礼注疏校勘记》云："'遵'，闽本《通解》俱作'宾'。"俞樾《仪礼平议》分析"遵"字作"宾"的缘由说："大夫即是遵，乃云'统于遵'，义不可通，故后人臆改为'宾'，其实非也。"俞樾同时又指出："'遵'乃'尊'字之误，尊在房户之间，无诸公则大夫即席于尊东南而西上，故曰统于尊也。统于尊，与上文《注》言'或统于堂'、'或统于门'文义一例。《乡射礼》'大夫若有遵者，席于尊东'，《注》曰：'尊东，明与宾夹尊也。不言东上，统于尊也。'然则此《疏》即用彼《注》之文耳。'尊'误为'遵'，其义遂失矣。"俞氏发现贾氏《疏》乃用彼郑《注》之文，并考察郑《注》上文行文文例，发现"遵"乃"尊"字之误，理据严密，结论颇为可信。

《士虞礼》："泰羹湆自门入，设于铏南。"贾《疏》："云'设于铏南'者，以泰羹湆未设，故继铏而言之，其实觯北留空处，以待泰羹。"按：俞樾《平议》论云："此《疏》有夺误。因上文云'祝奠觯于铏南'，恐学者疑铏南有觯，不得复设泰羹，故言此以明之，谓上言'奠觯于铏南'者，以泰羹湆未设，故继铏而言之，其实觯北留空处，以待泰羹也。今不举上文，则文义不见矣。盖传写失之，非贾氏之旧。"①乃从推论贾《疏》行文目的入手，发明其中存在的传写夺误情况。

四是纠正前人校勘谬说。从《仪礼》本经，到郑《注》、贾《疏》，宋代以后均有学者从事其文字校勘，取得了大量珍贵的校勘资料，为推动《仪礼》学研究积淀了坚实基础。然而，这些校勘资料有的校勘结论并非完全可信，需要后人加以是非之鉴别，对其中校勘谬说给予纠正，俞樾在从事《仪礼》校勘时亦颇为关注这一方面情况，其纠正前人有关《仪礼》经、注文校勘谬说之例就有 8 则，颇足参详。例如：《特牲馈食礼》："馈有以也"，郑《注》："以，读如'何其久也，必有以也'之'以'。祝告馈，释辞以戒之，言女馈于此，当有所以也。以先祖有德而享于此祭，其坐馈其馂，亦当以之也。"按：关于郑氏《注》中的"以"字，贾《疏》论云："云'其坐馈其馂，亦当以之也'者，亦谓亦似其先祖，已上皆为'以'，为'似'者，误也。"卢文弨在《仪礼注疏详校》中颇为疑惑，以为存在令人不解之处："字作'以'，其义为似，陆于经文云'以，依《注》音似'，此《疏》释此句云'亦谓亦似其先祖'，下《注》'似先祖之德'，皆作'似'字，乃《疏》于此又云'已上皆为以，为似者，误也'，既以似释，复云似误，殊所不解。"②而阮元《仪礼注疏校勘记》则以为："'必有以也'，《毛诗》作'以'不作'似'。郑注《礼》时，未见《毛诗》，此《注》引《诗》必作'似'，后人妄据《毛诗》改之，至贾

① 俞樾：《群经平议》卷十六，《续修四库全书》（第 178 册），上海古籍出版社 2002 年版，第 266 页。
② 卢文弨：《仪礼注疏详校》卷十五，《续修四库全书》（第 88 册），上海古籍出版社 2002 年版，第 628 页。

《疏》当云'已上皆为似,为以者,误也'。今本互易二字,遂不可通矣。"对于卢、阮二人之校勘结论,俞樾认为"皆非也",他在《群经平议》卷十六中申云:"郑意谓'饎有以也'欲其有以饎之也。何以饎之?盖以德也,故曰'以先祖有德'云云,明先祖以德享此,女当以德饎此也。《注》中两'以'字正相应,然则郑不读作'似'字可知矣。《疏》谓'亦似其先祖',此非郑意也。然云'已上皆为以',是贾氏之意惟'亦当以之也'一'以'字当作'似',上'以'字皆如字。而阮氏并谓《贾疏》当云'已上皆为似',则更非贾意也。疏家误会《注》意,后人又误会《疏》意,于是并欲改《毛诗》'必有以也'为'必有似也',而其误更甚矣。然则下《注》何以言'似先祖之德'?曰:此'似'字,后人据贾《疏》改之,郑君原文固作'以'不作'似'也。按:下经云'酟有与也',《注》曰:'与,读如诸侯以礼相与之与。……既知似先祖之德,亦当与女兄弟。'郑意盖谓兄弟以先祖之德相与,亦犹诸侯以礼相与也。'以先祖之德与女兄弟',此'以'字即'以德相与'之'以',此'与'字即'以德相与'之'与',然则'似'字当作'以'字明矣。"这一番话语,不仅校正还原了郑《注》、贾《疏》原貌,更深入挖掘出造成诸多误解的根本原因在于"疏家误会《注》意,后人又误会《疏》意"也。

从上述诸例可以看出,在校勘方法上,俞樾基本上不用对校法,也较少使用他校法,更多地采用理校法与本校法进行校勘《仪礼》本经及其郑《注》、贾《疏》;在校勘条目的设立上,俞氏所关注的,或是他人所未关注者,或是他人校勘有待重订者;在校勘价值取向上,俞氏的校勘并非简单地就事论事,专为校勘而校勘,而是强调论定是非优劣,并与经文词句的训诂相辅相成,最终为经文词句的训释和礼义诠解提供切实可信的依据。因而,尽管俞氏的校勘条目极为有限,但其在礼经学上的价值却是巨大的。

最后,从俞樾对《仪礼》郑《注》的态度来看,可谓尊崇而不盲崇,颇为严谨。尊郑好古是整个乾嘉学者的通病,俞樾治学承其流绪,也不例外。在俞氏看来,"唐宋以后,儒者于训诂名物虽亦有所发明,终不若两汉经师之足据也。"①他在诂经精舍期间,"特奉许、郑两先师栗主于精舍之堂"②,以告诫学生务要以汉学为宗。对于《仪礼》郑《注》,俞氏亦极为推许,在《群经平议》卷十五、卷十六之中,对于贾《疏》申解郑《注》训语错误的情况,出于弥补郑氏《仪礼注》的需要出发,俞樾往往采取以下几方面的措施:

其一,对于贾《疏》申解郑《注》训语错误例,重新为之加以疏通说明。俞

---

① 俞樾:《重建诂经精舍记》,《春在堂杂文》卷一,《春在堂全书》光绪二十三年重订本(石印本),第1页。

② 张鉴:《诂经精舍志初稿》,赵所生、薛正兴主编:《中国历代书院志》第8册,江苏教育出版社1995年版,第306、318页。

樾对于贾公彦《疏》的疏证批评,主要涉及以下三种情况:

一是对于郑玄《注》文中词语的解释存在问题。例如,《士丧礼》:"商祝免、袒,执功布入。"郑《注》:"功布,灰治之布也。执之以接神,为有所拂仿也。"贾《疏》:"拂仿犹言拂拭,下经云'商祝拂柩用功布',是拂拭去尘也。此始告神而用功布拂仿者,谓拂仿去凶邪之气也。"俞樾认为,郑《注》中的"拂仿"一词,其实便是仿佛之义,贾《疏》将解释为"拂拭"是错误的,因为:一方面,这从情理上讲未安,"夫人君临臣下之丧,则有桃茢以被除不祥,安有人子启父之殡,亦嫌其有凶邪之气而拂拭之乎?"一方面,"《注》明言执之以接神,则有所仿佛者正见鬼神于此式凭,若解作拂拭,则与接神之义不属矣"①。

二是对于郑玄《注》文训释语的疏证存在问题。例如,《既夕礼》:"乃行祷于五祀。"郑《注》:"尽孝子之情。五祀,博言之。士二祀,曰门,曰行。"贾《疏》:"今祷五祀,是广博言之,望助之者众。"俞樾认为,贾氏申解郑《注》之义存在误读的情况,郑氏《注》语是说所行之祷仅门、行二祀,经文则博言之曰"五祀",并非遍行五祀。这种以偏概全的称谓现象古籍中不少,如《荀子·正论篇》"雍而彻乎五祀"中的"五祀",即指其中的"竈"祀,"即《周礼·膳夫职》所谓王'卒食,以彻于造'也"②。

上述两种情况,无论是哪一类,皆因郑氏《仪礼注》"注义简古"的行文特点而导致《疏》未能达"③,今人如果一味取信贾《疏》之说,都必然会影响到读者对于《仪礼》经文的理解造成解读性错误。

三是对于《仪礼》经文仪文节制的训释存在问题。例如,《聘礼》:"宾迎,再拜。"贾《疏》:"宾迎再拜者,宾在馆,如主人,故先拜也。卿不言答拜,答拜可知,但文略耳。"俞樾从礼经行文凡例入手考辨说:"凡为人使者,皆不答拜,乃礼经之通例也。上文'君使卿朝服,用束帛劳。上介出请。入告。宾礼辞,迎于舍门之外,再拜。劳者不答拜',《注》云:'凡为人使,不当其例。'然则致馆者亦不答拜可知矣。"④

其二,对于郑《注》训释错误加以驳正,重新对《仪礼》经文词句加以诠释。俞樾治经有其辩证的一面,他在尊崇郑《注》的同时,却又能出入于郑《注》,并

---

① 俞樾:《群经平议》卷十六,《续修四库全书》(第 178 册),上海古籍出版社 2002 年版,第 265 页。

② 俞樾:《群经平议》卷十六,《续修四库全书》(第 178 册),上海古籍出版社 2002 年版,第 266 页。

③ 俞樾:《群经平议》卷十五,《续修四库全书》(第 178 册),上海古籍出版社 2002 年版,第 247 页。

④ 俞樾:《群经平议》卷十六,《续修四库全书》(第 178 册),上海古籍出版社 2002 年版,第 257 页。

不盲崇其《注》。换言之,俞樾治经以求真求通为要务,郑《注》解经不合理者,则寻求其他注疏材料以解经,例如他在《群经平议》卷十四论《考工记》世室重屋明堂之制,于郑《注》之讹逐层加以驳正,并附以因,李慈铭以为"盖俞氏不深信郑学也"①。考俞氏治《仪礼》一经亦不例外,对郑玄误训而前人未予关注者,包括字词训释、仪节训释、礼意训释等方面,《群经平议》往往设立条目给予辨正。例如:

《士昏礼》:"妇车亦如之,有裧。"按:关于"裧",郑《注》解释为"车裳帏",俞樾以为其说"未得其义"。考《礼记·杂记篇》"其輤有裧,缁布裳帷",郑《注》曰:"裧,谓鼈甲边缘,缁布裳帷,围棺者也。"据此,俞氏认为应该是指"车裳帏之缘"也。他还进一步从声形变化角度推论指出:"(裧)古字本当作朧,《说文·龟部》:'朧,龟甲边也。'衣裳之有缘,犹龟甲之有边,故即以朧名之。因变其字从衣,下文'纯衣纁袡'是也;又变从冉声者为从炎声,此文'有裧'是也。"②由此看来,郑《注》但以车裳帏说之,确有不当之处。

《丧服传》:"继母何以如母? 继母之配父,与因母同,故孝子不敢殊也。"郑《注》:"因,犹亲也。"按:关于郑《注》这一训语,在俞樾之前向无异议。俞樾则认为,"如《注》义,则但曰'与母同'足矣,何必曰'因母'乎?"况且"遍考书传,无谓亲母为因母者",因此郑《注》义非是。就其命名之由而言:"'因'读如'因国'之'因',有继母即有因母,就前母而言之,则后母为继;就后母而言之,则前母为因。此因母之义也。"③俞氏说立论颇有独到之处,尽管理据较少,然似亦较为可信。

以上二例,俞樾皆就语词训释方面加以驳正,此前驳议《燕礼》篇"命长致者"郑《注》"公或时未能举,自优暇"之语,则系关于仪节方面的纠谬,并有功于郑氏学。同时,由上述诸例亦可以看出,俞樾在治《仪礼》学之际,对郑《注》进行驳正时,往往不似乾嘉学者那样长篇累牍地引用各类文献注语以证经,而以简明为要务。通过研究还可发现,李慈铭以为俞氏"喜驳郑注"④的说法,实际上是一种治学理念的误读,俞樾治学求真务实,凡是他认为郑《注》确有不合经义之处时,经过自己的一番缜密思考与研究,进一步加以严格的论证,求

---

① 李慈铭:《越缦堂读书记》(四)"光绪壬午九月初九日",由云龙辑,虞云国整理,辽宁教育出版社 2001 年版,第 753 页。
② 俞樾:《群经平议》卷十五,《续修四库全书》(第 178 册),上海古籍出版社 2002 年版,第 245 页。
③ 俞樾:《群经平议》卷十六,《续修四库全书》(第 178 册),上海古籍出版社 2002 年版,第 263 页。
④ 李慈铭:《越缦堂读书记》(四)"光绪丁丑九月二十九日",由云龙辑,虞云国整理,辽宁教育出版社 2001 年版,第 1149 页。

得经文词句的真解,往往结论多较为折中平允,并非是其与郑《注》作对,喜好标新立异也。

其三,对于郑《注》训释经文疏忽或省略之处,标举条目为之诠释说明。郑玄在给《仪礼》经文作注时,其重点关注的大多是疑难字词和礼经仪节隐奥之处,而对于其中某些常用词语,郑氏认为读者据上下文易于理解而无需作注,当然这样做难免会偶尔有所疏漏。因而,后世学者在对待某些关乎文句仪节礼制训解的常用语词的理解上却容易引起误解,不能不给予关注和诠释,俞樾在给《仪礼》经文训释时亦不例外,且多有创获。例如:

《大射仪》:"扬觸梱复。"按:考之郑《注》:"扬觸者,谓矢中他物,扬而触侯也。梱复,谓矢至侯,不著而还。复,复反也。"是郑玄没有对"梱"字之意加以解释,贾《疏》同样如此。俞樾考证其字云:"'梱'当读'捆'。《孟子·滕文公篇》'捆屦',赵注曰:'捆,犹叩椓也。织屦欲使坚,故叩之也。'然则'扬觸者,谓矢中他物,扬而触侯'者,谓矢虽中侯,但叩椓之而仍复也。《说文》无'捆'字,盖古字止作'梱'耳。"①俞氏的诠释,并没有简单地停留在据古训层面,更考察了"捆""梱"二字之间存在的古今字关系,有助于对礼经正文的正确训释。

《少牢馈食礼》:"宰夫以筐受嗇黍。主人尝之,纳诸内。"按:考之郑《注》、贾《疏》,均不解说"内"字之意,因为在郑、贾氏看来,凡读《仪礼》书者,均应知此处"内"字必指"房"言,故毋庸注出。俞樾有感于敖继公"宰夫受黍,主人左执爵,乃取而尝之,而纳之内,谓筐中"②之类的错误训解,乃考证此文"内"字词义云:"纳诸内者,纳诸房也。古谓房室为内。《汉书·晁错传》:'家有一堂二内。'二内者,即所谓东房西室也。《特牲馈食礼》:'主人出写嗇于房,祝以筐受。'彼士礼,故主人自入房写之,此大夫礼,故宰夫受而纳诸内。虽礼有不同,然内即房也。"③俞氏的这一则考证,既有《汉书·晁错传》加以旁证,更据本经《特牲馈食礼》行文加以推论,说服力较强,亦较贴合礼经仪制实际情况,庶可避免敖继公之流对经文的误读。

当然,俞樾治《仪礼》经固能"左右采获",实事求是,择善而从,但他的某些诠释例也存在着这样或那样的局限与缺失。譬如,他在少数经文的句读及

---

① 俞樾:《群经平议》卷十五,《续修四库全书》(第178册),上海古籍出版社2002年版,第256页。

② 敖继公:《仪礼集说》卷十六,《景印文渊阁四库全书》(第105册),台湾商务印书馆1983—1986年版,第594页。

③ 俞樾:《群经平议》卷十六,《续修四库全书》(第178册),上海古籍出版社2002年版,第271页。

郑《注》礼制申解方面理解颇有失误之处,试看如下二例:

《大射仪》:"壹发,中三侯皆获。"郑《注》:"矢扬触,或有参中者。"贾《疏》:"云'矢扬触,或有参中'者,卿大夫主射参侯,士主射豻侯,其中或扬触,容中别侯,皆与释。"俞樾《平议》卷十五:"郑意盖以经有'壹发'二字,故云'矢扬触,或有参中者',谓壹发而中三侯也。疏家未得其旨,然壹发中三侯实非事之所有,疑郑《注》亦非经意也。今按:'壹发'二字当自为句。盖上文'每射必发四矢'至此文公命复射,则日旰君勤矣。虽云欲者射不欲者止,然制礼者岂能逆料人之不欲而为之制乎? 是故正射发乘矢,复射则止发一矢,所以使人人得射也。又以射止壹发,恐不中者多,故曰'中三侯皆获',所以宽假之使易中也。圣人之礼委屈详尽如此,礼本人情,于此见矣。"①按:俞樾称《大射》"矢扬触,或有参中者"为"谓壹发而中三侯也。疏家未得其旨,然壹发中三侯实非事之所有",而不知郑《注》在前文已明注"值中一侯,皆获释",即射中任何一侯均计数之意,并未言一箭可射中三侯。由此看来,俞氏自误解郑《注》之意,而推以为郑、贾之疏失,不足取信;而俞氏又分别"壹发""中三侯皆获"各自为文,从"礼本人情"的制礼原则角度,推论如此断句之礼制奥义所在,亦不足取。

《少牢馈食礼》:"陈鼎于东方,当序,南于洗西。"郑《注》:"南于洗西,陈于洗西南。"俞樾《平议》卷十六:"如郑《注》,则直云'于洗西南'足矣,乃必曰'南于洗西',何其文之迂曲乎? 且上言'当序',则东西之节已见,而此又云'南于洗西',则亦是东西之节,所谓'南于洗西'者,终不知其几许也,《注》义殆非经意矣。今按:此以'当序南'为句,'于洗西'为句。'当序南'者,当序之南,此东西之节也;'于洗西'者,于洗之西,此南北之节也。郑失其读,故失其旨矣。"②按:俞樾称《少牢》此文当断读为"当序南,于洗西",而以郑玄断读为"当序,南于洗西"为非,究其根由,乃不知《仪礼》陈洗,其东有罍,其西有篚,故鼎仅能在洗之西南,不能在洗之西,故俞樾读经文为"于洗西"者误也,其判断推导郑《注》之意偏差亦由此而来。

上述二例,皆系俞樾对郑玄《注》语的误读而导致礼经经文句读败乱所致。从宏观层面而言,俞樾训释礼经文句,还存在对于出土文献材料的重视与利用不够等各种局限性,这是因为他治学必然要受到当时那一时代的制约,今人不能据此作严格苛求,诚如俞樾本人所言:"学问无穷,盖棺乃定,必欲毫发

---

① 俞樾:《群经平议》卷十五,《续修四库全书》(第 178 册),上海古籍出版社 2002 年版,第 256 页。

② 俞樾:《群经平议》卷十六,《续修四库全书》(第 178 册),上海古籍出版社 2002 年版,第 271 页。

无憾,诚恐毕生无此一日。"①对此,今天我们重评俞樾的礼经诠释,理应要有这样一个清醒的认识:其训释不足是存在的,其学术价值更是主要的。当代学者罗雄飞先生曾经说过:"单就俞樾的经学著作而言,有关《书》《礼》的部分最精;《春秋》《论语》《孟子》则夹杂一定的学术倾向;《诗》在名物训诂方面亦很精当,虽在诗旨方面存有先入之见,但其《诗》说,极少牵涉义理。"②就《仪礼》研究方面,罗先生的话语应该是颇为公允的评价。

(三)《士昏礼对席图》之考证与图解

《士昏礼对席图》凡1卷,主要围绕《士昏礼》篇新婚夫妇入门当晚的对席设馔情况,讨论郑玄、贾公彦、敖继公、杨复、沈彤、张惠言诸家的文字诠释和礼图编制是非得失,并在此基础上形成了俞樾自身的夫妇对席设馔图。考《士昏礼》篇,与新婚夫妇对席设馔有关的经文有以下四则:

(1)"赞者设酱于席前,菹醢在其北,俎入,设于豆东,鱼次。腊特于俎北。"郑《注》:"豆东,菹醢之东。"

(2)"赞设黍于酱东,稷在其东,设湆于酱南。"郑《注》:"馔要方也。"

(3)"设对酱于东。"郑《注》:"对酱,妇酱也,设之当特俎。"

(4)"菹醢在其南,北上。设黍于腊北,其西稷。设湆于酱北。御布对席。赞启会卻于敦南,对敦于北。"郑《注》:"启,发也。"

在俞樾看来,《士昏礼》篇经文和郑《注》的解释非常清楚,夫妇对席设馔情况可谓一一如绘,而贾公彦《疏》的疏证遵循"疏不破注"的诠释原则,在有关夫妇对席设馔情况的认知上,与郑玄的看法并无二致。然而,自宋以来,"好为异说"之风兴起,致有"言人人殊"的情况出现,杨复、敖继公、沈彤、张惠言诸人的诠释和礼图迥然不同,令人莫衷一是。为此,俞樾先罗列贾《疏》和敖氏《集说》的诸条诠释语料,并逐一就各条疏解进行评议;继之,又先后绘列杨复、沈彤、张惠言诸家对席设馔礼图,并逐一加以是非之臧否。在对各家评议的过程中,俞樾均从《士昏礼》经文和郑玄的《注》文入手,发覆众家诠释的不合理因素。例如:

关于贾公彦《疏》的疏证,俞樾一方面指出其"皆依经、《注》为说,无大乖错"③,但又指出贾《疏》将"设湆于酱南"解释成"在酱黍之南",增出了一个"黍"字,犯了"增字解经"的训释毛病,并推测此恐非贾氏原意,原本贾《疏》当作"在酱豆之南",系传写过程中产生的讹误而已。

① 俞樾:《与戴子高》,《春在堂尺牍》卷一,光绪二十五年《春在堂全书》本,第3页。
② 罗雄飞:《俞樾校释群经、诸子的得与失》,《湖州师范学院学报》2005年第6期。
③ 俞樾:《士昏礼对席图》,《曲园杂纂》卷八,光绪二十五年《春在堂全书》本,第2页。

　　关于杨复编制的礼图,俞樾指出其最大的失误在于以为新婚夫妇异俎。俞樾根据礼经上下文考证说:"下文妇馈舅姑之礼云:'特豚,合升,侧载',《注》云:'侧载者,右胖载之舅俎,左胖载之姑俎,异尊卑。'而此经上文陈三鼎,其实特豚合升,止言合升,不言侧载,明夫妇同俎矣。"那么,杨复的这一错误理解源自何处呢? 俞樾进一步发覆说,"李氏如圭乃云妇亦有俎,以俎设豆西,鱼次腊,特于俎南,则是增益经文,自我作古也"①。李如圭、杨复的训释不仅有"增益经文"之嫌,同时也与礼经、郑《注》的解释无一相合,因而俞樾认为杨氏礼图自然不可取信。

　　关于沈彤编制的礼图,俞樾认为其延续杨复礼图"夫妇异俎"确实是一大问题,即便沈彤依据聂崇义《三礼图》考证俎豆之长短、广狭而有所得,也只不过是"小巧固不足言"而已。更何况礼经明言妇馈"设黍于腊北",而沈彤的礼图却在豚北的位置上,"岂非谬误之甚乎"②。可见,俞樾的驳斥仍然是究其礼图不合《士昏礼》经文的记载而言的。

　　关于张惠言编制的礼图,俞樾一方面肯定其图"夫妇同俎"是正确的,同时也指出,《士昏礼》经文明言妇馈"设黍于腊北",但张惠言图却设黍于腊东,并强言"盖当腊少北",这一举措不免有"强古人而就我"的嫌疑;至于张氏欲改"北"为"末"字,则可谓"其谬尤甚"③。从训诂学角度来看,俞樾对张氏训释的批评之辞,无论是"强古人而就我",还是强行改字为说,都是研究古礼治学上的大忌。

　　从古籍整理体式角度来看,该书兼具图解体和考证体的双重特性。考证体的特色,诚如以上所述,俞樾对杨复、敖继公、沈彤、张惠言相关礼图诠释成果的批判,完全是建立在对于《士昏礼》篇礼经上下文、郑《注》的综合考量基础之上,并遵循小学训诂原则的结果,因而可谓理据详明,说服力强。至于图解体的性质,主要表现在三方面:一是援引杨复、沈彤、张惠言三人的诠释成果,不援引相关考释性文字,而是直接援引礼图本身;二是根据郑玄的《注》文,绘制了一幅"郑氏图";三是根据自身的详细考证,绘制了一幅"今图",便于读者更加直观地了解俞氏的见解。就考证工作和礼图的编制而言,都着实彰显了俞樾作为一名汉学家严谨务实的治学精神。

　　(四)《丧服私论》之考论

　　第一,如果说《仪礼私论》和《士昏礼对席图》更多着眼于汉学家的诠释视

---

①　俞樾:《士昏礼对席图》,《曲园杂纂》卷八,光绪二十五年《春在堂全书》本,第4页。

②　俞樾:《士昏礼对席图》,《曲园杂纂》卷八,光绪二十五年《春在堂全书》本,第5页。

③　俞樾:《士昏礼对席图》,《曲园杂纂》卷八,光绪二十五年《春在堂全书》本,第6页。

角,体现的是对于礼经文本的还原性解读的话,那么他的《丧服私论》则是体现其治学"通经致用"的一面。在俞樾看来,"通经"的最终目的在于"致用","夫通经而不足致用,何贵通经?"①因而有学者称,俞樾"虽以汉学家之方法从事经学研究,诂经讲学又往往浸渍于'通经致用'的思想中,但他所谓的'致用'是以道德教化为根本的"②。

第二,在礼俗丧服规制的认知上,一如历代学者那样,俞樾同样强调从情、义、理诸方面因素进行综合考量,而非厮守先秦古礼的具体规制,如他曾说:"礼之不尽人情者,非其至者也","夫礼虽先王未之有,可以义起焉。是故后人之所为有足补古人所未及者,未可是古而非今也"③,等等。例如:俞樾《丧服私论》中有如是一番考证:"顾亭林先生极言唐人增改服制之非,譬之始皇狭小先王宫廷而作阿房之宫,其论正矣。又曰:今人三年之丧有过于古人者三事,则父在为母与妇、为舅姑,皆与兴。夫圣人制礼之精意,非后人所能窥测。自唐以来,以意增益,诚未必当然。孔子云:'丧,与其易也宁戚。'《礼》又云:'有其举之,莫敢废也。'至今日,而父在为母与妇、为舅姑之类,岂能降从古制哉?虽然圣人制礼,譬则权焉,轻重适相准也,有所益于此,则于此见重于彼转见轻矣。故历代增改之后,回视旧制,若有未餍乎人情者,非古制之有未尽也,加乎此而未加乎彼,故不得其准也。愚谓后世于古制既有加隆之处,必有当与之俱隆者。"④大致可以从中发现其从情、义、理诸方面因素进行礼经诠释之一斑。

第三,就《丧服私论》著述体例而言,该书属于考证体著作。全书共7条,依次为:论外祖父母之服、论妻父母之服、论妇为夫之祖父母之服、论为人后者其妻为舅姑之服、论妻之舅无服、论独子兼祧之服、论为众子妇之服。以"论妻父母之服"一条为例,俞樾说:"妇为舅姑,本在《丧服》不杖期章,后唐长兴中改为舅长衰三年,为姑齐衰三年;至明初定《孝慈录》,则又改为舅、姑并斩衰三年,而至今循之。是妇于夫之父母之服,历代增加,至于极重;而夫于妻父母,犹仍其旧,止服缌麻,揆之情理,或未安乎!……夫从妻服而服之,降一等则为大功,又降一等则为小功,服之似于礼亦不为过;乃又降一等,而为缌麻三月,其为抑损,不太甚乎?"⑤按:关于夫为妻父母之服丧的服制情况,事实上《仪礼·丧服》篇有明确记载,该篇"缌麻三月"章有"妻之父母"条,《传》云:

① 俞樾:《又与补帆书》,《春在堂尺牍》卷三,光绪二十五年《春在堂全书》本,第20页。
② 罗雄飞:《俞樾"通经致用"思想析论》,《首都师范大学学报》2007年第3期。
③ 俞樾:《宾萌集》卷二,光绪二十五年《春在堂全书》本,第33页。
④ 俞樾:《丧服私论》,《俞楼杂纂》卷十一,光绪二十三年《春在堂全书》本,第1页。
⑤ 俞樾:《丧服私论》,《俞楼杂纂》卷十一,光绪二十三年《春在堂全书》本,第3—4页。

"何以缌？从服也。"然而在俞樾看来，从情理角度来看，夫为妻之父母服缌麻三月的服制"其为抑损"有"太甚"之嫌，故结合"妇为舅姑"在"后唐长兴中"以及"明初定《孝慈录》"时的变迁情况，为之推理考证，最后提出"夫从妻服而服之，降一等则为大功，又降一等则为小功，服之似于礼亦不为过"的主张，这和他所说的"后世于古制既有加隆之处，必有当与之俱隆者"①一语是完全一致的，充分彰显出"礼时为大"的诠释发展理念。

除上述三部著作外，俞樾还著有《郑君驳正三礼考》一书。据该书卷首《自序》称，"自来经师往往墨守本经，不敢小有出入，惟郑学宏通，故其注三《礼》往往有驳正礼经之误者。今共列之，略为疏通，其义有未安，亦稍稍纠正"②。其中属于《仪礼》部分的条文计9条，依次为：《燕礼》1条，《大射仪》2条，《聘礼》2条，《丧服》5条。就其诠释方法与诠释风格而言，主要针对郑《注》校勘经文之例或改读之例进行说解，是者补充诠释之，非者考据驳斥之，并无偏颇之辞，因其大略与《仪礼平议》相近，此不复设立专目赘论之。

总体说来，由于受高邮王氏父子治学影响，身处古今之交的俞樾一方面接受了汉宋融合的学风影响，试图通过"治小学"的手段借以贯通《仪礼》大义，特别是透过《仪礼》本经的前后互证与礼制旁通，成功解决了郑玄、贾公彦、敖继公等一批前贤著述中的疑难问题，弥补了前人训释的不足，为礼经学"释难解纷"式的研究奠定了坚实基础。无怪乎日本学者小柳司气太将他誉为中国经学家"殿后之巨镇"，新旧过渡之"大步头"③。

四、于鬯与《香草校书》

(一)生平及著述概说

于鬯(1854—1910)④，字醴尊，一字东厢，自号香草，江苏南汇县(今属上海市)人。幼年时即以颖慧著称，文静多思，14岁考入县学读书，为优廪生。光绪十二年(1886)松郡岁考，深得当时主考王先谦(1842—1917)赏识，名列榜首。光绪二十三年丁酉(1897)，考中拔贡生，因"亲老、单丁"而未仕。为人正直，曾师事南汇张文虎(1808—1885)和浙江嘉善钟文烝(1818—1877)，王先谦是他补廪膳生时座师，与俞樾(1821—190)等亦有往还。后致力于教学和研究经史，曾主持南汇"芸香草堂"讲席，提倡汉学。清光绪二十三年

---

①　俞樾：《丧服私论》，《俞楼杂纂》卷十一，光绪二十三年《春在堂全书》本，第1页。

②　俞樾：《郑君驳正三礼考·序》，光绪二十三年《春在堂全书》本，第1页。

③　俞樾：《春在堂诗编》卷二十三，光绪二十三年《春在堂全书》本，第32页。

④　按：关于于鬯的生年，有学者认为是1862年，此采从王年生《于鬯对〈内经〉的校注》(《安徽中医院学报》1983年第4期)，取生于咸丰四年(1854)之说。

(1897),创"治经会"于周浦镇,著书闲暇之际,喜好练习绘画,所画墨兰,甚具绝尘风雅。平生好读书,举凡汉代迄于清末各类典籍注释,无不遍览,并加以刊正、比较和分析,著有《香草校书》《香草续校书》《周易读异》《尚书读异》《卦气直日考》《殇服》《夏小正塾本》《读周礼日记》《读小戴日记》《新定鲁论语疏正》《史记散笔》《古女考》《香草随笔》《花烛闲读》《楚词新志》等,凡 20 多种。

　　于鬯对《仪礼》颇有研究,著作有《读仪礼日记》(不分卷)、《仪礼读异》2 卷等。《读仪礼日记》现有光绪十六年刻学古堂日记本传世,《续四库》本即据此本影印出版。该书共计 17 条札记,其中:《士冠礼》3 条、《乡饮酒礼》2 条、《乡射记》1 条、《大射仪》1 条、《聘礼》2 条、《公食大夫礼》1 条、《觐礼》1 条、《丧服》1 条、《既夕礼》1 条、《士虞记》1 条、《少牢馈食礼》1 条、《有司彻》2 条。此外,《丧服》篇 1 条后又附有《殇服》34 条。此外,考《香草校书》卷二十六至卷二十八部分,亦存有 52 条《仪礼》研究心得,其中《士冠礼》3 条、《士昏礼》3 条、《士相见礼》2 条、《乡饮酒礼》3 条、《乡射礼》4 条、《燕礼》1 条、《大射仪》3 条、《聘礼》8 条、《公食大夫礼》2 条、《觐礼》2 条、《丧服》6 条、《士丧礼》3 条、《既夕礼》4 条、《士虞礼》1 条、《特牲馈食礼》2 条、《少牢馈食礼》2 条、《有司彻》3 条。从文献整理体式来看,《读仪礼日记》和《香草校书》均属于札记类记体著作。

　　(二)《仪礼》诠释特色

　　从《香草校书》《读仪礼日记》等著述中的数十条《仪礼》条文札记考释情况来看,于鬯的礼经考释呈现出鲜明的汉学考据特色。概而言之,体现在以下几方面:

　　首先,于鬯善于据全书文例考订《士相见礼》的行文类属。在于氏《香草校书》礼经第 7 条释例较为特殊,主要就《士相见礼》一篇的行文类属问题,提出了自己独到的见解:"此篇即上《士昏记》之下半篇,非别篇也。……盖自首至尾尽《记》文也。"①于鬯之所以持这一看法,主要是基于以下四方面的考虑:

　　第一,从行文体例来看,"故他篇先著经后著《记》,此篇独无《记》","上文言婿见主人主妇,此因推言士之相见及士见大夫、大夫之相见,以至见于君,盖《记》体宜然。若本为士相见之礼,经文之体例不得推广如是也,是知《仪礼》本无《士相见礼》之篇"。

　　第二,《小戴礼记》于《仪礼》之《冠礼》《昏礼》《乡饮酒礼》《射礼》《燕礼》

---

　　① 于鬯:《香草校书》卷二十六,中华书局 1984 年版,第 527 页。

《聘礼》则有《冠义》《昏义》《乡饮酒义》《射义》《燕义》《聘义》,而独无《相见义》,这与它的解经体例不合,"不然,其篇次在《昏礼》《乡饮》之间,《小戴》岂容独阙邪?"在于鬯看来,宋人刘敞补《士相见义》的做法,实在是一种狂"妄"增补"义"文的做法。

第三,现存《士相见礼》一篇之所以单独行文,"盖因'士相见之礼'一语有类经文发端之语,因误别为篇"。

第四,"盖郑《注》既误为别篇,诸家难于碍郑,故不得不就中间截为《记》文"。例如,清人多有对于《士相见礼》一篇行文类属方面的质疑,而又论说不一,如臧庸《拜经日记》谓"凡言,非对也"以下皆《士相见礼》之《记》,张尔岐《仪礼郑注句读》谓"凡燕见于君"以下类《记》文体例,盛世佐《仪礼集编》谓自"士见于大夫"以下皆《记》。对于臧、张、盛氏诸家说法分歧,于鬯认为"其说颇近矣,而不知其自首至尾尽《记》文也",同时又指出:"然如臧、张、盛说,则中间必当补一'记'字。"于氏显然以为诸家说不如己说之彻底也,而反对对臧、张、盛氏各家说法加以弥合折中。

其次,于鬯特别强调对于《仪礼》行文风格的体认发明和运用。于鬯注意到,《仪礼》古经具有"简而有法"的行文风格特征,因此他在《香草校书》中亦非常重视考察《仪礼》经文的行文风格,因为这涉及对于经文本义的深层次把握,亦有助于对于礼经仪文节度的准确理解与空白点挖掘。在该书仅有的52条礼经释例当中,其所提及的礼经行文风格特征主要有如下三个方面:

第一,《仪礼》礼文有"似平实侧"之语。在《香草校书》有关《仪礼》的52条释例当中,于鬯有数次提及某些经文行文"似平实侧"的表意句法特征,例如他论《士冠礼·记》"死而谥,今也;古者生无爵,死无谥"一文时说:"此二句似平实侧,谓生无爵者死无谥。记者盖以大夫以上为爵,而不以士为爵,故上文云'古者五十而后爵',指大夫言,是以大夫为爵也;此云'生无爵',乃指士言,是不以士为爵也。与班固《白虎》爵通说同。"[1]揣摩于鬯行文之意,其所谓"似平实侧",其中的"平"应是指各个文句的关系是平列关系,各个句子之间是平等的;"侧"则是指几个句子之间是偏正关系,以一个句子为主要,其余的句子是居于次要的位置。如此,则文中"生无爵,死无谥"的"似平实侧",应该是指如果"生无爵",那么就"死无谥";或者是指因为"生无爵",所以"死无谥"。又如,论《士昏礼·记》"笄缁被纁里,加于桥"一文时,于鬯亦云:"缁被,巾也,《特牲礼》'笲巾以绤也,纁里'(案:此系《记》文,非经文。)是其证。彼郑《注》引旧说云:'纁里者皆玄被。'玄与缁同色,然则笲巾与笄巾一也。此

---

① 于鬯:《香草校书》卷二十六,中华书局1984年版,第521页。

'笲'下不著'巾'字者,既言'缁被',故省言'巾',犹彼既言'巾',则省言'玄被'也。'缁被纁里',其义似平而其语带侧,乃与《冠礼》'缁组纮纁边'同一句法。"①于鬯言"其义似平而其语带侧",这和前一例的"似平实侧"表述是一致的。显而易见,以上二则训例关于《记》文仪制情况的说解,于氏皆借助于揭明"似平实侧"句法特征,而得以发明澄清。

与其对《仪礼》经文这种"似平实侧"表意句法特征的深层体认相应的是,于鬯亦据此发明了高明如郑玄之类前贤的诠释错误。仍以上述所举二则为例:关于前一则《士冠礼·记》文,郑玄《注》:"今,谓周衰,《记》之时也;古,谓殷。殷,士生不为爵,死不为谥。周制,以士为爵,死犹不为谥耳,下大夫也。今记之时,士死则谥之,非也。谥之,由鲁庄公始也。"于鬯以为《记》文"古者生无爵,死无谥"二句"似平实侧",并据此批评云:"郑《注》似非《记》意。"关于后一则《士昏礼·记》文,郑玄《注》:"笲有衣者,妇见舅姑以饰为敬。"②于鬯认为,据《注》文显然可知,"是郑以'缁被纁里'属'笲'言之",这是因为"郑以四字为平列,故不得不属于笲言之"。正是由于郑玄不了解"缁被纁里"乃属于"其义似平而其语带侧"之文,兼且其文"乃与《冠礼》'缁组纮纁边'同一句法",导致训解《记》文错误,且亦"遂无解于'桥'字之义",其训释错误之结果,却导致了人们对后一句话中"桥"字字义的理解错误。

第二,于鬯认为,"凡《仪礼》之文多蒙上而省"。于鬯认为,《仪礼》经文"简而有法"的一个重要表现,便是"凡《仪礼》之文多蒙上而省"。例如,《既夕礼》:"祝降,与夏祝交于阶下,取铭置于重",于氏申解礼经文说:"此'祝降'承上'商祝免,袒,执功布入,升自西阶,尽阶不升堂,声三,启三,命哭'之文,则祝明是商祝,降明是'声三,启三,命哭'而降也。"同时还指出:"下文云'商祝拂柩',即何妨降而复升,拂柩之前不言商祝升,即犹之拂柩之后亦不言商祝降,皆文从省略。……下文'祝取铭置于茵',蒙'商祝御柩'之文,则皆商祝也。"③另外,《士丧礼》篇文有"祝取铭置于重"一句,于氏亦为之申云:"蒙'夏祝鬻余饭'之文。'祝受巾,巾之','祝彻盥于门外','祝彻巾',并蒙夏祝及执事盥之文,则皆夏祝也。"④又《士丧礼》"祝又受米,奠于贝北",于氏申云:"蒙'商祝执巾从入'。"⑤又"祝取铭置于牢",于氏申曰:"蒙'商祝布绞、

---

① 于鬯:《香草校书》卷二十六,中华书局 1984 年版,第 525 页。
② 按:"笲有衣者"之"衣",于鬯据阮元《校勘记》订正为"表"字,甚是。
③ 于鬯:《香草校书》卷二十八,中华书局 1984 年版,第 563—564 页。
④ 于鬯:《香草校书》卷二十八,中华书局 1984 年版,第 564 页。
⑤ 于鬯:《香草校书》卷二十八,中华书局 1984 年版,第 564 页。

袷、衮衣'之文。"①等等，凡此种种，于鬯根据对《士丧礼》《既夕礼》二篇的行文规律分析，总结指出："凡单言'祝'者，蒙夏祝之文即为夏祝，蒙商祝之文即为商祝。"这一诠释结论，可谓是对《仪礼》之文"蒙上而省"行文文例阐释的极度发挥。

于鬯曾在其《读仪礼日记》一书中明确指出："凡《仪礼》之文多蒙上而省，因其省文而竟出别解，则支说多矣。"②这种别解现象，即使博学如礼学大家郑玄、贾公彦者之流亦难以避免，如上举《既夕礼》一文，郑《注》："祝降者，祝彻宿奠降也。"贾公彦《疏》申郑《注》云："云'祝降者，祝彻宿奠降也'者，谓昨暮所设夕奠，经宿，故谓之宿奠也。此宿奠拟朝庙所用，即下云'重先奠从'者是也。"并进一步解释发挥经文说："此祝不言商夏，则周祝也。烛既入室，周祝从而入室，彻宿奠降，降时夏祝自下升取铭，降置于重，为妨启殡故也。"③对此，于鬯根据上述"蒙上而省"文例及其有关规律，评议郑、贾二氏之说云："不可因彼而疑此时商祝未降以此祝为非商祝，以此降为彻宿奠而降也。'彻宿奠'礼文不著，下文'奠从'亦不知其即宿奠否？而郑《注》于上文'烛入'则云'照彻与启殡者'，此'祝降'又云'祝彻宿奠降也'，必欲涉'彻宿奠'一节，竟不顾义与上文不贯，其意盖专欲顾下文语耳。不知上文云'二烛俟于殡门外'，则烛入者入降殡门，非入室，其义显甚。且彻奠者夏祝也，夏祝降而又与夏祝交于阶下，又可通乎？贾释乃云'此祝不言商夏，则周祝'，益背。"④对于郑《注》前后之相悖及贾《疏》申解之违失，于氏讨论得极为到位。其他学者如敖继公因不明"蒙上而省"文例，为前后篇郑《注》文之作斡旋的做法，亦遭到了于鬯的质疑与否定，此不逐一详引其语。

第三，于鬯发现，"《礼经》中'目下文'之辞不胜举证"。在于鬯看来，《仪礼》一书随处可见"目下文之辞"，而这正是《仪礼》经文行文的一种独特风格，用于氏的话说就是"《礼经》中'目下文'之辞不胜举证"。例如，《特牲馈食礼》"嗣举奠"，于氏《香草校书》释曰："此三字目下文之辞，若云嗣子行举奠之礼。"又云："《冠礼》之'筮于庙门'，即其省例矣。"依于鬯之见，了解《礼经》的这种行文特征，对于经文本身仪文节度的准确阐释，大有裨益。对于前贤不明此中行文风格弊端，于鬯亦深有发见："凡目下之辞，或不省悟，则至误解。

---

① 于鬯：《香草校书》卷二十八，中华书局 1984 年版，第 564 页。
② 于鬯：《读仪礼日记》，《续修四库全书》(93 册)，上海古籍出版社 2002 年版，影印原清光绪十六年刻《学古堂日记》本，第 346 页。
③ 贾公彦：《仪礼注疏》卷三十八，中华书局 1980 年影印原阮元刻《十三经注疏》本，第 1147 页。
④ 于鬯：《香草校书》卷二十八，中华书局 1984 年版，第 563 页。

《乡射礼》'三耦拾取矢',亦目下文也,而朱子则疑'拾取矢'三字为衍文矣。"①他的这一番话语,实在是建立在自身研习《仪礼》经文多年的经验之谈。

为显明于鬯据此行文风格纠正前贤有关训释依违例之迹,兹仍以《特牲馈食礼》"嗣举奠"一文文意发明为例加以彰显。郑玄《注》曰:"举,犹饮也。使嗣子饮奠者,将传重累之者。"贾公彦《疏》申《注》云:"云'举犹饮也'者,非谓训举为饮,直是嗣子举而饮之耳。云'将传重累之'者,谓将使为嗣牵累崇敬,承重祭祀之事,是以使饮之而献也。"②俞樾在《群经平议》中对郑《注》的解释提出了质疑:"遍考经文,无以举为饮者,何得于此独生异义?"主张"嗣举奠"三字乃是"以事目其人",并引同篇之上文谓宾为三献以证。③ 如文前所言,于鬯主张"嗣举奠"一文属于"目下文之辞,若云嗣子行举奠之礼",为此,他首先肯定了俞樾对郑《注》的质疑态度,然后又批评俞氏说:"下文四言'举奠',乃是以事目其人,犹上文'三献作爵止'之'三献'也。此言'嗣举奠',犹上文'宾三献如初'之'宾三献'也。彼既言宾,复言三献,不得以三献即为宾;此既言嗣,复言举奠,亦不得以举奠即为嗣。若'嗣举奠'为以事目其人,将'宾三献'亦可云'以事目其人'乎? 故知非'目其人'乃'目下文'也。"应该说,于氏的驳斥是有理有据的,诚可谓的论。由此可见,不明《仪礼》经文"目下文之辞"的文例特点,即使娴熟于本篇行文互证的《仪礼》仪制诠释手法,亦极有可能困惑于"蒙上而省"和"目下文之辞"两者之间,最终可能导致对经文仪制理解的枝蔓横生,甚至出现"指鹿为马"一类的训释错误,这对于经文的诠释是极为不利的。

再次,于鬯特别注重对于"郑《注》有两存之例"的发覆与溯源。于鬯娴熟于《仪礼注》文,对郑玄注释深有体悟。在他看来,郑《注》诠释过程中的一大特点便是"郑《注》有两存之例"。而郑氏的这种独特做法,其用意"盖两存以待后人抉择,意至善也"④。例如,"宾进东北面辞洗"一文,两见于《乡饮酒礼》及《乡射礼》篇,于鬯以为,此乃是"歧出之最显者"⑤。考《乡饮酒礼》篇郑《注》云:"必进东行,示情。"据此注文,应是断至"东"字为句,全文句读为"宾进东,北面,辞洗"。而考《乡射礼》篇郑《注》则云:"必进者,方辞洗,宜违其

① 于鬯:《香草校书》卷二十八,中华书局 1984 年版,第 571 页。
② 贾公彦:《仪礼注疏》卷四十六,中华书局 1980 年影印原阮元刻《十三经注疏》本,第 1189 页。
③ 俞樾:《群经平议》卷十六,《续修四库全书》(178 册),上海古籍出版社 2002 年影印原《春在堂全书》本,第 253 页。
④ 于鬯:《香草校书》卷二十八,中华书局 1984 年版,第 565 页。
⑤ 于鬯:《香草校书》卷二十八,中华书局 1984 年版,第 565 页。

位也。言东北面,则位南於洗矣。"据此注文,则是断至"进"字为句,"东北面"连读为文,全文句读应为"宾进,东北面,辞洗"。

于鬯进一步指出,郑《注》这种"两存之例"的做法,并非郑玄注释礼文所创,其实,早在郑司农注《周礼》之时,便已经运用过这一做法。例如,《周礼·春官·大宗伯》:"国有大故,则旅上帝及四望",郑《注》引郑司农《注》文曰:"四望,日、月、星、海。"又《周礼·春官·小宗伯》:"兆五帝於四郊,四望、四类亦如之",郑《注》引郑司农《注》文曰:"四望,道气出入。"考贾公彦《疏》为之申解云:"司农云'四望,道气出入'者,案上注,司农以为日、月、星、海,后郑不从矣。今此云'道气出入',与上注不同者,以无正文,故两注有异。若然,云道气出入,则非日、月、星、海,谓五岳之等也。"①由此可见,郑司农注二职文训释不同,亦是"两存以待后人抉择"的做法。

二郑的这种注释"两存"现象,极易引起后来读者的误解,针对前后的不同说解大做文章,为此,于鬯表明意见说:"盖两存以待后人抉择,意至善也","或者病其矛盾,度古人不应失检至此"。显而易见,于鬯对于二郑"有两存之例"的做法,是持有肯定赞赏态度成分在内的,而不是一味地完全否定。其实,文前论《礼经》文"多蒙上而省"时,亦涉及一则郑《注》"两存之例"。考《士丧礼》:"祝取铭,置于重",郑《注》云:"祝,习周礼者也。"可见,郑玄乃是以此省称之"祝"为周祝。又《既夕礼》:"祝降,与夏祝交于阶下,取铭置于重",郑《注》:"祝降者,祝彻宿奠降也。"按照于鬯的郑《注》文分析:"此'祝降'又云'祝彻宿奠降也',必欲涉'彻宿奠'一节,竟不顾义与上文不贯,其意盖专欲顾下文语耳。"则此注文乃据下文,以为此省称之"祝"又当为夏祝。按照清代大多数学者及于鬯本人的看法,《士丧礼》与《既夕礼》本为一篇之上下,以为郑玄因惑于经文"蒙上而省"之法以及"目下文之辞"之文例,故注语两存之也。

复次,于鬯主张援引《礼记》证释礼经仪制须注意对等性原则。历代礼学大家诠释《仪礼》经文,往往注意从《礼记》中寻找文献依据,借以揆证自身的经文仪制训诂,进一步探寻礼经隐晦难明之仪文节制情况。从《香草校书》一书训释情况来看,于鬯对礼经行文仪制的训释,更多地依据《仪礼》上下文,从具体仪节叙事语境考察分析入手,阐发其中蕴涵的隐性的揖让程序、器物摆放位次等诸方面内容;与此同时,于鬯解释《仪礼》经《记》《传》文时,亦不排除从《礼记》中寻绎相关礼文证据借以辅证阐发礼经的隐性仪制内容,从而达到还原礼经仪文节制本来面目的训释效果。不过,于氏在援引《礼记》证释礼经

①　贾公彦:《周礼注疏》卷十九,中华书局 1980 年影印原阮元刻《十三经注疏》本,第 766 页。

仪制世,特别强调礼制语境的对等性原则,指出否则就不可能得出正确的诠释结论。其所推阐的礼制语境"对等性"诠释原则,强调在运用《礼记》文献材料诠释仪节时,用于推论和被推论的两种或两种以上仪节其性质务须相同,而这种性质的内涵则包括多方面的对应情况,如礼之正礼与变礼、隆礼与杀礼、祭礼与常礼、吉礼与凶礼、妇人礼与男子礼等。

在于鬯看来,只有建立在这种对等性引证原则的诠释理念基础上,学者援引《礼记》证释礼经仪制的结论才会更加合理、更加可信。否则,就会得出截然不同的结论,出现"郢书燕说"的训释效果。例如,《聘礼》:"宾执左马以出。"敖继公《仪礼集说》申阐解释其仪制说:"左执币乃北面,右执马右还而出。"①于氏对此解说颇不以为然,他推言道:"彼当据小戴《曲礼记》'效马效羊者右牵之'之说耳。"那么,敖氏依据《礼记·曲礼》篇的阐释有何不当之处呢?于氏言曰:"不知彼言效马,此言受马,效马者右牵,则正可悟受马者左牵矣。郑《注》云'余三马主人牵者从出',则正当右牵之,与宾异也。又下文叙宾觌云'牵马右之',此亦效马也,故右牵之,郑《注》引《曲礼》为证。又云'士受马者自前还,牵者后适其右受',此则受马也,受马在牵者之右,则亦左牵之矣。"②由此可见,正是由于敖氏不明"效马"与"受马"仪制语境之别,故导致其引《礼记·曲礼》篇文训释出现歧异结果。

又如,《有司彻》:"立卒爵,执爵拜。"于鬯释"执爵拜"之仪制情况云:"凡执爵拜,皆左手执爵而右手以拜,男女亦无相异也。《特牲》之祝即男子左执而右拜之证矣。此上文言左执爵,故于此不烦更著'左'字。《特牲》之主妇则明言左执爵拜,是女子左执而右拜之证矣。"③于鬯据上下文,考定认为"执爵拜"之仪皆"左手执爵而右手以拜"。然而,考《特牲馈食礼》:"主妇答拜,受爵,酌醋,左执爵,拜;主人答拜",敖继公《仪礼集说》认为:"'左'字非误则衍。《内则》曰:'凡女拜,尚右手。'"④与于氏据《有司彻》篇上下文推理结论相异,说解出现分歧。为此,于氏进一步推论说:"敖《集说》乃于彼'左'字云'非误则衍',引《内则》以为证,非也。小戴《内则记》云:'凡男拜尚左手,凡女拜尚右手。'乃言常拜,非言执爵之拜,盖常拜则男子先以右手据地,然后以左手加于右手之上,故曰'尚左手';女子则先以左手据地,然后以右手加于左

① 敖继公:《仪礼集说》卷八上,《景印文渊阁四库全书》(第105册),台湾商务印书馆1983—1986年版,第293页。
② 于鬯:《香草校书》卷二十七,中华书局1984年版,第549页。
③ 于鬯:《香草校书》卷二十八,中华书局1984年版,第575页。
④ 敖继公:《仪礼集说》卷十五,《景印文渊阁四库全书》(第105册),台湾商务印书馆1983—1986年版,第561页。

手之上,故曰'尚右手'。尚者加也,执爵之拜则无所谓尚,岂可漫引而遂谓女子以右手执爵而左手拜与?"①于鬯认为敖继公说解是错误的,而其之所以有误,是因为敖氏没有注意到《礼记·内则》论男女之拜乃是"常拜",而《特牲馈食礼》及《有司彻》之"执爵拜"并非"常拜",两者之间仪制语境不对等,故其引《礼记·内则》文不符合对等性原则,这就导致了仪制说解的错误情况出现。

续次,于鬯强调透过文字声形破除语词训释障碍。《仪礼》向称难读,这不仅是由于琐细纠结之繁文缛节,同时也由于隐藏在常见语词之下的特殊语义选择,如果不明了具体语境中的语词含义,就不能准确解读经文的大旨。有鉴于此,于鬯解读《仪礼》经文时,常常透过文字表面的声形要素,结合上下文及其叙述文例,探寻语词的具体语境之义。具体来说,于鬯破除文字的声、形局限,借以训释语词含义的情况主要有如下几种情况:

第一,通过音韵分析,揭示音转字各形体之间的变异情况,说明音转字语词形、义之间没有必然的联系,以此达到揭示该语词在具体语境中的使用义。《仪礼》经文在语词的使用上,同样有音转字的运用,其中有些词形还较为生僻,因而于鬯有时亦通过揭示音转,成功地进行语词的训诂,取得了可喜成绩。例如,《士相见礼》:"执玉者则唯舒,武举前曳踵。"于鬯释"唯舒"之义云:"窃谓'唯舒'双声,此当以声求之,不当以义求之也。唯舒者,盖犹委蛇也。'唯'之与'委','舒'之与'蛇',以今音言之,皆为双声;以古音言之,唯、委叠韵,舒、蛇双声,故或称'委蛇',亦称'唯舒',本由声得义,亦不必分正假字也。'委蛇'者指足言,(专字,盖当作'逶迤',并从辵,与足义合。)《诗·羔羊》篇'委蛇委蛇',毛公《传》云:'委蛇,行可从迹也。'孔广森《经学卮言》云:'慎之至,虽跬步亦有常度。'盖得'委蛇'二字之解,即'唯舒'二字之解矣。故曰'武举前曳踵',即申言'唯舒'之义也。"②于氏借助古声韵学的理论,分析指出"唯舒"即"委蛇",两者之间存在双声叠韵的语音联系,只不过是联绵词的不同形体变化而已,从而既实现了正确解释词义的目的,又与传统注家"执玉者则唯舒武,举前曳踵"的句读之法相互区别开来。又如,《聘礼·记》:"将授,志趋。"于鬯释"志趋"之义云:"'趋',古音与'驺'同,故'志趋'二字双声,此当以声求之,不当以义求之,'志趋'即'趑趄'也。'趑趄'与'志趋'一声之转。《说文·走部》云:'趑趄,行不进也。'《易·夬卦》陆《释》引马云:'却行不前也。'盖将授玉,谨慎备至,欲前不前,故曰'将授,志趋'犹云'将授,趑趄'

---

①　于鬯:《香草校书》卷二十八,中华书局 1984 年版,第 575 页。

②　于鬯:《香草校书》卷二十六,中华书局 1984 年版,第 527—528 页。

耳。'趑趄'二字虽见《说文》,疑是后出专字,故《夬卦》但作'次且',而《记》文作'志趄'也。"①据此,于氏批评郑玄《注》语"志,犹念也"云:"'念趄'谓审行步也,是误以义求之,太迂曲矣。"

第二,在揭明某些联绵词二字双声或叠韵关系的同时,又通过考察他们的使用语境,点明上下二字之间的"单言"(或"省言")与"累言"意义对等关系。例如,《燕礼》:"以请吾子之与,寡君须臾焉。"于鬯解释"须臾"之义云:"'须臾'二字叠韵,'须臾'即'须'也。《战国·燕策》云'心惝然恐不能须臾',《燕丹子》作'心不能须也';《荀子·王制》篇、《性恶》篇杨倞《注》并云:'须,须臾也。'盖单言曰须,累言曰须臾,而其义皆当训待。《昏记》云'某敢不敬须',《丧礼》云'须以宾入',并单言'须',郑《注》皆云:'须,待也。'《燕策》之'心惝然恐不能须臾',又《史记·淮阴侯传》云'足下所以得须臾至今者',并累言'须臾',而其义亦为待。此文盖当'与'字句,'寡君须臾焉'者,谓寡君方待客之来也。若读从一句,则义不可解。"②又如,《聘礼·记》:"将授,志趄。"于鬯释"志趄"之义的同时,又进一步申云:"下文云:'再三举足,又趄。''趄'即'志趄'。累言之曰'志趄',省言之则但曰'趄'。"③亦其例。

第三,通过考察语词字形的设计与意义表达之间的内在关联,进而推求汉字古义与《仪礼》经文之语境义。例如,《士冠礼》:"适东壁,北面见于母。"于鬯解释"壁"之义云:"东壁谓东屋也。此'壁'字,非墙垣之谓。盖庭左右偏屋曰壁,故《礼》经每有'东壁'、'西壁'之文。《尔雅·释天》云:'营室,东壁也。'此虽释星名,而'东壁'即'营室',则'壁'字之义可会矣。……凡谐'壁'声之字多有偏义,如从止之'躄'、从辵之'避'、从肉之'臂'、从人之'僻'以及从刀之'劈'、从门之'闢',物劈分左右,门闢亦左右,是皆偏义所推也。《广雅·释诂》云:'辟,半也。'左庄二十一年《传》'郑伯享王于阙西辟',孔颖达《正义》云:'辟是旁侧之语。'引服虔曰:'西辟,西偏也。'是'辟'原有半义、旁侧义、偏义。则谐'辟'声之字宜得有偏义矣。'西辟'之称,即'西壁'也,又即'壁'为偏屋之证。苟无屋,何以享乎?《说文·广部》云:'廦,墙也。'是以'廦'与'壁'为同字,然其字从广,则有屋义,故朱骏声《通训》曰:'廦当训旁室也。'然则'东壁'、'西壁'之'壁',当以'廦'为正字,'壁'、'辟'并为假字。"④于氏从一组同源词的声旁及形旁分析入手,考察了他们之声义关系及

---

① 于鬯:《香草校书》卷二十七,中华书局1984年版,第549—550页。
② 于鬯:《香草校书》卷二十七,中华书局1984年版,第542页。
③ 于鬯:《香草校书》卷二十七,中华书局1984年版,第550页。
④ 于鬯:《香草校书》卷二十六,中华书局1984年版,第519页。按:"凡谐'壁'声之字多有偏义"中的"壁",当为"辟"字之讹,点校本失校致误。

取义情况,并进一步结合形旁情况,指出正字之所从,理据详明。又如,《士丧礼》:"布巾环幅不凿",于鬯释"环"之义云:"凡言'环'皆具圜行,未有具方形而谓之'环'者。……'圜'、'环'并谐'睘'声,二字亦得通用。郑《注》云:'古文作还。''还'亦谐睘声。凡谐'睘'声字,多有圜义。"①仍其例,不必视为"环"通假作"圜"也。

第四,从声音的线索入手,参之以《仪礼》本篇上下文及相关文献作为旁证,揭示经文当中的借字现象,探求借字用以替代的正字及其具体语言环境中的含义。例如,《丧服传》:"夫妻,胖合也;昆弟,四体也。"郑《注》于此"胖"字无注文,而《周礼·地官·媒氏职》郑《注》引此文"胖"作"判",后人因此多谓此"胖"字当读为"判"。于鬯则指出,"胖""判"并为"胖"之借字,皆非行文本字,并解释《传》文之义云:"《说文·半部》云:'胖,半体肉也。'然则'胖合'谓两半体肉合为一体,盖夫妻之相合,如两半体肉之相合也。此譬喻之语,与上文云'父子,首足也'、下文云'昆弟,四体也'同一义,皆所以发明上文'一体'之说也。……《楚辞·惜颂》章云:'背膺胖合以交痛兮。'背,半体也;膺,亦半体也。云'背膺胖合',此两半体合为一体之明证也。"②较之诸多前贤的解释,于氏的说法显然更具说服力。

第五,对于《仪礼》经传记中的一些特殊名物称谓,于鬯亦注意通过语词的声音线索,考察语词声音和语词意义之间的命名关系,从而揭示出名物称谓的得名之由。例如,《丧服传》:"继母之配父,与因母同。"郑《注》:"因,犹亲也。"于氏推阐"因母"命名取义之因云:"因当读为恩,恩谐因声,例得通借。故如《诗·皇矣》篇'因心则友'之'因'、《论语·学而》篇'因不失其亲'之'因',实皆当读为恩也。恩者,即《诗·鸱鸮》篇'恩斯勤斯'之'恩',毛《传》云:'恩,爱。'郑《笺》云:'殷勤于此稚子。'孔《义》云:'恩之言殷也。'盖有恩于子,故子称母曰因母。"③对于郑《注》的解释,于鬯认为虽然"义亦无悖",但"恩实其于亲",两者之间"犹有疏密之间","至今乡俗儿呼母曰恩母,而妇呼姑则曰亲母,此恩、亲二字之辨也",这也正是《传》不曰"亲母"而曰"恩母"的原因。因而,于氏的这一溯源性解释,对于读者理解词义和经义大有裨益。

此外,于鬯特别重视对"殇服"的系统诠释与考量。相对于《丧服》经传条文的研究,于鬯对"殇服"的发覆更加细致深入,著有《殇服》《殇服发挥》附载于《读仪礼日记》一书《丧服》篇后。众所周知,在《仪礼·丧服》篇里,有一部

---

① 于鬯:《香草校书》卷二十八,中华书局 1984 年版,第 561 页。
② 于鬯:《香草校书》卷二十八,中华书局 1984 年版,第 554—555 页。
③ 于鬯:《香草校书》卷二十八,中华书局 1984 年版,第 554 页。

分丧服条文属于"殇服"制度的内容,其中"殇大功九月七月"章9条,"殇小功五月"章12条,"殇缌麻三月"章8条,虽然条文篇幅较少,但也是"五服"制度的重要内容之一。自"殇服"见于《仪礼》以来,历代因之,迄宋元而不废,自明太祖《孝慈录》始行删汰。到了清代,一方面,"号称学士有询以大功七月之服,瞠然若未有闻者,于是猝遭其丧,或服焉,或否焉。……其服焉者,又率以成人之服服之,则仍不知斯礼也。"另一方面,"迩来说礼之家众矣,顾未有专编殇服之书。"①有鉴于此,于鬯对"丧服"条文进行了系统整理。

《殇服》篇首,于鬯自叙云:"国朝承明代之制,殇服斯阙,然亦不罪人之服殇服,其服之不合乎礼,尤弗禁也。矧稽古礼以定之哉,故为采辑成编,一以《礼》经为主,补其所略而删其所不宜于今者,表列差等,推著月算。"②观该篇全文凡34条,大致依仿《丧服》而又略有增删。考察其中所论各个条文,大致可以发现,其所论"殇服"条文主要有三个来源:一是来源于《丧服》篇本经;二是取材于历代礼书,如唐《开元礼》、明《集礼》等;三是古文献不载而系于鬯自己所补者,如"女子子适人者为弟妹""为人后者为其昆弟之子女子子""夫之本宗昆弟之子女子子"等数条殇服规制情况。于氏往往在每一条下具体讨论长殇、中殇、下殇三种殇服类型各自所服之有关服制情况,然后辑录《仪礼·丧服》经文并前人诸般训释成说、历代变迁情况,详加论断。例如,于鬯在"昆弟之子女子子"条下云:"长殇大功九月;中殇大功七月;下殇小功五月。《丧服》殇小功经,'昆弟之子女子子'之下殇,其长殇、中殇不见。见宋《政和礼》。《丧服》不杖期经'昆弟之子'是成人服期,故长殇、中殇降一等,下殇降二等。"由此可见,《殇服》所补大致依据《丧服》之目而又"表列差等,推著月算",于清代俗礼之丧制情况研究颇有裨益。换言之,于鬯对"殇服"的补辑和诠释,并非完全站在"古礼"的角度,也并非一味依从《礼记》所谓"尊尊""亲亲"统而观之,而是折中于古今之制的嬗变情况加以综合考量,取其合乎礼制变迁之"礼意"做出贴切的诠释。诚如他在《殇服》中所云:"先王制礼,'尊尊'、'亲亲'并重,故《仪礼》有诸侯大夫之服,与士不同,诸子所谓丧服自期以下诸侯绝大夫降也。今服有'亲亲'无'尊尊',盖亦其势然矣。"③

最后,需要进一步说明的是,作为一名"汉学考据派"学者,于鬯对于郑玄《仪礼注》的态度,并不像"宗守郑学派"学者那样一味维护是从,而是主张是

---

① 于鬯:《殇服》,载《读仪礼日记》,《续修四库全书》(第93册),上海古籍出版社2002年版,第355页。

② 于鬯:《读仪礼日记》,《续修四库全书》(第93册),上海古籍出版社2002年版,第355页。

③ 于鬯:《殇服发挥》,载《读仪礼日记》,《续修四库全书》(第93册),上海古籍出版社2002年版,第369页。

其是、非其非,秉持一种客观、公正的科学态度:"阮氏元叙程书曰:'夫玩索经之全文,以求经之义,不为《传》《注》所拘牵,此儒者之所以通也。'愚谓阮氏此言,可为读书之准。此非不讲师承也,乃正善于讲师承也。所恶于异郑者,为其师心自用、违经背理也。若本经以为义,则又何恶? 且郑君之学惟不专主一家,故能成其大。今学郑而惟郑之是,不适坏郑氏之家法乎? 必非郑君所许矣。"①遵守郑氏治礼家法,并不意味着一味惟郑是从,实足堪称是"汉学考据派"的问学宣言书。

第三节　折中旧说派的《仪礼》学研究

　　道光十年(1830)之后以迄清末,《仪礼》研究正式进入到一个总结阶段,一些研治礼经学者在关注郑玄、朱熹、敖继公、郝敬等历代大儒诠释成说的同时,更充分重视清初以来礼经学家训释《仪礼》的众多诠释成果,力图通过对众多前贤的诠释成说进行综合比较与系统分析,拾遗补缺,推陈出新,进而纠正前贤诠释之阙失,以图形成一部具有很强综合性、权威性的集大成式礼经著作,供学界参考和借鉴,由此而形成了清后期一个重要的礼经学流派——"折中旧说"派。究其特性而言,这一派学者的研究和以往的"淹通汉宋"派有同有异,"在训诂的工作方面上,'折中旧说'派更集中于仪节礼制的具体阐释及名物训诂方面,相对于'淹通汉宋'派,它较少进行义理方面内容的阐发;在训诂方法上,大抵以本经互证、三《礼》互证及群经互证为主,较少使用礼俗互证法和音形义综合考辨法,更宗守郑氏治礼家法,在这一点上,和'宗守郑学'派学者的研究颇为相近"②。从目前已知情况来看,清后期属于这一派的诸多学者中,当以胡培翚、吴之英、曹元弼的《仪礼》研究最具代表性。

一、胡培翚与《仪礼正义》等

（一）生平及著述概说

　　胡培翚(1782—1849),字载屏,一字竹村,号紫蒙,人称竹村先生。出身于安徽绩溪金紫胡氏之家,系礼学名家胡匡衷之孙,胡秉钦之子。"绩溪胡氏,自明诸生东峰以来,世传经学。"③受深厚的家学之风影响,年少之际胡培

---

①　于鬯:《读仪礼日记》,《续修四库全书》(第93册),上海古籍出版社2002年版,第367页。

②　邓声国:《清代〈仪礼〉文献研究》,上海古籍出版社2006年版,第112页。

③　赵尔巽:《清史稿》(册四十三)卷四百八十二《列传二百六十九·儒林三》,中华书局1977年版,第13272页。

羍即笃志励学,13 岁便从学于从祖父匡宪,"沐公之教深"①,悉心研读儒家经典,加之其自身"昼夜攻苦,强力不逭"②,所学日益大进。嘉庆六年(1801)开始,"广学师友,见有方正博闻之士,必就谘访"③,广泛交接学林好友,博采众人治学之所长,不断加深学养。嘉庆八年(1803),因得到汪廷珍的赏识而得以补入县学,两年后又先后师事徽州府训导夏郎斋和歙县学者汪莱。嘉庆十二年(1807),就读歙县城南紫阳书院,师从著名礼学大师凌廷堪,得窥凌氏研治礼经之途径,遂于次年正式开始深入研习《仪礼》之学。嘉庆十五年(1810),胡培羍举于乡,并于来年游学京师,与其叔父胡秉虔同寓处,"每夜读书必尽银烛二条,虽日间酬应纷纭,而夜课不减"④,勤勉不已。在京师逗留期间,先后与胡承珙、汪廷珍、王引之、洪颐煊、张聪咸、包孟开等人讨论学问,并且结下了深厚友情。嘉庆十九年(1814),奉特旨考取国子监学正学录。这一年,"比入都来,见为《毛诗》学者尚不乏人,独三《礼》之书,讲求者少,因校先祖《仪礼释官》,取《仪礼》全经覆读之,而贾氏之《疏》疏略,失经、《注》意者,视《毛诗》孔《疏》更甚,遂有重疏《仪礼》之志。然此事甚大,非浅学所能任。而以昔日粗闻于先祖及丁卯、戊辰间(按:指 1807—1808 年间)从次仲师游,窃窥涂径,又有未敢自逭者。"⑤胡培羍有感于学界治《仪礼》者数量之少,于是对先祖胡匡衷所著《仪礼释官》加以校刻传播,一直到嘉庆二十一年(1816)方始完成。

　　嘉庆二十四年(1819),胡培羍考中二甲进士,得授内阁中书,充实录馆详校官,后又擢为户部广东司主事。浮沉宦海多年,由于缺乏知遇者拔擢之,因而始终不得大显。其为人廉直,居官恪尽职守,处事谨慎,"时人称其治官如治经,一字不肯放过。绝不受财贿,而抉隐指弊,胥吏咸惮之"⑥。后于道光十年(1830)假照案发,司员失察者数十人,胡培羍虽无所污,终因有随同其他官员在文书上签字同意之嫌,被议镌级归故里。道光十三年(1833),虽然朝廷

---

　　①　胡培羍:《赠奉直大夫叔祖绳轩公行状》,《研六室文钞》卷九,《续修四库全书》(第 1507 册),上海古籍出版社 2002 年版,第 475 页。

　　②　胡培系:《族兄竹村先生事状》,载胡培羍:《研六室文钞补遗》,光绪六年刻本。

　　③　胡培羍:《石埭训导汪先生行略》,《研六室文钞》卷九,《续修四库全书》(第 1507 册),上海古籍出版社 2002 年版,第 461 页。

　　④　胡培羍:《从叔父同知公遗书记》,《研六室文钞》卷八,《续修四库全书》(第 1507 册),上海古籍出版社 2002 年版,第 454 页。

　　⑤　胡培羍:《复夏郎斋先生书》,《研六室文钞》卷四,《续修四库全书》(第 1507 册),上海古籍出版社 2002 年版,第 400 页。

　　⑥　赵尔巽:《清史稿》(册四十三)卷四百八十二《列传二百六十九·儒林三》,中华书局 1977 年版,第 13272 页。

奉旨同意其准捐而官复原位,但胡培翚却以亲老为由极力推辞,绝意仕途,此后乃一直以讲学、著书为业。道光十二至十三年(1832—1833),胡氏应陶澍之邀前往钟山书院担任讲席;道光十四至十七年(1834—1837),胡氏主讲泾川书院,在士子中倡导"士苟有志于经,则必熟其本文,详其注释,深求乎圣贤立言之旨,以得乎修己治人之方"①,讲求通经致用、博学敦行的学风。道光十八年(1838),胡氏任职娄东讲席。次年,又前往云间书院担任主讲。道光二十二年(1842),又前往惜阴书院任职山长,同年因战事与足疾复发而辞职。此后,胡氏还曾回到泾川书院担任主讲。在漫长的书院主讲生涯当中,胡培翚汲汲以引翼后进为己任,"学者得其指示,皆能有所表见于世"②,众多书院中成材者不乏其人,如汪士铎、杨大堉等皆是其中较为突出者。

胡培翚一生主要致力于经学研究,如上所述,其早年承祖父胡匡衷和从祖父胡匡宪之学,又师歙县凌廷堪问学,后又与胡承珙、汪廷珍、王引之、洪颐煊等一批学者相互切磋交流学术,兼采众儒之所长,由此学问大进。兼之胡培翚日以博学敦行、通经致用为要务,为学精审,故其在当时的学界享有较高的声誉。究其毕生治学,尤于礼学极为洽熟,所著礼学著作甚富,包括《仪礼正义》40卷、《仪礼宫室定制考》《燕寝考》3卷、《禘祫问答》1卷、《研六室文钞》10卷、《研六室杂著》1卷等,其中《仪礼正义》一书为其礼学研究毕生心血之所在;另外,据胡培翚在其《上罗椒生学使书》文中所言,胡氏原本还拟撰《仪礼贾疏订疑》《仪礼释文校补》《宫室提纲》3部书,③然而在其辞世之时均草创未完稿,但其主要见解都已融入到《仪礼正义》的诠释当中。

胡培翚之所以治《仪礼》著《正义》一书,不仅仅是出于传承其祖父及从父二世传《礼》之故风,同时亦有其出于实用目的的考虑。胡培翚曾在户部广东司主事任上,因严查冒滥漏报以破窜搞假照之积弊,终至于惹人嫌隙而丢失官职。道光十三年(1833),旨准捐复原官,而胡培翚则以《正义》一书尚未完成,念其用世价值之笃切,遂决定讲学著述,不复出仕。胡氏以为,礼是先王所以教、君子所以履之所由出者,具有很强的社会功用和现实意义,其自言《仪礼》与社会风教之关系云:"其中冠、昏、丧、祭,切于民用;进退、揖让,昭明礼意。若乡邑中得一二讲习之士,使众略知礼让之风,即可消兵刑于未萌。此翚所以

---

①　胡培翚:《泾川书院志学堂记》,《研六室文钞》卷八,《续修四库全书》(第1507册),第456页。

②　胡韫玉:《胡培翚传》,《国粹学报》1911年第76期。

③　参见胡培翚:《上罗椒生学使书》,载《研六室文钞·补遗》,《续修四库全书》(第1507册),上海古籍出版社2002年版,第488页。

急欲成书也。"①这一见解,与胡氏业师凌廷堪所倡导的"夫其所谓教者,礼也,即父子有亲,君臣有义,夫妇有别,长幼有序,朋友有信是也"②思想,可谓一脉相承。胡培翚尝引《论语·乡党》篇与《仪礼》相对照,以为"《论语·乡党》一篇,多与《礼经》相表里"③,主张孔子所言相当饮射之礼大多是对《仪礼》的实践。由此可见,胡培翚意图通过《仪礼》之中礼意的探究,倡导和推动礼之遗意的实用性。④

《仪礼正义》一书实胡培翚积40余年《仪礼》研究之功而成,"胡培翚遂于二十五岁之后,致力于《仪礼》之考究,钩稽排纂,旁搜博征,矻矻求之,不间寒暑。"⑤从25岁开始,一直到其辞世为止,胡氏方始完成《仪礼正义》一书大半部分,未能完成最终定稿。考胡氏之侄胡肇智在《〈仪礼正义〉书后》中称:"道光乙巳,智奉讳南归,见《丧服经传》《士丧礼》《既夕礼》《士虞礼》四篇已成,《特牲馈食礼》《少牢馈食礼》《有司彻》诸篇草稿粗具。其余各篇,皆经考订,尚未排比。先叔父初意专解《丧服》,故从丧祭诸礼起手也。是年四月,患风痹,犹力疾从事,左手作书。以族侄肇昕留心经学,命助校写。己酉夏,尝寄智书曰:'假我数月,全书可成。'讵意背疽复发,遽于七月弃世。尚有《士昏礼》《乡饮酒礼》《乡射礼》《燕礼》《大射仪》五篇,未卒业。江宁杨明经大堉,昔从先叔父学礼,因为补缀成编。书中有'堉案'及'肇昕云'者,即二君之说。"⑥由此可见,现存《正义》四十卷当中,尚杂有其族侄胡肇昕之说,且其中《士昏礼》《乡饮酒礼》《乡射礼》《燕礼》《大射仪》五篇十二卷,为胡氏门人杨大堉采辑补缀,全书甫告完成。

(二)胡氏对《仪礼》之认知观

自汉代以来,关于《仪礼》经、《记》《传》的成书时代、作者,十七篇经文的排列序次,礼经的性质问题,《周礼》《仪礼》《礼记》之间的关系问题,等等诸如此类问题,历来学者争议不断。作为一名专务礼经研究的清后期集大成者,

---

① 胡培翚:《上罗椒生学使书》,载《研六室文钞·补遗》,《续修四库全书》(第1507册),上海古籍出版社2002年版,第489页。

② 凌廷堪:《复礼(上)》,《校礼堂文集》卷四,中华书局1998年版,第29页。

③ 胡培翚:《〈论语〉"肉虽多不使胜食气唯酒无量不及乱"解》,《研六室文钞》卷三,《续修四库全书》(第1507册),上海古籍出版社2002年版,第392页。

④ 台湾学者张寿安先生曾作《清儒礼学思想之实践——以胡培翚、夏銮二家族为例的探讨》,考察其有关礼学思想实践方面的情况。《第一届国际清代学术研讨会论文集》,台湾中山大学中文系编印1993年11月。

⑤ 林存阳:《胡培翚与〈仪礼正义〉》,《清史论丛》2003—2004年号,中国广播电视出版社2004年版。

⑥ 胡肇智:《〈仪礼正义〉书后》,载段熙仲点校本《仪礼正义》卷末,江苏古籍出版社1993年版,第2434页。

胡培翚著述《仪礼正义》时对此亦多有回应作答。

其一,关于《仪礼》经、《记》《传》的作者问题。在这一问题的认知上,胡培翚大致是站在一名古文经学家的立场上加以回应:"三《礼》惟《仪礼》最古,亦惟《仪礼》最醇矣。《仪礼》有经、有《记》、有《传》,《记》《传》乃孔门七十子之徒之所为,而经非周公莫能作。"①又云:《仪礼》"经文精微详悉,非周公莫能作。《记》《传》,亦皆圣贤之徒为之。但此《传》为子夏所作与否,似当在阙疑之列。近儒乃谓《传》文有莽、歆增窜者。《礼经释例》云:'《周官》晚出,故宋人或疑为莽、歆伪撰,若《仪礼》,自西汉立学以来,从无有疑及之者。为其论者,自非丧心病狂,不至于此。'盖深恶其说之足以害经也。"②由此可见,胡培翚主张《仪礼》本经应是周初周公所作,而《记》《传》文的成文,持出于孔门七十子之徒之说;对于将《丧服传》归之于子夏所作的传统说法,胡氏则持表示"阙疑"的态度。胡氏在有关《礼经》的辨伪问题上较为传统,这是因为在他看来,"此经古本相传已久,未可据易"③,"今比其例而观之,虽微文琐节,井井然若网在纲,有条而不紊,始知《礼经》广大精深,非圣人必不能作也"④。故而胡氏对于此前各家对此问题的论争,《正义》中虽然辑录了诸家的论点,但基本上是供存参之用而已。另外,胡氏《正义》之中对于有关《仪礼》之中的经、《记》互混问题,也多有讨论,此恕不逐一详征。

其二,关于《周礼》《仪礼》《礼记》之间的关系问题。《仪礼正义》(以下简称《正义》)中,也有片语涉及三《礼》之间的关系论述,例如,《正义》卷一:"贾《疏》谓《周礼》是统心,《仪礼》是履践,不知履践必本于心,外之有揖、拜、辞、让之文,内之必有恭敬、谦逊之实,故魏氏了翁以为,《仪礼》一经非由外心以生,凡皆人性之固有,天秩之自然,则以二《礼》分别外、内,非矣。"⑤据此可见,胡培翚对于唐人贾公彦《仪礼疏》将《周礼》《仪礼》二礼强行分别外内之说,虽然并不认同,但对于贾《疏》"《周礼》是统心,《仪礼》是履践"之说却并不完全抵斥。另外,《正义》卷八:"乃若《仪礼》《周礼》,皆周公制作时所定,

---

①　胡培翚:《仪礼正义》卷一,《续修四库全书》(第 91 册),上海古籍出版社 2002 年版,第595 页。

②　胡培翚:《仪礼正义》卷二十　,《续修四库全书》(第 92 册),上海古籍出版社 2002 年版,第358 页。

③　胡培翚:《仪礼正义》卷二,《续修四库全书》(第 91 册),上海古籍出版社 2002 年版,第638 页。

④　胡培翚:《仪礼正义》卷九,《续修四库全书》(第 92 册),上海古籍出版社 2002 年版,第 98 页。

⑤　胡培翚:《仪礼正义》卷一,《续修四库全书》(第 91 册),上海古籍出版社 2002 年版,第595 页。

而《乡饮酒义》即《仪礼》之义疏也,亦不容有误。"①卷二十八:"《仪礼》经是周公作,叙次最完密。《礼记》是后人所记,时有参差。"②在胡培翚看来,《仪礼》《周礼》二者既然皆是周公制作时所定,那么皆可归属于儒"经"的范畴,而《礼记》只不过是孔门七十子之徒之说,其中某些篇章甚至存在着"参差"不一致的地方,兼且《乡饮酒义》之类"义"篇称得上是《仪礼》之义疏,与《仪礼》不可等同并列之。胡培翚还注意到,《仪礼》中的《记》文与《礼记》记文之间有时存在一定的关联性,如其论及《士冠礼》篇的《记》文时称:"此《记》所引《冠义》之文,自始至末词义高古,实胜《礼记·冠义》篇。盖不知谁人所作,要必孔子之徒为之,是以传习者多。《仪礼》作《记》者录其文以为《士冠》之《记》,而《戴记》又取以入《郊特牲》篇也。不然,何以二者无异辞乎?"③确然发人深省。

至于《仪礼》17 篇经文的排列序次问题,胡培翚《仪礼正义》基本上是按照郑玄《仪礼目录》的序次安排全书卷次,显然是延继了汉代以来大多数学者的主流做法,同时也表明了胡培翚以著述的具体安排实践,彰显出他对于郑玄遵从刘向《别录》本《仪礼》17 篇序次的肯定和高度体认。

(三)《仪礼正义》之著述义例

从胡培翚《仪礼正义》的著书内容看,综其要亦无非校、释两端。《正义》"释"文这一部分,胡氏采用疏注体这一传统注释体式,既释经文,又释郑《注》,不过胡氏在沿袭唐人《注疏》体式做法的基础上又略有变异。众所周知,唐人经《疏》通例,一般是先释经,次述注。就释经部分而言,若将胡氏《正义》与贾公彦《仪礼注疏》对比,可以发现,贾公彦释经部分往往随文阐义,所述内容或与郑《注》相复,而释《注》转多疏略;而胡氏《正义》释经已非诠释的主体内容,所占比例极小,即便有注释亦唯崇简要,疏《注》部分已具者咸从简约诠释。

就释郑《注》的义例而言,据罗淳衍《仪礼正义序》言,胡培翚自述其《正义》之例有四:"曰补注,补郑君注所未备也;曰申注,申郑君注义也;曰附注,近儒所说,虽异郑恉,义可旁通,附而存之,广异闻,佚专己也;曰订注,郑君注义偶有违失,详为辨正,别是非、明折中也。"④胡培翚在《与顺德罗敦衍书》

---

① 胡培翚:《仪礼正义》卷八,《续修四库全书》(第 92 册),上海古籍出版社 2002 年版,第 69 页。

② 胡培翚:《仪礼正义》卷二十八,《续修四库全书》(第 92 册),上海古籍出版社 2002 年版,第 505 页。

③ 胡培翚:《仪礼正义》卷二,《续修四库全书》(第 91 册),上海古籍出版社 2002 年版,第 641 页。

④ 罗淳衍:《仪礼正义序》,载《仪礼正义》卷首,《续修四库全书》(第 91 册),上海古籍出版社 2002 年版,第 591 页。

中,亦申述其撰《正义》之四例云:"一曰疏经以补《注》,二曰通《疏》以申《注》,三曰汇各家学说以附注,四曰采他说以订注。"①二者所述之"补注""申注""附注""订注",皆有其特定的意义,台湾学者程克雅先生将其释之为"释例术语"②。这四个释例术语内涵各别,现根据段熙仲《胡氏〈仪礼正义〉释例》③一文的研究,结合著者的研读情况,依次分别略加说明如下:

其一是"补注",即"补郑君《注》所未备也"。具体地说,就是以郑《注》为对象,补其释义时措辞不周延或语义简略之处,例如,《士相见礼》:"某也不依于挚,不敢见,固以请。"郑《注》:"言依于挚,谦自卑也。今文无也。"《仪礼正义》卷四:"《注》云'言依于挚,谦自卑也'者,依于挚,谓托之以通意,无所托则不敢见,是谦自卑之辞也。云'今文无也'者,谓古文作'某也不依于挚',今文无'也'字,郑从古文作'某也'者,取其配文足句,非有他义。"④此外,"补注"亦有"以辨为补"之意,附上因郑《注》简略而辨析的文辞,进一步推阐郑《注》成意,例如,《士冠礼》:"赞者皆与,赞冠者为介。"郑《注》:"赞者,众宾也。皆与,亦饮酒为众宾。"《正义》卷一:"沈氏彤云:'《乡饮酒记》云:"主人之赞者不与,无算爵然后与。"此亦当然。'《注》云'赞者,众宾也。皆与,亦饮酒为众宾'者,朱子云:'赞者谓主人之赞者也,恐字误作众宾耳。'今案:下云'赞冠者为介',即前经宿赞冠者一人,乃宾之赞者也,则此赞者为主人之赞者甚明。"⑤郑玄《注》云"赞者,众宾",语义未为明晰,故胡培翚附上沈彤及朱子之说,并据上下文明辨之,进一步推阐郑《注》成意。

其二是"申注",即"申郑君《注》义也",其内在意蕴实质就是延顺郑《注》而加以申述,并通过申《注》借以驳斥他人之说。例如,《士冠礼》"入见姑姊,如见母",郑《注》:"如见母者,亦北面,姑与姊亦侠拜也。"《仪礼正义》卷一:"郑分姑与姊为二,或据《左传·疏》云'古人谓姑为姑姊妹,父之姊为姑姊,父之妹为姑妹',谓《冠礼》之姑姊即姑,并引《列女传》鲁义姑姊、梁节姑姊以驳

<hr/>

① 此处所引《与顺德罗敦衍书》文,并未见于《续修四库全书》(第 1507 册)影印之胡培翚《研六室文钞》当中,系据赵尔巽等编撰《清史稿》(册四十三)卷四百八十二《列传二百六十九·儒林三》转引,中华书局 1977 年版,第 13273 页。

② 程克雅:《胡培翚〈仪礼正义〉释例方法探究——兼述段熙仲之"以例治礼"说》,《"国立中央大学"中国文学研究所集刊》1995 年第 2 期。

③ 段熙仲:《胡氏〈仪礼正义〉释例》,附于《仪礼正义》卷首,江苏古籍出版社 1993 年,第 1—6 页。

④ 胡培翚:《仪礼正义》卷四,《续修四库全书》(第 92 册),上海古籍出版社 2002 年版,第 2—3 页。

⑤ 胡培翚:《仪礼正义》卷一,《续修四库全书》(第 91 册),上海古籍出版社 2002 年版,第 625 页。

郑《注》。今案:姑姊、姑妹,后世容有此称,周公制礼则无之。《尔雅》亦周公作,而《释亲》篇止云父之姊妹为姑,不云姑姊、姑妹,其证一也。《仪礼·丧服》篇多言姑姊妹,若以为姑姊、姑妹,则是父之姊妹有服,而己之姊妹无服,周公制礼,何独遗之? 其证二也。《白虎通》云父之昆弟不俱谓之世父,父之女昆弟俱谓之姑,何也? 姑当外适人,《疏》故总言之,其证三也。况姑姊、姑妹均属父行,冠者冠毕,何独见父之姊而不见父之妹? 以是知此篇之姑姊,当如郑说,未可易也。……《邶风·泉水》诗曰:'问我诸姑,遂及伯姊。'言姑姊而不言妹,斯可证已。"①由此看来,胡培翚"申注"之方式,主要是透过比较之后,以郑为宗主,一引证加以申述,一又驳难其他之说。

其三是"附注",即"近儒所说,虽异郑恉,义可旁通,附而存之,广异闻,佽专己也"。程克雅以为乃是由于不同的论事观点而致,在《仪礼正义》当中胡培翚往往通过并存"近于郑"及"异于郑"之说的方式,借以达到广异闻的训释效果。例如,《士丧礼》:"君释采,入门,主人辟。"郑《注》:"释采,祝为君礼门神也。"《正义》先补充申解郑《注》云:"《注》云'释采,祝为君礼门神也'者,案此经作'采',而《丧大记》两言'君释菜',字俱作'菜',故郑解为'礼门神',与彼同也。"其下又转引万斯大《仪礼商》以"释采"为"释去吉衣"之说,然后又加按语云:"若此经'释采',万氏说似亦可从。《玉藻》'非列采不入公门',郑《注》:'列采,正服。'《杂记》'麻不加于采',郑《注》:'采,玄纁之衣。'古时冕服皆玄上纁下,朝服亦玄冠玄衣,皆吉服。此时大敛,主人虽未成服,然亦不可以吉服临之,故释采而后入门。窃以为万氏说于经亦合,故并录之。"②可见胡氏亦以为万氏之说有可取之处,并为提供数则材料以为旁通之证,故两存其说。

其四是"订注",即是指"郑君《注》义偶有违失,详为辨正,别是非、明折中也"。实事求是是胡培翚治学所遵循的家法之一,对于郑玄《仪礼注》,胡培翚并不一味全信、偏信,不仅是其是,而且非其非。因而,胡培翚的"订注",有据敖说而匡正郑《注》训释者,有借纠贾《疏》回护郑《注》而订郑《注》者,又有肯定敖继公部分说法以订郑《注》者。例如,《丧服传》:"何以言子折笄首而不言妇? 终之也。"郑《注》:"据在夫家,宜言妇。终之者,终子道于父母之恩。"《仪礼正义》卷二十五云:"云'据在夫家,宜言妇。终之者,终子道于父母之恩'者,以归于夫家,宜言妇,而仍称子者,以子是对父母之称,是欲终守子道,

① 胡培翚:《仪礼正义》卷一,《续修四库全书》(第91册),上海古籍出版社2002年版,第622页。

② 胡培翚:《仪礼正义》卷二十八,《续修四库全书》(第92册),上海古籍出版社2002年版,第510页。

不忘父母之恩也。敖氏云:'终,终丧也。言妇恶笄以终丧,无折笄首之事,故不言妇也。'(今案:敖说与郑异。郑以《传》不言妇之妇,仍指女子子言,终之为终子道,其说似迂曲,不若敖以妇即《记》'妇为舅姑'之妇,终之为终丧之顺。《小记》曰'齐衰恶笄以终丧',其证也。)"①此系据敖说而匡正郑《注》训释者,敖说较诸郑《注》为长,清代张尔岐、沈彤、江筠、卢文弨等大儒皆主敖继公之解,故胡氏亦据此批驳郑《注》。

通观上述四种"义例",可见胡培翚《仪礼正义》的诠释虽主于宗守郑《注》,却不完全囿于郑说,诚如著者在《清代〈仪礼〉文献研究》中指出的那样:胡氏通过"广征历代诸儒之说,用以'补注'、'申注'、'附注'、'订注',与其宗守郑氏家法、沿袭乾嘉学者考据的治学原则虽然表面上似有矛盾,与'疏不破注'的疏解之规相违,然若深究其意,更可见胡培翚治学之谨严,并无破坏家法另立新解之雅好。郑氏治《礼》精贯本经及群经,固不容轻易破之,但毕竟远离先秦时代,缺乏详塙的证据,因而有时不免辩解当中是非并现,后人研究郑氏之学,自当从事一番订讹补阙、详为疏证之要务。历代经儒考释《仪礼》,间与郑说相异,而于《礼》经古制及古训的训解或有可取胜于郑《注》之处,胡氏生当清代《仪礼》学兴盛期之后,同时代学者研究精见纷呈而出,胡氏毅然肩负起总结成说之重任,博稽众家之说,甄别、抉择诸家解说之正误,不以礼许人,亦不轻易因人而废一家之言,容有一丝可取之处亦当择入以资借鉴,寻绎经文文例以为匡纠郑《注》牾违之说,而非一般肤学之所为。"②

(四)胡培翚之诠释礼经与治学特色

从《仪礼正义》《研六室文钞》等系列礼经学著作研读情况来看,除了《仪礼正义》精纯的补注、申注、附注、订注著述义例外,还体现出其他一些治经与诠释特色,其中最为明显的主要体现在如下几方面:

首先,从治学宗尚来看,胡培翚研治礼经并无汉学与宋学之类学术宗派之见。在胡氏看来,"夫经者,制行之准然,非寻章摘句之谓,必体验乎圣贤修己治人之道,以淑身心,而求为约,先求为博。"③又说:"人之言曰:'汉学详于训诂名物,宋学详于义理。'以是歧汉、宋而二之,非也。汉之儒者未尝不讲求义理,宋之儒者未尝不讲求训诂名物。义理即从训诂名物而出者也,特汉承秦焚

---

① 胡培翚:《仪礼正义》卷二十五,《续修四库全书》(第92册),上海古籍出版社2002年版,第451页。

② 邓声国:《清代〈仪礼〉文献研究》,上海古籍出版社2006年版,第120页。

③ 胡培翚:《惜阴书院别诸生文》,《研六室文钞·补遗》,《续修四库全书》(第1507册),上海古籍出版社2002年版,第486页。

书之后,典籍散亡,老师宿儒之传不绝如线。"①又说:"汉儒说经,各有家法,不为向壁虚造之谈。历魏晋,至隋唐,遵循勿失。宋时周、程、张、朱诸子,讲明义理,而名物制度犹必以汉儒为宗。"②可见,在胡培翚的学术视野当中,并无鲜明的汉学倾向,也没有鲜明的宋学倾向,在他的礼经研究中同样体现了这一点。对于《仪礼正义》而言,鉴于该书的著述在于以补注、申注、附注、订注为主,而郑玄注《礼》向来享有"礼是郑学"之美誉,故《仪礼正义》著述中更多体现出长于名物训诂和仪节训释的特点。但在胡培翚的《研六室文钞》中却略有差异,正如胡先翰、先頖所说:"翰等间请梓其著述,吾师谓所著书尚须改订,惟说经之文,久思就正四方有道,而苦钞写不及,若以刻代钞,其可。于是出所作古文,命择其有关经义者,得八十余篇,编为《研六室文钞》十卷,授之剞劂。其无关经义者,虽已传于外,概命勿付梓。……其解经不尚新奇,不事穿凿,惟以经证经,心得最多。"③诚如今人林存阳所说,《研六室文钞》"胡培翚此书,乃主泾川书院时所成,其主导思想在于探讨有关经义诸问题"④,同时也与《正义》的仪节诠释得以相互印证,更加彰显出胡氏汉学与宋学兼融并蓄的治学风貌。

其次,从援据诸家解说情况来看,胡培翚《仪礼正义》博稽约取,从不攘人之善。作为一部疏注体著作,在解经释《注》过程中,必然要广泛搜罗、综合和总结历代礼经学家诠释《仪礼》经文仪节和语词训诂的各家诠释成说,胡氏"《正义》在具体的义疏过程中,为了说清事理,往往在一条义疏中兼采众本。不论是古代圣贤之作,还是当代研究者的作品;不论是经书,还是子书;不论是小学著作,还是类书,只要是能帮助其疏经解注,都在胡培翚的引用之内"⑤。从已知情况看,胡氏所见历代礼学著作甚众,在清代治《仪礼》经学者中难寻匹敌,除校勘文字、辨别今古文的文献典籍之外,据段熙仲所辑《胡氏〈仪礼正义〉引用书目》⑥统计,其所援据之专门《仪礼》类著作计 55 种,另有礼图文献

① 胡培翚:《答赵生炳文论汉学宋学书》,《研六室文钞》卷五,《续修四库全书》(第 1507 册),上海古籍出版社 2002 年版,第 423 页。

② 胡培翚:《国朝诂经文钞序》,《研六室文钞》卷六,《续修四库全书》(第 1507 册),上海古籍出版社 2002 年版,第 424 页。

③ 胡先翰、先頖:《研六室文钞·谨识》,载《研六室文钞》卷首,《续修四库全书》(第 1507 册),上海古籍出版社 2002 年版,第 352 页。

④ 林存阳:《胡培翚与〈仪礼正义〉》,《清史论丛》2003—2004 年号,中国广播电视出版社 2004 年版。

⑤ 陈功文:《胡培翚〈仪礼正义〉研究》,扬州大学博士学位论文,2011 年,第 217 页。

⑥ 段熙仲:《胡氏〈仪礼正义〉引用书目》,载《仪礼正义》附录四,江苏古籍出版社 1993 年版,第 2469—2478 页。

12 种,历代有关于礼仪名物制度之通考、通志类文献 20 种。除此以外,胡培
翚还参考了历代群经传疏、诸子、史地书、小学书、儒生治经札记答问考订之
书、集部别集及总集名注、类书数百种。这些引书文献,时间跨度大,从先秦至
清代的文献都有涉猎。无怪乎有学者称:"胡氏广罗古今治《仪礼》者言,兹不
备列,洵可谓集是经解诂研考之大成。……但就大体而论,自贾《疏》而后,尚
无如是书之博大精深者,洵治礼家之杰作也。"①对于所见诸家不同的诠释成
说,胡氏一以实事求是为准绳,表现在历代《仪礼》学说诠释的回顾与总结上,
就是博稽众家之说而抉择异同之是非,从寻绎经文入手,择取胜于郑《注》或
有助于补《注》、申《注》之见,这种立足于广征诸说基础上的抉择工作,"不妨
定位为礼经解释史中,本经与本经、本经与注疏、郑《注》与其他注解交相比较
后的'抉择'方式。而不是将'释例'藉固定术语寄寓于新疏行文之中,以待说
者钩玄发明的那一类"②。总之,在援据诸家诠释成说方面,胡氏引用态度谨
严,辨择精善,理据详确,所谓集大成之功乃得各家之精髓,非一般《钦定仪礼
义疏》之类纂集体及集解体著作所能比。

再次,从语词诠释角度来看,胡培翚继承了乾嘉学者的考据方法,在礼经
文本的语词训释和名物训诂中,往往通过蒐集历代经文传注材料,通过考察文
字音、形、义三者之间的关系,据形索义,因声求义,并将文字的多重语义放置
在特定的历史时期背景下作出唯一性的精确选择。例如,《士冠礼》:"布席于
门中闑西、阈外,西面。"郑玄《注》:"闑,门橜。阈,闑也。古文'闑'为'槷',
'阈'为'蹙'。"胡氏《正义》卷一:"此节今文作'闑''阈',古文作'槷''蹙',
郑于经用今文之本,而注明'古文作某'于下,使后人有所稽考,乃解经慎重之
意。然郑从'闑''阈'不从'槷''蹙'者,则以'闑''阈'为正字,人所易晓也。
其注《周礼·匠人》云:'槷,古文"臬"假借字。'此古文之槷,亦是假借,而义
又殊。《周礼·匠人》之'槷',与《尔雅》在地之'臬'同,谓于平地中树八尺之
表,以规识日景,非门中之'闑',郑注《考工记》甚明。《尔雅》既云'在地者谓
之臬',又云'橛谓之闑',是'臬'与'闑'殊。郭氏以门橛释'臬',则缪矣。
《说文》'槷'作'槸',本义训为木相摩。《周礼》假'槷'为'臬';《仪礼》古文
及《穀梁传》'置旃以为槷',皆假'槷'为'闑'耳。"③这样一段诠释话语中,胡

————————

① 中国科学院图书馆整理:《续修四库全书总目提要·经部·礼类》(上册),中华书局 1993 年
版,第 515—516 页。

② 程克雅:《胡培翚〈仪礼正义〉释例方法探究——兼述段熙仲之"以例治礼"说》,《"国立中央
大学"中国文学研究所集刊》1995 年第 2 期。

③ 胡培翚:《仪礼正义》卷一,《续修四库全书》(第 91 册),上海古籍出版社 2002 年版,第
599 页。

氏通过考察《仪礼》《周礼》《穀梁传》《尔雅》等文献、注释语料,说明了《仪礼》今古文"闑""槷"之间存在的通假关系,考辨详明,分析透彻,实为的论。诸如此类考据释例《正义》甚众,胡培翚正是通过继承和发掘各类传统解经成果,因声求义,据形索义,求得对《仪礼》经文名物语词和一般语词的确切训诂的。因而当代著名文献学家张舜徽先生称誉胡氏治学说:"培翚经学湛深,考据邃密。所论礼制名物,皆直求之经文传注,融会钩稽,实有所得,故精确创辟者为多。"①

　　复次,从礼经仪节训释角度来看,面对丰富繁多而又歧见纷纭的诸家仪节诠释成说,胡培翚往往通过细致的异同比较分析,强调尽可能多地援引各类文献典籍去证明、疏解本经。《仪礼》一书,仪节训释一直是一大重点,也是一大难点,因为"其间器物、陈设之多,行礼节次之密,升降、揖让、裼袭之繁"②,无不令人头晕目眩。在胡培翚之前,清代许多治礼经颇强调以经证经、以子证经、以史证经,甚或有学者还以通考、通志类书籍材料来证经。而胡氏数十年研治礼经,并没有满足于单纯的《仪礼》本经证《仪礼》的诠释之法,而是确立了一条尽可能融通经史子集,"以本证和旁证为主、以参伍推论的理证为辅"的综合性考据方法。例如,《士相见礼》:"若父,则游目,毋上于面,毋下于带。"《正义》疏解经文诠释说:"敖氏云:'此谓与父言之时也。其异于大人者,游目耳。'今案:上节云'凡与大人言',此云'若父',紧承上说,则敖以此为与父言之时是矣。《曲礼》曰'士视五步',郑注:'士视得旁游目五步之中也。视大夫以上,上下游目不得旁。'此经云'游目',亦谓得旁游也,但其上下仍有节限。《曲礼》又曰:'凡视,上於面则敖,下于带则忧。'故此经直云'毋上于面,毋下于带'也。"③此例经文诠释中,胡氏不仅根据本经本篇上下文进行申解,同时又结合《礼记·曲礼》篇及其郑《注》加以补充说解,相互推阐印证,考据详明,洵为的论。可见,《仪礼正义》具体仪节内容之训诂方法上,则仍不脱前人治《礼经》所运用的诸法,即本经互证法、三礼互证法及先秦文献补正法;另外,胡培翚还广为运用"推注诠经法",以《注》申《注》,从郑玄注经的行文方式与诠释凡例加以综合观照,倘若将胡氏的礼经诠释与"经俗互贯派"学者的诠释相比,便会发现,"胡氏较少运用礼俗互证法,即使是对《丧服》篇经、《传》《记》具体服制条文的诠释当中,亦同样强调从制服原则及其经文行文之贯通

---

① 张舜徽:《清人文集别录》卷十四,中华书局 1963 年版,第 380 页。
② 胡培翚:《仪礼正义》卷一,《续修四库全书》(第 91 册),上海古籍出版社 2002 年版,第595 页。
③ 胡培翚:《仪礼正义》卷四,《续修四库全书》(第 92 册),上海古籍出版社 2002 年版,第 8 页。

入手,从情、义、理诸角度进行训诂,而不作历代服制之变迁情况考察"①。

如前所述,胡培翚曾师从凌廷堪就学,而凌廷堪所著《礼经释例》十分重视礼例研究在《仪礼》仪制诠释中的重要性:"《仪礼》十七篇,礼之本经也。其节文威仪,委曲繁重,骤阅之,如治丝而棼,细绎之皆有经纬可分也。……不得其经纬途径,虽上哲亦苦其难。……经纬途径之谓何? 例而已矣。"②凌廷堪所著《释例》全书从通例、饮食之例、宾客之例、射例、变例、祭例、器服之例、杂例8个大类,详细考察礼经中存在的各类礼例情况。此外,清儒凌曙所著《礼说》一书绪言中,亦倡言要"治礼以例",而其所论之礼例则有所谓"正例""变例""变例中之正例""正例中之变例""变例中之变例"等名目③。尽管如此,胡氏所著《仪礼正义》亦多采师说,但其著述却未沿袭这一治礼途径,并没有从正、变之例的揭示角度来解释《仪礼》仪节中的诸多特例,而是纯就经文及其传、注本身以立其义,一方面是因为著述体例"疏注体"的限制,另一方面也因为"标准的模糊则不能说明变例以为常例,实合于礼的理由"④。胡氏这样做,完全有助于避免正例与变例之间的纠缠、难于厘清的诠释困惑。例如,《丧服》篇"父为长子",凌曙《礼说》从礼例角度揭示说:"斩衰章子为父,臣为君,此正例也。"⑤而胡培翚《正义》诠释说:"古者重宗法,父为长子服斩衰三年,亦敬宗之义,故即次于'子为父'、'臣为君'之后也。"⑥胡氏则并不揭示礼例情况,转而从血缘关系及宗法制度方面加以阐述,"要其关键,正例在于尊君,变例在于亲疏而已。就尊君来说形成的是君统,而就亲疏来看则是宗统内与否的差异"⑦。如从这一角度来看,凌曙所述之各种"五服"礼例之正变情况,则完全可以根据"尊尊""亲亲"的"五服"制服原则加以考察说明,胡培翚的诠释更贴合疏注体这一著述体式。

续次,从礼经行文分节情况来看,胡培翚《仪礼正义》在《仪礼》经、记章次的划分上也十分讲究,仪节次第分明井然有条。胡培翚交代说:"旧本经不分

---

① 邓声国:《清代〈仪礼〉文献研究》,上海古籍出版社2006年版,第122—123页。

② 凌廷堪:《〈礼经释例〉序》,《礼经释例》卷首,《续修四库全书》(第90册),上海古籍出版社2002年版,第2页。

③ 凌曙:《礼说》卷一之首,《续修四库全书》(第110册),上海古籍出版社2002年版,第505页。

④ 程克雅:《胡培翚〈仪礼正义〉释例方法探究——兼述段熙仲之"以例治礼"说》,《"国立中央大学"中国文学研究所集刊》1995年第2期。

⑤ 凌曙:《礼说》卷一之首,《续修四库全书》(第110册),上海古籍出版社2002年版,第505页。

⑥ 胡培翚:《仪礼正义》卷二十一,《续修四库全书》(第92册),上海古籍出版社2002年版,第367页。

⑦ 程克雅:《胡培翚〈仪礼正义〉释例方法探究——兼述段熙仲之"以例治礼"说》,《"国立中央大学"中国文学研究所集刊》1995年第2期。

章,朱子作《经传通解》,始分节以便读者,至张氏尔岐《句读》本,分析尤详。此书分节多依张本,而亦时有更易云。"①《仪礼正义》分节多依张尔岐《仪礼郑注句读》划分之法,同时又据吴廷华《仪礼章句》之划分,稍加更异,择取吴氏之划分合理者引之转为己用。《仪礼正义》多在每节开头一句的经、注疏解里,指出这一节经文的起讫情况,简要说明本节之要义。若某一节段当中包括多个仪节环节与要事,《仪礼正义》亦有简要概括性说明,例如,《士冠礼》篇开篇"士冠礼,筮于庙门"下,胡氏《正义》"疏"文第一句交代总结说:"自此至'宗人告事毕',言筮日之事。张氏尔岐云:'将冠,先筮日,次戒宾。至前期三日,又筮宾、宿宾。前期一日,又为期、告宾。冠期前事,凡五节。'"②另外,与朱熹《仪礼经传通解》、张尔岐《仪礼郑注句读》二者分节不同的是,胡氏《仪礼正义》不仅给礼经本经正文分节、概括节旨,同样还给本经后的《记》文划分节段,诚可谓"前修未密,后出转精"。总之,在章节划分方面,胡培翚对张尔岐及吴廷华二人的研究成果进行了吸纳和考辨,形成了自己的为学见解。

另外,从文献校勘角度来看,胡培翚《仪礼正义》校勘内容丰富,校勘方法多样,所据版本众多。胡培翚作《仪礼正义》时,不仅对《仪礼》本经进行细致精审的校勘,同时亦颇为关注郑《注》、贾《疏》二者之校勘。尽管在此之前,已出现了沈彤《仪礼郑注监本刊误》、卢文弨《仪礼注疏详校》、金曰追《仪礼经注疏正讹》、阮元《仪礼石经校刊记》等一批以校勘为专门要务的著作,但有时不免出现不同的校勘歧见,令人无所适从。为此,胡氏特别注意吸纳阮元《仪礼注疏校勘记》及其他校勘成果,并广据所见各类文献版本进行细致的校勘。具体说来,该书在校勘方面具有以下特点:

其一,在底本的选择上,胡培翚依据善本,择善而从。《仪礼正义》卷一云:"其宋严州单注本,为宋本之最佳者,现已重刻行世,悉据录焉。"③又云:"兹撰《正义》,经文俱从唐石经,《注》文俱从严本。其或石经、严本有误,则改从他本,并注明于下。"④胡氏所谓严本,即是指黄丕烈士礼居重刻宋严州单《注》本。由此可见,胡氏作《正义》时,《仪礼》经文俱从唐石经,郑《注》文俱从严州单注本(即黄丕烈翻刻本),皆为当时所见之善本,然而亦不盲从善本,

---

① 胡培翚:《仪礼正义》卷一,《续修四库全书》(第 91 册),上海古籍出版社 2002 年版,第 595 页。

② 胡培翚:《仪礼正义》卷一,《续修四库全书》(第 91 册),上海古籍出版社 2002 年版,第 595 页。

③ 胡培翚:《仪礼正义》卷一,《续修四库全书》(第 91 册),上海古籍出版社 2002 年版,第 594 页。

④ 胡培翚:《仪礼正义》卷一,《续修四库全书》(第 91 册),上海古籍出版社 2002 年版,第 595 页。

如所从善本有误,则据他本予以补正,体现出胡氏审慎精细的治学风格。

其二,校勘经注文字异同,详覈完备。《正义》卷一交代说:"仪征大学士阮公撰《十三经注疏校勘记》,于《仪礼》尤详。其《仪礼自序》云:'郑氏叠古、今文最为详覈,语助多寡,靡不悉记。今校是经,宁详无略,用郑氏家法也。'培翚撰《正义》,一遵其说,详载各本经、《注》异同。"①段熙仲先生以为,"阮之用郑,犹胡之遵阮,文字详覈"②。这实际上为我们指出了胡培翚校勘经、《注》的一个重要特点,即在依各本进行文字异同校勘时,注重各版本之间之文字异同之收罗,并尽可能全面详覈。从该书校勘内容整理来看,胡氏所据以校勘之版本主要有以下数种:黄丕烈士礼居重刻宋严州单注本,涵芬楼影印徐氏仿宋《仪礼》单注本,汪士钟重刻单疏本,阮元校刊《十三经注疏》本,陈凤梧篆书本,明国子监刊《注疏》本,毛氏汲古阁刊《注疏》本,李元阳闽本,葛氏刊本,清国子监重修本,张敦仁刊《注疏》本,此外还参考了残存之唐开成石经,汉石经残字(张国淦藏本)以及欧阳修《集古录》、谢子祥《三礼图》(见《五礼通考》所引)。

其三,广纳前贤时哲的校勘成果,择取其中之可信者入《仪礼正义》之中。其所参考的校勘著作主要有:张参《五经文字》,唐玄度《九经字样》《石经考文提要》,张淳《仪礼识误》,卢文弨《仪礼注疏详校》,金曰追《仪礼经注疏正讹》,沈廷芳《仪礼注疏正字》,胡承珙《仪礼古今文疏义》,阮元《仪礼注疏校勘记》等。其中尤以阮元《仪礼注疏校勘记》取用最多,"凡阮《记》所未录严本及黄丕烈《校录》,往往补列于徐氏之上"③。由于该书《士昏礼》《乡饮酒礼》《乡射礼》《燕礼》《大射仪》5篇12卷为胡氏门人杨大堉所补,这12卷校勘体式略有不同,杨氏所补但从阮氏《仪礼注疏校勘记》而已,稍逊色于胡氏所作校记。

其四,旁征旧籍,分别异同。"《正义》于文字亦详载各本异同,胡氏一字不苟,其及身已成诸篇悉用此例。凡阮《记》所未录严本及黄丕烈《校录》,往往补列于徐氏之上,杨补惜但从阮《记》而已。"④

最后,从经世致用的角度来看,胡培翚著述《仪礼正义》,从事于仪节烦琐的礼经学精专之学考证,绝不是为学术而学术,其间不仅体现出张扬礼学的经世功能,同时也彰显了胡培翚自身充溢的经世济民情怀。在胡培翚看来,《仪

---

① 胡培翚:《仪礼正义》卷一,《续修四库全书》(第91册),上海古籍出版社2002年版,第594页。

② 段熙仲:《胡氏〈仪礼正义〉释例》,附于《仪礼正义》卷首,江苏古籍出版社1993年版,第6页。

③ 段熙仲:《胡氏〈仪礼正义〉释例》,附于《仪礼正义》卷首,江苏古籍出版社1993年版,第6页。

④ 段熙仲:《胡氏〈仪礼正义〉释例》,附于《仪礼正义》卷首,江苏古籍出版社1993年版,第6页。

礼》"其中冠、昏、丧、祭,切于民用;进退、揖让,昭明礼意"①,况且"《礼》当为天下万世遵行,不当为一二人立制"②。因而他力图通过对《仪礼》经文的精确考证,凸显《仪礼》经、注之本义,厘清周代的各种礼仪制度与行礼程式,从情、义、理诸角度寻绎其中的合理内核和历代礼制演变规律,使人们有礼可循,有仪可遵,从而有助于推行礼乐教化在当下社会的传播,进一步发挥礼学所具有的移风易俗与经世致用之功用,所谓"若乡邑中得一二讲习之士,使众略知礼让之风,即可消兵刑于未萌。此翚所以急欲成书也"③。为达成经世致用的诠释目的,胡培翚《正义》往往将义理的阐释寓于仪制考据中去,通过考据来阐发义理,申解礼制蕴涵的礼意与礼义,这在《丧服》篇的服制诠释当中最为突出,最具有代表性。胡培翚曾师从凌廷堪研习《礼经》,故而也承袭了凌氏"封建尊尊服制"及"亲亲服制"的解经原则,并据此作为诠释服制的立论基础,如《正义》卷二十一云:"妻为夫,妾为君,《传》皆以至尊释之者,亦家无二尊之义也。"④又云:"父在为母期,妇为舅姑期,一则屈于父之尊,一则明所天之重,乃尽人皆然。此母为长子三年,必其夫为适子承宗者,乃得服之。盖此礼专为尊祖敬宗而设,故不嫌于过也。"⑤皆从"尊尊""亲亲"的角度论说,阐发服制之大义。这一"五服"制服原则的认知观念,与胡氏本人重视礼意探究,强调礼之实用性的一贯作风是一脉相承的。

(五)《仪礼正义》校释之阙失

为《仪礼》一经进行经、《注》疏解,本身就是一件十分庞杂的工作,加之胡培翚在著述《正义》时,往往从诸多传世经传、诸史、诸子、通志、通考、字书、辞书类等各类文献当中寻找校释证据,取证可谓十分详博,更添加了诠释疏证工作的难度。该书卷帙浩繁,胡培翚虽然耗费四十余年精力从事著述,疏证中难免还会存在这样或那样的阙失与不足,从现存所见《仪礼正义》版本情况来看,至少存在如下几方面的阙失:

首先,就校勘方面而言,尽管胡培翚《仪礼正义》的礼经文献校勘厘清了

①　胡培翚:《上罗椒生学使书》,《研六室文钞·补遗》,《续修四库全书》(第 1507 册),上海古籍出版社 2002 年版,第 489 页。

②　胡培翚:《仪礼正义》卷二十三,《续修四库全书》(第 92 册),上海古籍出版社 2002 年版,第 414 页。

③　胡培翚:《上罗椒生学使书》,《研六室文钞·补遗》,《续修叫库全书》(第 1507 册),第 489 页。

④　胡培翚:《仪礼正义》卷二十一,《续修四库全书》(第 92 册),上海古籍出版社 2002 年版,第 369 页。

⑤　胡培翚:《仪礼正义》卷二十一,《续修四库全书》(第 92 册),上海古籍出版社 2002 年版,第 376 页。

许多聚讼已久的问题，甚至有的是胡培翚第一次独到发现，但百密不免一失，仍然存在某些方面的不足。例如，孙诒让先生就曾批评说："近胡培翚《仪礼正义》、阮福《孝经义疏补》、陈立《公羊传义疏》，并全录阮《记》，俗本讹文，尘秽简牍，非例也。"①根据陈功文先生的研究，胡氏的礼经文献校勘有着两方面的欠缺，一是"《仪礼正义》在部分篇章中对《仪礼》经、注的校勘基本上是照录阮《记》的，缺少了创新，也给后人留下讥诮的把柄"，二是"《仪礼正义》在有些篇章特别是《丧服》篇中对经、注的校勘较少，这与其他篇章校勘之'密'相比，显得不太相称，给人一种校勘体例不一的感觉"。陈功文同时也指出，后一方面的欠缺"与各篇撰著时间的先后也有关系，毕竟胡氏初志在《丧服》一篇，其他篇只是后来才立志撰著的。这种时间上的先后关系或许会影响到胡氏在校勘方面的一些差异"②。

其次，就文献引证方面来看，胡培翚虽然在解经疏《注》过程中通过广征博引群书方式来增强礼经诠释的可信度，但在实际诠释引证过程中仍然存在着某些方面的不足之处。据陈功文先生《胡培翚〈仪礼正义〉研究》研究表明，《仪礼正义》文献引证方面存在这样几方面的阙失③：一是胡氏有时往往采取"节引"的征引方式，从而导致文献引文与被引原文存在文字与内容上有一定的出入；二是《仪礼正义》在引用《诗经》中的文句时，往往凭借记忆标示出处，有时难免出现将诗句篇目出处弄错的情况，如将《诗》文"载櫜弓矢"的篇名《时迈》误写作《我将》④之类；三是胡氏在征引前贤训释语段时，常常不加校对就直接引入疏文，倘若所引语段引文有误，《仪礼正义》亦随之错误而无任何校勘说明；四是胡氏在引用其他文献的内容时，有时没有查询原书第一手语料，而是从其他书进行转引，导致《正义》引文的文字与原书文字存在一定的出入；五是胡氏征引诸家之说时，有的直接点明书名，有的则仅说明文献著者的姓氏，体例上欠缺统一。这一点胡氏本人在给陈奂的书信中也颇有发覆："拙《疏》内引诸家之说甚多，或引出姓名，或引出书名，似宜画一"⑤。诸如此类引证的瑕疵，应当与胡氏临终并未完全定稿，加之其侄胡肇智、弟子杨大堉未能加以全面审察统稿有一定的关联，导致一些不应有的错误出现在《仪礼正义》当中。

　　① 孙诒让：《周礼正义略例十二凡》，载王文锦、陈玉霞点校本：《周礼正义》卷首，中华书局1987年版，第1页。
　　② 陈功文：《胡培翚〈仪礼正义〉研究》，扬州大学博士学位论文，2011年，第152页。
　　③ 参见陈功文：《胡培翚〈仪礼正义〉研究》，扬州大学博士学位论文，2011年，第229—230页。
　　④ 胡培翚：《仪礼正义》卷二十六，《续修四库全书》（第92册），上海古籍出版社2002年版，第486页。
　　⑤ 陈奂辑，吴格整理：《流翰仰瞻》第四十二函，载《历史文献》（第十辑），上海古籍出版社2006年版，第51页。

　　再次，就名物训诂而言，尽管胡培翚著述《仪礼正义》吸纳了前贤众多名物训诂的成果，但就诠释形式而言，更多停留在文字诠释方面，缺乏一定的直观性。著者曾经指出：《仪礼正义》"研究之不足，恐最大之失在于对历代《礼经》图解体著作之成果及治学方式重视和利用不足，因为图解法是《仪礼》文献学研究的一种重要方式方法，当然这与其著书体例有一定的关联。"①其实，主要便是就《仪礼正义》名物训诂缺乏直观可感性而言的。《仪礼》经文中涉及的名物极其广泛，按照黄以周《礼书通故》中的说法，"名物图"应该包括以下九大类：一曰宫室，二曰衣服，三曰玉瑞符节，四曰尊彝鼎，五曰乐器，六曰射器，七曰兵器，八曰车制，九曰器服、器器。② 毕竟这些名物，大多数读者往往难以凭借文字描述而获得直观性感知，倘若借助图谱，便能更加形象生动。在胡氏著述《仪礼正义》之前，业已出现了众多的礼图类著作，他们大都包含有名物训诂的图解类诠释成果，如杨复《仪礼图》、万斯大《宫室图》、张惠言《仪礼图》等，都有名物类图解成果，即便在清代的一些随文释注体礼经学著作当中，也包括零星的此类诠释成果，倘若能够在其诠释成果的基础上，添加此类礼图成果，更能彰显《仪礼正义》一书的"集大成"特色。

　　当然，在胡培翚《仪礼正义》的"今案"类按语诠释话语当中，也有少量存在嫌疑甚至有失武断、片面的诠释情况，但毕竟是书无完书，些许的不足难以遮掩其全书的贡献与价值，无损于其诠释成就。正因为如此，自该书问世以来，许多学者给予了极其高度的评价，如李慈铭在所著《越缦堂读书记》中评价说："其书包罗古今，兼列众本异同，精核博综，诚一时之绝学。"③当代礼学名家钱玄先生也说："宜乎今之治《仪礼》者均以《正义》为最佳之读本。"④而胡培翚《仪礼正义》也着实称得上是清代礼经研究的一部殿军之作、集大成之作。

二、曹元弼与《礼经校释》等

（一）生平及著述概说

　　曹元弼（1867—1953），字毅荪⑤，又字师郑，一字懿斋，号叔彦，晚号复礼

---

　　① 邓声国：《清代〈仪礼〉文献研究》，上海古籍出版社 2006 年版，第 124 页。

　　② 参见黄以周：《礼书通故》卷四十八，《续修四库全书》（第 112 册），上海古籍出版社 2002 年版，第 452 页。

　　③ 由云龙辑，李慈铭著：《越缦堂读书记》，上海书店 2000 年版，第 56 页。

　　④ 钱玄：《三礼通论》，南京师范大学出版社 1996 年版，第 68 页。

　　⑤ 有关曹元弼字号，各处记载不一，此据陈戍国《中国礼制史（先秦卷）》（湖南教育出版社 1991 年版，第 2 页）说，王欣夫《吴县曹先生行状》（载钱仲联编校《广清碑传集》补遗六篇，《苏州大学学报》（哲学社会科学版）2000 年第 2 期）谓"字毅孙"，张敬煜《礼学思想研究——以〈礼经学〉为考察重点》（江西师范大学 2009 年硕士学位论文）认为是字毅孙，等等。

老人,又号新罗仙史,室名复礼堂,江苏吴县(今苏州市)人。早岁便已颖慧著称,光绪十一年(1885)入江阴南菁书院肄业,向黄以周问学。当时大江南北才俊贤士云集南菁书院,朝夕切磋学问,元弼尤与张锡恭、唐文治交往甚笃。同年夺得拔贡生第一名。光绪十二年(1886)赴京参加会试,与孙诒让论礼甚为满意,并与其子孙绍箕建立昆弟交。光绪二十年(1894)甲午科二甲进士,因眼疾未能参与廷试,次年补考殿试,以内阁中书用。光绪二十三年(1897),张之洞转任两湖总督,元弼应其延聘,主讲两湖书院,撰《原道》《述学》《守约》三篇,向诸生展示治学之方。光绪二十六年(1900),因捐资纳效,得奖分部郎中。光绪三十三年(1907),又应张之洞之电招邀请,担任湖北存古学堂总教之职。当时清廷设礼学馆,编纂《大清通礼》,其故交张锡恭、钱同寿,及从兄曹元忠等人,皆入馆任分纂。礼部尚书溥良奏保其来京,因存古学堂之聘,仅列顾问。光绪三十四年(1908),因江苏巡抚陈启泰荐举及进呈《礼经校释》御览,受赏封为翰林院编修,原书发交礼学馆。同年江苏奏设存古学堂,延请为经学总教习,仍兼存古学堂职务。辛亥革命后,乃退居吴门,于故里闭门著书授学。当代学者王欣夫、沈文倬、钱仲联等皆曾从其受业。

曹元弼毕生致力于经学之研究,著述颇丰,其经学著作主要有:《周易郑氏注笺释》16卷、《周易集解补释》《周易学》8卷、《古文尚书郑氏注笺释》40卷、《周礼学》《礼经校释》22卷、《礼经学》7卷、《大学通义》《中庸通义》《毛诗学》《孟子学》《孝经郑氏注笺释》《孝经校释》《孝经学》7卷、《论语学》(后刊刻时改题为《圣学挽狂录》)等经学专著。曹氏还与梁鼎芬合辑有《经学文钞》,又有《复礼堂文集》10卷、《复礼堂述学诗》15卷等个人诗文集存世,其中亦有许多经学言论在内。此外,据曹氏《礼经校释》卷末所附《礼经纂疏序》言,曹元弼还曾著述《礼经纂疏》一书,著述始于光绪十三年(1887)二月,但该书可能最终没有完成,如曹氏本人所云,"其成与否,则先圣先师在天之灵实主之,非小子之所敢知也"[1],现亦未见存书在世。

《礼经校释》一书的著述成书,考曹元弼所撰《条例》行文,是书乃始于光绪九年(1883)开始撰著,至光绪十七年(1891)十一月才完稿,但主要源始于光绪十五年(1889)为母亲居丧丁忧之故。在居丧期间时,曹元弼对此前读礼之条记进行了一番整理,并据此撰成《礼经校释》22卷。其所谓"校"者,校正经、注、疏之讹文;"释"者,阐释经、注、疏之隐义。"自唐朝贾公彦《疏》迄近胡培翚《正义》,咸顺其上下,推其本意,正讹补脱,乙衍改错。其说之异于《注》

---

[1]　曹元弼:《礼经纂疏序》,《礼经校释》卷末,《续修四库全书》(第94册),上海古籍出版社2002年版,第541页。

者,推其致误之由以订正之,务求按之经而合,问之心而安。"①光绪十七年(1891)该书刊成行世后,便得到了当时学者李慈铭、王颂蔚等人的高度评价。

至于《礼经学》7卷,则缘起于曹元弼主讲两湖书院期间,是曹元弼编撰的《十四经学》之一种。光绪二十三年(1897),曹元弼受两湖总督张之洞之邀聘,主讲于两湖书院,曾与梁鼎芬一起辑成《经学文钞》,而相与论学者,则有马贞榆、陈宗颖、胡元仪、陈庆年、王仁俊、杨守敬、桑宣、蒯光典、姚晋圻等人。在书院主讲期间,张之洞要求曹氏等人编修《十四经学》,试图"经义提纲挈领,昭示士林,以闲圣道,放淫辞",依仿《劝学篇·守约》所列,建立治经"提要钩玄"之法,约以明例、要旨、图表、会通、解纷、阙疑、流别七目。曹氏认为此事体大物博,任重道远,于是接受了这一著述任务,辞去两湖书院经学教习之职,"发愤覃思,闭户论撰,寝食俱忘,晷刻必争,冀速揆于成"②,终于在宣统元年(1909)撰述刻成此书。

(二)曹元弼对《仪礼》之认知观

关于《仪礼》经、《记》《传》的撰者与成书年代问题,经、《记》有无互混的问题,《仪礼》有无逸篇的问题,《仪礼》17篇的序次问题,等等,历来学者多有不同认知。围绕诸如此类问题,曹元弼在他的著述中亦有所发覆,体现出一名古文经学家的独到认知观。具体说来,主要表现在如下诸方面:

首先,关于《仪礼·记》的撰者问题,曹元弼也赞成胡培翚以为《记》文出于孔门七十子之徒之说的主张。曹氏在《校释》中说:"《记》本记经不备,盖礼坏之后儒者及见逸经者著之,虽未必无千虑一失,而岂妄庸之徒所得轻议?"③具体地说,"《记》出七十子之徒",但是少数情况亦有例外,例如"《服记》有子夏传者,卜氏弟子增续耳"④。由此看来,曹氏主张《记》之主体部分出于孔氏之门,其中《丧服》篇《记》文则由子夏传之、卜氏弟子增续之。同时,曹氏也注意到,各篇《记》文详略及内容性质存在一定差异,以《士冠礼》与《士昏礼》二篇之《记》文为例,"《冠礼》经详,故《记》惟言其义;《昏礼》经略,故《记》备言其制。后人执彼定此,妄议古经,误矣⑤。

其次,关于《丧服传》的撰者问题,曹元弼仍主张延续子夏所作的旧说。

① 王欣夫:《吴县曹先生行状》,载卞孝萱、唐文权编:《民国人物碑传集》,团结出版社 1995 年版,第 523 页。

② 王欣夫:《吴县曹先生行状》,载卞孝萱、唐文权编:《民国人物碑传集》,团结出版社 1995 年版,第 523 页。

③ 曹元弼:《礼经校释》卷六,《续修四库全书》(第 94 册),上海古籍出版社 2002 年版,第 211 页。

④ 曹元弼:《礼经校释》卷一,《续修四库全书》(第 94 册),上海古籍出版社 2002 年版,第 129 页。

⑤ 曹元弼:《礼经校释》卷一,《续修四库全书》(第 94 册),上海古籍出版社 2002 年版,第 129 页。

曹氏指出："《疏》云'人皆云',云'师师相传',则作《传》者为子夏,自周以来旧说也。作者,创始之辞;后儒传述增续,但可谓之述,不可谓之作。……此《传》云子夏作,盖同斯例。《传》文兼释经、《记》,经是周公所制,释经者实子夏,原文《记》是七十子后学所为,释《记》者皆后师增续。其释经处有一二未安,为郑《注》所驳者,或数《传》后失其本说,而以意补之,未能尽善如《诗小序》。……然或续或补,亦皆推演子夏之旨而为之,且不过十之一二,故师师相传,唯云子夏作而已。浅妄之徒因《传》有释《记》处,遂谓此《传》全出作《记》之后,非子夏所为,致启歆、莽增窜之诬,殊可叹也。"①

再次,关于经、《记》有无互混的问题,曹元弼否认《仪礼》存在经、《记》互混的现象,主张现有经文十七篇经、《记》的明晰与独立性。曹氏专门针对孔广林《仪礼臆测》的臆说,集中讨论了《士冠礼》《士相见礼》二篇《记》文的具体情况。关于《士冠礼》篇中之《记》,孔氏《臆测》云:"此字(指'记'字)当在'戒宾曰'之上,诸辞及三屦乃《士冠记》也,简烂文错,误著此字于《记》末。"②曹氏《校释》则申言反对孔氏之说:"《冠礼》经详,故《记》惟言其义;《昏礼》经略,故《记》备言其制。后人执彼定此,妄议古经,误矣。"③因而他反对将《士冠礼》篇诸辞视之为《记》文。至于《士相见礼》一篇,姜兆锡、孔广林等人均主张"凡燕见于君"以下为《记》文,《臆测》云:"是经'下大夫相见'已下皆《记》,'记'字脱灭,遂与经文并耳。知者,篇以士相见名,不得杂厕卿大夫在内,况《昏礼》《士丧》《特牲》诸经亦各止及士礼,此又非其例。郑君于'宾反见'注云:'下云"凡燕见于君"至"凡侍坐于君子",博记反见之燕义。'是郑君亦目之为《记》矣。"④针对这一说法,曹元弼进行了有力的辩驳:"《士相见礼》,自汉以来相传无《记》,自首至尾皆经也。后人以'凡燕见于君'以下为《记》,不知事礼三千,其中必有以类相从零星间见,如《曲礼》《少仪》《玉藻》者,赖此可以梗概,安得反以其似《记》而疑之乎?《玉藻》诸篇乃礼文散逸之后知礼君子拾其零章断句,或非出一人之手,故前后颇有参差互见者。若其本经,则当以类相从、条理井井如此篇也。此篇有与《玉藻》同者,则知《玉藻》等篇固多逸经在其中矣。"⑤

最后,关于《仪礼》与《周礼》的关系,曹元弼反对孔颖达所谓"《周礼》为

①　曹元弼:《礼经校释》卷十二,《续修四库全书》(第94册),上海古籍出版社2002年版,第317—318页。
②　孔广林:《仪礼臆测》卷一,《续修四库全书》(第89册),上海古籍出版社2002年版,第220页。
③　曹元弼:《礼经校释》卷一,《续修四库全书》(第94册),上海古籍出版社2002年版,第129页。
④　孔广林:《仪礼臆测》卷三,《续修四库全书》(第89册),上海古籍出版社2002年版,第226页。
⑤　曹元弼:《礼经校释》卷三,《续修四库全书》(第94册),上海古籍出版社2002年版,第148页。

本,《仪礼》为末"的说法,更多倾向于贾公彦的说法。贾公彦《仪礼疏·序》:
"《周礼》为末,《仪礼》为本。本则难明,末便易晓。"孔颖达《礼记正义·序》:
"《周礼》为本,则圣人体之;《仪礼》为末,贤人履之。"贾、孔二氏之说看似颇
为矛盾,曹元弼为之申解说:"贾以终始言,则《仪礼》为大平始基,《周礼》为大
平成法;孔以体履言,则《周礼》为礼之纲领,《仪礼》为礼之条目。言异而义通
也。"但同时他又指出孔氏立说之误:"孔以体、履分属二礼,似误会郑意。知
者,郑《礼序》云:'礼者,体也,履也。统之于心曰体,践而行之曰履。'此言礼
兼体、履之训,犹《易》一名,而函义未尝以体、履分属二礼也。又云:'然则三
百、三千虽混同为礼,至于并立俱陈,则曰此经礼也,此曲礼也;或云此经文也,
此威仪也。'此以二礼之制分经、曲,亦未尝以二礼之义分体、履也。"尽管如
此,他又说"孔氏推衍似误,但其说亦自可通耳"①。

　　(三)《礼经校释》之诠释特点

　　该书之所以称"校释",《〈礼经校释〉序》云:"校者校经、注、疏之讹文,释
者释经、注、疏之隐义。"②关于曹元弼著述的初始目的,其"序"亦有一番说
明:"阮氏校各本异同,而众本并讹则未及读正,学者于《疏》文仍不免隔阂难
通。胡氏(即胡培翚)依《注》解经,而于《注》之曲寻道意迥异俗说者,或以为
违失而易之,又多采元敖继公、明郝敬两妄人说,而引贾《疏》特少,时议其非,
皆其千虑之失也。"③因此,此书"专为学者通《疏》文、达《注》意、解经有所适
从而作"④。另据《校释》卷十六末尾处曹氏所云,《丧服校释》五卷乃据其原
作《礼服释疑》一书"删取十之七八以入此编"⑤。

　　从《礼经校释》一书的诠释情况来看,曹元弼的礼经研究颇具特点,与胡
培翚的诠释风格截然迥异,主要可以从如下诸方面得以观照:

　　首先,从著述体式的选择与体例的安排情况来看。《礼经校释》属于《仪
礼》学著作中的三次文献,兼采校勘体与考辨体二者之著述体式特征。全书
凡 22 卷,大致依照郑氏 17 篇叙次安排全书,包括校勘和注释两方面内容,其
中注释部分往往用"释曰"加以标明,采取考辨体的训诂体式,"是书除《丧服》

---

① 曹元弼:《礼经校释》卷一,《续修四库全书》(第 94 册),上海古籍出版社 2002 年版,第 114 页。

② 曹元弼:《〈礼经校释〉序》,《礼经校释》卷末,《续修四库全书》(第 94 册),上海古籍出版社
2002 年版,第 529 页。

③ 曹元弼:《〈礼经校释〉序》,《礼经校释》卷末,《续修四库全书》(第 94 册),上海古籍出版社
2002 年版,第 528 页。

④ 曹元弼:《礼经各家撰述要略》,《礼经学》卷七,《续修四库全书》(第 94 册),上海古籍出版社
2002 年版,第 851 页。

⑤ 曹元弼:《礼经校释》卷十六,《续修四库全书》(第 94 册),上海古籍出版社 2002 年版,第
464 页。

外,皆积历年条记而成"①,"先儒说已是者不复繁文,凡所辨证,皆于义难明者
也"②。和一般注体著作不同的是,《礼经校释》一般不详细罗列《仪礼》全文,
更多点明解释、校勘"某某节"的某一句经文,某一句的郑《注》、贾《疏》;其将
贾《疏》作为重要的诠释考辨对象,而且占据相当大的篇幅,在《仪礼》学史上,
可谓首创之举,对彰显贾《疏》的学术价值很有帮助。

　　其次,从曹元弼引述前人研究成果情况来看,《礼经校释》一书颇有自己
的引述风格。在考辨体诠释部分,用曹元弼自己的话说,便是:"《士冠》至《觐
礼》,《士丧》至《有司》,援引各家止撮大意,以所据多出胡氏《正义》,可覆案
也;《丧服》不从此例,以释疑本礼疏长编备引各家之说也。各篇所引在《正
义》外者,亦备载其文,俾阅者寻省易了。"③例如,《士虞礼》"尊于"节,郑注:
"緇布葛属。"曹氏考辨王引之说云:"王氏引之引《燕礼》《大射仪》证緇布为
二物。(案:彼二物者皆言'若'以别之,此不言'若',则非二物明矣。且彼皆
别出布体,此'若'与彼同,则亦当明言何布,不得但言布已也。)故王氏以彼文
证緇布为二物。弼即以彼文定緇布之非二物,緇布犹今人云葛布耳,至日用丁
巳,则事类不同,不得取证。"④曹元弼引王引之释语,并未直接援引王氏释文,
而是仅撮摘其文大意,进一步加以辨正其说之非是,减免了诠释行文之繁复。

　　再次,从曹元弼的诠释关注焦点来看,他并不局限于单纯的词义与礼制诠
释,同时也注意相关礼制背后的礼义发覆。在曹氏看来,礼经文本的背后,无
不透露出"尊尊""亲亲""长长""贤贤"诸如此类的情、义、理诸礼意要素,所
谓"盖经礼三百,曲礼三千,皆周公以孝治天下之实事,节文度数,委曲繁重,
无非爱人敬人之意","《礼经》以一字同异正名分,皆圣人精义入神之学。礼
之所尊,尊其义"。既然如此,读礼经的科学方法,"学者本《孝经》以读《礼
经》,其学乃有本且有用;以治《春秋》之法治《礼经》,其学乃精;据《礼记》以
读《礼经》,其学乃神"⑤。因而,曹氏《校释》一书的诠释非常注意揭明礼意,
力图通过发明礼意来诠释礼制的合理性。例如,《乡饮酒礼》:"主人释服。"

---

① 曹元弼子:《礼经校释·条例》卷末,《续修四库全书》(第 94 册),上海古籍出版社 2002 年版,
第 530 页。

② 曹元弼:《〈礼经校释〉序》,《礼经校释》卷末,《续修四库全书》(第 94 册),上海古籍出版社
2002 年版,第 529 页。

③ 曹元弼子:《礼经校释·条例》卷末,《续修四库全书》(第 94 册),上海古籍出版社 2002 年版,
第 530 页。

④ 曹元弼:《礼经校释》卷十九,《续修四库全书》(第 94 册),上海古籍出版社 2002 年版,第
494 页。

⑤ 曹元弼:《礼经学》卷一,《续修四库全书》(第 94 册),上海古籍出版社 2002 年版,第 584—
585 页。

《礼经校释》卷四:"戒宿同服,礼之常也。《乡射》则因礼轻于《乡饮酒》而戒宾用玄端,以明《乡饮》之重;《公食》则因宾有不敢当之意而先服玄端,犹归大礼之日宾朝服礼辞乃皮弁以受,皆礼以义起者。"①又如,《燕礼》:"小臣设公席于阼阶上,西乡;设加席,公升,即位于席,西乡。"郑注:"后设公席者,凡礼,卑者先即事,尊者后。"曹氏疏解郑《注》发凡礼例之意云:"《燕礼》主欢,有以下道上之义,故先设宾席;《大射》主敬,有自上治下之义,故先设公席。至公先升即位,则固不易之道,二礼所同,不得以彼决此。经发首,一言小臣戒与者,一言君有命戒射,事同而文异,圣人之情见乎辞矣。朱文公犹未达《注》义,盛氏自为说,更非经意。"②曹氏《礼经校释》中凡此之类甚众,要皆通过"事同而文异"的异同对比,分析其中所谓的义例,强调对仪节中"礼以义起者"的精确诠释,彰显礼制中蕴含的精意内蕴。沈文倬在谈到曹元弼《古文尚书郑氏注笺释》一书的诠释特点时称:"师对音韵训诂之学的造诣极深,但他深恶在片词只语上的矜奇斗异。他解释经书,都是训诂考据与义理阐发并重,训诂考据是为了义理阐发,忽略后者使前者失去意义。他追求的目标是,融贯全经。"③字词训诂和义理阐发的妥善结合,恰好是《礼经校释》诠释中的真实写照。

复次,从《礼经校释》的治学取向来看,曹元弼的治学既有尊崇郑、贾《注疏》的一面,同时又不排斥汉唐以来其他学者的治学成果,容有一得之见,亦加以肯定,体现出实事求是的治学态度。曹氏重视汉、唐注疏之学,反对"以辞害志"式的研究。具体到郑、贾《注疏》而言,他以为郑《注》于经传义定其分限,观其会通,精密之至"④,而贾《疏》则"误者十之二,不误者犹十之八,皆平实精确,得经注本意,盖承为郑学相传古义,非贾氏一人之私言也"⑤。因此,曹元弼主张,"说经当慎重,苟有可通,万不可轻以为脱讹,以启改经之弊"⑥。例如,曹氏于《既夕礼》篇"二烛"节下诠释说:"《注》谓互文相见,是

①　曹元弼:《礼经校释》卷四,《续修四库全书》(第 94 册),上海古籍出版社 2002 年版,第 171 页。

②　曹元弼:《礼经校释》卷七,《续修四库全书》(第 94 册),上海古籍出版社 2002 年版,第 216—217 页。

③　沈文倬:《曹元弼〈古文尚书郑氏注笺释〉》,《文献》1980 年第 3 期。

④　曹元弼:《礼经校释》卷十六,《续修四库全书》(第 94 册),上海古籍出版社 2002 年版,第 427 页。

⑤　曹元弼:《礼经纂疏序》,《礼经校释》卷末,《续修四库全书》(第 94 册),上海古籍出版社 2002 年版,第 539 页。

⑥　曹元弼:《礼经校释》卷十八,《续修四库全书》(第 94 册),上海古籍出版社 2002 年版,第 481 页。

也。胡氏谓有脱字,非。……经自有互文之礼,可尽指为脱乎?"①这一治学风尚也赢得了当时学者的充分肯定,如光绪十六年(1890)五月,《南书房翰林覆奏》中评价《校释》一书说:该书"体例较为明晰,其治经壹以郑、贾为宗,而兼采唐宋诸儒及国朝诸家之说,折中以求其是,略无门户之见。间有于义难明者,一一疏通证明,持论颇多可采。"②至光绪三十四年(1908)五月二十三日,陈启泰在他进呈之奏折中,亦称《校释》一书"无汉、宋门户之见,惟实是求"③,虽不无溢美之词,但验诸《校释》一书,确是较为客观中肯。

在关于贾公彦《疏》的评价上,与清初以来的大多数学者相比,曹元弼给予了极高的评价,疏解中多有反对清儒轻诋贾《疏》的言辞。在曹氏看来,胡培翚《仪礼正义》引贾《疏》特少,而且时议其非,皆其千虑之失,事实上"贾《疏》有极条畅处,有极简当处,实非不善行文者"④,但曹元弼同时又指出:"夫贾氏之书诚不能无误,然以弼观之,误者十之二,不误者犹十之八,皆平实精确,得经注本意,盖承自郑学相传古义,非贾氏一人之私言也。特唐中叶后,治此经者鲜,故其文衍脱误错多非其旧,学者当依文剖裂以雪其诬,不得遂以为非。"⑤在曹元弼看来,宋以来学者指责贾《疏》之误,有的并不是贾公彦的学术失误,而是贾《疏》在后世流传过程中产生的文字错讹造成的。例如,曹氏在诠释《士丧礼》篇《疏》文"子姓皆坐于西方"时,有这样一番话语:"窃疑贾氏之书据黄氏、李氏为本,而《疏》中称引殊不概见。窃疑原本当先引二家,次下己语,后人删并为一。故全书内时有前后违互者,且有一节内文义不甚融贯者,又加以颠倒舛误。古书之受诬,经义之晦蚀,非一日矣。"⑥

曹元弼在强调申论疏解郑《注》、贾《疏》训释的同时,《礼经校释》亦往往同时批驳清儒著述中存在的某些错误考辨性结论,如《士冠礼》"宾降"节,郑《注》云:"初位,初至阶让升之位。"《礼经校释》卷一云:"释曰:此注,程氏瑶田、张氏惠言皆疑之,谓经无以当阶言位者。不知此文即经以当阶为位之明

---

①　曹元弼:《礼经校释》卷十八,《续修四库全书》(第94册),上海古籍出版社2002年版,第481页。

②　《南书房翰林覆奏》,《礼经校释》卷首,《续修四库全书》(第94册),上海古籍出版社2002年版,第113页。

③　陈启泰:《江苏巡抚陈中丞荐举经明行修片》,《礼经校释》卷首,《续修四库全书》(第94册),上海古籍山版社2002年版,第112页。

④　曹元弼:《礼经校释》卷十八,《续修四库全书》(第94册),上海古籍出版社2002年版,第487页。

⑤　曹元弼:《礼经纂疏序》,《礼经校释》卷末,《续修四库全书》(第94册),上海古籍出版社2002年版,第539页。

⑥　曹元弼:《礼经校释》卷一七,《续修四库全书》(第94册),上海古籍出版社2002年版,第467页。

文,不必援他经为例也。上'赞者盥'注:'盥于洗西。'与他处盥位异;此经复让升位与他时降位异,皆特起之制,各有精意,不得以常例论者。古人治礼皆有图,且为容升降位次无少舛误,《注》盖本先师旧义,非从臆测不可易也。贾氏以相近且欲闻宾字为说,深合礼情。"①贾氏在申述郑《注》训义的同时,通过揭明礼制精意的方式,说明礼制常例与变礼之差异,进而亦对贾《疏》的说解给予了肯定,论据充分,论证严密,结论亦颇为可信。

　　续次,从诠释礼经的方法角度来看,曹元弼《礼经校释》亦承继了前贤研治礼经的科学方法。曹氏曾经论及他本人的治学宗旨时说:"凡治书之要有二:一精考训诂,一详绎辞意。训诂之学,江、王、段、孙诸先生既宣之矣,愚因其成训,沈潜反复,以求每篇辞意,得其上下分合,前后自相表里,反正相生,语气断续,神恉所在。篇分数章,章分数节,条理分明,脉络贯通,有欲增减颠倒而不可得者。"②考察《礼经校释》一书的诠释行文,曹氏运用了一系列科学的诠释方法,最为主要的有如下几种:第一,强调考察句法、文例推求语词之义;第二,解释难解字词,应从音韵、训诂入手。在曹氏看来,"不通声音、训诂之学,不知礼例而妄思求胜前人,深可忿疾"③。因此,像其他考据学家那样,在具体的疑难字词训诂中,曹氏非常重视从古声韵分析入手,突破文字形体的障碍,求得经义的准确诠释。第三,强调从礼经凡例的考察入手诠释仪制之常例与变例。《仪礼》经文诠释的一个重要内容就是揭示隐含在经文中的礼制凡例情况,这是历代《仪礼》学家的共识,清代中期凌廷堪的《礼经释例》研究尤甚。"曹元弼著《礼经校释》同样继承了这一治学传统,不过,较之清代的许多学者,他并没有满足于《仪礼》十七篇仪制之常例探寻,更强调考察其中之变例情况,找出共性与个性差异所在,考论更加全面。这种治学眼光,是清后期学者所普遍缺乏的。"④

　　最后,从文献校勘角度来看,曹元弼遵循"校其失校,校其误校"的校勘原则,对郑《注》、贾《疏》中卢文弨、阮元等人失校、误校的文句,再作精细的校勘,校勘结论大都合理可信。和他们的校勘相比较,"曹氏《校释》的校勘更讲究定是非,不过很少说明判定依据","曹氏《校释》的校勘重在点明并纠正《注

---

①　曹元弼:《礼经校释》卷一,《续修四库全书》(第 94 册),上海古籍出版社 2002 年版,第 125 页。

②　曹元弼:《古文尚书郑氏注笺释·条例》卷首,《续修四库全书》(第 53 册),上海古籍出版社 2002 年版,第 458 页。

③　曹元弼:《礼经校释》卷八,《续修四库全书》(第 94 册),上海古籍出版社 2002 年版,第 239 页。

④　邓声国:《清代〈仪礼〉文献研究》,上海古籍出版社 2006 年版,第 131 页。

疏》的误字方面，……根据全书校勘总体内容的考察，曹氏在校勘态度上重在活校，一般不明确说明校勘原因"；"其特别重视阮元《校勘记》，常常援引阮氏校语而不另作校记，如上可见；但如果阮校有失误之处，曹氏亦常常加以点明"，"至于金曰追、卢文弨等人校勘成果，《礼经校释》却没有只字交代"①。例如，《乡饮酒礼》"主人坐取爵"，贾《疏》："次言洗。"《礼经校释》卷四："校曰：毛本同。阮云：'次，《要义》作後。（案：单《疏》本"次"误"洗"。弼案：单《疏》实作'後'，与《要义》同。）"②就其具体校勘方法而言，曹氏一般不强调从文字、音韵角度分析入手作具体理校，而更多地强调以郑《注》校郑《注》，以贾《疏》校郑《注》，例如《士冠礼》"宾如"节，郑《注》："欲得尊嘉宾。"《礼经校释》卷一："校曰：当为'欲得尊宾嘉客'。见《特牲》注。"③又如，《士昏礼》"宾即筵坐"节，郑《注》："凡祭于脯醢之豆间。"《礼经校释》卷二："校曰：据《疏》，似当作'凡祭脯醢于豆间'。"④以上二例，前者是根据《仪礼》不同篇目《注》文进行互校，而后者则是根据贾《疏》行文校勘郑《注》文。此外，曹氏往往也采用对校法，依据单《疏》本或别本校勘《注》《疏》之文，如《士冠礼》"摈者"节，贾《疏》："知是摈者。"《礼经校释》卷一："校曰：'是'字讹，单《疏》作'者'。"⑤不过曹氏所据版本极少，且主要据单《疏》本进行校勘。

　　总之，《礼经校释》一书集中体现了曹元弼《仪礼》经、《注》研究的毕生心得，是曹氏在承继前贤时哲研究成说基础上的集大成之作。当然，该书亦不无瑕疵，其中的某些结论亦未为尽善。例如，《士昏礼·记》："勖帅以敬，先妣之嗣。"曹氏诠释说："继公分为二句，于下句殊觉不安。王氏引之为之说曰：'之，是也。言当勉帅以敬，惟先妣是嗣也。'引《诗》'召公是似'为比例。弼案：'之'训是，可也。然《诗》'召公是似''文武是宪'、'君子是则是傚'等句法甚多，皆作'是'不作'之'，'之'字间在句中者皆不训是，此古人文例也。《注》八字连读，谊诚不可易矣。《诗》亦有八字为句者。"⑥王引之据《诗经》文

────────────

①　邓声国：《清代〈仪礼〉文献研究》，上海古籍出版社 2006 年版，第 132—133 页。

②　曹元弼：《礼经校释》卷四，《续修四库全书》（第 94 册），上海古籍出版社 2002 年版，第 159 页。

③　曹元弼：《礼经校释》卷一，《续修四库全书》（第 94 册），上海古籍出版社 2002 年版，第 122 页。

④　曹元弼：《礼经校释》卷二，《续修四库全书》（第 94 册），上海古籍出版社 2002 年版，第 136 页。

⑤　曹元弼：《礼经校释》卷一，《续修四库全书》（第 94 册），上海古籍出版社 2002 年版，第 122 页。

⑥　曹元弼：《礼经校释》卷二，《续修四库全书》（第 94 册），上海古籍出版社 2002 年版，第 146—147 页。

法,断论"先妣之嗣"属于借助"是""之"一类辅助性宾语前置句,曹元弼则谓此类句式《诗经》中"皆作'是'不作'之'",有失实之嫌,如《邶风·简兮》"云谁之思,西方美人"、《秦风·车邻》"未见君子,寺人之令"等便是此类宾语前置句。从礼经本身行文考察来看,这是父醮子之辞,正与前一句"往迎尔相,承我宗事"相对为文,且"嗣""事"两相押韵,曹氏《注》八字连读"的结论诚不足信。这一类失误训例,《校释》中并不多见,因而并不影响该书的学术作用。

(四)《礼经学》之礼学价值

关于曹元弼治礼经学之风格,陈启泰称其"能撷各经之大义,无汉宋门户之见,唯实是求"①;他治学"唯实是求"的另一个表现形式,则是对他人研究成果之尊重,"间有与前人暗合者,写定时辄删去之;或得于友朋启示、讨论所及,一字一句必标其姓名。郭象辈所为穿窬之类,十年前已耻之也"②。

而他的《礼经学》一书则与《礼经校释》体例不同,全书共分七卷,卷一为"明例",卷二为"要旨",卷三为"图表",卷四为"会通",卷五为"解纷",卷六为"阙疑",卷七为"流别"。由此卷目分类情况可知,《礼经学》一书并不着眼于《仪礼》经文本身的字词诠释或校勘,而更强调对《仪礼》中某些总纲性的全局问题作研究探讨,具有重要的学术理论价值,在《仪礼》学研究史上颇具影响。

1. 通过《明例》疏通了《仪礼》经文及其《注疏》的"文例"

曹元弼治《仪礼》学非常重视经注等的文例问题,《礼经学》最大的礼学贡献便在于,通过卷一《明例》部分,疏通了《仪礼》经文及其《注疏》的"文例"。细言之,主要表现为以下几个方面:

首先,曹元弼强调研究《礼》经时须明其"大体",否则无以辨明礼意。考《礼记·大传》:"亲亲也,尊尊也,长长也,男女有别,此其不可得与民变革者也。"《中庸》:"亲亲之杀,尊贤之等,礼所生也。"又"天下之达道五,曰:君臣也,父子也,夫妇也,昆弟也,朋友之交也"。有鉴于此,曹氏以为礼之大体有五,曰亲亲、尊尊、长长、贤贤、男女有别。亲亲之礼有八,包括《士冠礼》《士昏礼》《士丧礼》《既夕礼》《士虞礼》《特牲馈食礼》《少牢馈食礼》《有司彻》;尊尊之礼有五,包括《燕礼》《大射仪》《公食大夫礼》《聘礼》《觐礼》;长长之礼二,即《乡饮酒礼》《乡射礼》;贤贤之礼有三,即《士相见礼》《乡饮酒礼》《乡射

① 陈启泰:《江苏巡抚陈中丞荐举经明行修片》,《礼经校释》卷首,《续修四库全书》(第94册),上海古籍出版社2002年版,第112页。

② 曹元弼子:《礼经校释·条例》卷末,《续修四库全书》(第94册),上海古籍出版社2002年版,第530页。

礼》;男女有别之礼唯一,即《士昏礼》;亲亲、尊尊、长长、贤贤、男女有别五者皆备之礼一,曰凶礼《丧服》篇。其中,各礼之"大体"又有经、纬之别:凡《冠礼》,以亲亲为经,而尊尊、长长、贤贤纬之;凡《昏礼》,以亲亲、男女有别为经,而尊尊、贤贤纬之;凡《丧礼》,以亲亲为经,而尊尊、贤贤、男女有别纬之;凡《祭礼》,以亲亲为经,而尊尊、长长、贤贤、男女有别纬之;凡《燕礼》,以尊尊为经,而长长、贤贤纬之;凡《大射》,以尊尊为经,而贤贤纬之;凡《聘礼》,以尊尊为经,而亲亲、贤贤、长长纬之;凡《食礼》,以尊尊为经,而贤贤纬之;凡《觐礼》,以尊尊为经,而亲亲、贤贤纬之;凡《乡饮酒》《乡射》,以长长、贤贤为经,而尊尊纬之;凡《士相见》,以贤贤为经,而尊尊、长长纬之。通过这样一番礼意"大体"情况的阐述,形象地把握住了《仪礼》诸篇所隐含的古代宗法制度,对后人深入探寻儒家的思想价值观,具有全局性的指导意义。

其次,和凌廷堪、胡匡衷等学者的礼学研究一样,曹元弼治《仪礼》特别注重礼经行文有关凡例的总结。《礼经学》卷一"明例"部分,内容非常广博,其中涉及本经凡例的细目,包括节文等杀例、丧服例、宫室例、职官例、经文例、礼通例、记传例7个类目。自叙云:"若夫节文等杀、器服之例,则莫详于凌氏廷堪《礼经释例》;宫室之例,则莫详于李氏如圭《仪礼释宫》;职官之例,则莫详于胡氏匡衷《释官》。"①有鉴于此,曹氏在继承前贤时哲有关研究成果的基础上,又融入自己的创见,编缀而成如下各类目:"节文等杀例",曹氏详载凌廷堪《礼经释例》具体条目之文,其原有之具体疏解则阙而不录;"丧服例",曹氏以为凌氏"唯《丧服》一篇大义虽举,微言未析,疏略抵牾亦时有之"②,故重新更定义例,改其参错,掇其精要,以亲亲、尊尊、名、出入、长幼、从服等六术隐括全篇,每一术下各举凡例条文数则;宫室例,详细胪列李如圭《仪礼释宫》纲目之要者,具体考证不举其文;职官例,则删节胡匡衷《自序》及《仪礼释官凡例》之文,然后按十七篇叙次,逐一列举各篇诸侯官职细目,至于原书证释经文之语,唯掇其有关大例者。由此看来,曹元弼《礼经学》一书的礼经凡例类目,可谓集清代学者凡例研究之大成,既综合纂辑了前人研究之成果,又在此基础上有所整合和修改,将自己的诠释创见融入其中。显然,这已经摆脱了简单的前人成果汇编工作,而更多地具有了重新诠释的色彩。毋庸置疑,这亦是一种有意义的诠释整理工作。

至于经文例、礼通例、记传例等3类目,曹元弼之前并无他人做过类似的归纳总结,显然是他将其单独作为新的类目加以标明,具有更多原创的色彩成

①　曹元弼:《礼经学》卷一,《续修四库全书》(第94册),上海古籍出版社2002年版,第548页。

②　曹元弼:《礼经学》卷一,《续修四库全书》(第94册),上海古籍出版社2002年版,第557页。

分。以"经文例"为例,在曹氏看来,"经例"与"礼例"是两个不同的事物,凌廷堪《礼经释例》只是在"释礼例而未及经例",但经例不明,则圣人治礼之精义不能得到完全准确的明察,甚至有可能陷入"经文详略异同若有与礼例不符者,其何以解害辞害志之惑,而深塞离经叛道之源欤"的困惑之中,因此曹氏主张"治礼者必以全经互求,以各类各篇互求,以各章各句互求",而后才可能"辞达义明,万贯千条较若画一"①。有鉴于此,曹氏从郑玄《仪礼注》中"得例五十事",为学者举隅其经文例,如"凡经文叙事至纤至悉","凡经文仪节并行者叙事不相夺伦","凡经文多省文互见,有前后诸篇互见者","凡经文览文自明者异义不嫌同辞",等等,皆其例也,深有助于后人明了古人经文行文"立言之法"。他如"礼通例""记传例"之归纳总结,亦皆类此。

　　最后,曹元弼治《仪礼》学,不仅重视礼经自身之"经例"与"礼例"等的归结,同时也重视礼经《注》《疏》立文之例及读经例的总结。综括言之,计有"注例"13条,"疏例"2条,"校贾《疏》举例"1条,如"凡郑《注》说制度、职官必据《周礼》,说谊理必本《礼记》""凡郑《注》说制度至详时以汉制况周制""凡郑《注》引《礼记》多约文""凡郑《注》发一义必贯通全经""凡经文疑似之处,注必别白言之""贾《疏》大例有二,一据旧疏为本,一易旧疏之失"②,等等,莫不建立在对郑《注》、贾《疏》高度概括与认知的基础上。至于"读经例"及"注疏通例"部分,在曹氏看来,"经注疏立文之例及读经例,则莫详于陈澧《东塾读书记·仪礼篇》"③,无须另起炉灶,只需在陈氏《东塾读书记·仪礼篇》基础上"比缉要删"即可。尽管如此,其中也体现了曹元弼自身的独到思考与认知。

　　2. 通过《要旨》辨明了《仪礼》各篇经文"分节"礼意

　　曹元弼《礼经学》卷二《要旨》部分共分上下两部分,前一部分自《士冠礼》迄《觐礼》,后一部分自《丧服》迄《有司彻》,依刘向《别录》、郑玄《仪礼注》17篇次第,逐一胪列各篇经文之相关分节情况,并为之加以说解。就这一部分而言,其礼学价值主要表现在以下两方面:

　　其一,批判地吸收和继承了前贤时哲有关《仪礼》17篇经文的"分节"理念和相关研究成果,颇具集大成之学术色彩。给《仪礼》经文"分节"的理念肇始于宋代吕大临,真正首次全书贯彻这一"分节"理念并付诸实践的则始于朱熹著述《仪礼经传通解》,而清代学者张尔岐撰《仪礼郑注句读》、吴廷华撰《仪

---

① 曹元弼:《礼经学》卷一,《续修四库全书》(第94册),上海古籍出版社2002年版,第568页。
② 曹元弼:《礼经学》卷一,《续修四库全书》(第94册),上海古籍出版社2002年版,第574—576页。
③ 曹元弼:《礼经学》卷一,《续修四库全书》(第94册),上海古籍出版社2002年版,第548页。

礼章句》、徐乾学撰《读礼通考》、秦蕙田撰《五礼通考》等,并承继了朱氏的这一"分节"举措。曹元弼生当晚清之季,对这一做法极为赞赏,故其在《礼经学》卷二《要旨》部分,特意吸纳前贤的研究成果,逐一标举《仪礼》17 篇经文的"分节"情况,尽管他没有标明经文每一小节的文句起讫情况,但通过行文的"分节"概述语,人们很容易能够找到经文的起讫。以其中《士相见礼》一篇的分节为例,该篇首记云:"士相见之礼,篇首陈士与士相见正礼。凡礼再请返再辞挚而后见宾,初以挚见,次请宾反见,次主人还挚见宾而礼成,凡三节,总为一节。"①然后又分列数个小节,详加申解其中之礼意所在。这种处置方式极易把握,人们只要将《要旨》部分与《仪礼》经文对照起来研习,就能起到纲举目张的效果,层次极为分明。据此看来,曹氏的分节,往往大"节"下有数个小节,而这正是曹氏"分节"的一大特征。在今天看来,这也正是由于曹氏站在前贤研究成果的基础上加以借鉴发明,才具有的新的分节发明,所谓"前修未密,后出转精"是也。至于《要旨》吸纳前贤研究成果的有关情况,曹氏一般未予标明,这与其融入了自身的学术创见有关。

其二,善于博采群籍和历代治礼成果,逐一疏解《仪礼》17 篇经文"分节"中蕴涵的礼意,迎合了清末那一时代的学术价值取向。曹元弼之前的许多学者著述分节,往往是在各章节首句下或者章节末尾标明经文起止,每小节正文后则另起一行总述此节大旨,以张尔岐《仪礼郑注句读》对《燕礼》一篇的分节为例,张氏将该篇经文分成五个部分,自首句至"公升就席"为第一部分,张氏在首句下说:"自此至'公升就席',皆燕初戒备之事,有戒与设具,有纳诸臣立于其位,有命大夫为宾,有请命执役,有纳宾,凡五节。"②自"宾升自西阶,主人亦升自西阶"至"以虚爵降,奠于篚"为第二部分,张氏云:"自此至'以虚爵降,奠于篚',主人献宾,宾酢主人,主人献公,主人受公酢,主人酬宾,二人媵觯于公,公取媵觯酬宾,遂旅酬,凡七节,此初燕之盛礼也。"③而曹元弼《礼经学》卷二《要旨》的分节处理方式则与之略有不同,如前所述,它不仅要概述大、小"分节"情况,而且还要加附按语说明每小节之礼意情况,例如,《燕礼》篇"献介节"之小节下曹氏申解礼意云:"主人介右北面拜送爵,《注》曰:主人拜于介右,降尊以就卑也。"④又"介酢节"之小节下曹氏申解礼意云:"按:介有酢无

①　曹元弼:《礼经学》卷二,《续修四库全书》(第 94 册),上海古籍出版社 2002 年版,第 603 页。

②　张尔岐:《仪礼郑注句读》卷六,刘晓东、杜泽逊主编:《清经解三编》(第 7 册),齐鲁书社 2011 年版,第 792 页。

③　张尔岐:《仪礼郑注句读》卷六,刘晓东、杜泽逊主编:《清经解三编》(第 7 册),齐鲁书社 2011 年版,第 793 页。

④　曹元弼:《礼经学》卷二,《续修四库全书》(第 94 册),上海古籍出版社 2002 年版,第 608 页。

酬。孔子曰:宾献酬辞让之节繁,及介省矣。至于众宾升受坐祭立饮不酢而降,隆杀之义辨矣。"①凡此种种,皆在于明辨其中蕴含之礼意内容。这种处置方式,为张尔岐《仪礼郑注句读》、吴廷华《仪礼章句》、徐乾学《读礼通考》诸书"分节"概说部分所未有,更有助于人们对经文礼意的微观具体把握,有助于对经义的深层次理解。

在各个小"分节"概述申解蕴涵礼意的过程中,曹元弼往往通过援引《礼记》、郑玄《仪礼注》《礼记注》、贾公彦《仪礼疏》等重要礼学著作,《论语》"春秋三传"《白虎通》《说苑》《汉书》《书仪》等历代一系列与礼意诠释相关的群籍材料,间或援引朱熹、顾炎武、盛世佐、吴廷华、胡培翚、陈澧等历代学人有关礼意解说的言论,借以实现礼意诠释的目的。鉴于篇幅,此处不一一胪举有关礼意训释实例。一般情况下,曹氏援引文献的目的在于达到辅证礼意之效果,然而少数情况下,曹氏亦通过直接"据录"的方式实现礼意诠释的结果,不过曹氏往往会在别处注明"据录"情况,如《要旨》部分《有司彻》一篇下,曹氏附加按语云:"《有司彻》一节中每包数节,学者骤阅,如治丝而棼。张氏于此篇分析尤精,今悉据录。"②例如,该篇"主妇亚献节"下释云:"此节内有献尸尸酢、献祝佐食,亦分四节。'有司赞者取爵于篚以升,授主妇赞者于房户',《注》曰:'男女不相因。''不嘏',《注》曰:'夫妇一体。'"③与所引曹氏附加按语相贴合,所引《仪礼》文及郑玄注语乃"悉据录"张氏惠言语,目的正在于帮助礼意的解说是也。

3. 通过《图表》勘正了前贤张惠言《仪礼图》之礼图失误

戴震在论及治《礼经》之难时曾有言曰:"不知古者宫室、衣服等制,则迷于其方,莫辨其用。"④曹元弼深以为然,他在《礼经学》卷三《图表》部分开篇倡言道:"治礼必先明宫室之义。宫室明,则各篇行礼方位,依《注》《疏》求之,如指示以掌中物。"⑤作为清代后期折中旧说派的重要代表人物,曹元弼较之胡培翚等同派学者更趋重视礼图一类"杂学"的研究,和同派的吴之英重视礼图的理念颇为一致,如吴之英所著《仪礼礼事图》《礼器图》《周正三图》等皆强调通过礼图的著述形式来发明礼经要义。基于这一认知,曹氏乃"录张氏宫室、衣服图,校讹改错以示学者;仪节图,唯著尤繁难明数事,余略之;《丧

① 曹元弼:《礼经学》卷二,《续修四库全书》(第94册),上海古籍出版社2002年版,第608页。

② 曹元弼:《礼经学》卷二,《续修四库全书》(第94册),上海古籍出版社2002年版,第675页。

③ 曹元弼:《礼经学》卷二,《续修四库全书》(第94册),上海古籍出版社2002年版,第672页。

④ 戴震:《与是仲明论学书》,《戴震全书》(六),黄山书社1995年版,第371页。

⑤ 曹元弼:《礼经学》卷三,《续修四库全书》(第94册),上海古籍出版社2002年版,第675页。

服》条理精密,特考正张表,附胡氏说,明人亲大义焉。"①约略言之,曹元弼《图表》部分之贡献有如下数端:

其一,关于"宫室图"部分,曹元弼全录了张惠言《仪礼图》卷一中的七幅图文,即"礼家相传大夫士堂室图""天子路寝图""大夫士房室图""天子诸侯左右房图""州学为榭制图""东房西房北堂""士有室无房堂"等图表,并"特设一变通之法,顺考次第,于每条本处标一二三四等数,向背纵横各如其故,而依数列说,总著于每图后,校讹纠违,一一注明",使"学者两读寻省,当转易了书"。对于有校讹纠违或补益之图例,曹氏往往加附"今案"以发覆其礼制情况。例如,"天子路寝图"后,曹氏"今案"云:"明堂四大庙八'个',尚有增益之度,详《周礼解纷图表》。""大夫士房室图"后,曹氏针对《礼记·杂记》篇"妇人奔丧,入自闱门,升自侧阶"及《奔丧》篇"妇人奔丧,升自东阶"加附"今案"云:"奔丧东阶,案其文义,自指东面阶。《杂记》注不质言东面阶,或以为北阶,《书》注'侧阶,东下阶','下'或'北'字之误。"②"天子诸侯左右房图"后,曹氏加附"今案"纠谬云:"此说东房西室之义尚未尽确,详《解纷》。"③凡此之属,补益礼经解说之功甚夥,极具参考价值。

其二,关于"衣服图"部分,众所周知,张惠言《仪礼图》卷一中涉及的图例有如下数幅:冕、弁、爵弁、冠、衣、裳、深衣中衣、带、韠韍、舄屦(以上器物图)、冕弁冠服表、妇人服表(以上表解图),详考吉凶冠服之制。如采录"宫室图"部分一样,曹元弼引录其图例,亦强调纠正张氏之失,如其所录"妇人服表"一图,张惠言自云:"此篇多以意推,俟考。"④曹元弼认为"张惠言所推大旨近是",于是"今依用之而易其与古义违异者",乃"依经注一一校改,不悉著",又就其中当考正之"御妻""子男世妇展衣为上服"两事详加解说,如考正"御妻"云:"今案:以《诗·绿衣》《礼·曲礼》《正义》考之,诸侯之妾分三等,夫人姪娣避嫔名称世妇,其服如九嫔鞠衣;二媵及姪娣皆称'御妻',二媵服展衣,其姪娣服褖衣;至九女外之妾,则贱者礼文不著其服。原表以御妻与妾相次,今分御妻贵贱为二等,而不及妾,礼穷则同。妾或与御妻贱者同服,或但服宵衣。"⑤曹氏根据孔颖达二《疏》对不同身份"御妻"冠服之制加以发掘分析,极具新意。

其三,关于"丧服图"部分,一方面曹元弼认为,张惠言原表"表中有字句

①　曹元弼:《礼经学》卷三,《续修四库全书》(第94册),上海古籍出版社2002年版,第675页。
②　曹元弼:《礼经学》卷三,《续修四库全书》(第94册),上海古籍出版社2002年版,第679页。
③　曹元弼:《礼经学》卷三,《续修四库全书》(第94册),上海古籍出版社2002年版,第681页。
④　张惠言:《仪礼图》卷一,《皇清经解续编》本。
⑤　曹元弼:《礼经学》卷三,《续修四库全书》(第94册),上海古籍出版社2002年版,第697页。

讹者,有位置讹者,有说义误者",遂为之一一加以订正,作《考正张氏服表》,仅节录张氏《仪礼图》中的"亲亲上杀下杀旁杀表""丧服表",其余《丧服》表解图及器物图均未采录。二表中的"丧服表",乃分别各服为正、加、降、不降及义服,逐一为之归次,分别部居。不过,此表与贾公彦《仪礼疏》所论制服后之降、正、义服不尽相同,曹氏发明该表"正、加、降、不降、义服"之义云:"其所谓正,谓至亲期断,由此上杀、下杀、旁杀,皆至四世而缌服之本意也","其所谓加,谓由正而加","其所谓义服,谓门外之治义断恩与门内亲服相对,不与正服、降服相对","其所谓降、不降,则与制服后义例同,而不降之中又有不降正、不降义、不降降之殊"①;另一方面,曹氏又附录胡培翚《仪礼正义》卷二十五后所附《考五服衰冠升数及降、正、义服》一文,其目的在于使学者合观之,进而"可以识天秩人伦之重,而尊亲爱敬之心油然生矣"②。

至于张惠言《仪礼图》中的"仪节图"部分,曹元弼在卷三开头虽然说"唯著尤繁难明数事,余略之"③,但事实上并没有节录任何一幅仪节图。之所以未予录用,可能有两方面的原因:一是《仪礼》各篇仪节繁复,然至于张惠言《仪礼图》成书之后已趋于大成,没有必要全盘加以录用,亦无校讹改错之可能;二是曹氏另外著述有《礼经校释》一书,亦深有助于读者对于礼经仪节的了解,没有必要再行赘列。总言之,"前修未密,后出转精",曹元弼对于张惠言《仪礼图》"宫室图""衣服图""丧服图"中存在的失误之纠谬匡正,深有助于《仪礼》学。

4. 通过《会通》厘晰了各类先秦儒家经典与《仪礼》相互发明之例

曹元弼在《会通》中阐释了一个重要的礼学思想:"六经同归,其指在礼。《易》之象,《书》之政,皆礼也;《诗》之美刺,《春秋》之褒贬,于礼得失之迹也;《周官》,礼之纲领,而《礼记》则其义疏也;《孝经》,礼之始,而《论语》则其微言大义也。"又说:"盖圣人之道,一礼而已,三代之学,皆所以明人伦,六艺殊科,礼为之体。"④换言之,就是曹氏主张以礼学统摄儒学。既然他强调以礼学统摄儒学,这就极易将礼学提升到一个极高的位置。在曹元弼看来,"郑君以《礼》注《易》《书》《诗》《孝经》,伏生以《礼》说《书》,毛公以《礼》说《诗》,左氏以《礼》说《春秋》,《公羊》《穀梁》亦皆言礼;而班氏《白虎通义》之论礼,郑

---

① 曹元弼:《礼经学》卷三,《续修四库全书》(第94册),上海古籍出版社2002年版,第704页。
② 曹元弼:《礼经学》卷三,《续修四库全书》(第94册),上海古籍出版社2002年版,第704页。
③ 曹元弼:《礼经学》卷三,《续修四库全书》(第94册),上海古籍出版社2002年版,第675页。
④ 曹元弼:《会通》,《礼经学》卷四,《续修四库全书》(第94册),上海古籍出版社2002年版,第713页。

君、孔氏、贾氏之注《礼》疏《礼》,又皆以群经转相证明《礼》之义,诚深矣"①。统而言之,正是因为"尽六经之文,无一不与相表里",所以才能以群经转相证明《礼》义。有鉴于此,《会通》厘晰各类先秦儒家经典与《仪礼》相互发明之例,基本上囊括了后世所谓之"十三经"诸书,并将《国语》一书涵括进去了。之所以将《国语》一书与《仪礼》相证明,应该是与《国语》乃《春秋》之外传性质有一定的关系。

考曹元弼《会通》所举诸书群经转相证明《礼》经之例,大致上是分别"十三经"及《国语》诸书单独胪列,借以考见诸经典与《仪礼》之间的关系。具体而言,《会通》厘晰各类先秦儒家经典与《仪礼》相互发明之大例,大略通过以下两种著述方式:

其一,考订发明各类先秦儒家经典所存礼意及注家揭明引证之法。例如,曹元弼发明《左传》与《仪礼》之间的关系时,首先申解《左传》之存礼制礼意情况云:"观于《左传》,而知周公制礼,深根固本……左氏所述礼,皆识大识小其事有文之类,孔子所多学而取义者。"②又申论注家揭明两者关系情况云:"郑君谓左氏善于礼,故注《春秋》宗《左传》,而《礼注》多引《传》为证。"又如,其揭覆《公羊传》《穀梁传》与《仪礼》之间的关系时,先申解二《传》之存礼制礼意情况云:"凡《公羊》《穀梁》所述名言至理,皆孔子据礼正事、决嫌疑、别同异、明是非、杜渐防萌之精意,孝敬之准式,人伦之师表,治世之要务也。"③然后申论郑玄注经引证情况道:"《礼·丧服传》与《公羊》同出子夏,故《郑注》时有据彼定此者。"这里还要着重提及的是大小戴《礼记》,在曹氏看来,二戴《记》说礼大类有三:《曲礼》《檀弓》《诸侯迁庙》《诸侯衅庙》《冠义》《昏义》《朝事》等篇属于"礼类",《学记》《中庸》《儒行》《大学》《曾子》等十篇属于"学类",《王制》《月令》《文王官人》等篇属于"政类"。众所周知,《小戴礼记》唐时被称为"大经",到明时便取代了《仪礼》成为"五经"中的《礼》经。曹元弼对于这一现象颇不以为然,以为这是一种"弃经任传,遗本宗末"的做法,这是因为:第一,大小戴《礼记》中的"礼类"属于对《仪礼》礼仪礼意的补充解说,而"学,所以明礼也;政,所以行礼也";第二,就礼意申解而言,"礼之所尊尊其义,《礼记》之义皆依经为说。即仪法度数以考谊理之存神而明之,则忠孝仁义之心油然而生";第三,就其功用而言,"《礼记》所说盖示人以读经之法,而鼓励其兴艺乐学之心"④。基于上述认识,曹氏乃"辑《郑注》,以制度文

---

① 曹元弼:《礼经学》卷四,《续修四库全书》(第94册),上海古籍出版社2002年版,第713页。
② 曹元弼:《礼经学》卷四,《续修四库全书》(第94册),上海古籍出版社2002年版,第725页。
③ 曹元弼:《礼经学》卷四,《续修四库全书》(第94册),上海古籍出版社2002年版,第727页。
④ 曹元弼:《礼经学》卷四,《续修四库全书》(第94册),上海古籍出版社2002年版,第719页。

句相证明",深入发覆大小戴《礼记》与《仪礼》相发明之例。

其二,"据郑《注》附以诸家引经之说",条分科别,以举一隅。以《诗经》部分为例,兹取其中数例经典相发明代表性条目胪列如下:(1)"《士冠礼》'缁布冠,缺项'——缁布冠,《诗·都人士》篇所谓'缁撮'。此诗首章即冠礼'正容体、齐颜色、顺辞令'之意。缺,《注》读为《诗·有頍者弁》之'頍',盖本《三家诗》。"①(2)"《大射仪》——《诗·宾之初筵》说此礼。《行苇》亦先言燕,后言射。"②(3)"《觐礼》——见《诗·采菽》《韩奕》'载旂''执圭''赐车服',《诗》《礼》文皆相应。"③(4)"《丧服》'麻衣'——《注》曰:'如小功布深衣。《诗》云:麻衣如雪。'"④(5)"傧尸——《诗·丝衣·序》曰:'绎宾尸也。'"⑤从以上数例来看,曹元弼行文疏通经典相发明者,往往取材于各家经典代表性注文相引证,或者是各家经典行文与《仪礼》文辞相应、文意相互发明补充者,进而便于读者"比类合谊,以见指㧑"也。

曹元弼通过《会通》厘晰各类先秦儒家经典与《仪礼》相互发明之大例,充分彰显了他"以礼学统摄儒学"的学术理念。而曹元弼这一礼经治学方法与学术思想的形成,与其所受师承有着密切的关联。曹氏早年曾师从黄以周,黄以周曾著有《礼书通故》一书,而且真正实践了顾炎武提出的"经学即理学"主张,诚如缪荃孙所言,黄以周乃是以礼学沟通汉、宋,"以经学为礼学,即以礼学为理学,顾氏之训,至此始阐"⑥。清末今文经学家皮锡瑞《经学通论·三礼》中也有相类似的学术见解:"六经之文,皆有礼在其中。六经之义,亦以礼为尤重。"⑦由此看来,曹元弼的治礼思想与治经方法,是对此前礼学思潮的承继与进一步发展,在一定程度上反映了晚清礼学的传承与流播特点,也反映了晚清汉学家将经学礼学化的治学倾向。

5.通过《解纷》梳理了历代《仪礼》研究遗留的一些纷纭议题

历代《仪礼》研究过程中,不少学者往往囿于该礼经的名物度数所惑而致异见纷呈,在曹元弼看来,"巧说邪辞、背经反传之徒代有其人,代传其书",严重之极。有鉴于此,曹氏取《仪礼》十七篇中大疑难处,"择于众说,断以经注",著成《礼经学》卷五《解纷》,分上、下卷,其中上卷54则,下卷38则,凡92

①　曹元弼:《礼经学》卷四,《续修四库全书》(第94册),上海古籍出版社2002年版,第715页。

②　曹元弼:《礼经学》卷四,《续修四库全书》(第94册),上海古籍出版社2002年版,第715页。

③　曹元弼:《礼经学》卷四,《续修四库全书》(第94册),上海古籍出版社2002年版,第715页。

④　曹元弼:《礼经学》卷四,《续修四库全书》(第94册),上海古籍出版社2002年版,第716页。

⑤　曹元弼:《礼经学》卷四,《续修四库全书》(第94册),上海古籍出版社2002年版,第716页。

⑥　缪荃孙:《墓志铭》,附载《儆居学案(下)·附录》,载徐世昌等编纂,舒大刚等校点:《清儒学案》(第八分册)卷一百五十四,人民出版社2010年版,第4071页。

⑦　皮锡瑞:《经学通论·三礼》,中华书局1954年版,第81页。

则。其所讨论的疑难议题，有宏观的大问题，也有微观的小问题，曹氏均在剖析前贤众说基础上提出了自己的一得之见，并为问题的最终解决提供了参考借鉴，价值甚大。

有关宏观性的纷纭问题，例如关于《仪礼》成书年代、作者问题，至今仍是一个悬而未决的问题。在《仪礼》学史上可谓众说纷纭，旧说大都以为《仪礼》经文成书于宗周之前，乃是周公所作，然而在有清一代，毛奇龄、姚际恒、方苞、马骕、崔述、刘沅、邵懿辰、皮锡瑞、廖平、康有为等人，均提出了不同见解，大致形成了八种异说①，此不逐一赘言。《解纷》第一则"胡氏培翚《仪礼》非后人伪撰辨"②亦对这一问题进行了讨论。晚清学者顾栋高在其《左氏引经不及〈周官〉〈仪礼〉论》中怀疑《仪礼》为汉儒缀辑而成，并非周公所作，其所据理由是"孔孟所未尝道，《诗》《书》《三传》所未经见"。对此，曹元弼予以了推论批驳。其驳斥顾氏说理由有三：其一，"《仪礼》之书叙次繁重，有必详其原委而义始见者，非若他经之可以断章取义也"，所以儒家经典各书称引其辞者颇少。其二，在各类儒家典籍当中，《仪礼》经文所叙仪文节次为诸经所称引者甚多，言"《诗》《书》《三传》所未经见"明显站不住脚。其三，在三《礼》当中，《仪礼》一书经文最为精醇，诚如胡培翚所言，"其中器物陈设之多，行礼节次之密，升降揖让裼袭之繁，无不条理秩然，每篇循首至尾，一气贯注，有欲增减一字不得者"③，断非汉儒所能缀辑。即使是《仪礼》各篇之《记》，"亦非七十子之徒莫能为，而谓汉儒能为之耶？"由此看来，曹元弼此一认识，乃是承陆德明、孔颖达、贾公彦、朱子等人之说而起，可以理解为曹氏认为《仪礼》所代表的一整套礼仪文化，更能反映周礼或三代之礼（即西周时期的礼乐文化）的特征，从今天的观点来看，与历史事实基本上是相符的。也正因为这一认知理念，《会通》部分才刻意找出各类先秦儒家经典与《仪礼》相互发明之大例，逐一加以厘晰。

又如，曹元弼在《解纷》卷上第四则"《仪礼》名目篇次辨"里，提出了《礼经》古本有"全经"与"约编"的礼文散逸问题。"全经"与"约编"二者所习对象不同："礼之全经惟士学之，诸侯、天子之礼备在其中"，"礼之约编，凡民皆习之。……凡民所习，盖士大夫礼居多"④。曹氏还进一步分析认为：其一，

① 参见邓声国：《清代〈仪礼〉文献研究》，上海古籍出版社2006年版，第24—34页。

② 曹元弼：《礼经学》卷五上，《续修四库全书》（第94册），上海古籍出版社2002年版，第732—734页。

③ 胡培翚：《〈仪礼〉非后人伪撰辨》，《研六室文钞》卷三，《续修四库全书》（第1507册），上海古籍出版社2002年版，第386页。

④ 曹元弼：《礼经学》卷五，《续修四库全书》（第94册），上海古籍出版社2002年版，第739页。

"孔子定礼,盖兼定此二本";其二,"《冠》《昏》诸义,就《士冠》《士昏》诸篇为说,盖据约编言;《祭义》多就天子诸侯祭礼,则据全经言,故部居分别不相次";其三,"秦火而后,高堂生传《礼》17篇,与约编为近;淹中所得五十六篇,与全经为近"。他主张今本《仪礼》并非完本还有一个理由:就《仪礼》十七篇经、记考之,"《公食礼》云'设洗如飨',则完本当有飨礼;《乡饮酒义》兼说'党饮',则完本当有党饮礼。而今皆无之,知非完书。"①由此看来,曹氏对于《仪礼》古本的解说与此前众多学者的看法绝然不同,在今天仍有一定的参考价值。

有关《仪礼》17篇某些微观性的纷纭问题,曹元弼《解纷》亦多有创见。例如,《乡饮酒礼》《燕礼》皆升歌《小雅》,合乐《周南》《召南》。按照郑玄《注》的说法,"乡乐者,《风》也;《小雅》为诸侯之乐,《大雅》《颂》为天子之乐。《乡饮酒》升歌《小雅》,礼盛者可以进取。燕合乡乐者,礼轻者可以逮下也。《春秋传》曰:《肆夏》《繁遏》《渠》,天子所以享元侯也;《文王》《大明》《绵》,两君相见之乐也"。②对此,《解纷》卷上第二十六则"《乡饮酒》《燕礼》'升歌''合乐'并天子以下飨燕用乐大例述"③,对郑《注》展开了详尽的文例申述。曹元弼特别注意揭举郑《注》行文凡例,认为郑玄的解释乃论"天子诸侯歌合所用诗,以飨宾上取、燕下就为例,……以国君以《小雅》、天子以《大雅》为准"。此其一也。同篇里,曹元弼还注意到,"《谱》于飨言飨宾,燕但云燕,然下云天子诸侯燕群臣,则燕臣可知",据此,他揭举发明礼之燕飨大例云:"燕飨对言,则君臣各云燕、飨;君臣对言,则君之燕飨皆云飨,臣之燕飨皆云燕。"此其二也。由此二者,曹氏加以推论说:"诸侯歌《文王》,……上取《文王》而合《鹿鸣》,用其正。《春秋传》曰'《文王》,两君相见之乐也',是也","大夫乡饮酒,上取《鹿鸣》飨宾也;《乡射》亦飨宾,而礼较轻,则但合乐用其正,不上取;《大射》亦燕臣,而礼较盛,则但升歌用其正,不下就。"总之,"上取下就总以飨宾燕臣为衡,宾则燕亦飨也,臣则飨亦燕也。"根据这一文例发现,曹氏批评盛世佐"不辨飨宾与燕之恉",批评阮氏"不知上取下就之例",但以其所用论之而失其根本。同篇里,曹氏还对另一礼经行文之例加以归结:"礼经之例,凡歌三篇者,皆连举三篇,'工歌《鹿鸣》《四牡》《皇皇者华》'是也;歌一篇者,但称一篇,《鹿鸣》《新宫》《驺虞》《狸首》《采苹》是也。"④此其三也。

凡此种种,大到《仪礼》宏观全局问题之纷争,小到 17 篇具体问题之纷纭,曹元弼《解纷》部分均有涉猎,这对于学者对此前研究现状的动态把握,是极为必要的、有意义的。在今日看来,曹氏对纷纭问题的考辨分析,对于问题的最终解决是有益的,一部分篇目的考论提供了诠释的极佳结论,一部分篇目的考论则为问题诠释的最终解决提供了一些依据,在解经学方面贡献极大。

6. 通过《流别》归纳总结了历代《仪礼》代表性注家及其著述的治学特征

该书卷七"流别"部分,主要由《礼经》注解传述人"《礼经》各家撰述要略""历代用礼功效"等三部分组成,可以说,它们对汉、唐、宋、明、清等几个重要礼经研究时期的代表性注家及其著述的治学特征,进行了一次有益的梳理和探索,具有重要的学术史诠释价值,尤为值得今人关注。兹略加梳理说明如下。

就汉代《仪礼》诠释与传播情况研究而言,曹元弼谈到了两件事:一是在"《礼经》注解传述人"①一篇里,通过节录陆德明《经典释文叙录》,较为粗疏地理清了汉初高堂生至东汉郑玄这期间的《仪礼》今文经师承授受脉络。二是在"《礼经》各家撰述要略"②里面,曹氏指出,两汉之际仅有郑玄一人全面系统地注释了《仪礼》一书,并发明郑玄《仪礼注》的最大治学特征在于"详明例"。在《礼经学》卷五上"经礼曲礼说"中,曹氏亦有对郑玄注《礼经》特点的高度评价:"郑君注经下一语,每贯本末,彻始终,后人由之可以创通大义,开辟途径。"③另外,曹氏还在《礼经校释》里面谈到过关于郑《注》的情况,如其云郑《注》"于经传义定其分限,观其会通,精密之至"④之类。凡此种种,亦皆深有助于对郑玄治《礼经》学特点与价值的认知。

就唐代《仪礼》诠释与传播情况研究而言,曹元弼认为,唐代"实贵文章,薄于经术",因而其仅就贾公彦、杜佑二家有关于礼经的治学和贡献情况予以了关注与评述:其一,关于唐贾公彦《仪礼疏》的评价。在"《礼经》各家撰述要略"里面,曹氏论《仪礼疏》的最大特点与郑《注》一样,皆是"详明例"。除此之外,曹氏还谈到过贾《疏》的注释极为精详,诠释错误极少,"误者十之二,不误者犹十之八,皆平实精确,得经、《注》本意,盖承为郑学相传古义,非贾氏一人之私言也"⑤。其二,杜佑《通典》尽管并非礼经学专门论著,但其"荟萃历

① 曹元弼:《礼经学》卷七,《续修四库全书》(第 94 册),上海古籍出版社 2002 年版,第 839 页。

② 曹元弼:《礼经学》卷七,《续修四库全书》(第 94 册),上海古籍出版社 2002 年版,第 841 页。

③ 曹元弼:《礼经学》卷五,《续修四库全书》(第 94 册),上海古籍出版社 2002 年版,第 738 页。

④ 曹元弼:《礼经校释》卷十六,《续修四库全书》(第 94 册),上海古籍出版社 2002 年版,第 427 页。

⑤ 曹元弼:《礼经纂疏序》,载《礼经校释》卷末,《续修四库全书》(第 94 册),上海古籍出版社 2002 年版,第 539 页。

代礼制、汉儒佚说、六朝礼议,学者取则焉"(见《礼经纂疏序》)。另外,在关于《仪礼》与《礼记》的关系问题上,曹氏以为,"唐制以《礼记》为大经,《仪礼》为中经,经、《记》分习,绝非后世以来治经旧法"①,这种做法是极为有害的,其结果是导致了"礼经传习者少,贾氏之《疏》讹舛日滋"②,不利于礼经学的发展。

就宋代《仪礼》诠释与传播情况研究而言,曹元弼所关注者有如下数家:其一,宋初聂崇义《三礼图》。在曹氏看来,聂氏图"据旧图为本,考正疑讹,申释隐滞,犹近唐儒精实之学"③,这与宋初儒生"多敦崇古学"的学术风气有密切关联。其二,南宋张淳《仪礼识误》。张氏"据当时所存各本校严州所刊《仪礼》经注,作《识误》,有功此经",不过曹氏认为此书属于"可缓读者"之列。其三,南宋朱熹晚年与弟子所编《仪礼经传通解》。曹氏先后引录朱熹《乞修三礼札子》及陈澧《东塾读书记·仪礼篇》文,以为《通解》"有补《疏》者,有驳《疏》者,有校勘者,有似绘图者"④,与清人经学考订之书无异,因而朱子之礼经学其实就是对汉唐注疏之学的延续,只是著述体例与贾公彦《疏》不同而已。其四,李如圭《仪礼集释》。曹氏指出,李如圭曾"与修《通解》",而其《集释》一书则"多取贾《疏》义而损益之,使文从字顺","阐发亦多自"⑤,对胡培翚"盖《注疏》以后释《仪礼》全经者,此为第一书矣"的评价颇以为然。

关于元、明两朝代,曹元弼发覆其论云:"敖继公袭王肃故智,务与郑立异,或隐窃《疏》义而小变之,即成巨谬,改窜经文以就其私。郝敬继之,重牲貤谬,狂妄之极。"⑥乃指责敖继公《仪礼集说》与郝敬《仪礼节解》承袭王肃治学妄言之风,而"《礼经》各家撰述要略"亦不著录二书,将其归入了"其不当读者不录"之列。

对于清代《仪礼》代表性注家及其著述,曹元弼"流别"部分的总结归纳最为详备,涉及的人数亦多。以有清前期礼经学研究论析为例,如曹元弼评价张尔岐《仪礼郑注句读》云:"此书分章极细,按语亦多精确,经注读本莫此为善。"⑦曹氏评价吴廷华《仪礼章句》一书云:"吴氏廷华《章句》有经无注,其自为说多谬,若但读经则可。"⑧其他如云江永《仪礼释宫增注》"考正详备,惟东

---

① 曹元弼:《礼经学》卷七,《续修四库全书》(第94册),上海古籍出版社2002年版,第840页。
② 曹元弼:《礼经学》卷七,《续修四库全书》(第94册),上海古籍出版社2002年版,第840页。
③ 曹元弼:《礼经学》卷七,《续修四库全书》(第94册),上海古籍出版社2002年版,第840页。
④ 曹元弼:《礼经学》卷七,《续修四库全书》(第94册),上海古籍出版社2002年版,第843页。
⑤ 曹元弼:《礼经学》卷七,《续修四库全书》(第94册),上海古籍出版社2002年版,第843页。
⑥ 曹元弼:《礼经学》卷七,《续修四库全书》(第94册),上海古籍出版社2002年版,第840页。
⑦ 曹元弼:《礼经学》卷七,《续修四库全书》(第94册),上海古籍出版社2002年版,第844页。
⑧ 曹元弼:《礼经学》卷七,《续修四库全书》(第94册),上海古籍出版社2002年版,第844页。

房西室发一大疑,尚未确当",沈彤《仪礼小疏》"虽不能一宗郑《注》,而考覈精处,自不可及"①,胡匡衷《仪礼释官》乃"详明例"②,所论可谓极为精到之言。其论有清中、后期礼经学研究情况,称卢文弨《仪礼注疏详校》"校勘甚详,惜多引诸家解经误说"③,谓凌廷堪《礼经释例》、张惠言《仪礼图》亦"详明例"④,且张惠言《图》"详审精密,胜于宋杨氏书"⑤;言凌曙《礼说》"专说《丧服》《丧礼》,力辟敖继公、郝敬、吴廷华、程瑶田辈之谬,兼及徐氏乾学、盛氏世佐、秦氏蕙田、金氏榜及历代诸儒说礼议之误,除翦荆棘,示我周行,其学甚正,其功甚大"⑥,论阮元《校勘记》校勘"有校雠而无发正"⑦,"亦大纯不免小疵";评胡培翚《仪礼正义》"《士昏》及《乡饮》以下四篇未成,余亦大纯不免小疵"⑧,"贾《疏》是处多,胡《疏》精处多"⑨;崇郑珍《仪礼私笺》"祛程氏瑶田之妄尤为有功"⑩,言"(胡培翚)《正义》之后断推此书"⑪,等等。凡此之类,皆反映出曹氏作为一名古文经学家的治学主张,乃与汉唐郑、贾《注疏》之学一脉相承;而《流别》寥寥数语的简要评述,既有助于后世礼学文献的深入研究,也有助于今人对于历代《仪礼》研究状貌的宏观把握,意义可谓甚为宏富。

综上所述,曹元弼《礼经学》一书涉及的治学层面、治礼方法亦颇为广博宏通,学术视野较为开阔,治学态度亦极为严谨,礼学价值极大。就著述时代而言,曹元弼身处清末,能够接触到的前贤礼经学著作颇为广博,对前贤学者研究成果的动态把握亦易于准确到位,所著《礼经学》一书与其作为有清末期的礼学集大成者之一的身份地位是极为相称的。

三、吴之英与《仪礼奭固》等

(一)生平及著述概说

吴之英(1857—1918),字伯朅,又字伯杰,号西蒙愚者、西蒙老渔、蒙阳渔者等。清末民初成都的"五老七贤"之一,出生于四川省名山县(今雅安名山

① 曹元弼:《礼经学》卷七,《续修四库全书》(第94册),上海古籍出版社2002年版,第845页。
② 曹元弼:《礼经学》卷七,《续修四库全书》(第94册),上海古籍出版社2002年版,第846页。
③ 曹元弼:《礼经学》卷七,《续修四库全书》(第94册),上海古籍出版社2002年版,第845页。
④ 曹元弼:《礼经学》卷七,《续修四库全书》(第94册),上海古籍出版社2002年版,第846页。
⑤ 曹元弼:《礼经学》卷七,《续修四库全书》(第94册),上海古籍出版社2002年版,第847页。
⑥ 曹元弼:《礼经学》卷七,《续修四库全书》(第94册),上海古籍出版社2002年版,第848页。
⑦ 曹元弼:《礼经学》卷七,《续修四库全书》(第94册),上海古籍出版社2002年版,第841页。
⑧ 曹元弼:《礼经学》卷七,《续修四库全书》(第94册),上海古籍出版社2002年版,第841页。
⑨ 曹元弼:《礼经学》卷七,《续修四库全书》(第94册),上海古籍出版社2002年版,第850页。
⑩ 曹元弼:《礼经学》卷七,《续修四库全书》(第94册),上海古籍出版社2002年版,第841页。
⑪ 曹元弼:《礼经学》卷七,《续修四库全书》(第94册),上海古籍出版社2002年版,第851页。

县)的一个书香门第世家,其祖父文哲、父亲铭钟都是积学未显之士。之英幼承庭训,天资敏慧,学习勤奋,对古文"积读久,渐知有厚味,顾其所以醲醇弗可得"①,8 岁便会文辞,16 岁夺得雅州府试文魁,17 岁以茂才选进成都尊经书院学习,得到当时的经学大师、书院山长王闿运的培养,学问日进。到 20 多岁,在经史辞章方面都有了相当高的造诣,精三《礼》,善骈文,工书法,在诗文方面自成一家,主张为文要有充实的内容、精密的组织和深厚的含蓄,抵斥当时"徒知标榜,空疏肤浅"的各种文派,对于那些"仅能模仿,人足自立"的各类文体,也持否定态度,"比于近代文学家有如胡稚威(天游)、王仲瞿(昙),故坚栗而光晔,以经术深湛之思,泽以楚艳韩笔,故肃穆而闳肆"②。王闿运称赞说:"诸人欲测古,须交吴伯羯。之英通《公羊》,群经子集,下逮方书,无不赅贯。"③吴之英知识渊博,"为人和易而峻洁,学尤深邃,卓然成家,迥迈流俗,居官廉介,训迪学子,文行兼备,获益者多,盖不徒以言教也"④,曾任资州艺风书院及简州通材书院讲席、灌县训导、成都尊经书院都讲、锦江书院襄校、四川国学学院院正。曾响应康、梁"戊戌变法",组织"蜀学会",同宋育仁、徐昱等用学会名义创办《蜀学报》,并自任主笔。戊戌维新失败后,吴氏愤然回乡隐居,潜心研究学问,专心著述,有《寿栎庐丛书》72 卷著述传世,包括《仪礼奭固》《礼器图》《礼事图》各 17 卷,《周政三图》3 卷,《汉师传经表》1 卷,《天文图考》4 卷,《经脉分图》4 卷,《文集》1 卷,《诗集》1 卷,《厄言和天》8 卷。此外,已散失的著作有《诸子通倅》15 册,《中国通史》20 册,《公羊释例》7 册,《小学》4 册,《以意录》4 册,《蒙山诗钞》1 册,《北征记概》1 册。

关于吴之英几部礼学著作的撰写起始时间,诸书的"自序"中都没有说明,推测开始于吴之英戊戌维新失败后回乡隐居之后;但诸礼书的撰成时间,则可以根据诸书"自序"的标署时间加以确定:《仪礼奭固》一书"自序"文末标署"光绪二十有五季夏卯日",是该书可能完成于光绪二十五年(1899)农历六月;《礼器图》一书卷首并无"自序"文,卷末亦无跋文,无明确成书时间交代说明,很有可能要晚于《仪礼奭固》成书;至于《礼事图》一书,卷首"自序"文末标署"宣统辛亥八月望名山吴之英图成标意",可见该书最迟完稿于宣统三年(1911)农历八月十五日;《周政三图》乃附《礼器图》一书之末,且有云"古礼三十九篇,云亡,未有专篇,据《周官》《小戴记》成《周政三图》,坿《奭固

①　吴之英:《厄言和天·序言》卷首,民国九年(1920)吴氏刻《寿栎庐丛书》(第 23 册)本。
②　宋育仁:《寿栎庐丛书序》,民国九年(1920)吴氏刻《寿栎庐丛书》(第 23 册)本。
③　林志茂等修:《简阳县志·官师篇·循良》,民国十六年(1927)四川官印刷局铅印本。
④　叶大锵等修:《灌县志·政绩记》,民国二十二年(1933)成都美利利印刷公司铅印本。

（礼器）图》后,备说礼者考焉"①,可能要早于《礼器图》而成书,然亦无法确定准确成书时间。

（二）《仪礼奭固》

吴之英所著《仪礼奭固》,是一部类似于郑玄《仪礼注》的注释类著作,但又有别于郑《注》,并不以释疑解纷为诠释要务,颇具普及性注释类著作的特点。尽管如此,亦形成了自身独特的诠释风格,这可以从如下方面得到印证:

其一,从诠释体式角度而言,吴之英著述《仪礼奭固》一书时,有意识地选择了注体形式,悠游折中于古今诸儒经说而加取舍,采可信之说,或断以己见,解释礼经经义,或考究经文词义,或诠释行文礼制。在17篇安排次第上,是书17卷完全依从郑氏17篇叙次划分卷目,按照17篇原本礼经行文次第,依次逐一进行诠释词句,但诸篇皆不划分章节,亦不标注各章段要旨。对于《仪礼》17篇礼目的各种次第情况,大都在各篇"解题"下交代说明,如《特牲馈食礼》篇题下吴氏有云:"《大戴》第七,《小戴》第十,刘《录》、郑《目》皆十五篇。"②另外,在行文格式上,吴之英往往将所解各篇《记》文低于经文一格标示,诠释性话语又附于所解经文、《记》文之后,之间空一格加以标示,类属关系十分鲜明,不易混淆,体例处置较好。

其二,从与郑玄《仪礼注》的诠释对比情况来看,吴之英的注释既有继承又有发展变化,主要表现为:一是保留了郑《注》诠释简约的风格,有助于《仪礼》初学者研读礼经;二是保留了郑玄《注》古今异文所有内容,同时也并未像乾嘉时期的学者那样,对异文之间的语义关系加以疏通考辨;三是在释词术语的使用上,承袭了"曰""谓""谓之"等术语,有时亦兼及术语"犹",但用例极少。至于诠释上的最大差异之处,主要有如下几点:一是并未取从郑《注》广征博引各类先秦文献佐证词义与礼制训释的做法,一切以简约为尚,直接突出训义;二是不像郑玄那样进行语词训诂的比况为训,也不注重全书礼制的发凡起例,而是强调直接解释具体经文之语境义;三是基本上不采用声训法,而是以义训法为主要训释方法;四是吴氏注意吸取前贤研究成说,但又不像郑玄《仪礼注》那样明确标注前贤之说,其无论是取从何家诠释见解,均不明确标注说明,存在显性与隐性差别。

其三,从《仪礼奭固》注释的来源情况来看,吴之英治学折中前贤成说的痕迹虽然较为隐晦,但若细致探讨其注语的来源,可谓吸纳了此前众多学者研

---

① 吴之英:《周政三图》,《礼器图》卷末,《续修四库全书》(第93册),上海古籍出版社2002年版,第720页。

② 吴之英:《仪礼奭固》卷十五,《续修四库全书》(第93册),上海古籍出版社2002年版,第556页。

究之所长，只不过没有明确标注而已。例如，《士冠礼》："冠者母不在，则使人受脯于西阶下。"《仪礼奭固》卷一注云："不在，不在东壁，或老病，或没。使人受脯，有司受之以东。"①案："冠者母不在"句，前人或以为指"母没"而言，清儒多有批驳，张尔岐《仪礼郑注句读》以为"谓有他故，非没也"②，褚寅亮《仪礼管见》以为"母没，则无所谓使，无所谓受矣。被出而嫁，则已绝于庙，亦不得行此礼矣。不在，当依《疏》归宁疾病之训为正"③，王士让《仪礼训解》谓"抑或母有外戚之余服未除，而男子属当冠之年，嘉事不参"④，胡培翚《仪礼正义》则谓"或以'不在'为母亡，误甚。母亡则当与父没同扫地而祭矣"，以为"不在，谓不在闱门之外耳"⑤。吴之英则杂糅众说，谓"不在东壁，或老病，或没"，折中诸说之迹非常明显。像这样一类历代存在训释分歧之例，吴氏往往折中其间，注取一家或杂糅诸说，皆不加考辨分析。

　　然而，这一隐晦的折中举措，却不利于表明吴之英诠释之取舍有何依据，无法帮助学者作出科学的判断。例如，《士冠礼》："缁布冠缺项——青组缨属于缺。"吴氏《仪礼奭固》注释说："项，谓当后颈处。缺为属缨，因属缨见冠制。组，小縰。组裳绪属贯缺旁穿，用结固冠，无笄之制。"⑥关于"缺项"的解释，历来有三种不同解说，郑玄以为"缺"通"頍"，"缺项"即用来固定缁布冠的"頍项"；敖继公、江永、戴震则读"缺项"如字，但犹以为固冠之物；万斯大谓冠后两开不相属为"缺项"，吴廷华、蔡德晋、盛世佐等因之，皆以为"缺项"即冠后；沈彤《仪礼小疏》辨万氏之说，以为当以郑《注》为正："缺项，所以固缁布冠者，其用与皮弁之笄、爵弁之笄同，乃自为一物，非虚言冠项之缺也。郑读'缺'如'頍'，谓其制围发际结项中，隔为四缀；敖读如字，谓别以缁布一条围冠而后，不合，皆无正文，不辨其孰是，然并以缺项为固冠之物，则不可易也。万充宗乃以冠后两开不相属为缺项，是缺项非一物，而本文五字专为下句张本

①　吴之英：《仪礼奭固》卷一，《续修四库全书》（第 93 册），上海古籍出版社 2002 年版，第 389 页。

②　张尔岐：《仪礼郑注句读》卷一，载刘晓东、杜泽逊主编：《清经解三编》（第 7 册），齐鲁书社 2011 年版，第 748 页。

③　褚寅亮：《仪礼管见》卷上之一，《续修四库全书》（第 88 册），上海古籍出版社 2002 年版，第 383 页。

④　王士让：《仪礼训解》卷一，《续修四库全书》（第 88 册），上海古籍出版社 2002 年版，第 27 页。

⑤　胡培翚：《仪礼正义》卷二，《续修四库全书》（第 91 册），上海古籍出版社 2002 年版，第 633 页。

⑥　吴之英：《仪礼奭固》卷一，《续修四库全书》（第 93 册），上海古籍出版社 2002 年版，第 385 页。

矣。岂误以缁布冠与青组缨同箧,而忘其自置一匴乎? 不思甚矣。"①胡培翚
《仪礼正义》亦从是说。吴之英作注时,乃取万氏之说,将"缺项"之"缺"等同
于"属于缺"义。然而,考察沈氏驳万氏之说法,确实颇具说服力,吴之英
《仪礼奭固》采从万氏诠释之说,未知理据何在,如无新的充足理据,实不可
取信。

其四,从《仪礼》17 篇"题解"的诠释视角来看,《仪礼奭固》较之郑玄《三
礼目录》更趋丰富。众所周知,郑氏《三礼目录》大都强调礼制适用对象、礼类
性质、礼目篇第等方面内容的探究,如其解释《燕礼》篇题说:"诸侯无事,若卿
大夫有勤劳之功,与群臣燕饮以乐之。燕礼于五礼属嘉。《大戴》第十二,《小
戴》及《别录》皆第六。"②吴之英《仪礼奭固》则并不局限于单纯的这些内容,
其解释更着眼于从篇题用词的解释与分析入手,挖掘其中的礼之由来和独特
因素,如吴氏于《士冠礼》篇解题说:"礼行始士,子得从父,故题'士'。古者八
岁以下为幼,八岁至十九为童,二十加冠,齿之成人,故有冠礼。"③又《士相见
礼》篇解题说:"士既冠,出见大夫以挚,因推论见礼,题曰'相见'。"④又《公食
大夫礼》篇解题说:"公,主国君,题尊爵,起五爵通。大夫,异邦臣,不别上下,
兼见法。食,食礼,使臣来宾,待以盛馔。公犹无席,亲设酱湆与粱,加以侑币,
礼之最隆。"⑤又如,《士虞礼》篇解题说:"既葬,形藏,意神或留其居,度而祭,
故曰'虞'。葬反则虞,不忍一日离也。"⑥凡此种种,诠释视角颇为独特,拓展
了传统礼经 17 篇解题的诠释要素。

(三)《仪礼礼事图》

历代礼图的类别,按照清人黄以周《礼书通故》的说法,大致可以分为三
大类:礼节图表、礼节图、名物图。吴之英《仪礼礼事图》一书凡 17 卷,大致依
据刘向《别录》及郑玄《仪礼注》17 篇次第,分别逐一绘制考订其中有关礼节
图和礼节图表,其中卷十一《丧服》所制诸图为礼节图表,其余 16 卷图例皆属

---

① 沈彤:《仪礼小疏》卷二,《景印文渊阁四库全书》(第 109 册),(台湾)商务印书馆 1983—1986
年版,第 914 页。

② 贾公彦:《仪礼注疏》卷十四,《十三经注疏》(上册),中华书局 1991 年版,第 1014 页。

③ 吴之英:《仪礼奭固》卷一,《续修四库全书》(第 93 册),上海古籍出版社 2002 年版,第
383 页。

④ 吴之英:《仪礼奭固》卷三,《续修四库全书》(第 93 册),上海古籍出版社 2002 年版,第
402 页。

⑤ 吴之英:《仪礼奭固》卷九,《续修四库全书》(第 93 册),上海古籍出版社 2002 年版,第
488 页。

⑥ 吴之英:《仪礼奭固》卷十四,《续修四库全书》(第 93 册),上海古籍出版社 2002 年版,第
546 页。

于礼节图,这与《丧服》篇经文的行文规制性质有关。为显明计,兹分别为之加以说明分析如下。

1. 礼节图

"礼节"又称"仪节",指《仪礼》各篇之节目或章次,即将《仪礼》各篇经文依其行仪次序、步骤离析分解为诸多节目或章次。早在唐人贾公彦作《仪礼疏》时,就已经将经文内容予以分节,此后注《仪礼》大家大多仿效这一做法,将其视之为研读《仪礼》各篇经文的重要门径。更有甚者,宋代以后,一些礼学家通过各篇经文仪节的分析考证,进一步绘制成一幅幅礼节图,据此彰显《仪礼》各篇所叙不同礼制之重要礼仪活动进程及其具体程式情况。礼节有图,据黄以周考证,"昉于赵彦肃、杨信斋"①。其中不能不提及的,如宋代杨复的《仪礼图》、清中期张惠言的《仪礼图》就是这方面的代表之作,而吴之英的《仪礼礼事图》则是集清人仪节研究方面成果大成之所作。为显明吴氏《礼事图》礼节程式图例研究之细密程度,这里不妨将杨氏、张氏、吴氏三者各篇礼节图数情况作一次比较,并为之列表如下:

礼图家 / 篇次	杨 复	张惠言	吴之英	礼图家 / 篇次	杨 复	张惠言	吴之英
士冠礼	6	11	19	公食大夫礼	5	12	7
士昏礼	12	12	21	觐礼	5	8	7
士相见礼	1	1	7	士丧礼	18	9	37
乡饮酒礼	15	9	19	既夕礼	7	11	29
乡射礼	12	13	21	士虞礼	10	6	21
燕礼	11	17	17	特牲馈食礼	19	17	41
大射仪	9	13	21	少牢馈食礼	10	8	29
聘礼	13	30	37	有司彻	21	18	55

由上表可以看出,吴之英仪节次第图较诸杨复《仪礼图》②、张惠言《仪礼图》③更趋详细周遍。换言之,吴氏《礼事图》图目数量更多,图例更趋细密。兹以《士昏礼》篇为例,三家礼图目次可表解如下:

① 黄以周:《礼书通故》卷四十八,《续修四库全书》(第112册),上海古籍出版社2002年版,第452页。

② 杨复:《仪礼图》,清同治九年崇文书局刻本。

③ 张惠言:《仪礼图》,《皇清经解续编》本,凤凰出版社2005年版。

礼图家\节次	杨　复	张惠言	吴之英	礼图家\节次	杨　复	张惠言	吴之英
1	纳采及问名图	纳采纳微	纳采	12	不亲迎三月婿见妻之父母图	婿见舅姑	赞醴妇
2	醴宾图	礼宾	醴宾	13			妇盥馈
3	纳微图	亲迎	期昏陈	14			妇馂
4	婿家陈鼎及器图	妇入室匕载	亲迎	15			房中再馂
5	亲迎图	用牢	妇至	16			飨妇
6	夫妇即席图	见妇	举鼎	17			奠菜
7	彻馔成礼图	礼妇	共牢	18			老醴妇
8	妇见舅姑及醴妇图	盥馈	酳	19			婿见主人
9	妇馈舅姑图	妇馂	交衽	20			婿见主妇
10	舅姑飨妇一献图	飨妇	媵御馂	21			醴婿
11	舅姑没三月乃奠菜图	三月奠菜	妇见舅姑				

通过上表比较可以发现:其一,杨复《仪礼图》、张惠言《仪礼图》卷二所设诸图,基本上是围绕《士昏礼》一文婚、妇婚礼主要仪节次第而设的,与全篇的主要仪节划分紧密相连,主于仪节之大端。然而,吴之英《仪礼礼事图》的21幅礼事图,①却并不是根据《士昏礼》经文的仪节行文划分来确定礼图数目的,而是从经文涉及的礼事数目来确定的。其二,吴之英《仪礼礼事图》的礼事图尽管不是着眼于经文仪节划分,却几尽囊括了《士昏礼》篇的所有细微仪节。例如,"奠菜""老醴妇"二礼事,皆是舅姑既没妇庙见及飨妇飨送者的礼节,属于婚礼之变的仪节内容,若给经文划分仪节,只能属于一则礼节之分支内容,但吴氏绘制礼事图时则分属二则礼事。尽管如此,吴氏《礼事图》中的大部分图例仍与杨氏、张氏的仪节图基本重合,因而仍可以视之为礼节图。另外,根据郑宪仁先生的研究,《仪礼》仪节的划分与名称应符合四点要求:第一是"完整性"原则,指起讫经文能完整表达该仪节内涵;第二是"简明"原则,仪节名称宜简明扼要,容易掌握;第三是"代表性"原则,该仪节能精确代表其经文内

---

① 吴之英:《仪礼礼事图》卷二,《续修四库全书》(第94册),上海古籍出版社2002年版,第11—16页。

容;第四是"分层次"原则,以凸显经文重点、彰显礼制要目。① 按照郑氏所述诸原则衡量吴之英的礼事图,其大部分礼图的绘制保持了经文仪节的完整性,能精确代表经文的各种仪制内容,其命名也较之杨氏、张氏的称谓更加简明,基本上仍是合乎郑氏提出的上述 4 个原则和要求的。

吴之英礼事图研究最具创获之处,则表现在对于某些具体礼事的考证上,这些考证或补充解说《仪礼》经文仪文节制之隐晦省略处,或阐述仪节中某一环节之隐性礼意要旨,或对前贤旧说之失加以订正。例如,该书卷一《士昏礼》篇"宾醴冠者"一图,吴氏考证云:"陈服在西墉下,东房无西墉,宾受醴户东,宾西面,赞者出,侧授,尊、篚从服,宜于宾、赞,皆为辟父有嫌。郑玄以为东房,果尔,宾当受于户西矣。"又如同篇"始加醮"一图,吴氏考证云:"不醴用酒,标可醴可酒,隆杀维宜。郑玄以为礼不变俗,有酒之俗,则必有醴,制礼易俗,俗在可许,俗斯为礼。尊于房户,从宾礼也;献受如初,爵洗殊也;荐爵同彻,每加尚新,筵尊不彻,所当袭也;冠者立筵西,待宾之揖;醮既可三,醴可三也。"②凡此之类,皆有助于读者对于吴氏所绘制礼事图的仪文节制的理解,亦有助于帮助读者加深对于《仪礼》经文的准确解读。

不过,从礼节图的角度来看,吴之英《礼事图》亦有某些不足之处。例如,吴氏《礼事图》采用纯文字绘图的方式,尽管可以通过文字的位置来标示人物行礼节次之位次,器物陈设之次第,升降揖让之变迁,凡此种种,皆有其不便于明了繁文缛节变化之处,如人物在宫室之中所处的位置及次第情况,如果离开宫室图解,很难具体直观地反映出来,而杨复《仪礼图》、张惠言《仪礼图》则没有这一弊端。然而尽管如此,就总体而言,较之杨氏、张氏二者的礼图,吴氏《礼事图》的礼节图毕竟是在前贤研究的基础上有所创新的结果,所谓"前修未密,后出转精"也,即使就今日而言仍有其值得肯定之处。

2. 礼节图表

"礼节图表"之名源自黄以周《礼书通故》一书,黄氏所言之礼节图表包括10 个大类:冕服、弁冠服表、妇服表、器服升数表、器服表、变除表、宗法表、井田表、学校表、六服朝见表。其实,从现存文献情况来看,至少早在南宋之际,便有朱熹弟子杨复用礼节图表进行著述,不过,此后学者大多用于绘制《丧服》篇经文的有关内容,这是因为《丧服》篇经文的仪节不同于其他 16 篇,

---

① 参见郑宪仁:《关于〈仪礼〉仪节研究的探讨——以〈公食大夫礼〉为例》,台湾《人文与社会研究学报》2009 年第 43 卷第 2 期。
② 吴之英:《仪礼礼事图》卷一,《续修四库全书》(第 94 册),上海古籍出版社 2002 年版,第 7、8 页。

"《丧服》言服制,不及于仪"①,不需要将行礼节次之位次及器物陈设之次第置身于宫室之中。为显明计,我们仍选择将吴之英《仪礼礼事图》卷十一与杨复《仪礼图》卷十一、张惠言《仪礼图》卷五进行比较,借以彰显吴氏《丧服》篇经文礼节图表绘制的特点。兹以《丧服》篇礼节图表为例,杨氏、张氏、吴氏三家礼节图表详细目次可表解如下:

	图表目次
杨　复	斩衰正义服图、齐衰三年降正服图、齐衰杖期降正服图、齐衰不杖期降正义服图、齐衰三月义服图、大功殇降服图、大功降正义服图、小功殇降服图、小功降正义服图、缌麻降正义服图、五服衰冠升数图、本宗五服图、为人后者为其本宗服图、女子子适人者为其本宗服图、己为姑姊妹女子子女孙适人者服图、天子诸侯正统旁期服图、大夫降服或不降图、大夫妇人为大宗服图、己为母党服图、母党为己服图、妻为夫党服图、己为妻党服图、妻党为己服图、臣为君服图、臣从君服图、君为臣服图、妾服图、公士大夫士为妾服图(28 幅,另有"衰裳图""冠图""绖带图"三图,属于器物图的性质,不在此列)
张惠言	亲亲上杀下杀旁杀表、丧服表、衰服变除表、麻同变葛表(4 幅,另有衰裳、中衣、冠、绖、绞带、屦、笄、杖、明衣裳、绞、纱、衾、夷衾、冒、鬠笄、布巾、掩、瑱、幎目、握手、决极、角柶、浴衣、铭、重、夷槃、轴、俟床、柩车、柩饰、折、抗木抗席、茵、苞、御柩功布等 35 幅图,属于器物图的性质,不在此列)
吴之英	斩衰裳苴绖杖绞带冠绳缨菅屦者、布总箭笄鬌衰三年、布带绳屦、疏衰裳齐牡麻绖冠布缨削杖布带疏屦三年者、疏衰裳齐牡麻绖冠布缨削杖布带疏屦期者、不杖麻屦者、疏衰裳牡麻绖无受者、大功布衰裳牡麻绖无受者、大功布衰裳牡麻绖缨布带三月受以小功衰即葛九月者、繐衰裳牡麻绖既葬除之者、小功布衰裳澡麻带绖五月者、小功布衰裳牡麻绖即葛五月者、缌麻三月者、五服升数(14 幅)

通过对上述 3 家图表目次的比较分析,我们可以发现,在这三者之间各自有着一些不同的特点,主要表现在以下几方面:

首先,从诸家图例的类型和编排体例、性质来看,吴之英关于《丧服》篇的14 幅图表与杨复《仪礼图》的该篇 28 幅图表一样,其礼图性质更为单纯,都属于纯粹的礼节图表内容;而张惠言《仪礼图》卷五则略有不同,注重图、表并用,其中表解图例仅 4 幅,即:亲亲上杀下杀旁杀表、丧服表、衰服变除表、麻同变葛表;其余则皆为器物图例,即黄以周《礼书通故》所说的"名物图",包括衰裳、中衣、冠、绖、绞带、屦、笄、杖等,更有甚者,张氏还将《士丧礼》《既夕礼》中

---

① 万斯大:《仪礼商》附录,《景印文渊阁四库全书》(第 108 册),台湾商务印书馆 1983—1986 年版,第 283 页。

部分器物置于《丧服》卷内,如幎目、握手、决极、角柶、浴衣、铭、重、夷槃、俟床、柩车、柩饰、御柩功布等,可见张氏该书在丧服内容的编排结构上,似乎存在一定程度的编排序次紊乱现象。由此看来,吴之英14幅礼图的性质与杨复28幅礼图性质更为统一单纯,皆可归入礼节图表,是对杨氏礼节图表延续和对张氏《仪礼图》所作礼图加以修正之后的结果。

其次,从诸家属于礼节图表性质的图目设置来看,杨氏、张氏、吴氏3家礼节图表的关注重点亦大不相同,各有差异。杨复礼图的关注重点,在于详细考察各种丧服服制的"义例"情况,以及不同服丧主体、客体变化所造成的条文隶属差异,如斩衰正义服图、齐衰三年降正服图、大功殇降服图、本宗五服图、女子子适人者为其本宗服图、己为母党服图,等等,皆其例。而张氏礼图的重点,从如上所述诸丧服图例情况来看,主要集中在器物图例的考察方面,对于"五服"的"义例"情况并未讨论,而且张氏所制"亲亲上杀下杀表""丧服表""衰服变除表""麻同变葛表"诸表,也并不是从服丧主体、客体的角度考察的,与杨复礼图之间内容侧重点上并不雷同,不属于重复性研究。至于吴之英绘制丧服礼节图表的取目,主要是截取《丧服》篇经文中有关于陈服一类描述性文字,其本身并不反映具体丧服条文的服制"义例"情况。

另外,从诸家属于礼节图表与《丧服》篇经传记文的依附情况来看,杨氏、张氏、吴氏三家的处理亦各有不同。和其他16篇一样,杨复《仪礼图》对于礼节图表的处理方式,往往都是先录17篇经文,节取旧说疏通其意,以详其仪节情况,然后缀之以具体图表,图表为解释《仪礼》经文服务的功能非常突出。作为一部专门以图解的方式来解释《仪礼》的著作,张惠言《仪礼图》对于礼节图表的处理方式与杨复迥异,《丧服》篇礼节图表仅4幅,均不附载《丧服》篇经传记全文,而是完全独立出来的产物,礼图的独立性极为鲜明。对于杨氏、张氏这两种不同的著述方式,吴之英著《礼事图》一书时,亦仿效张惠言《仪礼图》的做法,其中若有义理必要训释说明者,则为之加附寥寥数语予以解说,效果极佳,显然这是对前贤成果加以扬弃的良好结果。

(四)《仪礼礼器图》

吴之英所著《仪礼礼器图》一书,主要包括宫室图和器物图两部分,其中器物图主要绘画《仪礼》17篇各篇所涉器物之图像、形制。今日看来,吴氏之"礼器图"与黄以周《礼书通故》所谓"名物图"大致相当,后者"名物图"包括九大类,即:"一曰宫室,二曰衣服,三曰玉瑞符节,四曰尊彝鼎,五曰乐器,六曰射器,七曰兵器,八曰车制,九曰器服、器器。"这些礼图对象与类别,在吴氏《礼器图》里皆有礼图可寻。这一类名物礼图绘制起源很早,据黄以周考证:

"礼器制度,昉于汉叔孙通,郑阮礼图多本其说,后之学者迭相增改。"①就其中后世影响之荦荦大端者而言,如宋代聂崇义《三礼图集注》乃专图名物器用著称于世,清代乾隆年间官修《钦定仪礼义疏》亦有"礼器图"四卷②,系大致采用聂氏研究成果并根据经文及参考陈祥道礼书图逐条论说的结果,此后又有学者相继从事名物考订与研究,取得了相当丰硕的成果。吴之英生当清末,故其能综合历代学者名物礼图及其考释之大成,撰成《礼器图》17卷500余幅图例,兹为之略加分解说明如下。

1. 宫室图

历代注礼大家认为,读《仪礼》必先明古人宫室之制,然后才能知所位所陈及揖让进退之节,故重视"宫室图"的绘制,主于绘制房室结构之简图,主要就《仪礼》17篇经文的相关描述,对经文中的各类宫室房屋进行简明的线条式绘制,借以直观反映先秦以前人们生活起居的具体场景。吴之英著《仪礼礼器图》一书时,考虑到"《礼》于宫室无专篇,散出各篇,不当散",故"图会其散者图之,标三名焉,曰庙曰寝曰朝",在消化吸收前贤时哲的有关研究成果基础上,绘制了"庙""寝""朝"三幅图并为之行文详加考证解说,位在全书之首,"令读者得心量器之误事之节而识之"。另外,是书目录后附言亦云:"首列宫室三图,在经散见,该举之要谊也。"③

首先,从礼图数量情况来看,吴之英《礼器图》属于宫室图的幅数极少,只有"庙""寝""朝"3幅图,但对于房制结构及构成的把握颇为到位。事实上,在吴氏之前,便有诸多这方面的研究成果,宋人聂崇义《三礼图集注》卷四即专为"宫室图",如"明堂""宫寝制"等④,不过所收之图却并非全为有关宫室之图例。又如,杨复《仪礼图》一书在该书卷一专门编制"宫室图",凡7幅:郑氏大夫士堂室图、天子路寝图、大夫士房室图、天子诸侯左右房图、州学为榭制图、东房西房北堂、士有室无房堂,乃兼采唐以来及当朝诸儒之意并断以经注而成,不仅如此,还于全书所附《仪礼旁通图》开首设立"宫室门",包括寝庙辨名图、两下五架图、郑注大夫士东房西室图、诸侯五庙图、贾疏诸侯五庙图、大夫三庙图、贾疏大夫三庙图,虽然仅止于7图,但亦颇具价值。到了清代,仍然

---

①　黄以周:《礼书通故》卷四十九,《续修四库全书》(第112册),上海古籍出版社2002年版,第534页。

②　考《景印文渊阁四库全书》本《钦定仪礼义疏》,其中卷四十一至卷四十四部分属于"礼器图"的性质,而卷四十五至卷四十六部分虽同样为礼图,但其礼图则归属于"礼节图",二者性质并不一致。

③　吴之英:《仪礼礼器图》首篇,《续修四库全书》(第93册),上海古籍出版社2002年版,第596、595页。

④　聂崇义:《新定三礼图》卷四,清华大学出版社2006年版,第109—136页。

还有学者从事礼经宫室图的研究,例如:万斯大《仪礼商》附录有《庙寝图》,包括《庙在寝东图》《正寝图》2 幅礼图,并转录《司士治朝图》及《应嗣寅治朝图》2 图;张惠言《仪礼图》绘制有 7 幅"宫室图",分别为郑氏大夫士堂室图、天子路寝图、大夫士房室图、天子诸侯左右房图、州学为榭制图、东房西房北堂、士有室无房堂等;嘉庆初期,又有扬州府学者焦循兼习《礼经》,著有《群经宫室图》2 卷,等等。因而,等到吴之英绘著《礼器图》之际,有关《仪礼》宫室图之研究成果已近趋于大成,故吴氏无需再过多费力于其间,此亦其这类礼图极少之缘故。

其次,从礼图考释情况来看。与清代其他治礼学者相比,吴之英在进行《仪礼》宫室图之考释研究中,在有关考证理据的文献征引方面极具特色,吴氏所借以考证阐释的文献范围极为狭小,主要来源于三《礼》经文本身,兼及郑《注》和《尔雅》《说文》等,据此推及具体宫室体制情况,极少数情况下会援引《论语》等其他可靠的儒家经典文献材料予以佐证。由此可见,在考证方法上,吴之英更强调据三《礼》文献本身进行礼宫室图的考定,重视三《礼》语料之互证研究。另外,对于宫室中所蕴涵的礼意方面,吴之英在对此 3 幅图的文字考证过程中无丝毫推阐性的话语加以说明,体现出一位严谨而朴素的汉学家的治学风范。

2. 器物图

《仪礼》17 篇所涉器物非常丰富,如衣着、器皿、射具等各类古人日常生活器物皆有所涉猎,与各类仪节行式密切关联,因而历代《仪礼》注释家大都会给予关注,有的甚至专门从事于这一专题研究。晚清学者吴之英亦不例外,所著《礼器图》17 卷大都属于这一方面研究成果。吴之英该书关于《仪礼》17 篇"器物"图例的研究情况及其特色,可以从以下几方面加以观照:

首先,从诸家绘制的器物图数量情况来看。宋人杨复《仪礼图》后附有《仪礼旁通图》,除宫庙门外,还有冕弁门(包括冕服图、弁图、内司服图)、牲鼎礼器门(牲体图、鼎数图、礼器图)等,皆器物图之例。张惠言《仪礼图》一书除仪节图外,仅卷一《衣服图》、卷五《丧服》篇图属于礼器之图,然而其中卷一《衣服图》亦绘制了冕、弁、爵弁、冠、衣、裳、深衣、中衣、带、韠韨、舃屦等 10 幅礼器图,卷五《丧服》篇则绘制了衰裳、中衣、冠、绖、绞带、屦、笄、杖等 35 幅礼器图。至于吴之英《礼器图》一书,绘制了大量《仪礼》17 篇所涉礼器之图,总计达 522 幅之多,可谓达到了《仪礼》学史上的研究之最。俗话说,前修未密,后出转精,吴氏在继承前人众多研究成果的基础上,所绘器物图更趋精细是必然的。《礼器图》具体数目详见下表:

礼经篇目	士冠礼	士昏礼	士相见礼	乡饮酒礼	乡射礼	燕礼	大射仪	聘礼	公食大夫礼
器物图数	55	33	51	10	33	19	26	42	6
礼经篇目	觐礼	丧服	士丧礼	既夕礼	士虞礼	特牲馈食礼	少牢馈食礼	有司彻	总计
器物图数	20	41	95	53	17	10	8	3	522

其次,从吴之英《礼器图》17篇所涉器物图的类属及其编排体例情况来看。黄以周《礼书通故》言及礼经所涉礼器图主要包括衣服、玉瑞符节、尊彝鼎、乐器、射器、兵器、车制以及器服、器器等类别,吴氏《礼器图》17卷亦均有涉猎,但就其各卷目下对于各篇器物图的布局情况而言,则编排较为混乱。以《士冠礼》篇为例,吴之英《礼器图》卷一绘图凡55幅,其中属于着装衣物类器物图依次有玄冠、朝服、缁带、素韠、爵弁、纁裳、纯衣、靺鞈、皮弁、素积、玄端、玄裳、黄裳、杂裳、爵韠、缁布冠、缁纚、皮弁笄、爵弁笄、缁组纮、衫玄、采衣、紾、束帛、俪皮、葛屦、黑屦、白屦、纁屦、皮屦、繐屦等31幅,大致相当于黄氏的"衣服"与"器服"两类;仪节用器类器物图依次有篚(籰)、筵席、所卦者、筮韇、洗、篚、栉、箪、蒲筵、瓺、筐、勺、觯、角柶、匜、坫、俎、禁、爵、鼎、扃、鼏、豆、邌等24幅,大致相当于黄氏的"器器"类。吴氏对这两大类55幅图礼器图的编排,并没有按照大类进行绘制,而是互有交错,基本上依照《士冠礼》篇经文出现的先后秩序绘制排列。其他各篇各卷礼器图的目次同样如此,没有加以分门别类,在一定程度上便利了礼经初读者与经文的对照研读,但对于一部专门图解体著作而言,这种编排方式似仍有不允当之处,体例颇不完备,未能达到纲举目张之著述体例功效。

再次,从《礼器图》17卷可以看出,吴之英对异名而同实、异实而同名等一类器物称名现象给予了极大的关注与研究,并在该书有所体现,其处理形式亦极具特点。关于这一点,吴氏在该书目录后附言曰:"十七篇五百六十三图,有复见者,同实异名,同名异实,名实不远而义有嫌非复不可别;名实同而义无嫌不再图从同;同有枝蔓其义旁及者,博征为洽,晓人如是。其他犹多待说,则已在训故中,不悉具。"由此亦可从一个侧面说明,吴氏对于《仪礼》17篇中的器物的研究是非常全面细致的。

另外,从考据方法来看,吴之英《礼器图》的考证亦极具特色。关于是书,谢兴尧先生有过一番非常精要的评述:"是编虽取袭前人之图,而分门别类,条分缕析,颇称宏博,且能以《说文》、古史证明古制,发前人所未发,致力之深,洵足钦矣。"又说:"此书于各类名物,考据极精,至所附图,则多附会,然不害其为杰构也。"①谢先生的话,至少有三方面的含义:其一,吴之英是书所附诸图,大多数主要沿袭前人之图;其二,吴之英是书在类目处理方面条例颇为清晰,"分门别类,条分缕析,颇称宏博",具有极为个性化的鲜明特色,值得称道;其三,吴之英是书在名物考据方面极为精审,且能引《说文》、古史证明古制,洵为有益于后人。

关于"名物图"的考订方法问题,清人黄以周在《礼书通故》当中曾经提出过有关考订的具体途径:"据经记之文,参注疏之言,疑以传疑,信以传信,虽曰仿佛,思过参半。"②借此标准来衡量吴之英《礼器图》的考证条文,可以说,吴氏对黄以周所言之法运用得极为娴熟到位。在著述所参所据文献的选择上,吴之英表现得极为严谨缜密,体现出一定的层次性:第一层次,三《礼》及郑《注》,这也是吴氏认为最为可信的文献材料;第二层次,借助《说文》《尔雅》等小学类文献,辅证名物的解说;第三层次,借助其他儒家经典如《诗经》《论语》等文献典籍及其汉人注释,寻找有关古史材料证明古制。由此可以看出,吴之英的《仪礼》学研究,在一定程度上宗守着汉代学者郑玄研究《仪礼》的家法,实在是清代后期宗守郑学派的一位代表性人物。

总之,吴之英撰著《仪礼礼事图》《礼器图》等,不论是礼节图、礼节图表,或者是宫室图、器物图,都是在承继前人礼图研究成果的基础上完成的。或者说,正是由于吴氏吸收了杨复、聂崇义、张惠言等人的礼图著作及清代有关大儒随文注释体著作等的考辨论说研究成果,进一步丰富完善而成这两部集大成性质的礼图著作。另外还须提及的是,吴氏《礼器图》一书之末附有《周正三图》,包括《封建图》(7图)、《井田图》(29图)、《学校图》(2图)。其中《封建图》7图分别为:九州、九服、公国、侯国、伯国、子国、男国;《井田图》29图分别为:王畿、井、邑、丘、甸、县、都、比、闾、族、党、州、乡、邻、里、鄸、鄙、县、遂、五沟五涂、畍、遂、井、沟、成、洫、同、浍、川;《学校图》2图分别为:王国学、侯国学。据是书目录后所附言云:"终附《周正三图》,其事也,非器也,事之繁而难理,同于器之当说,撮以补经。"③鉴于这些图例不隶属于礼节图、礼节图表、宫室图、器物图等各大类目,与《仪礼》本经的说解距离更为疏远一些,此不赘言。

---

① 谢兴尧:《〈礼器图〉提要》,载中国科学院图书馆整理:《续修四库全书总目提要·经部·礼类》,中华书局1993年版,第525页。

② 黄以周撰,王文锦点校:《礼书通故》卷四十九,中华书局2007年版,第2257页。

③ 吴之英:《礼器图·目录》,《续修四库全书》(第93册),上海古籍出版社2002年版,第595页。

第四节　尊尚郑学派的《仪礼》学研究

清后期的《仪礼》学研究，不仅有汉学考据一派的学者，更有部分学者不满足于恢复汉代解经的朴实学风，他们在治学中更表现出对于《仪礼》郑注的极度推崇和张扬，甚至宣称"古礼之学，以康成为宗。……盖沉潜好古之儒，唯谨守旧说，确知郑《注》精微，莫可抵巇"，力主为郑学辨诬，为后人释疑，使"千古礼宗不淹晦于饰伪乱真之手"①，所谓"墨守康成"之学是也。推本溯源，在这些学者看来，随着清代礼学的复兴，"郑学之晦"的局面并没有得到根本性的改变，当时学界传承郑氏之学存在两种弊端，"曲护郑失，是为佞臣，其弊一也"，"末学浅陋，谬生党伐，其弊二也"。这些弊端带来的严重后果，便是"佞臣之失，渐至荒经；党伐之兴，且将诬道"，于是各类申解笺释郑《注》之作兴焉，为郑学者"皆掇拾于散亡之余，远绍绝学"②。在这一风气影响之下，《仪礼》研究亦有张扬并宗守郑氏礼学者，这其中又以郑珍、张锡恭等人的治学最具鲜明的代表性，形成了一种迥异前贤时哲的治学风格，于学界独树一帜。

一、郑珍与《仪礼私笺》

（一）生平及著述概说

郑珍（1806—1864），字子尹，号柴翁，别号五尺道人，自署子午山孩、巢经巢主、小礼堂主人，晚号且同亭长，贵州遵义人（先世为江西人）。出生儒医之家，5 岁时便由祖父郑仲桥启蒙识字，后随父郑文清课读，11 岁入私塾，12 岁就读于遵义湘川书院，攻研四书五经，涉猎诸子百家，性静持重，极嗜读书。道光五年（1825），侍郎程恩泽（凌廷堪门人）督办贵州学政，择优选拔他为贡生，并指导他学习汉学师承家法，从此走上了"以字通经"的朴学家之路。道光八年（1828）考取秀才，道光十七年（1837）应聘为遵义启秀书院讲习，同年秋中举，与莫友芝联袂进京会试，竟落榜回遵义。次年，受知府平翰聘，与莫友芝合纂《遵义府志》，历时 3 年，成书 48 卷 80 余万字，被梁启超誉为"天下第一府志"。其后，3 次进京会试，均未中试，依例选为大挑二等，以教职补用。道光二十四年（1844）任古州（今榕江县）厅学训导、荔波县学教谕，继任镇远府学

---

①　郑知同：《〈仪礼私笺〉后序》，《仪礼私笺》书后，《郑珍全集》（一），上海古籍出版社 2012 年版，第 206 页。

②　黄彭年：《郑学录序》，载郑珍：《郑学录》卷首，《郑珍全集》（一），上海古籍出版社 2012 年版，第 445 页。

代理训导和荔波县学训导。每届任期虽不足一年，仍努力培训人才。回遵义后，先后主启秀、湘川书院讲席，培育郑知同、黎庶昌、莫庭芝等一批俊彦。咸丰五年（1855），有叛苗侵犯荔波，郑珍率兵守城。同治二年（1863）大学士祁隽藻荐于朝，特旨以知县分发江苏补用，郑珍辞谢不就。同治三年（1864）九月十七日，因咽喉溃穿而卒，葬于遵义禹门子午山。

　　郑珍以经学驰名，毕生研习汉学与宋学，考订精审，学贯古今，著作宏富，后世誉为"西南巨儒"。其治学以《说文》和三《礼》为主要研究方向，在经学和文字学方面的主要著作有《巢经巢经说》1卷、《仪礼私笺》8卷、《轮舆私笺》2卷、《凫氏为钟图说》1卷、《亲属记》1卷、《说文逸字》2卷、《附录》1卷、《说文新附考》6卷、《汉简笺正》8卷，以及《深衣考》《老子注》《辑论语三十七家注》《说文大旨》《说文谐音》《转注考》《释名证读》《说隶》等等，可谓著述宏富。李慈铭在《越缦堂读书记》中称许郑珍治学言："其《经说》仅一卷，而贯串精密，尤多杰见。"①其友莫友芝也称：子尹"平生著述，经训第一，文笔第二，诗歌第三，而惟诗为易见才，将恐他日流传，转压两端耳。"②当代国学大师钱仲联在《论近代诗四十家》中写道："清诗三百年，王气在夜郎，经训一菑畬，破此南天荒。"③凡此种种，诸家推誉郑珍诗才和经学之意，可谓溢于言表。

　　如上所述，由于受程恩泽的治学影响，郑珍问学十分重视汉学考据之法，以为汉学莫盛于郑康成，故曾撰《郑学录》4卷以弘扬其学。在郑珍看来，读儒家诸经当以《仪礼》最为难读，不少好议之徒因其"艰深隐复"而未予"陵蔑"，直到元人敖继公"号通礼制，首发难端，作此书《集说》，与康成树敌"；到了清代，"爰暨国朝，考据成风，学者不通典礼，不列名家，往往衔名复古，不嫌与郑氏操戈。自万氏斯大迄乎乾嘉百余年间，各出危言，人矜创获，致令礼堂旧业，宏纲细目，无不形为踳误"，"虽不无张稷若、江慎修、惠红豆、武虚谷诸子为之功臣，而几莫敌纷纷众口之强辞曲辩也。郑学之弊莫甚于今，假令狂澜莫挽，恐千古礼宗不淹晦于饰伪乱真之手"④，故发奋著为《仪礼私笺》8卷，大致上乃以守郑氏家法为准绳。据郑珍之次子郑知同《〈仪礼私笺〉后序》交代，郑珍50岁以后始执笔著《仪礼私笺》一书，初有志于《仪礼》全经皆有考论，不幸中

---

　　①　李慈铭：《越缦堂读书记》子部《巢经巢经说》条，上海书店出版社2000年版，第789页。
　　②　莫友芝：《巢经巢诗钞序》，《巢经巢诗钞》卷首，《郑珍全集》（六），上海古籍出版社2012年版，第38页。
　　③　钱仲联：《论近代诗四十家》，《梦苕庵清代文学论集》，齐鲁书社1983年版，第138页。
　　④　郑知同：《〈仪礼私笺〉后序》，载郑珍：《仪礼私笺》书后，《郑珍全集》（一），上海古籍出版社2012年版，第206页。

年连遭丧乱,一年数迁,大部分还没有脱稿,所存遗说只有 4 篇,同治三年(1864)知同整理先父遗稿,裒录详校成编,即今所见是书。《仪礼私笺》凡 8 卷,卷一、卷二为《士昏礼》篇,卷三为《公食大夫礼》篇,卷四至卷七为《丧服》篇,卷八为《士丧礼》篇,并附《既夕礼》篇 1 条笺释。

(二)治经学术旨趣

发覆郑珍的《仪礼》研究,自然需要辨明他的治学旨趣。郑珍从事经学研究,既与清后期学界大多数学者崇尚朴学的研究兴趣紧密相连,也受他本人早年受学师承、"穷处万山之中,不与宦游者相接"的平生经历以及贵州当地整体普遍学风等因素制约。当代有学者指出,郑珍的学术旨归表现为两方面:"一是倡导经世致用,视学术为安邦治国之治具,翼以孔孟学术之正救思想之异端邪说;二是倡导融汇汉宋两学,暗合晚清学术主流。"①可谓一言切中郑珍治学的实际学术旨趣。

首先,郑珍的问学并不属于单纯书斋式的学术研究,他承继了汉代以来大多数学者的儒家经学传统,以"经世致用"为治学旨趣。郑珍所处时代,明末清初时的顾炎武、黄宗羲等人所持的"经世致用"学风已经渐趋丧失,"尝叹嘉、道以来,学者务为新奇破碎,显背师法"②,很多学者埋头于潜心考据、倡言朴学、不问现实的经学治学,坚守"述而不作"的治学原则,孜孜于名物典章制度的考证,忽略了章句背后的那些幽深玄妙的哲理,反对对于儒家经典思想内涵和现实功用的深度探讨,更全然忽视现实生活中的各类问题,不以儒家经典去思考和解决各类问题。对此,郑珍颇为抵斥,他批评这一风气说:"明于形下之器而不明形上之道,此近世学者矜名考据,规规物事,陷溺滞重之弊,其失一也。"所谓"明于形下之器而不明形上之道",是指清代汉学家摆脱了宋明理学家空谈性理之弊,却又陷入了汉学烦琐考据的极端。在郑氏看来,这两个学术极端,都是儒生们所应痛加申斥、力加矫正的现象,"程、朱未始不精许、郑之学,许、郑亦未始不明程、朱之理,奈何歧视为殊途!偏执之害,后学所当深戒"③。只有抵斥这两个学术极端行为,才有可能将治经与"国计民生"之事二者结合起来,摒弃当时学界单纯书斋式的问学风尚。

郑珍在为甘家斌《黜邪集》作序时,更明确地将学术研究的价值拔高到安邦治国的高度:"学术正,天下乱,犹得持正者以治之;至学术亦乱,而治

---

① 曾秀芳:《郑珍的治经路径与学术旨归》,《牡丹江大学学报》2013 年第 7 期。

② 唐炯:《巢经巢遗稿序》,《巢经巢诗钞·附录二》,《郑珍全集》(六),上海古籍出版社 2012 年版,第 386 页。

③ 郑知同:《敕授文林郎征君显考子尹府君行述》,《郑珍全集》(一),上海古籍出版社 2012 年版,第 19 页。

具且失矣。"①用现时代的话说就是：学术兴隆，便可以正治邪；学术衰颓，则正不压邪，治具丢失。对于清政府而言，其治国方略之最为根本者便是"崇儒重道"，康熙厌闻西方佛法，乾隆以释道为异端，都是基于这一基本国策的考虑；统治者抵斥怪力乱神之类迷信之事，倡为"隆学校以端士习，默异端以崇正学"的兴学主张和治国举措，对于当时朝廷治理国家，起到了重要的辅佐之功，其积极意义可谓举足轻重。而郑珍倡扬以孔孟正学之尊，倡导兼顾"形而下之器"及"形而上之道"的学术风尚，并将其视为治理天下的根本方略，其自身的经学研究，势必要体现这一学术思想，在学术研究中体现出"通经致用"的解经旨归。具体到《仪礼》研究来说，郑珍乃是因"礼堂旧业，宏纲细目，无不形为蹜误"②而作《仪礼私笺》之书。当然，其中尽管也有为现实服务的目的，但"郑珍经世致用思想在其经学研究中的确体现不足，然在其诗文创作中却得到了充分的发挥"③。

其次，郑珍的治学旨趣并没有偏向于单纯的汉学或单纯的宋学，更强调倡导和融会汉、宋两学，取双方治学之所长，反对存学术门户之见，和清初江永治学的思想颇有相类相通之处。关于这一点，后来学者皆有发覆说明。如郑珍谢世之后，郑知同作《敕授文林郎征君显考子尹府君行述》，谓其"生平为学宗旨，汇汉宋为一薮"，"不立门户，一一为折中持平"④。郑氏同乡好友萧光远在《郑子尹征君诔(并序)》祭文中，也说他于百家学术"无所不窥"，"汇汉宋为一薮"⑤。稍晚些时候，贵阳人陈田在《黔诗纪略后编·郑征君传》中，也评价他说："通汉宋之津，不执成见。"⑥到民国二十九年(1940)赵恺编辑《巢经巢全集》时，谓郑珍治学"精汉而尊宋"，"守前贤之说，范围不过尊诸高密，而不敢有他睥睨，然后以求合于宋，不敢高视而佻步。"⑦与赵恺同时的刘千俊在谈到郑珍的治学时，也说他是"尊许、郑，宗程、朱，明三《礼》，湛六书，至于歌诗图缋，罔不博究而兼精"⑧。上述诸人说法论调颇为一致，皆称郑珍通晓汉、

①　郑知同：《甘秩斋黜邪集序》，《巢经巢文集》卷二，《郑珍全集》(六)，上海古籍出版社2012年版，第461页。

②　郑知同：《〈仪礼私笺〉后序》，《仪礼私笺》书后，《郑珍全集》(一)，上海古籍出版社2012年版，第206页。

③　曾秀芳：《郑珍的治经路径与学术旨归》，《牡丹江大学学报》2013年第7期。

④　郑知同：《敕授文林郎征君显考子尹府君行述》，《郑珍全集》(一)，上海古籍出版社2012年版，第19、14页。

⑤　萧光远：《郑子尹征君诔(并序)》，《郑珍全集》(一)，上海古籍出版社2012年版，第22页。

⑥　陈田：《黔诗纪略后编·郑征君传》，《郑珍全集》(一)，上海古籍出版社2012年版，第12页。

⑦　赵恺：《巢经巢全集·目录》，《郑珍全集》(一)，上海古籍出版社2012年版，第52—53页。

⑧　刘千俊：《巢经巢全集序》，《郑珍全集》(一)，上海古籍出版社2012年版，第3页。

宋两学,且能吸收折中于各家之所长。

考察郑珍生平经历和所处治学背景情况,他之所以持这种融会汉、宋两学的为学论调,主要是源于以下两方面因素:

一是郑珍早年从学师承背景因素的影响。郑珍早年曾先后师从黎恂、莫与俦、程恩泽等人问学。这其中,黎恂信守理学,根据郑知同《敕授文林郎征君显考子尹府君行述》记载,他曾经教授郑珍"潜心宋五子之学";莫与俦为他讲授了清代汉学大师们的学说,使郑珍"得与闻国朝六、七巨儒宗旨"①,极大地拓展了郑氏的学术眼界。对郑氏影响更大的则要数程恩泽。程恩泽精通许慎《说文解字》之学,道光五年(1825)督学贵州时,郑珍成为其门下拔贡生,次年程恩泽转为湖南学政,又招郑珍同去。他曾指导郑氏问学说:"为学不先识字,何以读三代秦汉之书?"②正是经由程恩泽的学术引导,郑珍乃着意于"以字读经"和"以经读字",走上了通过小学考据研究经学的道路。按照郑氏本人的说法,自此以后,治经"觉其路平实直捷,履之甚安,遂斤斤恪守尺寸,不肯以宋后歧出泛滥纷其趋"③。

二是郑珍毕生治学所处社会背景和学术思潮因素的影响。"清代汉学鼎盛于乾嘉时期。至道咸时期,就全国范围而言,汉学已开始走向衰落,今文经学兴盛起来。而在贵州,以郑珍为代表的汉学派,却方才兴起,步乾嘉汉学的后尘,与整个学术态势不甚合拍。这种情形,是由贵州地处边陲,经济、政治、文化远较中心地带落后这种状况造成的,也与郑珍一生活动范围大致没有越出贵州、官场阅历又极为有限这种状况有关。"④郑珍生活于道光、咸丰、同治年间,尽管贵州地理位置较为偏僻,那个时候的贵州学术风气,既有乾嘉学术汉学考据的学术身影,同时也受到了程朱理学与今文经学的学术熏陶,其提倡"经世致用"便应与此有关。在郑珍的著作中,时常也表露出对于程朱理学的抵斥与推崇双重对立性并存的价值取向,以他对朱熹的态度而言,虽然郑珍"由于折中儒道两家人生观,他不满意朱熹'存天理,灭人欲'之说"⑤,但在对待朱熹的宋学治学倾向上,也并不全盘否定,自言"恭读晦翁书,语若亲告播"(《游石鼓书院次昌黎合江亭元韵》);他曾高度评价朱熹,谓其乃"百世之师,

①　赵尔巽.《清史稿》(册四十三)卷四百八十二《列传二百六十九·儒林三》,中华书局1977年版,第13288页。

②　黎庶昌:《郑征君墓表》,《郑珍全集》(一),上海古籍出版社2012年版,第8页。

③　郑珍:《上程春海先生书》,《巢经巢文集》卷二,《郑珍全集》(六),上海古籍出版社2012年版,第441页。

④　陈奇:《郑珍经学门径刍议》,《贵州文史丛刊》1987年第1期。

⑤　王煜:《清代贵州调和汉宋两学的郑珍》,《甘肃社会科学》1992年第2期。

一言一行足使人兴起",并命次子郑知同抄录朱熹校定的《上蔡语录》,"为朝夕服膺焉"①;此外,他向郑知同说:"朱子一生精力尽在《四书集注》,根柢尽在《近思录》。吾五十以后看二书,道理历历在目前滚过,稍涉影响,便有走作,差若毫厘,失之千里矣!"②凡此之类足以发见,郑珍对于朱熹及其程朱理学既有肯定之处,也有不满意的嗤诟之辞。

(三)郑珍诠释《仪礼》之特点

郑珍著述《仪礼私笺》,虽然至今已无法窥见其书全貌,仅存《士昏礼》《公食大夫礼》《丧服》《士丧礼》4篇诠释部分,但仍可从一斑窥全貌。尽管只有短短的8卷篇幅,但该书"考订了经文的脱字、错字和衍文,删除后世增入的经文,并订正经文、《传》文相混之处,订正错简与句读划分,还对一些术语如'媒氏'、'报'、'庶妇'、'兄弟'与'昆弟'等,作了新的解释,确有不少发明"③。从目前已知的情况来看,郑珍训释礼经最具特色之处,大致有如下数端:

首先,从著述体例来看,《仪礼私笺》的文献诠释体式当属于笺体。郑玄《六艺论》论其笺《诗》大旨云:"注《诗》宗毛为主,其义若隐略,则更表明;如有不同,即下己意,使可识别也。"④郑珍仿郑玄笺《毛诗故训传》之例,择取《仪礼注》之训例,对郑玄《注》文隐晦质略者加以申明,或补足郑氏训义,诠释《仪礼》经文基本上主于宗主郑玄礼学见解。"所以补经之不备,是举一经而全经之体例俱得要领,益见经文、《记》文之周密无间,而旧读之凭私牵合,灼然可知其误,苦心深识,乃成此创获之解,康成经注,真如日月经天矣"⑤。事实上,不仅郑珍的《巢经巢经说》如此,《仪礼私笺》的著述也是如此,将其移置为对《仪礼私笺》的评价亦不为过。当然,对郑《注》偶有失误之例,郑珍亦辨而正之,并不一味护短。

其次,从《仪礼》17篇礼类的性质认知情况来看,郑珍并不同意将其中以"士"命名之篇归之于"士礼",主张要视情况分别对待。例如,其中《士冠礼》《士丧礼》《士虞礼》《士相见礼》4篇标目为"士",其礼经性质亦为"士礼"无疑;而《士昏礼》则不然,"此经止首曰'昏礼',原无'士'字,则为上下通行之

① 郑珍:《书〈上蔡语录〉后》,《巢经巢文集》卷四,《郑珍全集》(六),上海古籍出版社2012年版,第556页。
② 郑珍:《敕授文林郎征君显考子尹府君行述》,《郑珍全集》(一),上海古籍出版社2012年版,第19页。
③ 黄万机:《评郑珍的经学成就》,《贵州文史丛刊》1986年第2期。
④ 孔颖达:《毛诗正义》卷一,《十三经注疏》(上册),中华书局1991年版,第269页中。
⑤ 李慈铭:《越缦堂读书记》子部《巢经巢经说》条,上海书店出版社2000年版,第789、793页。

礼也",主张该篇礼文性质应为通礼,而先人之所以制作其为通礼的缘由,推其本意,盖"原前圣之意,盖以天子诸侯虽尊,其未即位而昏者,即天子之元子,犹士也;其即位始昏者,合二姓之好,以继先圣之后,以为天地宗庙社稷之主,必不能外六礼而别有所行。而其行六礼也,虽使者异人,车服异等,圭币异制,送逆异宜,至仪节之大端,尊卑无或异,故笔以为经,据上下通制立文,而不专名为士。亦犹《丧服》为上下通制,或降或绝,自以人分,不可目为士之专礼也。曰'下达'者,总冒全篇,言此礼自上通下尔云。"至于如今称名《士昏礼》之由,《仪礼私笺》谓"录记者乃首标'士昏礼',其所记亦多士庶所行,至汉大师题次篇目,因于经目外加'士'字,标目'士昏礼第二',其实经原不以为士礼也。"①显然郑珍是认为,《士昏礼》篇原非士礼,篇名中的"士"字系汉代人所加。

再次,从诠释视角来看,郑珍较少就事论事,就某一词句单独作解,而是强调要通贯某一礼经篇章乃至《仪礼》全经,据此借以阐释说明郑《注》的合理性。郑珍以为,"解经必先守经",郑玄解经即往往"据通篇文例断之",故郑珍治《仪礼》亦承袭了此法,他诠释礼经,总是强调要"总揽全经,贯串精密,既从全经大旨以观照经文片断,又善于引据他经以补正,使经文意旨更加明晰。"②李华年先生在谈到郑珍治礼的总体研究方法时,将其归结为两点:一为视《仪礼》17篇为一整体,进而视三《礼》为一整体;一为明文例,③这其实就是说的郑珍礼经全局性的通贯诠释观。郑珍自己也曾经提及自己的这一诠释方法:"前六年说此经,反复寻绎,得即本注推本经,定康成所据经传古本原无'嫁者,其嫁为'四句,然后改读之,确可得而明其说几备。今日重复思之,更得即上条明下条,即《记》文明经文,益见世儒以改读病康成者,先自病读书粗心也。"④郑氏在实际诠释当中,也正是如此实践。例如,《丧服》篇"大功九月章"云"姪丈夫妇人报"条下,郑珍《仪礼私笺》卷六云:"经例凡于此人下言'报'者,即不出彼人,本章首条'姊妹适人者'已见众昆弟为之矣,则此'报'字不连上条言明甚。"⑤该例郑珍亦将文例作为离章析句的依据,根据《丧服》篇言"报"的文例情况,重新断句,极具说服力。

复次,从诠释门户观来看,一如他的其他经学著作一样,郑珍著述《仪礼私笺》之时,仍以"墨守郑《注》"、维护郑《注》为要务。但在实际诠释过程中,郑珍并没有一味取信郑《注》,相反,在某些郑《注》的笺释中,"至于个别经义

① 郑珍:《仪礼私笺》卷一,《郑珍全集》(一),上海古籍出版社2012年版,第61页。
② 黄万机:《评郑珍的经学成就》,《贵州文史丛刊》1986年第2期。
③ 李华年:《仪礼私笺·点校前言》,《郑珍集·经学》,贵州人民出版社1991年版,第55—57页。
④ 郑珍:《仪礼私笺》卷六,《郑珍全集》(一),上海古籍出版社2012年版,第162页。
⑤ 郑珍:《仪礼私笺》卷六,《郑珍全集》(一),上海古籍出版社2012年版,第148页。

注释的差错,郑珍决不曲为回护。对论敌(如敖继公等)的见解,如确实符合经旨,他也予以引用"①,诚如《清史稿》评述郑珍所述的那样,一以"崇尚考据,……实事求是,不立异,不苟同"②为诠释准则,反对凭私臆断的诠释方式。尽管郑珍极为抵斥敖继公《仪礼集说》,深恶敖氏之改经、诋郑做法,如谓"敖氏谓《传》文违背经意者不少,未必皆知礼者所为,大谬。此《传》师师相传为子夏作……敖氏于十七篇多臆改郑说,此且斥及子夏,彼盖自信其说皆合礼意,固宜即文学大贤亦浅陋而多违背矣,多见其不知量也"③,但也有肯定敖氏说解正确的诠释结论,如《士丧礼》篇:"决用正,王棘若檡棘,组系,纩极二。"郑《注》:"生者以朱韦为之而三,死用纩又二,明不用也。"郑珍笺释说:"'纩极'者,盖剪去茧之两头,用其中韬指,以象生时韦为之也。用二者,敖继公谓韬于食指中指,其义当然。《疏》云'以此二者与决为藉',大非。"④释语中,郑珍舍弃贾公彦《疏》的说解,相反倒是肯定了敖继公对于"纩极二"之"二"的解释合理性。

对于以疏解郑《注》为己任的贾公彦《注疏》,郑珍并不盲从,对于《注疏》中的曲解郑《注》之例也不维护,而是客观加以评判剖析,指出其疏解郑《注》之根源。例如,《士昏礼》篇:"下达纳采,用雁。"郑《注》:"达,通也。将欲与彼合昏姻,必先使媒氏下通其言。女氏许之,乃后使人纳其采择之礼。用雁为挚者,取其顺阴阳往来。"贾公彦《疏》据郑《注》申解经意云:"言下达者,男为上,女为下,取阳倡阴和之义,故云下达,谓以言辞下通于女氏也。……此昏礼无问尊卑,皆用雁,故郑注其意云取顺阴阳往来也。顺阴阳往来者,雁木落南翔,冰泮北徂,夫为阳、妇为阴,今用雁者,亦取妇人从夫之义,是以昏礼用焉。"⑤郑珍注意到,郑玄《注》"用雁为挚者,取其顺阴阳往来"的解释,实际上乃本之于《白虎通义·嫁娶》篇所说:"贽用雁者,取其随时南北,不失其节,明不夺女子之时也。又取飞成行、止成列也,明嫁娶之礼,长幼有序,不相逾越也。"在郑珍看来,贾公彦对此郑《注》的笺释得失各半,一方面,"《疏》释以夫为阳、妇为阴,取妇人从夫之义,非《注》意";另一方面,"惟云'昏礼无问尊卑,皆用雁',极确"。据此,针对秦蕙田"乃谓士庶人摄盛,故用大夫之雁,若卿以上,当用本等之挚,不必下同大夫"的论调,郑珍批评此说以为"不思挚不用

① 黄万机:《评郑珍的经学成就》,《贵州文史丛刊》1986年第2期。
② 赵尔巽:《清史稿》(册四十三)卷四百八十二《列传二百六十九·儒林三》,中华书局1977年版,第13288页。
③ 郑珍:《仪礼私笺》卷四,《郑珍全集》(一),上海古籍出版社2012年版,第107—108页。
④ 郑珍:《仪礼私笺》卷八,《郑珍全集》(一),上海古籍出版社2012年版,第194页。
⑤ 贾公彦:《仪礼注疏》卷四,《十三经注疏》(上册),中华书局1980年版,第961页中。

死,若孤执皮帛,则为死物矣"①,但对将纳采之挚强分等级的做法,斥其为违背经旨之谬说。《仪礼私笺》当中,凡此之类不一而足。

续次,郑珍《仪礼私笺》对于《丧服》篇经文及其郑《注》"阐证特详"②,这一方面诠释成就的取得,很大程度上取决于郑珍采取了科学的训释方法和恰当的诠释理念。郑珍也是对"五服"制服原则深有研究的学者,他认为,《丧服》篇经传丧服规制,都是由此两大原则推衍出来的产物,因而《仪礼私笺》在诠释《丧服》篇经传时,"非常重视'亲亲'、'尊尊'两大原则,并且屡屡借此进行丧服条文的诠释"③,对于申解郑《注》之义起到了很大的作用。就该篇的考据训释方法而言,"郑珍阐释《丧服》经义,主要采用以下数法:即本《注》推本经,即上条明下条,即《记》文明经文。"④郑珍对文例的讨论,既注意通例的考察,又强调对具体情况作具体分析,颇据求实之精神,例如:《丧服》篇"女子子嫁者未嫁者,为世父母、叔父母、姑姊妹"条,郑《注》解释说:"旧读合'大夫之妾,为君之庶子'、'女子子嫁者未嫁者',言大夫之妾为此三人之服也。言大夫之妾为此三人之服也。"又《丧服经传》:"嫁者,其嫁于大夫者也。未嫁者,成人而未嫁者也。何以大功也?妾为君之党服,得与女君同。下言为伯父母叔父母姑姊妹者,谓妾自服其私亲也。"郑《注》解释说:"此不辞。即实为妾自服其私亲,当言'其'以明之。齐缞三月章曰:'女子子嫁者未嫁者,为其曾祖父母',经与此同,足以明之。"郑珍《仪礼私笺》为之发覆申解说:"郑改读必据经不言'其'者,盖通计全篇经例,于为人后者、为人妾者、女子子适人者三等人之服私亲,文必言'其',以见非所后及夫家之亲。大功章'女子子适人者为众昆弟',独不言'其'者,以叔嫂无服,不嫌无'其'字故也,则此'为世父'等若必是妾服私亲,经决无不言'其',今既不言'其',知非妾服私亲决矣。"同时又进一步指出:"愚谓经出此条,非明嫁女为世父等之常例,特以见未嫁女有逆降旁亲之专例。"⑤这里,郑珍既讨论了通例情况,又点明特例情况,交代特例成立之由,澄清了前人因不明文例而引起的对经文的曲解,诚为可贵。

另外,郑珍在《仪礼私笺》的诠释过程中,充分吸纳了前贤时哲的诠释结论,如朱熹《仪礼经传通解》、李如圭《仪礼集释》、聂崇义《三礼图》、杨复《仪礼图》、敖继公《仪礼集说》、郝敬《仪礼节解》、万斯大《仪礼商》、盛世佐《仪礼

---

① 郑珍:《仪礼私笺》卷一,《郑珍全集》(一),上海古籍出版社2012年版,第62页。

② 郑知同:《〈仪礼私笺〉后序》,载《仪礼私笺》书末,《郑珍全集》(一),上海古籍出版社2012年版,第207页。

③ 邓声国:《清代"五服"文献概论》,北京大学出版社2004年版,第121页。

④ 邓声国:《清代〈仪礼〉文献研究》,北京大学出版社2004年版,第153页。

⑤ 郑珍:《仪礼私笺》卷六,《郑珍全集》(一),上海古籍出版社2012年版,第156—157页。

集编》、程瑶田《仪礼丧服足征记》、徐乾学《读礼通考》、金榜《礼笺》、汪琬《丧服或问》、沈彤《仪礼小疏》,等等,各家观点见解皆有所述。郑珍著述《仪礼私笺》之际,礼学文献传播较为普及,无论是明代以前的礼学著作,还是清初以来学者的礼学著作,大都可以得观,这为郑珍吸纳他人的诠释成果加以是非抉择提供了很大便利。所见之书,其中如有可取之处者则正面肯定称引之,如有误导他人治学者则引而辨析之,体现出郑珍严谨务实的治学态度。

由上述分析不难发现,郑珍的《仪礼私笺》学研究特别讲究师守郑氏家法,可以称得上是清后期师守郑氏家法学派的代表人物。1922 年任可澄作《〈仪礼私笺〉跋》云:"盖先生之学朴懋敦确,实事求是,其在清代,殆与胡竹村、陈恭甫、凌次仲、张皋文方驾,非如万充宗、毛西河之任智武断,亦非蔡仁锡、盛庸三、沈果堂、褚揩升诸氏众说杂糅、择言短促者比也。"①这番话语,称得上是一个非常中肯的评价。关于《仪礼私笺》一书的不足,李华年先生认为:"就方法而论,郑氏的有些做法也不一定可取,比如《仪礼私笺》有几处'以今例古',古今社会形态不同,制度风俗当然也有变化,这种方法就未必处处行得通。再就行文来说,郑珍在考据中时时流露评文的口气,什么'经文一字不略如此'、'经文序事简明乃尔'、'此圣人立文之妙也',诸如此类,不一而足。"②此外,在郑《注》的笺释方面,有关于字词、仪节释语的诠释说解较多,有关于郑玄礼文礼意训解的笺疏较少;作为一名兼采汉学与宋学所长的学者,郑珍于《仪礼私笺》发挥汉学的考据之风较多,张扬宋学的义理色彩极淡,等等。凡此之类存在的失误情况,与郑珍《仪礼私笺》的整体经义发明相比较而言,实在是瑕不掩瑜。

二、张锡恭与《丧服郑氏学》

(一)生平及著述概说

张锡恭(1858—1924),字闻远,一字殷南,号炳烛,清松江府娄县(今属上海松江区)人。其父张尔耆(1815—1889),师事姚椿,受古文法,为文宗法欧、曾,诗学韦、孟诸家,著有《夬斋诗集》7 卷、《夬斋杂著》2 卷。受其父影响,锡恭早年亦曾师事江苏吴江学者沈曰富,得古文之法。光绪二年(1876)秀才,光绪十一年(1885)拔贡,时江苏督学黄体芳建南菁书院于江阴,锡恭便就学于南菁书院,师从黄以周,兼学经学、古学,犹精治《礼经》。光绪十四年(1888),乡试中举人,后益潜心研究三《礼》,以郑玄为宗,兼攻百家之说。曾

---

① 任可澄:《〈仪礼私笺〉跋》,《郑珍集·经学》,贵州人民出版社 1991 年版,第 172 页。
② 李华年:《仪礼私笺·点校前言》,《郑珍集·经学》,贵州人民出版社 1991 年版,第 57 页。

在松江府中学堂执教,又在姚、韩两大姓家坐馆,以经学负盛名。与曹元忠、元弼交游最密。光绪二十五年(1899),被张之洞聘为两湖书院经学分教,治学严谨,任教3年,学生悦服。光绪三十三年(1907),北京设"礼学馆",纂修《大清通礼》,被征召为纂修官,分任纂订丧礼部分,著有《修礼刍议》2卷和《释服》若干条(均收入《茹荼轩集》)。宣统三年(1911),辛亥革命后毅然回家,筑新居于小昆山东麓,与祖墓、宗祠为邻,过上了隐居生活,以清朝遗老自居,留长辫不剪。为人正直,在乡里有声望。民国十三年(1924)江浙战起,避兵乱至其甥张泽封文权家,是年九月,病逝于封家。

张锡恭毕生致力于读书著述。著有《礼学大义》1卷,《茹荼轩文集》12卷,①《茹荼轩文续集》6卷②(附《秉烛随笔》1卷),《丧服郑氏学》16卷等,均付刊印。又于至归道山前二年著成《丧礼郑氏学》,因该书卷帙浩繁,刊未及半,抗战爆发而中止。③ 至于《丧服郑氏学》16卷的成书情况,刘承幹在为该书所作"序"中,就此有专门的解说:"年丈张闻远先生潜心礼服,尝撰《释服》及《丧服异谊驳》,各若干篇,皆笃守郑君家法,无一语出入。及朝廷开礼学馆,被征为纂修,承修《丧服》。馆课之余,成《丧服郑氏学》十六卷。"④据此看来,是书撰成于张锡恭履职礼学馆纂修《大清通礼》之际。另考刘承幹"序"文,乃撰写于"戊午重阳节"之日,即1918年九月初九日,则似是书定稿颇晚。

张锡恭有关"五服"制度的研究,除专书《丧服郑氏学》外,在他的文集——《茹荼轩文集》中,也有这方面的一些论述,譬如:《庶孙之殇中从下辨》,《庶子为父后者为其母贾疏辨》,《释服》(1—38),《修礼刍议》(9—20),《继母之党非徒从辨》,《高祖元孙非无服辨》,《昆弟之曾孙从父昆弟之孙无服辨》,《侯国大夫朝服元端考》,《大夫无缌服辨》,《满臣行制丧三年议》,《敖氏从服降等例辨》,等等。这些篇目的"五服"诠释,虽然将"五服"研究的范围扩大到《仪礼·丧服》篇之外,但就其主要思想而言,仍然和他的《丧服郑氏学》一书是相互融贯互通的。

---

① 该书有民国十二年(1923)华亭封氏精刻本,分十一卷,其中卷一录诗赋文十八首,而后十卷文字,除《留穷文》乃游戏之篇外,皆说经、议礼之作。之所以以"茹荼"命名者,盖从其轩名而称谓也,乃取《诗·邶风·谷风》"谁谓荼苦,其甘如荠"之义,表明自己读书之乐。

② 该续集,流传最广者主要有严昌埼辑入《云间两征君集》(民国二十八年铅印本)二种十一卷之一种传世。曹元弼《云间两征君集序》云:"二君(即张锡恭与钱同寿)者,海内贤士大夫,望之若景星庆云,后进英髦,仰之若泰山北斗。今其同乡里好德有道君子,将闻远《茹荼轩文续集》及《复初待烹生集》合刊以嘉惠士林。"

③ 原稿藏吴县王欣夫处,至今未及刊行,仅存四卷。

④ 刘承幹:《〈丧服郑氏学〉序》,《丧服郑氏学》卷首,《续修四库全书》(第96册),上海古籍出版社2002年版,第1页。

（二）张锡恭诠释《丧服》之特色

从清代《仪礼》学发展史来看，张锡恭称得上是清后期株守郑学派的一位重要代表人物，其所著《丧服郑氏学》署名"郑氏学"，便是意指自己治学师承于郑玄，虽亦有所发挥，但是不敢擅自称为己说，故谦称标明为"学"。概而言之，张锡恭此书关于《丧服》篇的诠释，其特色主要体现在如下几方面：

首先，从治学取向上来看，张锡恭对于"五服"学的研究，诚如《丧服郑氏学》一书命名称谓表现出来的那样，主要集中体现在对郑玄《注》文的认同上。张锡恭著述该书时，并不像清初学者那样轻易否定郑氏注语之说，因为在他看来，从郑《注》的训释中可以准确把握经文原有的微言大旨，至于后人的诠释，则更多背离了周公制礼之精义，多属歧见，不可完全取信，郑玄《注》才是最具权威性的诠释。当然，张氏对郑《注》的疏解，并非只是一味空洞的尊崇，而是建立在礼经凡例的全局把握基础之上。以"女子子为祖父母"条为例，张氏疏解说："锡恭案：注疏之义，从下章曾祖父母比例而得者也。下章前言曾祖父母为之者，兼男女言；后言女子子嫁者未嫁者为曾祖父母，专以不敢降者言也。此章前言祖父母亦兼男女，此言女子子为祖父母，亦专以不敢降为言，故《传》云然也。但下经两言嫁者未嫁者，此经不言而但云女子子，是立文主于未嫁者，而已嫁者谊包于中，故《注》云有出道也。有出道，非已出者也，此又其修辞之同而异者也。"①张锡恭从上下两章的比较中，分析出两者的异同所在，由此可以证明郑《注》诠释的依据是充分的，其结论也是可信的。又如，《丧服郑氏学》卷二中有这样一段案语："戴《记》每篇修辞微异，《小记》屡言'为后'多与'为人后'不同。如云'为殇后'、'为慈母后'，是即言'为君母后'、'为祖母后'，亦仅见于《小记》，此修辞不同于他篇也。后儒说'为殇后'，多以'为人后'例之，故误。此以辞害志也。"②与上例一样，从细微处入手，辩驳前人训释误解。总之，这种诠释疏解工作，并非停留在一般意义上的行文凡例考察上，是一种更为全面的认知，绝非泛泛之流所能从事者。

当然，张锡恭株守郑玄"五服"诠释之说，并没有仅仅停留在一般的疏证层面，也没有表现为对郑《注》训释的极度盲从，而是强调将它放置在不同见解的对比中，借以考察郑氏诠释的理据所在。例如"诸侯为天子"条，《丧服郑氏学》申解郑氏注云："锡恭案：诸侯闻天子丧，《左氏》《公羊》《穀梁》皆以为当奔，郑君本之以驳说《左氏》者之谬。诸侯有父丧者，《公羊》说父虽未葬，亦

---

① 张锡恭：《丧服郑氏学》卷七，《续修四库全书》（第 96 册），上海古籍出版社 2002 年版，第 263 页。

② 张锡恭：《丧服郑氏学》卷二，《续修四库全书》（第 96 册），上海古籍出版社 2002 年版，第 84 页。

奔天子之丧;《穀梁》说父在殡则不奔;眭生说未逾年则不奔;许氏《异谊》非眭
生说;郑君驳许氏说而不尽从眭生,其以子般卒父未葬为言,从《穀梁》说也。
若未逾年,则与未葬不同,容有逾年而未葬者矣。惟先儒皆言父丧在殡,未知
母丧在殡得同否,当考。"①张氏从治学源流角度,对此进行了一番深入挖掘,
指出郑《注》的解说与《春秋》三传之间存在内在关联以及郑《注》与许慎解说
之间存在的不同之处。大凡此类诠释研究,如果缺乏"五服"学史的明晰把
握,很难作出这样的客观判断。

　　正是基于这一认知,清人刘承幹评价《丧服郑氏学》的诠释特点时说:"其
于《注》也,有申而无破;其于《疏》也,全录而不遗;于诸儒之言发明《注》谊者
甄录之,与《注》立异者明辨之;《疏》亦有误会《注》意者,虽录其说,而必辨其
非。其择之也精,守之也约,可谓治经必守家法者。"②张舜徽也评价说:"笃守
郑《注》,有申无破,故其学最称专谨。"③这不仅是对《丧服郑氏学》一书的客
观评述,更凸显了张氏的治学风格,评价可谓极其中肯而精到。

　　其次,从对待贾公彦《仪礼疏》的态度与处置方式来看,亦有别于其他株
守郑学派学者的做法。贾公彦《仪礼疏》虽然强调"疏不破注",是唐代礼学研
究的代表性著作,但对于其许多学术结论,乾嘉之后很多学者颇有微词,就连
向以株守郑学著称的丁晏、郑珍等,亦表现出颇不以为然的态度。然而,张锡
恭却给予它一种特殊的礼遇,正如刘承幹所说的那样,"其于《疏》也,全录而
不遗",如果不是出于对贾《疏》的尊崇,张氏应该不可能会采取"全录而不遗"
的做法。当然,张氏对于贾公彦《仪礼疏》的这种尊崇,并不表现为盲目崇拜,
倘若张氏认为贾公彦《仪礼疏》有错误,亦对之进行明晰的辨析驳议,例如《丧
服郑氏学》卷一"释既练居处"部分,张锡恭下案语辨正贾氏说:"贾《疏》以寝
门为中门,据内外皆有哭位,谓其门在外门位之中也。锡恭按:《说文》:'中,
内也。'(今本作'和也',误。)中门对外门言,即寝门也。《士丧礼》'主人迎宾
于寝门外',《注》:'寝门,内门也。'内犹中也,汉中秘书亦对外言中。天子五
门、诸侯三门,则内外之中为中;大夫士二门,则对外为中,言各有当也。贾
《疏》以寝门为中门是也,而说'中'之谊则非,故辨之。"④张氏从"中"这一文

　　①　张锡恭:《丧服郑氏学》卷二,《续修四库全书》(第 96 册),上海古籍山版社 2002 年版,第
56 页。
　　②　刘承幹:《〈丧服郑氏学〉序》,《丧服郑氏学》卷首,《续修四库全书》(第 96 册),上海古籍出版
社 2002 年版,第 1—2 页。
　　③　张舜徽:《郑学传述考》,《郑学丛著》,齐鲁书社 1984 年版,第 191 页。
　　④　张锡恭:《丧服郑氏学》卷一,《续修四库全书》(第 96 册),上海古籍出版社 2002 年版,第
46 页。

字的具体训诂入手,指出"中门"也就是内门、寝门,这就纠正了贾公彦《仪礼疏》训释的错误。就该例而言,张氏的这一意见是正确的,极具说服力。

再次,从对待清初以来学者诠释成果的征引方式与处置态度来看,张锡恭亦颇具原则性立场。在《丧服郑氏学》所引前人"五服"成说中,清代学者研究成果的征引居多,连同清后期集大成者胡培翚、曹元弼二人的见解亦都在征引之列。他征引前人成说有一个重要原则:"于诸儒之言发明《注》谊者甄录之,与《注》立异者明辨之。"①主要重在征引那些张氏认同的解说,特别是那些准确揭示出郑《注》训释所以然之训例,如果与郑《注》有明显相违者,大多不在征引之列;少数情况下,清人研究见解是非参半者亦为张氏征引。对于那些明显站不住脚的见解,张锡恭多通过案语形式加以非议,表明并不认同的态度。例如,清初学者方苞《仪礼析疑》中的许多"五服"研究见解就多遭微词,张氏便屡加详细辩驳。试以"庶人为国君"条为例,方苞在《仪礼析疑》称云:"康成据此,谓圻外之民为天子无服,非也。曰国君者,以明大夫。君则臣有服,而民无服耳。"②张锡恭则案云:"此断章取义。"③明确批评方苞的解释是一种断章取义的做法。又如,《丧服郑氏学》卷二曾引曹元弼之说:"士庶人大宗无后,族人无子行、孙行可立者,或昆弟,用摄主之礼,可乎?"锡恭在引文下加附案语云:"此论摄主不及大夫,微误。"④凡此之类辨疑甚众,恕不繁征。

至于那些得到认可的前人成说,张锡恭不仅加以征引,而且还往往揭明该说的贡献,表明征引该说的理据所在。例如,《丧服》篇斩衰章"为人后者"条下,张氏先引段玉裁说:"经但言为所后斩衰三年,则知一切与真子同矣,故《传》约略举之,曰祖父母者为后之曾祖父母也,曰妻者为后之母也,曰妻之父母为后之外祖父母也,妻之昆弟则为后之舅之从母也,妻之昆弟之子则为后之舅之子从母昆弟也,言此而内亲自期以下,外亲自小功以下,可弗视缕也。"然后加附案语云:"此条见《经韵楼集》卷二。敖氏云:《传》言妻之昆弟以见从母,言妻之昆弟之子以见从母昆弟。彼云'以见',犹在《传》所言之外,不知古人言昆弟多兼男女,段氏直兼从母及从母昆弟言之为合古谊,故舍敖而录段,

① 刘承幹:《〈丧服郑氏学〉序》,《丧服郑氏学》卷首,《续修四库全书》(第96册),上海古籍出版社2002年版,第1页。

② 方苞:《仪礼析疑》卷十一,《景印文渊阁四库全书》(第109册),台湾商务印书馆1983—1986年版,第170页。

③ 张锡恭:《丧服郑氏学》卷八,《续修四库全书》(第96册),上海古籍出版社2002年版,第281页。

④ 张锡恭:《丧服郑氏学》卷二,《续修四库全书》(第96册),上海古籍出版社2002年版,第90页。

至妻之昆弟之子亦兼女子子,可以隅反。"①不仅指出引文出处,而且交代了段玉裁说之所以胜于敖说的具体理据所在。又如,"女子子在室为父"条下,张氏征引了曹元弼的解说,然后加附案语云:"胡氏《正谊》以彼《注》专指未许嫁之童子为与此《注》两歧。锡恭按:正以他经言'在室'专指未许嫁者言,故此《注》特明之曰'关已许嫁'。曹氏辨胡氏之误,正从《注》中'关'字探得者也。"②张锡恭鉴于曹元弼说与胡培翚说互异,故行文揭明其取从曹元弼说之所以然。

复次,从诠释视角与诠释焦点的情况来看,张锡恭对于《丧服》的经文研究,虽然也涉及对于丧服条文及其郑《注》词句训义的疏解诠释,如《丧服》"大夫、公之昆弟、大夫之子,于兄弟降一等",郑《注》:"兄弟,犹言族亲也。凡不见者,以此求之也。"张锡恭申解疏证说:"此兄弟训族亲,与'为人后者'节兄弟皆兼容大功以上,然《注》云'凡不见者,以此求之',则《记》者补经不见者也。为人后者降等,若子之服,多不见于经,则《记》所补者多大夫降一等之服,惟小功以下不见,若期降一等者,备见大功章矣。殇大功仅不见叔父,大功仅不见昆弟之女子适士者,则所兼容大功以上者直此二人耳,然不可谓非兼容也。此《注》训族亲之谊也。"③与此同时,张锡恭更强调通过考察"亲亲""尊尊"等制服原则,探寻古人制礼之精微大旨,进而挖掘宗法制度的深层内涵,实现"五服"学规制的合理诠解。

张锡恭之所以重视挖掘丧服礼制精意,与其治学不区分汉学与宋学差异,相反而主张兼采二者之所长的学术认知观密切关联。据《清史稿》载:"以周笃守家学,以为三代下之经学,汉郑君、宋朱子为最。而汉学、宋学之流弊,乖离圣经,尚不合于郑、朱,何论孔、孟? 有清讲学之风,倡自顾亭林。顾氏尝云:'经学即是理学。'乃体顾氏之训,上追孔、孟之遗言,于《易》《诗》《春秋》皆有著述,而三《礼》尤为宗主。"④张锡恭治学乃传承黄式三(1789—1862)、黄以周(1828—1899)父子之衣钵,致力于沟通汉、宋之学,其学不仅可视为清代丧服学之总结,亦熔铸程朱理学精义于礼学考辨当中。张锡恭十分推崇"五服"学的研究,如其所言:"经有十三,吾所治者唯礼经;礼经十七篇,吾所解者唯

---

① 张锡恭:《丧服郑氏学》卷二,《续修四库全书》(第96册),上海古籍出版社2002年版,第77页。

② 张锡恭:《丧服郑氏学》卷三,《续修四库全书》(第96册),上海古籍出版社2002年版,第107页。

③ 张锡恭:《丧服郑氏学》卷十五,《续修四库全书》(第96册),上海古籍出版社2002年版,第482—483页。

④ 赵尔巽:《清史稿》(第43册)卷四百八十二《列传二百六十九·儒林三》,中华书局1977年版,第13297页。

《丧服》。注《丧服》者众矣,而吾所守者惟郑君一家之言。吾于学可谓隘矣。虽然,由吾书而探郑君之谊,其于郑君礼注之意,庶几其不倍乎?由《注》谊以探礼经,其于周公制服之心,庶几其不倍乎?由制服以观亲亲、尊尊之等杀,于圣人之尽伦,或可窥见万分之一乎?"①可见,张锡恭重视《丧服》篇礼经规制的诠释,其根本在于还原周公治礼之本原与精神内蕴,体会圣人做事以礼为准则之本心。

最后,从治学谨严的学术立场出发,张锡恭十分重视所引诸家释语的校勘订正之类文献整理工作,并以案语的方式随文标注说明,体现出实事求是的治学态度。凡此之类校勘方面的案语,大致可以区分为这样两方面情况:其一,张氏注意征引此前已有学者如卢文弨、阮元等人的大量校勘成果,容或前贤校勘有结语未当或失误之处,必加附按语质疑之,附上己见;如不能明晰加以校勘论断,则存疑之。例如,斩衰章"为人后者"一条下,张氏先引《释文》"'为所为':上于伪反,注同;下如字。"锡恭并附"按语"指出:"云'注同',则出'为所为'三字,似《传》,而《传》无此三字连文。卢氏文弨因于《传》'为所'下补'为'字,未知是否,当考。"②由于难以论定其中是非,故张氏存疑之。其二,张锡恭在援引他人成说一类文句时,凡引文本身存在文献出处记载错误之例,或系由于版刻造成的文字讹误现象,他皆逐一注明辨析之。如《丧服郑氏学》卷十四引《礼记·杂记》篇孔颖达《疏》语有如下一句:"故读从《丧服小记》下殇'澡麻带经'之'澡'",锡恭附案语校释说:"小记,当作小功。澡麻带经,《丧服》'殇小功'章文也。《小记》则作'带澡麻不绝',本与此文略殊。"③颇具补正前贤著述引证阙失之功。《丧服郑氏学》的这些校勘类案语,充分体现出张氏非常严谨的治学态度。

综上所述,张锡恭之礼学研究,可谓为清代《丧服》礼学研究之集大成者,所著《丧服郑氏学》亦有非常高的学术价值,其生平好友曹元弼便认为,《丧服郑氏学》的地位不亚于贾公彦《仪礼疏》。当代学者张舜徽先生亦称:"与锡恭同时友善、同为《礼经》之学者,有吴县曹元忠、元弼兄弟。元忠著有《礼议》,元弼著有《礼经校释》《礼经学》,而皆不及锡恭之精。"④评价可谓极其中肯。

————————

① 刘承幹:《〈丧服郑氏学〉序》,《丧服郑氏学》卷首,《续修四库全书》(第96册),上海古籍出版社2002年版,第2页。

② 张锡恭:《丧服郑氏学》卷二,《续修四库全书》(第96册),上海古籍出版社2002年版,第73页。

③ 张锡恭:《丧服郑氏学》卷十四,《续修四库全书》(第96册),上海古籍出版社2002年版,第426页。

④ 张舜徽:《郑学传述考》,《郑学丛著》,齐鲁书社1984年版,第192页。

第五节　考经证俗派的《仪礼》学研究

在晚清礼学界,活跃着这样一个群体,他们往往透过《仪礼·丧服》篇的解读,考索"丧服"之制在民间礼俗的变迁状况及当下丧服规制的执行情况,发覆礼经与民间礼服规制之间的学术关联性。他们既重视《丧服》篇所代表的古制,但又不拘泥于古制,更加强调从情、义、理诸方面进行阐发丧服条文和制度,诠释和沟通古礼与今礼之间的延续性和变迁性。就其身份来看,这些学者大都任职于民间底层社会,职位不高,但却在社会上有一定的地位和影响力,对丧服规制在民间的执行情况了解深刻而透彻,为此,他们往往对以丧服制度为代表的礼制文化有更加全面的认识,出于现实当中实用性操作的需要,开展考经证俗一类的学术研究。张华理、高骧云称得上是其中较有代表性的两位学者。

一、张华理与《丧服今制考》等

(一)生平及著述概说

张华理,字燮庵,湖南善化县(今湖南省长沙市)人,生卒年不详。"咸丰中,与修《皇朝舆地全图》。同治三年,举孝廉方正,以老不赴。与修《长沙邑志》。卒年七十。"[1]咸丰九年(1859),胡林翼(1812—1861)首开书局于武昌。应胡林翼之邀,张华理与汪土铎、胡兆春、张裕钊、莫友芝、丁取忠等人一起编辑《读史兵略》28卷,于次年完成编撰工作。后又任职于传忠书局,人称"燮翁""燮叟"[2]。

在《仪礼》学研究方面,张华理主要致力于"五服"的研究。在张华理看来,"五服"研究"不可以不知古,尤不可不知今",故其为"知古"而著有《仪礼丧服辑略》1卷,为"知今"而著有《丧服今制考》1卷,为通古今渊源而著有《丧服杂说》1卷。其中,《仪礼丧服辑略》完成于同治二年癸亥(1863);《丧服今制表》一书,据卷首张华理"自序"及序后"识语"记载及标识时间推断,初稿完成于同治二年癸亥(1863)仲夏,但最终定稿则在同治十二年癸酉(1873)仲冬;至于《丧服杂说》的完成时间,尚有待确定。

就"知古"方面的"五服"研究而言,张华理著述有《仪礼丧服辑略》一书。

---

[1]　《读礼从钞诸家姓氏爵里著录考略》,《读礼从钞》(第1册)卷首,光绪十七年辛卯刻本,第2页。

[2]　徐泰来、罗绍志主编:《学者笔下的曾国藩》,岳麓书社1997年版,第572页。

该书《清史稿艺文志补编》载之,《续修四库全书总目提要》载有同治刊本,今该刊本存佚不详。另外,王锷《三礼研究论著提要》谓有《读礼丛抄》本,查中国国家图书馆藏光绪十七年辛卯《读礼丛钞》刊本,仅有张华理《丧服今制表》一书,而无《仪礼丧服辑略》一书。关于该书的著述情况,我们无法得知更加详细具体的信息,从其书名来看,应该是一部纂集体的著作。《三礼研究论著提要》介绍该书时,称其"有自序,略言《丧服》篇;内容自国君之丧至为人后者之丧,以经传详列"①。据此可见,较之《丧服今制表》,该书与《仪礼·丧服》篇的关联性更加紧密,"知古"的性质更趋凸显。

(二)《丧服今制表》之诠释特色

就"知今"方面的"五服"研究而言,张华理著述有《丧服今制表》一书。其初始著述该书的目的主要缘于:"窃见我朝丧服之制监宋、明而损益之,道光四年续纂《大清通礼》,复加釐正,固已粲然明备、远迈前王矣。苟不讲明而切究之,徒抱遗编,拘守先儒训诂,非为不倍之义也。"②可见,该书对《仪礼·丧服》及其"丧服制度"的研究,"考经证俗"的色彩非常鲜明。具体而言,该书的诠释具有以下特点:

首先,从著述体式角度来看,该书采取的是表解体形式,"仿秩臣先生以人为纲、以服为目之意,书死者于前,而备列生者于后,区分九世,以清眉目"③。张华理之所以不用图而用表,是因为在他看来,"表于图体制既殊,则用意自别",其区别在于:"图以生者为主,故图中备列尊卑长幼,皆指死者而言",而"表则以死者居前,而凡有服之生者详列于后。"④正是基于对图、表之间的认知不同,因而张华理《丧服今制表》与朱熹《家礼》的图解颇有差异,因为前者以死者居前,而后者则以生者为主而已。

其次,从图表自身情况来看,该书不以服制考证为诠释目的,更多是出于实用性的考虑。这从该书的图表"目录"设置情况可得印证。作为一部专门表解体著作,《丧服今制表》一书的图表共分六类表目,依次为:男子之丧、妇人之丧、妾之丧、女子在室者之丧、女子适人者之丧、为人后者之丧。张华理之所以采用表解体的著述方式,最大的目的在于,可以更好地为民间丧服制度的推广和普及提供照章操作的便利。可以说,对于初学者而言,该书寻用起来尤其方便,"某人应持某服,一览可知"⑤。

---

① 王锷:《三礼研究论著提要》,甘肃教育出版社 2001 年版,第 208 页。
② 张华理:《丧服今制表》卷首《序》,光绪十七年辛卯《读礼丛钞》本,第 1 页。
③ 张华理:《丧服今制表》卷首《序》,光绪十七年辛卯《读礼丛钞》本,第 1 页。
④ 张华理:《丧服今制表》卷首《序》,光绪十七年辛卯《读礼丛钞》本,第 1 页。
⑤ 张华理:《丧服今制表》卷首《序》后识语,光绪十七年辛卯《读礼丛钞》本,第 1 页。

最后,重视对易于引起争议条文的考辨说解。作为一部"知今"的五服礼俗著述,张华理往往在每一类表目之后,就其中易于引起同时代儒者误解的相关服制加以说明。例如,他针对改嫁之"亲生母""继母"的服制指出:"亲生母改嫁,子不从者亦服,义绝而恩未绝也。继母改嫁,恩义俱绝矣。"尽管继母改嫁恩义已绝,但从情理及"原其情"的礼俗制服原则上看,倘若继母改嫁而从之者,却仍有服丧之必要,因为"然不从则已,从之则恩犹未绝,故仍服期,亦当并服继父,此亦情之不能自己者也"①。凡此之类考辨说解类话语,有助于廓清各类表目中的丧服服制疑点,不易于引起民间沿用服丧上的争议。

（三）《丧服杂说》之诠释特色

如果说《丧服今制考》一书解决的是令人知其然的问题,那么《丧服杂说》一书则是解决知其所以然的问题。诚如张华理《丧服杂说》自言,该书主于疏通证明《大清通礼》五服规制的合理性:"圣朝治定制礼,参考历代而折其中,斟酌古今而制其宜,尽善尽美,粲然明备。……古人之制,原可置而不论,然乡曲愚氓鲜能知礼,遇有疑义,惟读书人是询,而群言淆乱,无所适从。若不为之讲解律令,而证以经义,不足以破群疑也。"②可见,该书的著述,完全也是应时释纷之作,具有释疑解惑之诠释目的。但著述中,却又紧密结合《丧服》篇规制经义,从情、义、理诸方面进行阐发,对于沟通古礼与今礼,演绎"五服"规制的发展变迁,具有较好的参考价值。

首先,着意于对《丧服》篇礼经行文叙述风格的准确把握,并据此诠释礼文规制。《丧服杂说》中,张华理从行文叙述风格角度指出,《仪礼》经文具有一重要特点,那便是行文"肃穆简质,常浑举以见义,非若后世之辞繁不杀也"③。例如,《丧服》篇经文说:"父卒则为母,继母如母","慈母如母"。张华理申解其礼文规制说:"慈母如母,如生母也。二句皆蒙上文可知。'父卒则为母'之文,统适子、庶子各为其母而言也。则,决辞也。言父卒而即三年,虽有他尊长在,不必降服也。此亦妻不压妾之明证也。"④显而易见,张华理乃是从把握《丧服》经文的行文叙述风格入手而加以诠释说解,申彰礼制背后的礼义。

其次,张华理的礼学研究不以从事考索穷经、汉学考据为要务,而是更多强调透过古今礼俗服制之变迁情况,剖析并反对当时民间"徒株守高头讲章"而服丧的不合理做法,进而发覆后世礼俗规制变化的合理性。

---

①　张华理:《丧服今制表》,光绪十七年辛卯《读礼丛钞》本,第26页。

②　张华理:《丧服杂说》,光绪十七年辛卯《读礼丛钞》本,第9页。

③　张华理:《丧服杂说》,光绪十七年辛卯《读礼丛钞》本,第7页。

④　张华理:《丧服杂说》,光绪十七年辛卯《读礼丛钞》本,第7页。

《丧服杂说》中,张华理还从《丧服》篇服制与唐以后民间礼俗服制的比较出发,指出二者的制服原则、立场角度出发点是有很大区别的:"先王之制服也断以义,后世之制服也原其情。"①例如,"高、曾同服而远近异,舅与从母异服而恩义同,此后世之所以皆增为五月也"②。再以"斩衰服"为例,《丧服》篇中仅"止于三纲"的范畴,所以"母恩虽重,而服则殊焉";而后世为不同角色之"母"服丧,往往"必心丧三年",以为"其情未尝不伸"也,"情既可伸,则后世从而隆其文亦无害焉"③。凡此之类,从"原其情"的角度而言,均可谓合情合理,无损于制服之根本,后世学者不必要拘泥于礼经规制而訾议其说的是非得失,所谓"必执古义以訾之,岂通儒之论哉?"

张华理从"丧服"之制的民间礼俗变迁历史考察出发,指出唐以前往往延继以《丧服》篇文为代表的先秦礼俗规制,而真正的变革始于唐太宗李世民,自宋迄明则往往互有损益。正因为互有损益,难免与礼经存在相互抵牾之处,甚至于不同朝代损益的情况也互有差异。对此,后儒往往持疑惑态度,有的学者甚至每每拘泥于《礼经》记载而质疑当下礼俗。张华理往往从"后世之制服也原其情"出发,主张"历代之制亦未可尽非也",最为可取的态度便是"是其是而且非其非"。

对于民间礼俗服制的规制制定而言,张华理强调要博考诸多因素,从穷经(指《丧服》篇及《礼记》文)入手,博考前贤训诂和古今礼俗服制之变迁情况,同时要谙熟《大清通礼》,否则就有可能陷入"徒株守高头讲章,而确信赵氏、陈氏之说"④的误区。例如,他针对当时社会民间普遍流传和盛行的"适母尊压"说,指出《仪礼》经传和戴《记》《春秋》内外传等都无妻压妾的记载,汉魏六朝之际人们也都普遍遵循《仪礼·丧服》篇的周代服制规定,没有妻压妾的先例;考其制服思想,既不符合"断以义"的礼经制服原则,也不适合后世礼俗"原其情"的制服理念;究其根本,乃是后世儒者缘于赵岐诠释《孟子》的一则错误训释材料,进而沿袭宋明以来高头讲章的错误申解、以讹传讹的结果而已,故而专门撰文《适母尊压辨》进行批驳。

要而言之,张华理《丧服杂说》的这一诠释风格,对于彰显以《丧服》篇为服制源头的"五服"学,推动丧服规制的合理性演绎和发展,具有相当深远的意义。

---

① 张华理:《丧服杂说》,光绪十七年辛卯《读礼丛钞》本,第1页。
② 张华理:《丧服杂说》,光绪十七年辛卯《读礼丛钞》本,第1页。
③ 张华理:《丧服杂说》,光绪十七年辛卯《读礼丛钞》本,第1页。
④ 张华理:《丧服杂说》,光绪十七年辛卯《读礼丛钞》本,第9页。

二、高骧云与《考礼》

(一)生平及著述概说

高骧云(1796—1861),原名钰山,字逸帆,号鉴湖逸客,浙江山阴县(今绍兴县)安昌西横湖人。清道光元年(1821)举人,道光末咸丰间历任河北密云、蓟州、保定、良乡、怀柔、房山等七州县父母官,为官清廉,始终体恤下情,勤廉为民,教化愚昧,导以开明,政绩卓著。咸丰三年(1853)署保定,捐修千里长堤,堤成本境及邻邑新成、文安皆免水灾,远近感戴,却不受百姓誉颂,不向上司求功,惟记工段,补为史料。咸丰六年至七年(1856—1857)任职房山任知县期间,他足迹遍布于域内穷乡僻壤、河川峻岭,积极倡办教育,着手编著县志,最终完成《房山志料》,对房山的建置沿革多所考证,全书少著费语,堪称一部弥补旧志空白的山区志料专辑,缪荃孙在《纪录顺天事之书》中评价其"对房山西部'山川之脉络,里居之远近,条分缕析,兼有考订'",并称其为"最为有用之书"①。离任后闲居房山,咸丰十一年(1861)客死房山,清代著名文人宗稷辰为之撰墓志铭。

高氏不仅善政廉洁,同时也是一位好学不倦、著述颇丰的学者。道光二十年(1840)撰著《安昌志》,是为绍兴历史上第一部乡镇志。道光二十五年(1845)著《仰止编》3卷,利用是时所及之史料及历法对孔孟等圣人生卒一一考订。道光二十六年(1846)著《说性》1卷,对朱子"天理"与"人性"的关系认知进行了详细的阐述评价。道光二十九年(1849)著《杂著》1卷,其内容为笔记性质的所见所闻、读书感想等。咸丰四年(1854)著《可也简庐笔记》1卷,其内容似高氏为多年失修的保定县志所纂写的有关地理、水利等文章。咸丰六年(1856)著《孟子外书》4卷及《养恬斋笔记》1卷,前者为对湮没多年之《孟子外编》进行的编校考订,后者为履职房山时的见闻及工作随笔。咸丰九年(1859)著有《津河客集》1卷,内容似为记录与直隶北部相关的先贤名儒、名臣、循吏之事迹等。

(二)《考礼》之诠释"五服"特点

高骧云的礼学研究,也主要集中在"五服"规制方面,著述有《考礼》一书。高氏之所以撰述《考礼》一书,实是缘于《大清通礼》的"五服"规制而发:"圣人云:'吾学周礼,今用之,吾从周。'今《大清通礼》犹古周礼,圣人复起,无以易也。孝治方隆,事关名义者,皆取则于是,予甫学制,不可无录,作《考

---

① 缪荃孙等修:《光绪顺天府志·艺文志一·纪录顺天事之书》,清光绪十二年(1886)刻本。

礼》。"①究其治学根本,乃是期于实用而发,正所谓"前作《考礼》,考今不考古,期致用也"②。

首先,就《考礼》一书体例而言,这是一部以考证体为主、兼及图解体的礼学著述。全书共分5个部分:考礼(含附考)、拟补、服图示掌、续考、存疑。其所谓"拟补",用高氏的话说,取"前按及附考中拟补各条,总编一页备览,其可从宜者,说已见前,概不列入"③。简言之,就是将《考礼》部分经考证所拟增补之服制条文全部汇总起来,不加入考据成分,以便于他人日常研礼和习礼之用。《考礼》部分的正文罗列,颇为类似于《仪礼·丧服》经,每一类服制下罗列该目下所应包括的各种服丧情况。以第一条"斩衰三年者,百日薙发,士子辍考,仕者解任"为例,下面具体附列"子为父母、为继母,子之妻同""庶子为嫡母、为所生母、为慈母,子之妻同""为人后者为所后父母,为人后者之妻同"等7条服制,服丧对象和服者交代得一览无遗。《续考》和《考礼》部分的性质一样,只是创作于不同时期,散考色彩更浓厚些而已。至于"服图示掌"部分,则完全是为了"存条列后,取便检阅"④而已。这一部分礼图,包括4个类目:男子及室女为九族服、男子及室女为女亲外亲服、嫁女为本宗服、妇为夫亲服。

其次,就《考礼》一书诠释视角而言,和张华理一样,高骧云治礼主要关注于"五服"制度。高氏从"知今""考今"角度出发,著述中极为注重揭示"五服"古礼与今制的变迁与更易情况。高氏指出:"惟古有尊降、厌降殇礼,今所损;古无为高祖、为高曾承重、为养父养母、为嫁母、为兄弟之妻,今所益;古为母、为生母无斩衰,为舅姑齐期,为适妇、庶妇大小功,为曾祖三月,为庶母、为舅、为甥缌麻,今因中有益;为长子三年,今因中有损。至若子为本生,女为本宗,妇为夫亲,一切降服、报服,今由经礼推出者,皆益也,实皆因也。"⑤他将"五服"规制的变易分解为"今所损""今所益""今因中有益""今因中有损""益中有因"等各类情况,考察不可谓之不细密谨严。

和张华理《丧服杂说》一样,高骧云为了发覆今制的合理性,也"间引古礼"来证明今制,从《考礼》部分到《续考》部分皆然。例如,高骧云发覆《大清通礼》的"大小宗"之义说:"大宗即指长房,小宗即指次三房","与《礼经》宗法统合族属者不同"。面对这一古今服制的对象差异,高骧云以为:"盖长房

① 高骧云:《考礼》卷首,道咸间刻《漱琴室全集》本,第1页。
② 高骧云:《考礼》,道咸间刻《漱琴室全集》本,第26页。
③ 高骧云:《考礼》,道咸间刻《漱琴室全集》本,第16页。
④ 高骧云:《考礼》,道咸间刻《漱琴室全集》本,第17页。
⑤ 高骧云:《考礼》卷首,道咸间刻《漱琴室全集》本,第1页。

承父后,固次三房之宗子也。风气既殊,宗法不能复古,则各于本支立大立宗,以存《礼经》遗意,亦因时之教,言礼家毋庸泥古。"①尽管与《礼经》记载不同,但却不必一切拘泥于古制,而应顺应时代礼制发展的客观需要,体现出高氏持有一种发展、开放的学术视阈。

再次,就《考礼》一书有关"今礼"所涉范畴而言,从所考 130 条具体条目内容情况来看,高氏的目光主要集中在《大清通礼》《大清律》《礼部例》的"五服"条文规制上。以《服图示掌》部分为例,诚如高氏本人所言,"此图参考《大清通礼》及《大清律》《礼部例》等书核定,鄙见以为应补者亦附其中,加'应之'别之"②。对于《大清通礼》《大清律》《礼部例》诸书俱没有记载的服丧情况,高骧云往往从古礼经和相关"今制"礼文的推阐入手,分析说明其所应当服丧之相应情况。如《续考》中有明言:"《通礼》中有'有服无报服'者,乃文有不具,非礼有不备"③,"古礼原不可概施之,今但有服而遗其报,亦可取证一二"④,等等。图表中所列入的服制情况亦然,一切以取便于实用性操作为著述目的。

除张华理、高骧云二人外,晚清属于考经证俗派的学者还有一些,如李棠阶著述有《丧事十戒》,梁信芳著述有《丧礼酌宜》,雷丰声著述有《丧礼考》,单为鏓著述有《丧服古今通考》,等等。凡此种种,出入于古、今礼服之间,对于今人了解清代及此前的历代丧服、丧礼沿革废兴情况,极具帮助,且著述大都以考证的形式著书立说,辅之以图表的形式,颇为一目了然。

第六节 今文学派的《仪礼》学研究

在乾嘉汉学鼎盛已极之际,以庄存与、刘逢禄、宋翔凤等为代表的常州学派,在今文经学式微了近两千年后,绍绪西汉今文经学宗风而翩然崛起。稍后,龚自珍、魏源承常州先导诸师之厚泽,顺应时代变革的潮流,发挥今文经学深意以讽议朝政。"'今文学'之初期,则专言《公羊》而已,未及他经"⑤,也没有专门的礼学论著。尽管如此,他们扎根于各自独特的学术背景,不惟家法是求,提出了某些关于三《礼》的独特见解,如宋翔凤在《过庭录》卷八中论"《仪

① 高骧云:《考礼》,道咸间刻《漱琴室全集》本,第 13 页。
② 高骧云:《考礼》,道咸间刻《漱琴室全集》本,第 17 页。
③ 高骧云:《考礼》,道咸间刻《漱琴室全集》本,第 21 页。
④ 高骧云:《考礼》,道咸间刻《漱琴室全集》本,第 24 页。
⑤ 梁启超:《清代学术概论》,东方出版社 1996 年版,第 68 页。

礼》为本,《周礼》为末",并声称:"《仪礼》十七篇,始于冠、昏,以重成人之事,谨人伦之始;终于丧、祭,明慎终追远之义。《丧服》一篇,所以定亲疏、决嫌疑,人心风俗之所系,不可变易,固谓之本。《周礼》设官分职,一代之书,有所损益,固谓之末。而贾氏序《周礼》则云'《周礼》为本,《仪礼》为末',此疏家各尊其经,非至论也。"①显示出重今文《仪礼》、轻古文《周礼》的礼学倾向,已经初步具备了今文礼学的家法,可视为晚清今文礼学的先声。继之而起,咸丰年间又有学者邵懿辰著《礼经通论》,正式确立了晚清今文礼学的家法。此后,廖平、康有为、皮锡瑞三位大师同时并起,走出了各自不同的礼学研究道路。这一学派礼学的发展,始终坚持与当时的资产阶级维新变法思潮合流,阐扬今文礼学的"微言大义",表现出强烈的政治性。与此同时,今文学派的礼学研究也在学术与政治的互动中,升华了自己,完成了自身向近代新学术的转型。

一、邵懿辰与《礼经通论》

(一)生平及著述概说

邵懿辰(1810—1861),字位西,浙江仁和(今浙江省杭州市)人。道光十一年(1831)举人,授内阁中书,后升刑部员外郎。咸丰四年(1854)坐济宁府治河无功被撤职。咸丰九年(1859)由安庆引疾归,家居养亲。咸丰十一年(1861)太平军围攻杭州,他助浙江巡抚王有龄对抗太平军,在战乱中身亡。文宗桐城派,常与梅曾亮、朱琦一起谈论诗文,与曾国藩结为知交。居京师时,购书极多,藏书处有"半岩庐",案头置《四库全书简明目录》1部,遇所见宋元旧本、抄本,手记于各书名之下,以备校勘。编著有《四库简明目录标注》20卷,是研究版本目录学之重要参考书,补充了《四库简明目录》所未收书及不同版本。"附录"有"善本书跋及其他""四库未收传本书目""东国(日本、朝鲜)书目"。另有《位西所见书目》20卷。此外,还著有《尚书通义》《孝经通义》《忱行录》《位西遗稿》《半岩庐文集》等。

邵懿辰笃志于学,覃思经籍,《清史列传·邵懿辰传》称邵懿辰"博览群籍,研究义理,每谓汉、宋诸儒,学问不可偏废,尤谙练国朝掌故,洞悉源流"。他的经学立场较为复杂,其虽尊崇今文经学,贬斥古文经学,却又有着强烈的宋学倾向。《清史列传》称其"论学宗朱子,经学宗李光地,文宗方苞,不喜汉学家言"②,在《儒林传》中将其与其他宋学家并列,又将其收入以程、朱训导

---

① 宋翔凤著,梁运华点校:《过庭录》,中华书局1986年版,第133—134页。

② 清国史馆臣撰,王锺翰点校:《清史列传》(第十七册),中华书局1987年版,第5414页。

行事的《忠义传》;《清代朴学大师列传》也同样言其"嗜宋学,以安溪李文贞、桐城方侍郎为则。为文章务先义理,不事缛色繁声,旁征博引,以追时好"①。不过,他的礼学名著《礼经通论》却是持守典型的今文经学立场,为一时独造之作。邵懿辰撰写《礼经通论》的时间,大致是在太平军围陷杭州前后。《清代朴学大师列传》载:"既罢归,则大覃思经籍。纂著《尚书通义》《孝经通义》及诗古文若干卷。赭寇入杭州,饥饿围城之中,犹草《礼经通论》,诵声铿然彻于巷外。"②胡玉缙也依据曾国藩日记,认为:"曾文正公同治甲子日记称,是书似是咸丰十一年将在殉难以前所作。"③

关于《礼经通论》的卷次,胡玉缙为是书题解时称:"《礼经通论》一卷,……凡三十篇,上卷十九篇,下卷十一篇,下卷遗失无存。今本只上卷十九篇,与曾记合。"④《清代朴学大师列传》只言:"所著大半散佚,仅存《礼经通论》一卷。"⑤今人杨君认为,大概可以据此推知:"《礼经通论》的初始规模有三十篇,后来佚失十一篇;或者,邵氏原本就仅完成规划的十九篇,即今传本。"⑥实是较为合理的推论。

今传本《礼经通论》19 篇论题依次如下:

第一、"论《礼》十七篇当从《大戴》之次,本无阙佚"

第二、"论孔子定礼乐"

第三、"论乐本无经"

第四、"论孔子定《礼》十七篇,亦非周公之意"

第五、"论十七篇中射礼即军礼"

第六、"论定十七篇有从质救文之意"

第七、"论高堂生传十七篇"

第八、"论《逸礼》三十九篇不足信"

第九、"论《礼运》'御'字为'乡'字之误"

第十、"论《礼运》首段有错简"

第十一、"论圣门子游传礼"

第十二、"论大、小戴传《礼记》"

---

① 支伟成:《清代朴学大师列传》,岳麓书社 1998 年版,第 137 页。

② 支伟成:《清代朴学大师列传》,岳麓书社 1998 年版,第 137 页。

③ 胡玉缙:《续修四库全书总目提要礼类稿》,《续四库提要三种》,上海书店出版社 2002 年版,第 855 页。

④ 胡玉缙:《续修四库全书总目提要礼类稿》,《续四库提要三种》,上海书店出版社 2002 年版,第 855 页。

⑤ 支伟成:《清代朴学大师列传》,岳麓书社 1998 年版,第 137 页。

⑥ 杨君:《晚清今文礼学研究》,山东师范大学硕士学位论文,2004 年,第 18 页。

第十三、"论汉初经记分而不分"

第十四、"论记、传、义、问四例"

第十五、"论三礼"

第十六、"论五礼"

第十七、"论《经解》《坊记》言礼有四际之义"

第十八、"论《盛德》《本命》亦言四际之义"

第十九、"论《仪礼》之称当复为'礼经'"

根据 19 篇所论主题可知,《礼经通论》以言今文礼经《仪礼》为主,同时兼及其他礼书,各篇具体分类领域示下:

(1)论《仪礼》:第一、二、四、五、六、十九篇;

(2)论《礼记》:第九、十、十二、十七篇;

(3)论《大戴礼记》:第十二、十八篇;

(4)论三《礼》通义、通礼及杂礼:第三、七、八、十一、十三、十四、十五、十六篇。

(二)邵懿辰之《仪礼》学史观

和乾嘉学者不同的是,邵懿辰的今文礼学较为轻视烦琐的考据,更重视义理方面内容的探考。在《礼经通论》一书中,邵懿辰围绕《仪礼》的作者、成书年代、篇目次第,《逸礼》与《仪礼》的关系、39 篇的性质等系列学术史上的纠结问题,逐一进行了探考与反思,见识卓异,影响颇为深远。

1.《仪礼》的作者及成书问题

关于《仪礼》经文的作者与撰作年代问题,至今仍是一个悬而未决的问题。由于《书大传》有周公居摄"六年制礼作乐"之语,故旧说大都以为成书于宗周之前,出自周公之手,如唐陆德明《经典释文·序例》、孔颖达《礼记正义序》、贾公彦《仪礼疏序》都说是周公所作;后来,宋魏了翁《礼记要义序》、元敖继公《仪礼集说序》也持是说。有清一代,大多数学者如张尔岐、李光坡、蔡德晋、胡培翚、曹元弼等人,仍坚持《仪礼》为周公所作。不过,在邵懿辰之前,已经有少数学者如毛奇龄、姚际恒、方苞、马骕、崔述、刘沅等人,提出了不同的看法。

晚清之际,邵懿辰站在今文礼学的立场,提出《仪礼》是春秋时孔子所定的主张。邵氏认为,《仪礼》是由孔子"定礼乐"时删繁就简而成,本来并无阙佚,今所习《仪礼》17 篇之数也是孔子当时所定。邵氏的见解,主要是出于下列三重考虑:

其一,从"礼"的发展演变角度来看。在邵懿辰看来,《仪礼》"本非一时一世而成,积久服习,渐次修整,而后臻于大备,旁皇周浃而曲得其次序,大体固周公为之也。其愈久而增多,则非尽周公为之也"①。

其二,从《仪礼》本身的内容情况来看。在《论〈礼〉十七篇当从大戴之次本无阙佚》一文中,邵懿辰指出:"夫经礼三百,曲礼三千。《仪礼》所谓'经礼'也,周公所制,本有三百之多,至孔子时即礼文废阙,必不止此十七篇,亦必不止如《汉志》所云五十六篇而已也。而孔子所为定礼乐者,独取此十七篇以为教,配六艺而垂万世,则正以冠、昏、丧、祭、射、乡、朝、聘八者为天下之达礼耳。"②

其三,从《士丧礼》与孔子的关系情况来看。《礼记·檀弓》云:"恤由之丧,哀公使孺悲学《士丧礼》于孔子,《士丧礼》于是乎书。"邵懿辰据此认为,《士丧礼》既出于孔子之手,则其余诸篇亦当为孔子所定,是孔子从周公当年所制订的三百多篇《经礼》中选定,而汉代学者之所以将17篇立学并尊之为经,正因其书为孔子所定故也。

基于上述关于《仪礼》作者及其成书性质的认识,邵懿辰又据此加以延展,他在《礼经通论》的第十九篇《论〈仪礼〉之称当复为"礼经"》之中,专门为《仪礼》一书正名份,主张应恢复《仪礼》为《礼经》之名,并且应当以《仪礼》为礼书之首。邵氏称:"近人解《周官》者,已知辨标题'周礼'之非,而特复其称名之旧。独《礼经》之误称'《仪礼》',尚仍而不改革。必如《白虎通》定目为'《礼经》'而后可,下统《戴记》而不失其尊,推远《周官》而不嫌于溷矣。"③邵氏依据《白虎通》引《仪礼》必曰《礼》的先例,要求复归《仪礼》旧称,以与其诸礼独尊的地位相称。对邵懿辰此论,稍后皮锡瑞给予了相当高的评价:"以《仪礼》为《经礼》,足正后世以《周礼》为《经礼》、《仪礼》为《曲礼》之误。"④

2.《仪礼》有无阙逸的问题

在邵懿辰之前,一些学者围绕现存《仪礼》17篇经文是否为完帙之书、有无佚文这一问题,相继展开了讨论。例如,姚际恒主张今人所见《仪礼》一书当为完帙之书,云:"刘歆称《逸礼》,孔安国所献,而《隋志》以为河间献王,亦不相合。大抵作史者从不留心经学,故其《艺文志》极易传讹,难以尽信也。"⑤

① 邵懿辰:《论孔子定〈礼〉〈乐〉》,《礼经通论》,载阮元、王先谦编:《清经解·清经解续编》(第十三册),凤凰出版社2005年版,第6351页。

② 邵懿辰:《论〈礼〉十七篇当从大戴之次本无阙佚》,《礼经通论》,载阮元、王先谦编:《清经解·清经解续编》(第十三册),凤凰出版社2005年版,第6350页。

③ 邵懿辰:《论〈仪礼〉之称当复为"礼经"》,《礼经通论》,载阮元、王先谦编:《清经解·清经解续编》(第十三册),凤凰出版社2005年版,第6357页。

④ 皮锡瑞:《经学通论·三礼》,中华书局1954年版,第15页。

⑤ 姚际恒:《仪礼论旨》,载《仪礼通论》卷首,《续修四库全书》(第86册),上海古籍出版社2002年版,第16页。

《逸礼》并非《仪礼》佚文,历代治《礼》学者不当耗费精力辑诸所谓《逸礼》之文,"夫以康成之务博好信而尚遗之,则其书可知矣。后儒深惜《逸礼》之不传,不知却惜得伪书耳。"①方苞则主张今本《仪礼》并非完本,有礼文残阙的情况,认为"学者宜折中义理而证以群经,不可以旧说自锢也"②。

《礼经通论》对《仪礼》的完整性再次重申《仪礼》无阙佚之说。邵懿辰以为,汉初自鲁高堂生至二戴都没有言《仪礼》有逸礼阙佚,"本经十七篇固未尝不完","然徒观十七篇四际八类之间,犹未能周密而详尽也",然若"必以分记、总记、分义、通义如大小戴《记》埤附于其中,弥缝于其隙,而后义类浃洽,理道章明,本末精粗无乎不备"③。在邵氏看来,正因为戴《记》之文各有所可附,故17篇不至凌杂而失统,后儒以为17篇阙略不全而主张补阙之说是多余的,总之《仪礼》一书并无阙佚。

邵懿辰此说一出后,便在当时社会产生了很大反响。今文经学大师廖平认为:"邵《礼经通论》以经本为全,石破天惊,理至平易,超前绝后,为二千年未有之奇书。"④支伟成在《清代朴学大师列传》中更是将邵懿辰撰《礼经通论》与阎若璩著《古文尚书疏证》相颉颃,赞誉道:"《礼经通论》一卷。始辨《仪礼》十七篇为足本,所谓《古文逸礼》三十九篇者,出刘歆伪造。盖昌明西汉之学,较阎百诗辨伪《古文尚书》识力尤巨。"⑤

3.《仪礼》篇目次第的问题

关于《仪礼》17篇的篇次,在两汉时期的传习过程中,17篇出现了3种不同的叙次,戴德、戴圣二人所传与刘向《别录》本三者之间皆有差异。因郑玄《仪礼》注本盛行于世,他所凭据的刘向《别录》本篇次便一直被学界尊奉。

邵懿辰则自辟门径,认为大戴本《仪礼》篇次最优。邵氏辨析道:"冠、昏、丧、祭、射、乡、朝、聘八者,礼之经也。冠以明成人,昏以合男女,丧以仁父子,祭以严鬼神,乡饮以合乡里,燕射以成宾主,聘食以睦邦交,朝觐以辨上下。天下之人,尽于此矣;天下之事,亦尽于此矣。而其证之尤为明确而可指者,适合

① 姚际恒:《仪礼论旨》,载《仪礼通论》卷首,《续修四库全书》(第86册),上海古籍出版社2002年版,第15页。
② 方苞:《仪礼析疑》卷四,《景印文渊阁四库全书》(第109册),台湾商务印书馆1983—1986年版,第40页。
③ 邵懿辰:《论〈礼〉十七篇当从大戴之次本无阙佚》,载《礼经通论》,阮元、王先谦编:《清经解·清经解续编》(第十三册),凤凰出版社2005年版,第6351页。
④ 廖平:《知圣篇》,载舒大刚、杨世文主编:《廖平全集》(第一册),上海古籍出版社2015年版,第365页。
⑤ 支伟成:《清代朴学大师列传》,岳麓书社1998年版,第137页。

于大戴十七篇之次序。"①邵懿辰列举了大戴本的篇次,在比较中对小戴本和刘向本进行了评点:"大戴《士冠礼》一,《昏礼》二,《士相见礼》三,《士丧礼》四,《既夕》五,《士虞礼》六,《特牲馈食礼》七,《少牢馈食礼》八,《有司彻》九,《乡饮酒》十,《乡射礼》十一,《燕礼》十二,《大射仪》十三,《聘礼》十四,《公食大夫礼》十五,《觐礼》十六,《丧服》十七。是一、二、三篇,冠、昏也;四、五、六、七、八、九篇,丧、祭也;十、十一、十二、十三篇,射、乡也;十四、十五、十六篇,朝、聘也;而《丧服》之通乎上下者,附焉。小戴次序最为杂乱,《冠》《昏》《相见》而后,继以《乡》《射》四篇,忽继以《士虞》及《丧服》,又继以《特牲》《少牢》《有司彻》,复继以《士丧》《既夕》,而后以《聘礼》《公食》《觐礼》终焉。今郑、贾《注疏》所用刘向《别录》次序,则以丧、祭六篇居末,而《丧服》一篇,移在《士丧》之前,似依吉、凶、人、神为次。……较小戴稍有条理,而要不若大戴之次合乎《礼运》。疑自高堂生、后苍以来,而圣门相传篇序固已如此也。"②邵懿辰于此多有自得之学,胡玉缙题解《礼经通论》时亦承认其"谓冠昏丧祭射乡朝聘八者,适合《大戴》十七篇之次序,……读书得间,洵发先儒所未发。"③

4.《逸礼》39 篇的性质问题

关于古文《逸礼》39 篇,邵懿辰主张其实乃刘歆之伪言,"妄有以淆人耳目而塞其聪明也",《仪礼》十七篇"未尝无大夫以上之礼";且《逸礼》39 篇亦多刘歆剽取他文而成,"况其逸文之存,如《太平御览》引《巡狩礼》文辞不古,及'三皇禅云云,五帝禅亭亭',既诞而不足信矣;而《月令》注及《皇览》引《王居明堂礼》数条皆在《尚书大传》第三卷《洪范五行传》之中,吴氏不知其有全文,而仅引《礼》注合为一篇,然观其文意,实与伏生《五行传》其后相协,必非古《王居明堂礼》,而伏生全引入《大传》也,则为刘歆剽取《大传》以为《王居明堂礼》明矣。即此一端而其他可知。"④据此可见,邵懿辰认为古文《逸礼》实不足取信。

邵懿辰关于古文《逸礼》39 篇出自刘歆伪造的说法,当时儒者丁晏对此颇以为不足取信,丁晏言曰:"位西此论谓《逸礼》不足信,过矣,当依草庐吴氏别

①　邵懿辰:《论〈礼〉十七篇当从大戴之次本无阙佚》,《礼经通论》,载阮元、王先谦编:《清经解·清经解续编》(第十三册),凤凰出版社 2005 年版,第 6350 页。

②　邵懿辰:《论〈礼〉十七篇当从大戴之次本无阙佚》,《礼经通论》,载阮元、王先谦编:《清经解·清经解续编》(第十三册),凤凰出版社 2005 年版,第 6350 页。

③　胡玉缙著,吴格整理:《续修四库全书总目提要礼类稿》,《续四库提要三种》,上海书店出版社 2002 年版,第 855 页。

④　邵懿辰:《论〈逸礼〉三十九篇不足信》,《礼经通论》,载阮元、王先谦编:《清经解·清经解续编》(第十三册),凤凰出版社 2005 年版,第 588 页。

存逸经为允。至斥《逸礼》为刘歆诬伪,颇嫌臆断。且《逸礼》古经,汉初鲁共王得于孔壁,河间献王得于淹中;《朝事仪》见于大戴《礼》,《学礼》见于贾谊书,皆远在刘歆以前,未可指为歆赝作也。"①丁晏所论,可谓切中邵懿辰其说存在之弊陋。另外,对于邵懿辰的上述二说,清后期学者黄以周(1828—1890)亦曾有所评论,肯定前说而否定后一说:"《王制》以冠、昏、丧、祭、乡、相见为六礼,司徒修六礼以节民性,则所谓冠、昏、丧、祭、乡、相见,士礼也。大戴以此居《礼经》之首,亦以明高堂生所传号为《士礼》者以此。《礼运》通天子、诸侯为文,两言'冠、昏、丧、祭、射御、朝聘',《家语》引作'达之丧、祭、乡射、冠、昏、朝聘',邵氏以'射御'之'御'为'乡'之形讹,不为无据。以此八者为约十七篇而言之,十七篇为完书,所见亦卓。但因此遂议《逸礼》三十九篇为奸言,殊不足信。"②

邵懿辰此说之提出,与晚清今文经学派"喜为要眇之思"的治学风尚有密切关联。"初时诸家不过各取一书为局部的研究而已,既而寻其系统,则此诸书者,同为西汉末出现,其传授端绪,俱不可深考,同为刘歆所主持争立。"所以梁启超声称:"盖自刘(逢禄)书出而《左传》真伪成问题,自魏(源)书出而《毛诗》真伪成问题,自邵书出而《逸礼》真伪成问题。"③邵懿辰等人的辨伪风尚,深深地影响到此后廖平、皮锡瑞等今文经学大师的治学趣向。

5. 军礼的篇目问题

据《周礼·大宗伯》记载,古代有所谓吉、凶、宾、军、嘉五礼。郑玄《三礼目录》首次按"五礼"之目,对《仪礼》诸篇作了归类:吉礼包括《特牲馈食礼》《少牢馈食礼》和《有司彻》;凶礼包括《丧服》《士丧礼》《既夕礼》和《士虞礼》;军礼在《仪礼》中无,应该已经亡佚了;宾礼包括《士相见礼》《聘礼》和《觐礼》;嘉礼包括《士冠礼》《士昏礼》《乡饮酒礼》《乡射礼》《燕礼》《大射仪》《公食大夫礼》。

关于郑玄"五礼"之目《仪礼》17篇的归类,清代学者大都没有异议。不过,在邵懿辰之前学者刘曾騄所著《仪礼可读》一书中,对于其中的某些篇目归属提出了不同的意见,例如,他在《乡饮酒礼》题下注云:"郑曰嘉礼,愚疑宾礼";《乡射礼》题下注云:"郑曰嘉礼,愚疑宾礼兼军礼";《燕礼》题下又云:"郑曰嘉礼,愚疑宾礼";《大射仪》题下云:"郑曰嘉礼,愚疑宾礼兼军礼";《公食大夫礼》题下云:"郑曰嘉礼,愚疑宾礼"。可惜太过简明,没有作更深入的

①　丁晏:《附注》,邵懿辰《礼经通论》之《论〈逸礼〉三十九篇不足信》篇末,载阮元、王先谦编:《清经解·清经解续编》(第十三册),凤凰出版社2005年版,第6353页。

②　黄以周撰,王文锦点校:《礼书通故》卷一,中华书局2007年版,第9—10页。

③　梁启超:《清代学术概论》,东方出版社1996年版,第69页。

探讨及理据说明。

照郑玄《三礼目录》之说,军礼在《仪礼》中并无具体对应,应该已经亡佚。然而对此说法,邵懿辰提出了质疑之声。他认为,历代学者谓军礼之篇亡佚的说法并不可信,实际上《仪礼》17 篇中,归属于射礼之《乡射》《大射》二篇,其实就是军礼的具体篇章:"然《乡射》《大射》亦寓军礼之意。男子有事四方,桑弧蓬矢初生而有志焉。《易》曰:'弦木为弧,剡木为矢。'弧矢之利以威天下,五兵莫长于弓矢也,故射御列于六艺,而言聘射之义者以为勇敢强有力。天下无事则用之于礼乐,天下有事则用之于战胜。泽宫选士各射己鹄,有文事必有武备也,而遂以为军礼亡失,亦未识圣人定礼之意矣。"①与刘曾騄《仪礼可读》的说法恰好相呼应,只是对其缘由进一步加以申述而已。

从上述诸方面邵懿辰礼论内涵来看,虽不免有时存在考虑不周之处,甚或给人以无根之谈之嫌,《礼经通论》一书亦不乏"疏于考证"之瑕,但亦不得不承认其"阐明《礼》意,议论颇精"②。而且,从他对晚清其他今文经学派学者的《仪礼》研究影响而言,确实是难以估量的,他所讨论的相关《仪礼》学史观话题和结论,大都得到了部分学者的积极响应。

二、廖平的礼经学史观

(一)生平及治学趣向

廖平(1852—1932),初名登廷,字旭陵,号四益;继改字季平,改号四译;晚年更号为六译。四川井研(今四川乐山市井研县)人。清同治十三年(1874)参加院试,受四川学政张之洞赏识,录取第一。光绪二年(1876)由官方供奉,进入成都尊经书院深造,钻研《春秋》经学。光绪五年(1879)中举,光绪七年(1881)注《春秋榖梁传》,次年成《榖梁集解纠谬》2 卷和《公羊何氏解诂十论》。光绪十五年(1889)中进士,钦点湖北某县知事,以母年老请改教职,任龙安府教谕。后历署射洪县训导、绥定府教授、尊经书院襄校和嘉定九峰书院、资州艺风书院、安岳凤山书院院长,四川国学学校校长等职。

廖平潜心研究经学,其学术思想多变,曾自言:"为学须善变,十年一大变,三年一小变……若三年不变已属庸才,十年不变斯为弃才矣!"③其名号的

---

① 邵懿辰:《论十七篇中射礼即军礼》,《礼经通论》,载阮元、王先谦编:《清经解·清经解续编》(第十三册),凤凰出版社 2005 年版,第 6352 页。

② 胡玉缙著,吴格整理:《续修四库全书总目提要礼类稿》,《续四库提要三种》,上海书店出版社 2002 年版,第 857 页。

③ 廖平:《经话》(甲编)卷一,载舒大刚、杨世文主编:《廖平全集》(第一册),上海古籍出版社 2015 年版,第 185 页。

更改,恰好反映了他的思想和经学的变化过程。廖平自称治学凡六变,不盲从,不固步自封,不惜推翻自己原来的主张而另辟蹊径,虽遭非难打击亦在所不惜,其中以一变、二变影响较大。并倡"托古改制"之说,使古代经学有近代政治思想色彩。康有为受其启迪,从而为资产阶级改良主义找到理论依据。张之洞曾致书廖平,谓康有为为其嫡传弟子,梁启超为再传弟子。其钩深探隐,穷辨伪古文经学,开启学术界厚今疑古之风,特别是在历史学方面的影响甚大。大学者章太炎先生在为廖平所撰写的《清故龙安府教授廖君墓志铭》中评价说:"以君学不纯德,而行乎纯儒。""斯心燔经,不可以罪孙卿;虑也劫后,不可以诬高密。廖君之言多扬诩,末流败俗君不与。"①章太炎之言,可谓恰如其分。他一生著述甚丰,代表作有《今古学考》《知圣篇》《辟刘篇》等,计一百多种,主要辑为《六译馆丛书》。

(二)初变期之《仪礼》学史观

廖平的治学初变期,其时间约在光绪十一年至十三年之间(1885—1887),是其经学研究最有影响、最有价值的一段时期,其经学主张也是康有为最先服膺廖平之所在,于当时学界可谓独树一帜。这一时期,廖平礼学专著有《王制订》《周礼订本》等,其经学代表作《今古学考》,以"礼"分今古,对礼经辨析尤详,亦为廖氏初变期礼学的重要研究资料。此外,廖平还撰有《群经凡例》及《公羊解诂三十论》等言礼及涉礼的作品。具体而言,这一时期廖平有关《仪礼》学研究的重要认知,主要对如下数方面问题进行了检讨,并且提出了独树一帜的新观点:

1.《仪礼》从属于《周礼》,属于古文经学范畴

学界关于今、古文经的划分,一般以在西汉时是否立于学官为标准,向来少有学者就此提出异议。廖平则独辟蹊径,大胆挑战传统,认为"今、古不当以立学不立学为断"②,提出以礼制差异为今、古文经学的分野标准。具体到三《礼》的今古文经学划分来说,乃是以《王制》《周礼》为今、古文经学各自营垒的统领和标志。从这一礼制差异的分野标准出发,廖平认为:"今学礼以《王制》为主,六经皆素王所传,此正宗也。古学则以《周礼》为主,不信孔子素王改制之说。以六经皆旧文,归本于周公、孔子之经,而以古礼说,此别派也。"③又

①　章炳麟:《清故龙安府教授廖君墓志铭》,转引自《学苑春秋:20世纪国学大师档案》,河南人民出版社2006年版,第97页。

②　廖平:《今古学考》卷下,载舒大刚、杨世文主编:《廖平全集》(第一册),上海古籍出版社2015年版,第57页。

③　廖平:《王制学凡例》,载舒大刚、杨世文主编:《廖平全集》(第二册),上海古籍出版社2015年版,第482页。

云："以《王制》主今学,《周礼》《仪礼》主古学。先立二帜,然后招集流亡,各归部属。其有不归二派者,别量隙地处之,为立杂派。再有歧途,则为各经专说。"①可见,在廖平看来,《仪礼》和《周礼》一样,都是属于古文经的范畴,只不过《周礼》乃是属于统领《仪礼》的地位而已。

关于《仪礼》的今、古文归属问题,按照上述引语的说法,廖平既已明确表明"《仪礼经》为古学""《周礼》《仪礼》主古学",按说属于古文经的范畴应该无疑了。有趣的是,廖氏在《今古学考》之中又另起炉灶说:"大约高堂传经以后,已为今学。后《古经》虽多廿余篇(按:此应为三十九篇),无师不习,是《经》亦今学之经矣。"②显然又认为《仪礼》最初属古学,经西汉高堂生传授后已变为今学;再加上《礼古经》多出《仪礼》的 39 篇,未得传衍,如此《仪礼》一经亦当为今学之经。更直接的是,在《今学盛于西汉、古学盛于东汉表》及《今、古学经传存佚表》中,廖平乃径直将《仪礼》列入今学,认为现存《仪礼》乃高堂生数传弟子庆普所习之《庆氏礼》。廖平强说《仪礼》以就今、古的做法,加之前后之说矛盾重重,并非出于他自己不同时期的考虑,而是缘于《仪礼》有别于儒家其他诸经的复杂性,廖平自己也承认说:"于此经欲立今、古二派,殊难措手。"然而又虑及"细考《记》文,颇有与本经不同者,则《经》为古学,《记》为今学",遂不得不"稍分别之,以示源委区别之意"③,便又强行分割《仪礼》经、《记》分属古文和今文经。此中,廖平极尽曲折迂环,其刻意弥缝新说的艰难与矛盾的心迹显露无遗。同一时期的经论,此处称古,彼处则属今,在晚清今文经学家当中,实属绝无仅有。

廖平这种重新划分三《礼》古文经的做法,实则有受前贤治学之启发。廖平本人曾经明确表示:"以今古分别礼说,陈左海、陈卓人已立此宗旨矣。"④他的弟子蒙文通亦曾直言廖氏得自稍前学者的启发:"前乎廖师者,陈寿祺、乔机父子搜辑今文《尚书》、三家《诗》遗说,而作《五经异义疏证》;陈立治《公羊春秋》而作《白虎通疏证》,皆究洞于师法,而知礼制为要,然大本未立,故仍多参差出入。廖师推本清代经术,尚称'二陈著论,渐别古今。'廖师之今文学,

<hr />

① 廖平:《今古学考》卷下,载舒大刚、杨世文主编:《廖平全集》(第一册),上海古籍出版社 2015 年版,第 94 页。

② 廖平:《今古学考》卷下,载舒大刚、杨世文主编:《廖平全集》(第一册),上海古籍出版社 2015 年版,第 75 页。

③ 廖平:《今古学考》卷下,载舒大刚、杨世文主编:《廖平全集》(第一册),上海古籍出版社 2015 年版,第 75 页。

④ 廖平:《今古学考》卷下,载舒大刚、杨世文主编:《廖平全集》(第一册),上海古籍出版社 2015 年版,第 64 页。

固出自王湘绮之门,然实接近二陈一派之今文学,实综合群言而建其枢极也。"①

2.《仪礼》与周公制礼无关,属于孔子所作

在《仪礼》一书的作者问题上,继邵懿辰提出《仪礼》乃孔子"定礼乐"时删繁就简而成,其17篇之数也是孔子当时所定之说后,廖平从《仪礼》属于古文经的角度出发,又提出更为激进的观点,干脆将其归结到孔子所创作,认为根本与周公制礼之说无关。诚如杨君所言:"经学初变期,廖平平分今、古,将今、古文经皆归于孔子所作,指出古文经为孔子早年言论,今文经为孔子晚年学说。"②

不过,初变期廖平没有过多申述《仪礼》为孔子所作的理由,倒是在二变期里有所说明。《今古学考》中,廖平反复申论自己不相信孔子托古改制而祖周公。在他看来,《王制》是孔子晚年有感于周制"文胜之弊"而欲"改周从质"的素王新制:"《王制》改周制,皆以救文胜之弊,因其偏胜,知其救弊也。……春秋时诸君子皆欲改周文以相救,孔子《王制》即用此意,为今学之本旨。何君解今礼,以为《春秋》有改制之文,即此意也,特不知所改之文,全在《王制》耳。"③换句话说,孔子所改的《王制》,仅仅只是周制大纲。至于《仪礼》经文,它属于古文经的范畴,而且所说的都是周代礼仪方面的琐仪细节,只能因袭而不能去改动:"凡所不改,一概从周。……又孔子所改皆大纲,如爵禄、选举、建国、职官、食货、礼乐之类。余琐细,悉不改。"④又声称:"凡其所改,专为救弊,此今学所以异古之由。至于《仪礼》节目与一切琐细威仪,皆仍而不改。以其事文郁足法,非利弊所关,全用周制。"⑤《仪礼》既与周公无关,且其内容皆主述周代礼仪琐仪细节,非关利弊,无用加以改制,因而其书只能是孔子据周代礼仪情况撰写而成。廖平此说,后来得到了同时代今文经学家康有为的极力认同和响应。

3. 相关礼学认知的缺失

从上述两则新观点的剖析情况可以看出,大体上体现了一个今文经学家

---

① 蒙文通:《井研廖师与汉代今古文学》,载廖幼平编:《廖季平年谱》,巴蜀书社1985年版,第134页。

② 杨君:《晚清今文礼学研究》,山东师范大学硕士学位论文,2004年,第26页。

③ 廖平:《今古学考》卷下,载舒大刚、杨世文主编:《廖平全集》(第一册),上海古籍出版社2015年版,第58页。

④ 廖平:《今古学考》卷下,载舒大刚、杨世文主编:《廖平全集》(第一册),上海古籍出版社2015年版,第80页。

⑤ 廖平:《今古学考》卷下,载舒大刚、杨世文主编:《廖平全集》(第一册),上海古籍出版社2015年版,第66页。

的治学趣向。不过,从这一时期著述的相关论述中,我们仍可发见,此时廖平的《仪礼》学观认知,仍有一些不足之处,其中最为突出的是,对于诸如《仪礼记》与大、小《戴记》关系之类的问题,处于模糊不清的状态。

众所周知,现存《仪礼》17篇,其中有12篇后面附有《记》文,或阐发礼的意义,或追述远古异制,或补充说明仪制的变易及其原因,或详述器物的形制及规格数量,或附录礼典仪式所用之辞,等等。然而,这些《记》文与大、小《戴记》又有何关系呢?廖平在他的著述中没有具体的说明,只是在所作《今古学专门书目表》及《今古学统宗表》中,将《仪礼记》与《戴记》平行并列,并未言及二者之渊源。尽管如此,我们仍然可以推见廖平相关识见的模糊性。

其一,从廖平将《仪礼》经、《记》对应并称的认知角度来看。出于对《仪礼》经、《记》分属古文、今文性质的弥合,廖平将《仪礼记》与《仪礼经》对应并称。"廖氏并称《仪礼经》《仪礼记》,当视为其对《汉书·艺文志》所载礼家'《经》十七篇'与'《记》百三十一篇'并列关系的秉持。"①在二变期里,廖平《知圣篇》谓《仪礼》本经为孔子所作,《仪礼记》则是孔子弟子所记。按照这一说法,廖平很有可能将《仪礼记》等同于《汉书·艺文志》所载"《记》百三十一篇"里的《记》。然而,"七十子后学者所记"的"《记》百三十一篇"后世已不传,据现今学者考证:"《汉书·艺文志》著录的'《记》百三十一篇',其中当有一部分是今文礼家所附《士礼》而传习的'记'。"②而这些附《士礼》而传习的"记"后来在东汉固定为两种选辑本——《大戴礼记》与《小戴礼记》,两部《戴记》显然继承了131篇之《记》的诸多篇章。既然如此,那么大、小戴《礼记》与《仪礼记》之间又有什么关系呢?如果同出一源,为何行文之间有如此大的差异呢?在他的著述中,我们无法找到廖氏有关于此的相应答案。相反,在廖氏所作《今古学专门书目表》及《今古学统宗表》中,廖平又将《仪礼记》与《戴记》平行并列,并没有言及二者之渊源。因而,有学者认为,"廖平在列表及《经话》中只将《仪礼记》与《戴记》平行并列,从不言及二者之渊源,视有祖孙血缘的二经为陌路,廖平于此之空疏可见一斑"③。

其二,从廖平对西汉立于学官的戴氏《礼经》的称谓角度来看。在《今学盛于西汉、古学盛于东汉表》与《今古学经传存亡表》中,廖平将西汉孝宣帝立于学官的戴氏《礼经》称为《大戴礼》《小戴礼》,并给予注解说:"《大戴礼》。

①　杨君:《晚清今文礼学研究》,山东师范大学硕士学位论文,2004年,第25页。
②　王聘珍撰,王文锦点校:《大戴礼记解诂》,"本书前言",中华书局1983年版,第4页。
③　杨君:《晚清今文礼学研究》,山东师范大学硕士学位论文,2004年,第25页。

今存。"《小戴礼》。《礼记》今存。""《庆氏礼》。《仪礼》今存。"①将其完全等同于现存的《大戴礼记》和《小戴礼记》。然而事实上,戴德、戴圣皆传习高堂生一派之《士礼》,诚如王文锦先生所说,《大戴礼记》和《小戴礼记》"只可以说是挂着西汉礼学大师戴德、戴圣牌子的两部儒学资料杂编,它们既不是大戴、小戴所分别传习的《士礼》,也不是二戴各自附《士礼》而传习的'记'的汇辑本的原貌。"②由此看来,廖平承袭了传统经学界的错误认知,不辨西汉二戴博士所传《戴礼》与后世大、小《礼记》的差异,将二者等同视之。事实上,早在清初之际,毛奇龄就已指明二戴所传《戴礼》乃《仪礼》,与后世传习的大、小戴《礼记》截然不同,而与廖平同时代的皮锡瑞也对毛奇龄的这一说法给予了确认和阐发。廖平却于此考辨不审,不可不谓缺憾。

(三)二变期之《仪礼》学史观

廖平经学二变期(光绪十三年至二十三年,1887—1897),"因为曾启发了康有为创立维新变法的思想体系,而具有了经学初变难以比拟的社会影响力"③。这一阶段礼学专著主要有《周礼删刘》一书,另外其所著《知圣篇》正编、《古学考》(即《辟刘篇》之改编本)以及《经话》(甲、乙编)等著作也多言及礼学问题。如前所述,廖平初变期以礼制平分今古,以《王制》主今学,以《周礼》主古学,对今、古学各持平视之毫不偏废。但进入二变期后,廖平则一改旧论,斥古学出于伪篡,独尊崇今学而贬抑古学。他尊崇今文经学的代表作是《知圣篇》,认为《公羊》学的素王改制说是经学的微言大义所在,但汉代公羊家只讲孔子为汉制,远未穷尽孔子改制的义蕴。他说孔子改制是垂万世之定制,为中国立万世法,只有这样来理解素王改制说,才算懂得了"知圣"。至于贬抑古文经学的代表作,则是《古学考》,他提出古文经学起源于刘歆作伪,西汉哀平之前并无古文今学之说,《史记》《汉书》关于哀平之前古文经学的材料,都是刘歆及弟子添窜的。

从尊今抑古的经学观出发,廖平初变期的礼学思想发生了一些变化,二变期著述中提及的有关《仪礼》学认知观念,主要集中在以下两方面:

1. 关于《仪礼》经、《记》今古文经的重新划分

廖平曾于经学初变期将《仪礼》经、《记》分属古文经和今文经,颇有模棱两可之嫌。待进入二变期后,他受到新津胡敬亭的启发,自悟前说之非:"旧

① 廖平:《今古学考》,载舒大刚、杨世文主编:《廖平全集》(第一册),上海古籍出版社2015年版,第53页。
② 王聘珍撰,王文锦点校:《大戴礼记解诂》,"本书前言",中华书局1983年版,第6页。
③ 杨君:《晚清今文礼学研究》,山东师范大学硕士学位论文,2004年,第28页。

以《仪礼》经为古学，《记》为今学。新津胡敬亭以为皆今学。今按：其说是也。"①显然，将《仪礼》经、《记》皆属之今学，不再持模棱两可、强分经记的做法，廖平通过完善自己以礼制平分今、古的理论，其实质是对汉朝经师家法真正的继承，具有重要的学术意义。

2.《仪礼》的作者问题

继初变期廖平《今古学考》简要提出不信孔子托古改制而祖周公的说法之后，到二变期，廖平进一步重申指出，《仪礼》经记根本上就与周公制礼作乐无关，孔子也没有对周公礼制之文进行删繁就简，《仪礼》实质乃是孔子制礼作乐的产物。

在《知圣篇》当中，廖氏继续考论道："六经，孔子一人之书；学校，素王特立之政。所谓'道冠百王，师表万世'也。刘歆以前，皆主此说，故《移书》以'六经'皆出于孔子。后来欲攻博士，故牵涉周公以敌孔子，遂以《礼》《乐》归之周公，《诗》《书》归之帝王，《春秋》因于史文，《易传》仅注前圣。以一人之作，分隶帝王、周公，如此是六艺不过如选文、选诗。或并删正之说亦欲驳之，则孔子碌碌无所建树矣。"②廖平主张彻底将儒家的"六经"与周公之间的关联完全割裂开来，那么，作为"六经"之一的《仪礼》自然也不是周公所作，孔子对《仪礼》的贡献也绝非仅仅只是做了"删正"的工作，这与孔子的身份地位不相称。廖平还认为，后人之所以将"《礼》《乐》归之周公"，跟刘歆以之后古文经学家有必然关联："考究古文家渊源，则皆出许、郑以后之伪撰。所有古文家师说，则全出刘歆以后据《周礼》《左氏》之推衍。又考西汉以前，言经学者，皆主孔子，并无周公；六艺皆为新经，并非旧史。"③

《知圣篇》里，廖平还进一步申述孔子所作理由说："按周时礼仪，上下名分不严。孔子作《礼》，明尊卑，别同异，以去祸乱之源。凡礼多出于孔子，传记以为从周者，托辞也。《仪礼》为孔子所出，《孺悲传》《士丧礼》可证。盖《仪礼》为《王制》司徒六礼之教，与《春秋》礼制全同。亦为经制，非果周之旧文。而《记》乃孔子弟子所记也。今将经记同为经制，为素王所订之'礼经三百'，先师所云'制礼正乐'者是也。"④至此，廖平又明确提出，谓"《仪礼》为孔

①　廖平：《古学考》，载舒大刚、杨世文主编：《廖平全集》（第一册），上海古籍出版社2015年版，第107页。

②　廖平：《知圣篇》，载舒大刚、杨世文主编：《廖平全集》（第一册），上海古籍出版社2015年版，第340页。

③　廖平：《经学六变记·四益馆经学四变记·二变记》，载舒大刚、杨世文主编：《廖平全集》（第二册），上海古籍出版社2015年版，第886页。

④　廖平：《知圣篇》，载舒大刚、杨世文主编：《廖平全集》（第一册），上海古籍出版社2015年版，第352—353页。

子所出"，是指《仪礼》本经为孔子所作，但不包括《仪礼记》，后者乃是孔子弟子所记，两者绝然不可并提混为一谈。

3.《仪礼》其他相关问题的认知

关于《仪礼》经文的性质问题，廖平《古学考》认为："《仪礼》者，《王制》司徒所掌六礼之节文，异说甚少，全为仪注之事，治之甚易。"①指出《仪礼》经文所述皆"仪注之事"，是"《王制》司徒所掌六礼之节文"，又说《仪礼》"治之甚易"，实属武断之辞，同时也显得有些偏颇。

《经话》甲编中，廖平又就礼文仪制的功用问题，提出了看法："《礼经》十七篇，经略而传详，故一篇可以作数篇之用，……经以一篇示例，非以一篇括尽其事，谓经外别无其礼，不见经者皆非礼也。"②

关于《仪礼》一经的篇数以及是否存在阙佚的问题，廖平没有直接说明，但从《知圣篇》对邵懿辰《礼经通论》一番推崇备至的相关话语中，可以发现廖平的主张："邵《礼经通论》以经本为全，石破天惊，理至平易，超前绝后，为二千年未有之奇书。"③可以想见，和邵懿辰一样，廖平也秉持《仪礼》17篇为全本的观点。

（四）三变、四变期之《仪礼》学史观

廖平在三变期（光绪二十三年至三十二年，1897—1906），礼学思想发生重大变化，以《王制》《周礼》皆为真古书，《王制》为《春秋》之传，为内史所掌之王伯学；《周礼》为《尚书》之传，为外史所掌之皇帝学。诚如杨君评述的那样："学虽一改'尊今抑古'的立场，但仍借用其二变期以《王制》《周礼》等礼经为言经的旗帜；在立场上向其'平分今古'的初变期立场回归。"④这一变期，廖氏很少谈及《仪礼》，因而此处不多作介绍。

廖平经学四变期（光绪三十二年至民国七年，1906—1918），主要礼学著作有《周礼今证》《坊记新解》及《孔经哲学发微》等。从第四变期开始，"其后三变杂梵书及医经刑法诸家，往往出儒术外"⑤，倡言所谓"天人之学"，已经超脱出传统经学研究的范畴较远。

廖平自述其四变期经学思想时说："六合以内，为人学，皇帝王伯全就人

---

①　廖平：《古学考》，载舒大刚、杨世文主编：《廖平全集》（第一册），上海古籍出版社2015年版，第120页。

②　廖平：《经话》（甲编）卷二，载舒大刚、杨世文主编：《廖平全集》（第一册），上海古籍出版社2015年版，第290—291页。

③　廖平：《知圣篇》，载舒大刚、杨世文主编：《廖平全集》（第一册），上海古籍出版社2015年版，第365页。

④　杨君：《晚清今文礼学研究》，山东师范大学硕士学位论文，2004年，第34页。

⑤　廖幼平编：《廖季平年谱》，巴蜀书社1985年版，第94页。

事立象,制度亦分四等。《诗》《易》则在六合以外"①,从而将儒家经典人为划分为六合以内、六合以外两种情况。他还指出:"'人学'为六合以内,'天学'为六合以外。"具体就儒家各经书而言,则《春秋》言伯而包王,《尚书》言帝而包皇。《周礼》三皇五帝之说,专言《尚书》;《王制》王伯之说,专言《春秋》。言皇、帝、王、伯,制度在《周礼》《王制》,经在《尚书》《春秋》。一小一大,此'人学'之二经也。"②又说:"孔经人学为事实,天学为思想。……其与伯鱼言'《礼》立《诗》言',《礼》立为人道,《诗》言为天道,故《诗》之言'思',思想哲理。"③廖氏从事实、思想之分出发,按照"天学""人学"之分法,把旧有的儒家五经分为两大阵营,即:将《诗经》《周易》划归为"天学"之列,而《周礼》《春秋》《尚书》被归入"人学"之列。

廖平从"天学""人学"之分的角度出发,在礼学方面亦有所发挥,同样将三《礼》分成两大类。他十分推崇《中庸》一文,将它从《礼记》中独立出来,划归入"天学"的范畴:"《大学》为'人学',《中庸》为'天学'。"④至于"四书"中的《大学》以及其他《礼记》篇目,乃至《周礼》《仪礼》二经,皆被其归入到"人学"的范畴。此外,廖氏还认为,应该把《周礼》一经作为《尚书》之传,把礼学专篇《王制》作为《春秋》之传。这种认知观,完全游离于传统的经学和礼学研究范畴之外,已经更多属于政论家的认知色彩,纯粹的学术影响较小。

三、康有为的礼经学史观

(一)生平及著述概说

康有为(1858—1927),原名祖诒,字广厦,号长素,又号明夷、更甡、西樵山人、游存叟,晚年别署天游化人,广东南海(今广东省佛山市南海区)人,人称"康南海"。出身于士宦家庭,乃广东望族,世代为儒,以理学传家。光绪二十一年(1895)进士,官授工部主事。曾与弟子梁启超发起戊戌变法,后事败,出逃。他信奉孔子儒家学说,并致力于将儒家学说改造为可以适应现代社会的国教,曾担任孔教会会长。廖平提及其治学时,曾评价说:"广州康长素奇

---

① 廖平:《经学六变记·四益馆经学四变记·四变记》,载舒大刚、杨世文主编:《廖平全集》(第二册),上海古籍出版社 2015 年版,第 892 页。
② 廖平:《经学六变记·四益馆经学四变记·四变记》,载舒大刚、杨世文主编:《廖平全集》(第二册),上海古籍出版社 2015 年版,第 892 页。
③ 廖平:《孔经哲学发微·尊孔总论》,载舒大刚、杨世文主编:《廖平全集》(第三册),上海古籍出版社 2015 年版,第 1070 页。
④ 廖平:《经学六变记·四益馆经学四变记·四变记》,载舒大刚、杨世文主编:《廖平全集》(第二册),上海古籍出版社 2015 年版,第 890 页。

才博识,精力绝人,平生专以制度说经。"①主要著作有《康子篇》《春秋董氏学》《日本变政考》《大同书》《欧洲十一国游记》《广艺舟双楫》等,其中以《新学伪经考》《孔子改制考》影响最大。

早期研习经学,康有为"大肆力于群书,攻《周礼》《仪礼》"②,其中尤"酷好《周礼》"③。有两件事对康有为礼学研究影响较大:一是光绪二年(1876)随从粤中大儒朱次琦求学。朱次琦治经"综揉汉、宋、古、今,不言家法"④,康有为称之"发先圣大道之本","扫去汉宋之门户,而归宗于孔子"⑤。受朱次琦治学风尚的影响,康有为自由涉猎经学各派学问,打下了扎实的学问基础,对康有为形成"尊孔"的原教旨主义倾向产生了深远影响。二是与陈树墉的交往与学术上的辩难交流。陈树墉是陈澧晚年的高徒,笃守其师"讲道学者,必讲礼学;不然,则不成矣。此尤有关千古学术"⑥的信条,"浚通'三礼'制度损益之精"⑦。自从光绪六年(1880)二人相识后,便成为探讨学问的挚友,经常"攻难其说,以求其是。口哆目瞪,万言未已"。二人皆好"三礼",学术上的辩难交流对双方皆有助益,康有为自然受惠不浅。

根据杨君的研究,康有为礼学思想的历程,大致可分为三段:在其早期阶段(1890年以前),尊崇《周礼》,主张今、古文经并举;在其中期阶段(1890—1898),改宗今文经,蹂合"大同说""三世说",倡导维新变革;在其后期(1899—1927),康有为对其以前礼学思想有所继承,亦有一些实质性的变化。⑧兹专就康氏不同阶段的《仪礼》学史观,略加介绍说明如下。

(二)早期之《仪礼》学研究

1. 与陈树墉议修《五礼通考》而未成

光绪十二年(1886),受曾国藩的启发,陈树墉与康有为二人曾"议修改《五礼通考》"⑨,试图用传统的经学诠解方式治礼。康有为在这一年撰成的《教学通议》中谈到过他对秦蕙田《五礼通考》的评价,或可从中略窥有关他们

---

① 廖平:《经话》甲编,载舒大刚、杨世文主编:《廖平全集》(第一册),上海古籍出版社2015年版,第228页。

② 康有为:《我史》,《中国现代学术经典·康有为卷》,河北教育出版社1996年版,第820页。

③ 梁启超:《清代学术概论》,东方出版社1996年版,第69页。

④ 梁启超:《论中国学术思想变迁之大势》,《中国现代学术经典·梁启超卷》,河北教育出版社1996年版,第114页。

⑤ 康有为:《我史》,《中国现代学术经典·康有为卷》,河北教育出版社1996年版,第818页。

⑥ 陈澧:《东塾读书记(外一种)》,生活·读书·新知三联书店1998年版,第161页。

⑦ 康有为:《陈庆笙秀才墓志》,姜义华、吴根樑编校:《康有为全集》(第一集),上海古籍出版社1987年版,第391页。

⑧ 杨君:《晚清今文礼学研究》,山东师范大学硕士学位论文,2004年,第49页。

⑨ 康有为:《陈庆笙秀才墓志》,《康有为全集》,上海古籍出版社1987年版,第392页。

的修订意图:"秦蕙田《五礼通考》,网罗众说,征引博矣。然《嘉礼》载入古今州国、都邑、山川、地名、天文、推步、勾股、割圆,近于步涉,无关礼典;至所征众说,今古之学不分,殷、周之制莫辨,萧兰杂陈,互相乖刺,令学者远睹之而茫洋,近视之而瞀惑。此盖《通鉴长编》之类,但为修史者之稿本,而非可以为《礼案汇览》者也。"①在此之前,康有为曾经打算编写一部他理想中可以"总会百王,上下千年,定为一书"②的礼学总汇——《礼案汇览》,如今却拿来与秦蕙田《五礼通考》相比较,由此可见他对秦蕙田《五礼通考》是比较看重的,但他对《五礼通考》一书有两方面不是很满意的,一是《嘉礼》载入了许多"无关礼典"的杂项,一是征引众说没有分清今古之学及殷、周等朝礼制,结果有"萧兰杂陈,互相乖刺"之嫌。因而,修改秦蕙田《五礼通考》必须改正这两方面的严重缺失。可惜的是,随着陈树墉的去世,议修《五礼通考》最终未能成稿。

2. 对《仪礼》经、《记》的性质与评价

康有为指出,"《仪礼》,经为古,《记》为今;盖经为周公所制,记为七十子后学所记也。"到西汉前期,"《礼》尤破坏,惟高堂生传《士礼》十七篇";"《仪礼》虽为古经,而琐屑不见先王制度之大。"③从中可以看出,康有为此时的经学倾向是今古并行,其对《仪礼》经、《记》的今古划分,与廖平《今古学考》中的观点基本雷同。

另外,在康有为看来,《仪礼》和《周礼》《礼记》等古经乖互驳杂,而且"琐屑不见先王制度之大",不利于整齐天下思想,因而可以"藏于秘府,分存名山,但以待博学好古之士、专门名家之人,不复立学,不复试士"④,反对用其进行"立学""试士"。因为现时代讲礼学的目的乃在于"通变益民""切于今""通于治",表现出强烈的经世致用的古典经学政治传统意识。

(三)中期之《仪礼》学研究

这一时期,"受清中期'以礼代理'思想的影响,晚清'隆礼'、'崇礼'蔚为风尚,康有为顺风而动,趋时治学,'以复古为解放',在礼学与政治的互动中有独特贡献。"此时,康有为已抛弃了尊崇《周礼》、今古杂糅的经学倾向,彻底

---

① 康有为:《教学通议》,《中国现代学术经典·康有为卷》,河北教育出版社1996年版,第90页。

② 康有为:《教学通议》,《中国现代学术经典·康有为卷》,河北教育出版社1996年版,第89页。

③ 康有为:《教学通议》,《中国现代学术经典·康有为卷》,河北教育出版社1996年版,第90、68,91页。

④ 康有为:《教学通议》,《中国现代学术经典·康有为卷》,河北教育出版社1996年版,第86—94页。

皈依了今文经学派,并在其学术实践中划清了与古文经学的界限,并"通过张扬今文礼学的微言大义,寓寄个人政治思想,划时代地集晚清今文礼学之大成"①。

光绪十七年(1891),康有为《新学伪经考》著成。其自述写书主旨云:"舍古文而从今文,辨伪经而得真经",极为推崇《仪礼》。康氏在该书中断言:"《礼》以高堂生为最本,而高堂生传《礼》凡十七篇。……孔子传十余世不绝,诸生以时习《礼》其家。其为孔子之传,确矣。"②与此同时,康有为把自东汉以来朝野上下共同尊奉的《周礼》一书斥为刘歆助莽篡汉的"新学伪经","以'飓风'般的威力扫荡了晚清占据学术文化主流政治思想统治地位的汉学与宋学经典,一箭双雕式地打击了以古文经作文本为封建专制服务的汉学和宋学两大主体经学流派,从而动摇了封建统治学说的权威,为维新变法运动清除了意识形态上的障碍,起了解放思想的作用"③。

光绪二十三年(1897),康有为《孔子改制考》刊成。该书以发扬"太平之治""大同之乐"为己任,很少谈及礼学的相关内容,仅有的部分篇幅主要集中在《六经皆孔子改制所作考·礼》一文里面。康有为论述《仪礼》云:"《礼》旧名。三代列国旧制,……今十七篇,孔子作,高堂生传本是也,即今《仪礼》。今文十七篇皆完好,为孔子完文,汉前皆名为《礼》,无名《仪礼》,亦无名《士礼》者。自刘歆伪作《周官》,自以为《经礼》而抑孔子十七篇为《仪礼》,又伪天子巡狩等礼三十九篇,今目为《逸礼》,而抑《仪礼》为《士礼》。"④

不仅如此,在《孔子改制考》里,康有为立足于廖平之说并进一步推阐其说,将包括《仪礼》在内的儒家六经,一揽子归之孔子所作:"汉以来皆祀孔子为先圣也,唐贞观乃以周公为先圣,而黜孔子为先师。孔子以圣被黜,可谓极背谬矣。然如旧说,《诗》《书》《礼》《乐》《易》皆周公作,孔子仅在删赞之列,孔子之仅为先师而不为先圣,比于伏生、申公,岂不宜哉? 然以《诗》《书》《礼》《乐》《易》为先王周公旧典,《春秋》为赴告策书,乃刘歆创伪古文后之说也。歆欲夺孔子之圣而改其圣法,故以周公易孔子也,汉以前无是说也。……孔子所作谓之经,弟子所作谓之《传》,又谓之《记》,弟子后学辗转所口传谓之'说',凡汉前传经者无异论。故惟《诗》《书》《礼》《乐》《易》《春秋》六艺为孔

① 杨君:《晚清今文礼学研究》,山东师范大学硕士学位论文,2004年,第42、45页。

② 康有为著,朱维铮、廖梅编校:《中国近代学术名著·新学伪经考》,生活·读书·新知三联书店1998年版,第401、22页。

③ 杨君:《晚清今文礼学研究》,山东师范大学硕士学位论文,2004年,第48页。

④ 康有为:《孔子改制考》,《中国现代学术经典·康有为卷》,河北教育出版社1996年版,第572—573页。

子所手作,故得谓之经。"按照这一说法,康氏显然是主张《仪礼》本经是孔子所作,而《仪礼记》文则是孔子弟子后学所传述。

上述有关《仪礼》创作者的观点,显然是对早期"《仪礼》,经为古,《记》为今;盖经为周公所制,记为七十子后学所记也"观点的极大修正,与康有为早期礼学思想已有极大的拓展和改变,散发着浓烈的政治色彩。诚如周予同先生所指出的那样:"《孔子改制考》是在打通《春秋》《公羊传》《王制》《礼运》《论语》以及其他各经各子,以为倡言变法改制的张本。康氏著作的目的在于假借经学以谈政治。"①

至于康有为生平后期,其从事著述的客观背景已发生很大变化,加之他流亡海外十数年,远离祖国大陆的学术环境,缺乏进行"考据式"的经学著述条件,完全不具备先前的治学优势,此时已难有如《新学伪经考》《孔子改制考》等考据与创论双胜的鸿篇巨制,其礼学日渐丧失独立性,只能沦落为其政论的附庸和工具。从纯学术的角度来看,康有为讨论《仪礼》学研究的专文基本上没有出现,推想其基本内涵依然与其中期思想无多大差异,因而不再立目加以讨论。

四、皮锡瑞的礼经学史观

(一)生平及著述概说

皮锡瑞(1850—1908),字鹿门,一字麓云。湖南善化(今长沙市)人。12岁补县学生员,光绪九年(1883)举人。三应礼部试未中,遂绝意科举,潜心讲学著书。他景仰西汉伏胜之治《尚书》,署所居名"师伏堂",学者因称之"师伏先生"。光绪十六年(1890),主湖南桂阳州(今桂阳县)、龙潭(今溆浦县)书院讲席;两年后,任江西南昌经训书院讲席。光绪二十四年(1898)春,任"南学会"会长,主讲学术,所言皆贯穿汉、宋,融合中西;宣扬保种保教,纵论变法图强。"戊戌变法"后,清政府下令革去其举人身份,逐回原籍,交地方官严加管制。晚年长期任教,并任长沙定王台图书馆纂修。

皮锡瑞博览群书,治经出入于古今文之间,创通大义,今文经学造诣很深。初治《尚书》,有《今文尚书证证》30卷,《尚书大传疏证》1卷,《古文尚书冤词平议》2卷,《尚书古文疏证辩证》1卷,《尚书中候疏证》1卷,《史记引尚书考》1卷。中攻郑学,有《郑志疏证》若干卷,《三疾疏证》1卷,《圣证论补评》2卷,《鲁礼禘祫义疏证》1卷,《六艺论疏证》1卷,《孝经郑注疏》2卷,《驳五经异义疏证》1卷。晚贯群经,创通大义,有《五经通论》5卷,《春秋讲义》2卷,《王制

---

① 周予同著,朱维铮整理:《周予同经学史论著选集》,上海人民出版社1983年版,第523页。

笺》1卷。皮锡瑞所著《五经通论》，皆为其心得，示学人以途径；《经学历史》一书，则是经学入门书。

（二）皮锡瑞对《仪礼》之认知观

1.《仪礼》17篇为孔子所定，无缺略不全之误

和邵懿辰、廖平、康有为等今文经学家一样，皮锡瑞也很重视《仪礼》17篇的成书问题。他在《经学通论·三礼通论》中，明确赞同邵懿辰的见解，主张将《仪礼》17篇的著作权归之于"孔子所定"："邵氏此说犂然有当于人心，以十七篇为孔子所定，足正后世疑《仪礼》为阙略不全之误。以《仪礼》为经礼，足正后世以《周礼》为经礼、《仪礼》为曲礼之误。"表明了他对邵懿辰《礼经通论》之说的高度认同。他的主要论据是《礼记·杂记下》记载的："恤由之丧，哀公使孺悲之孔子学士丧礼，《士丧礼》于是乎书。"皮氏推论道："据此则《士丧》出于孔子，其余篇亦出于孔子可知。汉以十七篇立学，尊为经，以其为孔子所定也。"①言"孔子所定"，显然又不同于廖平、康有为二人"孔子所作"说，没有否定《仪礼》与周公的关联性。

此外，他还在《经学历史·经学开辟时代》里，重加申述阐明他的主张："《仪礼》十七篇，虽周公之遗，然当时或不止此数而孔子删定，或并不及此数而孔子补增，皆未可知。观'孺悲学士丧礼于孔子，《士丧礼》于是乎书'，则十七篇亦自孔子始定；犹之删《诗》为三百篇，删《书》为百篇，皆经孔子手定而后列于经也。"②据此可见，皮锡瑞认定：《仪礼》17篇本出于周公之遗，孔子在周公礼文基础上加以"删定"或"补增"而成。至于为什么孔子要作这一整理工作，皮锡瑞曾推衍说："《仪礼》所谓经礼也，周公所制本有三百之多，至孔子时即礼文废阙，必不止此十七篇，亦必不止如《汉志》所云五十六篇而已也，而孔子所为定礼乐者，独取此十七篇以为教，配六艺而垂万世，则正以冠、昏、丧、祭、射、乡、朝、聘八者为天下之达礼耳。"③说解颇为详审。

关于《仪礼》17篇是否为全本的问题，从皮锡瑞对邵懿辰所作《礼经通论》推赏有加的话语中已经非常明晰："邵氏此说，犂然有当于人心，以十七篇为孔子所定，足正后世疑《仪礼》为缺略不全之误。"在皮锡瑞看来，既然《仪礼》17篇为孔子"删定"或"补增"，显然今本属于全本，自然也就不存在什么阙逸的问题。至于所谓的"逸礼"39篇，在皮锡瑞看来，"就令非伪，亦孔子定十七篇时删弃之余，大抵秃屑丛残，无关理要"，"逸礼三十九篇，犹逸书十六

①　皮锡瑞：《经学通论·三礼》，中华书局1954年版，第15、13—14页。
②　皮锡瑞：《经学历史》，中华书局1959年版，第19—20页。
③　皮锡瑞：《经学通论·三礼》，中华书局1954年版，第15页。

篇也,皆传授不明,又无师说,其真其赝,可以勿论"。既然属于"孔子定十七篇时删弃之余",那么,对它的最佳态度便是置之不理,今人毋庸为其作辑佚、拾遗之类工作,"学者于二十九篇《书》、十七篇《礼》,未能发明,而偏好于逸书逸礼,拾其残剩,岂可谓知所先务乎?"①

2.《仪礼》《周礼》谁为正经的问题

关于《仪礼》《周礼》谁为正经的问题,不同时期不同学者有不同的看法。皮锡瑞推本溯源发现,《汉书·艺文志》中"明以今之《仪礼》为经,而《周官经》附后",可是等到东汉后期,郑玄注《礼器》一文时乃谓"《周礼》为经礼,《仪礼》为曲礼",结果导致"汉代所尊为《礼经》者,反列于后,而《周官》附于《礼经》者,反居于前"。自郑注《礼器》有误,六朝唐人皆沿其误,"强夺经名归之《周官》,而十七篇不为经而为曲,与《汉志》尤不合"。造成这一现状的原因,根本在于郑玄尊崇《周官》太过,而后人尊崇郑义又太过所致。皮锡瑞鲜明地秉持传统今文经学立场,提出应重新为之更名正身:"今若改正三《礼》之名,当正名《仪礼》为礼经,以《大戴礼记》《小戴礼记》附之,而别出《周官》自为一书,庶经学易分明,而礼家少聚讼矣。"②皮锡瑞的这一见解,与廖平初变期《仪礼》从属于《周礼》的主张可谓大相径庭,而与邵懿辰《礼经通论》中的主张更趋相近。皮锡瑞抬高《仪礼》,恰好从一个侧面印证了他对古文经典《周礼》的贬抑,这亦是他的今文经学立场的反映。

3.《仪礼》17篇适用对象有别,不可一以士礼视之

关于《仪礼》17篇适用对象是否有别,是否专属于士礼而言的问题,历来学者说法不一。在皮锡瑞看来,《仪礼》17篇古称士礼,其实不皆士礼,各篇适用对象广狭不一,"纯乎士礼者,惟《冠》《昏》《丧》《相见》,若祭礼则《少牢馈食》《有司彻》为大夫礼,《乡饮》《射》士大夫所通行,《燕礼》《大射》《聘礼》《公食大夫》为诸侯礼,《觐礼》为诸侯见天子礼,并非专为士设。"而其之所以得通称上礼者,"盖以《上冠》列者,遂并其下通称为士,而不复分别耳。若士以上冠昏丧祭之礼,与士或同或异,不见于十七篇,而见于《记》与他书者,亦略可以考见"③。

(三)《仪礼》之诠释史观

1.研治《仪礼》要重视发明其精意闳旨,倡导经之微言大义的学术趣向

皮锡瑞说:"治《礼经》者,虽重礼之节文,而义理亦不可少。圣人所定之

---

①　皮锡瑞:《经学通论·三礼》,中华书局1954年版,第15—17页。

②　皮锡瑞:《经学通论·三礼》,中华书局1954年版,第5—6页。

③　皮锡瑞:《经学通论·三礼》,中华书局1954年版,第20页。

礼,非有《记》者发明其义,则精意闳旨,未必人人能解。且节文时有变通,而义理古今不易,十七篇虽圣人所定,后世不尽可行。得其义而通之,酌古准今,期不失乎礼意,则古礼犹可以稍复。"①不过,他反对宋代理学家多言理而不言礼,曰:"汉儒多言礼,宋儒多言理……礼与理本一贯,然礼必征诸实,合于礼者是,不合于礼者非,是非有定,人人共信者也。理常凭于虚,彼亦一是非,此亦一是非,是非无定,不能人人共信者也。"②

从这一认知观出发,皮锡瑞着眼于"尊尊""亲亲"的角度,认为以《仪礼》17 篇为代表的古礼虽然仪节烦冗,后世多以之乃迂阔之举,但在周代之际却有"古礼有繁而不可省者"的必要。对于古之圣人所制之礼,皮锡瑞认为情义兼尽,即使不能复原,也不可废,他在《论古礼情义兼尽即不能复而礼不可废》一文中说:"圣人制礼,情义兼尽。专主情则亲而不尊,必将流于亵慢;专主义则尊而不亲,必至失于疏阔。惟古礼能兼尽而不偏重。"皮氏继而从论君臣之义、父子之义、夫妇之义、长幼之义、朋友之义等不同角度,逐一发掘礼经中情义兼尽的例子,得出"夫父子、夫妇、长幼、朋友,皆情得于义,必有礼以节情,惟君臣则义重于情,当有礼以达情"③的"情义观",正因为古礼能情义兼尽而不偏重,因而能避免"亲而不尊"和"尊而不亲"两种弊端。

从对《仪礼》所代表的古礼"情义观"认知出发,皮锡瑞认为,后世不同时代有不同时代的"情义观",人们日常所习礼制不能完全照搬沿用古礼,所谓"礼由义起,在好学深思,心知其意者,即无明文可据,皆可以意推补"④,倡导和推崇"后仓推士礼以致于天子"的推补方法,所谓"后仓等推士礼以致于天子,乃不得不然之势,其实是礼家之通例,莫不皆然者也"。但皮氏同时也指出,人们日常所习礼制也不能尽废除古礼,因为"古礼在今日不过略存饩羊之遗,而昏姻之六体,丧葬之大事,犹多合于古者,盖天理人情之至,皆知其不可废,若欲举此而尽废之,不将为野蛮为禽兽乎?"⑤

2. 关于《仪礼》研习方法的认知和总结

在皮锡瑞《经学通论》当中,有"论读仪礼重在释例尤重在绘图合以分节三者备则不苦其难"如是一条,行文系统总结了历代学者研习《仪礼》的重要方法。皮锡瑞指出:"读《仪礼》有三法:一曰分节,二曰释例,三曰绘图。得此三法,则不复苦其难。"对于这三种方法,皮氏通过考察他们各自在经学史上

---

① 皮锡瑞:《经学通论·三礼》,中华书局 1954 年版,第 70 页。
② 皮锡瑞:《经学通论·三礼》,中华书局 1954 年版,第 25 页。
③ 皮锡瑞:《经学通论·三礼》,中华书局 1954 年版,第 17 页。
④ 皮锡瑞:《经学通论·三礼》,中华书局 1954 年版,第 21 页。
⑤ 皮锡瑞:《经学通论·三礼》,中华书局 1954 年版,第 20 页。

的演变、得失情况之后，认为清代学者在上述方法运用上，表现得最为精细，同时还为后人问学《仪礼》指明了研读的方向："分节，可先观张尔岐、吴廷华之书；释例，凌廷堪最详；绘图，张惠言最密。"①皮锡瑞对这三种方法的考察结论，可谓深得治《仪礼》之门径。

3. 关于郑玄《注》治经的评价

关于郑玄《三礼注》治经的总体评价，皮锡瑞在《论郑注三礼有功于圣经甚大注极简妙并不失之于繁》一文中，有如是一番全面而中肯的评说："郑君始全注十七篇，郑于礼学最精，而有功于《礼经》最大，向微郑君之《注》，则高堂传礼十七篇，将若存若亡，而索解不得矣。《周官》晚出，有杜子春之《注》，郑兴、郑众、贾逵之《解诂》，马融之《传》，郑注《周礼》，多引杜子春、郑大夫、郑司农，前有所承，尚易为力，而十七篇前无所承，比注《周礼》六篇为更难矣。大、小《戴记》亦无注释，郑注《小戴礼记》四十九篇，前无所承，亦独为其难者，向微郑君之注，则《小戴传记》四十九篇，亦若存若亡，而索解不得矣。郑君著书百余万言，精力实不可及，传云质于辞训，通人颇讥其繁。锡瑞案：郑注《书》笺《诗》，间有过繁之处，而注《礼》文简义明，实不见其过繁。"②不仅如此，皮锡瑞还通过礼文与注文的文字数量比较，印证其所谓"注《礼》文简义明"的结论是合乎实际的。

另外，在《经学通论·三礼》的一些条文中，皮锡瑞也多有涉及关于郑玄《注》文某些局部特点的评价，他从今文经学派的立场出发加以发覆，其中既有肯定性的言论，也有批评性的话语。例如，《论郑注礼器以周礼为经礼仪为曲礼有误臣瓒注汉志不误》一文中，皮锡瑞对于郑玄"以《周礼》为经礼，《仪礼》为曲礼"的非议性辞，指责郑玄"以《周官》三百六十与三百之数偶合，道断以《周官》为经礼，而强坐《仪礼》为曲礼，此由郑君尊崇周官太过，而后尊崇郑义又太过，一轩一轾，竟成铁案"。又如，《论后仓等推士礼以致于天子乃礼家之通例郑注孔疏是其明证》一文中，皮氏申言："其注二《礼》，于《逸礼》中之天子巡狩礼，朝贡礼，烝尝礼，祫于太庙礼，王居明堂礼，引用甚鲜"，"后儒所聚讼者，郑君明言讻讻争论，而于《逸礼》祫于太庙之类，何不引以为据，反据《春秋》以相准况？于此足见古文逸礼大都单辞碎义，实无关于宏旨，故郑不为之注，亦不多引用"。③ 行文充满了皮锡瑞对郑玄不援引《逸礼》之文解释三《礼》，而是采用"后仓推士礼以致于天子"的肯定和溢美之词。凡此这种，

---

① 皮锡瑞：《经学通论·三礼》，中华书局1954年版，第32页。
② 皮锡瑞：《经学通论·三礼》，中华书局1954年版，第7—8页。
③ 皮锡瑞：《经学通论·三礼》，中华书局1954年版，第22—23页。

不一一赘举。

4. 关于朱熹《仪礼经传通解》治经方法的评价

朱熹《仪礼经传通解》一书,在有清一代影响甚大,但亦褒贬不一。在《经学通论》中《论仪礼为经礼记为传当从朱子采用臣瓒之说仪礼经传通解分节尤明》一文里①,皮锡瑞对朱熹《仪礼经传通解》一书分节章句的特点进行了综合品评和考量:

其一,在朱熹之前,"前贤常患《仪礼》难读,以今观之,只是经不分章,《记》不随经,而《注》《疏》各为一书,故使读者不能遽晓"。而经过朱熹《仪礼经传通解》一书的分节,则尽去原有诸弊端,皮锡瑞以为朱熹"其功在章句分明,每一节截断,后一行题云'右某事',比贾疏分节尤简明"。正因为"其功在章句分明",所以皮锡瑞又列举清代有相同著述倾向的礼学家以为奥援:"近马骕《绎史》载《仪礼》,张尔岐《仪礼郑注句读》、吴廷华《仪礼章句》、江永《礼书纲目》、徐乾学《读礼通考》、秦蕙田《五礼通考》,分节皆用朱子之法。"

其二,皮锡瑞也承认朱熹《仪礼经传通解》分节章句的做法仍有弊端:"其失在析《仪礼》者篇,多非旧次,如《士冠礼》'三屦'本在辞后,乃移入前;'陈器服'章戒宿加冠等辞,本总记在后,乃分入前各章之下之类,未免宋儒割裂经文之习。"

特别值得注意的是,皮锡瑞在著述中多次称朱熹为"朱子",不无恭敬之意;加之《论仪礼为经礼记为传当从朱子采用臣瓒之说仪礼经传通解分节尤明》一条里,又不厌其烦以直接引语使用朱熹礼论,这在晚清今文经学家中堪称稀见。"当时虽有汉宋调和的时代趋势,但身为今文经学家而如此公开颂扬宋学家成就者,皮锡瑞当为第一人。此现象应视为皮锡瑞'开通汉、宋门户之见'主张的具体实践。"②

5. 反对据后世俗礼人情质疑诬妄《仪礼》规制

皮锡瑞注意到,《仪礼》"礼文之精意,自俗情视之,多不相近,又古今异制,年代愈邈,则隔阂愈甚,汉人去古未远,疑经尚少,唐宋以后去古渐远,而疑经更多矣"。由于古今"情义观"相差很大,今人治礼,必须要有明确的认识,切不可据历代民间俗礼而曲解诬罔礼经的礼制规定,"若沉溺俗说,是今人而非古人,不可也。或更傅会误文,强古人以从今人,更不可也"。对于毛奇龄、阎若璩二人好为"曲徇俗说"的治学方法,皮锡瑞颇为抵斥,他批评毛、阎的做

---

①　皮锡瑞:《经学通论·三礼》,中华书局 1954 年版,第 23—24 页。

②　杨君:《晚清今文礼学研究》,山东师范大学硕士学位论文,2004 年,第 58 页。

法"是以不祭墓为不近情也,古今异情若此甚夥,今欲反古,势所难行"①,更专门立《论古礼多不近人情后儒以俗情疑古礼所见习谬》一条,以警醒当世学者,可谓深得经学研究要旨。

综上所述,皮锡瑞的《仪礼》学研究以宏观的论述见长,较少从事文字训诂和名物制度考证,但他立足于晚清这一独特学术背景下,以宏观的视野考论历代"三礼"学之演变情况,对以《仪礼》名家的学者、著述之客观评价和准确定位,却是同时代学者所未能做到的,可谓有着很高的学术价值。

第七节　其他学者的《仪礼》学研究

除上述诸家流派及其代表性人物的《仪礼》研究外,还有数家名家的礼经研究亦颇具亮点,如四川双流学者刘沅、浙江定海学者黄以周、广东新会学者梁启超、江苏仪征学者刘师培等人便是其中的代表性人物。他们的研究尽管有别于上述诸家流派,但亦极具特色,如刘沅受宋明程朱理学的影响较深,而黄以周则是"礼学即理学"学说的倡导者,力主汉、宋之学融合的礼经诠释实践者。有鉴于此,因别立专节介绍说明如下。

一、刘沅与《仪礼恒解》

(一)生平及著述概说

刘沅(1768—1855),字止唐,一字讷如,号清阳居士,又号碧霞居士,四川双流(今四川省成都市双流区)人。刘沅"生而颖悟,沉潜嗜学"②,随其父兄读书,7岁成诵。乾隆五十年(1785)入读双流县庠序,乾隆五十四年(1789)选拔明经,乾隆五十七年(1792)由拔贡中试举人,之后于乾隆五十八年(1793)、六十年(1795)、嘉庆元年(1796)先后三次参加会试,"屡荐春闱不售",乃决意归家养母。其间邂逅卖药老人李果圆,授以心性之学,研习终身,遂汇通儒释道三学,"有如镜烛犀剖,八面莹澈"③。道光六年(1826),选授湖北天门县知县,"安贫乐道,不愿外任,改国子监典簿,寻乞假归,遂隐居教授,博览群书,过目不忘,人咸服其淹洽",人称"川西夫子"。另据清《国史馆刘沅本传》记载,刘沅"知行合一,以身教人","平日裁成后进,循循善诱,著弟子籍

---

①　皮锡瑞:《经学通论·三礼》,中华书局1954年版,第39页。

②　刘荣:《清处士刘止唐先生墓志铭》,转引自《国史馆刘沅本传》,《槐轩全书》卷首,巴蜀书社2006年版。

③　刘荣:《清处士刘止唐先生墓志铭》,转引自《国史馆刘沅本传》,《槐轩全书》卷首,巴蜀书社2006年版。

者前后以千数,成进士登贤书者百余人,明经贡士三百余人,熏沐善良得为孝子悌弟贤名播乡闾者指不胜屈"①。其受业弟子遍巴蜀,而其学术则浸浸乎有遍及西南各省与大江南北之势,"学术界人士,不少以得游其门庭,为高尚其事也"②。

刘沅传经讲学 50 余年,于"四书""五经"等儒家经典研究创获颇多,"解经尽除门户之见,不苟异同,务求当于经义,乃至语气抑扬之间,必悉吻合"③,留下的专门论著多达 30 余种,其后人及门人后来将其中的一些著述精选结集,并命名为《槐轩全书》传世。刘沅从维护儒家原典的立场出发,对儒家典籍著有多部"恒解"类著述,"历代诸儒发明传统不为无功,然其不达圣人之意,流为世俗之谭者抑又夥矣。……愚故不辞冒昧,集上说而折中焉。凡所疑信,一以圣人为依,非敢谓毫发无遗,聊以补前人所未备,名曰'恒解',亦以人心之公理,而非有所穿凿矫勉为云"④。其中《仪礼》学方面,主要著述有《仪礼恒解》16 卷。刘沅之所以将自己对于儒家十三经经义的阐释称为"恒解",诚如他在《又问》中所说:"恒,常也,久也,天地之常经,古今之通义,人道之当然,人人可以知,可以能,亘古而不朽者也。"⑤今人段渝推阐其命名取义指出:"刘沅所谓'恒解',其实就是以儒学元典精神作为阐释经义的理论基础,而绝不容许对元典有所歪曲改窜。"⑥

至于《仪礼恒解》一书的成书时间,根据刘沅所作的《仪礼恒解序》后面的落款"道光壬寅小阳月,双江刘沅谨识",考道光壬寅岁小阳月为清道光二十二年十月(即 1842 年 11 月),按照著述之后再写自序的通行惯例,这应是《仪礼恒解》完成的最终时间,这与扶经堂印本《仪礼恒解》书首标明的"晚年定本"记载也基本上是相一致的。至于刘沅撰述该书的动因,则诚如其所作《仪礼恒解序》中说:"议礼诸臣乃援据遗经强相比附,若《仪礼》一书,尤墨守之儒所斤斤而研搜也。然文武周孔之学乃尧舜以来圣人相传之道,亦生民秉彝、人人所有之道,本之身,徵诸庶民,建诸天地而不悖,质诸鬼神而无疑,岂必其尽合前人哉?而日考诸三王而不谬,盖因时制宜,适合乎天理人情之极而已。……《戴记》之书,其言往往不符周制,读者不知其为孔、孟之徒杂记遗言

① 《国史馆刘沅本传》,《槐轩全书》(第 1 册)卷首,巴蜀书社 2006 年版,第 5 页。
② 萧天石:《刘止唐与四川刘门道》,转引自段渝:《一代大儒刘沅及其〈槐轩全书〉》,《社会科学战线》2007 年第 2 期。
③ 《国史馆刘沅本传》,《槐轩全书》(第 1 册)卷首,巴蜀书社 2006 年版,第 5 页。
④ 刘沅:《诗经恒解·序》,转引自段渝:《一代大儒刘沅及其〈槐轩全书〉》,《社会科学战线》2007 年第 2 期。
⑤ 刘沅:《又问》,《槐轩全书》(第 10 册),巴蜀书社 2006 年版,第 3929 页。
⑥ 段渝:《一代大儒刘沅及其〈槐轩全书〉》,《社会科学战线》2007 年第 2 期。

也,而反以为汉儒所葺,疑窦丛生,惟《仪礼》则奉为楷模,委屈傅会。然世代遞降,凡宫室、衣服、饮食及诸事为皆非昔比矣,有如画饼,奚益民生? 况夫篇中所载半多不情,其为后儒所辑昭然可见,而或信以为圣人之言,曷怪昌黎以为难读耶? 愚故注释而辨正之,毋使同人执此以误将来。"①由此可见,刘沅撰述《仪礼恒解》之直接动因,原本出于维护儒家原典的目的,这与他在《槐轩杂著》中"离其章句,核其指归,百家腾跃,一以圣人之道为折中"②如是一番言论是完全吻合的。

(二)刘沅《仪礼》研究之治学特色

细细体察刘沅的《仪礼恒解》一书,刘沅的《仪礼》研究治学特点极其鲜明,与乾嘉时期大多数学者的治学风格颇不一致,其中值得一提的主要有以下数端:

首先,从治学理路角度来看,强调从天理人情的审察入手,考察《仪礼》经文的精神要旨。尽管刘沅一生身跨乾隆、嘉庆、道光、咸丰4个朝代,但其与乾嘉时期大多数学者诠释《仪礼》的治学理路颇异,他受程朱理学影响较深,以阐扬儒学原典之精神为治学旨归。因而,他研习儒家经典主张"一以圣人之道为折中","夫读古人之书,必深悉古人之情事,而又以圣人中正之理衡之,然后不迷于趋向寻章摘句以为垢病,其亦疏矣。"③对于《仪礼》之研习,刘沅强调要从礼文是否合乎天理人情的角度加以考察和判断,因为"道莫大于五伦,凡礼,皆所以经纬人伦也","道本于天地,天地之性人为贵,全其性而施,暨于天下万事无不宜,所谓仁熟则义精也","礼者天理之节文"④,"圣人制礼,必准乎天理人情以为法,言其常不言其变,立其法必权其宜"⑤。从这一认知判断出发,他甚至批评前贤研究《仪礼》墨守先儒斤斤于繁文缛节之诠释风格说:"汉儒汇集遗经,校定成书,其功不可没,特得圣人之大道者鲜,故循其节末,失其本原,名物象数之制详,而随时处中之道略。"⑥

---

① 刘沅:《仪礼恒解序》,《仪礼恒解》卷首,《续修四库全书》(第91册),上海古籍出版社2002年版,第330页。

② 刘沅:《槐轩杂著》卷一《恒解问》,《槐轩全书》(第9册),巴蜀书社2006年版,第3363页。

③ 刘沅:《尚书恒解·序》,转引自段渝:《一代大儒刘沅及其〈槐轩全书〉》,《社会科学战线》2007年第2期。

④ 刘沅:《仪礼恒解》卷首《凡例》,《续修四库全书》(第91册),上海古籍出版社2002年版,第331—332页。

⑤ 刘沅:《仪礼恒解》卷十一,《续修四库全书》(第91册),上海古籍出版社2002年版,第444页。

⑥ 刘沅:《仪礼恒解》卷首《凡例》,《续修四库全书》(第91册),上海古籍出版社2002年版,第331—332页。

其次，从经世致用的经学实践观来看，一方面，刘沅提出"礼者，将以见诸施行，非徒纸上空言，五帝殊时不相沿乐，三王异世不相袭礼，因时势，准人情，因革损益不违乎中正，然后可以成己成人，推诸天下"①，倡导礼学研究的实用性，研、用并行；另一方面，刘沅又主张今日习礼不可拘于《仪礼》所载，"当随其宜而立之制，不必大违世俗，即其所行而损益之"，"古礼有不可拘而俗尚有不可徇者"②。基于这种经学实践性的认知观，刘沅对于乾嘉时期的汉学考据学风颇为不满，"今观诸儒之说，斤斤于仪文节目之间，不计可以施行与否，徒来聚讼之诮，无补治世之经，故不暇一正也，识者鉴之"③。

再次，从对《仪礼》经文和《记》文成书情况认知来看，刘沅亦有着与乾嘉学者迥然不同的独特见解，更多辨疑的色彩。试分别言之如下：

其一，关于《仪礼》经文之辨伪。关于《仪礼》一书的作者，乾嘉时期的大多数学者都以为乃周公所作，而刘沅则谓"此书为汉儒所采葺，所记特其仪文焉耳"④，以为《仪礼》一书乃汉儒纂辑遗文而成，理由有二，一是从所叙"比礼比乐之事"详略有无考察，如其论《乡射礼》云："古人射以观德，而《乡射礼》尤造士之本。然其射也，以习礼仪、敦齿让而已，尤要者在比礼比乐而能内志正外体直，故为难事。此篇所记于进退周旋之仪略备矣，而比礼比乐之事未详，盖汉儒纂辑遗文之书，非孔孟门墙传习之书。"⑤其论《大射仪》篇亦然，"此篇所记详于射饮诸仪而略于比礼比乐之事，盖汉儒掇拾遗文，非周公当日所颁行于天下者。且篇中明云诸公卿，则其为天子之大射无疑。"⑥其于《有司彻》篇"总论"亦云："此书所记繁文缛节甚详，而于乐不言，盖战国以后先王之礼乐亦已凌迟，行礼者袭春秋繁文之失，铺张扬厉，作为此书。"⑦另一个理由是《仪礼》只是有关斤斤于仪节之叙，所载多半不合情理，有失文、武、周公制礼之意，"篇中所载半多不情，其为后儒所辑昭然可见"⑧，"盖周末文胜，斤斤

---

① 刘沅：《仪礼恒解》卷首《凡例》，《续修四库全书》（第 91 册），上海古籍出版社 2002 年版，第 332 页。

② 刘沅：《仪礼恒解》卷十二，《续修四库全书》（第 91 册），上海古籍出版社 2002 年版，第 464 页。

③ 刘沅：《仪礼恒解》卷首《凡例》，《续修四库全书》（第 91 册），上海古籍出版社 2002 年版，第 332 页。

④ 刘沅：《仪礼恒解》卷十，《续修四库全书》（第 91 册），上海古籍出版社 2002 年版，第 426 页。

⑤ 刘沅：《仪礼恒解》卷五，《续修四库全书》（第 91 册），上海古籍出版社 2002 年版，第 381 页。

⑥ 刘沅：《仪礼恒解》卷七，《续修四库全书》（第 91 册），上海古籍出版社 2002 年版，第 381 页。

⑦ 刘沅：《仪礼恒解》卷十六，《续修四库全书》（第 91 册），上海古籍出版社 2002 年版，第 495 页。

⑧ 刘沅：《仪礼恒解序》，载《仪礼恒解》卷首，《续修四库全书》（第 91 册），上海古籍出版社 2002 年版，第 330 页。

于器数周旋之末,而失文、武、周公之意……汉儒袭周末之俗网缉旧文以为此篇(案:指《丧服》篇)"①。具有强烈的疑古精深,但究其说而论,缺乏充足的理据,故不为清儒所重。

其二,关于《仪礼·记》文之辨伪。在刘沅看来,既然《仪礼》乃汉儒纂辑遗文而成,那么,今所见《仪礼·记》文也应该为秦火之后汉儒汇记而成,"周之典礼明备,凡经礼、曲礼,盖皆有方策记之。周衰渐以凌迟,孔门弟子采缀其要及所闻于孔子记之,大、小戴之类是也;二戴亦从秦火之后就其所闻见所得者汇记之。此下(案:指"记冠义"字)与《冠义》与《戴记》所载详略不同,又汉儒撮其要者附于篇后,以明冠礼之概,不必执同异以相疑也。"②其论《士昏礼》篇《记》文云:"此下杂记昏礼诸事经所不备者,盖汉儒以所闻实之。"③论《燕礼》篇《记》文云:"后儒杂记经文之所未备。"④另外,《乡饮酒礼》篇《记》文,《仪礼注疏》本从"乡朝服而谋宾介,皆使能,不宿戒"一句开始,刘沅则以为"此'记'字当在上文'宾若有'三字上,错简入此"⑤。上述诸如此类的论断,要言之,皆是建立在刘沅所谓《仪礼》一书乃"汉儒所采葺"之说的基础上进一步推断而来。另外,对于《仪礼·记》与大、小戴《礼记》之间的关系问题,刘沅在《仪礼恒解》中也有相关的描述:"愚谓此书之《记》记其正文所未备,《戴记》所言则发明其义。"⑥此言颇为允当,较为贴合二《记》实际。

复次,从著述的文献体式和训释内容情况来看,《仪礼恒解》一书属于随文注释体中的解体著作,语词训释与仪节训诂并重,但又兼取章句体划分章节之特点,依仪节顺序逐一与每节末句点明所叙内容。例如,《乡饮酒礼》:"主人坐奠爵于序端,阼阶上北面,再拜崇酒。宾西阶上答拜。"《仪礼恒解》卷四:"主人奠爵于东西头,阼阶上北面再拜,乃更加酒,将以酬宾拜,宾答拜。崇,加也。以上宾酬主人。"⑦寥寥数语,既有仪节训释、语词训诂的部分,同时也交代了本节主要内容,行文解释非常全面。有意思的是,在语词训释方面,《恒解》沿袭了汉儒"某犹某也"这一训诂术语,如《乡射礼》:"司射不释弓矢,

---

① 刘沅:《仪礼恒解》卷十一,《续修四库全书》(第91册),上海古籍出版社2002年版,第444—445页。

② 刘沅:《仪礼恒解》卷一,《续修四库全书》(第91册),上海古籍出版社2002年版,第339页。

③ 刘沅:《仪礼恒解》卷二,《续修四库全书》(第91册),上海古籍出版社2002年版,第346页。

④ 刘沅:《仪礼恒解》卷六,《续修四库全书》(第91册),上海古籍出版社2002年版,第389页。

⑤ 刘沅:《仪礼恒解》卷四,《续修四库全书》(第91册),上海古籍出版社2002年版,第360页。

⑥ 刘沅:《仪礼恒解》卷首《凡例》,《续修四库全书》(第91册),上海古籍出版社2002年版,第331页。

⑦ 刘沅:《仪礼恒解》卷四,《续修四库全书》(第91册),上海古籍出版社2002年版,第355页。

遂以比三耦于堂西。"《仪礼恒解》卷五:"比,犹合也。"①同篇"三耦皆执弓,搢三而挟一个",《仪礼恒解》卷五:"个,犹枚也。"②此类训语颇习见,其中许多训例实乃沿袭郑《注》语。总的说来,《仪礼恒解》注释部分,刘沅的解释非常简明,不以辨正前贤旧说为治学要务。

此外,刘沅又于诸篇末尾附有"总论"或"附解",其中前二篇为"附解",其余14卷后为"总论",是最能体现刘沅作为一名宋学家治学色彩的部分。例如,《仪礼恒解》卷六《燕礼》篇"总论"部分,刘沅生发议论之辞说:"燕以示慈惠,而君臣尊卑之分未尝不严为分别,所以不失之疏,而亦不失之亵。然升降羞俎等仪,有不可通行于后世者,必拘拘泥视,以古例今,亦见其惑矣。读者宜善会之。"③诸如此类议论,要皆从"以圣人中正之理衡之"的角度进行阐释,力求避免完全陷入趋向"寻章摘句"的解经诟病,彰显《仪礼》研究的实用价值。

续次,从《仪礼恒解》经文诠释部分的文献引证情况来看。刘沅诠释《仪礼》经文时,往往博采前贤众说,不存门户之见,一以不谬于圣人之意为决断,择其善者而从。至于其所采摭之说的来源,根据《恒解·凡例》中所言:"自汉以来注《仪礼》者,我朝《四库全书》所收二十二部,附录二部,凡有所采者悉存之,学者亦可以得其厓略矣。"④验之于《恒解》注文可见,刘沅主要依据他所见到的《四库全书》收录的《仪礼》类诠释著述,如郑《注》、贾《疏》、敖继公《集说》、郝敬《集解》等。刘沅称引前人成说,多从正面引用,不作具体考辨,较少出新意,重在贯通本经大意,便于初学者研习所用。就其称引前贤成说的标注方式而言,一般不点明文献名,而是标明"某某说"之类,且是书引述《钦定仪礼义疏》的注释语料,但称"御案";至于其他同时代学者之成果,在刘沅看来,他们大多注重于繁文缛节的研究,且多无关于发明《仪礼》经文"圣人中正之理",故极少引用。

简而言之,刘沅《仪礼恒解》的诠释风格着实彰显了一名宋学家的诠释理路,力求做到仪节、语词训释与义理阐发的双重兼顾,既强调尊崇和还原圣人制作《仪礼》经典的原始意义,又强调《仪礼》经典诠释在当下社会的实用价值。无怪乎当代学者段渝评价刘沅治学时说:"在乾嘉学派盛极一时的环境中,刘沅独树一帜,其治学既吸收了乾嘉学派的若干考证成果,又反对乾嘉学

①　刘沅:《仪礼恒解》卷五,《续修四库全书》(第91册),上海古籍出版社2002年版,第366页。
②　刘沅:《仪礼恒解》卷五,《续修四库全书》(第91册),上海古籍出版社2002年版,第367页。
③　刘沅:《仪礼恒解》卷六,《续修四库全书》(第91册),上海古籍出版社2002年版,第390页。
④　刘沅:《仪礼恒解》卷首《凡例》,《续修四库全书》(第91册),上海古籍出版社2002年版,第332页。

派极于考据的功夫,而力倡以'圣人中正之理'即儒学元典精神作为惟一依据,来揭破宋儒不求甚解的空疏学风,批驳宋儒改窜儒学元典的严重错误。"①从《仪礼恒解》一书尤其是每篇的"总论"部分的诠释情况来看,段渝的这一评价可谓恰如其分,极其允当。

二、黄以周与《礼书通故》

(一)生平及著述概说

黄以周(1828—1899),本名元同,后改以周,以元同为字,号儆季,又号哉生,浙江定海(今浙江省舟山市定海区)人。其父黄式三(1789—1862),是嘉庆、道光时期博贯群经、著述等身的有名学者,著有《周季绪略》《论语后案》诸书,尤长于"三礼",论郊禘、论学校,皆恪守郑玄学说,所著《儆居集》,说经考礼,以精博著称。以周幼承父教,与其兄儆孟、儆仲共读,笃守家学,专力治经,非礼勿动,以"传经明道"为己任。同治九年(1870)中举,光绪六年(1880)由大挑得教职,历署遂昌、海宁、于潜等县训导,选补浙江分水县(今桐庐)训导,后于光绪十四年(1888)以荐举得赐内阁中书衔,光绪十六年(1890)特旨升用处州府学教授。晚年曾应江苏督学黄体芳的聘请,在江阴南菁书院任主讲长达15年,教以博文约礼、实事求是,治学道高而不拘于汉宋门户之见,江南许多高材生都出其门下。据《清史稿》载:"宗源瀚建辨志精舍于宁波,请以周定其名义规制,而专课经学,著录弟子千余人。"②黄氏生平挚孝,侍奉双亲30余年不曾离开,一生以读书、研究与著述为重,称得上是晚清一位较为纯粹的学者儒生,在晚清学坛上与俞樾、孙诒让并称为"浙江三先生"。

黄以周秉承家传,于经学深有研究,学有所衷,而又不一味盲从前贤治学思想与学说。"以周笃守家学,以为三代下之经学,汉郑君、宋朱子为最。……乃体顾氏之训,上追孔、孟之遗言,于《易》《诗》《春秋》皆有著述,而三《礼》尤为宗主。"③支伟成《清代朴学大帅列传》亦云:"先生为学,不拘汉宋门户,体亭林'经学即理学'之训,上追孔门之遗言。说《易》,综举辞变象占,于郑、王无所偏执。《诗》多宗序。《书》必条贯大义。《春秋》用比事之法。三《传》校以经例,定其短长。"④在经学思想方面,黄以周学问醇厚,不主门派

① 段渝:《一代大儒刘沅及其〈槐轩全书〉》,《社会科学战线》2007年第2期。

② 赵尔巽:《清史稿》卷四百八十二《列传二百六十九·儒林三》(第43册),中华书局1977年版,第13297—13298页。

③ 赵尔巽:《清史稿》(第43册)卷四百八十二《列传二百六十九·儒林三》,中华书局1977年版,第13297页。

④ 支伟成:《清代朴学大师列传》,岳麓书社1998年版,第151页。

之见。虽然躬法朱熹、吕留良，但不是简单的皈依，对于朱熹的宋学以及近世全谢山的笃实经学，都有杂采，兼收并蓄，只是排斥陆、王的心学，认为太过强调心性而不入正统。在所著《经训比义》中认为："欲挽汉宋学之流弊，其惟礼学乎？或云'礼为忠信之薄'，是言一出而周衰；或云'礼岂为我辈设'，是言一出而晋乱。学术不明，而治术敝。"①在研习"四书"时，认为应当以孟子学孔子，"由博反约，而未尝亲炙孔圣"。黄以周深信博文约礼的经学，才是行为义理的正途，因而求孟子学孔圣之师承，并以子思为其学术思想的枢轴，并在晚年体弱多病的景况下著有《子思子辑解》，阐述其学术主张。

黄以周对于"礼"的认识非常之深，在他看来，"礼根诸心，发诸性，受诸命，秩诸天，体之者圣，履之者贤，博文约礼，圣门正训也"。他从7岁开始便熟读小戴《礼记》，30岁之后更是潜心研究诸礼，在日常读书、讲学之际，尤其注意搜集汉至清代典章制度，博采汉唐至清有关"三礼"之经注、杂记，对于古代礼制、学制、封国、职官、田赋、乐律、刑法、名物乃至占卜等，详加考核，作出说解，最终撰成《礼书通故》100卷。黄以周在该书《叙目》中称："是书草创于庚申，告藏于戊寅。"②可见，该书的著述起始于咸丰十年庚申（1860），完稿于光绪四年戊寅（1878），前后历时长达19年，其中大部分时间应该是黄以周在南菁书院担任主讲期间。该书体大精思，内容博大精深，"列五十目，囊括大典，本支敕备，究天人之奥，斟古今之宜，盖与杜氏《通典》比隆，其校核异义过之"③，实为晚清《礼》经研究之冠冕。

除《礼书通故》一书外，黄以周还著有《经训比义》3卷，辑有《军礼司马法》2卷、《子思子辑解》7卷；还有《经说》6卷，专释名物度数，可与《礼书通故》相媲美，收入《儆季杂著》中。

（二）黄以周之《仪礼》认知观

和许多学者更多瞩目于礼经文本的诠释略微不同的是，黄以周注意将其提升到阐明深旨大义的高度，围绕《仪礼》文本的诸多宏观问题，阐述黄以周的《仪礼》认知观，使读者务明经术，澄清围绕《仪礼》传播过程中业已出现和可能出现的各类宏观认知问题。关于黄以周的《仪礼》认知观，主要记载于《礼书通故》的卷一部分。具体说来，他的《仪礼》认知观主要表现在以下几方面：

其一，关于《仪礼》一书的称名问题。《仪礼》的称名变迁及现有称名最早

---

① 黄以周：《经训比义》，清光绪二十二年（1896）南菁讲舍刻本。
② 黄以周撰，王文锦点校：《礼书通故·叙目》卷五十，中华书局 2007 年版，第 2713 页。
③ 支伟成：《清代朴学大师列传》，岳麓书社 1998 年版，第 151 页。

时间等问题,向有歧说,各家认知颇为不一。为此,黄以周首先便关注于此问题,围绕"礼经""礼""礼古经""今礼""礼记"等范畴,力图作出自己独到而科学合理的解答。黄氏首先指出,"古人于《仪礼》单言'礼',对记言则曰'经',其中古文曰'古经'"①,"《礼经》古只称《礼》,经五十六篇皆古文,对今文言之曰'礼古经',见《汉志》。十七篇为今文,别古文言之曰'今礼',见郑君《礼器》注。'今礼'者,今文家所传礼也。《古文礼》与《记》各自为书,今文家《记》附于《礼》,亦称之曰《礼记》"②。其次从汉代《仪礼》传承角度来看,"汉初传今文十七篇者,有大戴、小戴、庆氏三家,其本各异,当时别其家法,又称之曰《大戴礼》《小戴礼》,郑君《目录》所谓大戴第几、小戴第几是也","自东汉'三礼'之名出,《礼》为《周官》《礼》《礼记》之总名,而西汉五十六篇之专名,反为《周官》《礼记》所溷。自魏、晋号四十九篇为《礼记》,于是别号之为'仪礼',此与郑君以十七篇为'曲礼'同意"③。另外,黄以周考订指出,"非汉时有'仪礼'之名也",因为即便是在王莽篡政时期,"刘歆始建立《周官经》以为《周礼》,于是《周官》有《周礼》之名,而十七篇之《礼》尚不称《仪礼》也"④;另外,在东汉末年郑玄遍注群经之时,"郑注群经,引《礼经》文,皆直举篇名,不云'仪礼'。其注《礼器》,以'曲礼'为《仪礼》,则云'谓《今礼》也'","《郑志》为郑学之徒所记,其引《礼经》,亦直举篇名,不云'仪礼',则郑氏师弟子并无'仪礼'之名也"⑤。凡此之类概念辨析,对礼经研究者颇具裨益。

其二,关于礼经各种《记》文的异指及来源问题。在黄以周看来,"盖七十子后学各记所闻,一经不止一记也"。从此认知出发,他认为,现存《仪礼》17篇经文后所附《记》文,与大、小戴《礼记》文虽然解礼经的性质一致,但是来源却不相同,前者是今文家之《记》,而后者则是兼采今文礼、古文礼的结果:"后仓所传《礼》十七篇,为今文。大、小戴所辑诸《记》,多系今文,而亦间存古文也","今《礼经》中诸《记》,为后仓所传今文家之《记》,小戴有《冠》《昏》《乡饮》《燕》《射》诸《记》,大戴有《朝事仪》,盖出于古文家者"⑥。

其三,关于《仪礼》17篇的序次问题。《仪礼》17篇,自汉初以来,向有大戴《礼》、小戴《礼》和刘向《别录》三种不同编排序次。黄以周认为,这三种序次以大戴《礼》之序最为允当:"《礼经》十七篇以《冠》《昏》《相见》《士丧》《既

---

① 黄以周撰,王文锦点校:《礼书通故》卷一,中华书局 2007 年版,第 2 页。
② 黄以周撰,王文锦点校:《礼书通故》卷一,中华书局 2007 年版,第 4 页。
③ 黄以周撰,王文锦点校:《礼书通故》卷一,中华书局 2007 年版,第 4—5 页。
④ 黄以周撰,王文锦点校:《礼书通故》卷一,中华书局 2007 年版,第 2 页。
⑤ 黄以周撰,王文锦点校:《礼书通故》卷一,中华书局 2007 年版,第 4 页。
⑥ 黄以周撰,王文锦点校:《礼书通故》卷一,中华书局 2007 年版,第 10—11 页。

夕》《士虞》《特牲》《乡饮》《乡射》9篇士礼居首。后仓传其学,作《曲台记》9篇,即说此《士礼》9篇,以推天子诸侯之制。大戴以此九篇列首,以明授受所自,而《少牢》《有司彻》二篇与《特牲》类,故并入之。且《乡饮》《乡射》亦兼大夫礼也。《燕》《大射》以下为诸侯天子礼。《丧服》,通礼,终之。其次秩然。"①在黄以周看来,大戴《礼》序次符合《礼记·王制》的士礼篇目,可以考见"司徒修六礼以节民性"的治礼目的,与此同时,也有利于"明高堂生所传号为《士礼》者以此"②。

其四,关于《仪礼》与《周礼》的关系问题。在这一关系问题的认知上,前贤有所谓"本末"关系之说,如孔颖达谓"《周礼》为本,则圣人体之;《仪礼》为末,贤人履之"③,贾公彦谓"《周礼》为末,《仪礼》为本"④,而黄以周则认为二氏之说不然,"二书无本末可分,《汉(书)·艺文志》依刘歆《七略·礼类》,《礼经》先,《周官》后,极当"⑤。因而,他在著述《礼书通故》之时,并不拘泥于单纯的《仪礼》本经专题研究,而是融汇"三礼"众书加以立说。

其五,关于《仪礼》与大、小戴《礼记》的关系问题。基于他对古文礼、今文礼的认知,黄以周对于《仪礼》与大、小戴《礼记》之间的关系认知,也并不趋于简单化。一方面,他正视各自之间存在礼的不同来源问题,反对完全以兼采古文、今文礼的大、小戴《礼记》来解释单纯的今文礼——《仪礼》17篇。另一方面,他又承认,尽管戴《记》中的《冠义》《昏义》《乡饮酒义》《燕义》《射义》《聘义》诸篇皆取之于《古礼记》,"凡以'义'名者,古之所谓礼义"⑥,但对于《仪礼》相应篇章的诠释,仍然具有很高的价值。

(三)《礼书通故》之研究特色

作为黄以周集毕生精力著述而成的一部礼学巨著,《礼书通故》一书考辨详明,体制独到,澄清并解决了礼学上一些礼制难题,赢得了章炳麟"盖与杜氏《通典》比隆,其校核异义过之,诸先儒不决之义,尽明之矣"的嘉誉。这一成就的取得,与黄以周著述《礼书通故》所特有的训释特色有着必然关联。概而言之,讨论黄以周训释礼经礼制的特色,可以从如下诸方面加以揭覆:

其一,从著述体式的选择与专题安排角度来看。《礼书通故》一书并非随文注释体之作,不以诠释礼经文本为要务,黄以周选择了专题考证体的著述体

---

① 黄以周撰,王文锦点校:《礼书通故》卷一,中华书局2007年版,第6页。
② 黄以周撰,王文锦点校:《礼书通故》卷一,中华书局2007年版,第9页。
③ 孔颖达:《礼记正义》卷一,《十三经注疏》(上册),中华书局1991年版,第1229页。
④ 贾公彦:《仪礼注疏》卷一,《十三经注疏》(上册),中华书局1991年版,第945页。
⑤ 黄以周撰,王文锦点校:《礼书通故》卷一,中华书局2007年版,第3页。
⑥ 黄以周撰,王文锦点校:《礼书通故》卷一,中华书局2007年版,第3页。

式,共分 50 目,每一目下,黄以周分别从此前众多礼学典籍(有时也涉及其他
与礼制诠释有关的文献材料)中抽绎出一些礼制语料,逐一进行考证论述,基
本上将三《礼》礼制的方方面面内容囊括无遗。其中与《仪礼》关联较为密切
者,主要有宫室、衣服、卜筮、冠礼、昏礼、见子礼、丧服、丧礼、丧祭、肆献裸馈食
礼、相见礼、食礼、燕飨礼、射礼、聘礼、觐礼、职官礼、名物、礼节图、名物图等。
俞樾在《礼书通故序》一文中,提及曾国藩对此书的评价说:"此书体大物博,
历代典章,具在于此,《三通》之外,得此而四,为学者不可不读之书。"①即便
俞樾本人,也将《礼书通故》一书与秦蕙田《五礼通考》相提并论。凡此种种,
着实彰显出黄以周对于古代礼制的谙熟与博通。黄以周著述中囊括搜罗的各
类资料非常宏富,篇幅非常巨大,颇有点类似于朱熹《仪礼经传通解》,然而其
根本却与朱子著述的目的大不相同,《礼书通故·叙目》中黄以周自述其著书
体例说:"迟之数年,乃仿戴君《石渠奏议》、许君《五经异义》,裒集是书。"②可
见,他将三《礼》分为 50 目分别加以解说,其目的乃是在于阐发经义、诠释礼
意,纠正前贤礼制说解之误,诚如王文锦先生所指出的那样:"黄氏著述的主
要旨趣,并不在于资料的汇集编纂,而着眼于辨析是非,其资料的纂辑是服从
于辨析是非的。所以三《礼》经注一般没有异义的平文大义,本书都置而不
论,凡有不同理解之处,始分别拈出讨论。除图表外,本书各卷均由若干条组
成。每条的表述方式,都是仿戴圣《石渠奏议》、许慎《五经异义》的体例,即每
一个问题,按顺序选录几家有代表性的见解,然后作者加上案语,分析综合,提
出自己的论断。"③正因为如此,俞樾在给《礼书通故》一书作序时,将其与秦
蕙田《五礼通考》对比说明而发覆说:"惟秦氏之书,按而不断,无所折中,可谓
礼学之渊薮,而未足为治礼者之艺极。"④又:"视秦氏《五礼通考》博或不及,
精则过之。"⑤可谓深得秦氏与黄氏二者著述之旨、著述根本之异同。

　　其二,从著述的学术取向角度来看,黄以周治学并不拘泥于任何门户之
见,讲求博通之学。黄以周在《礼书通故·叙目》中称说,礼学难言由来已久,
秦代焚书坑儒更使得先王典章记载尽为湮没,汉代博士经分数家,各自分门别
户,抱残守缺,专守师说家法,而郑玄则延继小戴、许慎博通的问学旨趣,注书
务求"囊括大典,网罗众家","识已通乎六艺,学不专守一家"。对于郑玄此一
博通治学旨趣,黄以周欣然向往之,他著述《礼书通故》一书,便是"窃取兹意。

①　俞樾:《礼书通故序》,载《礼书通故》卷首,中华书局 2007 年版,第 1 页。
②　黄以周撰,王文锦点校:《礼书通故·叙目》卷五十,中华书局 2007 年版,第 2713 页。
③　王文锦:《点校前言》,载《礼书通故》卷首,中华书局 2007 年版,第 2—3 页。
④　俞樾:《礼书通故序》,载《礼书通故》卷首,中华书局 2007 年版,第 1 页。
⑤　俞樾:《礼书通故序》,载《礼书通故》卷首,中华书局 2007 年版,第 2 页。

以为按文究例,经生之功;实事求是,通儒之学"①。按照清人俞樾的说法,"君为此书,不墨守一家之学,综贯群经,博采众论,实事求是,惟善是从。"即便对乾嘉以来为大多数学者所尊崇尚信的郑玄注释语,黄以周亦不完全依尊其礼经说解,而是有取有舍,"有驳正郑义者,如缕以属武非饰缨,射者履物正足非方足也,是也。有申明郑义者,如冠弁委貌为正义,或以为玄冠者,别一说,非谓冠弁即玄冠;妇馈舅姑,共席于奥,谓二席并设,非谓舅姑同席,是也"②。和对待郑玄解说有取有舍的情况一样,黄以周对于其他学者的诠释见解亦并不一味认同,或一味全盘否定,不持任何所谓学术偏见,不作所谓"汉学"与"宋学"的调和,一以"实事求是"为取舍总绳,可信者援引肯定之,谬误者断语辨析之,这已经在一定程度上超越了清代前期和中期学者研治礼经"汉宋兼采"的学术取向,更加彰显出"赡博精审"的学术大气。

其三,从著述的引书情况来看,《礼书通故》举凡经注史说、诸子杂家,上自秦汉经师,下逮同时代学者,诸如班固、许慎、郑玄、贾公彦、孔颖达、司马光、陈祥道、朱熹、敖继公、方苞、江永、戴震、金榜、褚寅亮、段玉裁、王引之、张惠言、万斯同、凌廷堪、盛世佐等人的见解,都在引述之列;倘若义有分歧,率皆甄录,然后明辨是非,折中至当。黄以周自言曰:"于经十七篇外,搜辑大、小戴两《记》及《周官》《春秋传》,分门编次,厘定先后。注疏家言,有裨经传,亦附录之。平文大义,具彼书矣,而儒说之异同,别汇一编。"③近人胡玉缙也曾就此发覆而言说:"是编发撝礼学,上自汉唐,下逮当世,经注史说,诸子杂家,义有旁涉,率皆甄录,去非求是,务折其中,足当'体大思精'四字。"④关于众注疏家之说解,因为黄以周的认同态度差异,引述处置的方式亦颇为不同:"凡近儒之说,有待疏证者,有应拨正者,皆列案前。若其说本明,即顺文引入案中,以作断语,不复列其说于前,为省文也。其说之谬误无待详辨,亦于注中略附一二。若师友之言,尽入案中,只录其是,有非不辨。"⑤例如,以黄以周引述朱熹的礼学研究成果为例,据今人程继红统计,《礼书通故》征引朱熹礼学文献总计93条,"文献来源次数最多的是《仪礼经传通解》30次,涉及礼学门类14种;其次是《朱子语类》17次,涉及礼学门类11种;《晦庵集》11次,涉及礼学门类10种",然而黄以周并未完全认同所引述的朱熹说法,"其中对朱熹观点持明显接受和认同的约占43条,持明显存疑和批评的约占41条,

---

① 黄以周撰,王文锦点校:《礼书通故·叙目》卷五十,中华书局2007年版,第2721—2722页。
② 俞樾:《礼书通故序》,载《礼书通故》卷首,中华书局2007年版,第2页。
③ 黄以周撰,王文锦点校:《礼书通故·叙目》卷五十,中华书局2007年版,第2713页。
④ 胡玉缙:《礼书通故跋》,《礼书通故》卷末,中华书局2007年版,第2723页。
⑤ 黄以周撰,王文锦点校:《礼书通故》卷一,中华书局2007年版,第17页。

基本持平"①,不同接受态度处置的方式完全不同。

其四,从《礼书通故》体现出来的《仪礼》经文训释方法情况来看,黄以周可谓扬弃和发展了历代前贤学者的科学合理方法,从而使得著述的诸多结论颇为可信,亦有助于读者明辨前贤立说的谬误之处。今人顾迁曾撰《〈礼书通故〉的诠释方法及其疏误举隅》一文,论及《礼书通故》一书的诠释方法,将其概括为以下 8 个方面:案语引近儒之说不标姓名为省文;引证旧说不注出处而有约举窜改;旧说未申郑注或申之未当今重申;郑注有疏误隐晦据经义以补正之;详究经文词例力求贯通群经;某门某条阐义与别门相通而互见;立一义而附录他人之说以广异闻;详列旧说但经无明文以考遂阙疑。② 在我们看来,这 8 个方面并非属于诠释当中同一层面的东西,第 1、2 条属于文献称引的方式,第 3、4 条属于诠释的方面,第 5 条属于诠释的方法,第 6、7、8 条属于诠释的方式,笼统地称之为诠释方法稍有欠允当。

从《礼书通故》一书与《仪礼》礼制专题相关的诠释条文实际情况来看,黄以周诠释中最为鲜明的诠释方法主要有如下几种:

一是讲求会通的诠释方法。晚清学者在总结清代学者经学研究的文献证训之法时指出:"可以经证经,以史证经,以子证经,以汉人文赋证经,以《说文解字》证经,以汉碑证经。"③考察黄以周的学术研究,毕生主要致力于研究经学,他"上追孔、孟之遗言,于《易》《诗》《春秋》皆有著述,而三《礼》尤为宗主"④,同时对于史、子、集亦颇为谙熟,故其研治礼学,尤重经史子集文献典籍礼制记载的融贯会通,颇为吻合徐氏提及的文献相证之法。例如,《士冠礼》:"士冠礼。筮于庙门。主人玄冠,朝服,缁带,素韠,即位于门东,西面。"郑玄《注》:"筮必朝服者,尊蓍龟之道。"贾公彦《疏》:"《特牲礼》筮日与祭同服玄端,《少牢》筮日与祭同服朝服,不特尊蓍龟者。彼为祭事,龟不可尊于先祖,故同服。此为冠事,冠事龟可尊于子孙,故服异也。"黄以周在肯定凌廷堪关于士礼祭服"《特牲》筮日用玄端,正祭则摄盛用朝服;《士冠》正日用玄端,筮日则摄盛用朝服:盖相变以为礼也"的叙述同时,又针对古制大夫"祭服"情况拓展发覆云:"大夫以上卜筮用皮弁,《杂记》:'大夫卜宅与葬日,占者皮弁。'

①　程继红:《黄以周〈礼书通故〉对朱熹礼学的遵从与批评》,《浙江海洋学院学报》(人文社科版)2012 年第 6 期。

②　顾迁:《〈礼书通故〉的诠释方法及其疏误举隅》,《古籍研究》2009 年第 55—56 期合集。

③　徐珂编:《清稗类钞》,中华书局 1986 年版,第 3805 页。

④　赵尔巽:《清史稿》(册 43)卷四百八十二,《列传二百六十九·儒林三》,中华书局 1977 年版,第 13297 页。

《白虎通义·蓍龟篇》引《逸礼》云:'皮弁素积筮于庙门之外。'"①通过援引《礼记·杂记》及《白虎通义·蓍龟篇》所引《逸礼》证成礼制的诠释,说服力很强。

二是借小学的手段考察礼经文例与用词,借以诠释礼经文句。例如,《士虞礼》始虞辞:"哀荐祫事,适尔皇祖某甫。"郑《注》:"始虞谓之祫事者,主欲其祫先祖也,以与先祖合为安。今文曰'古事'。"经文古文本"祫事"一词,今文本作"古事"。按照贾公彦《疏》的说法,郑玄之所以取从古文本用字,盖"言祫者,郑云'以与先祖合为安',故下文云'适尔皇祖某甫',是始虞预言祫之意也"。此后学者大多取从郑玄的校勘用字,也有学者持不同意见,如吴廷华以为"盖祔辞错简于此",王引之以为"'祫'当作'虞'","当在祔祭祝辞内,错乱在此"。黄以周既不同意郑玄的校勘取舍和诠释见解,也不认同吴廷华、王引之的看法,他从考察礼经的文例和异文词义出发,重新为之诠释说:"'祫事'当依今文作'古事'。'古'犹初也,谓初有事于祭。'古事'对下'成事'为文。李氏《集释》作'合事',欲与'祫'义近而改之也。"②黄以周从今古文本异文材料入手,联系上下文进行剖析,较之吴廷华和王引之改字断为错简的说法,似乎更趋合理一些。

三是图解法的广泛运用。自汉代以来,历代三礼研究者多喜用图解法绘制礼图的方法诠释礼制,特别是对于那些很难用文字表述清楚的仪节制度、器物,通过绘制图画的方式,借以加深读者对礼经行文及其礼制规定的理解,使之诠释焕然明了。更有甚者,一些学者运用图解体著述全书者,如东汉郑玄、阮谌,隋代夏侯伏朗,唐代张镒等人都曾撰有《三礼图》,另外,宋聂崇义所著《新定三礼图》、杨复所著《仪礼图》、清万斯大所著《宫室图》、张惠言所著《仪礼图》等亦皆是这一类礼学著作。黄以周著述《礼书通故》亦善于运用此方法研究礼制,并撰有《礼节图》《名物图》2卷,所附之图凡740余幅,文字叙述中借助"详见后图""后有图以明之"之类的提示语,提醒读者通过阅读礼图加强礼制的理解。

尤其值得一提的是,黄以周还对礼节图、名物图两种图例的诠释源流史进行了一番有价值的考察发覆。关于礼节图,黄以周考证说:"礼节有图,昉于赵彦肃、杨信斋,堂阶粗具,榘矱全非。近张皋文图,较有度数"③,且自述设置"礼节图"一门之缘由说:"进退有度,揖让有节,允矣。皋文《礼图》秩秩,或纠

---

① 黄以周撰,王文锦点校:《礼书通故》卷四,中华书局2007年版,第210页。
② 黄以周撰,王文锦点校:《礼书通故》卷十一,中华书局2007年版,第578页。
③ 黄以周撰,王文锦点校:《礼书通故》卷四十八,中华书局2007年版,第2088页。

杨谬,或沿贾失,正之以经,礼节乃密,述《仪节图》第四十八。"①关于名物图,黄以周考证云:"礼器制度,昉于汉叔孙通。郑、阮礼图,多本其说。后之学者迭相增改,古意滋失。《博古》《集古》诸书,大半赝器,又无足凭"②。"礼器有图,昉自高密。阮谌、张镒,继起复述。崇义增修,椠橅失实。疑疑信信,抱残守阙。述《名物图》第四十九。"③其"名物图"包括九大类:一曰宫室,二曰衣服,三曰玉瑞符节,四曰尊彝鼎俎诸名物,五曰乐器,六曰射器,七曰兵器,八曰车制,九曰丧服丧器。另外,黄以周还称述其"名物图"的考订途径说:"今据经记之文,参注疏之言,疑以传疑,信以传信,虽曰仿佛,思过半矣。"④

其五,从《礼书通故》辨析前贤诠释见解的方式来看,面对同一礼制的众多诠释异说,黄以周或推阐他们诠释之所由(即诠释理据),或揭示他们诠释之所失虑,从细微处着手,发覆前贤诠释得失,不轻妄判断前贤训释谬误,务求在折中于众家诠释结论中寻找到最佳最合理的礼制说解,反对任何没有诠释理据的礼制解说,体现出严谨科学的治学态度。例如,《丧服》小功:"夫之姑姊妹、娣姒妇,报。"《传》:"娣姒妇者,弟长也,何以小功也? 以为相与居室中,则生小功之亲焉。"郑《注》:"娣姒妇者,兄弟之妻相名也。长妇谓稚妇为娣妇,娣妇谓长妇为姒妇。"贾公彦《疏》:"《传》云'娣姒妇者,弟长也'者,此二字皆以女为形,以弟为声,则据二妇立称。谓年小者为娣,故云娣,弟是其年幼也;年大者为姒,故云姒。长是其年长,假令弟妻年大,称之曰姒,兄妻年小,谓之曰娣,是以《左氏传》穆姜是宣公夫人,大妇也;声伯之母是宣公弟叔肸之妻,小妇也。声伯之母不聘,穆姜云:'吾不以妾为姒。'是据二妇年大小为娣姒,不据夫年为小大之事也。"郑、贾二人关于"娣姒"的解释颇不相同,贾公彦且据《左传》之文为证。初看起来,似颇为可取。然黄以周考证指出:"《传》曰:'娣姒妇者,弟长也。'以弟释娣,以长释姒。《尔雅》:'长妇谓稚妇为娣妇,娣妇谓长妇为姒妇。'其弟长专以夫年为齿,不以己年。《左传》穆姜、叔向嫂皆呼夫弟之妻为姒,盖相推让之辞。"⑤贾《疏》以为娣姒据妇年大小为言,黄以周给予了全盘否定,诚属确论。

(四)《礼书通故》之诠释阙失

黄以周《礼书通故》篇幅巨大,参考辑录及其考辨论述的文献众多,考证过程中难免存在这样或那样的诠释问题。今人顾迁在谈到《礼书通故》一书

---

① 黄以周撰,王文锦点校:《礼书通故·叙目》卷五十,中华书局 2007 年版,第 2721 页。
② 黄以周撰,王文锦点校:《礼书通故》卷四十九,中华书局 2007 年版,第 2257 页。
③ 黄以周撰,王文锦点校:《礼书通故·叙目》卷五十,中华书局 2007 年版,第 2721 页。
④ 黄以周撰,王文锦点校:《礼书通故》卷四十九,中华书局 2007 年版,第 2257 页。
⑤ 黄以周撰,王文锦点校:《礼书通故》卷九,中华书局 2007 年版,第 368 页。

的疏误时,曾列举指出该书的三方面问题:立说有前后矛盾之处,未能融裁统一;推测上古宫室制度,缺乏实据,近于臆说;《王制》步亩算法失传已久,黄以周百端拼凑以通《孟子》,终为牵强。① 从礼经学诠释的宏观角度而言,该书的著述从形式到内容仍然存在着数个方面的不足:

其一,从著述体例的安排情况来看,《礼书通故》的体例存在的缺陷也是明显的:一是作为一部专题考证体著作,其所列 50 目之下虽然也根据篇幅长短,以"一""二""三"的数字标目形式分为几个不确定的部分,而不是标明不同专题部分考证的具体专题小细目;即便是在各考证条目之首,黄以周也没有标明该条考证的主题词,令人无法判断各条目之间有何逻辑关联。

其二,从具体考证的礼制条文情况来看,除《礼节图表》《礼节图》《名物图》外,《礼书通故》每条礼制条文的情况较为复杂,它可以是三礼经文,可以是郑玄《注》文,可以是贾公彦、孔颖达《疏》文,还可以是其他经史子集及其注释文献,更可以是前贤时哲们的礼制观点,大抵不离先秦礼制内容。然而,作为一部三《礼》学著作,其要旨在于诠释说解以三《礼》为代表的先秦儒家礼制规定,本质上应该属于礼经学范畴,而并非属于通礼类、泛礼类著作。在其他经、史、子、集著作中,其礼制记载情况甚至有可能出现与《仪礼》《周礼》《礼记》等专门礼学著作记载相违的事例,况且这些其他经史子集著作并非礼书范畴,与该书书名中的"礼书"二字明显存在名实不符的史实。将后者纳入《礼书通故》的考证范畴,与礼经学著作的专题考证体诠释要求存在相违背的诠释史实。

其三,从文献材料的援引情况来看,《礼书通故》在这方面亦略有瑕疵,从现代学术风尚来讲,著述引文稍欠严谨。例如,作为被考证对象的郑《注》,黄以周《礼书通故》通常径直标明说"郑玄云",而不具体说明是某一部书某一句子的注释语,令人难以明了文献出处。更有甚者,黄以周有时仅交代说"某某人说如何如何"之类的话语,并非直接出现直接引语成分。譬如,该书《名物通故三》第 1 条指称考证条文云:"郑玄说,鸡彝、鸟彝,刻而画之为鸡、凤皇形。"②事实上,郑玄该说法出自《周礼·春官·司尊彝》篇"春祠夏禴,裸用鸡彝、鸟彝,皆有舟"一句之后的注语,黄以周不明确标识注语出处,易于引起读者的混淆和不明。凡此之类引文出处不明晰的情况非常之多,对于后人而言,极不便利。

其四,从诠释内容及关注视角的情况来看,在通论礼经大旨、探求礼制深

意方面显得稍有欠缺。黄以周治学虽然没有明确的汉学与宋学概念区分,但从《礼书通故》的考证过程来讲,他的诠释更多关注与重视的是历代礼文所记载的典章制度、礼节名物考索之功,考索前儒说礼之纷纭,而不是典章制度、礼节名物背后所蕴含的礼意与礼义情况。简言之,对于举凡礼经文本中臣庶宗法庙祭冠婚葬丧之节、等级隆杀之文当中的礼意与礼义,黄以周的考证事实上是极少涉猎的,这与王鸣盛对于朱熹《仪礼经传通解》的评价绝然相反:"学之欲兼精博也,难哉! 要以钞缉荟萃,备下学之考稽,博为首重矣。朱子之学,以研究义理为主,而于古今典章制度、象数名物,亦靡不博考之。"①和朱熹《仪礼经传通解》、清代秦蕙田《五礼通考》之类一些纂集体礼经学著作相比,黄以周《礼书通故》在礼制礼义、礼意的诠释方面显得较为薄弱得多。

　　就清代礼经学研究整体观照史实而言,大多数学者的三《礼》研究皆以凿实为诠释特色,他们十分重视礼制微观细节之研究,在名物典章制度的考订、仪文节度的发覆等领域,都远远超过了明代以前的礼经学研究成就,可谓卓有建树。黄以周所著《礼书通故》尽管存在上述诸方面的阙失,但即便是从纵向的角度加以比较观照,它在晚清礼学研究者当中,仍然以其内容广博、重视考据、强调会通、明辨正误的研究特色,扬帜唱响于晚清礼学界,意义非凡。总之,在晚清礼学史上,黄以周《礼书通故》是一部"具有总结意义的皇皇大著,是清儒礼学研究的最重要的成果之一","读此书犹如走进礼学博览会,林林总总,炫人眼目,而又部分有序,分寸节度,大而三代礼乐、宗庙社稷,小而屦絇带饰、发髻冒缀,细大不捐,囊括无遗"②,因而赢得了此后诸多学者的广泛赞誉,如梁启超评价《礼书通故》,称誉该书的礼制研究"最博赡精审,盖清代礼学之后劲矣"③。

三、梁启超的礼经认知观

(一)生平及著述概说

　　梁启超(1873—1929),字卓如,一字任甫,号任公,别署饮冰子、饮冰室主人、哀时客、中国之新民等。广东新会人,人称梁新会。12 岁即中秀才,17 岁又考中举人,次年访康有为,被这位今文经学大师所折服,于是毅然退出学海

---

　　①　王鸣盛:《五礼通考序》,载《西庄始存稿》卷二十四,《续修四库全书》(第 1434 册),上海古籍出版社 2002 年版,第 318 页。

　　②　詹亚园:《黄以周〈礼书通故〉小议》,《浙江海洋学院学报》(人文社科版)2007 年第 3 期。

　　③　梁启超:《清代学术概论》,东方出版社 1996 年版,第 48 页。

堂,从康问学 3 年,自称"生平知有学自兹始"①。他曾与康有为合作进行戊戌变法,事败后出亡日本,广读西书,其后即逐渐失去革新锋芒,成为顽固的保皇派,拥护君主立宪,反对民主共和。他倡导新文化运动,支持五四运动。

梁启超于学术研究涉猎广泛,学贯中西,囊括古今,在哲学、文学、史学、经学、法学、伦理学、宗教学等领域,均有建树,研究重点为先秦诸子、清代学术、史学和佛学,其中又以史学研究成绩最著。1918—1920 年旅欧回国后,即不遗余力地从事讲学和著述,1921 年双十节期间,梁启超在天津南开大学主讲中国文化史。1922 年起在清华学校兼课,1925 年应聘任清华国学研究院导师,指导范围为"诸子""中国佛学史""宋元明学术史""清代学术史""中国文学""中国哲学史""中国史""史学研究法""儒家哲学""东西交流史"等。这期间著有《清代学术概论》《墨子学案》《中国历史研究法》《中国近三百年学术史》《情圣杜甫》《屈原研究》《先秦政治思想史》《中国文化史》等。一生主要著作,大都收入《饮冰室文集》。

(二)《仪礼》本体观

和其他今文经学家一样,梁启超也关心《仪礼》的真伪问题和性质问题,关注《仪礼》17 篇的成书年代和作者问题。在他的《古书真伪及其年代》卷二第四章里面,围绕这些问题集中展开了全面讨论。

1.《仪礼》的成书年代及作者等问题的认知

梁启超认为:"《仪礼》这书,真伪没有问题,绝对不是西汉以后的人伪造的。"②考《汉书·艺文志》记载:"汉兴,鲁高堂生传《士礼》十七篇。"这 17 篇《礼》和《春秋左传》所载的"礼",在周代一度通行。既然如此,那么《仪礼》成书于什么年代呢?

首先,梁启超认为,既然《士冠礼》的颂词全采自《诗经》,那么"《诗》成于春秋末,那么《仪礼》似成于《诗》成以后,最少也是同时"③。又:《乡射礼》有"乃合乐,《周南·关雎》《葛覃》《卷耳》,《召南·鹊巢》《采蘩》《采苹》,工不兴,告于乐正曰:'正歌备'"一段,梁启超据此推论说:"正歌据说就是《小雅》,可见《仪礼》最少是成于《小雅》、二《南》通行之后。《小雅》、二《南》作于西周、东周之间,通行必在东周"④,《仪礼》当然也应该成书于东周、春秋之际。

其次,梁启超推衍说:"《仪礼》的一部分,许是西周已有,因为礼是由社会习惯积成的,不是平空由圣人想出来。西周习惯的礼,写成文字,成为固定的仪节,许是比较的很晚。"①换言之就是,《仪礼》的成书只不过是将西周习惯的礼转换成文字,成为一种固定的仪节供周人使用,不是圣人凭空创造出来的产物。

出于上述两方面考虑,梁启超进而将《仪礼》17篇的著作权归之于孔子:"今十七篇许是出于孔子之手。"②并表示他不信孔子曾删诗书,而倒有点相信孔子曾定礼乐。梁氏的这一主张,建立在以下几方面的立论根据基础之上:

其一,梁启超引《礼记·杂记下》中哀公遣孺悲向孔子学"士丧礼"一事,证明《士丧礼》是孔子手定或口授孺悲写定的。

其二,梁启超引《论语》"宰我问'三年之丧'"、《孟子·滕文公上》《礼记·三年问》等文献有关论"三年之丧"的记载,证明"三年之丧是孔子的主张,不是周公的制度"③。

其三,梁启超认为,《仪礼》全部并非都由孔子创造,例如:《乡饮酒礼》《乡射礼》二篇便是"依《论语》《礼记》所记,孔子时已有,不过编定成文"而已。显然,梁氏认为,即使是《乡饮酒礼》《乡射礼》之类孔子之时已有的礼文,经孔子之手"编定成文"。不仅如此,梁氏还说:"也许全部出自孔子,因《士丧礼》决是孔子所定,其余也可推定是孔子审定过的,大致不会十分很错吧。"④

基于上述三方面因素考虑,梁启超主张将《仪礼》一书推定为是孔子审定过的。较之皮锡瑞的推论,梁启超的立论更加充足,论证更趋严密,结论也更具有说服力。

2.《仪礼》性质的认知

梁启超对于《仪礼》性质的认知,涉及以下两个方面:

其一,在三《礼》之中,只有《仪礼》与《礼记》属于真正的礼经著作,而《周礼》则属于讲解周代官制的著作。在梁启超看来,三《礼》各部书是有本质上的区别的,也是不可同等看待的:"《仪礼》如《唐开元礼》《大清通礼》,是社会自然形成的,非法令的;《周礼》如《唐六典》《大清会典》,是行政法,是政府的固定制度,真伪且慢些论,根本就不是礼而是官制,所以原名《周官》,只是说周代的官制。……若是严格的讲,《礼》只有二,就是《仪礼》《礼记》,而《周

---

① 梁启超:《古书真伪及其年代》卷二,中华书局1936年版,第105页。
② 梁启超:《古书真伪及其年代》卷二,中华书局1936年版,第105页。
③ 梁启超:《古书真伪及其年代》卷二,中华书局1936年版,第106页。
④ 梁启超:《古书真伪及其年代》卷二,中华书局1936年版,第106—107页。

官》应该撇开。"①梁氏认为,《周礼》讲的是官制,根本不是纯粹的礼经,而真正意义上的礼经只有《仪礼》和疏解《仪礼》的《礼记》二书。

其二,《仪礼》属于今文经,《逸礼》则属于古文经。梁启超在谈到清代经学分裂的导火线和汉代的经学今古文之争时,曾连带论及他的今古文礼经之分野观:"《礼》则惟《仪礼》,有大戴(德)、小戴(圣)、庆(普)三家,而同出高堂生。此十四家者,皆汉武帝、宣帝时立于学官,置博士教授,其写本皆用秦汉时通行篆书,谓之今文。……逮西汉之末,则有所谓古文经传出焉。……《礼》则有《逸礼》三十九篇,谓鲁共王得自孔子坏宅中;又有《周官》,谓河间献王所得。此诸经传者,皆以科斗文字写,故谓之古文。"②梁启超还说:"'今文学'之初期,则专言《公羊》而已,未及他经","自邵书出而《逸礼》真伪成问题"③,等等,言辞中均未涉及《仪礼》属于古文经的论调,但却有明确表明《逸礼》属于古文经的言论。

3.《仪礼》17篇是孔门足本

《汉书·艺文志》记载说:"《礼古经》五十六卷,经十七篇",古文经学家据此以为今本《仪礼》17篇是不完全的。梁启超基于《仪礼》17篇经过孔子手定与审定这样一种认识,梁氏主张:《仪礼》17篇是孔门足本。他的依据主要有两条:

其一,今本《仪礼》17篇不外冠、昏、丧、祭、乡、射、朝、聘八种礼,而《礼记》说孔门最重此八礼,可见17篇是孔门所传。

其二,《逸礼》39篇原文至唐后即已不存,但从《大戴礼记》和《小戴礼记》保留下来的有关投壶、衅庙等礼文内容来看,其本质上都是"不通行的小节,或是孔门所不传",孔门所传的只是那八种大的礼仪,而八种不在那17篇之外。

其三,《逸礼》39篇,是汉儒采摭凑集来的,有如被赵岐删削掉的《孟子》外篇,虽然亡佚,却并不足惜。

正是基于上述原因,梁启超对于邵懿辰、皮锡瑞有关今本《仪礼》17篇属于完本的主张是认同的。

(三)对清代《仪礼》学史的概览

对于清代学者的学术研究,梁启超给予了相当高的评价,对此他曾有一段非常中肯的言论:"清儒的工作,最少也算替后人把所需要的资料搜集在一

---

① 梁启超:《古书真伪及其年代》卷二,中华书局1936年版,第103—104页。
② 梁启超:《清代学术概论》,东方出版社1996年版,第65—66页。
③ 梁启超:《清代学术概论》,东方出版社1996年版,第68—69页。

处,而且对于各种资料相互的关系,和别择资料的方法,有许多意见足供后人参考,这便是他们不可没的功劳。我们若用新史家的眼光去整理他,可利用的地方多着哩。"①不仅如此,梁启超还特别指出:"试总评清代礼学之成绩,就专经解释的著作论,《仪礼》算是最大的成功。凌、张、胡、邵四部大著,各走各的路,各做到登峰造极,合起来又能互相为用,这部经总算被他们把所有的工作都做尽了。"②由此可见,梁启超对清代《仪礼》学研究的成就评价之高。

　　梁启超对于礼学的认识与重视,突出体现在他对清朝礼学发展脉络进行了一番系统的梳理。梁启超《中国近三百年学术史》陈述这一阶段礼学发展史说:"自黄梨洲、顾亭林惩晚明空疏之弊,提倡读古书。读古书自然触处都感觉礼制之难懂了。他们两位虽没有关于礼学的专门著作,但亭林见张稷若治礼便赞叹不置,他的外甥徐健庵便著有《读礼通考》。梨洲大弟子万充宗、季野兄弟经学的著述,关于训诂方面的甚少,而关于礼制方面的最多,礼学盖萌芽于此时了。其后惠、戴两家,中分乾嘉学派。惠氏父子著《禘说》《明堂大道录》等书,对于某项的礼制,专门考索。戴学出江慎修,慎修著《礼书纲目》,对于礼制为通贯的研究。而东原所欲著之《七经小记》中,礼学篇虽未成,而散篇见于文集者不少。其并时皖儒如程易畴、金檠斋、凌次仲辈,皆笃嗜名物数制之学。而绩溪、泾县两胡(竹村、景庄)以疏礼名其家,皆江、戴之遗风也。自兹以往,流风广播,作者间出,而最后则孙仲容、黄徽季称最善云。"③简言之,梁启超认为,清代礼学的复兴渊源于黄宗羲、顾炎武的提倡,发轫于张尔岐、万斯大和万斯同的杰出礼学贡献,中经乾嘉学派的发扬光大而臻于极盛,继以孙诒让、黄以周为清朝礼学殿军而曲终奏雅。

　　就清代《仪礼》学著作的具体研究情况,梁启超按其学术特点分门别类地予以研究,考镜其源流,辨章其得失,给后来的礼学研究者颇多启益。例如:

　　关于释例类研究著作,梁启超声言:"乾嘉间则有凌次仲(廷堪)的《礼经释例》十三卷,将全部《仪礼》拆散了重新比较整理贯通一番,发现出若干原则。其方法最为科学的,实经学界一大创作也。"④从方法论角度给予了发覆与体认。

　　关于礼图类研究著作,梁启超给予张惠言的《仪礼图》以很高的评价。他声称,尽管宋人有《三礼图》等书,但其不足是明显的,"仅图器物,且多臆揣,不能援以为比";而张惠言的《仪礼图》一书,梁启超指出该书的最大特点是

---

① 梁启超:《中国近三百年学术史》,东方出版社 2004 年版,第 215 页。
② 梁启超:《中国近三百年学术史》,东方出版社 2004 年版,第 214 页。
③ 梁启超:《中国近三百年学术史》,东方出版社 2004 年版,第 210 页。
④ 梁启超:《中国近三百年学术史》,东方出版社 2004 年版,第 211 页。

"用图表方法说经",并发覆其著述体例云:"先为宫室衣服之图;次则十七篇,每篇各为之图;其不能为图者则代以表。每图每表皆缀以极简单之说明。"称张惠言的著述"可谓一大创作"①,称得上是切中肯綮之言。

关于新疏类著作,梁启超点评说:"其集大成者,则有道光间胡竹村(培翚)之《仪礼正义》,为极佳新疏之一。"②又说:"其在《仪礼》,有胡承珙之《仪礼今古文疏义》,胡培翚之《仪礼正义》。……皆博通精粹,前无古人","此诸新疏者,类皆撷取一代经说之菁华,加以别择结撰,殆可谓集大成"③。

关于通论性著作,梁启超则最为推崇邵懿辰的《礼经通论》一书,谓:"道、咸间,则有邵位西(懿辰)《礼经通论》,专明此经传授源流,斥古文《逸礼》之伪。"对《礼经释例》把《仪礼》分为8类246例的科学性给予了充分肯定,并将其和凌廷堪《礼经释例》、张惠言《仪礼图》并驾齐驱,以为"有这三部书振衰掣领,把极难读的《仪礼》变成人人可读,真算得劳苦功高了"④。

关于"典章制度"类著作,梁启超在《清代学术概论》里评述道:"徐乾学编《读礼通考》,秦蕙田编《五礼通考》,多出一时名人之手。其后则胡匡衷有《仪礼释官》,戴震有《考工记图》,沈彤有《周官禄田考》,王鸣盛有《周礼军赋说》,洪颐煊有《礼经宫室答问》,任大椿有《弁服释例》《深衣释例》,皆专注《礼》,而焦循有《群经宫室图》,程瑶田有《通艺录》,贯通诸经焉。晚清则有黄以周之《礼书通故》,最博赡精审,盖清代礼学之后劲矣。"⑤此中言及《读礼通考》《五礼通考》及《礼书通故》等通贯礼经的几部大部头著作,也有《仪礼释官》《礼经宫室答问》之类各礼制的局部专论,梁启超都将其归入典章制度来评论,且不说其是否允当,但至少可视其为梁启超对清代礼学体系研究的一种尝试。

值得注意的是,《读礼通考》《五礼通考》及《礼书通故》这几部在清代举足轻重的综贯群经的著作,在他的《中国近三百年学术史》当中,著述类别发生了一些变化,梁启超将其从"典章制度"类著作中隔离开来,归属到"礼总"类著作里面,并有一番更为细密的评点语:

关于徐乾学之《读礼通考》,梁启超论云:"这部书是健庵居丧时编的,为言丧礼最详备之书,虽题健庵著,其实全出万季野,所以甚好。"⑥

① 梁启超:《中国近三百年学术史》,东方出版社 2004 年版,第 211 页。
② 梁启超:《中国近三百年学术史》,东方出版社 2004 年版,第 211 页。
③ 梁启超:《清代学术概论》,东方出版社 1996 年版,第 46 页。
④ 梁启超:《中国近三百年学术史》,东方出版社 2004 年版,第 211 页。
⑤ 梁启超:《清代学术概论》,东方出版社 1996 年版,第 48 页。
⑥ 梁启超:《中国近三百年学术史》,东方出版社 2004 年版,第 212 页。

关于秦蕙田之《五礼通考》，梁启超论云："这书为续补《读礼通考》而作，我很疑心有一大部分也出万季野手，但未得确证，不敢断言。"他注意到，曾国藩、俞樾两人对此书的评价褒贬不一。曾国藩评价《五礼通考》说："体大物博，历代典章，具在于此，三通之外，得此而四。"把它和《通典》《通志》《通考》合称为"四通"，以为是后来学者不可不读之书。俞樾则评价《五礼通考》说："按而不断，无所折中，可谓礼学之渊薮，而未足为治礼者之艺极。"①而在梁启超看来，"此书成于众手，非味经自著。分纂的人确实可考者有戴东原、王兰泉，也许钱竹汀、王西庄都在里头，其余二三等学者当更不少"，也正因为这样，"全书各篇价值不同，有很好的，有较次的，不如《读礼通考》之画一谨严"，但其价值则毋庸置疑："依我看，这书是一部很好的类书，价值在《文献通考》上。或者也可以说是中国礼制史的长编。"②

关于黄以周之《礼书通故》，因其成书较晚，所以梁启超论云："儆季为薇香(式三)之子，传其家学，博而能精；又成书最晚，先辈所搜辑所考证，供给它以较丰富的资料。所以这部书可谓为集清代礼学之大成。他对于每项礼制都博征古说而下以判断，正和《五礼通考》的性质相反。他的判断总算极矜慎极通明，但能否件件都算为定论，我却不敢说了。"③既注意到其"集清代礼学之大成"的特点，但对他的礼制考证颇有一番微词和不满。

上述种种中肯精当的评述，充分显示了梁启超的近代眼光和其治学术史的非凡功力。另外，梁启超这种按学术特点分门别类评述著述的做法，"辨章学术，考镜源流"的功效极其明显，示范了礼学研究的新体例。与此同时，梁启超后期又创造了"礼总"学这一礼学分支的概念，也初步完善了礼学研究近代化体系的构架。总之，梁启超的《中国近三百年学术史》侧重于对礼学史的阐述，以近代先进的学术理念，通过对传统礼学的继承、考辨和创新，完善了礼学的研究体系，推动了传统礼学向近代新型学术的转型，意义非凡。

四、刘师培与《逸礼考》《礼经旧说》

（一）生平及著述概说

刘师培(1884—1919)，字申叔，号左盦，江苏仪征人。刘贵曾之子、刘文淇曾孙。光绪二十七年(1901)为县学生员，次年中本省乡试举人。光绪二十九年(1903)至上海与章炳麟交游，即倾向革命，著《中国民约精义》和《攘

---

①　俞樾：《礼书通故序》，载《礼书通故》卷首，中华书局 2007 年版，第1—2页。按：以上曾国藩、俞樾二说，俱出自俞氏此文。

②　梁启超：《中国近三百年学术史》，东方出版社 2004 年版，第 213 页。

③　梁启超：《中国近三百年学术史》，东方出版社 2004 年版，第 213 页。

书》,排抵专制。光绪三十年(1904)《苏报》案起,师培集合同志创办《警钟日报》并任主笔,继续倡导革命。该报被封后,至芜湖担任皖江中学教员,创白话报。光绪三十三年(1907)春节,刘师培应章太炎等邀请,东渡日本,与章氏友谊相得,成为《民报》撰稿人。同年6月,与张继创立社会主义讲习会,于民族主义革命之外,复提倡民生主义,要求解除民生疾苦;又创《天义报》《衡报》,提倡社会主义与无政府主义。同年年底,与章炳麟思想发生分歧而关系破裂,又为端方收买,作《上端方书》,献"弭乱之策十条",背叛革命。次年11月返国后,不久即投身两江总督端方幕府,为端方考订金石,兼任两江师范学堂教习。1911年冬,离开两江师范,随从端方入川督办川汉、粤汉铁路。1915年8月,与杨度等发起成立"筹安会",为袁世凯阴谋称帝效力。1917年,蔡元培担任北京大学校长,刘师培被聘为北大中国文学门教授,先后开设"六朝文学""文选学"等课程。1919年1月,与黄侃、朱希祖、马叙伦、梁漱溟等人成立"国故月刊社",成为国粹派,主编《国故》月刊,反对新文化运动。1919年11月,因肺病逝于北大,终年仅35岁。

仪征刘氏是晚清有名的经学世家,刘师培的曾祖刘文淇、祖刘毓崧、伯父寿曾以三代相续共注一部《春秋左氏传》而饮誉学林。作为一名国粹派学者,师培幼承家学,饱读经书,12岁时便已熟习"四书""五经"。其青年时起,即沉思著述,而且治学相当广博,据邵瑞彭称,"仪征刘君申叔三世治左氏《传》,其学实出于高邮王氏,所精则训故考订。《左氏》而外,自六籍以逮先秦两汉故书,皆能匡误补佚,诠发雅言,旁综历数、舆地、金石之学。"[1]刘师培主要著作大都收集在《刘申叔先生遗书》《刘申叔先生遗书补遗》中,其中关于《左传》的研究成果,主要有《春秋左氏传古例诠征》《春秋左氏传例略》《春秋左氏传答问》《春秋左氏传时月日古例考》《读左札记》等;关于礼学的研究成果,主要有《周礼古注集疏》《西汉周官师说考》《礼经旧说》《逸礼考》等,都有较高的学术地位。

(二)《逸礼考》

刘师培注意到,"逸礼三十九篇,则古文经师均不作注,计其散亡,盖在东晋以前。其遗文佚句,时见郑氏及诸家所引"[2],尽管有王应麟、吴澄的略事考辑,但二氏所采却仍有未完备之处,因而尚须进一步考证研究。因此,刘师培的《逸礼考》是继宋代王应麟《困学纪闻》、元代吴澄《仪礼逸经传》之后的又

① 邵瑞彭:《题记》,刘师培《礼经旧说》卷首,载刘晓东、杜泽逊编:《清经解三编》(第八册),齐鲁书社2011年版,第565页。
② 刘师培:《逸礼考》,国家图书馆藏民国间铅印本,第4页。

一部礼经"逸礼"研究之作。

刘师培研究发现,历代文献所提及和援引的"逸礼"篇目,其中有些确凿可考者,主要包括:《朝贡礼》《天子巡狩礼》《烝尝礼》《中霤礼》《鲁郊礼》《禘于太庙礼》《奔丧礼》《投壶礼》《王居明堂礼》《军礼》。以上 10 篇"逸礼"篇目,刘氏的考证往往于每一礼目下,首先罗列传世文献当中提及该礼名之文,然后加附按语进行考索,说明其确凿可考之依据。

以《禘于太庙礼》礼目为例,刘师培先罗列以下二则材料:

(1)《礼记·王制》篇孔《疏》云:"故王肃论引贾逵说吉禘于庄公。禘者,递也,审递昭穆,迁主递位,孙居王父之处。又引《禘于太庙逸礼》'其昭尸、穆尸,其祝辞总称孝子孝孙',则是父子并列。《逸礼》又云'皆升合于其祖',所以刘歆、贾逵、郑众、马融等皆以为然。"

(2)《仪礼·少牢馈食礼》郑《注》云:"《禘于太庙礼》曰:'日用丁亥,不得丁亥,则己亥、辛亥亦用之。无,则苟有亥焉可也。'"

通过考索上引二则材料,刘师培认为,考贾公彦《疏》文言:"云'《禘于大庙礼》曰日用丁亥'者,《大戴礼》文。"①据此可见,唐代所传《大戴记》也有《禘于大庙礼》篇。二文当中,郑玄称"禘于太庙礼",王肃则直接说"禘于太庙逸礼",故刘师培以为"是必汉之逸礼确有此篇"②,必然属于汉人所见之"逸礼"篇目。

凡此之类考证,刘师培多从汉人和唐、宋学者的诠释类文献(如郑《注》)对比入手。从中寻找汉人有无提及《逸礼》礼名之记载,进而确定逸礼篇目的真伪可靠性。

不仅如此,《逸礼考》还考订说,王应麟、吴澄等人所辑之"逸礼",还有两类不一定属于"逸礼"的情况,分别是有文见古籍而莫由定其确属逸礼者、有篇见《大戴》而文似逸礼者。前者如《大戴礼·保傅》篇提到的《学礼》,刘师培以为"此篇之文悉本贾谊《新书》,贾谊之时逸礼未出,疑贾别有所据,非必《礼古经》亦有此篇也"③。后者如《大戴记》中的《迁庙》《衅庙》《公冠》三篇,吴澄《仪礼逸经传》将其列入"逸礼"之列,刘师培以为,《公冠》篇"汉魏之人虽称为'记',然篇首有'公冠'二字,与《奔丧》篇首有'奔丧之礼'四字者其例正同";而《迁庙》《衅庙》二篇,"篇首虽无礼名,文与逸经亦类,则吴氏之说似亦可信也"④。这两类《逸礼》篇目,或无法明确肯定,或仅仅与《逸礼》文相

①　贾公彦:《仪礼注疏》卷四十七,《十三经注疏》(上册),中华书局 1980 年版,第 1169 页。
②　刘师培:《逸礼考》,国家图书馆藏民国间铅印本,第 7 页。
③　刘师培:《逸礼考》,国家图书馆藏民国间铅印本,第 10 页。
④　刘师培:《逸礼考》,国家图书馆藏民国间铅印本,第 10—11 页。

似,要皆无法直接归入确凿可考者之列。

此外,《逸礼考》还进一步指出,传世文献当中提到的某些"逸礼"之辞,如所谓"皇览逸礼""礼记逸礼"之类,尽管古籍中确有明文提及,但却并不是汉代学者所说的"逸礼"。以"皇览逸礼"为例,刘师培先援引各类古籍当中确有明文引及之语料,然后考辨分析说:一方面,从称名来看,"前籍所引舍仅标'皇览'外,或称'皇览记',或称'皇览逸礼',所引书名亦或即《皇览》篇名之一,与《冢墓记》同例,故《宝典》所引说与《月令》悉符,《初学记》所引亦与《白虎通义》所引《三正记》文略相同,均与逸经不类";一方面,从礼文内容来看,"《御览》所引迎四节,其迎春里数与《王居明堂》礼互歧"。刘师培由此得出结论,"'皇览逸礼'必非《礼古经》之逸篇矣"①。

综上诸逸礼篇目之考证情况,可以看出,刘师培的《逸礼考》考证具有这样几重特点:一是在继承前贤研究成果的基础上,重视穷尽地罗列所见各类典籍的称名及逸文材料,便于作综合性的权衡与考量;二是重视逸文材料所缘出与汉人所说"逸礼"之间的关联性考察,借以发覆其存在的合理性;三是注重考察古籍所引各类逸礼遗文的称名或叙述风格、前后内容记载有无一致性。

(二)《礼经旧说》

刘师培《礼经旧说》又名《礼经旧说考略》,凡 17 卷,另有《补遗》1 卷。关于刘氏著述《礼经旧说》之缘起,浙江淳安学者邵瑞彭《题记》亦有记载:"《礼经》十七篇,郑《注》行,而旧说晦言今文者诿为郑学,其宗郑者又以其今文而后之。君乃以训故考订之术,撰次《礼经旧说》。"②《题记》又称,刘氏"岁辛亥入蜀,居成都,蜀人为立讲堂,奉廖先为本师,而君贰之"。据此,《礼经旧说》一书的写作,很有可能始于刘氏成都讲学期间,但一直到师培去世前夕,都属于残稿状态,并未完成定稿及出版刊行。

通观《礼经旧说》一书,采用的是考证体的文献著述体式,尽管大都属于散考的诠释条文,但就刘师培《仪礼》研究最值得关注者而言,主要有如下数端:

首先,就《仪礼》文本观来说,刘师培对于《仪礼》17 篇之排列序次有了新的解读和优劣考量。众所周知,汉代《仪礼》17 篇主要有大戴本、小戴本、刘向本三种不同排列版本,东汉时郑玄注《仪礼》乃用刘向本序次,而舍弃了大、小戴本 17 篇各自的序次。自郑玄之后,各家序次优劣之争颇多非议,清代亦不

---

① 刘师培:《逸礼考》,国家图书馆藏民国间铅印本,第 12 页。

② 邵瑞彭:《题记》,刘师培《礼经旧说》卷首,载刘晓东、杜泽逊编:《清经解三编》(第八册),齐鲁书社 2011 年版,第 565 页。

例外,且令人莫衷一是。为此,刘师培对 3 家各自的排列理据进行了一次全面的解读和分析:

一是关于《仪礼》大戴篇次理据的解读。刘师培解释说:"大戴所次,士礼在前,次以大夫礼,故《特牲》以下即列《少牢》《有司彻》二篇。次以《乡饮酒》《乡射》者,以此二礼兼有大夫、士,且所行之制或爲大夫、士恒礼所无,故于次大夫礼后。次以《燕》《大射》《聘》《公食》者,均诸侯礼。次以《觐》《丧服》者,《觐》为天子礼,《丧服》一篇亦兼括天子以下制服也。此盖大戴次篇之义。即《汉书·礼乐》《艺文》二志所谓'推士礼致之天子'者也。"在刘氏看来,大戴篇次之原则是"推士礼致之天子",亦即按照士、大夫、诸侯、天子的礼制次序对诸礼进行排列,"故凡礼之专属于士者,篇必列前,以章先卑后尊之旨"①。

二是关于《仪礼》小戴篇次理据的解读。刘师培考察《礼记》之文发现,"各记之中有合言冠昏、丧祭、朝聘、射乡者,如《礼运》言'达于丧祭、射乡、冠昏、朝聘',又言'其行之以货力、辞让、饮食、冠昏、丧祭、射乡、朝聘'是也;也有析言冠昏、丧祭、朝聘、射乡者,如《昏义》'始于冠,本于昏,重于丧祭,尊于朝聘,和于射乡'是也;又《经解》《礼运》二篇均以婚姻之礼、乡饮酒之礼与聘觐之礼、丧祭之礼并文,《盛德》一篇亦以丧祭之礼、朝聘之礼与乡饮酒礼、昏礼并文",显然是将礼分为冠昏、丧祭、朝聘、射乡四大类。据此,刘氏认为,《仪礼》小戴篇次之划分即以《礼记》为依据:"若小戴之意,盖以《礼经》之次,应以类区。……故其次《礼经》之目,亦均隐据《记》文。"具体地说,就是"先以《冠》《昏》《相见》者,所以通冠昏为一类也。次以《乡饮酒》《乡射》《燕》《大射》者,所以通射乡为一类也。次以《士虞》《丧服》《特牲》《少牢》《有司彻》《士丧》《既夕》者,所以通丧祭为一类也。终以《聘》《公食》《觐》者,所以通朝聘为一类也。"②

三是关于刘向《别录》本《仪礼》篇次理据的解读。刘师培将刘向《别录》本和小戴本《仪礼》篇次进行对比后发现,"《别录》所次,亦与小戴略同",但他同时也指出,《别录》本"惟于丧祭一类中先丧后祭,又以朝聘各篇易居丧祭各篇前,故篇目未能尽合。其必易小戴之次者,所以区全经爲吉、凶二类也。"刘师培认为,刘向将《仪礼》所记诸礼分为吉、凶两类,即"以《觐礼》以前为一类,统为吉礼;《丧服》以下为一类,统为丧服,即凶礼也;其《士虞礼》以下,则统属祭祀,其礼分属吉、凶之间,故别为一类,以据经末"。简言之,刘向《别

①　刘师培:《礼经旧说》卷一,载刘晓东、杜泽逊编:《清经解三编》(第八册),齐鲁书社 2011 年版,第 566 页。

②　刘师培:《礼经旧说》卷一,载刘晓东、杜泽逊编:《清经解三编》(第八册),齐鲁书社 2011 年版,第 566 页。

录》"所据盖即《丧服四制》篇所谓'吉凶异道,不得相干'也"①。

无论是大、小戴本,还是刘向《别录》本,《仪礼》之篇次均异中有同,即《士冠礼》《士昏礼》均处《仪礼》经之首。那么,为什么三家都将《冠》《昏》二篇列为经首呢? 刘师培发覆说:"《汉书·匡衡传》载衡疏曰:'故《诗》始《国风》,《礼》本《冠》《婚》。始乎《国风》,原性情而明人伦也;本乎《冠》《昏》,正兆基而防未然也。'《后汉书·荀爽传》载爽对策亦曰:'且《诗》初篇实首《关雎》,《礼》始冠、昏,先正夫妇。'又《烈女·班昭传》载昭《女诫》云:'是以《礼》贵男女之际,《诗》著《关雎》之戒。',均据此言。"②刘师培考索《汉书·匡衡传》《后汉书·荀爽传》《烈女传·班昭传》之文,认为大、小戴和刘向将《冠》《昏》列为经首,有出于"先正夫妇""贵男女之际"和"正兆基而防未然"的考虑因素在内。

刘师培还指出,郑玄注《仪礼》之时,"所据'今文',盖小戴本。其篇次,则从《别录》。然《既夕》《有司彻》二篇,其篇名仍从小戴,不与《别录》相同。"不仅如此,师培还推阐郑氏《三礼目录》于经文 17 篇分属吉、凶、嘉、宾四礼之缘起,称郑氏"盖据《大宗伯》五礼为说",并进一步指出:"因以推说,此经是即《三礼义宗》所谓'吉礼三,凶礼四,宾礼三,嘉礼七,军礼皆亡'也。然郑氏以前礼家亦无此说,郑义虽古文合,然不得目为此经旧谊也。"③从"郑义虽古文合,然不得目为此经旧谊也"一语来看,刘师培对于郑玄注释《仪礼》采用刘向《别录》之篇次是不认可的,而更倾向于采纳大戴礼的 17 篇序次。诚如今人潘斌所指出的那样,"刘氏认为,以《仪礼》诸篇分属吉、凶、嘉、宾四礼,郑玄以前并无是说,故郑氏取刘向之篇次与《仪礼》之旧谊不合。其 17 篇序次用刘向《别录》本而非大戴本,乃郑玄之误"④。

其次,就《礼经旧说》的著述方式方法而言。在刘师培看来,自从郑玄注释《仪礼》并遍行天下,"魏晋以下,惟崇郑本"⑤,原有的学者之许多旧说废坠不存,礼经之古义渐趋晦暗不明。有鉴于此,刘师培"君反惓惓于家法,尤好

① 刘师培:《礼经旧说》卷一,载刘晓东、杜泽逊编:《清经解三编》(第八册),齐鲁书社 2011 年版,第 566—567 页。

② 刘师培:《礼经旧说》卷一,载刘晓东、杜泽逊编:《清经解三编》(第八册),齐鲁书社 2011 年版,第 567 页。"《礼》始冠、昏"之"始",原本无,此据今本《汉书·匡衡传》补。"《关雎》之戒"之"戒",据今本《烈女传·班昭传》,当为"义"之误。

③ 刘师培:《礼经旧说》卷一,载刘晓东、杜泽逊编:《清经解三编》(第八册),齐鲁书社 2011 年版,第 567 页。

④ 潘斌:《二十世纪中国三礼学史》,南京大学出版社 2016 年版,第 224 页。

⑤ 刘师培:《礼经旧说》卷一,载刘晓东、杜泽逊编:《清经解三编》(第八册),齐鲁书社 2011 年版,第 567 页。

《白虎通义》,每就汉师古文经说寻绎条贯,沂流穷原,以西京为归宿。其所造述,体势义例,复异曩日。"①从先秦经传诸子乃至唐宋以来之类书当中寻找礼经旧说,加以折中疏通与考证,借以寻得对礼经的合理诠释。例如,《丧服》篇"妻。《传》曰:为妻何以期也? 妻,至亲也",刘师培考索云:"《风俗通义·愆礼篇》论'薛恭祖丧妻不哭'云:'谨按:礼为适妻杖,重于宗也。妻者,既齐于己,澄洒扫以养舅姑,契阔中馈,经理蚕织,垂统传重,其为恩笃勤至矣。'此亦礼家旧谊。盖为妻杖期,《传》所未释,故礼家推论必杖之义也。《通典·凶礼十一》引马融说亦曰:'与己共承宗庙,所以至亲也。'亦与《通义》说合。"②从此例诠释行文可见,刘师培的诠释重心并不在于《礼经》文本的字词含义,而在于礼经文句背后的礼制文化。

邵瑞彭在谈到《礼经旧说》一书的文献征引情况时,曾就其所见刘师培《丧服》一卷,称许说:"今存者《丧服》一篇,其书甄采古义,奅辑遗佚,自经传、《白虎通义》《通典》以迄唐宋类书,网罗殆遍。……虽语出转引,亦为之一一检校,期于至当。"③事实上,从《旧说》其他各卷来看,刘氏亦同样如此。他之所以援引包括《白虎通义》在内的各种历代文献材料,目的在于寻绎两汉礼家有关《礼经》的诠释旧说,进而"复下己意,折中而疏通之"④,发覆其中之可取之处,使之裨益于今人对《礼经》文本的解读不致拘泥于郑玄《仪礼注》的唯一性说法。所以邵瑞彭评述刘师培此书治学趣向云:"郑学而外,别启杭庄之衢,诚绝业也。"⑤

再次,就《礼经旧说》的诠释方面情况而言。根据潘斌的研究,其中最具特色者主要集中在三方面:对古文献所引《礼经》之旧说进行辨析,网罗众说以辨《仪礼》经说之异同,据古注对《仪礼》未备内容加以补充。⑥ 例如:

关于《乡饮》《乡射》二篇"合乐"的问题,刘师培《礼经旧说》首先援引杜佑《通典·宾礼》引《石渠论》说,在对戴圣、闻人通汉、韦玄成三者之说考察后

①　邵瑞彭:《题记》,刘师培《礼经旧说》卷首,载刘晓东、杜泽逊编:《清经解三编》(第八册),齐鲁书社 2011 年版,第 565 页。

②　刘师培:《礼经旧说》卷十一,载刘晓东、杜泽逊编:《清经解三编》(第八册),齐鲁书社 2011 年版,第 618 页。

③　邵瑞彭:《题记》,刘师培《礼经旧说》卷首,载刘晓东、杜泽逊编:《清经解三编》(第八册),齐鲁书社 2011 年版,第 565 页。

④　邵瑞彭:《题记》,刘师培《礼经旧说》卷首,载刘晓东、杜泽逊编:《清经解三编》(第八册),齐鲁书社 2011 年版,第 565 页。

⑤　邵瑞彭:《题记》,刘师培《礼经旧说》卷首,载刘晓东、杜泽逊编:《清经解三编》(第八册),齐鲁书社 2011 年版,第 565 页。

⑥　潘斌:《二十世纪中国三礼学史》,南京大学出版社 2016 年版,第 225—226 页。

发现,"今依众说审之,知礼家所谓'合乐'者,必堂上堂下笙歌并作,……若经于合乐无明文,即非合乐,故韦及闻人二氏并以合乐之用主于合民。其以诸侯之射不合乐,则戴说亦同。韦云'乡人本无乐'者,以乐舞、乐悬均诸侯礼,为大夫士所无。"①通过此番辨析,刘师培深入浅出地诠释了《仪礼》"乃合乐"之义。不仅如此,刘师培还依据《公羊传》《白虎通义》的相关记载,指出戴圣、闻人通汉、韦玄成之解义皆属于西汉今文说:"《公羊》隐五年传:'天子八佾,诸公六,诸侯四。'《白虎通义·礼乐篇》又引《诗》《传》云:'大夫士,琴瑟御。''大夫士,北面之臣,非专事子民者也。'是今文以大夫无乐舞。《公羊》隐五年《解诂》引《鲁诗传》云:'天子食日举乐,诸侯不释县,大夫、士日琴瑟。'是今文以大夫无乐悬。韦所引《传》,即《鲁诗传》也。《曲礼疏》载熊氏说,引《春秋说题词》亦云乐无大夫士制。诸说并同。"②总之,"经文《乡饮》《乡射》二篇,并有笙磬及悬,亦与士、大夫之制靡涉,此皆西汉今礼说也。"③刘师培的这番考证,从对戴圣、闻人通汉、韦玄成三家说的辨析,到《公羊传》《白虎通义》等文献材料的佐证,皆足以发覆《乡饮》《乡射》二篇"合乐"的要旨。

又如,关于士人之结婚年龄问题,《士昏礼》没有具体记载,而且"汉儒所说各不相同"④。刘师培考索历代文献典籍及前贤注语发现,"今礼说"和"古文说"二者的说法各不相同:

　　　　"依今礼说,虽人君不得早冠昏",如《礼记·昏义》疏引《异义》"大戴说"、《周礼·媒氏》疏、戴圣《证论》、马昭引《尚书大传》、引《穀梁传》尹更始说、《礼记·曲礼》卢植说、《白虎通义·嫁娶篇》《礼记·内则》等,"援此而推,则此经《士昏》必以三十,亦确然可知。惟其以三十而娶为正礼,故《丧服》'为夫姊之长殇',旧说及马融、卢植说均以关盛衰、关长厌溺相诠以为变礼,此并今文礼说之可考者也"⑤。

　　　　而"依古文说,虽士大夫亦得早冠昏",如《通典·嘉礼》引《异

　　①　刘师培:《礼经旧说》卷五,载刘晓东、杜泽逊编:《清经解三编》(第八册),齐鲁书社 2011 年版,第 593 页。
　　②　刘师培:《礼经旧说》卷五,载刘晓东、杜泽逊编:《清经解三编》(第八册),齐鲁书社 2011 年版,第 593 页。
　　③　刘师培:《礼经旧说》卷五,载刘晓东、杜泽逊编:《清经解三编》(第八册),齐鲁书社 2011 年版,第 593 页。
　　④　刘师培:《礼经旧说》卷一,载刘晓东、杜泽逊编:《清经解三编》(第八册),齐鲁书社 2011 年版,第 567 页。
　　⑤　刘师培:《礼经旧说》卷一,载刘晓东、杜泽逊编:《清经解三编》(第八册),齐鲁书社 2011 年版,第 567—568 页。

义》"《春秋》左氏说"、《宋书·礼志》引《左传》贾服说、《公羊传·隐公元年》疏《异义》"《古尚书》说"、《礼记·昏义》疏引《异义》"故《春秋》左氏说"等,"综绎众说,知古文之义以《左传·襄九年》'国君十五而生子。冠,而生子'为人君早冠早昏之征;并以《周礼·媒氏》'令男三十而娶,女二十而嫁'者惟属庶人之礼,不涉士、大夫以上","援是而推,则士、大夫之昏不必待至三十,……故《丧服》夫姊长殇,《左氏》家以为正礼,此即士、大夫得早昏之确征"。①

要而言之,刘师培《礼经旧说》的考证颇有别于前贤的考证体著作,其诠释视角虽以释难解纷为著述要旨,但考察的旧说主要来源于"经传、《白虎通义》《通典》以迄唐宋类书"之类保存的各类汉魏旧说,并非考辨前贤礼经诠释性著述的不同诠释性成说,也不涉及宋、明以来的各种礼经诠释类文献。透过刘师培《礼经旧说》,人们可以发见汉魏时期今古文经学在礼经诠释方面繁富的诠释成果,为礼经学研究开创了一条新的学术路径。

第八节　《仪礼》文献的传播与接受

当学术史上的乾嘉时代过去之后,特别是经历了鸦片战争的社会动荡之后,整个清朝社会虽然处于一个激烈变革阶段,但就当时的学术潮流而言,面临的学术界现状是"传统仍固而西学已渐,经学复兴又新学蔚起",经历着"'中学为体,西学为用'和新的'经世致用'的变化"②。对于《仪礼》学而言,也处于一个学术总结和转型期,在学界士人和社会群体中的传播,也迎来了一个新的发展契机。道光十年之后的《仪礼》学传播和发展,除了撰写专门论著的形式外,更多是和当时图书出版业的发展以及各类学塾、书院盛行的讲学之风联系在一起的。

一、文献刊刻与礼学传播

清代后期,出版界铅印和原有的雕刻并行于世,由于西方的平版石印和凸版铅印以及其他新技术、新设备不断传入我国,出版业的印刷更趋便利,较诸清代前、中期,此时所刊刻的各类经学义献定价更趋低廉,求之也较易得。这为印刷业的发展创造了有利条件。加之当时南方一带战火连年,清政府国势

①　刘师培:《礼经旧说》卷一,载刘晓东、杜泽逊编:《清经解三编》(第八册),齐鲁书社2011年版,第568页。

②　胡昭曦:《振兴近代蜀学的尊经书院》,《蜀学》第3辑,巴蜀书社2008年版,第3页。

日衰,民生凋敝,为了补充动乱中损失的书籍,避免士人无书可读的凋敝现状,一些地方官员"提出'及时振兴文教,刊刻成本'的主张,并且奏请把'刊书'一事当做'亟宜兴办'之要务"①。在他们的倡导之下,从官府刻书机构到书院所设书局,从私家刻书到民间坊刻,无不致力于各类文献的刊刻事业,包括《仪礼》学在内的各类经学文献,迎来了历史上的刊刻印刷黄金期,为礼学文化的普及和传播起了很好的促进作用。

(一)官方刻书

如前所述,清代前、中期的图书官刻工作主要集中在内府,然而到了嘉庆朝之后,武英殿刻书力量日渐衰落,殿本数量日趋减少,官家刻书的主体逐渐让位给各省的官书局。同治二年(1863),曾国藩进入安庆,以重兴文化为名,创办官书局,并延请洪全奎、莫友芝二人督理创办书局事宜,选委一些积学名士分任校勘。后来曾国藩攻进金陵,又设江南书局。同治十年(1870),曾国藩二任两江总督,将书局正式命名为"金陵书局",到第三年六月,曾国藩致信马新贻总督将原私立金陵书局转为官办。此后不久,各省专设刻印机构——"书局"相继成立,主要包括:金陵官书局、浙江官书局、四川官书局、安徽敷文书局、山西官书局、山东官书局、直隶官书局等。这些官方书局刻书,虽然所刊刻的书籍多是御纂、钦定的本子,但所刊刻的文献则以经史类著作为主,其中颇不乏《仪礼》学著作,业已成为清代后期地方官刻书的主要代表。例如:

同治七年(1868),金陵官书局(后改称"江南书局")刊刻有张尔岐《仪礼郑注句读》一书,系《十三经读本》之一种。光绪十二年(1886),又重刻张尔岐此书。

同治十一年(1872),山东书局刻张尔岐《仪礼郑注句读》一书,其中附《监本正误》一卷,《石本误字》1卷。

光绪三年(1877),湖北崇文书局刊刻有胡承珙《仪礼古今文疏义》,1函4册。

光绪七年(1881),江苏官书局刊刻有《读礼通考》一书。光绪年间,还刻有《仪礼注疏校勘记》《仪礼章句》4册等《仪礼》文献。

光绪十一年(1885),浙江官书局刊刻有《肆献祼馈食礼》1册;另据《江南书局价目》和《制造局书目》,尚刻有《仪礼义疏》28册。

光绪二十四年(1898),苏州书局刊刻有吴廷华《仪礼章句》,1函4册。

光绪年间,山东官书局所刻《仪礼》类单行本文献主要有:《仪礼注疏校勘

记》《仪礼义疏》32 册、《仪礼图》3 册、《肆献裸馈食礼》1 册、《仪礼章句》4 册、《礼经笺》6 册、《仪礼古今异同》1 册。另外,据《江南书局价目》,该书局还刊刻有丛书、《皇清经解》《续皇清经解》,其中包括大量清人所著《仪礼》文献。

光绪年间,湖北官书局(又称湖北"崇文书局")刊刻有《仪礼义疏》32 册。

光绪年间,山西浚文书局曾刊刻《十三经读本》,其中《仪礼》类著作为张尔岐《仪礼郑注句读》一书。

宣统元年(1909),学部图书局石印尚志堂刻本张尔岐《仪礼丧服经传并记》。

这些地方官府刻书机构的成立和大量儒家经学文献的刊刻,在一定程度上促进了传统经学研究的研究和传播,对于《仪礼》学的发展颇有裨益。除上述官办"书局"外,也有不少同样以"书局"命名的刻书机构,但并不属于地方官府机构所办书局。例如,苏州汤晋苑局、成都尊经书局,都是属于书院下设的刻书机构,前者曾于同治七年(1868)刊刻过《仪礼章句》20 册,后者则于光绪十六年(1890)刊刻阮元《仪礼石经校刊记》一书,成为《石经汇函》本之一种。又如,光绪十三年(1887)创办的广雅书局,也是广雅书院所属刻书机构,该书局曾于光绪十七年(1891)刊刻《广雅丛书》,其中包括《仪礼古今异同》《仪礼私笺》等礼学文献。凡此之类"书局"的成立与图书出版,为学界士人提供了大量宝贵的精神食粮,也使得《仪礼》学的发展与传播进入到一个新的发展阶段。

(二)书院刻书

"书院刻书始于宋代,至清代为最兴盛,形成了古代刻书史上独树一帜的书院刻本。"①清代后期,不少书院为了适应社会时事发展需要,在从事传统的教育教学之外,还注重致力于刻书事业,借以保存国粹,振兴和传播传统文化,《仪礼》学作为儒家经学的重要分支之一,自然也在书院刻书范畴之列。曾建华《古代书院的藏书与刻书》写道:"至清代,书院的出版功能得到进　步强化,刊刻图书成为大规模的经常性活动,形成了正谊堂、广雅书局、桂垣书局、尊经书局、南菁书局、经苑、味经刊书处等闻名全国的书院专门出版机构。"②从清后期整个阶段来看,书院的《仪礼》文献刊刻,既有大部头的经学著作性质的刊刻,也有单独礼学著述文本的刊刻。其中以数百卷之大部头著作面世的书院刻书传播的,值得一提的主要有如下几件:

清代后期,各种书院的刻书事业仍然得以继续,但随着各类官方书局的兴

---

① 胡昭曦:《振兴近代蜀学的尊经书院》,《蜀学》第 3 辑,巴蜀书社 2008 年版,第 13 页。

② 曾建华:《古代书院的藏书与刻书》,《出版科学》2005 年第 5 期。

盛,未能再创更大的辉煌,而更多呈现出一种于平淡中显露特色的态势。其中值得一提的规模最大的两次丛书板刻和印书活动,依次如下:

一是补刊、续刊学海堂《皇清经解》。如前一章所述,该丛书始刻于道光五年(1825)八月,至道光九年(1829),全书辑刻完毕,共收73家,183种著作,凡1400卷,是汇集儒家经学经解之大成,是对乾嘉学术的一次全面总结。但在咸丰七年(1857)九月,英军攻粤,原有书版遭受兵火的焚毁,残存者仅十之五六。因而在咸丰十年(1860),两广总督劳崇光等人又捐资补刻数百卷,并增刻冯登府著作7种,计8卷,次年补刊完成,此即"咸丰庚申补刊本"。同治九年(1870),广东巡抚李福泰刊其同里许鸿磐《尚书札记》4卷,附诸《清经解》之后,是为"庚午续刊本"。

二是南菁书院编辑刊刻《皇清经解续编》。清光绪十一年(1885),王先谦以江苏学政身份主讲于南菁书院,延揽了一批文人,收集乾嘉以后的经学名著,并及乾嘉以前为阮刻《皇清经解》所遗漏之书,依仿阮元《皇清经解》的编纂体例,统一加以汇编刊行。《续编》总计收书209部1430卷,作者多达113家。一直到光绪十四年(1888),方始刻毕刊行。该丛书所刊刻的清代《仪礼》文献主要有:江永《仪礼释宫增注》《仪礼释例》,任启运《天子肆献祼馈食礼》《朝庙宫室考》,宋绵初《释服》,褚寅亮《仪礼管见》,胡匡衷《郑氏仪礼目录校证》,张惠言《读仪礼记》,胡承珙《仪礼古今文疏义》,徐养原《仪礼古今文异同疏证》,王聘珍《仪礼学》,金曰追《仪礼经注疏正讹》,胡培翚《仪礼正义》,吴卓信《丧礼经传约》,郑珍《仪礼私笺》,吴嘉宾《丧服汇通说》,曾国藩《读仪礼录》,俞樾《士昏礼对席图》,俞樾《仪礼平议》。尤其值得一提的是,丛书刊刻者在版本的选择与校勘上,颇下了一番功夫,例如,《仪礼正义》一书,胡培翚临终前并未完稿,余稿为门人杨大堉拾遗补成,咸丰初年由陆建瀛始加刊刻,业未就而遭陆氏罹难,版刻工作遂为停止。此后几经辗转,原版归于京师,胡、陆后人复于同治中方重加补校完成。初刊木犀香馆之汤晋苑局刻本,[①]校勘未为精善,加之胡氏原稿多已散佚,无从订正,因而南菁书院《经解》重刊时,编辑校刻者对原刻本颇加校改,较之原刻本质量要高得多。

以上两套丛书的刊刻出版,称得上是集合了清代经学著作之大成,对于之后《仪礼》文献的传播,对于后人传承和总结包括《仪礼》学在内的清代经学成就,提供了极大便利。总的说来,当时书院所刻之书,主要是用于满足日常教学和学术研究需要之便利的结果。以四川成都的尊经书院为例,书院山长伍

---

① 按:该书家刻本现有咸丰间刻本和同治八年印本二种传世,《续修四库全书》即据此影印出版。

肇龄(1826—1915)等人在给四川总督王人文的呈文中说："院中开设书局,随时印行,以给学子之求。"因而,书院所成立的印书局主要印行书院日常的各类教学科研成果和师生著述,借以辅助书院本身的主业——教学和文化传承,而经学作为书院的教学主要内容,这方面的书院课艺和学术著述自然也在出版刊刻之列。其他书院的情况也大致如此,如道光二十一年(1841),钱仪吉主讲大梁书院,日以温经读经为要事,并辑录了 41 种清代以前经学著作,亲为刊刻,号为《经苑》,凡 250 卷。所刻之书大多数为宋、元、明三朝的经学著述,足以补充纳兰性德所辑《通志堂经解》(实为徐乾学、顾湄所辑)之不足。

另外,当时还有极少数学塾刊刻《仪礼》文献的情况出现,例如:光绪二十二年(1896),东洲讲舍刊刻《湘绮楼丛书》,其中包括王闿运《礼经笺》一书。光绪中,湖城义塾刊《湖州丛书》,其中包括徐养原《仪礼古今文异同》一书。不过流传面较小而已。又如,光绪十六年(1890),苏州学古堂刊刻雷浚、汪之昌所辑《学古堂日记》,这套丛书一直到光绪二十二年(1896)方始刊完。雷浚(1814—1893),字深之,号甘溪,吴县人。同治八年(1869)监生,次年就任县学试导。光绪十五年(1889),雷氏应江苏布政使黄彭年之聘任苏州学古堂主讲,和汪之昌一道纂辑《学古堂日记》。该丛书所收入的《仪礼》类文献主要有于鬯《读仪礼日记》、费祖芬《读仪礼日记》二种,均系光绪十六年(1890)刻印完成。

(三)私家刻书

清代后期,特别是鸦片战争之后,清王朝进入急速衰落的时代。随着西方坚船利炮的到来和西方文化的侵袭,中国社会与传统儒家文化面临着前所未有的变革。尽管有一部分仁人志士不满于汉宋学的空疏无益,主张关心民瘼,重新提倡经世致用的思想,倡言社会改革,但也有不少学者非常重视传统文化和儒家经学的传承,并且出现了一批以传承、弘扬传统文化为己任的儒商、藏书家、刻书家。就这些私家刻书者而言,他们可能有着各种各样的刊刻目的,诚如有的学者所言:"仕宦学者以刻书为荣,有的搜访前代名著,刊行于世;有的自著或辑注、校勘、整理前人著述,并刊刻传行后世;有的嗜学好古,热心刊刻乡邦文献;有的倾心刊刻家乘谱牒,缅怀先人,光宗耀门;有的以刻书为业,希冀扬名当时,流芳后代。"①但其对于包括《仪礼》学在内的儒家经学的传承和发展而言,却发挥了相当大的作用。

相较于乾嘉时期而言,这一时期的私家刻书同样非常盛行,所刊刻的《仪

---

① 江凌:《试论清代两湖地区的私家刻书群体特征及其文化贡献》,《湖南大学学报》(社会科学版)2009 年第 6 期。

礼》文献数量不少,而且同样以丛书本为主。从刻书者与文献著述者之间的关系角度来看,清代后期刊刻的《仪礼》文献大致可以分为以下几种类型:

刊刻自身及家族先人的著述。例如:道光二十九年(1849),朱氏家塾刻家族学者朱骏声(1788—1858)所著《仪礼经注一隅》一书。同治八年(1869),安徽绩溪胡肇昕重刻曾祖父胡匡衷所著《仪礼释官》一书,该刻本有"同治己巳重刊""研六阁藏板"等字样,凡4册。光绪十四年(1888),嘉定汤氏刻汤馥藻所著《仪礼指掌》一书。光绪十八年(1892)及光绪三十四年(1908),曹元弼(1867—1953)先后自刻所著《礼经校释》一书;宣统元年(1909),又自刻所著《礼经学》一书。光绪二十年(1894),湖北钟祥黄氏家族刊刻黄元善所著《仪礼纂要》一书,世称黄氏传经书屋刻本。这种家族自刻族人所著礼书的现象,清代后期颇为普遍,有助于《仪礼》文献的及时传播,影响甚大。

刊刻乡贤的著述。例如,咸丰初年,安徽桐城光聪谐辑录同乡前辈著作100余种,编成《龙眠丛书》。光聪谐(1781—1859),字律原,一字栗原,清嘉庆十四年(1809)进士,选庶吉士,改刑部主事。典试贵州,外升湖北荆宜施道。后由福建按察,再迁甘肃布政使。《龙眠丛书》汇辑宋元以来龙眠文人之著述,而以清代为重,可惜锓板将成,即毁于兵火,刊未竣。今之所存仅22种,且亦残缺不全,其中礼学著作有方苞《仪礼析疑》1种,其他经学著作有马宗琏《左传补注》、姚鼐《三传补注》、光成采《大易旁通》等。又如,光绪十五年(1889),会稽徐友兰铸学斋刊《绍兴先正遗书》。徐友兰(1842—1905),字佩之,号叔蓓,号子民居亭主人,别署八杉斋主人。浙江会稽(今绍兴)人。光绪十二年至十六年(1886—1890),蔡元培曾为徐友兰之子徐惟则做伴读,并校正《绍兴先正遗书》中的4种。该丛书刻录卢文弨《仪礼注疏详校》1种。

刊刻时哲的著述。例如,光绪十七年(1891),湘西李氏鞠园刊《读礼丛抄》。李辅耀(1848—1916),字幼梅,号和定,晚号和定居士,亦号定叟。湖南湘阴人。同治庚午年(1870)优贡,光绪丙子年(1876)副贡,官浙江候补道。当其居家母徐氏之丧时,哀毁倍至,而动止必稽于古礼。既葬庐墓于长沙河西都绯珠塘,即墓为庐,名之曰怀翼庐,以寄其子孺慕之思。复搜辑有清理学名家张扬园、吴肃公、汪琬、毛奇龄、毛先舒、阎若璩、吴卓信、李文照、陈祖范、唐鉴、张华理、周保12家说礼之书,别裁旁出,辑而刊之,命之曰《读礼丛钞》。其中属于清代学者所著《仪礼》类的礼书主要有:毛奇龄《三年服制考》、毛先舒《丧服杂说》、汪琬《丧服或问》、吴卓信《丧礼经传约》、张华理《仪礼丧服辑略》、阎若璩《丧服翼注》等。又如,道光十二年(1832),金山钱熙祚辑刻《守山阁丛书》。钱熙祚(1800—1844),字雪枝,一字锡之。江苏金山(今属上海市）人。富藏书，又喜爱校勘之学。道光初，得张海鹏《墨海金壶》残版，又从文澜阁《四库全书》中录出流传较少的古书，加以增补删汰汇辑成此书，凡112种，652卷。道光二十四年（1844），金山钱氏又有重编增刊本，其中收录的《仪礼》文献有李如圭《仪礼释宫》、江永《仪礼释例》等。另外，道光三十年（1850），金山钱氏漱石轩据吴氏听彝堂《艺海珠尘》原版，增刊重印了毛奇龄《仪礼疑义》和诸锦《飨礼补亡》二书。此外，道光中，金山钱氏又据借月山房汇抄刊版，重编增刊《指海》本江永《仪礼释宫增注》。

在道光年间之后私家刊刻的各类典籍当中，有的颇为精善，称得上善本之书，例如，吴江沈氏世楷堂所刊《昭代丛书》，便深受当时士人及后世学者嘉许。康熙三十九年（1700），歙县学者张潮、张渐首先负责发起编辑该丛书，此后一直到道光年间，先后又经由吴江学者杨复吉（1747—1820）增辑，沈楙德续辑，最终编纂完成。道光十三年（1833），沈楙德续辑《昭代丛书》完成，增补完成之后该丛书刊刻所辑《仪礼》类著作主要有：毛奇龄《三年服制考》、吴肃公《读礼问》、惠栋《仪礼古义》、诸锦《飨礼补亡》、阎若璩《丧服翼注》、吴卓信《丧礼经传约》、凌廷堪《礼经释例目录》等。由于这套丛书刊刻堪称精善，因而所刻文献传播极广，颇受当时学者关注。

二、书院讲学与礼学授受

道光、咸丰年间，书院官学化程度不断深化，书院山长的延聘受到朝廷的高度重视，道光十五年（1835），道光皇帝下谕旨给各地官员："延请院长，必须精择品学兼优之士，不得徇情滥荐。"①为进一步强化书院的"育人"宗旨，突出山长的引领地位，朝廷重申山长人选的标准必须是"经明行修之士"，其聘请须经由教官、乡绅、耆老等共同推荐以及地方官员共同认可才行。在朝廷发展文教、"底定人心"这一政策的指导下，在官方力量和民间力量的共同推动下，书院教育发展得以进入良性阶段。特别是在曾国藩、李鸿章、左宗棠、丁宝桢、张之洞等一批地方军政大员的大力支持下，众多书院得到修复，新创建的各级各类书院数量也在不断增加，仅就数量而论便达到了中国历史上的最高峰。此后一直延续到光绪二十四年（1898），光绪皇帝发布上谕，限定两个月内将全国大小书院改为兼习中学、西学的学校。至此，古老的书院在历经千年之后，终于圆满完成了它的历史使命，沉寂在了文化的长河中。

考察书院教育在清代后期《仪礼》学的传播与接受情况，可以从两方面进行考察：一是礼学名家在书院讲学时期的文化传播情况，二是礼学名家经过书

---

① 清光绪间编《钦定大清会典事例》卷三九六《礼部·学校》，中华书局1991年版。

院学术熏陶的文化接受情况。和清代中期一样，后期同样活跃着一支周游于书院的讲学士子群体，而且为数不少，他们一方面借以谋生，一方面通过课堂讲学、组织讨论、指导儒生等形式进行传道授业，借以传播自己的治学主张，同时也利用稳定的生活闲暇著书立说，特别是道光年间南方的一些省份，表现得尤为明显。正是在这样一种教育主潮流形势之下，通过讲学、读经等形式，在师生之间进行儒学授受，包括《仪礼》学在内的儒家经学文化，在民间士人群体特别是儒生群体当中，得到广泛传播，并渐次加强了礼学研究人才的培养。据一系列个案考察发现，在清代后期有不少礼学家从事学术研究，都与在书院所受到的礼学、经学熏陶有着密切关联。这里仅以俞樾及其书院弟子中从事《仪礼》学研究的黄以周、于鬯为例，略加说明考见书院讲学对于《仪礼》学传承的影响。

俞樾（1821—1907），作为清代后期知名的一位朴学大师，其毕生有很长一段时间都致力于教书授学，可谓与书院教育结下了不解之缘，为清晚期经学、子学等诸多方面人才的培养作出了很大贡献。道光十五年（1835），俞樾父亲在常州汪君樵家任私塾老师，他便随父读书，始得以粗通经文大义。道光二十五年（1845）至咸丰元年（1851），俞樾大部分时间都在新安县汪村设馆教书。这期间，俞樾于道光三十年（1850）考中进士，为曾国藩赏识而被置于第一，并被文宗皇帝钦定为翰林院庶吉士。咸丰八年（1858）侨寓苏州，始读高邮王氏父子《经义述闻》《广雅疏证》《读书杂志》等书，遂发研经之志。是年秋，经江苏巡抚赵德辙引荐而主讲云间书院，授课之余，重读经书，旁及诸子，多有心得，以订正前人诂释谬误为乐。同治五年（1866）秋，经两江总督李鸿章推荐，担任苏州紫阳书院主讲。同治七年（1867），完成《群经平议》撰写并刊刻出版，并于这年冬天辞去紫阳书院教席，接受浙江巡抚马新贻邀请，任杭州诂经精舍主讲。同治九年（1869）秋浙江省乡试中，诂经精舍学生中举者19人，优贡3人，为历年所罕见，一时俞樾及书院文名噪起。光绪二年（1876）夏，兼讲于上海求志书院，任经学和辞章学教授。光绪二十四年（1898）冬，因年老辞去诂经精舍讲席之位。光绪二十八年（1902）春，辞去归安龙湖书院和上海求志书院的讲席之位。在上述书院讲学经历中，尤以执掌杭州诂经精舍时间最长，从同治七年（1868）至光绪二十四年（1898），达31年之久。

俞樾长达几十年的书院讲学生涯，培养的各类学术人才可谓无数，据《翰林院编修俞先生行状》载，"两浙知名人士，承闻训迪，蔚为通才者，不可胜数。"诚如有学者所言，"当时海内外慕名负笈来学者接踵而至，号称'门秀三千'，投其门下者有戴望、朱一新、黄以周、章太炎、吴昌硕、施新华等人，对后世特别是对江浙地区之学术影响颇大"①。近代民主革命家、思想家章太炎即其得意门生之一。在执掌杭州诂经精舍期间，他谨守阮元讲学例规，不向士子传授八股时文的写作，而以经义、辞章等"课艺"内容教学士子为重，"至诂经精舍，则专课经义，即旁及词章，亦多收古体，不涉时趋。余频年执此以定月旦之评，选刻课艺，亦存此意。非敢爱古而薄今，盖精舍体例然也。"②特别是经学讲授，在其讲学内容当中，始终占有相当大的比例，始终反对当时敷文、崇文、紫阳等一些书院教学"以场屋应举、文诗课士"的做法，这从当时诂经精舍诸生的课艺之作中便能得到印证。

颇有意思的是，虽然俞樾一直以朴学家驰名，"其教学虽守汉学家法，对诸生的学术个性和学术倾向则不加约束"，"尊重学生的学术见解和学术选择"③。就《仪礼》研究而言，其书院弟子中影响最大者当属黄以周（1828—1899）。黄以周问学"不拘汉宋门户，体亭林'经学即理学'之训，上追孔门之遗言。说《易》，综举辞变象占，于郑、王无所偏执。《诗》多宗序。《书》必条贯大义。《春秋》用比事之法。三《传》校以经例，定其短长。"④黄以周著述《礼书通故》的学术旨趣，"并不在于资料的汇集编纂，而着眼于辨析是非，其资料的纂辑是服从于辨析是非的"⑤。这种治学强调辨晰前贤治学是非得失的取向，与俞樾《群经平议》的治学形式虽然有所差异，但其治学要旨是一脉相承的，也赢得了俞樾的赏识，以为秦蕙田《五礼通考》"按而不断，无所折中，可谓礼学之渊薮，而未足为治礼者之艺极"，而肯定以周著述《礼书通故》虽然"视秦氏《五礼通考》博或不及"，但"精则过之"⑥。

在俞樾的书院弟子中，研究《仪礼》较有成绩者，还有上海南汇人于鬯（1854—1910）。"朱一新、潘鸿、陈耐庵、于鬯、林颐山、姚文栋、王彦威、王修植、吴昌硕、袁昶虽不见于课艺集，却也都属于俞樾主持诂经精舍后的最早的一批生徒。"⑦于鬯一生致力于经史之学研究，对于儒家"五经"都有遍览和刊正之作，其中与《仪礼》学密切相关者，主要有《读仪礼日记》《仪礼读异》《殇服》和《香草校书》等著作。于鬯曾经自身问学的旨趣说："阮氏元叙程书曰：

①　苏菡丽：《俞樾的经学思想及其特点》，《东吴哲学》2006 年卷，吉林人民出版社 2007 年版，第168 页。
②　俞樾：《诂经精舍五集序》，《春在堂杂文六编》卷七，《春在堂全书》光绪二十五年重订本，第2—3 页。
③　罗雄飞：《俞樾的经学研究及其思想》，中国文史出版社 2005 年版，第90 页。
④　支伟成：《清代朴学大师列传》，岳麓书社 1998 年版，第151 页。
⑤　王文锦：《点校前言》，《礼书通故》卷首，中华书局 2007 年版，第2—3 页。
⑥　俞樾：《礼书通故序》，《礼书通故》卷首，中华书局 2007 年版，第1—2 页。
⑦　罗雄飞：《俞樾的经学研究及其思想》，中国文史出版社 2005 年版，第91 页。

'夫玩索经之全文,以求经之义,不为《传》《注》所拘牵,此儒者之所以通也。'邕谓阮氏此言,可为读书之准。此非不讲师承也,乃正善于讲师承也。所恶于异郑者,为其师心自用、违经背理也。若本经以为义,则又何恶? 且郑君之学惟不专主一家,故能成其大。今学郑而惟郑之是,不适坏郑氏之家法乎? 必非郑君所许矣。"①强调既要遵守郑玄治礼家法,又反对一味惟郑《注》是从,一切以"实事求是"为准则,这也与俞樾所说"著每遇一题,必有独得之见,其引前人成说,或数百言,或千余言,要皆以证成吾说,合吾说者,吾从之,不合吾说者,吾辨之、较之,而非徒袭前人之说以为说也"②的治学要旨,是大体相吻合的。③

再如,江苏阳湖(今属常州)学者蒋彤研治礼经,也受他的同乡、书院师长李兆洛(1769—1841)治学影响很深。李兆洛,字申耆,号绅琦,晚号养一老人。嘉庆十年(1805)进士,改庶吉士,授安徽凤台县(今安徽省淮南市凤台县)知县,兼理寿州,长达7年时间。后奉讳去官,先后主讲真儒、敬敷及江阴暨阳书院,前后将近20年。据薛子衡《养一李先生行状》记载:李氏"日聚弟子讲诵其中迨十余年,而暨阳科第之盛倍于往昔,治经术、通音均、习训诂、订舆图、考天官历术及成学治古文辞者辈出,皆先生所授也。"④李兆洛学识宏富博通,对于汉、唐以来众儒有关儒家"十三经"文献及成说颇为娴熟,而且好学深思,"期为有用,异于守一家之言、立帜以焉名高者","士通一艺,咸思罗致,后进咸奉为依归"⑤。

李兆洛教学颇有方法,"先生因材而教,使治经术,通音韵训诂,订舆图,考天官、历算,及治古文辞,各专一艺,成就者辈出。"⑥在暨阳书院主讲期间,他一边教学一边著述、刻书,而且多能得到书院之众弟子相助。"此间诸子甚有向学者,析疑求是,差用欢然,以乐悁忧,聊堪遣日。"⑦在众多相与帮助的书

---

① 于邕:《读仪礼日记》,《续修四库全书》(第93册),上海古籍出版社2002年版,第367页。

② 俞樾:《诂经精舍五集序》,《春在堂杂文六编》卷七,《春在堂全书》光绪二十五年重订本,第2—3页。

③ 按:关于黄以周、于邕等人的详细研究情况,前文中已有专节予以讨论,可参见本章第二节、第六节的相关篇幅论述。

④ 薛子衡:《养一李先生行状》,载李兆洛:《养一斋文集》卷首,《续修四库全书》(第1495册),上海古籍出版社2002年版,第3页。

⑤ 徐世昌著,舒大刚等校点:《养一学案》,《清儒学案》(第七分册)卷一百二十七,人民出版社2010年版,第3495页。

⑥ 徐世昌著,舒大刚等校点:《养一学案》,《清儒学案》(第七分册)卷一百二十七,人民出版社2010年版,第3495页。

⑦ 李兆洛:《又寄钱大令》,《养一斋文集》卷八,《续修四库全书》(第1495册),上海古籍出版社2002年版,第122页。

院生徒之一,蒋彤就是最受李兆洛欣赏器重的其中一位弟子,蒋彤还将平时讲学与师生交流的言论记载下来,甚至在李兆洛死后整理成册,即《暨阳答问》一书。张舜徽先生在谈到蒋彤治学情况时,曾作如是评价说:"彤之为学,承兆洛遗风,主博综而蔑据守,不期以专门名家。……其于经史实学,颇有根柢。"①李兆洛对乾、嘉汉学颇有微词,"今人讲汉学殊可恨,于汉人好处全不理会,于琐屑无甚要紧处,则断断然聚讼不置"②。受李氏影响,蒋彤"涉猎诸子,精于礼学,在《暨阳答问》中已有呈现。而此种学术兴趣,皆有李兆洛的导引之功"③。

　　表现在礼经学研究方面,蒋彤乃专力于《丧服》篇的研究。李兆洛曾就其《丧服》研究指导说:"夫子谓丹棱曰:人学问须使有归聚处,犹人之有家。汝既学《丧服》,大旨已得,便可搁过,但认真读书讲论,义理归到《丧服》一路上去,越归越多,越熟越精纯,超国朝迫六朝人,且直接周公、孔子。若急欲成书,其有难通处,且将附会穿凿,自家回护其说,便做成郝敬、敖继公一派。汝今驳辨诸家,动不合己,岂知他成此书时,亦皆极力辨驳,矜为独得之秘耶?独得之秘亦何足恃,汝果能尽得天理人心之安耶?"④受此言论之影响,蒋彤所著《丧服表》3卷、《丧服传异说集辨》1卷、《集传》6卷、《服术集义》1卷等书,均不以"驳辨诸家"说解为治学之要旨,而是更多呈现出张舜徽先生所说的"承兆洛遗风,主博综而蔑据守"特点。

　　上述所举诸位礼学家,或于书院通过讲学形式传播礼学文化知识、培养礼学研究人才,或通过进入书院接受经学名家的教育,发为礼学研究实践,着实推进了礼经文化的传播与接受,使得礼学研究代不乏人,其意义和影响可谓甚巨。除此诸儒以外,还有不少诸如此类的礼学名家,通过主动讲学或者被动学习,而衍生出一批礼经学著作。例如,江苏山阳学者丁晏,在阮元延聘江藩主讲于丽正书院时,丁晏为丽正书院的一名生徒,接受了正统的汉学教育,后其亦主讲该书院,并著有《三礼释注》8卷,成为株守郑学派的一位急先锋。他如:皮锡瑞曾主讲江西经训书院,朱骏声早年肄业紫阳书院,后主讲江阴、吴江、荆溪、萧山等书院,郑珍先后主讲于湘川、启秀书院,胡培翚先后主讲于钟山、惜阴、云间、泾川等书院,张锡恭肄业于南菁书院,等等,他们的礼学,无不被打上书院礼学文化传承与传播的烙印,不能不令人注目。

① 张舜徽:《清人文集别录》,《张舜徽集》,华中师范大学出版社2004年版,第317页。
② 蒋彤:《暨阳答问》卷一,道光辛丑年(1841)木活字本,第3页。
③ 徐雁平:《清代东南书院与学术及文学》(上卷),安徽教育出版社2007年版,第128页。
④ 蒋彤:《暨阳答问》卷四,道光辛丑年(1841)木活字本,第4—5页。

三、礼学读物的编纂与普及

作为儒家礼制文化重要载体、重要经典的《仪礼》一书,在中国漫长的几千年历史中,一方面它蕴涵着西周圣贤理想中的思想价值体系;另一方面承载着汉代以来民众日常行为处事、伦理教化所需要的社会价值取向。清代社会对于礼经的文化传承,不仅仅通过各式各样的学术研究体现出来,同样也会借由民间儒生编纂的各类童蒙读物得以推广开来。就诚如陈来先生所说,"在中国文化中,中下层儒者实施的蒙学教育才是伦理教化的直接活动"[①]。对于礼学文化而言,它不仅仅是高雅的曲高和寡的精英文化,同时也是一种"化民成俗"的实践性很强的大众文化,必然会借由民间儒生传播延伸到乡村蒙学领域,从而推动"三礼"文化的进一步推广,催生一批普及性较强的礼学读物。

道光十五年(1835),山西太谷学者孟先颖著《仪礼问津》。孟先颖,生卒年不详,道光十二年(1832)进士,曾任刑部主事、莱州府知府等职。道光十五年(1835)冬至日,孟氏为其《仪礼问津》一书撰写"自序"称:"我朝《仪礼义疏》一书,举汉、唐以来难端疑义,阐发晓畅,足以息诸家聚讼之纷,而本经之难读依然,后生小学终不免望洋思返。吾师孔舟山先生向有手抄本,以便生徒记诵。其章段解说,以《注疏》为宗,兹复本《义疏》抄录,别为一编,经岁脱稿,同人借抄者踵至,已不仅为家塾课本,第恐四羊三豕,点化成讹,转致贻误后学,爰重校付梓,用代传抄,名之曰《仪礼问津》,盖于望洋思返之下,以求一苇之航尔云云。太谷孟先颖识。"[②]是孟氏该书亦为一部读本体著作,"于经文皆分章段,所引诸家论说,不标姓氏,而于'御案'则特圈出,旨在实用,于初学讲诵相宜"[③]。

道光后期,江苏元和(今江苏苏州市)学者朱骏声(1788—1858)著《仪礼经注一隅》2 卷。朱骏声,字丰芑,号允倩,晚号石隐。为诸生时,肄业紫阳书院,受业于钱大昕门下。嘉庆二十三年(1818)举人,七赴礼部不第,历主江阴、吴江、荆溪、萧山等书院,选授黟县训导,以经学教士。咸丰元年(1851)进士,后以进呈所著《说文通训定声》赏国子监博士衔,旋迁扬州府教授,引疾未至官,寓居黟县,71 岁去世。据该书朱氏自作《弁言》说:"昌黎博敏,犹苦难读。与其不读,毋愁扁略。僮蒙犬子性非颖,特全经之授虑艰上口,强涩记诵,

---

① 陈来:《中国近代思想史研究》,商务印书馆 2003 年版,第 417 页。

② 孟先颖:《仪礼问津序》,转引自王锷:《三礼研究论著提要》,甘肃教育出版社 2001 年版,第 205 页。

③ 王锷:《三礼研究论著提要》,甘肃教育出版社 2001 年版,第 205 页。

耗积时日,妄率己意,断章节,取经、《记》《注》《疏》一隅,是举聊为塾课。"①朱氏引经文颇不规范,不求全而重贯通,因此许多篇目经、《记》都是经过删节而成的;朱氏还特别运用串解体的编排方式,通过增添少量相应的文字,贯串经文之意,使经文成为浅显易读的文字材料,则《仪礼经注一隅》之书纯为塾课而撰,不重在学术创新。书中收录《仪礼》17 篇并不完整,其中《丧服》《士丧礼》《既夕礼》《士虞礼》4 篇有目无文,《士相见礼》篇经文也仅止于"若有将食者,则俟君之食然后食"一句;又《有司彻》篇经文只录"有司彻,司宫摄酒,乃羞尸俎。……乃议侑于宾,以异姓。主人出迎尸,宗人摈"数句,而且这几句也是就礼经原文删改而成。经过朱氏的行文串解之后,整个一段文字几乎接近于一段大白话,颇便利于塾课之易。

同治后期,河南祥符(今河南开封市)学者刘曾騄著有《仪礼可读》《仪礼约解》。刘曾騄,字骧臣,号梦园,生卒年不详。光绪二年(1876)进士,历官山东郯城、茌平、历城、郓城知县。刘曾騄较为重视蒙学,曾于光绪三十一至三十二年(1905—1906)编纂《梦园蒙训》(又名《演三字经》),即以《三字经》某些内容为基点,予以补充、生发。其治学颇为重视礼学方面的研究,于三《礼》均有涉略,有《周礼可读》6 卷、《周官约解》35 卷、《仪礼可读》17 卷、《仪礼约解》23 卷、《礼记可读》8 卷、《礼记约解》36 卷等著作,均属于读本体著作,传统儒学启蒙教材特色较为明显,现有光绪间《祥符刘氏丛书》油印本传世。其中,《仪礼可读》大致缀取各篇仪节大要而成,自谓"韩昌黎读《仪礼》曰:缀其大要,奇辞奥旨著于篇,学者可观焉。惜其书不传,兹编乃仿而为之"②;而《仪礼约解》一书,则不详载《仪礼》17 篇经文,只取所需约解的经文文句,并摘引前贤时哲有关研究成果为之约解,至于诸儒考辨疏证过程性质的语段一概不详入是书,著述不求广征博引,务求明经义而已。

光绪十四年(1888),上海嘉定人汤馥藻刻《仪礼易读指掌》一书。据汤氏"自序"称,光绪十二年丙戌(1886)冬,汤馥藻"得山阴马氏《仪礼易读》一书,用注文以衬明经文,其义明矣,惜乎全书仍难以卒读也。又得长沙唐陶山先生《仪礼蒙求》一书,一礼为一篇,简则简矣,骤而观之,亦仍不甚明了,因取《易读》合观之,方知某字为某句所由出,某句为某节所自来,且其例无郑《注》、贾《疏》一字入文,故间有拘泥于经文而反致词晦牵强于对仗而转成语病者,非加注粹不明也。"基于此,汤氏取唐陶山所著《仪礼蒙求》12 篇"隐者显之,晦

---

① 朱骏声:《刻〈仪礼经注一隅〉弁言》,《仪礼经注一隅》卷首,《续修四库全书》(第 93 册)影印清道光二十九年朱氏家塾刻本,第 1 页。

② 刘曾騄:《仪礼可读》卷末,光绪元年《祥符刘氏丛书》油印本。

者明之，奥者达之，繁者删之，略者益之，俾读者至明且易，如示诸掌，名曰《指掌》"①。该书共分 13 卷，每卷分上下篇，上篇为《仪礼易读》，下篇为《仪礼指掌》，依《仪礼》17 篇次第，一礼为一篇，惟缺《丧服》《士丧礼》《既夕礼》《士虞礼》未刻。其中《仪礼指掌》是在唐陶山《仪礼蒙求》的基础上增删修改而成，"虽依《蒙求》而其中所存者十无二三，惟《士冠礼》悉仍原本，余均不无增损"②，仍《蒙求》之式而变通其例，增损其辞，每篇大意先挈纲领，次叙仪节，皆略加剪裁，取便初学。由于每页上方又加附注语，有时亦取聂崇义《三礼图》中《仪礼》诸图列于上方，引《注疏》精义细绎之。每一节之首略用提笔，一节之尾略用收笔，以清眉目。据此可见，该书的编刻，对于《仪礼》的普及推广，确然可以发挥一定的作用。

光绪年间，湖北钟祥学者黄元善著有《仪礼纂要》。黄元善，字让卿，咸丰九年（1859）进士，官至户部主事、贵州布政按察使等职。据其自作《仪礼汇编引》云："兹就坊刻《约编》揭要经注诸选本所已采入者辑存之，复于经、《记》中摘增万千数百字，共一万九千八百余字。其细注、旁注、顶批、反切，俱遵《仪礼音训》《仪礼注疏》及《钦定仪礼义疏》汇入。至卜氏丧礼一册，为《公》《谷》所自祖，照录原文不遗一字。每编仍录《约编》'叙略'缀于其后，使读者一目了然，易于成诵。"③据此可见，黄元善《仪礼纂要》一书主要根据《仪礼约编》《仪礼音训》《仪礼注疏》及《钦定仪礼义疏》等删节而成，是一部删改体著作，注释甚为简明。通观黄氏全书，《士冠礼》至《觐礼》"经、《记》择读"，《丧服》篇"全读"，《士丧礼》《既夕礼》两篇阙，《士虞礼》篇"经阙录《记》"，《特牲馈食礼》《少牢馈食礼》及《有司彻》三篇"经、《记》择读"。

总之，一如清代中期一样，这一阶段的一部分礼学家，也将研究的视线转移到《仪礼》文化的普及中来，并纷纷从事于课蒙读物著述编撰的工作。尽管此类礼学著作缺乏多大的创新性，但却对于《仪礼》学在民间士人群体和童蒙当中儒家经典的推广与普及，发挥着专门论著难以企及的作用。具体就此间《仪礼》普及读物著述体式的选择情况来看，与清中期相比，既有部分礼学家同样选择了"读本体""删改体"两种编纂方式，同时也有少数学者另起炉灶，尝试用增串体、评点体的著述方式。其中，读本体著作主要有《仪礼抄略》《仪礼便蒙》《读仪礼录》《仪礼约解》《仪礼可读》《仪礼先易》《仪礼问津》等几种，删改体著作则有《仪礼注疏删翼》《仪礼纂要》2 种，增串体著作有《仪礼经

注一隅》1种,评点体著作有《仪礼评点》1种,在清后期成书的《仪礼》文献当中,其比例已经占到了四分之一左右。这是清代前期与中期两个阶段所难以比拟的,着实彰显出《仪礼》文化的普及与传播之盛,在民间的影响之深。

第九节 本阶段研究旨趣与特色

《仪礼》学研究步入一个发展转型阶段,由中期诸儒倡导的复兴汉唐考据学风向晚清的汉、宋调和风尚转型,特别是随着今文经学思潮的逐渐兴起,较之清中期,学术界的学术趣向显得颇为多元化。尽管这一时期《仪礼》研究不如前期和中期那么繁盛,已知的只有50多种礼经学专门论著(不包括三《礼》通释类著作),但其新的诠释风格与新的学术态势业已形成,研究特色颇为鲜明。因而,一如前两章讨论本阶段研究风格与特色,本节仍然就思想史、礼经学、诠释学、经学地理学等几个层面进行综合考察,力图全面发覆和观照这一时期《仪礼》学研究与学者治学彰显出来的整体特征。

一、思想史层面的研究考察

礼学研究是清代儒家经学的重要内容,在清代后期儒家经典的诠释过程中,占据相当重要的地位,对于推动中国近代社会思想文化演进与发展,扮演着其中一个重要角色。有学者声称,"在汉、宋调和的背景下,晚清礼学呈现出鲜明的思想活力",甚至有一些学者在他们考礼、议礼的言论中,还往往"流露出改良礼俗的意识","委婉地表达了对封建纲常的不满,某些见解正是近代激进思想的源头和种子"①。较之乾嘉之际的《仪礼》学研究格局,清后期的学术格局已经有了较大变化,呈现出新的思想内涵。因而,考察清代后期《仪礼》学研究的实际状况,必然离不开从思想史的层面进行学术史的剖析和检讨。

（一）从礼学思潮的变化看清后期礼学思想践履情况

乾、嘉时期汉学兴起,遂有清代汉学与宋学之争。按照钱穆先生的说法,"一若以理、礼之别,为汉、宋之鸿沟焉"②,则清代汉学与宋学之争实则为理、礼之争。有清后期,围绕"礼"与"理""礼学"与"理学"的关系认识问题,出现了两种近似而又略存差异的礼学思潮:一是陈澧提出的"理学即礼学"说,一是黄以周的"礼学即理学"说,力图改变乾、嘉时期"为学问而学问"的狭隘训

---

① 罗检秋:《学术调融与晚清礼学的思想活力》,《近代史研究》2007年第5期。
② 钱穆:《中国近三百年学术史》(下册),商务印书馆1997年版,第547页。

诂考据学风,力图纠正前期汉学与宋学对峙之弊,转向调和汉、宋。关于此二说提出的缘起与内涵、意义等,本章第一节已有介绍,此不重述,仅就二者对礼经学研究的影响加以说明如下:

首先,就陈澧"理学即礼学"说的礼经学研究影响而言。陈澧毕生没有从事过名物器数、繁文缛节的烦琐考据,也没有留下过专门的礼经学著作,但他对此却有高度体认,认为研究《仪礼》不仅要"明礼文",同时还要"明礼意"。从这二者出发,陈澧对郑玄和凌廷堪的礼经诠释之学给予了高度评价:"朱笥河以《仪礼》难读,欲撰释例之书;又以礼莫精于丧礼,欲撰礼意之书。释例则凌次仲为之矣,礼意则郑《注》最精,非独丧礼也","读郑《注》,乃知正己以帅人之意。其深微至此,得郑《注》而神情毕见,可谓抉经之心矣"①。简言之,陈澧所尊崇的礼经研究有两条:

一条是延继郑玄注释《仪礼》治学理路,一方面要揭举《仪礼》礼文隐性的仪文节制,但同时更要重视发覆礼文所蕴含的阐发礼意之路。由此尊崇郑《注》之路出发,清后期学者颇有一些学者标举郑氏礼学旗帜,称许郑氏注《礼经》"每贯本末,彻始终,后人由之,可以创通大义,开辟途径"②。例如,吴之英著述《仪礼奭固》一书,有意识地依仿郑氏《注》的注释体式、释义范畴、释义术语,诠释风格趋于简约,甚至还保留了郑玄《仪礼注》中的所有古今异文校勘条文。贵州遵义学者郑珍力主汉宋调和之学,谓"程、朱未始不精许、郑之学,许、郑亦未始不明程、朱之理,奈何歧视为殊途!偏执之害,后学所当深戒"③。他在著述《仪礼私笺》之际,尽管以维护郑《注》为要务,诠释《仪礼》经文基本上主于宗主郑玄礼学见解,对郑玄《注》文隐晦质略者加以申明,或补足郑氏训义,对礼经文本的诠释同时兼及仪制及其背后隐藏的礼意所在。松江府学者张锡恭治学不分汉宋,自谓"经有十三,吾所治者唯礼经;礼经十七篇,吾所解者唯《丧服》。注《丧服》者众矣,而吾所守者惟郑君一家之言。吾于学可谓隘矣。虽然,由吾书而探郑君之谊,其于郑君礼注之意,庶几其不倍乎?由《注》谊以探礼经,其于周公制服之心,庶几其不倍乎?"④著述《丧服郑氏学》,标举"郑氏学"之学术旗帜,同样重视对于《丧服》篇礼制精义的揭示,

---

①　陈澧著,杨志刚校点:《东塾读书记·仪礼》八,中西书局2012年版,第150页。

②　曹元弼:《礼经学》卷五"经礼曲礼说",《续修四库全书》(第94册),上海古籍出版社2002年版,第738页。

③　郑知同:《敕授文林郎征君显考子尹府君行述》,载《郑珍全集》(一),上海古籍出版社2012年版,第19页。

④　刘承幹:《〈丧服郑氏学〉序》,载《丧服郑氏学》卷首,《续修四库全书》(第96册),上海古籍出版社2002年版,第2页。

力求还原周公制服之心。诸如此类礼经名家的研究,相较于清中期的尊尚郑学派学者,对于《仪礼》仪文礼意的关注更为瞩目。

一条是延继清中期学者凌廷堪《礼经释例》揭举《仪礼》行文凡例的诠释理路。关于礼例的研究,有清后期虽然没有出现专门的释例体礼经学著作,但仍然不乏关注者。例如,曹元弼就明确声言:"不知礼例而妄思求胜前人,深可忿疾。"①可见,对于礼例的关注,是其治学之门径之一。他的《礼经学》卷一即为"明例",疏通了《仪礼》经文及其《注疏》的"文例",其中涉及本经凡例的细目,就包括节文等杀例、丧服例、宫室例、职官例、经文例、礼通例、记传例7个类目。曹元弼甚至还重视对郑《注》、贾《疏》立文之例及读经例的总结,计有"注例"13条,"疏例"2条,"校贾疏举例"1条,如"凡郑注说制度、职官必据《周礼》,说谊理必本《礼记》""凡郑注说制度至详时以汉制况周制""凡郑注引《礼记》多约文""凡郑注发一义必贯通全经""凡经文疑似之处,注必别白言之""贾疏大例有二,一据旧疏为本,一易旧疏之失",等等,莫不建立在对郑《注》、贾《疏》高度概括与认知的基础上。凡此种种,着实拓展了礼经学史上的"释例"研究。

其次,就黄以周"礼学即理学"说的礼经学研究影响而言。如前所述,黄以周承继黄式三"礼者,理也。古之所谓穷理者,即治礼之学也"②的问学主张,针对陈澧"理学即礼学"之说提出修正,提出了"礼学即是理学,经学外之理学为禅学"③的观点。在倡导"礼学即理学"学说的同时,黄以周还以具体的礼学诠释践履自己的学说,最为彰著者首推《礼书通故》与《礼说》二书的著述,其中推《礼书通故》是其毕生礼学研究心血之结晶,而《礼说》所著"皆补《礼书通故》所未备,凡七十六篇"④。其弟子曹元弼也申称:"六经同归,其指在礼。《易》之象,《书》之政,皆礼也;《诗》之美刺,《春秋》之褒贬,于礼得失之迹也;《周官》,礼之纲领,而《礼记》则其义疏也;《孝经》,礼之始,而《论语》则其微言大义也。"⑤与黄以周"礼学即理学"的学说如出一辙,显然是受黄以周为学主张影响的结果。也正是基于这一认知,曹元弼《礼经学》一书专门在

---

① 曹元弼:《礼经校释》卷八,《续修四库全书》(第94册),上海古籍出版社2002年版,第239页。

② 黄家岱:《礼记笺正叙》,《嬹艺轩杂著》卷下,光绪二十年(1894)江苏南菁讲舍刻《嬹季杂著》附载本。

③ 黄以周:《南菁书院立主议》,《嬹季杂著》文钞六,光绪二十年(1894)江苏南菁讲舍刻刊本。

④ 黄以周:《礼说一》,《嬹季杂著》之一,《续修四库全书》(第112册),上海古籍出版社2002年版,第677页。

⑤ 曹元弼:《会通》,《礼经学》卷四,《续修四库全书》(第94册),上海古籍出版社2002年版,第713页。

卷四里设置"会通"一目,或考订发明各类先秦儒家经典所存礼意及注家揭明引证之法,或"据郑《注》附以诸家引经之说"而条分科别、以举一隅,充分彰显了他"以礼学统摄儒学"的学术理念。另外,清末今文经学家皮锡瑞《经学通论·三礼》中也有与黄以周之说相似的学术见解:"六经之文,皆有礼在其中。六经之义,亦以礼为尤重。"①由此看来,曹元弼的治礼思想与治经方法,不仅是对此前礼学思潮的承继与进一步发展,在一定程度上反映了晚清礼学的传承与流播特点,反映了晚清汉学家将经学礼学化的治学倾向。

就此思潮对晚清礼经学著述诠释实践的影响而言,最为突出的一点便是贯通儒家经典蕴含"礼"义的文献材料借以诠释礼经,虽然与清前期、中期张扬朱学派学者的做法颇有相似之处,但后期礼经诠释者不以重新建构一套新的儒家礼制文化体系为诠释目的,出发点迥然有别,而且也不以融通历代经史子集群籍为手段。如果说黄以周《礼书通故》要旨在于会通群经礼文的话,那么晚清学者陈光煦所撰《仪礼通诗释》则仅仅以贯通《诗经》与《仪礼》二者为要旨,达成"惟通其大义,则六艺皆圣人经世之书"的诠释目的,其学术视野略微显得有些狭窄而已。

(二)从著述者的治学取向看宋元明学术的延继情况

宋、元、明三朝的《仪礼》研究,虽然在整个《仪礼》学史上不以丰硕的诠释著述而著称,但朱熹、敖继公、郝敬三位儒者的礼经诠释却迥然异于此前学者的研究,并且对清代的《仪礼》研究起到了相当大的影响。考察清代后期90来年的《仪礼》学发展状况,与清前期、中期学者的礼经研究一样,由于对朱熹、敖继公、郝敬诸儒礼经文献著述特征的认知差异,进而导致了研究者的著述风格、诠释视角和诠释策略差异,不同的礼经研究者经世致用观也会存在差异。为此,仍有必要透过他们著述的具体诠释话语,抽绎出著述者各自的治学旨趣和治学风格特征,审视清代后期学者们有关宋元明诸朝学术的延继情况,考察汉宋学术纷争在他们具体的礼经文本诠释实践中的影响,从而还原出一个个鲜活的学术群落。具体来说,大致可以从以下几方面加以观照:

首先,就礼经学者对于汉、宋两种学术风气之争的认知观情况来看。如果说,有清前期礼经学研究崇尚汉宋兼采,中期倡导汉学考据,后期则更多有汉、宋调和的味道,汉学与宋学之间的门户之见逐渐让位于古文经学的衰微和今文经学的兴起和张扬。"嘉道之际,汉、宋调和成为学术主潮,融合理学与礼学的趋势随之增强。"②具体来说,这一时期的《仪礼》诠释和研究具有这样几

① 皮锡瑞:《经学通论·三礼》,中华书局 1954 年版,第 81 页。
② 罗检秋:《学术调融与晚清礼学的思想活力》,《近代史研究》2007 年第 5 期。

方面的特点：一是汉学考据之风虽然不如清中期那样占据主流话语权，但却仍然影响着当时的礼经文本诠释，陈光熙、孙诒让、于鬯等人仍旧从礼经文字的声韵训诂和校勘入手，延续汉学家们的治学理路。二是汉、宋调和成为学术主潮，面对此前众多的历代诠释成说，特别是清代初期以来的众多诠释结论，一部分礼学名家站在古文经学的诠释立场上重新进行审视和检讨，力求依托传统礼经学诠释和小学考据优势，进行集大成式的综合性研究，并由此催生了胡培翚《仪礼正义》、曹元弼《礼经学》一类集大成之作。三是清代中期衍生出来的尊尚郑氏《仪礼》学虽然不再如同当初那么张扬显赫，但在郑珍、张锡恭等人的倡导之下，成为汉、宋调和思潮影响下的一个分支流派。四是顺应时代变革潮流而生的今文经学家借助《仪礼》相关问题的诠释，阐发今文礼学的"微言大义"，追求新的"经世致用"观，彰显《仪礼》文本的经典诠释在当下社会的实用价值，表现出强烈的政治性。

其次，就礼经学者对于宋代学者朱熹礼经治学的认知观情况来看。到清代后期，尽管张扬朱学派已经彻底退出礼经学研究的历史舞台，但学者们对于朱熹、黄榦《仪礼经传通解》《仪礼经传通解续》二书的治学进行了重新审思。陈澧在其《东塾读书记·仪礼篇》中就明确宣称："朱子《仪礼经传通解》之书，纯是汉唐注疏之学。"[1]曹元弼在《礼经学·流别》一书中，先后引录朱熹《乞修三礼札子》及陈澧《东塾读书记·仪礼篇》文，以为朱熹《仪礼经传通解》"有补《疏》者，有驳《疏》者，有校勘者，有似绘图者"[2]，与清人经学考订之书无异，因而朱子之礼经学其实就是对汉唐注疏之学的延续，只是著述体例与贾公彦《疏》不同而已。从礼经原本的诠释上看，曹氏的说法是可信的，凿然有助于朱氏《仪礼经传通解》及清代前、中期同类著作的传播。晚清学者皮锡瑞《经学通论》中评价说，朱熹《仪礼经传通解》"其功在章句分明，每一节截断，后一行题云'右某事'，比贾疏分节尤简明"[3]，并充分肯定了《仪礼经传通解》对张尔岐、吴廷华、江永、徐乾学、秦蕙田等人治学"分节"的影响，诚属客观。

最后，就礼经学者对于元人敖继公、明人郝敬《仪礼》研究的认知观情况来看。到清代后期，受乾嘉时期汉学考据治学风尚的影响，仍有一部分礼经学者延继了中期的主流看法，批评敖继公《仪礼集说》、郝敬《仪礼节解》治学之谬妄，例如，曹元弼就直接发覆说："敖继公袭王肃故智，务与郑立异，或隐窃

---

[1]　陈澧著，杨志刚校点：《东塾读书记》，中西书局2012年版，第151页。

[2]　曹元弼：《礼经学》卷七《流别》，《续修四库全书》（第94册），上海古籍出版社2002年版，第843页。

[3]　皮锡瑞：《经学通论·三礼》，中华书局1954年版，第23—24页。

《疏》义而小变之，即成巨谬，改窜经文以就其私。郝敬继之，重牴杝谬，狂妄之极。"①指责敖继公、郝敬二人治礼承袭王肃治学妄言之风，故《礼经学》"《礼经》各家撰述要略"中亦不著录二书，并将其归入到"其不当读者不录"之列。其他礼经学家虽然没有像曹元弼那样直斥其说，但从各类礼经文献的诠释成说援引情况来看，敖继公、郝敬二人的治礼成果较少为这一时期礼经学家所引用，这也说明了二人的礼经成就并未得到当时学界礼经学家的认同。

二、礼经学层面的研究考察

清代后期的《仪礼》学，很大程度上仍然属于经学范畴，属于一种专门之学——礼经学的层面，不属于礼仪学、礼论、泛礼学的研究层面。因此，考察清代后期的《仪礼》学研究状况，仍旧有必要从礼经学层面进行审视和评判。一如此前二章的考察视角，本小节仍然从《仪礼》本经认知层面和《仪礼》诠释实践层面分别进行剖析，发覆清代后期《仪礼》诠释中的共性问题和个性认知差异。

（一）《仪礼》本经认知层面的关注

就宏观层面而言，关注《仪礼》本经认知层面，就是关注《仪礼》与"五礼"的关系问题，《仪礼》17 篇的序次先后及适用对象问题，《仪礼》与《周礼》《礼记》的关系问题等方面情况，加以细致的检讨和剖析。较之有清前期、中期研究情况而言，这一时期仍然不乏礼经学研究者关注于此，虽然讨论涉及的焦点话题不多，但却提出了一些迥异前贤的创新性见解。

其一，关于《仪礼》周公所作说的真伪问题之检讨。受彼一时代治学风气的影响，清后期礼经学者，无论是古文经学家或者是今文经学家，都纷纷站在各自的立场上，重新审视和考订《仪礼》经文的真伪问题，力图解决《仪礼》作者与撰作年代这一历来悬而未决的根本问题。就古文经学家而言，主要有胡培翚、曹元弼等人坚持旧有之说。如胡培翚就申称："《礼经》广大精深，非圣人必不能作也"②，《仪礼》"自西汉立学以来，从无有疑及之者"，"经文精微详悉，非周公莫能作"③。曹元弼亦云："《仪礼》之书叙次繁重，有必详其原委而义始见者，非若他经之可以断章取义也"④，认为《仪礼》一书在三《礼》当中经

---

①　曹元弼：《礼经学》卷七《流别》，《续修四库全书》（第 94 册），上海古籍出版社 2002 年版，第 840 页。

②　胡培翚：《仪礼正义》卷九，《续修四库全书》（第 92 册），上海古籍出版社 2002 年版，第 98 页。

③　胡培翚：《仪礼正义》卷二十一，《续修四库全书》（第 92 册），上海古籍出版社 2002 年版，第 358 页。

④　曹元弼：《礼经学》卷五上，《续修四库全书》（第 94 册），上海古籍出版社 2002 年版，第 733 页。

文最为精醇,每篇循首至尾,其间器物陈设之多、行礼节次之密、升降揖让裼袭之繁,无不条理秩然,它所代表的一整套礼仪文化,断非汉儒所能缀辑。而另一位后期学者刘沅,恰恰与曹氏的看法截然相反,力主《仪礼》一书乃汉儒纂辑遗文而成之说:"此书为汉儒所采葺,所记特其仪文焉耳"①,"盖汉儒纂辑遗文之书,非孔孟门墙传习之书"②。

与上述古文经学家之说相反,众多的今文经学家则持各种不同见解。邵懿辰站在今文礼学的立场,提出《仪礼》本非一时一世而成,"大体固周公为之也,其愈久而增多,则非尽周公为之也"③,春秋季孔子"定礼乐"之时,乃为之删繁就简而成。皮锡瑞在《经学历史》中,明确赞同邵懿辰的见解,"《仪礼》十七篇,虽周公之遗,然当时或不止此数而孔子删定,……十七篇亦自孔子始定;犹之删《诗》为三百篇,删《书》为百篇,皆经孔子手定而后列于经也。"④廖平认为,"六经,孔子一人之书"⑤,"又考西汉以前,言经学者,皆主孔子,并无周公。六艺皆为新经,并非旧史"⑥,作为六经之一的《礼经》自然亦是如此,"盖《仪礼》为《王制》司徒六礼之教,与《春秋》礼制全同。亦为经制,非果周之旧文"⑦。康有为前期与中期说法颇为不一致,前期他声言"《仪礼》,经为古,《记》为今;盖经为周公所制,记为七十子后学所记也"⑧,后期则改称《仪礼》为孔子所作,因为"孔子所作谓之经,弟子所作谓之《传》,又谓之《记》,弟子后学展转所口传谓之'说',凡汉前传经者无异论"⑨。梁启超则推衍说:"《仪礼》的一部分,许是西周已有,因为礼是由社会习惯积成的,不是平空由圣人想出来",应该成书于东周、春秋之际,进而将《仪礼》17篇的著作权归之于孔子:"今十七篇许是出于孔子之手。"⑩以上诸家之说,可谓众说纷纭,令人莫衷一是。

---

① 刘沅:《仪礼恒解》卷十,《续修四库全书》(第91册),上海古籍出版社2002年版,第426页。

② 刘沅:《仪礼恒解》卷五,《续修四库全书》(第91册),上海古籍出版社2002年版,第381页。

③ 邵懿辰:《论孔子定〈礼〉〈乐〉》,《礼经通论》,载阮元、王先谦编:《清经解·清经解续编》(第十三册),凤凰出版社2005年版,第6350页。

④ 皮锡瑞:《经学历史》,中华书局1959年版,第19—20页。

⑤ 廖平:《知圣篇》,载舒大刚、杨世文主编:《廖平全集》(第一册),上海古籍出版社2015年版,第340页。

⑥ 廖平:《经学六变记·四益馆经学四变记·二变记》,载舒大刚、杨世文主编:《廖平全集》(第二册),上海古籍出版社2015年版,第886页。

⑦ 廖平:《知圣篇》,载舒大刚、杨世文主编:《廖平全集》(第一册),上海古籍出版社2015年版,第352—353页。

⑧ 康有为:《教学通议》,《中国现代学术经典·康有为卷》,河北教育出版社1996年版,分见第90、68、91页。

⑨ 康有为:《六经皆孔子改制所作》,《孔子改制考》,中华书局1958年版,第244页。

⑩ 梁启超:《古书真伪及其年代》卷二第四章,中华书局1936年版,第105页。

　　其二,关于《仪礼》中《记》《丧服传》文的撰者问题之检讨。胡培翚、曹元弼以为,《仪礼》中《记》文"亦皆圣贤之徒为之"①,"《记》本记经不备,盖礼坏之后儒者及见逸经者著之"②,二人都将其著作权归之于孔门七十子之徒。在二变期的廖平眼里,和《仪礼》经文一样,《记》文也属于今学,只不过乃是孔子制礼作乐的产物,而《记》文乃是孔子弟子所记,两者不可混为一谈。处在人生中期的康有为则认为,"孔子所作谓之经,弟子所作谓之《传》,又谓之《记》",《仪礼》中的《记》文系孔子弟子后学传述而成。而在刘沅看来,既然《仪礼》乃汉儒纂辑遗文而成,那么如今所见《记》文也应该为秦火之后汉儒汇记而成,"又汉儒撮其要者附于篇后,以明冠礼之概,不必执同异以相疑也"③,与胡、曹、廖、康等人的见解截然不同。另外,黄以周提出又一新说,"盖七十子后学各记所闻,一经不止一记也","后仓所传《礼》十七篇,为今文。大、小戴所辑诸《记》,多系今文,而亦间存古文也"④,主张《仪礼》17篇经文后所附《记》出自今文家,大、小戴所辑来源有别。至于《丧服传》,旧说将之归于子夏所作,大多数学者没有提出异议,曹元弼表示延续此种看法,而胡培翚则持"阙疑"的态度,但又认为其出于孔门七十子之徒之手是肯定的,并无明显的理据支持。

　　其三,关于《仪礼》17篇序次问题之检讨。《仪礼》17篇经文的排序,有清后期大多数学者的著述如胡培翚《仪礼正义》等,基本上是按照郑玄《仪礼目录》的序次安排全书卷次,延继了汉代以来的主流做法,表明对于郑玄遵从刘向《别录》本序次的高度体认。然而也有少数学者提出了不同的声音,例如:邵懿辰自辟门径,认为大戴本篇次最优,小戴次序最为杂乱,"今郑、贾《注疏》所用刘向《别录》次序,则以丧、祭六篇居末,而《丧服》一篇,移在《士丧》之前,似依吉、凶、人、神为次。……较小戴稍有条理,而要不若大戴之次合乎《礼运》"⑤。此外,黄以周也就此问题提出了自己的看法,他同样认为,这三种序次当以大戴《礼》之序最为允当:"《礼经》十七篇以《冠》《昏》《相见》《士丧》《既夕》《士虞》《特牲》《乡饮》《乡射》九篇士礼居首。后仓传其学,作《曲台记》九篇,即说此《士礼》九篇以推天子诸侯之制。大戴以此九篇列首,以明

---

　　① 胡培翚:《仪礼正义》卷二十一,《续修四库全书》(第92册),上海古籍出版社2002年版,第358页。

　　② 曹元弼:《礼经校释》卷六,《续修四库全书》(第94册),上海古籍出版社2002年版,第211页。

　　③ 刘沅:《仪礼恒解》卷一,《续修四库全书》(第91册),上海古籍出版社2002年版,第339页。

　　④ 黄以周撰,王文锦点校:《礼书通故》卷一,中华书局2007年版,第10—11页。

　　⑤ 邵懿辰:《论〈礼〉十七篇当从大戴之次本无阙佚》,《礼经通论》,载阮元、王先谦编:《清经解·清经解续编》(第十三册),凤凰出版社2005年版,第6351页。

授受所自,而《少牢》《有司彻》二篇与《特牲》类,故并入之。且《乡饮》《乡射》亦兼大夫礼也。《燕》《大射》以下为诸侯天子礼。《丧服》,通礼,终之。其次秩然。"①在黄氏看来,大戴《礼》序次符合《礼记·王制》的士礼篇目,可以考见"司徒修六礼以节民性"的治礼目的,也最有利于"明高堂生所传号为《士礼》者以此"②。二氏之见并未得到当时学界学者的积极响应。

光绪后期迄于民国初年,近人刘师培撰《礼经旧说》,再次对此问题进行了梳理。与此前学者不同的是,他对大戴本、小戴本和刘向《别录》本17篇序次的编排,并没有简单地厚此薄彼,而是就各自的理据进行了细致解读,指出:大戴篇次之原则是"推士礼致之天子",亦即按照士、大夫、诸侯、天子的礼制次序对诸礼进行排列,"故凡礼之专属于士者,篇必列前,以章先卑后尊之旨";小戴篇次则是以《礼记》为依据,将礼分为冠昏、丧祭、朝聘、射乡四大类,"先以《冠》《昏》《相见》者,所以通冠昏为一类也。次以《乡饮酒》《乡射》《燕》《大射》者,所以通射乡为一类也。次以《士虞》《丧服》《特牲》《少牢》《有司彻》《士丧》《既夕》者,所以通丧祭为一类也。终以《聘》《公食》《觐》者,所以通朝聘为一类也";刘向《别录》本"所据盖即《丧服四制》篇所谓'吉凶异道,不得相干'也","以《觐礼》以前为一类,统为吉礼;《丧服》以下为一类,统为丧服,即凶礼也;其《士虞礼》以下,则统属祭祀,其礼分属吉、凶之间,故别为一类,以据经末"③。这种辨析工作,较诸此前学者单一性的某一序次优劣讨论,发覆更加全面,结论也更趋可信。另外,他从考察郑玄《仪礼目录》入手,推阐其将17篇分属吉、凶、嘉、宾四礼之缘起,称郑玄"盖据《大宗伯》五礼为说",并谓"郑氏以前礼家亦无此说,郑义虽古文合,然不得目为此经旧谊也"④,从而表露出他更倾向于采纳大戴礼的十七篇序次。

其四,关于《仪礼》17篇各篇适用对象问题之检讨。《仪礼》17篇各自的适用对象和使用范畴问题,源出于郑玄《目录》,此后学者续有说明,歧见迭出。特别是17篇是否专属丁上礼而言的问题,清前期学者对此多有所考索,吴廷华、方苞、盛世佐等人更是就此展开辩说;清中期学者多注目于礼制和字词考据校勘,讨论者较少。而到这一时期,17篇各篇适用对象的问题重新进入一些礼经学家的诠释视野,并提出了各自的看法。如:郑珍《仪礼私笺》中

① 黄以周撰,王文锦点校:《礼书通故》卷一,中华书局2007年版,第6页。
② 黄以周撰,王文锦点校:《礼书通故》卷一,中华书局2007年版,第9页。
③ 刘师培:《礼经旧说》卷一,载刘晓东、杜泽逊编:《清经解三编》(第八册),齐鲁书社2011年版,第566—567页。
④ 刘师培:《礼经旧说》卷一,载刘晓东、杜泽逊编:《清经解三编》(第八册),齐鲁书社2011年版,第567页。

认为，《仪礼》中以"士"命名之篇并不都属于"士礼"，而应视情况分别对待，《士冠礼》《士丧礼》《士虞礼》《士相见礼》四篇礼经性质为"士礼"无疑，但《士昏礼》则不然，"此经止首曰'昏礼'，原无'士'字，则为上下通行之礼也"①，犹如《丧服》为上下通制，或降或绝，自以人分，不可目为士之专礼也。而皮锡瑞更直言指出，"纯乎士礼者，惟《冠》《昏》《丧》《相见》。若祭礼，则《少牢馈食》《有司彻》为大夫礼，《乡饮》《射》士大夫所通行，《燕礼》《大射》《聘礼》《公食大夫》为诸侯礼，《觐礼》为诸侯见天子礼，并非专为士设"②。凡此之类讨论，着实推进了礼经的深入研究。

其五，关于《仪礼》与《周礼》《礼记》关系问题之检讨。关于《周礼》《仪礼》之间的关系，最早由唐人孔颖达、贾公彦提出，孔颖达《礼记正义·序》谓"《周礼》为本，则圣人体之；《仪礼》为末，贤人履之"③，贾公彦《仪礼注疏·序》谓"《周礼》为末，《仪礼》为本"④，并谓《周礼》是统心，《仪礼》是履践，将二礼强行分别外内之说。此后陆续有学者就此展开讨论，清代后期亦是如此。在胡培翚看来，《仪礼》《周礼》二者既然皆是周公制作时所定，那么皆可归属于儒"经"的范畴，"魏氏了翁以为，《仪礼》一经非由外心以生，凡皆人性之固有，天秩之自然，则以二《礼》分别外、内，非矣。"⑤可见，胡培翚对于贾《疏》之说并不完全抵斥。稍后，曹元弼针对孔颖达所谓"《周礼》为本，《仪礼》为末"的说法，表示明确反对，而更多倾向于贾公彦的说法。也有学者对于二者"本末"关系之说颇不认同，如黄以周就明言"二书无本末可分，《汉（书）·艺文志》依刘歆《七略·礼类》，《礼经》先，《周官》后，极当"⑥，并据此融汇"三礼"众书著述《礼书通故》。另外，晚清学者廖平在初变期之际，主张《仪礼》和《周礼》都属于古文经的范畴，而《周礼》属于统领《仪礼》的地位。皮锡瑞秉持传统今文经学立场，提出："今若改正三《礼》之名，当正名《仪礼》为礼经，以《大戴礼记》《小戴礼记》附之，而别出《周官》自为一书，庶经学易分明，而礼家少聚讼矣。"⑦与廖平初变期《仪礼》从属于《周礼》的主张可谓大相径庭，而与邵懿辰《礼经通论》中的主张更趋相近，无形中提升了《仪礼》在礼书系统中的地位。

---

①　郑珍：《仪礼私笺》卷一，载《郑珍全集》（一），上海古籍出版社 2012 年版，第 61 页。

②　皮锡瑞：《经学通论·三礼》，中华书局 1954 年版，第 20 页。

③　孔颖达：《礼记正义》卷一，《十三经注疏》（上册），中华书局 1991 年版，第 1229 页。

④　贾公彦：《仪礼注疏》卷一，《十三经注疏》（上册），中华书局 1991 年版，第 945 页。

⑤　胡培翚：《仪礼正义》卷一，《续修四库全书》（第 91 册），上海古籍出版社 2002 年版，第 595 页。

⑥　黄以周撰，王文锦点校：《礼书通故》卷一，中华书局 2007 年版，第 3 页。

⑦　皮锡瑞：《经学通论·三礼》，中华书局 1954 年版，第 5—6 页。

　　至于《仪礼》与《礼记》的关系问题,清后期学者讨论极少。在《仪礼正义》中,胡培翚有只言片语涉及二者之间的关系论述,他从小戴《礼记》系孔门七十子之徒所作认知出发,承认《礼记》与《仪礼》中的《记》文之间有时存在一定的关联性,《乡饮酒义》之类篇目实即《仪礼》相应篇目之义疏也,同时又声称"《仪礼》经是周公作,叙次最完密。《礼记》是后人所记,时有参差"①,肯定二者之间存在着"参差"不一致的地方,凿然发人深省。

　　其六,关于《仪礼》是否为足本、与"逸礼"之间关系问题之检讨。《仪礼》17 篇是否自古以来即为完本,汉人所见"逸礼"是否原本为《仪礼》早期之文,《仪礼》诠释史上向来众说纷纭,清后期亦有学者参与了这一话题的讨论。曹元弼从礼所习对象不同的角度,提出了《礼经》古本有"全经"与"约编"的说法:"礼之全经惟士学之,诸侯、天子之礼备在其中","礼之约编,凡民皆习之。……凡民所习,盖士大夫礼居多。"②并且认为,孔子"定礼"之际,盖兼定此二本;就汉儒礼经传习角度而言,"秦火而后,高堂生传《礼》十七篇,与约编为近;淹中所得五十六篇,与全经为近";从 17 篇经、《记》行文考之,"《公食礼》云'设洗如飨',则完本当有飨礼;《乡饮酒义》兼说'党饮',则完本当有党饮礼。而今皆无之,知非完书"③。基于此,曹氏主张今本《仪礼》绝非完本。

　　晚清今文经学兴起,今文经学家们也纷纷阐发己见。如邵懿辰以为,汉初自鲁高堂生至二戴都没有言《仪礼》有逸礼阙佚,本经 17 篇"固未尝不完","然徒观十七篇四际八类之间,犹未能周密而详尽也",然若"必以分记、总记、分义、通义如大小戴《记》各篇埤附于其中,弥缝于其隙,而后义类浃洽,理道章明,本末精粗无乎不备"④。故《仪礼》绝无阙佚之可能。他还主张《逸礼》39 篇亦多刘歆剽取他文而成,但遭到了丁晏、黄以周二人的批驳之辞。皮锡瑞从《仪礼》17 篇为孔子"删定"或"补增"的立论出发,主张今本《仪礼》属于完帙之书,至于《逸礼》39 篇,"犹逸书十六篇也"⑤,皆传授不明、又无师说之论。梁启超则从礼文性质入手,认为《仪礼》17 篇属于今文经,乃经孔子审定和手定,断无阙逸之可能;而《逸礼》39 篇则属于古文经,本质上都是"不通行的小节,或是孔门所不传"⑥,汉儒采摭凑集而成,有如被赵岐删削之《孟子》

---

　　① 胡培翚:《仪礼正义》卷二十八,《续修四库全书》(第 92 册),上海古籍出版社 2002 年版,第505 页。

　　② 曹元弼:《礼经学》卷五,《续修四库全书》(第 94 册),上海古籍出版社 2002 年版,第 739 页。

　　③ 曹元弼:《礼经学》卷五,《续修四库全书》(第 94 册),上海古籍出版社 2002 年版,第 739 页。

　　④ 邵懿辰:《论〈礼〉十七篇当从大戴之次本无阙佚》,《礼经通论》,载阮元、王先谦编:《清经解·经解续编》(第十三册),凤凰出版社 2005 年版,第 6351 页。

　　⑤ 皮锡瑞:《经学通论·三礼》,中华书局 1954 年版,第 15—17 页。

　　⑥ 梁启超:《清代学术概论》,东方出版社 1996 年版,第 65—66 页。

外篇,其亡佚并不足惜。

通过上述 6 个方面的梳理可见,由于晚清今文经学的兴起,关于《仪礼》一书经、《记》的真伪及 17 篇序次、适用对象等系列宏观性问题的研讨,成为研礼热潮下的一个诠释焦点。透过这些话题的讨论,学者们将关注现实改革的倡言与礼经的文本考索结合起来,考辨前贤成说之是非得失,结论虽然不一定可信,但这种讨论的风气却很有益于当时礼经学研究的全面深入,有助于《仪礼》研究的健康发展。

(二)《仪礼》诠释实践层面的关注

从礼经学层面考察清后期的《仪礼》诠释情况,除了需要关注《仪礼》本经方面的认知情况,同时还需立足于宏观层面,考察当时学者之礼经诠释实践中存在的各类宏观的诠释现象,例如,对于对待历来学者"三礼互证"的诠释观应持何种态度,对待前贤诠释成说应持何种态度,对于礼经诠释史上朱熹、敖继公、郝敬等人的诠释应持何种态度,对于汉学与宋学如何正视与评判,等等。关于礼经学者对于宋代学者朱熹、元人敖继公、明人郝敬等人《仪礼》研究的认知情况,前面已经有所交代,此不重复。

其一,关于如何看待"三礼互证"诠释观的问题。"三礼互证",大都属于礼经仪文节制方面的诠释范畴。无论是清前期或者是清中期,"三礼互证"诠释观的问题都为学者所关注,也有不少诠释者经常从《周礼》《礼记》当中去寻找诠释证据,揆诸《仪礼》本经的隐性仪节情况。但到了有清后期,尽管这一阶段的礼经诠释带有总结性的色彩,这一话题不再成为学者们的关注对象,不再讨论援引《周礼》《礼记》正文解释《仪礼》仪文节制是否可取,而更多瞩目于清代以来众多诠释家对礼经文本的诠释见解有无可取性,其中哪一家解释更趋合理性,从而作出礼经文本的最佳诠释。

其二,关于礼经文本校勘类诠释的特色情况。校勘《仪礼》经文,向来是清代礼经学家从事文本诠释的一个工作方面内容,清中期学者甚至将郑《注》、贾《疏》纳入校勘范畴之列。可以说,到阮元为止,清人基本上将礼经文献的校勘工作给做完了,因而较之清代前期和中期,清后期学者的礼经文献校勘工作形成了自身的研究特点:一是专门的礼经校勘著作极少,仅有孙诒让《仪礼注疏校记》、胡肇昕《仪礼正义正误》2 种,另外,曹元弼的《礼经校释》也有很大的篇幅属于礼经之校勘内容。与清中期学者一样,其中也涉及郑《注》、贾《疏》的校勘工作。二是重视对此前校勘家校勘结论的疏证与考辨,如孙诒让《仪礼注疏校记》重视对阮元《仪礼注疏校勘记》校勘结论的疏证和考证,陈光熙《礼经汉读考》重视对郑玄《仪礼注》所存古今异文的疏证。三是从礼经研究集大成的需要出发,校勘家重视穷尽式地搜罗前贤时哲各家之校勘成果,遵循"校其失校,校其误校"的原则,对各家校勘成说别择异同,校定其是非得失,而不仅仅校勘文字异同。四是从校勘方法上看,有清中期学者业已广据宋、元精刻精校椠本进行对校,因而对校法不再成为这一时期校勘家最为依赖的校勘方法,而更多依赖于融会《仪礼》经文加以校勘抉择。

其三,从前贤成果引述方式角度看清后期学者礼经诠释实践。引述前贤时哲的诠释成说,是历代礼经学者诠释实践中的一个重要组成部分,从中可以发见著述者的相关学术理念和治学态度,清代学者同样如此。就清后期礼经诠释实践而言,由于许多古文经学家立足于清初以来的众多诠释成说进行集大成式的诠释梳理和总结,因而引述前人的诠释见解进行考察分析,是学者研究工作的重要一环。考察和审视这一时期礼经学者援据诸家诠释成说的相关情况,特别是陈光煦《礼经汉读考》、胡培翚《仪礼正义》等几部集大成之作,大致体现出如下几方面的文献称引特点:一是就引据态度而言,大都以从"实事求是"的科学态度出发,较为客观地展示丰富繁多、歧见纷呈的各家见解,以便于对诸家说法加以剖析,发覆各家说法的合理因素及是非得失,而不攘人之美。二是就引据目的而言,所见到的礼经文献成说中,如有可取之处则正面肯定称引之,如有不同于前贤意见者则附上己见,引而辨析之,或存疑之,表现出严谨务实、不存门户之见的治学态度。三是就成说引据的方式来看,这一时期清儒较少树立和遵循科学的称引观,对于前人的成说或概述称引之,或摘录式称引之,较少全文一字不漏地称引文献,不利于全面展示前贤诠释意见的理据和诠释由来。四是就引据的出处标注方式来看,往往仅交代某某氏之说,或者交代诠释成说所来自的文献名称,而不标注卷数和文献版本信息。

其四,关于这一时期诠释者诠释对象和诠释内容的抉择情况。诠释者著述时,首先而临的选择便在于诠释对象和诠释内容的抉择问题。就清后期的礼经学著作考察情况来看,主要表现为以下几方面的特点:一是在诠释篇章的选择上,《仪礼·丧服》篇经文及其服制仍然成为诠释的首选重点篇目,属于这类篇目的专门类著述,在54种礼经学诠释文献当中就有10种,约占五分之一的比例;至于其他诠释文献,大都以礼经所有篇目或涉及所有篇目的某一专题(如宫室、礼器、礼服)为诠释范畴。二是就诠释内容的重点来看,一如此前同类著作,仍以礼经文本的名物、仪制为主要诠释对象,但又延续了清中期尊尚郑学派学者的做法,将郑氏《仪礼注》语纳入诠释的内容之列,《礼经汉读考》之类著作甚至于将郑《注》古今异文的疏证也纳入诠释范畴。三是由于著述者著述目的的差异,古文经学家更多倾注于不同学术诠释成说是非得失的辨析,以求得更为科学合理的诠释结论;普及型礼经学家通过普及型礼经读本的编纂和撰述,借助前贤的已有研究成果,略去不必要的考辨疏证性文字,不求旁征博引,务求形成一部简明性文字读本,用于现实生活中的蒙学教育和礼学文化传播;今文经学家虽然较少形成专门的礼学著述,却往往从经世致用的角度,阐发礼经文本的"微言大义",实现学术研究与政治参与的双向性互动。四是著述视野较之前、中期有了很大的拓展,有的学者有的著作首次将学术史的概念引入研究当中,如曹元弼著述《礼经学》,皮锡瑞著述《经学通论》,梁启超著述《清代学术概论》《中国近三百年学术史》,等等,极大地提升和开拓了研究者的诠释视野,有助于推动传统的礼经学研究向近代学术转型。

三、诠释学层面的研究考察

　　道光、咸丰及其后的一段时间里,《仪礼》文本的诠释与研究逐步走向衰微,《仪礼》研究者的数量也日渐减少,远远不如乾隆、嘉庆年间那样充满一股热潮。尽管如此,从传统诠释学的视角来看,这一时期的《仪礼》研究者们无论是持古文经学的学术理路,或者是持今文经学的诠释理路,从诠释者选择和确定礼经诠释策略开始,就必然要面临着文献的诠释与整理体式选择问题,考虑著作的诠释内容与诠释切入点,并根据所确定的诠释内容,进一步选择合适的诠释方式与诠释方法,等等。因而,要进一步全面认知清代后期《仪礼》学的发展走向和诠释风格,就必然要跳出单纯的礼经学层面,从诠释学层面考察和发掘这一阶段《仪礼》研究的具体状况,通过将其与前期、中期诠释状况的对比论证,抽绎出其中所蕴涵的学术特征与学术风格。

　　(一)文献诠释与整理体式概况

　　清代后期的各类《仪礼》文献,大都属于注释体古籍整理著作,涉及的注释方面内容非常广泛,从一般意义上的释词解句到考辨前贤疑误,从发凡起例到图解典章制度,从疏证旧训到论述相关礼经学问题,无不有所涉猎。由于不同诠释家的诠释目标、诠释理念差异,其各自校释《仪礼》原典的诠释侧重点也往往存在一定的选择差异,诠释过程中所运用的诠释方法也表现出千姿百态的局面,以尽可能求得各自预期的诠释目的。纵观清代后期各种《仪礼》文献的体例情况,与清代前期、中期一样,不外随文注释体、考证体、总论体、释例体、图解体几个大类。为便于准确把握这一时期学者的文献诠释与整理著述风尚,从一个侧面揭示清代《仪礼》学研究发展演化的规律,现将所知各类《仪礼》文献的注释与整理体式情况,表解汇总展示如下:

清后期《仪礼》学著述体式情况简表

著述	整理体式	著述	整理体式
《仪礼恒解》	解体	《仪礼集解》	集解体
《仪礼表》	专门图解体	《丧礼考》	专题考证体
《仪礼正义》	疏注体	《礼经笺》	笺体
《仪礼宫室定制考》	专题考证体	《仪礼述义》	讲义体
《仪礼抄略》	读本体	《仪礼宫室提纲》	专题考证体
《仪礼郑注今制疏证》	广补体	《仪礼正义正误》	校勘体
《丧服经传补疏》	广补体	《仪礼先易》	读本体
《丧服大功章考文》	考辨体	《仪礼奭固》	校注体
《礼服记》	记体	《仪礼礼器图》	专门图解体
《仪礼汉读考》	补注体	《仪礼礼事图》	专门图解体
《仪礼通诗释》	证体	《昏礼重别论对驳义》	专题考证体
《丧服古今通考》	考证体	《仪礼丧服辑略》	纂集体
《仪礼经注一隅》	增串体	《仪礼郑注正字考》	补注体
《仪礼便蒙》	读本体	《礼经校释》	校注体
《仪礼诗经各疏解》	疏体	《礼经学》	学体
《仪礼问津》	读本体	《仪礼可读》	读本体
《丧服汇通说》	说体	《仪礼约解》	读本体
《仪礼释宫考辨》	考辨体	《仪礼丧服表》	专门图解体
《丧礼酌宜》	考证体	《丧服传异说集辨》	考辨体
《仪礼音训》	音义体	《服术集义》	义体
《仪礼私笺》	笺体	《读仪礼日记》	记体
《读仪礼录》	读本体	《殇服》	读本体
《仪礼纂要》	删改体	《仪礼读异》	广补体
《考礼》	考证体	《丧服郑氏学》	学体
《士昏礼对席图》	专门图解体	《仪礼评点》	简要评点体
《丧服私论》	总论体	《仪礼条辨》	考辨体
《仪礼平议》	考辨体	《仪礼注疏删翼》	删改体

由上表所示 54 种文献的体式选择情况分析来看,清代后期礼学家在诠释《仪礼》选择体式方面,具有不同于清代前期和中期礼学家们的体式选择取向,更与这一阶段的整体治学思潮相互贴合。关于这一点,可以从如下几方面得到印证:

　　首先,考辨体和考证体两类文献整理诠释体式继续占据主导地位。据上表统计,专题考证体著作主要有《丧礼考》《丧服古今通考》《丧礼酌宜》《昏礼重别论对驳义》《仪礼宫室提纲》《仪礼宫室定制考》《考礼》7 种,考辨体著作则有《仪礼条辨》《仪礼平议》《仪礼释宫考辨》《丧服传异说集辨》《丧服大功章考文》5 种,二者合起来计算,在上述 54 种文献当中所占比例约为 22.22%强。若就这些文献诠释者考证关注的礼制对象而言,则主要集中在"丧礼与丧服""宫室"制度二者身上,文献"专题"的性质十分明显。

　　其次,围绕疏证旧训类诠释工作的比重加大,疏注体、广补体、补注体、笺体、学体等几种相关的古籍诠释体式在随文注释体著作中占据了相当大的比重,成为清代后期《仪礼》学研究的一大亮点。根据上表统计,其中补注体著作有《仪礼郑注正字考》《仪礼汉读考》2 种文献,广补体著作有《丧服经传补疏》《仪礼读异》《仪礼郑注今制疏证》3 种文献,疏注体有胡培翚的《仪礼正义》1 种,笺体有《礼经笺》《仪礼私笺》2 种,学体有《丧服郑氏学》《礼经学》2 种,合计达 10 种,占上述文献总量的 18.52%。

　　再次,道光、咸丰之后,《仪礼》文化的普及更为受到礼学家们的普遍重视,读本体、删改体、增串体、评点体等几种古籍整理体式颇受此类著述者的青睐。据统计,清后期出现的《仪礼》学著作中,读本体著作主要有《仪礼抄略》《仪礼便蒙》《读仪礼录》《殇服》《仪礼约解》《仪礼可读》《仪礼先易》《仪礼问津》8 种,删改体著作有《仪礼注疏删翼》《仪礼纂要》2 种,增串体著作有《仪礼经注一隅》1 种,评点体著作有《仪礼评点》1 种,总计达到了 12 种之多,占上表所示 54 种文献的 22.22%强,无论是绝对数量,或者是占据的比例,都要远远超过清代中期的情况,充分彰显出《仪礼》学在民间的普及与传播渐趋广泛。

　　续次,较之清代前期、中期,图解体再次受到了这一时期学者的重视,出现了《士昏礼对席图》《仪礼表》《仪礼丧服表》《仪礼礼器图》《仪礼礼事图》5 种图解体著作,占所有 54 种文献之 9.26%。特别是吴之英的《仪礼礼器图》《仪礼礼事图》二书,在吸纳前贤时哲学者研究成果的基础上,"取袭前人之图,而分门别类,条分缕析,颇称宏博,且能以《说文》、古史证明古制,发前人所未发",在古今众儒经说研究的基础上折中加以考量,可谓是集历代礼图研究成果之大成,赢得了谢兴尧"致力之深,洵足钦矣"①、刘师培"《图》亦较张(惠

――――――――――

　　① 谢兴尧:《〈礼器图〉提要》,载中国科学院图书馆整理之《续修四库全书总目提要·经部·礼类》(上册),中华书局 1993 年版,第 525 页。

言）为优"①等一番嘉誉。

另外，由上表及其上分析可知，释例体、校勘体、校注体文献整理体式不再成为清后期《仪礼》研究者的关注与重视，没有出现一部释例体著作，校勘体著作只有《仪礼正义正误》一部，校注体著作也仅存《礼经校释》《仪礼奭固》两部著作，与清中期校勘体、校注体两种体式占 11.25% 强的比重，简直是无足相提并论，可见校勘工作已经不再是后期学者关注的一项诠释工作。

简言之，从清代后期《仪礼》诠释家的文献整理体式选择情况可以发现，这一时期《仪礼》学的研究体现出如下几重特点：一是礼学家系统梳理和总结此前《仪礼》研究成果的学术倾向颇为突出，出现了胡培翚《仪礼正义》，曹元弼《礼经校释》《礼经学》，吴之英《仪礼奭固》《礼器图》《仪礼礼事图》等一批集大成的礼学著作。二是《仪礼》文本的传播和普及受到了学界众多学者的普遍重视，催生了《仪礼便蒙》《读仪礼录》《仪礼可读》《仪礼先易》《仪礼问津》等一批礼学普及读物，建立在吸纳前贤研究成果基础上的二次文献之类诠释整理体式，得到了选择性追索和更高的认同度。三是《仪礼》研究的考辨与考据色彩继续保持鲜明的浓郁色彩，但较少推广到《仪礼》全经的整体性、全局性研究，更多集中在丧礼制度和宫室典章制度的专题研究上。四是疏证旧训成为《仪礼》文本诠释和研究的一种治学理路，广补旧注成为一种治学时尚，汉学考据之风得以延继。

（二）礼经诠释策略

上述《仪礼》文献的注释与整理体式的选择，很大程度上与著述者在礼经诠释策略上的抉择存在关联。透过诠释者所抉择的礼经诠释策略情况，便有可能体悟到诠释者对于《仪礼》与其他儒家经典、传记文献的关系认知情况以及从诠释策略出发所可能重点选择的礼经诠释内容和可能采用的诠释方法情况。与清代前期、中期的礼经学研究情况相比，清后期礼经文献著述者在诠释策略的选择上，同异并存，概而言之，主要表现为如下方面：

首先，清代前期、中期一部分学者，特别是张扬朱学派学者所热衷选择的"纂集重构——以结构为基础的诠释策略"，不再成为这一时期学者们青睐的选择。从外部学术思潮的演变情况来看，无论是陈澧提出的"理学即礼学"说，还是黄以周提出的"礼学即理学"说，都力主汉学与宋学的调融，都属意于理与礼的融合，注重发掘先秦礼学特别是《仪礼》与《礼记》文本的礼意内涵，并无创设一套新的礼学思想结构体系的学术理念，重于传承而非创新。从礼经学研究自身的发展脉络而言，经过乾嘉以来几十年时间的礼经诠释实践，无

---

①　吴虞：《吴虞日记》（上），四川人民出版社 1984 年版，第 45 页。

论是对于礼经文本的字词校勘与音义考据,或者是礼经文本隐性的仪文节制
方面的发微,都可谓做到了极致,唯独对于礼经文本礼意的发覆,却由于几十
年来汉学考据之风的兴盛而诠释得还很不够,人们普遍认识到"礼是郑学"的
道理,但对于彰显郑玄礼学的精髓——礼意的发挥还很不够。因而,对于如何
将仪文节制的诠释、名物训诂和礼意的阐释结合起来,进一步还原先秦礼学的
要旨,人们意识到,这将是当下礼经学研究的重点,而不是在结构上调整礼经
全书的篇章次序,追求和建构心目中所谓理想状态的礼学思想结构体系。

其次,清代前期、中期普遍存在的"礼学知识的考古——以考据为基础的
诠释策略",由于礼经文本阐释的延续性,后期学者大都仍然关注于文本语词
的诠释、名物制度的考订和仪度数制的具象化等方面,因而成为著述时纷纷选
择的唯一诠释策略,但在外在训释类型上与此前的著述存在一定的选择性差
异,特色颇为鲜明。概而言之,有清后期《仪礼》类著述对于礼经文本礼学知
识的诠释,就其较有影响的著述而言,主要有如下几种礼经诠释类型最具
特色:

一是博征众注疏解类。这是一种强调从汉代以来的大量注疏成果和前贤
时哲诠释成说中,通过一定的编排义例精择众注集解起来,逐一表明是非优
劣,或通过加注方式附以己意,从而实现一种新的诠释方式。这是清代后期所
特有的一类著述诠释类型,主要以胡培翚《仪礼正义》一书为代表。该书为了
明晰礼经文本之仪文节制情况,往往在某一条具体义疏当中兼采众家之说,
"不论是古代圣贤之作,还是当代研究者的作品;不论是经书,还是子书;不论
是小学著作,还是类书,只要是能帮助其疏经解注,都在胡培翚的引用之
内"①,其中专门《仪礼》类著作 55 种,另有礼图文献 12 种,历代有关于礼仪名
物制度之通考、通志类文献 20 种,等等。胡氏博稽众家之说而抉择异同之是
非,从寻绎经文入手,择取胜于郑《注》或有助于补《注》、申《注》之见。从形
式上看,该类著述与精择众注集解类著述最大的差异在于,这一类著述对前贤
时哲诠释成说的编排并无一定的义例,将其与郑玄《注》的疏解结合起来,而
且尽可能对每一家说法评定是非得失,是其而非其非,辨择精善,理据详确,
会通、融通的色彩极其鲜明,可谓集历代礼经各家诠释之大成。

二是发凡立例类。清中期学者凌廷堪的《礼经释例》一书,主要侧重在挖
掘《仪礼》本经潜在的隐性"礼例"内容,寻绎出通例、饮食之例、宾客之例、射
例、变例、祭例、器服之例、杂例等 8 类"礼例",依次进行总结疏证,着实具有
开创之功。而这一阶段礼经家们尽管没有传世的专门释例体礼经著作,但同

---

① 陈功文:《胡培翚〈仪礼正义〉研究》,扬州大学博士学位论文,2011 年,第 217 页。

样强调通过礼例的发微探究礼经行文,更值得关注的是,曹元弼《礼经学》卷一"明例"部分,其中的"释例"工作既有继承又有创新突破:一是集清代学者凡例研究之大成,将《仪礼》本经凡例细分为节文等杀例、丧服例、宫室例、职官例、经文例、礼通例、记传例等7个类目;二是首次对礼经郑《注》、贾《疏》立文之例及读经例进行了总结,体现出曹元弼治礼的前瞻性思考和独到创见。

三是申解郑《注》类。由于受陈澧"理学即礼学"、黄以周"礼学即理学"二说的影响,汉宋调和成为晚清很多学者的共识,郑玄《仪礼注》仪制训诂及礼意诠释得到更多人的关注,尤其是后者,成为礼经礼文诠释新的研究增长点。因此,和清中期一样,这一阶段也有部分学者注目于郑玄《仪礼注》的身上,申解郑《注》类著述应之而生。例如,叶德辉《仪礼郑注正字考》、陈光煦《礼经汉读考》、汪士铎《仪礼郑注今制疏证》、王闿运《礼经笺》、郑珍《仪礼私笺》、张锡恭《丧服郑氏学》等,都是申解郑《注》的著述。其中,陈光煦《礼经汉读考》踵武段玉裁的《仪礼汉读考》,对郑《注》所存《仪礼》古今异文进行疏证,博取群经故训加以佐证;郑珍《仪礼私笺》效仿郑玄《毛诗笺》的诠释体例和著述旨趣,针对礼经郑氏《注》文隐晦质略之例予以申明,郑氏《注》文训简义难明之例补足说明之,基本上以宗主郑玄礼学为诠释风格;张锡恭《丧服郑氏学》则选择《丧服》篇郑《注》作为诠释疏证的对象,谨守郑氏治经家法,依尊"亲亲""尊尊"等制服原则,深入探寻古人制礼之精微大旨。

四是图解礼制类。从专门图解体著作的数量情况来看,清前期仅出现了陈天佑《丧服图》,吕宣曾《古宫室图》《古冠服图》3种礼经学图类著作,占当时礼经文献的6.12%;中期出现了张惠言《仪礼图》、王绍兰《仪礼图》、庄有可《仪礼丧服经传分释图表》、张校均《仪礼图说》、孔继汾《丧服表》5种礼经学图类著作,占当时礼经文献的6.25%;而到了晚清时期,专门图解体礼经学著作同样出现了5种礼经学图类著作,分别是俞樾《士昏礼对席图》、马徵麐《仪礼表》、蒋彤《仪礼丧服表》和吴之英的《仪礼礼器图》《仪礼礼事图》,占当时所有54种礼经文献的9.26%。从数量上看,后期礼图著作的数量占比最高。从影响上看,清前期3部礼图文献的影响较小,传播面小;中期则以张惠言的《仪礼图》影响最大,其他礼图影响也较小;而后期5种礼图当中,吴之英的《仪礼礼器图》《仪礼礼事图》2种,"前修未密,后出转精",可谓集前贤礼图研究之大成,影响甚众。

除上述4类外,这一时期"以考据为基础的诠释策略"著作还有其他类型,如以俞樾《仪礼平议》、于鬯《读仪礼日记》、柳兴恩《仪礼释宫考辨》、胡肇昕《仪礼正义正误》等为代表的订误质疑类,以刘沅《仪礼恒解》、吴之英《仪礼奭固》等为代表的章义述注类,等等。从诠释策略的特殊性与独特性角度来看,这些礼经文献的诠释类型都难以彰显类型学魅力,故此略而不论。

　　(三)礼经诠释的方式方法

　　礼经学著述的风格,不仅与著述者选择的诠释策略密切相关,同时也与诠释者著述时选择的诠释方式和研究者采纳的诠释方法相互关联。考察清代后期礼经学家诠释的方式方法,不仅要考察历代学者礼经研究的相通之处,同时还要发覆这一阶段有别于清初、清中期学者诠释礼经的个性化、独特性因素。为彰显这一阶段礼经诠释方式方法的魅力,兹分别概括分析说明如下:

　　首先,就诠释方式情况而言。这一时期,陈澧在对历代礼经诠释实践悉心体悟后,总结说:"《仪礼》难读,昔人读之之法,略有数端:一曰分节,二曰绘图,三曰释例。"①其所谓读《仪礼》之法,实际上就是宋代以来学者著述《仪礼》文献时的三大重要的礼经诠释方式。考之清代后期的各类礼经著述,从胡培翚《仪礼正义》到各类读本体礼经著作,仍然有小部分著述延继了"分节"这一诠释方式,其中胡氏之作分节多依张尔岐《仪礼郑注句读》,又吸取吴氏廷华《仪礼章句》之划分合理者转为己用。绘图法,主要有俞樾《士昏礼对席图》、马徵麐《仪礼表》、蒋彤《仪礼丧服表》和吴之英的《仪礼礼器图》《仪礼礼事图》5种著作,尤其是吴之英的2部礼图著作,首次将《仪礼》中的礼器和礼事分别开来单独成书,较之张惠言的《仪礼图》,显然这种举措是一种治学上的进步。至于释例的诠释方式,值得称许的主要有两点:一是对于礼经学"凡例"的概括由单纯的礼经文本"释例"式总结拓展到了对礼经郑《注》、贾《疏》立文之例及读经例的总结;二是对于礼经学"凡例"的诠释实现了由单向的《仪礼》文本礼例概括到运用前贤概括之礼经"凡例"诠释礼经的隐性仪节和此前诠释错误之旧说,可以称得上是一种双向性的良性互动。

　　其次,就礼经诠释方法而言。从语词训释到仪节训诂,从名物考订到经文礼意的阐发,都离不开一定的诠释方法,清后期学者研治礼经也不例外。但在具体的诠释过程中,不同诠释对象所择取的诠释方法却颇有差异,就清后期诠释情况而言,大致表现为如下诸方面:

　　一是在名物语词和普通词语的训释上,因声求义得到了广泛的运用。无论是推求名物命名的语源,还是揭示语词的通假,或者是音转字各形体之间的变异情况,都离不开因声求义之法。清代后期以后,由于古音学理论的发展,上古音研究取得了很大的突破,较之清中期学者,治《礼》学者们往往善于借助语词声韵地位的分析训诂,探求声、义之间的关联性,进而求得语词训释的确诂,取得了相当丰硕的研究成果。例如,晚清学者陈光煦著述《礼经汉读

---

① 陈澧著,杨志刚校点:《东塾读书记·仪礼篇》,中西书局 2012 年版,第 138 页。

考》一书,不像中期学者由于缺乏严格的上古音声韵系统理论,大多仅仅凭借"凡从亶、从善之字古多通用"①"大抵古文多假借,又多从省"②之类训语来揭示古今异文之间的音义关系,而是借助段玉裁《六书音均表》的古音17部划分理论,来进行文字上古音韵地位的分析,剖析《仪礼》今古文异文之间的音义关系,从而使自身的疏证理据显得更趋充分,结论较中期学者李调元、程际盛、徐养原、宋世荦、严可均、胡承珙等人的著作更趋科学。

　　二是在经文具体仪文节制的诠释上,可谓"前出未密,后出转精",不少学者不满足于单纯考察礼经行文乃至凡例的诠释举措,趋向于加以综合性的考量和分析。例如,礼经学集大成者胡培翚著述《仪礼正义》一书,并没有满足于单纯的《仪礼》本经证《仪礼》的诠释之法,而是确立了一条尽可能融通经史子集、"以本证和旁证为主、以参伍推论的理证为辅"的综合性考据方法。以文字考据见长的于鬯,借助于礼经行文体例、"简而有法"的行文风格、"似平实侧"的表意句法特征、"蒙上而省""‘目下文’之辞"一类行文文例等的体悟和考察,对郑《注》、贾《疏》之中与此系列文例特征相违背的诠释成说,进行了重新阐释。凡此之类诠释方法,不同诠释者在各自的著述当中多有异同,毋庸赘举,要皆大同而小异。

　　三是在具体仪节背后蕴含礼意的诠释上,随着陈澧"理学即礼学"说、黄以周"礼学即理学"说的提出,对于《仪礼》经文礼制礼意的诠释逐渐得到礼经学家的高度重视,"夫读古人之书,必深悉古人之情事,而又以圣人中正之理衡之,然后不迷于趋向寻章摘句以为垢病,其亦疏矣"③。他们倡导通过各类儒家文献原典的研读,从中寻找礼经之礼意所在,因而这种"以经解礼"的礼意诠释方法,逐渐成为礼经学家青睐的选择,其中当以黄以周著述《礼书通故》最具代表性。以周对于郑玄注经务求"囊括大典,网罗众家"的做法非常赞赏,于是仿戴圣《石渠奏议》、许慎《五经异义》的著述体例,于《仪礼》17篇外,"搜辑大、小戴两《记》及《周官》《春秋传》,分门编次,厘定先后。注疏家言,有裨经传,亦附录之。平文大义,具彼书矣,而儒说之异同,别汇一编"④,力求将经史子集文献典籍记载的礼制内容融贯会通。这种"以经解礼"的诠

---

　　①　徐养原:《仪礼古今文异同》卷三,《续修四库全书》(第90册),上海古籍出版社2002年版,第304页。

　　②　徐养原:《仪礼古今文异同》卷一,《续修四库全书》(第90册),上海古籍出版社2002年版,第281页。

　　③　刘沅:《尚书恒解·序》,转引自段渝:《一代大儒刘沅及其〈槐轩全书〉》,《社会科学战线》2007年第2期。

　　④　黄以周撰,王文锦点校:《礼书通故·叙目》卷五十,中华书局2007年版,第2713页。

释方法,与有清前期礼经学家所倡导的"以经解经"法略有不同,后者较少关注于礼经礼意的阐发,更多是从具体的仪文节制诠释角度提出的诠释方法,而前者与其说阐释的是《仪礼》,不如说阐释的是先秦儒家礼制文化。另外,他也有别于张扬朱学派学者的治经举措,并不以建构一套新的礼学思想体系为著述要旨。

总体而言,清后期学者的《仪礼》学著述在诠释方式上并无大的突破,更多呈现出一种承袭前贤治学理路的态势。而在诠释方式的抉择上,除了延继前贤治学诠释方法外,就语词训诂而言,无论是经文的"解释性训诂",还是围绕郑《注》衍生出来的"论证式训诂",在"因声求义"方法的运用上,依托古音学上声韵系统研究的最新成果,较之中期学者无疑有了新的突破,呈现出一丝现代语言学的色彩;至于礼经仪文节制及其礼意的诠释,随着"以经解礼"诠释方法的普遍推广与认同,更为古文经学家们的礼经学研究开拓了新的研究市场,为礼经学集大成式的研究带来了一片生机。

四、经学地理学层面的研究考察

学术研究与地理之间往往存在着某种直接或间接的复杂联系,一定地域的学者,经常受到其地方特有的社会文化、学术传统、师承关系等的影响,形成一定的学派家法和特有的学术风格。考察清代后期《仪礼》学研究状况,就会发现,当时学者的研究仍然具有鲜明的地缘学结构特征,而且在对《仪礼》学话题的关注和讨论过程中,由于受各自地域人文自然环境的影响差异,不同区域学者对《仪礼》学的关注度和关注视角、关注焦点、诠释方法等都会呈现一定的差异,形成各自的学术表征。从经学地理学层面考察道光十年(1830)之后以迄宣统三年(1911)80 来年的《仪礼》研究,与清代前期、中期相比,后期经学家们的籍贯情况呈现出一定的分布差异,虽然其中会有一定的共性之处,但也呈现出一些独特的文化现象,与当时的政治文化风气相适应。为进一步彰显这一方面特点,兹将这一时期众多《仪礼》学家的籍贯分布及其对应的著述情况列表汇总如下:

清后期《仪礼》学家籍贯分布及著述情况简表

礼学家	籍贯	著述名	成书时间
刘沅(1768—1855)	四川双流	《仪礼恒解》	道光二十二年
胡培翚(1782—1849)	安徽绩溪	《仪礼正义》	道光二十九年
		《仪礼宫室定制考》	道光中后期

礼学家	籍贯	著述名	成书时间
吴官德（?—?）	江苏上元	《仪礼一得》	道光年间
汪士铎（1802—1889）	江苏江宁	《仪礼抄略》	不详
		《仪礼郑注今制疏证》	
		《丧服经传补疏》	
		《丧服大功章考文》	
		《礼服记》	
陈光煦（?—?）	四川酉阳	《仪礼汉读考》	宣统元年
		《仪礼通诗释》	光绪二十八年
单为鏓（1813 年拔贡）①	山东高密	《丧服古今通考》	道光年间
朱骏声（1788—1858）	江苏元和	《仪礼经注一隅》	道光二十九年之前?
郭近阳（嘉庆岁贡）	安徽霍邱	《仪礼诗经各疏解》	道光年间
孟先颖（1831 年进士）	山西太谷	《仪礼问津》	道光十五年
吴嘉宾（1803—1864）	江西南丰	《丧服汇通说》	咸丰元年
柳兴恩（1795—1880）	江苏丹徒	《仪礼释宫考辨》	道光咸丰间
梁信芳（1779—1849）	广东番禺	《丧礼酌宜》	道光二十六年之前
杨国桢（1842 年左右在世）	四川崇庆	《仪礼音训》	道光中后期
郑珍（1806—1864）	贵州遵义	《仪礼私笺》	同治三年
曾国藩（1811—1872）	湖南湘乡	《读仪礼录》	同治六年
黄元善（1859 年进士）	湖北钟祥	《仪礼纂要》	光绪二十年
高骧云（1796—1861）	浙江山阴	《考礼》	道光咸丰间
俞樾（1821—1907）	浙江德清	《士昏礼对席图》	咸丰同治间
		《丧服私论》	光绪六年
		《仪礼平议》	同治三年
马徵麐（道光诸生）	安徽怀宁	《仪礼表》	不详
刘发书（1862 年举孝廉）	安徽怀宁	《仪礼集解》	不详
雷声丰（?—?）	安徽太湖	《丧礼考》	不详

① 单为鏓，字伯平，号芙秋，单可玉子，山东高密人。嘉庆十八年拔贡生，又被举为孝廉方正。曾先任山东省巨野县训导，又任栖霞县教谕。后军机大臣阎敬铭以"著述渊深，情性淡薄，宿儒耆德，品端学粹"保荐，诏加五品衔。其诗、书法尤为世重。

礼学家	籍贯	著述名	成书时间
王闿运(1833—1916)	湖南湘潭	《礼经笺》	光绪二十二年
胡培系(1813—1888)	安徽绩溪	《仪礼述义》	不详
		《仪礼宫室提纲》	
胡肇昕(?—?)	安徽绩溪	《仪礼正义正误》	不详
吕仁杰(?—?)	江苏吴县	《仪礼先易》	道光二十六年之前
吴之英(1857—1918)	四川名山	《仪礼奭固》	光绪二十五年
		《仪礼礼器图》	光绪宣统间
		《仪礼礼事图》	宣统三年
刘寿曾(1838—1882)	江苏仪征	《昏礼重别论对驳义》	
张华理(咸丰、同治间在世)	湖南善化	《仪礼丧服辑略》	同治二年
叶德辉(1864—1927)	湖南湘潭	《仪礼郑注正字考》	光绪三十三年
曹元弼(1867—1953)	江苏吴县	《礼经校释》	光绪十七年
		《礼经学》	宣统元年
刘曾騄(1876年进士)	河南祥符	《仪礼可读》	光绪元年之前
		《仪礼约解》	光绪元年之前
蒋彤(?—?)	江苏阳湖	《仪礼丧服表》	光绪二十六年之前
		《丧服传异说集辨》	不详
		《服术集义》	
于鬯(1854—1910)	江苏南汇	《读仪礼日记》	光绪十六年
		《殇服》	不详
		《仪礼读异》	不详
叶大庄(1844—1898)	福建闽县	《丧服经传补疏》	光绪年间
张锡恭(1858—1924)	江苏娄县	《丧服郑氏学》	光绪宣统民国间
贺涛(1849—1912)	河北武强	《仪礼评点》	光绪宣统间
王渐鸿(1828—1897)	山东黄县	《仪礼条辨》	同治光绪间
毛一鸣(?—?)	江苏溧阳	《仪礼注疏删翼》	不详
狄遂(?—?)	江苏溧阳	《仪礼便蒙》	不详
费祖芬(?—?)	江苏吴县	《读仪礼日记》	光绪十六年

　　根据上表可以发现,这一时期《仪礼》研究者的籍贯考察,呈现出鲜明的经学地理学特征。概而言之,大致表现为如下方面:

　　第一,就经学家地域分布而言,该时期的经学家大多出自江苏、安徽、四川、湖南4省。由上表可以看出,道光、咸丰、同治、光绪、宣统时期,这4个省份有专门论著的《仪礼》研究经学家数量较多,有江苏籍13人,安徽籍7人,四川籍4人,湖南籍4人,占总人数的70%,尤其是江苏和安徽籍的学者占据着《仪礼》研究的话语主导权。其他省份出身的《仪礼》研究学者,南方地区其他省份依次为浙江籍2人,福建籍1人,江西籍1人,贵州籍1人,广东籍1人,湖北1人,只占总人数的17.5%;北方地区依次为山东籍2人,山西籍1人,河南籍1人,河北籍1人,只占总人数的12.5%。这后面10个省份加起来,也只占总人数的30%,处于弱势的地位。和清代前期、中期的学者籍贯分布情况相比较,江苏、安徽2省出身的《仪礼》学家仍然是清代后期《仪礼》研究的主导者,但浙江学者却退出了第一梯队,步入第二梯队的行列。另外,南方的贵州、广东籍学者,以及北方的山西籍学者有极少数人加入《仪礼》研究的队伍中来。

　　审视这一学者籍贯布局状况,大多数学者出身江苏、安徽的事实倒是毋庸赘言,北方籍贯学者也一如既往地处于弱势状态,其缘由一如前两章所述。原本处于第一梯队的浙江籍学者,到清后期却只有高翔云、俞樾两名学者著述有专门的《仪礼》学著作。令人值得注目的是,四川与湖南两省从事于《仪礼》研究并有专门论著的学者各有4人,进入第二梯队的行列。究其原因,与当地文化人士重视儒学教育、注重培养国学人才密切相关。以四川省为例,当时出现了一批书院,据陈谷嘉、邓洪波主编《中国书院制度研究》所列统计,清代全国书院共3868所,四川书院数量就有383所,仅次于浙江省的书院数目,在全国各省中排名第二,①其中既有现职文武官员创建的颇具"官办"性质的书院,也有退休官员或者当地乡绅民众创建的"民办"性质的书院。这些书院在推动儒家经学的传播与研究方面,起到了相当大的作用,影响甚众。例如,张之洞创办的"尊经书院"便是一所以"绍先哲,起蜀学"为办学宗旨的书院,称得上是当时四川省的最高学府,其中的书院山长和教师,也多是对儒家经学素有研究的宿儒或名士。虽然办学者力求为适应时代所需而培养人才,教学内容也相当广泛,但书院的教学内容仍以传统儒学尤其是经学为主干,强调学习经学、研究经学,即"攻经""通经",诚如曾任锦江、尊经二书院山长的伍肇龄在《尊经书院课艺二集序》中所写的那样:"同治甲戌,官绅协谋,别建尊经讲舍,

---

①　陈谷嘉、邓洪波主编:《中国书院制度研究》,浙江教育出版社1997年版,第357—359页。

始专考经义,兼习古文词。"这从书院自身汇编出版的各类"课艺集"当中可以得到印证,如《蜀秀集》9卷,前3卷属于经学、小学的诸生作品;《尊经书院初集》12卷,前8卷都属于经学范畴,卷三、四、六这三卷收入了42篇三《礼》类作品;《尊经书院二集》8卷,前5卷都属于经学范畴,卷二、四这两卷当中收入了十几篇三《礼》类作品;《尊经书院课艺三集》8卷,卷一、卷二的作品都属于经学、小学的范畴。总之,诚如胡昭曦先生所说的那样:"经学、小学、史学,在《尊经书院初集》12卷中占9卷之多,在《尊经书院二集》8卷中占5卷"①,这可谓称得上是对尊经书院教学内容的真实描述。在这个存在28年之久的尊经书院里,它培养了2000余名生员,其中有不少生员从事于传统学术研究,例如,著述有《仪礼汉读考》《仪礼通诗释》的酉阳学者陈光煦,著述有《仪礼奭固》《仪礼礼事图》《仪礼礼器图》的名山吴之英,都曾经是其中的一名生员。另外,光绪二十四年(1898)初,宋育仁在成都以尊经书院为基地,联络具有维新思想的官绅学人潘祖荫、邓榕、吴之英等人一起,发起组织了"蜀学会",出版了会刊——《蜀学报》,由尊经书局印行,宋育仁担任总理,吴之英担任主笔,廖平担任总纂,期望实现"以通经致用为主,以扶圣教而济时艰"(《蜀学会章程》)的振兴蜀学宗旨。在一定程度上,该会对该地区经学的全面而深层次的发展,也起到了相当大的推动作用。

第二,就经学家的渊源情况而言,该时期的经学家有时往往存在着一定的关系,如父子关系、甥舅关系、翁婿关系、学友关系、师生关系,等等。"清代经学往往以家族、姻亲、书院学堂为中心形成某一地域的学术圈,他们相互影响,又往往会有地域认同,容易形成共同的学术旨趣与学术方法;而经学的传承又往往会以世家、师友相承的方式实现,其学术往往会首先在某一地域传播,某一地域的经学家大多会接受与继承乡贤学派家法,容易形成以地域为范围的学派。"②在日常的生活交往与治学过程中,互相学习,互相影响,促进了《仪礼》学研究的蓬勃兴盛与发展。

兹以胡培翚家族内部和外界学术往来为例。就其家族一条线索而言,"绩溪胡氏,自明诸生东峰以来,世传经学"③,培翚祖父胡匡衷便是一名颇具学术造诣的礼经学家,著有《仪礼释官》一书;培翚从祖父胡匡宪等人,也与胡匡衷颇有问学上的辩论之迹,"培翚生晚,不及见诸伯祖,唯见叔祖别庵公、性山公及吾祖及公(指胡匡宪)而已,当时咸授徒城内,以力学相切磋。……每

---

①　胡昭曦:《振兴近代蜀学的尊经书院》,《蜀学》第3辑,巴蜀书社2008年版,第6页。

②　罗福惠:《江南经学家的学派家法与地缘》,《鄂州大学学报》2006年第5期,第41页。

③　赵尔巽:《清史稿》(第四十三册)卷四百八十二《列传二百六十九·儒林三》,中华书局1977年版,第13272页。

于日晡自书塾归,会于巷口,各以所疑、所得相质,证一义之异,高声辨论,断断不休"①。在他们的影响之下,胡培翚13岁时便从学于从祖父匡宪,"沐公之教深"②,悉心研读儒家经典。胡氏晚年,在撰述《仪礼正义》之暇,又悉心培养族侄胡肇昕研治礼学,"道光乙巳,智奉讳南归,……是年四月,患风痹,犹力疾从事,左手作书。以族侄肇昕留心经学,命助校写。"现存《正义》40卷当中,即杂有其族侄胡肇昕之说;肇昕后来还著有《仪礼正义正误》,可谓培翚《正义》之功臣。

就胡培翚在家族之外的学术往来情况来看。嘉庆十年(1805)之后,先后师事徽州府训导夏郎斋和歙县学者汪莱,"时方读《周礼疏》,即举所疑以问,先生(按:这里指汪莱)为言郑《注》若何,贾《疏》若何,不惟详其义,并诵其辞。私以为偶熟是条耳,及数问皆然。悚然起敬,遂介郡学夏师受业焉"③。嘉庆十二年(1807),胡培翚就读歙县城南紫阳书院,又师从凌廷堪问学,从此得窥凌氏治礼门径,并于次年开始深研《仪礼》。嘉庆十六年(1811),胡氏游学京师,先后与胡承珙、王引之、汪廷珍等人相互切磋交流学问,兼采众儒之所长,同时也结下了深厚友情,"嘉庆甲戌,培翚在都,馆于君(按:这里指胡承珙)邸。时方草创《仪礼疏》,昕夕与君谈论"④。道光十二年(1832)之后,一直到其晚年,胡培翚先后前往钟山书院、泾川书院、娄东书院、云间书院、惜阴书院等地担任主讲,在漫长的书院主讲生涯中,汲汲以引翼后进为己任,"学者得其指示,皆能有所表见于世"⑤,众多书院中成材者不乏其人,如汪士铎、杨大堉等皆是其中较为突出者。在他的悉心栽培下,胡氏门人汪士铎后著有《仪礼抄略》《仪礼郑注今制疏证》《丧服经传补疏》《丧服大功章考文》《礼服记》等一系列礼经学著作;而另一门人杨大堉在胡氏病故后,为其采辑补缀而成了《仪礼正义》四十卷中的《士昏礼》《乡饮酒礼》《乡射礼》《燕礼》《大射仪》5篇12卷,亦可谓胡氏《仪礼正义》之功臣。

第三,就北方《仪礼》学者研究情况而言,其间学者人数并不算多,仅仅只有5名学者,依次为:山东籍学者单为鏓、王渐鸿二人,前者著《丧服古今通

---

① 胡培翚:《赠奉直大人叔祖绳轩公行状》,《研六室文钞》卷九,《续修四库全书》(第1507册),上海古籍出版社2002年版,第473页。

② 胡培翚:《赠奉直大夫叔祖绳轩公行状》,《研六室文钞》卷九,《续修四库全书》(第1507册),上海古籍出版社2002年版,第475页。

③ 胡培翚:《石埭训导汪先生行略》,《研六室文钞》卷九,《续修四库全书》(第1507册),上海古籍出版社2002年版,第461页。

④ 胡培翚:《福建台湾道胡君别传》,《研六室文钞》卷十,《续修四库全书》(第1507册),上海古籍出版社2002年版,第479页。

⑤ 胡韫玉:《胡培翚传》,《国粹学报》1911年第76期。

考》，后者著《仪礼条辨》；山西籍学者孟先颖，著有《仪礼问津》；河南籍学者刘曾騄，著有《仪礼可读》《仪礼约解》二书；河北籍学者贺涛，著有《仪礼评点》。相较于单为鏓、王渐鸿二人的著作，后面三人的《仪礼》文献，带有很强的普及性色彩，缺乏鲜明的考据色彩，较少学术创获。至于山东一地，虽然前、中、后三个阶段都不乏研究《仪礼》的学者和著作，但也缺乏鸿篇巨著，缺乏有影响力的全局性著作。由此看来，北方省份出身的学者，由于所在地域缺乏深厚的三《礼》学文化积淀，对于《仪礼》的传播更多停留在典籍文化普及的层面，学术影响力较小。

结　　语

一、清人《仪礼》学研究之总述

礼乐文化是儒家经学文化的一个重要分支,也是中国传统文化的重要范式。而以《周礼》《仪礼》《礼记》为主要研究对象的"三礼"之学,是中国早期礼乐文化的理论形态,是中国传统学术的重要组成部分。其中,《仪礼》一书主要记载周代所倡导和施行的有关仪节制度和行为规范,包括冠、婚、丧、祭、乡、射、朝、聘 8 类礼节,在先秦社会生活中发挥着重要作用,是研究我国先秦社会生活的重要史料之一。在汉代以降的我国古代社会中,《仪礼》学历来为学术界所重视,曾长期处于"显学"的地位,历代著述可谓汗牛充栋,其中尤以清代最为鼎盛。据统计,单是这一时期,已知的《仪礼》专经类研究专著就有225 部,涉及的学者多达 177 人,文献数量占整个古代《仪礼》学研究总数的21.4%。

清代经学的复兴,实际上是以"三礼"之学的兴起发其先声的,这其中,又以《仪礼》学研究的成果最多,成就也最大。如本书各章所述,清代《仪礼》学的发端和研究,乃始于张尔岐《仪礼郑注句读》、姚际恒《仪礼通论》,一直到宣统三年(1911)前后,经历了一个从萌芽发展期到兴盛期再到总结与衰微期的发展过程,亦即由"博通"转"专精"而至"总结"的变化过程。这是礼经学自身独特学术发展的结果,也是清代不同时期社会政治、经济与文化思潮演进诸多因素交互影响的结果。

乾隆二十年(1755)以前,是清代《仪礼》研究的萌发期,重在"博通"。康熙朝中期之后,统治者打出儒家思想的牌子,尊孔子为"大成至圣文宣先师",甚至于乾隆元年(1736)立三礼馆纂修《三礼义疏》和《大清通礼》,确立了崇奖经学的文化格局。又一方面,由于《仪礼》代表的是古礼,可以用它来规范人们的道德行为、整治人心风俗,加之礼学本身固有的强烈经世特色,故从明代遗民开始,一直到乾隆初期逐渐成长起来的学者,颇不乏人致力于《仪礼》学的研究,而且这种研究的风气很盛,在一定程度上左右着当时的礼制文化建构思潮。

具体说来,清初《仪礼》学的复兴,是在顾炎武、黄宗羲等晚明遗老的倡导之下，由张尔岐《仪礼郑注句读》、姚际恒《仪礼通论》二者的礼经研究，揭开了该领域研究的萌芽状态。在这种礼制文化重构的热潮影响下，继踵者纷纷继起，一批明清之交出生而又任职朝廷的学者，如毛奇龄、朱轼、姜兆锡、方苞、任启运、吴廷华、徐乾学等，还有一部分来自民间不仕朝廷的学者如姚际恒、万斯大、徐世沐、李光坡、江永等人，纷纷将目光投注于《仪礼》学的研究上。诸学者采用考辨体、考证体、纂集体、通释体、疏注体、章句体和评点体等各类著述体式，或采取纂集重构的诠释策略，或采取以考据为基础的诠释策略，或采取以义理为基础的诠释策略，或推阐发明《仪礼》大旨，或综研《仪礼》17篇文，或质疑辩难前人可疑之说，阐发礼经大义，考订仪制训诂，走上了一条清廷统治者与知识界共倡并励的互动之路。由此，当时学界形成了礼经研究的4大学术流派：创发新说派、淹通汉宋派、张扬朱学派、经俗互贯派。

　　乾隆二十年（1755）延至道光十年（1830）前后，是清代《仪礼》研究的兴盛期，重在"专精"。由于此前各朝经济的繁荣与发展，为乾嘉时期倡导学术之流风奠定了充裕的经济基础。乾隆朝中期，清高宗大兴文字之狱，与此同时，又继续延继康熙朝"佑文兴学"的文化政策，积极鼓励科举士人讲求经学，推行科考以经试士，并积极寻访民间遗著，组织编纂《四库全书》。围绕在总纂修官纪昀的周围，聚集了戴震、王念孙、任大椿、朱筠、金榜、戴震、凌廷堪、任大椿、韦协梦等一批汉学考据学者。《四库全书》修成并传播开来后，一批批精通考据学的士人在科举考试中脱颖而出；民间士人纷纷将汉学考据视为治学根柢，倡导经学研究延继汉唐诸儒的学术传统。受此大环境治学风尚的影响，一大批学者投入到《仪礼》学研究当中，潜心董理，考订训诂，使《仪礼》学研究的深度加大，出现了一大批专精之作，数量上远远超过前期。

　　这一阶段的礼经研究者大多倡导《仪礼》研究的汉学考据之风尚，特别是在礼学思潮上，安徽歙县学者凌廷堪承继了惠栋和戴震二人义理不可舍经而空凭胸臆的主张，提出了"以礼代理"的学术主张，其交游刘台拱、汪中、焦循、阮元等人则纷纷歙然而动，大力推倡凌氏之说，一时间学界几乎以言理为禁忌，群弃理学而归之，从诠释理念上对当时的《仪礼》诠释加以指导。表现在著述体式的择取上，主要以考辨体和考证体、校勘体、校注体、补注体、专门图解体等为主，纂集体、通释体、疏注体之类体式居于次要地位。至于在诠释策略的选择上，此时的研究者不再选择以《仪礼》固有的义理为诠释基础和诠释重点，也不再将以结构为基础的纂集重构诠释策略作为治学关注点，而更多地注目于以考据为诠释基础。尽管如此，不同学者的礼经研究治学旨趣、诠释风格往往存在一定的差别，大致可以分为汉学考据派、淹通汉宋派、尊尚郑学派、张扬朱学派、专事校勘派等众多学术流派。

　　道光十年(1830)之后迄止于晚清,是清代《仪礼》研究的总结与衰微期,重在当朝礼经诠释新成果之"总结"与传承。当时清政府遭遇内乱外侵交加的局面,社会矛盾日益尖锐,汉学赖以生存、发展的社会环境和经济基础不复存在。尽管如此,传统的考据式经学研究并未停滞不前,皖派及其他相关部分学者继续延续朴实的乾嘉治学传统,从事经学研究。就礼学思潮情况来看,在清后期学术与社会均呈纷纭变幻、错综复杂的形势下,围绕"礼"与"理""礼学"与"理学"的关系认识问题,出现了两种近似而又略存差异的礼学思潮:一是陈澧提出的"理学即礼学"说,一是黄以周的"礼学即理学"说。他们力主汉学与宋学的调融,都属意于理与礼的融合,注重发掘先秦礼学特别是《仪礼》与《礼记》文本的礼意内涵,并未创设一套新的礼学思想结构体系的学术理念,重于传承而非创新。在礼经诠释策略的确立上,仅仅属意于以考据为基础的诠释策略,通过博征众注疏解、发凡立例、申解郑《注》、图解礼制、订误质疑、章义述注等方式,将仪文节制的诠释、名物训诂和礼意的阐释结合起来,进一步还原先秦礼学的要旨。由于这一时期诠释家的诠释目标、诠释理念差异,他们在校释《仪礼》原典的诠释体式选择上,与前期、中期学者颇有差异,专题考证体、考辨体和疏注体、广补体、补注体、笺体、学体等相关体式占据了相当大的比重,成为清代后期《仪礼》学研究的一大亮点,原本属于中期学者青睐的释例体、校勘体、校注体等,不再受到研究者的重视;并且,随着《仪礼便蒙》《读仪礼录》《仪礼可读》《仪礼先易》《仪礼问津》等一批礼学普及读物的出现,读本体、删改体、增串体、评点体之类体式,得到了著者的追索与更高的认同度,礼经文本的传播和普及受到了学界学者的普遍重视。

　　清后期,大致包括两个较短礼经学发展阶段:一是道光、咸丰之际的总结式阶段,本期学者们在整理此前各类文献的基础上,对前期学术加以系统总结和梳理,游刃于诸说之间而加以折中,在总结继承之中进一步求得学术发展,进而出现了像胡培翚《仪礼正义》一类集大成之作;一是同治及光绪、宣统三朝,这一时期尽管也出现了曹元弼、吴之英等数名礼经学大家,但较之清代前期、中期,有影响力的礼经学著作并不多见,研究整体上明显已经趋于式微。由于各家礼经研究著述风格的差异,这一时期呈现出汉学考据派、折中旧说派、尊尚郑学派、考经证俗派、今文学派等几个诠释流派。如果说前四家流派的研究更多集中于仪节礼制的具体阐释及名物训诂方面的话,那么,以邵懿辰、廖平、康有为、皮锡瑞等人为代表的今文学派礼经学研究则大不相同,他们或始终坚持与当时的资产阶级维新变法思潮合流,阐扬今文礼学的"微言大义",表现出强烈的政治性;或在学术方法和学术旨趣上显现出今文学的色彩,强调孔子是《仪礼》的作者,《仪礼》所记的礼仪有淳化风俗的意义,等等。

受彼一时代治学风气的影响,今文学派的礼经学研究,试图通过重新审视和考订《仪礼》经文的真伪问题,解决《仪礼》作者与撰作年代这一历来悬而未决的根本问题,同时也在学术与政治的互动中升华自己,进而完成了自身向近代新学术的转型。

二、清人《仪礼》学研究的启示

清代将近 270 年的《仪礼》学研究,是历代《仪礼》学史上最为鼎盛的一个时期,可谓名家辈出,清朝的一代又一代学人沉吟其间,反复探研,取得了极其丰硕的成果与成就。有学者总结清代学术研究之特点时说:"清初学者气势恢宏,经史考辨如挥巨擘,大开大合;清中期学者沉潜宁静,文献考辨渐趋细密,尤重实证;清后期学者意气风发,厘定真伪,心系时势,新意迭出。"①对于清代《仪礼》学研究而言,这一论断亦大体上适用。今天,我们开展传统经学史研究的根本目的,不仅仅要实事求是地还原学术史的真实状况,评判学术价值,推出儒家文化之精华,同时也要从中总结出学术研究之是非得失,以期对今后的学术史深入发覆及其当下的文化传承和研究有所启发、裨益。

启示一,经学研究不可以也不能够脱离现实需求而存在,贵在经世致用,适应学术自身发展与当时社会发展的内在需求。

"礼"是我国传统文化的特质与核心内容,《仪礼》学研究既有学术意义,又有治术意义,在中国文化中扮演了基础伦理和制度资源的双重角色,受到了包括清代在内的历朝统治者及治经学者的普遍重视。"统治者对儒家经学及礼学的有力支持,创造了其发展所需良好的社会环境和繁盛的土壤,促进了清代经学及礼学兴盛的局面形成。"②清代"三礼"学的复兴,一开始便出现在明、清易代之际,出现在儒家经学整体复兴的学术氛围之中。在"天崩地解"的明朝灭亡之后,明、清两个朝代更替以及满族的统治,给当时的儒家士人们特别是那些关心国事的思想家们,诸如顾炎武、黄宗羲、王夫之等人,他们在对明亡的历史教训进行总结时,一方面深深感受到其带来的家国切肤之痛,一方面又对明中叶以来王阳明心性之学的泛滥深恶痛绝,遗憾于其带来的空疏学风和传统经学荒芜的研究现状,于是转而向儒家经典中寻求治世的出路,再次提出了张扬儒家经学"通经致用"的为学主张。与此同时,清初的满族统治者为了平定社会秩序,在镇压汉人反抗思想的同时,把"经学"作为"实学"的一个表现加以推广,广布御纂经书,定生员试经解,又以多种方式,选擢文士,开

---

① 佟大群:《清代文献辨伪学研究》,南开大学博士学位论文,2011 年,第 501 页。

② 冯素梅:《清代"三礼"学复兴的原因》,《沧桑》2008 年第 5 期。

拓仕途,以争取汉人文士的臣服,甚至诏开"三礼馆"纂修礼学著作,由此逐渐改变了士林的学风走向。可以说,清初《仪礼》学研究,出现的创发新说派、淹通汉宋派、张扬朱学派、经俗互贯派四大流派的《仪礼》诠释取向,都是与士林治学转型、朝廷经学倡导及其二者的"通经致用"主张,保持着高度的一致性。

即便是"沉潜宁静,文献考辨渐趋细密,尤重实证"的清中期学者,他们从事致力于礼经文本的考据和研究,也在着实彰显"通经致用"的治学主张。乾隆皇帝积极鼓励科举士人讲求经学,"士人以品行为先,学问以经义为重","治一经必深一经之蕴,以此发为文辞,自然醇正典雅"①,推行科考以经试士,张扬经学而贬抑时文;与此同时,朝廷还积极寻访民间遗著,谕令"着直省督抚、学政,留心采访,不拘刻本、抄本,随时进呈,以广石渠、天禄之储"②,开设《四库全书》馆,组织了一大批崇尚经术的学者,负责编纂《四库全书》,对于推动包括三《礼》学在内的经学研究影响很大。另外,乾隆之际曾多次兴起和发动文字狱,进一步加强思想控制,这也促使许多治经学者走上了乾嘉考据学之路,加强了对传世儒家典籍的注疏与细致考据,从而一改元明以来的经学衰微之势,使经学呈现出再次繁荣的局面。这一时期的礼经学研究,出现的汉学考据派、淹通汉宋派、尊尚郑学派、张扬朱学派、专事校勘派等众多流派,也是适应这一时代需求经世致用的产物,尽管大多数礼经学著作以考证为主,较少注重义理的阐发,但事实上并不表明这一时期的礼经学研究是纯粹的学术性质的,与经世致用无关,正如元和学者惠栋所言:"章句训诂,知也;洒扫应对,行也。二者废其一,非学也。"③这番言论,事实上代表了当时绝大多数学者的治经理念,即主张实现尊礼、守礼与研治训诂章句之学两者的"知行合一"观,强调通过对儒家经典的章句训诂,可以深入发掘知晓其中的"理",以期进一步践行儒家典籍中蕴含的"理",从而合理地避免宋人治学上的空疏之弊。

清末社会内乱外侵交加,时局动荡不安,当时的儒生们为了解决现实的社会问题,迫切需要创新发明传世儒家典籍中的经义,以适应时代发展的潮流。在此背景下,"其时经学之旧瓶,仍未打破。人之一切意见,仍须于经学中表出之。而西汉盛行之今文经学家之经学,最合此需要。……讲今文经学,则可将其时人理学中之政治,托孔子之说,以为改革其时现行政治上社会上各种制度之标准"④。很多学者如邵懿辰、廖平、康有为、皮锡瑞等人,他们纷纷从传

---

①　《清实录》(第10册)卷七十九"乾隆三年十月辛丑"条,中华书局1985年版,第243页。

②　《清实录》(第10册)卷一百三十四"乾隆六年正月庚午"条,中华书局1985年版,第941页。

③　惠栋:《趋庭录》,《九曜斋笔记》卷二,《丛书集成续编》(第92册),上海书店出版社1994年版,第526页上。

④　冯友兰:《中国哲学史》(下册),中华书局1961年版,第1010—1011页。

统考据学的纯训诂风气中走了出来,将目光投注于现实社会的改革倡言与实践之中,同时借助《春秋公羊传》中的"微言大义",讥切时政,把晚清的经今文学与社会改革潮流联系起来,强调"经世致用",开创了今文经学派的礼经学研究理路。另一方面,在清后期独特的社会环境视域下,一部分学者有鉴于此前学界蔚然成风、著述宏富的礼经研究现状,注重辨析《仪礼》学诠释的众多具体异同成果,或折中于清朝已有诸家旧说,或尊尚汉代学者郑玄的诠释见解,或进一步联系民间礼俗实际考经证俗,试图深入发覆《仪礼》当中的礼制思想与救国理念,以期有裨益于促进当下治政方式的转变和跨越,帮助《仪礼》学实现"经世致用"的历史宿命。

启示二,经学研究当以实事求是为学术旨归,无论是礼学文献的精准考订,还是礼经文本的具体义理阐发,均须言之有据,不尚空谈。

葛剑雄先生指出:"就历史研究而言,无论出于什么目的,处于什么条件之下,对真实的追求是绝对的、无条件的;而在运用研究成果时,可以有所选择或取舍,但还是必须以不违背真实性为前提。"①从"经世致用"的治学立场出发,清代学者的经学研究特别强调以"实事求是"为治学依归,强调"求真""求是"与"求善"的协调统一,是治学与经世的统一,是理论与实践的统一。当代有学者谈到清代《易经》研究史的情况时说:"清考据学反映于《易》学则是不蔽于人、不蔽于己、不蔽于古、不蔽于今、唯真理是求的考据《易》之发达。"②其实,清代《仪礼》学的研究又何尝不是如此,同样是彰显出"不蔽于人、不蔽于己、不蔽于古、不蔽于今、唯真理是求"的治学取向。事实上,"清人治学不论谈经史考据,抑或谈义理治道,均注意言必有物,言必有据,都避免引据伪书,避免轻信不经,这已成为他们的普遍认同"③,具体而言,主要表现在这样几个方面:

一是在文献诠释的佐证上,清儒表现出对先秦两汉儒家经典礼制考索的互贯融通上。笔者曾经就此问题指出:清代礼经学家的著述当中,"有的侧重于单篇经文的梳理,有的侧重于《仪礼》本经的系统研究,有的侧重于三《礼》经文的融会,有的则置于整个先秦文献大背景下进行考察,较同辨异。具体到每一个文献学家个体之《仪礼》诠释工作而言,由于不同学者对文献熟悉的情况不同,及其各自穷尽式梳理的程度不同,每一位诠释者取得的成就必然有所差异,尽管如此,各家皆强调诠释材料的条理与贯通性,这是他们诠释礼经的

① 葛剑雄,周筱赟:《历史学是什么》,北京大学出版社2002年版,第214页。
② 杨效雷:《清儒〈易〉学平议》,《新规划·新视野·新发展——天津市社会科学界第七届学术年会》会议论文,天津人民出版社2011年版,第250页。
③ 佟大群:《清代文献辨伪学研究》,南开大学博士学位论文,2011年,第499页。

根本所在,也是近两千年来《礼经》研究的宝贵传统"①。在礼文诠释方法的运用上,表现为对本经各篇互证法、三礼互证法、先秦文献补正法、推注诠经法、礼俗互证法等方法的娴熟驾驭,不仅要"合《周官》《戴记》治之",而且要"更旁通于《周易》《书》《诗》《春秋》三传以及《国语》《尔雅》周秦诸子之言,无以考证而征其信也;不反覆于汉注、唐疏及宋元明诸儒之所著述,无以画其义类而定是非之所折中也"②,在一定程度上确保了注释内容的准确性,并达成了儒家诸经典之礼制互贯融通。

　　二是在文献诠释佐证材料的选择上,强调语料性质的对等性原则,详审地考察礼之正礼与变礼、隆礼与杀礼、祭礼与常礼、吉礼与凶礼、妇人礼与男子礼、天子礼与诸侯大夫士礼等;强调考察文献材料的时代性原则,强调正确对待诠释中伪书文献材料的征引问题,亦即是强调引文本身真伪问题的考察,进而增强引文材料本身的可信度。就后一方面来看,清代前期与后期围绕礼经学相关文献的辨伪工作,表现得尤为突出,在彰显出清代学者"求真务实"的治学态度,所以有学者声言:清代的文献辨伪研究"它是清代学术、思想、社会以及国家等共同要求和作用下的结果,同时也对清代的学术、思想、社会、国家等产生了重要的影响,这就是文献辨伪在清代的应用和效用。"③清代礼经学家也往往根据自身的辨伪成果与认知,在诠释礼文之际对于佐证材料作出合理的抉择使用。

　　三是在礼学文献的精准考订上,清儒将校雠工作提到了极高的位置。如果说清初的礼经学校雠工作更多只是随文释义性质的校雠,更多是为注释家自身礼文的诠释服务的话,那么清中期的礼经文献校雠则已经具有更多的"求真""求是"的性质,这是基于《仪礼》文本"唐以后,治此经者鲜,故刊本衍脱讹误积谬相仍,几不可读"④的史实,甚至于唐人贾公彦所著《仪礼疏》,当时不少刊本往往"全书内时有前后违互者,且有一节内文义不甚融贯者,又加以颠倒舛误,古书之受诬,非一日矣"⑤,进而产生了一批数量颇多的专门体校勘著作。就这些校勘著作的分类情况来看,既有专门校勘《仪礼》白文及其《仪礼注疏》注释文本的著作,如沈彤《仪礼郑注监本刊误》、卢文弨《仪礼注疏

　　①　邓声国:《仪礼文献学》,江西人民出版社2017年版,第339页。
　　②　吴绂:《仪礼训解序》,载王士让:《仪礼训解》卷首,《续修四库全书》(第88册),上海古籍出版社2002年版,第3页。
　　③　佟大群:《清代文献辨伪学研究》,南开大学博士学位论文,2011年,第504页。
　　④　曹元弼:《礼经校释》卷十八,《续修四库全书》(第94册),上海古籍出版社2002年版,第487页。
　　⑤　曹元弼:《礼经校释》卷十七,《续修四库全书》(第94册),上海古籍出版社2002年版,第467页。

详校》、金曰追《仪礼经注疏正讹》、阮元《仪礼石经校刊记》之类；也有专门考辨《仪礼》古今文校勘的著作，如李调元《仪礼古今考》、程际盛《仪礼古文今文考》、徐养原《仪礼古今文异同》、宋世荦《仪礼古今文疏证》、胡承珙《仪礼今古文疏义》等。这些专门体校勘著作的出现，使得当时治礼经学者研究"求真""求是"的性质彰显得极为突出。

　　四是就礼经文本的义理因素而言，清儒更注重对于礼文背后的礼意发覆，并不作过多的虚妄的文本经义阐发，较之于《礼记》文本的解读，诠释风格更趋于实在。对于绝大多数随文释义类礼经学著作而言，其中一个重要的任务是诠释礼文之仪文节制背后的礼意内涵分析，尽管没有出现以此方面内容诠释为中心的礼学著作。在清代礼经学家看来，《仪礼》"礼文之中有礼意焉，不可不知也。不明礼文，不可以求礼意"，"礼意，即天理也，人情也，虽阅百世不得而异者也"，"国朝儒者之于礼学，为宋以后所不及。然考证礼文者多，发明礼意者少。"①例如，凌廷堪关于礼经的诠释，尤其善于立足于"尊尊""亲亲"的诠释理路，于纷繁复杂的礼节中，探讨具体仪节凡例的正变之别和盛杀之异，进而深层次探究周公制礼之精义与礼意奥妙，所谓"其繁缛之中，有条而不紊，非比其例而观之，则圣人之亲亲之杀、尊贤之等，何由而见乎?"②凌廷堪还说："窃谓不明尊尊之义而言古之丧服，如瞽者无相，坐云雾之中而辨四方，无论信经传疑经传，从郑《注》违郑《注》，枝蔓不休，徒无是处也。"③凌氏通过广泛征引文献典籍语料，从礼制凡例之正变、盛杀角度，深入考察和诠释礼经文本之中蕴含的礼意，迥然异于宋元以来任凭己意串讲礼义与礼意的解经举措，可谓是在"实事求是"的礼意诠释上走出了一条新的路子。

　　启示三，经学研究必须在尽可能占有丰富的第一手资料的基础上，同时也要穷尽地搜罗前贤时哲的研究成果与研究观点，而不应轻易妄发新论，片面追求所谓"新说"。

　　学术研究贵在创新，但创新并不等于一味地追求所谓"新说"。一个人开展经学与传统文化的学术研究，从来不是闭门造车式的独立研究，不可能脱离时代与现实社会、脱离前贤时哲的研究成果而独立存在。清代礼经学者从事《仪礼》研究，大都在以下几方面进行学术创新：

　　一是强调学术理路的创新。例如，姜兆锡、任启运、梁万方、杨丕复、秦蕙

　　①　陈澧：《赠王玉农序》，《东塾集》卷三，《续修四库全书》（第 1537 册），上海古籍出版社 2002年版，第 270 页。
　　②　凌廷堪：《礼经释例》卷二，《续修四库全书》（第 90 册），上海古籍出版社 2002 年版，第 42 页。
　　③　凌廷堪：《礼经释例》卷八，《续修四库全书》（第 90 册），上海古籍出版社 2002 年版，第 174 页。

田等一部分学者,他们在传承朱熹《仪礼经传通解》的治学路子上又有所推进,他们的著作试图从结构入手,通过调整全书的篇章结构次序,以达到建构礼学思想体系的目的,由此出现了"张扬朱学派"这一独特研究流派,并且留下了《仪礼经传内编》《仪礼集编》《礼乐通考》《五礼通考》等众多此类著作。

二是强调在与民间礼制发展演变的对比中寻找新的突破口。例如,清前期"经俗互贯派"学者汪琬、徐乾学、朱建子等人的《仪礼》研究,清后期"考经证俗派"学者张华理、高骧云等人的《仪礼》研究,便是如此。汪琬从显明丧服礼制变迁情况出发,强调条举历代五服条文,进而推原丧服礼制历代因革始末;徐乾学将礼区分为先王之礼和先儒之礼,提出"先王之礼久不行于后世矣,先儒之礼犹可行于今日"①,反对拘泥先王之礼,反对完全依遵俗礼而变乱古礼,以为朝廷制礼"自当折中古典,以为天下万世之章程,岂可迁就俗习以变乱夫古制哉"②,等等,都给人留下了鲜明的印象。

三是强调在穷尽式占有和对比前贤时哲的训释材料当中寻找可信度高的训释结论,进一步推陈出新。如果说清前期学者更注重搜罗的是明及明以前学者的诠释材料,而"三礼馆"诸学者编纂的《钦定仪礼义疏》尤其具有代表性的话,那么,清后期学者胡培翚、曹元弼等人的礼经研究则更为关注有清一代各个阶段的诠释结论,并且出现了以《仪礼正义》为代表的集大成之作,影响更是深远至极,称得上是对于清代礼经学研究的一次系统总结。

总之,从学术研究的自身角度而言,回溯清代《仪礼》学史的研究状况,有助于凸显礼经学在整理、研究、传播过程中的社会功能,还原其服务社会的文化功能,深层次认识和把握礼学在清代政治史、思想史和学术史上的历史地位。从文化传承角度而言,当下开展清代《仪礼》学史的研究,从本质上讲就是为了进一步弘扬优秀传统文化,因为只有对传统礼经学史进行一番深入的挖掘、清理和总结,才能有批判地继承和发扬传统思想文化,为构建我国有特色的社会主义和谐社会的伦理规范、社会秩序提供有益的历史借鉴和理论支持,这是历史赋予我们的神圣使命。如何在现代语境下对清代《仪礼》学术史重新论证与阐释,深入彰显清代礼经学家的哲学观念、政治思想和伦理思想,有助于体现出"礼"对于我国清代社会和思想观念的深刻作用和影响,有助于深层次挖掘我国传统文化特别是礼文化的价值,特别是它在现时代的文化意义与文化价值,这也是今天我们研究与传承清代礼经学文化的重要实践意义。

①　徐乾学:《读礼通考》卷一百一,《景印文渊阁四库全书》(第114册),台湾商务印书馆1983—1986年版,第413页。

②　徐乾学:《读礼通考》卷四十四,《景印文渊阁四库全书》(册113),台湾商务印书馆1983—1986年版,第118页。

参 考 文 献

（以编著者姓氏拼音字母为序）

一、基本古籍类

敖继公：《仪礼集说》，《景印文渊阁四库全书》（第 105 册）。

蔡德晋：《礼经本义》，《景印文渊阁四库全书》（第 109 册）。

曹元弼：《礼经校释》，《续修四库全书》（第 94 册）。

曹元弼：《礼经学》，《续修四库全书》（第 94 册）。

陈光煦：《仪礼通诗释》，国家图书馆藏抄本。

陈康祺：《郎潜纪闻初笔》，中华书局 1984 年版。

陈澧著，杨志刚校点：《东塾读书记》，中西书局 2012 年版。

陈澧：《东塾集》，《续修四库全书》（第 1537 册）。

陈澧：《东塾续集》，近代中国史料丛刊第 77 辑，（台北）文海出版社 1970 年版。

陈澧：《汉儒通义》，《续修四库全书》（第 952 册）。

陈梦家、甘肃省博物馆编：《武威汉简》，《考古学专刊乙种》第十二号，北京文物出版社 1964 年版。

程廷祚：《青溪文集》，清道光十七年东山草堂刻本。

程瑶田：《程瑶田全集》，黄山书社 2008 年版。

程瑶田：《仪礼经注疑直辑本》，民国二十二年《安徽丛书》（第二期）本。

程瑶田：《仪礼丧服文足征记》，《续修四库全书》（第 95 册）。

褚寅亮：《仪礼管见》，《续修四库全书》（第 88 册）。

丛书编纂委员会编：《清代诗文集汇编》，上海古籍出版社 2009 年版。

崔述著，顾颉刚编订：《崔东壁遗书》，上海古籍出版社 1983 年版。

崔述：《五服异同汇考》，《续修四库全书》（第 95 册）。

戴名世：《戴名世集》，中华书局 1986 年版。

戴震：《戴震全书》，黄山书社 1995 年版。

丁丙：《善本书室藏书志》，《续修四库全书》（第 927 册）。

丁晏：《礼记释注》，《续修四库全书》（第 106 册）。

丁晏：《仪礼释注》，《续修四库全书》（第 93 册）。

丁晏：《周礼释注》，《续修四库全书》（第 81 册）。

丁晏：《颐志斋文集》，民国三十八年（1949）排印本。

段玉裁:《戴东原先生年谱》,清宣统二年渭南严氏重刻本。

段玉裁:《经韵楼集》,上海古籍出版社 2008 年版。

段玉裁:《说文解字注》,上海古籍出版社 1988 年版。

方苞:《方苞集》,上海古籍出版社 1983 年版。

方苞:《方望溪全集》,中国书店 1991 年版。

方苞:《仪礼析疑》,《景印文渊阁四库全书》(第 109 册)。

费密:《弘道书》,《续修四库全书》(第 946 册)。

高骧云:《考礼》,道咸间刻《漱琴室全集》本。

顾广圻著,黄明标点:《中国历代书目题跋丛书》(第二辑),上海古籍出版社 2007 年版。

顾炎武:《顾亭林诗文集》,中华书局 1983 年版。

顾炎武:《九经误字》,《景印文渊阁四库全书》(第 191 册)。

顾炎武著,黄汝成集释:《日知录集释》,上海古籍出版社 2006 年版。

顾炎武:《亭林文集》,《续修四库全书》(第 1402 册)。

杭世骏:《道古堂文集》卷十五,《续修四库全书》(第 1426 册)。

杭世骏:《榕城诗话》,《续修四库全书》(第 1701 册)。

洪亮吉撰,刘德权点校:《洪亮吉全集》,中华书局 2001 年版。

胡承珙撰,郭全芝校点:《毛诗后笺》,黄山书社 1999 年版。

胡承珙:《求是堂文集》,《续修四库全书》(第 1500 册)。

胡承珙:《仪礼古今文疏义》,《续修四库全书》(第 91 册)。

胡匡衷:《仪礼释官官》,《续修四库全书》(第 89 册)。

胡抡:《礼乐通考》,《四库全书存目丛书》(第 111 册)。

胡培翚:《仪礼正义》,《续修四库全书》(第 92 册)。

胡培翚:《研六室文钞》,《续修四库全书》(第 1507 册)。

胡培翚:《研六室文钞补遗》,光绪六年刻本。

黄丕烈:《严本〈仪礼〉郑氏注校录》,《士礼居黄氏丛书》民国十一年上海博古斋影印原清黄氏刊本。

黄丕烈著,屠友祥校注:《荛圃藏书题识》,上海远东出版社 1999 年版。

黄以周:《儆季杂著》,光绪二十年(1894)江苏南菁讲舍刻刊本。

黄以周撰,王文锦点校:《礼书通故》,中华书局 2007 年版。

黄式三:《儆居集》,光绪十四年刊本。

黄宗羲:《黄梨洲文集》,中华书局 1959 年版。

黄宗羲:《黄宗羲全集》,浙江古籍出版社 1985 年版。

黄宗羲:《明儒学案》,中华书局 1985 年版。

惠栋:《九经古义》,《景印文渊阁四库全书》(第 191 册)。

惠栋:《九曜斋笔记》,《丛书集成续编》(第 92 册),上海书店出版社 1994 年版。

惠栋:《周易述》,《景印文渊阁四库全书》(第 52 册)。

惠周惕：《砚溪先生遗稿》，庚辰丛编铅印本。

黄元善：《仪礼纂要》，光绪二十年刊传经书屋藏本。

计东：《改亭文集》，《四库全书存目丛书》（集部第 228 册）。

纪昀：《阅微草堂笔记》，上海古籍出版社 1980 年版。

贾公彦：《仪礼注疏》，《十三经注疏》本，中华书局 1980 年版。

姜哀英：《湛园未定稿》，清光绪十五年册自欺斋刻本。

姜兆锡：《礼记章义》，《续修四库全书》（第 98 册）。

姜兆锡：《仪礼经传内外编》，《续修四库全书》（第 87 册）。

江藩：《国朝汉学师承记》，中华书局 1983 年版。

江永：《近思录集注》，同治八年江苏书局刊本。

江永：《礼书纲目》，《景印文渊阁四库全书》（第 133 册）。

江永：《仪礼释宫增注》，《景印文渊阁四库全书》（第 109 册）。

江永：《仪礼释例》，《四库全书存目丛书》（第 87 册）。

蒋彤：《暨阳答问》，道光辛丑年（1841）木活字本。

焦以恕：《仪礼汇说》，《续修四库全书》（第 89 册）。

金曰追：《仪礼经注疏正讹》，《续修四库全书》（第 89 册）。

孔广林：《仪礼臆测》，《续修四库全书》（第 89 册）。

孔颖达：《礼记正义》，《十三经注疏》本，中华书局 1991 年版。

黎靖德编，王星贤点校：《朱子语类》，中华书局 1986 年版。

李慈铭：《越缦堂读书记》，上海书店出版社 2000 年版。

李调元：《童山文集》，《续修四库全书》（第 1456 册）。

李绂：《穆堂初稿》，《续修四库全书》（第 1422 册）。

李塨：《平书订》，《续修四库全书》（第 947 册）。

李光坡：《礼记述注》，《景印文渊阁四库全书》（第 127 册）。

李光坡：《仪礼述注》，《景印文渊阁四库全书》（第 108 册）。

李光坡：《周礼述注》，清乾隆八年刻本。

李桓：《国朝耆献类征初编》，《清代传记丛刊》（第 151 册），明文书局 1985 年版。

李清馥：《榕村谱录合考》，道光六年刻本。

李清植：《仪礼纂录》，道光十一年《榕村全书》本。

李文胤：《杲堂文钞》，清康熙十七年（1678）刻本。

李延寿：《北史》，中华书局 1974 年版。

李兆洛：《养一斋文集》，《续修四库全书》（第 1495 册）。

梁万方：《重刊朱子仪礼经传通解》，《四库全书存目丛书》（第 112 册）。

林伯桐：《修本堂稿》，清道光二十四年（1844）《修本堂丛书》本。

凌曙：《礼论略钞》，道光六年越缦堂藏萤云阁《凌氏丛书》刻本。

凌曙：《礼说》卷二，《续修四库全书》（第 110 册）。

凌曙：《仪礼礼服通释》，清光绪丁亥年重雕李氏《木犀轩丛书》本。

凌廷堪:《校礼堂文集》,中华书局 1998 年版。

凌廷堪:《礼经释例》,《续修四库全书》(第 90 册)。

凌廷堪撰,纪健生点校:《凌廷堪全集》,黄山书社 2009 年版。

刘曾騄:《仪礼可读》,光绪元年《祥符刘氏丛书》油印本。

刘沅:《槐轩全书》,巴蜀书社 2006 年版。

刘沅:《仪礼恒解》,《续修四库全书》(第 91 册)。

卢文弨:《群经拾补》,《续修四库全书》(第 1149 册)。

卢文弨:《仪礼注疏详校》,《续修四库全书》(第 88 册)。

卢文弨:《抱经堂文集》,《续修四库全书》(第 1432 册)。

卢文弨:《钟山札记》,商务印书馆 1939 年版。

陆陇其:《三鱼堂文集》,《景印文渊阁四库全书》(第 1325 册)。

陆世仪:《思辨录辑要》,《景印文渊阁四库全书》(第 724 册)。

马駉:《仪礼易读》,《四库全书存目丛书》(第 88 册)。

毛奇龄:《大学证文》,《景印文渊阁四库全书》(第 210 册)。

毛奇龄:《昏礼辨正》,《四库全书存目丛书》(第 108 册)。

毛奇龄:《经问》,《景印文渊阁四库全书》(第 191 册)。

毛奇龄:《三年服制考》,《丛书集成续编》(第 68 册),台北市新文丰出版公司 1988
年版。

毛奇龄:《丧礼吾说篇》,《四库全书存目丛书》(第 87 册)。

毛奇龄:《西河集》,《景印文渊阁四库全书》(第 1320、1321 册)。

毛奇龄:《西河文集》,《万有文库》本,商务印书馆 1937 年版。

缪荃孙:《续碑传集》,江楚编译书局宣统二年(1910)刊本。

聂崇义著,丁鼎点校:《新定三礼图》,清华大学出版社 2006 年版。

皮锡瑞:《经学历史》,中华书局 1959 年版。

皮锡瑞:《经学通论》,中华书局 1954 年版。

钱大昕著,吕友仁校点:《潜研堂集》,上海古籍出版社 1989 年版。

钱林:《文献征存录》,《清代传记丛刊》(第 10 册),明文书局 1985 年版。

钱仪吉:《碑传集》,《清代传记丛刊》(第 111 册),明文书局 1985 年版。

秦蕙田:《五礼通考》,《景印文渊阁四库全书》(第 138 册)。

清国史馆:《清国史》,中华书局 1993 年版。

全祖望:《鲒埼亭集》,《续修四库全书》(第 1429 册)。

全祖望:《鲒埼亭集外编》,《续修四库全书》(第 1429 册)。

盛世佐:《仪礼集编》,《景印文渊阁四库全书》(第 110—112 册)。

阮元:《十三经注疏校勘记》,《续修四库全书》(第 181 册)。

阮元:《小沧浪笔谈》,《丛书集成初编》本,商务印书馆 1935—1937 年版。

阮元著,邓经元点校:《揅经室集》,中华书局 1993 年版。

阮元:《揅经室续集》,上海涵芬楼《四部丛刊》影印初刻本。

阮元:《仪礼石经校勘记》,《粤雅堂丛书》(第十八集)刻本。

任启运:《朝庙宫室考》,《景印文渊阁四库全书》(第109册)。

任启运:《礼记章句》,《续修四库全书》(99册)。

任启运:《天子肆献祼馈食礼》,《景印文渊阁四库全书》(第109册)。

任兆麟:《有竹居集》,嘉庆二十四年(1819)广州两广节署刻本。

邵懿辰:《礼经通论》,阮元、王先谦编《清经解·清经解续编》(第十三册),凤凰出版社2005年版。

沈德潜:《清诗别裁集》,上海古籍出版社1984年版。

沈廷芳:《十三经注疏正字》,《景印文渊阁四库全书》(第192册)。

沈廷芳:《隐拙斋集》,清乾隆间刻本。

沈彤:《沈果堂全集》,清乾隆间刻本。

沈彤:《仪礼小疏》卷六,阮元、王先谦编《清经解·清经解续编》(第2册),凤凰出版社2005年版。

沈祖禹:《吴江沈氏诗集录》,清乾隆五年刻本。

宋慈抱著,项士元审订:《两浙著述考》,浙江人民出版社1985年版。

宋荦:《西陂类稿》,商务印书馆民国六十二年版。

宋世荦:《仪礼古今文疏证》,《续修四库全书》(第91册)。

宋翔凤著,梁运华点校:《过庭录》,中华书局1986年版。

孙诒让:《十三经注疏校记》,齐鲁书社1983年版。

孙诒让著,雪克、陈野点校:《札迻》,中华书局2009年版。

孙诒让著,王文锦、陈玉霞点校:《周礼正义》,中华书局1987年版。

孙诒让:《籀庼述林》,民国五年丙辰(1916)刻本。

檀萃:《仪礼韵言》,光绪十五年笃学楼重刊本。

汤斌:《汤子遗书》,《景印文渊阁四库全书》(第1312册)。

汤馥藻:《仪礼易读指掌》,光绪十四年家刻本。

万斯大:《经学五书》,华东师范大学出版社2012年版。

万斯大:《仪礼商》,《景印文渊阁四库全书》(第108册)。

万斯同:《群书疑辨》,《续修四库全书》(第1145册)。

汪绂:《双池文集》,《续修四库全书》(第1425册)。

汪琬:《丧服或问》,《檀几丛书》,上海古籍出版社1992年版。

汪琬著,李圣华笺校:《汪琬全集笺校》,人民文学出版社2010年版。

汪文台:《十三经注疏校勘记识语》,《续修四库全书》(第183册)。

汪喜孙:《汪喜孙著作集》,台湾"中央研究院文史哲研究所"2003年版。

汪中:《汪中集》,台湾"中央研究院"中国文哲研究所筹备处2000年版。

王鸣盛:《西庄始存稿》,《续修四库全书》(第1434册)。

王念孙:《高邮王氏遗书》,江苏古籍出版社2000年版。

王聘珍撰,王文锦点校:《大戴礼记解诂》,中华书局1983年版。

王士让:《仪礼训解》,《续修四库全书》(第88册)。

王士禛:《居易录》,《景印文渊阁四库全书》(第869册)。

王阳明:《王阳明全集》,上海人民出版社1992年版。

王引之:《经义述闻》,《续修四库全书》(第174册),上海古籍出版社2002年版。

王引之:《王文简公文集》,《续修四库全书》(第1490册)。

韦协梦:《仪礼蠡测》,《续修四库全书》(第89册)。

翁方纲:《复初斋文集》,《续修四库全书》(第1455册)。

无名氏著,王钟翰点校:《清史列传》,中华书局1987年版。

吴廷华:《仪礼章句》,阮元、王先谦编《清经解·清经解续编》(第2册),凤凰出版社2005年版。

吴之英:《礼器图》,《续修四库全书》(第93册)。

吴之英:《仪礼奭固》,《续修四库全书》(第93册)。

吴卓信:《约丧礼经传》,嘉庆间《昭代丛书》本。

夏炘:《夏仲子集》,民国十四年(1925)刻本。

夏燮:《五服释例》,《续修四库全书》(第95册)。

夏炘:《夏仲子集》,咸丰乙卯年刻本。

徐珂编:《清稗类钞》,中华书局1986年版。

徐乾学:《憺园文集》,《续修四库全书》(第1412册)。

徐乾学:《读礼通考》,《景印文渊阁四库全书》(第112—114册)。

徐世昌等编,舒大刚等校点:《清儒学案》,人民出版社2010年版。

徐养原:《仪礼古今文异同》,《续修四库全书》(第90册)。

阎若璩:《潜丘札记》,《景印文渊阁四库全书》(第859册)。

颜元:《颜元集》,中华书局1987年版。

杨复:《仪礼图》,清同治九年崇文书局刻本。

杨丕复:《仪礼经传通解》,光绪十九年博约堂刊本。

姚际恒:《姚际恒著作集》,台湾"中央研究院中国文哲研究所"1994年版。

姚际恒:《仪礼通论》,《续修四库全书》(第86册)。

叶德辉著,李庆西点校:《书林清话》,复旦大学出版社2008年版。

尹嘉铨:《仪礼探本》,乾隆间世德堂刊本。

永瑢等:《钦定四库全书总目》(整理本),中华书局1997年版。

于邑:《读仪礼日记》,《续修四库全书》(第93册)。

丁邑:《香草校书》,中华书局1984年版。

于敏中:《素余堂集》,嘉庆十一年刻本。

俞樾:《宾萌集》,光绪二十五年《春在堂全书》本。

俞樾:《春在堂尺牍》,光绪二十五年《春在堂全书》本。

俞樾:《春在堂诗编》,光绪二十三年《春在堂全书》本。

俞樾:《春在堂杂文》,光绪二十三年《春在堂全书》本。

俞樾:《春在堂杂文续编》,光绪二十三年《春在堂全书》本。

俞樾:《群经平议》,《续修四库全书》(第 178 册)。

俞樾:《丧服私论》,光绪二十三年《春在堂全书》本。

俞樾:《士昏礼对席图》,光绪二十五年《春在堂全书》本。

俞樾:《郑君驳正三礼考》,光绪二十三年《春在堂全书》本。

袁枚:《小仓山房文集》,沈云龙主编《近代中国史料丛刊续编》第七十八辑,台北文海出版社民国六十三至七十一年影印原随园藏版。

恽敬:《大云山房文稿》,《续修四库全书》(第 1482 册)。

张尔岐著,张翰勋整理:《蒿庵集》,齐鲁书社 1991 年版。

张尔岐:《蒿庵闲话》,《四库全书存目丛书》(子部第 114 册)影印北京图书馆藏徐氏真合斋磁版印本,齐鲁书社 1995 年版。

张尔岐著,张翰勋整理:《蒿庵闲话》,齐鲁书社 1991 年版。

张尔岐:《仪礼郑注句读》,刘晓东、杜泽逊主编《清经解三编》(第 7 册),齐鲁书社 2011 年版。

张华理:《丧服今制表》,光绪十七年辛卯《读礼丛钞》本。

张华理:《丧服杂说》,光绪十七年辛卯《读礼丛钞》本。

张惠言:《读仪礼记》,《续修四库全书》(第 90 册)。

张惠言:《茗柯文编》,《续修四库全书》(第 1488 册)。

张惠言:《仪礼图》,王先谦《皇清经解续编》本。

张鉴等:《雷塘庵主弟子记》,《续修四库全书》(第 557 册)。

张居正:《张太岳集》,上海古籍出版社 1984 年版。

张廷玉等:《清朝文献通考》,浙江古籍出版社 1988 年版。

张锡恭:《丧服郑氏学》,《续修四库全书》(第 96 册)。

张羲年:《噉蔗全集》,光绪十九年上海著易堂排印本。

张之洞著,陈居渊编,朱维铮校:《书目答问二种》,中西书局 2012 年版。

章学诚著,叶瑛校注:《文史通义校注》,中华书局 1985 年版。

昭梿:《啸亭杂录·续录》,上海古籍出版社 2012 年版。

郑福照:《姚惜抱先生年谱》,《北京图书馆藏珍本年谱丛刊》(第 107 册),北京图书馆出版社 1999 年版。

郑珍:《郑珍全集》,上海古籍出版社 2012 年版。

中国第一历史档案馆编:《康熙起居注》,中华书局 1984 年版。

中国第一历史档案馆编:《纂修四库全书档案》,上海古籍出版社 1997 年版。

周中孚:《郑堂读书记》,《续修四库全书》(第 924 册)。

朱建子:《丧服制考》,《四库全书存目丛书》(第 88 册)。

朱骏声:《仪礼经注一隅》,《续修四库全书》(第 93 册)。

朱轼:《仪礼节略》,《四库全书存目丛书》(第 110—111 册)。

朱熹:《七经语类》,上海古籍出版社 1992 年版。

朱熹:《仪礼经传通解》,《景印文渊阁四库全书》(第 131 册)。

朱熹著,刘永翔、朱幼文校点:《朱子全书》,上海古籍出版社、安徽教育出版社 2002 年版。

朱彝尊:《曝书亭集》,商务印书馆 1935 年版。

朱彝尊:《竹垞文类》,清康熙二十一年(1682)刻本。

朱一新著,吕鸿儒、张长法点校:《无邪堂答问》,中华书局 2000 年版。

祝德麟:《悦亲楼诗集》,《续修四库全书》(第 1462 册)。

《钦定仪礼义疏》,《景印文渊阁四库全书》(第 106 册)。

《钦定周官义疏》,《景印文渊阁四库全书》(第 98 册)。

二、民国间著述类

胡玉缙:《四库全书总目提要补正》,上海古籍出版社 1998 年版。

胡玉缙著,吴格整理:《续修四库全书总目提要礼类稿》,《续四库提要三种》,上海书店出版社 2002 年版。

康有为,姜义华、吴根樑编校:《康有为全集》,上海古籍出版社 1987 年版。

康有为:《中国现代学术经典·康有为卷》,河北教育出版社 1996 年版。

梁启超:《古书真伪及其年代》,中华书局 1936 年版。

梁启超:《清代学术概论》,东方出版社 1996 年版。

梁启超:《中国近三百年学术史》,东方出版社 2004 年版。

梁启超:《中国现代学术经典·梁启超卷》,河北教育出版社 1996 年版。

廖平著,舒大刚、杨世文编:《廖平全集》,上海古籍出版社 2015 年版。

刘师培:《礼经旧说》,刘晓东、杜泽逊编《清经解三编》(第八册),齐鲁书社 2011 年版。

刘师培:《清儒得失论》,吉林人民出版社 2013 年版。

刘师培:《逸礼考》,国家图书馆藏民国间铅印本。

罗振玉:《罗雪堂先生全集》,台湾文华出版公司 1969 年版。

马宗霍:《中国经学史》,上海书店 1984 年版。

钱基博:《经学通志》,上海古籍出版社 2011 年版。

钱穆:《国学概论》,商务印书馆 1931 年版。

钱穆:《中国近三百年学术史》,商务印书馆 1997 年版。

钱穆:《中国学术思想史论丛》,安徽教育出版社 2004 年版。

章炳麟:《国学讲演录》,凤凰出版社 2008 年版。

章炳麟:《訄书》,古典文学出版社 1958 年版。

章炳麟:《章太炎学术史论集》,中国社会科学出版社 1997 年版。

章炳麟:《中国近三百年学术史论》,上海古籍出版社 2006 年版。

赵尔巽等:《清史稿》,中华书局 1977 年版。

支伟成:《清代朴学大师列传》,岳麓书社 1998 年版。

中国科学院图书馆整理:《续修四库全书总目提要(经部)》,中华书局 1993 年版。

三、今人论著类

卞孝萱、唐文权编:《民国人物碑传集》,团结出版社 1995 年版。

蔡方鹿:《朱熹经学与中国经学》,人民出版社 2004 年版。

曹月堂主编:《中国文化世家》(燕赵辽海卷),湖北教育出版社 2008 年版。

陈谷嘉、邓洪波主编:《中国书院制度研究》,浙江教育出版社 1997 年版。

陈来:《中国近代思想史研究》,商务印书馆 2003 年版。

陈寅恪:《金明馆丛稿初编》,生活·读书·新知三联书店 2001 年版。

陈祖武、朱彤窗:《乾嘉学派研究》,河北人民出版社 2005 年版。

陈祖武:《清初学术思辨录》,中国社会科学出版社 1992 年版。

邓声国:《清代"五服"文献概论》,北京大学出版社 2004 年版。

邓声国:《清代〈仪礼〉文献研究》,上海古籍出版社 2006 年版。

邓声国:《仪礼文献学》,江西人民出版社 2017 年版。

樊克政:《书院史话》,社会科学文献出版社 2012 年版。

冯浩菲:《古籍整理体式研究》,高等教育出版社 2003 年版。

冯友兰:《中国哲学史》,中华书局 1961 年版。

葛剑雄,周筱赟:《历史学是什么》,北京大学出版社 2002 年版。

顾颉刚:《古史辨》,上海古籍出版社 1982 年版。

顾颉刚:《秦汉的方士和儒士》,上海古籍出版社 1988 年版。

李开:《戴震评传》,南京大学出版社 1992 年版。

廖幼平编:《廖季平年谱》,巴蜀书社 1985 年版。

林存阳:《清初三礼学》,社会科学文献出版社 2002 年版。

林存阳:《三礼馆:清代学术与政治互动的链环》,社会科学文献出版社 2008 年版。

林庆彰:《清初的群经辨伪学》,文津出版社 1990 年版。

刘玉才:《清代书院与学术变迁研究》,北京大学出版社 2008 年版。

柳宏:《清代〈论语〉诠释史论》,社会科学文献出版社 2008 年版。

罗雄飞:《俞樾的经学研究及其思想》,中国文史出版社 2005 年版。

潘斌:《二十世纪中国三礼学史》,南京大学出版社 2016 年版。

钱玄:《三礼通论》,南京师范大学出版社 1996 年版。

钱仲联编:《广清碑传集》,苏州大学出版社 1999 年版。

漆永祥:《乾嘉考据学研究》,中国社会科学出版社 1998 年版。

尚小明:《学人游幕与清代学术》,社会科学文献出版社 1999 年版。

司马朝军:《〈四库全书总目〉编纂考》,武汉大学出版社 2005 年版。

宋原放等:《中外出版史》,北京师范大学出版社 1993 年版。

孙钦善:《中国古文献学史》,中华书局 1994 年版。

汪学群:《中国儒学史·清代卷》,北京大学出版社 2011 年版。

王达津主编:《清代经部序跋选》,天津古籍出版社 1991 年版。

王锷:《礼记成书考》,中华书局 2007 年版。

王锷:《三礼研究论著提要》,甘肃教育出版社 2001 年版。

王关仕:《汉简本仪礼考证》,学生书局 1975 年版。

王启发:《礼学思想体系探源》,中州古籍出版社 2005 年版。

吴量恺:《崔述评传》,南京大学出版社 2001 年版。

徐雁平:《清代东南书院与学术及文学》,安徽教育出版社 2007 年版。

曾军:《义理与考据——清中期〈礼记〉诠释的两种策略》,岳麓书社 2009 年版。

张绍勋:《中国印刷史话》,商务印书馆 1997 年版。

张升:《四库全书馆研究》,北京师范大学出版社 2012 年版。

张寿安:《十八世纪礼学考证的思想活力》,中央研究院近代史研究所 2001 年版。

张舜徽:《清人文集别录》,中华书局 1963 年版。

张舜徽:《郑学丛著》,齐鲁书社 1984 年版。

周予同著,朱维铮整理:《周予同经学史论著选集》,上海人民出版社 1983 年版。

四、硕士博士论文

陈功文:《胡培翚〈仪礼正义〉研究》,扬州大学博士学位论文,2011 年。

胡春丽:《毛奇龄与清初〈四书〉学》,复旦大学博士学位论文,2010 年。

江曦:《清代版本学史稿》,山东大学博士学位论文,2011 年。

李富侠:《凌廷堪〈礼经释例〉研究》,安徽大学硕士学位论文,2013 年。

李慧玲:《阮刻〈毛诗注疏(附校勘记)〉研究》,华东师范大学博士学位论文,2008 年。

梁勇:《万斯大及其礼学研究》,中国社会科学院硕士学位论文,2000 年。

刘墨:《乾嘉学术的知识谱系》,南京师范大学博士学位论文,2003 年。

佟大群:《清代文献辨伪学研究》,南开大学博士学位论文,2011 年。

杨君:《晚清今文礼学研究》,山东师范大学硕士学位论文,2004 年。

于祥成:《清代书院的儒学传播研究》,湖南大学博士学位论文,2012 年。

张颖:《从〈仪礼通论〉看姚际恒的辨伪思想》,郑州大学硕士学位论文,2010 年。

周茂仲:《张惠言学术渊源研究》,扬州大学硕士学位论文,2011 年。

五、学术期刊论文

白兴华:《乾嘉考据史学的别派:赵翼史学的新定位》,《高校理论展现》2012 年第 12 期。

班书阁:《书院藏书考》,《国立北平图书馆馆刊》1931 年第五卷第 3 号。

蔡长林:《论姚际恒的学术风格》,林庆彰、蒋秋华编《姚际恒研究论集》(上册),台湾"中央研究院"中国文哲研究所筹备处 1996 年版。

曹建墩:《论朱子礼学对〈五礼通考〉的影响》,《江海学刊》2014 年第 5 期。

曹之:《〈四库全书总目〉是版本目录吗》,《山东图书馆季刊》1991 年第 4 期。

陈安金、孙邦金：《论孙诒让的礼学研究与中西政治文化观》,《哲学研究》2012 年第 9 期。

陈惠美：《徐乾学及其藏书刻书》,《古典文献研究辑刊》五编第四册,(台北)花木兰文化出版社 2007 年版。

陈居渊：《毛奇龄与乾嘉经学典范的重塑》,《浙江学刊》2002 年第 3 期。

陈奇：《郑珍经学门径刍议》,《贵州文史丛刊》1987 年第 1 期。

陈晓东、田汉云：《顾炎武〈仪礼〉学探析》,《南京社会科学》2010 年第 4 期。

陈祖武：《论清初学术的历史地位》,《清史研究》1991 年第 1 期。

程宝华：《张杨园与清初朱子学》,《郑州航空工业管理学院学报》(社会科学版)2008 年第 6 期。

程继红：《黄以周〈礼书通故〉对朱熹礼学的遵从与批评》,《浙江海洋学院学报》(人文社科版)2012 年第 6 期。

程克雅：《胡培翚〈仪礼正义〉释例方法探究——兼述段熙仲之"以例治礼"说》,《国立中央大学中国文学研究所集刊》1995 年第 2 期。

程志华：《经史才之薮泽也——黄宗羲的经学思想》,《河北师范大学学报》(哲学社会科学版)2004 年第 2 期。

戴逸：《论乾隆》,《清史研究》1992 年第 1 期。

邓声国：《戴震校勘〈仪礼〉经文浅议》,《齐鲁文化研究》2010 年总第 9 期。

邓声国：《戴震校勘〈仪礼〉郑注论析》,《井冈山大学学报》2010 第 1 期。

邓声国：《郑玄所见〈仪礼〉古今异文考——兼谈〈仪礼〉异文的价值》,《中国语文通讯》(香港)2002 年总第 61 期。

董洪利、金玲：《褚寅亮生平事迹考》,《古籍整理研究学刊》2011 年第 4 期。

董朴垞：《孙诒让著述考略》,《温州师专学报》1980 年第 2 期。

段渝：《一代大儒刘沅及其〈槐轩全书〉》,《社会科学战线》2007 年第 2 期。

冯茜：《论程瑶田的丧服学》,《儒家典籍与思想研究》第四辑,北京大学出版社 2012 年版。

冯素梅：《清代"三礼"学复兴的原因》,《沧桑》2008 年第 5 期。

顾迁：《〈礼书通故〉的诠释方法及其疏误举隅》,《古籍研究》2009 年第 55—56 期合集。

顾志华：《黄丕烈与校勘学》,《古籍整理研究学刊》1989 年第 2 期。

郭明道：《阮元的校勘思想和方法》,《扬州师院学报》(社会科学版)1991 年第 2 期。

胡福畴、洪震寰：《试论孙诒让的生平及其思想》,《温州师范学院学报》1963 年第 1 期。

胡鸣：《阮元〈论语注疏〉校勘价值诉求》,《赤峰学院学报》(汉文哲学社会科学版)2013 年第 6 期。

胡昭曦：《振兴近代蜀学的尊经书院》,《蜀学》第 3 辑,巴蜀书社 2008 年版。

黄爱平：《〈四库全书总目〉与〈四库全书〉》,《史苑》2005 年第 2 期。

黄万机:《评郑珍的经学成就》,《贵州文史丛刊》1986 年第 2 期。

姜广辉:《论宋明理学与经学的关系》,《湖南大学学报》(社会科学版)2004 年第 5 期。

江凌:《试论清代两湖地区的私家刻书群体特征及其文化贡献》,《湖南大学学报》(社会科学版)2009 年第 6 期。

江凌:《试论清代前中期的出版文化环境》,《出版科学》2010 年第 1 期。

金玲:《〈仪礼古今文疏义〉引书考》,《浙江社会科学》2011 年第 9 期。

赖玉芹:《经学以经世,辨礼为生民》,《历史教学问题》2007 年第 4 期。

李慧玲:《试论阮元〈十三经注疏校勘记〉得以问世的客观条件》,《东南学术》2013 年第 1 期。

李圣华:《阎若璩与汪琬礼学论争考述》,《浙江师范大学学报》(社会科学版)2012 年第 4 期。

李绪柏:《陈澧与汉宋调和》,《南开学报》(哲学社会科学版)2005 年第 6 期。

林翠玟:《〈仪礼·郑注〉的护卫——〈仪礼管见〉》,《孔孟月刊》1996 年第三十四卷第 10 期。

林存阳:《胡培翚与〈仪礼正义〉》,《清史论丛》2003—2004 年号,中国广播电视出版社 2004 年版。

林存阳:《三礼馆与清代学术转向》,《南开大学学报》(哲学社会科学版)2007 年第 1 期。

林存阳:《朱筠与清中叶学术变迁》,《中国史研究》2011 年第 1 期。

陆宝千:《嘉道史学——从考据到经世》,载台湾中央研究院《近代史研究所集刊》1973 年第 4 期。

罗福惠:《江南经学家的学派家法与地缘》,《鄂州大学学报》2006 年第 5 期。

罗检秋:《乾嘉两朝的文治变化及其学术效应》,《清史研究》2005 年第 1 期。

罗检秋:《学术调融与晚清礼学的思想活力》,《近代史研究》2007 年第 5 期。

罗雄飞:《俞樾校释群经、诸子的得与失》,《湖州师范学院学报》2005 年第 6 期。

罗雄飞:《俞樾"通经致用"思想析论》,《首都师范大学学报》2007 年第 3 期。

宁夏江:《〈四库全书总目〉中〈书〉学著目的纂修思想》,《图书馆工作与研究》2011 年第 2 期。

宁宇:《清代〈诗经〉学的发展阶段及主要派别》,《泰山学院学报》2005 年第 4 期。

彭林:《论姚际恒〈仪礼通论〉》,《湖南大学学报》(社会科学版)2006 年第 1 期。

彭玉兰、王利民:《浙江秀水朱氏家世考》,《赣南师范学院学报》2011 年第 5 期。

钱宗武、陈树:《论阮元〈十三经注疏校勘记〉两个版本系统》,《扬州大学学报》(人文社科版)2007 年第 1 期。

钱仲联:《〈广清碑传集〉补遗六篇》,《苏州大学学报》(哲学社会科学版)2000 年第 2 期。

沈文倬:《曹元弼〈古文尚书郑氏注笺释〉》,《文献》1980 年第 3 期。

苏菡丽:《俞樾的经学思想及其特点》,载《东吴哲学》2006 年卷,吉林人民出版社 2007

年版。

　　唐光荣：《阮元、段玉裁与〈十三经注疏校勘记〉》，《达县师范高等专科学校学报》（社会科学版）2004 年第 3 期。

　　王煜：《清代贵州调和汉宋两学的郑珍》，《甘肃社会科学》1992 年第 2 期。

　　王志阳：《论杨复〈仪礼图〉与张惠言〈仪礼图〉之关系》，《中南大学学报》（社会科学版）2015 年第 2 期。

　　王钟翰：《四库禁毁书与清代思想文化》，载《清史余考》，辽宁大学出版社 2001 年版。

　　奚敏芳：《姚际恒之〈仪礼〉学》，载彭林编《经学研究论文选》，上海书店出版社 2002 年版。

　　徐道彬：《戴震辨伪成就述论》，《古籍整理研究学刊》2007 年第 1 期。

　　薛惠媛：《段氏经韵楼刻书考》，《山东图书馆学刊》2010 年第 1 期。

　　杨国强：《儒学的衍变和清代士风》，《史林》1995 年第 1 期。

　　杨寿昌：《陈兰甫先生澧遗稿》，《岭南学报》1932 年第二卷第 3 期。

　　杨应芹：《戴震与江永》，《安徽大学学报》（哲学社会科学版）1995 年第 4 期。

　　尹彤云：《惠栋学术思想研究》，《清史研究》1999 年第 2 期。

　　尹彤云：《惠栋〈周易〉学与九经训诂学简评》，《宁夏社会科学》1997 年第 1 期。

　　余国庆：《戴震文献学著作述评》，《古籍研究》2002 年第 2 期。

　　余九红：《卢文弨与钟山书院》，《南京晓庄学院学报》2009 年第 2 期。

　　余新华：《阮元的学术渊源和宗旨》，《中国人民大学学报》1998 年第 3 期。

　　曾建华：《古代书院的藏书与刻书》，《出版科学》2005 年第 5 期。

　　曾秀芳：《郑珍的治经路径与学术旨归》，《牡丹江大学学报》2013 年第 7 期。

　　詹亚园：《黄以周〈礼书通故〉小议》，《浙江海洋学院学报》（人文社科版）2007 年第 3 期。

　　张兵、张毓洲：《清代文字狱的整体状况与清人的载述》，《西北师范大学学报》（社会科学版）2008 年第 6 期。

　　张涛：《〈五礼通考〉史源举要》，《中国文化研究》2011 年秋之卷。

　　张雪琴：《从浚文书局到山西书局——近代至民国时期的山西图书出版业》，《新闻出版交流》2003 年第 5 期。

　　赵铮：《清丁晏〈说文通说〉平议》，《襄樊职业技术学院学报》2006 年第 3 期。

　　郑宪仁：《关于〈仪礼〉仪节研究的探讨——以〈公食大夫礼〉为例》，《人文与社会研究学报》（“国立”台南大学）2009 年第 43 卷第 2 期。

　　钟玉发：《论陈澧的学术经世思想与实践》，《肇庆学院学报》2012 年第 6 期。

　　周启荣：《儒家礼教思潮的兴起与清代考证学》，《南京师大学报》（社会科学版）2011 年第 3 期。

索　引

重要词语索引

人 名 索 引

文 献 索 引

后　记

　　我研究涉足礼学研究领域，基本上是开始于 2000 年，记得当时写的第一篇礼学论文是《郑玄〈仪礼注〉训诂术语释义例阐微》，后来发表在台湾"中央研究院文哲所"主办的《中国文哲研究集刊》（2002 年总第 20 期）上。此后又陆续撰写了《〈汉语大字典〉引用〈仪礼〉材料及相关释义的处理问题》（《中国语文通讯》2000 年总第 56 期）、《〈周礼注〉引〈诗〉探析》（《书目季刊》2003 年第 36 卷第 4 期）、《〈读礼通考〉略论》（《东吴中文学报》2004 年总第 10 期）等，从那时算起，而今已有差不多 20 年的时光。2001—2004 年在山东大学文史哲研究院攻读中国古典文献学专业博士期间，在征得导师冯浩菲先生同意的情况下，我选择了以《清代〈仪礼〉文献研究》作为我的博士论文选题。2004 年 5 月，博士论文答辩顺利通过，次年被评选为山东大学优秀博士论文。承蒙母院不弃，论文被收入山东大学文史哲研究院专刊之列，并于 2006 年由上海古籍出版社出版发行。博士毕业之后，感觉个人之前对清代《仪礼》学的研究认识还很模糊，主要停留在传统文献学的认知层面，就断代《仪礼》经学史的认知而言，虽然有片言只语的讨论，但离系统而全面的认知还相去甚远，于是选择了继续开展这一方面的深入研究。2012 年 6 月，获批国家社科基金项目"清代《仪礼》学史"课题（12BZS008），此后便正式进入了文献的重新释读与诠释当中，一直到 2017 年 7 月正式上交结项材料，次年 1 月正式公布结项并获结项优秀等级，时间长达五个年头，篇幅也从原来博士论文的 30 余万言到如今的 80 多万字，总算是如释重负，有了一个初步的交代。

　　作为一个经学史的研究命题，本书在撰写过程中颇有别于其他一些经学史著作，较少从思想史的角度进行反复阐释。由于本人硕士阶段攻读的是汉语史专业训诂方向，博士阶段又攻读中国古典文献学专业，更长于从典籍文献的注释语料释读入手开展研究，注意透过注释语料，深层次挖掘和考察礼经著述家的诠释旨趣、礼经文本认知观、诠释体例与体式、语词诠释方式与方法、征引文献之方式与范畴、诠释得失与特色等因素，往往疏于对礼经学家的思想史与社会史因素考察，因而，著述当中容有疏略不当之处，尚祈学界各位同仁海涵是。在各章具体节目的设置上，尽可能遵循梁启超在《中国近三百年学术史》提出的"叙一个时代的学术，须把那时代重要各学派全数网罗，不可以爱憎为去取""叙某家学说,须将其特点提挈出来,令读者有很明晰的观念"两条原则,通过个案重点考察和流派宏观描述相结合的方式,以各家流派重要学者的深入分析支撑和论证该流派的宏观描述,并通过各家流派宏观描述的广泛开展和演绎,使得每一位重要礼经学家的《仪礼》研究找到一个合理的生成定位,最终形成一个网状的学术史参照系统。当然,是否达成了这一研究目标,还有待于各位同仁的检验。

另外需要说明的是,本人在撰写博士论文之余,同时还催生了一个副产品——《清代"五服"文献概论》,并在 2004 年底由北京大学出版社正式出版。《丧服》作为《仪礼》当中的一篇,魏晋南北朝时期更是《仪礼》学家研究的焦点,即便在清代礼经学家的著述当中,也少有不对此加以瞩目和诠释的。2018年 6 月,我申报的课题"历代《丧服》诠释研究"正式获批国家社科基金项目(18XZX011),今后一段时间,我的研究视角将转向对历代礼学家著述当中围绕《丧服》诠释状况的探讨,对于清代《仪礼》学研究史的关注,可能会逐渐减少,此书的出版,算是对之前近 20 年清代礼学史研究的一个总结吧。

本书在写作过程中,得到了丁鼎、潘斌等诸位好友的热情帮助,饶益波、余坚两位博士为我书稿中的许多引文做了大量的核实,在此,也谨向他们表示衷心的感谢! 此外,本书的出版,也得到了西南交通大学哲学系特聘教授詹海云先生、人民出版社哲学编辑室主任方国根先生的大力支持与帮助,在此也向他们表示诚挚的谢忱!

邓声国

2019 年 7 月 26 日

于井冈山大学

责任编辑：方国根　夏　青　等

责任校对：张红霞

图书在版编目（CIP）数据

清代《仪礼》学史/邓声国 著. —北京：人民出版社，2020.11
ISBN 978－7－01－022525－8

Ⅰ.①清…　Ⅱ.①邓…　Ⅲ.①礼仪-中国-古代②《仪礼》-研究
　Ⅳ.①K892.9

中国版本图书馆 CIP 数据核字（2020）第 189019 号

清代《仪礼》学史

QINGDAI YILI XUESHI

邓声国　著

人民出版社 出版发行

（100706　北京市东城区隆福寺街 99 号）

北京盛通印刷股份有限公司 印刷　新华书店经销

2020 年 11 月第 1 版　2020 年 11 月北京第 1 次印刷
开本：710 毫米×1000 毫米 1/16　印张：50.5
字数：890 千字

ISBN 978－7－01－022525－8　定价：148.00 元

邮购地址 100706　北京市东城区隆福寺街 99 号
人民东方图书销售中心　电话（010）65250042　65289539